铁路工程建设标准汇编

综　　合(下)

中 国 铁 道 出 版 社

2 0 1 0 年 · 北京

内 容 简 介

本汇编收录了国家和铁道部关于工程综合类的现行规范，并进行了最新修订，包括：铁路工程制图标准、铁路工程制图图形符号标准、铁路线路机械术语、铁路施工机械术语、铁路双层集装箱运输装载限界（暂行）、200 km/h 客货共线铁路双层集装箱运输建筑限界（暂行）、新建时速 200 公里客货共线铁路工程施工质量验收暂行标准、青藏铁路高原多年冻土区工程施工暂行规定（下册）、青藏铁路高原多年冻土区工程施工质量验收暂行标准（下册）、铁路工程建设项目环境保护影响评价标准、铁路建设项目水土保持方案技术标准、铁路防雷、电磁兼容及接地工程技术暂行规定、铁路建设工程监理规范、客运专线铁路工程竣工验收动态检测指导意见、改建既有线和增建第二线铁路工程施工技术暂行规定、客货共线铁路工程竣工验收动态检测指导意见、铁路建设项目现场管理规范、新建铁路工程项目建设用地指标、铁路建设项目资料管理规程，可供相关专业人员参考。

图书在版编目(CIP)数据

铁路工程建设标准汇编．综合（下）/铁路工程技术标准所编．—北京：中国铁道出版社，2009.8

ISBN 978-7-113-10333-0

Ⅰ.铁…　Ⅱ.①铁…②铁…　Ⅲ.铁路工程－工程施工－标准－汇编－中国　Ⅳ.U215－65

中国版本图书馆 CIP 数据核字（2009）第 124674 号

书　　名：铁路工程建设标准汇编
　　　　　综　合（下）

作　　者：铁路工程技术标准所　编

策划编辑：江新锡　许士杰
责任编辑：江新锡　　　　电话：(010)51873018
封面设计：冯龙彬
责任校对：张玉华
责任印制：李　佳

出版发行：中国铁道出版社（100054，北京市宣武区右安门西街 8 号）
网　　址：http://www.tdpress.com
印　　刷：北京铭成印刷有限公司
版　　次：2010 年 5 月第 1 版　2010 年 5 月第 1 次印刷
开　　本：787 mm × 1 092 mm　1/16　印张：64.5　字数：1 289 千
书　　号：ISBN 978-7-113-10333-0
定　　价：205.00 元

前　　言

铁路工程建设标准是落实铁路建设总体技术路线和目标控制要求的综合体现，是确定工程实施方案和系统技术措施的基本依据，是实现铁路建设科学化、规范化管理的重要保障。制定和实施标准，对及时总结先进、成熟、可靠、有效的科技创新成果和工程实践经验，确保工程质量和安全，促进技术进步，提高社会效益和经济效益，全面提升铁路建设水平等具有重要意义。

铁路工程建设标准包括铁路线路、轨道、路基、桥涵、隧道、站场、机务设备、通信、信号、电力、电力牵引供电、给水排水、房建与暖通、环境保护等专业，分为综合、勘察、设计、施工、验收等类别。截至 2009 年 8 月，现行铁路工程建设标准共计 204 项，其中国家标准 7 项、行业标准 109 项、技术指南 18 项、具有标准性质而未编标准号的规章和技术规定 70 项。

近年来，为全面落实"以人为本、服务运输、强本简末、系统优化、着眼发展"的建设理念，适应又好又快推进大规模、高标准铁路建设的需要，铁路工程建设标准工作建立了灵活机动、迅速有效的动态管理机制，铁路工程建设标准不断吸收成功的先进技术，其技术先进性、经济合理性、安全可靠性、时效性和可操作性得到了全面提升，为现代化铁路建设提供了强大的技术支撑。

为了方便铁路工程建设者学习、掌握铁路工程建设标准，并在铁路工程建设过程中准确地执行、运用标准，保证标准的权威性、严肃性落到实处，我们对现行铁路工程建设标准进行了系统整理，现汇编出版，供各级领导干部、工程技术人员、管理人员和施工操作人员使用。

铁路工程建设标准汇编收集了截至 2009 年 8 月发布的现行铁路工程建设标准，按专业共分为：综合（上、下）、地质水文、工程测量、线路轨道工程、路基工程、桥涵工程、隧道工程、混凝土工程、房屋建筑及给排水工程、站场枢纽工程。其中综合（上、下）、工程测量和桥涵工程标准收集截止 2010 年 5 月。

在铁路工程建设标准汇编整理过程中，对原版本中的内容进行了勘误，并按历次发布的局部修订文件进行了条文修订。同时，对标准中容易产生歧义的编排做了调整，以便读者准确理解标准的涵义。

科学技术在不断进步，铁路工程建设标准也会不断地更新、提高和完善。因此，读者在使用本标准汇编过程中，应注意相关工程建设标准的变化情况，并及时更新相应内容。

铁路工程技术标准所

2010 年 5 月

总　目　录

中华人民共和国行业标准

铁建函〔1998〕15号

铁路工程制图标准

TB/T 10058—98

1998—02—03 发布　　1998—07—01 实施

中华人民共和国铁道部　发布

目　次

1 总　　则

1.0.1 为统一我国铁路工程的制图，提高制图质量和识图效率，便于技术交流，制定本标准。

1.0.2 本标准适用于铁路工程的制图。

1.0.3 铁路工程制图，除应符合本标准外，尚应符合国家现行的有关标准和规定。

2 基 本 规 定

2.1 图纸组成与编排

2.1.1 图纸应按使用需要分为单张图、成册图、成卷图三种。

2.1.2 单张图应由设计(测绘)图样、表、说明、主要图形符号、图标等组成。

2.1.3 成册图应由封面、目次、说明、表及若干张设计(测绘)图样组成。

2.1.4 成卷图应由封面、设计(测绘)图样、表、说明、主要图形符号、图标及封底组成。主要图形符号应绘在封面后,图标应绘在封底上。

2.1.5 工程图纸应按专业顺序编排。成册图应按封面、目次、说明、设计图样、表等顺序编排。单张图无封面、目次,图面的设计图样、表、说明等应布置合理,排列匀称美观。

2.1.6 图纸目次应绘图框。封面、目次不应编入图号与页号。

2.1.7 在同一张图纸上,如绘制几个图样时,图样的顺序宜按主次关系或以里程为索引的自然序列从左至右、自上而下或自下而上依次排列。

2.1.8 标准设计成册图纸宜按封面、扉页、目次、说明书、设计图表(包括总图或概图、结构详图、零部件图、材料表、计算成果等)、附属设备、施工组织或施工方案、其他及附件顺序排列。

2.2 图幅、图框与图标

2.2.1 图纸的幅面图框及封面尺寸应符合表2.2.1的规定及图2.2.1的格式。

单张图、成册图宜采用横式幅面;图样小的单张图也可采用立式幅面;成卷图宜采用立式幅面。

表2.2.1 幅面图框及封面尺寸(mm)

图纸别	图幅尺寸					封面尺寸				
	幅面代号 \ 尺寸代号	b	L	a	c	封面代号 \ 尺寸代号	b	L	a	c
单张、成册图纸	A0	841	1 189	25	10					
	A1	594	841	25	10					
	A2	420	594	25	10					
	A3	297	420	25	5	A3′	297	420	25	5
	A4	297	210	25	5	A4′	297	210	25	5
成卷图纸	A5	420	按需要	15	10	A5′	420	210	15	10
	A6	297	按需要	15	5	A6′	297	210	15	5

注:① 勘测测绘底图尺寸,可根据节约用纸又接近规定图幅尺寸的原则适当采用;

② 描图纸底图四周应按规定尺寸各留12 mm以保护底图;

③ 图幅的宽度 b 不得增减,其长度 L 不够时,应按 $L/8$ 的倍数延长。

(a)横式幅面　　(b)立式幅面

图 2.2.1　幅面格式

2.2.2　成卷图每册长度不宜大于 20 m,蓝晒图应按 210 mm 宽度折叠成册。

2.2.3　标准设计图纸的基本图幅规格应符合表 2.2.3 的规定及图 2.2.3 的格式。

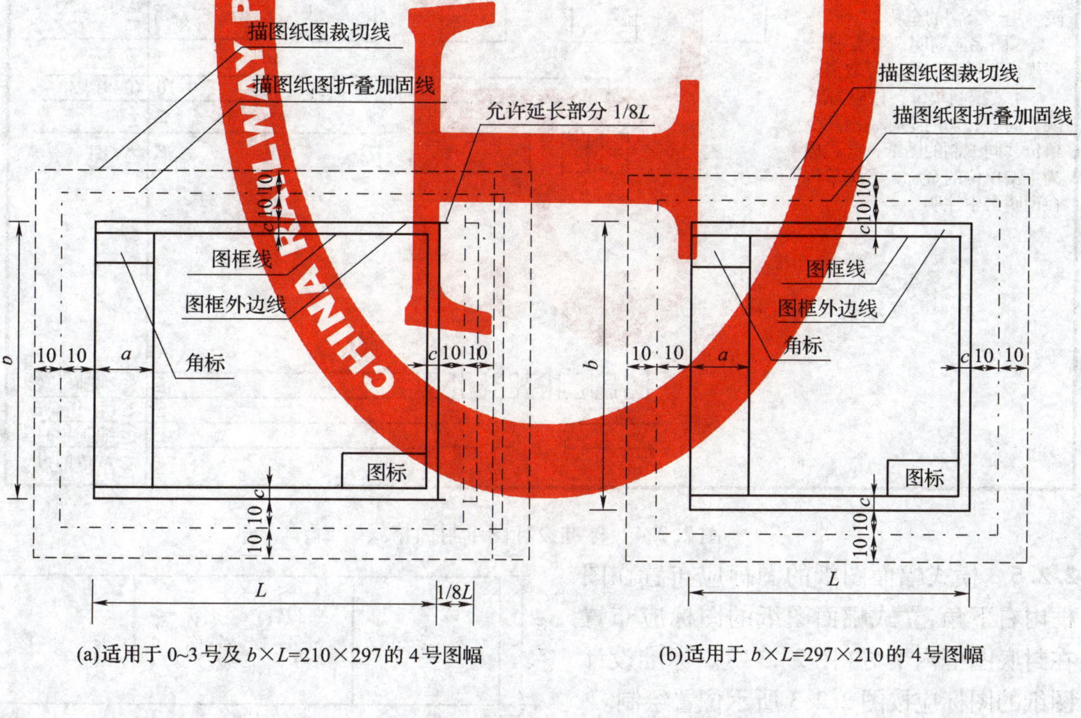

(a)适用于 0~3 号及 $b \times L=210 \times 297$ 的 4 号图幅　　(b)适用于 $b \times L=297 \times 210$ 的 4 号图幅

图 2.2.3　基本图幅格式

编制图纸应优先选用 3 号图幅。成册图纸不宜多于两种图幅。

表 2.2.3　基本图幅规格(mm)

基本图幅代号	0	1	2	3	4
$b \times L$	841×1189	594×841	420×594	297×420	210×297 297×210
c	10			5	
a	25				
描图纸底图折叠加固线	10				
描图纸底图裁切线	10				

注:① 图幅宽度 b 不应加宽。必要时 0~3 号图幅允许延长长边 L,应按 $L/8$ 的倍数延长,但延长的总长度不宜超过 L。成册图纸其延长规格宜统一为 1~2 种。4 号图幅不应延长。

② 描图纸底图的裁切线在图框外 25 mm 或 30 mm(装订边为 45 mm)处,并应折叠加固,保护底图。

2.2.4　标准设计图纸的封面格式应符合图 2.2.4 的规定。封面除采用 4 号图幅外,应优先选用 3 号图幅,并不得延长。

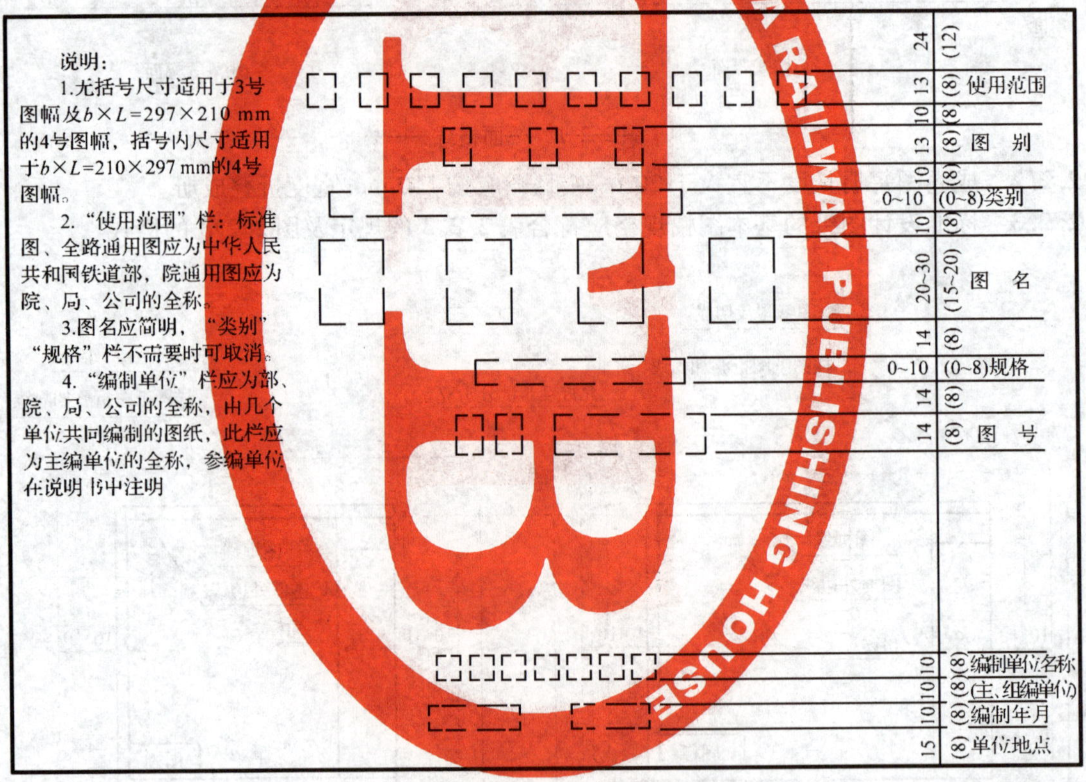

图 2.2.4　标准设计图纸封面格式

2.2.5　横式幅面图纸的图标应布置在图框内右下角,立式幅面图纸的图标应布置在封底图框内下方(图 2.2.1)。标准设计图纸的图标应按图 2.2.3 所示位置绘制。

2.2.6　图标应按图 2.2.6 的格式分区。

2.2.7　设计图纸的图标可按图 2.2.7 六种格式绘制。

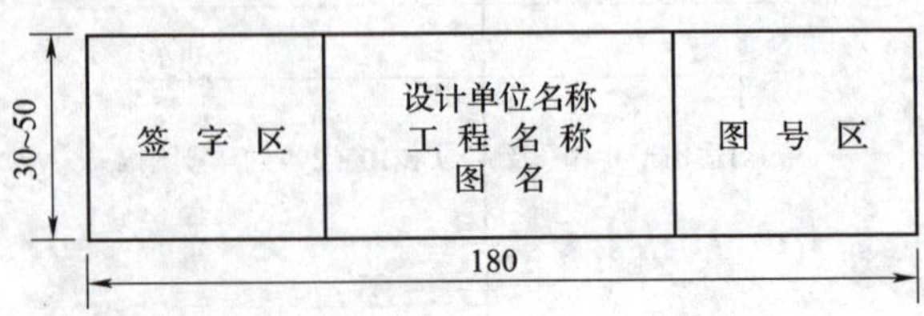

图 2.2.6　图标分区(单位:mm)

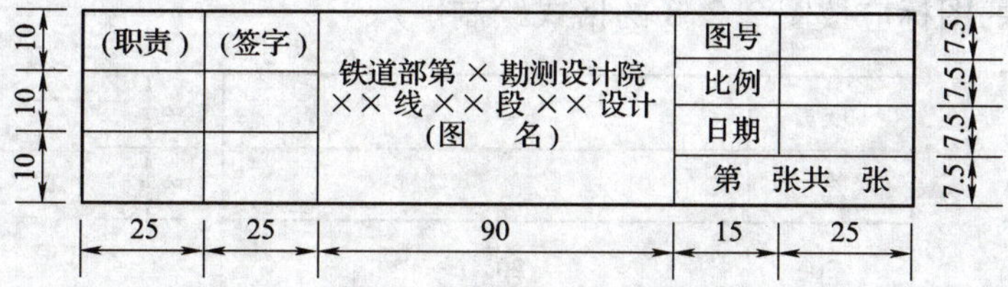

(a)三级签署

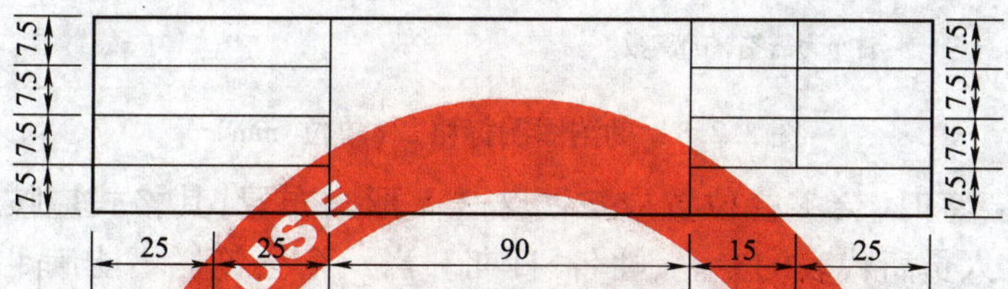

(b)四级签署

(c)五级签署

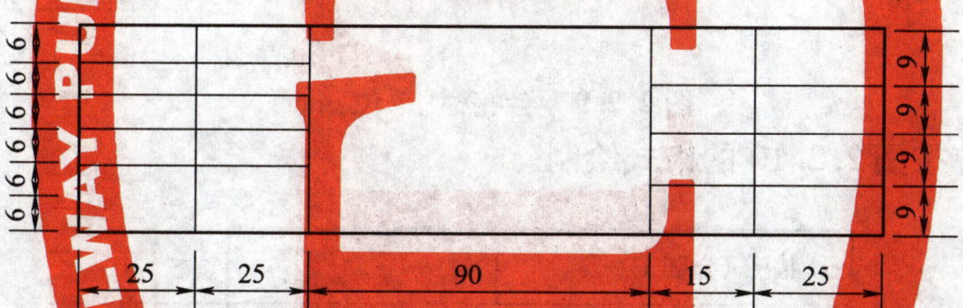

(d)六级签署

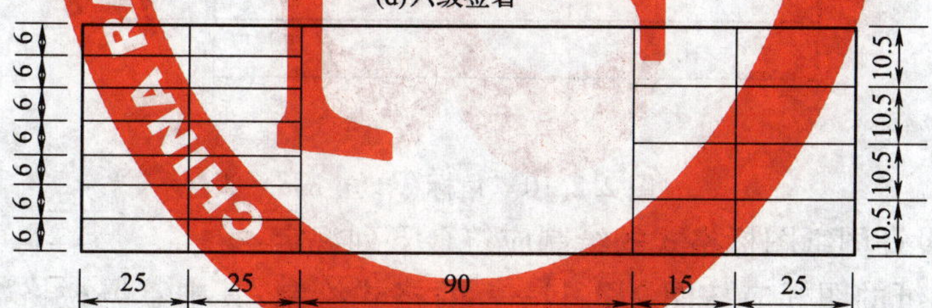

(e)七级签署

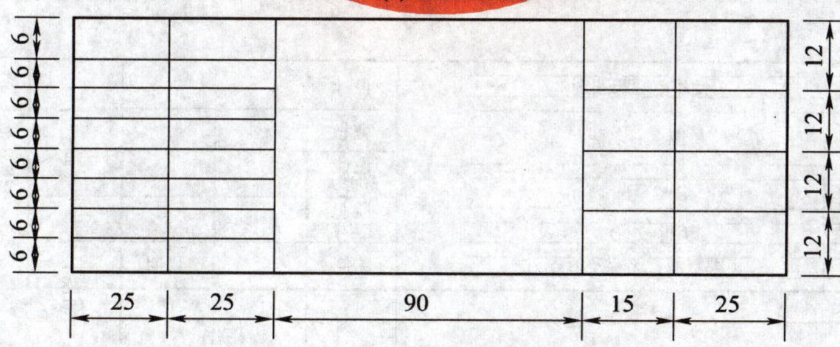

(f)八级签署

图 2.2.7 设计图图标格式(单位:mm)

2.2.8　勘测图的图标应按图 2.2.8 的格式绘制。

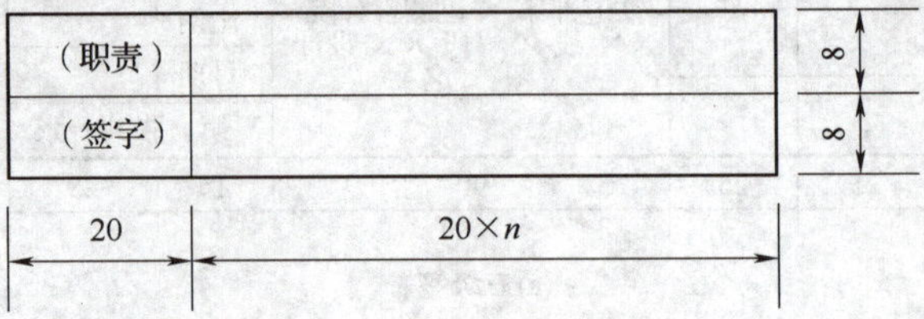

注:n为需签署的级数。

图 2.2.8　勘测图图标格式(单位:mm)

2.2.9　当需要会签时,会签栏位置应按图 2.2.1 形式布置,其格式应按图 2.2.9 绘制。栏内应填写会签人员所代表的专业、姓名、日期。当一个会签栏不能满足时,可在左侧并列增加一个。

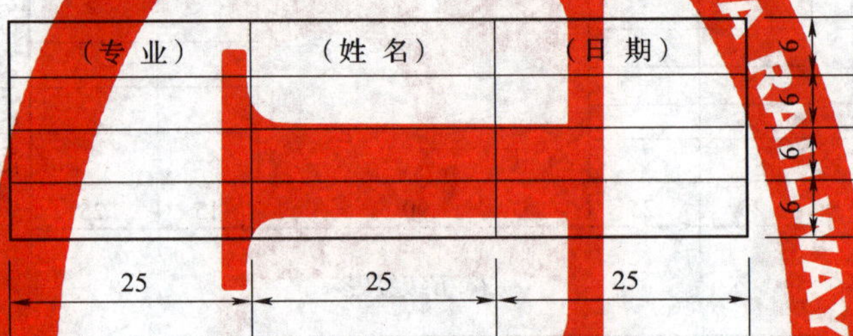

图 2.2.9　会签栏(单位:mm)

2.2.10　角标应按图 2.2.10 的格式绘制。

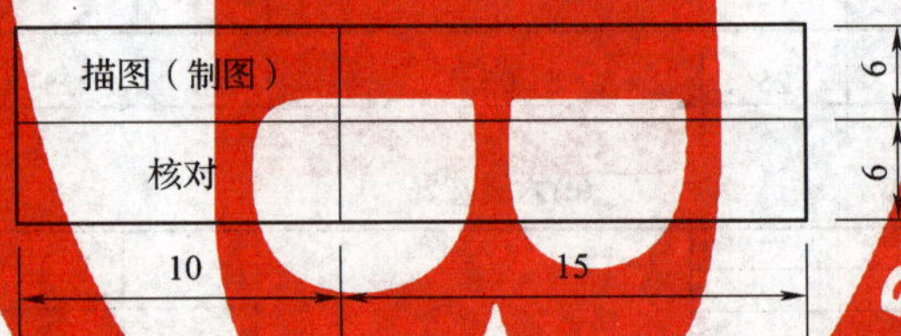

图 2.2.10　角标(单位:mm)

2.2.11　标准设计图纸图标格式的绘制应符合下列规定:

1　单张图纸的图标应按图 2.2.11—1 的格式绘制,其中签署栏格数可根据需要确定。

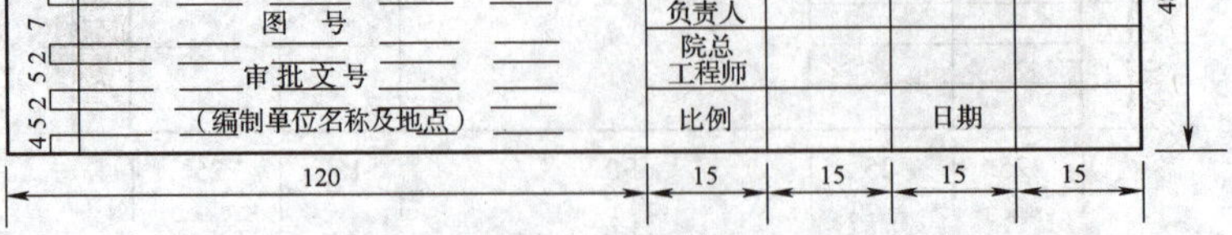

图 2.2.11—1　单张图纸图标格式(单位:mm)

2 成册图纸的图页图标有一般图标与设备图标两种，可根据专业需要选用，但同一图册只能选用其中一种，且同一专业、同类图册选用的图标宜一致。成册图的图页图标应按图 2.2.11—2 的格式绘制。复核栏下的空白签署栏可根据需要选用，不需要时可取消。

图 2.2.11—2 成册图的图页图标格式（单位：mm）

3 标准设计图纸角标应按图 2.2.11—3 的格式绘制。

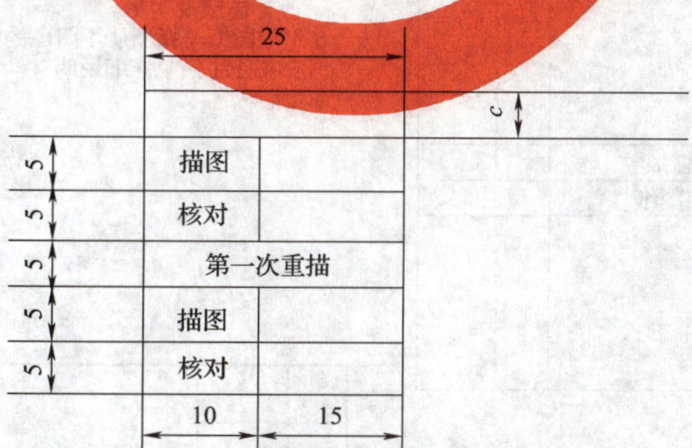

图 2.2.11—3 角标格式（单位：mm）

4 成册图纸扉页图标应按图 2.2.11—4 的格式绘制。签署栏格数可根据需要确定，但不得留有空白栏。扉页图标下方空白可作为目次、说明书等使用。图页右下角应加一般图标或设备图标。

2.2.12 工程图纸图号的编注应符合下列规定：

1 工程图纸应有图号。图号前应冠以工程项目简称、设计阶段、设计专业简称。

2 各专业图纸的图号应按图纸内容的主次关系有系统地编排。

3 一个图号可由若干张图样组成，并应在图标中填写张次及共张次。

4 成册图的每张图应编注图号，同名多张图只编一个图号，但每张图应顺序编注张次号：第 × 张，共 × 张。

2.2.13 标准设计图纸图号的编注应符合下列规定：

1 图号由主图号与分图号组成。

主图号由编制单位简称、设计专业简称和专业分类编号组成。

分图号可为流水号或零部件编号，由专业归口单位根据专业特点统一商定。分图号从图纸扉页依次编定或按总图、部件、零件的隶属组成编定。

2 几个单位共同编制的图纸，编制单位简称以主编单位定名，但分成独立分册的图纸以编制单位定名。

专业简称以编制专业定名。

3 图号一经编定（含分图号），不得任意更改。图纸修改时，可作废原图号，另编新图号。也可保留原图号，但应在专业简称后加注年号。

(a)横式幅面

图 2.2.11—4

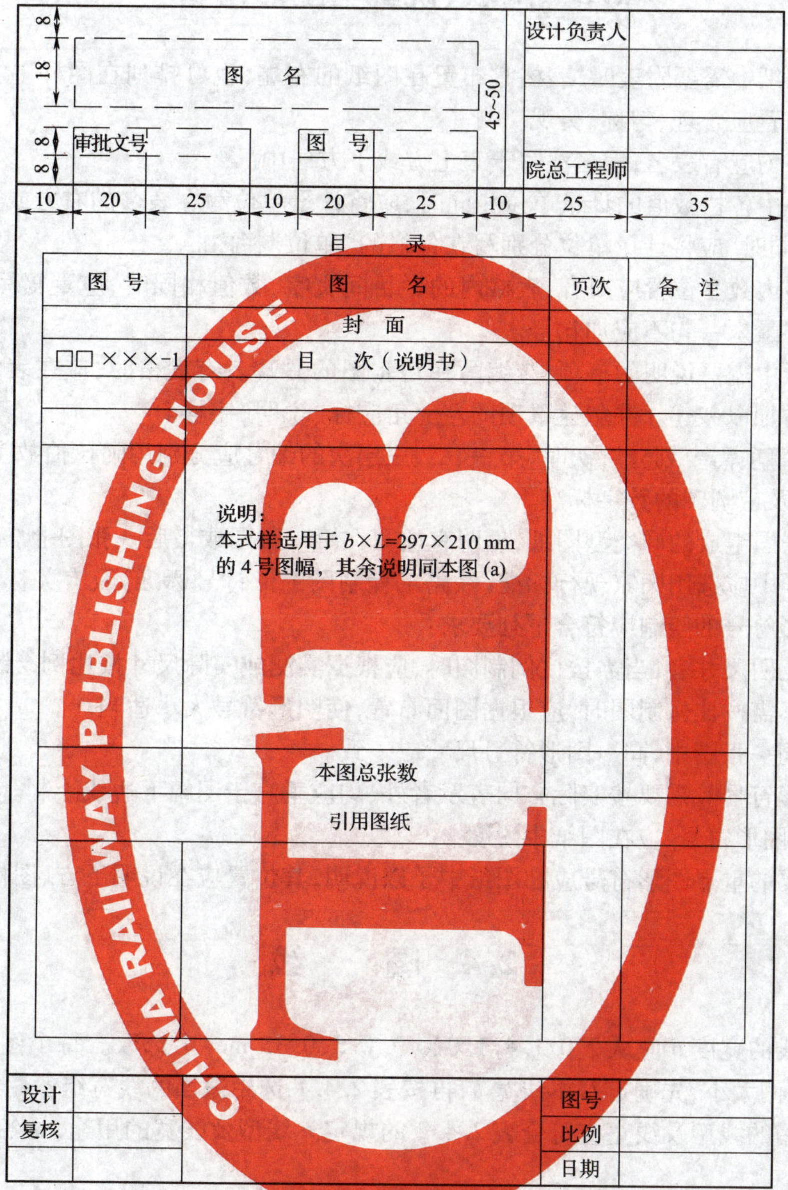

(b)立式幅面

图 2.2.11—4 成册图纸扉页图标格式(单位:mm)

4 修改图纸时,如需增添图页,可在前页分图号后加注 *a*、*b*……*aa*、*ab* 等附脚字,也可沿原图纸最后一个分图号继续依次顺排。需废止抽出的图页,其分号按缺号办理。

5 成册图纸应在图框线外(尺寸 *c*)的上方,从封面起依次加注页次。

2.2.14 一张图幅内只有一个图样,或有几个同一类型的图样,图名应在图标中标注。

2.2.15 一张图幅内有两种以上图样时,每个图样均应注图名,图名宜标注在图样下方或一侧,并在图名下绘一粗横线,其长度应以图名所占长度为准。使用详图符号作为图名时,符号下可不画粗横线。

2.3 附表、说明与图形符号

2.3.1 当图纸中需要附表时,表格宜布置在图纸的右端,也可排列在图样上方或下方的适当位置,布置应合理、匀称、美观。

2.3.2 表格均应有表名,表名注写于表上方或下方居中。

2.3.3 表格中各栏数值的计量单位相同时,应将计量单位写在表名的右方或正下方。若计量单位不同时,应将计量单位分别写在各栏的"单位"栏内。

2.3.4 表格内数字位置应对齐,表格内的栏目间文字、数值相同时,应重复写出,不得简写,表内文字最末一句不应加句号。

2.3.5 图纸中需要说明的事项,应编写在每张图的右端。有表格时,应在表的右端或下方、图标上方加以叙述。在叙述事项的左上角应标"说明"字样。

当说明事项需要划分层次时,第一、二、三层次的编号应分别用阿拉伯数字、带括号的阿拉伯数字及带圆圈的数字标注。

2.3.6 几张图组成的同类型图纸,说明宜注写在第一张图或最后一张图上。

2.3.7 图样中应选用国家现行标准《铁路工程制图图形符号标准》及有关标准规定的图形符号,图形符号的绘制应符合下列要求:

1 未注明尺寸者,当需按比例制图时,应根据实测或实际尺寸按比例绘制。

2 当不需按比例制图时,应根据图面布置,使图形符号大小适当。

3 在同一张图中,同一图形符号尺寸应一致。

4 图形符号除需要按实际方向表示者外,均应垂直于图幅下边线绘制。

自拟的图形符号,应在图纸中说明。

2.3.8 必要的重点图形符号应在图纸中予以说明,其位置应在说明下方、图标上方。

2.4 图 线

2.4.1 图线的宽度 b 应从 2.0、1.4、1.0、0.7、0.5、0.35 mm 中选取。每个图样应根据复杂程度与比例大小,先确定基本线宽 b,再按表 2.4.1 选用适当的线宽组。

2.4.2 常用的线型及线宽应符合表 2.4.2 的规定。线型及线宽的用途,见各专业制图标准。

2.4.3 图框线、图标线和表格线,可采用表 2.4.3 规定的线宽。

2.4.4 虚线、长虚线、点划线或双点划线的线段长度和间隔,宜各自相等(图 2.4.4)。

表 2.4.1 线 宽 组(mm)

线宽比	线宽组					
b	2.0	1.4	1.0	0.7	0.5	0.35
$0.5b$	1.0	0.7	0.5	0.35	0.25	0.18
$0.35b$	0.7	0.5	0.35	0.25	0.18	0.13

注:① 在同一张图纸内,相同比例的各图样,应选用相同的线宽组;

② 在同一张图纸内,各不同线宽组中的细线,可统一采用较细的线宽组的细线。

表 2.4.2 常用线型及线宽

名称		线型	线宽比
实线	加粗		1.4b
	粗		b
	中		0.5b
	细		0.35b
虚线	加粗		1.4b
	粗		b
	中		0.5b
	细		0.35b
点划线	粗		b
	中		0.5b
	细		0.35b
双点划线	粗		b
	中		0.5b
	细		0.35b
短点划线			0.35b
双短点划线			0.35b
点实线			0.35b
空格线			2b
折断线			0.35b
波浪线			0.35b

表 2.4.3 图框线、图标线表格线的宽度(mm)

幅面代号	图框线	图标、表外框线	图标、表分格线会签栏线
A0、A1	1.4	0.7	0.35
A2、A3、A4	1.0	0.7	0.35

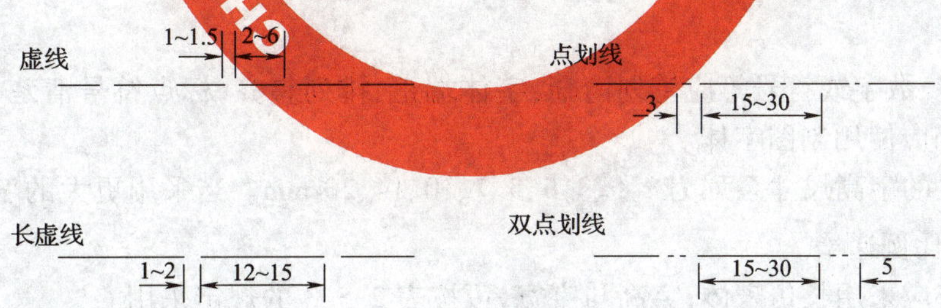

图 2.4.4 图线的画法(单位:mm)

2.4.5 相互平行的图线,其间隙不宜小于其中粗线宽度,且不小于0.7 mm。

2.4.6 相交图线的绘制应符合下列规定:

1 当虚线与虚线或虚线与实线相交时,不应留空隙〔图 2.4.6(a)〕。

2 当实线的延长线为虚线时,应留空隙〔图 2.4.6(b)〕。

3　当点划线与点划线或点划线与其他图线相交时，交点应设在线段处〔图 2.4.6(c)〕。

图 2.4.6　图线相交的画法

2.4.7　图线不得与文字、数字或符号重叠、混淆，不可避免时，应首先保证文字的清晰。

2.4.8　标准设计图纸图线的线条粗细应均匀，墨线浓淡应一致，其宽度宜为粗实线，中实线 0.5b，细实线 0.35b，b 不应小于 0.4 mm，虚线、点划线、折断线以及各种曲线可按用途，比照实线办理。

2.5　字　　体

2.5.1　文字、数字或符号等应笔划清晰，字体端正、排列整齐，标点符号清楚正确。除岗位签名外，均应使用制图字体。

2.5.2　文字的字高尺寸系列为 2.5、3.5、5、7、10、14、20 mm。当采用更大的字体时，其字高应按$\sqrt{2}$的比例递增。

2.5.3　汉字应采用长仿宋体，字高与字宽，可按表 2.5.3 的规定采用。

表 2.5.3　长仿宋体汉字高、宽尺寸(mm)

字高	20	14	10	7	5	3.5	2.5
字宽	14	10	7	5	3.5	2.5	1.8

注：① 当采用打字机打印汉字时，宜选用高宽比约$\sqrt{2}$的仿宋体字型；

② 汉字的字高，应不小于 3.5mm；当需要缩小复制时，幅面为 A0、A1、A2、A3、A4，汉字的字高分别不应小于 10、7、5、3.5、2.5 mm。

2.5.4 图册封面、大标题等的字体宜采用仿宋体等易于辩认的字体。

2.5.5 汉字应采用国家公布使用的简化汉字，除特殊需要外，不得采用繁体字。

2.5.6 阿拉伯数字、外文字母、汉语拼音字母笔划宽度，宽体字宜为字高的1/10；窄体字宜为字高的1/14。

2.5.7 汉字的字高，不得小于3.5 mm；拉丁字母、阿拉伯数字或罗马数字的字高，不得小于2.5 mm。

2.5.8 数字与字母的字体可采用直体或斜体，在同一图册中应统一。直体字横与竖成90°；斜体字字头向右倾斜，与水平线成75°；斜体字的高度与宽度应与相应的直体字相等；字母不宜采用书写体。

2.5.9 文字说明不宜用符号代替名称。当表示数量时，应采用阿拉伯数字书写；计量单位应符合现行国家《量和单位》标准的规定。当表示日期时，封面应用汉字书写，其他应采用阿拉伯数字书写。

2.5.10 标准设计图纸应采用仿宋字体书写，不得采用草体，封面不得采用空心字体。字体高度除封面、扉页、图标应符合本标准的有关规定外，说明书及附注的字高不应小于5 mm；图中加注汉字的字高不应小于4 mm。

2.6 比　　例

2.6.1 图样的比例系图形线性尺寸与相应实物实际尺寸之比。比例大小即为比值大小，如1∶50大于1∶100。

2.6.2 绘图选用的比例，应根据图面大小及图样复杂程度，并结合图面布置合理、清楚、匀称、美观的原则确定。

2.6.3 比例采用阿拉伯数字表示，一张图纸只有一个图样时应标注在图标中，一张图纸有两个及以上的图样时，应标注在图名的右侧或下方，字的底线应取平；当竖直方向与水平方向的比例不同时，可用 *V* 表示竖直方向比例，用 *H* 表示水平方向比例；比例的字高可为图名字高的0.7、0.5、0.25倍（图2.6.3）。

图2.6.3　比例的注写

2.6.4 一般情况下，一个图样应选用一种比例，根据专业需要，同一图样也可选用两种比例。

2.7 符　　号

2.7.1 剖面的剖切符号，由剖切位置线及剖视方向线组成，均应以粗实线绘制。剖切位置线的长度，宜为6～10 mm；剖视方向线应垂直并短于剖切位置线，宜为4～6 mm；用单边箭头表示。剖切符号的编号宜采用阿拉伯数字或用拉丁字母编排并成对表示，注写在剖视方向线的端部（图2.7.1）。

绘图时,剖面剖切符号不宜与图面上的图线相接触。

需要转折的剖切位置线,在转折处如与其他图线发生混淆,应在转角外侧加注与该剖切符号相同的编号。

2.7.2 断(截)面剖切符号,应只用剖切位置线表示,以粗实线绘制。长度宜为 6 ~ 10 mm。断(截)面剖切符号宜用阿拉伯数字编号、注写在剖切位置的一侧,编号所在的一侧应为该断(截)面的剖视方向(图 2.7.2)。

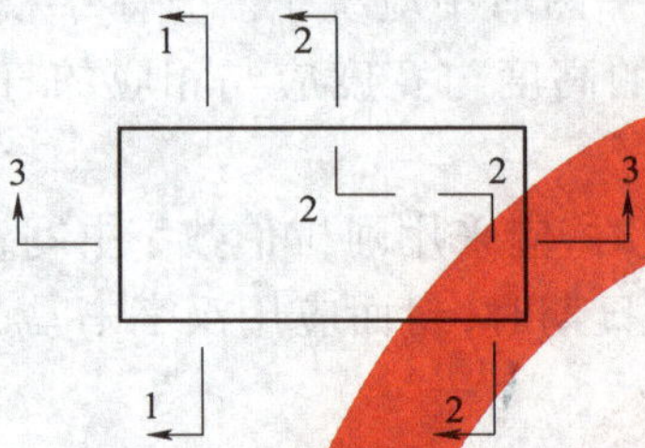

图 2.7.1　剖面剖切符号

图 2.7.2　断(截)面剖切符号

2.7.3 剖面图或断(截)面图,宜与被剖切图样在同一张图上显示,如与被剖切图样不在同一张图纸内,可在剖切位置线的另一侧注明其所在图纸的图纸号,也可在图上集中说明。

2.7.4 图样中的某一局部或构件,如需另见详图,应以索引符号索引〔图 2.7.4(a)〕,索引符号的圆及直径均以细实线绘制,圆的直径应为 10 mm。索引符号的编写应符合下列规定:

1　索引出的详图,如与被索引的图样同在一张图纸内,应在索引符号的上半圆中用阿拉伯数字注明该详图的编号,并在下半圆中间画一段水平细实线〔图 2.7.4(b)〕。

2　索引出的详图,如与被索引的图样不在同一张图纸内,应在索引符号的下半圆中用阿拉伯数字注明该详图所在图纸的图纸号〔图 2.7.4(c)〕。

3　索引出的详图,如采用标准图,应在索引符号水平直径的延长线上加注该标准图册的编号〔图 2.7.4(d)〕。

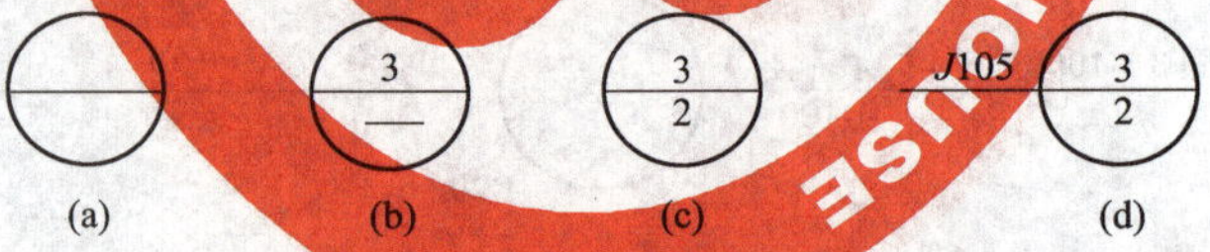

图 2.7.4　索引符号

2.7.5 索引符号如用于索引剖面详图,应在被剖切的部位绘制剖切位置线,并应以引出线引出索引符号,引出线所在的一侧应为剖视方向(图 2.7.5)。

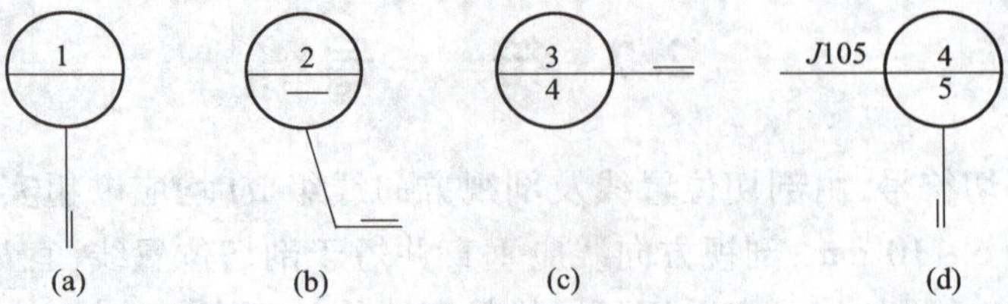

图 2.7.5　用于索引剖面详图的索引符号

2.7.6 零件、钢筋、杆件、设备等的编号，应以直径为6 mm的细实线圆表示，按顺序用阿拉伯数字编号（图2.7.6）。

2.7.7 详图的位置编号，应以详图符号表示，详图符号应以粗实线绘制，直径宜为14 mm。详图编号应符合下列规定：

1 详图与被索引的图样在一张图纸内时，应在详图符号内用阿拉伯数字注明详图的编号〔图2.7.4(a)〕。

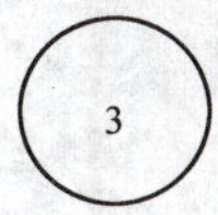

图2.7.6 零件、钢筋等的编号

图2.7.7 详图符号

2 详图与索引的图样不在一张图纸内时，可用细实线在详图符号内画一水平直径，在上半圆中注明详图编号，在下半圆中注明被索引图纸的图纸号〔图2.7.7(b)〕。

2.7.8 引出线应以细实线绘制，宜采用水平方向的直线、与水平方向成30°、45°、60°、90°的直线或经上述角度再折为水平的折线。文字说明宜在横线的上方或端部〔图2.7.8(a)、(b)〕。索引详图的引出线，应对准索引符号的圆心如图2.7.8(c)。线路平面图的引出线宜按图2.7.8(d)的形式绘制。

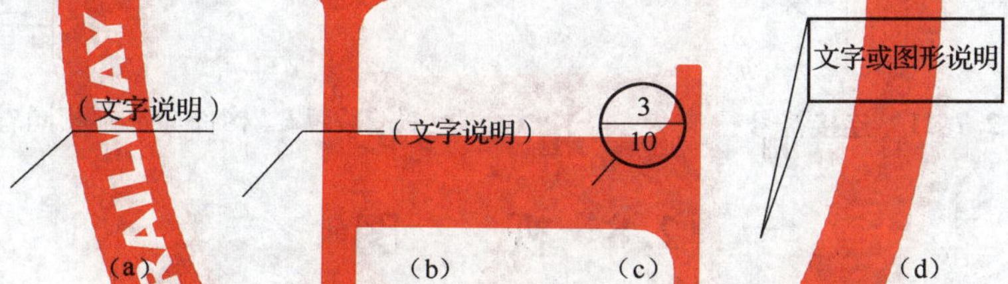

图2.7.8 引出线

2.7.9 同时引出几个相同部分的引出线，宜互相平行〔图2.7.9(a)〕，也可画成集中一点的射线〔图2.7.9(b)〕。

图2.7.9 共用引出线

2.7.10 多层构造或多层管道共用引出线，应通过被引出的各层。文字说明宜注写在横线的上方，说明的顺序应由上至下，并应与被说明的层次相一致。如层次为横向排列，则由上至下的说明顺序应与由左至右的层次相一致（图2.7.10）。

2.7.11 一个构配件，如绘制位置不够，可分成几个部分绘制，并应以连接符号表示相连。

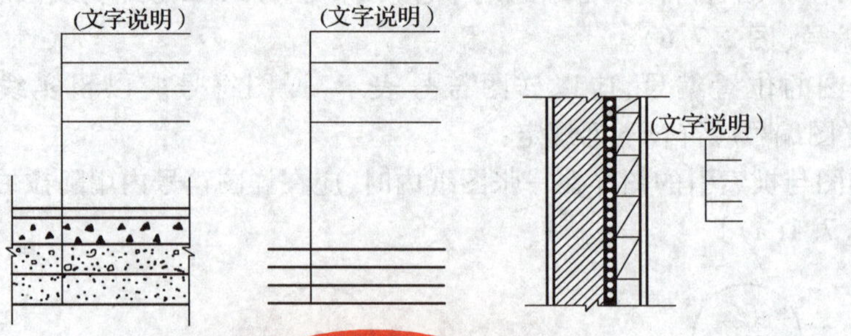

图 2.7.10　多层构造或管道引出线

连接符号应以折断线表示，需连接的部位，应以折断线两端靠图样的一侧的大写拉丁字母表示连接编号。两个被连接的图样，采用相同的字母编号(图 2.7.11)。

2.7.12　两个构配件，局部有不相同时，可只画不同部分，但应在两个构配件的相同部分与不同部分的分界线处，分别绘制连接符号，两个连接符号应对准在同一线上(图 2.7.12)。

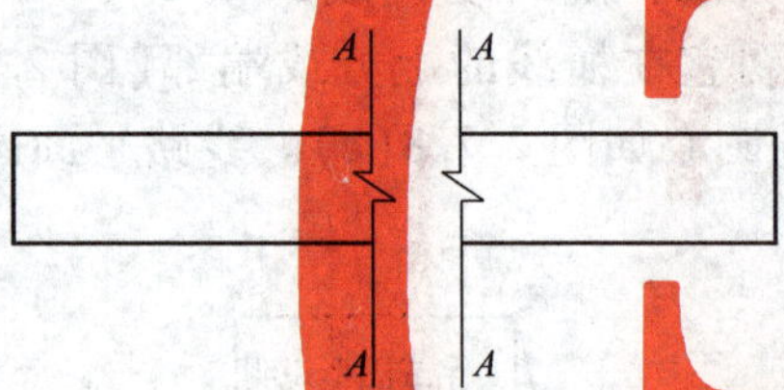

图 2.7.11　连接符号

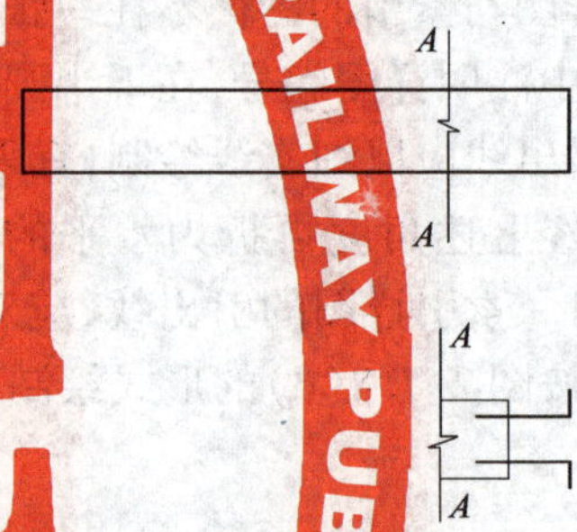

图 2.7.12　构件局部不相同省略画法

2.8　视　　图

2.8.1　结构物的视图应按直接正投影法绘制(图 2.8.1)。

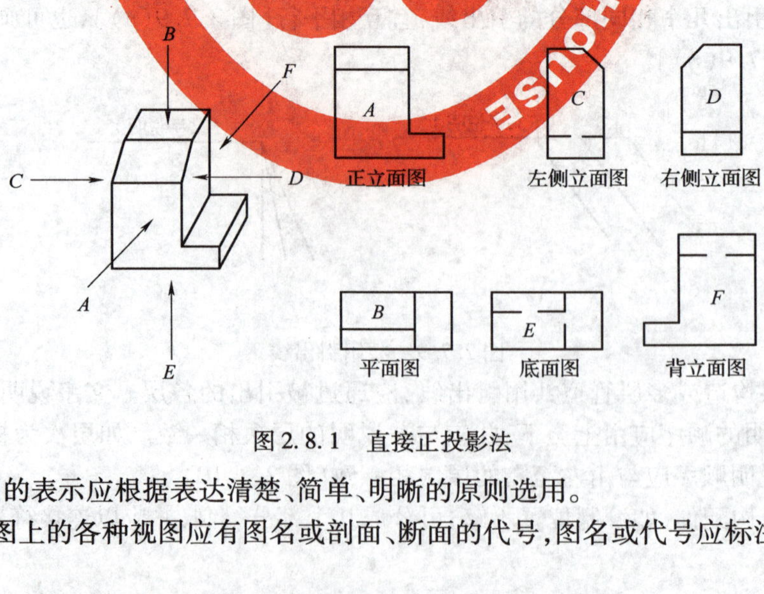

图 2.8.1　直接正投影法

2.8.2　视图的表示应根据表达清楚、简单、明晰的原则选用。

同一张图上的各种视图应有图名或剖面、断面的代号，图名或代号应标注在各视图上方居中。图名或代号底部应绘制与其等长的粗实线，剖、断面图的代号宜采用拉丁字母表示，或用阿拉伯数字表示。当需标注比例时，可采用比图名或代号小一号字体标注在粗实线下方居中或侧面（图 2.8.2）。

$A-A$断面　　　　1－1断面　　　　$A-A$断面 1:10
1:10　　　　　　1:10

图 2.8.2　视图图名、代号、比例标注示例

2.8.3　立面的某些部分，如与投影面不平行（如圆形、折线形、曲线形等），可将该部分展至与投影面平行，再以直接投影法绘制，并应在图名后注写“展开”字样。

2.8.4　断面图只宜画出剖切面切到部分的图形；剖面图内除应画出断面图外，还应画出沿投影方向看到的部分。

2.8.5　剖（断）面图，应按图 2.8.5 所示方法剖切后绘制。

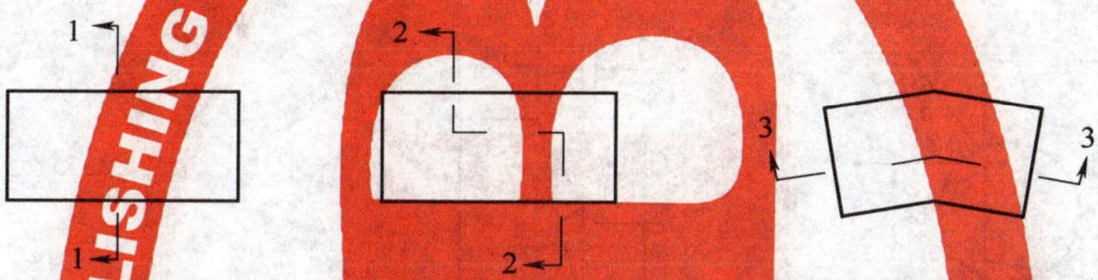

(a)一个剖切面切　　(b)两个平行的剖切面剖切　　(c)两个相交的剖切面剖切

图 2.8.5　剖切符号及剖切方法

用图 2.8.5(c)剖切时，应在剖面图的图名后加注“展开”字样。

2.8.6　视图的简化画法应符合下列规定：

1　对称图形可采用绘制一半或 1/4 图形的方法表示，并画出对称符号，对称符号可在对称中心线两端用两条平行的短线表示（图 2.8.6—1）。

2　对称的形体，需画剖（断）面图时，也可以对称符号为界，一半画外形图，一半画剖（断）面图。

3　构配件内多个完全相同而连续排列的构造要素，可仅在两端或适当位置画出其完整形状，其余部分以中心线或中心线交点表示（图 2.8.6—2）。相同要素少于中心线交点，则其余部分应在相同构造要素位置的中心线交点处用小圆点表示。

4　当图形较大时，可用折断线或波浪线绘出图形表示的范围，波浪线不应超出图形外轮廓线（图 2.8.6—3）。

5　当用大样图表示较小且复杂的图形时，其放大范围，应

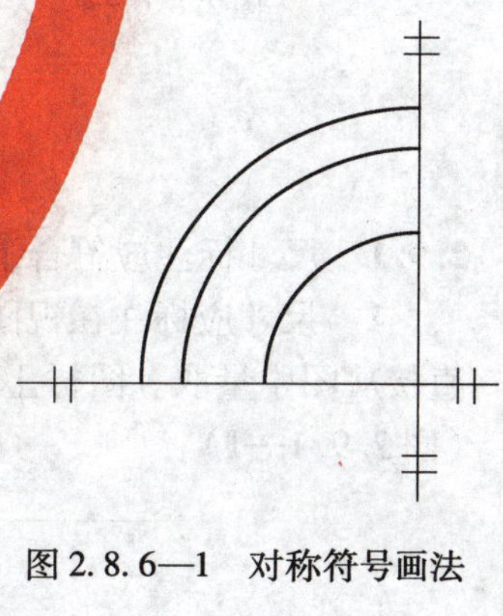

图 2.8.6—1　对称符号画法

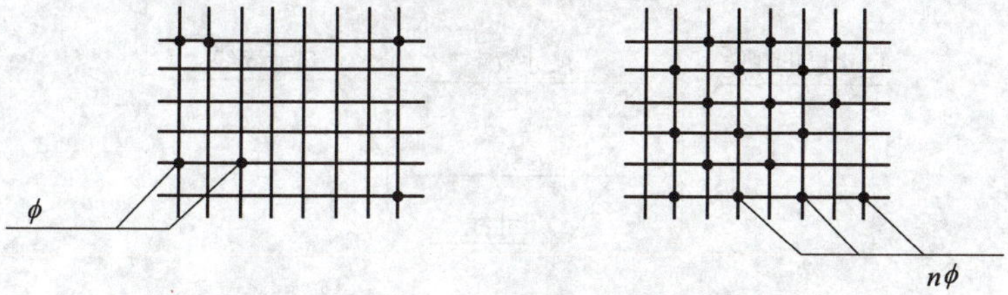

图 2.8.6—2　相同要素省略画法

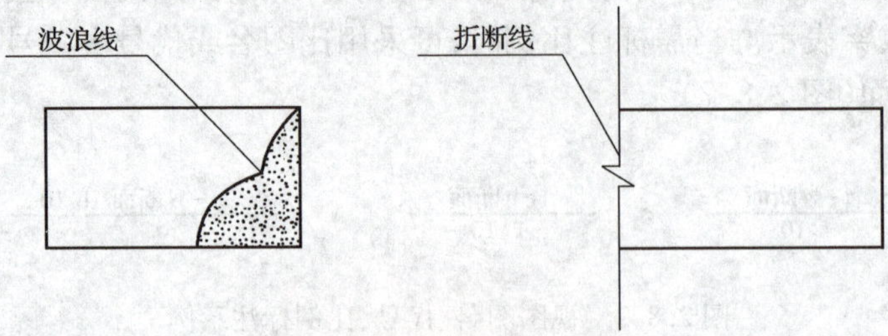

图 2. 8. 6—3　折断线与波浪线

在原图中采用细实线圆形圈出,并用引出线标注(图 2. 8. 6—4)。

6　当图形需折断简化表示时,折断线宜等长,成对布置。两线间距宜为 4 ~ 5 mm。越过省略部分的尺寸线不应折断,并标注实际尺寸(图 2. 8. 6—5)。

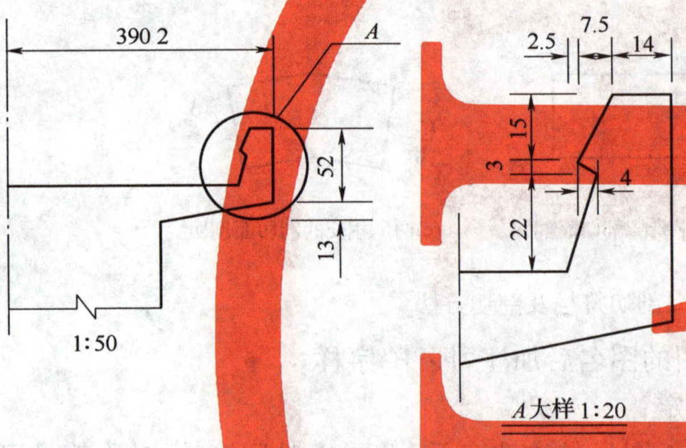

图 2. 8. 6—4　大样图范围标注

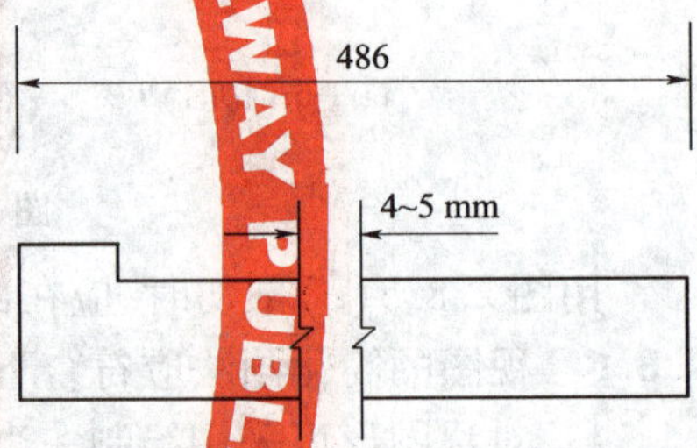

图 2. 8. 6—5　图形折断简化画法

2.9　标　　注

2. 9. 1　尺寸标注应符合下列规定:

1　尺寸应标注在视图醒目的位置。计量时,应以标注的尺寸数量为准,不得用量尺直接从图中量取。图样上的尺寸,应包括尺寸界线、尺寸线、尺寸起止符号和尺寸数字(图 2. 9. 1—1)。

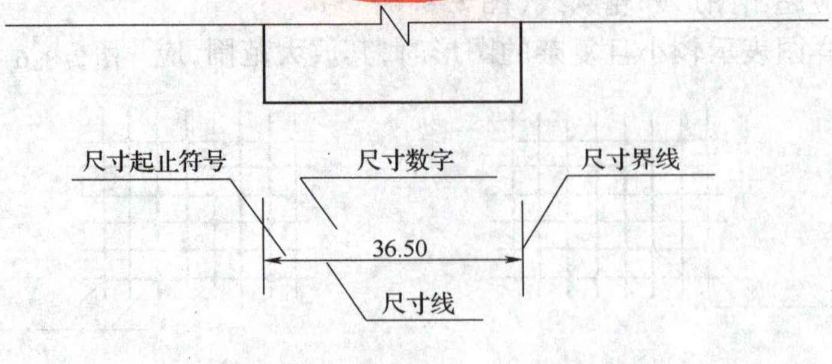

图 2. 9. 1—1　尺寸的组成

2 尺寸界线与尺寸线均应采用细实线。尺寸起止符号可采用单箭头表示。尺寸数字宜标注在尺寸线上方中部。当标注位置不足时,尺寸数字可采用反向箭头标注;中部相邻的尺寸数字可错开标注,也可引出标注(图2.9.1—2)。

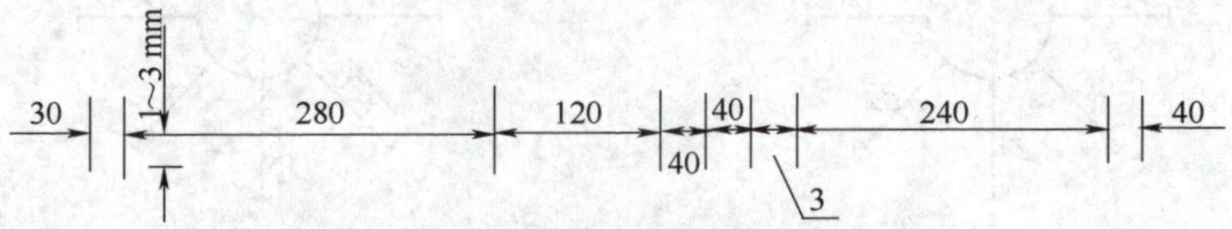

图2.9.1—2 尺寸数字的标注

3 尺寸线宜与被标注的图线相平行,其长度不超出尺寸界线。除站场配轨图外,图线均不得用作尺寸线。图线不得穿过尺寸数字,不能避免时,应将尺寸数字处的图线断开(图2.9.1—3)。

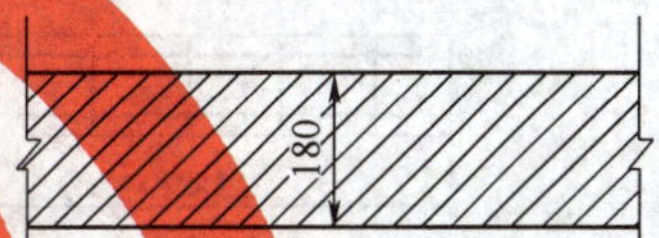

图2.9.1—3 尺寸数字处图线断开的标注

4 互相平行的尺寸线,应从被标注的图样轮廓线由近向远整齐排列,分尺寸线离轮廓线近,总尺寸线离轮廓线较远,平行尺寸线间的间距宜为5~10 mm(图2.9.1—4)。

5 尺寸宜标注在图样轮廓线以外,不宜与图线、文字及符号相交。

6 必要时,图样的垂直或水平轮廓线,可作尺寸界线;中心线也可作尺寸界线(图2.9.1—5)。

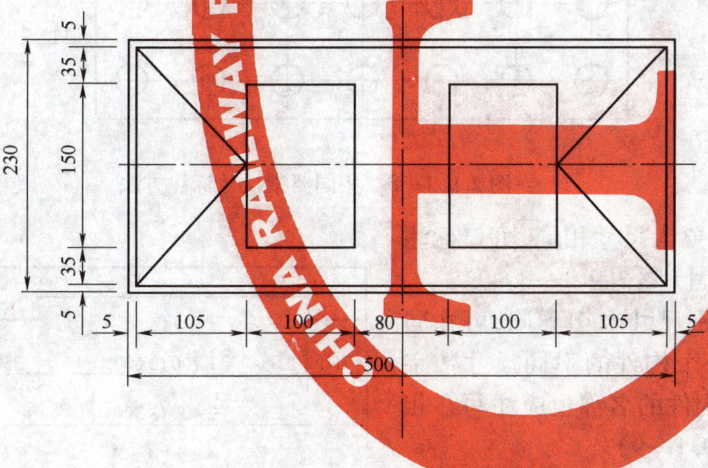

图2.9.1—4 分尺寸、总尺寸线注写排列

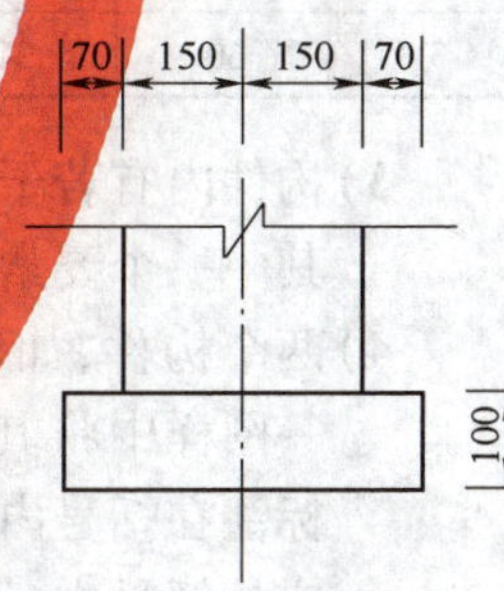

图2.9.1—5 图线、中心线作尺寸界线标注

7 尺寸数字及文字书写方向应符合图2.9.1—6的要求。

8 图样上的尺寸单位,可按需要选用毫米或米。

9 尺寸的简化标注应符合下列规定:

1)连续排列的等长尺寸,可用"个数×等长尺寸=总长"的形式按图2.9.1—7(a)标注,也可采用"间距数×间距尺寸"的形式按图2.9.1—7(b)标注。

2)两个相似图形可仅绘一个,未示出图形的尺寸数字可用括号表示,如有数个相似图形,当尺寸数值各不相同时,可用字母表示〔图2.9.1—7(b)〕,其尺寸数值

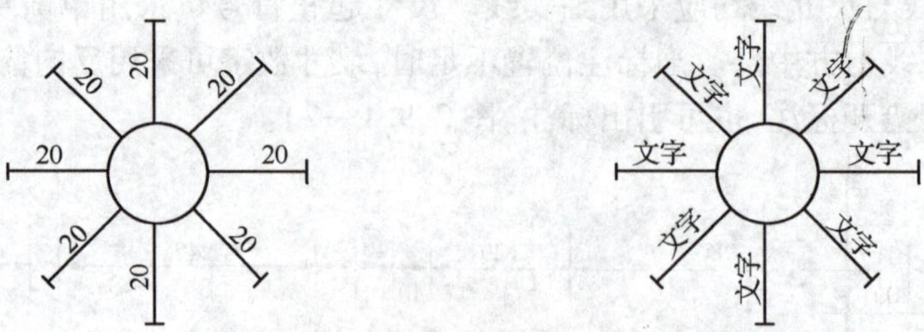

图 2.9.1—6　尺寸数字、文字的标注

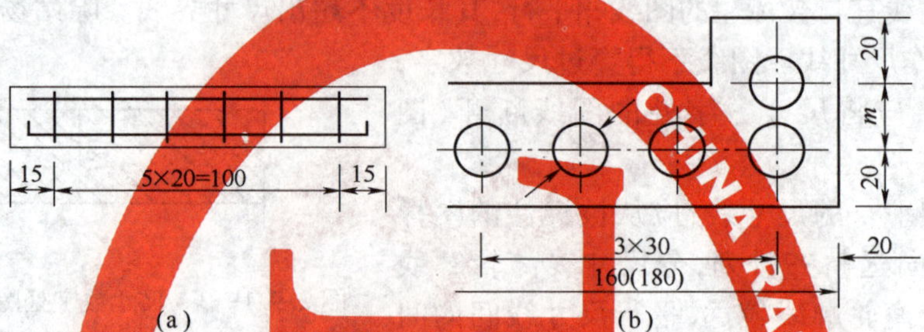

图 2.9.1—7　等长尺寸简化标注方法

应在图中适当位置列表示出(表 2.9.1)。

表 2.9.1　图 形 尺 寸

编　号	尺	寸
	m	*d*
1	25	10
2	40	20
3	60	30

图 2.9.1—8　相同要素尺寸标注方法

3) 构件内有若干构件要素尺寸相同,可仅标注其中一个要素的尺寸(图 2.9.1—8)。

4) 两个构件,如仅个别尺寸数字不同,可在同一图样中将其中一个构件的不同尺寸数字标注在括号内,该构件的名称也应注写在相应的括号内(图 2.9.1—9)。

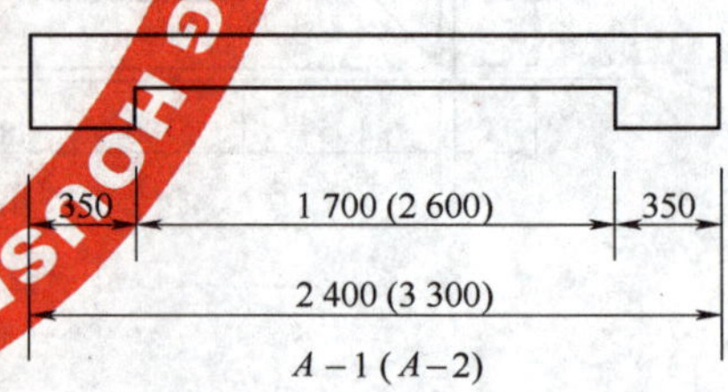

图 2.9.1—9　相似构件尺寸标注方法

2.9.2　坐标标注应符合下列规定:

1　坐标网格应以细实线绘制。其坐标应画成网格通线或十字线,坐标代号应采用“*X*”、“*Y*”或用“*N*”、“*E*”表示(图 2.9.2—1)。

2　坐标值应标注在网格通线上且标注到米,数值前应标注坐标“*N*”、“*E*”的代号,字头朝数值增大方向。

3　坐标网格大小,宜为 100 mm × 100 mm;其实际间距可视采用的比例大小确定。

4　平面图上应采用一种坐标系统,如在同一图中有两种坐标系统应注明换算关系。

5　铁路线路、桥涵、隧道、车站、场、段及其附属设施、建筑物、构筑物、道路、管线等均应标注有关部位的坐标或定位尺寸。

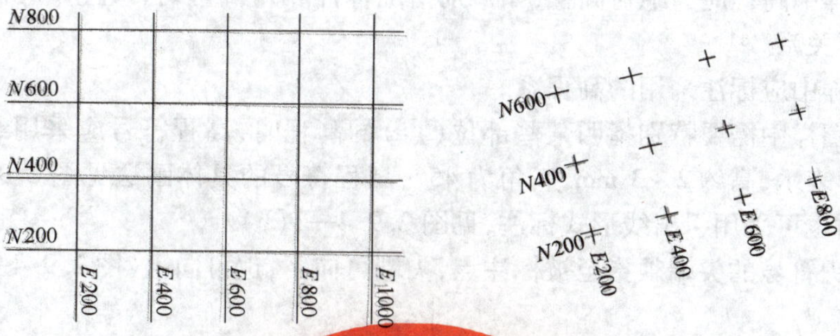

(a) 网格通线 (b) 十字线

图 2.9.2—1 坐标网格

6 当需要标注的控制坐标点不多时,可直接标注在图上。当需要标注的控制点较多时,图纸上宜列坐标点的代号,坐标数值可在适当位置列表示出。

7 坐标数值应采用米为单位,并精确到小数点后二位。

2.9.3 里程标注应符合下列规定:

1 里程标注应在正线和其他需要标注里程的线路上标注千米标、百米标及长、短链标,里程桩号标注在垂直于线路的短线上,里程由左向右或由右向左增加时,字头均朝向图纸左端。千米标应注写各设计阶段代号,可行性研究为 AK、初测为 CK、定测为 DK 等,其余桩号的千米数可省略(图 2.9.3—1)。

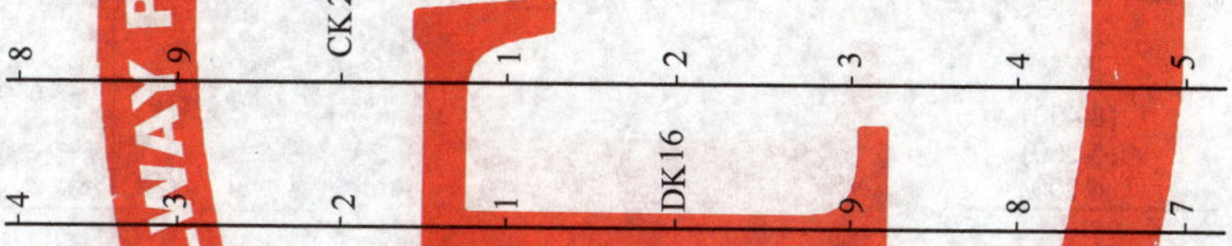

图 2.9.3—1 正线里程的标注

2 站线、工业企业线需标注里程时,应标注该线始点与正线的里程关系,从始点千米标、百米标至终点排列,并标注在垂直于该站线的短线上方。上方无标注位置的段落也可标注在下方,字头应向左(图 2.9.3—2)。

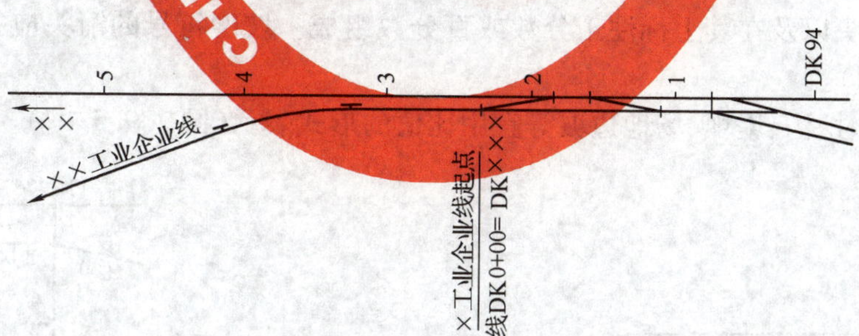

图 2.9.3—2 站线里程的标注

3 其他专业工程图样采用的里程与正线里程不一致时,应标注与正线的换算关系。

4 里程以米为单位,精确到小数后二位。

2.9.4 高程标注应符合下列规定:

1　图样中高程应为绝对高程，如个别情况标注相对高程时，应注明相对高程与绝对高程的换算关系。

2　图样中应标注采用的高程系。

3　在图样中需要特别指明某些部位（点）的高程时，高程符号应采用细实线绘制的等腰三角形表示，高约 2 ~ 3 mm，底角为 45°，高程符号的具体画法见图 2.9.4—1（a），当图形复杂时也可采用引出线形式标注，见图 2.9.4—1（b）。

4　高程符号的尖端须指至被标注点，尖端可向下，也可向上（图 2.9.4—2）。

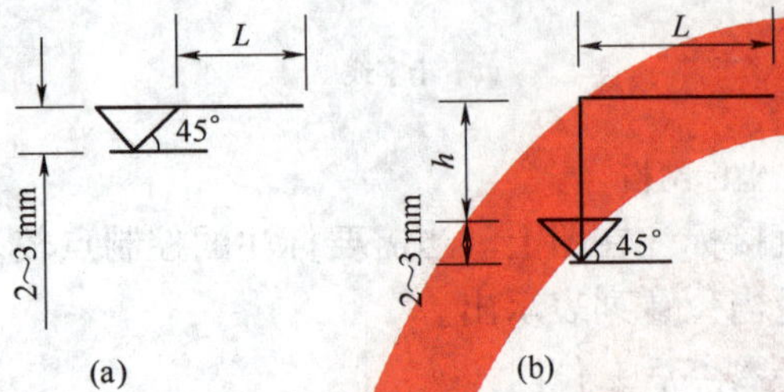

图 2.9.4—1　高程符号

l—注写高程（标高）数字的长度应做到注写后匀称；

h—高度视需要而定

图 2.9.4—2　高程的指向

5　在图样的同一位置需表示几个不同高程时，高程数字可按图 2.9.4—3 的形式注写。

6　轨顶、地下水位及段（所）、房屋总平面布置图的高程符号，宜用涂黑的三角形表示。

7　高程数值应以米为单位，水准点、基线控制点注写到小数点后三位，其他均注写小数点后二位。

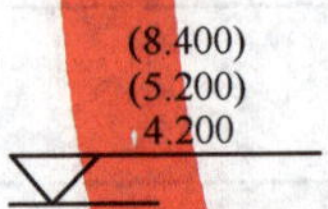

图 2.9.4—3　一个高程符号标注数个高程数字

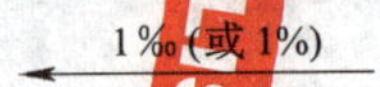

图 2.9.5—1　坡度符号

2.9.5　坡度标注应符合下列规定：

1　给排水管沟、槽及道路、场地、路基面等坡度宜用坡度符号表示。坡度符号应由细实线、单边箭头以及在其上标注千分数或百分数组成。坡度符号的箭头应指向下坡方向（图 2.9.5—1）。

2　路基、挖沟、堤坝、场地边坡等宜用比值的形式表示（图 2.9.5—2）。

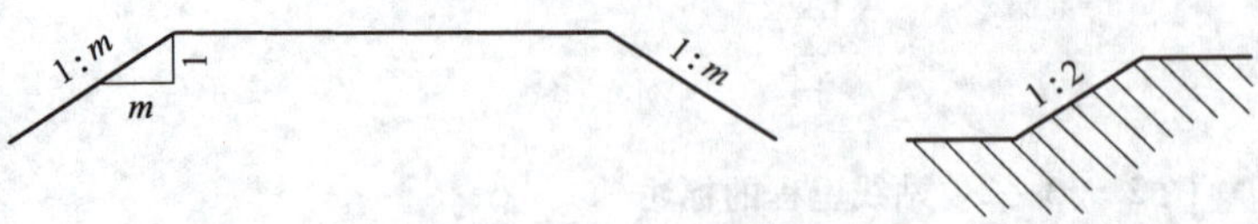

图 2.9.5—2　比值的标注

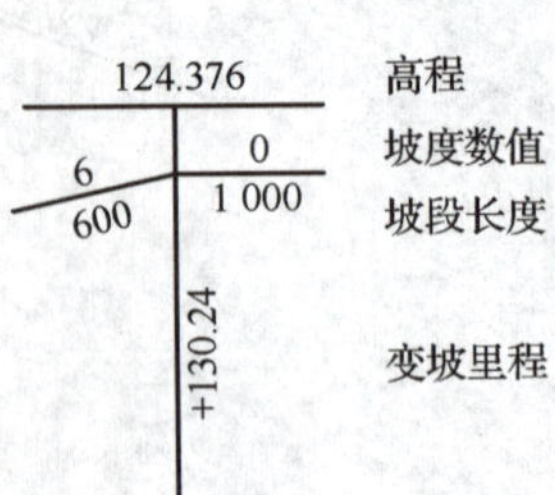

图 2.9.5—3　坡度标示例

3　站场平面图中线路、道路高程可用坡度标形式标注，坡度标符号应用细实线绘制。

坡度数值与坡段长度间的横线为坡度所指方向，以坡度标的垂直线水平时为平坡，向下倾斜为下坡，向上倾斜为上坡（图 2.9.5—3）。

4 坡度数值用于铁路线路、纵向排水沟槽、人工改沟等宜以千分率表示，用于道路、路基面排水、圬工表面排水、场地地面等宜以百分率表示。

2.9.6 半径、直径、球的尺寸标注应符合下列规定：

1 半径的尺寸线，应一端从圆心开始，另一端画箭头指至圆弧。半径数字前应加注半径符号“R”（图 2.9.6—1）。

2 较小圆弧半径，在没有足够的位置画箭头或注写数字时，可按图 2.9.6—2 的形式标注。

图 2.9.6—1 半径标注方法

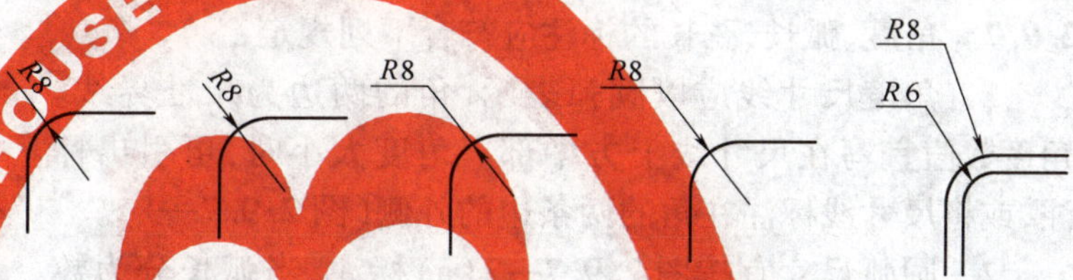

图 2.9.6—2 小圆弧半径的标注方法

3 当圆弧的半径过大或在图纸范围内无法标出其圆心位置时，可按图 2.9.6—3(a) 的形式标注。不需要标出其圆心位置时，可按图 2.9.6—3(b) 的形式标注。

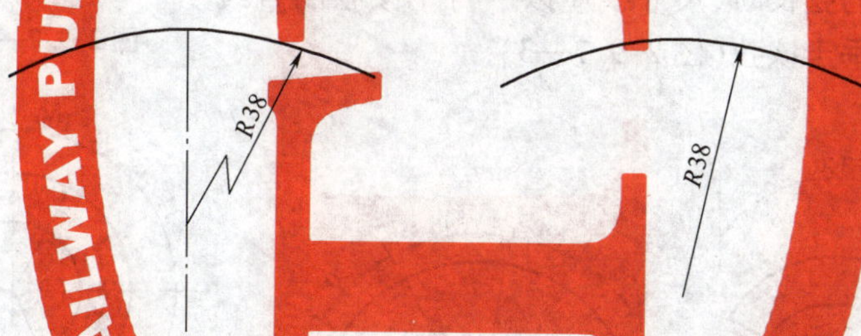

(a) (b)

图 2.9.6—3 大圆弧半径的标注方法

4 标注圆的直径尺寸时，在直径数字前应加符号“ϕ”。在圆内标注的直径尺寸线应通过圆心，两端画箭头指至圆弧（图 2.9.6—4）。

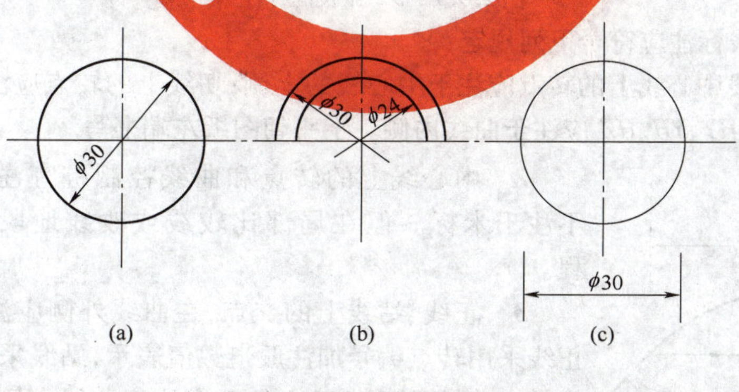

(a) (b) (c)

图 2.9.6—4 圆直径标注方法

5 较小圆的直径尺寸，可标注在圆外，按图 2.9.6—5 的形式标注。

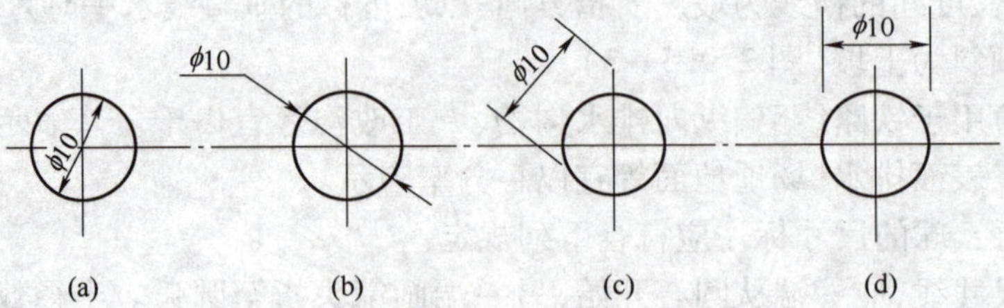

图 2. 9. 6—5　小圆直径标注方法

6　标注球的半径尺寸时，应在尺寸数字前加注符号“*SR*”。标注球的直径尺寸时，应在尺寸数字前加注符号“*Sϕ*”。注写方法与圆弧半径和圆直径的尺寸标注方法相同。

2. 9. 7　角度、弧长、弦长的标注应符合下列规定：

1　角度尺寸线应以圆弧表示，角的两边为尺寸界线。角度数值宜写在尺寸线上方中部。角度太小时，可引出标注，或将尺寸线标注在角的两条边的外侧（图 2. 9. 7—1）。

2　圆弧尺寸宜按图 2. 9. 7—2（a）标注，当弧长分为数段标注时，尺寸界线应沿径向引出〔图 2. 9. 7—2（b）〕。弧度较大时，可按图 2. 9. 7—2（c）标注，并在尺寸数字上方加注符号“⌒”。

3　标注圆弧的弦长时，尺寸线应以平行于该弦的直线表示，尺寸界线应垂于该弦（图 2. 9. 7—3）。

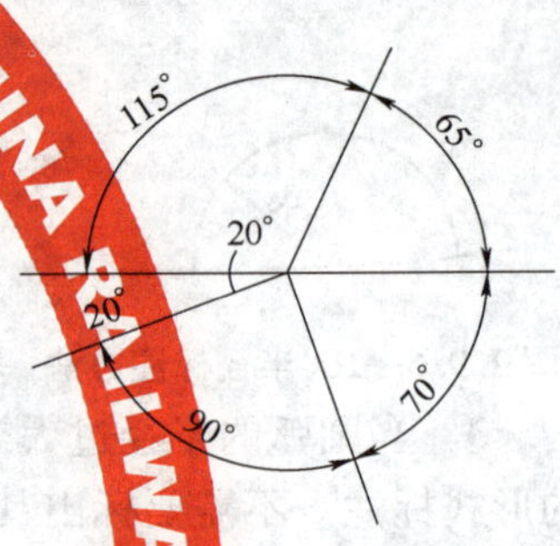

图 2. 9. 7—1　角度的标注

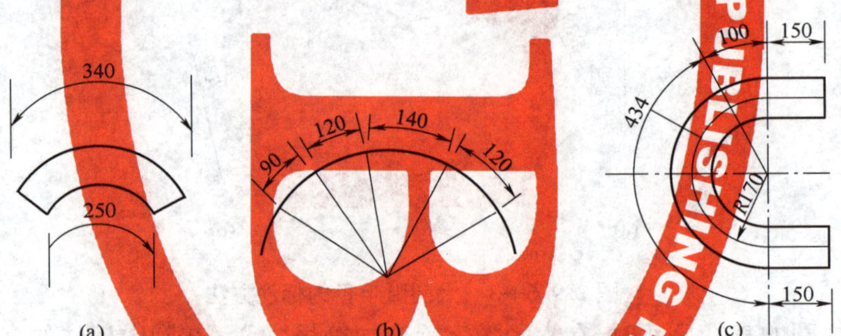

图 2. 9. 7—2　弧长的标注

2. 9. 8　线路曲线标注应符合下列规定：

1　铁路正线中心线上的转点应注于中心线的上侧；切线上的转点应注于曲线外侧；曲线控制桩 *ZH*、*HY*、*YH*、*HZ* 应注于曲线内侧。字头朝图纸左端书写。

2　中心线上的转点和曲线控制桩宜注加桩里程，可不注千米标。但在局部比较线或改线地段，可注写全里程。

3　正线、站线上的交点，在曲线外侧应注明交点编号，正线采用转点编号加注股道数值表示，站线采用 *V* 表示交点编号。曲线要素 α、*R*、*l*、*T*、*L* 应注于曲线内侧。当站线较多时，应列表标注（表 2. 9. 8）。不需标注曲线要素时，宜将曲线半径标注在曲线内侧。

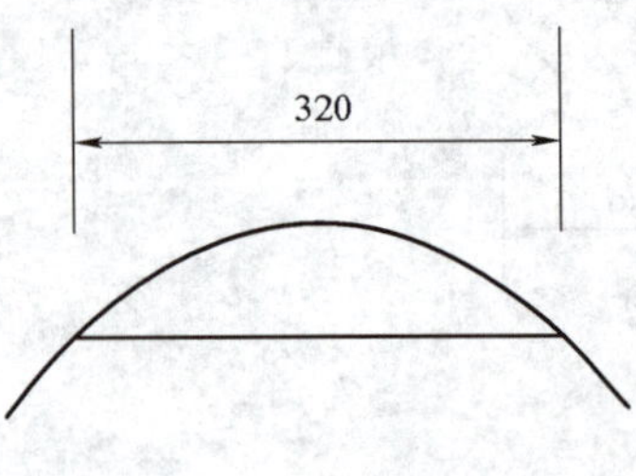

图 2. 9. 7—3　弦长的标注

表 2.9.8 曲线要素表格式(mm)

曲线要素表格式 (mm) 表2.8.8

线路别	曲线交点编号	曲线要素					坐标值	
		a	R	l	T	L	X	Y
1	JD26-1							
15	15	20	15	15	15	15	20	20

行高：6、6、6

3 经济勘察、行车组织制图

3.1 一 般 规 定

3.1.1 经济勘察、行车组织制图采用的各种线型应符合表3.1.1的规定。

表3.1.1 各种线型的用途

名 称	用 途
粗实线	车站分布及区间通过能力图要素表格项目栏外框线
中实线	车站围框线、车站中心线、直达直通列车列流线、会车方案列车运行线、货流图中车站及各衔接方向的边框线
细实线	尺寸界线、尺寸线、引出线、设计需要通过能力适应界线、客车列流线、货流图品名分格线
中虚线	预留车站中心线
细虚线	回空列车列流线
细点划线	小运转列车列流线14个品名货流图车站到发分割线
折断线	断开界线

3.2 图 样 画 法

3.2.1 货流图的绘制应符合下列规定：

1 货流图应按单品名或按分品名综合绘制。

2 单品名货流图。

1)图中应绘示线路的起终点及沿线主要经济控制点所在的车站，其他车站可合并以区间形式表示。应标注站名及相应的货物到发量和货流方向。以“+”表示货物发送、“-”表示货物到达，箭头表示货流方向(图3.2.1—1)。

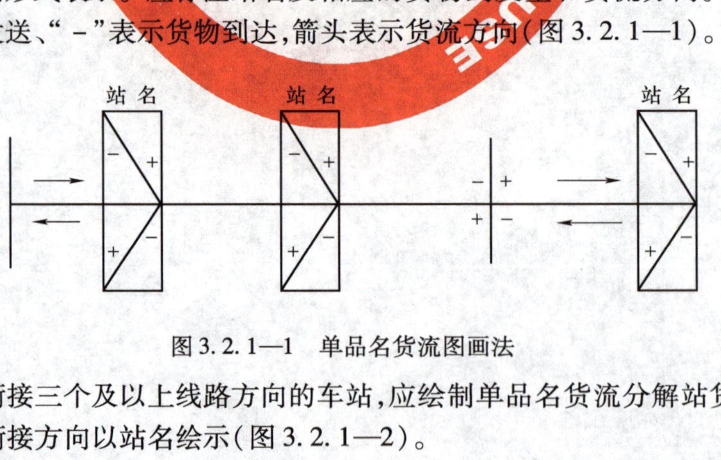

图3.2.1—1 单品名货流图画法

2)对于衔接三个及以上线路方向的车站，应绘制单品名货流分解站货流图。图中可将衔接方向以站名绘示(图3.2.1—2)。

3 分品名综合货流图。

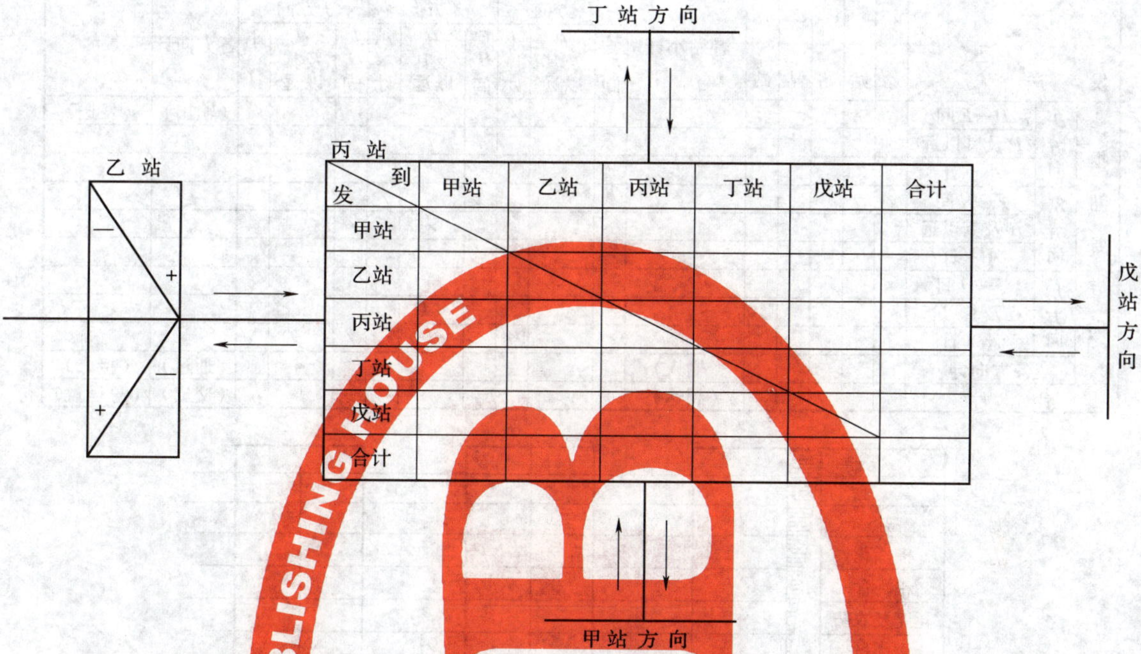

图 3.2.1—2　单品名货流分解站货流图的画法

1）图中设计线路的起终点及衔接方向均应标注 14 个品名及货流方向。车站的货物到发量应分别按上、下行方向标注，铁路线上部为上行方向，下部为下行方向，站名栏也可列区段名（图 3.2.1—3）。

2）对于衔接三个及以上线路方向的货流分解站，应按图 3.2.1—4 的格式绘制分品名货流分解站货流图。

3.2.2　枢纽及编组站货物交流表，应按货物品名分别绘制，见表 3.2.2。

表 3.2.2　货物交流表

品类：________　　　　　　　　　　　　　　　　单位：________

到达 发送		枢纽内各站						枢纽各方向										合计
		a站	b站	c站	d站	e站	各站小计	D方向			Z方向			J方向			各方向计	
								DF间	F及其以远	小计	EH间	H及其以远	小计	JO间	G及其以远	小计		
枢纽内各站	a站	\																
	b站		\															
	c站			\														
	d站				\													
	e站					\												
各站小计							（站间往来）											

续表 3.2.2

发送 \ 到达			枢纽内各站						枢纽各方向										
									D方向			Z方向			J方向				
			a站	b站	c站	d站	e站	各站小计	DF间	F及其以远	小计	EH间	H及其以远	小计	JO间	G及其以远	小计	各方向计	合计
枢纽各方向	D方向	D—F间							\		/							（输出）	（发送）
		F及其以远								×									
		小计							/		\								
	Z方向	E—H间										\		/					
		H及其以远											×						
		小计										/		\					
	J方向	J—O间													\		/		
		G及其以远														×			
		小计													/		\		
	各方向计							（输入）										（通过）	（接入）
合计								（到达）										（交出）	（总运量）

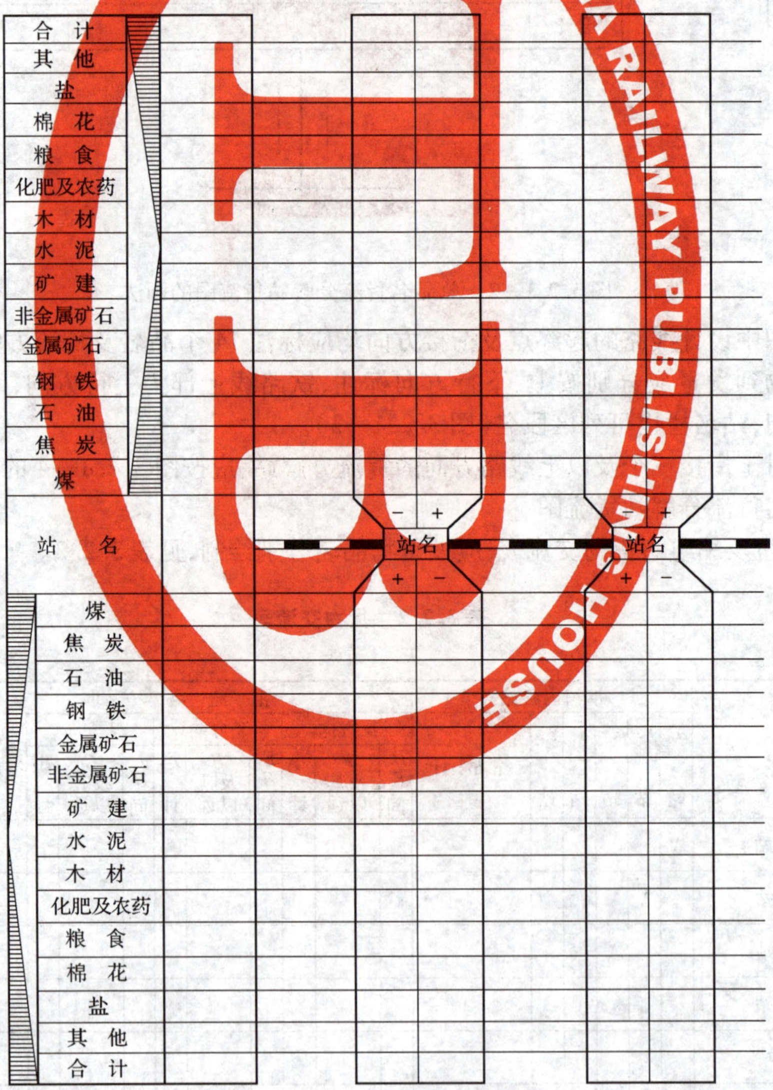

图 3.2.1—3 分品名货流图的画法

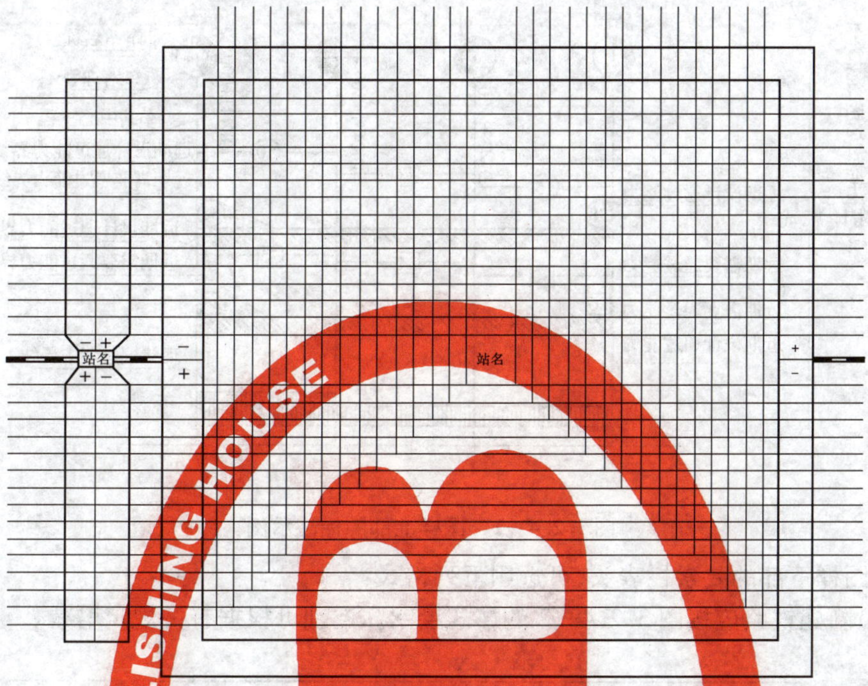

图 3.2.1—4　分品名货流分解站货流图的画法

3.2.3　车站分布及区间通过能力图的绘制应符合下列要求：

1　图中的线路方向和车站分布应与线路纵断面图一致，车站间隔可按等距离绘示。

2　图中应显示全线车站分布序列、线路有关技术标准及各区间通过能力情况、整体布局（图 3.2.3）。

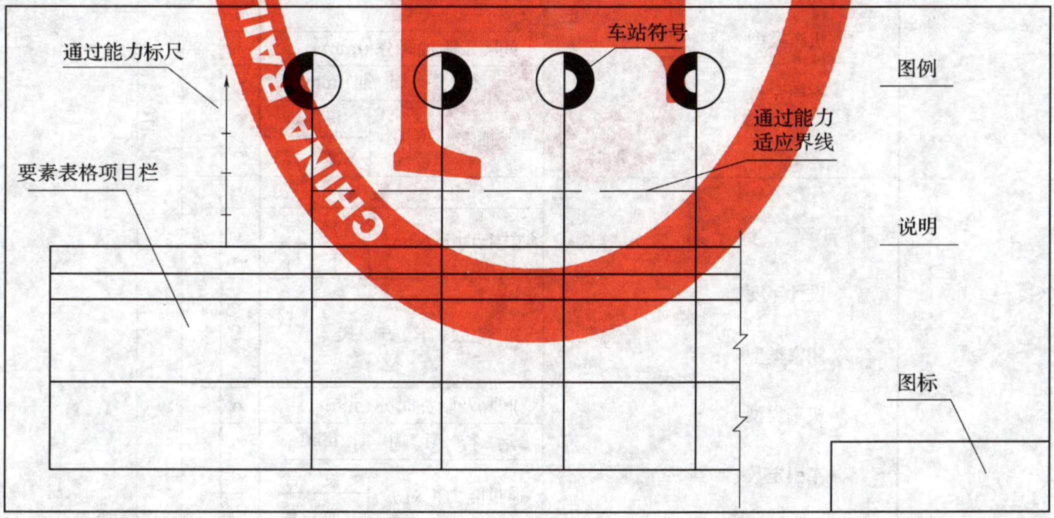

图 3.2.3　车站分布及区间通过能力图布置

3.2.4　车站分布及区间通过能力图的标注应符合下列规定：

1　图样上部应标注车站符号、站名、车站中心里程及各期通过能力分界线（图 3.2.4—1）。

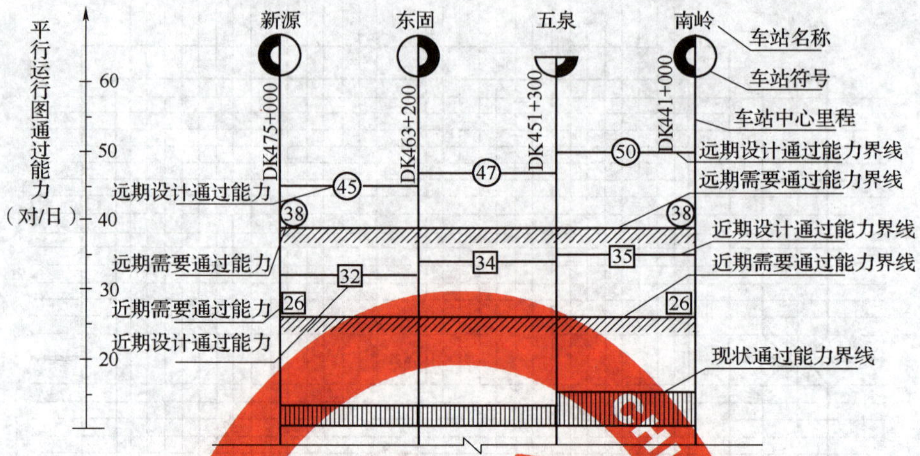

图 3.2.4—1　图样上部的标注示例

2　图样下部的要素栏表头，可选用下列格式：

1）新建铁路应按图 3.2.4—2 的格式绘制。期别可根据有关规定增减。

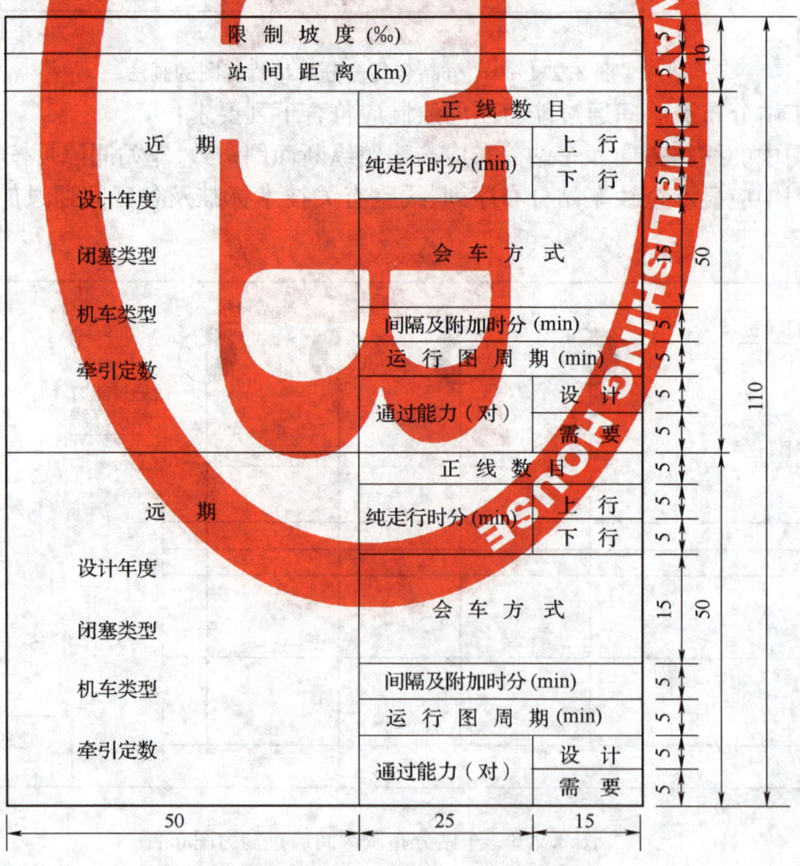

图 3.2.4—2　新建铁路要素栏的格式

2）改建铁路应按图 3.2.4—3 的格式绘制。

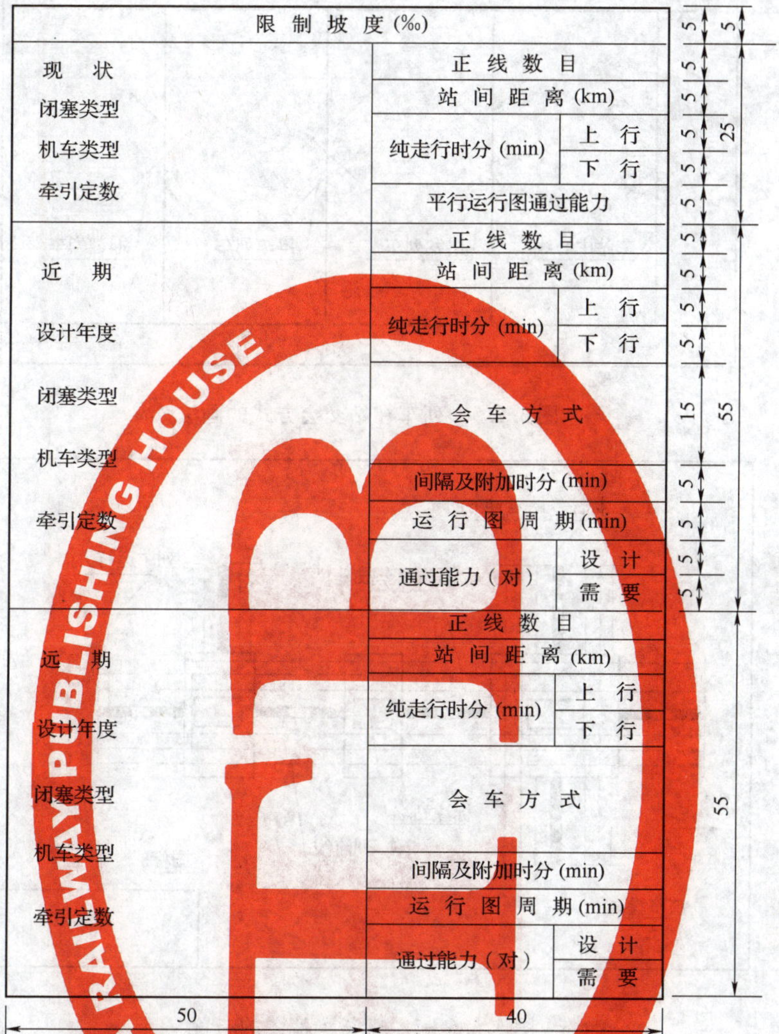

图 3.2.4—3　改建铁路要素栏的格式

3.2.5　车站分布及区间通过能力图要素栏对应的各区间标注内容应符合下列要求：

1　限制坡度按区段(或变化地段)填列；

2　站间距离应与设计线路纵断面图标注的站间距离一致；

3　正线数目应以“单线”、“双线”或“单双线”字样表示；

4　纯走行时分应按上、下行方向分别标注；

5　单线铁路在会车方式栏应绘示列车在车站交会的方式，并应标注相应的车站间隔时分(图 3.2.5)；

6　区间通过能力的单位应采用单线对/日、双线列/日，并应标注在相应项目栏对应的区间或区段居中处。

3.2.6　客货列流图的绘制应符合下列要求：

1　图中应绘示铁路线与车站间平、立面连接关系。列流线应按左侧行车的规定均匀布置在铁路线两侧，并应绘示列车运行方向、列车数量(图 3.2.6—1)。

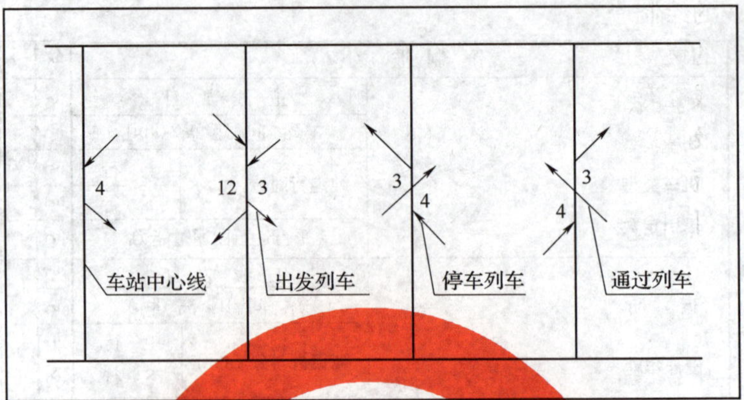

图 3.2.5　列车在站交会方式的画法

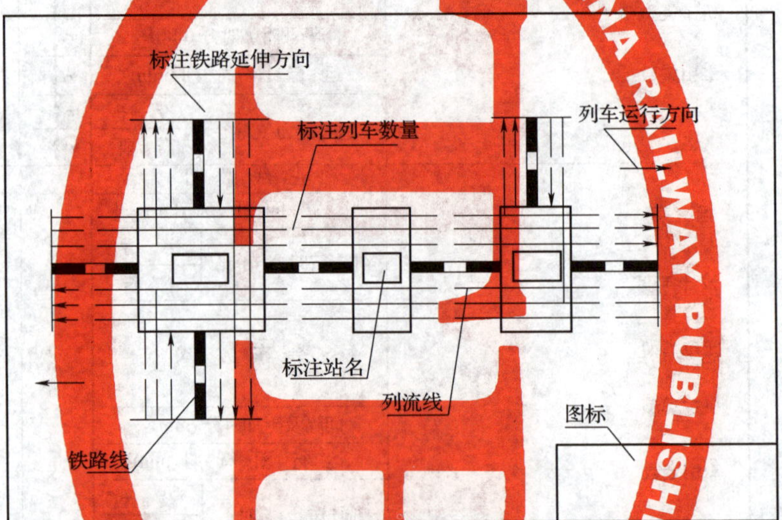

图 3.2.6—1　客货列流图的布置

2　当两铁路正线立面交叉时，应绘制立交符号；车站位置宜用矩形围框表示，车站名称居中，站间以铁路正线符号相连；绘制范围的外端应标注铁路的延伸方向（图 3.2.6—2）。

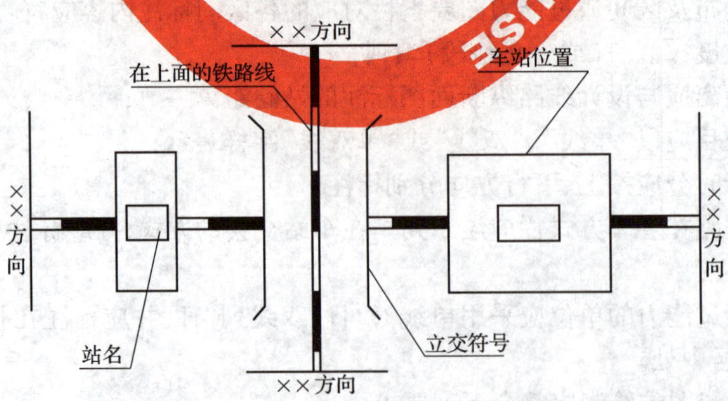

图 3.2.6—2　立交符号及车站围框的画法

3.2.7　列流线的绘制应符合下列规定：

1　列流线的终端应以箭头绘示列车的去向。

2　当列流线在车站转换运行方向时，对于来自一个方向，分别去往两个及其以上方向，或来自两个及其以上方向，同去一个方向的同类列流线，可合并绘制，但在汇合处应绘示转向标志、列流数量。凡来自两个及以上方向，去往另两个及其以上方向的同类列流线，应分别绘制（图3.2.7—1）。

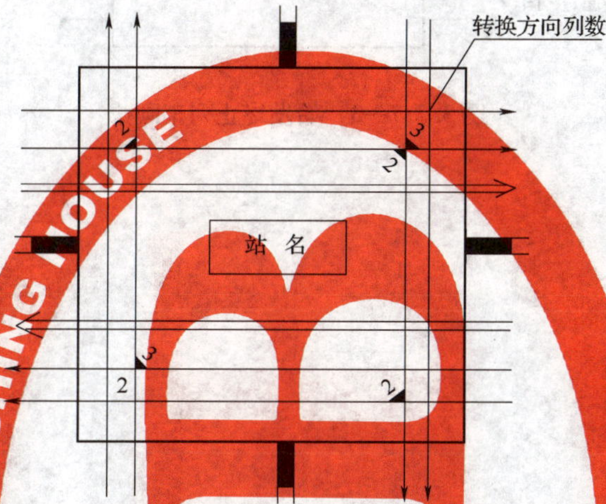

图3.2.7—1　列车转换运行方向的画法

3　列车数量宜按列车类别、上下行方向及区间客、货列车数量合计分别标注（图3.2.7—2）。

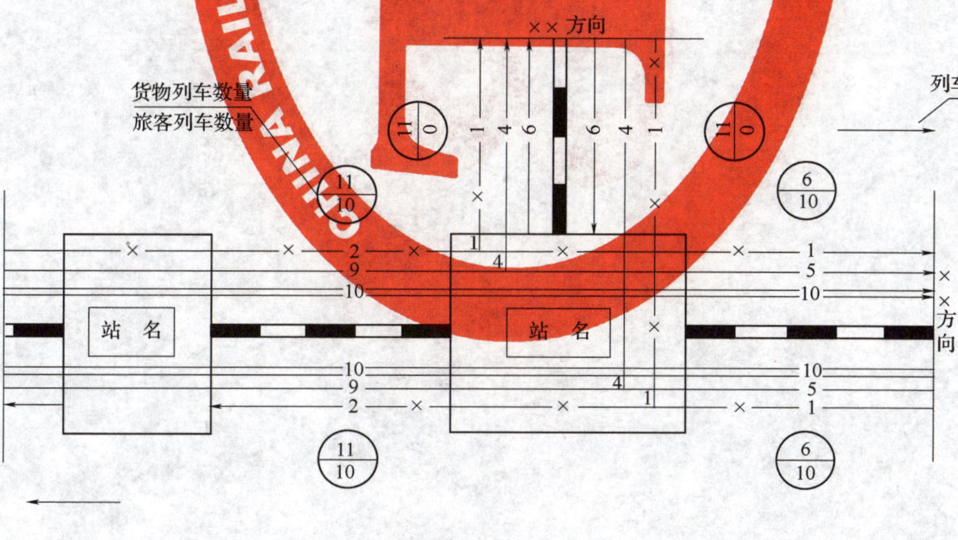

图3.2.7—2　列车数量的标注

4　始发或终止的列流线，应在车站围框边界处绘制相应的箭头符号（图3.2.7—3）。

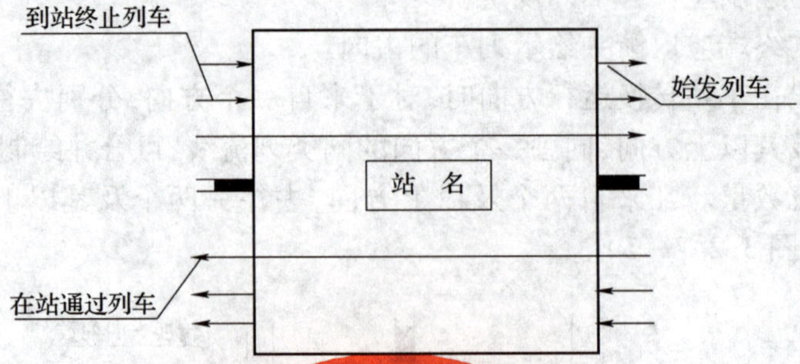

图 3. 2. 7—3　始发终止列车画法

4　工程地质、水文地质制图

4.1　一般规定

4.1.1　铁路工程地质图、水文地质图的比例应根据工程规模、内容及用途，宜从表4.1.1中选用。有特定内容的工程地质图、水文地质图比例可视具体情况选用。

表4.1.1　铁路工程地质图、水文地质图比例

图名	比例
全线工程地质图（也可与线路平面图合并绘制）	1∶10 000～1∶200 000
详细工程地质图（也可与线路平面图合并绘制）	1∶2 000～1∶10 000
详细工程地质纵断面图（可与线路纵断面图合并绘制）	横1∶10 000，竖1∶500～1∶1 000
工点工程地质图	1∶500～1∶5 000
工点工程地质断面图	横1∶200～1∶5 000，竖1∶50～1∶500
全线综合水文地质图	1∶5 000～1∶500 000
给水站综合水文地质图	1∶2 000～1∶50 000
给水站水源水文地质断面图	横1∶200～1∶2 000，竖1∶200～1∶2 000
钻孔抽水试验成果图	比例自定

4.1.2　铁路工程地质图、水文地质图的图线规格，应按表4.1.2及表4.2.1—3规定选用。图中各类图线调配应美观、匀称，地质图线、地质图形符号应层次清晰。

4.1.3　各类工程地质图、水文地质图绘制内容应符合有关规范、规则的要求。特定要求的工程地质图、水文地质图及断面图，应根据场地条件和工程地质评价的需要填绘工程地质、水文地质内容。场地工程地质图、水文地质图及其断面图可分别绘制，也可将工程地质、水文地质内容同绘于一图。

4.1.4　各类工程地质图、水文地质图编制范围应满足勘测阶段对区域地质条件和工程场地地质条件分析的需要，有比选方案时编制范围应满足方案比选的需要。

表4.1.2　各种线型的用途

名称	用途举例
加粗线	大幅工程地质图图框线
粗实线	图框线
粗虚线	断面图中推测的断层线
细实线	地貌界线、小柱状图框线、断面图地层分界线、地层图形花纹线
细虚线	断面图推测地层分界线
波浪线	不整合接触线

4.2　图 样 画 法

4.2.1　铁路工程地质图、水文地质图中地质图形符号的绘制应符合下列要求：

1　地层符号在小比例图中可用地层年代符号表达一种或一组地层，在图例中说明各地层年代符号所代表的地层名称；在较大比例工程地质图和详细工程地质图中则应以地层年代及岩性、成因等组合符号表示。图面编排要求每一地层界线范围内均宜绘有地层符号；当地表同一地层分布地段较长时，应在图面上每隔 20 ~ 30 cm 绘制一个地层符号。

2　不良地质、特殊地质的图形符号制图规格可按平面图的图幅及比例大小适当选用，宜符合表 4.2.1—1 的规定。图面绘制应符合下列要求：

1) 不良地质、特殊地质在图面上范围小于 10 mm × 10 mm 者可只画符号，范围大于 10 mm × 10 mm 者还应用不良地质界线圈定不良地质、特殊地质的范围；

2) 不良地质图形符号应按要求方向绘制在不良地质界线范围的中心；特殊地质可按图幅和分布范围大小，填绘在醒目位置；

3) 地质图中不良地质、特殊地质地段长度在图面上大于 40 cm，当画一个图形符号不醒目时，宜每隔 20 cm 加绘一个 6 mm × 12 mm 至 10 mm × 20 mm 方框（长轴方向与图幅的长轴方向平行）内填相应的不良地质、特殊地质图形符号。

表 4.2.1—1　常用不良地质、特殊地质图形符号制图规格（用于平面图）

顺序	不良地质、特殊地质代表	常用规格 a（宽）× b（高）(min)			附　　录
		1:10 000 ~ 1:200 000	1:2 000 ~ 1:5 000	1:500 ~ 1:1 000	
1	滑坡、错落、崩塌	6 × 4	12 × 8	15 × 8	成群的山坡变形可示意画出
2	岩堆、泥石流、洪积扇	4 × 6	8 × 12	8 × 15	图面范围小的可示意画出
3	固定沙丘、半固定沙丘、活动沙丘、新月形沙丘、沙垄	6 × 4	12 × 8	15 × 8	也可加方框，方框规格同 7
4	固定沙地、半固定沙地、流动沙地新月形沙丘链、格状沙丘	6 × 4	12 × 8	15 × 8	也可加方框，方框规格同 7
5	软土、湿地、沼泽	6 × 4	12 × 8	15 × 8	也可加方框，方框规格同 7
6	溶洞、岩溶盆地、陷穴	4 × 3	6 × 5	8 × 7	大型的按实际尺寸绘制，小型的可示意画出
7	各类盐渍土	12 × 6	16 × 8 或 20 × 10	20 × 10	方框规格

3　平面图中地质观测点、勘探点、测试点的绘制应按里程或坐标确定点位，并以此为中心画出相应的地质点图形符号。同一位置有两种或以上勘探、测试手段时，则应绘制其勘探深度大、取得地质数据多的勘探测试孔，并应同时标注各手段编号。

4　地层小柱状图外框应根据平面图的比例和图幅大小确定，宜符合表 4.2.1—2 的规定，其绘制还应符合下列要求：

1) 柱状图表示的地层厚度、地下水位埋深，均以米为单位，米可省略（图 4.2.1—1）；

2) 柱状图垂直图幅绘制；

3）若地层界线范围较大或下部地层变化较大时，则应在图面上每隔 20～30 cm 或在下部地层有变化的范围内加绘地层小柱状图。

表 4.2.1—2　地层小柱状图外框尺寸

宽（mm）	7	8	10
长（mm）	10	12	15
适用图形比例	1∶10 000～1∶200 000		
		1∶200～1∶5 000	

5　地震基本烈度应采用中文数字表示，并绘制于圆圈内，圆圈直径可根据平面图的比例大小选用，宜为 8～10 mm。按区划分段，每隔适当距离填绘相应的地震基本烈度符号。

6　地质界线绘制应符合表 4.2.1—3 要求，其中工程地质分区界线和地震基本烈度界线是工程地质图中不可省略的两种地质界线，当与其他地质界线重合时，可按表 4.2.1—4 所列顺序选择一种界线与其并列画出；当其他地质界线重合时，可按表 4.2.1—4 所列顺序选画一种。若编制有特定需要的地质图，应针对需要表现的重点选画一种或并列两种地质界线。

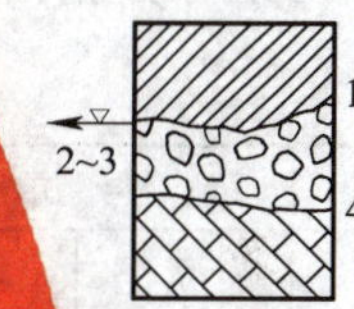

图 4.2.1　地层小柱状图

水文地质平面图中遇几种地质界线重合时应按下列顺序填绘一种界线：水文地质分区界线、断层线、不良地质分界线、地层分界线。

表 4.2.1—3　地质界线图样规格

界线名称	线样画法	主线宽
断层线、褶皱轴、水文地质分区界线	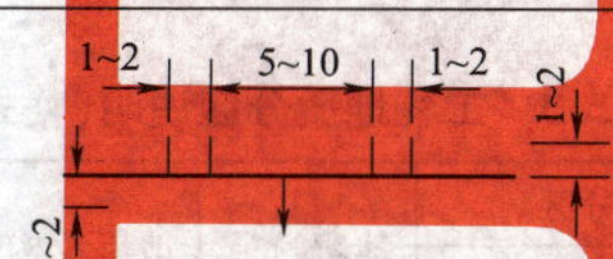	0.5～0.7*b*
推测断层线、褶皱轴、水文地质亚区界线	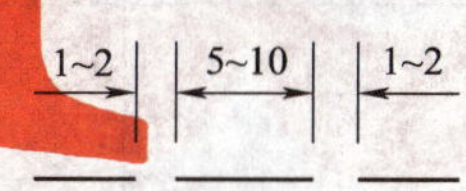	0.5～0.7*b*
水文地质分带线、工程地质分区界线		0.5～0.7*b*
地震烈度界线、不良地质及特殊地质界线	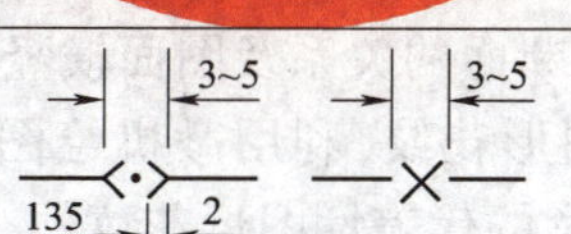	0.5～0.7*b*
岩层风化界线、地下水位线、中心线	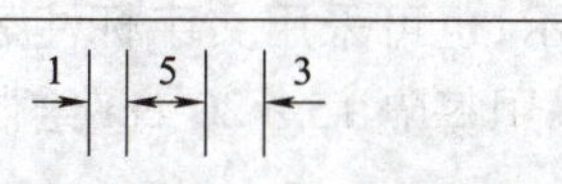	0.25*b*
平面图地层分界线	………………	6～8 个/cm

注：辅助线规格按 0.2*b* 绘制；不同地质界线未一一列出，其绘制应根据界线特点，参照线样要求绘制。

表 4.2.1—4　地层界线顺序表

顺　序	界 线 名 称
1	地质构造线
2	不良地质界线
3	地层分界线
4	地貌分界线

4.2.2　全线工程地质图的地层综合柱状图由地层单元、地层柱状图和岩性特征说明三部分组成,应按表 4.2.2 的格式编绘,并应符合下列要求:

1)地层单元宜划分到系,必要时划分到统;

2)地层柱状图采用花纹符号绘制;

3)层厚是指沿线分布的地层厚度。

表 4.2.2　地层综合柱状图(图样)

地 层 单 元				地层柱状图	层厚(m)	地层岩性特征
界	系	统	符号			

4.2.3　全线工程地质图编绘的工程地质分区说明应按表 4.2.3 格式概括描述。工程地质分区代号用罗马数字标注,工程地质亚区代号在工程地质分区的基础上加阿拉伯数字下角标标注。

表 4.2.3　工程地质分区说明(格式)

工程地质分区		工程地质分区		地貌特征	地层及构造	水文地质	不良地质及特殊地质	工程地质条件评价
代号	名称(沿线里程)	代号	名称(沿线里程)					

4.2.4　工程地质、水文地质断面图的绘制应符合下列要求:

1　工程地质、水文地质断面图的地质图形花纹绘制应考虑图面花纹比例协调、图面美观。岩层和构造的倾角应按与断面的关系及图面横竖比例换算绘制。

1)综合性断面图应绘满图形花纹,利用微机绘图及供设计用图可采用每隔 15 ~ 20 cm绘制一 2 ~ 3 cm 宽的代表性图形花纹。

2)工点图可用岩性花纹表示,也可采用文字标注岩性名称与图形花纹表明产状关系相结合的形式,也可采用每隔 15 ~ 20 cm 绘制一 2 ~ 3 cm 宽的图形花纹方式表示。

2　工程地质断面图中土石工程分级应采用罗马数字表示,绘制在直径 4 ~ 6 mm 的圆圈内。每一地层均宜有代表符号。

3　工点工程地质断面图中,应在勘探测试孔位的左侧标注影响地层分层及工程性质的取样位置及测试位置。

4　隧道围岩类别应在隧道洞身断面图下侧分段采用罗马数字标注。

4.2.5　工程地质图内的文字说明，应根据图件要求编写，其内容应言简意赅，层次清楚，数据准确可靠，结论明确。

4.2.6　同一条线路，同一勘测阶段，相同比例的铁路工程地质图和水文地质图选用的地质图形符号规格应一致。互相对应的地质平面图、断面图和说明书所用符号、内容代表意义均应协调一致。

4.2.7　当工点工程地质图，表达特有地质环境内容时，应根据增加内容的性质和图幅比例选用图形符号的规格及图线类型增绘。

4.3　编号、图例

4.3.1　铁路工程地质图、水文地质图中勘探点、观测点、测试点等地质点的编号应符合下列要求：

1　各类地质点的代号应统一，如试坑—S，观测点—G，钻孔—Z，静力触探—J 等。

2　同一条线路，相同勘测阶段的同类地质点宜按里程连续编号，也可按队分段编号，但应表示队别。

3　不同勘测阶段的地质点，应在其前注写勘测阶段代号。初测为 C、定测为 D。例如六队在某线定测 6#钻孔表示为 D_6Z—6。

4　工程地质图、水文地质图中图例说明只编绘本图中出现的地质图形符号，排列顺序为地层年代（自上而下由新到老）、成因类型、岩性（先土类后岩石）、地质构造、地貌及不良地质、地质勘探测试点、地质界线等，可不列标题。图例方框尺寸可视图形比例适当选用。

5 线路制图

5.1 一般规定

5.1.1 线路制图采用的各种线型应符合表5.1.1的规定。

表5.1.1 各种线型的用途

名　　称	用　　途
粗实线	设计线(新建、改建、增建第二线及单、双绕行线)、坡度线
中实线	既有线
细实线	导线、切线、坐标网线、地面线、标注线
粗虚线	设计线的比较线、隧道中心线
中虚线	预留设计线、既有隧道中心线
粗点划线	设计线的比较线
粗双点划线	设计线的比较线
折断线	断开界线

5.1.2 线路制图选用的比例应符合表5.1.2的规定。

表5.1.2 比　　例

设计图名称	比　例　尺
线路平、纵断面缩图	平面:1:50 000~1:500 000 纵断面 {横:1:50 000　1:500 000 竖:1:1 000　1:2 000　1:5 000
线路平面图	1:2 000　1:5 000　1:10 000　1:50 000
线路纵断面图	横:1:10 000　1:50 000 竖:1:500　1:1 000
线路详细纵断面图	横:1:10 000 竖:1:500　1:1 000
线路方案平面缩图	1:50 000~1:200 000
简明纵断面图	横:1:50 000　1:100 000 竖:1:1 000　1:5 000　1:10 000
既有线放大纵断面图	横:1:10 000 竖:1:100　1:200
通过正式运营列车便线线路平面图	1:2 000　1:5 000
通过正式运营列车便线线路详细纵断面图	横:1:10 000 竖:1:1 000
改移道路及平(立)交道设计图	平面:1:500~1:5 000 纵断面 {横:1:1 000~1:10 000 竖:1:500~1:1 000

5.1.3 线路平、纵断面缩图的比例应标注在图名下方居中,其他线路设计图应标注在图标中的比例栏内。

5.1.4 单张图、成卷图应将北、西方向朝着图纸上方。

同一工程项目的线路平面图与纵断面图制图方向应一致,里程标注应对应。

5.1.5 平面、纵断面图宜采用一种高程系,当采用两种高程系时,应标注换算关系和断高。

5.2 图样画法

5.2.1 线路平面图的绘制应符合下列规定:

1 应绘制线路推荐方案和主要比较方案,并宜绘在同一卷图内。图中应标注设计起终点里程、方案名称、接线关系。

2 应根据不同设计阶段绘制地形、地貌、地物、各类管线以及省、市、县、乡界线、地类界线、沿河绘制泛滥线,每隔 1 ~2 km 标注设计洪水位。

图中宜绘制主要地质构造线和重大不良地质现象。

3 当纸上定线比例大于、等于 1∶10 000 时,应绘制曲线交点,并应标注交点编号。定测放线时,应绘制控制桩,并应分别标注编号。曲线控制桩标注应垂直于线路中心线引出,并应标注符号和里程。各勘测设计阶段曲线的标注见图 5.2.1—1。

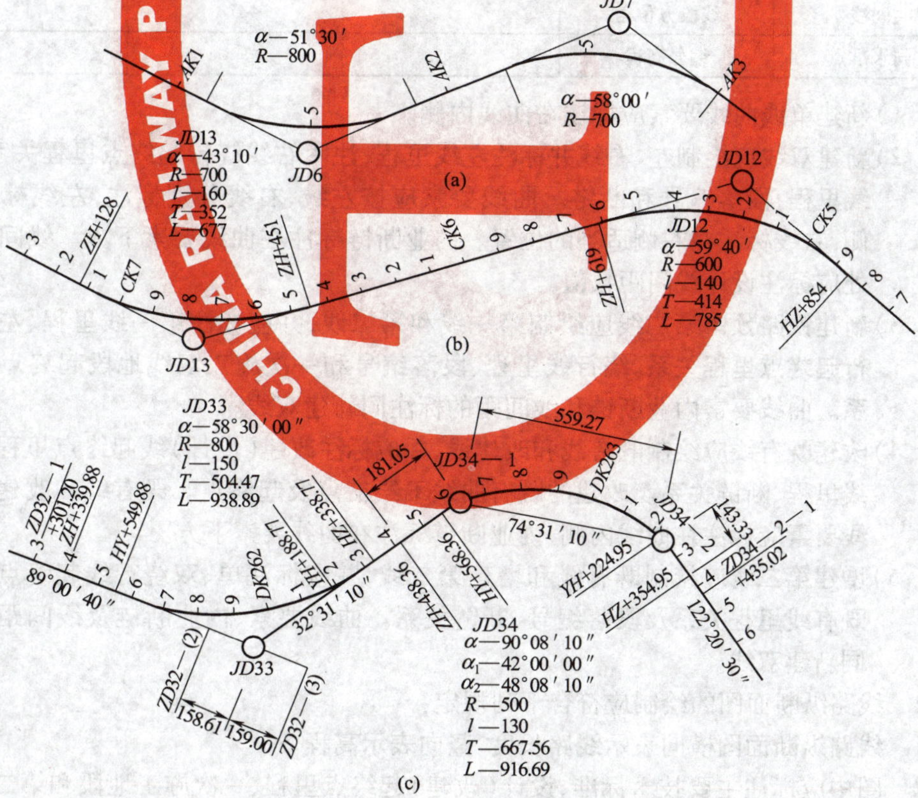

图 5.2.1—1 曲线的标注

4　里程的标注应符合本标准 2.9.3 条的规定。螺旋线、回头曲线字头朝向的改变应符合线路展直后字头仍朝向图纸左端的规定（图 5.2.1—2）。

5　平面图宜采用一种坐标系，当采用两种坐标系时，应标注共同点、线的换算关系。

6　图样在两勘测单位施测衔接处，应绘制接头关系表，格式见表 5.2.1。

7　应绘制水准点、车站、桥涵、隧道图形符号。

8　图中应绘制复杂的或重大的改移道路设计线，并应标注起终点里程、交叉方式、交叉中心铁路里程和交叉角。

9　绘制导线应标注导线点编号、里程、高程及导线的方位角或方向角。

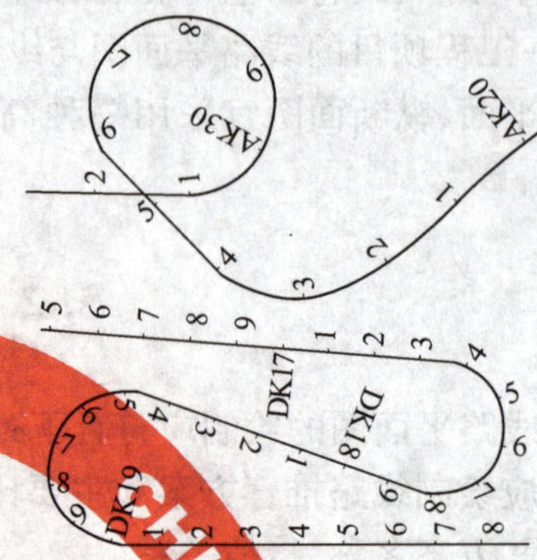

图 5.2.1—2　里程的标注

10　其他规定：

表 5.2.1　接头关系表格式

项	目	勘测单位	勘测单位	差　数
共同点	柱号里程			
	坐　标			
共同线	线段方位角			
共同水准点	编号高程			

1）新建单线曲线要素应标注在曲线内侧。

2）新建双线应绘制左、右线并标注左线里程，注明右线绕行起终点里程关系、绕行线里程、段落编号和断链。曲线要素应按左线、右线分别标注，左线标注在左侧，右线标注在右侧适当的位置。内业断链标注在曲线要素下方。线间距变换处应标注设计线间距数值。

3）新建铁路预留第二线应绘制第一线和第二线，并应标注第一线里程、左右线绕行起终点里程关系、绕行线里程、段落编号和一次施工双线地段起终点里程关系。曲线要素内业断链和线间距的标注同新建双线。

4）改建既有线应绘制既有线和改建线，并应标注改建（设计）线起终点里程和既有线里程、断链关系。改建的既有曲线不绘交点及起终点。既有线和改建后的曲线要素应标注在曲线内侧，内业断链标注在曲线要素下方。

5）增建第二线应绘制既有线和增建第二线，并应标注单、双绕行线起终点里程与既有线里程关系及段落编号、断链关系。曲线要素、内业断链及线间距的标注同新建双线。

5.2.2　线路纵断面图的绘制应符合下列规定：

1　线路纵断面图横向表示线路长度，竖向表示高程。

2　图中应标注主要技术标准、设计（改建）起终点里程、一次施工地段和第二线绕行地段的起终点里程、接线关系和断链。在纵断面起点和高程断开处应绘制高程标尺。图幅上部应绘制图样、下部绘制纵断面栏（图 5.2.2—1）。

3 新建双线、增建第二线的纵断面图应按左线连续绘制。预留第二线的纵断面图应按第一线连续绘制。

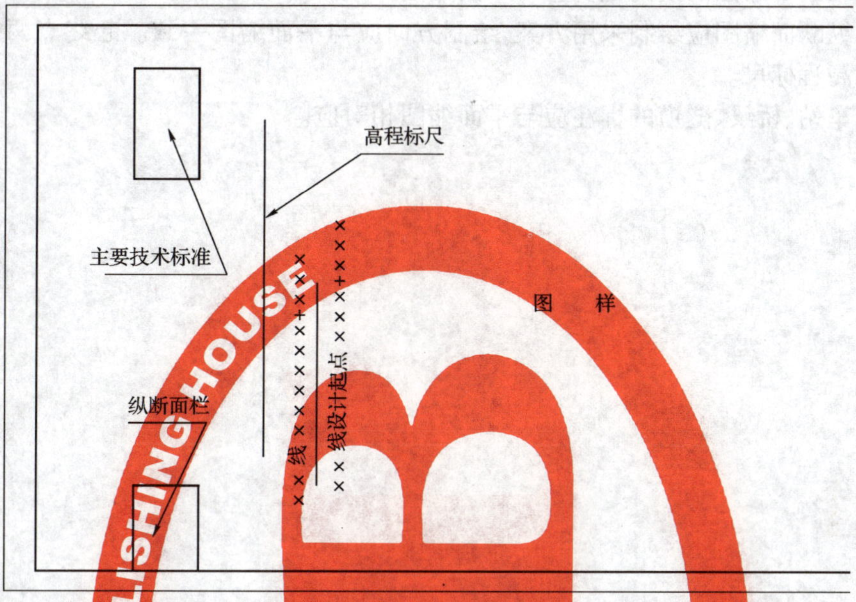

图 5.2.2—1 纵断面图的布置

绕行地段和两线并行不等高地段均应绘制辅助纵断面图。

4 图样中应绘制设计坡度线和地面线；应绘制桥涵、隧道、平交、立交、车站的图形符号。铁路与铁路立体交叉应标注交叉处的轨面高程或梁底高程。车站还应标注距相邻站的距离和走行时分(图 5.2.2—2)。

5 纵断面栏的内容及格式尺寸应根据建设项目的类别及设计阶段确定。

6 线路平面曲线应用凸起或凹下的折线绘制。

7 图中应标注断链关系及水准点编号、高程、所在位置。

8 详细纵断面图宜绘制地质图形符号。

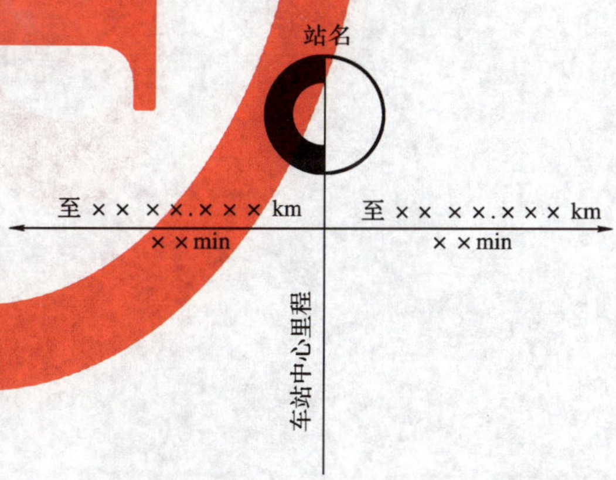

图 5.2.2—2 站间距离和走行时分的标注

5.2.3 线路平、纵断面缩图的绘制应符合下列规定：

1 图中绘制的主要内容应包括平面缩图、纵断面缩图、主要技术标准表、机车交路示意图、主要工程数量表、图名、图标、比例及有关说明。图幅长度不宜大于 3 m。

2 平面缩图绘制应符合下列规定：

1)绘制推荐方案和主要比较方案，并标注方案名称，接线关系、设计起终点里程。

2)绘制省、市、县界线及城镇、主要道路、河流、湖泊、水库、重要矿藏资源。

3)绘制指北针，不绘坐标线。

4）绘制车站图形符号。桥梁、隧道应根据比例和工点疏密程度适当标注。

3　纵断面缩图绘制应符合下列规定：

1）纵断面缩图的横向比例宜与平面缩图一致。

2）纵断面缩图应绘制采用方案，绘制方向应与平面缩图一致。起终点两端应绘制高程标尺。

3）车站、桥梁、隧道的标注应与平面缩图相对应。

6 路基制图

6.1 一般规定

6.1.1 路基制图采用的各种线型应符合表6.1.1的规定

表6.1.1 各种线型的用途

名称	用途
粗实线	新建线路中心线
中实线	正面图设计的路肩线，横断面设计的路基本体轮廓线，路基附属工程的轮廓线或图形符号
细实线	平面图设计的路基本体及正面图设计的堑顶、边坡的图形符号，设计图的辅助线、既有的线路中心线、路肩、堑顶及边坡的图形符号，既有的路基本体及附属工程的轮廓线或图形符号，用地界线、地面线
粗虚线	新建隧道中心线
中虚线	设计的路基本体及附属工程不可见轮廓线或图形符号
细虚线	既有隧道中心线、边坡坡脚线、既有的路基本体及附属工程不可见的轮廓线或图形符号，设计图不可见的辅助线
点划线	横断面的线路中心线
折断线	断开界线

6.1.2 路基制图比例应符合表6.1.2的规定

表6.1.2 比例

图名	比例
平面图	1:500 1:2 000
纵断面图、正面图	竖1:100~1:500 横1:200~1:2 000
横断面图	1:200
结构详图	1:10~1:200
用地及路基排水系统图	宜与线路平面相同

6.1.3 工点平面图上线路中心线方向，应与线路平面图一致。

工点平面图、纵断面图及正面图上线路中心线里程、工点起终点里程标注应符合本标准2.9.3条的规定，标注式样见图6.1.3。

6.1.4 路基工程改河、改沟中心线及其平曲线应按图6.1.4标注。

路基防护及附属工程的圆形建筑物，其平面图、截面图应标注半径。

6.1.5 路基防护及附属工程在平面图上施工放线关系应按图6.1.5标注。

6.1.6 路基防护及附属工程正面图、纵断面图图下表格可按图6.1.6标注。表列设计坡度的字头应向上，里程及高程的字头均应向左。地形及设计坡度的变化点应标注加标里程及其高程。

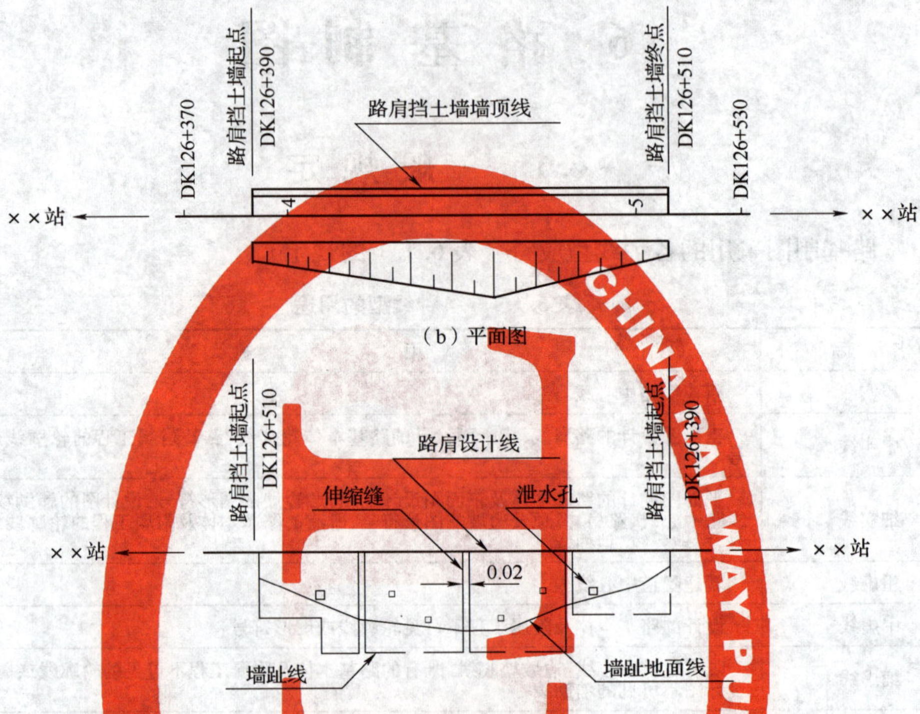

（b）平面图

（a）正面图

图 6.1.3 工程起终点里程的标注

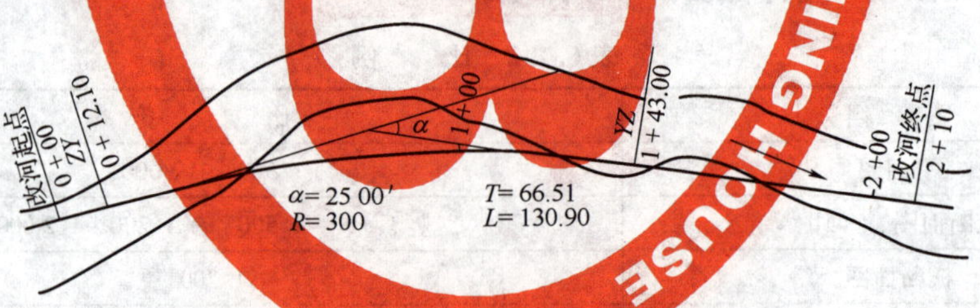

图 6.1.4 平面图改河(沟)中心线的标注

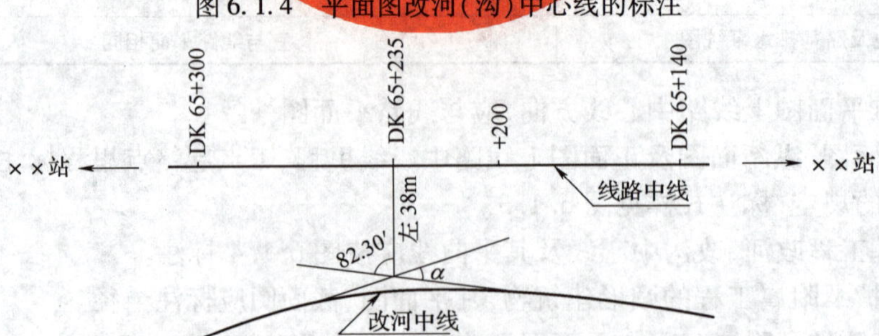

图 6.1.5 平面图施工放线的标注

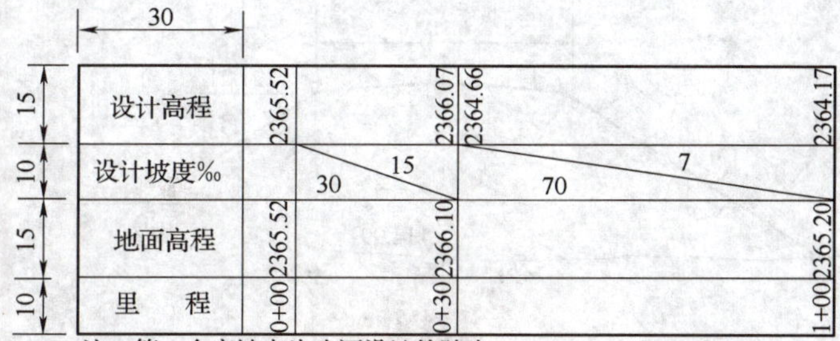

注：第一个变坡点为改河设计的跌水。

（a）纵断面图

（b）正面图

图 6.1.6　坡度标注（单位：mm）

6.2　图样画法

6.2.1　路基一般设计图的绘制应符合下列规定：

1　路基一般设计图仅绘制路其横断面图，其绘制方式应以线路前进方向分左右，图面布置应按里程顺序、自左而右、自下而上、均匀布置。

2　横断面图除应绘制地面线及线路中心线、路基面、边坡和必要的台阶、侧沟、侧沟平台、路拱设计线外，还应填绘地质资料、水文资料和既有建筑物。线路中心线（双线的左线，车站的正线）下应标注正线里程、填挖高度、填挖全面积或半面积。图上还应标注相应的尺寸、坡度、高程及简要说明（图 6.2.1—1）。

3　路基一般设计横断面图中，当有车站、大中桥、隧道及路基个别设计工点时，应在相应里程的横断面间标注缺口的起终点里程及工程名称。

4　车站路基横断面图中，应标注正线间和正线与主要站线间、路基排水横坡变化点、站场路基本体及其附属工程的距离和高程。

5　车站横断面图中，在同一里程上，当路基面宽度突变时，该里程的横断面图，应绘制路基面宽度不同的两条路基边坡线。路基宽度当先小后大时，两条边坡线均应采用中实线绘制〔图 6.2.1—2（a）〕。当先大后小时，小断面边坡线应采用中虚线绘制〔图 6.2.1—2（b）〕。

6.2.2　路基个别设计图的绘制应符合下列规定：

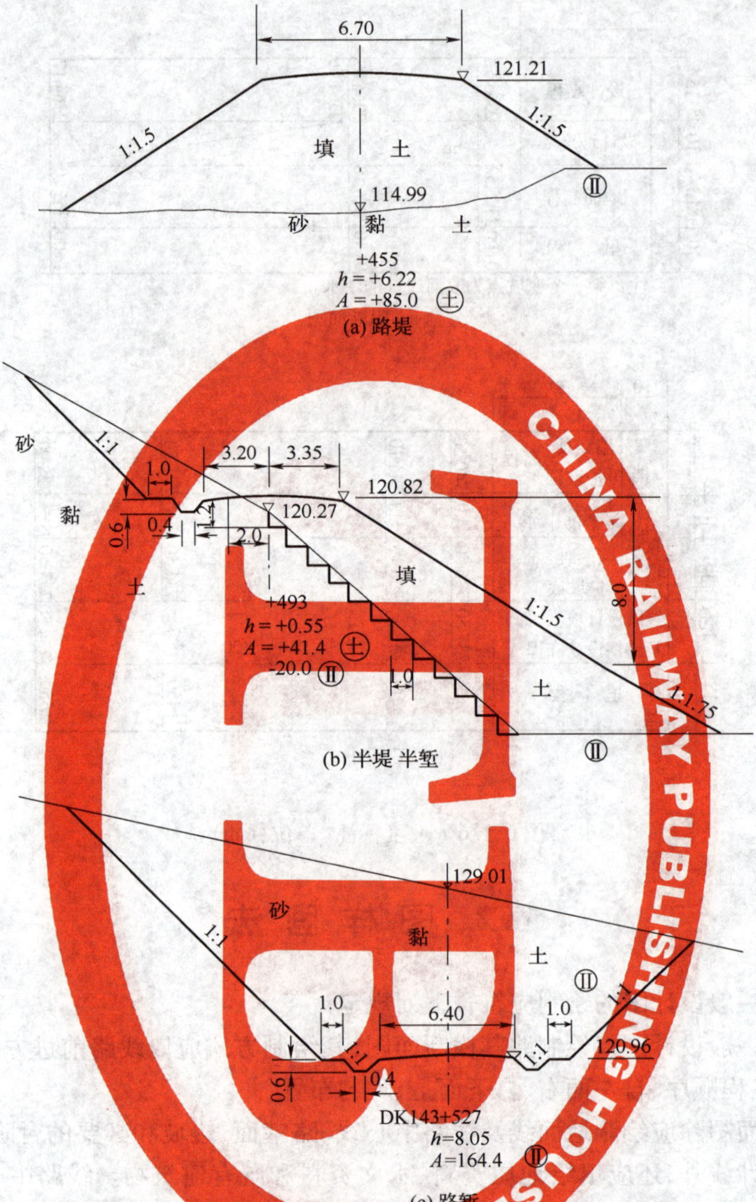

图 6.2.1—1　路基横断面图画法

1　根据设计内容的需要，应绘制横断面图和必要的平面图、纵断面图、正面图、法向图、截面图（结构详图）及示意图，并标注相应的图名、比例、工程起终点里程。

2　横断面图绘制应符合下列规定：

1）应符合本标准第 6.2.1 条的规定。

2）应绘制个别设计的各项路基工程措施及其相应的设计高程和必要的标注。

3）应标注工程的放线关系。

3　平面图绘制应符合下列规定：

1）应绘制经纬距网格及指北针、地形、地貌、地物、地质、既有工程及水准基点。

2）应绘制设计的路基本体工程及有关附属工程。

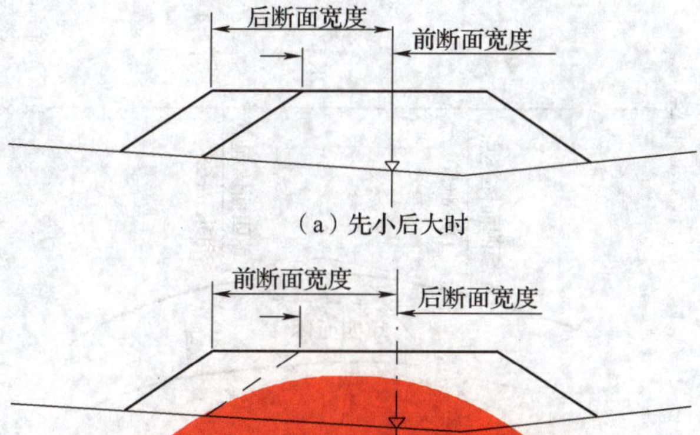

(a)先小后大时

(b)先大后小时

图 6.2.1—2 大小横断面画法

3)应标注相应的图形符号和简明注释。

4 平面图也可按以下几种方法绘制:

1)线状工程如截砂沟堤、防雪栅栏、挡冰堤工程,可用点划线绘制其中心线位置或按图形符号绘制(图 6.2.2—1)。

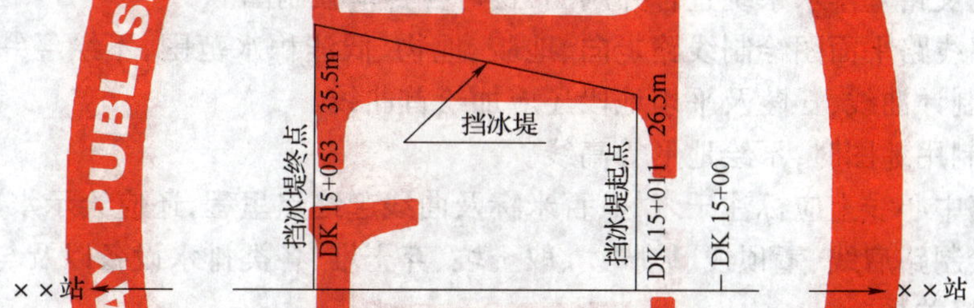

图 6.2.2—1 线状工程平面图画法

2)面状工程包括各种坡面、平面防护工程,可采用实线绘制(图 6.2.2—2)

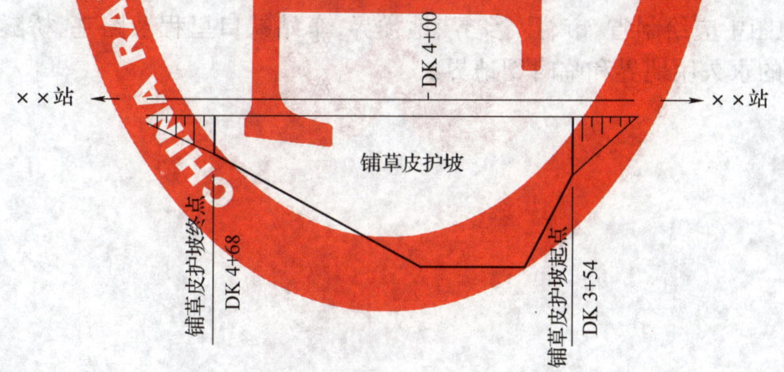

图 6.2.2—2 面状工程平面图画法

3)地面下工程可采用虚线绘制(图 6.2.2—3)。

5 纵断面图绘制应符合下列规定:

工点纵断面图的图线应绘制地面线、设计坡度线。图下表格标注应符合本标准第 6.1.6 条的要求,还应标注必要的设计水位高程。

6 正面图绘制应符合下列规定:

1)路基挡护工程的正面图、系平视坡面,反映建筑物的垂直高度。

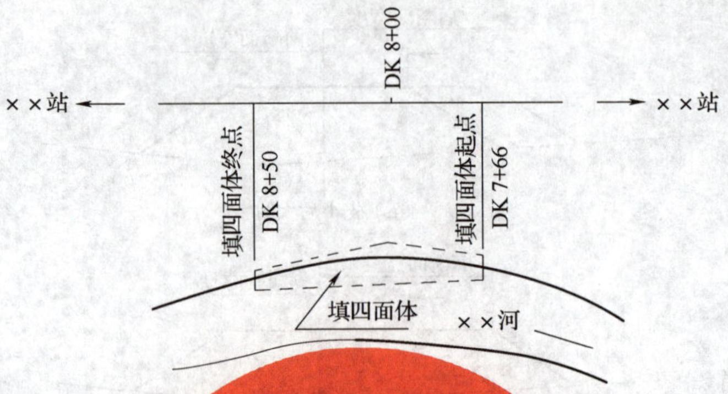

图 6.2.2—3　地面下工程平面图画法

2) 图中应绘制路肩线、墙顶线、堑顶线、墙趾线、墙趾地面线、伸缩缝、泄水孔，还应绘制必要的地层分界线、设计水位线。

7　路基防护及附属工程，当正面图还不能详细表达设计意图时，可正视坡面，采用正投影法绘制法向图及示意图。

6.2.3　用地及路基排水系统图的绘制应符合下列规定：

1　用地及路基排水系统宜合并制图，也可各自单独制图。

2　参照线路平面图绘制线路走向、地貌、地物、低洼积水范围，不绘经纬距网格。山区地段应绘制计曲线，丘陵及平坦地段还应加绘首曲线。

单独绘制用地图时，不绘地形等高线。

3　线路中心线上应标注千米标、百米标及曲线起终点里程，还应绘示水准基点。

4　应绘制路肩线、堑顶线、坡脚线、取土坑、弃土堆、各类排水设备以及与农田水利排灌系统的衔接关系。

5　应绘制桥涵及其导流工程、隧道、平（立）交道。涵洞应标注出入口高程。

6　改河、改沟、改移道路中心线，应标注其起终点里程。

7　用地图中应绘制省、市、县、乡界、地类界，车站缺口里程及路基、桥隧、改河（沟），平（立）交道的永久用地界和临时用地界。

7 桥涵、隧道制图

7.1 一 般 规 定

7.1.1 桥涵、隧道制图采用的线型，应符合表 7.1.1 的规定。基本线宽 b 宜选用 1 mm，亦可选用 0.7 mm。线宽比应符合本标准第 2.4.2 条的规定。

表 7.1.1 各种线型的用途

名 称	用 途
粗实线	隧道的衬砌轮廓线、预应力钢筋
中实线	结构轮廓线、标准构件外轮廓线、钢筋线、路肩线、隧道开挖断面线、地面线
细实线	尺寸线、尺寸界线、图例线、索引符号、高程符号、既有建筑物、流向线、方向线、钢筋图的构件轮廓线、常水位线、内轨顶面线
粗虚线	隧道中心线、临时预应力钢筋
长中虚线	隧道中心线、路肩线、轨底线
中虚线	结构物的不可见轮廓线、轨底线、受力面积范围线
细虚线	洪水淹没线、计划扩建的建筑物外轮廓线、材料分界线、限界线
小波浪线	既有建筑拆除线
点划线	中心线、轴线对称线、截水沟、改沟(渠)中心线
折断线	断开界线
波浪线	用于空心和实心圆形构件等

7.1.2 桥涵制图选用的比例，应符合表 7.1.2 的规定。

表 7.1.2 比 例

图 名	比 例
桥址平面图、桥址工程地质图	1:500～1:5 000
桥址工程地质纵断面图	横 1:100～1:5 000 竖 1:50～1:500
全桥总布置图	1:100～1:1 000
墩台及基础详图	1:50～1:200
特殊结构、新技术、新结构设计图	1:10～1:200
调节建筑物及其他附属工程设计图	1:50～1:1 000
复杂的施工防护设计图	1:50～1:200
桥梁照明、通信、信号、电力支架等有关设计图	1:10～1:200
小桥涵设计图	1:50～1:200

7.1.3 隧道制图选用的比例，应符合表 7.1.3 的规定。

表 7.1.3 比 例

图 名	比 例
隧道线路方案平面图	1∶2 000 ~ 1∶50 000
隧道平面图	1∶2 000 ~ 1∶5 000(特长隧道洞顶部分可采用 1∶10 000)
隧道纵断面图	横 1∶500 ~ 1∶5 000 竖 1∶200 ~ 1∶2 000
隧道洞身横断面图	1∶200 或 1∶500
隧道洞口平面图	1∶200 或 1∶500
隧道洞口纵、横断面图	1∶200
既有隧道丈量图	1∶50 或 1∶100
隧道门、支护结构图	1∶50 ~ 1∶100
局部结构详图	1∶10 ~ 1∶50

7.1.4 特大桥、重点桥渡、大中桥地形图面积较大者及隧道线路方案平面图、隧道平面图均应绘制坐标网格,坐标的标注与绘制应与线路平面图一致。坐标标注方法应符合本标准第 2.9.2 条第 1 款的规定。

7.1.5 里程标注应符合下列规定:

1 每座桥涵工点设计图的图标中,均应标注桥涵中心里程。

2 桥中心、桥墩中心、桥台胸墙与台尾、涵洞中心线与线路中心线的交点及其他建筑物与线路的交点,均应标注线路里程(图 7.1.5—1)。

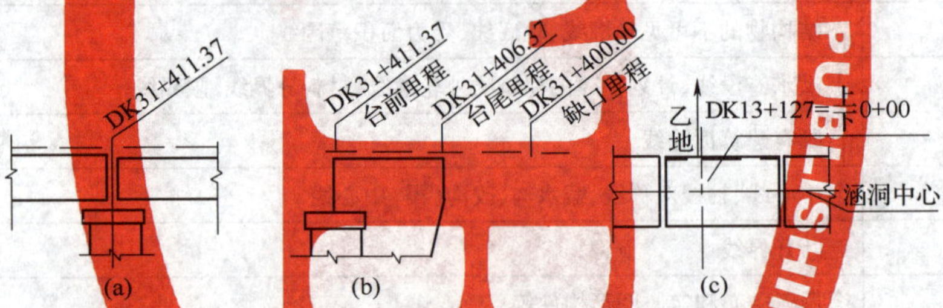

图 7.1.5—1 里程标注

3 桥址工程地质纵断面图及特大桥、大中桥的总布置图中,凡有地面高程的点位,均应在点位下方标注线路里程。

4 隧道纵断面图中,曲线起终点、变坡点不同衬砌断面交界处、断面加宽变化点、锚段衬砌起终点及隧道洞口均应标注里程。

5 导流堤坝纵断面图及改沟(渠)、截水沟中心纵剖面图,均应在地面高程和设计沟底高程的点位下标注百米标和线路里程。

6 桥涵址地形平面图上应绘出改沟(渠)、截水沟和导流堤坝的中心线,在这些工程的中心线上应标注百米标,线路中心线上应标注线路里程。当无地形平面图时,应在桥涵址平面示意图上标注百米标和线路里程。

7 在涵洞中心纵剖面图的出入口翼墙基础襟边尺寸界线上及上下游铺砌末端尺寸界线上,均应标注百米标和线路里程。

8 隧道辅助坑道、改沟、渡槽工程的里程可以自成系统,并应标注与线路的关系。

9 工程起终点里程标注应符合下列要求:

1)小桥涵、一般大中桥设计图,凡装订成册的,每册图纸的封面及汇总表均应标注本册的起终点里程。

2)特大桥、大中桥,均应在设计图上标注缺口里程。

3)隧道(明洞)表中应注明工点的起终点里程。

4)单独成册的隧道(明洞)工点图或按线段划分成册的隧道设计图,在封面上均应标注工程的起终点里程或线段里程。

7.1.6　高程标注应符合下列规定:

1　特大桥、大中小桥的全桥立面图中,在桥墩中心、桥台背墙及台尾处应标注轨底、墩台支承垫石顶面、基底及台尾路肩的高路;涵洞中心纵剖面图中应标注路肩、出入口沟底、每段涵洞沟底和出入口铺砌末端沟底的高程。

2　导流堤坝应标注堤坝顶、基底和地面高程;改沟(渠)、截水沟应标注地面和设计沟底高程。

3　桥下设计水位、涵前水位高程,均应标注符号 H,并需标注洪水频率。受水库影响的桥梁标注正常蓄水位高程。通航河流标注最高、最底通航水位高程(图 7.1.6)。

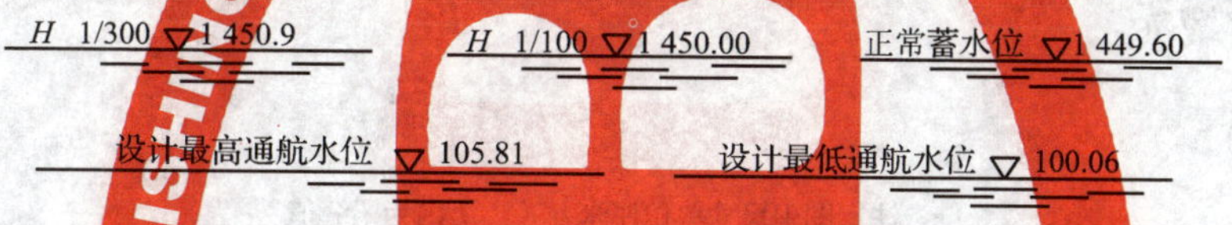

图 7.1.6　水位高程的标注

4　隧道(明洞)纵断面图中,洞口里程及变坡点处应标注路肩高程及内轨顶面高程;洞口纵、横断面图上应标注内轨顶面高程;辅助坑道纵断面图中应标注与线路交点处、变坡点处及洞口(含横断面)处的坑底高程。

7.1.7　桥梁曲线布置平面示意图的绘制和标注应符合下列规定:

1　应绘制线路中心线、梁台中心线和台尾切线,并将其名称用引出线标注于图中,在转折点和台尾处应标注偏角、偏移值 E、梁缝值和墩台里程,并在图中标注曲线半径 R、缓和曲线长度 l 和曲线起终点里程(图 7.1.7—1)。

2　双线铁路桥梁曲线布置示意图中,除应符合本条 1 款的规定外,还应标注两线间的横向交点距 t_{Bi} 和外线外侧梁缝 B_m 数值(图 7.1.7—2)。

3　曲线布置平面示意图的绘图方向应与全桥立面图一致。

7.1.8　隧道平面图、隧道线路方案图及隧道地质纵断面图平面示意栏内,遇有曲线时,均应标注曲线要素;双线隧道应同时标注左、右线的曲线要素;曲线要素宜标注在曲线内侧。

7.1.9　坡度标注应符合下列规定:

1　桥梁上标注的线路坡度。坡度符号的箭头应指向前进方向,上坡为"+"、下坡为"-",应用千分率表示(图 7.1.9)。

2　人工改沟(渠)、导流堤坝的纵向(水流方向)设计坡度均以千分率表示。当无中心纵剖面图时,其设计坡度应以坡度符号标注在地形平面图或平面示意图中,坡度符号的箭头应指向下坡。

开挖、填筑及混凝土、石砌面坡度,可采用纵、横比例表示。

7.1.10　曲面尺寸、放线关系标注应符合下列规定:

1　桥涵导流堤、坝、改沟(渠)工程,均应标注与线路及线路连接的施工放线关系。当导流堤身边坡与桥台或涵洞入口相接处的边坡不一致时,须将堤身边坡渐变,使堤身与

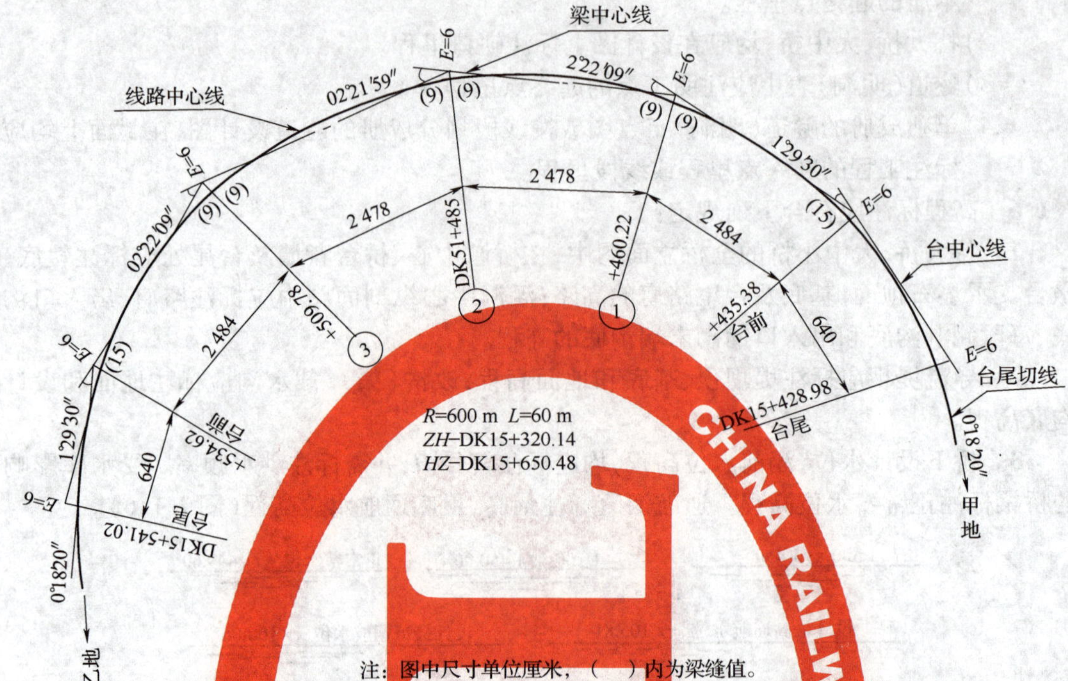

注：图中尺寸单位厘米，（ ）内为梁缝值。

图 7.1.7—1 单线曲线布置平面示意图标注

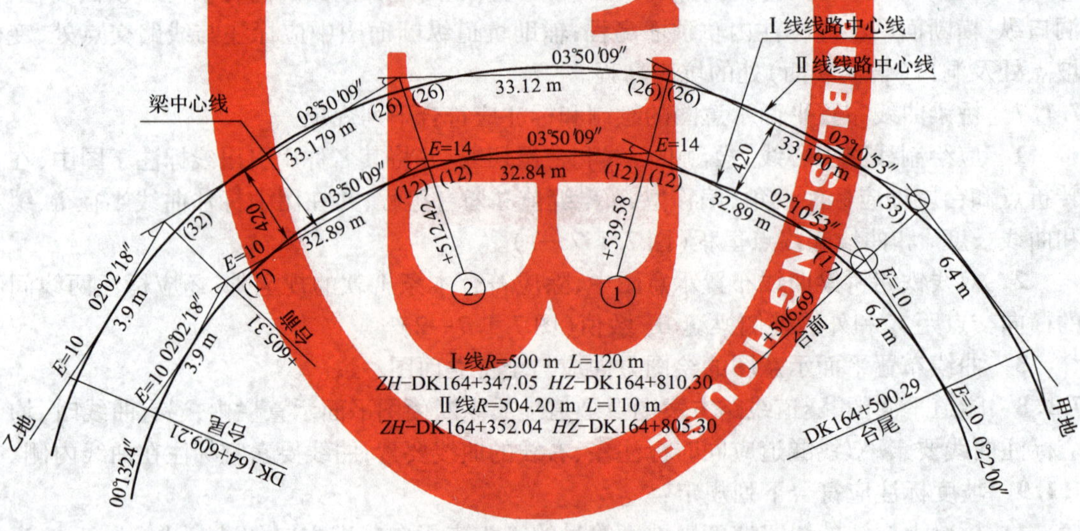

图 7.1.7—2 双线曲线布置平面示意图标注

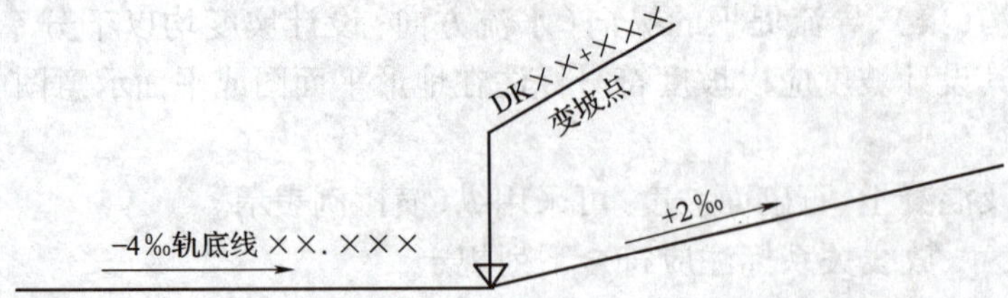

图 7.1.9 坡度标注

桥台或涵洞入口顺接，其渐变段为扭曲面，宜标注曲面尺寸。

2　导流堤放线关系与曲面尺寸的标注（图 7.1.10—1），应绘制在桥（涵）址地形平面图上。

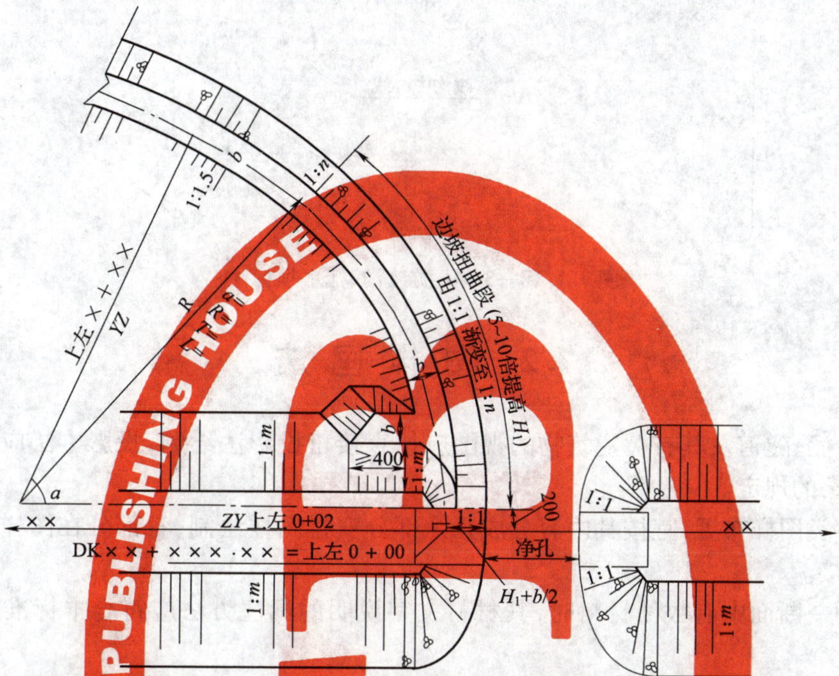

图 7.1.10—1　导流堤及放线关系的标注

3　改沟（渠）放线关系，宜按图 7.1.10—2 标注。

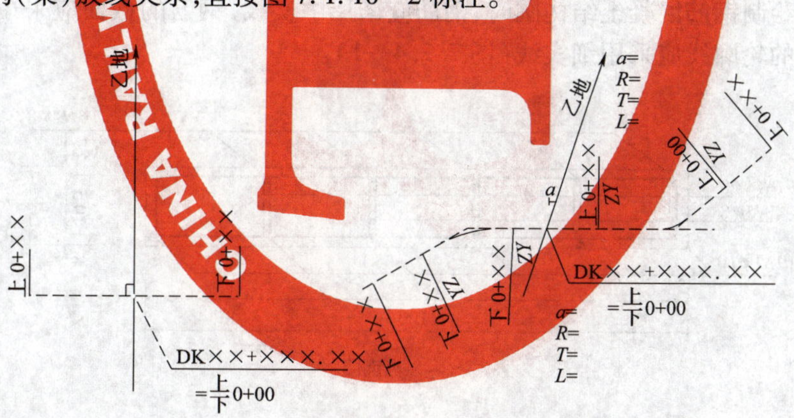

图 7.1.10—2　改沟（渠）的标注

4　对于离开线路较远的挡水坝、改沟（改沟与线路不相交）工程，应以导线与线路中心线相连，并应标注角度与距离（图 7.1.10—3）。

7.1.11　水力要素标注应符合下列规定：

1　涵洞设计图中应标注有关水位（$H_{1/100}$、$H_{1/50}$）及设计流速 v。

2　较长的引水泄水工程（或称人工改沟），应按不同段落流量标注水力要素：设计流量 Q_p 为 $Q_{1/100}$ 或 $Q_{1/50}$）、水深 h、流速 v 等数值。

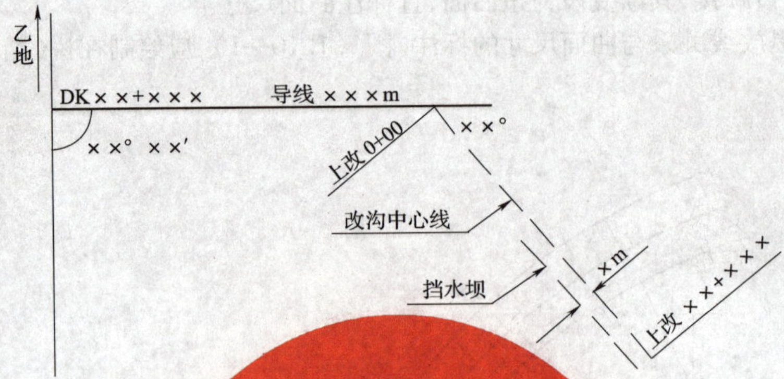

图 7.1.10—3　上游改沟、挡水坝标注

7.2　图 样 画 法

7.2.1　桥涵、隧道及其有关建筑物的视图应按直接正投影法绘制，投影方法应符合本标准 2.8.1 条的规定。

7.2.2　各类图样布置，宜按其内容分成几个部分安排图样绘制，各部分在图样布置上不宜相互搭接。

7.2.3　同一断面中有数种材料时，其材料文字说明的标注方法应符合本标准第 2.7.10 条的规定。

7.2.4　钢筋混凝土结构图的绘制应符合下列要求：

1　基本画法

1）当绘制钢筋混凝土结构图时，钢筋应采用中实线，钢筋的截面应采用黑圆点，构件的轮廓线应采用细实线（图 7.2.4—1）。

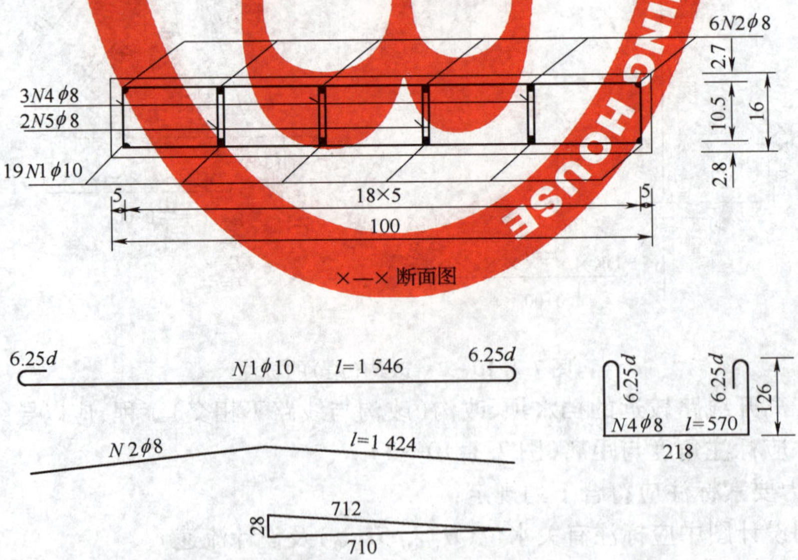

图 7.2.4—1　钢筋大样图

2）在钢筋构造图中，各种钢筋应依次标注根数、编号、直径、间距，编号应采用阿拉

伯数字表示，在编号前冠以 *N* 字，*N* 字前标注根数(图 7.2.4—1)。

钢筋编号的顺序宜先编主要部位、后编次要部位，先主筋、后构造筋。

3)钢筋大样应布置在钢筋构造图的同一张图纸上。钢筋大样的根数、编号、钢筋规格、直径、长度应按图 7.2.4—1 标注。

2 简化画法

1)对于规格、长度、间距都相同的钢筋，平面布置图中可以只画出其第一根和最末一根，并应标注根数、规格和间距，间距符号为@(图 7.2.4—2)。

图 7.2.4—2 一组钢筋布置简化画法

2)两组钢筋，其规格、长度不同，但间距相同，且为相互间隔排列时，可分别只画出每组的第一根和最末一根的全长，并应标注根数、规格和间距(图 7.2.4—3)。

图 7.2.4—3 两组钢筋布置简化画法

3)对称图形，视需要可只画该图形的一半，也可稍超出图形的对称轴。

4)当图形较长、如沿长度方向的形状相同或按一定规律变化时，可断开省略绘制，断开处应以折断线表示。

7.2.5 预应力混凝土结构图的绘制应符合下列要求：

1 在纵断面图中，预应力钢筋应采用粗实线绘制，非预应力钢筋应采用中实线绘制，并应标注钢筋编号，编号应采用阿拉伯数字，在数字前冠以 *N* 字表示。

2 在横断面图中预应力钢筋应采用圆圈表示，钢筋编号应标注在圆圈内，非预应力钢筋应采用中实线和黑圆点绘制，并应标注钢筋编号、规格、间距、直径。

3 预应力钢筋尺寸应绘大样详图，并标注钢筋及有关曲线要素、纵横坐标，在数量表中应注明每根钢筋的组成(如钢丝或钢绞线直径、根数和规格)、计算长度、下料长度、张拉引伸量等及必要的说明。

4 连续梁简支梁纵向预应力钢筋布置图，应包括立面图、各部位平面图、钢筋大样图。预应力钢筋应采用粗实线绘制，施工用临时预应力钢筋可采用粗虚线绘制。在图中应标注钢筋编号。编号前应冠以钢筋部位符号，其符号规定以"*S*"表示顶板钢筋，"*D*"表示底板钢筋，"*F*"表示腹板钢筋，临时钢筋分别以"*LS*、*LD*、*LF*"代替，备用钢筋分别以"*BS*、*BD*、*BF*"代替。

在立面图中应标注梁段号，梁段号应写在圆圈内，并宜标注在各梁段中部，并以虚线示出各梁段界线，各部位平面图中应绘制各梁段界线，并标注间距。

5 纵向预应力钢筋端头锚具下有垫板时，应在圆圈外增绘方格表示。

7.2.6 钢结构图的绘制应符合下列规定：

1 型钢的图形符号规格及标注应符合现行国家标准《建筑结构制图标准》的规定。标注的方法，应采用细实线绘示引线，在图形符号规格前应加注编号，钢梁杆件的杆、板、梁可分别以 $G_{1\sim n}$、$B_{1\sim n}$、$L_{1\sim n}$表示。

2 螺栓、螺栓孔、垫圈应按现行国家标准《道路工程制图标准》的规定标注。

3 焊缝符号应按现行国家标准《焊缝符号表示法》的规定标注。

8 站场制图

8.1 一般规定

8.1.1 站场制图采用的各种线型应符合表8.1.1的规定。基本线宽 b 宜采用0.7 mm。

表 8.1.1 各种线型的用途

名称	用途
粗实线	新建铁路正线、新建管线
中实线	新建铁路站线、驼峰纵断面坡度线、路基、道路、排水沟、客货运设施、建筑物、构筑物的可见轮廓线、既有铁路正线
细实线	既有铁路站线、进路符号线、驼峰能高线、速度曲线、时间曲线、既有路基、路基原地面线、道路、排水沟、客货运设施、建筑物、构筑物的可见轮廓线、坐标网线、尺寸线、尺寸界线、引出线、高程符号线、用地界等
粗虚线	预留铁路正线、管线
中虚线	预留铁路站线、路基、道路、排水沟、建筑物、构筑物、客货运设施的不可见轮廓线、路基被遮挡部分的轮廓线
细虚线	预留用地界,既有排水沟、小路等
细点划线	中心线、预留用地界
折断线	断开界线
波浪线	断开界线

8.1.2 站场制图选用的比例,应符合表8.1.2的规定。

表 8.1.2 比例

图名	比例
中间站、区段站及其他大站平面布置图	1:1 000或1:2 000
进站线路疏解平面布置图	1:1 000或1:2 000
驼峰线路平面图	1:500或1:1 000
驼峰线路纵断面及能高线图	横1:500或1:1 000 竖1:20
编组站中轴线纵断面图	横1:10 000 竖1:1 000或横1:5 000 竖1:500
路基横断面设计图	1:200
区段站及其他大站用地、道路及排水系统图	与车站平面布置图相同
区段站及其他大站车场管线综合布置图	1:500或1:1 000
改建车站复杂的施工过渡方案图	与车站平面布置图相同

8.1.3 改建车站路基横断面设计图,需要时比例可采用1:100。

8.1.4 一个图样宜选用一种比例,在站内线路纵断面图、驼峰能高线图、编组站中轴线纵断面图中,可在水平方向和垂直方向选用不同的比例;驼峰图解检查图不同的曲线可采用不同的比例。

8.1.5 在站场平面图中，车站应以正线中心线、场段应以该场段内某站线中心线或已定测的基线为坐标 X 轴线，垂直于 X 轴线为 Y 轴线。各点坐标 X 值应以正线里程或基线里程标注，或以车站两端正线上最外道岔岔心为原点标注，或以某基线桩为原点的相对距离标注（图 8.1.5）。

一张图上，坐标值应选用一种标注方法。

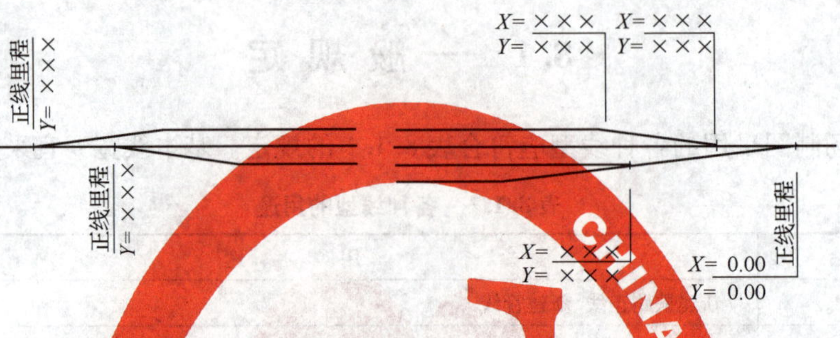

图 8.1.5 车站坐标标注法

8.1.6 当坐标点相距较近时，可采用折线的方法标注（图 8.1.6）。当标注的坐标点较多时，可标注坐标点代号，坐标数值宜列表示出。

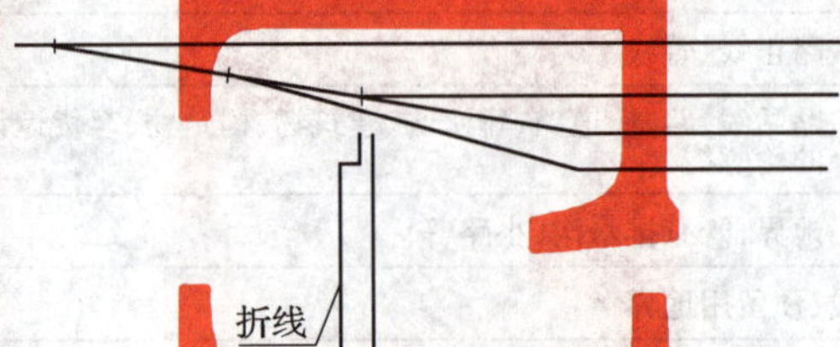

图 8.1.6 折线坐标标注法

8.1.7 站线上的曲线应绘出曲线起终点位置（图 8.1.7）。

图 8.1.7 曲线起终点位置表示法

8.2 图样画法

8.2.1 车站平面布置图的绘制应符合下列规定：

1 线路应采用单线绘制，线路与线路的连接点应采用道岔岔心绘制。

2 应标注车站站名、车站中心里程、车站中心路基面设计高程或轨面设计高程（改建时注轨面设计高程）、两端相邻站站名及站间距离，车站所处该线（段）两端大站站名（标注在车站两端最外方正线上、下方）。

3 铁路正线、站线应标注线路编号（段管线在编号前加规定符号）、列车运行方向、线路间距、线路有效长度（改建时未予改变的均在数值两侧加括号表示），并应匀称标注在线路中部适当位置。注写线路编号、线路有效长度时，图线应断开注写（图 8.2.1）。

4 铁路正线、站线（或车场、线束）、站内道路、排水沟均应标注纵向坡度；车站（车场或线束）应标注横向排水坡度。

5 道岔应标注编号及辙叉号数,曲线交点、车挡应标注编号。

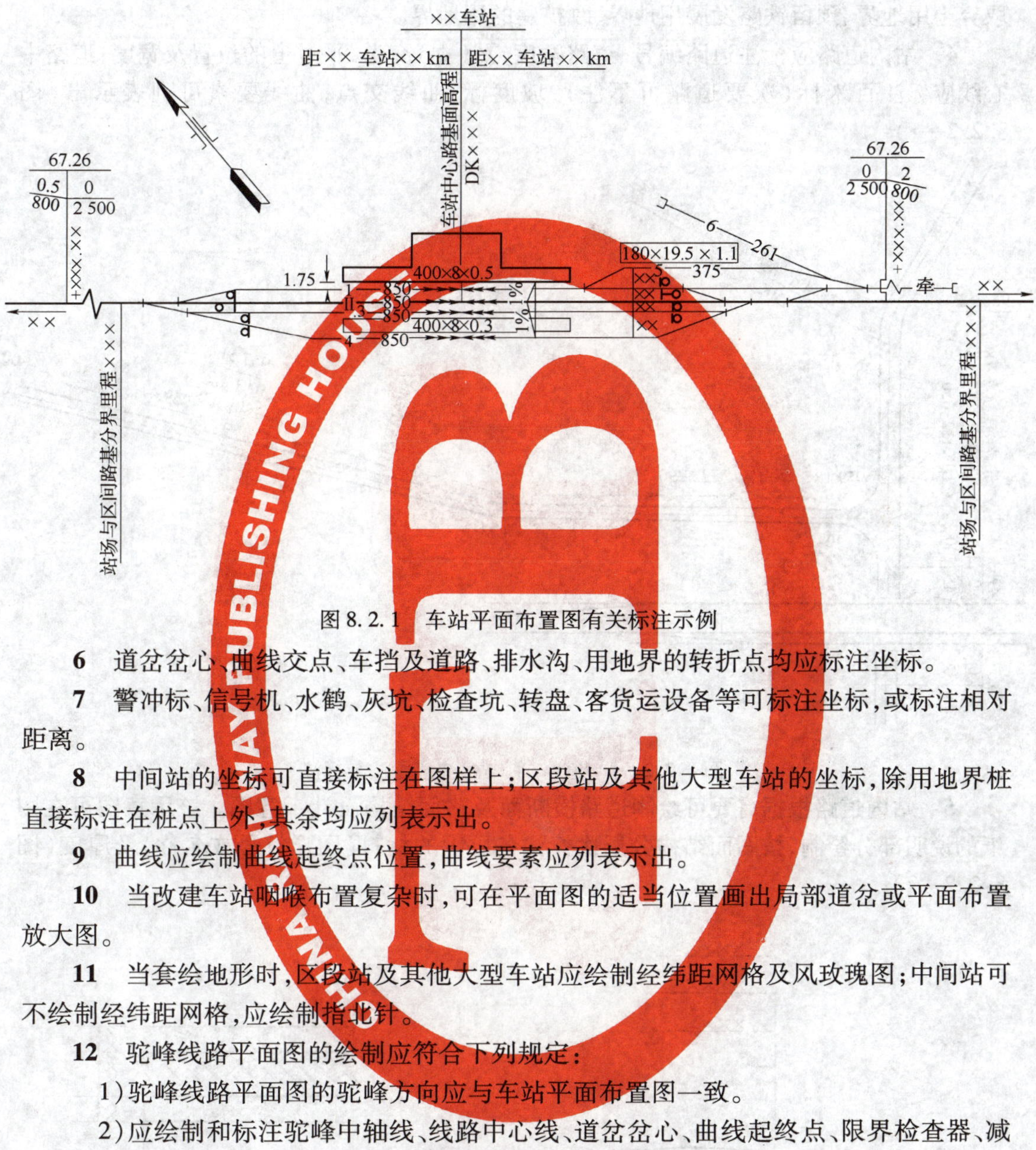

图 8.2.1 车站平面布置图有关标注示例

6 道岔岔心、曲线交点、车挡及道路、排水沟、用地界的转折点均应标注坐标。

7 警冲标、信号机、水鹤、灰坑、检查坑、转盘、客货运设备等可标注坐标,或标注相对距离。

8 中间站的坐标可直接标注在图样上;区段站及其他大型车站的坐标,除用地界桩直接标注在桩点上外,其余均应列表示出。

9 曲线应绘制曲线起终点位置,曲线要素应列表示出。

10 当改建车站咽喉布置复杂时,可在平面图的适当位置画出局部道岔或平面布置放大图。

11 当套绘地形时,区段站及其他大型车站应绘制经纬距网格及风玫瑰图;中间站可不绘制经纬距网格,应绘制指北针。

12 驼峰线路平面图的绘制应符合下列规定:

1)驼峰线路平面图的驼峰方向应与车站平面布置图一致。

2)应绘制和标注驼峰中轴线、线路中心线、道岔岔心、曲线起终点、限界检查器、减速器、脱鞋器、线间距离、线路及道岔编号、辙叉号数、坡度标、警冲标、驼峰生产房屋及道路布置、桥涵位置及孔径式样、峰顶竖曲线部分的水平标桩位置。

3)道岔岔心及曲线交点的坐标及曲线要素宜列表示出。

4)在图样上的适当位置可绘制配轨示意图,也可单独绘制。

8.2.2 用地、道路及排水图的绘制应符合下列要求:

1 中间站应与区间线路路基合并贯通绘制用地,道路及排水图,区段站及其他大型车站应单独绘制。

2 用地、道路及排水图的铁路线路、道岔及有关建筑物、构筑物的位置应与该站的平面布置图一致，并应标注用地、道路、排水设施与铁路线路有关的相关尺寸，无关的从简。

3　用地图应绘制车站范围内铁路用地界、地类分界线、土地使用权所属单位分界线、取弃土用地界、预留铁路发展用地界、改扩建的用地界。

4　站内道路应标注道路编号、道路宽度、平（立）交道、平过道的位置及宽度，道路中心线应标注百米标（次要道路可不注）、坡度标、曲线交点，曲线要素可列表示出（图8.2.2—1）。

图 8.2.2—1　道路、平（立）交道画法与标注

5　站内道路根据需要可绘制道路横断面及路面结构设计示意图。该示意图可在图纸的说明部分绘制，按图面结构分层次标注各层次的材料（图形符号或名称）及厚度（图8.2.2—2）。

(a) 单一层次　　(b) 较多层次

图 8.2.2—2　路面结构类型标注

6　排水图应绘制排水沟、槽位置，标注纵向排水槽编号、沟底纵坡、沟长、起终点里程及起终点高程。

横向暗管、暗沟、集水井、检查井应分场编号，并标注纵坡、沟长、起终点里程及起终点高程，也可列表示出。

7　应标注排水建筑物、构筑物、道路、桥涵、暗管，急流槽、跌水的位置、入口和出口高程。

8　应绘制桥涵位置、孔径、类型，排水沟出水口所在的桥涵应标注桥涵的入口、出口、涵底高程，改河改沟中心位置、长度、纵坡、起终点里程（图 8.2.2—3）。

图 8.2.2—3　排水桥涵入口出口涵底高程标注示例

8.2.3　车场管线综合图的绘制应符合下列规定：

1　图中的铁路线路、道岔及建筑物、构筑物的位置，应与该站的平面布置图及道路、排水图一致。

2　地下管线（电讯电缆、电力电缆、热力管沟、压缩气管道及给、排水管道）、架空管线（电力线、通讯线、灯桥、架空水管）应按各自图形符号绘制。

3　各种管线、沟的相互位置及相互交叉点的高程可直接标注在图上或列表示出，并在图的说明内叙述技术要求。当直接在图上标注时，可按需要引出放大标注。

4　当管道布置复杂时，除平面图标注位置外，可根据需要绘制局部剖面图（图 8.2.3）。

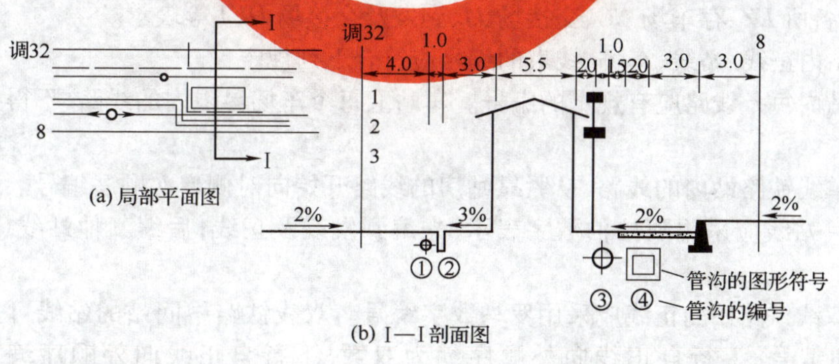

图 8.2.3　管道布置局部平、剖面图

8.2.4　施工过渡图的绘制应符合下列要求：

1　比例宜与该站平面布置图一致。如车站平面布置图比例为1∶2 000，必要时，该比例可采用1∶1 000。

2　应绘制既有线路及道岔、近期工程需要施工的线路及道岔，并应标注线路及道岔编号，不套绘地形图。

3　对新铺、拆铺、拆除等线路和道岔，按设计的施工过渡步骤用不同线型表示。可采用点划线绘制，第一步为一划一点（—·—·—），第二步为一画二点（—··—··—），依次类推。

4　当过渡步骤较多，用一张图表示不清楚时，可按步分图绘制。绘制后几步过渡图时，将已施工的前几步线路均采用一种线型符号绘制。

8.2.5　枢纽总布置图的绘制应符合下列规定：

1　按规定的比例并分别既有、新建、规划三期绘制枢纽范围内的铁路正线。铁路正线应按引入枢纽各线的里程标注千米标。

2　铁路与另一铁路接轨时，应绘出沟通列流径路的主要疏解线、迂回线、联络线。

3　铁路线路（正线、主要疏解线、联络线、迂回线）上的特大桥、大桥、隧道应按规定的图形符号绘制并标注名称，必要时应局部引出放大标注。

4　铁路正线应标注名称，并在最外端标注各线去向的主要大站名称。

5　车站按规定的图形符号绘制，并标注站名、性质、站房位置及车站中心里程。

6　应突出绘制铁路、线路、车站城市规划、主要工业企业布局、地区交通、水港码头，并应绘制地形、地物、地貌、地质符号、经纬距网格和风玫瑰图。

7　宜在适当位置上绘制枢纽在路网中的位置示意图。

8.3　名称与编号

8.3.1　图样上的场、段、建筑物、构筑物应标注名称，名称宜均匀地直接标注在图上。当图形过小时，可用引出线标注在图形外侧附近外。图形过小过多时，也可对图形编号，以列表方式标注名称。

8.3.2　一个工程中，各配套图纸所注写的场、段、建筑物、构筑物名称和编号应一致。

8.3.3　车场或线群宜以该场名称的汉语拼音字母作为冠号，到达场 *DD*、出发场 *CF*、到发场 *DF*、调车场 *DC*、编发场 *BF*、直通场 *ZT*、到发及直通车场 *DFZ*、出发及直通车场 *FZ*、客车技术整备所 *KZ*、存车场 *CC*、交接场 *JJ*、到发及交接场 *DFJ* 等表示。

8.3.4　站内正线、站线、车场、线束的编号应符合下列规定：

1　站内每条线路应有规定的编号。车站上每个车场界限内的线路，不得有相同的编号。

2　单线铁路站内的线路，从紧靠站房的线路开始向对侧递次顺序编号。正线应采用罗马数字、站线应采用阿拉伯数字表示，先编到发线及正线，后编其他站线（图8.3.4—1）。

3　双线铁路站内正线应采用罗马数字编号。双线铁路中间站的站线可按列车运行方向分别编号，上行自正线向外顺序编为双数，下行自正线向外顺序编为单数（图8.3.4—2）。双线铁路横列式区段站及客运站内线路不宜按列车运行方向分别编号，可按单线铁路编号规定办理。

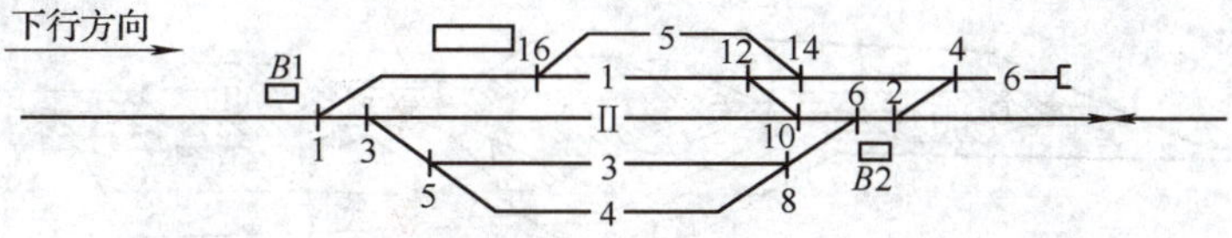

(a) 横列式布置

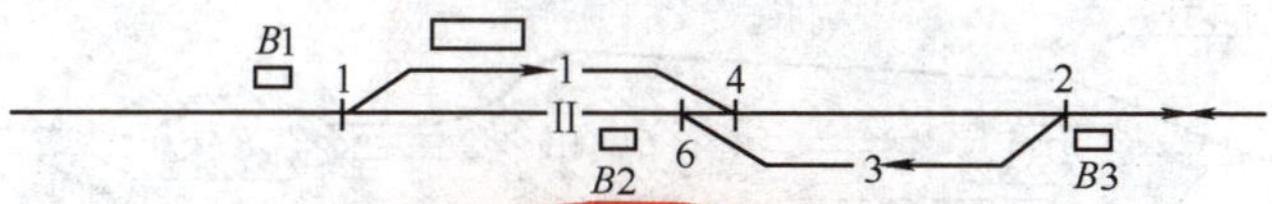

(b) 纵列式布置

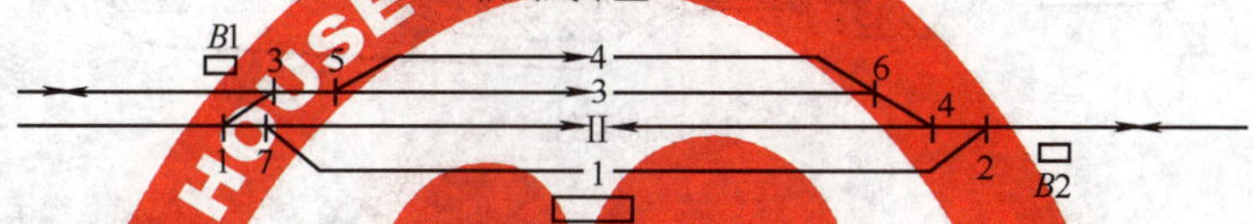

(c) 一端一个方向，另一端两个方向

图 8.3.4—1 单线铁路车站线路、道岔、扳道房编号

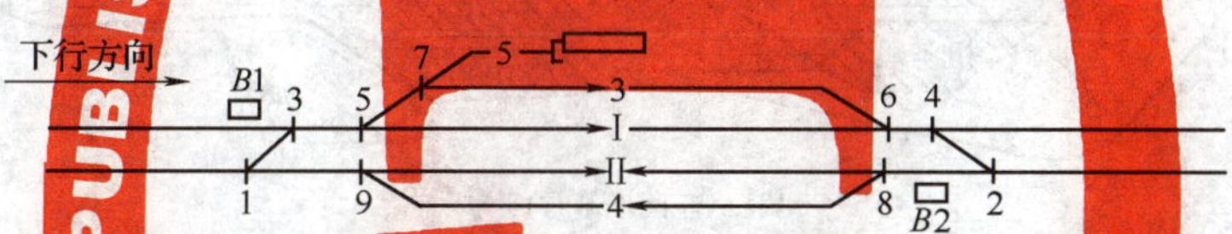

图 8.3.4—2 双线铁路车站线路、道岔、扳道房编号

4 尽头式车站由列车到达方向的左侧线路起向右递次顺序编号(图 8.3.4—3)。

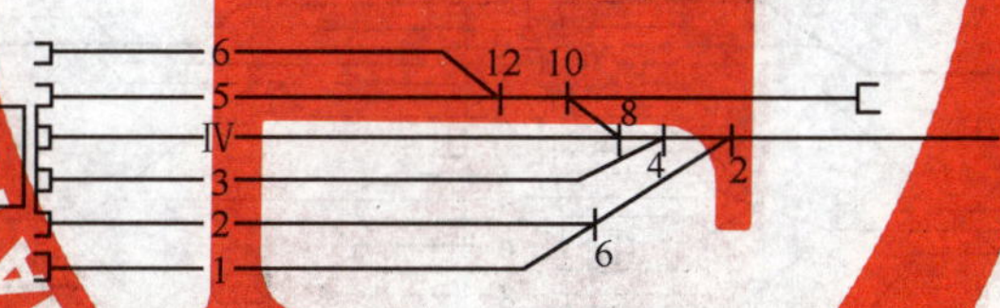

图 8.3.4—3 尽头式车站线路道岔编号

5 大型车站车场纵向排列时,单向系统以到达场为Ⅰ场,依次顺序编号。双向系统的下行系统为单号,上行系统为双号(图 8.3.4—4)。

6 车场横向排列时,顺驼峰溜车方向从左向右递次顺序编号〔图 8.3.4—5(a)〕。

车场编号也可按到达场为Ⅰ场,其余先编列车到、发,后编调车场(如有主、辅调车场时,先编主要调车场,后编辅助调车场),其后再编其他车场,顺序排列〔图 8.3.4—5(b)〕。双向系统下行编单号、上行编双号(旧线改建可在原编号系统上续编)。铁路、企业联合车站,先编铁路车场,后编企业车场。车场应采用罗马数字编号。

8.3.5 道岔的编号应符合下列规定:

1 每组道岔应有规定的并不重复的编号。

2 车场道岔由站外向站内先联锁、后非联锁顺序编号,下行列车进站一端编单号,上行列车进站一端编双号。

3 车站一端衔接两个及其以上方向,既有上行也有下行时,道岔应按主要方向编号。

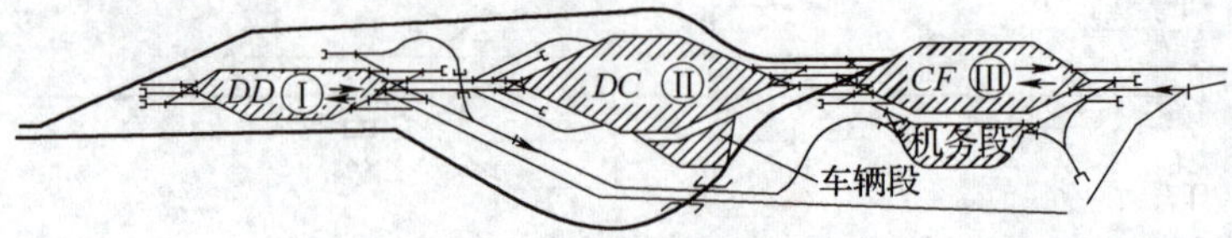

(a) 单向系统

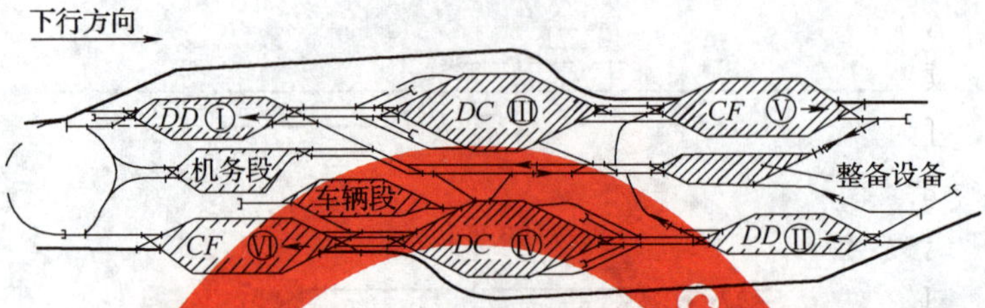

(b) 双向系统

图 8.3.4—4　车场纵列布置编号

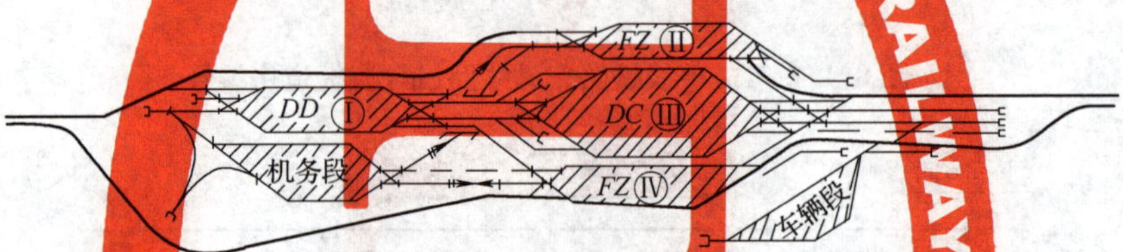

(a) 从左向右顺序编号

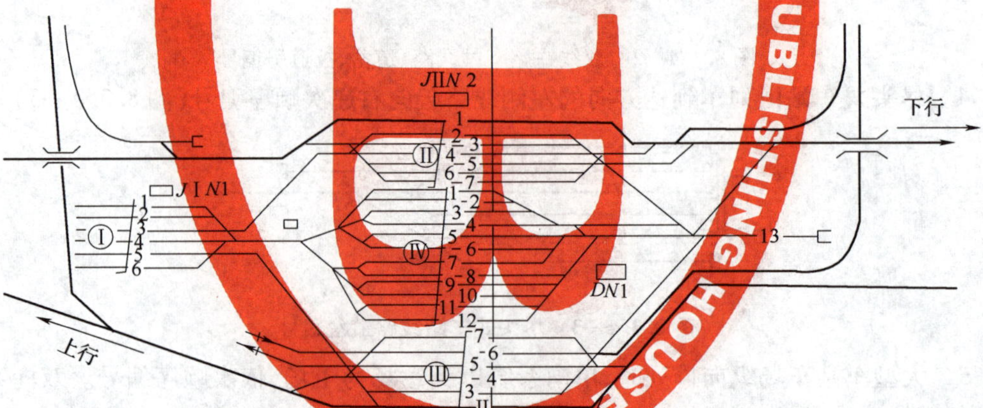

(b) 先到发后调车场编号

图 8.3.4—5　车场横列布置的编号

4　渡线道岔、交叉渡线道岔、交分道岔以及梯线上的道岔应连续编号。单开道岔编一个号，三开道岔连续编两个号，复式交分道岔连续编四个号。

5　大型车站当有数个车场时，每一个道岔应编为百位数（或千位数）的号，其百位数字（或千位数字）表示车场号。车场以外的道岔，不冠车场号、以个位数、十位数编号（如 1 ~99）。

6　除到发场、调车场以外的场、段、所内的道岔编号，应以该场、段、所名称的汉语拼音第一、二个字母作为冠号。采用机务段道岔 *J*、车辆段道岔 *L*、电务段道岔 *D*、生活供应段道岔 *S*、工务段道岔 *G*、供电段道岔 *O*、水电段道岔 *I*、房屋建筑段道岔 *A*、货场道岔 *H*、装卸机械道岔 *I*、货车洗刷消毒所道岔 *X*、客车技术整备所道岔 *K*、加冰所道岔 *B*、牵引变电所道岔 *Q*、发电所道岔 *F*、接触网工区道岔 *W*、工业企业道岔 *Y*、材料厂道岔 *C* 等表示，道岔按冠号、道岔编号、道岔号数顺序注记，如 *J*3—9。道岔不分单、双号，连续由场、段出入口起编至终端止，中间站或大型车站中的个别岔线均可不用冠号注写，应与到发线、调车线、其他站线连续编号。

8.3.6 扳道房可由站外向站内顺序编号，下行列车进站一端编单号，上行列车进站一端编双号。多车场的车站，按车场的号码由小到大、由站外端最外扳道房起顺序编号。

8.3.7 联结曲线交点编号应与线路编号由小到大的顺序一致，先编场内，后编咽喉区内。道岔为单数一端联结曲线交点应编为单数，另一端则为双数。

8.3.8 车站道路应按先主要干道、后次要道路的顺序编号。

8.3.9 排水沟、纵向排水槽可分场编号，宜按各场顺公里标方向从左向右顺序排列。

9　机务设备、车辆设备制图

9.1　一 般 规 定

9.1.1　机务设备、车辆设备制图采用的各种线型,应符合表 9.1.1 的规定。

表 9.1.1　各种线型的用途

名　称	用　途
粗 实 线	新建段建筑物、构筑物、设备的可见轮廓线,改建段新建的线路、建筑物、构筑物、设备的可见轮廓线 室外架空、地面敷设管线
中 实 线	新建段的线路、围墙、露天堆场改建段既有的线路,建筑物、构筑物、明沟、道路、围墙、露天堆场总设备的可见轮廓线,明沟
细 实 线	坐标网格线、尺寸线、尺寸界线、引出线、高程符号线
粗 虚 线	改建段预留线路、新建和改建段预留建筑物、构筑物、设备的不可见轮廓线、新建地下管线
中 虚 线	新建段预留线路、既有地下管线、暗沟、预留用地界
细 虚 线	既有建筑物、构筑物的不可见轮廓线
中点划线	起重机(吊车)轨道线
细点划线	中心线、对称线、定位轴线、材料配件堆放场地
中双点划线	平面图中新增的起重设备(吊车)轮廓线
细双点划线	起重机(吊车)吊钩活动范围、设备活动突出部分、设备作业范围、检修台位假想轮廓线、平面图中既有起重设备
折 断 线	断开界线
波 浪 线	断开界线

9.1.2　机务设备、车辆设备制图选用的比例,应符合表 9.1.2 的规定。

表 9.1.2　比　　例

图　名	比　　例
段(所)总平面布置图	1:2 000　1:1 000
检修厂房、修车库及生产车间设备平面布置图	1:2 000　1:100　1:50
室内管路平面布置图	1:200　1:100　1:50
室内管路剖面图	1:200　1:100　1:50
室外管线综合布置图	1:1 000　1:500
机务段、车辆段(所)室外工业管路总平面布置图	1:1 000　1:500
主要工艺流程图	1:200　1:100　1:50
其他生产、办公房屋平面布置图	1:200　1:100　1:50

9.1.3　建筑物、构筑物、线路、通路、管沟的高程标注应符合下列规定：

1　高程宜标注在总平面图的剖面图上，相对高程应以轨面高程为零点，零点高程应注写±0.00，正数高程不注“+”，负数高程应注“-”，并应标注相对高程与绝对高程的换算关系。

2　平面图中的建筑物需要标注室内地坪高程时，对不同高度的地坪，应分别标注其高程。

3　构筑物应标注其有代表性的高程，并用文字注明高程所指的位置（图9.1.3—1）。

4　道路应标注路面中心线的变坡点高程。

5　机务设备、车辆设备工艺管道的高程应标注在起点、终点及交点处（图9.1.3—2）。高程除特定说明外，应为管道中心的高程。

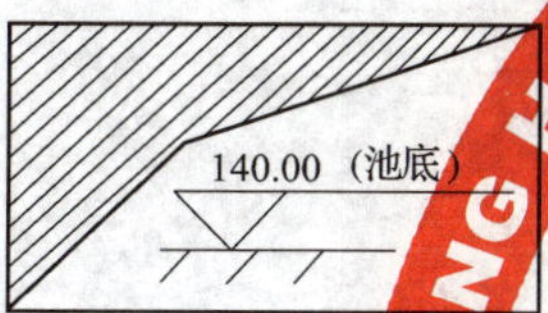

图9.1.3—1　构筑物高程标注

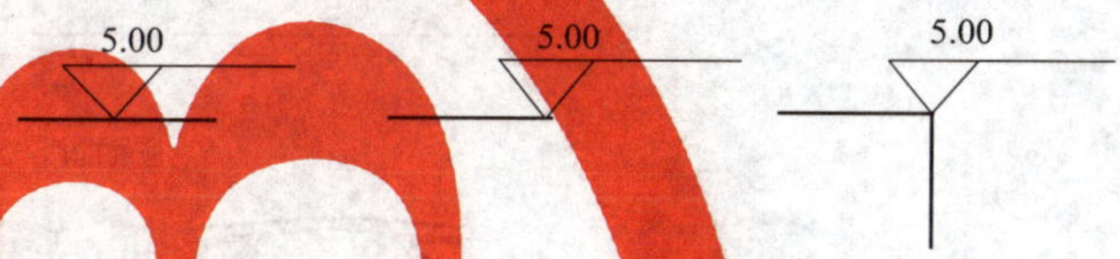

图9.1.3—2　工艺管道高程标注

9.2　图样画法

9.2.1　机务、车辆段（所）总平面图的绘制应符合下列规定：

1　总平面图绘制方向应与站场平面布置图一致。

2　应绘制风玫瑰图或指北针及地形、地貌。

3　在图的适当位置，应采用细实线绘制站、段关系示意图，其中本段（所）的位置应用粗实线绘制。

4　房屋建筑图绘制应符合下列规定：

1）房屋建筑应按轴线尺寸绘制，并以粗实线表示房屋门的朝向。在该房屋的一角以圆点数表示楼层数。

2）室外设备和构筑物应按设备外形绘制。

3）既有房屋建筑拆除部分应标注拆除符号。

9.2.2　检修厂房组合及检修车间平面布置图的绘制应符合下列要求：

1　单张绘制的车间平面方位应与机务段、车辆段（所）总平面布置图一致。

2　建筑物、构筑物的平、剖面轮廓线、建筑尺寸、高程等图样及数据应与房屋建筑专业设计图一致。

3　有起重设备或高程架设施设备的检修厂房、检修间、整备段间，应绘制剖面图。当不需画剖面图时，则应在说明中加注起重机轨面至室内地面的距离（图9.2.2）。

4　应标注设备操作人员位置及设备的电源引入位置、水池、地漏等。

5　应标注设备（含生产家俱）编号，并应列表编注名称。材料堆放场地宜注写所堆放的材料、配件的名称。

6　应标注各生产车间名称编号。

7　应编制设备表，表中的设备序号应与平面图中的设备编号一致。

9.2.3　检修、整备、动力车间管路设计图的绘制应符合下列要求：

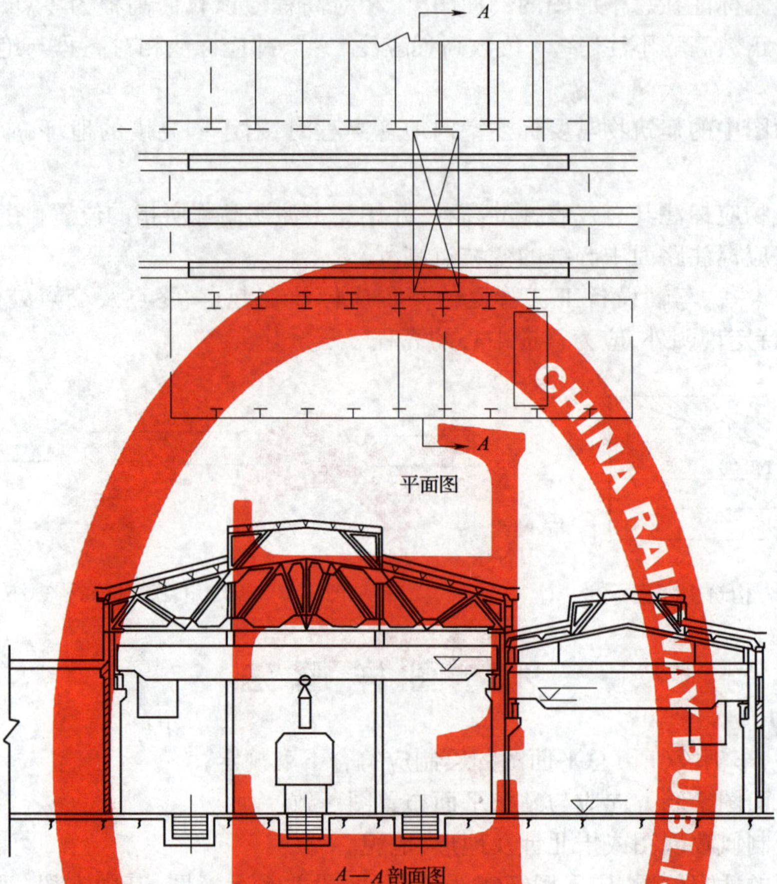

图9.2.2　车库及边跨尺寸画法示例

1　图样应按直接正投影法绘制平、剖图位置，建筑物轮廓线应与房屋建筑专业图一致。

2　以管路布置为主的车间应绘制管路平、剖面图。管路应用粗实线表示，被联接的设备应采用细实线或按图形符号绘制。并按顺序对设备进行编号；管路上的阀门、仪表，应采用箭头表示介质流向、代号表示管路介质名称，并应标注管径、各阀门的编号（图9.2.3—1）。

3　当管路与设备复杂，平面图不易表示清楚时，可辅以剖面，剖面图应按剖切处直接正投影法绘制（图9.2.3—2）。

4　按轴测投影方式绘制管路立体示意图时，图样应示出管路的高程、坡度及坡向，并按规定符号示出阀门、仪表等（图9.2.3—3）

5　当车间设备较多、管路复杂阀门操作又有先后顺序时，应绘制管系原理示意图（图9.2.3—4）。

6　在平面或剖面图中应附有设备表、材料表，并加注必要的说明。

9.2.4　室外工业管路系统图的绘制应符合下列规定：

1　室外工业管路的数量、分段、分支走向应与工业管路总平面图一致。

2　图样中应用符号标注管路名称、管径、介质流向及相关联的车间或场地。

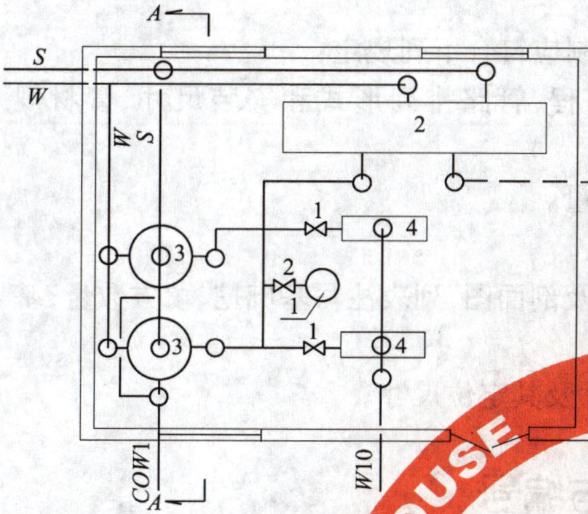

图 9.2.3—1　车间设备管路平面布置图画法示例

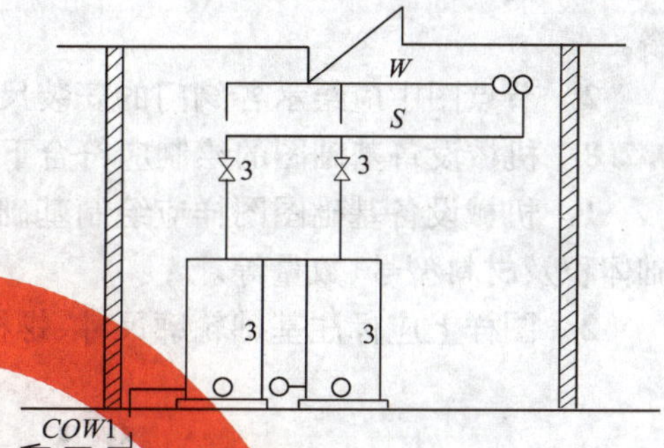

图 9.2.3—2　车间设备管路剖面图示例

图 9.2.3—3　设备管路立体示意图

9.2.5　室外工业管路总平面布置图的绘制应符合下列规定：

1　机务段、车辆段(所)室外工业管路应单独绘制。

2　线路、车间名称及编号应与总平面图一致。

3　图样中应采用不同符号将埋设管沟或架空管路分别示出，并标注管路铺设位置、长度、管径、坡度及坡向。应标注控制高程、地沟尺寸，转角点、各节点、检查井代号。

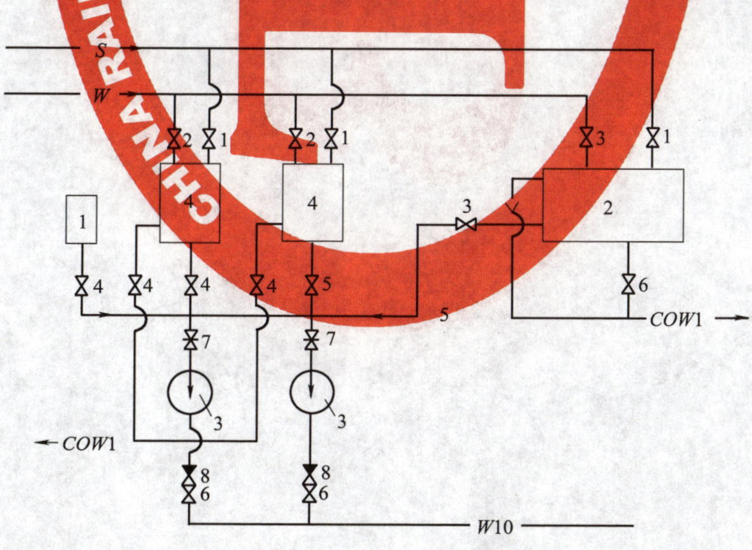

图 9.2.3—4　设备管路系统原理图示例

9.2.6　室外工业管路纵断面图应绘制管路数量、支架分布、伸缩器或补偿器位置及管路起终点。并应标注里程、平面转角、沟底高程、管底高程、坡度、坡向、管材规格、图样中的比例。

9.2.7 室外工业管路横断面图和节点详图的绘制应符合下列规定：

1 横断面图中应标注各断面尺寸、沟底高程、管路排列形式和安装尺寸、管材规格。

2 节点图中应绘示各阀门的安装尺寸及数量。

9.2.8 机械设备基础图的绘制应符合下列规定：

1 机械设备基础图图样应绘制基础平面图及剖面图，列表注写基础挖、填方数量，基础体积及材料型号、数量等。

2 图样上应标注基础轮廓尺寸、螺栓孔尺寸及其定位尺寸。

9.3 名称与编号

9.3.1 建筑物、构筑物名称或编号宜标注在图形内。当图形过小时，可标注在图形外附近处。

9.3.2 建筑物宜按每一生产车间编一个号，若名称、面积相同均为同一编号，应采用阿拉伯数字表示。编号可按生产流程或图面布置有次序排列。

构筑物宜按每一构筑物（含室外设备）编一个号，应采用阿拉伯数字外加圆圈表示，顺序编号。

9.3.3 一种设备（含生产家俱）编一个号，相同的设备（含生产家俱）均为同一编号，应采用阿拉伯数字表示。编号可按图面布置有次序排列。

10　给水排水制图

10.1　一般规定

10.1.1　给水排水制图采用的各种线型，应符合表10.1.1的规定。

表10.1.1　各种线型的用途

名　称	用　途
粗实线	新建各种给排水管道
中实线	给水排水设备、构件的可见轮廓线，给水排水管道图中新建建筑物、构筑物的可见轮廓线，既有给水排水管道
细实线	平、剖面图中被剖切的建筑构造包括构配件的可见轮廓线、尺寸线、尺寸界线、局部放大部分的范围线、引出线、高程符号线，较小图形的中心线
粗虚线	新建各种给水排水管道不可见部分或规划管道
中虚线	给水排水设备、构件的不可见轮廓线 给水排水管道图中新建筑物、构筑物的不可见轮廓线，既有的给水排水管道不可见部分
细虚线	平、剖面图中被剖切的建筑构造的不可见轮廓线 给水排水管道图中既有建筑物、构筑物的不可见轮廓线
细点划线	中心线、定位轴线
折断线	断开界线
波浪线	断开界线

10.1.2　当同一图纸有多个专业的图形时，其他各专业的图线，应采用细一个档次的图线绘制。

10.1.3　给水排水工程制图选用的比例，应根据图样的大小及复杂程度按表10.1.3的规定选用。

表10.1.3　比　例

图　名	比　例
长距离输水管道平面缩图	1:200 000　1:000 000　1:50 000
给排水管道平面图	1:5 000　1:2 000　1:1 000　1:500
水源地平面布置图	1:500　1:200　1:100　1:50
水处理厂平面布置图	
一、二级泵站平面布置图	
高位水池、水塔平面布置图	
工程防护工点平面布置图	
管道穿过铁路防护平面布置图	
给排水设备安装图	1:60　1:50　1:30　1:20

续上表

图　名	比　例
给排水构筑物平剖面图	1:100　1:60　1:50　1:40　1:30
部件、零件详图	1:50　1:40　1:30　1:20　1:10 1:5　1:3　1:2　1:1　2:1
管道纵剖面图	横向 1:2 000　1:1 000　1:500　1:200 纵向 1:200　1:00　1:50

注:管道纵剖面图的纵向、横向比例还可根据需要组合选用。

10.1.4　室内管道应标注相对高程,零点高程应注写成 ±0.00,正数高程不注“+”,负数高程应注“-”,室外管道宜标注绝对高程。

10.1.5　给排水坐标和定位尺寸的标注应符合本标准第 2.9.2 条的规定。

10.1.6　在给排水管道转折处应标注管道的偏角或夹角(图 10.1.6)。

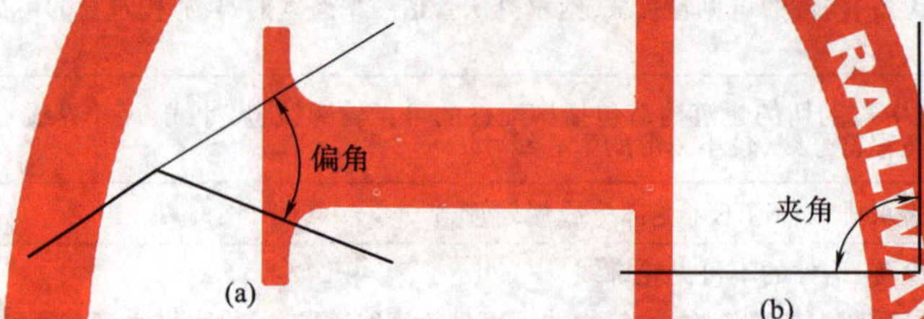

图 10.1.6　管线角度的标注

10.1.7　管径代号的标注应符合下列规定:

1　低压流体输送用镀锌焊接钢管、不镀锌焊接钢管、铸铁管、硬聚氯乙烯管、聚丙烯管的管径,应采用公称直径 *DN* 表示。

2　陶土管、耐酸陶瓷管、混凝土管、钢筋混凝土管的管径,应采用内径 *d* 表示。

3　直缝或螺旋缝钢管、无缝钢管的管径,应采用外径 *D* 表示。

10.1.8　单管、多管管径可按图 10.1.8(a)、(b)、(c)的方式标注。

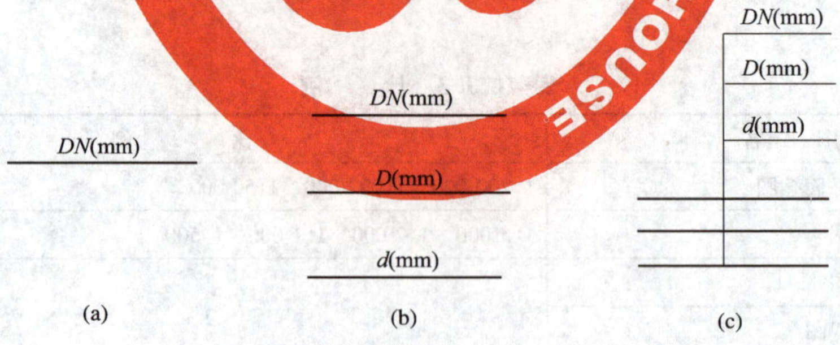

图 10.1.8　称径标注法

10.1.9　钢筋混凝土结构、钢结构、木结构的图样画法应符合现行国家标准《建筑结构制图标准》的规定。给排水设备零部件制图应符合现行国家标准《机械制图》的有关规定。

10.2 图样画法

10.2.1 管道平面图的绘制应符合下列规定：

1 较大面积的给水排水工程可分区绘制管道平面图，并应绘制接合示意图、指出该区在总图中的位置，各分区图样的分区部位及编号均应一致，并应与接合示意图一致(图10.2.1)。

图 10.2.1 接合示意图

2 管道平面图标注应符合下列规定：

1)图中应标注各建筑物、构筑物管道进出口位置的控制尺寸。

2)图中内容简单、给水管道附属构筑物数量少的生活供水站、点，可在管道节点处采用引出线加绘节点大样图，可不绘制给水管道系统图。给水站应绘制给水管道系统图，当需绘制系统图时，管道平面图中可只标注主要给水管道的管径、长度、管材和检查井、公用给水栓、水鹤、客车给水栓等附属构筑物编号。当不需绘制系统图时应按本标准第10.2.2条的要求标注。

3)图中的排水系统应标注管径、管长、管材、排水检查井、跌水井、水封井、化粪池、隔油池、沉砂池、调节池的进出口管底高程。当另绘制纵断面图、管道系统图或采用排水管及检查井一览表表示时，平面图中可适当减少上述标注内容。当排水附属构筑物数量少、内容简单、在平面图中能表达清楚时，可不绘制排水管道系统图，管道附属构筑物编号宜在构筑物代号后加阿拉伯数字表示。管道纵断面图的里程标注应与管道平面图一致。

4)应绘制取水构筑物的图形符号，并采用引出线标注取水口形式或水源井直径、深度、结构材料，主要技术特征，构筑物位置应采用管道里程或铁路正线里程左、右侧垂直距离(m)表示。

5)应绘制高位水池、水塔的图形符号，并应采用引出线标注容积(m^3)，水塔标注容积(m^3)×有效高度(m)，结构材料、设计高水位、低水位、设计地面的高程和坐标，其坐标应采用铁路正线里程左、右侧垂直距离(m)或管道里程表示。

6)给排水建筑物、构筑物及各种管道的位置应与站场、房屋建筑专业总平面图、管线综合图一致。

7)当铁路用水接用地方或厂矿企业的管道和污水排入地方排水系统时，在管道平面图中应标注接管点位置。

8）指北针、风玫瑰图应绘示在给排水平面图中的明显位置。

10.2.2 管道系统图绘制应符合下列规定：

1 室外给水管道系统图可不按比例绘制，以能清楚表达系统图关系为原则，其内容应含管道平面图范围内的给水管道、管配件、防护涵管或管沟、给水构筑物和各用水房屋，给水管应标注管径、管段长度、管材、阀门井直径、深度和建筑材料（图10.2.2—1）。

系统图平面位置，标注、编号应与管道平面图一致。

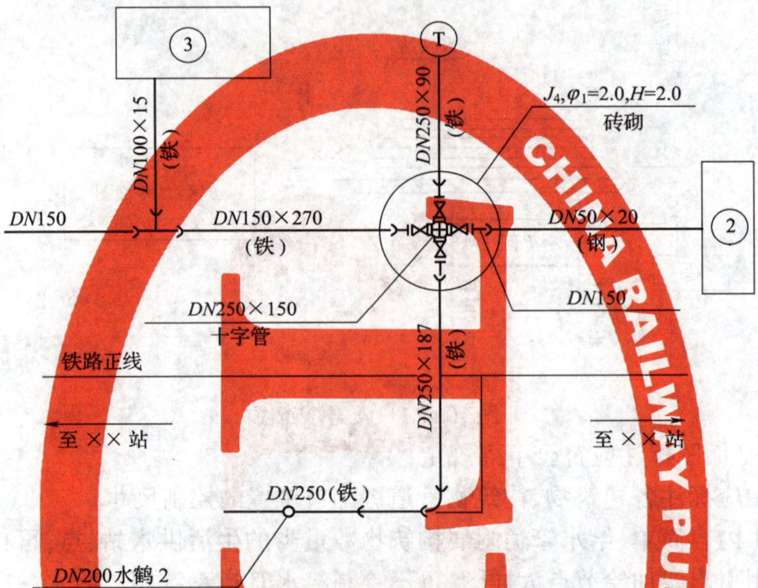

图10.2.2—1 室外给水管道系统图画法

2 室外排水管系统图可不按比例绘制，其内容应包含管道平面图范围内的排水管道、排水检查井、排水构筑物、防护涵管，管沟和各需要排水的房屋及建筑物。排水管道应标注管径、管段长度、坡度、管材。排水检查井应标注井的直径、深度，进出口管底高程。当检查井进出口管底高程相同时，只标注一个高程；当检查井有1个及几个进口、1个出口、且管底高程不相同时，则分别在各管道与检查井连接处标注各自的管底高程（图10.2.2—2）。

3 给水排水设备、管道系统图当用平、剖面图方式不能表示清楚时，可采用轴测图表示。

10.2.3 给水排水管道纵断面图中应绘示地面线，当管道穿过道路、铁路、灌溉渠、河流时应标注中心线，本管道中的附属构筑物以及与本管道相交的各种地下管道、管沟、电缆沟应标注相对距离和各自的高程。

10.2.4 相邻的剖面图宜绘制在同一水平线上，圈内相互有关的尺寸及高程宜标注在同一竖直线上。

10.2.5 建筑物的剖面图中应包括剖切面和投影方向可见的建筑构造、构配件及必要的尺寸、高程。

10.2.6 给水附属构筑物的编号次序，应从干管到支管再到用户；排水附属构筑物的编号次序，应从上游向下游，先干管后支管。

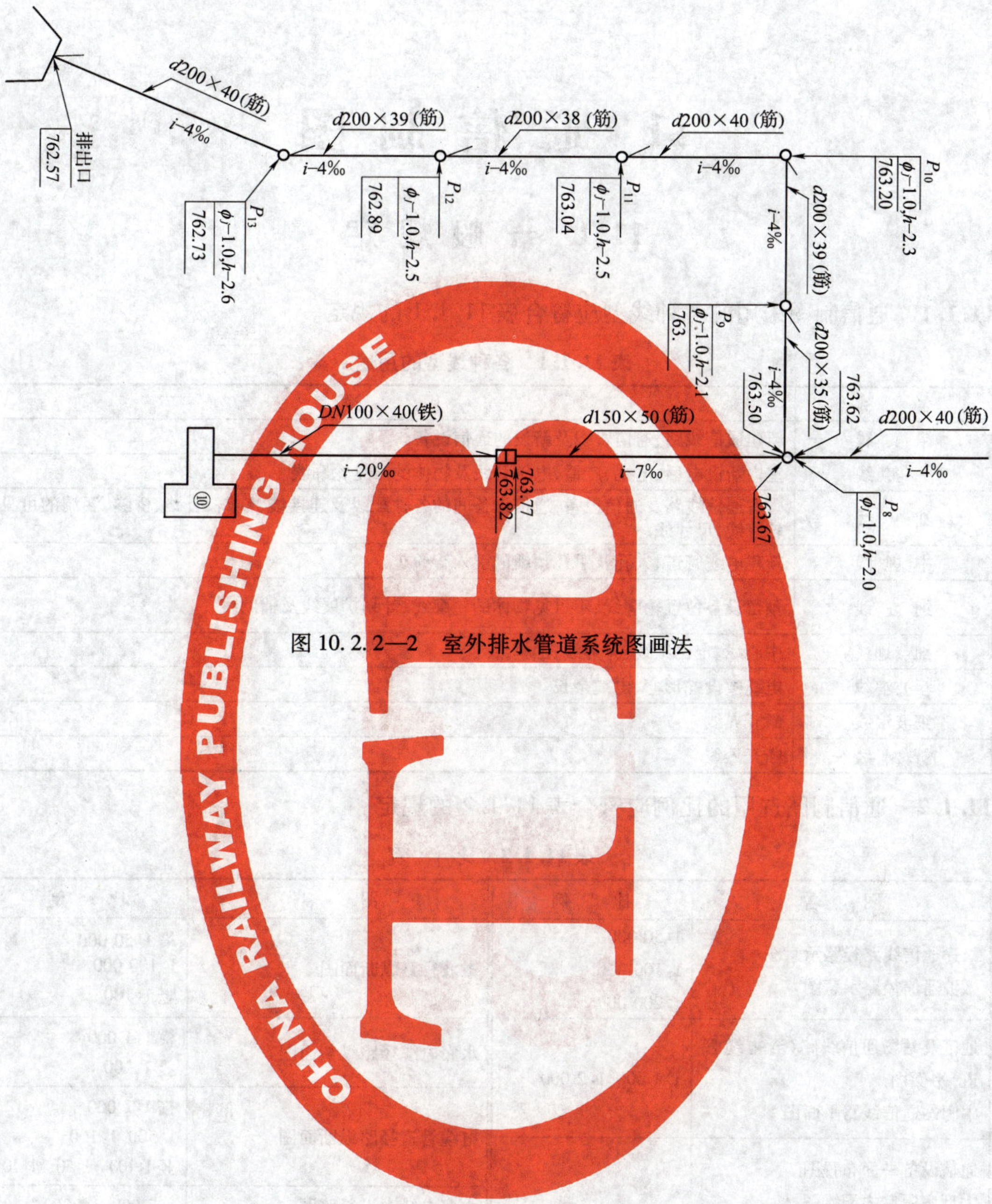

图 10.2.2—2 室外排水管道系统图画法

11 通 信 制 图

11.1 一 般 规 定

11.1.1 通信制图采用的各种线型应符合表 11.1.1 的规定。

表 11.1.1 各种线型的用途

名　称	用　途
粗实线	新建通信线路、通信管线及新设的通信设备
中实线	室内新设电话、电视、广播、电钟管线及物体的可见轮廓线
细实线	既有通信线路及通信设备，通信设备间的各种配线及连接线，铁路、公路、桥隧、涵洞的可见轮廓线，尺寸线
中虚线	新建电缆管道、人孔及手孔预埋的引入管线
细虚线	预留设备位置轮廓线、不可见物体的轮廓线、计划扩展线及辅助线
细点划线	中心线、定位细线、分界线、围框线
粗波浪线	电缆敷设蛇形弯、电缆余长
细波浪线	断开界线
折断线	断开界线

11.1.2 通信制图选用的比例应符合表 11.1.2 的规定。

表 11.1.2 比　例

图　名	比　例	图　名	比　例
长途通信线路径路示意图 微波通信径路示意图	1:50 000 1:100 000 1:200 000	微波径路纵断面图	横 1:50 000 1:100 000 竖 1:100
地区及站场通信线路（含电缆管道）平面图 中间站通信线路平面图	1:1 000 1:2 000	水底电缆径路纵断面图	横 1:1 000 竖 1:100
		电缆管道径路纵断面图	横 1:1 000 1:500 1:100 竖 1:100 1:50 1:10
通信设备平面布置图 大型房屋室内配线图 室内沟、槽、管、龛、洞位置 室内槽道、走线架平面布置图	1:100 1:50	水底电缆敷设径路图	1:1 000 1:2000
		非标准设备结构安装图 非标准器材构件图	1:100 1:50 1:10 1:2 1:1

11.1.3 长途有线通信线路径路示意图可利用线路方案平面缩图或地形图绘制。中间站、地区及站场通信线路径路图应在车站平面布置图上绘制。

11.1.4 通信设备平面布置图、室内沟槽管龛洞位置图、室内配线图、槽道及走线架平面布置图宜在房屋平面图上绘制。

11.1.5 一个图样宜选用一种比例。在微波径路纵断面图、管道及水底电缆径路纵断面图中，其水平方向和垂直方向可选用不同的比例。

11.2 图样画法

11.2.1 平面布置图的绘制应符合下列要求：

1 在设备平面布置图中，应标注房屋轴线和开间尺寸、设备的名称、外形尺寸、定位尺寸及设备的型号和数量。当无足够位置时，可用代号。相同设备的代号应一致，并应绘示对照表。

2 大型房屋沟、槽、管、龛、洞位置图应标注房屋轴线代号、开间或室内尺寸以及定位尺寸，剖面图应标注梁、柱、沟底及顶部高程。

3 室内配线及管线布置图中，当有两种及以上用途的管线时，应标注不同的字符（图 11.2.1）。

F	*V*	*S*	*C*	*T*
电话线路	电视线路	广播线路	时钟线路	电视和数据线路

图 11.2.1 室内管线的标注

4 在配线计划图中应标注各类配线条数、型号规格或代号、长度及起终设备的名称，用代号时应列出代号配线型号规格对照表。

11.2.2 通信网图、通信系统图的绘制应符合下列规定：

1 长途通信网、区段通信网及无线列调组织系统图的布置方位应与铁路线路平面图一致。

2 站场通信网及电缆系统图的布置方位应与车站平面布置图一致。

3 在通信网及系统图中，应按规定绘示通信设施的图形符合。在一张图中，其图形符号几何尺寸应一致，在不改变图形符号含义时，可逆时针旋转 90°或 180°，但文字符号不得倒置。表示移设的设备应在图形符号右上角标注“*m*”。

4 通信网图中应绘示通信回线的程式、型号规格、容量和通信设备运用情况、设备类型、数量及连接关系。

5 长途及区段通信网图中应绘示车站名称、车站中心里程、站间距离、机车交路和车务、电务、工务、水电段行政区划及管辖范围等，还应绘示与运营通信网相衔接的关系。

6 长途及地区交换中继方式图中，应绘示通信站（交换所）或车站内各相关通信设备的类型、数量及连接关系；宜标出通信站（交换所）间通路类型、交换网的信号方式及长途与地区自动电话的编号。

7 站场通信网图中应绘示与该站有关的区段通信、站场通信，并绘示出通信设备的设置地点、数量及相互间的连接关系。区段站及以上大站站场通信网图中，还应绘示有关的干局线调度、干局线会议、干局线电报通信设备的设置地点及数量。

11.2.3 通信干线路及地区电缆系统图的绘制应符合下列要求：

1 在通信干线路施工图中应绘示河流、公路、铁路、房屋、既有强电线路和通信线路、区间电话、区段专用电话、道口电话、桥隧守护电话、通信站、中继站、增音站及车站的铁路里程，并应标注通信干线路径路与铁路正线间的距离、与铁路交叉点的正线里程、防护措施、地层岩性和土质、埋深、敷设长度、沿途分歧电缆的型号及长度。

2 当绘制地区及站场电缆、光缆系统图时，应标注电缆、光缆的型号规格、容量、条数、长度以及分数设备的型号、规格和容量。并应绘示电缆分歧点的芯线线束分配。区段站及以上大站改、扩建时,该系统图中应同时绘示出既有线路设施利用情况。

3　当绘制地区及站场电缆、光缆系统图时,通信用户点在图中布置位置应与各点房屋间的实际方向位置基本一致。

11.2.4　当绘制无线列调组织系统图时,应标注车站名称、车站中心里程、站间距离,大中桥、隧道的名称及其起终点铁路正线里程、区间及洞内外中继器的定位里程。

11.2.5　漏泄电缆线路图的绘制可按本标准第 11.2.3 条第 1 款的要求绘制;两车站间无线列调中继器应以车站中心为起点,分别向区间方向顺序排列。

11.2.6　连接线的绘制应符合下列规定:

1　连接线的绘示应横平竖直,并应减少交叉和变向。

2　表示线条连接的交叉处,应采用圆点绘示〔图 11.2.6(a)〕。

3　表示非连接的交叉宜互相垂直〔图 11.2.6(b)〕。

4　图线不应在交叉点处改变方向,也不得穿过其他图线的交叉点。

5　改变方向的图线,其拐点应离开交叉点一段距离,不得与交叉点重合绘示〔图 11.2.6(c)〕。

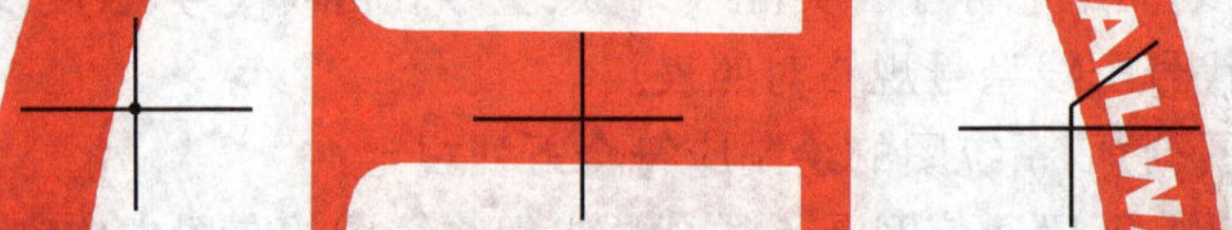

(a)交叉连接　(b)非交叉连接　(c)图线变向

图 11.2.6　连接线的交叉与变向

11.2.7　平行线的绘制方式应符合下列规定:

1　多条互相平行的单线,可汇合为一条总线,在汇合处,宜采用 90°、45°或圆弧绘示(图 11.2.7—1)。

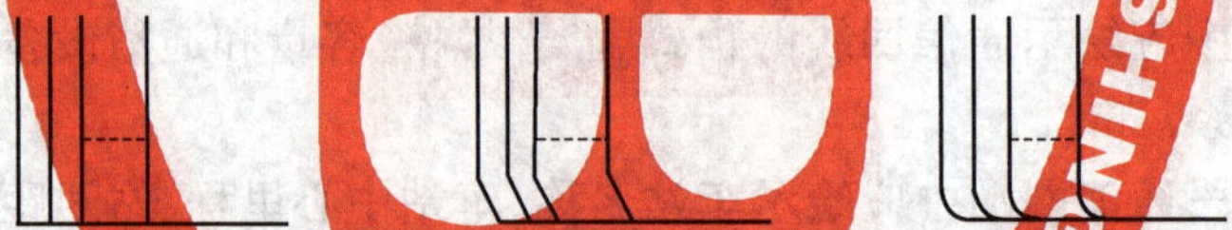

(a)90 汇合　(b)45° 汇合　(c)圆弧汇合

图 11.2.7—1　多线汇总

2　多条相邻的平行线宜分组绘示,组间距离应大于线间距离。

3　多条平行线简化画法应符合下列规定:

1)2 ~ 4 条起终点相同的线条宜组合采用一条单线绘示,并应绘示与其单线交叉且互相平行的短横线,横线数量应与线条数量相等(图 11.2.7—2)。

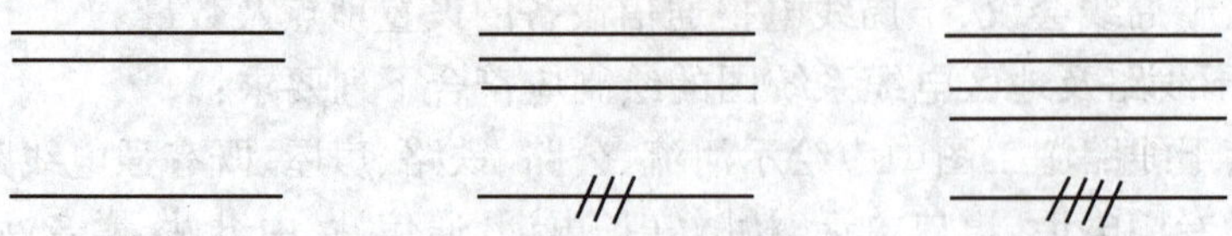

(a)两线合一　(b)三线合一　(c)四线合一

图 11.2.7—2　线组简化法(一)

2)当多条线汇总简化时,在每条线的两端必须标注相互对应的标志序号或代号(图 11.2.7—3)。

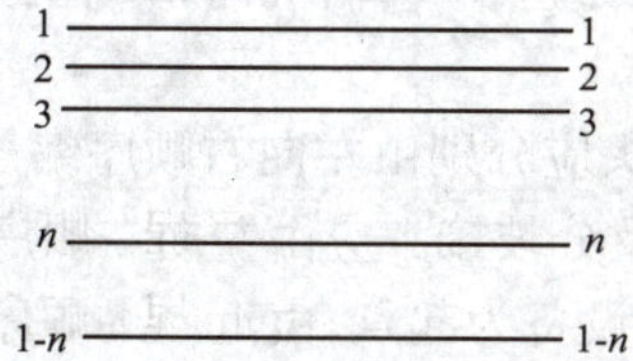

(a)多线按顺序连接简化法

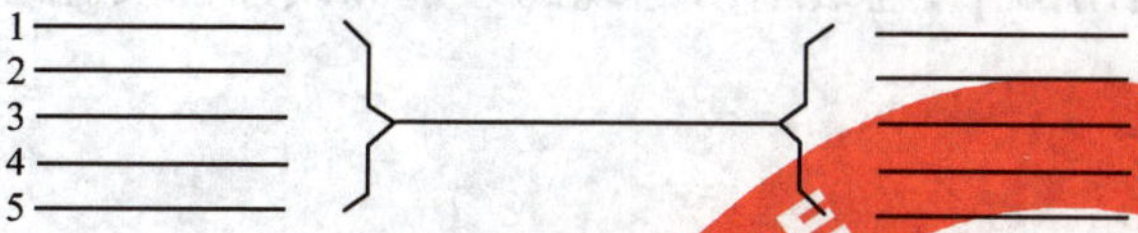

(b)多线不按顺序连接简化法

图 11.2.7—3 线组简化法(二)

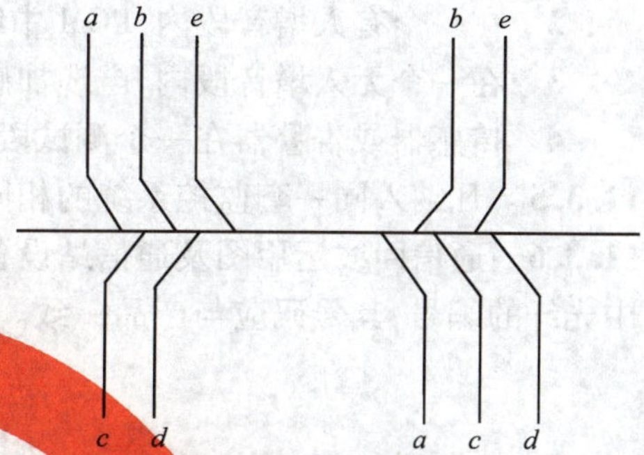

(c)多线去向不同连接简化法

图 11.2.7—3 线组简化法(二)

11.2.8 通信管线的标注应符合下列规定：

1 当绘示管线时，其规格型号应标注在管线的上方，也可在断开处标注(图11.2.8—1)。

2 在通信管线平面布置、配线计划及电缆系统图中，应标注管、缆、线的规格、条数和长度。当标注位置不足时，可采用引出线标注，也可采用代号表示其型号规格，并应列出代号与名称对照表(图 11.2.8—2)。

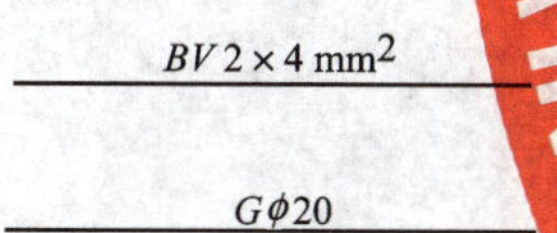

(a)线上标注

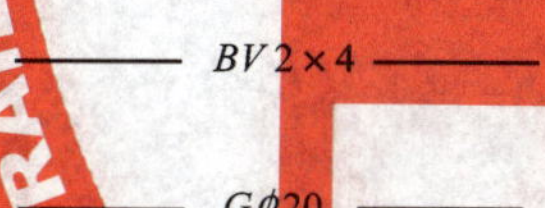

(b)断开标注

图 11.2.8—1 连接线的标注示例

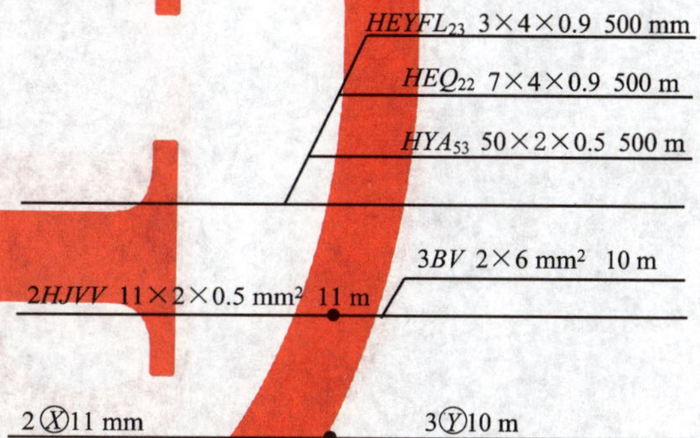

图 11.2.8—2 管线标注

注：代号Ⓧ、Ⓨ可用阿拉伯数字，也可用拉丁字母表示；Ⓧ、Ⓨ为缆、线或管的型号规格。

11.3 名称与编号

11.3.1 图样中的设备、材料及部件应标注名称或代号，并应列出名称代号对照表。

11.3.2 图样中的通信站、微波站、卫星站、中继站、区段站、编组站及中间站均宜按所在地名标注名称。

11.3.3 长途通信明线的电杆应按增音段进行编号，并应按列车运行方向由上行向下行方向顺序编号。对于分歧线路的编号，应以主线路分歧杆为起点顺序编号。

11.3.4 通信干线路设计图中，无人增音站、PCM 中继器、直通及分歧接头、电缆加感头、气压维护传感器均应编号。其编号方法应符合下列规定：

1 在一个有人增音段内,载波无人增音机的编号应由 *B* 端机向 *A* 端机方向顺序编号。

2 在一个有人增音段内,PCM 中继器、光缆接头应分别由左向右顺序编号。

3 在一个无人增音段内,电缆加感接头、直通及分歧接头应由左向右顺序编号。

4 传感器或告警器在一个测试段内,应以测试设备为起点,由近向远顺序编号。

11.3.5 凡纳入同一套监控系统的相同设备均应顺序标注名称或编号。

11.3.6 通信回线运用图及通信站设备运用图中,应绘示出电缆的组别和线序以及光缆中光纤的编号,其号码应与产品一致。

12 信号制图

12.1 一般规定

12.1.1 信号制图采用的各种线型应符合表12.1.1的规定。

表12.1.1 各种线型的用途

名称	用途
粗实线	铁路正线、边框线、双线轨道电路图的正极性线、设备框图线等
中实线	铁路站线、外边框线、双线轨道电路图负极性线
细实线	电气连接线、室外配线、尺寸线、表格线
粗虚线	组合隔离线、电缆沟槽、干线电缆径路线、设备预留等
细虚线	电缆径路线、隐蔽线等
细点划线	电缆径路线、设备中心线等
折断线	断开界线
波浪线	断开界线

12.1.2 设备构件图及安装图应按比例绘制，信号控制台盘面图、表示盘图、室内设备布置图宜按比例绘制，其他图纸可采用示意图表示。

12.1.3 各种信号示意图中有关设备的相对位置应正确。

12.1.4 信号室内设备布置图应标注设备间距、电缆沟槽尺寸及各项设备的外缘尺寸。

12.1.5 在信号设备平面布置图中应标注车站中心里程、进站信号机外方制动距离内的线路坡度、钢轨类型、道岔型号、线间距离、线路有效长度及信号机、道岔、警冲标（与信号机位置有关者）和独立的钢轨绝缘距值班员室（或信号楼）的相对距离。

12.1.6 电缆径路或电缆网络图应标注电缆长度、芯线及备用芯线数。

12.2 图样画法

12.2.1 信号设备平面布置图的绘制应符合下列规定：

1 根据不同的设计阶段和设备的繁简程度可分站绘制，也可按设计区段连续绘制。大型车站宜按车场或信号楼分别绘制，并应绘制总布置示意图。

2 应标注站名、站中心里程、车站值班员室（或信号楼）位置及上、下行方面。上行方面（如北京方面）应绘于左侧，下行方面绘于右侧。

3 应标注各相关设备的类型、名称、编号及其设置处所，还应绘示设计范围内桥梁、隧道、平交道口的长（宽）度和位置。

4 各项设备的位置以沿线路方向至车站值班员室（或信号楼）中心的距离进行标

注,单位为米。

5 改(扩)建工程的施工图宜以不同的图形符号或用附加说明表示新设、移设和拆除的设备。

12.2.2 双线轨道电路图及电缆网络图的绘制应符合下列要求:

1 根据车站的规模,双线轨道电路图与电缆网络图宜分别绘制,也可合并绘制于同一图中。

2 双线轨道电路图应以粗细不同的线条或数字表示相邻两区段间轨道电路相位、极性及频率的交叉配置情况,并应绘示轨道电路送、受电端布置,信号机、转辙机的位置,电力牵引连接线及道岔跳线的设置以及主要电缆径路的走向。

12.2.3 联锁表的绘制应符合下列规定:

1 应采用联锁表表述信号、道岔和进路间的联锁关系。

2 联锁表应由方向栏(进路性质和方向)、进路栏、信号机栏(名称和显示)、道岔栏、敌对信号栏、轨道区段栏、迎面进路栏和其他联锁栏等组成。

12.2.4 电路图的绘制应符合下列要求:

1 电路图的图形、符号和名称代号应按我国现行标准规定绘制。工程设计中当需要补充新的图形、符号和名称代号时,应在该设计文件内说明。

2 一个单元电路宜绘制在同一图中,当需要绘制于两张及其以上图纸时,其接口处宜标注接续的图号、图名及接续部位。

3 一个单元电路在同一图内不能连续绘制时,其接口处应以专用图形符号表示其接续关系。

12.2.5 绘制控制台盘面图或表示盘图时,上、下行方面在图中左、右侧的位置应与设置地点的实际情况相符。

12.2.6 配线图应以每根线条标注其去向。除特殊情况者外,不宜采取成束配线的表示方式。

非主要配线图的配线关系可采用单向表示方式。

12.3 名称及编号

12.3.1 室内设备布置图应标注各种设备的名称。

12.3.2 室外设备布置图应标注各种设备的名称或代号。

12.3.3 线路、道岔、扳道房编号宜按本标准8.3节编号的有关规定办理,到发场、调车场以外的场、段、所内的道岔,凡纳入联锁区的,均应连续编号。

12.3.4 信号机械室内设备编号应符合下列规定:

1 组合架(柜)的编号,以面对组合架(柜)的正面,由近及远,从左至右的原则进行排、架编号,并以二位或三位数表示。

2 电源屏及其他设备以代号或代号附缀号进行编号。

12.3.5 进站信号机按运行方向,上行用“*S*”、下行用“*X*”表示,若在车站一端有几个方向的线路接入,则在“*S*”或“*X*”的右下角缀以该信号机所属区间线路名称的汉语拼音字头或按主次顺序编号。

12.3.6 出站信号机应分上(*S*)、下(*X*)行,在文字的右下角缀其所属线路编号。

12.3.7 接车进路信号机上行应用“*SL*”、下行应用“*XL*”表示，当有并置或连续布置的接车进路信号机时，则再加缀顺序号。

12.3.8 发车进路信号机应在上行(*S*)、下行(*X*)的文字后先加车场号，再在右下角缀以股道号。

12.3.9 自动闭塞区间的通过信号机，以其所在位置的千米标来编号，上行用双数，下行用单数。

12.3.10 驼峰信号机应以“*T*”来命名，右下角缀以该推送线的编号。

12.3.11 预告信号机在其主体信号机名称前应加“*Y*”，复示信号机在其主体信号机名称后应加“*F*”。

12.3.12 调车信号机应以“*D*”字表示，再在右下角缀以顺序号。其顺序号上行为双号，下行为单号。

13 电气化制图

13.1 一般规定

13.1.1 电气化制图采用的各种线型应符合表 13.1.1 的规定。

表 13.1.1 各种线型的用途

名 称	用 途	备 注
加粗实线	既有 330 kV 电力线路	
粗实线	既有 220 kV 电力线路平面、断面图中导线设备间连线、接地母线、避雷针保护范围线、屏上模拟线新建电化的正线	凡图中需重点表示的部分均选用中、粗实线
中实线	既有 110 kV 电力线路、电厂、变电所、开闭所、分区所、AT 所表示符,电器设备表示符,二次小母线、高压室、设备母线、电缆布置、基础、墙上预埋件、新建电化的站线、段管线及安装图中的细长零件,既有电化的正线	
细实线	二次图中设备符之间连线,电缆沟、公路、基础、建筑物、构筑物、可见轮廓线,剖面可见轮廓线、尺寸线、尺寸界线。新建接触网非工作支、供电线,既有电化的站线	
加粗虚线	计划 330 kV 电力线路	
粗虚线	计划 220 kV 电力线路	
中虚线	计划 110 kV 电力线路,电厂、变电所等不可见直埋电缆,预留回路导线,电缆沟接地母线,电缆保护管,非电化既有站线	
细虚线	预留部分的供电设施,预留回路设备、剖面不可见轮廓线、网栅、二次图中非本盘设备的围框线,架空地线	
加粗实线	既有 330 kV 电力线路	
双点划线	地区界线不属本单元元件的围框,加强线	
中点划线	预留线路	
细点划线	中心线,定位轴线,分界线,结构、功能、项目组围框线,安装图中轴线及对称中心线	
空格线	各级电压的母线	中间涂色
点实线	回流线	
短点划线	AT 供电线(AF)	
双短点划线	AT 保护线(PW)、中性线(N)	
折断线	断开界线、中断线	
波浪线	断开界线,零部件断裂处的边界线	

13.1.2 电气化制图采用的比例应符合表 13.1.2 的规定。

表 13.1.2 比 例

图 名	常 用 比 例
牵引变电总平面图	1∶200 1∶300
牵引变电断面图	1∶50 1∶100
牵引变电安装图	1∶10 1∶20 1∶50 1∶100

续表 13.1.2

图　　名	常　用　比　例
牵引变电盘面布置图	1:10
牵引变电详图	1:1　1:2　1:5　1:10　1:20　1:50
小站接触网平面图	1:2 000
大站接触网平面图	1:1 000　1:2 000
区间接触网平面图	1:2 000
独立供电线,捷接线平面图	1:2 000　1:5 000
接触网安装图	1:20　1:25　1:30
接触网详图	1:1　1:2　1:25　1:3　1:4　1:5　1:10　2:1　2.5:1　3:1　4:1　5:1

13.1.3　牵引供电设施示意图及接触网供电方式示意图可不按比例绘制。

13.1.4　牵引供电示意图中各牵引变电所的主接线形式应用围框线引出,并应标注在铁路两侧。

13.1.5　图线的宽度应根据图形的大小和复杂程度选取,选定宽度后按同一比例绘制的各视图,剖面及断面的同类图线的宽度应保持一致。

13.1.6　在同一图中有关设备、零件,材料的文字说明,宜用引出线标注。编号、文字说明宜注写于横线上方,也可接写于横线下方。当编号采用圆圈表示时,其引出线应对准圆心,编号应用阿拉伯数字顺序编写(图 13.1.8)。

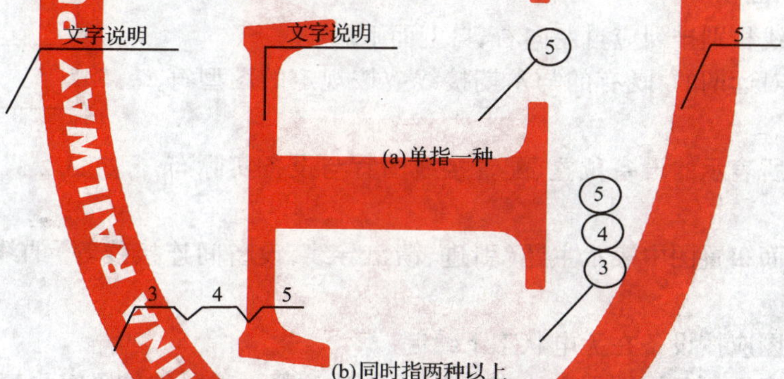

图 13.1.6　文字说明表示方法

13.1.7　对建筑物、构筑物、馈出线、穿墙套管的高度,当加注尺寸有困难或影响图面美观时,宜采用高程符号表示,相对高程的零点高程应注写 ±0.00,正数高程不注“+”,负数高程应注“-”。

13.2　图　样　画　法

13.2.1　牵引供电设施示意图的绘制应符合下列要求:

1　供电线路的走向及有关公路、河流、省界、局界、政府所在地,起终点位置均按线路平面图绘制。

2　绘制与电气化铁路有关的外部电源根据不同设计阶段标注发电厂,输变电设施的容量和导线截面分布。

3 绘制牵引变电所、开闭所、分区所、供电段、供电领工区、接触网工区、电力调度所、电力机务段及折返段设置位置。

4 标注外部电源与牵引变电所的相对位置。

5 标注供电线路经过地区的海拔高度,区间最大坡度及距离。

6 标注牵引变电所一次侧的进线相别及二次侧接线相别和向量关系。

7 绘制接触网分段或分相的位置及对应供电臂的长度。

8 标注牵引变电所主变运行容量及安装容量。

13.2.2 接触网供电方式示意图的绘制应符合下列要求:

1 标注各牵引变电所、分区所、开闭所名称及与站场之间相对关系。

2 标注枢纽区间、站场接触网分段分相位置。

3 标注单线区段两牵引变电所分界点站名。

4 标注开闭所进出线的情况及去向。

5 标注牵引变电所正线及其他馈线的去向,并绘制出相应的馈出母线。

6 标注图中线路基本走向,线路始端及终端与线路平面图标定的方向一致。

13.2.3 牵引变电一次接线图的绘制应符合下列要求:

1 主接线母线的线条及设备和引接线的线条应粗细分明。

2 相同名称的设备图例应大小一致。

3 标注设备型号时宜列在设备的左方,并用细实线划分其范围(图 13.2.3)。

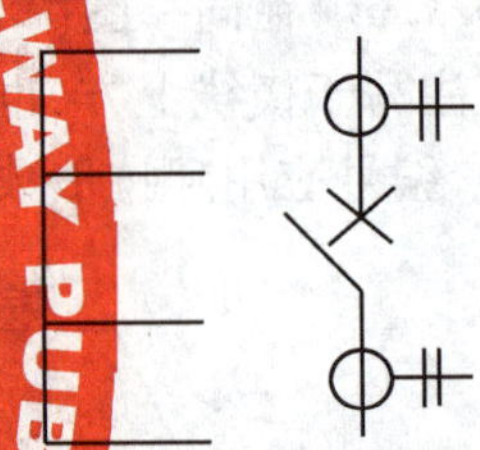

图 13.2.3 设备标准示图

4 主接线相别排列应自左向右、自上而下。

5 图中对远期的、既有的与本期接线应按规定的图型符号分别绘制。

6 图中所表示的设备位置、配置接线图宜与设备实际布置一致。

7 在平面布置图中表示主题(引进、馈出导线,设备间连接线等)的线条应突出,层次分明。

8 接线图应按设备在无电状态下绘制。

9 当含意不便于用图示方法表达时,可采用注释。注释的位置应清楚明了。

10 参见图号应标注在"说明"的条文里或标注在"设备材料表"的"备注"栏内。

11 图纸上标注设备技术特性及材料计量单位应采用汉字,如:安、伏、瓦、公斤、米等。

13.2.4 牵引变电二次接线图的绘制应符合下列要求:

1 图面布置应紧凑合理,主次分明,图样顺序,应由左至右,自上而下排列。

2 图中各设备应按失电状态绘制。但在保持回路中也可按动作状态绘制。

3 当需要在图上显示出图的一部分所表示的是功能单元,结构单元或项目组时,可以用点划线围框表示。围框的形状可以是不规则的。如果在表示一个单元的围框内的图上有不属于该单元的元件符号,应对这些符号加双点划线的围框,并加注代号或注释(图 13.2.4—1)。

4 继电器、接触器线圈及接点、仪表、电阻、熔断器、控制开关等的图形符号,以及图中省略部分线框的线条、设备表的外框、端子排顺序数目格的线条、终端端子框、文字说明框等，均应用 1 mm 实线绘制。

5　不属本册图中的设备、线圈、接点等，应采用虚线框围，并予以标注。本册图中应绘示控制开关、继电器、接触器等设备的引出接点，并标注引至回路的名称。

6　当穿越图面的连接线较长或穿越稠密区域时，允许将连接线中断，在中断处加相应的标记，若同一张图上有多处中断，则应用不同的字母表示。连到另一张图上的连接线应中断，并在中断处注明图号、张次、图幅、分区代号等标记（图 13. 2. 4—2）。

图 13. 2. 4—1　功能单元表示法

7　用单线表示多根导线或连接线，应示出根数（图 13. 2. 4—3）。

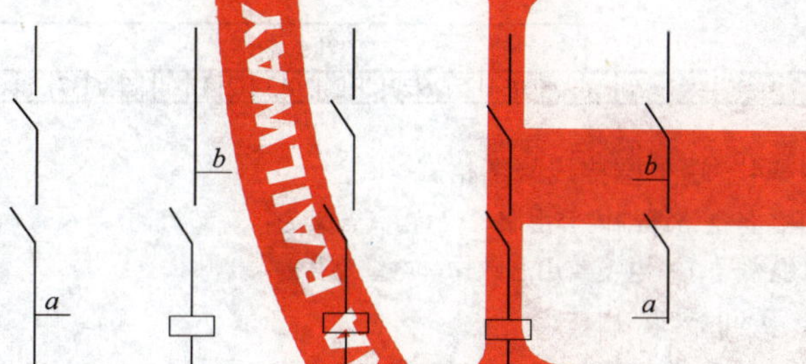

图 13. 2. 4—2　不同张次中断线表示法

图 13. 2. 4—3　导线表示法

8　同一张图中，线条间距应均匀统一，宜为 8 mm 或10 mm，交流电流回路线间距离为10 mm。

9　控制信号回路正负电源之间宽度宜为 160 mm，回路应采用细实线绘制。

10　交流电流回路及交流电压回路宽度宜为 120 mm。

11　控制室平面布置图中，主环屏应用阿拉伯数字从左至右顺序编号。屏的正面应采用粗实线，屏的其他部分应采用细实线绘制。各期工程的屏必须以不同的表示方法区别。

12　控制屏及配电装置小母线布置图中的屏和间隔，应与实际位置和编号一致。书写屏和间隔编号的外框宜采用中实线绘示。

13　控制屏和保护屏正面布置图中的设备应按安装单位编号，当有两个及以上安装单位时，安装单位用罗马字 Ⅰ，Ⅱ……，设备的完整编号为 Ⅰ—1，Ⅰ—2，Ⅱ—1，Ⅱ—2……顺序由左至右，由上到下。

14　端子接线图或端子接线表表示单元和设备的端子及其与外部导线的连接关系，不包括单元或设备的内部连接，仅标注与之有关的图号。

15　端子排接线除了采用常用格式外还可采用端子接线网络形式，端子接线网格图包括项目代号、线缆号、线号、线芯数、端子号及其说明等内容（图13.2.4—4）。

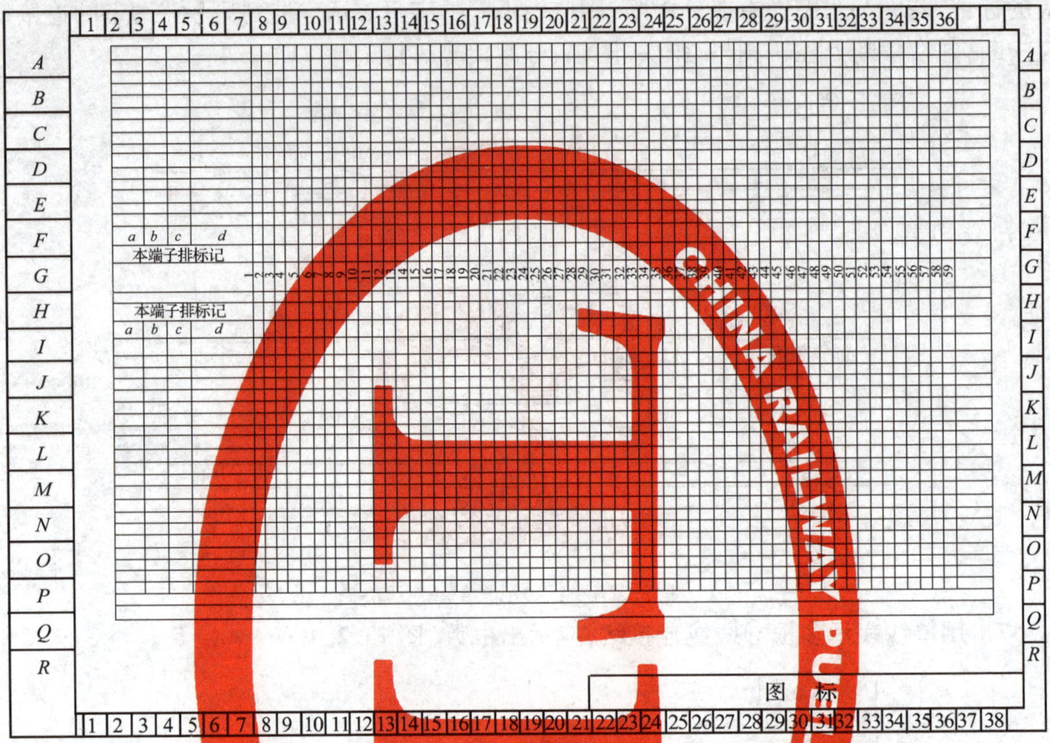

图13.2.4—4　端子排接线网图格式

注：由于图例中空间所限，各空格详细内容由字母代替，其含义为：

a—项目代号；*b*—电缆编号；*c*—电缆实用芯数；*d*—电缆型号

13.2.5　接触网平面图的绘制应符合下列要求：

1　接触网平面图的方向应与线路平纵断面图和车站平面图方向一致。车站接触网平面图应在两端锚段关节外标注大站站名；区间接触网平面图应用折断线与两端站中心相连并标注站名及中心里程。

2　车站、车场、段管线接触网平面图应绘示电化线路及相关非电化线路、曲线起终点及曲线要素、线路编号及线路间距、道岔编号及辙叉号、站房位置、车站名称及中心里程、站台宽度、雨棚高度及宽度、小桥涵及平交道中心里程、进站信号机位置及中心里程、机车检查坑、水鹤及道岔清扫房位置、正线千米标及百米标。

3　区间接触网平面图可用1∶2 000的比例绘制线路平面示意图。图中应绘示线路起终点，曲线要素，小桥涵中心里程及孔径，大中桥名称、中心里程、孔跨形式及桥长，跨线桥、水渡槽的中心里程、净空高度及宽度，隧道名称、长度及进出口里程，线路千米标、百米标，长短链标，复线区间绕行线起终点，隧道较长时可用折断线绘制。

4　隧道接触网平面图可用1∶1 000的比例绘制线路平面示意图。图中应绘示线路曲线起终点、曲线要素、隧道进出口里程、断面变化点里程、净空高度、隧道名称及全长。

5　区间平面图应标注两端锚柱里程，车站平面图应标注最外端的锚柱里程。

6　单线区间接触网支柱应按线路里程递增方向顺序编号；双线区间接触网支柱下行线编单号，上行线编双号。车站接触网支柱应按线路里程递增方向连续编号，段管线、牵出线、货物线、车场宜单独编号，并在编号前加注汉语拼音字头区别。

7　独立供电线、捷接线支柱宜按电源方向为起点顺序编号，并在编号前加注汉语拼音字头区别。

8　接触网锚段编号单线区间应按线路里程递增方向顺序编号；双线区间下行线编单号，上行线编双号。车站锚段编号同线路编号。

9　与接触网同杆架设的加强线、供电线、回流线、架空线地线、馈电线、保护线、中性线的锚段编号同接触网，仅在编号前加注英文缩写代号。

10　跨距数值宜标注在跨距中间位置并与支柱同侧，数值下画一横线，数值单位为米，精度为小数点后两位。

11　锚段编号及长度宜标注在锚柱的上方或下方显著位置，标注横线平行于线路，第一个数字为锚段编号，第二个数字为锚段长度，单位为米，精度为小数点后两位（图13.2.5—1）。

12　支柱起测点应标注在车站最外道岔岔心或桥函中心线上，区间闭合点应标注在桥涵中心线上或隧道进出口处（图13.2.5—2）。

(a)接触网锚段编号及长度　　(b)附加导线锚段及长度

图13.2.5—1　锚段编号及长度标注

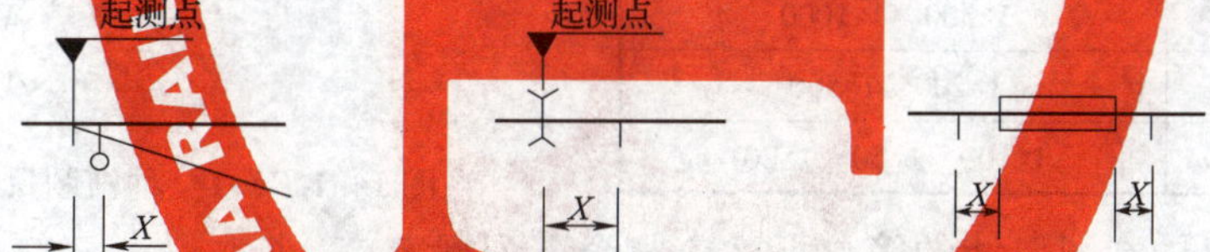

(a)以道岔中心为起测点　(b)以桥涵中心为起测点　(c)以隧道进出口为闭合点

图13.2.5—2　支柱丈量起测点与闭合点标注

14　环境保护制图

14.1　一 般 规 定

14.1.1　环境保护制图采用的各种线型应符合表 14.1.1 的规定。

表 14.1.1　各种线型的用途

名称	用　　途	名称	用　　途
粗实线	建筑平面可见外轮廓线、水岸线	细虚线	图例线、植物不可见轮廓线
中实线	道路	细点划线	中心线、对称线、定位轴线
细实线	植物轮廓线、等高线、尺寸线、尺寸界线、图例线、索引符号、标高符号及引出线	折断线	断开界线
中虚线	园林建筑及其小品不可见轮廓线	波浪线	断开界线

14.1.2　环境保护制图应选用表 14.1.2 中规定的比例。

表 14.1.2　比　例

图　　名	比　　例
总体规划图	1:1 000　1:2 000
总平面布置图	1:500　1:1 000
立面图、剖面图	1:500　1:1000
种植设计图	1:200　1:500
详　　图	1:100　1:50　1:20

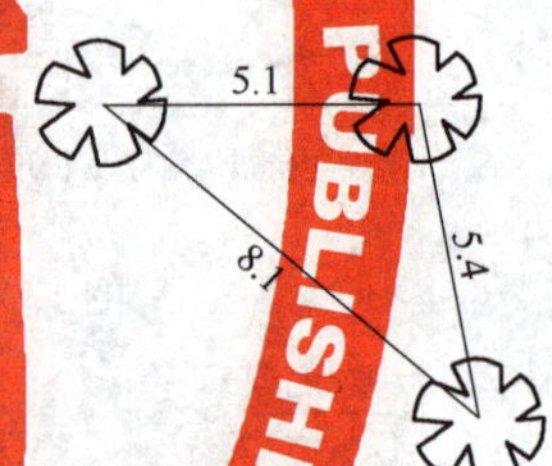

图 14.1.3—1　种植图尺寸简化标注

14.1.3　环境保护制图尺寸的简化标注应符合下列规定：

1　在种植设计图中，两树木之间的距离，可采用两树木栽植位置中心的连线及其连线上标注的尺寸表示（图 14.1.3—1）。

2　对连续排列、且总长度较短的等长尺寸，可用（株数 -1）× 尺寸 = 总长度的标注形式（图 14.1.3—2）。

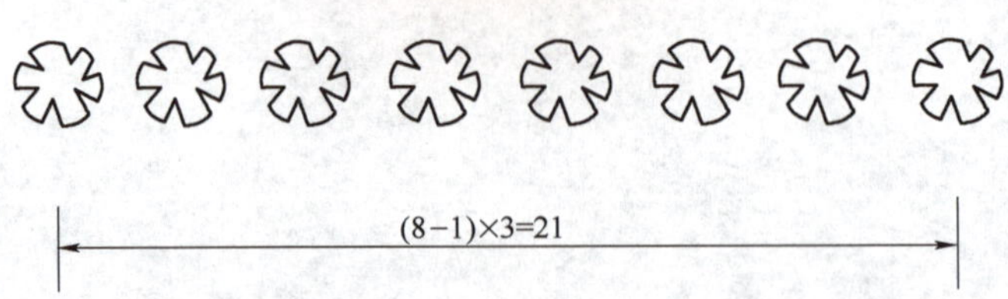

图 14.1.3—2　较短列植尺寸简化标注

3　对连续排列、且总长度较长的等长尺寸，可在其图形中部标注一个尺寸，并在尺寸数字上标注两侧（端）尺寸相同的符号“⟵⟶”（图 14.1.3—3）。

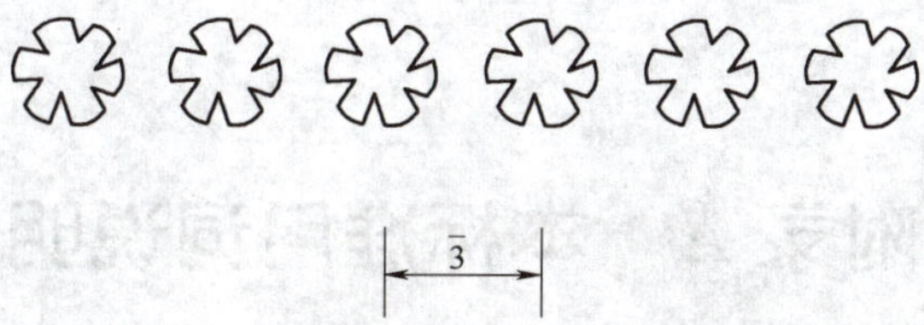

图 14.1.3—3　较长列植尺寸简化标注

14.2　图样画法

14.2.1　车站绿地设计图的绘制应符合下列规定：

1　总体规划图应绘示植物群落在平面上的分布位置。当规划小游园时，还应绘示园林建筑的平面位置。

2　总平面布置图中应绘示树木，花卉的品种、位置及配植形式。当绘制小游园设计图时，还应符合下列要求：

1)地形设计图中应绘示假山的坐标位置、等高线及叠石形态。

2)园路设计图中应绘示园路走向、长度、坡度及曲线半径、宽度、园路中心线的坐标及行道树。

3)水体设计图中应绘示水体形状范围及水工构筑物设置情况。

4)园林建筑平面图中应绘示立柱(或门窗)处水平剖切俯视及屋顶平面俯视图。

5)园林建筑小品平面图中应绘示其平面形状及分布位置。

3　立面图、剖面图中应分别绘示各种植物在高度方向上的层次变化。当绘制小游园设计图时，还应绘示地形、园路、水体及建筑物立面图，图样画法可参照有关专业。

4　种植设计图中应绘示树木的品种、位置、标高、配植形式、规格及数量。

蔓生植物及水生植物还应分别绘示攀缘与棚架位置和水池、水面高程。

种植精细的花卉，宜用大样图绘制。对有规律的图案，可仅绘示其中一部分。

5　园林建筑及其小品制图中较复杂部分，还应绘制详图。

14.2.2　线路区间绿化设计图的绘制应符合下列规定：

1　典型地段平面图中应绘示用地界、线路、地物及绿化植物位置。

2　典型地段断面图中应绘示土层岩性、地面线、各类绿化植物在断面上的分布及主要控制尺寸。

14.3　名称与编号

14.3.1　图样上的场、段、建筑物、构筑物应标注名称。

14.3.2　一项工程中，各配套图纸所注写的场、段、建筑物、构筑物的名称应一致。

14.3.3　种植设计图中，乔木、灌木、绿篱、花坛、花台、花境、攀缘植物、游息草坪及屋顶绿化数多于一处时，宜从图样左端向右分类连续编号。

14.3.4　站区建筑小品设计图中，当某一类建筑小品数量多于一个时，宜从图样左端向右分类连续编号。

附录 A　本标准用词说明

A. 0. 1　对执行本标准条文严格程度的用词采用以下写法：

1　表示很严格，非这样做不可的用词：

正面词采用“必须”；

反面词采用“严禁”。

2　表示严格，在正常情况下均这样做的用词：

正面词采用“应”；

反面词采用“不应”或“不得”。

3　表示允许稍有选择，在条件许可时首先应这样做的用词：

正面词采用“宜”或“可”；

反面词采用“不宜”。

A. 0. 2　条文中指明应按其他有关标准、规范执行的写法为“应按……执行”或“应符合……要求或规定”。非必须按所指定的标准和规范执行的写法为“可参照”。

附加说明

本标准主编单位、参加单位和主要起草人名单

主 编 单 位：铁道部第一勘测设计院

参 加 单 位：铁道部第四勘测设计院
北京钢铁设计研究总院
北京煤炭设计院

主要起草人：吴培玲　周蜀黔　樊跃生　冯　明　张增淮　刘　筠　陈鸿涛
程辛卯　陈兆勋　周淑梅　王　兰　潘敬贤　刘新盼　胡秀兰
陈宜杰　李兴义　高平利

中华人民共和国行业标准

铁建函〔1998〕15号

铁路工程制图图形符号标准

TB/T 10059—98

1998—03—03 发布　　　1998—07—01 实施

中华人民共和国铁道部　发布

目　　次

1 总 则

1.0.1 为了统一我国铁路工程图形符号制定本标准。

1.0.2 本标准适用于铁路工程的制图。

1.0.3 铁路工程图形符号除应符合本标准外，尚应符合国家现行有关标准的规定。

2　行车组织图形符号

2.0.1　车站的图形符号应符合表 2.0.1 的规定。

表　2.0.1

序号	图　形　符　号	名　　称	说　　明
1		编组站 区段站 （有机务设备） （1）既有或新建铁路近期开放站； （2）改建铁路近期开放站	①本图形符号适用于线路平纵断面图和车站分布及区间通过能力图； ②图形涂黑或阴影部分表示站房所在线路的一侧； ③线路平面图上不绘机务、给水设备图形符号； ④线路纵断面图、车站分布及区间通过能力图上按实际绘制机务、给水设备符号； ⑤机务设备图形符号（机务段 机务折返段 机务整备所 ）不分牵引种类。给水设备符号（双向给水 单向给水 ）单向给水符号绘在需要给水的方向一侧，区段站不绘给水图形符号； ⑥线路所图形符号倾斜在站房同侧； ⑦车站改建分期实施变换三种车站性质的图形符号，可比照本表序号 14 之（2）绘制； ⑧地方铁路初期车站图形符号可比照国有铁路近期车站图形符号选用； ⑨站（所）中心里程标注在站（所）竖臂左侧； ⑩站（所）名称标注在站（所）符号上方居中位置； ⑪客运站、货运站、工业站、港湾站可按照其规模大小及性质选用本表序号 1、2、3 的图形符号； ⑫车站符号中圆直径分别为12 mm、10 mm、6 mm，乘降所矩形长、宽分别为 10 mm、3 mm，线路所矩形长、宽分别为 10 mm、2 mm，辅助所三角形底、高分别为 10 mm、5 mm
2		中间站 （有给水设备） （1）既有或新建铁路近期开放站； （2）改建铁路近期开放站	
3	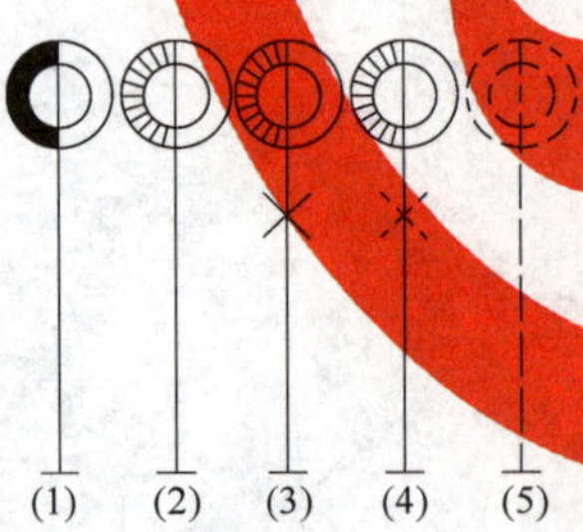	有商务作业的中间站 （1）既有或新建铁路近期开放站； （2）改建铁路近期开放站； （3）改建铁路关闭站； （4）改建铁路近期开放远期关闭站； （5）新建或改建铁路预留站	
4	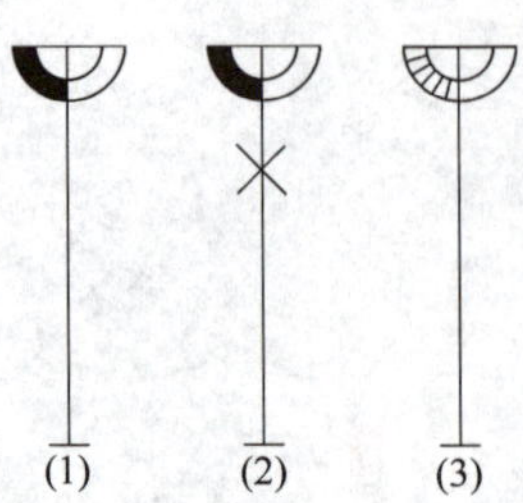	无商务作业的中间站 （1）既有或新建铁路近期开放站； （2）既有铁路关闭站； （3）改建铁路近期开放站	

续表 2.0.1

序号	图形符号	名称	说明
4	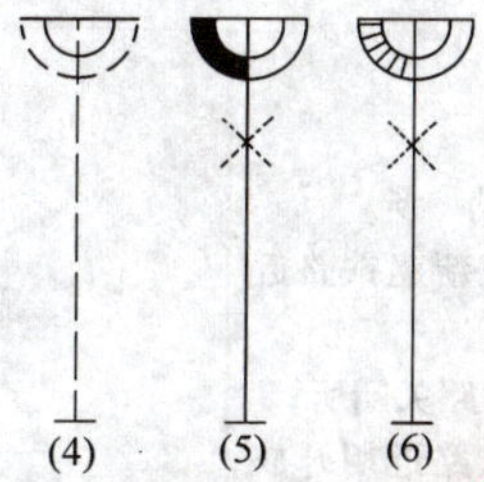	(4)新建或改建铁路预留站； (5)既有或新建铁路近期开放远期关闭站； (6)改建铁路近期开放远期关闭站	
5		无商务作业预留有商务作业的中间站。 (1)新建铁路； (2)改建铁路	
6	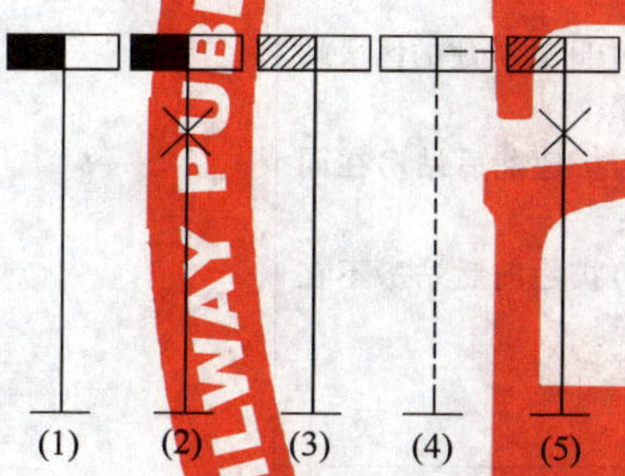	乘降所 (1)既有或新建铁路近期开放所； (2)既有铁路关闭所； (3)改建铁路近期开放所； (4)新建或改建铁路预留所； (5)改建铁路关闭所	
7	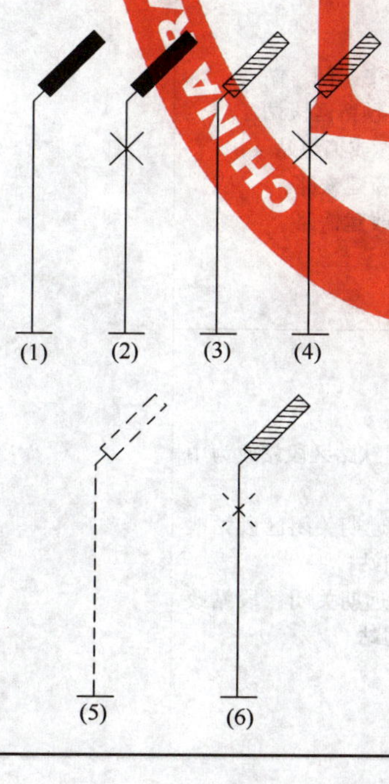	线路所 (1)既有或新建铁路近期开放所； (2)既有铁路关闭所； (3)改建铁路近期开放所； (4)改建铁路关闭所； (5)新建或改建铁路预留所； (6)改建铁路近期开放远期关闭所	

续表 2.0.1

序号	图形符号	名称	说明
8	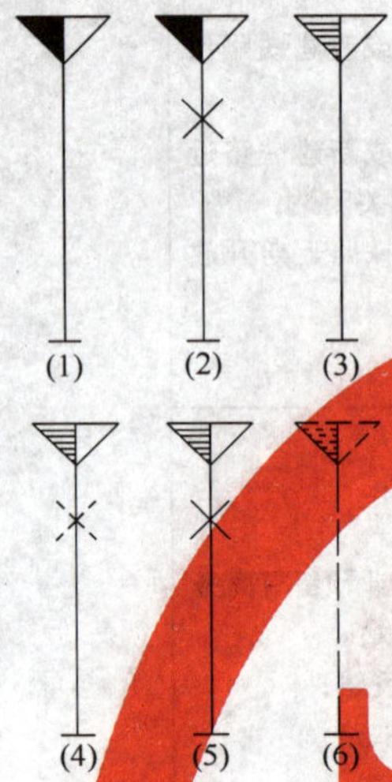	辅助所 (1)既有或新建铁路近期开放所； (2)既有铁路关闭所； (3)改建铁路近期开放所； (4)改建铁路近期开放远期关闭所； (5)改建铁路关闭所； (6)既有或新建铁路预留所	
9		由中间站扩建的区段站或编组站。 (1)扩建前后站房在同一侧； (2)扩建前后站房不在同一侧	
10		中间站 预留区段站 或编组站 (1)新建铁路； (2)改建铁路	
11	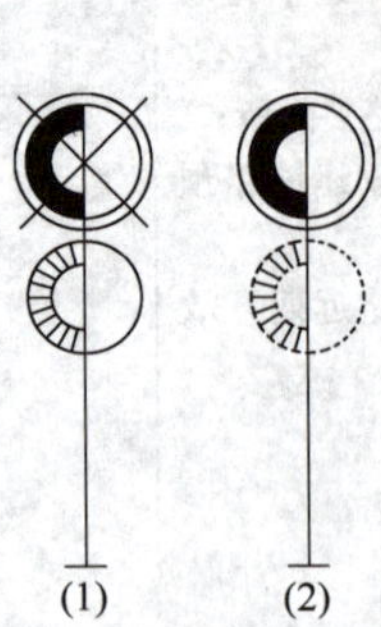	改建铁路区段站改为中间站。 (1)近期关闭区段站改为中间站； (2)远期关闭区段站改为中间站	

续表 2.0.1

序号	图形符号	名称	说明
12	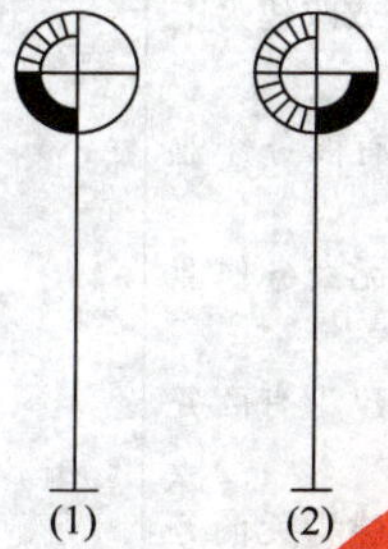	无商务作业扩建为有商务作业的中间站。 (1)扩建前后站房在同一侧； (2)扩建前后站房不在同一侧	
13		有商务作业改建为无商务作业的中间站	
14	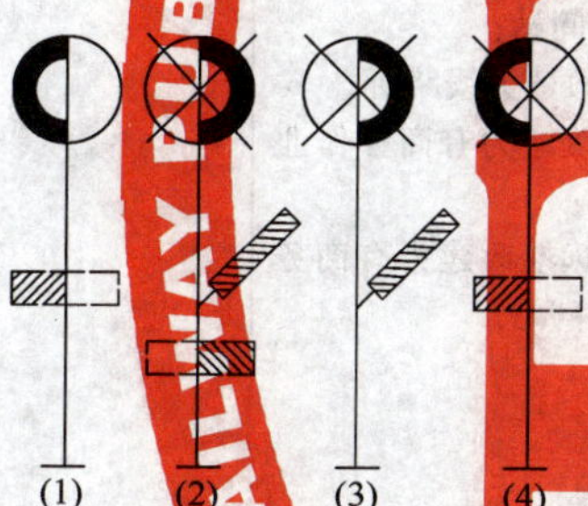	有商务作业中间站改建为线路所或乘降所。 (1)远期关闭中间站改为乘降所； (2)近期改为线路所远期改为乘降所； (3)近期改为线路所； (4)近期改为乘降所	
15	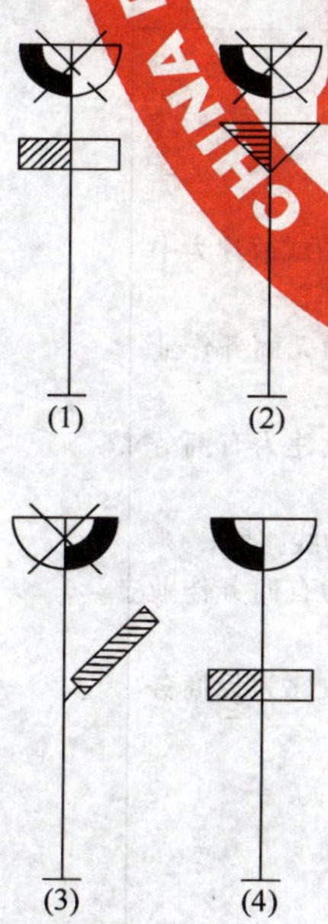	无商务作业中间站改建为乘降所、辅助所或线路所。 (1)改建为乘降所； (2)改建为辅助所； (3)改建为线路所； (4)远期改建为乘降所	

续表 2.0.1

序号	图 形 符 号	名 称	说 明
16	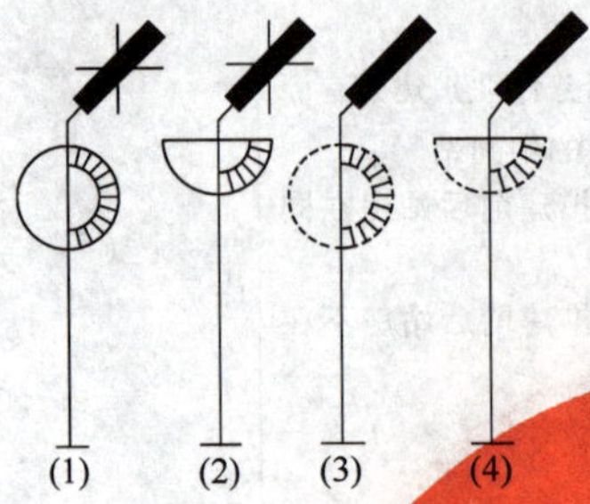	线路所预留或改建为中间站。 (1)改建为有商务作业中间站； (2)改建为无商务作业中间站； (3)远期改建为有商务作业中间站； (4)远期改建为无商务作业中间站	
17	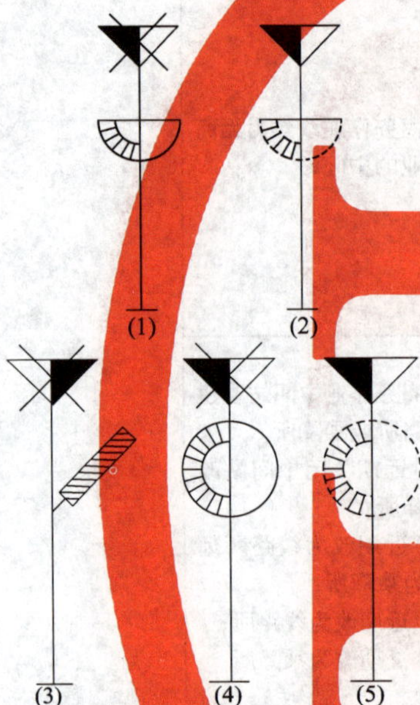	辅助所改建为中间站或线路所。 (1)改建为无商务作业中间站； (2)远期改建为无商务作业中间站； (3)改建为线路所； (4)改建为有商务作业中间站； (5)远期改建为有商务作业中间站	
18	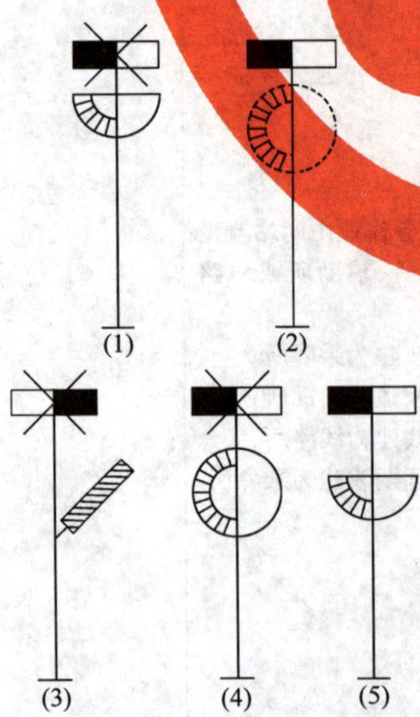	乘降所预留或改建为中间站或线路所。 (1)改建为无商务作业中间站； (2)远期改建为有商务作业中间站； (3)改建为线路所； (4)改建为有商务作业中间站； (5)远期改建为无商务作业中间站	

续表 2.0.1

序号	图　形　符　号	名　　称	说　　明
19		尽头式中间站 (1)既有或新建铁路近期开放站； (2)改建铁路远期为通过式中间站	

2.0.2　通过能力的图形符号应符合表 2.0.2 的规定。

表　2.0.2

序号	图　形　符　号	名　　称	说　　明
1		需要能力 (1)初期； (2)近期； (3)远期	在三角形、正方形、圆形符号内分别标注设计期的需要通过能力数值
2		现状能力	
3	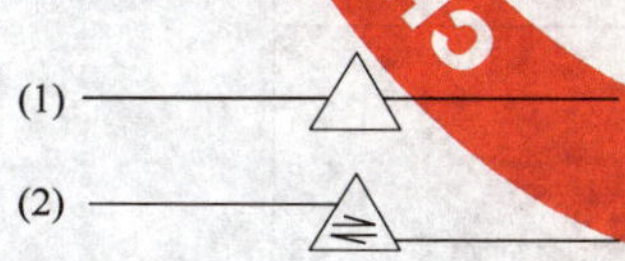	初期设计能力 (1)单线； (2)双线	①图形符号内标注相应期别的设计通过能力； ②双线铁路的图形符号内的“⇌”表式上、下行方向，并将线路相应期别的设计通过能力数值标注所示方向
4	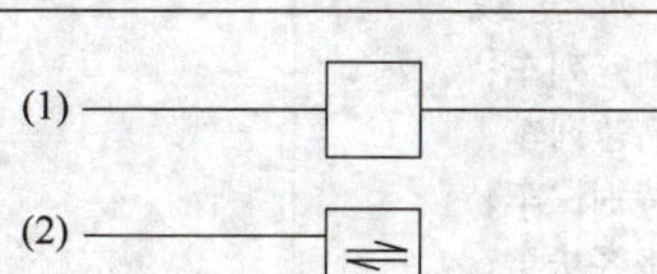	近期设计能力 (1)单线； (2)双线	
5		远期设计能力 (1)单线； (2)双线	

2.0.3 客、货列流线的图形符号应符合表 2.0.3 的规定。

表 2.0.3

序号	图形符号	名称	说明
1	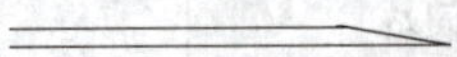	旅客列车	客、货列流图中的各种旅客列车均按双细实线线形表示，并以箭头示出列车的运行方向
2	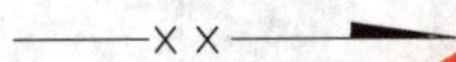	快运货物列车	
3		直达、直通货物列车	
4		生活列车	
5		区段货物列车	
6		零担列车	
7	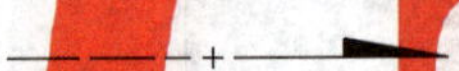	摘挂列车	
8		小运转列车	
9		回空列车	
10		固定车底循环运转列车	
11		混合列车	
12		单机	
13		客车车底	以箭头示出列车的运行方向
14	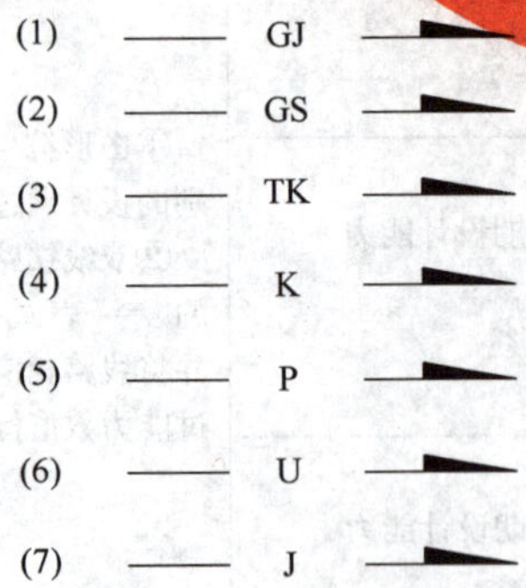	旅客列车列流线 (1)国际列车； (2)高速列车； (3)特别快车； (4)旅客快车； (5)普通客车； (6)旅游列车； (7)市郊列车	

3 线路图形符号

3.1 线路平面图

3.1.1 测量控制点的图形符号应符合表 3.1.1 的规定。

表 3.1.1

序号	图形符号	名称	说明
1		平面高程控制点	航测控制点和加密点应标注点号和高程;交点应注编号
2		线路点	
3	○	高程控制点 水文点 地质点 交点	
4		铁路水准点	标注点号和高程,如利用国家水准点,应在括号内标注国家水准点的点名和高程 如  $\frac{BM35}{623.335}$ $\left[\frac{I\,21}{623.335}\right]$
5	○	导线点	标注点号、里程和高程 C6 如 CK12+542.72 132.11 ○

3.1.2 铁路线和交叉的图形符号应符合表 3.1.2 的规定。

表 3.1.2

序号	图形符号	名称	说明
1	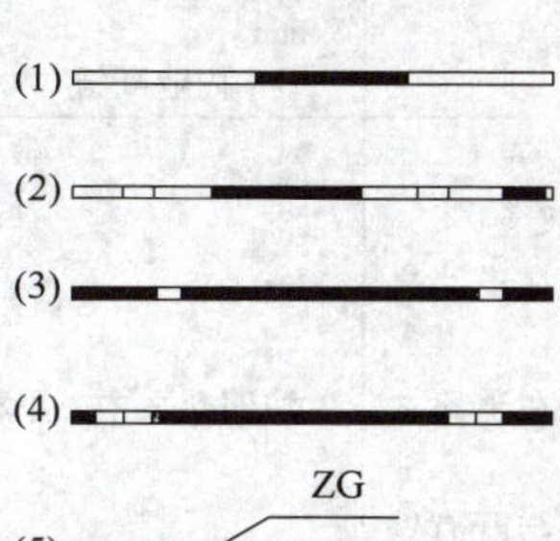	既有铁路 (1)标准轨单线; (2)标准轨双线; (3)焊接长钢轨单线; (4)焊接长钢轨双线; (5)窄轨距铁路	①适用于平面缩图; ②电气化铁路按本表序号 2 之(3)绘小圆及竖杆,间距应适当; ③两线间距 0.8 mm

续表 3.1.2

序号	图形符号	名称	说明
2	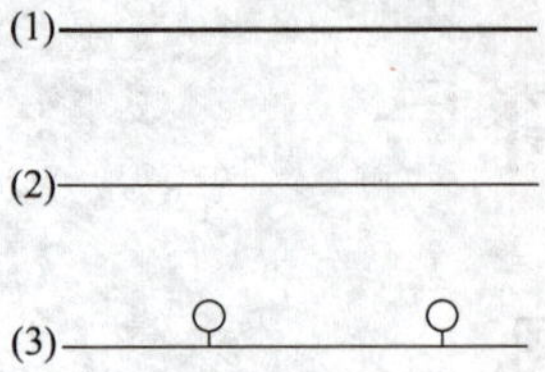	标准轨距铁路 (1)设计线; (2)既有线; (3)既有电气化线	①图形(3)中小圆表示混凝土柱或钢柱,按实测绘制; ②(1)线宽 0.7 mm,(2)及(3)线宽 0.35 mm
3	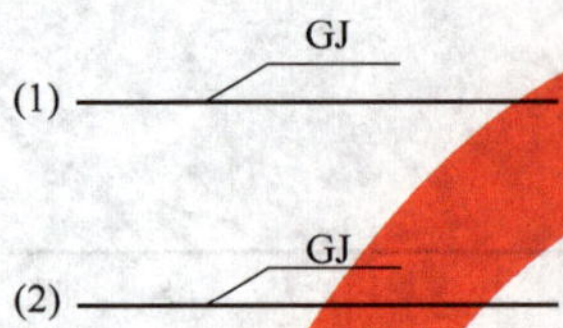	窄轨距铁路 (1)既有; (2)设计	①轨距窄于标准轨距的铁路加注轨距值,如 GJ 762; ②(1)线宽 0.35 mm,(2)线宽 0.7 mm
4		预 留 线	线宽 0.35 mm
5		比 较 线	①多方案比较时,还可采用点划线、双点划线等; ②线宽 0.7 mm
6		拆除铁路 (1)近期; (2)远期	适用于正线,线宽 0.35 mm
7	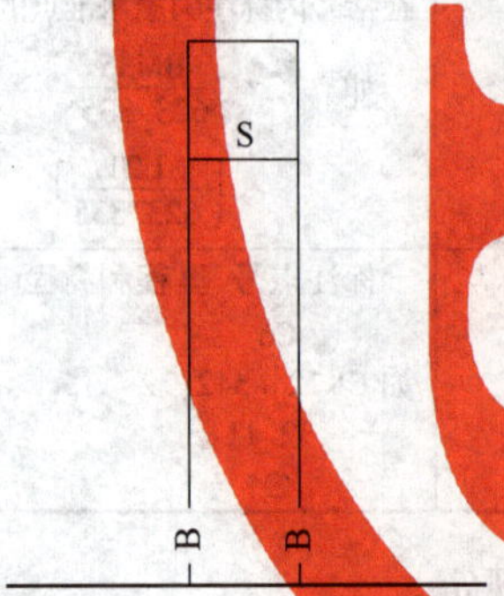	断 链 标	B—百尺标; S—两百尺标间的长度 以短链为例: 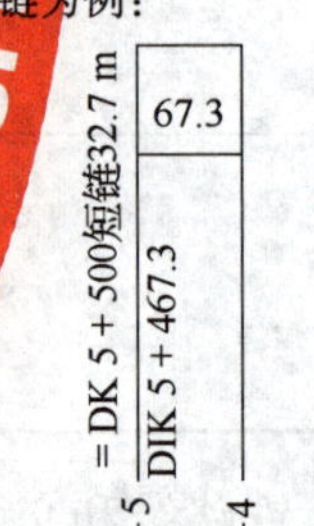
8	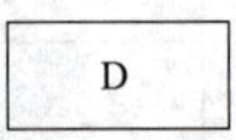	内业断链标	①适用于新建铁路预留第二线、改建铁路、增建第二线; ②矩形长、宽分别为 15 mm、7 mm D—内业断链
9	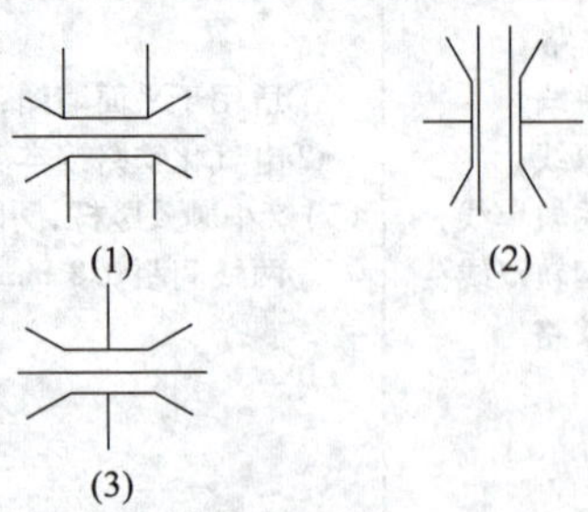	立体交叉 (1)既有铁路在道路之上; (2)既有铁路在道路之下; (3)既有铁路与既有铁路;	注明交叉中心里程

续表 3.1.2

序号	图 形 符 号	名 称	说 明
9	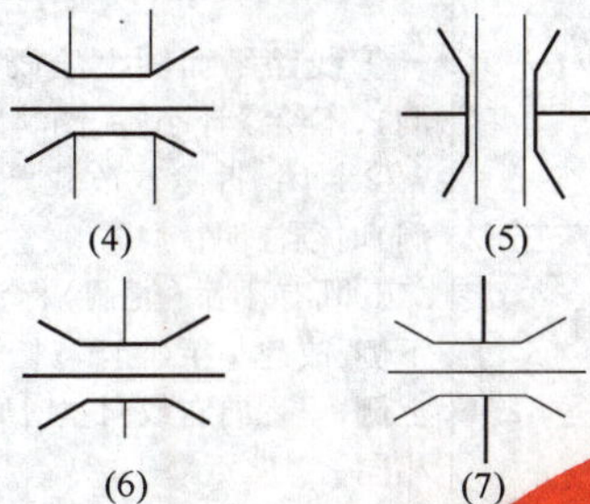	(4)设计铁路在道路之上; (5)设计铁路在道路之下; (6)设计铁路在既有铁路之上; (7)设计铁路在既有铁路之下	
10	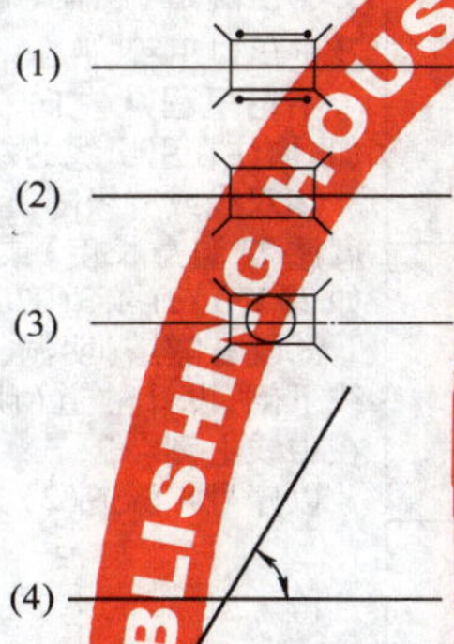	平交道口 (1)既有有看守; (2)既有无看守; (3)既有自动化; (4)设计	①封闭道口注"封闭"; ②注明道口中心里程及交角,如 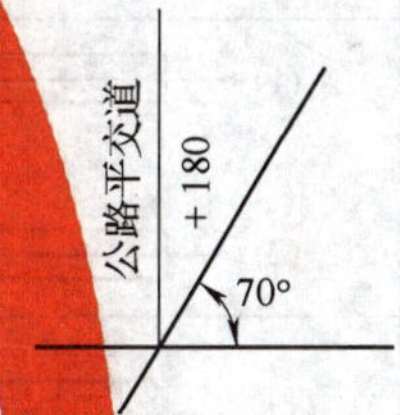

3.1.3 桥涵和隧道的图形符号应符合表 3.1.3 的规定。

表 3.1.3

序号	图 形 符 号	名 称	说 明
1	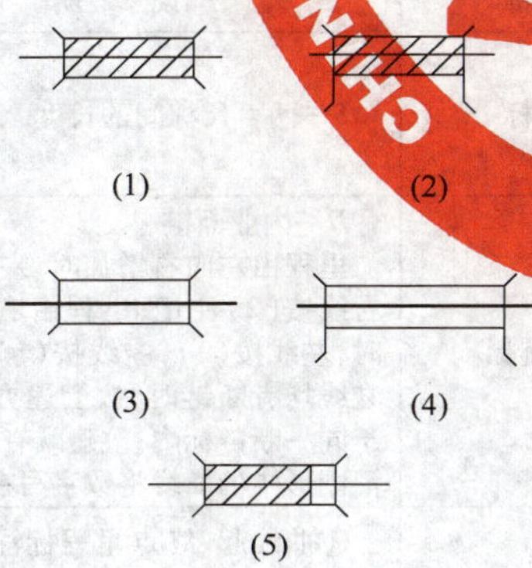	特大桥、大桥、中桥 (1)既有; (2)既有并建成第二线桥墩台; (3)设计; (4)设计并预建第二线桥墩台; (5)改建	①注桥名、类型(特大桥、大桥、中桥)、孔跨、式样及中心里程。 混凝土梁仅注"梁"、"低高度梁"或"超低高度梁";钢梁注全称。 双线桥或三线桥注2(1-24 m)或3(4-32 m);既有桥标注于中线的下侧,设计桥标注于中线的上侧;里程向右或向左增加,标注方法相同 以(3)为例: 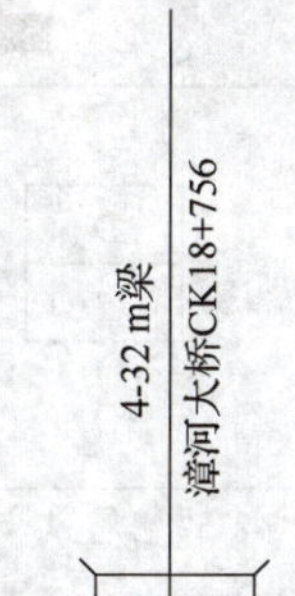 ②既有桥改建时,其改建部分用设计的图形。 ③封闭、拆除或改建既有桥时须注明。 ④公铁两用桥亦用此图形

续表 3.1.3

序号	图形符号	名称	说明
2	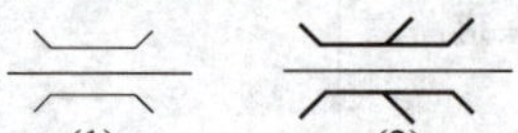	小桥 (1)既有; (2)改建	①线路平面图上绘既有小桥(涵洞),不绘设计小桥(涵洞); ②封闭、拆除或改建既有小桥(涵洞)时须注明; ③既有小桥(涵洞)标注于中线的下侧,改建小桥(涵洞)标注于中线的上侧,里程向右或向左增加,标注方法相同
3	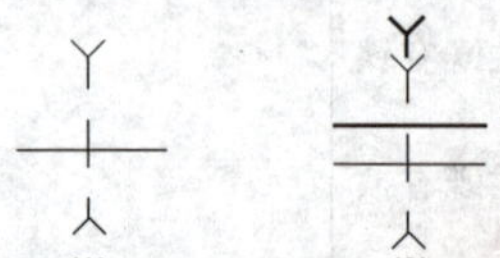	涵洞 (1)既有; (2)改建	
4		隧道 (1)既有; (2)设计	①注隧道(明洞、棚洞)名称、长度及进出口里程。 不论里程从左向右或从右向左增加,均注在引出线的左侧。 ②双线或三级隧道(明洞、棚洞)长度注2(洞身长度)或3(洞身长度),如2(370 m)或3(370 m)。 ③既有隧道(明洞、棚洞)标注在中线下侧,设计隧道(明洞、棚洞)标注在中线上侧。 以序号4隧道(2)为例: 
5		明洞 (1)既有; (2)设计	
6	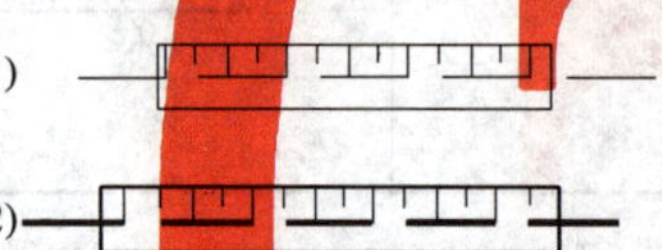	棚洞 (1)既有; (2)设计	

3.2　线路纵断面图

3.2.1　铁路线及交叉的图形符号应符合表3.2.1的规定。

表　3.2.1

序号	图形符号	名称	说明
1		断链标	S—两百尺标间的长度
2	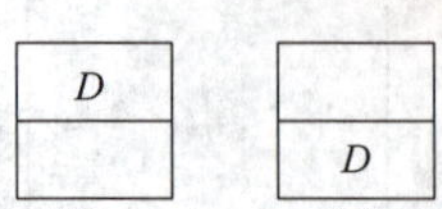	内业断链标	D—内业断链 里程由左向右增加时,左线按(1),右线按(2)注记;里程由右向左增加时,左线按(2),右线按(1)注记;左、右线均有断链时,按上述方法分别注于同一断链标内;改建既有单线时,取消图形中的横线将数字写在中部
3	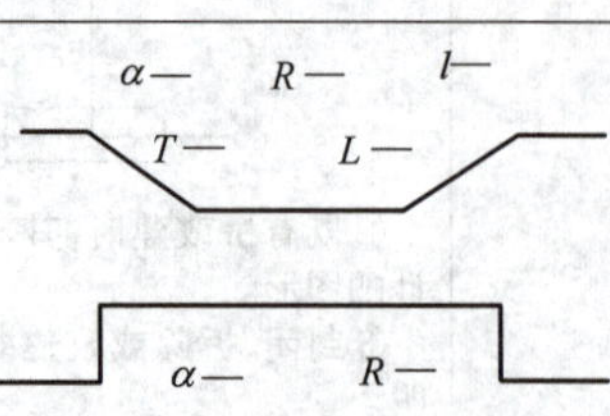	平面曲线 (1)有缓和曲线; (2)无缓和曲线	①曲线起、终点里程标注在小里程侧; ②可行性研究报告采用图形(2)但只注α及R,不注曲线起终点里程,线路平面图比例尺小于1:25 000时只注R ③曲线凸凹方向按实际情况绘制

续表 3.2.1

序号	图 形 符 号	名 称	说 明
3	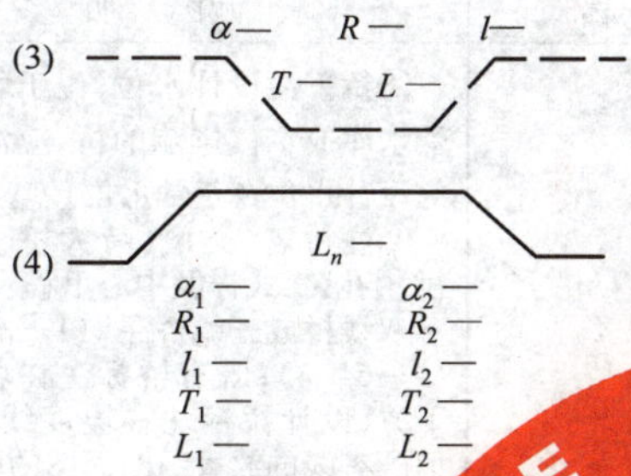	(3)预留第二线; (4)既有复曲线	
4		抛物线形 竖 曲 线 (1)凸形; (2)凹形	适用于改建铁路和增建第二线保留既有抛物线形竖曲线 E_0—外矢; γ—每 20 m 长度的变坡率; C—竖曲线长度
5	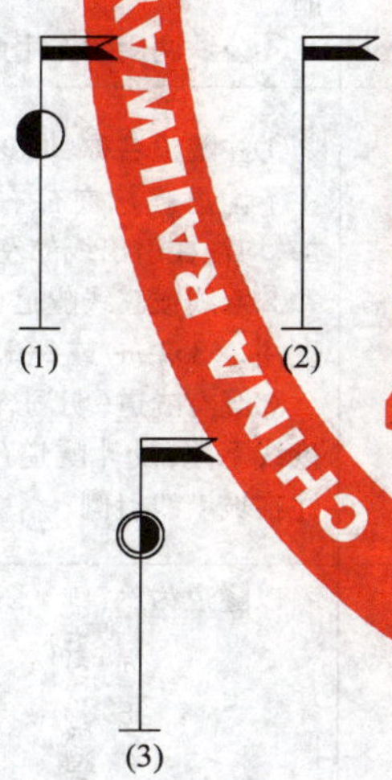	平交道口 (1)有看守的; (2)无看守的; (3)自动化的	①图形小圆涂黑部分表示看守房所在线路的一侧; ②封闭道口在竖臂上画叉; ③在竖臂右侧注道口中心里程,里程向右或向左增加,标注方法相同; ④双侧看守的道口,小圆点全部涂黑
6	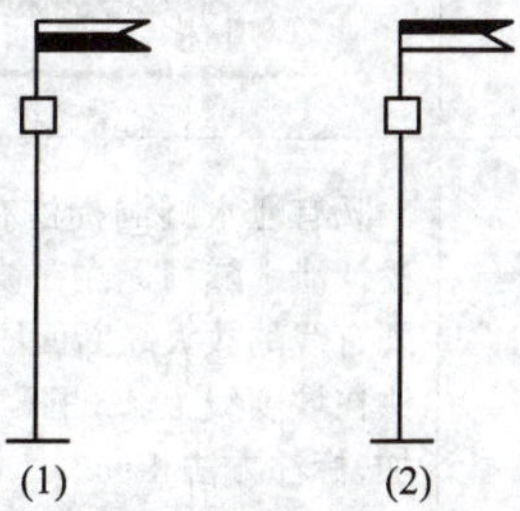	立体交叉 (1)设计线在下; (2)设计线在上	利用河流上的多孔桥梁立交时,在立交中心绘图形,但竖臂上不注桥梁注记,只标注立交中心里程。当立交中心与桥梁中心重合时,按桥梁要求在竖臂上注记;里程向右或向左增加,标注方法相同

3.2.2 桥涵和隧道的图形符号应符合表3.2.2的规定。

表 3.2.2

序号	图形符号	名称	说明
1	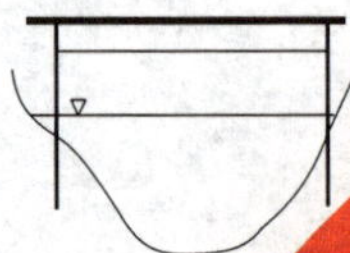 (1) 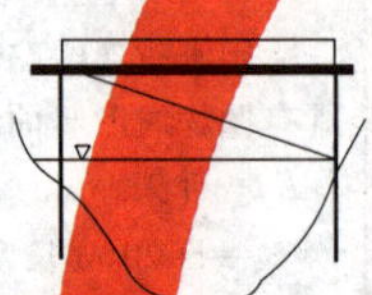 (2)	特大桥、大桥、中桥 (1)上承式; (2)下承式	①桥下注设计水位,位于水库地段受水库或水位影响的桥,应注明水库的设计水位及正常水位。 ②注桥名、类型(特大桥、大桥、中桥)、孔跨、式样及中心里程。 双线桥或三线桥注2(1—24 m)或3(2—64 m);既有桥标注在坡度线的下方,设计桥标注在坡度线的上方。但既有线的放大纵断面图的既有桥标注在坡度线的上方; 里程向右或向左增加,标注方法相同 以(1)为例:  ③封闭、拆除或改建既有桥时须注明。 ④公铁两用桥亦用此图形
2		隧　道	①注隧道名称、长度和进出口里程。不论里程从左往右或从右往左增加,均注在引出线的左侧。 ②双线或三线隧道(明洞、棚洞)长度注2(332 m)或3(332 m)。 ③既有隧道(明洞、棚洞)标注在坡度线下侧,设计隧道(明洞、棚洞)标注在坡度线上侧
3		明　洞	
4	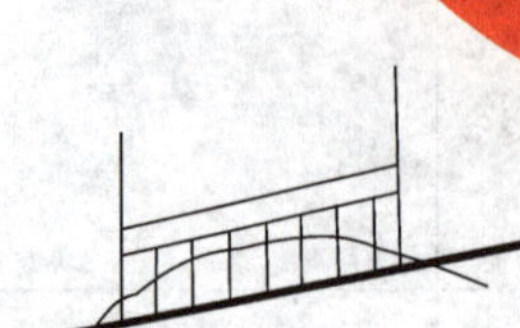	棚　洞	以隧道为例: 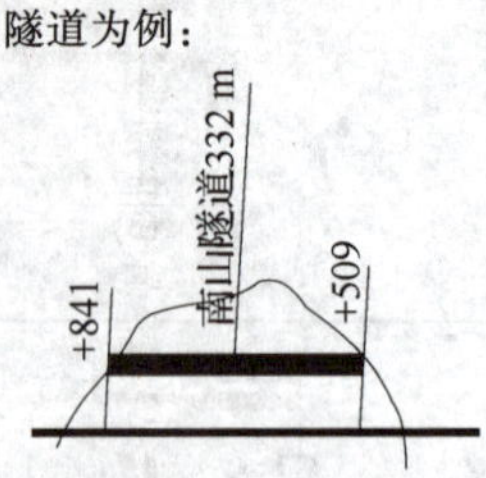
5		泄水隧洞	既有泄水隧洞标注在坡度线下方,设计泄水隧洞标注在坡度线上方。但既有线的放大纵断面图的泄水隧洞标注在坡度线上方;里程向右或向左增加,标注方法相同

4　路基、桥涵和隧道图形符号

4.0.1　建筑材料的图形符号应符合表 4.0.1 的规定。

表　4.0.1

序号	图　形　符　号	名　　称	说　　明
1	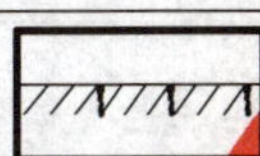	天然土石	
2		黏土保护层	
3		水	
4		砂、灰土水泥砂浆	用于地基处理，如白灰素土换填、水泥素土换填
5		砂夹卵石	用于地基处理，如 1∶2砂夹卵石换填
6		砂夹碎石、填碎石	用于地基处理，如 1∶2砂夹碎石换填
7	 (1) (2)	(1)干砌片石； (2)碎石	用于桥涵附属工程铺砌及铺砌下的碎石垫层或反滤层，凡在设计图中用引出线标注铺砌类型者，可不在图形中绘制“符号”
8		浆砌片石	
9		浆砌块石	
10		钢筋混凝土	对于常用墩台、涵洞，凡在设计图中的工程数量表中注明部位、混凝土、钢筋混凝土名称者，均可不在图形中绘制“符号”，仅在断面图中部分显示
11	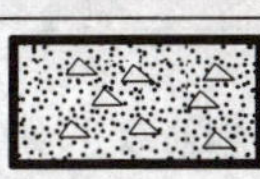	混　凝　土	
12		片石混凝土	
13	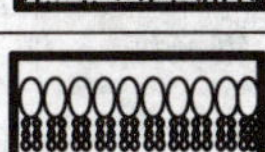 (1) (2)	(1)栽砌卵石； (2)卵(砾)石垫层	
14	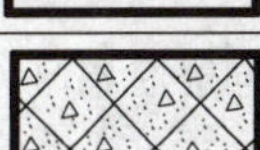	沥青混凝土	
15	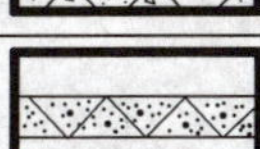	沥 青 砂 胶 沥青砂垫层	

续表 4.0.1

序号	图形符号	名称	说明
16	 (1) (2)	木材 (1)纵剖面; (2)横断面	
17	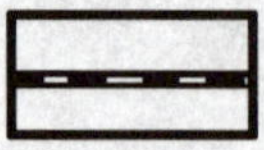	甲(乙)种防水层、涵洞包缝	本符号用于甲种、乙种防水层、涵洞沉降缝及接缝外包缝用的一层沥青麻布和二层石棉沥青
18		铁丝石笼 竹筐石笼	
19		花纹钢板	
20		草皮	
21		回填土石	
22		夯填土石	
23		喷混凝土	
24	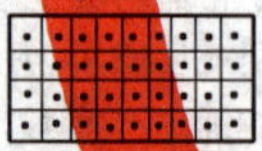	网喷	
25		锚杆	平面图上用
26		锚杆	剖面图上用
27	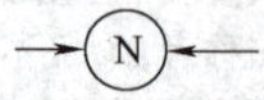	预应力钢筋孔道	N为钢筋编号,如①,②……
28		预留预应力钢筋孔道	N为钢筋编号,如◎1,◎2……
29		预应力钢筋端头锚预留锚垫板	N为钢筋编号,如[①],[②]……
30		施工用临时预应力钢筋	

4.0.2 路基及路基附属建筑的图形符号应符合表 4.0.2 的规定。

表 4.0.2

序号	图形符号	名称	说明
1	(1) 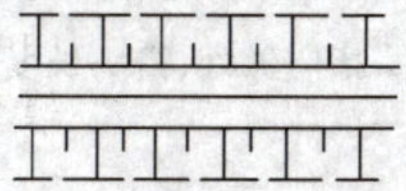 (2) 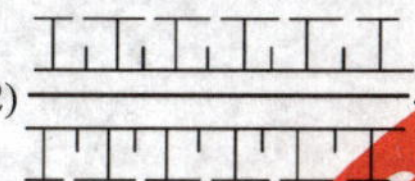	路堤 (1)既有; (2)设计	1:5 000 的图上可不绘路肩线,如: 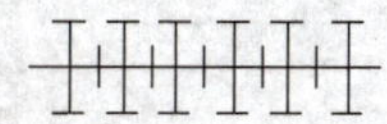
2	(1)  (2) 	路堑 (1)既有; (2)设计	1:5 000 的图上可不绘路肩线,如: 
3	(1)  (2) 	半堤半堑 (1)既有; (2)设计	1:5 000 的图上可不绘路肩线,如: 
4	(1)  (2) 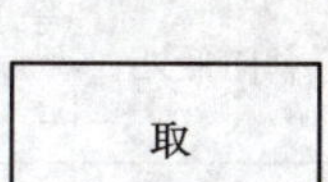 取	取土坑 (1)既有; (2)设计	既有取土坑隔适当距离注坑底高程及地面高程
5	(1) 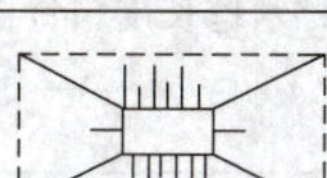 (2) 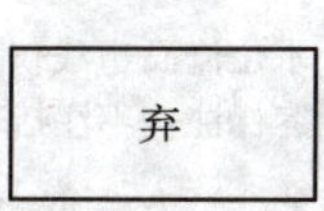 弃	弃土堆 (1)既有; (2)设计	既有弃土堆应注顶部高程及地面高程

续表 4.0.2

序号	图 形 符 号	名 称	说 明
6	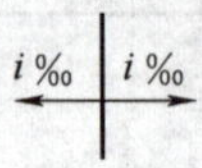	侧 沟 分水点	用于横断面图中分水点位置正好在横断面图上时标注高程;分水点位置不在横断面图上时标注高程及里程 i—水沟纵坡
7		排水方向	箭头指向低处,箭头长度 10 mm
8	(1) (2) (3) (4) 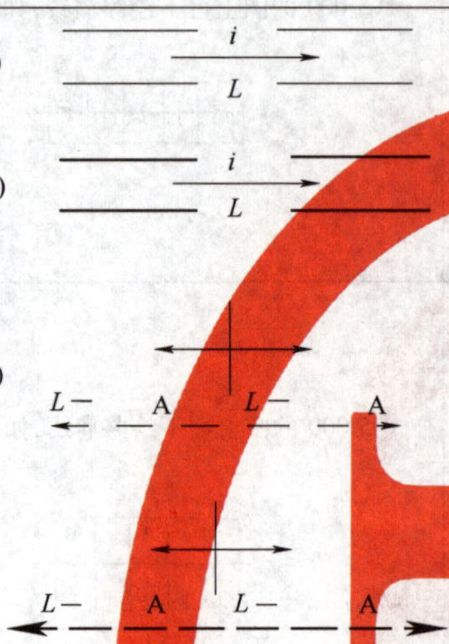	天沟、侧沟、排水沟、截水沟 (1)既有; (2)设计; (3)既有; (4)设计	(1)及(2)用于大比例的平面图中,(3)及(4)用于小比例的平面图中 i—水沟纵坡(‰); L—水沟长度(m); A—断面形式编号
9	(1) (2) 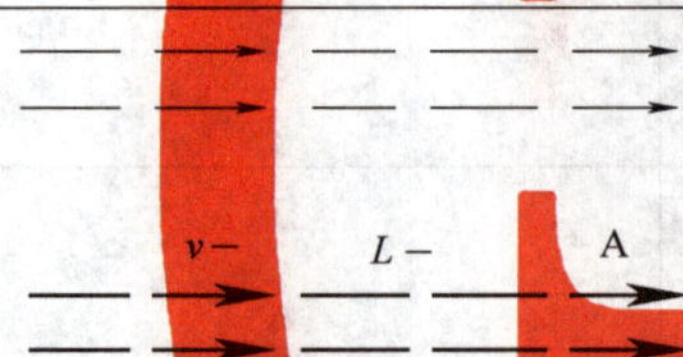	扩大的天沟、侧沟、排水沟、截水沟 (1)既有; (2)设计	v—流速(m/s); L—水沟长度(m); A—断面形式编号
10	(1) (2) 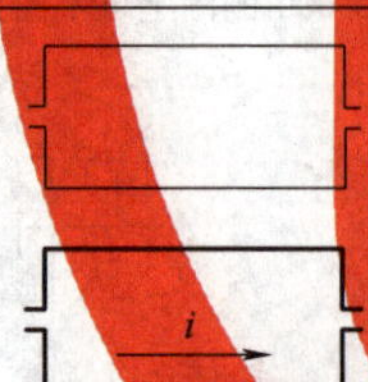	利用排水的取土坑 (1)既有; (2)设计	i—排水纵坡
11	(1) (2) 	急流槽、吊沟 (1)既有; (2)设计	“>”朝向低处
12	(1) (2) 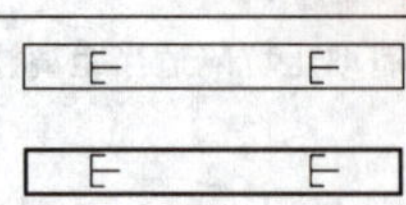	跌 水 (1)既有; (2)设计	“⊱”朝向低处
13	(1) (2) 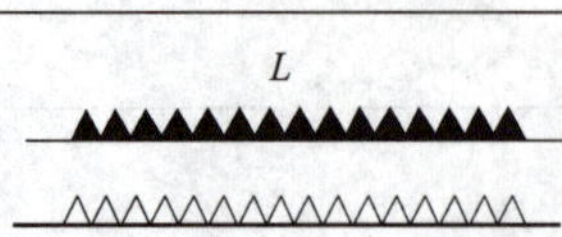	挡水埝 (1)既有; (2)设计	L 为挡水埝长度(m);三角形尖端朝来水方向
14	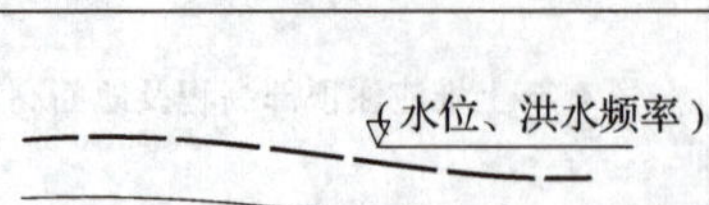	泛滥线	设计水位淹没边线仅用于平面图;括号中按实际内容标注—不注括号(以下各章同)

续表 4.0.2

序号	图 形 符 号	名 称	说 明
15	(1) 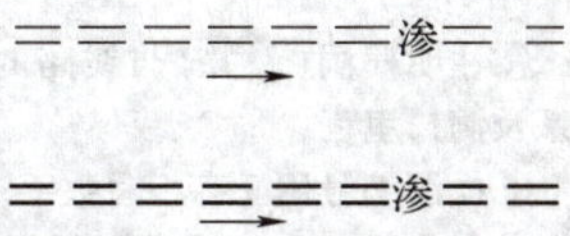 (2)	渗 沟 (1)既有; (2)设计	小比例平面图中,支撑渗沟图例只写编号(用阿拉伯字),不必写出“渗”字,在地面上出露的渗沟地段可画成实线,两线间距 1 mm,箭头长度 5 mm
16	(1)  (2)	带检查井的渗沟 (1)既有; (2)设计	圆圈直径 2 mm;箭头长度 5 mm
17	(1)  (2)	渗水隧洞及泄水洞 (1)既有; (2)设计	两线间距 3 mm
18	(1)  (2)	带有竖井、渗井的渗水隧洞 (1)既有; (2)设计	两线间距 3 mm; 圆圈直径 2 mm
19	(1)  (2)	挡土墙 (1)既有; (2)设计	适用于小比例平面图,标注长度按实测,被挡土在“凸出”的一侧。大比例平面图按实测并绘圬工图例
20	(1)  (2)	抗滑桩 (1)既有; (2)设计	大比例平面图按实际外轮廓尺寸绘制,被挡土在“凸出”的一侧; 标注桩的编号
21	(1) 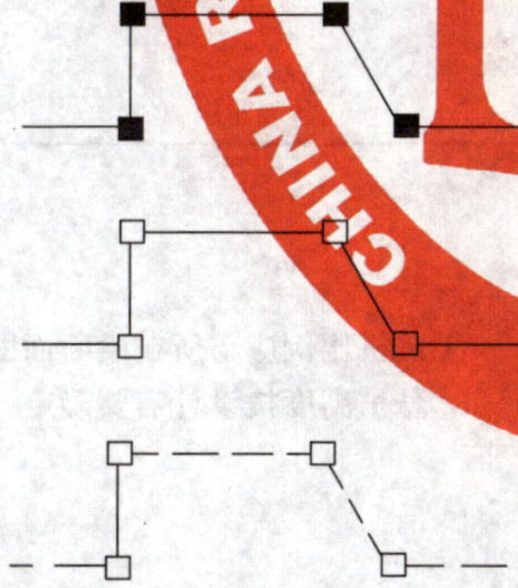 (2) (3)	用地界 (1)既有; (2)设计(永久用地); (3)设计(临时用地)	标注距线路中心线的距离,字头朝左;也适用于站场

4.0.3 隧道辅助坑道和附属建筑的图形符号应符合表 4.0.3 的规定。

表 4.0.3

序号	图 形 符 号	名 称	说 明
1	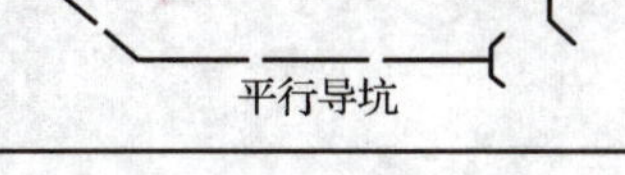	平行导坑	①注明平行导坑的起、终点里程; ②注明平行导坑中心线与线路中心线的间距

续表 4.0.3

序号	图 形 符 号	名 称	说 明
2	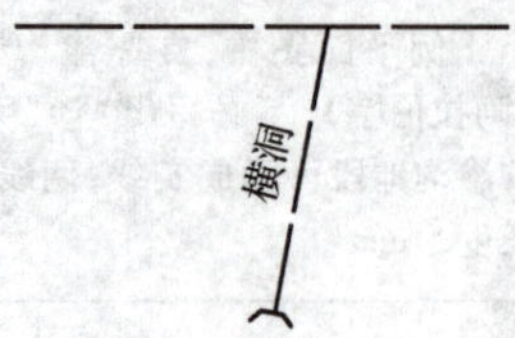	横 洞（斜井）	①注明横洞（斜井）与线路的里程和平面关系及洞口里程； ②横洞编号用汉字小写数字； ③名称后（下）注明横洞（斜井）的实长
3	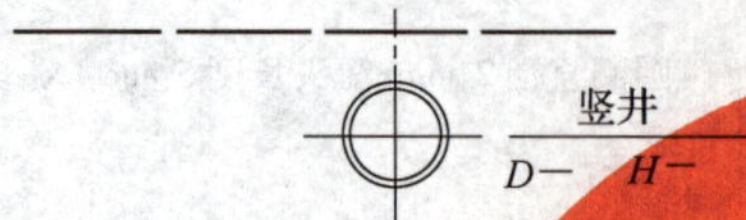	竖 井	注明竖井与线路的平面关系和竖井内净孔的尺寸及深度 D—竖井内径； H—竖井深度
4	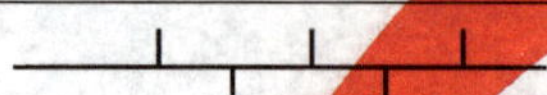	小避车洞	
5		大避车洞	
6		大避车洞及余长电缆腔	
7		绝缘梯车洞 （1）与大避车洞合设； （2）单设	隧道纵断面横向比例小于 1∶5 000 时，可不绘大、小避车洞位置，应用说明或其他形式设计
8		无线列调中继器室 （1）单设； （2）与小避车洞合设	
9	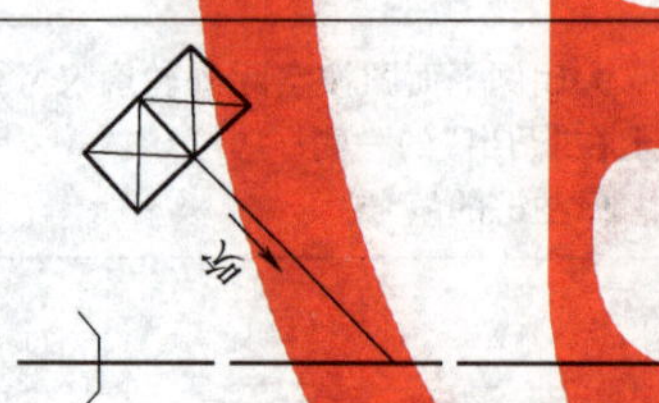	轴流风机	注明风机型号和台数
10	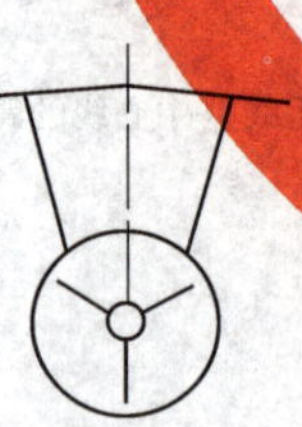	射流风机（横向）	①风机比例应与所在横断面图同； ②悬吊高度按设计需要确定
11	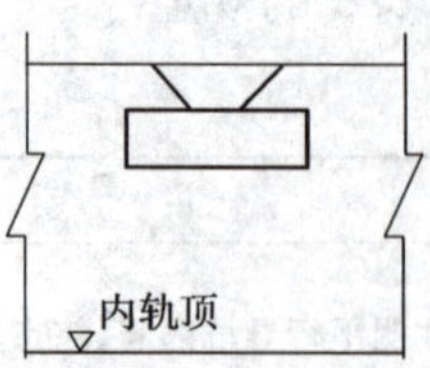	射流风机（纵向）	①风机比例应与所在纵断面图同； ②悬吊高度按设计需要确定

续表 4.0.3

序号	图 形 符 号	名 称	说 明
12	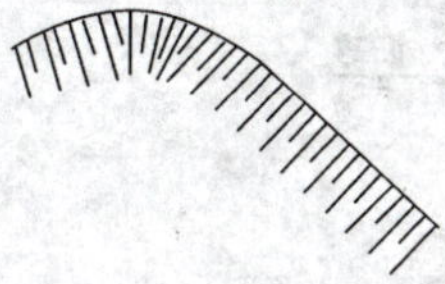	洞顶仰坡	洞口边坡与本图同;边坡线上注明坡度
13	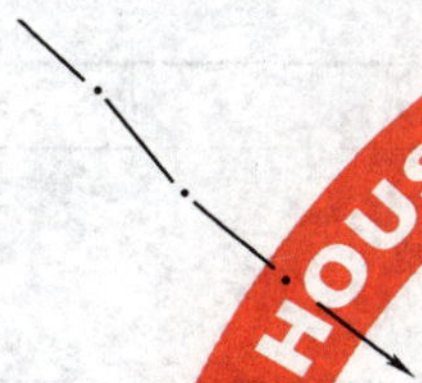	洞顶截水沟	箭头指向水流方向
14		弃渣堆	弃渣堆顶部应注高程; 边坡线上注明坡度

5　站场图形符号

5.0.1　道岔及站内线路的图形符号应符合表 5.0.1 的规定。

表　5.0.1

序号	图形符号	名称	说明
1	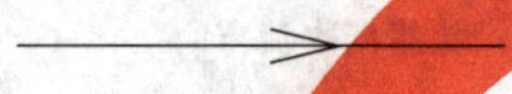	货物列车进路	进路图形符号宜按下图尺寸绘制：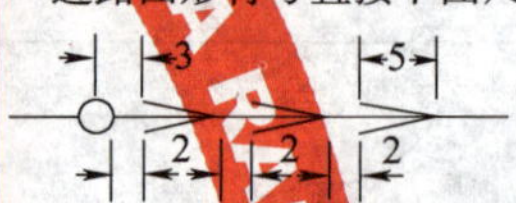如为双进路，则在反向加绘箭头
2		旅客列车进路	
3		客货列车进路	
4		超限货物列车进路	
5	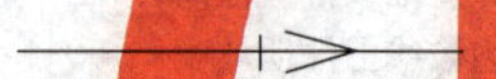	机车出段线	
6	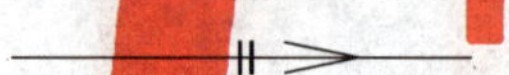	机车入段线	
7	(1) (2) 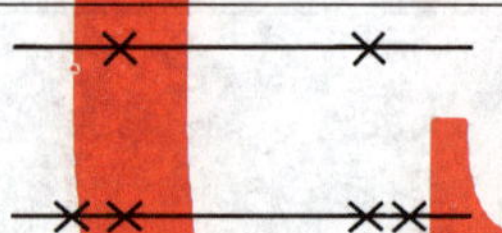	拆除铁路 (1)近期； (2)远期	
8	(1) (2) (3) (4) (5) (6) 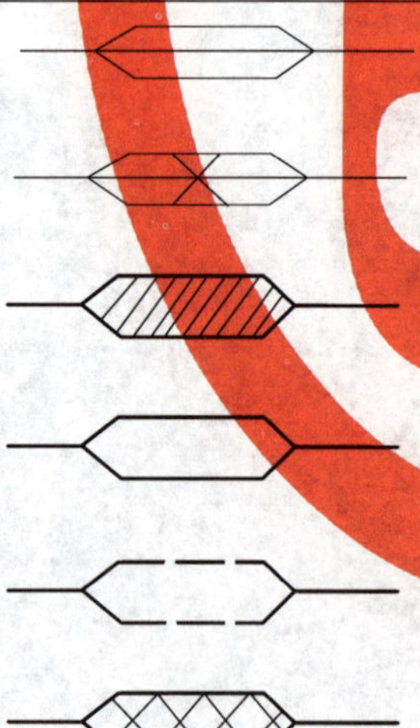	车站 (1)既有； (2)拆除既有； (3)近期设计； (4)远期设计； (5)预留设计； (6)厂矿企业	用于站场总图设计，按比例绘制
9	(1) (2) 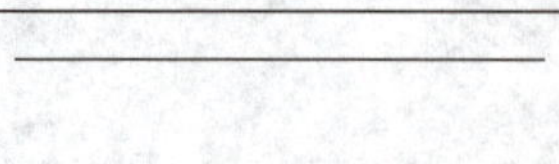	非电化站线 (1)既有； (2)设计	
10	(1) (2) 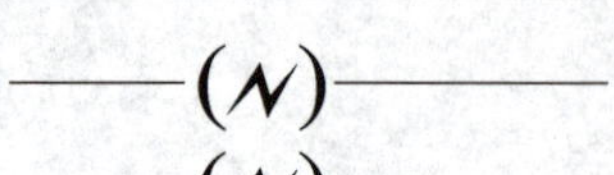	电化站线 (1)既有； (2)设计	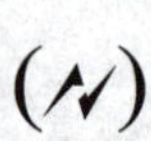—电化站线符号

续表 5.0.1

序号	图形符号	名称	说明
11	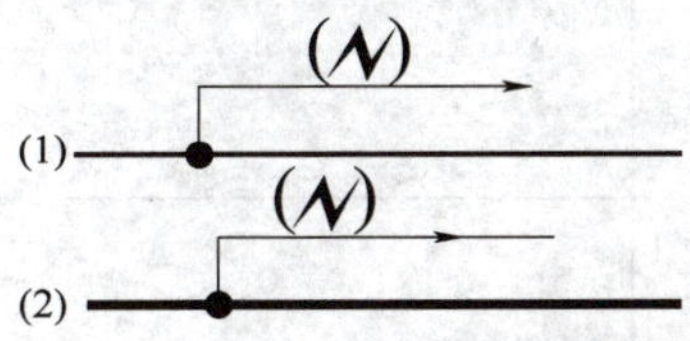	部分电化站线 (1)既有; (2)设计	(ϟ)—电化站线符号 →—电化站线方向,箭头线下方按实际标注电化与非电化站线分界里程
12		单开道岔	
13	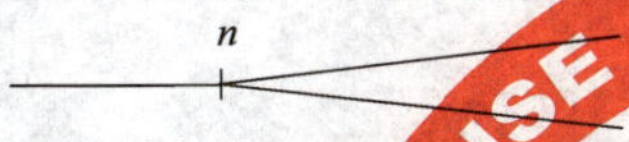	单式对称道岔	
14		三开道岔	
15		复式交分道岔	n—辙叉号数。 按实际标注,既有的加括号,电化的在道岔编号下方加横线,如:12,(12)
16		交叉渡线	
17		菱形交叉	
18		线群与线群分束	线群(或车场)按实际标注
19		不同轨距混用线路	
20		直角交叉	
21	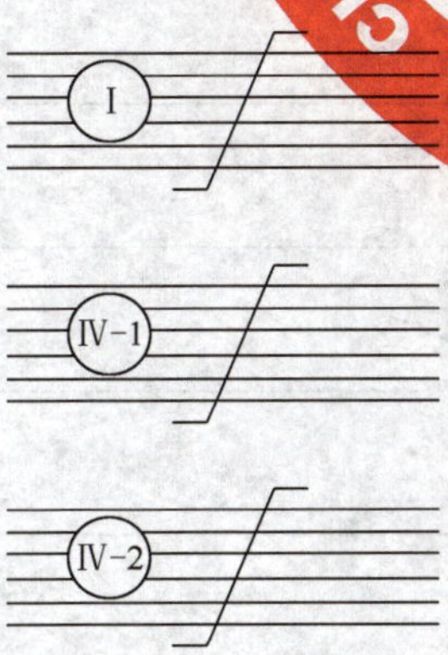	车场或线群编号	(Ⅰ)(Ⅳ)—车场编号 (Ⅳ-1)(Ⅳ-2)—车场线束编号

5.0.2 调车调速设备及线路附属设备的图形符号应符合表 5.0.2 的规定。

表 5.0.2

序号	图 形 符 号	名 称	说 明
1	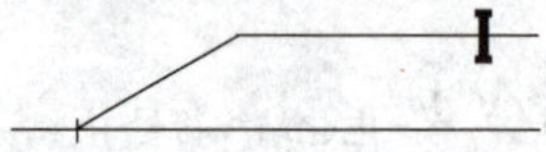	关闭枕木	
2	(1)  (2) 	车 挡 (1)土堆式 (2)非土堆式	
3	(1)  (2) 	驼 峰 (1)一线驼峰 (2)双线驼峰	
4		脱 轨 器	表示方向为脱轨方向,用于到发线头部等地点做安全设备用
5		机车车辆下部限界检查器	用于驼峰平面图
6		脱 鞋 器	表示方向为脱鞋方向,用于调车场头部
7		装载限界架	
8	(1)  (2) 	减 速 器 (1)单侧 (2)双侧	减速器节数按实际标注,长度按实际数字
9		减 速 顶	
10	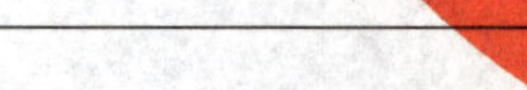	加 速 顶	
11		可控减速顶	
12		可控加速顶	
13		停 车 器	
14		可控停车器	

5.0.3 客货运设备的图形符号应符合表5.0.3的规定。

表 5.0.3

序号	图形符号	名称	说明
1	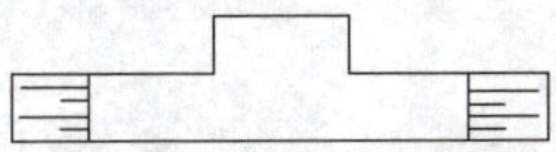	站房地坪及基本站台	站台内加注长×宽×高站台两端高度不同时，一上一下同时标注
2		站 台	
3	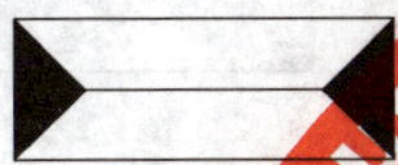	仓 库	
4		货物雨棚	
5		货物跨线雨 棚	
6	(1) 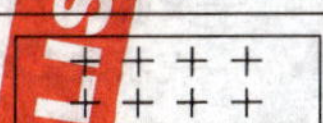 (2) 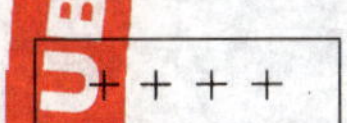	旅客雨棚 (1)双柱 (2)单柱	加注长、宽尺寸
7		天 桥	加注中心里程、宽度
8		地 道	
9		轨 道 衡	加注长度
10	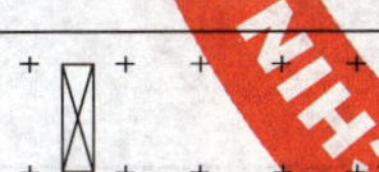	桥式起重机	
11	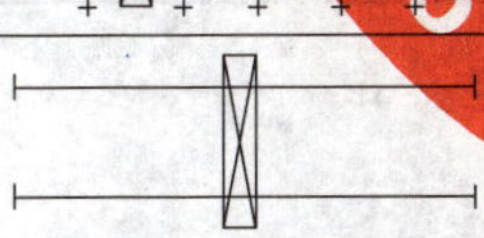	门式起重机	
12		固 定 式 起 重 机	
13	(1) 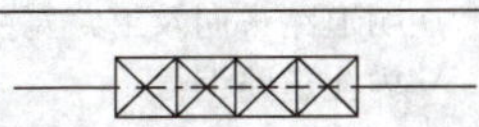 (2) 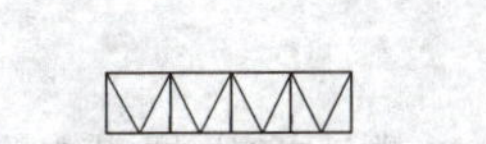	装 车 仓 (1)跨线式 (2)侧式	
14	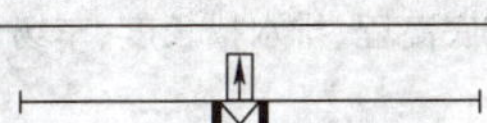	装 砂 机	

续表 5.0.3

序号	图 形 符 号	名 称	说 明
15	(1) 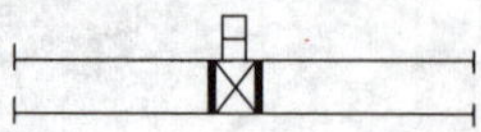 (2) 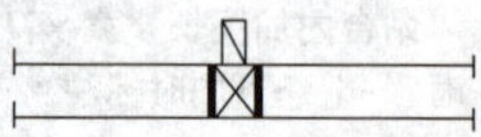	卸煤机 (1)链斗式; (2)螺旋式	
16	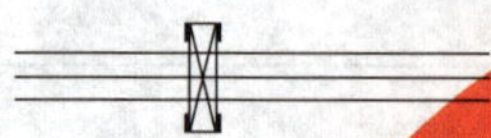	跨线上煤设备	
17		轨道式起重机	
18	(1)  (2)  (3) 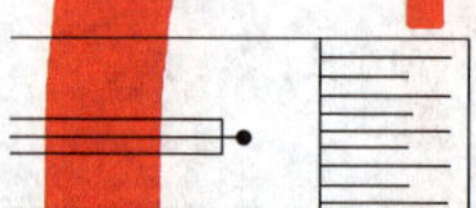	尽端式站台 (1)单独型; (2)L型; (3)凹型	加注尽端站台长度,注明带车钩或不带车钩 —┤ —表示不带车钩 —┤● —表示带车钩
19		台 阶	根据实际情况采用一级或多级
20		高架站房	

5.0.4 站内附属工程的图形符号应符合表 5.0.4 的规定。

表 5.0.4

序号	图 形 符 号	名 称	说 明
1	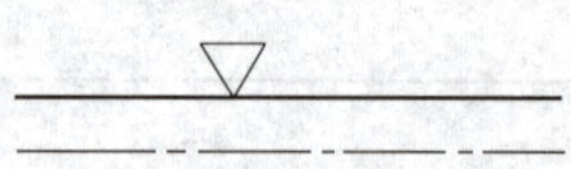	站场设计道路	注明道路去向及道路宽度; ▽内注道路编号
2	(1)  (2)	圬工排水槽(沟) (1)既有; (2)设计	注明排水槽坡度、排水槽起终点及变坡点、槽底高程、排水槽长度、车场号、排水槽编号

续表 5.0.4

序号	图 形 符 号	名 称	说 明
3	(1) 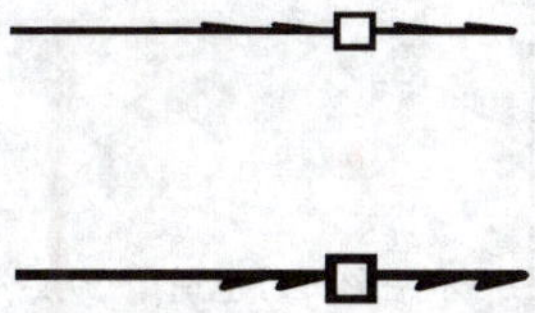 (2)	盖板排水槽 (1)既有; (2)设计	注明排水槽坡度、排水槽起终点及变坡点、槽底高程、排水槽长度、车场号、排水槽编号
4	(1) 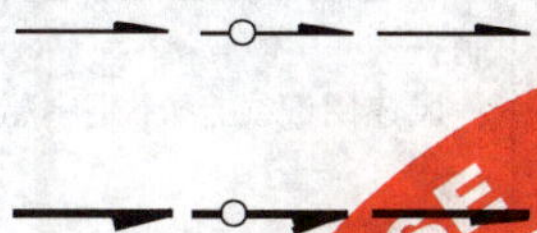 (2)	排水暗管 (1)既有; (2)设计	注明沟底高程、坡底、长度
5	(1)  (2)	排水土沟 (1)既有; (2)设计	
6	(1)  (2)	穿越线路 排水槽 (1)既有; (2)设计	——排水方向
7		平 过 道	注明宽度 n—线路数值
8	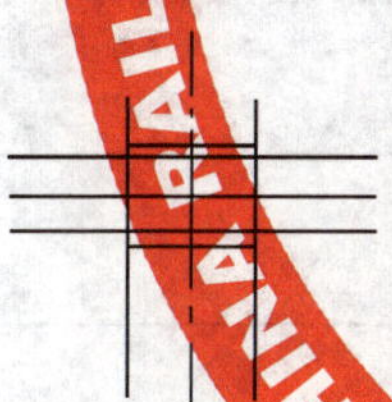	站场平交道	平交道应注明长×宽,斜交时加注交角,位置用里程或相对距离表示
9		警冲标	

5.0.5 其他图形符号应符合表 5.0.5 的规定。

表 5.0.5

序号	图 形 符 号	名 称	说 明
1	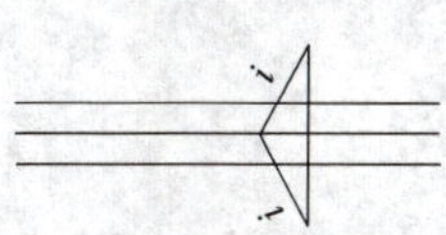	路 基 排水横坡	i—排水坡用百分数按实际标注

续表 5.0.5

序号	图形符号	名称	说明
2		风玫瑰	本图形符号也适用于机务车辆总平面图； 风速和频率应按当地实际情况依比例绘制； 风速用细线，频率用中粗线
3		基线	底图用红色绘制； 注里程及基线桩编号
4	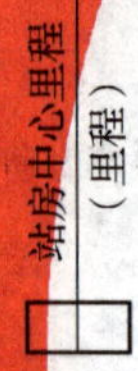	站房中心	用于站场平面图，当车站中心与站房中心不一致时，增加此项里程标注
5	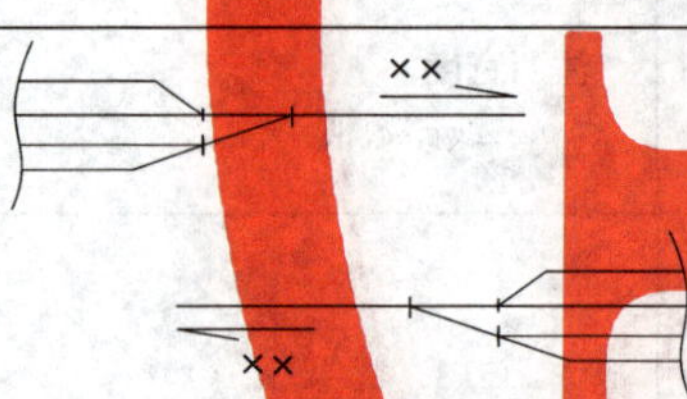	方向标	所注站名为该线(或区段)两端的大站，即区段站、编组站、接轨站、客运站
6		扳道房	
7		清扫房	
8	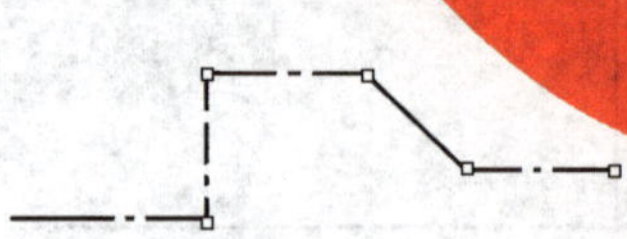	预留用地界	地界桩应标注距正线中心的距离； 预留用地界如需分期时，一期用地采用—·—表示，二期用地采用—··—表示，以此类推； 其余用地界同路基表 4.0.2 序号 21

6　机务设备和车辆设备图形符号

6.0.1　机务设备的图形符号应符合表6.0.1的规定。

表　6.0.1

序号	图形符号	名称	说明
1		机务段	①根据实际需要选用机务段图形符号，如不需要按机车类别区分机务段时，就用本表序号1图形符号表示； ②如果需要区分既有的与设计的段，则既有的段在原图形符号上加以外切正四边形表示； ③内、外圆直径分别为6 mm、8 mm
2		内燃机务段	
3		电力机务段	
4		蒸汽机务段	
5		蒸汽内燃混合段	
6		蒸汽电力混合段	
7		内燃电力混合段	
8		机车检修段	圆直径8 mm，内接正四边形
9		机车运用段	圆直径6 mm
10		机车折返段	等边三角形，边长5 mm
11		派驻机车折返段	
12		机务折返所	圆直径3 mm
13		机务换乘所	圆直径3 mm
14		机务整备所	

6.0.2　车辆设备的图形符号应符合表6.0.2的规定。

表　6.0.2

序号	图形符号	名称	说明
1	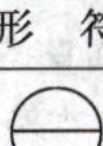	客车车辆段	
2		货车车辆段	

续表 6.0.2

序号	图形符号	名称	说明
3		客货车混合车辆段	①外圆直径 8 mm; ②黑点直径 2 mm
4	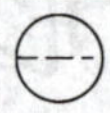	罐车车辆段	
5		机械保温车车辆段	
6		机械保温车加油站	
7		客车技术整备所	①外圆直径 6 mm; ②黑点直径 2 mm
8		客车列检所	
9		主要列检所	
10		区段列检所	
11		一般列检所	
12		站修所	
13		洗罐所	
14		车轮厂	①外圆直径 6 mm; ②内圆直径 4 mm; ③三角形为等边三角形
15		制动检修所	
16		装卸检修所	
17		车辆技术交接所	
18		红外线轴温探测设备检修所	
19		红外线轴温探测设备检修车间(工区)	
20	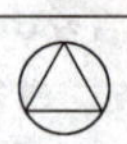	红外线轴温探测系统上行探测站	
21		红外线轴温探测系统下行探测站	
22	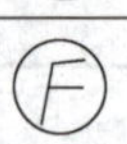	红外线轴温探测系统复示中心	
23	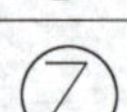	红外线轴温探测系统监测中心	
24	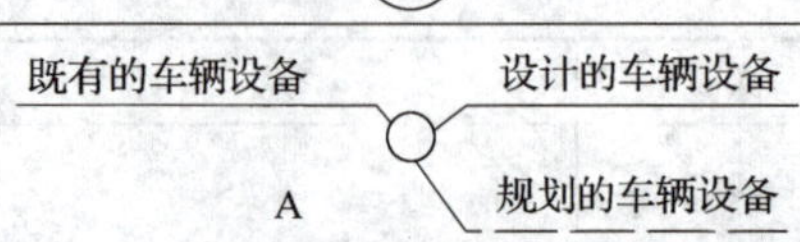	车辆设备状况说明	①圆直径 3 mm; ②A 为站名
25		红外线轴温探测站	圆直径 6 mm,不涂黑部分宽 2 mm

6.0.3　机车交路的图形符号应符合表6.0.3的规定。

表　6.0.3

序号	图形符号	名称		说明
1	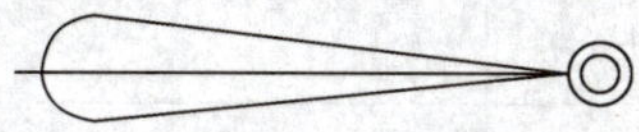	机车交路表示线	内燃机车交路表示线	
	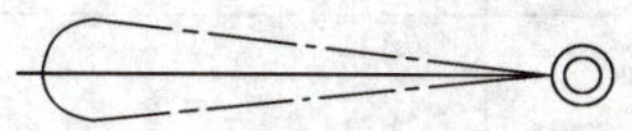		蒸汽机车交路表示线	
	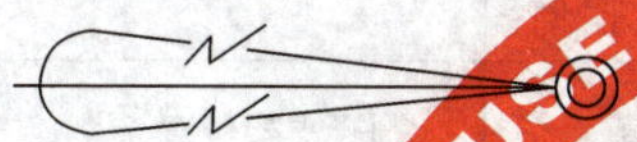		电力机车交路表示线	
			机车交路多机牵引段表示线	n表示机车台数
2		在折返段(所)立即折返肩回交路		
3		在折返段(所)调休肩回交路		
4		在折返段(所)驻班肩回交路		
5		在折返段(所)立即折返半循环交路		
6		在折返段(所)立即折返循环交路		
7		在折返段(所)调休循环交路		
8		在折返段(所)调休半循环交路		
9	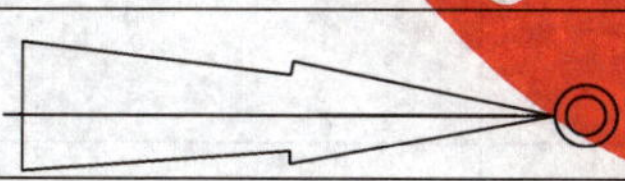	两处驻班肩回交路		
10	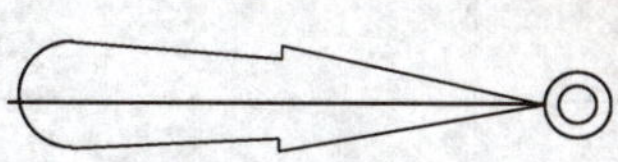	在折返段(所)立即折返中途驻班肩回交路		
11	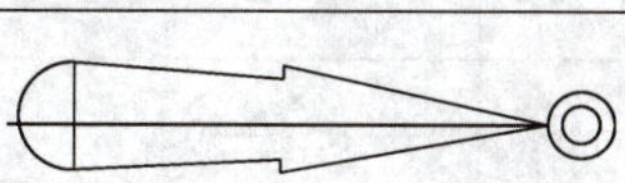	在折返段(所)调休中途驻班肩回交路		
12	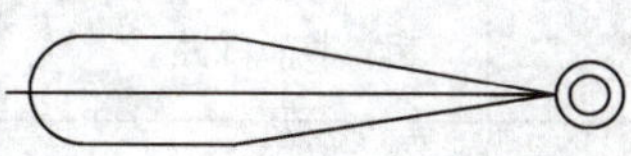	随乘制肩回交路		

6.0.4　总平面图的图形符号应符合表6.0.4的规定。

表　6.0.4

序号	图形符号	名称	说明
1		风　栓	
2		检查井	
3		风栓及检查井	
4	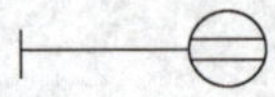	通话柱	
5		红外线轴温探测仪探头	
6	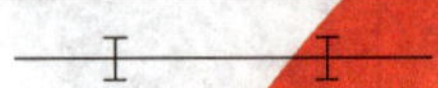	架空索道	“I”支架位置
7		皮带廊	细线表示支架中心线位置
8		斜坡卷扬机道	
9		煤　池	
10		竖墙式高架卸煤线	
11	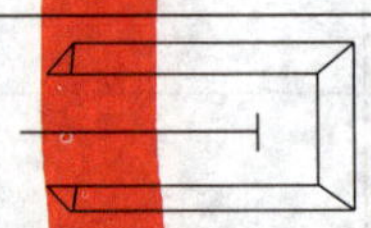	边坡式高架卸煤线	
12	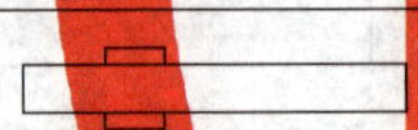	皮带输送机	
13		移动式皮带输送机	
14		抓煤机	
15	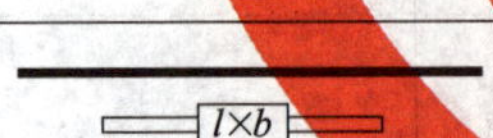	煤　台	如果是单坡，只画一侧的坡道，l—长，b—宽，粗线表示线路
16	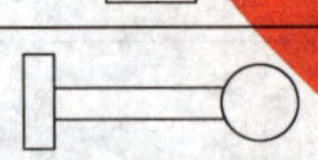	煤　塔	
17	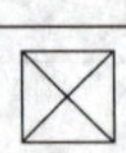	高架煤斗	
18	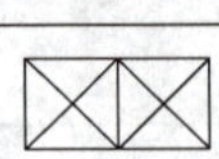	复式煤斗	
19	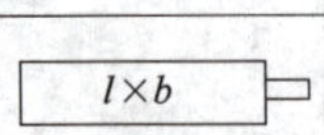	机械上煤台	l—长，b—宽
20		转　盘	粗线表示线路
21	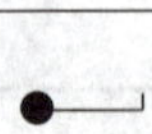	卸油柱	

续表 6.0.4

序号	图 形 符 号	名 称	说 明
22		砂 塔	
23	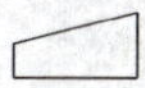	蒸汽机车放水装置	
24		卸 油 台	黑点表示油鹤其个数为油鹤数
25	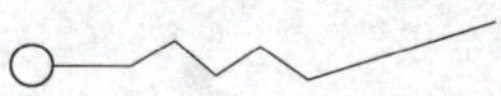	发 放 柱	
26	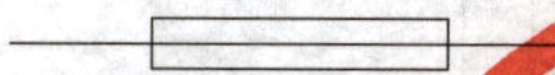	检查坑或 人力清灰坑	
27		机械清灰设备	
28		机车列车冲洗机	
29		擦 车 台	
30		指 北 针	指北针下端宽度为圆直径的 1/8

6.0.5 起重设备的图形符号应符合表 6.0.5 的规定。

表 6.0.5

序号	图 形 符 号	名 称	说 明
1		起重机轨道	
2	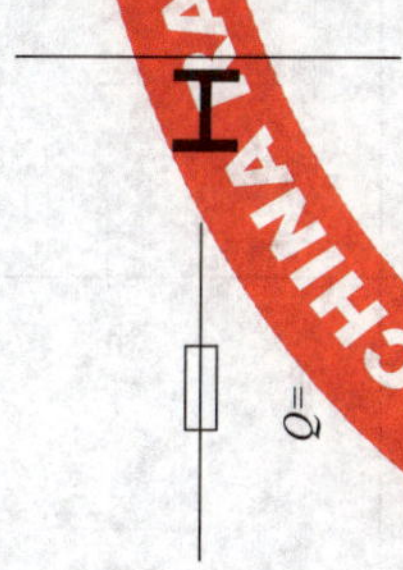	电动葫芦	①上图表示立面(或剖面),下图表示平面; ②起重机的图形符号应按比例绘制; ③有无操纵室,应按实际情况绘制; ④需要时可注明起重机的名称,行驶的轴线范围及工作级别。 Q—起重机起重量(t); L_k—起重机的跨度或臂长(m)
3	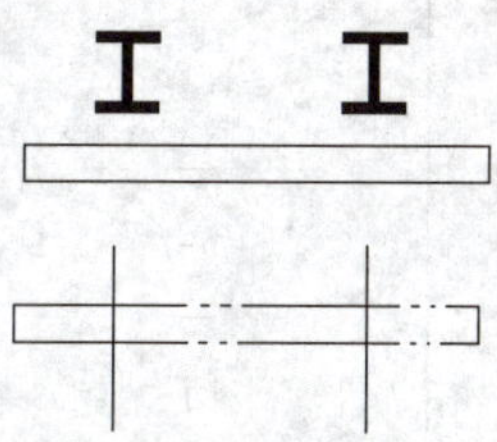 Q= L_k=	梁式悬挂起重机	

续表 6.0.5

序号	图 形 符 号	名 称	说 明
4	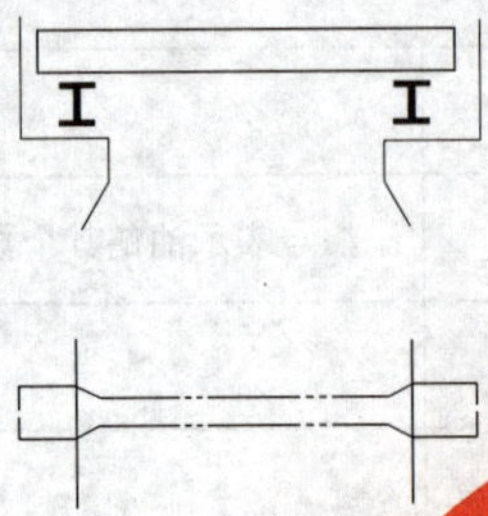	梁式起重机	
5	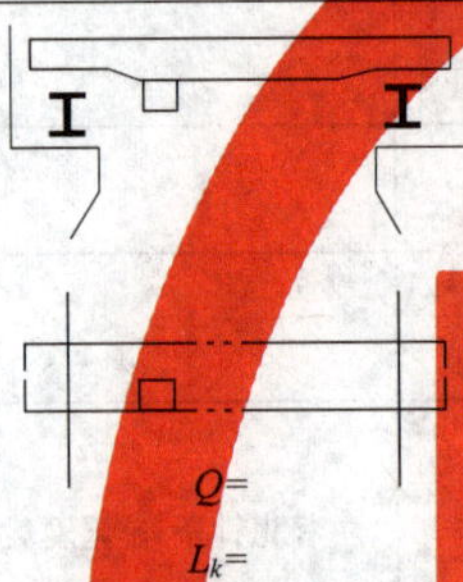	桥式起重机	
6	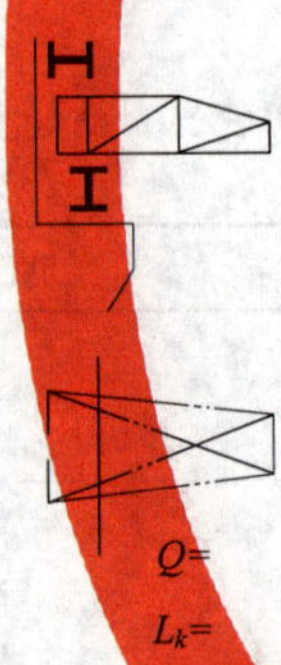	壁式起重机	
7	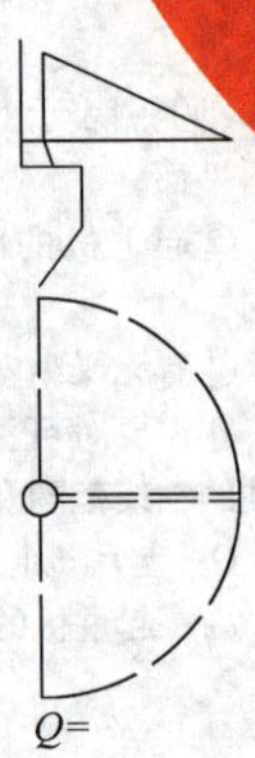	旋转式起重机	

6.0.6 检修设备的图形符号应符合表 6.0.6 的规定。

表　6.0.6

序号	图形符号	名称	说明
1	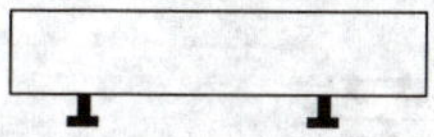	双人钳工台	
2	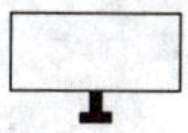	单人钳工台	
3	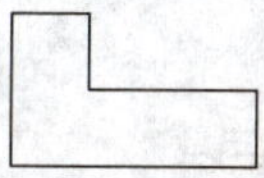	电动架车机	
4		铁砧子	
5		待修机组零部件存放地	
6		待装机组零部件存放地	
7		电解槽、电镀槽	
8		轮箍加热装置	
9		轨缘焊接台	
10		架、柜、台	J,G,T分别表示架、柜、台
11		直流电焊机	
12		交流电焊机	
13	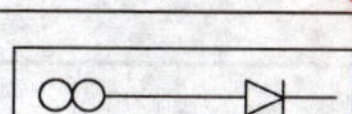	整流弧焊机	
14		硅整流器	
15	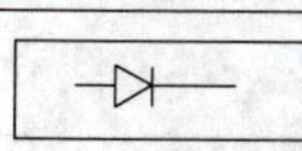	整流器	
16	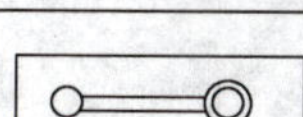	电动发电机组	
17	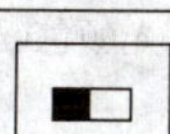	磁力探伤机	

7　信号图形符号

7.1　信　号　机

7.1.1　信号基本灯光颜色的图形符号应符合表 7.1.1 的规定。

表　7.1.1

序号	图　形　符　号	名　称	说　　明
1		绿　　灯	
2		黄　　灯	
3		红　　灯	
4		蓝　　灯	
5		月 白 灯	
6		透明白灯	
7		空 位 灯	
8		亮稳定灯光	
9		亮 闪 光	
10		双半黄灯	机车信号用
11		半红半黄灯	

7.1.2　色灯信号机的图形符号应符合表 7.1.2 的规定。

表　7.1.2

序号	图　形　符　号		名　称	说　　明
	高　柱	矮　型		
1	 (1)　 (2)	 (1)　 (2)	(1)一灯位信号机 (2)二灯位信号机	符号代表信号机灯位及灯数，未注明灯光颜色(下同)

续表 7.1.2

序号	图形符号 高柱	图形符号 矮型	名称	说明
2	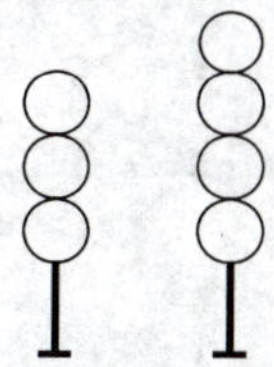 (1)　(2)	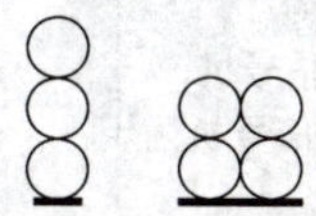 (1)　(2)	(1)三灯位信号机； (2)四灯位信号机	
3	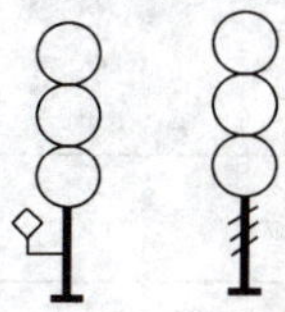 (1)　(2)		(1)带容许信号的通过信号机； (2)进站信号机前方第一架通过信号机	
4	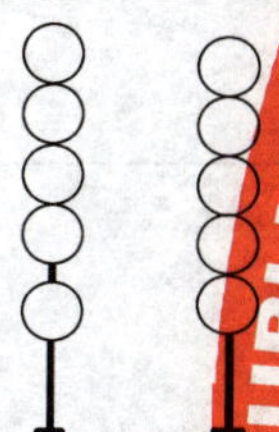		五灯位信号机	
5			七灯位信号机	
6	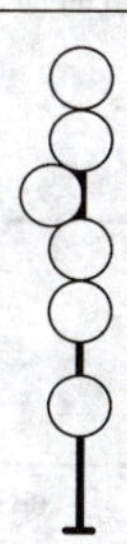		反面兼调车的信号机	调度集中区段反面兼调车的进站信号机
7			八灯位信号机	

续表 7.1.2

序号	图形符号		名称	说明
	高柱	矮型		
8	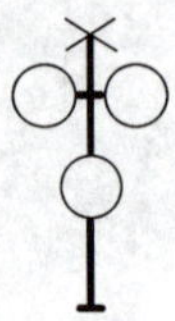	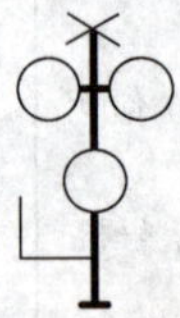	(1)道口信号机； (2)道口信号机附自动栏木	
9			遮断及其预告信号机，出站、调车复示信号机	
10			出站、调车复示信号机	
11	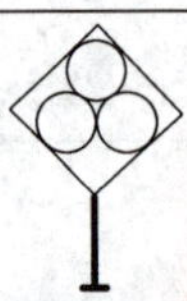		进站复示信号机	
12	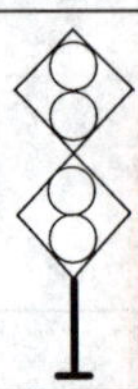		驼峰复示信号机	
13			信号托架	安装臂板信号机时应改用臂板信号机的图形符号
14	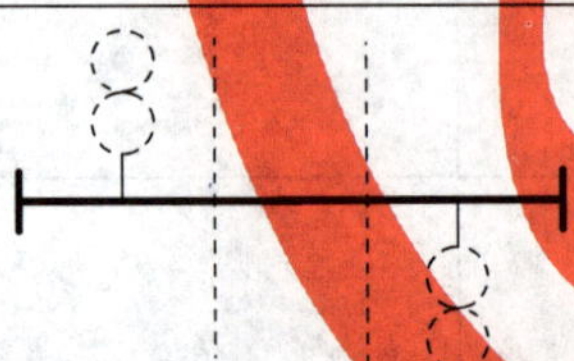		信号桥	安装臂板信号机时应改用臂板信号机的图形符号

7.1.3 臂板信号机的图形符号应符合表 7.1.3 的规定。

表 7.1.3

序号	图形符号	名称	说明
1	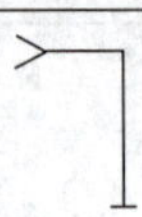	预告信号机	
2		单臂板信号机	
3		双臂板信号机	

续表 7.1.3

序号	图 形 符 号	名 称	说 明
4	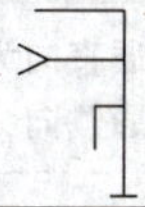	三臂板信号机	
5	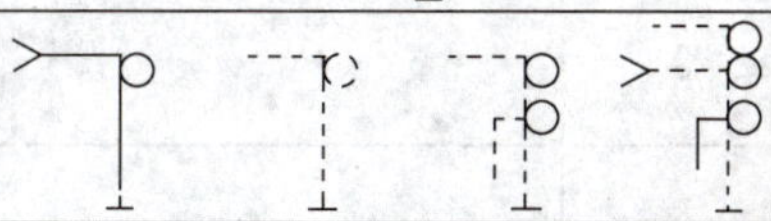	电动臂板信号机	
6	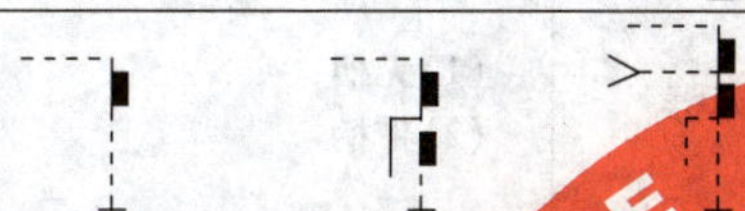	臂板信号机附选别器	

7.1.4 表示器的图形符号应符合表 7.1.4 的规定。

表 7.1.4

序号	图 形 符 号	名 称	说 明
1		调车表示器	
2		发车表示器	(1)柱式; (2)悬挂式
3		发车线路表示器	矮型用于驼峰 (1)高柱; (2)矮型
4	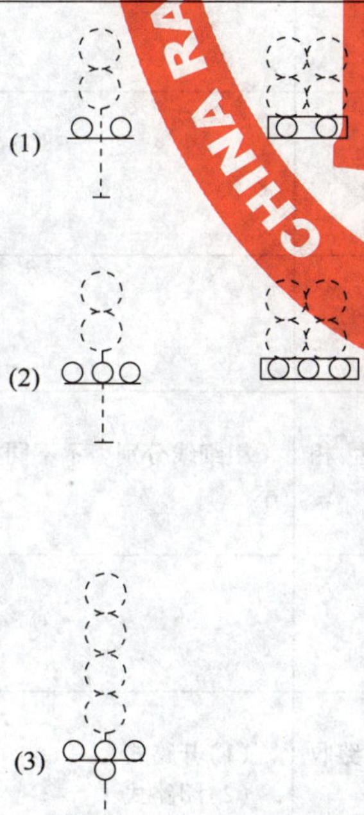	进路表示器	(1)两方向; (2)三方向; (3)四或五方向

续表 7.1.4

序号	图 形 符 号		名 称	说 明
5	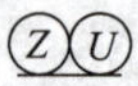		道岔位置表示器	开通直向为紫灯 开通侧向为黄灯
6	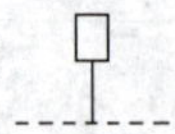		脱轨表示器	
7	 (1)	 (2)	道岔表示器	(1)无柄; (2)带柄

7.2 轨道电路及信号固定设备

7.2.1 轨道电路的图形符号应符号表 7.2.1 的规定。

表 7.2.1

序号	图形符号		名 称	说 明
	单 轨	双 轨		
1	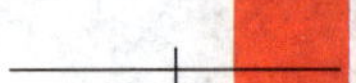		钢轨绝缘	两端均设轨道电路
2	(1)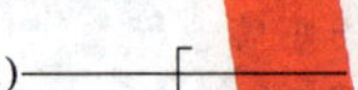 (2)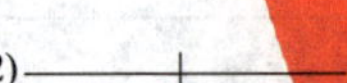		尽头式钢轨绝缘	(1)仅右端设轨道电路; (2)仅左端设轨道电路
3			无绝缘轨道电路的电器接头	
4	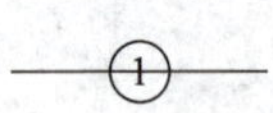	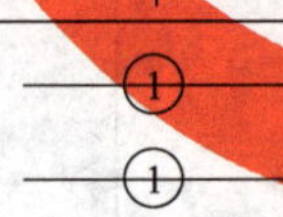	侵入限界的钢轨绝缘	
5		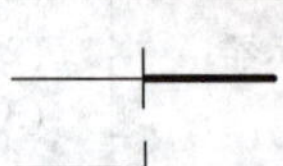	轨道电路极性、相位、频率交叉	粗细线分别表示不同极性、相位、频率
6	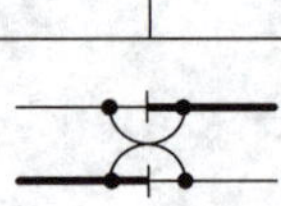		人工交叉	
7	 (1)	 (2)	无绝缘轨道电路收发器	(1)开路式; (2)闭路式

续表 7.2.1

序号	图 形 符 号	名 称	说 明
8		轨道电路发送端	(1)一组发送端； (2)两组发送端
9	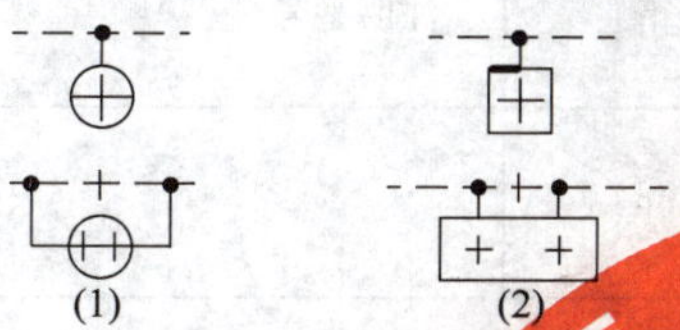	轨道电路接收端	(1)○为电缆盒； (2)□为变压器箱
10		共用同一变压器箱的轨道电路接收、发放端	
11		扼流变压器	
12		扼流变压器与轨道电路接收、发送端同设一处	
13		轨条连接线	(2)通牵引电流
14		道岔跳线	
15		牵引电流横向连接线	

7.2.2 信号固定设备的图形符号应符合表 7.2.2 的规定。

表 7.2.2

序号	图 形 符 号	名 称	说 明
1	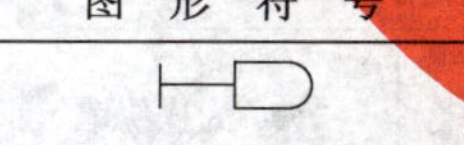	按 钮 柱	
2	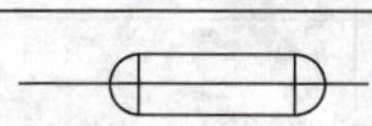	牵引小车	
3	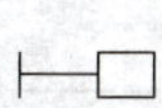	提勾显示盘	
4		分向电缆盒	圈内的阿拉伯数字为型号
5		终端电缆盒	

续表 7.2.2

序号	图 形 符 号	名 称	说 明
6	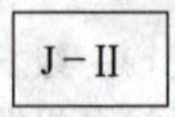	继电器箱	方格内所注为型号
7		变压器箱	注明型号
8		电 池 井	
9	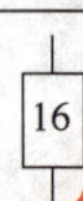	杆上电缆盒	方格内的阿拉伯数字为型号
10		路签(牌)授受机	(1)自动; (2)手动
11		计 轴 器	
12	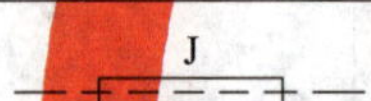	车辆减速器	
13	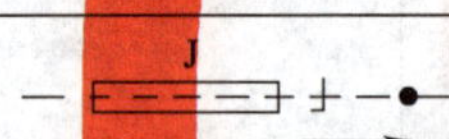	测长区段	
14		测 重 器	
15	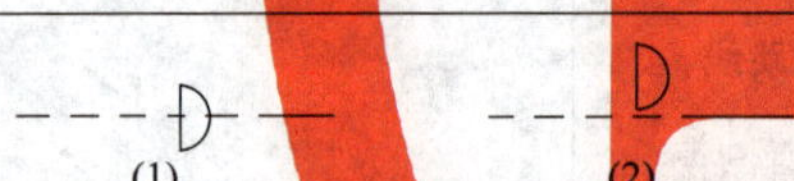	测速雷达	(1)位于股道中间; (2)位于股道旁
16		车辆限界检查器	
17		导线平轮	
18		单线信号握柄台	“●”为操纵者
19	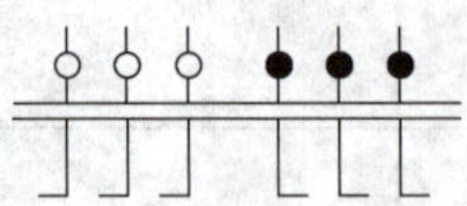	单线信号握柄 及握柄台	“●”为带电锁器握柄
20		局部控制盘	
21	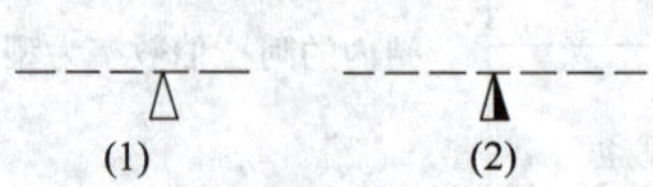	轨道接触器 传 感 器 应 答 器	(2)带方向

7.3 站场固定设施

7.3.1 道岔及其转换设备的图形符号应符合表 7.3.1 的规定。

表 7.3.1

序号	图形符号	名称	说明
1		尽头线	
2	(1)  (2)  (3) 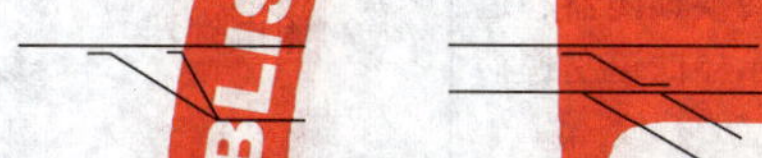	单开道岔	(1)直向开通； (2)侧向开通； (3)附可动心轨
3		渡线	
4		交叉渡线	
5		单式交分道岔	
6	(1)  (2) 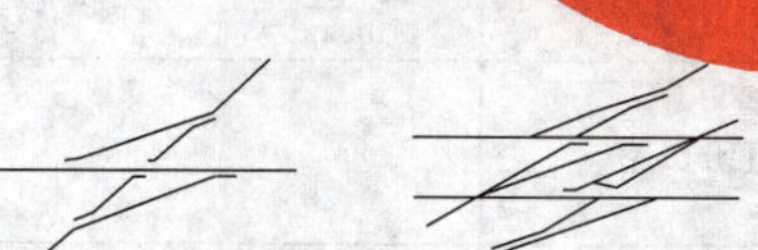	复式交分道岔	(2)附中央可动辙叉
7	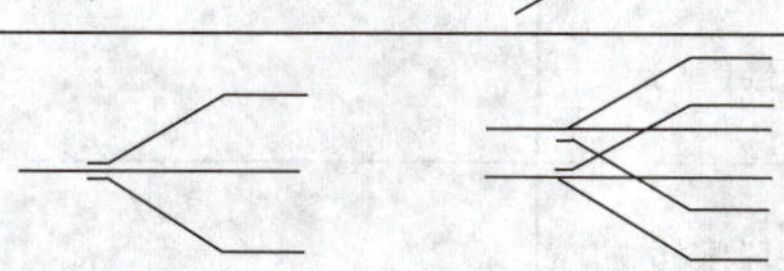	三开道岔	
8	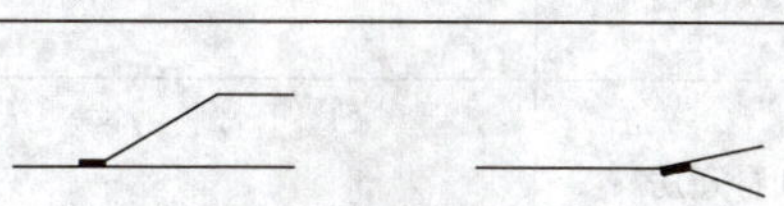	集中联锁道岔	(2)驼峰对称道岔

续表 7.3.1

序号	图 形 符 号	名 称	说 明
9	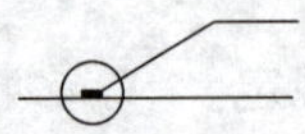	双重控制道岔、局控道岔、分路道岔	
10	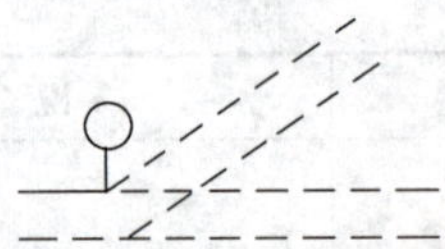	转 辙 机	
11		转换锁闭器	
12		道岔握柄	(2)附电锁器
13		带转换锁闭器和道岔表示器的道岔握柄	(2)附电锁器

7.3.2 有关固定设施的图形符号应符合表 7.3.2 的规定。

表 7.3.2

序号	图 形 符 号	名 称	说 明
1		警 冲 标	L—距信号楼或值班员室中心距离(m)
2		机车信号检查点	
3		机车信号测试环线	
4	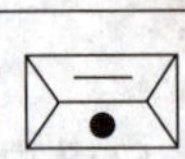	信 号 楼	
5	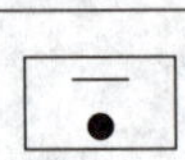	值班员室	
6		调车楼(室)	
7	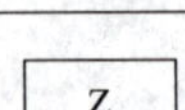	机务段闸楼	
8	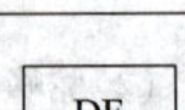	道口看守房	

续表 7.3.2

序号	图 形 符 号	名 称	说 明
9	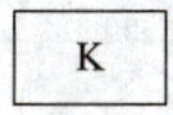	空压站	
10	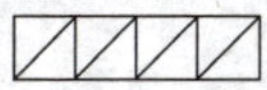	电缆地沟	
11	 (1) (2)	端 子	(1)可拆卸的端子

7.4 控制台表示盘

7.4.1 控制台表示盘盘面的图形符号应符合表 7.4.1 的规定。

表 7.4.1

序号	图 形 符 号	名 称	说 明
1	 (1) (2)	控制台	(1)弯型； (2)直型
2		测试台	
3	(1) (2) (3) (4) 	二位自复式按钮	(2)带铅封； (3)带灯； (4)带灯带铅封。 图中字母根据表示灯颜色填写(下同)
4	(1) (2) (3) 	二位非自复式按钮	(2)带灯带铅封； (3)带灯
5		三位按钮	带灯
6	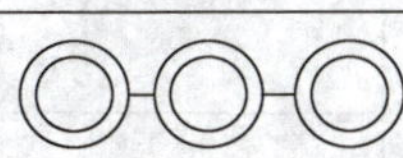	联动按钮	三联
7	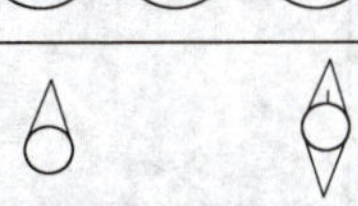	二位式手柄	

续表 7.4.1

序号	图形符号	名称	说明
8	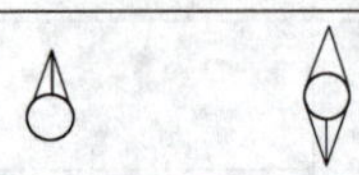	三位式手柄	
9	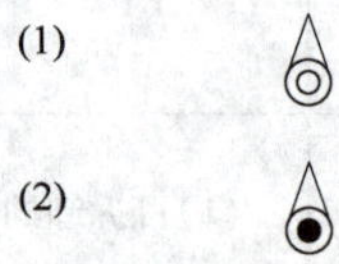	二位式按钮手柄	(2)先按后转
10	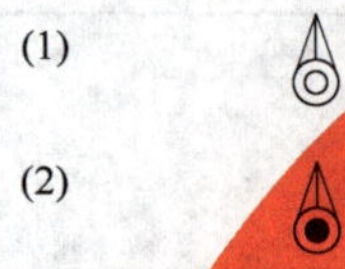	三位式按钮手柄	
11		表示灯	圈中字母根据表示灯颜色填写，H代表红灯，B代表白灯，L代表绿灯(下同)
12	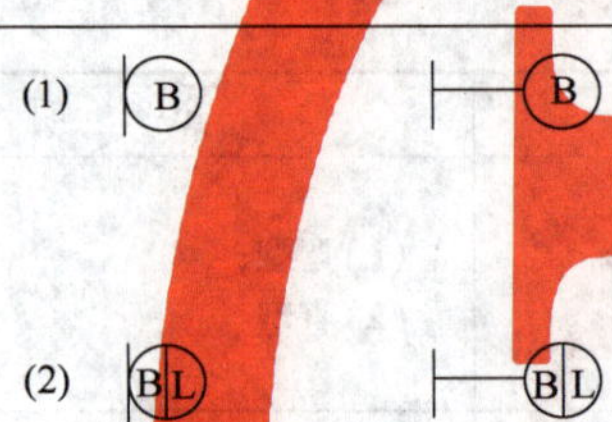	信号复示器	(1)一个表示灯； (2)二个表示灯
13	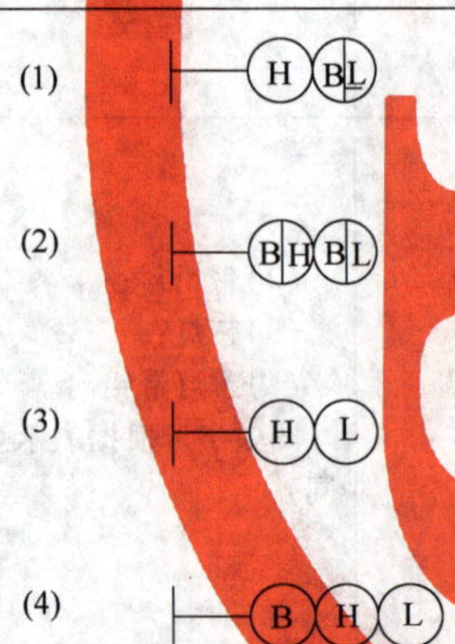	高柱信号复式器	(1)三个表示灯； (2)四个表示灯； (3)面板式控制台用二个表示灯； (4)面板式控制台用三个表示灯
14		光带单元	
15		光节	实线为线路，点为光点。用于驼峰实线为光节，点为绝缘节
16	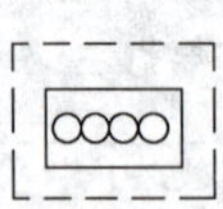	计数器	
17		钥匙路签	

7.5 区段信号设备

7.5.1 区段信号设备的图形符号应符合表7.5.1的规定。

表 7.5.1

序号	图 形 符 号	名 称	说 明	序号	图 形 符 号	名 称	说 明
1	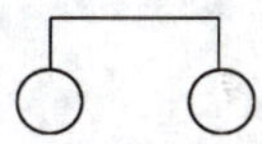	自动闭塞		4	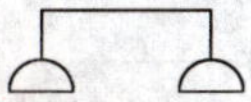	半自动闭塞	
2	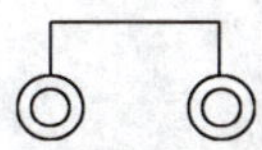	调度集中		5		路签(牌)闭塞	
3		调度监督		6		路签(牌)半自动闭塞	

7.6 继电器及其他

7.6.1 继电器线圈的图形符号应符合表7.6.1的规定。

表 7.6.1

序号	图 形 符 号	名 称	说 明
1	(1) (2) (3) 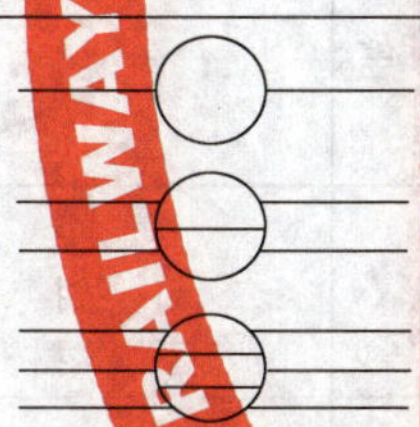	直流无极继电器	(1)两线圈串接; (2)两线圈分接; (3)三线圈分接
2	(1) (2) 	直流无极缓放继电器	(2)单线圈缓放
3	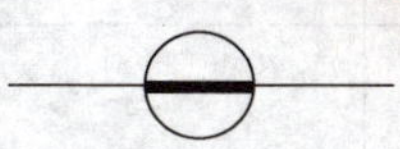	无极加强继电器	
4	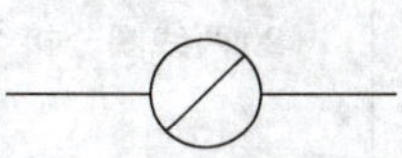	有极继电器	
5	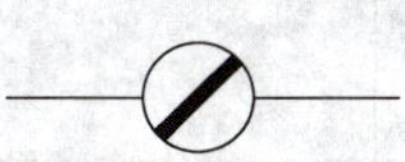	有极加强继电器	
6		整流式继电器	

续表 7.6.1

序号	图形符号	名称	说明
7		极性保持继电器	
8		极性保持加强继电器	
9		极性保持缓放继电器	
10	(1) (2) 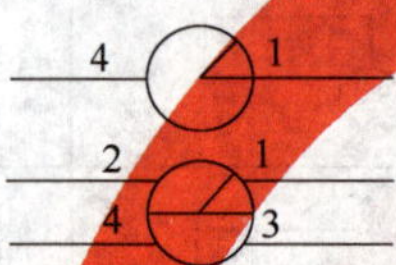	偏极继电器	(1)两线圈串接; (2)两线圈分接
11		时间继电器	3′为时间
12	(1) (2) 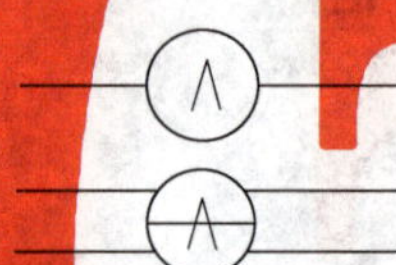	脉冲继电器	(1)两线圈串接; (2)两线圈分接
13		交流继电器,灯丝转换继电器	
14		单闭磁继电器	
15		交流二元二位继电器	
16		二元差动继电器	
17	(1) (2) 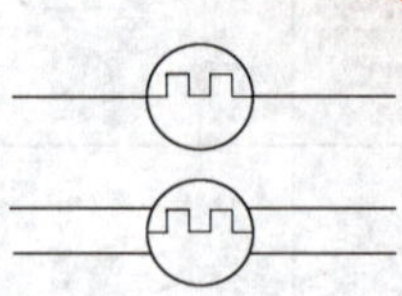	动态继电器	(1)两线圈串接; (2)两线圈分接
18	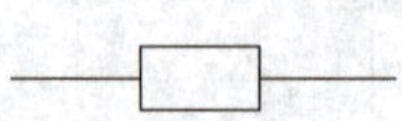	电码继电器,传输继电器	
19	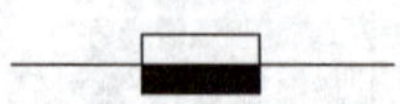	电码缓放继电器	

7.6.2 接点的图形符号应符合表7.6.2的规定。

表 7.6.2

序号	图 形 符 号	名 称	说 明
1	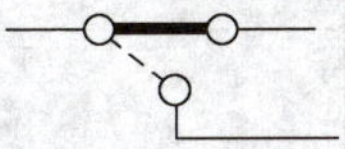	无极接点 (一般符号)	①粗实线代表接点闭合,细虚线代表接点断开; ②"↑"表示该继电器在吸起状态,"↓"在落下状态; ③"1"表示用第一组接点; ④接点符号均可任意角度回转使用,但其辅助符号"↑""ᒣ"等不得旋转
2	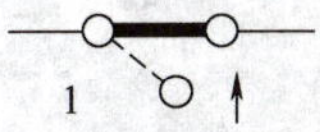	动合接点 (前接点)闭合	
3	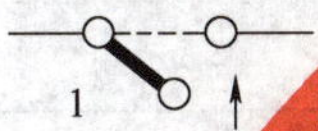	动断接点 (后接点)断开	
4		动合接点断开	
5		动断接点闭合	
6		接 点 组	(1)动合接点闭合,动断接点断开; (2)动合接点断开,动断接点闭合
7	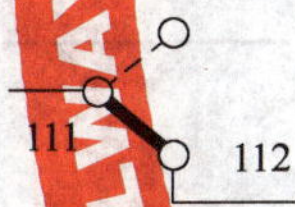	极性定位接点闭合	
8		极性定位接点断开	
9	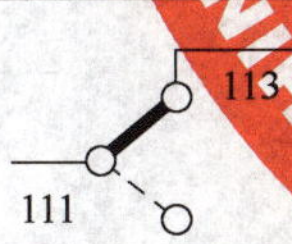	极性反位接点闭合	
10	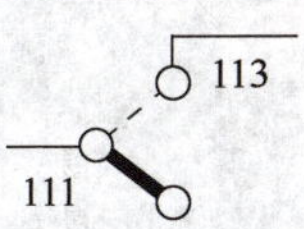	极性反位接点断开	
11	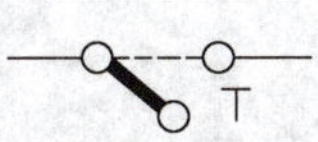	按钮接点 (按下接通)	①"T""⊥"表示非自复式按钮; ②"ᒣ""ᒧ"表示自复式按钮; ③"T•""⊥•"表示带铅封按钮
12	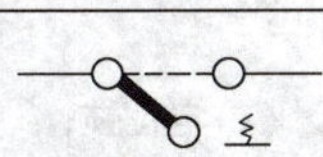	按钮接点 (拉出接通)	
13	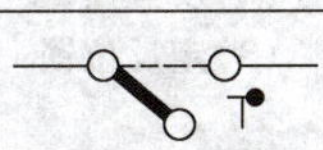	按钮接点 (按下接通带铅封)	

续表 7.6.2

序号	图 形 符 号	名 称	说 明
14	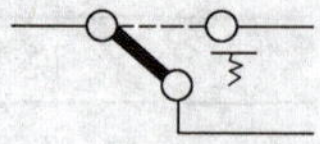	按钮接点组	
15	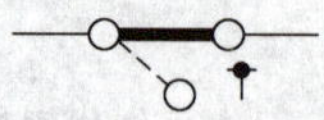	钥匙路签接点	
16		轨道接触器接点	
17		臂板接触器接点(BQ)	
18	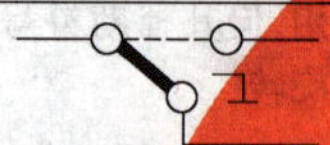	臂板转极器接点(BZ)	
19		二位式手柄接点	
20		脚踏开关	
21		闭止接点	
22		转辙机摇把接点	
23	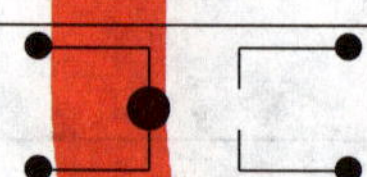	转辙机自动开闭器接点	

7.6.3 其他设备的图形符号应符合表 7.6.3 的规定。

表 7.6.3

序号	图 形 符 号	名 称	说 明
1		电动机式发码器	
2	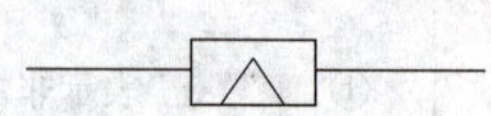	继电式发码器	
3	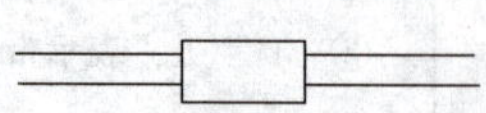	固态继电器	
4	(1) (2) (3) 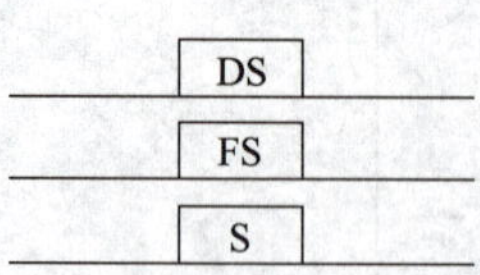	电锁器线圈	(1)定位锁; (2)反位锁; (3)定反位锁

续表 7.6.3

序号	图 形 符 号	名 称	说 明
5	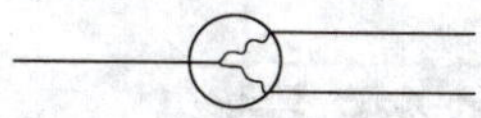	双灯丝信号灯泡	
6	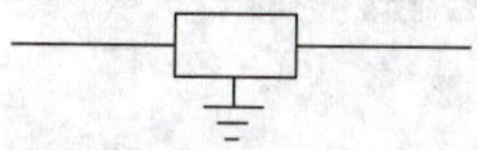	防雷组合单元	可接地接机壳
7	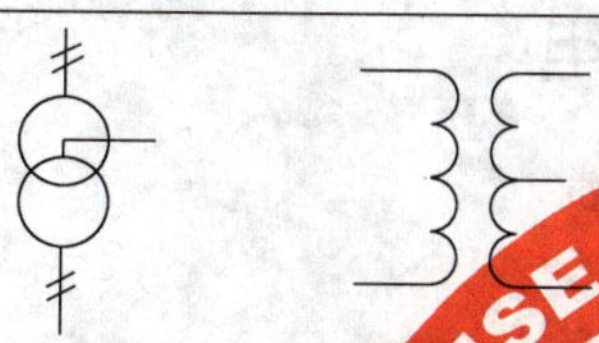	带抽头的变压器	
8	 	电 动 机	示出换向器上电刷
9		蜂 鸣 器	
10	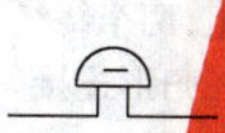 (1)  (2)	电　　铃	(1)直流电铃 (2)交流电铃

8　牵引供电图形符号

8.1　牵引供变电

8.1.1　互感器的图形符号应符合表 8.1.1 的规定。

表　8.1.1

序号	图形符号		名　称	说　　明
	形　式　Ⅰ	形　式　Ⅱ		
1			电压互感器	三相三绕组，两个绕组为星形，第三绕组为开口三角形连接
2	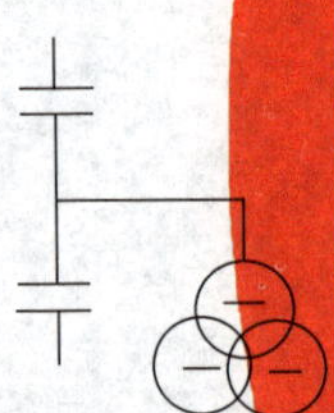	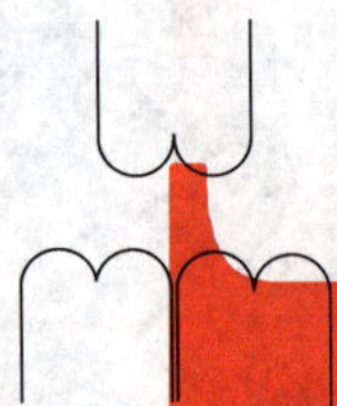	电压互感器	单相三绕组电容式电压互感器
3			电压互感器	单相双绕组

8.1.2　平面布置图的图形符号应符合表 8.1.2 的规定。

表　8.1.2

序号	图　形　符　号	名　称	说　　明
1	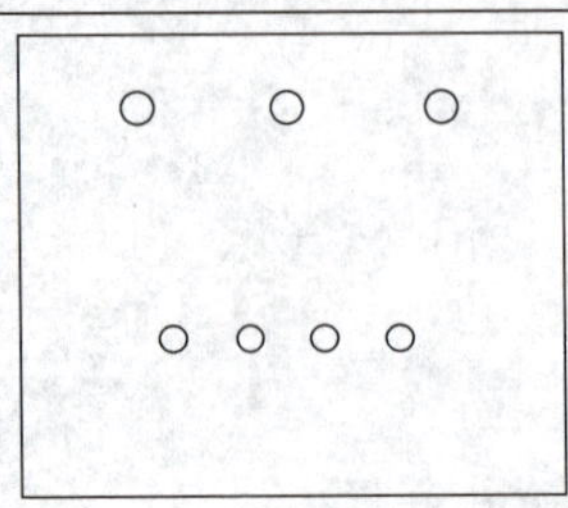	主变压器	当变压器外廓尺寸大于 5 m×4 m 时，可根据变压器的外廓尺寸确定符号外框的大小

续表 8.1.2

序号	图 形 符 号	名 称	说 明
2	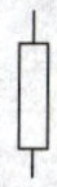	110 kV 绝缘子串	
3	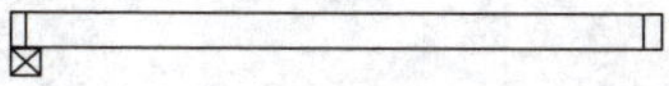	架 构	当架构宽度不等于 8 m 时,可根据实际宽度按此例进行修正
4	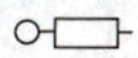	27.5 kV 绝缘子串	
5	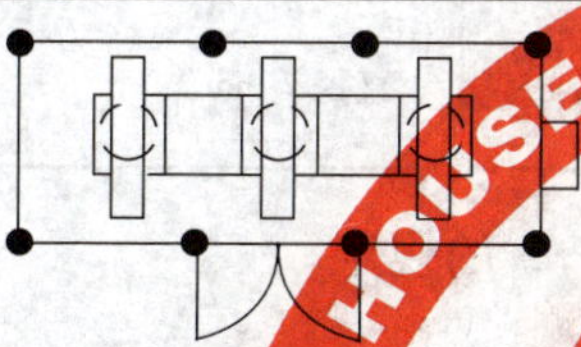	110 kV 断路器	当无网栅时取消符号的外框;虚线在套管式流互时为实线,否则取消
6		110 kV 隔离开关	
7		27.5 kV 隔离开关	双极
8		27.5 kV 隔离开关	单极
9		独立避雷针	直径 5 mm
10	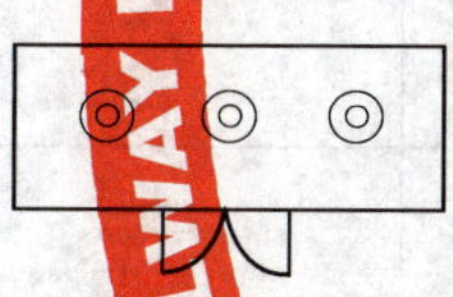	110 kV 避雷器	引线需接入圆心,当无网栅时取消符号外框
11		27.5 kV 避雷器	直径 2 mm
12		27.5 kV 抗雷圈	直径 3 mm
13		110 kV 电压互感器	直径 4 mm
14		110 kV 电压互感器	引线接入一侧,直径 4 mm
15		27.5 kV 户外支柱绝缘子等径单杆	直径 2 mm
16	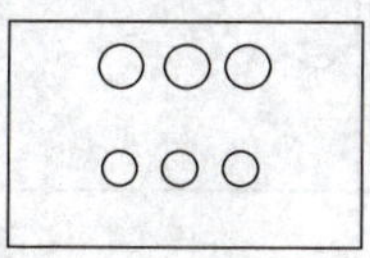	动力变压器	
17	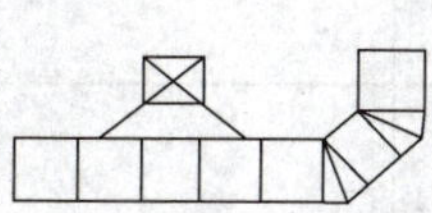	电缆沟及端子箱	

续表 8.1.2

序号	图　形　符　号	名　称	说　　明
18	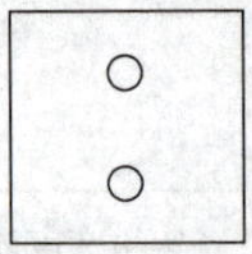	电抗器	
19	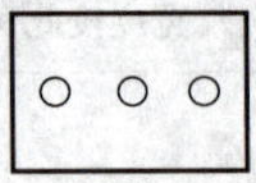	密集型电容器	
20		空芯电抗器	直径 7 mm

8.1.3 供电系统等有关部分的图形符号应符合表 8.1.3 的规定。

表　8.1.3

序号	图　形　符　号		名　称	说　　明
	既　有	设　计		
1	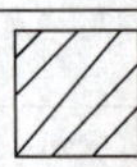		发电厂	一般符号
2	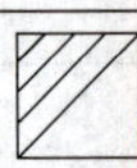		水电厂	
3	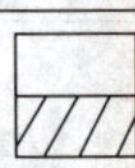	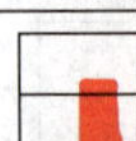	火电厂	
4			热电厂	
5			变电所	一般符号
6			330 kV (500 kV)变电所	
7			220 kV 变电所	
8			110 kV 变电所	
9		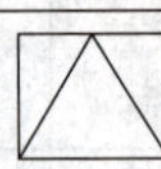	牵引变电所	
10	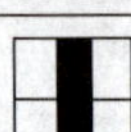	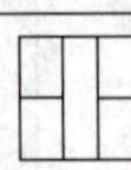	分区所	
11		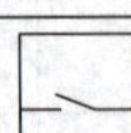	开闭所	
12			自耦变压器所	

续表　8.1.3

序号	图形符号		名　称	说　明
	既　有	设　计		
13		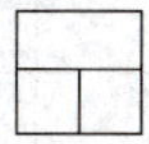	供电段	
14		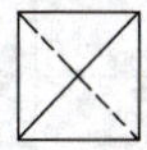	电力调度所	
15			供电领工区	
16			接触网工区	
17			电分相	
18			电分段	
19			吸流变—回流线区段	
20			载流承力索区段	
21			载流承力索加强线区段	
22			回流线区段	

8.1.4　远动图的图形符号应符合表 8.1.4 的规定。

表　8.1.4

序号	图形符号	名　称	说　明
1		变换器及转换器	若变换方向不明显，可用箭头表示在符号轮廓上
2		遥测发送器	
3	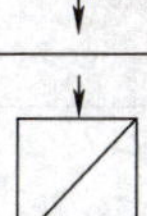	遥测接收器	
4	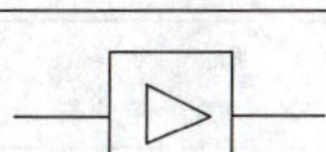	放大器	
5	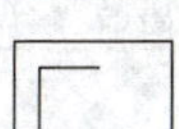	限幅器	
6	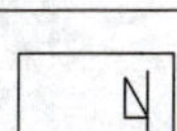	调幅器	

续表 8.1.4

序号	图 形 符 号	名 称	说 明
7	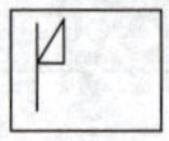	解调器	
8	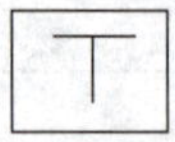	固定衰耗器	
9		可变衰耗器	
10		遥控遥信断路器	
11		遥控遥信隔离开关	
12		遥 测	定点遥测
13		遥 测	选点遥测
14		遥信开关	
15		调频机	
16		打印机	
17		显示器	CRT 终端或类似的显示部件可用于输入或输出，也可既输入又输出
18		控制台	
19	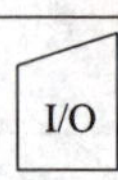	输入/输出接口	
20	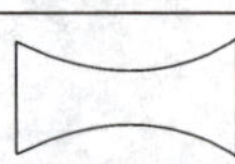	系统监视盘	
21		放大或再生中继装置	
22	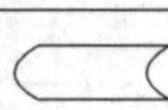	联机存储	表示任何种类的联机存储，包括磁盘、磁鼓、软盘等

8.2 接 触 网

8.2.1 常用电气设备及设施的图形符号应符合表 8.2.1 的规定。

表 8.2.1

序号	图形符号	名称	说明
1		承力索硬锚	
2		接触线补偿下锚	
3	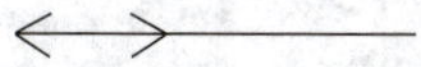	承力索补偿下锚	
4		链形悬挂硬锚	
5		半补偿链形悬挂下锚	
6	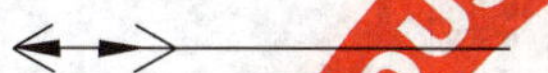	全补偿链形悬挂下锚	
7		加强线下锚	
8		回流线下锚	
9		AT 供电线下锚	
10		保护线下锚	
11		架空地线下锚	
12		接触线硬锚 供电线及分区亭 引出线下锚	
13	(1) (2) 	区间腕臂 钢筋混凝土柱	(1)设计; (2)既有
14	(1) (2) 	区间腕臂钢柱	(1)设计; (2)既有
15	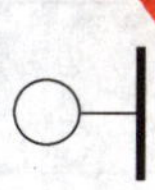	站场腕臂 钢筋混凝土柱	
16	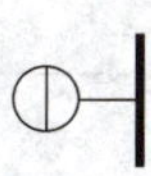	站场腕臂钢柱	
17	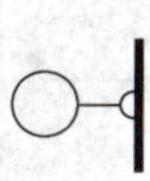	定位钢筋混凝土柱	
18	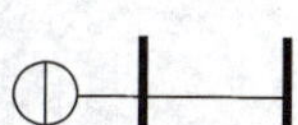	双线腕臂钢柱	

续表 8. 2. 1

序号	图　形　符　号	名　称	说　　明
19	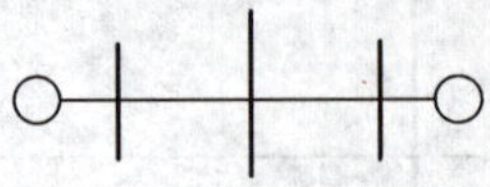	钢筋混凝土柱软横跨	
20	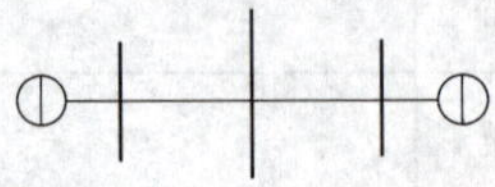	钢柱软横跨	
21	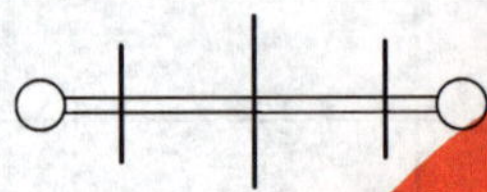	钢筋混凝土柱硬横跨	
22	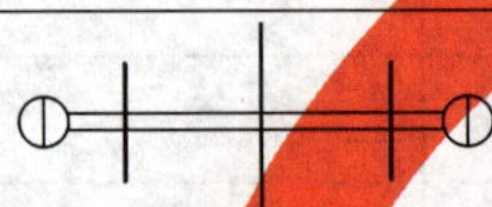	钢柱硬横跨	
23		非绝缘关节	
24		三跨绝缘关节	
25	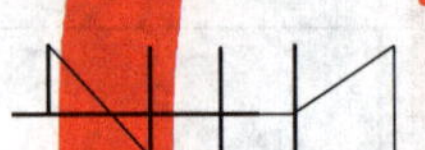	四跨绝缘关节	
26		半补偿链形悬挂简单悬挂中心锚结	
27		全补偿链形悬挂中心锚结	
28	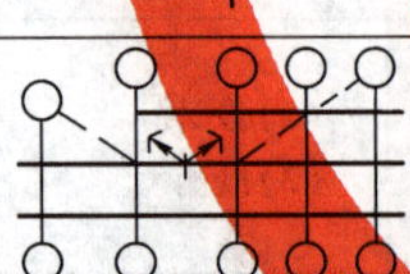	站场中心锚结	虚线为锚结绳拉线
29		防串中心锚结	
30	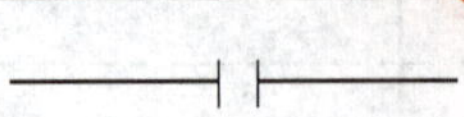	分段绝缘子串	
31	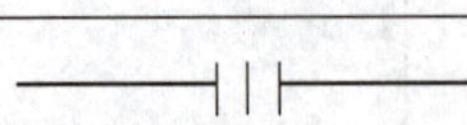	分段绝缘器	
32	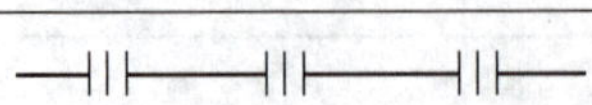	分相绝缘器	
33	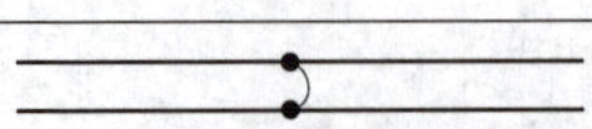	股道间电连接	
34	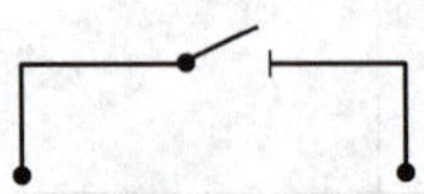	常分隔离开关	

续表 8.2.1

序号	图形符号	名称	说明
35	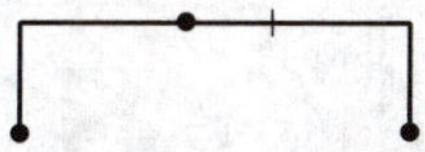	常合隔离开关	
36	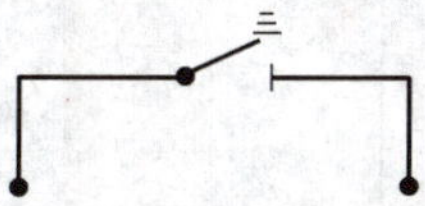	常分带接地闸刀隔离开关	
37		常合带接地闸刀隔离开关	
38		AT 区段双极隔离开关	
39		保安器	
40		区间隧道	
41		站场内隧道	
42		单线隧道内非绝缘关节	
43	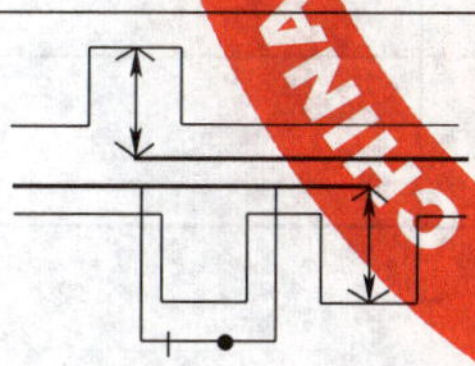	单线隧道内绝缘关节	
44	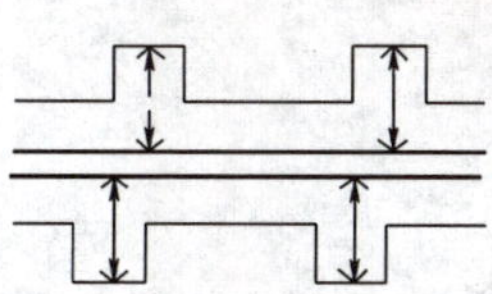	双线隧道内非绝缘关节	
45	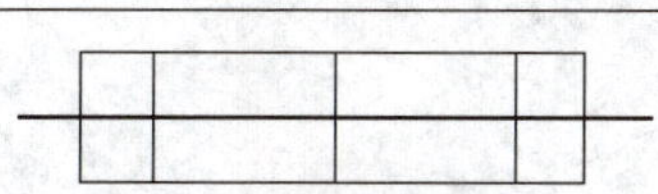	上承桥	
46	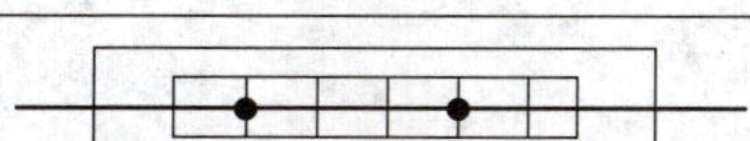	下承桥	圆点表示接触网悬挂点

续表 8.2.1

序号	图形符号	名称	说明
47	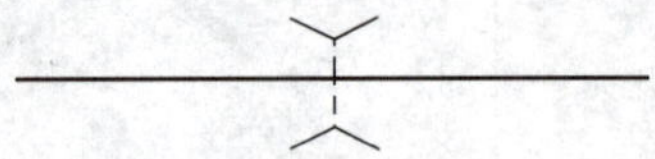	小桥、涵	
48	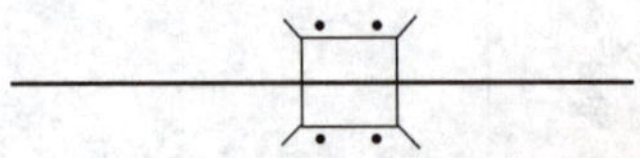	有限界门的平交道	
49	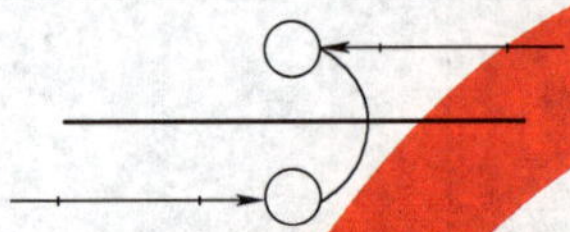	回流线跨越接触网	
50	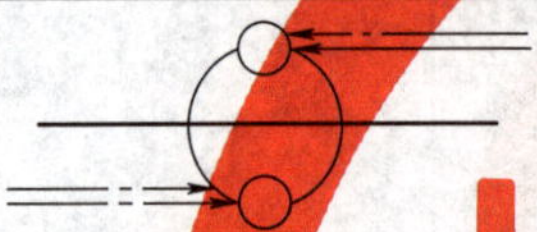	AT 供电线保护线跨越接触网	
51		吸上线位置	回流线、保护线、自耦变压器中性线与钢轨连接处
52		接触网起测点	
53		吸流变压器	
54		钢筋混凝土矩形柱	附加导线单独架设用
55		钢　柱	
56		隧道内接触网悬挂点	
57		隧道内接触网悬挂定位点	

9 其他图形符号

9.1 给水排水

9.1.1 水源的图形符号应符合表9.1.1的规定。

表 9.1.1

序号	图形符号		名称	说明
	既有	设计		
1			大口井	
2			水源水泵井	
3			管井及泵房	
4		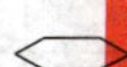	地表水取水口	
5	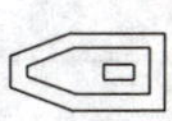		浮船式取水设备	
6	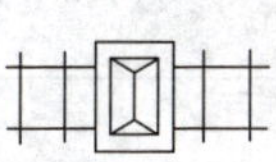		缆车式取水设备	
7	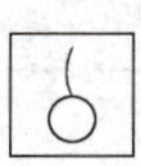		泉室	
8	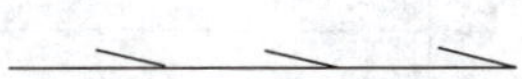		渗渠	箭头方向为水流方向
9	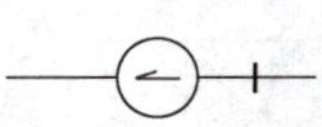		自来水接管点	

9.1.2 管道及配件的图形符号应符合表9.1.2的规定。

表　9.1.2

序号	图 形 符 号	名 称	说 明
1	(公称直径×管长) (1) 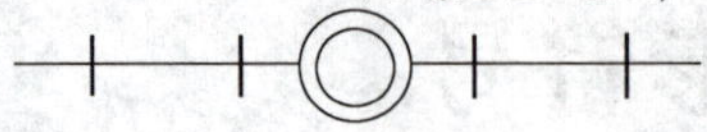 (公称直径×管长) (2) 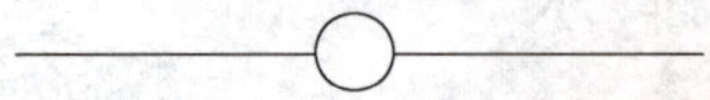 (公称直径×管长) (3)  (坡度) (公称直径×管长) (4)  (坡度)	给排水管道及注记 (1)既有给水; (2)设计给水; (3)既有排水; (4)设计排水	检查井、阀门井按实际采用形状绘制; 管道坡度以"‰"标注;管长以"m"计; 管径亦可标注内径; 水管材料按实际管材注记: (t)—铸铁管; (g)—钢管; (s)—塑料管; (h)—混凝土管; (ta)—陶土管; (m)—石棉水泥管; (j)—钢筋混凝土管

9.1.3　管道附属设备及附属构筑物的图形符号应符合表9.1.3的规定。

表　9.1.3

序号	图形符号		名 称	说 明
	既 有	设 计		
1			水 表 井	
2			绿化栓及洒水栓	
3			地下式消火栓	
4			客车给水栓	
5			公用给水栓	
6			自动排气井	
7	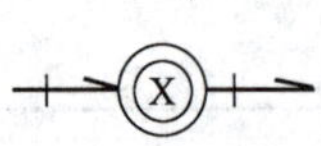	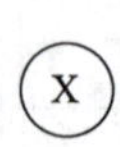	水槽车卸水井	

续表 9.1.3

序号	图形符号 既有	图形符号 设计	名称	说明
8	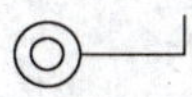	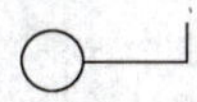	水　鹤	单向
8	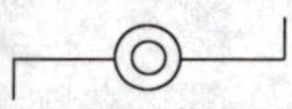	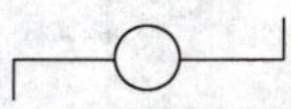	水　鹤	双向
9	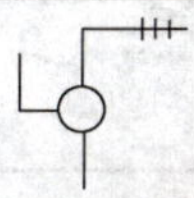		水锤消除器	
10	(1)  (2) 		防护涵管 (1)既有； (2)设计	
11			水槽车给水栓	
12	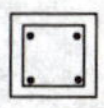		给水平台	按形状绘制
13			阀门井检查井	按形状绘制
14	 	 	排污降温井、池	
15	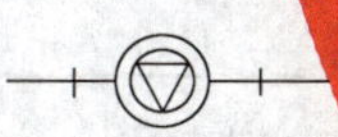		排 泥 井	代表排泥阀井及湿井
16			渗 水 井	
17	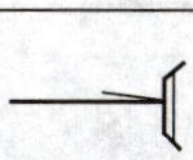		污、雨水出水口	
18			跌 水 井	
19			水 封 井	
20	 	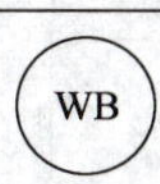 	污水泵井	
21	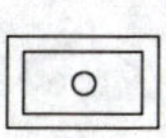	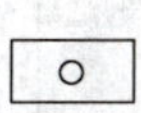	矩形化粪池	

续表 9.1.3

序号	图形符号		名　称	说　明
	既　有	设　计		
22			圆形化粪池	
23		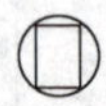	捕皂池	

9.1.4 贮配水设备及构筑物的图形符号应符合表 9.1.4 的规定。

表　9.1.4

序号	图形符号		名　称	说　明
	既　有	设　计		
1			蓄水池	其他水池也按此图形绘制，图形中标注水池代号
2			水　塔	
3	 (1)	 (2)	气压供水装置	(1)平面用; (2)立面用

9.1.5 水处理设备及构筑物的图形符号应符合表 9.1.5 的规定。

表　9.1.5

序号	图形符号	名　称	说　明
1		紫外线消毒装置	箭头代表水流方向
2	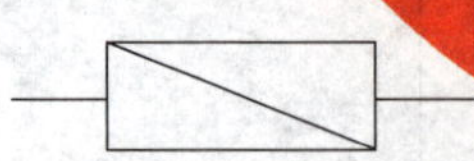	反渗透水处理设备	
3	 (1)　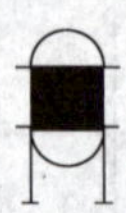 (2)	离子交换法设备	根据进、出水管实际位置绘制管道 (1)平面用; (2)立面用
4	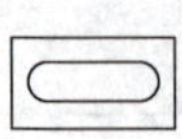 (1)　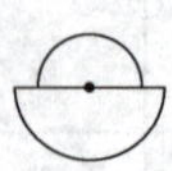 (2)	生物转盘，转筒	

续表 9.1.5

序号	图形符号		名称	说明
5	 (1)	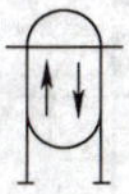 (2)	油水分离设备	根据进、出水管实际位置绘制管道 (1)平面用； (2)立面用
6	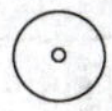 (1)	 (2)	臭氧接触氧化设备	
7	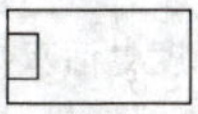 (1)	 (2)	医院放射性废水超声波清洗净水机	
8	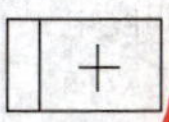 (1)	 (2)	医院污水加氯处理设备	
9			电渗析器	
10			磁水器及高频水性改变仪	

9.2　通　　信

9.2.1　铁路专用通信设备及附属设备的图形符号应符合表 9.2.1 的规定。

表　9.2.1

序号	图形符号	名称	说明	序号	图形符号	名称	说明
1	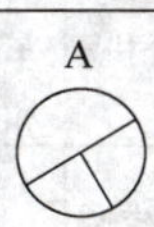	干线调度电话总机	A—型号	6		电力调度电话分机	
2		干线调度电话分机		7	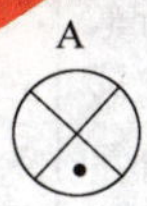	货运调度电话总机	A—型号
3		局线调度电话总机	A—型号	8		货运调度电话分机	
4		局线调度电话分机		9	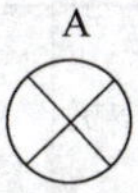	列车调度电话总机	A—型号
5		电力调度电话总机	A—型号	10		列车调度电话分机	

续表 9.2.1

序号	图形符号	名称	说明
11		车务或各站专用电话总机	A—型号
12		车务或各站专用电话分机	
13	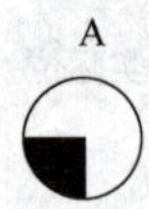	工务专用电话总机	A—型号
14		工务专用电话分机	
15	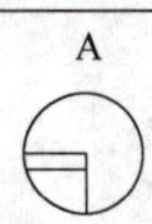	水电专用电话总机	A—型号
16		水电专用电话分机	
17	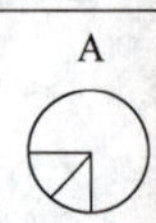	电务专用电话总机	A—型号
18		电务专用电话分机	
19	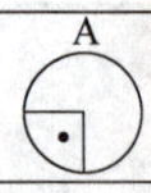	供电专用电话总机	A—型号
20		供电专用电话分机	
21		守护专用电话总机	A—型号
22		守护专用电话分机	
23		站间行车电话机	
24		道口看守电话机	
25		区间电话	
26	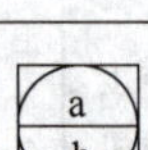	电话集中机	a—实装容量 b—集中机容量
27	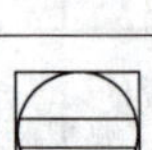	区间电话转接机	
28	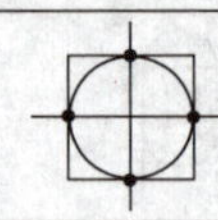	共线电话分配器	
29	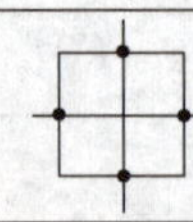	调度电话分配器	
30	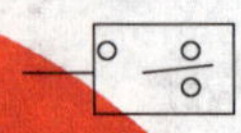	调度电话总机选叫通话箱	
31		调度电话双向增音机或二线无人增音机	
32	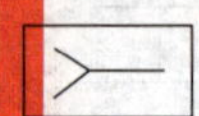	调度电话双向载波中继机	
33	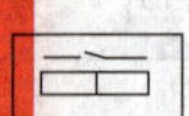	调度电话转换架	
34		调度分机滤波器	
35	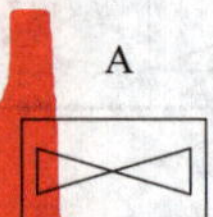	无线列调洞内中继器或单式无人增音站	A—型号
36	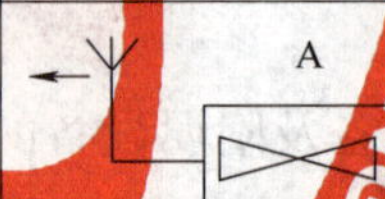	无线列调洞口中继器	
37		有线无线转接分机	用于调度员、车站与机车通信中有线和无线的转接
38		列车无线调度电话总机	
39	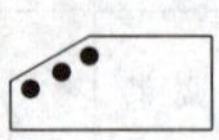	无线列调控制台	
40	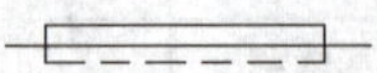	漏泄同轴电缆	
41	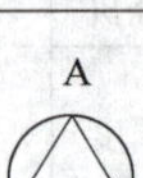	会议电话总机	A—型号

续表 9.2.1

序号	图形符号	名称	说明
42		会议电话分机	
43	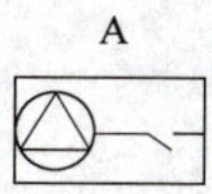	会议电话接续架	A—型号
44	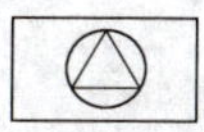	会议电话控制台	
45	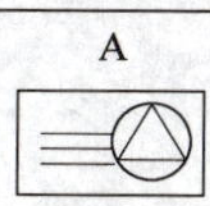	会议电话汇接架	
46	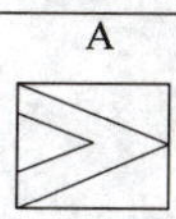	扩音机	A—型号
47	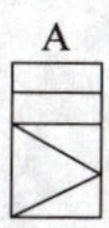	扩音转接机	
48	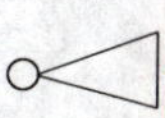	高音扬声器	
49	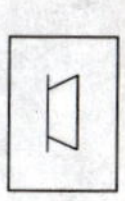	声柱	
50		扩音通话柱	
51		扩音控制台	A—型号
52		扩音控制柜	A—型号
53	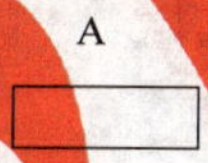	显示牌	A—型号 适用于单面单行、单面双行、单面多行、双面单行或双行
54	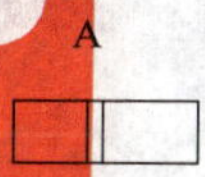	站台双翼显示牌	A—型号
55	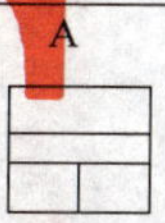	检票机	A—型号
56		共线式自动电话机	

9.2.2 长途通信设备及附属设备的图形符号应符合表 9.2.2 的规定。

表 9.2.2

序号	图形符号	名称	说明
1	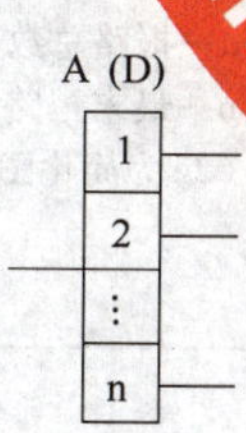 (1) 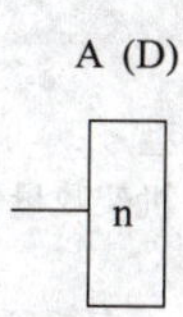 (2)	n 路载波电话终端机	n—1,3,6,8,9,12; A—型号; D—端别; 亦适用于环路(漏泄)载波设备 (2)为简化图形

续表 9.2.2

序号	图 形 符 号	名 称	说 明
2	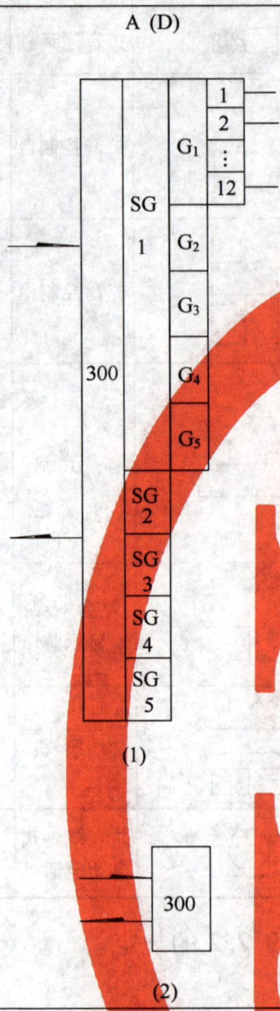	300 路载波电话终端机	A—型号； D—端别。 (2)为简化图形
3	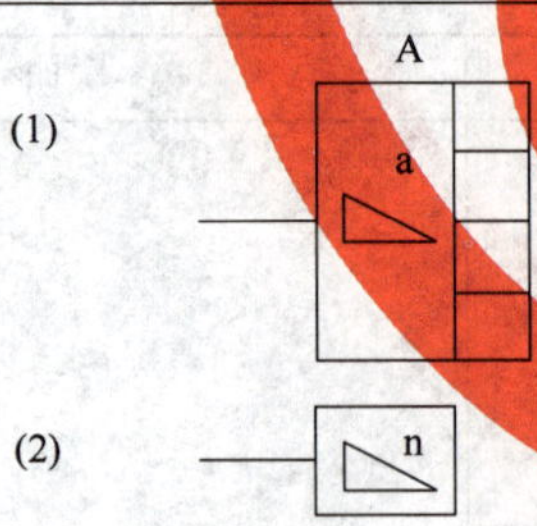	载波电报机	A—型号； a—报路总数； n—最末报路号 (2)为简化图形
4	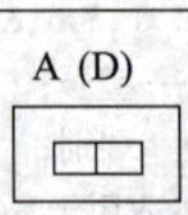	引 入 架	A—型号； D—机架数量
5	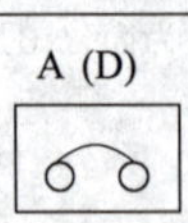	试 验 架	
6	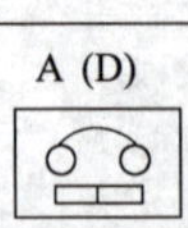	引入试验架	

续表 9.2.2

序号	图形符号	名称	说明
7	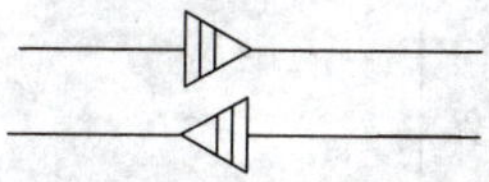	四线有人 增音机	
8	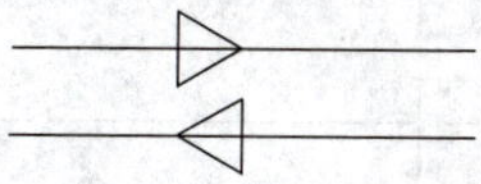	四线导频 无人增音机	
9	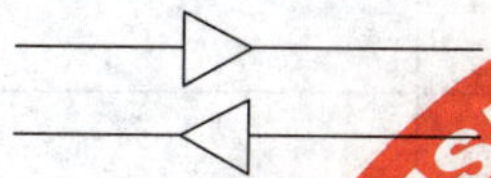	四线无人增音机 数字再生中继器	
10		二线有人 增音机	
11		二线有人 电缆明线 转接增音机	c—电缆； ow—明线
12		二线无人 电缆明线 转接增音机	
13		人工话路	
14		业务联络话路	
15		试验塞孔	
16		业务电话盒	
17	(1) 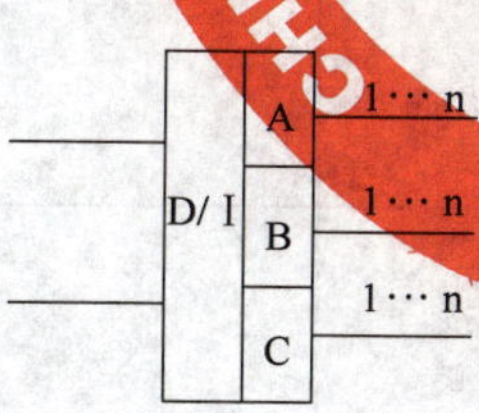 (2) 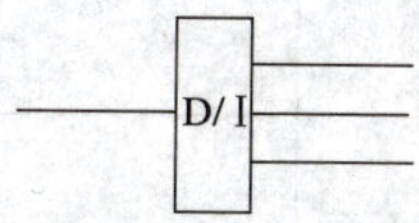	30 路脉码 调制分支 插入设备	A—A 方向信道； B—B 方向信道； C—C 方向信道； n—分下(插入)信道数。 (2)为简化图形
18	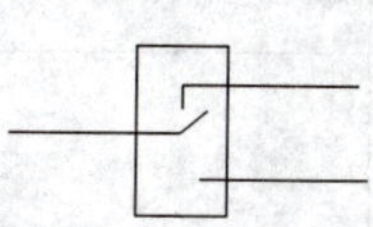	1:1主备用自动 保护转换设备	

续表 9.2.2

序号	图形符号	名称	说明
19	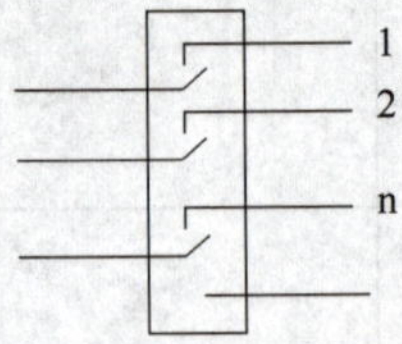	n:1主备用自动保护转换设备	
20	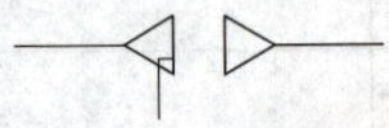	远供变压器	
21	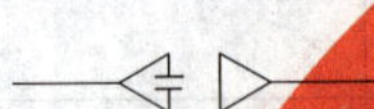	不通铃流绝缘变压器	
22		通铃流绝缘变压器	

9.2.3 交换机、电报设备及接口的图形符号应符合表 9.2.3 的规定。

表 9.2.3

序号	图形符号	名称	说明
1	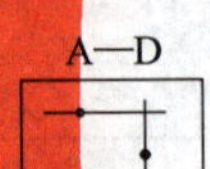	纵横式电话交换机	A—型号 D—容量
2		数字程控电话交换机	
3		电报智能终端	A—型号
4		接口转换设备	
5	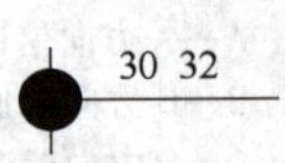	PCM30/32 接口	
6	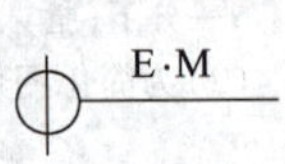	EM 接口	
7	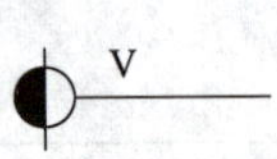	音频四线接口	
8	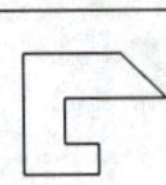	程控话务台	

9.2.4 通信线路及附属设备的图形符号应符合表 9.2.4 的规定。

表 9.2.4

序号	图形符号	名称	说明
1		光电缆 线路标记	A—电缆条数； B—型号； C—规格； D—长度
2	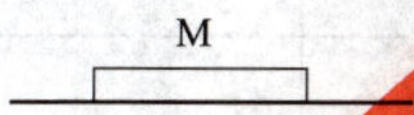	电缆扣槽 盖板防护或 电缆桥架防护	M—防护材料 材料代号： C_e—水泥槽； C_D—复合材料； C_a—电缆桥架
3		电缆标石	
4		气 门	
5		气门标石	
6		双气门标石	
7		有人充气站	A—充气设备型号、容量
8	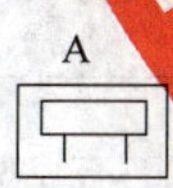	无人充气站	
9	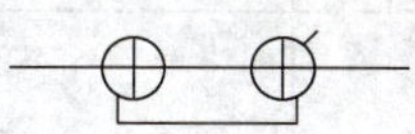	气路连通管	
10		传 感 器	S—传感器型号、类别代号； SP—压力传感器； SL—液体标高传感器； ST—温度传感器； SR—转数传感器； SQ—位置传感器； SM—烟浓度传感器

9.3 施 工 组 织

9.3.1 施工总平面布置图的图形符号应符合表 9.3.1 的规定。

表 9.3.1

序号	图 形 符 号	名 称	说 明
1		拟修汽车运输便道	宽度按 1 mm 绘制
2		材 料 厂	
3		混凝土成品厂	
4		工程处驻地	
5		轨节拼装场	
6		存 梁 厂	直径 8 mm
7	 (1)  (2)	取弃土场	
8		矿 井	直径 8 mm，交叉点在圆心，角度为 60°，边上注明矿井名称
9		水 源	直径 8 mm，水面线通过圆心，上注编号
10		水 井	直径 8 mm，中注编号
11		电 站	圆直径 8 mm，注电站名称
12		临时给水干管	箭头表示水流方向

续表 9.3.1

序号	图形符号	名称	说明
13		既有电力干线	小圆直径 2 mm,箭头长 5 mm
14	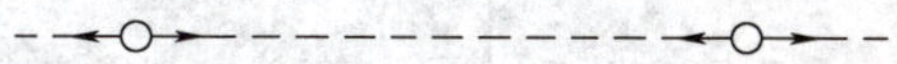	临时电力干线	
15	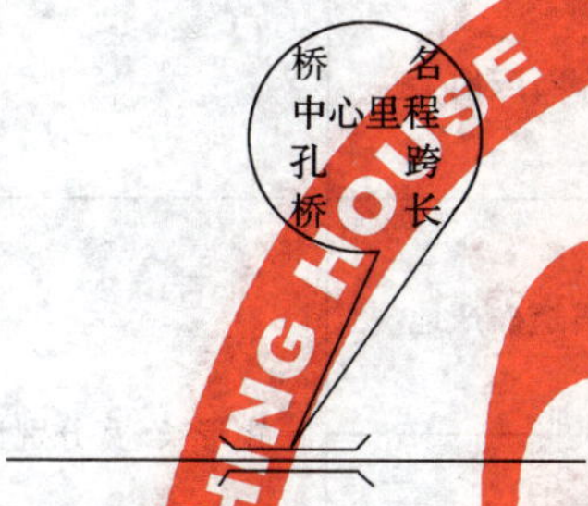	重大桥梁工点	桥长符号与桥长成比例,但不得短于 5 mm,圆直径 20 mm
16	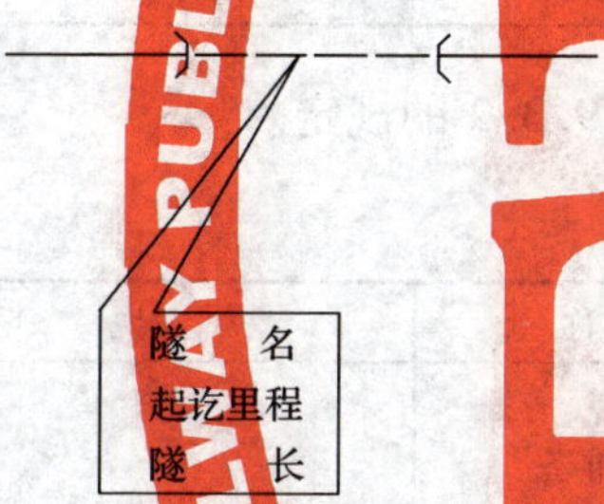	重大隧道工点	隧道符号与隧长成比例,但不得短于 5 mm
17		黏土产地	直径 8 mm,斜线角度 45°,符号中注明产地编号
18		砖瓦产地	中注产地编号
19		石灰产地	
20	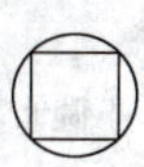	料石产地	直径 8 mm,中注产地编号
21		碎石产地	

续表 9.3.1

序号	图 形 符 号	名 称	说 明
22		砂卵石产地	直径 8 mm，中注产地编号
23		砂子产地	
24		卵石产地	
25		碎石道砟产地	矩形长、宽分别为 12 mm、7 mm
26	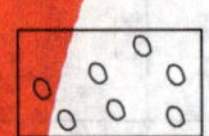	底砟产地	

9.3.2 施工组织设计进度图的图形符号应符合表 9.3.2 的规定。

表 9.3.2

序号	图 形 符 号	名 称	说 明
1	——×——×——×——	施工准备	
2		人力施工土石方	开竣工期为粗黑线，施工区段分界线为竖细实线，如与小桥涵合并时，则名称改为“人力施工土石方及小桥涵”，斜线角度为 45°
3	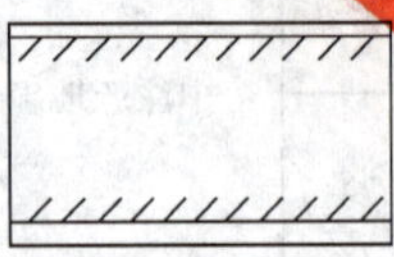	机械施工土石方	开竣工期为粗黑线，施工区段分界线为竖细实线，如与小桥涵合并时，则名称改为“机械施工土石方及小桥涵”，斜线角度为 45°
4	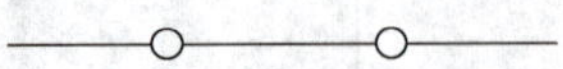	临时通信	小圆直径为 2 mm，两圆心距 15 mm
5	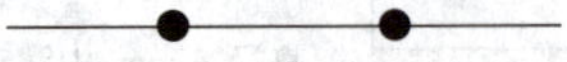	永久通信	
6		小 桥 涵	用粗虚线绘制，也可不单独显示施工进度，与土石方合并显示其开竣工期限

续表 9.3.2

序号	图 形 符 号	名 称	说　明
7		大中桥	线条宽度按 2 mm 绘制
8		特大桥	为求图面美观，符号的宽度可小于桥梁长度，但不得小于 3 mm
9		隧　道	符号宽度按隧道长度绘制，长隧道可小于隧道长，但符号宽度不得小于 5 mm
10		电力工程	贯通线及地区电力工程采用同一图形符号，地区符号为竖立形
11		给排水工程	长管路及地区给排水工程采用同一图形符号，地区符号为竖立形
12		铺　轨	宽 2 mm
13		铺底砟	等边三角形边长为 3 mm
14		铺面砟	等边三角形边长为 3 mm
15		站后综合配套	客货运和工务其他建筑及设备
16		电气化工程	铁路电气化工程的内容较多，设计仅绘出工程开竣工期限，作宏观上的安排
17		房　屋	宽 2 mm，横线间距 1 mm

续表 9.3.2

序号	图 形 符 号	名 称	说 明
18		信 号	小圆直径 2 mm,圆中心距 10 mm
19	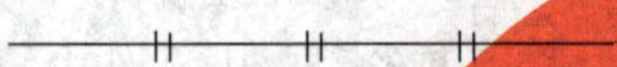	工程验收接交	

9.4 地 质

9.4.1 不良地质的图形符号应符合表 9.4.1 的规定。

表 9.4.1

序号	图 形 符 号	名 称	说 明
1		河岸冲刷	
2	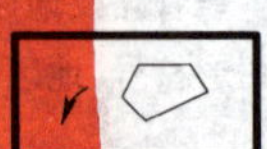	危岩落石	平面图用;示在危岩落石的源头,箭头指向落石堆
3		岩 堆	尖端指向物质来源方向
4		陷 穴	注陷穴直径、深度
5		地表沉陷	
6		掏 砂 洞	包括掏金洞等
7	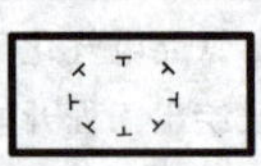	风蚀洼地	
8	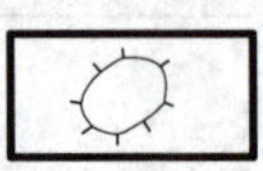	风蚀残丘	
9	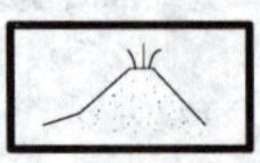	固定沙丘	

续表 9.4.1

序号	图 形 符 号	名 称	说 明
10		半固定沙丘	
11		流动沙丘	
12	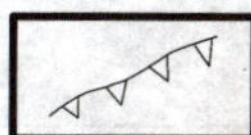	水库最终坍岸线	图中标注年份为该期坍岸线
13		盐 沼	
14		沼 泽	
15		湿 地	
16		冻土沼泽	
17		厚层地下冰	
18		冰 胀 丘	
19	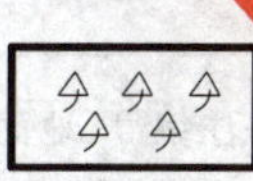	冰 锥	
20	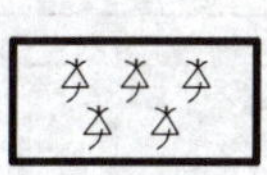	爆炸性充水鼓丘	
21		热融滑坍	
22	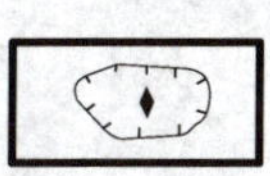	热 融 湖	

续表 9.4.1

序号	图形符号	名称	说明
23	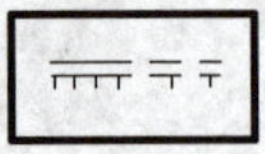	地面裂缝	虚线为推测裂缝
24	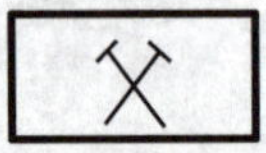	生产矿窑口	注矿产类别符号
25	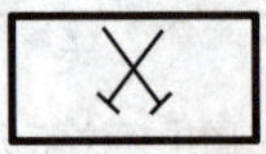	废弃矿窑口	
26		地下采空	
27		古人类活动遗迹地点	
28	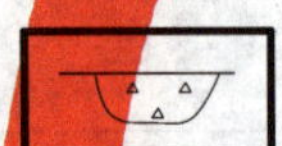	道砟陷槽	
29	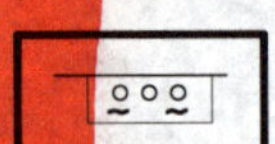	翻浆	

9.4.2 地质勘探、测试的图形符号应符合表 9.4.2 的规定。

表 9.4.2

序号	图形符号	名称	说明
1		观测点长期观测钻孔	注编号，用作长期观测钻孔时还应注地面高程(m)、最高及最枯水位埋深(m)
2		试坑	注编号、地面高程(m)、水位埋深(m)、坑深(m)、矿化度(g/L)
3		提水试验试坑	
4		小型勘探（螺钻、洛阳铲）	
5	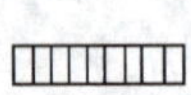	槽探	槽探位置、方向按实际表示
6		清除表土	

续表 9.4.2

序号	图形符号	名称	说明
7	(1)  (2) 	钻孔	(1)取样钻孔； (2)勘探钻孔
8		有水钻孔	注编号、地面高程(m)、水位埋深(m)、孔深(m)、矿化度(g/L)
9		无水钻孔	注编号、地面高程(m)、孔深(m)
10		抽水(或提水)试验钻孔	注编号、地面高程(m)、降深(m)、水位埋深(m)、出水量(L/s)、孔深(m)、矿化度(g/L)
11		分层抽水试验钻孔	
12		孔壁摄影钻孔	
13	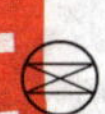	孔壁录像钻孔	
14		地应力测试钻孔	
15		综合测试钻孔	
16		已成水井	注编号、地面高程(m)、降深(m)、水位埋深(m)、出水量(L/s)、井深(m)、矿化度(g/L)
17	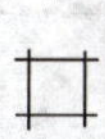	提水试验或抽水试验的水井	
18	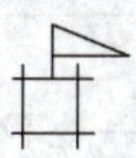	长期观测水井	注编号、地面高程(m)、最高水位(m)、最枯水位(m)
19	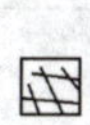	节理统计点	
20		摄影点	箭头方向为摄影方向

续表 9.4.2

序号	图 形 符 号	名 称	说 明
21		取石样点	平面图用： 采取土、水点在圆内加“土”、“水”
22		植物化石产地	
23		动物化石产地	
24		电法对称电测深	○ —测点中心； — —装置方向； 丨 —无穷远极方向
25		电法三极电测深	
26		电法十字电测深	
27		电法环形 电 测 深	○ —测点中心； — —装置方向； 丨 —无穷远极方向
28		质量检查 电 测 深	
29		物探剖面测线	1…30—测点号
30		地震勘探排列	1…30—测点号 V—激点号
31		充电等位线	
32		渗透电场	→—地下水流向
33		物理参数测量点	
34		总 基 点	

续表 9.4.2

序号	图形符号	名称	说明
35	□△	分基点	
36	▲	标本采集地点	
37		定向标本 采集地点	
38		正等值线	
39		零等值线	
40	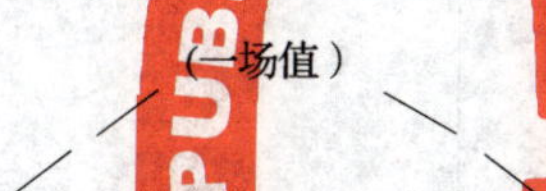	负等值线	
41	◎	物探建议钻孔	
42		物理测井	
43	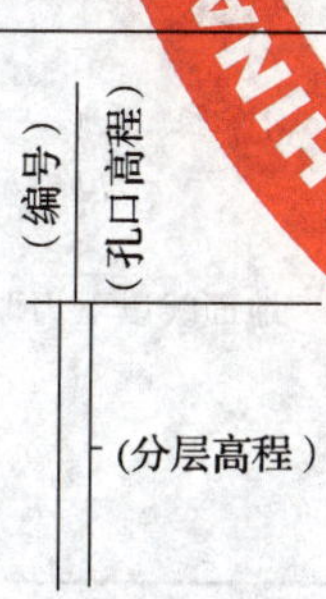	勘探孔（坑）	断面图用
44	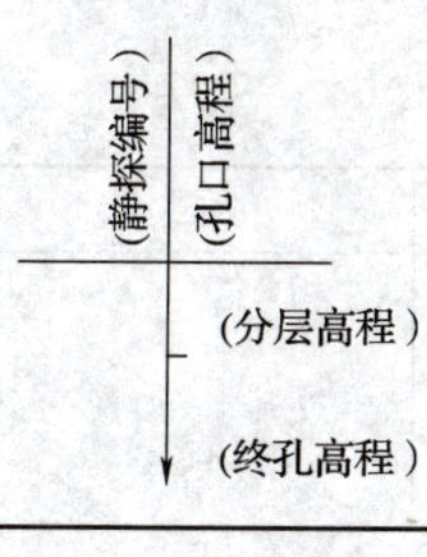	触探孔	

续表 9.4.2

序号	图形符号	名称	说明
45	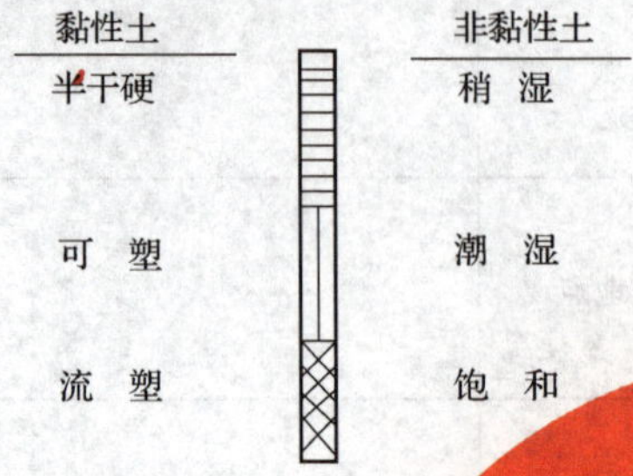 	勘探孔(坑)中地层的潮湿程度	断面图用：柱宽 2 mm
46	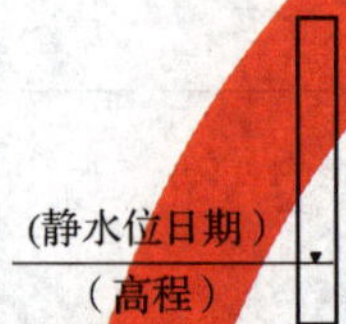 	无压水勘探孔	
47	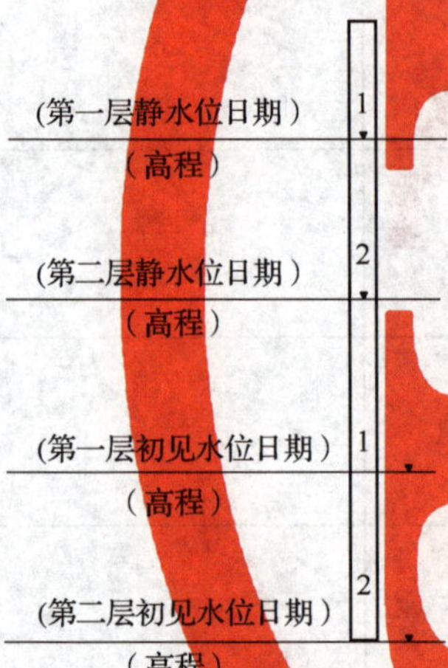 	承压水勘探孔	
48	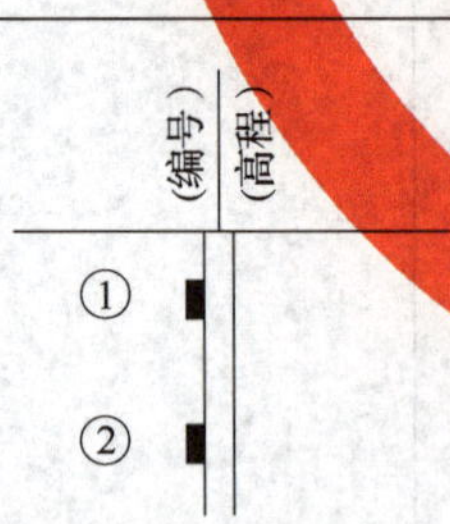 	勘探孔内取样点	地面线以下为取样位置及编号

9.4.3 地质界线及地震的图形符号应符合表 9.4.3 的规定。

表　9.4.3

序号	图形符号	名称	说明
1	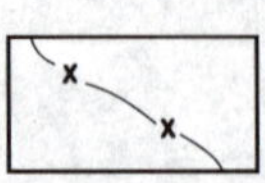	不良地质、特殊地质界线	

续表 9.4.3

序号	图 形 符 号	名 称	说 明
2	(1) 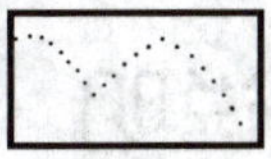 (2) 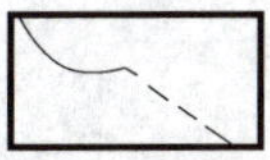	地层分界线	平面图用(1);断面图用(2),虚线为推测部分
3		岩层风化带分 界 线	断面图用
4		矿区规划开采界线	
5		土石工程分级	
6		多年冻土下限	断面图用
7		多年冻土上限	
8		地震液化层	断面图用,上下线为液化层范围
9		黄土湿陷层下限	断面图用
10	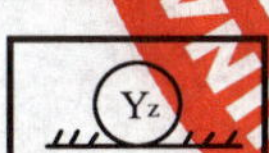	盐渍土的下限	用于取土坑的断面图
11	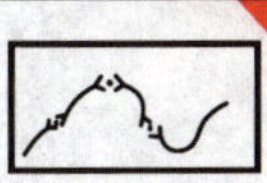	地震基本烈度分界线	
12	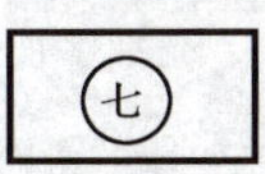	地震基本烈度	七—基本烈度

附录 A 本标准用词说明

A. 0. 1 对执行本标准条文严格程度的用词采用以下写法。

1 表示很严格,非这样做不可的用词:

正面词采用“必须”;

反面词采用“严禁”。

2 表示严格,在正常情况下均这样做的用词:

正面词采用“应”;

反面词采用“不应”或“不得”。

3 表示允许稍有选择,在条件许可时首先应这样做的用词:

正面词采用“宜”或“可”;

反面词采用“不宜”。

A. 0. 2 条文中指明应按其他有关标准、规范执行的写法为“应按……执行”或“应符合……要求或规定”。非必须按所指定的标准和规范执行的写法为“可参照”。

附加说明

本标准主编单位、参加单位和主要起草人名单

主 编 单 位：铁道部第一勘测设计院
参 加 单 位：铁道部专业设计院
主要起草人：周蜀黔　吴培玲　冯　明　陈鸿涛　程辛卯　赵金锐　周淑梅
王　兰　胡秀兰　陈宜杰　李兴义　闵　铮　刘新盼　莫光宇
张增淮　刘　筠　胡路明

中华人民共和国行业标准

铁路线路机械术语

Terminology for Rail Permanent Way Machinery

TB/T 1910—2004

2004—04—22 发布　　2004—11—01 实施

中华人民共和国铁道部　发布

前　言

本标准代替TB/T 1910—1987《铁路线路机械名词术语》。

本标准的修订是基于目前我国铁路及国外铁路线路机械的发展水平。标准中基本保留了TB/T 1910—1987中所列的铁路线路机械名词术语。

本标准对TB/T 1910—1987的修订在编写方法方面做了较大调整,内容做了大幅度的增加。与TB/T 1910—1987相比主要变化如下:

——按线路机械的品种分类进行编写;

——对主要的线路机械,如道砟清筛机械、道砟捣固机械、轨道动力稳定机械及配砟整形机械等,除给出了不同机械的机械术语外,还定义了主要的总成机械术语和作业及装置术语;

——每个词条之后列出了英文对应词;

——增加了公用术语的内容。

本标准由铁道部标准计量研究所提出并归口。

本标准起草单位:铁道科学研究院铁道建筑研究所、昆明中铁大型养路机械集团有限公司、铁道部标准计量研究所。

本标准主要起草人:宋慧京、陈益荣、程立、孙琰。

本标准1987年首次发布,本次为第一次修订。

目　次

铁路线路机械术语

1 范　围

本标准规定了主要线路机械的术语和定义。

本标准适用于科研、教学、设计、制造、使用和管理。

2 基本术语

2.1

线路机械　permanent way machinery

凡用于线路作业(包括配套的工务运输、线路质量检测、安全防护等)的机械和设备,统称为线路机械。

2.2

轨道作业机械　railway track work machine

以轨道(钢轨及其联结件、轨枕和道床等)为作业对象的线路机械。

2.3

大型线路机械　heavy-duty permanent way machinery

应封锁线路进行作业的线路机械。

2.4

小型线路机械　light-duty permanent way machinery

在线路上进行作业并可以随时撤出的线路机械。

2.5

道砟清筛机械　ballast cleaning machinery

筛除碎石道床中的污土、碎砟及其他脏污物的轨道作业机械。

2.6

道砟捣固机械　ballast tamping machinery

通过对枕下道砟振动、夹实作业,使枕下道砟重新排列、密实的轨道作业机械。

2.7

轨道动力稳定机械　dynamic track stabilizing machinery

通过对轨排振动或对道砟振动夯实作业，使道床密实的轨道作业机械。

2. 8

配砟整形机械　ballast distributing and profiling machinery

将堆积在线路两侧或轨道上的道砟收拢或分配到道床所需要的部位上，使道床成形的轨道作业机械。

2. 9

线路综合维修机械　comprehensive track maintenance machinery

将清筛、捣固、动力稳定、配砟整形等多种作业功能，通过不同组合实现高效线路综合维修作业的轨道作业机械。

2. 10

轨行式装运机械　rail-mounted handling and transportation machinery

在线路上运行的用于牵引和运送路料的专用车辆和装卸工务专用设备。

2. 11

铺换轨（枕）机械　rail/sleeper laying and replacing machinery

在线路上铺设或更换钢轨（轨枕）作业的轨道作业机械。

2. 12

钢轨焊接机械　rail welding machinery

焊接钢轨或焊补修复轨面损伤的轨道作业机械。

2. 13

轨道检测机械　track geometry inspecting machinery

检查轨道技术状态或测量线路几何状态的工务专用设备。

2. 14

吹砟机械　stone blowing machinery

利用高压气流在轨枕下铺垫小粒径道砟的工务专用设备。

2. 15

钢轨整修机械　rail profiling machinery

对钢轨轨头轮廓整形和以钢轨为作业对象的轨道作业机械。

2. 16

轨枕作业机械　sleeper operating machinery

用于轨枕及其扣件作业的轨道作业机械。

2.17

起拨道机械 track lifting and lining machinery

只具有对轨道起道和/或拨道功能的轨道作业机械。

2.18

线路清理机械 permanent way clearing machinery

用于清除线路及线路两侧障碍物的工务专用设备。

2.19

工务安全防护设备 permanent way safety protection equipment

用于线路上保护行车和人身安全的工务专用机械和电气设备。

3 道砟清筛机械

3.1 机械术语

3.1.1

全断面道砟清筛机 full section ballast cleaning machine

对线路道床全断面道砟进行清筛，具有挖掘、筛分、回填布砟和抛出污土等作业功能的自轮式轨道作业机械。

3.1.2

大揭盖式清筛机 ballast cleaning machine after removal of track panels

用于拆除轨排后进行道砟清筛的轨道作业机械。

3.1.3

边坡清筛机 shoulder ballast cleaning machine

对道床两侧轨枕端头外侧道砟（或包括轨枕端头以下道砟）进行清筛作业的轨道作业机械。

3.1.4

板结道床处理机 processing machine for clayed ballast bed

对线路碎石道床板结病害地段进行全断面挖掘及抛砟作业的轨道作业机械。

3.1.5

小型清筛机 light-duty permanent way ballast cleaning machine

指可不必封锁线路，利用列车慢行进行全断面道砟清筛作业的轨道作业机械。

3.2 总成机械术语

3.2.1

挖掘装置 excavating unit

具有挖掘、输送道砟功能的工作装置，由挖掘链、导槽、动力驱动等机构组成。

3.2.1.1

挖掘链 excavating chain

用于挖掘道砟的组件，由耙板、链节和链销等连接成的环状挖掘链条。

3.2.1.2

挖掘导槽　excavating guide channel

用于挖掘链的导向及将挖掘出来的道砟输送到所需位置的工作装置，由上升导槽和下降导槽组成。

3.2.1.3

挖掘底梁　excavating girder under sleepers

安置在轨枕下并分别与上升、下降导槽连接成整体构件的部件。

3.2.2

筛分装置　screening unit

利用多孔的工作面（筛网），将脏污道砟中的合格粒径道砟与废弃物分离的工作装置。

3.2.2.1

直线振动筛　linear motion vibrating screen

振动运动轨迹为直线或近似直线的筛分装置。

3.2.2.2

圆运动振动筛　circular motion vibrating screen

振动运动轨迹为圆形近似圆形的筛分装置。

3.2.2.3

离心筛　centrifugal screen

利用高速旋转产生的离心力对道砟进行清筛的筛分装置。

3.2.3

道砟输送装置　ballast conveying unit

用于运送道砟等物料的带式输送装置。

3.2.3.1

混砟输送带　mixed-ballast conveyor belt

将挖掘出来的脏污道砟输送到所需位置的带式输送装置。

3.2.3.2

污土输送带　waste conveyor belt

将筛下的污土、碎石等废弃物输送至污土车或直接抛弃到线路以外的带式输送装置。

3.2.3.3

道砟回填输送带　ballast backfill conveyor belt

将清筛后的清洁道砟输送至两股钢轨内、外侧的带式输送装置。

3.2.3.4

新砟、砂输送带　conveyor belt for cleaning ballast and sand

清筛作业过程中对路基表面进行垫砂或对道床补充新石砟作业的带式输送装置。

3.2.4

道砟整平装置　ballast grading unit

对回填于道床的道砟进行刮平作业的装置。

3.2.5

提轨装置　rail-lifting unit

清筛作业时提起轨排以减少挖掘阻力的工作装置。

3.3 作业术语

3.3.1

挖掘深度 cutting depth

从轨顶面向下至挖掘道砟工作底面间的高度(mm)。

3.3.2

挖掘宽度 cutting width

对道床横断面道砟进行挖掘作业的宽度(mm)。

3.3.3

挖掘能力 excavation capacity

挖掘装置在单位时间内完成道砟的挖掘量(m^3/h)。

3.3.4

清筛洁度 cleanliness

清筛作业后道砟中标准粒径的清洁道砟所占总体的重量百分比(%)。

3.3.5

筛分能力 screening capacity

在达到清筛洁度要求的前提下,在单位时间内通过筛分装置的物料量(m^3/h)。

3.3.6

清筛作业效率 ballast cleaning efficiency

清筛机械在单位时间完成道砟清筛作业的生产量(m^3/h)。

4 道砟捣固机械

4.1 机械术语

4.1.1

自动整平捣固车 automatic leveling lifting lining and tamping car

以步进走行方式进行捣固,同时能完成起道、拨道、道床边坡夯实作业,具有轨道几何状态自动检测和控制功能的轨道作业机械。

4.1.2

连续走行自动整平捣固车 automatic continuous leveling lifting lining and tamping car

以连续走行方式进行捣固,同时能完成起道、拨道、道床边坡夯实作业,具有轨道几何状态自动检测和控制功能的轨道作业机械。

4.1.3

自动整平道岔捣固车 automatic leveling lifting lining and tamping car of switches and crossings

用于道岔区捣固作业,具有轨道几何状态自动检测和控制功能的轨道作业机械。

4.1.4

道岔捣固车 switch tamping car

用于道岔区捣固作业的轨道作业机械。

4.1.5

起拨道捣固车 **lifting, lining and tamping car**

用手动或半自动操作装置分别进行起道、拨道和捣固作业的轨道作业机械。

4.1.6

液压捣固机 **hydraulic tamping machine**

在线路上推行并可随时上下道的小型捣固机械。

4.1.7

液压道岔捣固机 **hydraulic switch tamping machine**

在线路上推行并可随时上下道的专用于道岔区捣固作业的小型捣固机械。

4.1.8

捣固器 **tamping tools**

用于线路捣固作业的手持式机具。

4.2 总成机械术语

4.2.1

捣固装置 **tamping unit**

用于捣固钢轨两侧的枕下道砟,使道砟重新排列、密实的工作装置。

4.2.1.1

激振器 **vibrator**

由回转轴上附加设定的偏心质量产生的离心惯性力而使捣固装置振动的部件。

4.2.1.2

夹持油缸 **clamping cylinder**

用于传递振动并通过镐头对道砟实现夹持作用的部件。

4.2.1.3

捣固臂 **tamping arm**

安装捣固镐,传递振动力和夹持力的部件。

4.2.1.4

捣固镐 **tamping pick**

插入道床并把振动力和夹持力直接作用于道砟的部件。

4.2.2

捣固装置升降机构 **lifting and dropping set of tamping unit**

用于完成捣固装置下插或提升运动的机构。

4.2.3

捣固框架 **tamping frame**

安装捣固装置并用于实现其升降导向和横移的装置。

4.2.4

自动集中润滑装置 **automatic centralized lubricating unit**

将润滑脂定时、定量脉冲式同时注入捣固装置各润滑点的自动注油装置。

4.2.5

枕端夯实装置 **sleeper end compacting unit**

对道床肩部道砟进行振动夯实,增大道床横向阻力的工作装置。

4.2.6

起道装置 lifting unit

用于提升轨道的工作机构。

4.2.7

辅助起道装置 assistant lifting unit

用于道岔区捣固作业提起第三股钢轨的工作机构。

4.2.8

拨道装置 lining unit

将轨道向左或向右横向移动的工作机构。

4.2.9

夹轨装置 rail clamping unit

夹持轨头下颚,用于传递起道力或平衡捣固镐下插力的机构。

4.3 作业及装置术语

4.3.1

轨道几何参数自动处理系统(GVA) automatic geometry processing system

根据预先输入的施工地段轨道设计几何参数进行数据运算处理,替代复杂的人工计算和操作而实现自动作业的计算机操作系统。

4.3.2

轨道几何形状自动导向计算机系统(ALC) automatic guiding computer

既可对线路几何参数进行理论计算,又可测量并优化线路几何形状的自动导向计算机操作系统。

4.3.3

捣固装置自动回转控制装置(AKA) automatic swiveling control of tamping unit

控制道岔捣固机械捣固装置伸缩、偏转及自动限位和辅助起道装置作业的装置。

4.3.4

电子摆 electronic pendulum

检测左右股钢轨横向水平偏差和曲线超高值的测量装置。

4.3.5

抄平传感器 leveling sensor

检测轨道纵向前后高度偏差的测量装置。

4.3.6

正矢传感器 versine sensor

检测轨道曲线矢距偏差和轨道方向偏差的测量装置。

4.3.7

深度传感器 depth sensor

捣固装置捣镐下插深度和提升高度的测量装置。

4.3.8

记录装置 recording unit

对作业后线路的轨道方向和水平几何状态进行记录的装置。

4.3.9

捣固装置横移量 lateral-movement of tamping unit

捣固装置横向水平移动(左/右向)的位移量(mm)。

4.3.10

捣固深度　tamping depth

捣镐在下插位置从轨顶面至捣镐最下端之间的距离(mm)。

4.3.11

捣固作业效率　tamping efficiency

在正常线路状态和轨枕数量标准配置条件下,单位时间完成捣固作业的线路长度(m/h)。

5　轨道动力稳定机械

5.1　机械术语

5.1.1

轨道动力稳定车　dynamic track stabilizing machine

对轨道施加垂直压力和水平振动,使道砟重新排列、密实,达到线路稳定的轨道作业机械。

5.1.2

全断面道床夯实机　full section ballast compacting machine

可同时对枕间、砟肩和边坡道砟进行夯实作业的轨道作业机械。

5.1.3

枕间夯实机　sleeper-crib compacting machine

对轨枕盒内道砟夯实作业的轨道作业机械。

5.1.4

道床边坡夯实机　ballast shoulder compacting machine

对道床砟肩和边坡道砟进行夯实作业的轨道作业机械。

5.2　总成机械术语

5.2.1

稳定装置　stabilizing unit

通过两个同步激振器使轨道产生水平振动并施加垂直载荷的工作装置。

5.2.2

夯实装置　compacting unit

对枕间、砟肩和边坡道砟进行振动夯实作业的工作装置。

5.3　作业及装置术语

5.3.1

高度传感器　height sensor

检测左、右股钢轨的高度，实现稳定装置对轨道垂直加载控制的测量装置。

5.3.2

振动频率传感器　vibrating frequency sensor

检测稳定装置振动频率的测量装置。

5.3.3

加速度传感器　acceleration transducer

检测稳定装置的振动加速度，经处理后显示其振动幅度的测量装置。

5.3.4

垂直下压力　vertical down-pressure

对轨道垂直向下加载的作用力(kN)。

5.3.5

水平激振力　horizontal shaking force

指夹紧轨头并产生水平振动的作用力(kN)。

5.3.6

稳定作业效率　track stabilizing efficiency

单位时间完成稳定作业的线路长度(km/h)。

6　配砟整形机械

6.1　机械术语

6.1.1

配砟整形车　ballast distributing and profiling car

将轨道上的道砟收拢或分配到道床所需要的部位上，使道床成形的轨道作业机械。

6.1.2

双向配砟整形车　ballast distributing and profiling car in dual direction

在正反两个方向均能完成作业功能的配砟整形车。

6.1.3

单向配砟整形车　ballast distributing and profiling car in single direction

仅在一个方向能完成作业功能的配砟整形车。

6.2　总成机械术语

6.2.1

中犁装置　center plough unit

引导道砟分配流向的工作装置。

6.2.2

侧犁装置　side plough unit

用于道床边坡拢砟和整形的工作装置。

6.2.3

清扫装置　sweeper-brush nuit

清除散落在轨枕表面和扣件处的道砟，并将其输送至边坡或储砟斗的工作装置。

6. 2. 4

储砟斗 ballast hopper

将线路上多余道砟存储并倾卸于所需区域的工作装置。

6. 3 作业术语

6. 3. 1

配砟宽度 ballast distributing width

线路横断面配砟作业的最大宽度（mm）。

6. 3. 2

整形宽度 profiling width

线路横断面边坡整形作业的最大宽度（mm）。

6. 3. 3

清扫宽度 sweeping width

清扫轨枕面上道砟的有效作业宽度（mm）。

6. 3. 4

配砟作业效率 ballast distributing efficiency

单位时间内完成线路配砟（整形）作业的长度（km/h）。

7 轨行式装运机械

7. 1

重型轨道车 heavy-duty rail motor car

铁路设备维修、大修、基建等施工部门用于铁路设备修理、抢险和检查等工作的主要牵引运输车。

7. 2

轻型轨道车 light-duty rail motor trolley

借助人力或上下道装置可在短时间内上下道的牵引运输车。

7. 3

轨道平车 rail flat car

由轨道车牵引的专用平板运输车。

7. 4

发电轨道车 rail car for power generating and traction

既可发电又可牵引的轨道车。

7. 5

起重轨道车 rail car mounted crane

具有起重功能的重型轨道车。

7.6

起重轨道平车　rail flat car mounted crane

具有起重功能的轨道平车。

7.7

收轨平车　rail flat car for recollecting rails

安装有悬臂式起重机械，主要用于回收、装运钢轨的轨道平车组。

7.8

长钢轨运输列车　continuous welded rail（CWR）transportation train

用于长钢轨收卸、运输的专用列车。

7.9

道岔运输车　switch transportation car

专用于运送组装后道岔的运输车辆。

7.10

物料输送车　material conveyor and hopper car

用于砂石物料运输、存储、传送和装卸的专用车辆。

8　铺换轨（枕）机械

8.1

龙门式铺轨机　gantry-type track laying machine

能够在临时走行轨道上自行的龙门架铺设、拆除轨排的轨道作业机械。

8.2

换轨小（平）车　small sized car（flat car）for rail replacing

专用于长钢轨更换的小（平）车。

8.3

线路大修列车　track renewal train

连续式拆除和铺设长钢轨及轨枕，完成线路大修的专用列车。

8.4

轨枕更换机　sleeper replacing machine

取出旧轨枕、放置新轨枕的轨道作业机械。

8.5

道岔铺换设备　switch relaying equipment

用于整组道岔铺设或更换的设备。

9 钢轨焊接设备

9.1

固定式焊轨设备 fixed type welding equipment

能在基地连续完成钢轨调直、轨端除锈、长轨焊接、焊缝精磨及正火热处理等作业的固定式焊轨工务专用设备。

9.1.1

钢轨矫直机 rail straightening machine

用于矫正钢轨水平和垂直变形的设备。

9.1.2

轨端除锈机 rail end de-rusting machine

用于清除钢轨端部导电面锈蚀的设备。

9.1.3

连续闪光对焊机 continuous flash-butt welder

通过闪光对接方法将钢轨焊接在一起的设备。

9.1.4

钢轨正火设备 rail normalizing equipment

用于钢轨焊缝正火热处理的设备。

9.1.5

强制冷却设备 forced cooling equipment

钢轨焊缝进入精磨机前进行强制降温的设备。

9.1.6

焊缝精磨机 fine grinding machine for weld

用于对钢轨焊缝轨头部分仿形打磨的设备。

9.1.7

长钢轨组合吊机 combine crane for long rail

用于长轨吊装的设备。

9.2

移动式焊轨设备 mobile flash-butt welding equipment

能在线路上一次完成钢轨焊接和推凸作业的自轮运行焊轨设备。

9.3

焊轨列车 rail welding train

能连续完成钢轨调直、轨端除锈、长轨焊接、焊缝精磨及正火热处理等作业的移动式焊轨基地。

9.4

小型气压焊轨机 light-duty gas welding machine

利用燃气对钢轨焊接部位加热并进行纵向加压完成钢轨焊接的成套设备。

9.5

铝热焊设备　aluminothermic welding equipment
在线路上完成铝热焊头所需的成套设备。

9.6

钢轨焊修设备　rail welding repair equipment
对钢轨和道岔表面缺陷进行焊接修补的设备。

9.7

钢轨推凸机　welded rail deburring machine
将钢轨焊接部位推凸除瘤的机械。

10　轨道检测机械

10.1

轨道检查车　track recording car
安装有轨道检测装置,能在运行中检测和记录轨道动态技术参数的专用车辆。

10.2

轨道检查小车　track geometry measuring trolley
检查轨道静态几何状态并能随时上下道的检测小车。

10.3

钢轨探伤车　rail flaw detecting car
安装有钢轨探伤装置,能在运行中检测和记录钢轨缺陷的专用车辆。

10.4

钢轨探伤仪　rail flaw detector
在轨道上人力推行,可检测和记录钢轨缺陷的专用仪器设备。

10.5

钢轨磨耗检查车　rail profile measuring car
测量钢轨工作面磨耗程度的车辆。

10.6

钢轨磨耗检查仪　rail profile gauge
测量钢轨工作面磨耗程度的器具。

10.7

钢轨直度测量尺　rail sag gauge

测量钢轨工作面平直度的器具。

10.8

轨距尺　gauge measure

测量轨道轨距及水平的器具。

11　吹砟机械

11.1

吹砟车　stone blowing car

利用高压气流将小粒径道砟吹至轨枕下进行线路维修的自轮式工务专用设备。

11.2

轨枕风动垫砟机　pneumatic stone blowing machine for general sleeper

利用高压气流将小粒径道砟吹至轨枕下进行线路维修作业的机械。

11.3

轨枕板风动垫砟机　pneumatic stone blowing machine for sleeper plate

利用高压气流将小粒径道砟吹至轨枕板下进行线路维修作业的机械。

12　钢轨整修机械

12.1

钢轨打磨列车　rail grinding train

具有若干组钢轨磨削装置对钢轨进行打磨,以修整轨头轮廓形状的钢轨作业列车。

12.2

道岔打磨车　switch grinding car

具有若干组钢轨磨削装置,能打磨道岔区钢轨磨耗、鱼鳞纹等缺陷,以修整轨头轮廓形状的钢轨作业车。

12.3

钢轨刨削车　rail planning car

采用刨削方式,修复轨头轮廓形状的钢轨作业车。

12.4

钢轨打磨机　rail grinding machine

对钢轨轨头(包括焊缝)进行仿形打磨,以达到标准轮廓的作业机械。

12. 5

道岔打磨机　switch grinding machine
对道岔区钢轨及辙叉进行打磨作业的专用机械。

12. 6

钢轨端面打磨机　rail end grinding machine
钢轨焊接前,对其端面进行修理打磨作业的机械。

12. 7

钢轨刨边机　railhead edges planning machine
刨切钢轨肥边的机械。

12. 8

锯轨机　rail sawing machine
用锯条截断钢轨的机械。

12. 9

切轨机　rail cutting machine
用砂轮片切断钢轨的机械。

12. 10

钢轨钻孔机　rail drilling machine
在钢轨上钻孔的机械。

12. 11

组合式作业机械　combined working machine
用一个动力源驱动多种机具对钢轨实施切、钻、磨等作业的组合机械。

12. 12

平轨机　rail bending machine
用于矫正钢轨垂直变形的机械。

12. 13

直轨机　rail straightening machine
用于矫正钢轨水平变形的机械。

12. 14

轨缝调整器　rail gap adjuster

调整轨缝大小的机械。

12. 15

轨距调整器　gauge adjuster
调整轨距大小的机械。

12. 16

钢轨拉伸机　rail pulling and pushing device
用于无缝线路钢轨应力放散或钢轨焊接时现场拉伸对位的机械。

12. 17

钢轨涂油器　rail lubricator
对轨头内侧喷涂润滑油(脂)的装置。

12. 18

旧轨整修设备　re-profiling machine for used rail
采用机械加工方式,修整钢轨轨头轮廓形状的固定式工务专用设备。

13　轨枕作业机械

13. 1

机动螺栓扳手　power wrench
拧紧或松开轨枕扣件和/或钢轨接头螺母的动力扳手。

13. 2

方枕器　sleeper squarer
调整轨枕位置的机械。

13. 3

木枕钻孔机　wooden sleeper drilling machine
在木枕上钻道钉孔的机械。

13. 4

打道钉机　spike driver
将道钉打入木枕的机械。

13. 5

起道钉机　spike puller
起出木枕中道钉的机械。

13.6

混凝土枕螺栓钻取机　concrete sleeper screw drilling and pulling machine
用于钻取更换混凝土轨枕失效螺栓的机械。

13.7

混凝土枕螺栓抗拔仪　concrete sleeper screw pulling resistance gauge
测量混凝土轨枕螺栓锚固后抗拔力的仪器。

14　**起拨道机械**

14.1

起道机(器)　track lifting machine(tool)
抬高轨面,调整水平、高低和线路纵断面的机械(机具)。

14.2

拨道机(器)　track lining machine(tool)
拨正轨道方向,调整线路平面的机械(机具)。

14.3

起拨道机(器)　track lifting and lining machine(tool)
具有起道和拨道功能的机械(机具)。

14.4

激光准直起拨道机　laser sighting track lifting and lining machine
采用激光准直系统对线路进行起道和拨道作业的机械。

15　**线路清理机械**

15.1

除雪机　snow removing machine
清除轨道上雪害的机械。

15.2

除沙机　sand removing machine
清除轨道上沙害的机械。

15.3

除草机　weed cutting machine
清除线路上杂草的机械。

15.4

喷洒除草机　weeding machine(spraying type)

喷洒化学药剂清除线路上杂草的机械。

15.5

灌木切割机　bush cutting machine

切除侵入限界灌木的机械。

16　工务安全防护设备

16.1

列车速度监测仪　train speed monitoring device

用于定点测定列车运行速度、时间和方向的仪器。

16.2

列车接近报警器　train approaching warning device

当列车接近施工地时能发生报警信号的安全防护设备。

16.3

塌方落石报警器　landslide warning device

能对路堑塌方落石发出报警信号的安全防护设备。

16.4

轨道车运行监控装置　rail car transfer monitoring device

用于轨道车运行的专用监控装置。

16.5

复轨器　re-railer

自轮式轨道作业机械脱轨后恢复其运行状态的自行救援设备。

17　公用术语

17.1

安全使用限界　safety using gauge

安全使用限界是一个和线路中心垂直的横断面轮廓。为不影响列车正常运行,防撞机具作业时不得侵入。

17.2

自行速度　driving speed of self propelled

设计给定的线路机械自行最高速度(km/h)。

17.3

联挂速度 permissible speed in train formation

设计给定的线路机械无动力挂运时的最高允许速度(km/h)。

17.4

作业走行速度 driving speed of working

线路机械作业时自行的工作速度(km/h)。

17.5

运行曲线半径 traffic curve radius

线路机械运行时允许通过的最小曲线半径(m)。

17.6

作业曲线半径 working curve radius

线路机械施工作业时允许的最小曲线半径(m)。

17.7

辅助制动 auxiliary braking

在自动制动、单独制动和紧急制动失效的情况下使用的一种直接制动方式。

17.8

作业制动 working braking

为轨道作业机械作业走行时或工作环节需要而设置的一种与区间运行制动互不干涉的直接制动。

17.9

动力学性能 dynamic performance

轨行式机械在轨道上运行时所具有的运行品质,主要指标包括运行平稳性、运行稳定性和走行部主要部件的动强度等。

17.10

运行平稳性 running quality

表征轨行式机械乘座舒适度或运送货物的完整性。采用最大振动加速度和平稳性指标进行评定。

17.11

运行稳定性 running stability

表征轨行式机械在各种线路工况下运行的安全性。分别按脱轨系数、轮重减载率、横向力允许限度、倾覆系数等指标进行评定。

17.12

动强度　dynamic intensity

表征轨行式机械走行部主要部件在交变载荷作用下工作是否会导致疲劳破坏。按转向架的摇枕(或侧架)等主要承载部件的动力系数或应力进行评定。

17.13

测量装置　measure unit

用于捣固车、动力稳定车等轨道作业机械作业时随机测量轨道的实际几何位置的装置,由测量钢弦和若干测量小车(A、B、C、D)组成。

17.14

单弦(矢距)**测量系统　single chord**(vector)**measure system**

由单根矢距钢弦及其与之相连的各测量小车组成,用于测量轨道方向偏差的线路机械测量系统。

17.15

双弦(抄平)**测量系统　double chord**(leveling)**measure system**

由两根抄平钢弦及其与之相连的各测量小车组成,用于测量轨道纵向水平偏差的线路机械测量系统。

17.16

三点检测法　3-point measuring method

以 B、D 两测点连线为基准,测量 C 测点矢距的轨道方向偏差检测方法见图 1。

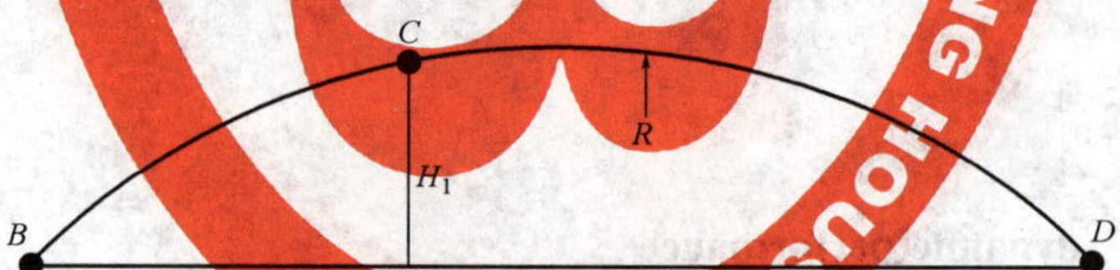

图　1

17.17

四点检测法　4-point measuring method

以 A、D 两测点连线为基准,测量 C、B 两测点矢距的轨道方向偏差检测方法见图 2。

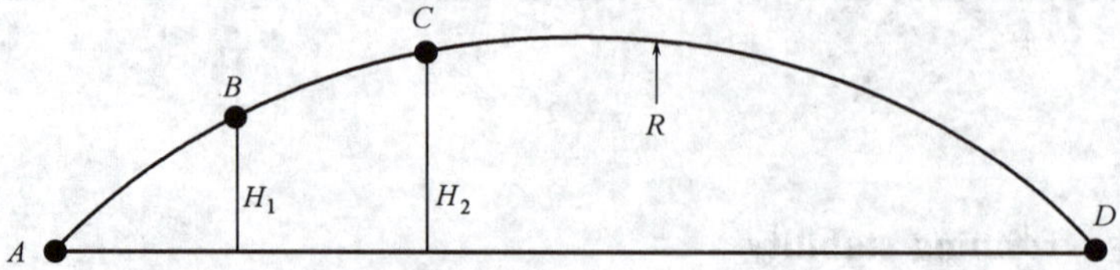

图　2

17.18

激光准直检测法　laser sighting method

利用激光束的准直特性检测直线轨道方向偏差的方法。

17.19

手压泵　hand pump

用人力驱动将机械能转换为液体压力能的液压动力元件。

17.20

机动泵　power pump

用动力机械驱动将机械能转换为液体压力能的液压动力元件。

17.21

工作行程　working stroke

机械运动元件在工作中两极限位置间的距离(mm)。

17.22

空载效率　empty load efficiency

在无载工况下,工作行程与手压泵往返作用次数的比值(mm/次)。

17.23

起道力(量)　lifting force(quantity)

起道作业时将轨排抬起的垂直作用力(垂直抬起量)[kN(mm)]。

17.24

拨道力(量)　lining force(quantity)

拨道作业时将轨排左右横移的水平作用力(水平位移量)[kN(mm)]。

17.25

额定值　rating

系指轨道作业机械在连续作业的工况下所允许的使用值,如额定压力、额定力等。

17.26

最大值　maximum rating

系指线路机械在短时间内超载所允许的极限值,一般规定为额定值的1.2倍。

17.27

手柄力矩　handle moment

操作手压泵时作用在手柄上的力矩值(N·m)。

中文索引

E

F

G

H

Q

S

T

W

X

Y

Z

英 文 索 引

C

D

E

F

G

H

L

M

T

V

W

中华人民共和国行业标准

铁路施工机械术语

Terminology for Railway Construction Machinery

TB/T 2101—2004

2004—04—22 发布　　　　2004—11—01 实施

中华人民共和国铁道部　发布

前　言

本标准代替 TB/T 2101—1989《铁路施工机械名词术语》。

本标准与 TB/T 2101—1989 相比，主要变化如下：

对铁路施工机械的定义进行了重新认定，内容做了较大幅度的增加和删减：增加了高速铁路铺轨、架桥及配套机械和隧道、电气化铁路作业机械的术语；删除了“线路机械”、“桩工机械”和已淘汰的机械术语和定义；对原标准中部分在铁路施工中常用且非常重要的与养路通用的机械术语仍予保留。标准的章节、条款和顺序做了新的调整和更改。

本标准由中铁工程机械研究设计院提出并归口。

本标准由中铁工程机械研究设计院负责起草，昆明中铁大型养路机械集团有限公司参加起草。

本标准主要起草人：黄智玉、李玲、程立。

本标准 1989 年首次发布，本次为第一次修订。

目　　次

铁路施工机械术语

1 范　　围

本标准规定了铁路建设中主要施工机械的术语及其定义。

本标准适用于铁路施工机械的标准、技术文件及科技出版物等。

2 基本术语和定义

2.1 铁路施工机械 railway construction machinery

用于铁路施工的专用机械,包括铺轨机械、架桥机械、隧道机械、电气化铁道作业机械、土石方机械、及其他铁路施工机械。

2.2

铺轨机械 track-laying machinery

用于铁路施工中铺轨及其配套机械。

2.3

架桥机械 bridge girder-erecting machinery

用于铁路施工中架桥及其配套机械。

2.4

隧道机械 tunnel construction machinery

用于建筑铁路隧道、地下工程的机械。

2.5

电气化铁道作业机械 electrified railway working machinery

用于电气化铁路施工与维修的机械。

2.6

土石方机械 earth and rock-moving machinery

用于铁路施工中对土壤、硬岩或其他材料进行切削、挖掘铲土、转运、压实的机械。

注:铁路施工中所使用的土石方机械多为通用机械,已有相关术语标准,故本节中不重复列入。

2.7

其他铁路施工机械 other railway construction machinery

用于铁路施工、运输、检测、动力提供等辅助用途的轨行式机械。

注:线路机械的术语及定义参见 TB/T 1910—2004 的规定,本标准中不重复列入。

3　铺轨机械术语及定义

3.1

铺轨机及配套设备　track-laying machinery and matching equipment

铺设轨排或长轨轨道的施工机械及配套设备。

3.1.1

铺轨机　track-laying machine

铺设轨排或长轨轨道的施工机械。

3.1.1.1

高臂铺轨机　high-boom track-laying machine

作业时,轨排从机臂下部通过的铺轨机。

3.1.1.2

低臂铺轨机　low-boom track-laying machine

作业时,轨排从机臂上部通过的铺轨机。

3.1.2

辊轮车组　roller tyre set on flat truck for transporting track-panels

运送轨排并能在车体辊轮上拖拉轨排的专用车组。

注:与铺轨机组配套使用的机械还有机动平车、倒装龙门吊,其术语及定义见 4.2.1、4.2.3。

3.2

无缝线路铺轨成套机械　track-laying complete machinery for seamless track

高速铁路和客运专线等无缝线路长钢轨铺设机械及配套设备。

3.2.1

铺轨机组　track-laying machine unit

由钢轨拖拉车、铺轨主机、枕轨运输列车和运枕龙门吊等组成的轨道铺设设备。

3.2.1.1

钢轨拖拉车　rail-hauling truck

将长钢轨拖拉布设于底层道床上的设备。

3.2.1.2

铺轨主机　track-laying host machine

完成铺轨机组牵引、长钢轨抽拉推送、轨枕布设和钢轨就位等工作的设备。

3.2.1.3

枕轨运输列车　tie-transporting train truck

运送长钢轨和轨枕的专用车辆。

3.2.1.4

运枕龙门吊　gantry crane for transporting tie-panels

将枕轨运输列车上的轨枕成组供给铺轨机的设备。

3.3

钢轨焊接机　rail-welding machine
焊接长钢轨接头的专用设备的统称。

3.4

钢轨打磨列车　rail-grinding train
具有若干组磨削装置对钢轨进行打磨,以修整轨头轮廓形状的钢轨作业列车。

3.5

钢轨打磨机　rail grinding machine
对钢轨轨头(包括焊缝)进行仿形打磨,以达到标准轮廓的作业机械。

3.6

铺砟机　ballast-laying machine
道床底砟铺设和整形的机械。

3.7

道岔铺换设备　switch-relaying equipment
用于整组道岔铺设或更换设备。

4　架桥机械术语及定义

4.1

架桥机　bridge girder-erecting machine
架设铁路桥梁的专用施工机械。

4.1.1
简支式架桥机　simple supported bridge girder-erecting machine
采用尾部喂梁,简支架梁的架桥机。

4.1.1.1
单臂式架桥机　single-boom girder-erecting machine
架桥机机臂为单梁结构,机臂处于简支状态作业的架桥机。

4.1.1.2
双臂式架桥机　double-boom girder-erecting machine
架桥机机臂为双梁结构,机臂处于简支状态作业的架桥机。

4.1.2
箱梁架桥机　box-girder erecting machine
用于架设高速铁路及客运专线混凝土箱形梁的架桥机。

4.1.2.1
步履式架桥机　walking type bridge girder-erecting machine

采用步履方式纵移的架桥机。

4. 1. 2. 2

行走式架桥机　tyre-travelling type bridge girder-erecting machine

采用轮式行走方式纵移的架桥机。

4. 1. 2. 3

上导梁式架桥机　bridge girder-erecting machine with upper guiding beam

通过导梁完成整机纵移过孔作业,导梁位置高于梁位的箱梁架桥机。

4. 1. 2. 4

下导梁式架桥机　bridge girder-erecting machine with guiding beam

通过导梁完成架梁及整机纵移过孔作业,导梁位置位于梁位的箱梁架桥机。

4. 1. 2. 5

运架一体式架桥机　bridge girder-erecting machine integrated with girder-transporting lifting erecting

集吊梁、运梁、架梁一体化的架桥机。

4. 1. 3

移动模架架桥机　movable scaffolding system(MSS)

使用整体移动的模板及支架在桥位进行混凝土灌注制梁的架桥设备。

4. 1. 4

预制节段拼装架桥机　launching gantry for precast segment method

安装架设预制节段块的架梁设备。

4. 1. 4. 1

上承式预制节段悬拼架桥机　overhead launching gantry for balanced cantilever erection method

采用上承式平衡悬臂方法安装架设预制节段块的架梁设备。

4. 1. 4. 2

上承式预制节段整孔挂拼架桥机　overhead launching gantry for whole span segments suspending erection method

采用上承式整孔挂拼方法架设预制节段块的架梁设备。

4. 1. 4. 3

下承式预制节段整孔拼装架桥机　underslung launching gantry for whole span segments erection method

采用下承式整孔安装方法架设预制节段块的架梁设备。

4. 2

架桥配套设备　bridge-erection matching equipment

为架设铁路桥梁配备的相关施工机械。

4. 2. 1

机动平车　mobile flat truck for girder segment

运送 T 形梁和轨排的专用车辆。

4.2.2

运梁车　box-girder transporter

运送箱梁的专用自行车辆。

4.2.3

倒装龙门吊(架)　girder replacing gantry crane

将运输车辆上的梁片、轨排倒装到机动平车上的设备。是架桥机、铺轨机施工所必需的配套设备。

4.2.4

提梁机　girder lift

吊装混凝土梁的专用起重设备。

5　隧道机械术语及定义

5.1

隧道掘进机　tunnel boring machine

用机械方法破碎岩壁,全断面开挖山岭硬岩或软岩、软土的隧道施工机械。

5.1.1

硬岩掘进机　hard rock TBM(tunnel boring machine)

由开挖系统、推进装置、撑靴、出砟和控制系统等部分组成的用于全断面开挖山岭硬岩隧道的施工机械。

5.1.1.1

敞开式掘进机　gripper TBM(tunnel boring machine)

用于开挖地质情况较好及较稳定的硬岩、不需要盾壳支护的掘进机。

5.1.1.2

护盾式掘进机　shield TBM(tunnel boring machine)

用于开挖地质较差、不太稳定或较破碎的硬岩、需要盾壳支护的掘进机。

5.1.2

软岩掘进机(盾构)　mechanized shield

由切削机构、盾壳、动力装置、推进装置、管片拼装机构、出料装置和控制设备等部分组成的用于全断面开挖软岩或软土的地下工程施工机械。

5.1.2.1

土压平衡式盾构　EPB(earth pressure balanced)**shield machine**

用于开挖黏土、粉土或含少量砂卵石地层的需建立土平衡以维持掌子面稳定的盾构。

5.1.2.2

泥水式盾构　slurry shield machine

用于开挖砂卵石地层、地下水丰富或水压力较大地层的需通过泥水加压来维持掌子面稳定的盾构。

5.2

凿岩台车　rock-drilling jumbo

在岩壁上钻凿岩孔的台车。

5.3

挖装机 excavating and mucking machine
挖装碎岩石砟的机械。

5.4

蓄电池工矿牵引车 accumulator tractive locomotive for mine and industry
采用蓄电池为动力源的工矿牵引车。

5.5

运砟设备 crushed rock and muck transporting equipment in tunneling
运载碎岩石砟的机械。

5.6

衬砌模板台车 lining formwork platform truck
用于隧道整体或局部混凝土衬砌的设备。

5.7

隧道通风监测仪 tunnel ventilation testing meter
可快速、实时监测各类隧道断面的空气环境质量,并通过超长距离传输信号提供闭环变频通风控制,以达到改善施工环境及节能之目的的仪器。

5.8

隧道限界激光检测仪 tunnel clearance laser testing meter
能快速检测各类隧道限界的仪器。

6 电气化铁道作业机械术语及定义

6.1

电气化架线车 wire setting truck for electrified railway
在电气化铁道接触网施工中,用于架线、紧线、调整和安装接触网零、部件的专用车辆。

6.2

电气化放线车 wire stringing truck for electrified railway
在电气化铁道接触网施工中,装载线盘并放出导线(或承力索)的专用车辆。

6.3

电气化恒张力架线车(组) constant tension wire setting truck for electrified railway

在电气化铁道接触网施工中，能够以恒定的张力架设导线（或承力索）的专用车辆（组）。

6.4

电气化绝缘子清洗车　insulator-cleaning truck for electrified network

用于电气化铁道清洗接触网绝缘子的专用车辆。

6.5

接触网综合检修车　comprehensive maintenance and repair platform truck for electrified network

用于电气化铁道接触网机械化检修保养作业的专用车辆。

6.6

接触网维修梯车　repair ladder truck for electrified network

用于电气化铁道接触网日常维修工作的轻便型工具车。

6.7

电气化安装车　installation truck for electrified railway

用于接触网的悬挂、零部件安装及上部设备检修的专用车辆。

6.8

电气化立杆车　upright stanchion truck for electrified railway

用于电气化铁道立杆作业的专用车辆。

6.9

电气化网检车　inspecting and testing car for electrified network

电气化铁道接触网检测的专用车辆。

6.10

电气化高空作业车　overhead installing wagon with bucket for electrified network

带有高空作业斗的可高空安装作业的专用车辆。

6.11

电气化隧道钻孔车　tunnel boring truck for electrified railway

在电气化铁道接触网施工中，用于在隧道内壁钻孔的专用车辆。

7　其他铁路施工机械术语及定义

7.1

轨道车　rail-motor car

轨道上运行的专用牵引运输车。

7.1.1

轻型轨道车 light-duty rail motor trolley

借助于人力或上下道装置可在短时间内上下道的牵引运输车。

7.1.2

重型轨道车 heavy-duty rail motor car

铁路设备维修、大修、基建等施工部门用于铁路设备修理、抢险和检查等工作的主要牵引运输车。

7.2

起重轨道车 rail car mounted crane

具有起重功能的重型轨道车。

7.3

轨道检查车 track inspecting car

安装有轨道检测装置,能在运行中检测和记录轨道动态技术参数的专用车辆。

7.4

钢轨探伤车 rail-defect detector

安装有钢轨探伤装置,能在运行中检测和记录钢轨缺陷的专用车辆。

7.5

公铁两用发电车 generating set truck self-propelling on road and rail

可在铁路或公路上自行的发电车。

7.6

轨道平车 rail flat car

由轨道车牵引的专用平板运输车。

7.7

轨道客车 rail track trolley bus

在线路上运载施工人员的专用车辆。

7.8

宿营车 camp car

运载施工人员或供施工人员住宿的专用车辆。

中文索引

英 文 索 引

A

B

C

D

E

G

中华人民共和国行业标准

铁科技函〔2004〕157号

铁路双层集装箱运输装载限界（暂行）

2004—03—25 发布　　　　2004—03—25 实施

中华人民共和国铁道部　发布

铁路双层集装箱运输装载限界(暂行)

1　范　　围

本文件规定了在标准轨距铁路上进行双层集装箱运输的装载限界。

本文件适用于装载的最大高度小于等于5 850 mm的标准轨距铁路双层集装箱运输。

2　规范性引用文件

下列文件中的条款通过本文件的引用而成为本文件的条款。凡是注日期的引用文件,其随后所有的修改单(不包括勘误的内容)或修订版均不适用于本文件,然而鼓励根据本文件达成协议的各方研究是否可使用这些文件的最新版本。凡是不注日期的引用文件,其最新版本适用于本文件。

GB 146.1　标准轨距铁路机车车辆限界

GB/T 1413—1998(idt ISO 668—1995)系列1集装箱　分类、尺寸和额定重量

3　术语、定义和缩略语

3.1　术语和定义

下列术语和定义适用于本文件。

3.1.1　双层集装箱运输装载限界

一个和线路中心线垂直的极限横断面轮廓。无论是将一个1AAA集装箱和一个1AA(或1CC)集装箱叠放于具有制造尺寸上限并且无磨耗的车辆上,还是将车辆标记载重施加于具有制造尺寸下限并且达到磨耗限度的车辆上,停放在水平直线上,车辆无侧向倾斜与偏移,车辆与其上放置的集装箱,都被包容在该轮廓内。

注:本限界4 800 mm以下部分与GB 146.1规定的车限—1A机车车辆上部限界和车限—1B机车车辆下部限界重合。

3.1.2　计算车辆

车体长度为26 m,转向架中心距为18 m的车辆。

车辆设计时,当其车体长度或转向架中心距不超过上述规定时,不需缩减其最大容许制造宽度;当其车体长度和转向架中心距超过上述规定时,则相应地缩减最大容许制造宽度。

3.2　缩 略 语

下列缩略语适用于本文件。

SX:双层集装箱运输装载限界

SX－S:双层集装箱运输装载上部限界

4　车辆宽度的计算

4.1　在确定运输车辆的最大容许制造宽度时,不考虑由于车辆走行部分具有最大磨耗当

其进入曲线时的横向偏移量。

4.2 当车辆的车体长度或转向架中心距超过计算车辆的规定时,应按 GB 146.1 的 4.4 条规定确定车辆的最大容许制造宽度。

5 基本尺寸

5.1 双层集装箱运输装载上部限界

SX－S(双层集装箱运输装载上部限界)见图 1。

5.2 车辆下部限界

车辆下部限界应符合 GB 146.1 中规定的车限—1B。

6 使用方法

6.1 SX－S(双层集装箱运输装载上部限界)和车限—1B 为双层集装箱运输的限界基本轮廓,距轨面 350 mm 以上部分为上部限界(SX—S),轨面至 350 mm 处部分为下部限界(车限—1B)。限界中心线为通过平直线路两钢轨中点的垂直线,水平尺寸自中心线算起,并以限界半宽表示,垂直尺寸自轨面算起。

6.2 运输所用车辆的设计制造,无论是基本尺寸或公差尺寸,都不应超过限界所规定的极限横断面轮廓。

6.3 运输所用的集装箱的型号,外部尺寸应符合 GB/T 1413—1998 的规定。

6.4 运输车辆承载面尺寸的确定应满足以下条件:

1AAA 箱高(2 896 mm)＋1AA 箱高(2 591 mm)＋箱间加固件厚(30 mm)＋承载面距轨面高上限值≤5 850 mm

6.5 运输车辆下部设计制造垂直尺寸在计入静载下的弹簧下沉量以及最大磨耗后,不应超出车限—1B 规定的轮廓。

6.6 在确定运输车辆下部设计制造垂直尺寸时,不另计入动载下的弹簧振动下沉量(动挠度)。

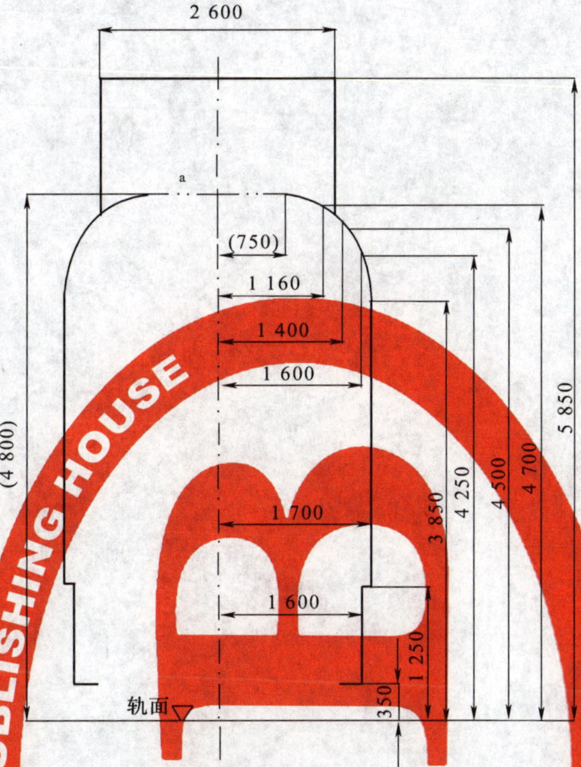

a　双点划线为包容的 GB 146.1—1983 车限—1A 轮廓。

b　电力机车此处尺寸为 1 675 mm。

图 1　SX—S(双层集装箱运输装载上部限界)图

中华人民共和国行业标准

铁科技函〔2004〕157 号

200 km/h 客货共线铁路双层集装箱运输建筑限界（暂行）

2004—03—25　发布　　　　2004—03—25　实施

中华人民共和国铁道部　发布

200 km/h 客货共线铁路双层集装箱运输建筑限界(暂行)

1 范 围

本文件规定了 200 km/h 客货共线铁路双层集装箱运输的建筑限界。

本文件适用于新建运行双层集装箱列车的标准轨距铁路建筑物和固定设备的设置限界,既有线改造运行双层集装箱列车的建筑限界可结合具体情况参照执行。

2 规范性引用文件

下列文件中的条款通过本文件的引用而成为本文件的条款。凡是不注日期的引用文件,其最新版本适用于本文件。

GB 146.2 标准轨距铁路建筑限界

3 术语、定义和缩略语

3.1 术语和定义

下列术语和定义适用于本文件。

双层集装箱运输建筑限界

一个和线路中心线垂直的极限横断面轮廓。除接触线等与机车车辆有相互作用的设备外,其他设备和建筑物均设置在此轮廓之外。

注:本限界 4 500 mm 以下部分与 GB 146.2 规定的建限—1(区间及站内正线)重合。

3.2 缩 略 语

下列缩略语适用于本文件。

SJX:双层集装箱运输建筑限界

SJX－JN:内燃牵引的双层集装箱运输基本建筑限界

SJX－JD:电力牵引的双层集装箱运输基本建筑限界

SJX－SN:内燃牵引的双层集装箱运输隧道建筑限界

SJX－SD:电力牵引的双层集装箱运输隧道建筑限界

SJX－QN:内燃牵引的双层集装箱运输桥梁建筑限界

SJX－QD:电力牵引的双层集装箱运输桥梁建筑限界

4 使用方法

SJX(双层集装箱运输建筑限界)的使用方法按照 GB 146.2 第 3 章的规定。

5 基本尺寸

5.1 双层集装箱运输基本建筑限界

5.1.1　基本建筑限界

SJX－JN(内燃牵引的双层集装箱运输基本建筑限界)见图 2。

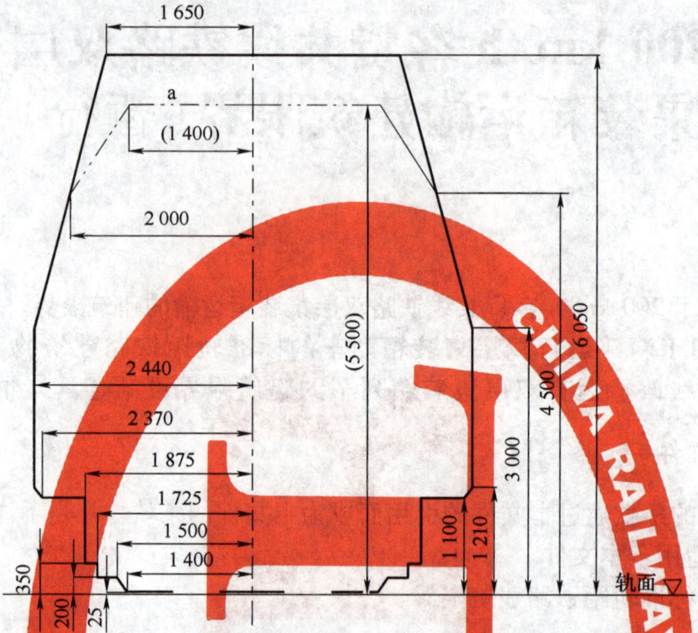

a　双点划线为包容的 GB 146.2—1983 建限—1 轮廓。

图 2　SJX－JN(内燃牵引的双层集装箱运输基本建筑限界)图

SJX－JD(电力牵引的双层集装箱运输基本建筑限界)见图 3。

5.1.2　在曲线上建筑限界的加宽

在曲线上建筑限界的加宽按 GB 146.2 中 4.1.1.2 的规定。

5.2　双层集装箱运输隧道建筑限界

5.2.1　内燃牵引隧道建筑限界

SJX－SN(内燃牵引的双层集装箱运输隧道建筑限界)见图 4。

5.2.2　电力牵引隧道建筑限界

SJX－SD(电力牵引的双层集装箱运输隧道建筑限界)见图 5。

5.2.3　在曲线上隧道建筑限界的加宽

在曲线上隧道建筑限界的加宽按 GB 146.2 中 4.2.3 的规定。

5.3　双层集装箱运输桥梁建筑限界

5.3.1　内燃牵引桥梁建筑限界

SJX－QN(内燃牵引的双层集装箱运输桥梁建筑限界)见图 6。

5.3.2　电力牵引桥梁建筑限界

SJX－QD(电力牵引的双层集装箱运输桥梁建筑限界)见图 7。

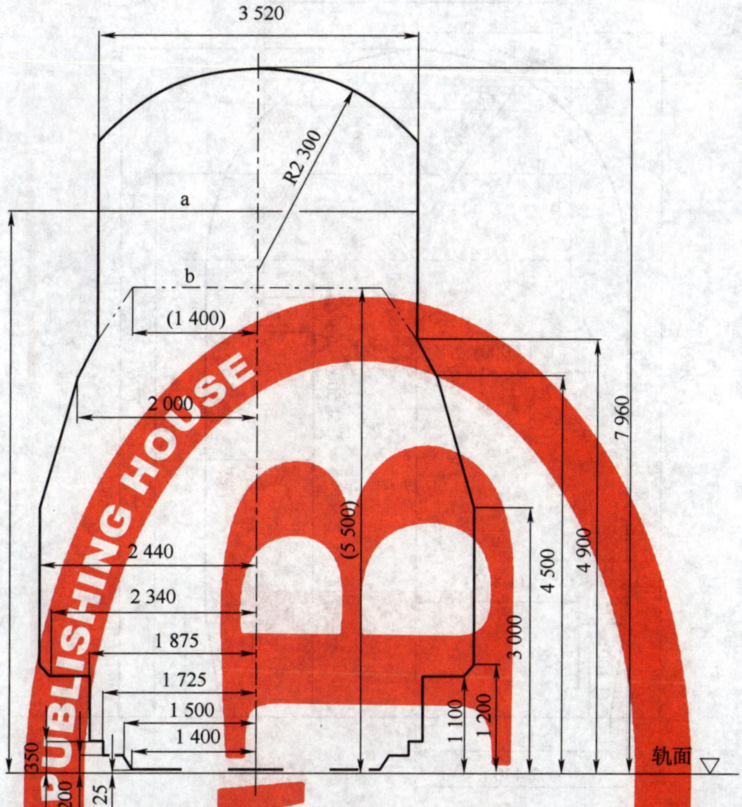

a　接触网导线的最低高度为 6 330 mm。　b　双点划线为包容的 GB 146. 2—1983 建限—1 轮廓。

图 3　SJX－JD(电力牵引的双层集装箱运输基本建筑限界)图

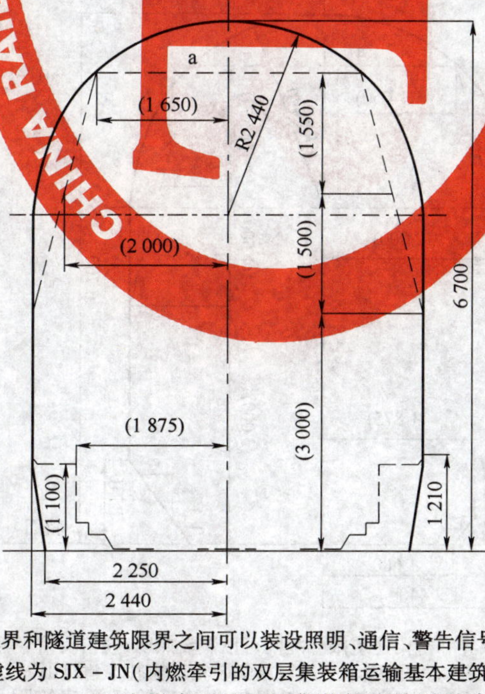

在基本建筑限界和隧道建筑限界之间可以装设照明、通信、警告信号及色灯信号等设备。

a　虚线为 SJX－JN(内燃牵引的双层集装箱运输基本建筑限界)轮廓。

图 4　SJX－SN(内燃牵引的双层集装箱运输隧道建筑限界)图

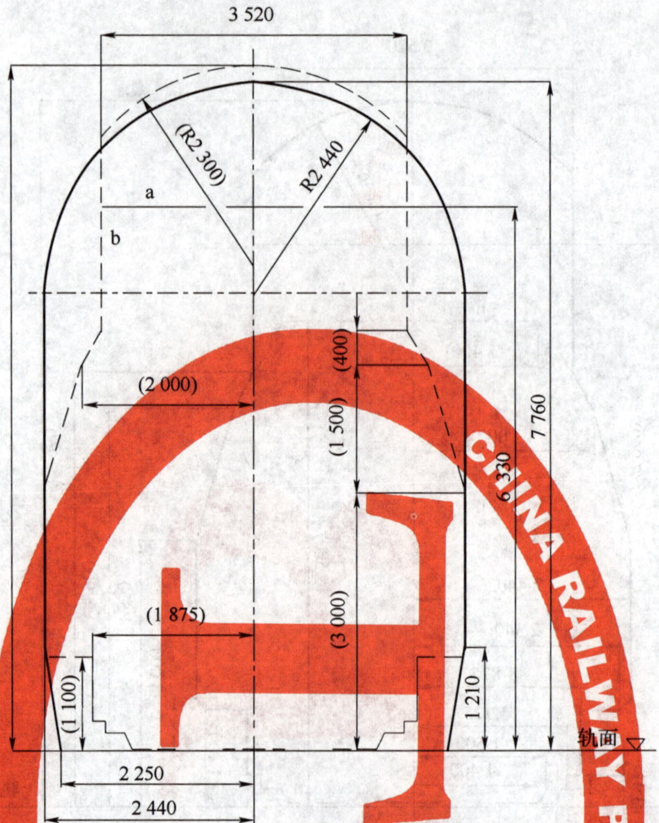

在基本建筑限界和隧道建筑限界之间可以装设照明、通信、警告信号及色灯信号等设备。

a　接触网导线的最低高度为 6 330 mm。　b　虚线为 SJX－JD（电力牵引的双层集装箱运输基本建筑限界）轮廓。

图 5　SJX－SD（电力牵引的双层集装箱运输隧道建筑限界）图

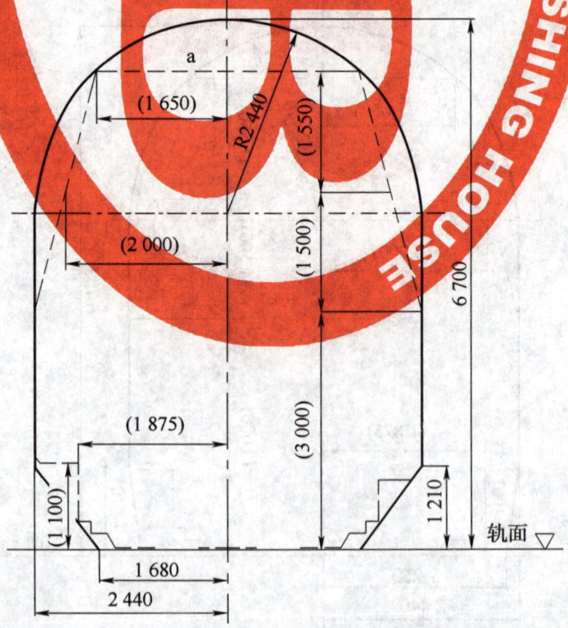

在基本建筑限界和桥梁建筑限界之间可以装设照明、通信及信号等设备。

a　虚线为 SJX－JX（内燃牵引的双层集装箱运输基本建筑限界）轮廓。

图 6　SJX－QN（内燃牵引的双层集装箱运输桥梁建筑限界）图

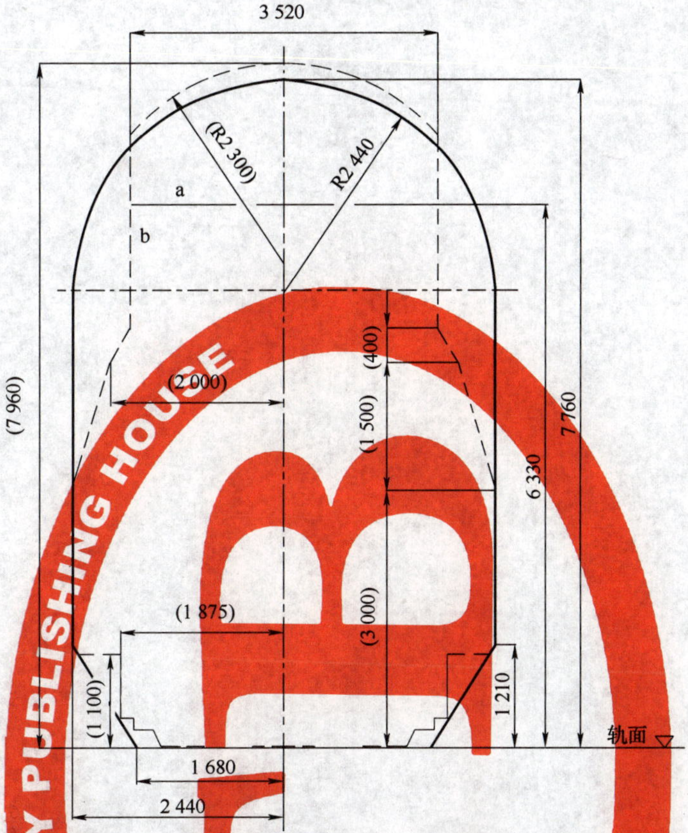

在基本建筑限界和桥梁建筑限界之间可以装设照明、通信及信号等设备。

a　接触网导线的最低高度为 6 330 mm。

b　虚线为 SJX－JD(电力牵引的双层集装箱运输基本建筑限界)轮廓。

图 7　SJX－QD(电力牵引的双层集装箱运输桥梁建筑限界)图

中华人民共和国行业标准

铁建设〔2004〕8 号

新建时速 200 公里客货共线铁路工程施工质量验收暂行标准

2004—01—30 发布　　　　2004—01—30 实施

中华人民共和国铁道部　发布

前　言

本暂行标准系根据铁道部建设管理司的要求，确保铁路工程施工质量达到《新建客货共线铁路设计暂行规定》（铁建设〔2003〕76 号）、《新建时速 200 公里客货共线铁路设计暂行规定》（铁建设函〔2003〕439 号）的要求，针对时速 200 公里客货共线铁路特点，按照现行铁路工程施工质量验收标准的原则编制而成。

本暂行标准主要内容包括：总则、路基、桥涵、隧道、轨道、接触网及信号等 7 章。

本暂行标准应与现行铁路工程施工质量验收标准配套使用，未涉及的专业和未包含的内容应按现行铁路工程施工质量验收标准执行。

在执行本暂行标准过程中，希望各单位结合工程实践，认真总结经验，积累资料。如发现需要修改和补充之处，请及时将意见及有关资料寄交铁路工程技术标准所（北京市海淀区羊坊店路甲 8 号，邮政编码：100038），并抄送铁道部建设管理司（北京市复兴路 10 号，邮政编码：100844），供今后修订时参考。

本暂行标准由铁道部建设管理司负责解释。

本暂行标准主编单位：铁路工程技术标准所。

本暂行标准参编单位：中铁一、二、三、电气化工程局，通号天津工程公司。

本暂行标准主要起草人：薛吉岗、倪光斌、刘华、肖苹、李志顺、桑翠江、王秀成、朱同蜜、杨荣庭、孙柏辉、穆俊山、吴正新、胡建、万伟明、李树堃、原郭兵、刘志江、吴仁友、赵德学、王作祥、鲁海祥、单圣熊、徐国斌、齐进宽。

目 次

1 总 则

1.0.1 为了加强铁路工程施工质量管理,统一铁路工程施工质量的验收,保证工程质量,制定本暂行标准。

1.0.2 本标准适用于新建旅客列车设计时速 200 km 客货共线标准轨距铁路工程施工质量的验收,改建铁路可参照执行。本标准未涉及的新技术、新工艺、新设备、新材料的施工质量验收应另行制订补充规定。

1.0.3 本标准是根据时速 200 km 客货共线标准轨距铁路的要求作出的规定,应与现行铁路工程施工质量验收标准配套使用。工程施工质量验收单元的划分、验收的程序和组织应符合现行铁路工程施工质量验收标准的规定。

本标准未列的给水排水、站场、通信、电力专业,以及路基、桥涵、隧道、轨道、电力牵引供电、信号等专业中未列的项目应按现行铁路工程施工质量验收标准的规定执行。

1.0.4 工程施工必须符合工程设计的要求,不得擅自修改工程设计。

1.0.5 施工单位作为工程施工质量控制的主体,应对工程施工质量进行全过程控制,建设单位、监理单位和勘察设计单位等各方应按有关规定的要求对施工阶段的工程质量进行控制。

1.0.6 铁路工程施工应贯彻国民经济可持续发展战略,做好环境保护、水土保持等工作,合理利用资源,并做到文明安全施工。

1.0.7 铁路工程施工质量的检验检测工作取得的数据应真实可靠,全面反映工程质量状况;所用方法和仪器设备应符合相关标准的规定。

1.0.8 铁路工程施工中所采用的承包合同文件和工程技术文件等对施工质量的要求不得低于本标准的规定。

1.0.9 铁路工程施工质量验收除应符合本标准外,尚应符合国家和铁道部现行有关标准的规定。

2 路　　基

2.1 原地面平整、碾压

一 般 规 定

2.1.1 施工前应清除路基范围原地面表层植被，挖除树根，做好临时排水设施。

2.1.2 原地面松软土及腐植土应清除干净，翻挖回填压实质量应符合设计要求，基底应密实、平整。

主 控 项 目

2.1.3 路堤高度小于2.5 m的低路堤，基床范围内的地基土比贯入阻力P_s值应大于1.5 MPa或允许承载力[σ]应大于0.18 MPa。不能满足时应按设计要求采取土质改良或加固措施。

检验数量：施工单位全部检查；监理单位按施工单位抽检次数的10%分别进行平行检验和见证检验，均不少于一次。

检验方法：静力触探试验。

2.1.4 路堤地基条件符合设计要求时，原地面处理后的压实质量应符合设计要求。

检验数量：施工单位沿线路纵向每100 m抽样检验6点。监理单位按施工单位抽检次数的10%分别进行平行检验和见证检验，均不少于一次。

检验方法：按《铁路工程土工试验规程》(TB 10102)规定的试验方法检验。

2.1.5 原地面处理后的外观应符合下列要求：

1 基底无草皮、树根等杂物，且无积水；

2 原地面基底密实、平整；坑穴处理彻底，无质量隐患；

3 路拱横坡应符合设计要求。

检验数量：施工单位、监理单位全部检查。

检验方法：观察基底处理外观，坡度尺量路拱坡度。

一 般 项 目

2.1.6 原地面坡度陡于1∶5时，应自上而下挖台阶，并整平碾压，沿线路横向挖台阶宽度、高度应符合设计要求，沿线路纵向挖台阶宽度不应小于2 m。

检验数量：施工单位每个台阶检查3点。

检验方法：尺量。

2.2 基床以下路堤填筑

一 般 规 定

2.2.1 在进行大面积填筑前，应选取有代表性的地段作为试验段，进行摊铺压实工艺试验,确定施工工艺参数,并报监理单位确认。

2.2.2 改良土的配合比应符合设计要求。

2.2.3 填筑路堤的石料应采用级配较好的硬质岩石及不易风化的软质岩的碎、块石。

2.2.4 块石类填料路堤边坡两侧应使用较大块石砌面,大面朝下摆放稳固。

2.2.5 路堤填筑前应作好路基两侧排水,填筑施工不得污染农田和环境。

主 控 项 目

2.2.6 路堤填料种类、质量应符合设计要求。填筑前应对取土场填料进行取样检验;填筑时应对运至现场的填料进行抽样检验。当填料土质发生变化或更换取土场时应重新进行检验。

检验数量:施工单位对填料的检验项目、检验数量应符合表 2.2.6 的规定;监理单位每 50 000 m^3 平行检验一组,且不少于一组。

表 2.2.6 基床以下路堤填料试验项目及频次

填料类别	颗粒级配	液塑限	击实试验	颗粒密度
细粒土	—	5 000 m^3 (或土性明显变化)	5 000 m^3 (或土性明显变化)	—
粗粒土碎石土	10 000 m^3 (或土性明显变化)	—	—	10 000 m^3 (或土性明显变化)

注:表列数字为进行一次试验的填料体积。

检验方法:按《铁路工程土工试验规程》(TB 10102)规定的试验方法检验。

2.2.7 化学改良土外掺水泥、石灰、粉煤灰的品种、规格、质量应符合设计要求。

检验数量:施工单位对同一产地、厂家、品种且连续进场的:水泥每 500 t 做一次水泥强度等级和终凝时间检验;石灰每 4 000 t 做一次有效钙、氧化镁检验;粉煤灰每 4 000 t 做一次烧失量检验。监理单位在掺用量每 10 000 t 时平行检验一组,且每分部工程不少于一组。

检验方法:应符合《铁路工程土工试验规程》(TB 10102)的有关规定。

2.2.8 物理改良土外掺砂、砾石、碎石的种类、质量应符合设计要求,进场时应进行材料检验。

检验数量:同一产地、品种、规格且连续进场的砂、砾石、碎石材料每 2 000 m^3 为一批,不足上述数量时亦按一批计。施工单位每批检验一组;监理单位按施工单位抽检次数的 10% 分别进行平行检验和见证检验,均不少于一次。

检验方法:颗粒分析、密度、压碎值、有机质试验。

2.2.9 块石类填料应符合设计要求,每一压实层应采用同一种类及规格、级配的填料,块石最大粒径不得大于 30 cm,其抗压强度不低于 5 MPa(低于 5 MPa 的按普通填料检验)。

检验数量:施工单位每 10 000 m^3 石料或岩性明显变化时抽取 1 组岩块抗压强度试件(每一料场不少于 2 组),沿线路纵向每 100 m 抽样检验 6 处石块粒径(左、中、右各 2 处);监理单位每一料场每 20 000 m^3 或岩性明显变化时平行检验一组岩块抗压强度,块石粒径按施工单位检验数量的 20% 见证检验。

检验方法:在料场抽样进行抗压强度试验,并在每层的填筑过程中目测岩性和级配有无变化，用尺量石块的较大截面尺寸。

2.2.10　基床以下路堤压实质量应根据填料类别按表2.2.10采用双指标控制。

表2.2.10　基床以下路堤压实标准

填　料	压实标准	细粒土	粗粒土	碎石类土
A、B组及C组填料(不含细粒土、粉砂及软块石)或改良土	地基系数 K_{30}(MPa/m)	≥90	≥110	≥130
	孔隙率 n(%)	—	<31	<31
	压实系数 K	≥0.90	—	—

检验数量：施工单位沿线路纵向每100 m每压实层抽样检验压实系数(细粒土，下同)或孔隙率(粗粒土和碎石类土，下同)2个断面，每个断面左、中、右各1点(其中：左、右测点距路基边线1 m)，共6点；沿线路纵向每100 m每填高约0.9 m抽样检验地基系数4点(其中：距路基边线2 m处左、右各1点，路基中部2点)。监理单位按施工单位抽检次数的10%分别进行平行检验和见证检验，均不少于一次。

检验方法：按《铁路工程土工试验规程》(TB 10102)规定的试验方法检验。

2.2.11　基床以下路堤采用块石类填料填筑压实后，其地基系数 K_{30} 值应大于等于130 MPa/m。

检验数量：施工单位沿线路纵向每100 m每层抽样检验3处(路基中部1处，距路基边2 m左、右各1处)；监理单位按施工单位抽检次数的10%分别进行平行检验和见证检验，均不少于一次。

检验方法：K_{30} 平板载荷试验。

一 般 项 目

2.2.12　基床以下路堤顶面高程、中线至边缘距离、宽度、横坡、平整度的允许偏差应符合表2.2.12的规定。

表2.2.12　基床以下路堤顶面高程、中线至边缘距离、宽度、横坡、平整度的允许偏差、检验数量及检验方法

序　号	检验项目	允许偏差	施工单位检验数量	检验方法
1	高程	±50 mm	每100 m等间距检查3个断面(每个断面左、中、右各1点)	水准仪测
2	中线至边缘距离	±50 mm	每100 m等间距检查3个断面(每个断面左、右各1点)	尺　量
3	宽　度	不小于设计值	每100 m等间距检查3个断面	尺　量
4	横　坡	±0.5%	每100 m等间距检查3个断面	坡度尺量
5	平整度	填土：15 mm 填石：50 mm	每100 m等间距检查6点	2.5 m直尺量测

2.3　基床底层填筑

一 般 规 定

2.3.1　在进行大面积填筑前，应选取有代表性的地段作为试验段，进行摊铺压实工艺试验，确定施工工艺参数，并报监理单位确认。

2.3.2 基床底层填筑应严格按试验段确定的施工工艺进行。

主 控 项 目

2.3.3 基床底层填料和换填的填料种类、质量应符合设计要求，填料的检验应符合本标准第2.2.6条的规定，改良土外掺料的检验应符合本标准第2.2.7、2.2.8条的规定。

2.3.4 基床底层分层填筑厚度、摊铺压实应符合设计要求和工艺性试验确定的填筑厚度和压实工艺参数要求。

检验数量：沿线路纵向每100 m施工单位抽样检验5个断面；监理单位平行检验1个断面。

检验方法：尺量、水准测量。

2.3.5 基床底层应采用A、B组填料或改良土，其压实质量应按表2.3.5采用双指标控制。改良土的击实试验、无侧限抗压强度的检验应符合设计要求。

表2.3.5 基床底层压实标准

项 目	压实标准		
	细粒土	粗粒土	碎石类土
地基系数 K_{30}（MPa/m）	≥110	≥130	≥150
孔隙率 n（%）	—	<28	<28
压实系数 K	≥0.95	—	—

检验数量：施工单位沿线路纵向每100 m每压实层抽样检验压实系数（细粒土，下同）或孔隙率（粗粒土和碎石类土，下同）2个断面，每个断面左、中、右各1点（其中：左、右测点距路基边线1 m），共6点；沿线路纵向每100 m每填高约0.9 m抽样检验地基系数4点，其中：距路基边线2 m处左、右各1点，路基中部2点。监理单位按施工单位抽检次数的10%分别进行平行检验和见证检验，均不少于一次。

检验方法：按《铁路工程土工试验规程》（TB 10102）规定的试验方法检验。

一 般 项 目

2.3.6 基床底层普通填料分层填筑应符合下列规定：

1 每一水平层的全宽应用同一种填料填筑，每种填料层累计总厚不宜小于50 cm。

2 细粒土和具有可击实性的粗粒土的碾压含水量应控制在由工艺试验确定的施工允许含水量范围内。

3 当上下相接的压实层使用不同种类及颗粒条件的填料时，其粒径应符合$D_{15} \leq 4d_{85}$的要求。

4 碎石类土和粗粒土填料的最大粒径不应大于15 cm，且级配良好。

检验数量：施工单位沿线路纵向每100 m每层抽样检验6处（左、中、右各2处）。

检验方法：观察、尺量、筛分试验。

2.3.7 基床底层顶面高程、中线至边缘距离、宽度、横坡、平整度的允许偏差应符合表2.3.7的规定。

表 2.3.7　基床底层顶面高程、中线至边缘距离、宽度、横坡、平整度允许偏差、检验数量及检验方法

序　号	检验项目	允许偏差	施工单位检验数量	检验方法
1	顶面高程	±20 mm	每100 m等间距检查3个断面,左、中、右各1点	水准仪测
2	中线至边缘距离	±50 mm	每100 m等间距检查3个断面,左、右各1点	尺　　量
3	宽　度	不小于设计值	每100 m等间距检查3个断面	尺　　量
4	横　坡	±0.5%	每100 m等间距检查3个断面	坡度尺量
5	平整度	15 mm	每100 m等间距检查6点	2.5 m直尺量测

2.4　基床表层填筑

一 般 规 定

2.4.1　在进行大面积填筑前,应根据初选的摊铺和碾压机械及试生产的填料,在现场选取长度不小于100 m的地段进行摊铺压实工艺试验,确定工艺参数,并报监理单位确认。

2.4.2　基床表层填筑前应验收基床底层,检验几何尺寸,核对压实标准。不符合标准的基床底层应进行修整,达到基床底层验收标准后方可进行基床表层填筑。

2.4.3　级配碎石或级配砂砾石必须场拌生产,拌和设备计量应准确,混合料的颗粒级配应符合标准规定。

2.4.4　软土、松软土地基段基床表层的填筑宜在地基沉降基本稳定后进行,避免地基沉降对基床表层的整体性产生影响。

主 控 项 目

2.4.5　基床表层所用级配碎石或级配砂砾石的种类、质量应符合设计要求,且其粒径、级配应符合表2.4.5—1、2.4.5—2的要求。

表 2.4.5—1　级配碎石范围

级配编号	通过筛孔质量百分率(%)									
	50	40	30	25	20	10	5	2.5	0.5	0.075
1	100	95~100	—	—	60~90	—	30~65	20~50	10~30	2~10
2	—	100	95~100	—	60~90	—	30~65	20~50	10~30	2~10
3	—	—	100	95~100	—	50~80	30~65	20~50	10~30	2~10

表 2.4.5—2　级配砂砾石范围

级配编号	通过筛孔质量百分率(%)								
	50	40	30	20	10	5	2	0.5	0.075
1	100	90~100	—	65~85	45~70	30~55	15~35	10~20	4~10
2	—	100	90~100	75~95	50~70	30~55	15~35	10~20	4~10
3	—	—	100	85~100	60~80	30~50	15~30	10~20	2~8

检验数量:施工单位每2 000 m^3 抽样检验1次颗粒级配、颗粒密度、黏土团及其他杂

质含量、级配砂砾石中细长扁平颗粒含量、级配碎石中大于16 mm的粗颗粒中带有破碎面的颗粒含量,其他项目每一料场抽样检验2次;监理单位按施工单位抽检次数的10%分别进行平行检验和见证检验,均不少于一次。

检验方法:在料场抽样进行室内试验,并在每层的填筑过程中目测检查级配有无明显变化。

2.4.6 基床表层的分层填筑厚度、摊铺压实应符合设计要求和工艺性试验确定的填筑厚度和压实工艺参数要求。

检验数量:沿线路纵向每100 m施工单位抽样检验5个断面,监理单位平行检验1个断面。

检验方法:尺量、水准测量。

2.4.7 基床表层的压实质量应按表2.4.7采用双指标控制。

表2.4.7 基床表层压实标准

填 料	压实标准		适用范围
	地基系数 K_{30}(MPa/m)	孔隙率 n(%)	
级配砂砾石或级配碎石	≥190	<18	路堤
级配砂砾石	≥190	<18	易风化的软质岩、风化严重的硬质岩及土质路堑
级配碎石	≥190	<18	
中粗砂	≥130	<18	

注:施工过程中,中粗砂可按相对密度≥0.67控制。

检验数量:施工单位沿线路纵向每100 m每压实层抽样检验孔隙率各6点,其中:距路基边1 m处左、右各2点,路基中部各2点;在面层每100 m抽样检验地基系数4点,其中:距路基边2 m处左、右各1点,路基中部2点。监理单位按施工单位抽检次数的10%分别进行平行检验和见证检验,均不少于一次。

检验方法:按《铁路工程土工试验规程》(TB 10102)规定的试验方法检验。

2.4.8 路堑基床表层换填厚度及宽度应符合设计要求。

检验数量:施工单位沿线路纵向每100 m抽样检验5个断面;监理单位沿线路纵向每100 m平行检验1个断面。

检验方法:尺量。

一 般 项 目

2.4.9 基床表层每压实层路拱坡面应符合设计要求,无积水现象。

检验数量:施工单位沿线路纵向每100 m每层抽样检验6处(左、中、右各2处)。

检验方法:观察、尺量。

2.4.10 基床表层厚度的允许偏差及检验应符合表2.4.10的规定。

表2.4.10 基床表层厚度的允许偏差及检验

检验项目	允许偏差	施工单位检验数量	检验方法
级配砂砾石、级配碎石厚度	−20 mm	沿线路纵向每100 m抽检3点	水准仪测量
砂垫层厚度	不小于设计值		

2.4.11 基床表层顶面中线高程、路肩高程、中线至路肩边缘距离、宽度、横坡允许偏差及

检验方法应符合表2.4.11的规定。

表2.4.11　基床表层顶面中线高程、路肩高程、中线至路肩边缘距离、宽度、横坡允许偏差及检验方法

序　号	项　目	允许偏差	施工单位检验数量	检验方法
1	中线高程	±20 mm	每100 m等间距检查3点	水准仪测量
2	路肩高程	±20 mm	每100 m等间距检查6点(左、右各3点)	水准仪测量
3	中线至路肩边缘距离	±30 mm	每100 m等间距检查3个断面	尺量
4	宽度	不小于设计值	每100 m等间距检查3个断面	尺量
5	横坡	±0.5%	每100 m等间距检查5个断面	坡度尺量/水准测量

2.5　路基面

主控项目

2.5.1　路基中线和路肩的位置、高程应符合设计要求,测量精度应符合有关规定。

检验数量:施工单位等间距检查9个断面27个点(每个断面中线1点,路肩2点);监理单位见证检验3个断面9个点。

检验方法:水准仪、经纬仪测量。

2.5.2　站后工程埋设穿过路基的管、线、桩、柱等预埋构件,不得侵入设计规定的限界,且应保持路基的外观整齐。

检验数量:施工单位、监理单位全部检查。

检验方法:观察、尺量。

一般项目

2.5.3　路拱坡面应平顺,有路拱与无路拱路基面的连接,应在无路拱地段按设计要求长度削铲顺坡。路肩线平直、肩棱整齐、曲线圆顺、线型美观。硬质岩石路堑路基面超挖凹坑应用混凝土或级配碎石(或级配砂砾石)填平,凸起部分应凿平。

检验数量:施工单位全部检验。

检验方法:观察、尺量。

2.5.4　路基面的平整度为15 mm。

检验数量:施工单位每100 m等间距检查5点。

检验方法:2.5 m直尺量测。

2.6　过渡段填筑

一般规定

2.6.1　过渡段基底处理过程中及处理后应严格按照设计要求作好地面排水,软土、松软土和膨胀土地基地段,应避免降水及地表径流对施工质量产生不利影响。

2.6.2　过渡段基底范围及其两侧的排水、防渗和地下水的拦截、引排应符合设计要求。地下水的出露位置和处理前、后的出水情况应有记录。

2.6.3 台后基坑及横向结构物基坑应严格按照设计选用回填材料及时回填并分层压实，避免积水。

2.6.4 过渡段填筑应符合下列规定：

1 台后 2.0 m 范围外大型压路机能碾压到的部位应采用大型压路机械碾压，大型压路机碾压不到的部位及在台后 2.0 m 范围内应采用小型振动压实设备进行压实。

2 横向结构物两端的过渡段填筑必须对称进行，并与相邻路堤同步施工。

3 涵背两端大型压路机能碾压到的部位宜采用大型压路机械碾压。大型压路机碾压不到的部位应采用小型振动压实设备进行压实。靠近横向结构物的部位，应平行于横向结构物背壁面进行横向碾压。

4 横向结构物的顶部填土厚度小于 1 m 时，不得采用大型振动压路机进行碾压。

5 加入水泥的级配碎石混合料宜在 2 h 内使用完毕。

主控项目

2.6.5 过渡段基底处理应按设计要求与桥台、横向结构物、相邻路堤的基底处理同时进行，其处理后的地基条件应符合本标准第 2.1.3 条、第 2.1.4 条的规定。

检验数量：施工单位每个过渡段抽样检验压实系数 3 点，其中：距路基边线 1 m 处左、右各 1 点，路基中部 1 点；或抽样检验地基系数 2 点，其中：距路基边线 2 m 处 1 点，路基中间 1 点。监理单位按施工单位抽检次数的 20% 进行平行检验，但至少一次。

检验方法：按《铁路工程土工试验规程》（TB 10102）规定的试验方法检测。

2.6.6 过渡段填料的质量及检验应符合本标准第 2.4.5 条的规定。

2.6.7 过渡段级配碎石中掺入水泥的品种、规格及质量应符合设计要求。

检验数量：同一产地、品种、规格、批号的水泥，每 500 t 为一批，当不足 500 t 时也按一批计。施工单位每批抽样检验 1 组，进行强度、凝结时间、安定性试验；监理单位按施工单位检验数量的 10% 见证检验。

检验方法：施工单位检查产品合格证、出厂检验报告并进行有关项目的试验；监理单位检查产品合格证、出厂检验报告、试验报告并进行见证取样检测。

2.6.8 级配碎石填筑时应保证桥台、横向结构物稳定、无损伤，其压实质量应采用双指标控制，地基系数大于等于 150 MPa/m，孔隙率小于 28%。

检验数量：桥台、横向结构物完整性施工单位、监理单位全部检验。施工单位每压实层抽样检验孔隙率各 3 点，其中距路基两侧填筑级配碎石边线 1 m 处左、右各 1 点，路基中部 1 点；每填高约 90 cm 抽样检验地基系数 2 点，其中距路基两侧填筑级配碎石边线 2 m处 1 点，路基中部 1 点。监理单位按施工单位抽检次数的 20% 进行平行检验，但至少一次。

检验方法：观察、按《铁路工程土工试验规程》（TB 10102）规定的试验方法检测。

2.6.9 路堤与路堑过渡段按设计顺原地面纵向开挖，开挖坡面的纵向坡度应符合设计要求。开挖台阶的高度应控制在 0.6 m 左右。

检验数量：每个过渡段施工单位抽样检验 3 点；监理单位平行检验 1 点。

检验方法：观察、尺量。

2.6.10 过渡段基床以下两侧及锥体填筑压实质量应符合本标准第 2.2.10 条的规定。

检验数量：施工单位每压实层抽样检验压实系数（细粒土，下同）或孔隙率（粗粒土和碎石类土,下同)3 点,每填高 0.9 m 抽样检验地基系数 3 点;监理单位按施工单位抽检次数的 20% 进行平行检验但至少一次。

检验方法:按《铁路工程土工试验规程》(TB 10102)规定的试验方法检验。

2.6.11 过渡段基床底层两侧及锥体填筑压实质量应符合本标准第 2.3.5 条的规定。

检验数量:施工单位每压实层抽样检验压实系数(细粒土,下同)或孔隙率(粗粒土和碎石类土,下同)3 点,每填高 0.9 m 抽样检验地基系数 3 点;监理单位按施工单位抽检次数的 20% 进行平行检验,但至少一次。

检验方法:按《铁路工程土工试验规程》(TB 10102)规定的试验方法检验。

2.6.12 过渡段基床表层填筑压实质量及检验应符合本标准第 2.4.7 条的规定。

2.6.13 基坑采用混凝土回填时,回填材料和混凝土强度等级应符合设计要求。

检验数量:每个基坑施工单位抽样检验 2 组;监理单位按施工单位检验数量的 20% 见证检验,且每分部工程不少于 1 组。

检验方法:在浇筑地点抽样成型混凝土试件进行标准养护,并进行 28 d 抗压强度试验。

2.6.14 基坑采用碎石回填时,应分层回填夯实,其压实质量应符合设计要求。

检验数量:每个基坑施工单位抽样检验 2 点,监理单位见证检验 1 点。

检验方法:动力触探试验。

一 般 项 目

2.6.15 过渡段应分层填筑、分层压实。采用大型压路机械碾压时,每层的最大压实厚度不宜超过 30 cm,最小压实厚度不宜小于 15 cm;采用小型振动压实设备碾压时,填料的虚铺厚度不应大于 20 cm,具体的摊铺厚度及碾压遍数应按工艺试验确定并经监理单位确认的工艺参数进行控制。每压实层应平整、无积水现象。

检验数量:施工单位抽样检验 6 处(左、中、右各 2 处)。

检验方法:观察、尺量。

2.6.16 过渡段基床表层以下两侧、相邻路基及锥体填土与过渡段级配碎石间应符合 $D_{15}<4d_{85}$ 的要求。

检验数量:施工单位每个过渡段检验 1 组。

检验方法:筛分试验。

2.6.17 基坑回填顶面高程的允许偏差为 ±50 mm。

检验数量:施工单位每个基坑抽样检验 2 点。

检验方法:水准仪测量。

2.6.18 基床表层以下级配碎石填层纵向填筑长度、坡度的允许偏差应符合表 2.6.18 的规定。

表 2.6.18 基床表层以下级配碎石填层纵向填筑长度和坡度的允许偏差及检验

序 号	检验项目	允许偏差	施工单位检验数量	检验方法
1	纵向填筑长度	不小于设计值	每层抽样检验 3 点,左、中、右各 1 点	尺 量
2	纵向填筑坡度	不大于设计值	每层抽样检验 3 点,左、中、右各 1 点	坡度尺量

2.6.19 基床表层以下级配碎石填层顶面高程、中线至边缘距离、宽度、横坡、平整度、边

坡坡度的允许偏差应符合表 2.6.19 的规定。

表 2.6.19　基床表层以下级配碎石填层顶面高程、中线至边缘距离、宽度、横坡、平整度、边坡坡度的允许偏差、检验数量及检验

序　号	检验项目	允许偏差	施工单位检验数量	检验方法
1	高　程	±30 mm	每过渡段抽样检验 3 点	水准仪测
2	中线至边缘距离	±50 mm	每过渡段抽样检验 3 点	尺　量
3	宽　度	不小于设计值	每过渡段每检测层抽样检验 2 点	尺　量
4	横　坡	±0.5%	每过渡段抽样检验 2 个断面	坡度尺量
5	平整度	15 mm	每过渡段抽样检验 5 点	2.5 m 直尺量测
6	边坡坡度(偏陡量)	3% 设计值	每过渡段每侧抽样检验 6 点	坡度尺量

2.7　路堑开挖

一 般 规 定

2.7.1　路堑开挖时，对受地质构造影响，风化严重、节理发育、岩体破碎的不良地质及特殊岩土地段应严格控制施工工艺。

2.7.2　路堑开挖时应加强对地质资料的核查，当与设计不符时应及时反馈。

2.7.3　路堑施工前应完善排水系统，作好堑顶截、排水，临时排水设施应与原有排水系统及永久性排水设施相结合。堑顶为土质或含有软弱夹层的岩层时，天沟应及时铺砌或采取其他防渗措施。

2.7.4　开挖前应检查坡顶、坡面的危石、裂缝和其他不稳定情况并妥善处理。

主 控 项 目

2.7.5　采用机械开挖或光面、预裂爆破应保证开挖面完整平顺、无危石和坑穴。边坡坡面应平整且稳定无隐患，局部凹凸差不大于 15 cm。边坡防护封闭无变形、开裂。

检验数量：沿线路纵向每 100 m 施工单位抽样检验 5 处；监理单位平行检验 2 处。

检验方法：观察、尺量。

2.7.6　石质路堑采用爆破法开挖时应严格控制用药量，爆破不得造成路堑边坡隐患和对邻近建筑物的损伤或隐患。

检验数量：施工单位、监理单位全部检查。

检验方法：对照爆破设计文件核对装药量。

2.7.7　路堑开挖边坡坡率应符合设计要求。

检验数量：沿线路纵向每 100 m 单侧边坡施工单位抽样检验 4 点（上、下部各 2 点）；监理单位平行检验 2 点（上、下部各 1 点）。

检验方法：吊线尺量计算或坡度尺量。

2.7.8　路堑基床表层采用机械开挖时，应预留厚度 0.1 ~0.2 m 的保护层采用人工开挖。

检验数量：施工单位、监理单位全部检验。

检验方法：观察、尺量。

一 般 项 目

2.7.9　路堑边坡坡率、变坡点位置、平台位置和宽度应符合设计要求，其允许偏差应符合表 2.7.9 的规定。

表 2.7.9　路堑边坡坡率、变坡点位置、平台位置和宽度的允许偏差及检验

<table>
<tr><th>序　号</th><th>检验项目</th><th>允许偏差</th><th>施工单位检验数量</th><th>检验方法</th></tr>
<tr><td>1</td><td>边坡坡率（偏陡量）</td><td>不得陡于设计坡率</td><td rowspan="4">沿线路纵向每 100 m 单侧边坡各抽样检验 6 点</td><td rowspan="3">水准仪测或尺量</td></tr>
<tr><td>2</td><td>变坡点位置</td><td>±200 mm</td></tr>
<tr><td>3</td><td>平台位置</td><td>±200 mm</td></tr>
<tr><td>4</td><td>平台宽度</td><td>±50 mm</td><td>尺　量</td></tr>
</table>

2.8　沉 降 观 测

一 般 规 定

2.8.1　路基施工应按设计要求进行地基沉降、侧向位移的动态观测。

2.8.2　在填土过程中，应根据观测结果整理绘制“填土高 ~ 时间 ~ 沉降量”关系曲线图，分析土体的侧向位移值及其发展趋势，判断地基的稳定性。

2.8.3　边桩及沉降在施工期间一般每一填筑层应进行一次观测，在沉降量突变的情况下，每天应观测 2 ~ 3 次。如果两次填筑间隔时间较长，每 3 d 至少观测一次。路堤经过分层填筑达到预压高程后，在预压期的前 2 ~ 3 个月内，每 5 d 观测一次，三个月后 7 ~ 15 d观测一次；半年后一个月观测一次，一直观测到按动态设计要求的时间。

2.8.4　路基填筑至设计高程时，应在路肩设观测桩，与边桩和沉降同步进行观测，通过测量路肩观测桩的高程变化，确定路基面的沉降量。

2.8.5　观测资料应齐全、翔实、规范，符合设计要求，并应及时整理、汇总分析，并提供给设计单位修正完善设计。

2.8.6　铺轨前应由建设、设计、施工和监理单位组成的路基验评小组对路基工后沉降进行评定。

主 控 项 目

2.8.7　沉降观测装置和位移边桩的构造、结构尺寸和制作材料的规格、材质等应符合设计要求，且无影响观测精度的缺陷。

检验数量：施工单位全部检验；监理单位按施工单位检验数量的 20% 平行检验。

检验方法：观察、尺量。

2.8.8　基桩、沉降观测桩的埋设位置应符合设计要求，埋设牢固。施工期间应对埋设桩采取有效的保护措施。受施工扰动后应及时进行复测。

检验数量：施工单位、监理单位全部检查。

检验方法：观察。

2.8.9　观测断面数量及每一断面观测点布设数量、观测频次和精度应符合设计要求。

检验数量：施工单位、监理单位全部检查。

检验方法：观察，沉降观测应采用二等几何水准测量，观测精度不低于 1 mm。

一般项目

2.8.10　观测断面及每一观测断面上观测点埋设位置的允许偏差为 20 cm。

检验数量:施工单位全部检查。

检验方法:尺量。

3 桥 涵

3.1 一 般 规 定

3.1.1 桥涵混凝土的耐久性指标应符合设计要求。施工前应制订专门技术方案,施工过程中应严格进行质量控制和检测。

3.1.2 桥涵与路基过渡段的施工、桥台基坑的回填应符合本标准第 2 章的有关规定。

3.1.3 桥涵施工要求和质量检验尚应符合《铁路桥涵工程施工质量验收标准》(TB 10415)的有关规定。

3.2 主 控 项 目

3.2.1 桥涵混凝土的抗冻性、抗渗性、护筋性、抗裂性、耐腐蚀性、抗碱—骨料反应性、耐风蚀性等耐久性指标应符合设计要求。

检验数量:按设计要求和有关标准规定进行全部检查。

检验方法:施工单位按设计要求项目进行试验,监理单位见证检验。

3.2.2 桥涵混凝土的强度等级和弹性模量应符合设计要求。检验数量和检验方法应符合现行《铁路混凝土与砌体工程施工质量验收标准》(TB 10424)和《铁路工程结构混凝土强度检测规程》(TB 10426)的规定。

3.2.3 梁体封锚混凝土浇筑前,应对锚具及外露钢绞线进行防锈防水处理。

检验数量:施工单位、监理单位均全部检查。

检验方法:观察检查。

3.2.4 整体桥面多片式 T 梁分片架设时,同一孔中各片 T 梁的预施应力时间差不得超过 6 d。

检验数量:施工单位、监理单位均全部检查。

检验方法:检查成品梁施工记录或质量证明文件。

3.2.5 整体桥面多片式 T 梁施加横向预应力时,横向连接接缝的混凝土强度等级应达到设计值的 100% 。

检验数量:施工单位、监理单位均全部检查。

检验方法:施工单位进行同条件养护试件试验,监理单位检查试验报告。

3.2.6 箱梁混凝土的浇筑和养护应符合设计和施工技术方案的要求。

检验数量:施工单位、监理单位均全部检查。

检验方法:观察检查。

3.2.7 箱梁梁体就位后支座位置应符合设计要求,梁底与支座应密贴。

检验数量:施工单位、监理单位均全部检查。

检验方法:测量、观察检查。

3.3 一 般 项 目

3.3.1 整体桥面多片式T梁外模尺寸允许偏差和检验方法应符合表3.3.1的规定。

表3.3.1 整体桥面多片式T梁模板尺寸允许偏差和检验方法

序 号	项 目	允许偏差(mm)	检验方法
1	梁全长	±10	尺量检查桥面和梁底两侧
2	梁 高	±5	尺量检查梁端、跨中各1处
3	桥面内外侧偏离设计位置	$^{+10}_{-5}$	尺量检查梁端、跨中、L/4各1处
4	腹板厚度	$^{+10}_{0}$	
5	腹板中心偏离设计位置	10	
6	横隔板厚度	$^{+10}_{0}$	每处尺量检查1点
7	横隔板位置	5	每处尺量检查1点
8	垂直度(每米)	3	吊线测量5处
9	表面平整度	3	1 m靠尺测量5处
10	预留孔道偏离设计位置	3	全部尺量检查

3.3.2 整体桥面多片式T梁外形尺寸允许偏差和检验方法应符合表3.3.2的规定。

表3.3.2 整体桥面多片式T梁外形尺寸允许偏差和检验方法

<table>
<tr><th>序 号</th><th colspan="2">项 目</th><th>允许偏差(mm)</th><th>检验方法</th></tr>
<tr><td rowspan="2">1</td><td colspan="2" rowspan="2">Δ梁全长</td><td>Lp≤16 m:±10</td><td rowspan="2">尺量检查桥面和梁底两侧</td></tr>
<tr><td>Lp≥20 m:±20</td></tr>
<tr><td rowspan="2">2</td><td colspan="2" rowspan="2">Δ梁跨度</td><td>Lp≤16 m:±10</td><td rowspan="2">尺量检查支座中心至中心</td></tr>
<tr><td>Lp≥20 m:±20</td></tr>
<tr><td>3</td><td colspan="2">下翼缘宽度</td><td>±5</td><td rowspan="4">尺量检查梁端、跨中、L/4各1处</td></tr>
<tr><td>4</td><td colspan="2">桥面宽度</td><td>$^{+10}_{-5}$</td></tr>
<tr><td>5</td><td colspan="2">腹板厚度</td><td>$^{+10}_{-5}$</td></tr>
<tr><td>6</td><td colspan="2">桥面内外侧偏离设计位置</td><td>$^{+10}_{-5}$</td></tr>
<tr><td>7</td><td colspan="2">梁 高</td><td>$^{+12}_{-5}$</td><td>尺量检查梁端、跨中各1处</td></tr>
<tr><td>8</td><td colspan="2">梁上拱</td><td>±L/1 800</td><td>测量检查跨中(终张拉30 d时)</td></tr>
<tr><td>9</td><td colspan="2">挡渣墙厚度</td><td>$^{+15}_{0}$</td><td>测量5处</td></tr>
<tr><td>10</td><td colspan="2">表面垂直度(每米)</td><td>3</td><td>尺量检查5处</td></tr>
<tr><td rowspan="2">11</td><td rowspan="2">平整度</td><td>桥面板</td><td>3</td><td rowspan="2">1 m靠尺测量5处</td></tr>
<tr><td>其他部位</td><td>5</td></tr>
<tr><td rowspan="2">12</td><td rowspan="2">横隔板</td><td>厚 度</td><td>$^{+10}_{-5}$</td><td rowspan="2">尺量检查各处</td></tr>
<tr><td>位 置</td><td>5</td></tr>
<tr><td rowspan="3">13</td><td rowspan="3">支座板</td><td>Δ支座螺栓中心位置</td><td>3</td><td rowspan="2">尺量检查</td></tr>
<tr><td>每块板边缘高差</td><td>2</td></tr>
<tr><td>外露底面</td><td>平整无损、无飞边、清渣涂油</td><td>全部观察检查</td></tr>
</table>

续上表

序　号	项目		允许偏差(mm)	检验方法
14	横向预应力管道	数量、尺寸	符合设计要求	全部观察、测量检查
		中心位置	5	全部测量检查
15	挡渣墙预留钢筋		设置齐全、位置正确	全部观察、测量检查
16	接触网支架座钢筋		设置齐全、位置正确	全部观察、测量检查

注:表中有“Δ”的3项为关键项点,其实测偏差不得超出允许偏差范围。

检验数量:施工单位全部检查,关键项点监理单位平行检验。

3.3.3 整体桥面多片式T梁成型后允许偏差和检验方法应符合表3.3.3的规定。

表3.3.3　整体桥面多片式T梁成型后允许偏差和检验方法

序　号	项　目	允许偏差(mm)	检验方法
1	腹板中心距	±10	尺量检查5处
2	挡渣墙内侧距毗临线路中线的净距	$^{+10}_{0}$	测量检查跨中、L/4各1处
3	多片梁梁顶相对高度	$^{+10}_{-5}$	水平仪检查
4	隔板纵向偏差(根部)	±10	尺量检查
5	桥面内外侧偏离设计位置	10	检查梁端、跨中、L/4各1处

3.3.4 箱梁模板尺寸允许偏差和检验方法应符合表3.3.4的规定。

表3.3.4　箱梁模板尺寸允许偏差和检验方法

序　号	项　目		允许偏差(mm)	检验方法
1	梁全长		±10	尺量检查桥面和梁底两侧
2	梁　高		±5	尺量检查梁端、跨中各1处
3	桥面内外侧偏离设计位置		$^{+10}_{-5}$	尺量检查梁端、跨中、L/4各1处
4	底板、顶板厚度		$^{+10}_{0}$	
5	腹板厚度		$^{+10}_{0}$	
6	腹板中心偏离设计位置		10	
7	隔板厚度		$^{+10}_{-5}$	尺量检查各处
8	平整度	底　板	2	1 m靠尺检查不少于5处
		其他部位	3	
9	垂直度(每米)		3	吊线测量
10	相邻模板错台		2	靠尺、塞尺检查
11	模板接缝处缝隙		1	塞尺检查
12	支座板位置处任意两点高差		1	水平仪测量
13	四支座相对高差		2	水平仪测量
14	底板拱度		±2	水平仪测量跨中

3.3.5 箱梁外形尺寸允许偏差和检验方法应符合表3.3.5的规定。

表 3.3.5 箱梁外形尺寸允许偏差和检验方法

序 号	项 目		允许偏差(mm)	检验方法
1	Δ 梁全长		±20	尺量检查桥面和梁底两侧(终张拉 30 d 测量)
2	Δ 梁跨度		±20	尺量检查支座中心至中心(终张拉 30 d 测量)
3	支座中心到梁端		±15	尺量检查
4	桥面宽度		±10	尺量检查梁端、跨中、L/4 各 1 处
5	梁底宽		+5,0	
6	梁 高		$^{+10}_{-5}$	尺量检查梁端、跨中各 1 处
7	腹板厚度		$^{+10}_{-5}$	检查跨中、L/4 各 2 处
8	底板厚度		$^{+10}_{0}$	
9	顶板厚度		$^{+10}_{0}$	
10	桥面偏离设计位置		10	从支座中心引线至桥面,测量跨中、L/4 处
11	梁上拱		±L/2 500	测量跨中(终张拉 30 d 时)
12	挡砟墙厚度		$^{+15}_{0}$	尺量检查 5 处
13	垂直度(每米)		3	检查腹板、吊线尺量两端支座处
14	平整度	桥面板	3	1 m 靠尺检查不少于 5 处
		其他部位	5	
15	支座板每块板边缘高差		1	靠尺检查
16	Δ 支座螺栓中心位置		3	游标卡尺测量每块板上 4 个螺栓中心距(包括对角线)
17	螺 栓		垂直梁底板	靠尺检查

注:表中有"Δ"的 3 项为关键项点,其实测偏差不得超出允许偏差范围。

检验数量:施工单位全部检查,关键项点监理单位平行检验。

4 隧 道

4.1 一 般 规 定

4.1.1 缓冲结构基础开挖应与洞口工程配合施工,采取临时支护措施保持基础与边坡稳定。

4.1.2 基础开挖过程中应避免对墙趾处持力岩土层的扰动,并应避免雨水浸泡基坑。

4.1.3 缓冲结构竣工后,应进行竣工测量,净空应满足设计要求。

4.1.4 缓冲结构混凝土强度应按现行铁道行业标准《铁路混凝土强度检验评定标准》(TB 10425)的规定检验评定。

4.1.5 当工地昼夜平均气温连续3 d低于+5 ℃或最低气温低于-3 ℃时,应采取冬期施工措施。混凝土冬季施工应符合国家现行标准《建筑工程冬期施工规程》(JGJ 104)和施工技术方案的规定。当工地昼夜平均气温高于30 ℃时,应采取夏期施工措施。

4.1.6 缓冲结构混凝土所用的原材料应按品种、规格和检验状态分别标识存放。

4.1.7 混凝土运输、浇筑及间歇的全部时间不应超过混凝土的初凝时间。当下层混凝土初凝后浇筑上一层混凝土时,应按施工缝进行处理。

4.1.8 在混凝土中掺用含氯盐类外加剂时,氯离子含量(按水泥质量百分率计)必须符合下列规定:

1 混凝土结构中,不得大于1.8%;

2 处于干燥环境、常年有水或埋于地下的钢筋混凝土结构中,不得大于0.3%;

3 处于干湿交替状态或常年空气湿度大于80%的钢筋混凝土结构中,不得大于0.12%。

4.1.9 基坑超挖部分应用同级混凝土一次灌筑。

4.2 缓冲结构基础开挖

主 控 项 目

4.2.1 基坑地基承载力应符合设计要求,软弱地层应按设计要求作地基处理。

检验数量:施工单位每侧检验2点;监理单位见证检验1点。

检验方法:土质基坑采用动力触探($N_{63.5}$),击数标准经试验确定或设计给定;石质基坑采用现场目测鉴别方法。

4.2.2 基坑开挖范围应符合设计要求。

检验数量:施工单位、监理单位全部检查。

检验方法:观察、尺量。

4.2.3 台阶形坑底应完整无伤损,台面与阶壁应平顺。斜面地基应平整、无贴补。

检验数量:施工单位、监理单位全部检查。

检验方法:观察、尺量。

4.2.4 基坑底面应无虚渣、杂物。

检验数量:施工单位、监理单位全部检查。

检验方法:观察。

一般项目

4.2.5 基坑各部尺寸允许偏差及检验方法应符合表 4.2.5 的规定。

表 4.2.5 基坑各部尺寸允许偏差及检验方法

序号	项目	允许偏差(mm)	施工单位检验数量	检验方法
1	基坑边缘距线路中线距离	+50 -10	4点	尺量
2	基础宽度	±100	4点	尺量
3	基底高程	0 -50	4~6点	水准仪测量

4.3 缓冲结构基础混凝土

主控项目

4.3.1 水泥进场检验应符合本标准 4.6.2 条的规定。

4.3.2 基础混凝土所用的粗、细骨料,应符合本标准 4.6.3、4.6.4 条的规定。

4.3.3 混凝土外加剂进场检验应符合本标准 4.6.5 条的规定。

4.3.4 混凝土掺用的矿物掺合料检验应符合本标准 4.6.6 条的规定。

4.3.5 拌制混凝土用水检验应符合本标准 4.6.7 条的规定。

4.3.6 混凝土配合比应根据原材料性能、混凝土的技术条件和设计要求,按照国家现行标准《普通混凝土配合比设计规程》(JGJ 55)的有关规定,通过试拌调整后确定。

检验数量:施工单位对同强度等级、同性能混凝土进行一次混凝土配合比设计;监理单位全部检查。

检验方法:施工单位进行配合比选定试验。监理单位检查配合比选定单。

4.3.7 混凝土强度等级必须符合设计要求,混凝土强度试件应在混凝土的浇筑地点随机抽样制作。试件的取样与留置必须符合下列规定:

1 每拌制 100 盘且不超过 100 m^3 的同配合比的混凝土,取样不得少于一次;

2 每工作班拌制的同一配合比的混凝土不足 100 盘时,取样不得少于一次;

3 每次取样应至少留置一组

检验数量:施工单位全部检查;监理单位对标准条件养护试件见证取样检测或平行检验的次数为施工单位检验次数的 20% 或 10%,但至少一次。

检验方法:施工单位进行混凝土抗压强度试验,监理单位检查混凝土强度试验报告并进行见证取样检测或平行检验。

4.3.8 施工缝、变形缝的位置和处理应符合设计和施工技术方案的要求。

检验数量:施工单位、监理单位全部检查。

检验方法:观察、尺量。

4.3.9 混凝土的运输、浇筑及间歇的全部时间不应超过混凝土的初凝时间。同一施工段的混凝土应连续浇筑,并应在底层混凝土初凝前将上一层混凝土浇筑完毕。

当底层混凝土初凝后浇筑上一层混凝土时,应按施工缝进行处理。

检查数量:施工单位、监理单位全部检查。

检查方法:观察、检查施工记录。

4.3.10　混凝土养护应符合本标准4.6.13条的规定。

一般项目

4.3.11　混凝土拌和物的坍落度应符合设计配合比要求。

检验数量:施工单位每工作班不少于一次。

检验方法:坍落度试验。

4.3.12　混凝土拌制前,应测定砂、石含水率,并根据测试结果和理论配合比调整材料用量,提出施工配合比。

检验数量:施工单位每工作班不应少于一次。

检验方法:砂、石含水率测试。

4.3.13　混凝土原材料每盘称量的偏差应符合表4.3.13的规定。

表4.3.13　原材料每盘称量的允许偏差

序　号	材料名称	允许偏差	
		工　地	工厂或搅拌站
1	水泥和干燥状态的掺合料	±2%	±1%
2	粗、细骨料	±3%	±2%
3	水、外加剂	±2%	±1%

注:1　各种衡器应定期检定,每次使用前应进行零点校核,保证计量准确;

2　当遇雨天或含水率有显著变化时,应增加含水率检测次数,并及时调整水和骨料的用量。

检验数量:施工单位每工作班抽查不少于一次。

检验方法:复称。

4.3.14　基础施工的允许偏差和检验方法应符合表4.3.14的规定。

表4.3.14　基础施工的允许偏差和检验方法

序　号	项　目		允许偏差(mm)	检验方法
1	基础前后边缘位置		±50	测　量
2	基础顶面高程		±30	测　量
3	基础宽度		$^{+20}_{0}$	尺　量
4	预留孔洞	中心线位置	15	尺　量
		尺　寸	$^{+10}_{0}$	
5	预埋件中心线位置		5	

检验数量:施工单位全部检查。

4.4 缓冲结构模板

主控项目

4.4.1 缓冲结构模板台车、移动台架必须按照净空尺寸进行设计与制造,钢结构及钢模必须具有足够的强度、刚度和稳定性,能承受所浇筑混凝土的重力、侧压力及施工荷载。

检验数量:施工单位、监理单位全部检查。

检验方法:检查设计资料、产品验收合格证明文件,现场验收。

4.4.2 模板安装必须稳固牢靠,接缝严密,不得漏浆。模板与混凝土的接触面必须清理干净并涂刷隔离剂。浇筑混凝土前,模板内的积水和杂物应清理干净。

检验数量:施工单位、监理单位每一浇筑段检查一次。

检验方法:观察。

一般项目

4.4.3 拆除缓冲结构模板时,混凝土强度不得低于2.5 MPa,并应保证其表面及棱角不受损伤。

检验数量:施工单位全部检查。

检验方法:观察。

4.4.4 模板安装允许偏差和检验方法应符合表4.4.4的规定。

表4.4.4 模板安装允许偏差和检验方法

序号	项目	允许偏差(mm)	检验方法
1	边墙脚	±15	尺量
2	起拱线	±10	尺量
3	拱顶	+10 0	水准测量
4	模板表面平整度	5	2 m靠尺和塞尺
5	相邻浇筑段表面高低差	±10	尺量

检验数量:施工单位全部检查。

4.4.5 预埋件和预留孔洞的留置应符合设计要求。允许偏差和检验方法应符合表4.4.5的规定。

表4.4.5 预埋件和预留孔洞的允许偏差和检验方法

<table>
<tr><th>序号</th><th colspan="2">项目</th><th>允许偏差(mm)</th><th>检验方法</th></tr>
<tr><td rowspan="2">1</td><td rowspan="2">预留孔洞</td><td>中心线位置</td><td>10</td><td rowspan="2">尺量</td></tr>
<tr><td>尺寸</td><td>+10
0</td></tr>
<tr><td>2</td><td colspan="2">预埋件中心线位置</td><td>5</td><td>尺量</td></tr>
</table>

检验数量:施工单位全部检查。

4.5　缓冲结构钢筋

主控项目

4.5.1　钢筋进场时,必须按批抽取试件作力学性能(屈服强度、抗拉强度和伸长率)和工艺性能(冷弯)试验,其质量必须符合现行国家标准《钢筋混凝土用热轧光圆钢筋》(GB13013)和《钢筋混凝土用热轧带肋钢筋》(GB1499)等的规定和设计要求。

检验数量:以同牌号、同炉罐号、同规格、同交货状态的钢筋,每60 t为一批,不足60 t也按一批计。施工单位每批抽捡一次;监理单位见证取样检测或平行检验,抽检次数为施工单位抽检次数的20%或10%,但至少一次。

检验方法:施工单位检查每批质量证明文件并进行力学性能(屈服强度、抗拉强度和伸长率)和工艺性能(冷弯)试验。监理单位检查全部质量证明文件和试验报告,并进行见证取样检测或平行检验。

4.5.2　钢筋品种、级别、规格和数量必须符合设计要求。

检验数量:施工单位、监理单位全部检查。

检验方法:观察、钢尺检查。

4.5.3　钢筋的连接方式必须符合设计要求。

检验数量:施工单位、监理单位全部检查。

检验方法:观察。

4.5.4　钢筋接头的技术条件和外观质量应符合现行铁道行业标准《铁路混凝土与砌体工程施工质量验收标准》(TB 10424—2003)附录A的规定。钢筋焊接接头,应按批抽取试件作力学性能检验,其质量必须符合现行国家标准《钢筋焊接及验收规程》(JGJ 18)的规定和设计要求。承受静力荷载为主的直径为28~32 mm带肋钢筋采用冷挤压套筒连接接头,应按批抽取试件作力学性能检验,其质量必须符合现行国家标准《带肋钢筋套筒挤压连接技术规程》(JGJ 108)的规定和设计要求。

检验数量:焊接接头的力学性能检验以同级别、同规格、同接头型式和同一焊工完成的每200个接头为一批,不足200个也按一批计。冷挤压套筒连接接头的力学性能检验以同等级、同规格和同接头型式的每200个接头为一批,不足200个也按一批计。施工单位每批抽检一次;监理单位见证取样检测次数为施工单位抽检次数的20%,但至少一次。

检验方法:钢筋接头外观质量检验,施工单位、监理单位观察和尺量。焊接接头、冷挤压套筒连接力学性能检验,施工单位作拉伸试验,闪光对焊接头增作冷弯试验。监理单位检查力学性能试验报告并进行见证取样检测。

4.5.5　钢筋的加工应符合设计要求。当设计未提出要求时,应符合下列规定:

1　受拉热轧光圆钢筋的末端应作180°弯钩,其弯曲直径 d_m 不得小于钢筋直径的2.5倍,钩端应留有不小于钢筋直径3倍的直线段(图4.5.5—1)。

2　受拉热轧光圆和带肋钢筋的末端,当设计要求采用直角形弯钩时,直钩的弯曲直径 d_m 不得小于钢筋直径的5倍,钩端应留有不小于钢筋直径3倍的直线段(图4.5.5—2)。

3　弯起钢筋应弯成平滑的曲线,其弯曲半径不得小于钢筋直径的10倍(光圆钢筋)或12倍(带肋钢筋)(图4.5.5—3)。

4 用光圆钢筋制成的箍筋，其末端应作不小于90°的弯钩，有抗震等特殊要求的结构应作135°或180°的弯钩（图4.5.5—4）；弯钩的弯曲直径应大于受力钢筋直径，且不得小于箍筋直径的2.5倍；弯钩端直线段的长度，一般结构不得小于箍筋直径的5倍，有抗震等特殊要求的结构，不得小于箍筋直径的10倍。

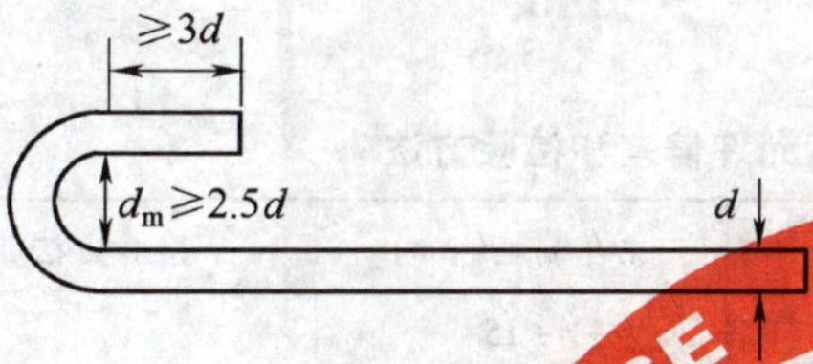

图4.5.5—1 180°弯钩

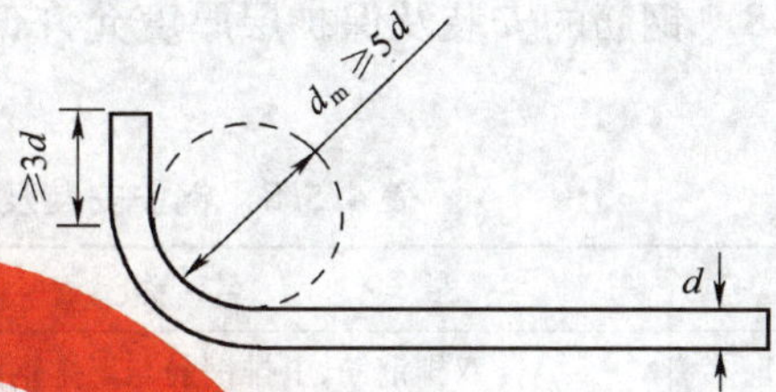

图4.5.5—2 直角形弯钩

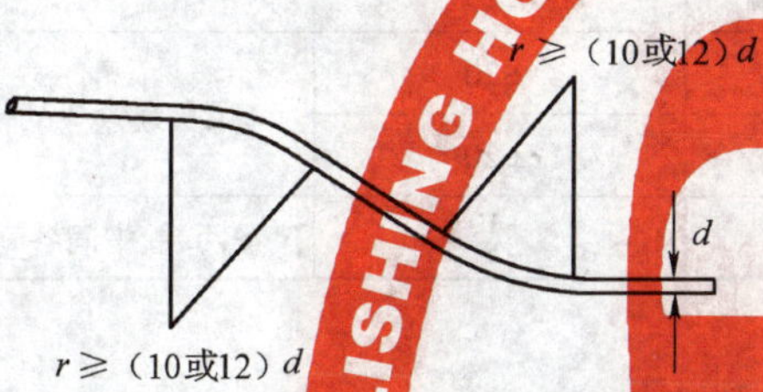

图4.5.5—3 弯起钢筋

图4.5.5—4 箍筋末端弯钩

检验数量：施工单位按钢筋编号各抽检10%，且各不少于3件；监理单位平行检验数量为施工单位抽检数量的10%，且各不少于一件。

检验方法：尺量。

一般项目

4.5.6 钢筋加工允许偏差和检验方法应符合表4.5.6的规定。

表4.5.6 钢筋加工允许偏差和检验方法

序 号	名 称	允许偏差（mm）	检验方法
1	受力钢筋顺长度方向的全长	±10	尺 量
2	弯起钢筋的弯折位置	20	
3	箍筋内净尺寸	±5	

检验数量：施工单位按钢筋编号各抽检10%，且各不少于3件。

4.5.7 钢筋接头应设置在承受应力较小处，并应分散布置。配置在“同一截面”内受力钢筋接头的截面面积，占受力钢筋总截面面积的百分率，应符合设计要求。当设计未提出要求时，应符合下列规定：

1 焊（连）接接头在受弯构件的受拉区不得大于50%，轴心受拉构件不得大于25%；

2 绑扎接头在构件的受拉区，不得大于25%，在受压区不得大于50%；

3 钢筋接头应避开钢筋弯曲处，距弯曲点的距离不得小于钢筋直径的10倍；

4 在同一根钢筋上应少设接头。“同一截面”内，同一根钢筋上不得超过一个接头。

注：两焊（连）接接头在钢筋直径的35倍范围且不小于500 mm以内、两绑扎接头在1.3倍搭接长度范围且不小于500 mm以内，均视为“同一截面”。

检验数量：全部检查。

检验方法：观察和尺量。

4.5.8 钢筋的安装及保护层厚度允许偏差和检验方法应符合表4.5.8的规定及设计要求。

表4.5.8 钢筋安装及保护层厚度允许偏差和检验方法

序 号	名 称		允许偏差(mm)	检验方法
1	双排钢筋，上排钢筋与下排钢筋间距		±15	尺量两端、中间各1处
2	同一排中受力钢筋水平间距	拱部	±10	
		边墙	±20	
3	分布钢筋间距		±20	尺量连续3处
4	箍筋间距		±20	
5	钢筋保护层厚度		+10 −5	尺量两端、中间各2处

检验数量：全部检查。

4.5.9 钢筋应平直、无损伤，表面无裂纹、油污、颗粒状或片状老锈。

检验数量：施工单位全部检查。

检验方法：观察。

4.6 缓冲结构主体结构

主控项目

4.6.1 缓冲结构的主体结构形式应符合设计要求。

检验数量：施工单位、监理单位全部检查。

检验方法：观察。

4.6.2 主体结构水泥进场时，必须按批对其品种、级别、包装或散装仓号、出厂日期等进行验收，并对其强度、凝结时间、安定性进行试验，其质量必须符合现行国家标准《硅酸盐水泥、普通硅酸盐水泥》(GB175)等的规定。

当在使用中对水泥质量有怀疑或水泥出厂日期超过3个月（快硬硅酸盐水泥逾一个月）时，必须再次进行强度试验，并按试验结果使用。

钢筋混凝土结构严禁使用含氯化物的水泥。

检验数量：同一生产厂家、同一等级、同一品种、同一批号且连续进场的水泥，散装水泥每500 t为一批，袋装水泥每200 t为一批，当不足上述数量时，也按一批计。施工单位每批抽样不少于一次，耐腐蚀混凝土所用的水泥的矿物成分开工前检查一次；监理单位平行检验或见证取样检测，抽检次数为施工单位抽检次数的10%或20%，但至少一次。

检验方法：施工单位检查产品合格证、出厂检验报告并进行强度、凝结时间、安定性试验；监理单位检查全部产品合格证、出厂检验报告、进场试验报告并进行平行检验或见证取样检测。

4.6.3 主体结构混凝土所用的细骨料，应按批进行检验，其颗粒级配、细度模数和坚固性指标应符合国家现行标准《普通混凝土用砂质量标准及检验方法》(JGJ52)的规定，含泥量、泥块含量应符合铁道部现行《铁路混凝土与砌体工程施工质量验收标准》(TB 10424)附录B的规定。

检验数量：同一产地、同一品种、同一规格且连续进场的细骨料，每400 m^3或600 t为一批，不足400 m^3或600 t也按一批计。施工单位每批抽检一次；监理单位见证取样检测次数为施工单位抽检次数的20%，但至少一次。

检验方法：施工单位观察、试验；监理单位检查进场试验报告并进行见证取样检测。

4.6.4 主体结构混凝土所用的粗骨料，应按批进行检验，其颗粒级配、压碎指标值、针片状颗粒含量应符合现行铁道行业标准《铁路混凝土与砌体工程施工质量验收标准》(TB 10424)附录C的规定。

检验数量：同一产地、同一品种、同一规格且连续进场的粗骨料，每400 m^3或600 t为一批，不足400 m^3或600 t也按一批计。施工单位每批抽检一次。监理单位见证取样检测次数为施工单位抽检次数的20%，但至少一次。

检验方法：施工单位观察、试验；监理单位检查进场试验报告并进行见证取样检测。

4.6.5 主体结构混凝土外加剂进场时，必须按批对减水率、凝结时间差、抗压强度比进行检验，其质量必须符合《混凝土外加剂》(GB 8076)、《混凝土外加剂应用技术规范》(GB 50119)等现行国家标准和其他有关环境保护的规定。

检验数量：同一生产厂家、同一批号、同一品种、同一出厂日期且连续进场的外加剂，每50 t为一批，不足50 t时，也按一批计。施工单位每批抽检一次；监理单位见证取样检测次数为施工单位抽检次数的20%，但至少一次。

检验方法：施工单位检查产品合格证、出厂检验报告并进行试验。监理单位检查全部产品合格证、出厂检验报告、进场试验报告并进行见证取样检测。

4.6.6 主体结构混凝土掺用的矿物掺合料，应按批对细度、含水率、需水量比、抗压强度比进行检验，其质量应符合《用于水泥和混凝土中的粉煤灰》(GB 1596)和《用于水泥和混凝土中的粒化高炉矿渣粉》(GB/T 18046)等现行国家标准的规定。

检验数量：同一品种、同一等级且连续进场的矿物掺合料，每200 t为一批，当不足200 t时，也按一批计。施工单位每批抽检一次；监理单位见证取样检测次数为施工单位抽检次数的20%但至少一次。

检验方法：施工单位检查产品合格证、出厂检验报告并进行试验；监理单位检查全部产品合格证、出厂检验报告和进场试验报告并进行见证取样检测。

4.6.7 拌制混凝土宜采用饮用水，当采用其他水源时，水质必须符合国家现行标准《混凝土拌和用水标准》(JGJ 63)的规定。耐腐蚀混凝土应对环境水的性质进行测定。

检验数量：同水源施工单位试验检查不应少于一次，监理单位见证试验；耐腐蚀混凝土施工单位应在开工前及施工过程中各检查一次，监理单位见证试验。

检验方法：施工单位做水质分析试验；监理单位检查试验报告，见证试验。

4.6.8 混凝土配合比应根据原材料性能、混凝土的技术条件和设计要求，按照国家现行标准《普通混凝土配合比设计规程》(JGJ 55)的有关规定，通过试拌调整后确定。

检验数量：施工单位对同强度等级、同性能混凝土进行一次混凝土配合比设计；监理单位全部检查。

检验方法:施工单位进行配合比选定试验。监理单位检查配合比选定单。

4.6.9 主体结构混凝土强度等级必须符合设计要求,混凝土强度试件应在混凝土的浇筑地点随机抽样制作。试件的取样与留置必须符合下列规定:

1 每拌制100盘且不超过100 m^3 的同配合比的混凝土,取样不得少于一次;

2 每工作班拌制的同一配合比的混凝土不足100盘时,取样不得少于一次;

3 每次取样应至少留置一组。

检验数量:施工单位全部检查。监理单位对标准条件养护试件见证取样检测或平行检验的次数为施工单位检验次数的20%或10%,但至少一次。

检验方法:施工单位进行混凝土抗压强度试验;监理单位检查混凝土强度试验报告并进行见证取样检测或平行检验。

4.6.10 主体结构混凝土的厚度必须符合设计要求。

检验数量:施工单位、监理单位每一灌筑段检查一个断面。

检验方法:施工单位测量净空断面并与开挖轮廓比较,必要时可采用钻孔抽样的方法检查缓冲结构厚度,钻孔检查每个断面应从拱顶沿两侧不少于5点;监理单位见证检查。

4.6.11 施工缝、变形缝的位置和处理应符合设计和施工技术方案的要求。

检验数量:施工单位、监理单位全部检查。

检验方法:观察、尺量。

4.6.12 混凝土的运输、浇筑及间歇的全部时间不应超过混凝土的初凝时间。同一施工段的混凝土应连续浇筑,并应在底层混凝土初凝前将上一层混凝土浇筑完毕。

当底层混凝土初凝后浇筑上一层混凝土时,应按施工缝进行处理。

检查数量:施工单位、监理单位全部检查。

检查方法:观察、检查施工记录。

4.6.13 混凝土浇筑完毕后,应按施工技术方案及时采取有效的养护措施,并应符合下列规定:

1 应在浇筑完毕后的12 h以内对混凝土加以覆盖并保湿养护;

2 混凝土浇水养护的时间:对采用硅酸盐水泥、普通硅酸盐水泥或矿渣硅酸盐水泥拌制的混凝土,不得少于7 d;

3 浇水次数应能保持混凝土处于湿润状态;混凝土养护用水应与拌和用水相同;

4 采用塑料布覆盖养护的混凝土,其敞露的全部表面应覆盖严密,并应保持塑料布内有凝结水;

5 混凝土强度达到1.2 MPa前,不得在其上踩踏或安装模板及支架;

6 当日平均气温低于5 ℃时,不得浇水。

检验数量:施工单位、监理单位全部检查。

检验方法:观察。

一般项目

4.6.14 混凝土拌和物的坍落度应符合设计配合比要求。

检验数量:施工单位每工作班不少于一次。

检验方法:坍落度试验。

4.6.15 混凝土拌制前,应测定砂、石含水率,并根据测试结果和理论配合比调整材料用量,提出施工配合比。

检验数量:施工单位每工作班不应少于一次。

检验方法:砂、石含水率测试。

4.6.16 混凝土原材料每盘称量的偏差应符合表4.6.16的规定。

表4.6.16 原材料每盘称量的允许偏差

序号	材料名称	允许偏差	
		工地	工厂或搅拌站
1	水泥和干燥状态的掺合料	±2%	±1%
2	粗、细骨料	±3%	±2%
3	水、外加剂	±2%	±1%

注:1 各种衡器应定期检定,每次使用前应进行零点校核,保证计量准确;

2 当遇雨天或含水率有显著变化时,应增加含水率检测次数,并及时调整水和骨料的用量。

检验数量:施工单位每工作班抽查不少于一次。

检验方法:复称。

4.6.17 开口的位置、数量、面积应符合设计要求,开口长、宽允许偏差为±2 cm。

检验数量:施工单位全部检查。

检验方法:观察、尺量和计数检查。

4.6.18 混凝土结构外形尺寸允许偏差和检验方法应符合表4.6.18的规定。

表4.6.18 结构外形尺寸允许偏差(mm)和检验方法

序号	项目	边墙	拱部	检验方法
1	平面位置	±10	—	尺量
2	垂直度(‰)	2	—	尺量
3	高程	—	$^{+30}_{0}$	水准测量
4	结构平整度	15	15	2 m靠尺和塞尺

注:平面位置以隧道设计中线为准进行测量。

检验数量:施工单位每一浇筑段检查一个断面。

4.6.19 混凝土结构表面应密实平整、颜色均匀,不得有露筋、蜂窝、孔洞、疏松、麻面和缺棱掉角等缺陷。

检验数量:施工单位全部检查。

检验方法:观察。

4.7 隧道防灾救援

主控项目

4.7.1 救援通道的设置位置应符合设计要求。

检验数量:施工单位、监理单位全部检查。

检验方法:观察。

4.7.2 救援通道距线路中线的距离,救援通道的宽度、净高,救援通道走行面的高程应符合设计要求。

检验数量：施工单位全部检查；监理单位见证检查。

检验方法：尺量、仪器测量。

4.7.3　救援通道图象、文字指示标记的设置、间距、灯光显示应符合设计要求。

检验数量：施工单位、监理单位全部检查。

检验方法：观察。

4.7.4　紧急出口通道断面的宽度、高度、坡度应符合设计要求。

检验数量：施工单位全部检查，监理单位见证检查。

检验方法：尺量、仪器测量。

一般项目

4.7.5　隧道内紧急呼叫电话的设置及间距应符合设计要求。

检验数量：施工单位全部检查。

检验方法：观察、尺量。

4.7.6　隧道内紧急呼叫电话及紧急出口处应急照明的设置应符合设计要求

检验数量：施工单位全部检查。

检验方法：观察。

5 轨 道

5.1 铺轨前铺砟

主控项目

5.1.1 道砟材质应符合现行《铁路碎石道砟》(TB/T 2140)中一级道砟标准。

检验数量:同一产地、同一级别的道砟,每 50 000 m^3 为一批,不足 50 000 m^3 时亦按一批计。施工单位每批抽检一次;监理单位全部见证检测。

检验方法:按现行《铁路碎石道砟》(TB/T 2140)中规定的方法进行检验。

5.1.2 道砟进场时应对其品种、级别、外观等进行检验,其质量应符合现行《铁路碎石道砟》(TB/T 2140)中一级道砟标准。

检验数量:施工单位、监理单位全部检查。

检验方法:检查生产检验报告和产品合格证。

5.1.3 无缝道岔预铺道砟应采用压强不小于 160 kPa 的机械分层碾压,压实密度不低于 1.7 g/cm^3。砟面平整度用 3 m 直尺检查不得大于 10 mm。预留起道量不得大于 50 mm。道岔前后各 30 m 范围应做好顺坡并碾压。

检验数量:施工单位每组道岔抽检 3 个点位;监理单位见证检测次数为施工单位抽检次数的 20%,但每单位工程不少于一次。

检验方法:施工单位检算碾压机械压强,用灌水法检测压实密度,用 3 m 直尺检查砟面平整度;监理单位检查施工单位检算及检测资料,并见证检测。

一般项目

5.1.4 正线铺轨前摊铺道砟厚度应为 150 ~ 200 mm。砟面应平整压实,砟面中间不应凸起,砟面平整度用 3 m 直尺检查不得大于 20 mm。压实密度不得低于 1.6 g/cm^3。

检验数量:施工单位砟面平整度每 5 km 抽检 10 处,压实密度每 5 km 抽检 3 处,每处测 3 个点位。

检验方法:检算碾压机械压强、观察检查、用 3 m 直尺测量平整度。

5.2 无砟道床

一般项目

5.2.1 板式轨道凸型挡台中线、外形尺寸允许偏差应符合表 5.2.1 规定。

检验数量:施工单位每个凸型挡台检查一次。

检验方法:尺量。

表 5.2.1　凸型挡台中线、外形尺寸允许偏差

序　号	项　目	允许偏差(mm)
1	圆形挡台直径	±5
2	半圆形挡台半径	±3
3	挡台中心偏离中线	4
4	挡台中心间距	±3
5	挡台高度	+5 0

5.2.2　长枕埋入式、弹性支承块式轨道轨排组装架设几何尺寸允许偏差应符合表 5.2.2 规定。

表 5.2.2　轨排组装架设允许偏差

序　号	检查项目	允许偏差
1	轨枕间距	±5 mm
2	轨　距	±1 mm,变化率不得大于 1‰
3	水　平	1 mm
4	扭　曲	1 mm(基长 6.25 m)
5	轨　向	不得大于 1 mm/10 m 弦
6	高　低	不得大于 2 mm/10 m 弦
7	中　线	2 mm
8	高　程	±2 mm
9	轨底坡	1/45 ~ 1/35

检验数量:施工单位扭曲、轨向、高低每个施工段各检查 10 个测点,其余在每个基标处检查一次。

检验方法:尺量。

5.3　无缝线路轨道

主 控 项 目

5.3.1　钢轨焊接接头应纵向打磨平顺,不得有低接头,钢轨焊接接头平直度应符合表 5.3.1 的规定。

表 5.3.1　钢轨焊接接头平直度允许偏差

序　号	检查项目	允许偏差(mm)
1	轨顶面	+0.3 0
2	轨头内侧工作面	±0.3
3	轨底(焊筋)	+0.5 0

5.3.2　道砟材质应符合现行《铁路碎石道砟》(TB/T 2140)中一级道砟标准。

检验数量:同一产地、同一级别的道砟,每 50 000 m^3 为一批,不足 50 000 m^3 时亦按一批计。施工单位每批抽检一次;监理单位全部见证检测。

检验方法:施工单位按现行《铁路碎石道砟》(TB/T 2140)中规定的方法进行检验,监理单位见证检测。

5.3.3　道砟进场时应对其品种、级别、外观等进行检验，其质量应符合现行《铁路碎石道砟》(TB/T 2140)中一级道砟标准。

检验数量：施工单位、监理单位全部检查。

检验方法：施工单位、监理单位全部检查生产检验报告和产品合格证。

5.3.4　正线道床分层铺砟整道应不少于三层(不含铺轨前摊铺道砟)，每层厚度应小于80 mm，最后一层为轨面高程调整层，其厚度应小于50 mm。每层铺砟后，应采用大型养路机械联合作业，一次拨道量不应大于50 mm。道床达到初期稳定阶段时，力学参数应符合以下规定：道床横向阻力不得低于7.5 kN/枕；道床支承刚度不得低于70 kN/mm。

检验数量：施工单位每5 km各检测一处，每处10根轨枕，分别求取平均值；监理单位见证检测数量为施工单位检验数量的20%。

检验方法：施工单位用轨枕刚度仪等专用仪器检测，监理单位检查施工单位检测记录并见证检测。

5.3.5　有砟道床达到稳定状态时，其状态参数应符合表5.3.5规定。状态参数实测最小值与平均值之差不应大于20%。

表5.3.5　有砟道床稳定状态参数指标(平均值)

参　数	道床支承刚度(kN/mm)	道床横向阻力(kN/枕)	道床纵向阻力(kN/枕)
测试值	≥100	≥10	≥12

检验数量：施工单位道床纵、横向阻力及支承刚度每5 km各检测一处，每处10根轨枕，分别求取平均值，有桥梁和隧道的区间应在桥隧范围内各抽检一处；监理单位见证检测施工单位检验数量的20%。

检验方法：施工单位用轨枕刚度仪等专用仪器检测，监理单位检查施工单位检测记录，并见证检测。

5.3.6　无缝线路轨道整理作业后，动态质量应检查局部不平顺(峰值管理)和线路区段整体不平顺(均值管理)。轨道动态质量管理值应符合表5.3.6—1～2规定。

表5.3.6—1　轨道动态几何尺寸容许偏差管理值(峰值管理)

项目	单位	作业验收管理标准	超限等级			
			保养管理标准	舒适度管理标准	临时补修管理标准	限速160 km/h标准
			Ⅰ	Ⅱ	Ⅲ	Ⅳ
高低	mm	4	6	8	11	14
轨向	mm	4	5	7	8	10
轨距	mm	+4 −2	+5 −3	+6 −4	+8 −6	+12 −8
水平	mm	4	6	8	10	13
扭曲(基长2.4 m)	mm	4	5	6	8	10
车体垂向加速度	g	0.10	0.10	0.15	0.20	0.225
车体横向加速度	g	0.06	0.06	0.10	0.15	0.175

注：1　各项偏差等级划分及扣分标准：超限等级一般分四级。Ⅰ级为保养标准，每处扣1分；Ⅱ级为舒适度标准，每处扣5分；Ⅲ级为临时补修标准，每处扣100分；Ⅳ级为限速标准，每处扣301分。

2　轨道动态质量用轨道检查车检查，以千米为单位进行动态评定，每千米扣分总数为各级、各项偏差扣分总和。扣分总数在300分及以下时为合格。

表 5.3.6—2 轨道质量指数(TQI)管理值(均值管理)

项目	高低	轨向	水平	轨距	扭曲	TQI
目标值	1.5×2	1.6×2	1.3	1.1	1.4	10.0

注:线路区段整体不平顺动态质量用轨道质量指数(TQI)评定。每200 m区段轨道质量指数(TQI)值应符合本表规定。轨道质量指数(TQI)超过管理值的线路应及时进行整修。

检验数量:建设单位、勘察设计单位、施工单位和监理单位全部检查。

检验方法:建设单位用轨道检查车全部检查。勘察设计单位项目负责人,施工单位项目负责人、技术负责人和监理单位总监理工程师参加。

5.3.7 有砟轨道整理作业后,静态几何尺寸允许偏差和检验方法应符合表5.3.7—1~2的规定。

表 5.3.7—1 有砟轨道允许偏差和检验方法

序号	项目		允许偏差(mm)	检验方法
1	轨距		±2	万能道尺量
2	轨向	直线	3	10 m 弦量
		曲线	表5.3.7—2	20 m 弦量
3	水平		3	万能道尺量
4	扭曲(基长6.25 m)		3	
5	高低		3	10 m 弦量

表 5.3.7—2 有砟轨道曲线正矢允许偏差(mm)

项目	实测正矢与计算正矢差		圆曲线正矢连续差	圆曲线最大最小正矢差
	缓和曲线	圆曲线		
允许偏差	2	3	4	5

检验数量:施工单位每5 km抽检两处,每处各抽检10个测点;监理单位见证检测数量为施工单位检测数量的20%。

5.3.8 无砟轨道整理作业后,静态几何尺寸允许偏差和检验方法应符合表5.3.8—1~2的规定

表 5.3.8—1 无砟轨道允许偏差和检验方法

序号	项目		允许偏差(mm)	检验方法
1	轨距		$^{+1}_{-2}$	万能道尺量
2	轨向	直线	2	10 m 弦量
		曲线	表5.3.8—2	20 m 弦量
3	水平		2	万能道尺量
4	高低		2	10 m 弦量
5	扭曲(基长6.25 m)		2	万能道尺量

表 5.3.8—2 无砟轨道曲线正矢允许偏差

项目	实测正矢与计算正矢差		圆曲线正矢连续差	圆曲线最大最小正矢差
	缓和曲线	圆曲线		
允许偏差	1	2	3	4

检验数量:每 2 km 抽检两处,每处各抽检 10 个测点;监理单位见证检测数量为施工单位检测数量的 20%。

5.3.9 无缝线路全线钢轨预打磨作业后,应检查钢轨平直度和钢轨横断面尺寸。钢轨平直度应符合设计要求。钢轨头部工作边实际横断面与理论横断面相比允许偏差为 ±0.3 mm。

检验数量:施工单位每 1000 m 检测一次;监理单位全部见证检测。

检验方法:仪器测量。

一 般 项 目

5.3.10 轨道达到初期稳定阶段时,其静态几何尺寸允许偏差和检验方法应符合表 5.3.10 规定。

表 5.3.10　轨道静态几何尺寸允许偏差和检验方法

序　号	项　目	允许偏差(mm)	检验方法
1	高低	4	10 m 弦量
2	轨向	4	直线 10 m 弦量,曲线 20 m 弦量
3	扭曲(基长 6.25 m)	4	万能道尺量
4	轨距	±2	万能道尺量
5	水平	4	万能道尺量

检验数量:每 5 km 抽检两处,每处各抽检 10 个测点。

5.3.11 有砟轨道整理作业后允许偏差和检验方法应符合表 5.3.11 规定。

表 5.3.11　有砟轨道整道允许偏差和检验方法

序　号	项　目		允许偏差(mm)	检验方法
1	中　线		30	尺　量
2	线间距		+20 0	
3	轨面高程	路基上	±20	水平仪测量
		建筑物上	±10	
		紧靠站台	+20 0	
4	轨枕空吊板(不得连续出现)		6%	观察检查
5	道床厚度		−20	尺　量
6	道床半宽		±20	
7	砟肩堆高		不得有负偏差	

检验数量:施工单位每 5 km 抽检两处,每处各抽检 10 个测点。

5.3.12 无砟轨道整理作业后,静态几何尺寸允许偏差和检验方法应符合表 5.3.12 规定。

表 5.3.12　无砟轨道整道允许偏差和检验方法

序　号	项　目	允许偏差(mm)	检验方法
1	中线	10	尺　量
2	线间距	+10 0	
3	轨面高程	±5	水准仪测量

检验数量:每 2 km 抽检两处,每处各抽检 10 个测点。

5.3.13 钢轨铝热焊焊缝距轨枕边不得小于100 mm。

检验数量：施工单位全部检查。

检验方法：尺量。

5.4 无缝道岔及钢轨伸缩调节器

主控项目

5.4.1 道岔整道后允许偏差及检验数量与方法应符合表5.4.1规定。

表5.4.1 道岔整道允许偏差及检验数量与检验方法

序号	检验项目		允许偏差(mm)	检验数量	检验方法
1	水平		3	10个点	水平仪测量
2	高低		3	5个点	10 m弦量
3	轨向	直线	3	5个点	10 m弦量
		支距	2		支距尺量

检验数量：施工单位全部检查；监理单位见证检测数量为施工单位检测数量的20%。

5.4.2 由道岔前端和辙叉跟端接头焊缝所决定的道岔全长偏差不得大于±20 mm。

检验数量：施工单位、监理单位全部检查。

检验方法：尺量。

一般项目

5.4.3 无缝道岔铺设允许偏差应符合表5.4.3规定。

表5.4.3 无缝道岔铺设允许偏差

序号	检验项目		允许偏差(mm)
1	道岔方向	直线(10 m弦量)	3
		导曲线支距	±2
2	轨 距	尖轨尖端	±1
		尖轨跟端	±1
		其他部位	±2
3	尖轨尖端至第一牵引点与基本轨密贴		缝隙≤0.2
4	尖轨其余部分与基本轨密贴		缝隙≤1
5	心轨尖端至第一牵引点与翼轨密贴		缝隙≤0.5
6	心轨其余部分与翼轨密贴		缝隙≤1
7	顶铁与尖轨或可动心轨轨腰的间隙		≤0.5
8	尖轨跟端非工作边与基本轨工作边开口距离		±1
9	尖趾距离		+10
10	可动心轨辙叉咽喉宽		±3
11	轮缘槽宽度		$^{+1}_{-0.5}$
12	动程(尖轨、可动心轨)		±3
13	道岔头、尾接头相错量		≤15
14	岔枕间距、偏斜		±10
15	尖轨尖端相错量		≤10

注：尖趾距离为可动心轨辙叉的长心轨实际尖端至翼轨趾端的距离。

检验数量:施工单位全部检查。

检验方法:尺量。

5.4.4 整道后允许偏差及检验数量与方法应符合表5.4.4规定。

表5.4.4 道岔整道允许偏差及检验数量与方法

检验项目		允许偏差(mm)	检验数量	检验方法
轨面高程与设计高程差	在有砟道床上	±20	3个点	水平仪测量
	在建筑物上	±10		

检验数量:施工单位全部检查。

5.4.5 钢轨伸缩调节器整道应符合以下标准:

1 轨向:单向调节器用12.5 m弦、双向调节器用25 m弦测量,每隔1 m检查一处,尖轨尖端至尖轨顶宽5 mm处范围内允许有4 mm的空线,其余范围内允许有2 mm的空线,不允许抗线;

2 轨面高低:用12.5 m弦测量不得大于3 mm,每组抽检3处;

3 钢轨水平差不得大于3 mm,每组抽检3处;

4 在6.25 m测量基线内,轨面扭曲不得大于3 mm。

检验数量:施工单位每组全部检查。

检验方法:尺量。

6 接 触 网

6.1 一 般 规 定

6.1.1 接触网工程施工前应按设计文件对支柱杆位进行定测,并应符合下列规定:

1 纵向测量应以正线钢轨为依据,从设计规定的起测点或1号、2号道岔开始。杆位因地形、地物需调整跨距以避让时,跨距调整幅度为设计跨距的$^{+1}_{-2}$ m,调整后的跨距不得大于设计允许最大跨距;

2 站场横向测量中,同组软横跨支柱、硬横梁支柱中心的连线应与正线中心线垂直;

3 隧道口的起测点,为隧道口顶部水平线与线路中心线的交点;对隧道悬挂点、定位点测量定位时,遇有隧道伸缩缝,不同断面接缝,石缝或明显渗水、漏水的地方应避开;悬挂点跨距可在$^{+1}_{-2}$ m的范围内调整,但调整后的跨距不得大于设计允许值。

4 桥支柱垂直线路中心线应吻合墩台中心线。

6.1.2 基坑开挖前施工单位必须进行基坑坑形设计,并按其施工。坑形设计应包含拉线锚板坑。基坑开挖后,地质情况与设计不符时,应及时与设计、监理联系,共同确认变更,施工应严格执行变更设计。

6.1.3 基础浇制前,应复核基坑位置、侧面限界、基础型号、外形尺寸、基坑深度、模型板位置等。

6.1.4 接触网基础在路基上施工时,应保证路基的完整和稳定。

6.1.5 混凝土搅拌和灌注以及直埋基础的回填应符合下列规定:

1 严格掌握水灰比和配合比。

2 在厚大无筋或稀疏配筋的结构中灌注混凝土时,填入片石的数量,不应大于混凝土结构体积的25%。

3 混凝土各种配料的拌和要均匀,灌注混凝土时,宜连续进行,如必须间断,对不掺外加剂的混凝土间歇时间不宜超过2h。基础的灌注应水平分层进行,逐层捣实。杯型基础应连续浇制,一次成型。

4 基础回填土,每回填0.3 m厚的土层夯实一次。

5 按设计规定装设横卧板和底板,横卧板应密贴支柱,不得有空隙及夹土。

6.1.6 杯型基础连续浇筑,一次成型。同一组硬横跨的两个基础,先浇筑完一个,再以该基础基准,检查、校核相对应的另一基坑位置,确认无误后再浇筑。

6.1.7 承力索、接触线应采用恒张力架线,架线张力偏差不得大于8%。接触网架设后应采用超拉或其他措施克服新线蠕变引起的初伸长。

6.1.8 接触线平直度应符合有关规定,并保证良好受流。

6.1.9 上部安装时,所有螺栓应采用力矩扳手紧固,紧固力矩应符合设计要求。严禁使用活口扳手。

6.1.10 先安装绝缘锚段关节的工作支部分的整体吊弦,后进行非工作支部分的调整。非工作支调整时,在悬挂点两边采用临时铁线悬吊,再将定位装置调整到位。中性段锚段的绝缘子串安装应从硬锚端向补偿端进行。

6.1.11 接触网送电开通前,采用 2 500 V 兆欧表,进行各供电臂的绝缘电阻测试试验和导通试验。送电开通的前一天,应按调度命令进行绝缘测试。

6.1.12 接触网检测、试验合格后试运行期间,可由建设单位组织热滑试验,热滑试验受流应良好。

6.2 基 础

主 控 项 目

6.2.1 运达现场的水泥、砂、石料、钢筋,应按批次进行检验,质量应符合国家标准并应与所配制混凝土的等级相适应。

检验方法和检验数量应符合现行铁道行业标准《铁路混凝土与砌体工程施工质量验收标准》(TB 10424)的规定。

6.2.2 在同条件养护下,基础(含拉线基础)的混凝土试块的抗压极限强度不得小于设计值。

检验数量:施工单位每 50 m^3 混凝土或每个小站一组混凝土试块(每组三块),大于 500 m^3的车站每 100 m^3 混凝土一组试块,拉线基础每一车站、区间一组混凝土试块。

检验方法:施工单位做混凝土抗压强度试验,监理单位见证取样检测,混凝土试块的抗压极限强度试验报告。

6.2.3 基础、拉线基础位置、杯型基础内杯底距基础面的距离应符合设计要求。同一组软、硬横跨两基础中心连线应垂直于车站正线,软横跨施工偏差不应大于 3°,硬横跨施工偏差不应大于 2°。

检验数量:施工单位全部检查、监理单位按施工单位检验数量的 10% 见证检验。

检验方法:测量检查。

6.2.4 同一组软、硬横跨的杯型基础底面及硬横跨实心基础底面高程应相等,相对误差不超过 50 mm。同组硬横跨两杯型基础杯底中心间距允许偏差为 ±50 mm。硬横跨两实心基础间距应符合横梁跨长的要求,施工偏差 ±20 mm 且每个杯型基础、实心基础的位置符合侧面限界要求。

检验数量:施工单位全部检查、监理单位按施工单位检验数量的 10% 见证检验。

检验方法:施工单位观察、水准仪、钢卷尺测量检查,监理单位平行检验。

一 般 项 目

6.2.5 相邻两跨之比不宜大于 1.15∶1,桥梁、隧道口、站场咽喉等困难地段不宜大于 1.25∶1。

检验数量:施工单位抽查不少于 30% 。

检验方法:观察、测量检查。

6.2.6 线路两侧和线路中间的基础顶面应高出路肩面 100 ~ 200 mm,低于相邻轨面 200 ~ 600 mm;站台及硬化路肩上的基础顶面应高于站台面 100 mm,允许偏差 ±30 mm。

拉线基础高出路肩面100 mm,施工偏差±20 mm。

检验数量:施工单位全部检查。

检验方法:观察、测量检查。

6.2.7　基础表面平整、棱角完整、无漏浆、露筋等现象。

检验数量:施工单位抽查不少于30%。

检验方法:观察检查。

6.2.8　基础外型尺寸、地脚螺栓外露长度、间距允许偏差应符合表6.2.8的规定。拉线基础排水面的尺寸应符合设计要求,并保证排水面顶点距锚杆环内沿的距离不小于100 mm。

表6.2.8　基础外型尺寸、地脚螺栓外露长度、间距允许偏差

序　号	项　　目	允许偏差(mm)
1	螺栓外露长度	±20
2	螺栓相互间距(法兰式混凝土支柱)	±2(±1)
3	螺栓中心位置(法兰式混凝土支柱)	±2(±1)
4	螺栓埋深	$^{+20}_{0}$
5	混凝土保护层	±10
6	基础横断面尺寸	±20

检验数量:施工单位全部检查。

检验方法:观察、测量检查。

6.2.9　腕臂柱杯型基础垂直于线路方向的中心线应与线路中心线垂直,偏差不大于3°。

检验数量:施工单位全部检查。

检验方法:观察、测量检查。

6.2.10　腕臂柱杯型基础杯底(含法兰式支柱基础)中心至线路中心的距离应符合设计要求,允许偏差为$^{+100}_{0}$ mm。

检验数量:施工单位全部检查。

检验方法:观察、钢卷尺测量检查。

6.2.11　腕臂柱杯型基础杯底高程应符合设计要求,允许偏差为±100 mm。

检验数量:施工单位全部检查。

检验方法:观察、水准仪、钢卷尺测量检查。

6.2.12　杯型基础外型尺寸应符合表6.2.12的规定。

表6.2.12　杯型基础外型尺寸允许偏差

序　号	项　　目	允许偏差值(mm)
1	杯口直径	$^{+50}_{0}$
2	杯　　深	$^{+50}_{0}$
3	顶面标高	$^{+50}_{0}$
4	杯壁厚度	±20

检验数量:施工单位全部检查。

检验方法:观察、测量检查。

6.3 定位器及定位装置

主控项目

6.3.1 金具、零配件运达现场应进行检查,其质量应符合《电力金具通用技术条件》(GB 2314)、《电气化铁道接触网零部件通用技术条件》(TB/T 2073)和《电气化铁道接触网零部件》(TB/T 2075)及有关标准的规定。外观质量且应符合下列规定:

1 规格应相符,零件配套齐全;

2 表面光滑,无裂纹、伤痕、砂眼、气泡等缺陷;

3 线夹与线索接触面应平滑、平整;并应与线索截面规格相符;

4 黑色金属制造的金属零件,均采取防腐措施。凡经热镀锌的零件,锌层均匀,无锌层剥落、漏镀、锈蚀现象;

5 螺杆与螺母的配合良好,并具有防缓措施。

检验数量:施工单位全部检查质量证明文件,外观按品种、牌号、批号抽检、监理单位按施工单位检验数量的10%进行外观检查。

检验方法:检查质量证明书和进行外观检查,并对主要受力件作机械性能检验。

6.3.2 定位器安装应符合设计要求,在平均温度时应垂直线路中心线,温度变化时,偏移量与接触线在该点的伸缩量应一致,其最大偏角不得大于18°。定位器倾斜度应符合设计要求,并应保证定位线夹处导线工作面与轨面连线平行。定位器的限位间隙应符合设计要求,允许偏差为±1 mm。

检验数量:施工单位抽查不少于30%;监理单位抽查不少于10%。

检验方法:观察、钢尺、坡度尺、异径塞尺测量检查。

6.3.3 设计无明确要求时定位管应水平,在平均温度时应垂直于线路中心线。定位管在支持器外露应在50~80 mm范围内,定位线夹处的导线工作面应与轨面平行。转换支柱处两定位器能分别随温度变化可自由移动,不卡滞,接触线非工作支和工作支定位器、管之间的间隙不小于50 mm,螺栓紧固力矩值符合设计要求。

检验数量:施工单位抽查不少于30%;监理单位抽查不少于10%。

检验方法:观察、尺量、力矩扳手测量检查。

6.3.4 复线上、下行两定位管间的绝缘距离不应小于2 000 mm,困难时不应小于1 600 mm。

检验数量:施工单位抽查不少于30%;监理单位抽查不少于10%。

检验方法:测量检查。

一般项目

6.3.5 定位器各部螺栓紧固牢靠,螺纹外露部分涂防腐油防腐(不锈钢除外),软定位器回头统一顺直。

检验数量:施工单位抽查不少于30%。

检验方法:观察检查、用力矩扳手测量。

6.3.6 固定定位器的定位管应水平,稍有上抬,定位管的斜拉线顺直,定位管外露部分大于100 mm。

检验数量:施工单位抽查不少于30%。

检验方法:观察、尺量检查。

6.3.7 腕臂顺线路偏移量应符合设计要求,允许偏差为±20 mm;定位管应与腕臂在同一垂面内,一般情况下应呈水平状。正定位抬头、反定位低头量应符合设计要求。

检验数量:施工单位抽查不少于30%。

检验方法:观察、测杆、坡度尺测量检查。

6.4 承力索、接触线架设

主控项目

6.4.1 线材运达现场应进行检查,承力索质量应符合相关标准的规定。铜、铜合金及铜包钢绞线不得有腐蚀、断股、交叉、折叠、硬弯、松散等缺陷;如有缺陷应按规定进行处理。接触线质量应符合铁道行业标准《铜接触线》(TB/T 2810)、《铜合金接触线》(TB/T 2821)的规定。

检验数量:施工单位全部检查质量证明文件,外观按品种、牌号、批号抽检、监理单位按施工单位检验数量的10%进行外观检查。

检验方法:检查质量证明书和进行外观检验。

6.4.2 承力索、接触线的线材规格、型号应符合设计要求。

检验数量:施工单位抽查不少于30%;监理单位抽查不少于10%。

检验方法:观察检查。

6.4.3 承力索、接触线应按设计锚段长度对号架设。承力索、接触线不得有接头。

检验数量:施工单位全部检查、监理单位按施工单位检验数量的10%见证检验。

检验方法:观察检查。

6.4.4 正线接触悬挂工作支改变方向时,该线与原方向的水平夹角不宜大于4°,困难情况不宜大于6°。

检验数量:施工单位全部检查、监理单位按施工单位检验数量的10%见证检验。

检验方法:观察、测量检查。

6.4.5 站场正线及重要线的接触线应在下方,侧线及次要线的接触线应在上方。

检验数量:施工单位全部检查、监理单位按施工单位检验数量的10%见证检验。

检验方法:观察检查。

6.4.6 承力索在楔型线夹内的回头长度应符合设计规定,允许偏差300~500 mm。回头和本线的绑扎长度为100 mm允许偏差±10 mm。

检验数量:施工单位全部检查、监理单位按施工单位检验数量的10%见证检验。

检验方法:观察、测量检查。

一般项目

6.4.7 张力补偿装置应符合设计要求,补偿绳应无磨支柱和拉线现象,坠砣完整无损。

检验数量:施工单位抽查不少于30%。

检验方法:观察检查。

6.5 接触悬挂

主控项目

6.5.1 接触悬挂空气绝缘不得小于表6.5.1的规定。

表6.5.1 空气绝缘间隙值(mm)

序号	有关情况		正常值	困难值
1	绝缘锚段关节两悬挂点间隙	一般情况(适用于任何高程)	450	—
		吸流变压器处	300	—
2	同回路自耦变压器供电线带电体距接触悬挂或供电线带电体间隙		500	450
3	25 kV带电体距固定接地体间隙		300	240
4	25 kV带电体距机车车辆或装载货物间隙		350	—
5	受电弓振动至极限位置和导线被抬起的最高位置距接地体的瞬时间隙		200	160
6	隔离开关引线、电连接接线(包括跨另一支接触悬挂时)及自耦变压器供电线,供电线跳线距接地体间隙		330	—
7	在对向风吹,风速为13 m/s时,25 kV带电体与自耦变压器中线或保护线的间隙		250	—
8	绝缘元件接地侧裙边距接地体间隙(适用于任何高程)	瓷及钢化玻璃绝缘子	100	75
		复合绝缘子	50	—
9	25 kV带电体距跨线建筑物底部的静态间隙		500	300

注:1 污秽地区的绝缘泄漏距离增大时,表6.5.1中所列的空气绝缘间隙值可不增大;

2 在高程大于1 000 m的地区,表6.5.1中所列空气绝缘间隙值应进行修正;

3 在既有的低净空隧道、跨线桥等建筑物范围内,采用正常间隙确有困难时,方可采用表6.5.1中的困难值,并应相应采取防雷措施,但重雷区及海岸线10 km以内的区段的空气绝缘间隙,应采用正常值。

检验数量:施工单位全部检查、监理单位按施工单位检验数量的10%见证检验。

检验方法:尺量检查。

6.5.2 接触线悬挂点距轨面的高度应符合设计要求,允许偏差不应大于±30 mm。接触线距轨面的最高高度不宜大于6 000 mm,最低高度不应小于5 700 mm。且应符合下列规定:

1 定位点两侧第一吊弦处接触线高度应等高,相对该定位点的接触线高度允许偏差为±10 mm,但不得出现"V"字形;

2 接触线工作支悬挂点高度变化时,其坡度不大于2‰,坡度变化率不大于1‰;

3 两相邻悬挂点等高相对差不得大于20 mm。

检验数量:施工单位全部检查监理单位按施工单位检验数量的10%见证检验。

检验方法:测杆量检查。

6.5.3 同一跨内相邻吊弦处的导高差应符合设计预留弛度的要求,允许偏差不得大于5 mm。

检验数量:施工单位抽查不少于30%;监理单位抽查不少于10%。

检验方法:观察、测量检查。

6.5.4 接触线拉出值的布置应符合设计要求,允许偏差 ±30 mm。在任何情况下其导线偏移值(相对于受电弓中心)不宜大于400 mm。

检验数量:施工单位全部检查、监理单位按施工单位检验数量的10%见证检验。

检验方法:施工单位测杆量或冷滑车测量,监理单位平行检验。

6.5.5 电分段锚段关节内两接触线间接触悬挂其他各带电部分的绝缘距离应符合设计要求,允许偏差 ±50 mm,四跨关节中心柱、五跨关节两中心转换柱跨中间两接触线应等高,并应符合设计要求。

检验数量:施工单位全部检查;监理单位抽查不少于10%。

检验方法:测杆量检查。

6.5.6 电不分段锚段关节转换支柱处,两接触线间垂直,水平距离应符合设计要求,允许偏差 ±20 mm,四跨关节中心柱、五跨关节两中心转换柱跨中间两接触线应等高,并应符合设计要求。

检验数量:施工单位全部检查;监理单位抽查不少于10%。

检验方法:测杆量检查。

6.5.7 全补偿简单链形悬挂接触线跨中预留弛度应符合设计要求。

检验数量:施工单位全部检查;监理单位抽查不少于10%。

检验方法:测杆量检查。

6.5.8 双线电气化区段,上、下行接触网带电体间距离,正常情况下不应小于2 000 mm,困难时不应小于1 600 mm。

检验数量:施工单位全部检查、监理单位按施工单位检验数量的10%见证检验。

检验方法:尺量检查。

一般项目

6.5.9 非绝缘锚段关节两承力索接触线水平间距应符合设计要求,允许偏差 ±30 mm;垂直方向抬升量应符合设计要求。

检验数量:施工单位全部检查。

检验方法:观察、测量检查。

6.5.10 绝缘锚段关节转换柱处的绝缘串距悬挂点的距离应符合设计要求,允许偏差为 ±50 mm,承力索接触线绝缘子串应对齐,允许偏差为 ±50 mm。

检验数量:施工单位全部检查。

检验方法:观察、测量检查。

6.6 补偿装置

主控项目

6.6.1 承力索、接触线在补偿器处的张力应符合设计要求,补偿坠陀串的质量允许偏差为 ±1%。同一锚段两坠陀串质量的相对偏差不大于1%。限制架安装应符合设计要求,补偿传动灵活,砣串无卡滞现象。

检验数量:施工单位全部检查;监理单位抽查不少于10%。

检验方法:观察、称量检查。

一般项目

6.6.2 张力补偿器的调整应符合设计安装曲线,坠砣距地面偏差不大于±200 mm,在任何情况下距地面不得小于200 mm。坠砣完整、码放整齐、表面光洁,连接螺栓紧固牢靠,螺栓外露部分涂防腐油。

检验数量:施工单位全部检查。

检验方法:尺量,观察检查。

6.7 线 岔

主控项目

6.7.1 线岔运达现场应对其外观进行检查,其质量应符合铁道行业标准《电气化铁道接触网零部件》(TB/T 2075)及其他有关规定。

检验数量:施工单位全部检查质量证明书,外观按品种、牌号、批号抽检、监理单位按施工单位检验数量的10%进行外观检查。

检验方法:检查质量证明书和进行外观检查。

6.7.2 交叉线岔道岔定位柱位置及拉出值应保证两接触线交叉点位于设计规定的范围内,拉出值不应大于400 mm。非支抬升量应符合设计要求。

检验数量:施工单位、监理单位全部检查。

检验方法:尺量、测量、线坠测量检查。

6.7.3 岔区腕臂顺线路偏移量应符合设计要求,允许偏差为±20 mm,两支承力索垂直间隙不应小于60 mm。

检验数量:施工单位全部检查、监理单位按施工单位检验数量的10%见证检验。

检验方法:观察、测量检查。

6.7.4 在直侧股线间距800 mm处,两接触线应位于受电弓的同一侧,线岔始触区不得安装任何线夹。

检验数量:施工单位、监理单位全部检查。

检验方法:测杆量、观察检查。

6.8 空气间隙绝缘锚段关节式电分相装置

主控项目

6.8.1 绝缘锚段关节带电部分的空气绝缘间隙应符合设计规定,允许偏差为$^{+50}_{0}$ mm。

检验数量:施工单位全部检查、监理单位按施工单位检验数量的10%见证检验。

检验方法:测量检查。

6.8.2 五跨绝缘锚段关节转换跨内两接触线等高处,接触线高度比正常高度应高出40 mm,允许偏差为±10 mm。

检验数量:施工单位全部检查、监理单位按施工单位检验数量的10%见证检验。

检验方法:测量检查。

6.8.3 自动过分相装置的地面传感器的纵向距离应符合设计要求,允许偏差为±1 m。

检验数量:施工单位全部检查、监理单位按施工单位检验数量的 10% 见证检验。

检验方法:观察、测量检查。

一般项目

6.8.4 自动过分相装置分段处的绝缘子串的安装位置应符合设计要求,允许偏差为 ±50 mm,承力索、接触线两绝缘子串中心应对齐,允许偏差为 ±30 mm。分相中性区的长度应符合设计要求,允许偏差为 $^{+500}_{0}$ mm。

检验数量:施工单位全部检查。

检验方法:观察、测量检查。

6.9 试验、动态检测及送电开通

主控项目

6.9.1 冷滑试验及送电开通前,应对影响安全运营的路内、外电力线路,建筑物及树木进行全面检查。并应符合下列规定。

1 电力线跨越接触网时,距接触网的垂直距离应符合有关规定;

2 跨越接触网的立交桥及构筑物防护栅网安装应符合设计要求,安装牢固,接地良好;

3 接触网距树木间的最小距离,水平不应小于 3.5 m,垂直不应小于 3.0 m。

检验数量:施工单位全部检查;监理单位抽查不少于 10% 。

检验方法:观察、尺量检查。

6.9.2 冷滑试验及送电开通前,应对接触网进行检测,确认支持装置、定位装置、锚段关节及线岔等部位均应在受电弓动态包络线范围以外。

检验数量:施工单位、监理单位全部检查。

检验方法:施工单位采用动态包络线检查尺测试及观察检查;监理单位见证。

6.9.3 接触网全部竣工后,在开通前应进行冷滑试验检测。冷滑试验分三次进行:第一次以 10 N 弓网静态压力、20 km/h 速度,第二次以 70 N 弓网静态压力、30 ~ 40 km/h 速度,第三次以不小于 70 N 弓网静态压力,80 km/h 速度,分别对接触线高度及抬升量、拉出值、冲击加速度进行检测。

检验数量:施工单位、监理单位全部检查。

检验方法:施工单位冷滑车检验,监理单位见证试验。

6.9.4 受电弓在正常情况下距接地体瞬时间隙不应小于 200 mm,困难情况下不应小于 160 mm。

检验数量:施工单位全部检查;监理单位抽查不少于 10% 。

检验方法:施工单位尺量、冷滑车检验,监理单位见证试验。

6.9.5 吊弦线夹、定位线夹、接触线接头线夹、中心锚结线夹、电连接线夹、分段绝缘器、分相绝缘器、线岔等无碰弓现象和不允许的硬点。

检验数量:施工单位、监理单位全部检查。

检验方法:施工单位观察、冷滑车检验,监理单位见证试验。

6.9.6 开通前应以开通速度进行接触网动态检测,当受电弓静态抬升力为 70 ± 10 N 且单弓运行时,接触网的动态特性应符合表6.9.6的规定。

表6.9.6 接触网动态特性参数

行车速度(km/h)	冲击加速度(G)		弓网动态接触压力(N)			受电弓上下晃动量(mm)	受电弓左右摆动量(mm)	
	垂直	水平	最大	最小	标准偏差		直线段	曲线段
$v=200$	<60	<30	200	40	24	≤160	≤250	≤300

检验数量:施工单位、监理单位全部检查。

检验方法:施工单位利用在线运行机车结合热滑试验,监理单位见证试验。

6.9.7 开通区段接触网绝缘良好。接触网送电后,各供电臂始终端确有电。

检验数量:施工单位全部检查各供电臂;监理单位抽查不少于10%。

检验方法:施工单位用2 500 V兆欧表测试,用35 kV高压验电器验电或在分区所控制盘观察,监理单位见证试验。

7 信　号

7.1 一 般 规 定

7.1.1 信号设备除车辆减速器、限界检查器、轨道接触器外，任何部分不得侵入建筑接近界限。

7.1.2 轨道电路室外设备的安装不应妨碍大型养路机械作业。

7.1.3 信号光电缆、综合地线的敷设应与相关专业做好施工协调，并不应影响路基的稳定性。

7.1.4 在桥梁、隧道、站场及站台等特殊地点信号光电缆应严格按照设计路径敷设。

7.2 标 志 牌

主 控 项 目

7.2.1 各种标志牌进场应对其外观质量进行检查验收，并按照相关产品标准的要求对以下项目进行检测：

1 反光牌外观完整，无裂纹、破损；

2 支柱无裂纹、破损，无弯曲；

3 混凝土强度等级应达到 C20。

检验数量：施工单位全部检查；监理单位抽查不少于 10%。

检验方法：检查质量证明文件、观察、检测检查。

7.2.2 信号标志牌的规格、型号、安装位置及限界应符合设计要求。

检验数量：施工单位、监理单位全部检查。

检验方法：观察检查。

7.2.3 标志牌反光显示距离应大于 200 m。

检验数量：施工单位全部检验；监理单位抽查不少于 10%。

检验方法：观察、测量检查。

7.2.4 禁停标志牌顶面距轨面宜为 2 m。

检验数量：施工单位、监理单位全部检查。

检验方法：观察、测量检查。

一 般 项 目

7.2.5 信号标志牌应清晰明显，埋设牢固可靠，便于瞭望。

检验数量：施工单位全部检查。

检验方法：观察检查。

7.3 转辙装置安装装置

主 控 项 目

7.3.1 安装装置进场应进行验收,各组成部件应完好齐全,其质量及规格型号符合相关产品标准的规定及设计要求。

检验数量:施工单位、监理单位全部检查。

检验方法:检查质量证明文件,观察、量测检查。

7.3.2 安装在道岔上的安装装置的规格、型号及安装方式应符合设计要求。

检验数量:施工单位全部检查;监理单位抽查不少于10%。

检验方法:观察、测量检查。

7.3.3 安装装置的安装应符合下列要求:

1 固定长基础角钢的角形铁应与钢轨密贴(轨腰除外);

2 长基础角钢应与单开道岔直股基本轨或对称道岔中心线垂直,其偏移不得大于20 mm;

3 固定道岔转换设备的短基础角钢应与长基础角钢垂直;

4 密贴调整杆、表示杆或锁闭杆、尖端杆、第一连接杆与长基础角钢之间应平行,其前后偏差各不大于20 mm;

5 各部绝缘及铁配件安装正确,不遗漏,不破损。

检验数量:施工单位全部检查;监理单位抽查不少于10%。

检验方法:观察、测量检查。

7.3.4 密贴调整杆动作时,其空动距离不得小于5 mm。

检验数量:施工单位全部检查;监理单位抽查不少于10%。

检验方法:测量、试验检查。

7.3.5 多点、多机牵引的大号码道岔转辙装置各牵引点应确保道岔正常转换,动作协调。

检验数量:施工单位、监理单位全部检查。

检验方法:观察、测量检查。

7.3.6 多点、多机牵引道岔各牵引点处连接杆与基本轨的间隙不得大于设备技术文件的要求。当道岔第一连接杆处尖轨与基本轨间有4 mm及其以上间隙时,转辙机不得锁闭。

检验数量:施工单位、监理单位全部检查。

检验方法:观察、测量检查。

7.3.7 固定接头铁的螺栓头部与基本轨不得相碰。

检验数量:施工单位全部检查;监理单位抽查不少于10%。

检验方法:观察、试验检查。

一 般 项 目

7.3.8 各部螺栓应紧固,开口销齐全,开口销双臂对称劈开角度应为60°~90°。

检验数量:施工单位全部检查。

检验方法:观察检查。

7.3.9 各种连接杆的调整丝扣余量,内外不得小于10 mm。

检验数量：施工单位抽查不少于 20% 。

检验方法：观察、测量检查。

7.3.10　安装装置应涂灰色调合漆（丝扣部分及采用镀锌杆件除外），无脱皮、反锈、鼓泡现象。

检验数量：施工单位全部检查。

检验方法：观察检查。

7.4　转辙机

主控项目

7.4.1　转辙机进场应对其外观进行检查，并按现行相关行业标准的规定对下列项目进行检测：

1　轨辙机整机密封性能检查；

2　接点间隙、接触效果检查；

3　拉力试验；

4　绝缘电阻测试。

检验数量：施工单位、监理单位全部检查。

检验方法：检查产品质量证明文件，观察检查。对于施工单位无能力进行检测的项目则由所属电务段或建设单位指定检测单位进行检测并出具检测报告，监理单位检查检测报告（记录）。

7.4.2　道岔上安装的转辙机的型号、规格及位置应符合设计要求。

检验数量：施工单位、监理单位全部检查。

检验方法：观察、测量检查。

7.4.3　各种动力转辙机连接应牢固，安装应符合设计规定。

检验数量：施工单位、监理单位全部检查。

检验方法：观察、测量检查。

7.4.4　转辙机摇把孔的堵板开、关灵活；当插入摇把或开启机盖时，安全接点应断开；当锁好机盖时，该接点应接触良好。

检验数量：施工单位、监理单位全部检查。

检验方法：观察检查。

7.4.5　多点、多机牵引道岔的各交流电动转辙机相位应一致。

检验数量：施工单位、监理单位全部检查。

检验方法：观察、测量检查。

7.4.6　转辙机的内部配线应符合下列要求：

1　采用多股铜芯绝缘软线，其截面积不得小于 1.5 mm^2。

2　绝缘软线不得有损伤、老化现象。

3　绝缘软线不得有中间接头。

4　绝缘软线两端芯线可用爪形线环、铜线绕制线环或焊接式并行线环等方式做头。

检验数量：施工单位全部检查；监理单位抽查不少于 20% 。

检验方法：观察检查。

一 般 项 目

7.4.7 转辙机应涂灰色调合漆(丝扣部分及采用镀锌杆件除外),无脱皮、反锈、鼓泡现象。

检验数量:施工单位全部检查。

检验方法:观察检查。

7.4.8 转辙机名称的书写应符合下列要求:

1 名称应书写在转辙机盖子上,名称符号应与竣工图相符。

2 名称书写应用白色调合漆,字体大小为60 mm×40 mm。

检验数量:施工单位抽查不少于20%。

检验方法:观察检查。

7.5 轨 旁 设 备

主 控 项 目

7.5.1 各种轨道电路轨旁设备、器材进场应对其包装、外观进行检查验收,并对轨道变压器、扼流变压器进行检测,其结果应符合相关产品标准的规定,检测项目如下:

1 变压器输出电压(电流)测试;

2 变压器变压比测试;

3 变压器绝缘电阻测试。

检验数量:施工单位全部检查;监理单位抽查不少于10%。

检验方法:检查质量证明文件,观察、检测检查。对于施工单位无能力进行检测的项目则由所属电务段或建设单位指定检测单位进行检测并出具检测报告,监理单位检查检测报告(记录)。

7.5.2 轨道电路轨旁设备安装方式应符合设计要求。

检验数量:施工单位、监理单位全部检查。

检验方法:观察、测量检查。

7.5.3 轨道电路的限流装置应调整适当,严禁拆除变阻器的止挡。

检验数量:施工单位、监理单位全部检查。

检验方法:观察检查。

7.5.4 轨道电路调谐设备、匹配设备以及电缆模拟装置的调整使用端子、变压器变比设置符合设计要求,配线正确。

检验数量:施工单位、监理单位全部检查。

检验方法:观察、测量检查。

7.5.5 轨旁设备的配线应符合下列规定:

1 配线应采用截面积不小于1.5 mm^2 的多股铜芯塑料绝缘软线,或符合设计要求;

2 绝缘软线不得有破损、老化和中间接头现象。

检验数量:施工单位、监理单位全部检查。

检验方法:观察检查。

7.5.6 轨旁设备的安装位置应符合设计规定,并不得影响大型养路机械的作业。

检验数量:施工单位全部检查;监理单位抽查不少于10%。

检验方法:观察、测量检查。

一般项目

7.5.7 绝缘软线两端芯线应用爪型线环、铜线绕制线环或冷压接线端子压接等方式做头及连接,采用线环方式连接的其线环直径应比所上端子大0.5~1.0 mm,与箱盒及设备的接线端子连接紧密,无松动现象。

检验数量:施工单位全部检查。

检验方法:观察检查。

7.6 钢轨绝缘

主控项目

7.6.1 轨道电路钢轨绝缘(包括普通机械绝缘、胶接绝缘和电气绝缘)进场应进行检查,各组成部件应完好齐全,规格、型号符合设计要求,其质量符合相关产品标准的规定。

检验数量:施工单位全部检查;监理单位检查不少于10%。

检验方法:检查质量证明文件,观察检查。

7.6.2 在交流电力牵引区段,当交叉渡线上的两轨道电路区段均位于电化范围并均装设有扼流变压器时,应按设计图位置加装钢轨绝缘,将相邻两轨道电路隔开。

检验数量:施工单位、监理单位全部检查。

检验方法:观察检查。

7.6.3 钢轨绝缘的设置位置应符合设计要求,如设计位置安装困难可在以下范围内进行调整:

1 进站、接车进路和单线双方向自动闭塞区间的并置通过色灯信号机处的钢轨绝缘,可装在信号机前方1 m或后方1 m的范围内;

2 出站(包括出站兼调车)或发车进路信号机、自动闭塞区间的单置通过色灯信号机处的钢轨绝缘,可装在信号机前方1 m或后方6.5 m的范围内;

3 调车信号机处的钢轨绝缘,可装在信号机前方1 m或后方1 m的范围内。

检验数量:施工单位全部检查;监理单位抽查不少于20%。

检验方法:施工单位测量检查,监理单位平行检验。

7.6.4 无绝缘轨道电路的设置位置及无绝缘移频轨道电路(1 500~3 000 Hz)的调谐区长度应符合设计要求。靠近信号机的调谐单元应设在信号机后方1±0.5 m的范围,逆向行车的停车标志牌应设在另一调谐单元外方1±0.5 m的范围。

检验数量:施工单位全部检查;监理单位抽查不少于20%。

检验方法:测量检查。

7.6.5 轨道电路的两钢轨绝缘应并列安装,不能并列安装时,错开的距离(死区段)不宜大于2.5 m,既有旧结构道岔内的死区段不得大于5 m。两相邻死区段的间隔或与死区段相邻轨道电路的长度不宜小于18 m;死区段的长度小于2.1 m时,上述间隔可小于18 m,但不得小于15 m。

检验数量:施工单位、监理单位全部检查。

检验方法:观察、测量检查。

7.6.6 安装有扼流变压器的两相邻轨道电路区段间不得有死区段(交叉渡线增加分隔绝缘处的死区段除外)。

检验数量:施工单位、监理单位全部检查。

检验方法:观察检查。

7.6.7 设在警冲标内方的钢轨绝缘,除渡线外,其安装位置距警冲标计算位置不得小于3.5 m,距警冲标实际位置不得大于4 m。

检验数量:施工单位、监理单位全部检查。

检验方法:观察、测量检查。

7.6.8 异型钢轨接头处及平交道口路面范围内不得安装钢轨绝缘。

检验数量:施工单位、监理单位全部检查。

检验方法:观察检查。

7.6.9 驼峰分路道岔区段的钢轨绝缘,一般设在保护区段的短轨头部,另一端设在基本轨和导曲轨末端。当出现后续道岔保护区段一侧为前一道岔的辙叉时,可只在另一侧安装钢轨绝缘。

检验数量:施工单位全部检查;监理单位抽查不少于20%。

检验方法:观察检查。

一 般 项 目

7.6.10 在钢轨上施工安装的各种装置(轨距杆、各种连接杆等),其绝缘部分的配件应齐全、完整无损,绝缘良好。

检验数量:施工单位抽查不少于10%。

检验方法:观察、测量检查。

7.6.11 钢轨绝缘安装应符合下列要求:

1 钢轨绝缘的配件齐全、无损伤,安装正确;

2 相邻两螺栓应相对应安装,紧固无松动;

3 轨端绝缘的顶部应与轨面平齐。

检验数量:施工单位抽查不少于10%。

检验方法:观察检查。

7.6.12 胶接式钢轨绝缘的绝缘体与钢轨连接牢固,无松动现象。

检验数量:施工单位全部检查。

检验方法:观察检查。

7.7 机车信号车载设备

主 控 项 目

7.7.1 车载设备进场应进行验收,附件、备件完整齐全,质量符合相关产品标准的规定和设计要求。

检验数量:施工单位、监理单位全部检查。

检验方法:检查质量证明文件,观察、测试检查。

7.7.2 测速装置应固定牢固,并与轮轴运转同步。

检验数量:施工单位、监理单位全部检查。

检验方法:观察检查。

7.7.3 天线安装应牢固,并有防松动措施。

检验数量:施工单位、监理单位全部检查。

检验方法:观察、测量检查。

7.7.4 电源及主机设备安装应符合下列要求:

1 设备的规格、型号及安装位置,应符合设计文件规定;

2 设备安装牢固,应防震、防潮湿;

3 零、部件及插接件应齐全、紧固,并有防松措施;

4 车载设备电源不得接入其他用电设备;

5 机柜接地线焊接位置应准确,焊接牢固,并做防腐处理。

检验数量:施工单位、监理单位全部检查。

检验方法:观察、测量检查。

7.7.5 咸应器安装应符合下列要求:

1 咸应器的规格、型号,应符合设计文件规定;

2 安装位置、高度、角度,均应符合设计图纸的要求;

3 设备安装稳固,配线正确美观;

4 插接件必须接触紧密,防松动措施可靠。

检验数量:施工单位、监理单位全部检查。

检验方法:观察、测量检查。

7.7.6 敷设在机车外部的电线管路应采用钢管,敷设在机车内部时可采用塑料管或钢管。

检验数量:施工单位、监理单位全部检查。

检验方法:观察检查。

7.7.7 绝缘软线不得有损伤、老化现象及中间接头。

检验数量:施工单位、监理单位全部检查。

检验方法:观察检查。

一 般 项 目

7.7.8 电线管路的内壁、管口应光滑无毛刺,管接头连接牢固,管口应防护。

检验数量:施工单位全部检查。

检验方法:观察检查。

7.7.9 焊接部件、铁管管路时,应涂防锈漆和调和漆。

检验数量:施工单位全部检查。

检验方法:观察检查。

7.8 机车信号地面设备

主 控 项 目

7.8.1 点式应答设备的规格、型号、质量应符合设计要求。

检验数量:施工单位、监理单位全部检查。

检验方法：检查质量证明文件，观察检查。

7.8.2 点式应答设备设置位置应符合设计要求。应答器安装应稳固，并不得侵入限界。

检验数量：施工单位、监理单位全部检查。

检验方法：观察、测量检查。

7.8.3 点式环线的设置位置、采用电缆的型号及有效长度、交叉距离应符合设计要求。

检验数量：施工单位、监理单位全部检查。

检验方法：观察、测量检查。

7.8.4 环线电缆安装应自然平直，各紧固件固定牢固、可靠。环线电缆沿钢轨内侧敷设时，应用轨底夹固定于轨腰，其高度必需统一且满足车辆限界要求，相邻两轨底夹间距不得大于280 mm；环线电缆敷设在线路中间时，应在轨枕间环经敷设线路上埋设小水泥枕，并将环线固定在水泥枕上，水泥枕顶面应不高于轨枕顶面。

检验数量：施工单位全部检查；监理单位抽查不少于10%。

检验方法：观察、测量检查。

7.8.5 环线电缆应采用非金属防护管防护，防护管拐点、三通、接头部位应连接可靠、紧密。

检验数量：施工单位全部检查；监理单位抽查不少于10%。

检验方法：观察、测量检查。

7.8.6 涉及安全的关键点式传输设备应具备自检功能，并纳入联锁电路中检查。

检验数量：施工单位、监理单位全部检查。

检验方法：观察、测量检查。

7.8.7 点式环线的载频、调整电流值等符合设计要求。

检验数量：施工单位、监理单位全部检查。

检验方法：观察、测量检查。

一 般 项 目

7.8.8 地面环线的安装应平直、牢固，不得出现蛇形状。

检验数量：施工单位全部检查。

检验方法：观察检查。

7.9 电缆线路敷设

主 控 项 目

7.9.1 信号电缆进场应进行验收，对其绝缘电阻等主要参数进行测试；普通电缆线间绝缘电阻及任意芯线对地绝缘电阻阻值不得小于500 MΩ/km，综合扭绞电缆线间绝缘电阻及任意芯线对地绝缘电阻阻值不得小于3 000 MΩ/km。铁路内屏蔽数字信号电缆应对其绝缘电阻等主要参数进行测试；在20 ℃时铁路内屏蔽数字信号电缆导线直流电阻（芯线直径1.0 mm）不应大于23.5 Ω/km，工作线对导体电阻不平衡不应大于1%，芯线间、芯线对地绝缘电阻不应小于10 000 MΩ/km，屏蔽四线组的工作电容应为29 ±2 nf/km。特殊规格的电缆，电气特性应符合相关产品标准的规定及设计要求。

检验数量：施工单位全部检查；监理单位抽查不少于10%。

检验方法：检查质量证明文件，观察、用 500V 兆欧表（或高阻兆欧表）等测试检查。

7.9.2　敷设的信号电缆型号、规格应符合设计要求。当需变更时，应经设计同意，并应满足下列要求：

1　用同型号不同芯数的信号电缆替代时，其替代后的备用芯线数应满足设计要求；

2　低电容扭绞信号电缆可以替代普通（非扭绞）信号电缆；

3　铝护套信号电缆可以替代综合护套信号电缆及普通铠装信号电缆，综合护套信号电缆可以替代普通铠装信号电缆；

4　终端接续器材及有关工艺必须满足变更条件。

检验数量：施工单位、监理单位全部检查。

检验方法：观察检查。

7.9.3　铁路内屏蔽数字信号电缆屏蔽四芯组应成对使用；2 对以上的备用芯线应有一个完整的内屏蔽四芯组。务用电缆应成“U”形布放，排列整齐。

检验数量：施工单位全部检查；监理单位抽查不少于 10%。

检验方法：观察、测量检查。

7.9.4　信号电缆的敷设方式应符合设计要求。

检验数量：施工单位、监理单位全部检查。

检验方法：观察检查。

7.9.5　电缆径路的选择应符合设计及定测要求。

检验数量：施工单位、监理单位全部检查。

检验方法：观察检查。

7.9.6　电缆埋设深度应符合设计要求。

检验数量：施工单位、监理单位全部检查。

检验方法：观察、测量检查。

7.9.7　电缆每端储备长度应符合设计要求。

检验数量：施工单位全部检查，监理单位抽查不少于 20%。

检验方法：观察、测量检查。

7.9.8　区间电缆的埋深及防护方式应符合下列要求：

1　区间干线电缆可采用电缆槽防护；必须设于路肩上的光、电缆及冻害地区光、电缆应设于水泥槽或其他阻燃材料制造的电缆槽内。路肩上埋设电缆（电缆槽）必须填平夯实，保证路肩完整性。

2　区间电缆埋深及防护方式应符合表 7.9.8 规定。

表 7.9.8　区间电缆埋深及防护方式

序　号	敷设地段	防护方式	埋深（mm）
1	土质地带（路肩外）	直　埋	1 200
2	土质地带（路肩上）	电缆槽	上盖板距地面≥400
3	石质地带	电缆槽或钢管	上盖板或钢管顶面距地面≥300
4	水　田	直　埋	1 400
5	穿越公路（距路面基底）	钢　管	1 200
6	穿越沟渠	钢　管	1 200
7	市区人行道	钢　管	1 000

检验数量:施工单位全部检查;监理单位抽查不少于10%。

检验方法:观察、测量检查。

7.9.9 电缆埋设标混凝土基础的强度应达到设计要求。电缆埋设标表面平整光洁并无明显丢边掉角现象。

检验数量:施工单位全部检查;监理单位抽查不少于20%。

检验方法:观察检查,对混凝土基础的强度施工单位见证取样试验,监理单位检查施工单位试验记录。

一般项目

7.9.10 电缆埋设标的位置应符合下列要求:

1 电缆转向或分支处;

2 当长度大于200 m的电缆径路,中间无转向或分支电缆时,应每隔不到100 m处;

3 电缆地下接续处;

4 电缆穿越障碍物而需标明电缆实际路径的适当地点(如路口、桥涵、隧、沟、管、建筑物等处);

5 根据埋设地点的不同,电缆埋设标上应标明埋深,直线、拐弯或分支等,地下接续处应标写"接续标"字样及接头编号。

检验数量:施工单位抽查不少于20%。

检验方法:观察检查。

7.10 防雷及接地装置

主控项目

7.10.1 信号防雷设备及材料进场应对其包装及外观进行检查验收,并根据相关产品标准的规定进行下列试验:

1 防雷变压器的冲击耐压试验;

2 氧化锌压敏电阻漏电流测试;

3 瞬变电压抑制器击穿试验;

4 金属陶瓷放电管直流点火电压试验。

检验数量:施工单位全部检查;监理单位抽查不少于20%。

检验方法:检查质量证明文件,观察、检测检查。对于施工单位无能力进行检测的项目则由所属电务段或建设单位指定检测单位进行检测并出具检测报告,监理单位检查检测报告(记录)。

7.10.2 区间等电位线(贯通地线)、信号设备机房接地网及环形接地装置的设置应符合设计要求;接地电阻值在接地体任一点测量应≤1Ω。

检验数量:施工单位、监理单位全部检查。

检验方法:测量检查。

7.10.3 贯通地线的接续采用直型接续和分歧型接续;铜缆对接(或分歧并联)应采用焊接或压接技术,接续的防护方式可采用热缩套管或符合设计要求。

检验数量:施工单位、监理单位全部检查。

检验方法:观察检查。

7.10.4 环形接地装置的埋深应不小于1.2 m,并避开通过有腐蚀性物质区域。

检验数量:施工单位、监理单位全部检查。

检验方法:测量检查。

7.10.5 靠近贯通地线一侧的环形接地装置或地网应每间隔2~3 m用截面积不低于50 mm^2裸铜线与贯通地线焊接一次,保证连接可靠。

检验数量:施工单位、监理单位全部检查。

检验方法:测量检查。

7.10.6 信号设备机房条件具备时,应设置网格地线;网格地线的设置方式应符合设计要求。

检验数量:施工单位、监理单位全部检查。

检验方法:观察、测量检查。

7.10.7 网格地线应每隔5~7 m与环形接地装置或地网用截面积不低于25 mm^2 裸铜线焊接一次,保证连接可靠。

检验数量:施工单位、监理单位全部检查。

检验方法:观察、测量检查。

7.10.8 机房总等电位接地排或接地箱的设置应符合设计要求,与环形接地装置或地网的连接应采用两条截面积不低于25 mm^2 的电缆焊接,焊接点间距大于1 m。

检验数量:施工单位、监理单位全部检查。

检验方法:观察、测量检查。

7.10.9 室外设备的接地均应通过分支地线接入贯通地线;分支地线应采用截面积为25 mm^2铜缆。

检验数量:施工单位全部检查;监理单位抽查不少于10%。

检验方法:观察、测量检查。

7.10.10 在室外设备集中处的变压器箱(继电器箱)内应设置等电位接地排,所有接地应通过等电位接地排与贯通地线连接。

检验数量:施工单位全部检查;监理单位抽查不少于10%。

检验方法:观察、测量检查。

7.10.11 完全等电位线、简易等电位线、完全回路等电位线的设置方式、距离、位置应符合设计要求。

检验数量:施工单位全部检查;监理单位抽查不少于20%。

检验方法:观察、测量检查。

一 般 项 目

7.10.12 室内电缆分线柜、防雷柜、组合柜、控制台、电源等设备机柜宜设置接地汇集线(等电位接地排)。等电位接地排的设置方式、与网格地线及机房总等电位排的连接方式应符合设计要求。

检验数量:施工单位全部检查。

检验方法:观察、测量检查。

7.10.13 设备机房防静电地板金属支架的机械连接处应全部焊接,以实现整个金属支架的电气连接，并将金属支架与网格地线或机房总等电位接地排连接。

检验数量：施工单位全部检查。

检验方法：观察、测量检查。

7.10.14 信号机械室内水管、暖气片等固定金属物品应与网格地线或机房总等电位接地排连接。

检验数量：施工单位全部检查。

检验方法：观察、测量检查。

本暂行标准用词说明

执行本暂行标准条文时，对于要求严格程度的用词说明如下，以便在执行中区别对待：

1　表示很严格，非这样做不可的用词：

正面词采用“必须”；

反面词采用“严禁”。

2　表示严格，在正常情况下均应这样做的用词：

正面词采用“应”；

反面词采用“不应”或“不得”。

3　表示允许稍有选择，在条件许可时首先应这样做的用词：

正面词采用“宜”；

反面词采用“不宜”。

表示有选择，在一定条件下可以这样做的用词采用“可”。

中华人民共和国行业标准

铁建设函〔2005〕243号

青藏铁路高原多年冻土区工程施工暂行规定(下册)

2005—04—11　发布　　　　2005—04—11　实施

中华人民共和国铁道部　发布

前　言

本暂行规定是根据铁道部《关于印发2003年铁路工程建设规范定额标准设计编制计划的通知》(铁建设函〔2003〕41号)的要求,为确保施工满足《青藏铁路高原多年冻土区工程设计暂行规定(下册)》和《青藏铁路高原多年冻土区工程施工质量验收暂行标准》的要求,结合青藏铁路高原多年冻土区和环境特点,及既有工程建设经验编制而成的。

本暂行规定为推荐性标准。

本暂行规定强制性条文必须执行,推荐性条文扑克愿采用。

本暂行规定(含强制性条文和推荐性条文)是一般情况下必须满足的最低要求和共同遵守的共性要求。执行本暂行规定时,涉及结构安全和系统功能的技术指标慎重使用最低质量控制标准。

执行本暂行规定并不免除施工单位及施工人员的质量责任,工程技术人员必须结合项目具体情况,与时俱进,因地制宜,充分发挥主观能动性,积极开发运用安全、可靠、先进、成熟、经济、适用的新技术,不能照搬照套标准。

本暂行规定共分8章,主要内容包括:总则,术语,基本规定,施工准备,机务、车辆设备,信号,通信和电力等。

本暂行规定应与现行国家标准、铁路工程施工规范和《青藏铁路高原多年冻土区工程施工暂行规定(上册)》(2003年局部修订)、《青藏铁路高原多年冻土区工程设计暂行标准(上册)》配套使用,未包含的内容应按现行国家标准及铁路工程施工规范执行。

本暂规定中以黑体字标明的条文为强制性条文。

本暂行规定系首次编制。在执行本暂行标准过程中,希望各单位结合工程实践和科研成果,认真总结经验,积累资料。如发现需要修改和补充之处,请及时将意见和有关资料寄交青藏铁路公司(西宁市建国路22号,邮政编码810007)、铁道第一勘察设计院(兰州市和政路75号,邮政编码730000),并抄送铁路工程技术标准所(北京市海淀区羊坊店路甲8号,邮政编码100038),供本暂行标准修订时参考。

本暂行规定由铁道部建设管理司负责解释。

本暂行规定主持单位:青藏铁路公司

本暂行规定主编单位:铁道第一勘察设计院

本暂行规定参编单位:中铁电气化局

中铁十五局(集团)有限公司

本暂行规定主要起草人:

铁道第一勘察设计院

郑克洪　刘佐治　刘　文　张　谦　王　兰　张国兴　丁子全

李浚元　梁生俊　逯宗田　王立人　李　凯　熊志勇　骆友曾

黄庆贵　王　丹　王　鹏　李　晋　马文义　王建文　王　颢

万一农　王小红

青藏铁路公司

朱锦堂　朱锦煜

中铁电气化局

苏保卫　杨建国　李增利　许 军　王金平　孟宪浩　倪国伟

中铁十五局(集团)有限公司

谭向兵　蔡俊福　刘全利　乔健敏

目　次

1 总　　则

1.0.1 为统一青藏铁路高原多年冻土区工程施工技术标准,保证工程质量,制定本暂行规定。

1.0.2 本暂行规定适用于青藏铁路格拉段机务设备工程、车辆设备工程、信号工程、通信工程和电力工程施工。

1.0.3 施工单位必须严格执行国家有关标准,施工质量应达到铁道部现行有关铁路工程施工质量验收标准和《青藏铁路高原多年冻土区工程施工质量验收暂行标准》的规定。

1.0.4 施工单位必须按批准的设计文件施工,如需变更应按铁道部现行的变更设计管理办法执行。

1.0.5 施工单位在施工中必须严格执行国家和铁道部有关施工安全和环境保护的有关规定,加强现场管理,并做到文明施工。

1.0.6 施工单位应科学地编制实施性施工组织设计及施工方案。施工中后续工程不得影响已完工程的施工质量。

1.0.7 各项工程施工应推行机械化施工,推广采用成熟可靠的新技术、新材料、新工艺、新设备和新的检测方法。

1.0.8 工程中采用的设备和器材,应适应高原多年冻土区环境,满足节约能源,安全耐用,免维修或少维修的要求,并应符合国家和铁道部现行有关标准和规定。

1.0.9 施工单位应加强冻胀及融沉观测,经过冻融循环后,对各项工程进行全面检查,发现质量问题应及时修复。

1.0.10 施工单位必须贯彻《青藏铁路卫生保障若干规定》(铁劳〔2001〕39号),确保铁路建设人员的身体健康,保证施工的顺利进行。

1.0.11 施工单位应吸收青藏铁路已建工程施工成功经验和试验段科研成果,不断完善、修改施工技术规定,必要时应制定施工细则,并按建设管理程序批准后实施。

1.0.12 青藏铁路高原多年冻土区工程施工除应符合本暂行规定外,尚应符合国家现行有关强制性标准的规定。

2 术 语

2.0.1 多年冻土

冻结状态持续二年或二年以上的土(岩)。

2.0.2 融区

多年冻土区由于热力作用形成的非多年冻土地段。

2.0.3 多年冻土天然上限

天然条件下,多年冻土层顶面的埋藏深度。

2.0.4 年平均地温

年零较差深度处的地温。年零较差的深度称地温年变化深度。

2.0.5 热融滑塌

高含冰量冻土分布的自然坡面,由于冻土融化而引起上覆土体下滑的现象,一般具有溯源性。

2.0.6 融冻泥流

缓坡上的细粒土,受反复的冻融作用而结构受到破坏,饱水土体沿山坡向下缓慢蠕动的现象。

2.0.7 热融湖(塘)

多年冻土地区地下冰融化形成的积水洼地。

2.0.8 冰锥

多年冻土地区地下水在寒季流出地表冻结所形成的地面锥状冰体。

2.0.9 冻土沼泽(沼泽化湿地)

在多年冻土区,由于地表水、地下水的影响,地面长期潮湿,生长喜湿和喜水植物,并有泥炭堆积的山前斜坡或山间洼地。

2.0.10 冻胀丘

由土的差异冻胀作用所形成的丘状地形。

2.0.11 不良冻土现象

又称不良冷生现象。指土体的冻结和融化过程产生的对工程有不利影响的地质现象,如冰锥、冻胀丘、融冻泥流、热融滑塌和热融湖塘等现象。

2.0.12 融化下沉系数(融沉系数,又叫融化系数)

冻土融化过程中在自重作用下产生的下沉量与融化前相应厚度之比值。

2.0.13 冻融循环

地基活动层经一年一度的冻胀和融化过程,称为一个冻融循环。

3 基本规定

3.0.1 高原多年冻土按年平均地温,可分为高温极不稳定冻土区、高温不稳定冻土区、低温基本稳定冻土区、低温稳定冻土区等四类。

3.0.2 高原多年冻土按总含水率,可分为少冰冻土、多冰冻土、富冰冻土、饱冰冻土和含土冰层等五类。其中富冰冻土、饱冰冻土和含土冰层又统称为高含冰量冻土。

3.0.3 施工前应根据设计文件进行现场调查和核对,施工中应根据已建工程和地质地形条件等实际情况与设计文件进行核对。如实际情况与设计文件不符,应及时通知设计单位。

3.0.4 施工前,施工单位应根据高原自然条件和多年冻土的工程地质条件,建立综合工地试验室。

3.0.5 施工中施工单位应根据设计文件,综合考虑和协调各种管线工程的施工,避免多次开挖,破坏多年冻土和环境;对工程有影响的地表水和冻结层上水按设计要求进行处理。

3.0.6 工程施工应利用已建便道,如需新增便道时应进行合理布置。施工中各种施工机械和车辆应在便道上行走,不得下便道行驶。

3.0.7 高含冰量冻土和不良冻土现象地段工程施工时,应结合工程设计要求,选择适宜的季节和时段进行,避免施工对场地地温和环境的不良影响。

3.0.8 设备和器材的运输、保管应符合本暂行规定和国家、行业标准的规定。当产品有特殊要求时,应符合产品的规定。

3.0.9 各项工程的混凝土施工应符合《青藏铁路高原冻土区混凝土耐久性技术条件》(科技基函〔2002〕56号)的有关规定。

3.0.10 多年冻土区信号、通信、电力等专业土建工程施工除应按本规定执行外,尚应符合《青藏铁路高原多年冻土区工程施工暂行规定》(上册)的规定,并应按设计要求选择监测点,在施工期间进行沉降监测。

3.0.11 施工中应考虑高原雷暴和太阳辐射等环境影响,采取有效措施,确保各项设备和人身的安全。

3.0.12 施工单位应建立、健全施工质量检验制度,严格工序管理。工程竣工时,应及时提出竣工文件。

3.0.13 高含冰量冻土地段、不良冻土现象地段及植被良好地段不得取土,也不宜设置施工营地、施工场地和弃土。

3.0.14 施工前应对职工进行高原多年冻土区工程施工技术、环境保护、水土保持、劳动保护、卫生保障等基本知识的培训。

4 施 工 准 备

4.0.1 施工单位应组织有关技术人员全面熟悉并核对设计文件,了解多年冻土工程特征、设计原则和设计意图,核对地形、地貌及气象、多年冻土工程地质和水文地质资料。

4.0.2 组织沿线施工调查,为施工场地安排、施工营地建设、工程和生活用水、实施性施工组织设计编制等收集资料。

4.0.3 施工前应与相关的施工单位及有关地下设施的运营、维护等单位签定有关施工配合、安全共保和文明共建等协议。

4.0.4 根据工程数量、工程特点、多年冻土工程地质条件、工期及环保要求和相关专业设计、已建工程情况,编制工程实施性施工组织设计和环境保护措施。实施性施工组织设计应体现高原多年冻土的特点,体现以人为本,机械化快速施工原则;环境保护措施应符合《青藏铁路高原多年冻土区工程施工暂行规定》(上册)的规定。

4.0.5 设备安装前应对房屋建筑装饰工程及其他已建设备进行检查,确认预埋管线、支持件、预留孔洞、沟槽、基础等符合设计要求。

4.0.6 根据高原多年冻土区的特点和环境保护的要求,合理规划修建生产和生活所用临时设施。

4.0.7 施工机械使用前应进行工艺性能试验,并做好施工机械的选型配套工作。

5　机务、车辆设备

5.1　一 般 规 定

5.1.1　机务、车辆设备的各类机械设备应符合国家和铁道部现行的有关技术标准的规定，适应高原、高寒地区环境，并具有相应级别的合格证书。

5.1.2　机务、车辆设备采用新技术、新材料、新工艺时，应制定相应的施工方法、工艺要求及质量标准。

5.1.3　机务、车辆设备安装工程应按设计图纸施工。需要变更设计，应按比准后的变更设计图纸施工。

5.1.4　设备安装中若有隐蔽工程，应对隐蔽工程的施工作出记录，并经检验合格后方可继续安装。

5.1.5　机务、车辆设备设置在冻土区，其配套的房屋建筑、设备基础以及电缆敷设等工程施工，应符合有关专业的设计和施工的要求。

5.2　通用机械设备安装

5.2.1　机务、车辆设备的通用机械设备安装工程施工应按国家现行相关工程施工及验收规范执行。

5.2.2　国家现行相关工程施工及验收规范包括：

1　《机械设备安装工程施工及验收通用规范》(GB 50231)

2　《连续输送设备安装工程施工及验收规范》(GB 50270)

3　《金属切削机床安装工程施工及验收规范》(GB 50271)

4　《锻压设备安装工程施工及验收规范》(GB 50272)

5　《工业锅炉安装工程施工及验收规范》(GB 50273)

6　《制冷设备、空气分离设备安装工程施工及验收规范》(GB 50274)

7　《压缩机、风机、泵安装工程施工及验收规范》(GB 50275)

8　《破碎、粉磨设备安装工程施工及验收规范》(GB 50276)

9　《铸造设备安装工程施工及验收规范》(GB 50277)

10　《起重设备安装工程施工及验收规范》(GB 50278)

11　《工业金属管道工程施工及验收规范》(GB 50235)

12　《现场设备、工业管道焊接工程施工及验收规范》(GB 50236)

13　《电气装置安装工程接地装置施工及验收规范》(GB 50169)

5.3　专用机械设备安装工程

5.3.1　专用机械设备到货应在建设单位、监理单位和施工单位有关人员参加下开箱检查,并按下列项目作出记录:

1　箱号、箱数以及包装情况;

2　设备的名称、型号和规格;

3　装箱清单、设备技术文件、资料及专用工具;

4　设备有无缺损件,表面有无损坏和锈蚀等;

5　其他需要记录的情况。

5.3.2　到货的专用机械设备应符合招标文件的有关要求。若有不符,应及时报告监理,未得到监理确认前不得安装。

5.3.3　专用设备到货后,应与设计文件进行核实,准确无误后设备安装基础方可进行施工。

5.3.4　专用机械设备基础的位置、几何尺寸应符合设计要求。

5.3.5　专用机械设备基础表面和地角螺栓预留孔洞的油污、碎石、泥土、积水等应清除干净;预埋地角螺栓的螺纹和螺母应保护完好。

5.3.6　需要预压的基础,应预压合格并应有预压沉降记录。

5.3.7　专用机械设备就位前,应按施工图核实定位尺寸、标高等。

5.3.8　设备安装工程与房屋建筑工程关系密切的,在施工前需应制动合理的施工工序或施工方案。

5.3.9　各类机械设备附属或配套的液压、气动、蒸气加热等管道安装工程应按国家现行有关规程规范办理。

5.3.10　专用机械设备试运转或调试应符合有关技术规定。

5.4　综合管线建筑安装工程

5.4.1　机务段(所)、车辆段(所)的机务、车辆工艺管线、给排水管线、热力管网及电力、通信电缆施工应做好工序安排,避免管道工程多次开挖。

5.4.2　机务段(所)、车辆段(所)的综合管线施工应符合各类国家现行有关规程规范的规定。其中工艺管线施工应符合《工业金属管道工程施工及验收规范》(GB 50235)的规定。

5.5　立式拱顶钢油罐现场制作安装工程

5.5.1　油罐选用钢板、焊接材料、油罐附件应考虑高原、高寒等因素,采用低温用钢或超低温钢,避免发生脆裂现象。油罐选用钢材的金属许用最低温度格尔木为 -40 ℃,拉萨为 -20 ℃。选用钢材许用应力及机械性能应满足设计要求。

5.5.2　油罐现场制作应选择合适的施工季节,避免恶劣气候施工。

5.5.3　油罐现场制作应按施工工艺要求进行,建立安全制度,避免高原雷击,并应在油罐组装过程中采取措施，避免高原低气压、大风、沙尘暴等对施工设备、油罐结构等可靠性及稳定性产生影响或破坏。

5.5.4　所有预制构件在保管、运输及现场堆放时，应采取有效措施防止变形、损伤和锈蚀。

5.5.5　在下列任何一种焊接环境，如不采取有效的防护措施，不得进行焊接：

1　雨天或雪天；

2　手工焊时，风速超过 8 m/s；气电立焊或气体保护焊时，风速超过 2.2 m/s；

3　焊接环境气温：普通碳素钢焊接时低于 -20 ℃；低合金钢焊接时低于 -10 ℃；屈服点大于 390 MPa 的低合金钢焊接时低于 0 ℃；

4　大气相对湿度超过 90%。

5.5.6　高原温度剧烈变化的天气，不宜作固定顶的强度试验以及油罐的严密性试验、水压试验和稳定性试验。

5.5.7　油罐基础、油罐防雷防静电及油库消防等设施必须按有关专业施工图进行。

5.5.8　油罐防腐涂漆应符合《工业设备、管道防腐蚀工程施工及验收规范》(GBJ 126)的规定。

5.5.9　立式拱顶钢油罐现场制作应符合《立式圆筒形刚制焊接油罐施工及验收规范》(GBJ128)等国家现行有关规范的规定。

5.6　固定脱轨器安装工程

5.6.1　脱轨器设备到货后应进行开箱检查，确认符合设计要求。

5.6.2　脱轨器安装位置应符合《铁路技术管理规程》第 348 条和《列检电动脱轨器及电气防护信号安装设计条件》(TB 2053)的有关规定。

5.6.3　脱轨器安装工程应符合本暂行规定第 5.3 节的有关规定。

5.6.4　脱轨器在不脱轨状态时，应符合下列规定：

1　脱轨块与钢轨轨间的轮缘侧宽度应不小于 68 mm(从钢轨顶面向下 35 mm 处测量)。

2　除轮缘槽以外，脱轨器的其他部位的高度不得高出钢轨顶面 25 mm。

5.6.5　脱轨器在脱轨状态时，应符合下列规定：

1　导向板与钢轨顶面应吻合，其中间部分的间隙不得大于 1 mm。

2　两侧滑板的前端与基本轨内侧应有 1 mm 以上的间隙，滑板的后端与止退挡滑轮间应有 2 mm 以上的间隙。

3　脱轨块最高部位与钢轨顶面的距离不大于 85 mm。

5.6.6　转辙装置安装应符合《铁路信号施工规范》(TB 10206)和本规定第 5.3 节的有关规定。

5.6.7　脱轨表示器的安装限界应符合下列规定：

1　表示器距两侧线路中心均不得小于 2 020 mm。

2　表示器的转换角度为 90°，标板与表示器灯的显示应符合《铁路技术管理规程》第 348 条的规定。

5.6.8　脱轨器外观及涂装应符合下列规定：

1 脱轨器可动体涂以白色调合面漆,其他部分涂以黑色调合面漆。脱轨器底座涂中灰色调合面漆。

2 各种螺栓涂防锈油脂。

5.7 货车安全防范、预警系统安装工程

5.7.1 货车安全防范、预警系统包括红外线轴温探测系统(THDS)、货车运行状态地面安全监测系统(TPDS)、货车滚动轴承早期故障轨边声学诊断系统(TADS)、货车运行故障动态检测系统(TFDS)和车辆轮对故障、尺寸动态检测系统(TWDS)(以下简称"5T"系统)。

货车安全防范、预警系统组网形式为三级联网、三级复示。三级联网为:探测站与青藏铁路公司节点服务器联网,青藏铁路公司节点服务器与青藏铁路监测中心联网,青藏铁路公司监测中心与铁道部查询中心联网。三级复示为:列检所复示,车辆段复示,红外所复示。

5.7.2 "5T"系统设备到货后应进行开箱检查,确认符合设计要求。

5.7.3 "5T"系统探测站设备安装前,应确认探测站机房位置符合设计要求。探测站设备安装位置应选在道床坚实、线路质量好的地段,避开钢轨端头、短钢轨;避开不利的地理位置,防止设备遭受雷击、洪水、塌方等自然灾害的破坏。

5.7.4 "5T"系统探测站设备安装应符合下列规定:

1 探测站设备安装应按照设计和设备技术文件施工。

2 探测站所有设备的安装尺寸应符合《铁路建筑接近限界》(GB 146.1)的规定,必要时应做相应的防护。

3 探测站室内外设备连接电缆影采用全钢管防护直埋,防护用钢管选用加厚镀锌焊接钢管(GB 3091)。钢管内电缆不得有接头。

4 电(光)缆埋设应符合《铁路通信施工规范》(TB 10205)和本暂行规定有关电缆施工的要求。

5 电(光)缆埋设前,施工单位应填写隐蔽工程检查记录,经监理工程师检查、签字认可后方可进行填土埋设。

6 埋设电(光)缆、接地装置等隐蔽工程完工后,应在地面埋设相应的标志桩,标志桩的制作和标识应符合有关要求。

7 探测站室内设备应摆放整齐,按配线工艺要求安装布线,做到整洁、合理、标示清楚。

8 由室外进入室内的电缆管线及套管应填塞严密。

9 每处探测站应设防雷地线和设备保护地线各一处,防雷采用西代尔新型防雷技术,接地体做法和接地电阻值符合设计要求。

10 探测站机房供电、通讯和机房建设应符合有关专业设计和施工的要求。

5.7.5 复示站、监测中心和监控中心设备安装应符合设计要求。有关布线、防雷接地等应符合本暂行规定第5.7.4条中第7、8、9款的规定。

5.7.6 "5T"系统软件由设备供货商提供,并负责安装和调试。

5.7.7 "5T"系统设备调试分单点设备调试和系统调试。设备调试应符合下列规定:

1 单点调试是对每处探测站设备进行调试,调试时,应核对室内外设备间信息传输是否准确、一致;采集点设备工作是否正常。

2 系统调试是对"5T"系统的每个子系统进行组网调试,保证监测中心、查询中心和各复示站能准确、及时接收到各探测站上传的信息数据。监测中心可以实时监测各探测站设备的工作状态。

5.8 货车运行管理信息化系统安装工程

5.8.1 货车运行管理信息化系统由车号自动识别系统、货车出入及在段信息管理系统和货车走行公里追踪管理系统组成。

5.8.2 货车运行管理信息化系统探测站设备安装可按本暂行规定第5.7.4、5.7.5和5.7.7条的规定执行。

5.8.3 车辆段复示站、监测中心的设备安装应符合本暂行规定第5.7.4条中的第7、8、9款和第5.7.7条的有关规定。

6 信　号

6.1 一 般 规 定

6.1.1 工程中采用的设备和器材应经高原环境工程试验进行验证。

6.1.2 采用引进设备时,可参照设备供应商提供的施工方法、质量标准和施工工艺要求,结合国家、铁道部有关标准进行施工。

6.1.3 采用的施工工艺应充分考虑高原多年冻土的环境因素,并经试验工程验证。

6.1.4 室外信号设备基础应进行硬面化处理,其表面应牢固、平整、无裂纹。

6.1.5 列控系统设备的安装应符合设计文件、合同及产品安装要求。

6.2 地面固定信号机

6.2.1 地面固定信号机应符合下列规定:

1 信号机构、变压器箱、电缆盒应密封良好。

2 信号机配线应符合设计要求,在机柱、箱盒、机构等的引线孔处应采取密封和防护措施。

3 标志牌应按照施工图要求设置。

6.2.2 信号机设在路基面较窄、坡度较陡地点的,应采用填土后片石、水泥砂浆砌围,砌围边缘距信号机柱边缘不得小于 1 200 mm,并向下砌成斜坡形,其高度与路肩相同,或用方形混凝土柱作围桩,方形混凝土柱埋深不得小于全长的 1/2。

6.2.3 信号机构至机柱间的电缆把应采取防护和固定措施,防止雨水侵入。

6.3 转 辙 装 置

6.3.1 安装转辙机的所有紧固件应采用专用垫片一次性锁紧,确保不松动。

6.3.2 新型转辙机的安装应在设备提供商的督导下,严格按设计文件的工艺、技术要求进行。

6.4 轨 道 电 路

6.4.1 采用 MT 胶结绝缘时,应按照设备供应商提供的安装工艺安装,确保绝缘性能良好及使用寿命。

6.4.2 采用冷挤压式钢轨接续线时,应按照设备供应商提供的安装工艺安装,并按照标准进行检查,确保钢轨接续线性能及使用寿命。

6.5 电缆线路

6.5.1 电缆线路应选用耐寒、抗冻防鼠咬的环保型信号电缆,室内采用无卤阻燃型电缆。

6.5.2 电缆长度可按下列公式计算:

$$L=(l+X\times G+a)\times 1.1$$

式中 L——电缆总长度(m);

l——电缆沟长度(m);

X——股道穿越距离(m);

G——电缆穿越股道数;

a——电缆附加长度,包括室内储备量8 m,室外每端环状储备量3 m(总长20 m以下时为1.5 m),每端出入土及做头3 m;

1.1——敷设电缆的自然弯曲系数。

6.5.3 电缆径路选择应符合下列规定:

1 径路应避开冰锥、冰胀丘、融冻泥流、热融滑塌、热融湖(塘)和冻土沼泽等不良冻土现象地段。

2 电缆通过冻土区的河流时,应在铁路桥上电缆槽内通过。

3 电缆通过隧道电缆槽时,应采取措施防止槽内积水。电缆通过站台时,应敷设在站台上的电缆槽内。

4 融雪装置用电缆与信号电缆必须分沟敷设。

6.5.4 电缆埋深应符合下列规定:

1 在季节性冻土及多年冻土上限大于1.2 m的地段,电缆埋深应符合《铁路信号设计规范》(TB 10007)的有关规定或按设计图纸要求施工。

2 多年冻土上限小于1.2 m的地段,电缆埋深按浅埋方式处理,并应埋设在多年冻土上限0.1 m以上。

6.5.5 电缆敷设应符合下列规定:

1 电缆敷设时应缩短电缆沟的暴露时间。

2 电缆的敷设季节应选在融化系数最大的月份进行。

3 电缆过轨采用顶管机过轨,并采取钢管防护。

4 电缆严禁在−10 ℃以下时敷设。

6.5.6 电缆防护应符合下列规定:

1 全线电缆采用复合槽道灌沙防护。冻土地段,电缆应选用机械强度较高的电缆,防止因热融和冻胀损伤电缆。

2 钢轨引接线过轨应采用过轨电缆,过轨电缆防护钢管应引到箱盒电缆防护管的位置。

3 电缆与隧道、桥梁、涵洞等结合部应采取用混凝土封堵等有效防护措施。

6.5.7 各种箱盒安装应密封良好,在安装前应将箱盒内部清理干净。

6.6 室内设备

6.6.1 电缆引入应符合下列规定:

1 电缆引入信号楼应采取防水、防火、防鼠封堵措施,防止遭到破坏。

2 融雪装置用电缆应与信号电缆分开引入。

6.6.2 室内安装调试应符合下列规定:

1 国产设备应符合相应的铁道信号行业标准;

2 引进设备应严格按照设备提供商出具的工艺、技术标准要求,并在其督导下,开展安装调试工作。

6.6.3 设备、机架上各种零部件接口标识应正确、清晰、齐全。

6.6.4 设备、机架的布置应严格按施工图要求施工,并为设备的操作、维修、测试预留空间。

6.7 无线调车机车信号设备

6.7.1 无线调车机车信号设备及监控装置显示设备应按照设备安装图纸和技术规格书要求安装。

6.7.2 无线调车机车信号设备应符合下列规定:

1 实现车地信息闭环传输,与应答器、速度传感器、卫星定位装置等结合获得高精度的调车机车定位信息,与监控装置结合提供更多的运行信息,进行有效的调车机车控制。

2 无线调车机车信号的有效范围应为车站所有调车进路及股道。

6.8 信号电源设备

6.8.1 电源屏的安装位置、顺序、方向应符合设计要求,安装应整齐、端正、平稳、牢固。

6.8.2 不间断电源功率应满足设计要求,工作稳定,适应环境变化,安装牢固、美观、工作可靠。

6.9 混凝土基础

6.9.1 混凝土基础应在较暖季节集中统一加工。

6.10 防雷、接地

6.10.1 防雷及综合接地装置应按《铁道信号设备雷电电磁脉冲防护技术条件》(TB/T 3074)的规定并结合相关课题的科研成果设置。

6.10.2 防雷及综合接地装置应符合下列规定:

1 车站采用综合接地体时,其接地电阻值不应大于4 Ω。

2 信号设备机房应将电气和电子设备的金属外壳、机柜、机架、信号设备工作地、防静电接地、金属屏蔽电缆外层、保护地及防雷保安器接地端子等以最短的距离分别就近接到等电位接地排上。

3 当地电阻率较大,接地电阻值不能满足系统设备技术要求时,可采用增加接地体、低电阻模块和物理降阻剂措施,降低地线接地电阻。

6.10.3 设备外壳应进行防腐、防锈处理。

6.11 联锁试验

6.11.1 基于 GSM－R 和 GPS 技术的信号控制系统、站内计算机联锁的室内模拟试验应以施工文件的联锁表为依据,逐条确认联锁关系符合设计要求。如果在试验过程中有线路或软件改动必须重新试验。

6.11.2 地面固定信号应符合下列规定:

1 信号机显示正确,显示距离满足设计要求。

2 LED 发光阵列缺损告警。

6.11.3 任务数据库应进行下列试验:

1 正常任务数据库下载试验。

2 非正常任务数据库下载试验。

3 调度中心虚拟用户语音指挥行车试验。

4 临时限速数据库下载试验。

6.11.4 人工应急操纵试验应符合设计的规定。

6.11.5 列控功能试验应按下列试验项目,在有关各方的配合和设备供应商督导下进行。

1 站间闭塞行车试验。

2 虚拟闭塞行车试验。

3 列车定位试验。

4 列车完整性检查试验。

5 站内正常的列车、调车作业试验及非正常调车作业试验。

6 按供货产品及有关文件中的规定进行试验。

6.12 道岔融雪试验

6.12.1 道岔融雪装置应按设计文件施工,对应产品技术说明书安装室内控制柜和室外加热条,应按人工操作和系统自动启动加热进行试验。

6.12.2 道岔融雪试验应符合下列规定:

1 带自我监控的自动温度控制,符合系统试验要求。

2 带温度—湿度和雪传感器的加热器自启控制可满足无人站道岔融雪的技术要求。

3 系统故障监测自动报警,信息传输试验符合运营维护的要求。

7 通　　信

7.1 一般规定

7.1.1 通信工程施工包括光(电)缆线路工程、设备安装工程及铁路 GSM－R 数字移动通信系统工程的施工。

7.1.2 施工过程中,应严格遵守工程监理制度,接受监理工程师的监督和管理。

7.1.3 在冻土地段进行光、电缆沟开挖和无线铁塔基坑开挖施工期间,应采取措施缩短开挖时间和暴露时间。

7.1.4 对高含冰量冻土地段,当光、电缆径路远离路基地段时,缆沟开挖宜选择在对多年冻土影响较小的时间进行。

7.2 直埋光缆线路

7.2.1 光电缆径路复测应符合下列规定:

1 青藏铁路所采用的长途通信光缆的制式、型式和规格应符合设计要求。

2 光缆敷设时端别朝向应一致,A 端朝向西宁(格尔木)方向,B 端朝向拉萨方向。

3 光、电缆径路的选择除应符合《铁路通信施工规范》(TB 10205)的要求外,尚应符合下列规定:

1)径路应避开冻胀丘、冰椎、融冻泥流、热融滑塌、热融湖(塘)和冻土沼泽等不良冻土现象地段。

2)光、电缆通过冻土区的河流时,应在铁路桥上的电缆防护槽内通过。

3)光、电缆通过隧道电缆防护槽时,应采取防护措施防止槽内积水,避免冻胀损伤光、电缆。光、电缆通过站台时,应敷设在站台上的防护槽内。

4)在多年冻土地段,光、电缆径路应选择在路基坡脚以外、减少由于缆沟开挖对冻土产生扰动。

5)光、电缆径路的选择应避开有良好植被地段。

7.2.2 直埋光、电缆的敷设除应符合《铁路通信施工规范》(TB 10205)的要求外,尚应符合下列规定:

1 在季节性冻土地段及冻土上限大于 1.2 m 的多年冻土地段的光缆埋深应符合《铁路通信施工规范》(TB 10205)的有关规定。

2 多年冻土层上限小于 1.2 m 的地段,光(电)缆埋深按浅埋方式,埋设在多年冻土上限 0.1 m 以上,当埋深小于 0.8 m 时,应采取防护措施。高原特殊地段光、电缆的埋深和防护应符合设计要求。

3 当光、电缆径路无法避开良好植被地段时,缆沟开挖前,将植被铲出,异地培植,待光缆敷设完后再将其回植。在无法回植地段,应播撒高原草籽,对植被进行恢复。挖出的土应堆放在彩条布上,防止对植被的污染。

4 光、点敷设前应先清沟,沟底应平坦,石沟沟底应先垫 100 mm 厚的细土或砂。

5 敷设时应设专人指挥,并应有良好的通信联络手段。

6 当光缆与其他缆同沟敷设时,应同底同期敷设,先敷设电缆后敷设光缆,在沟中应平行排列。在电缆接头处,应对光缆采取防护措施。

7 光缆敷设余留长度应符合设计要求。

8 光电缆埋设标的设置除应符合《铁路通信施工规范》(TB 10205)的要求外,还应确保在直线段每 50 m 设置一处。标石的规格应按设计要求制作。

7.2.3 光缆接续除应符合《铁路通信施工规范》(TB 10205)的要求外,尚应符合下列规定:

1 光缆接续工作宜选择在暖季、晴天、无大风、无沙尘且环境温度在 0 ℃以上的天气情况下进行。同一个光缆接头宜一次接续完成。

2 室外接续时应搭置帐篷或在专用接续作业车内进行,严禁露天作业。接续作业过程中应采取防尘、防潮和防震措施。接续用的工具、材料应保持清洁。

3 光纤接续宜采用熔接法。采用的熔接机应能适应高海拔、低气压等特殊环境,接续时应遵守熔接机操作规程。

4 在一个光缆中继段内,允许个别点的光纤接续点接续损耗值大于指标,但同一根光纤的接续损耗平均值必须满足小于或等于 0.08 dB 的指标。

5 直埋光缆的金属外护套和加强件应紧固在接头盒内。接头盒内的金属外护套和金属加强件应断开,彼此绝缘。

7.2.4 引入终端应符合下列规定:

1 光缆进入通信站光、电缆引入室后,宜换接室内光缆,并应设光缆接头盒,将室内外光缆的金属护套、金属加强件断开彼此绝缘。室内光缆的金属护套、金属加强件不得与接地的金属构件、机壳等连通。

2 光缆引入中间站、基站机房、直放站室内后,宜剥去光缆铠装层,光纤外应绕包,增加阻燃防护带。

7.2.5 光缆中继段测试应符合《铁路通信工程施工规范》(TB 10205)的有关规定。

7.2.6 光缆防雷应符合下列规定:

1 长途直埋光缆的防雷方式应按设计要求进行设置。

2 在雷暴日数大于 20 d 且 10 m 深的大地电阻率大于 100 Ω·m 的地段应设置防雷排流线,当 10 m 深的大地电阻率为 100~500 Ω·m 时,布放 1 条;大于 500 Ω·m 时,布放 2 条,排流线的布放和设置应符合以下要求:

1)排流线采用 ϕ6 mm 镀锌圆钢或 7/2.2 mm 的镀锌钢绞线,在光缆上方 30 cm 处敷设;当敷设双条排流线时,排流线相距 0.4~0.6 m,平行敷设;

2)排流线不另做接地装置,也不与光(电)缆的金属护套和铠装连接。排流线端头引至土壤电阻率较小的地方;

3)在光缆放入沟中后,先回土 30 cm,然后由专人敷设排流线;

4)光缆被挖出后复原时,排流线应部放在光缆上方,严禁倒置。

3 在孤立的防雷目标处设置消弧线,消弧线的设置应符合设计要求。

4 光缆在通信站、中间站引入口的防雷措施应符合设计要求。

7.3 地区(站场)通信线路

7.3.1 在多年冻土地段,地区电、光缆的埋深可根据冻土的上限深度按设计要求执行。

7.3.2 在多年冻土地段,管道应建筑在多年冻土的上限以上。如管道建筑在路基上或建筑物旁边时,管道沟应选择在寒季施工,避免因管道施工引起冻土上限下降,对路基或其他建筑物造成损害。

7.3.3 光电缆标识的埋设应符合本暂行规定第7.2.2条第9款的要求。

7.4 铁路 GSM-R 数字移动通信系统

(Ⅰ)铁塔和天馈线系统

7.4.1 铁塔架设和天线安装应符合下列规定:

1 高含冰量冻土地段和冰锥、冻胀丘、热融滑塌、热融湖(塘)、冻土沼泽等不良冻土现象发育部位的基坑建筑,施工前应做必要的地质调查,选择合适的施工方法。

2 少冰、多冰冻土地段基坑开挖可安排在暖季,开挖时应根据地形做好临时排水,防止水进入基坑。高含冰量冻土地段基坑施工宜在3~4月、10~11月施工,暖季开挖高含冰量冻土地段基坑时,应采取临时遮阳篷和临时保温措施,防止热融滑塌。施工中应精心组织,连续作业,快速施工,基础施工完后,应立即回填,不得积水。

3 当土质坚硬,无法开挖时,可采用松动爆破后,再开挖,爆破除必须符合《爆破安全规程》(GB 6722)的规定外,还应符合下列规定:

1)爆破开挖需远离路基或有关建筑物,保证开挖限界以外的生态(地表植被等)、已有建筑和地下管线等不得因爆破而遭到破坏;

2)准确计算爆破填药量;

3)高含冰量冻土地段的爆破开挖施工宜在寒季进行,对少冰、多冰冻土地段的爆破开挖施工,可在暖季进行,但必须符合爆破开挖快速施工的技术要求;

4)出现大风、大雪、雷暴时,应停止爆破作业;

5)工地临时性爆破器材的采购、运输、存放及管理等应符合有关规范的要求。

4 基础浇注用混凝土原材料应符合《青藏铁路高原冻土区混凝土耐久性技术条件》(科技基函〔2002〕56号)的要求。同时,混凝土施工还应符合以下规定:

1)冬季浇注的混凝土在未达到受冻临界强度前不得受冻;

2)采用合适的养护方法和外加剂,对混凝土进行养护。养护时不得扰动冻土的热平衡;

3)模板外和混凝土表面覆盖的保温层,不应采用潮湿状态的材料,也不应把保温材料直接铺盖在潮湿的混凝土表面,新浇混凝土表面应铺一层塑料薄膜,模板拆除时,混凝土应达到受冻临界强度和《铁路混凝土与砌体工程施工规范》(TB 10210)规定的拆模强度。

5 区间及车站的铁塔和天馈系统应具有防盗措施,其防盗方案应满足设计要求。

6 无线设备的天线应按设计要求做单独的避雷针。其地线设置规格除应符合《铁

路通信施工规范》(TB 10205)的规定外,尚应符合下列要求:

1)天线应安装在设计制定的位置上并且固定牢靠,接收及覆盖方向应符合设计要求;

2)天线间的隔离度应符合设计要求;

3)所有室外馈线均应在引入机房前安装避雷器,避雷器应良好接地;

4)馈线和接头间应正确连接并接触良好,裸露在室外的接头应做好防水处理;

5)避雷针应可靠接地。

6)严禁在雷雨天气架设铁塔和安装天线。

(Ⅱ)漏泄同轴电缆

7.4.2 在高原严重缺氧的隧道内进行漏泄同轴电缆的架挂和漏缆连接器的安装时,工作人员应携带储氧设备,保证施工期间有充足的氧气供应。

(Ⅲ)设备安装

7.4.3 交换子系统安装应符合下列规定:

1 设备安装位置应符合设计要求,安装设备机架应垂直,同一列机架的设备面板应成一直线。

2 设备上各种零件、部件及有关标志应正确、清晰、齐全。

3 安装设备的机房应采取防静电措施。在有活动地板的机房内安装设备时,应有钢质底座,底座与楼板加固牢靠。装在底座上的设备,应平衡、稳固。

4 机房的温度、湿度、接地、电源供给系统等均应符合工程设计和设备要求。设备电源引入线极性应正确,连接可靠。设备直流输入电压应符合设备说明书技术要求。

7.4.4 基站子系统安装应符合下列规定:

1 基站选址宜避开高含冰量的高温冻土等不稳定地段。

2 设备安装所需机房应密闭、防沙尘,无水渗漏并具有保温和防盗等安全措施。

3 活动地板安装平整、稳固。机柜的采用底座固定支撑,并且支撑应互联后接地。

7.4.5 通用分组无线业务子系统安装应符合下列规定:

1 室内最低高度以不低于3 m为宜。

2 机房的地板应铺设防静电活动地板。

3 设备供电输入符合设备的需要,按设计要求接入。

4 柜与地面通过滑道、支架与地面紧固。机柜间侧面用螺栓连接,数个机柜连成整体。两排机柜用螺栓、螺母及弯角件连接成一个整体。机柜与房屋连成一体。

7.4.6 移动智能网系统硬件安装应符合下列规定:

1 所有工程必需材料应在设备安装之前准备齐全。

2 走线架、照明设施、空调设施齐备。

3 工程安装环境必须符合下列要求:

1)室内环境应清洁无尘;

2)环境温度应在5 ℃~35 ℃范围内;

3)环境湿度应满足设备说明书要求。

4 DDF架上的所有SS7电缆就位,LAN/WAN的接口进行了配置且功能正常。

移动智能网系统软件安装时应符合下列规定:

硬件安装完毕并且网络基础试运行完成;

所有的物理SS7链接和连接点被正确的贴上标签,并且经过排列和测试;

为测试用户至少准备两台GSM-R手机,每台手机中要包含GSM-R SIM卡。

7.4.7 运行与维护子系统(OMC)安装应符合下列规定:

1 OMC设备的安装应符合下列要求:

机台位置应安装正确,符合机房设计要求。台列安装应整齐,机台边缘成一直线,工作台应采用防静电计算机工作台。维护终端设备、打印机和磁带机等设备都应完整而且标志齐全,安装位置符合设计要求。

2 OMC的设备连接应符合下列要求:

1)在安装计算机之前,应先将计算机操作台安装好。操作台采用专用电脑操作台。

2)将计算机放置在操作台面的左边,右边用来放置打印机。

3)对于分体式计算机,将显示器电缆、显示器电源线、交流电源线、打印机电缆、终端加载电缆、键盘插头和鼠标插头分别接上。

4)打印机安装完毕后,对打印机进行自检。

5)设备连接完成后打开计算机电源,应能正常,当计算机串/并口电缆需要插拔时,应关电之后进行。

3 电缆进行插装时应依照电缆设计图纸所要求的线序进行插装。

7.4.8 终端子系统包括固定终端和移动终端。其中,固定终端包括:调度终端、车站终端;其他用户电话机;呼叫记录和录音等设备。移动终端由移动设备和SIM卡组成,包括:机车综合通信设备和手持台。

7.4.9 终端子系统安装位置应符合设计要求:

1 固定终端设备的安装位置应符合设计要求;

2 计算机、打印机等设备标志准确、无遗漏,安装位置应符合设计要求。

3 固定终端系统的设备安装步骤应符合下列要求:

1)在安装设备之前,应首先安装好工作台;

2)将固定终端设备的电源线、信号线分别连接,注意对交流插座的保护地的处理;

3)启动固定终端设备,确认工作正常。

4 调度台车站台不应安装在含有酸、碱、盐等腐蚀性气体的环境中,附近不宜有强电磁场、高频电磁场、电火花干扰。

5 机车综合通信设备应安装在通风良好、不影响司机操作的位置。控制盒应安装在便于司机操作的位置。

6 机房的温湿度应适中,通风良好,灰尘较少。

手持台温度应适中-20℃~+55℃范围,机车综合通信设备和馈线工作温度应适合-40℃~+70℃范围。

7 安装时机架应水平牢固,机器正常工作时不应出现振动,各设备间应留有设备通风散热的空间。

7.4.10 固定用户接入系统(FAS系统)设备安装应符合《铁路运输通信工程施工质量验

收标准》(TB 10418)相关规定。

(Ⅳ)系统调试

7.4.11 系统调测主要包括 GSM - R 系统调测(含 IN 及 GPRS)、FAS 系统调测二个部分。调测的主要内容有:设备的基本特性测试、功能验证。功能验证包括基本业务、数据业务、BSS 的维护操作功能、铁路调度通信功能和其他一些补充业务功能。

系统调测和设备互联互通标准及测试方法待定。

7.5 通信电源及环境监控系统

7.5.1 通信电源设备和通信接地装置安装应符合《铁路通信施工规范》(TB 10205)有关规定。

7.5.2 区间通信设备在没有外供交流电源而采用光伏发电系统为主的供电方式时,应符合下列规定:

1 安装时应用指南针确定方位,方阵前全天不应有高大建筑物或树木等遮挡阳光;

2 地脚螺栓及方阵支架等连接应结实可靠;

3 方阵安装在房顶上时应留有防护通道,在高处安装的方阵应设避雷针;

4 阳光下安装时不应同时接触组件(尤其是方阵)的正、负极。必要时可用不透明材料覆盖后再接线或安装;

5 安装组件时应轻拿轻放,严禁碰撞、敲击;

6 各组件如蓄电池、控制器、逆变器等极性连接应正确。

7.5.3 电源及环境监控设备安装可分为:中间站、区间基站监控设备安装和监控中心设备安装。

7.5.4 中间站、区间基站监控设备安装包括直接数字控制器(数字采集与控制装置)、输出或接口模块、各类传感器、变送器和探测器等。

7.5.5 监控中心设备安装包括监控主机、网络接口模块、软件、键盘、显示器、打印机、电源模块等。

7.5.6 设备的开箱检查、机架安装和配线安装应符合《铁路通信施工规范》(TB 10205)中的有关规定。

7.5.7 中间站、区间基站监控设备应布置合理、安全,便于安装、调试、维护;并应符合下列规定:

1 各类传感器/变送器、探测器的安装位置宜靠近原始测试点,并应能正确反映其性能,不应安装在潮湿环境,不应有震动;传感器宜采用挂式安装,也可吸顶安装,变送器宜安装于机柜内。

2 直接数字控制器(数据采集与控制装置)宜采用台式和挂式安装,台式器可安装在机柜内,挂式宜挂在墙上;安装位置应符合系统管理方式。

3 连续高频开关电源、蓄电池组、智能门禁等接口模块的安装位置宜隐蔽在所连接的设备的机柜内。

7.5.8 监控中心设备的布置和安装应符合设计要求。

7.5.9 监控设备的接地应按设计要求和综合接地体一并考虑。

7.5.10 监控系统的系统测试应符合下列规定:

1 系统绝缘电阻测试指标为:设备带电部分与金属外壳间的绝缘电阻应大于5 MΩ;配线的芯线间和芯线对地的绝缘电阻应大于1 MΩ。

2 监控设备的接地电阻不得大于4 Ω。

3 网络接口模块的通信协议、数据传输格式、速率应符合设计要求。

4 系统直接数字控制器(数据采集与控制装置)和受控设备、环境、安全、火灾状态信息的点对点测试应符合下列要求:

1)直接数字控制器(数据采集与控制装置)、控制点元件(传感器/变送器、探测器等)的硬件、接线的位置与该软件的软件地址名称、型号、状态图形、平面图形位置、端接点方式和标记应完全一致。主机与环境监测现场设备之间通信应正常;

2)在直接数字控制器(数据采集与控制装置)与受控设备、环境、安全、火灾状态信息之间以程序方式和手动方式,按本系统监控点设计要求,对数字量输入、输出和模拟量输入、输出进行测试,记录数据,确认符合规定的功能要求;

3)直接数字控制器(数据采集与控制装置)功能测试,应按产品设备说明书和设计要求进行功能测试:即运行可靠性测试、数据采集与控制软件主要功能及其实时性测试。

5 系统监控软件应能准确可靠运行。

7.5.11 系统功能试验应符合下列规定:

1 环境监控系统的接入不应改变被监控设备的功能;监控系统的故障不应影响被监控设备的正常工作。试验方法:关闭监控中心的设备、通信通道,所有中间站监控设备,被监控设备运行应正常;重新开机后,系统应能自动恢复。关闭、开启中间站、区间基站监控设备后,被监控设备应能正常运行;重新受电后,中间站监控设备应能检测被监控设备的运行记录状态并予以恢复。

2 中间站、区间基站环境及电源监控系统能按照设计要求,通过铁路通信网对中间站、区间基站电源和空调设备、环境、安全及火灾等状态进行自动监测,获取各种运行状态信息并应及时显示。

3 在任何一个中间站、区间基站配置的移动维护终端,应能接入现场维护操作的便携计算机,对中间站、区间基站电源和空调设备、环境、安全及火灾等状态进行监控。

4 中间站、区间基站环境及电源监控系统与电源、空调等系统的联动功能应符合设计和系统集成功能的要求。

5 环境及电源监控系统的故障管理功能应满足设计要求。

6 环境及电源监控系统的性能管理功能除应满足设计要求外,并应符合下列要求:

1)监控软件应能检测其监控范围内设备的工作状态,可选择进入任一被监控对象的画面;

2)应能保留告警信息、值班人员操作等信息,并根据需要设置保留期限;

3)可查看各种条件下的历史数据,并以图形、表格方式显示和打印。

7 环境及电源监控系统的配置管理功能除应满足设计要求外,并应符合下列要求:

1)监控中心可对任一被监控对象进行建立、增加及删除;

2)应能调整监控中心的参数;修改系统配置信息需要最高级别的权限;

3)应能设置或修改监控中心各种业务口令和操作人员的权限。

8 环境及电源监控系统的安全管理功能除应满足设计要求外,应符合下列要求:

1)监控系统软件应具有完备的操作管理功能,并应具有多级操作管理权限;

2)根据操作口令和操作权限应能对设备进行远程遥控和遥调;

3)应对系统信息的修改、删除操作进行确认。

7.6 通信系统接地及防雷

7.6.1 中间通信机械室应按设计要求设置综合接地体。

7.6.2 当地电阻率较大,地线不能满足设计要求时,可采用增加接地体、采用低电阻接地模块等措施降低地线接地电阻。

7.6.3 沿线基站应按设计要求单独设置接地体,接地体采用低电阻接地模块。

7.6.4 通信系统要按设计要求采取的直击雷防护、等电位连接、屏蔽、合理布线、共用接地系统和安装浪涌保护器等措施应统一施工。

7.6.5 天线设备的防雷保护应符合下列规定:

1 无线设备的天线铁塔应按设计要求安装防直击雷装置,天线应处在避雷针的保护范围之中。避雷针应设单独避雷针引下线。铁塔应设综合防雷共地系统。区间基站房屋的金属结构应接入综合防雷共地系统。

2 无线设备接地线不宜弯曲,接地排和接地线连接处应事先清除油漆,接地线与防雷接地铜排或铁塔连接处应使用镀锡铜鼻子并用螺栓固定连接,同时作防氧化处理。

3 无线设备馈线与接地线连接处应用防水胶和防水胶布密封,馈线接地处应有防水措施。接地线的馈线端应高于接地排端,馈线与接地线接头朝下,接头紧密,走线应朝下。

8 电　力

8.1 一般规定

8.1.1 与电气装置安装有关的建筑物、构筑物的建筑工程质量,应符合国家建筑工程质量标准的有关规定。

8.1.2 铁路电力工程电气装置的交接试验应符合国家现行的《电气装置工程电气设备交接试验标准》(GB 50150)的有关规定,并按海拔修正系数修正相关参数。

8.1.3 室外各种金属构件和紧固件应采用16 Mn钢。除地脚螺栓外,均应采用热浸镀锌制品。

8.2 发、变、配电所

8.2.1 变、配电所室内、外配电装置的安全净距不应小于表8.2.1—1及表8.2.1—2的规定。

表8.2.1—1　室内配电装置的安全净距(mm)

序号	高程(m) / 额定电压(kV) / 适用范围	2 001 ~3 000			3 001 ~4 000			4 001 ~5 000		
		<1	10	35	<1	10	35	<1	10	35
A_1	带电部分至接地部分之间	26	160	385	30	185	440	35	210	500
	网状遮拦向上延伸线距地2.3 m处与遮拦上方带电部分之间	/			/			/		
A_2	不同相的带电部分之间	26	160	385	30	185	440	35	210	500
	断路器和隔离开关的断口两侧带电部分之间	/			/			/		
B_1	栅状遮拦至带电部分之间	/	910	1 140	/	935	1 190	/	960	1 250
	交叉的不同时停电检修的无遮拦带电部分之间									
B_2	网状遮拦至带电部分之间	126	260	485	130	285	540	135	310	600
	板状遮拦至带电部分之间	56	190	415	60	215	470	65	240	530
C	无遮拦裸导体至地(楼)面之间	2 500	2 500	2 700	2 500	2 500	2 750	2 500	2 550	2 800
D	平行的不同时停电检修的无遮拦裸导体之间	1 875	1 960	2 185	1 875	1 985	2 240	1 875	2 010	2 300
E	通向室外的出线套管至室外通道的路面	3 650	4 000	4 000	3 650	4 000	4 000	3 650	4 000	4 000

表 8.2.1—2　室外配电装置的安全净距(mm)

<table>
<tr><td rowspan="2">序号</td><td rowspan="2">高程(m)
额定电压(kV)
适用范围</td><td colspan="3">2 001 ~3 000</td><td colspan="3">3 001 ~4 000</td><td colspan="3">4 001 ~5 000</td></tr>
<tr><td><1</td><td>10</td><td>35</td><td><1</td><td>10</td><td>35</td><td><1</td><td>10</td><td>35</td></tr>
<tr><td rowspan="2">A_1</td><td>带电部分至接地部分之间</td><td>80</td><td rowspan="2">240</td><td rowspan="2">480</td><td>80</td><td rowspan="2">260</td><td rowspan="2">535</td><td>85</td><td rowspan="2">285</td><td rowspan="2">600</td></tr>
<tr><td>网状遮拦向上延伸线距地2.5 m处与遮拦上方带电部分之间</td><td>/</td><td>/</td><td>/</td></tr>
<tr><td rowspan="2">A_2</td><td>不同相的带电部分之间</td><td>80</td><td rowspan="2">240</td><td rowspan="2">480</td><td>80</td><td rowspan="2">260</td><td rowspan="2">535</td><td>85</td><td rowspan="2">285</td><td rowspan="2">600</td></tr>
<tr><td>断路器和隔离开关的断口两侧带电部分之间</td><td>/</td><td>/</td><td>/</td></tr>
<tr><td rowspan="3">B_1</td><td>设备运输时，其外廓至无遮拦带电部分之间</td><td rowspan="3">/</td><td rowspan="3">990</td><td rowspan="3">1 250</td><td rowspan="3">/</td><td rowspan="3">1 010</td><td rowspan="3">1 285</td><td rowspan="3">/</td><td rowspan="3">1 035</td><td rowspan="3">1 350</td></tr>
<tr><td>交叉的不同时停电检修的无遮拦带电部分之间</td></tr>
<tr><td>栅状遮拦至绝缘体和带电部分之间</td></tr>
<tr><td>B_2</td><td>网状遮拦至带电部分之间</td><td>180</td><td>340</td><td>580</td><td>180</td><td>360</td><td>635</td><td>185</td><td>385</td><td>700</td></tr>
<tr><td rowspan="2">C</td><td>无遮拦导体至地面之间</td><td>2 500</td><td rowspan="2">2 740</td><td rowspan="2">2 980</td><td>2 500</td><td rowspan="2">2 760</td><td rowspan="2">3 035</td><td>2 500</td><td rowspan="2">2 785</td><td rowspan="2">3 100</td></tr>
<tr><td>无遮拦导体至建筑物、构筑物顶部之间</td><td>/</td><td>/</td><td>/</td></tr>
<tr><td rowspan="2">D</td><td>平行的不同时停电检修的无遮拦带电部分之间</td><td>2 000</td><td rowspan="2">2 600</td><td rowspan="2">2 600</td><td>2 000</td><td rowspan="2">2 600</td><td rowspan="2">2 600</td><td>2 000</td><td rowspan="2">2 600</td><td rowspan="2">2 600</td></tr>
<tr><td>带电部分至建筑物、构筑物的边缘部分之间</td><td>/</td><td>/</td><td>/</td></tr>
</table>

电气及电气仪表的密封件、橡胶管件的耐久性、抗老化、抗破损性能应符合要求。

8.2.2　电力变压器施工与安装应符合下列规定：

1　电力变压器容量应按设计要求。

2　电力变压器用机械直接拖运时，应根据高原缺氧、严寒、气压、风沙对运输机械动力、结构的影响，合理选用运输机械。

3　变压器外廓与变压器室墙壁和门的净距不应小于表8.2.2所规定的数值。

表 8.2.2　变压器外廓与变压器室墙壁和门的净距(mm)

高程(m) 变压器容量(kVA) 项　目	2 001 ~3 000		3 001 ~4 000		4 001 ~5 000	
	≤1 000	≤1 600	≤1 000	≤1 600	≤1 000	≤1 600
变压器外廓与后壁、侧壁净距	1 000	1 000	1 100	1 100	1 200	1 200
变压器外廓与门净距	1 000	1 200	1 100	1 300	1 200	1 400

8.2.3　全封闭式六氟化硫开关柜施工与安装应符合下列规定：

1　固定开关柜的基础预埋型钢，其水平度和直线度的允许偏差应符合设备要求。

2　配电装置接地应符合下列要求：

1)配电室内接地线的安装位置应符合设计要求，与室外接地网的连接应牢固可靠；

2)六台以上开关柜并列安装时，其前后基础型钢的两端头之间应焊接截面不小于

30×4(mm)的扁钢连接线使基础型钢成为一个整体,并与接地网进行连接;

3)并列安装的开关柜柜内的接地母线,应从两端分别接引至接地连线与接地网进行连接。

3 开关柜安装应符合下列要求:

1)开关柜基础型钢的安装质量应符合规定。开关柜的吊装和运搬不得损伤柜体表面涂层;

2)安装应由端柜侧开始,第一面开关柜就位后,调整其位置、垂直度和水平度,达到标准要求后固定牢靠;

3)自第二面开关柜起,在开关柜并列安装的同时,进行柜体之间主母线的连接;

4)进行主母线连接时,首先将柜体之间的绝缘套管和连接件清洗干净,其表面应光洁无损伤且不得存在污秽;安装时,绝缘套管两端的圆锥面上应均匀涂上一层绝缘材料(AP),连接件两端各 50 mm 范围内的表面应均匀涂上一层润滑剂(NB52),将绝缘套管和连接件装入已固定好的开关柜的主母线连接座内,并保持连接件处于水平状态;

5)以缓慢滑动方式将待并列的开关柜靠近已固定好的开关柜,其间应保证两台开关柜的主母线连接座同心且对位准确,连接件能正确地插入对应的连接座内;

6)当两台开关柜靠拢且柜间距离能够穿入连接螺栓进行连接时,在两柜间的连接螺栓上套上产品提供的柜体间隔垫块,检查确认柜体垂直度和水平度满足要求后进行连接固定;

7)并列开关柜全部就位后,将每台柜内的主接地母线用柜间短连接地线连接成一个整体,并按设计规定与接地网可靠连接;

8)二次回路接地连线的接地点应符合设计规定;

9)开关柜顶部配置的压力通道和通风机的安装位置和固定方式应符合产品的技术规定。

4 高压电缆连接应符合下列要求:

1)电缆终端头的制作形式应符合开关柜的产品特性。对采用电缆插接装置进行电气连接的电缆,电缆芯线与插接头的连接方式应符合产品的技术规定;

2)电缆插头插入电缆插口后应固定牢靠,电缆在开关柜底板处应按产品技术规定进行固定及接地,电缆相序标注明确;

3)开关柜底板处的电缆孔应按施工标准进行防火封堵。

5 开关柜传动测试应符合下列要求:

1)安装工作全部结束后,应对开关柜内的断路器、隔离开关进行手动操作传动检查,并对相应的电气闭锁回路及三工位隔离开关动作的可靠性进行检查确认;

2)确认全部断路器和隔离开关动作无误后,按产品技术规定分别对六氟化硫气体密封的断路器室和母线室补充气体至额定压力;同时对其压力传感器动作值的精确度进行校验,确认应满足产品规定;

3)按设计说明书规定的传动对象表,对开关柜内的断路器、隔离开关进行电动操作传动检查,开关动作及电气联锁功能应符合规定。

6 全封闭六氟化硫开关柜在带电投运之前应进行下列检查及试验:

1)所有进出线电缆的方向、相序正确,电缆的规格、型号符合设计及产品技术规定；

2）开关柜断路器室和母线室的六氟化硫气体压力应达到产品技术规定的额定值；

3）开关柜内的断路器、隔离开关传动检查正常，交流耐压试验合格并符合有关标准的规定。

8.2.4 电容补偿柜施工与安装应符合下列规定：

1 电容补偿柜的安装应垂直、牢固，排列整齐；

2 电容补偿柜的接地应牢固良好；

3 在柜内安装的所有电气产品的铭牌上应标有所适应海拔高度的标记，柜内设备与各构件间的连接应牢固；

4 电容器组的容量与电抗器的电感量应匹配，并符合设计和产品技术规定。

8.2.5 高频开关直流电源装置施工与安装应符合下列规定：

1 高频开关电源装置的安装应垂直、牢固，排列整齐，接地应牢固良好。

2 高频开关电源装置安装完毕后，应对下列功能进行检查和试验：

1）监控单元应能对电源系统中各功能单元和蓄电池进行自动监测，获取系统中各种运行状态并应及时显示；

2）通过监控单元操作键盘可调整系统输出，键入系统各种控制参量，可对系统实施人工管理；

3）通过显示屏、信号灯及声光报警应能提供各种工作状态、故障类型和故障部位指示；

4）根据用户设定的充电数据（电压保护值，电池容量等参数），应能调整整流模块的充电方式、充电电流，实施各种保护措施，自动完成电池的精确管理；

5）当电网失电或电网电压过高、过低及电网三相不平衡时应发出声光报警信号；

6）当输出电压过高、放低时，应能通过键盘操作或自动实现整流模块的开关和电池均衡充电的控制；

7）监测电池电压及充放电电流，外供电源中断由电池维持向负载供电，电池电压降至低压告警值时，监控模块应发出声光告警；当外供电源恢复后，监控模块应对电池进行自动均衡充电管理；

8）监控模块应具有"遥测、遥信、遥控"功能，可实现电源系统无人值守。

3 整流模块的均流特性应符合设备技术条件。

8.2.6 变电所综合自动化施工与安装应符合下列规定：

1 应符合《铁路电力施工规范》（TB 10207）的有关规定。

2 控制柜和保护柜内的数据传输光（电）缆应按产品的技术规定，对其屏蔽层进行可靠接地。

3 综合自动化系统的监控主机及其外设的配置方案和位置应该便于维护人员操作及监视，所有通信端口的连接应符合产品规定。

4 按照产品说明书和设计文件的规定，将监控系统各个自动控制、保护、通信、数据处理、应急控制模块单元安装到相应的控制保护间隔当中。

5 正式向控制柜和保护柜及监控主机送电前，应对二次回路配线及数据传输电缆进行检查及绝缘测试。确认合格后，方可送电。

6 监控主机受电后，应按监控系统软件规定的条件设置主机运行环境，安装系统操作软件并测试产品规定的检测项目;控制柜和保护柜受电后,应先对各模块单元进行初始化,确认其安装的软件符合设计规定。确认无误后,输入设计定值,并启动间隔控制单元的打印机进行数据打印检测试验或从装置的下载端口进行检验。

7 根据产品的技术规定,通过当地监控主机或利用便携机通过应急控制模块单元分别对每一个间隔内的电气装置进行单体传动试验及相互的闭锁功能检查,应符合设计规定。

8 综合自动化系统的当地监控、当地维护、数据采集与传输、数据预处理及当地和远程通信功能应符合设计规定。

9 变电所综合自动化系统的控制和保护功能应符合设计要求。

10 变电所的各种信号装置的显示应满足下列要求:

1)配电装置的各种保护功能的投入、撤除与修改,应能在控制装置的状态显示窗口准确显示;

2)开关设备的位置信号应能在该设备的控制装置及监控主机上准确显示;

3)预告及事故音响信号应能在变电所内按规定的方式正确表示。具有自动复归功能的音响信号应按规定时限自动返回或停止;

4)各种信号装置反映的信息应能完整、准确地向上级管理中心传输,并正确再现。

11 变电所综合自动化系统与远动系统的配合应满足下列规定:

1)远动通道的数据端口应与变电所综合自动化系统通信端口的物理特性相一致,并符合远动规约及设计规定;

2)远动系统应能对变电所正确实施遥控、遥测、遥信、遥调功能,变电所综合自动化系统应能正确执行远动终端发布的自动检测指令,并符合设计规定;

3)变电所综合自动化系统应能够将实时采集的各种数据正确完整地向远动终端传输,实现远动终端对变电所的负荷进行统计及日报、月报和事故自动记录、显示及打印功能。

12 视频监控系统安装可按《民用闭路监视电视系统工程技术规范》(GB 50198)执行。

8.2.7 箱式变电装置(简称"箱变")施工与安装应符合下列规定:

1 箱变基础施工应符合下列要求:

1)冻土区施工应符合《冻土地区建筑地基基础设计规范》(JBJ 118)和《建筑工程冬季施工规程》(JGJ 104)的规定;

2)多年冻土区开挖后应连续快速施工;

3)多年冻土区开挖基础时,基坑顶应设挡水埝,严禁地表水流入基坑;及时排除冻结层上水和冻土本身融化水;基坑内抽出的水应妥善排放,不得污染环境或扰动冻土的热平衡;

4)当地基为冻胀土或强冻胀土时,基础混凝土应整体浇筑,且基础施工中应按设计要求采取有效的防冻胀措施;

5)基础应高于室外地坪,并符合产品说明书的规定,周围排水应通畅。

2 箱变安装应符合以下规定:

1)箱变运输和安装时,应按照箱变上标明的承重点进行吊装;

2)箱变运输时,应对箱变采取稳固措施,防止倾斜、滑动;

3)箱变安装时,应对箱体采取保护措施,严禁敲打箱体和在箱体表面涂、画各种标记;

4)箱体安放应平整,用地脚螺栓固定时,螺帽应齐全,拧紧牢固;

5)箱变的电缆进出孔洞应封堵,通风口应设防护网;

6)箱变箱体的接地应牢固良好。

3　箱变应能实现设计规定的遥测、遥信功能。

8.2.8　光伏发电系统施工与安装应符合下列规定:

1　光伏发电系统施工应符合《太阳光伏电源安装工程施工及验收规范》(CECS 85)的规定。

2　光伏发电系统的规格、容量(包括太阳能电池板和蓄电池组的容量)应符合设计规定。

3　光伏发电系统安装,应符合下列规定:

1)光伏发电系统应严格按产品说明书的要求安装;

2)太阳能电池板应安装在金属框架上,金属框架及其紧固件的规格应符合设计规定,落地安装时,基础施工符合设计规定;

3)太阳能电池板在金属框架上,应排列整齐,相互之间应预留不小于30 mm的间隙。金属框架本体必须可靠接地;

4)光伏发电系统,应按设计设置防雷、接地保护装置。

4　光伏发电系统运用检验,应符合下列规定:

1)太阳能电池板输出电压及输出电流应符合设计;

2)太阳能电池板输出电压或电流的调节范围应符合说明书的规定;

3)储能电池的容量应符合设计规定;

4)光伏发电系统的自动储能和投运的自动转换功能应符合设计规定;

5)光伏发电系统应能实现设计规定的监控功能。

8.2.9　柴油发电系统施工与安装应符合下列规定:

1　装机前应确认基础位置正确,基础尺寸与机座底座应配合一致;预埋地脚螺栓位置应准确,穿线、暗管、预留孔洞和沟槽应符合要求;油机房的减震措施可靠、排风通畅。

2　柴油机、发电机的性能检查应符合下列要求:

1)柴油机应清洁无污垢,油路和水管畅通,油泵工作正常,各气缸的进、排气塞间隙应符合规定;

2)发电机应清洁,电机线圈接线应正确、无故障,线圈绝缘电阻应符合产品规定,整流子表面光润清洁,电刷排列位置正确,电刷与整流子间接触良好,转子与磁极不得有卡碰现象。

3)机组起动应迅速,冷车起动不应超过5次;机组运转应平稳、无剧烈震动现象,无异声,机组转速均匀稳定、调速准确;

4)各指示仪表的指示应正常;

5)电机在正常转速运转时,其输出电压和功率应符合产品规定,电机输出三相负荷应平衡。在稳定负荷时,其输出频率应为50±0.5 Hz,自动稳压范围应为额定电压的±5%;

6)应能实现设计规定的自动功能和遥控、遥测、遥信功能。

8.3 架空电力线路

8.3.1 架空电力线路导线间的最小距离不应小于表8.3.1的规定数值。

表8.3.1 架空电力线路导线间的最小距离(m)

高程(m)		导线排列方式	档距(m)											
			<40	50	60	70	80	90	100	110	120	150	200	300
2 001 ~ 4 000	架空电力线路电压(kV)	0.38(0.22)不论排列方式	0.3	0.4	0.45	0.5	—	—	—	—	—	—	—	—
		10不论排列方式	0.65	0.7	0.75	0.8	0.9	0.95	1.05	1.1	1.2	1.45	—	—
		35导线水平排列方式	—	—	—	—	—	—	—	—	—	2.15	2.65	3.15
		35导线垂直排列方式										2.15	2.4	2.65
4 001 ~ 5 000		0.38(0.22)不论排列方式	0.3	0.4	0.45	0.5	—	—	—	—	—	—	—	—
		10不论排列方式	0.7	0.75	0.8	0.85	0.95	1.0	1.1	1.15	1.25	1.5	—	—
		35导线水平排列方式	—	—	—	—	—	—	—	—	—	2.2	2.7	3.2
		35导线垂直排列方式										2.2	2.45	2.7

架空线路每根电杆的杆号应自格尔木至拉萨方向以车站供电臂为界分段编写,高压线路的变电台、开关杆、分歧杆、换位杆、引入杆应有相序标志。

8.3.2 冻土地区电杆基坑开挖与埋设基础应符合下列规定:

1 基坑开挖前,应将植被铲出,异地培植,待杆塔施工完后再将其回植。基坑开挖宜采用机械钻孔方式施工,不宜采用爆破和人工挖作业方式施工。钻孔时,若发现不良冻土现象时,应停止施工,通知建设单位和设计、监理单位协商处理。

2 冻土区施工应符合《冻土地区建筑地基基础设计规范》(JBJ 118)和《建筑工程冬季施工规程》(JGJ 104)的规定。

3 现浇基础、岩石基础应按现行国家标准《110~500 kV架空电力线路施工及验收规范》(GBJ 233)的有关规定执行。现浇混凝土脱模后,不宜采用浇水养护,应涂刷养护模,涂刷要均匀,不得漏刷。

4 青藏高原冻土区电力杆塔基础,分钻孔灌注混凝土桩和钻孔插入预制混凝土管桩两种。

5 桩基础钻孔宜采用螺旋钻孔机成孔,不宜采用普通冲击钻成孔,且要求每根桩的钻孔施工连续进行。

6 钻孔灌注混凝土桩,成孔达到设计高程后,应对成孔质量及孔底沉渣等情况进行检查,孔口应采取保护措施,防止孔口虚土掉入孔内。成孔合格后应及时灌注混凝土,两道工序间隔不宜超过24 h。

7 钻孔灌注混凝土桩,其混凝土应采用低温早强耐久混凝土,混凝土浇筑时入模温度控制在5 ℃左右。

1)冬季浇筑的混凝土在未达到受冻临界入模强度前不得受冻,受冻临界强度;当室外最低温度不低于-15 ℃时不得小于4.0 MPa,当室外最低温度不低于-30 ℃时不得低于5.0 MPa。

2)混凝土强度等级应大于C20,最小水泥用量不应小于300 kg/m^3,水灰比不应小于0.55。

8 在负温条件下使用的钢筋,当温度低于-20 ℃时不得对钢筋进行冷弯操作,钢筋在运输加工过程中防止撞击,避免造成钢筋脆断。

9 钻孔插入混凝土管桩时钻孔直径应比预制桩径大10~20 cm,钻孔完毕并经检查合格后,应尽快插桩。

10 钻孔插入桩施工时宜采用先插桩后灌浆的施工工艺,桩周空隙应采用黏土砂浆回填密实。黏土砂浆的黏土与中细沙比值为1:8,含水量小于22%,灌浆时黏土砂浆的温度宜控制在0~5 ℃。

11 管桩插入到位后应采取措施固定桩顶,直到桩周空隙回填料基本回冻,以保证管桩的准确位置。

12 电力杆塔基础施工完毕后,应及时做好周围排水,防止杆塔基础周围积水。

13 钻孔管桩的施工偏差为垂直度不应大于1°,深度为$^{+100}_{-50}$ mm。灌注混凝土桩预埋螺栓中心距离的施工偏差值为:±2 mm。

8.3.3 电杆及杆塔组立应符合下列规定:

1 钢筋混凝土电杆的组立应符合下列要求:

1)电杆上、下端应封堵良好。

2)钢圈连接的钢筋混凝土电杆宜采用法兰连接。

3)基础管桩与钢筋混凝土电杆应采用法兰连接。

4)接地线连接应可靠。

2 电杆及铁塔的组立应符合下列要求:

1)铁塔基础工程的施工质量应符合表8.3.3—1的规定。

2)预埋地脚螺栓的施工允许偏差应符合表8.3.2—2的规定。

3)电杆及铁塔防腐处理的方式应符合设计规定,各金属结构件之间连接密贴可靠,连接螺栓齐全,外露长度符合规定。

4)电杆及铁塔的接地线连接可靠,接地电阻值满足设计规定。

表8.3.3—1 基础工程的施工允许偏差(mm)

序 号	项 目	单 位	允许偏差
1	横向位移	mm	≤50
2	迈 步	mm	≤30
3	水平差	mm	≤20
4	根开、对角线	mm	≤±30

表8.3.3—2 预埋地脚螺栓的施工允许偏差(mm)

项 目	名 称	允许偏差
预埋地脚螺栓	中心距离	±2
	外露长度	+20

8.3.4 拉线安装应符合下列规定:

1 冻土区拉线坑的埋设深度和方向,应符合设计要求。

2 拉线坑的位置允许偏差为±1% L(L为拉线坑中心至拉线挂点的水平距离),坑深的允许偏差为+100 mm,不得有负偏差。

3 拉线基础施工应连续完成;回填时应排除积水,清除冰块,夯填密实,且表面应设防水层。

4 拉线安装后对地平面夹角与设计值的允许偏差不应大于1°。

8.3.5　导线架设应符合下列规定:

1　铝包钢芯铝绞线的展放,应通过铝滑轮进行张力牵引放线。

2　架线安装应待杆塔稳定后方可施工。

3　导线的规格型号应符合设计规定,同一档距内的导线弛度应一致,并符合设计定值。

8.4　电缆线路

8.4.1　室外明敷电力电缆应采取防紫外线措施。

8.4.2　直埋电缆的敷设应符合下列规定:

1　冻土地区电缆埋深应不小于 0.7 m;

2　直埋电缆回填时应在电缆上、下填 0.2 m 厚的中粗砂并加盖保护板。

8.4.3　电缆浅槽敷设应符合下列规定:

1　电缆浅槽敷设时应减少对多年冻土的扰动,避免切割、阻拦地表径流的排泄。

2　避免在电缆浅槽敷设的地段形成新的积水洼地。

8.4.4　电缆沟开挖时,应将植被铲出,异地培植,待电缆敷设完后再将其回植。

8.5　隧道照明

8.5.1　隧道灯具安装应采取隔热措施。

8.5.2　隧道内各种电力设施应采取有效措施保证严寒条件下正常使用,应留足冷热变形量。

8.6　接地装置

8.6.1　接地装置的施工应符合下列规定:

1　冻土区接地装置应按设计要求进行施工。

2　凡设防雷保护的建筑物,电源线进出建筑物宜采用电缆并埋设一定的长度,降低雷电波的幅度,减少雷电波经电缆引入建筑物而造成的影响;建筑物内配电线路、弱电线路、设备金属外壳、金属管道等导体均应做等电位联接;强、弱电线路应合理布线,注重其布线位置、走向以及与防雷引线的距离,避免布线形成环路,减少感应效应。

3　水平接地体埋设深度应为 0.6 ~ 1 m。

4　在冻土区应采用物理降阻剂,不应采用化学降阻剂。

8.7　远动系统

8.7.1　远动系统的施工应符合下列要求

1　远动装置与通信端子箱之间连接的电缆及用于遥测功能的电缆,当采用屏蔽电缆时其屏蔽层应可靠接地。

2　与被控站设备连接的电缆,在进行测试前应将扁平电缆提前从端子排上拔下来。

确认二次回路无误后,再连接。

3 远动系统调试前,应对远动发送和接收系统的电平及远动通道的环阻进行测试,并在被控站用笔记本电脑对下行报文进行监视,调度中心在通信前置机对上行报文进行监视,确认远动通道畅通。

4 调度中心与被控站设备之间进行联调时,宜使用笔记本电脑进行监视,笔记本电脑宜连接在通信单元上。

5 遥控试验按单独控制和程序控制分别进行,遥信试验按位置信号和预告、事故信号分别进行,遥测试验应按设计规定的遥测对象表逐个进行。

6 远动系统的自检功能应按照存储器、硬件模块、通道状态监视要求自主进行。系统切换功能应按照主备机、主备通道、系统外设备的主备切换进行。

7 测试过程中,如需要更换备品配件或进行其他项目的检查,必须切断装置的电源,严禁带电拔插各类插板。

8 远动系统联调时应对每个被控站按照试验操作程序依对象逐个分别进行。

8.7.2 调度中心设备安装及调试应符合下列规定:

1 供电系统投影设备的安装应符合下列要求:

1)投影设备的安装位置应符合设计要求;

2)投影设备的供电示意图应与全线实际供电系统完全一致,设备编号应与变电所主接线图和供电示意图完全相同,电力线路杆号与现场实际杆号一致。

2 分室安装的调度系统主服务器、通信前置机、工作站、打印机、数据维护站等设备的安装应符合设计及有关标准的规定。

3 调度中心在进行系统设备联调之前,应检验下列项目:

1)对服务器、通信前置机和工作站设备进行硬件、软件的初始化,优化软件运行环境,使其满足系统运行要求;

2)路由器、集线器、网络中继器的规格、性能应满足规定要求;内部双以太网连接应正确、可靠,导通良好;

3)打印机自检打印结果满足要求,需要安装中文字库的打印机应存在该配置。

4 调度中心在进行系统设备联调时,应检验下列项目:

1)系统设备带电后,建立服务器与工作站之间及主机与外设之间的通信联络,确认网络通信功能满足产品的技术规定;

2)由调度员工作站调用系统功能启动投影设备,确认声光信号、画面转换功能满足设计规定;

3)试验打印机和画面拷贝机的功能应满足产品的技术规定;

4)确认系统的时钟同步;

5)确认内部数据库和 CRT 画面满足设计规定。

5 调度中心在正式进行与被控站之间的联调时,应首先在被控站用 I/O 模拟器进行模拟联调,确认远动通道、调制解调器、通信服务器工作正常,能进行并完成数据传输功能,且通过 I/O 模拟器能检验、确认"四遥"功能的完整性。

8.7.3 被控端设备调试应符合下列规定:

1 RTU 的试验与检验应达到以下要求:

1)RTU 与远动通道的连接可靠,与调度系统可随时进行通信联络;

2)RTU 发送的信息,调度系统可完整地接收并按规定进行保存。

2 调度系统可根据设计规定的条件,对供电臂单元的设备进行单体或联锁、联运控制,且能根据运营要求,对所间的设备进行联锁、联动控制,并可实现程序倒闸作业的自动控制。

3 调度系统应可实时采集供电臂单元设备的运行数据。

4 RTU 维护接口及主备用通道自动切换功能应满足设计要求。

8.7.4 变配电所综合自动化系统功能的检验应符合下列规定:

1 变电所进线保护功能的检验应符合下列要求:

1)进线间隔过压及失压保护功能应符合设计规定;

2)双路进线间隔对主变压器具有倒边供电功能时,应达到设计要求。

2 主变压器保护功能的检验应符合下列要求:

1)差动保护范围应满足对大电流速断及谐波、比率制动的设计要求;

2)模拟检验主变压器的过电流、温度、绕组、热过负荷保护功能,应符合设计规定。

3 变电所馈线保护功能的检验应符合下列要求:

1)馈线距离保护的闭锁特性,动作特性,保护范围自动切换功能应符合设计规定;

2)馈线电流速断、失压、过负荷保护功能应符合设计规定;

3)馈线间有压重合闸功能应符合设计规定。

4 变电所综合自动化系统控制功能的检验应符合下列要求:

1)在进行综合自动化系统功能检验过程中,调度中心应分别在控制台上监视自动化系统的动作情况,同时检验与调度系统的通信、数据传输、故障显示功能应达到设计规定要求;

2)所内设备之间及所内与所间的断路器和隔离开关的联锁、联动控制功能及自动顺序控制功能,应满足设计要求,并符合安全运营的规定;

3)能对变电所系统的主要设备运行数据进行实时采集并完成自动诊断处理;

4)能按照设计规定的运行条件,在故障或灾害情况下,自动分析判断设备和系统的运行状态,并自动优化系统运行状况;

5)能实现调度中心远程对主要系统参数和保护定值修订菜单的修改功能;

6)具备对事故暂态过程参数的采集并提供事故状态回溯显示功能。

8.7.5 远动系统联调检验应符合下列要规定:

1 调度中心发布遥控对象分合闸操作指令后,被控站在设备和控制盘上监视设备动作结果应与操作指令一致;调度中心在调度员工作站和投影设备上确认返回信号是否正确。

2 现场模拟预告和事故信号,被控站在当地显示器上、调度中心在调度员工作站和投影设备上确认返回的信号正确,并确认预告、事故记录功能准确、完善。

3 现场在流互和压互二次侧模拟加量,被控站在当地显示器上、调度中心在调度员工作站确认遥测量正确,并确认流互、压互变比与实际一致。

4 遥调调压器有载分接开关,由现场电气试验人员确认测量变压器的电压(档位)与调度中心提供的数据一致,并符合有关标准规定。

5 由变电所启动现场灾害报警综合监视系统,模拟设计拟定的全部监视功能,逐项在调度中心报警监视工作站上进行检查确认。

本暂行规定用词说明

执行本暂行规定条文时,对于要求严格程度的用词说明如下,以便在执行中区别对待。

(1)表示很严格,非这样做不可的用词

正面词采用"必须";

反面词采用"严禁"。

(2)表示严格,在正常情况下均应这样做的用词

正面词采用"应";

反面词采用"不应"或"不得"。

(3)表示允许稍有选择,在条件许可时首先应这样做的用词

正面词采用"宜";

反面词采用"不宜"。

表示有选择,在一定条件下可以这样做的,采用"可"。

《青藏铁路高原多年冻土区工程施工暂行规定(下册)》条文说明

本条文说明系对重点条文的编写依据、存在的问题以及在执行中应注意的事项予以说明。为了减少篇幅,只列条文号,未抄录原文。

1.0.5 青藏铁路通过的高原多年冻土区自然环境条件特殊,不注意工程施工对环境条件的影响,环境条件一旦遭受破坏,势必导致多年冻土退化,它将危及工程的安全和使用。国家已制定了有关青藏高原环境保护的法律、法规、条例,工程施工中必须严格遵守,并采取有效措施。最大限度地减少对环境的损害。

1.0.6 青藏铁路多年冻土区线路长约550 km,海拔高程大部分在4 000 m以上,属中纬度高原多年冻土。该多年冻土区具有低气压(544 ~ 600 mb),气候严寒(年平均气温 −2 ℃ ~ −8.5 ℃)缺氧,冻结期长(全年达7个月以上,即使暖季夜间也有短暂的冻结),多年冻土年平均地温较低(0 ~ −5 ℃),积雪较薄,雷电频繁(冻土区年平均雷暴日数在40 ~ 80 d),生态环境脆弱等特点。施工时采用的施工方法、施工工艺和选择的施工季节是否合理,往往是确保工程成败的关键。所以要求施工单位应统筹安排,合理部署施工力量,正确选用施工方法及工艺,适宜的施工季节和时段,是十分必要的。

8.3.2 冻土区电杆基坑与埋设基础应根据场地的土质采取不同的施工方法。现浇基础、岩石基础除应按现行国家标准《110 ~ 500 kV架空电力线路施工及验收规范》的有关规定执行外,还规定了现浇混凝土脱模后,不宜采用浇水养护,涂刷养护模,涂刷要均匀,不得漏刷。对多年冻土地区的爆破施工做了具体规定。钻孔灌注桩施工,不宜采用普通钻机成孔,还应减少对原地表的开挖,宜以填代挖,减少对原地表及地基多年冻土的热扰动。

8.4.2 本条文对冻土区直埋电缆的敷设及其埋设深度做出了规定,同时对电缆敷设施工为避免扰动应采取的措施做出了规定,施工时应严格遵守。

在青藏高原冻土区要求电缆埋在冻土以下,难以实现。施工时在电缆上下各铺以0.2m厚的河砂,上面盖以保护板,这样既可以防止电缆在运行中受到损坏,又可以避免对冻土的扰动。

8.5.1 本条文规定了青藏线隧道照明施工的特殊性,在隧道内施工应注意的事项及确保施工和运营应具备的条件。

8.7.1 在RTU测试时,经常需更换备品配件或进行其他项目的检查,在不断电源时进行上述工作容易造成故障。因此,规定了严禁带电拔插各类插板。

8.7.2 本条对调度中心设备安装和调试的方法及要求进行了规定,用于检查运动装置的性能、硬件配置和软件功能是否符合设计要求。

中华人民共和国行业标准

铁建设函〔2005〕243 号

青藏铁路高原多年冻土区工程施工质量验收暂行标准(下册)

2005—04—11　发布　　　　2005—04—11　实施

中华人民共和国铁道部　发布

前　　言

本暂行标准是根据铁道部"关于印发《2003 年铁路工程建设规范定额标准设计编制计划》的通知"(铁建设函〔2003〕41 号)的要求,结合青藏铁路高原多年冻土区工程的特点编制而成的。

本暂行标准共分 6 章,主要内容包括:总则、基本规定、机务、车辆设备、信号、通信和电力等。

本暂行标准是对现行国家和铁道部有关工程施工质量验收标准的补充,本标准应与现行工程施工质量验收标准及《青藏铁路高原多年冻土区工程勘察暂行规定》、《青藏铁路高原多年冻土区工程设计暂行规定》(上、下册)等配套使用。

本暂行标准系首次编制,在执行本暂行标准过程中,希望各单位结合工程实践和科研成果,认真总结经验,积累资料。如发现需要修改和补充之处,请及时将意见和有关资料寄交青藏铁路公司(西宁市建国路 22 号,邮政编码 810007)、铁道第一勘察设计院(兰州市和政路 75 号,邮政编码 730000),并抄送铁路工程技术标准所(北京市海淀区羊坊店路甲 8 号,邮政编码 100038),供本暂行标准修订时参考。

本标准由铁道部建设管理司负责解释。

本标准主持单位:青藏铁路公司

本标准主编单位:铁道第一勘察设计院

本标准参编单位:中铁电气化局

中铁十五局(集团)有限公司

通号公司上海分公司

本标准主要起草人:

铁道第一勘察设计院

郑克洪　刘佐治　刘　文　张　谦　王　兰　张国兴　丁子全　李浚元　梁生俊
逯宗田　王立人　李　凯　熊志勇　骆友曾　黄庆贵　王　丹　王　鹏　李　晋
马文义　王建文　王　颢　万一农　孟金林　王小红

青藏铁路公司

朱锦堂　朱锦煜

中铁电气化局

苏保卫　杨建国　李增利　许　军

中铁十五局(集团)有限公司

谭向兵　蔡俊福　刘全利　乔健敏

通号公司上海分公司

肖　红　李　春　陈忠尧　左德沅

目　　次

1 总 则

1.0.1 为加强工程施工质量管理,统一青藏铁路格尔木至拉萨段站后工程施工质量验收标准,保证工程质量,制定本暂行标准。

1.0.2 本标准适用于青藏铁路格拉段机务、车辆设备、信号、通信和电力工程施工质量的验收。本标准未包括的内容及未涉及的新技术、新工艺、新设备、新材料的工程施工质量的验收应符合国家和铁道部现行有关标准或另行制定专项补充规定。

1.0.3 施工单位作为工程施工质量控制的主体,应对工程质量进行全过程控制;建设单位、监理单位和勘察设计单位各方应按有关规定的要求对施工阶段的工程质量进行控制,建设单位组织并负责工程质量验收标准的执行。

1.0.4 冻土地段的光(电)缆敷设及接续、电杆和天线铁塔基础、信号机构、道旁设备、避雷装置、接地装置等工程施工质量验收应严格按设计及相关标准要求进行验收。

1.0.5 施工单位应加强冻土地段土建工程施工质量验收工作,避免因施工质量而造成对冻土的扰动,产生冻胀和融沉病害。

1.0.6 青藏铁路站后工程施工应贯彻国民经济可持续发展战略和“预防为主,防治结合,综合治理”的原则,做好高原环境保护、水土保护等工作,合理利用资源,并做到文明安全施工。

1.0.7 青藏铁路站后工程施工质量检验、检测所取得的质量数据应真实可靠,全面反映工程质量状况,所用方法和仪器设备应符合相关标准和合同的规定。

1.0.8 青藏铁路站后工程施工中所采用的承包合同文件和工程技术文件等对施工质量的要求不得低于本标准的规定。

1.0.9 青藏铁路高原多年冻土区站后工程施工质量验收除应符合本标准外,尚应符合国家现行有关强制性标准的规定。

2 基本规定

2.1 一般规定

2.1.1 青藏铁路站后工程施工现场质量管理应有相应的施工技术标准、健全的质量管理体系和施工质量检验制度。

施工现场质量管理检查记录应由施工单位在施工前按表 2.1.1 的规定填写,总监理工程师进行检查,并做出检查结论。

表 2.1.1 施工现场质量管理检查记录

<table>
<tr><td>单位工程名称</td><td colspan="2"></td><td>开工日期</td><td colspan="2"></td></tr>
<tr><td>建设单位</td><td colspan="2"></td><td>项目负责人</td><td colspan="2"></td></tr>
<tr><td>设计单位</td><td colspan="2"></td><td>项目负责人</td><td colspan="2"></td></tr>
<tr><td>监理单位</td><td colspan="2"></td><td>总监理工程师</td><td colspan="2"></td></tr>
<tr><td>施工单位</td><td></td><td>项目负责人</td><td></td><td>项目技术负责人</td><td></td></tr>
<tr><td>序号</td><td colspan="3">项　　目</td><td colspan="2">内　　容</td></tr>
<tr><td>1</td><td colspan="3">开工报告</td><td colspan="2"></td></tr>
<tr><td>2</td><td colspan="3">现场质量管理制度</td><td colspan="2"></td></tr>
<tr><td>3</td><td colspan="3">质量责任制</td><td colspan="2"></td></tr>
<tr><td>4</td><td colspan="3">工程施工质量检验制度</td><td colspan="2"></td></tr>
<tr><td>5</td><td colspan="3">施工技术标准</td><td colspan="2"></td></tr>
<tr><td>6</td><td colspan="3">施工图现场核对情况</td><td colspan="2"></td></tr>
<tr><td>7</td><td colspan="3">地质勘察资料</td><td colspan="2"></td></tr>
<tr><td>8</td><td colspan="3">设计技术交底、施工复测资料</td><td colspan="2"></td></tr>
<tr><td>9</td><td colspan="3">施工组织设计、施工方案和环境保护方案及审批</td><td colspan="2"></td></tr>
<tr><td>10</td><td colspan="3">分包方资质及对分包方单位管理制度</td><td colspan="2"></td></tr>
<tr><td>11</td><td colspan="3">主要专业工种操作上岗证书</td><td colspan="2"></td></tr>
<tr><td>12</td><td colspan="3">施工检测设备及计量器具设备</td><td colspan="2"></td></tr>
<tr><td>13</td><td colspan="3">材料、设备管理制度</td><td colspan="2"></td></tr>
<tr><td colspan="6">检查结论:

总监理工程师　　　　年　月　日</td></tr>
</table>

注:序号 8 根据专业工程确定,它包括交接桩、施工复测记录、地线电阻测试记录等。

2.1.2 青藏铁路站后工程应按下列规定进行严格的施工质量控制:

1 工程采用的主要材料、构配件和设备,施工单位应对其外观、规格、型号和质量证明文件等进行验收,并经监理工程师检查认可;凡涉及结构安全和使用功能的,施工单位应进行检验，监理单位应按规定进行平行检验或见证取样检测。新材料、新设备、新器材及进口设备和器材的进场验收，除符合本标准规定外，尚需提供安装、使用、维修、试验及合同规定的有关文件、检测报告等。

2 各工序应按施工技术标准进行质量控制，每道工序完成后，施工单位应进行检查，并形成记录。

3 工序之间应进行交接检验，上道工序应满足下道工序的施工条件和技术要求。相关专业工序之间的交接检验应经监理工程师检查认可，未经检查或经检验不合格的不得进行下道工序施工。

2.1.3 青藏铁路站后工程施工质量应按下列要求进行验收：

1 工程施工质量应符合本标准和相关专业验收标准的规定。

2 工程施工质量应符合工程勘察、设计文件的要求。

3 参加工程施工质量验收的各方人员应具备规定的资格；各种检查记录签证人员应报建设单位确认、备案。

4 工程施工质量的验收均应在施工单位自行检查评定合格的基础上进行。

5 隐蔽工程在隐蔽前应由施工单位通知监理单位进行验收，并应形成验收文件。

6 涉及结构安全的试块、试件和现场检验项目，监理单位应按规定进行平行检验、见证取样检测或见证检测。

7 检验批的质量应按主控项目和一般项目进行验收。

8 对涉及安全和使用功能的分部工程应进行抽样检测。

9 承担见证取样检测及有关安全检测的单位应具有相应的资质。

10 单位工程的观感质量应由验收人员通过现场检查共同确认。

2.2 工程施工质量验收的划分

2.2.1 青藏铁路站后工程施工质量验收划分为单位工程、分部工程、分项工程和检验批。

2.2.2 单位工程应按一个完整工程、独立设施系统或一个相当规模施工范围划分。

2.2.3 分部工程应按一个完整部位或主要结构及施工阶段划分。

2.2.4 分项工程应按工种、工序、设备等划分。

2.2.5 检验批可根据施工及质量控制和验收需要划分。

2.2.6 青藏铁路站后工程的单位工程、分部工程、分项工程、检验批划分和检验项目应符合本标准第3至第6章和国家现行有关标准的规定。

2.3 工程施工质量验收

2.3.1 检验批的质量验收应包括如下内容：

1 实物检查，按下列方式进行：

1)对原材料、构配件和设备等的复验，应按进场的批次和本标准规定的抽样检验方案执行。

2)对机务车辆设备工程、电力工程(绝缘子、电力电缆等)，其性能应按国家现行有关标准和本标准规定的抽样检验方案执行。

3）对本标准中采用计数检验的项目，应按抽查总点数的合格点率进行检查。

2 资料检查，包括原材料、构配件和设备等的质量证明文件（质量合格证、规格、型号及性能检测报告等）和检验报告、施工过程中重要工序的自检和交接检验记录、平行检验报告、见证取样检测报告和隐蔽工程验收记录等。

2.3.2 检验批合格质量应符合下列规定：

1 主控项目的质量经抽样检验全部合格。

2 一般项目的质量经抽样检验全部合格；当采用计数检验时，有允许偏差的抽查点，除有专门要求外，合格点率应达到 80% 及以上，且不合格点的最大偏差不得大于规定允许偏差的 1.5 倍。

3 具有完整的施工操作依据、质量检查记录。

2.3.3 分项工程施工质量验收合格应符合下列规定：

1 分项工程所含的检验批均应符合合格质量的规定。

2 分项工程所含的检验批的质量验收记录应完整。

2.3.4 分部工程施工质量验收合格应符合下列规定：

1 分部工程所含的分项工程的质量均应验收合格。

2 质量控制资料应完整。

3 分部工程中有关安全及功能的检验和抽样检测结果应符合有关规定。

2.3.5 单位工程施工质量验收合格应符合下列规定：

1 单位工程所含分部工程的质量均应验收合格。

2 质量控制资料应完整。

3 单位工程所含分部工程有关安全和功能的检测资料应完整。

4 主要功能的抽查结果应符合有关标准、规范的规定。

5 观感质量验收应符合要求。

2.3.6 当检验批质量不符合要求时，应按以下规定进行处理：

1 经返工重做的或更换构配件、设备的检验批，应重新进行验收。

2 当检验批的试块、试件强度不能满足要求时，经有资质的法定检测单位检测鉴定，能够达到设计要求的检验批，应予以验收。

2.3.7 通过返修或加固处理仍不能满足安全和使用功能要求的分部工程、单位工程，严禁验收。

2.4 工程施工质量验收的程序和组织

2.4.1 检验批应由施工单位自检合格后报监理单位，由监理工程师组织施工单位专职质量检查员等进行验收。监理单位应对全部主控项目进行检查，对一般项目的检查内容和数量可根据具体情况确定。检验批质量验收记录应按表 2.4.1 填写。

2.4.2 分项工程应由监理工程师组织施工单位分项工程技术负责人等进行验收，并按表 2.4.2 填写记录。

2.4.3 分部工程应由监理工程师组织施工单位项目负责人和技术、质量负责人等进行验收；运输调度通信系统、数字无线移动通信系统、正线道岔转辙机的安装、联锁试验、综合自动化系统调试、运动系统调试等分部工程进行验收时，勘察设计单位项目负责人应参加，并按表2.4.3填写记录。

2.4.4 单位工程完工后，施工单位应自行组织有关人员进行检查评定，并向建设单位提交单位工程验收报告。

2.4.5 建设单位收到单位工程验收报告后，应由建设单位项目负责人组织施工、设计、监理单位负责人进行单位工程验收，并按表2.4.5—1～2.4.5—4填写记录。

2.4.6 单位工程有分包单位施工时，分包单位应对所承担的工程项目按本标准规定的程序进行检查评定，总包单位应派人参加。分包工程完成后，应将有关工程资料移交总包单位。

2.4.7 当参加验收各方对工程施工质量验收意见不一致时，可请铁路建设行政主管部门或其委托的质量监督部门协调处理。

表2.4.1 ____________检验批质量验收记录

单位工程名称				
分部工程名称				
分项工程名称			验收部位	
施　工　单　位			项目负责人	
施工质量验收标准名称及编号				
施工质量验收标准的规定		施工单位检查评定记录		监理单位验收记录
主控项目	1			
	2			
	3			
	4			
	5			
	6			
一般项目	1			
	2			
	3			
	4			
	5			
施工单位检查评定结果	专职质量检查员　　年　月　日 分项工程技术负责人　　年　月　日 分项工程负责人　　年　月　日			
监理单位验收结论	监理工程师　　年　月　日			

表 2.4.2 ________分项工程质量验收记录

<table>
<tr><td colspan="2">单位工程名称</td><td colspan="3"></td></tr>
<tr><td colspan="2">分部工程名称</td><td colspan="1"></td><td>检验批数</td><td></td></tr>
<tr><td colspan="2">施 工 单 位</td><td colspan="1"></td><td>项目负责人</td><td></td></tr>
<tr><td>序号</td><td>检验批部位</td><td>施工单位检查评定结果</td><td colspan="2">监理单位验收结论</td></tr>
<tr><td>1</td><td></td><td></td><td colspan="2"></td></tr>
<tr><td>2</td><td></td><td></td><td colspan="2"></td></tr>
<tr><td>3</td><td></td><td></td><td colspan="2"></td></tr>
<tr><td>4</td><td></td><td></td><td colspan="2"></td></tr>
<tr><td>5</td><td></td><td></td><td colspan="2"></td></tr>
<tr><td>6</td><td></td><td></td><td colspan="2"></td></tr>
<tr><td>7</td><td></td><td></td><td colspan="2"></td></tr>
<tr><td>8</td><td></td><td></td><td colspan="2"></td></tr>
<tr><td>9</td><td></td><td></td><td colspan="2"></td></tr>
<tr><td>10</td><td></td><td></td><td colspan="2"></td></tr>
<tr><td>11</td><td></td><td></td><td colspan="2"></td></tr>
<tr><td colspan="5">说明:</td></tr>
<tr><td colspan="2">施工单位检查评定结果</td><td colspan="3">分项工程技术负责人 年 月 日</td></tr>
<tr><td colspan="2">监理单位验收结论</td><td colspan="3">监理工程师 年 月 日</td></tr>
</table>

表 2.4.3 ______分部工程质量验收记录

<table>
<tr><td colspan="2">单位工程名称</td><td colspan="4"></td></tr>
<tr><td colspan="2">施 工 单 位</td><td colspan="4"></td></tr>
<tr><td colspan="2">项 目 负 责 人</td><td></td><td>项目技术负责人</td><td></td><td>项目质量负责人</td></tr>
<tr><td>序号</td><td>分项工程名称</td><td>检验批数</td><td colspan="2">施工单位检查评定结果</td><td>监理单位验收结论</td></tr>
<tr><td>1</td><td></td><td></td><td colspan="2"></td><td></td></tr>
<tr><td>2</td><td></td><td></td><td colspan="2"></td><td></td></tr>
<tr><td>3</td><td></td><td></td><td colspan="2"></td><td></td></tr>
<tr><td>4</td><td></td><td></td><td colspan="2"></td><td></td></tr>
<tr><td>5</td><td></td><td></td><td colspan="2"></td><td></td></tr>
<tr><td>6</td><td></td><td></td><td colspan="2"></td><td></td></tr>
<tr><td>7</td><td></td><td></td><td colspan="2"></td><td></td></tr>
<tr><td>8</td><td></td><td></td><td colspan="2"></td><td></td></tr>
<tr><td>9</td><td></td><td></td><td colspan="2"></td><td></td></tr>
<tr><td>10</td><td></td><td></td><td colspan="2"></td><td></td></tr>
<tr><td colspan="3">质量控制资料</td><td colspan="2"></td><td></td></tr>
<tr><td colspan="3">安全和功能检验(检测)报告</td><td colspan="2"></td><td></td></tr>
<tr><td rowspan="3">验
收
单
位</td><td>施工单位</td><td colspan="4">项目负责人 年 月 日</td></tr>
<tr><td>勘察设计单位</td><td colspan="4">项目负责人 年 月 日</td></tr>
<tr><td>监理单位</td><td colspan="4">监理工程师 年 月 日</td></tr>
</table>

注:1 勘察设计单位应参加通信工程运输调度通信系统测试,信号工程正线道岔转辙机的安装、联锁试验,电力工程综合自动化系统调试、远动系统调试等分部工程验收;

2 质量控制资料核查、安全和功能检查项目应按表 2.4.5—2 和表 2.4.5—3 确定。

表 2.4.5—1 单位工程质量验收记录

<table>
<tr><td colspan="2">单位工程名称</td><td colspan="6"></td></tr>
<tr><td colspan="2">开 工 日 期</td><td colspan="3"></td><td colspan="2">竣工日期</td><td></td></tr>
<tr><td colspan="2">施 工 单 位</td><td colspan="6"></td></tr>
<tr><td colspan="2">项 目 负 责 人</td><td></td><td>项目技术负责人</td><td></td><td>项目质量负责</td><td colspan="2"></td></tr>
<tr><td>序号</td><td colspan="2">项 目</td><td colspan="4">验 收 记 录</td><td>验收结论</td></tr>
<tr><td>1</td><td colspan="2">分部工程</td><td colspan="4">共 分部
经查符合标准规定及设计要求 分部</td><td></td></tr>
<tr><td>2</td><td colspan="2">质量控制资料核查</td><td colspan="4">共 项
经查符合要求 项
不符合要求 项</td><td></td></tr>
<tr><td>3</td><td colspan="2">安全和主要使用功能核查及抽查结果</td><td colspan="4">共核查、抽查 项
符合要求的 项
不符合要求的 项</td><td></td></tr>
<tr><td>4</td><td colspan="2">观感质量验收</td><td colspan="4">共检查 项
评定为合格的 项
评定为差的 项</td><td></td></tr>
<tr><td>5</td><td colspan="7">综合验收结论</td></tr>
<tr><td rowspan="2">验收单位</td><td colspan="2">施工单位</td><td colspan="2">监理单位</td><td colspan="2">勘察设计单位</td><td>建设单位</td></tr>
<tr><td colspan="2">(公章)

单位负责人

年 月 日</td><td colspan="2">(公章)

总监理工程师

年 月 日</td><td colspan="2">(公章)

项目负责人

年 月 日</td><td>(公章)

项目负责人

年 月 日</td></tr>
</table>

表 2.4.5—2 单位工程质量控制资料核查记录

单位工程名称				
施 工 单 位				
序号	资 料 名 称	份数	核 查 意 见	核查人
1	图纸会审、设计变更、洽商记录			
2	工程定位测量、施线记录			
3	原材料出厂合格证及进场检(试)验报告			
4	设备出厂合格证或试验报告			
5	电气试验报告			
6	隐蔽工程验收记录			
7	施工记录			
8	工程质量事故及事故调查处理资料			
9	施工现场质量管理检查记录			
10	分项、分部工程质量验收记录			
11	新材料、新工艺施工记录			
12	环保记录			
13				

结论：

施工单位项目负责人 总监理工程师

年 月 日 年 月 日

注：核查人为验收组的监理单位人员。

表 2.4.5—3 单位工程安全和功能检验资料核查及主要功能抽查记录

单位工程名称				
施 工 单 位				
序号	抽查、抽查项目	份数	核查、抽查意见	核查、抽查人
1				
2				
3				
4				
5				
6				
7				
8				
9				
10				
11				
结论: 施工单位项目负责人 总监理工程师 建设单位项目负责人 年 月 日 年 月 日 年 月 日				

注:1 核查、抽查项目由验收组协商确定;
2 核检、抽检人为验收组的监理单位人员。

表 2.4.5—4 ____________________单位工程观感质量检查记录

单位工程名称				
施 工 单 位				
序号	项 目 名 称	质 量 状 况	质量评定	
			合格	差
1				
2				
3				
4				
5				
6				
7				
8				
9				
结论：				
施工单位项目负责人 年 月 日		总监理工程师 年 月 日	建设单位项目负责人 年 月 日	

注：1 单位工程观感项目应符合现行国家及行业标准的规定。

2 检查项目由验收组协商确定。

3 观感质量评定为“差”的项目应返修。

3 机务、车辆设备

3.1 一 般 规 定

3.1.1 机务、车辆设备安装工程质量验收划分为单位工程、分部工程(按单个设备或设计分区)、分项工程及检验批。单位工程、分部工程、分项工程、检验批和及检验项目应符合表3.1.1的要求。

表3.1.1 单位工程、分部工程、分项工程、检验批划分和检验项目

单位工程类别	分部工程名称	分项工程	检验批	检验批检验项目条文号	
				主控项目	一般项目
机务、车辆段(所)	机械设备安装	机械设备基础	每台(套)	3.2.1~3.2.3	
		机械设备安装	每台(套)	3.3.1~3.3.9	3.3.10~3.3.12
	油罐制作与安装	油罐基础	全部	3.4.1~3.4.3	
		油罐制作	每台(套)	3.5.1~3.5.5	3.5.6~3.5.13
		油罐附件安装	每台(套)	3.6.1	3.6.2
		油罐防腐、防雷、防静电及接地	每台(套)	3.7.1~3.7.3	3.7.4 3.7.5
	管道安装	输油管道安装	系统全部	按国际《工业金属管道工程质量检验评定标准》和《工业设备及管道绝热工程质量检验评定标准》	
		压缩空气管道安装	系统全部		
		冷却水管道安装	系统全部		
		检查井内设备安装	每个	按国标《工业金属管道工程质量检验评定标准》	
		入口井内设备安装	每个		
		出风井内设备安装	每个		
	货车安全防范、预警系统和货车运行管理信息化系统	室内外设备安装	每台(套)	3.8.1~3.8.6	3.8.7 3.8.8
		电(光)缆敷设	每处	3.9.1 3.9.2	3.9.3 3.9.4
		防雷按地装置	每处	3.10.1	3.10.2

3.1.2 机务、车辆设备安装工程施工质量验收,除应符合本标准外,尚应符合国家和铁道部现行有关标准的规定。

3.2 机械设备基础

主 控 项 目

3.2.1 机械设备地脚螺栓应垂直,螺母应拧紧,扭力矩一致。螺母与垫圈、垫圈与机床底座的接触应紧密。垫铁组应放置平稳、位置正确、接触紧密,每组不应超过3块。承受主要负荷的成对斜垫铁应点焊牢固。

检验数量:施工单位、监理单位全部检查。

检验方法:用扳手拧试和观察检查;用小锤轻击和观察检查。

3.2.2 需要防震的设备,应加防震层。采用永久性支承的调整螺钉,其伸出长度不应大于螺钉直径。

检验数量:施工单位、监理单位全部检查。

检验方法:用钢板尺和观察检查。

3.2.3 设备基础、防水、防腐、绝缘、保温和耐热砌筑等工程,应按建筑工程和有关质量检验评定标准的规定,进行验收。

检验数量:施工单位、监理单位全部检查。

检验方法:观察,检查施工记录。

3.3 机械设备安装

主控项目

3.3.1 机械设备到达现场应按设计要求进行检查。

检验数量:施工单位全部检查、监理单位对成台(套)的专用机械设备全检,其他设备抽检不少于20%,但不得少于1台。

检验方法:观察和测量,核对装箱单,清点数量,检查书面资料。

3.3.2 机械设备纵、横向水平度的允许偏差应满足设备技术条件要求。

检验数量:施工单位、监理单位全部检查。

检验方法:用水准仪、检具检查。

3.3.3 脱轨器设备必须是通过铁道部鉴定的设备,其规格、型号符合设计要求。

检验数量:施工单位、监理单位全部检查。

检验方法:检查通过铁道部鉴定的有关资料、产品合格证、质量证书和供货清单。

3.3.4 脱轨器的性能应符合设计要求。

检验数量:施工单位、监理单位全部检查。

检验方法:观察、测量检查。

3.3.5 脱轨器安装位置应符合《铁路技术管理规程》第338条和《列检电动脱轨器及电气防护信号安装设计技术条件》(TB 2053)的有关规定。

检验数量:施工单位、监理单位全部检查。

检验方法:测量、核对检查。

3.3.6 脱轨器在不脱轨状态时,应符合下列要求:

1 脱轨块与钢轨轨间的轮缘侧宽度应不小于68 mm(从钢轨顶面向下35 mm处测量)。

2 除轮缘槽以外,脱轨器的其他部位的高度不得高出钢轨顶面25mm。

检验数量:施工单位、监理单位全部检查。

检验方法:测量检查。

3.3.7 脱轨器在脱轨状态时,应符合下列要求:

1 导向板与钢轨顶面应吻合,其中间部分的间隙不得大于1 mm。

2 两侧滑板的前端与基本轨内侧应有1 mm以上的间隙,滑板的后端与止退挡滑轮间应有 2 mm 以上的间隙。

3　脱轨块最高部位与钢轨顶面的距离不大于 85 mm。

检验数量:施工单位、监理单位全部检查。

检验方法:测量检查。

3.3.8　脱轨表示器的安装限界应符合下列规定:

1　表示器距两侧线路中心均不得小于 2020 mm。

2　表示器的转换角度为 90°,标板与表示器灯的显示应符合《铁路技术管理规程》第 348 条的规定。

检验数量:施工单位、监理单位全部检查。

检验方法:观察、测量检查。

3.3.9　脱轨器室内设备安装以及控制电缆线路的敷设、防护和接续应按照《铁路信号工程施工质量验收标准》(TB 10419)的有关条款执行。

检验数量:施工单位、监理单位全部检查。

检验方法:观察、测量检查。

一 般 项 目

3.3.10　机械设备安装工程完成后,应将施工现场清理干净,设备的备品、备件清点齐全,妥善保存。

检验数量:施工单位全部检查。

检验方法:观察和核对检查。

3.3.11　脱轨器及转辙装置工作灵活。

检验数量:施工单位全部检查。

检验方法:重复进行上、下脱操作,观察检查。

3.3.12　脱轨器外观及涂装应符合下列规定:

1　脱轨器可动体涂以白色调合面漆,其他部分涂以黑色调合面漆。脱轨器底座涂中灰色调合面漆。

2　各种螺栓涂防锈油脂。

检验数量:施工单位全部检查。

检验方法:观察检查。

3.4　油 罐 基 础

主 控 项 目

3.4.1　油罐基础沉降应符合有关设计要求及规范规定。

检查数量:施工单位、监理单位全部检查。

检验方法:检查试验报告或试验记录。

3.4.2　油罐基础的表面尺寸,应符合下列规定:

1　基础中心标高允许偏差为 ±20 mm;

2　支承罐壁的基础表面,其高差应符合下列规定:

1)有环梁时,每 10 m 弧长内任意两点的高差不得大于 6 mm;整个圆周长度内任意两点的高差不得大于 12 mm；

2）无环梁时，每 3 m 弧长内任意两点的高差不得大于 6 mm，整个圆周长度内任意两点的高差不得大于 12 mm。

3 沥青砂层表面应平整密实，无突出的隆起、凹陷及贯穿裂纹。

检查数量：施工单位、监理单位全部检查。

检验方法：测量观察，检查油罐基础检查记录、基础沉降观测记录。

3.4.3 油罐地基基础质量评定尚应符合《建筑地基基础施工质量验收规范》（GB 50202）有关规定。

检查数量：施工单位、监理单位全部检查。

检验方法：测量观察，检查油罐基础检查记录、基础沉降观测记录。

3.5 油罐制作

主控项目

3.5.1 油罐钢板、焊接材料等应符合设计要求和规范规定。

检查数量：施工单位、监理单位全部检查。

检验方法：检查合格证、质量证明书或复（校）验记录。

3.5.2 焊接工艺评定、试验及结果应符合有关标准的规定。

检查数量：施工单位、监理单位全部检查。

检验方法：检查合格证、质量证明书或复（校）验记录。

3.5.3 焊接及探伤工作必须经由有关部门认可合格，并持有相应合格证及资格证的人员担当。

检查数量：施工单位、监理单位全部检查。

检验方法：检查合格证、资格证。

3.5.4 油罐焊缝的无损探伤，应符合设计要求。

检查数量：施工单位、监理单位全部检查。

检验方法：检查探伤报告。

3.5.5 油罐的严密性、强度及固定顶稳定性试验等必须符合有关设计要求。

检查数量：施工单位、监理单位全部检查。

检验方法：检查试验报告或试验记录。

一般项目

3.5.6 油罐钢板的表面质量应符合下列规定：

1 无裂纹、缩孔、夹渣、折迭、重皮、砂眼、针孔和超过壁厚允许偏差的局部凹坑、碰伤；蹄铁管应有制造厂标记。

2 表面光洁，无锈蚀。

检查数量：施工单位全部检查。

检验方法：观察检查，用小锤敲击，用放大镜、卡钳和测厚仪检查。

3.5.7 罐底、罐壁、罐顶板组对及其几何尺寸的质量评定应符合《石油建设工程质量检验评定标准（储罐工程）》（SY 4026）中基本项目及允许偏差项目有关条款规定。

3.5.8 油罐梯子、平台、栏杆安装质量评定按《石油建设工程质量检验评定标准(储罐工程)》(SY 4026)中有关条款执行。

3.5.9 油罐焊缝外观尺寸及质量评定按《石油建设工程质量检验评定标准(储罐工程)》(SY 4026)中基本项目及允许偏差项目有关条款执行。

3.5.10 罐底焊缝内部质量以无渗漏为合格,无损探伤应符合《立式圆筒形钢制焊接油罐施工及验收规范》(GBJ 128)的有关规定。

检查数量:施工单位全部检查。

检验方法:渗透探伤、磁粉探伤、射线探伤或严密性试验。

3.5.11 罐壁焊缝内部质量以无渗漏为合格,无损探伤应符合《立式圆筒形钢制焊接油罐施工及验收规范》(GBJ 128)的有关规定。

检查数量:施工单位全部检查。

检验方法:射线探伤或超声波探伤。

3.5.12 底圈罐壁与罐底的T形接头的罐内角焊缝内部质量以无渗漏为合格,无损探伤应符合《立式圆筒形钢制焊接油罐施工及验收规范》(GBJ 128)的有关规定。

检查数量:施工单位全部检查。

检验方法:渗透探伤或磁粉波探伤。

3.5.13 油罐开孔补强板焊缝及接管焊缝内部质量以无渗漏为合格。

检查数量:施工单位全部检查。

检验方法:渗透探伤或磁粉波探伤。

3.6 油罐附件安装

主控项目

3.6.1 油罐附件、材料等应符合设计要求。

检查数量:施工单位、监理单位全部检查。

检验方法:检查合格证、质量证明书或复(校)验记录。

一般项目

3.6.2 附件安装工程质量评定按《石油建设工程质量检验评定标准(储罐工程)》(SY 4026)中基本项目及允许偏差项目有关条款执行。

3.7 油罐防腐、防雷、防静电及接地

主控项目

3.7.1 油罐高原防雷防静电接地应符合设计要求及有关规定。

检查数量:施工单位、监理单位全部检查。

检验方法:检查隐蔽工程检查记录等。

3.7.2 油罐高原防雷防静电接地电阻值应符合设计要求。

检查数量:施工单位、监理单位全部检查。

检验方法:测量接地电阻。

3.7.3　油罐高原防雷防静电接地敷设材料、数量、位置、埋深等应符合设计要求。

检查数量:施工单位、监理单位全部检查。

检验方法:测量,检查隐蔽工程检查记录等。

一 般 项 目

3.7.4　油罐防腐工程质量按《石油建设工程质量检验评定标准(储罐工程)》(SY 4026)中有关条款执行。

3.7.5　底板铺设前,其下表面应涂刷防腐涂料,罐底焊接后,其局部凹凸变形的深度,不应大于变形长度的2%,且不应大于50 mm。

检查数量:施工单位全部检查。

检验方法:测量观察,检查油罐基础检查记录。

3.8　室内外设备安装

主 控 项 目

3.8.1　货车安全防范、预警系统和货车运行管理信息系统设备必须是通过铁道部鉴定的设备,其规格、型号符合设计要求。

检验数量:施工单位、监理单位全部检查。

检验方法:检查通过铁道部鉴定的有关资料、产品合格证、质量证书和供货清单。

3.8.2　货车安全防范、预警系统和货车运行管理信息系统探测站设备安装位置应符合设计及设备技术文件的要求。

检验数量:施工单位、监理单位全部检查。

检验方法:观察、测量检查。

3.8.3　安装在钢轨上的装置的规格、型号及安装方式应符合设计要求。

检验数量:施工单位、监理单位全部检查。

检验方法:观察、测量检查。

3.8.4　探测站所有设备的安装尺寸应符合《铁路建筑接近限界》的规定,必要处应做相应的防护。

检验数量:施工单位、监理单位全部检查。

检验方法:观察、测量检查。

3.8.5　各探测站设备开机后工作正常,符合设备技术标准的有关要求。轨上设备动作准确,室内设备显示正确。设备软件工作可靠、运行稳定。

检验数量:施工单位、监理单位全部检查。

检验方法:观察、测试检查。

3.8.6　系统组网应符合设计要求,数据传输通道通畅。复示站、监测中心和监控中心各部计算机工作正常,软件支持符合设计和设备技术标准的有关要求。

检验数量:施工单位、监理单位全部检查。

检验方法:观察、测试检查。

一 般 项 目

3.8.7 探测站设备安装应符合下列要求:

1 轨上设备安装完成后应将原有道床恢复完好。

2 全线设备安装应统一标准,按要求涂装一致。

检验数量:施工单位全部检查。

检验方法:观察、测量检查。

3.8.8 室内设备应摆放整齐,安装布线按配线工艺要求,做到整洁、合理、标示清楚。

检验数量:施工单位全部检查。

检验方法:观察、测量检查。

3.9 电光电缆敷设

主 控 项 目

3.9.1 探测站室内外设备连接电缆均采用全钢管防护直埋,防护用钢管选用《加厚镀锌焊接钢管》(GB 3091)。钢管内电缆不得有接头。

检验数量:施工单位、监理单位全部检查。

检验方法:观察、测量检查。

3.9.2 光电缆敷设应符合《铁路运输通信工程施工质量验收标准》(TB 10418)和本标准有关电缆施工的要求。

检验数量:施工单位、监理单位全部检查。

检验方法:观察、测量检查。

一 般 项 目

3.9.3 室外进入室内的电缆管线及套管应填塞严密,防止鼠类钻入机房室内。

检验数量:施工单位全部检查。

检验方法:观察、测量检查。

3.9.4 埋设电(光)缆工程完工后,应在地面埋设相应的标志桩,标志桩的制作和标示应符合有关要求。

检验数量:施工单位、全部检查。

检验方法:观察、测量检查。

3.10 防雷接地装置

主 控 项 目

3.10.1 防雷地线和设备保护地线的接地电阻值符合设计和设备技术标准的要求。

检验数量:施工单位、监理单位全部检查。

检验方法:观察、测量检查。

一 般 项 目

3.10.2　接地装置工程完工后，应在地面埋设相应的标志桩，标志桩的制作和标示应符合有关要求。

检验数量：施工单位全部检查。

检验方法：观察、测量检查。

3.11　单位工程观感质量评定

3.11.1　观感质量评定由建设单位组织监理单位、施工单位共同进行现场评定。

3.11.2　观感质量检查项目评定达不到合格标准，应进行返修。

3.11.3　设备基础的螺栓竖立垂直，距离正确；基础表面不粗糙、不松软掉渣，无明显的丢边掉角现象。

3.11.4　设备的外壳无损伤，铭牌正确、字迹清晰。

3.11.5　设备各组成部件完好齐全。

3.11.6　设备各部件涂漆无脱落、反锈、鼓包现象。

3.11.7　脱轨器标志牌所标内容应正确。

3.11.8　脱轨器标识灯的色灯玻璃及透视镜无影响显示的斑点和裂纹。

3.11.9　室内设备配线线条无中间接头和绝缘破损现象。配线线把采用绑扎方式时，绑扎整齐，间隔均匀，表面线条和出线部位顺直、美观；配线电缆排列整齐，电缆引出端应有表明去向的铭牌。

3.11.10　配线焊接时应焊接牢固，焊点光滑、无毛刺；当芯线采用压接方式时应压接牢固。焊接端子及及压接端子均套塑料软管保护，且长度均匀。

3.11.11　室外设备、箱和盒的内部配线无绝缘破损，无中间接头。配线走线合理，绑扎整齐、均匀。

4　信　　号

4.1　一 般 规 定

4.1.1　各种信号设备进场应按照《铁路信号工程施工质量验收标准》(TB 10419—2003)要求进行进场验收。

4.1.2　各种设备的涂漆应按设计要求采用耐磨、防紫外线、抗老化的涂料,设备基础硬化面应做到牢固、平整。

4.1.3　电缆严禁在 -10 ℃以下时敷设。

表 4.1.3　分部工程、分项工程、检验批划分和检验项目

分部工程名称	分项工程	检验批	检验批检验项目条文号	
			主控项目	一般项目
地面固定信号机	色灯信号机	每架信号机	4.2.1~4.2.7	
	信号标志牌	每架信号机	4.3.1、4.3.2	4.3.3、4.3.4
	应急操纵箱	每台	4.4.1	4.4.2
转辙装置	转辙机安装装置	每组道岔范围	4.5.1、4.5.2	
	融雪装置	每组道岔范围	4.6.1~4.6.5	
轨道电路	应答器	每个区段	4.7.1~4.7.2	
	钢轨接续线	每一股道、每一咽喉、每一闭塞分区、每一进站信号机接近区段	4.8.1	4.8.2
	MT 胶结绝缘	每对	4.9.1	
电(光)缆线路	电缆线路敷设	20 组及以下道岔的车站(驼峰场)为一站(场),21 组以上道岔的车站为一个咽喉,区间为半个区间	4.10.1、4.10.2	4.10.3
	电缆防护	20 组及以下道岔的车站(驼峰场)为一站(场),21 组以上道岔的车站为一个咽喉,区间为半个区间	4.11.1	
	电缆接续	20 组及以下道岔的车站(驼峰场)为一站(场),21 组以上道岔的车站为一个咽喉,区间为半个区间	4.12.1	
	箱盒安装	每 10 个		4.13.1
室内设备	防雷及接地装置	每个机械室	4.14.1~4.14.2	
	环境检测系统	每个机械室	4.15.1、4.15.2	
机车信号设备	车载设备	每套	4.16.1、4.16.2	
电源设备	电源屏	每台	4.17.1	4.17.2
联锁试验	室内单项试验	1 个系统	4.18.1、4.18.2	
	室外单项试验	1 个系统	4.19.1	
	综合试验	1 个系统	4.20.1~4.20.7	

4.1.4 电缆接续应避开寒冷季节施工。

4.1.5 青藏铁路工程施工质量验收的划分及检验范围除应符合现行《铁路信号工程施工质量验收标准》(TB 10419)第3.2.6条的规定外,尚应符合表4.1.3的规定。

4.1.6 机车信号、列控系统与无线GSM-R传输等相互的接口,应按有关设计、科研、试验结果及合同规定的要求执行。

4.2 色灯信号机

主 控 项 目

4.2.1 钢管机柱的进场应对其外观进行以下项目进行验收:

1 机柱不得有横向或纵向裂纹。

2 机柱的弯曲度不大于 $L/200$(L 为机柱长度)。

检验数量:施工单位、监理单位全部检查。

检验方法:观察、测量检查。

4.2.2 信号机构、变压器箱、电缆盒必须密封良好。

检验数量:施工单位、监理单位全部检查。

检验方法:观察、测量检查。

4.2.3 信号机配线应符合设计要求,在机柱、箱盒、机构等的引线孔处采取密封和防护措施。

检验数量:施工单位、监理单位全部检查。

检验方法:观察、测量检查。

4.2.4 信号机柱埋深不足时,应培土夯实或按设计要求防护。

1 信号机柱的培土平面高度应与所属箱盒的培土面等高。培土面边缘距机柱边缘不应小于500 mm,并应有一定的边坡。

2 设在路基面较窄、坡度较陡地点的信号机,应采用填土后片石、水泥砂浆砌围,砌围边缘距信号机柱边缘不得小于1 200 mm,并向下砌成斜坡形,其高度与路肩相同,或用方形混凝土柱作围桩,方形混凝土柱埋深不得小于全长的1/2。

检验数量:施工单位、监理单位全部检查。

检验方法:观察、测量检查。

4.2.5 信号设备混凝土基础的强度应达到设计要求,并满足《青藏铁路高原多年冻土区混凝土耐久性技术条件》(科技基函〔2003〕56号)的规定。

检验数量:施工单位、监理单位全部检查。

检验方法:对混凝土基础的强度施工单位见证取样试验。监理单位检查施工单位试验纪录。

4.2.6 混凝土制品应符合下列要求:

1 不得有影响强度的裂纹。

2 外表应光洁平整。

3 钢筋混凝土制品不得有露筋、损伤。

4 不得有明显的丢边掉角现象。

5 混凝土制品运到现场后应进行二次检查。

检验数量:施工单位、监理单位全部检查。

检验方法:观察检查。施工单位取混凝土制品送检,监理单位见证试验。

4.2.7 LED 信号机发光点阵的 LED 发光管应色泽一致、光束集中、应变速度满足联锁关系(≤1 s)。

检验数量:施工单位、监理单位全部检查。

检验方法:观察测量检查。

4.3 信号标志牌

主 控 项 目

4.3.1 信号标志牌应严格按照施工图纸所标明的位置安装并符合设计的要求。

检验数量:施工单位、监理单位全部检查。

检验方法:观察检查。

4.3.2 信号标志牌应标识准确、颜色分明、具有良好的反光效果。

检验数量:施工单位、监理单位全部检查。

检验方法:观察检查。

一 般 项 目

4.3.3 信号标志牌无裂纹、划痕、安装稳固。

检验数量:施工单位全部检查。

检验方法:观察检查。

4.3.4 信号标志牌埋深不足时,应培土夯实或按设计要求防护。设在路基面较窄、坡度较陡地点的信号标志牌,应采用填土后片石、水泥砂浆砌围,砌围边缘距信号标志牌柱边缘不得小于 600 mm,并向下砌成斜坡形,其高度与路肩相同,或用方形混凝土柱作围桩,方形混凝土柱埋深不得小于全长的 1/2。

检验数量:施工单位全部检查。

检验方法:观察、测量检查。

4.4 应急操纵箱

主 控 项 目

4.4.1 应急操纵箱应严格按照施工图纸所标明的位置安装并符合设计的要求。

检验数量:施工单位、监理单位全部检查。

检验方法:观察检查。

一 般 项 目

4.4.2 应急操纵箱应无裂纹、划痕、锈蚀。

检验数量:施工单位全部检查。

检验方法:观察检查。

4.5 转辙机安装装置

主控项目

4.5.1 所有紧固件应采用专用垫片一次性锁紧,确保不松动。

检验数量:施工单位、监理单位全部检查。

检验方法:观察检查。

4.5.2 机盖密封条可防紫外线、抗老化,其高性能海绵密封橡胶垫,确保在高原环境下的密封。采用的润滑脂,具有优良的低温性能,整机的机械稳定性,胶体稳定性,抗水性及极压抗磨性较好。

检验数量:施工单位、监理单位全部检查。

检验方法:观察检查,并检查质量证明文件。

4.6 道岔融雪装置

主控项目

4.6.1 道岔融雪装置应按照施工图纸所标明的位置安装并符合设计的要求。

检验数量:施工单位、监理单位全部检查。

检验方法:观察检查。

4.6.2 在环境温度 $T = -45.2$ ℃,风速 = 10 m/s 时,系统能保持铁轨加热面无冰雪($T >$ 0 ℃)。

检验数量:施工单位、监理单位全部检查。

检验方法:观察检查。

4.6.3 在环境温度为 −45.2 ℃时,最低融雪能力为 10 mm/12 h(即气象台报的大雪到暴雪的雪量)。能保持大雪随降随融,不留残雪和冰层。

检验数量:施工单位、监理单位全部检查。

检验方法:观察检查。

4.6.4 加热条接线段子对地绝缘电阻不应小于 50 MΩ。

检验数量:施工单位、监理单位全部检查。

检验方法:测试检查。

4.6.5 加热条应在额定电压下工作,最高持续暴露温度不应大于 350 ℃(环境温度为 35 ℃时)。

检验数量:施工单位、监理单位全部检查。

检验方法:观察、测试检查。

4.7 点式应答器

主控项目

4.7.1 点式应答器应按照施工图纸所标明的位置安装并符合设计的要求。

检验数量:施工单位、监理单位全部检查。

检验方法:观察测试检查并检查质量证明文件(对照应答器参数化设计和报文编制的相关文件)。

4.7.2 箱盒的密封应满足设计要求,应作到密封良好。

检验数量:施工单位、监理单位全部检查。

检验方法:观察检查。

4.8 钢轨接续线

主控项目

4.8.1 钢轨接续线材料的规格、型号应符合设计要求。

检验数量:施工单位、监理单位全部检查。

检验方法:观察检查并检查质量证明文件。

一般项目

4.8.2 钢轨接续线的安装应符合下列要求:

1 钢轨接续线应安装在钢轨外侧,应与鱼尾板上部密贴,塞钉孔距鱼尾板两端应均匀,道岔辙岔跟部可反向安装于钢轨内侧。

2 接续线与塞钉不得脱焊、锈蚀,压入深度为露出钢轨1~4 mm,塞钉与塞钉孔接触紧密并涂漆封闭。

3 接续线螺帽应完全上紧不得松动。接续线平直、无弯曲和隆起现象。

检验数量:施工单位、监理单位全部检查。

检验方法:观察、测量检查。

4.9 MT 胶结绝缘

一般项目

4.9.1 MT 胶结绝缘应符合下列规定:

1 钢轨、槽型绝缘、鱼尾板之间应吻合、粘接牢固。

2 绝缘管、垫圈等齐全、无损伤,绝缘垫圈与铁垫圈安装正确。绝缘管件无老化现象,轨缝合适。

3 两螺栓应相对应(辙岔根除外)平直,紧固。

4 轨端绝缘顶面应于钢轨顶面平。

检验数量:施工单位全部检查。

检验方法:观察检查。

4.10 电缆线路敷设

主控项目

4.10.1 电缆路径应符合下列要求:

1 径路应避开冰椎、冰胀丘、融冻泥流、热融滑塌、热融湖(塘)和冻土沼泽等不良冻土现象地段。

2 电缆通过冻土区的河流时,应在铁路桥上电缆槽内通过。

3 电缆通过隧道电缆槽时,应采取措施防止槽内积水,以免冻胀损伤电缆。电缆通过站台时,应敷设在站台上的电缆槽内。电缆槽内添沙防护,沙量与槽上沿平齐。

4 径路选择合理、捷径。

检验数量:施工单位、监理单位全部检查。

检验方法:观察检查。

4.10.2 电缆埋深应符合下列要求:

1 季节性冻土及多年冻土上限大于1.2 m的地段,电缆埋深应符合《铁路信号设计规范》(TB 10007)的有关规定或按设计图纸要求施工。

2 多年冻土上限小于1.2 m的地段,电缆埋深按浅埋方式处理,并应埋设在冻土上限0.1 m以上。

检验数量:施工单位、监理单位全部检查。

检验方法:观察、测量检查。

一般项目

4.10.3 电缆引入处储备量应符合下列要求:

1 室内储备量为8 m。

2 室外每端环状储备量为3 m(20 m以下为1.5 m)。

3 每端出入土及作头为3 m。

检验数量:施工单位全部检查。

检验方法:测量检查。

4.11 电缆防护

主控项目

4.11.1 电缆防护应符合下列要求:

1 全线电缆采用槽道灌沙防护。冻土地段,电缆应选用机械强度较高的铠装护层。

2 钢轨引接线过轨应采用过轨电缆,过轨电缆防护钢管必须引到箱盒电缆防护管的位置。

3 电缆与隧道、桥梁、涵洞等结合部必须采取用混凝土封堵等有效防护措施。

检验数量:施工单位、监理单位全部检查。

检验方法:观察检查。

4.12 电缆接续

主控项目

4.12.1 电缆接续的备用量应不少于3 m。

检验数量:施工单位、监理单位全部检查。

检验方法:测量检查。

4.12.2 电缆接续工艺应符合设计要求。

检验数量：施工单位、监理单位全部检查。

检验方法：观察检查。

4.13 各种箱、盒安装

一般项目

4.13.1 各种箱盒安装前应将箱盒内部清理干净，密封良好。

检验数量：施工单位全部检查。

检验方法：观察检查。

4.14 防雷及接地装置

主控项目

4.14.1 信号设备机房应将电气和电子设备的金属外壳、机柜、机架、信号设备工作地、防静电接地、金属屏蔽电缆外层、保护地及防雷保安器接地端子等以最短的距离分别就近接到等电位接地排上。电气连接外必须进行防腐处理。

检验数量：施工单位、监理单位全部检查。

检验方法：观察、测量检查。

4.14.2 接地电阻值不应大于4 Ω。

检验数量：施工单位、监理单位全部检查。

检验方法：测量检查。

4.14.3 全线接地方式应满足设计文件要求。

检验数量：施工单位、监理单位全部检查。

检验方法：观察检查。

4.15 环境监测系统

主控项目

4.15.1 门禁设备、烟雾传感器应按照设计要求及生产厂家提供的安装图纸安装，各设备单项测试必须符合环境监测系统的要求。

检验数量：施工单位、监理单位全部检查。

检验方法：观察、试验检查。

4.15.2 门禁设备、烟雾传感器应能在高寒、缺氧的自然环境下工作。

检验数量：施工单位、监理单位全部检查。

检验方法：观察、试验检查。

4.16 车载设备

主控项目

4.16.1 车载计算机、查询器、卫星定位接收仪、列控主机等应安装位置正确、牢固,连接可靠。

检验数量:施工单位、监理单位全部检查。

检验方法:观察、测量检查。

4.16.2 车载信号系统同相关专业的接口应符合设计要求。

检验数量:施工单位、监理单位全部检查。

检验方法:观察检查,对照设计文件及相关《信号系统技术规格书》测量检查。

4.17 电源屏

主控项目

4.17.1 电源屏安全地线的设置应符合本标准第4.14节的规定。

一般项目

4.17.2 不间断电源应符合下列要求:

1 功率满足要求,工作稳定、可靠,并应适应温度变化要求,能随时启用。

2 安装牢固。

检验数量:施工单位全部检查。

检验方法:观察、启动、测试检查。

4.18 室内单项试验

主控项目

4.18.1 室内设备送电试验

电源屏、控制台、计算机道旁功能模块等主要信号设备的技术指标应符合设计和产品的相关规定。

检验数量:施工单位、监理单位全部检查。

检验方法:开机(通电)试验、测试、核对技术指标。

4.18.2 车站信号控制系统的室内模拟试验应以设计文件、产品说明书、竣工文件的联锁表为依据,逐条检查联锁关系必须符合设计要求。

检验数量:施工单位、监理单位全部检查。

检验方法:依据联锁表试验检查。

4.19 室外单项试验

主控项目

4.19.1 室外单项试验必须严格按照有关技术标准和系统说明书要求进行试验。

检验数量:施工单位、监理单位全部检查。

检验方法:试验、观察、测试检查。

4.20 综合联调试验

主控项目

4.20.1 联锁关系正确。高度指挥系统应能可靠实现列车运行实时管理,列车进路程序控制、人工控制,列车运行和信号设备运行状态的采集、处理和显示,列车运行自动跟踪,列车车次号管理,信号设备运行在线监测等功能。各站室外信号机、道岔、区段空闲检查以及其他室外设备与调度指挥系统控制及表示、动作位置、状态必须一致。

检验数量:施工单位、监理单位全部检查。

检验方法:施工单位应对各站室内外设备联通试验、核对,监理单位见证试验。

监理单位旁站监理。

4.20.2 调度指挥信息管理系统能可靠实现列车车次自动跟踪和无线车次自动校核、实现区段和区间"两个透明"、调度命令、日班计划通过网络自动下达、列车运行自动采点、行车日志自动生成、列车实际运行图自动生成、列车运行方案实时调整和网络下达、列车早晚点自动计算与部分运输指标自动统计、站场实际状况、列车运行实际状况再现等功能。

检验数量:施工单位、监理单位全部检查。

检验方法:施工单位应对各站室内外设备联通试验、核对,监理单位见证试验。

监理单位旁站监理。

4.20.3 区间列车监视系统应能可靠实现区间列车动态跟踪。

检验数量:施工单位、监理单位全部检查。

检验方法:施工单位应对各站室内外设备联通试验、核对,监理单位见证试验。

监理单位旁站监理。

4.20.4 安全行车、远程图象监视系统应能可靠实现对站场信号设备运行情况和工作环境的监视。

检验数量:施工单位、监理单位全部检查。

检验方法:施工单位应对各站室内外设备联通试验、核对,监理单位见证试验。

监理单位旁站监理。

4.20.5 基于GSM-R和GPS信号控制系统的车载设备与任务数据库联锁试验(正常、非正常、应急操纵)。

检验数量:施工单位、监理单位全部检查。

检验方法:施工单位应对各站室内外设备联通试验、核对,监理单位见证试验。

监理单位旁站监理。

4.20.6 无线调车机车信号与车站的进路信息、联锁信息、列车运行信息双向传输试验，机车、车站之间的闭环通信联络试验。

检验数量：施工单位、监理单位全部检查。

检验方法：施工单位应结合机车运行试验、核对，监理单位见证试验。

监理单位旁站监理。

4.20.7 站间自动闭塞系统应能可靠反应区间及车站接发车状态。

检验数量：施工单位、监理单位全部检查。

检验方法：施工单位应对各站室内外设备联通试验、核对，监理单位见证试验。

监理单位旁站监理。

4.20.8 列控系统地面及车载设备的技术指标应符合设计、合同及产品技术资料的有关规定。

检验数量：施工单位、监理单位全部检查。

检验方法：测试检查。

4.21 单位工程观感质量评定

4.21.1 观感质量评定应符合现行《铁路信号工程施工质量验收标准》（TB 10419）的规定，待信号设计方案确定后应根据需要补充制定。

5 通 信

5.1 一般规定

5.1.1 青藏格—拉段通信工程施工应减少对生态环境的破坏。

在高含冰量冻土、不良冻土现象地段工程施工时,应结合工程设计要求,选择适宜的季节和时段进行,避免施工对场地地温和周围环境的不良影响。

高含冰量冻土地段、不良地质现象发育地段及植被良好地段不得取土、也不宜设置施工营地、施工场地和堆放弃土。

天线铁塔应尽量避免设立在高含冰量冻土地段和冰锥、冻胀丘、热溶滑塌、热融湖(塘)、冻土沼泽等不良冻土现象发育部位。

5.1.2 青藏格—拉段通信工程中采用的设备和器材,除应符合国家和铁道部现行的标准和技术条件的规定外,还应满足青藏铁路拉段环境下的安装与使用要求。

5.1.3 光缆、供电线等引入区间机房的位置应根据设计文件进行优化选择,电力引入线短捷,光缆引入后废弃量少,不宜增加附加接续接头。

5.1.4 光纤用户接入网、GSM-R 光纤直放站等工程验收前,光缆线路测试工作应已完成,线路性能应符合要求。光缆尾纤上的连接器应有纤序标志。

5.1.5 青藏格—拉段各专业工程中凡涉及到电源及室内环境与安全监控的内容均可按现行《铁路运输通信工程施工质量验收标准》(TB 10418)中"中间站环境与电源监控系统"的相关规定执行。

5.1.6 青藏格—拉段通信工程质量验收应划分为单位工程、分部工程、分项工程和检验批。并确定如下:

1 通信站及中间站机械室:一个通信站或一个施工标段内的所有中间站机械室均为一个单位工程。

2 通信光缆线路工程:一个标段为一个单位工程。

3 地区(站场)通信光缆工程:一个站为一个单位工程。

4 铁路 GSM-R 数字移动通信系统工程:一个系统为一个单位工程。

5.1.7 青藏格—拉段通信工程的单位工程、分部工程、分项工程划分和检验批检验项目应符合表 5.1.7 的规定。

表 5.1.8 单位工程、分部工程、分项工程划分及检验项目

序号	单位工程	分部工程	分项工程	检验批(最大批量)	检验批检验项目条文号	
					主控项目	一般项目
1	通信站及中间站通信机械室	光传输设备	光传输设备安装与配线	一个站	5.2.1~5.2.3	5.2.4~5.2.5
			光传输设备系统质量检验	一个系统	5.3.1	
		电话交换设备	交换设备安装与配线	一个站	5.4.1~5.4.3	5.4.4~5.4.10
			系统检测	一个系统	5.5.1~5.5.5	

续上表

序号	单位工程	分部工程	分项工程	检验批（最大批量）	检验批检验项目条文号	
					主控项目	一般项目
1	通信站及中间站通信机械室	通信电源设备	通信电源设备安装与配线	一个站	5.6.1~5.6.7	
			通信电源系统测试	一个系统	5.7.1	5.7.2
		通信接地装置	通信接地装置	一个站	5.8.1~5.8.4	5.8.5~5.8.7
2	通信光缆线路工程	光缆线路建筑安装	光缆线路建筑安装	一个站间	5.9.1~5.9.5	5.9.6
			光缆接续及引入终端	一个站间	5.10.1~5.10.2	5.10.3
		光纤监测设备	光纤监测设备	一个中继段/气闭段	5.11.1~5.11.2	
3	地区(站场)通信光电缆工程	地区(站场)通信光电缆建筑安装	电缆线路建筑安装	一个站间	5.12.1~5.12.4	5.12.5~5.12.6
			电缆引入、成端和分线设备安装	一个站间	5.13.1~5.13.2	5.13.3~5.13.5
		地区(站场)通信电缆电气特性	地区(站场)电缆线路特性检测	一个中继段/气闭段	5.14.1	
4	铁路GSM－R数字移动通信系统工程	铁塔与天馈线	铁塔	一座	5.15.1~5.15.3	5.15.4~5.15.6
			天馈线系统	一处	5.16.1~5.16.4	5.16.5~5.16.6
		漏泄同轴电缆	漏泄同轴电缆	一个敷设段	5.17.1~5.17.7	5.17.8~5.17.11
		系统设备	移动交换中心(SSS/IN/GPRS/OMC)设备	一个系统	5.18.1~5.18.4	5.18.5~5.18.6
			基站(直放站)设备基站子系统	一系统	5.19.1~5.19.4	
		GSM－R调度通信设备	GSM－R调度通信设备安装与配线	一个站	5.20.1~5.20.3	5.20.4
			GSM－R调度通信设备功能试验与性能检测	一个系统	5.21.1	
		机车通信设备	机车综合通信设备列控车载电台	一列车	5.22.1~5.22.4	
		场强覆盖	场强覆盖	一个区间	5.23.1~5.23.3	
		接地和防雷	接地和防雷	一个站	5.24.1~5.24.4	5.24.5~5.24.8

5.2 光传输设备安装与配线

主 控 项 目

5.2.1 传输设备和配线电缆到达现场应进行检查，其型号、规格及质量应符合设计要求及相关产品标准、出厂资料和合同的规定。

检验数量：施工单位、监理单位均全部检查。

检验方法：检查出厂合格证、试验报告等质量证明文件，并观察检查外观，施工单位测试检查，监理单位见证试验。

5.2.2 光传输设备安装应符合下列规定：

1 设备安装位置、机架及底座的加固方式及安装强度应符合设计和产品技术文件要求；

2 机架电路插板的数量、规格和安装位置应符合设计要求；

3 机架地线必须连接良好。

检验数量:施工单位、监理单位均全部检查。

检验方法:观察检查,用万用表测量机架对地电阻。

5.2.3 配线应符合下列规定:

1 配线电缆和电线的芯线及光纤连接应无错线、断线或混线;

2 光配线架光纤收容盘内,光纤的盘留弯曲半径应大于40 mm。余留尾纤应按单元顺序进行盘留,尾纤的盘留弯曲半径应大于50 mm。

3 配线电缆及芯线绝缘应符合表5.2.3的规定。

检验数量:施工单位、监理单位均全部检查。

检验方法:观察检查,并观察检查光纤在收容盘内的盘留弯曲半径及余留尾纤的盘留弯曲半径。施工单位用万用表检查,用绝缘测试器测量绝缘电阻,监理单位见证试验。

音频配线电缆正端串音衰减不应小于78.0 dB,抽验10%。

表 5.2.3 配线电缆绝缘电阻

序号	名　　称	指标(MΩ)
1	音频配线电缆	≥50
2	高频配线电缆	≥100
3	同轴配线电缆	≥1 000

5.2.4 光传输设备与GSM－R、与列控系统有关设备间的安装连接应符合相应文件规定。

检验数量:施工单位、监理单位全部检查。

检验方法:测试检查。

一 般 项 目

5.2.5 电缆槽道安装应符合下列要求:

1 槽道的型号、规格和安装位置应符合设计要求;

2 槽道应安装稳定,并固定牢固;

3 在缆线转弯处,槽道开口的大小应与缆线的多少相适应;开口处应光滑;

4 槽道应贯通,槽道的盖板盖上后应平整。

检验数量:施工单位全部检查。

检验方法:观察检查。并对槽道进行推倒试验以检验其牢固程度。

5.2.6 有线传输设备配线应符合下列规定:

1 同轴软线弯曲半径不应小于直径的15倍;

2 配线电缆转弯曲率半径不得小于60 mm,63芯以上电缆的曲率半径不应小于电缆直径的5倍;

3 芯线卡接、焊接后绝缘层离开端子边缘露铜不得大于1 mm。

检验数量:施工单位抽验10%。

检验方法:观察、测量检查。

5.3 通信电源设备安装与配线

主 控 项 目

5.3.1 通信电源设备和配线电缆与电线到达现场应进行检查,其型号、规格及质量应符合设计要求及相关产品标准的规定。

检验数量:施工单位、监理单位均全部检查。

检验方法:对照设计文件检查出厂合格证等质量证明文件,并观察检查外观。蓄电池低温性能检测报告应符合设计文件的要求。

5.3.2 高频开关电源各单元应插接良好,电气接触点应接触可靠、连接紧密;输入电源的相线和零线不得接错,其零线不得虚接或断开。

检验数量:施工单位、监理单位均全部检查。

检验方法:观察检查、施工单位用万用表测量,监理单位见证试验。

5.3.3 蓄电池电极或接线无腐蚀,连接正确、接触良好,充放电情况良好,无过放,并有检查蓄电池低温放电性能的检测报告。

检验数量:施工单位、监理单位均全部检查。

检验方法:观察检查。

5.3.4 UPS 不间断电源输出端的中性线(N 极),必须与由接地装置直接引来的接地干线相连接并重复接地。UPS 不间断电源装置的可接近裸露导体应接地(PE)或接零(PEN)可靠,且有标识。

检验数量:施工单位、监理单位均抽查 10%。

检验方法:观察检查。

5.3.5 柴油发电机组安装应符合下列规定:

1 馈电线路连接后,两端的相序必须与原供电系统的相序一致;

2 发电机中性线(工作零线)应与接地干线直接连接,螺栓防松零件齐全,且有标识;

3 柴油发电机组的控制柜接线应正确,紧固件筋骨状态良好,无遗漏脱落;

4 开关、保护装置的型号、规格正确,验证出厂试验的锁定标记应无位移;

5 发电机本体和机械部分的可接近裸露导体应接地(PE)或接零(PEN)可靠,且有标识;

6 受电侧低压配电柜的开关设备、自动或手动切换装置和保护装置等试验合格,应按设计的自备电源使用分配预案进行负荷试验,机组连续运行 12 h 无故障。

检验数量:施工单位、监理单位 1、2 项全部检查;3 ~6 项抽查 10%。

检验方法:观察检查。

5.3.6 交流配电盘(箱)内,零线和保护线应在零线和保护地线(PE 线)汇流排上连接,不得绞接,并应有编号;应标明用电回路名称。

检验数量:施工单位、监理单位均全部检查。

检验方法:观察检查。

5.3.7 电源配线应符合下列规定:

1 电源端子接线正确,配线两端的标志齐全;

2 直流电源线必须以线色区别正、负极性,直流电源正负极严禁错接与短路,接触必须牢固;

3 严禁用接地线代替电源线;

4 电源配线不得有接头;

5 不同信号、不同电压等级的电缆应分类布置,分别单独设槽、管敷设;在同一线槽

内宜用隔板隔开;

6　信号电缆(线)与电力电缆(线)交叉敷设时宜成直角,平行敷设时间距应符合设计要求。

检验数量:施工单位、监理单位均全部检查。

检验方法:观察检查。按通信电源系统原理图与施工配线图,核对端子的配线正确。

5.4　通信电源系统检测

主 控 项 目

5.4.1　通信电源系统调试应符合下列规定:

1　人工或自动转换时,供电不得中断;

2　故障报警应准确、可靠;

3　额定负荷时,蓄电池组备用时间应符合设计要求;

4　输出电压和电流超限时,保护电路动作应准确;

5　输入电源故障时,应自动转换蓄电池组供电;

6　UPS 的输入、输出各级保护系统和输出的电压稳定性、波形畸变系数、频率、相位、静态开关的动作等各项技术性能指标试验必须符合设计要求;

7　柴油发电机组应进行下列运转试验:

1)发电机空载特性试验符合产品技术规定;

2)相序测量与出线标识相符;

3)空载和负荷后轴电压测量符合产品技术规定。

检验数量:施工单位、监理单位均全部检查。

检验方法:手动方式模拟故障及试验检查。

一 般 项 目

5.4.2　通信电源系统质量检验应符合下列规定:

1　柴油发电机组开机运转中的电机电刷应无较大火花;

2　柴油发电机的进排气、冷却、燃油和润滑系统应畅通,工作正常;

3　柴油发电机组起动应迅速,冷车起动不应大于 5 次;机组运转应平稳、无剧烈敲击震动现象,无异声;

4　各指示仪表的指示应正常;

5　电机在正常转速运转时,其输出电压和功率,应符合产品规定,电机输出三相负荷应平稳。

检验数量:施工单位全部检查。

检验方法:观察、尺量检查并进行开通试验。

5.5　通信接地装置

主 控 项 目

5.5.1　接地方式、位置和接地体的接地电阻值应符合设计要求。

检验数量:施工单位、监理单位均全部检查。

检验方法:用接地电阻测试仪测接地电阻。

5.5.2 分设室外接地系统的两种接地装置的接地体间(包括地下裸引线)和与其他接地体间的距离,均不应小于20 m,当由于场地限制,土壤电阻率小于100 Ω·m时,亦不应小于15 m;与直埋电缆线路间,不应小于25 m;通信站接地装置与建筑物(发电、变电站的接地体除外)的距离,不应小于1.5 m。

检验数量:施工单位抽验10%。

检验方法:尺量检查。

5.5.3 接地引线的线种、截面及连接处工艺应符合设计要求。

检验数量:施工单位、监理单位均全部检查。

检验方法:观察检查。

5.5.4 采用合设接地方式时,引入接地体的接地点应符合设计要求。

检验数量:施工单位、监理单位均全部检查。

检验方法:观察检查。

一 般 项 目

5.5.5 接地装置的安装应符合下列规定:

1 接地装置的各种连接处,应镀锡过渡,焊接不得有假焊或虚焊现象,焊点应防腐良好。接地装置用接地板和螺栓应结合紧密、导电性能良好;

2 接地装置上面应设地线埋设标石;

3 接地装置的焊接应采用搭接焊,搭接长度符合设计要求,搭接处应做防腐处理;

4 地线盘安装应符合下列规定:

1)接地铜排端子分配符合设计规定;

2)接地铜排和螺栓、地线盘端子与室内接地配线连接紧密、导电性能良好;

5 两组接地体之间的距离及接地体埋深应符合设计规定。

检验数量:施工单位1、2项抽验10%;3~6项全部检查。

检验方法:观察检查。

5.5.6 接地体不应埋入多年冻土层内。分设防雷接地装置的接地引线,经人行通道处的埋设深度不应小于1 m,且应采取均压措施。

检验数量:施工音单位抽验10%。

检验方法:观察检查。

5.5.7 扁钢接头的长度应大于扁钢宽度的两倍。

检验数量:施工单位全部检查。

检验方法:观察检查。

5.6 光缆线路建筑安装

主 控 项 目

5.6.1 光缆线路主要设备材料到达现场应进行检查,其型号、规格及主要技术性能应符合设计要求及相关产品标准的规定。

检验数量:施工单位、监理单位均全部检查。

检验方法:对照设计文件检查出厂合格证等质量证明文件,并观察检查外观及形状。

5.6.2　光缆敷设前应进行单盘测试,测试指标应符合产品技术条件及设计要求。

检验数量:施工单位、监理单位均全部检查。

检验方法:施工单位用 OTDR 测试,监理单位见证试验。

5.6.3　光缆线路的径路应符合施工设计、定测图和城建部门的要求;

检验数量:施工单位、监理单位均全部检查。

检验方法:观察检查。

5.6.4　光缆线路的防护应符合设计文件。

检验数量:施工单位、监理单位均全部检查。

检验方法:观察、测量检查。

5.6.5　不同冻土地段,光缆埋深应符合设计文件规定要求。

检验数量:施工单位、监理单位均全部检查。

检验方法:观察、测量检查。

一 般 项 目

5.6.6　直埋光缆防护穿越用防护管材质、管长和埋设位置应符合设计要求;

检验数量:施工单位全部检查。

检验方法:观察检查。

5.6.7　光缆埋设标位置、编号及表面涂刷材料应符合设计文件要求。

检验数量:施工单位全部检查。

检验方法:观察检查。

5.6.8　直埋光缆的余留应符合设计要求。

检验数量:施工单位抽验 10%。

检验方法:观察、测量检查。

5.7　光缆接续及引入

主 控 项 目

5.7.1　光缆接续应符合下列规定:

1　直埋通信光缆其接头采用机械装配密封式接头盒,并加水泥盖板或复合槽防护;

2　光纤接续应符合下列规定:

1)光纤接续时应按光纤排列顺序,一一对应接续;

2)光纤接续部位应进行热缩加强管的保护,加强管收缩应均匀、无气泡;

3)光纤护套、涂层的去除,光纤端面制备,光纤熔接,热可缩加强保护管等作业应连续完成,不得任意中断。

检验数量:施工单位、监理单位均全部检查。

检验方法:观察检查。

监理单位旁站监理。

5.7.2　光缆引入终端应符合下列规定:

1 光缆进入通信站光电缆引入室后,宜换接室内光缆,并应设光缆接头盒,将室内外光缆的金属护套、金属加强件断开彼此绝缘。室内光缆的保护套、金属加强件不得与接地的金属构件、机壳等连通;

2 光缆进入中间站、基站机房后,宜剥去光缆金属铠装层,光纤部分应外绕包阻燃防护带。

检验数量:施工单位、监理单位均全部检查。

检验方法:观察检查。

一般项目

5.7.3 光缆接续应符合下列规定:

1 直埋光缆的金属护套和加强芯应紧固在接头盒内。金属护套与金属加强芯在电气上应相互绝缘;

2 光缆接续后的光纤收容余长单端引入引出不应小于 0.8 m,两端引入引出不应小于 1.2 m。光纤收容时的弯曲半径不应小于 40 mm。

检验数量:施工单位全部检查。

检验方法:观察、测量检验。

5.8 光纤监测设备

主控项目

5.8.1 光纤监测系统性能测试应符合下列规定:

1 点名测试

从网管中心发出点名测试口令,测试结果的回传率达到 100%;

2 数据偏差测试

24 h 测试周期内测 10 次,测试结果的回传率达到 100%。周期测试数据偏差的均方差应符合表 5.8.1—1 的规定:

表 5.8.1—1 数据偏差指标

项 目	稳 定 性	
全程传输衰减	≤0.25 dB(无活动连接器)	≤0.25 dB(有活动连接器)
接头损耗	≤0.025 dB(熔接接头)	≤0.05 dB(活动接头)
测试长度	≤25 m	

注:上述测试条件是在 OTDR 动态范围(10 μs 脉宽)有 10 dB 的测试条件下。0.5 dB 以上损耗的熔接接头按活动接头的指标考虑。

3 准确性测试

对监测光路进行人工测试,记录测试长度、传输衰减和接头损耗以此作为参考标准均方值(基准值),与周期测试数据比较,周期测试的均方差应满足表 5.8.1—2 的规定:

表 5.8.1—2 数据准确性指标

项目	稳定性	
全程传输衰减	≤0.25 dB+基准值×5%(无活动连接器)	≤0.25 dB+基准值×5%(有活动连接器)
接头损耗	≤0.025 dB+基准值×5%(熔接接头)	≤0.05 dB+基准值×5%(活动接头)
测试长度	≤25 m+基准值×1‰	

注:上述测试条件是在 OTDR 动态范围(10 μs 脉宽)有 10 dB 的测试条件下。0.5 dB 以上损耗的熔接接头按活动接头的指标考虑。

检验数量:施工单位、监理单位均全部检查。

检验方法:施工单位用 OTDR 进行测试,监理单位见证试验。

5.8.2 光纤监测系统应具有下列障碍告警功能:

1 缓慢变化故障:事件点损耗控制在 0.1~5 dB,活接头处事件点损耗控制在 0.5~5 dB,任意点损耗控制在 1.5~5 dB 范围的衰减增大,观察光纤监测系统能否发现;

2 断纤故障:模拟外线突发阻断故障,观察光纤监测系统能否发现。

检验数量:施工单位、监理单位均全部检查。

检验方法:施工单位采取人为方法,在光纤监测系统中选择备用光纤,以弯曲方式人为造成衰减增大,观察缓慢变化故障。人为断其光路(拔掉活接头),模拟外线突发阻断故障,观察断纤故障。监理单位见证试验。

5.9 地区(站场)光电缆线路建筑安装

主控项目

5.9.1 光电缆到达现场应进行检查,其型号、规格、质量应符合设计要求及相关产品标准的规定。

检验数量:施工单位、监理单位均全部检查。

检验方法:对照设计文件检查出厂合格证等质量证明文件,并观察检查外观及形状。

5.9.2 光电缆敷设前应进行单盘测试,测试指标应符合产品技术条件及设计要求。

检验数量:施工单位、监理单位均全部检查。

检验方法:施工单位用 OTDR 测试光缆;用万用表、直流电桥、电容耦合测试器、500 V 兆欧表、串音衰减测试器、气压表等测试电缆。监理单位见证试验。

5.9.3 光电缆线路建筑应符合下列规定:

1 光电缆穿越铁路的防护管的长度,必须超出轨道两侧枕头 0.3 m 以外;电缆穿越公路的防护管的长度,应超出公路边 0.2 m 以外;

2 地区(站场)通信光电缆与铁路平行接近长度大于 2 km 时,其主干光电缆(或平行接近段)的金属护套两端应设光电缆屏蔽接地。

检验数量:施工单位、监理单位均全部检查。

检验方法:观察、测量检查。

5.9.4 地区(站场)光电缆的防雷、防蚀和防电磁影响的设置地点、区段、数量、方式和防护措施应符合设计要求。地区(站场)光电缆的防雷地线应垂直光电缆路径埋设,接地体应埋设在距光电缆 10 m 以外的地方。地线接地电阻不应大于 10 Ω。

检验数量:施工单位、监理单位均对接地电阻抽验10%。其余全部检查。

检验方法:观察、测量检查。施工单位用地线电阻测试仪测接地电阻,监理单位见证试验。

一 般 项 目

5.9.5 直埋光电缆敷设应符合下列规定:

1 同沟敷设多条光电缆时,在沟底应排列整齐,不得重叠、交叉。

2 光电缆防鼠措施应符合设计要求。

3 光电缆埋设标应埋设在下列地点:

1)接续套管处(包括分歧光电缆终端)和光电缆接地点;

2)转弯处和穿越障碍点不易识别光电缆径路处;

3)穿越铁路、公路、河流的两侧;

4)光电缆余留处;

5)长度大于500 m 直线段的中间。

4 光电缆埋设标,应埋设在光电缆径路的正上方,接续标设在光电缆接续套管的正上方。

5 光电缆防护穿越用防护管材质、管长和埋设位置应符合设计要求,防护管的埋深应和光电缆的埋深一致。

6 光电缆应与铁路路基的坡脚、护道或堑顶保持一定的距离。多年冻土地带应绕避冻胀丘、冰椎、融冻泥流、融冻滑塌、热融湖(塘)等不良冻土地带或采取防护措施。

7 季节性冻土地段及冻土上限深度大于1.2 m的多年冻土地段光电缆埋深应符合表5.9.5的规定。多年冻土层上限小于1.2 m的地段光电缆应埋设在多年冻土上限0.1 m以上。

表5.9.5 地区(站场)直埋光电缆埋深(m)

序号	敷设地区土质		埋深不小于
1	一般土质		0.7
2	水 田		1.2
3	石 质		0.5
4	穿越铁路	区间	0.7
		站场	与铁路线路间的电缆埋深一致
5	盖面防护		槽盖面至地面的埋深为0.2
6	流沙		
7	湿地		
8	沼泽		

注:1 项加防护后的埋深(不包括盖砖防护),可降为不少于0.2 m,车行道下可为不少于0.4 m。

8 铅包电缆的弯曲半径不得小于电缆外径的7.5倍。

9 直埋光电缆余留应符合下列规定:

1)接头处接续后余留1 m;

2)进通信站、电话所和信号楼余留 1 m;

3)分线设备和端子盒引入处余留 1.5 m。

10 直埋光电缆引上电杆或沿墙引上的保护管,应高出地面 2.5 m,保护管内径不应小于光电缆外径的 1.5 倍;引上钢管的弯曲半径,宜为 0.6 ~ 0.8 m。

检验数量:施工单位抽验 10% 。

检验方法:观察、测量检查。

5.9.6 分线盒(箱)的安装应符合下列规定:

1 与低压电力线最近距离不应小于 300 mm;与水管、暖气管、烟筒等的最近距离,不应小于 600 mm;距建筑物转角不应小于 250 mm;

2 盒(箱)下缘距地面的距离,室内应为 1.8m;室外应大于 2.5m,引入电缆或引出线,用线槽保护。线槽的规格应根据引入电缆成端套管和分线箱的厚度选定。

检验数量:施工单位全部检查。

检验方法:观察、尺量检查。

5.10 地区(站场)光电缆接续及引入

主 控 项 目

5.10.1 电缆芯线接续应采用扭绞加焊的接续方式,不得因芯线接续而增加额外电阻,亦不得降低芯线绝缘电阻。

检验数量:施工单位、监理单位均全部检查。

检验方法:观察检查。

5.10.2 地区(站场)光电缆引入、成端和分线设备安装应符合下列规定:

1 地区光电缆的金属护套或屏蔽层应在一端良好接地,在无强电影响的通信站或通信机械室内,应接至联合地线。如从分、配线设备引出另条光电缆时,应将另条光电缆的金属外护套(或屏蔽层)与分、配线设备引入光电缆的金属外护套(或屏蔽层)连通,或通过地线端子连通;

2 地区(站场)通信光电缆引入室内时,其金属护套与相连接的室内金属构件间,应进行绝缘。引入通信站时,还应将其金属护套的室内与室外部分绝缘。

检验数量:施工单位、监理单位均全部检查。

检验方法:观察、测量检查。施工单位用万用表测量光电缆金属外护套(或屏蔽层)对地电阻,并测量金属护套室内与室外部分绝缘;监理单位见证试验。

一 般 项 目

5.10.3 地区(站场)光电缆的接续、分歧应符合下列规定:

1 直埋光电缆接头套管应做绝缘防腐处理并将接头加以保护。人孔内的光电缆接头应放在托板架上,相邻接头放置位置应错开;

2 分歧尾巴光电缆接入干线的端别应与干线端别相对应;

3 光电缆接续点应以一个区段为单位自上行往下行方向顺序编号;

检验数量:施工单位抽验 10% 。

检验方法:观察检查。

5.10.4 地区(站场)光电缆引入、成端和分线设备的安装应符合下列规定:

1 地区(站场)光电缆地下引入时,引入口应离地面以下 0.5 m 左右,并加防护。引入口穿放光电缆后应堵牢、不渗漏水;

2 光电缆成端头宜垂直设置;

3 电缆成端的线把编扎应符合编线要求,芯线宜保持原有的扭距;

4 分线和交接等配线设备以及附备件,其绝缘电阻和保安性能,应符合设备技术条件规定;

5 配线箱(架)的尾巴电缆芯线,应接在熔断器或保安器的一侧端子上,配线箱底孔引进电缆后应堵牢;

6 交接箱的端子排列,应从左到右,从上到下。

检验数量:施工单位全部检查。

检验方法:观察检查。

5.10.5 用户设备的室内配线应符合下列规定:

1 室内电话线与低压电力线平行敷设时,其间隔应大于 15 mm;室内电话线与扩音线平行敷设时,其间隔应大于 10 mm;

2 同层房屋室内用户设备的配线高度应一致,不宜与其他管线交叉或穿越墙壁或楼板;当室内配线必须和其他配线、管线交叉时,应在室内配线上加绝缘套管或缠绕胶布带;室内配线必须穿越墙壁式楼板时,应加管保护并堵牢,其保护长度为两侧各超出 50 mm;

3 配线用分线设备及附备件的绝缘电阻和保安性能,应符合设备技术条件的规定;

4 室内配线用电缆和电线的绝缘电阻,其芯线间应大于 30 MΩ(不带端子)。

检查数量:施工单位 1 ~2 全部检查,3 ~4 抽验 10%。

检验方法:观察、尺量检查,用绝缘测试器测量绝缘电阻。

5.11 地区(站场)电缆线路特性检测

主 控 项 目

5.11.1 对称电缆一个电缆气闭段在正常气压下,经 10 昼夜后气压下降值不得大于 10 kPa。

检验数量:施工单位、监理单位均全部检查。

检验方法:施工单位用气压表测量在 60 kPa 保持气压经 10 昼夜后的气压。监理单位见证试验。

5.12 GSM – R 铁塔

主 控 项 目

5.12.1 基础浇注用混凝土原材料应符合《青藏铁路高原多年冻土区混凝土耐久性技术条件》(科技基函〔2002〕56 号)的要求。

检验数量:施工单位、监理单位均全部检查。

检验方法:施工单位对原材料抽样检验,施工单位见证试验。

5.12.2 铁塔基础安装应符合下列规定:

1 铁塔基础高度应符合设计要求;

2 塔靴安装位置应符合设计要求;

3 混凝土基础标号和钢筋规格应符合设计要求。

检验数量:施工单位、监理单位均全部检查。

检验方法:观察、尺量检查。施工单位取混凝土试块送检,监理单位见证试验。对照设计检查钢筋规格。

5.12.3 铁塔安装应符合下列规定:

1 天线铁塔的高度、平台位置及尺寸应符合设计要求;

2 天线加挂支柱高度及方位应符合设计要求;

3 天线铁塔防雷装置及高度和接地电阻应符合设计要求;

4 铁塔及天馈线应按设计要求采取防盗措施。

检验数量:施工单位、监理单位均全部检查。

检验方法:对照设计观察测量。施工单位用接地电阻测试仪测接地电阻,监理单位见证试验。

一 般 项 目

5.12.4 铁塔基础安装应符合下列规定:

1 铁塔基础应建在坚实地基上,不得建在浮土、垃圾土、流质土和常受雨水冲刷的地方;

2 基础深度应符合设计要求;

3 铁塔基础顶面水平允许偏差应为 1.5 mm;

4 塔靴与基础面应紧密贴合,允许翘首为 3 mm;螺栓孔与基础顶面予埋螺栓中心轴线允许偏差为 1.5 mm;各个塔靴中心间距应相等,允许偏差为 5 mm;四边形塔的对角线应相等,允许偏差为 5 mm;各个塔靴的高度允许偏差为 3 mm。

检验数量:施工单位全部检验。

检验方法:观察、测量检验。

5.12.5 塔身各横截面应成相似多边形,同一横截面上对角线或边的长度允许偏差 5 mm。

检验数量:施工单位全部检查。

检验方法:观察检查。

5.12.6 铁塔安装应符合下列规定:

1 连接螺栓安装应符合下列规定:

1)塔靴与基础予埋螺栓的连接必须用双螺母;

2)安装螺栓穿入方向应一致;

3)螺母拧紧后,螺栓外露丝扣不应少于两扣;

4)塔靴紧固螺栓应按设计要求做防腐处理;

5)防盗螺母应安装完好。

2 铁塔构件的镀锌层均匀光滑、不翘皮,不得出现返锈现象;

3 铁塔构件油漆漆膜厚度适当,无漏漆,漆皮不起泡、不掉皮;

4 铁塔垂直度应符合设计要求。

检验数量:施工单位全部检查。

检验方法:观察检查。用力矩扳手在塔身上、中、下三部分各抽验 10 个螺栓,其力矩值应符合设计要求。用经纬仪在两个相互垂直的方向上检验铁塔的垂直度。

5.13 GSM－R 天馈线系统

主控项目

5.13.1 天线、馈线到达现场应进行检查，其型号、规格和质量应符合设计要求及相关产品标准的规定。

检验数量：施工单位、监理单位均全部检查。

检验方法：对照设计文件检查出厂合格证、试验报告等质量证明文件，并观察检查外观及形状。

5.13.2 天馈线系统的安装及加固、路由走向、接地方式等均应符合设计要求，安装应稳定、牢固、可靠。

检验数量：施工单位、监理单位均全部检查

检验方法：观察检查。

5.13.3 天线的防雷保护接地系统应良好，接地电阻阻值应符合设计要求。天线必须置于直击雷防护区（$LPZO_B$）内。

检验数量：施工单位、监理单位均全部检查。

检验方法：观察检查。施工单位用接地电阻测试仪测量，监理单位见证试验。

5.13.4 天馈线系统性能指标应符合设计要求。

检验数量：施工单位、监理单位均全部检查。

检验方法：施工单位测试，监理单位见证试验。

一般项目

5.13.5 天线的安装应符合下列规定：

1 天线与收发信机和馈线的匹配应良好；

2 天线应在避雷针保护范围内，避雷针和引下线应可靠连接。

检验数量：施工单位全部检查。

检验方法：观察检查。

5.13.6 馈线的安装应符合下列规定：

1 馈线的安装应通畅、牢靠；

2 馈线进入机房前应采取防止雨水进入机房的措施；

3 馈线拐弯应圆滑均匀，弯曲半径应不小于馈线外径的 15 倍，软馈线的弯曲半径应不小于 10 倍馈线外径。

检验数量：施工单位全部检查。

检验方法：观察检查。

5.14 GSM－R 漏泄同轴电缆

主控项目

5.14.1 漏缆到达现场应进行检查，其型号、规格、质量应符合设计要求及相关产品标准的规定。

检验数量:施工单位、监理单位均全部检查。

检验方法:对照设计文件检查出厂合格证、试验报告等质量证明文件,并观察检查外观及形状。

5.14.2　漏缆应在施工现场进行单盘测试,其直流电特性应符合表 5.14.2 的规定。

检验数量:施工单位、监理单位全部检查。

检验方法:施工单位用直流电桥、绝缘测试器、耐压测试器等测量,监理单位见证试验。

表 5.14.2　漏缆直流电气特性

项目	指标
环路直流电阻	<4 Ω/km
内、外导体间绝缘电阻	≥1 000 MΩ · km
内、外导体间耐压	交流 3 kV,2 min 不击穿

5.14.3　隧道内漏缆支架的安装位置和固定方式应符合设计要求。

检验数量:施工单位、监理单位全部检查。

检验方法:观察检查。

5.14.4　隧道内漏缆应吊挂在隧道侧壁,槽口方向应有利于机车接收信号,吊挂高度应距轨面 4.5 ~ 4.8 m。

检验数量:施工单位、监理单位全部检查。

检验方法:观察、测量检查。

5.14.5　隧道外漏缆架设应采用电杆和角钢支架支撑吊挂方式,承力索应采用规格为 7 × ϕ2.2 mm(或以上)的镀锌钢绞线。

检验数量:施工单位、监理单位均全部检查。

检验方法:观察检查。

5.14.6　漏缆进行连接时必须保持原漏缆结构及开槽间距不变,固定接头应接续可靠,连接牢固,装配后接头外部应按设计要求进行防护。

检验数量:施工单位、监理单位全部检查。

检验方法:观察检查,施工单位用万用表检查固定接头的接续,监理单位见证试验。

5.14.7　漏缆的中断段测试应符合本标准 5.16.2 的规定。

检验数量:施工单位、监理单位全部检查。

检验方法:施工单位用直流电桥、绝缘测试器、耐压测试器等测量,监理单位见证试验。

一 般 项 目

5.14.8　漏缆弯曲半径不应小于 2 m。

检验数量:施工单位抽验 10% 。

检验方法:观察、尺量检查。

5.14.9　漏缆吊挂后的垂度在 20 ℃时应保持 0.15 ~ 0.2 m 范围内;

检验数量:施工单位抽验 10% 。

检验方法:观察、尺量检查。

5.14.10　漏缆在承力索上应用吊夹固定,吊夹规格和间距应符合设计要求。

检验数量:施工单位抽验 10% 。

检验方法:观察检查。

5.14.11　隧道外漏缆支撑电杆基本杆高应为 7 m,支撑杆基本间距应为 30 ~ 40 m。电杆埋深应符合下列规定：

松土：1.6 m；

普通土：1.4 m；

硬土及土夹石：1.1 m。

检验数量：施工单位全部检查。

检验方法：观察、尺量检查。

5.15　GSM－R 移动交换设备

主 控 项 目

5.15.1　移动交换设备到达现场应进行检查，其型号、规格和质量应符合设计要求及相关产品标准的规定。

检验数量：施工单位、监理单位均全部检查。

检验方法：对照设计文件检查出厂合格证、试验报告等质量证明文件，并观察检查外观及形状。

5.15.2　移动交换设备的安装应符合下列规定：

1　移动交换机房应采取防静电措施；

2　机架地线必须连接良好；

3　电缆走线架或电缆槽道型号、规格应符合设计要求。

检验数量：施工单位、监理单位均全部检查。

检验方法：观察检查。施工单位用万用表测量机架对地电阻，监理单位见证试验。

5.15.3　移动交换设备的配线应符合下列规定：

1　配线用电缆、信号线和控制线的型号、规格应符合设计要求；

2　在电缆走道上应将线缆与电源线分开排放；

3　线缆两端应有明确的标志；

4　线缆插接位置应正确，接触应紧密、牢靠，电气性能良好，插接端子应完好无损；

5　射频同轴电缆与电缆头的连接应组合良好，内导体的焊接或插接应牢固可靠，电气性能良好。

检验数量：施工单位、监理单位均全部检查。

检验方法：观察检查。施工单位用万用表测量电气性能良好，监理单位见证试验。

一 般 项 目

5.15.4　移动交换设备的安装应符合下列规定：

1　设备安装位置应符合设计要求；

2　在有活动地板的机房内安装设备，应有钢质底座，与楼板加固牢靠。

检验数量：施工单位全部检查。

检验方法：观察检查。

5.15.5　移动交换设备的配线应符合下列规定：

1　电缆、信号线、控制线应按顺序下线；

2　线缆在电缆走道的每一根横铁上均应绑扎（或用尼龙锁紧扣卡固），绑扎线扣（或

卡固点)松紧适度;

3 线缆拐弯应均匀、圆滑一致,其弯曲半径大于等于 60 mm。

检验数量:施工单位全部检查。

检验方法:观察、尺量检查。

5.16 GSM－R 基站(直放站)设备

主 控 项 目

5.16.1 基站(直放站)设备到达现场应进行检查,其型号、规格和质量应符合设计要求、相关合同、及产品标准的规定。

检验数量:施工单位、监理单位均全部检查。

检验方法:对照设计文件检查出厂合格证、试验报告等质量证明文件,并观察检查外观及形状。

5.16.2 电源供给系统应符合设计和设备要求。设备电源引入线极性正确,连接可靠。测量设备直流输入电压应符合设备说明书技术要求。

检验数量:施工单位、监理单位均全部检查。

检验方法:观察检查。施工单位用万用表测量电气性能良好,监理单位见证试验。

5.16.3 加电开机检查应符合下列规定:

1 设备自备监视系统检查设备工作应正常;

2 自查各种辅助设备工作应正常;

3 各种可闻可见的告警设施的工作应正常。

检验数量:施工单位、监理单位均全部检查。

检验方法:施工单位加电观察检查,监理单位见证试验。

基站(直放站)与功能试验应参考试验段 GSM－R 试验大纲中的测试项目进行。

检验数量:施工单位、监理单位均全部检查。

检验方法:施工单位用光源、光功率计、信号发生器、网络分析仪(矢网、标网)、示波器等进行测量检查。监理单位见证试验。

5.17 GSM－R 调度通信设备安装与配线

主 控 项 目

5.17.1 GSM－R 调度通信设备和配线电缆与电线到达现场应进行检查,其型号、规格及质量应符合设计要求及相关产品标准的规定。

检验数量:施工单位、监理单位均全部检查。

检验方法:对照设计文件检查出厂合格证、试验报告等质量证明文件,并观察检查外观和形状。

5.17.2 GSM－R 调度通信设备安装应符合本标准 5.2.2 的相关规定。

一 般 项 目

5.17.3 GSM－R 调度通信设备配线应符合本标准 5.2.6 的相关规定。

5.18 GSM－R调度、列控、车载通信业务功能试验

主 控 项 目

5.18.1 GSM－R调度通信设备功能试验应符合《GSM－R调度通信系统主要技术条件(V2.0)》的规定。

5.18.2 GSM－R调度、列控、车载等通信业务应符合部、供货厂商及部有关文件资料的要求。

5.19 GSM－R机车综合通信设备

主 控 项 目

5.19.1 GSM－R机车综合通信设备到达现场应进行检查，其型号、规格和质量应符合设计要求及相关产品标准的规定。

检验数量：施工单位、监理单位均全部检查。

检验方法：对照设计文件检查出厂合格证、试验报告等质量证明文件，并观察检查外观和形状。

5.19.2 GSM－R机车综合通信设备

机架地线必须连接良好；

检验数量：施工单位、监理单位均全部检查。

检验方法：观察检查。施工单位用万用表测量机架对地电阻，监理单位见证试验。

5.19.3 设备的配线应符合下列规定：

1 配线用电缆、信号线和控制线的型号、规格应符合设计要求；

2 线缆与电源线应分开排放；

3 线缆两端应有明确的标志；

4 线缆插接位置应正确，接触应紧密、牢靠，电气性能良好，插接端子应完好无损；

5 射频同轴电缆与电缆头的连接应组合良好，内导体的焊接或插接应牢固可靠，电气性能良好。

检验数量：施工单位、监理单位均全部检查。

检验方法：观察检查。施工单位用万用表测量电气性能良好，监理单位见证试验。

5.19.4 GSM－R机车综合通信设备功能试验应符合《GSM－R机车综合通信设备主要技术条件(V2.0)》的规定。

5.20 GSM－R数字移动通信系统场强覆盖

主 控 项 目

5.20.1 数字移动通信的网络的场强覆盖测试应参考试验段GSM－R试验大纲中的测试项目进行。

检验范围：施工单位、监理单位均全部检查。

检验方法：施工单位用安装在试验车上的场强测试仪测试，监理单位见证试验。

5.20.2 在满足信噪比的要求下。

检验数量:施工单位、监理单位均全部检查。

检验方法:施工单位用安装在试验车上的场强测试仪和其他设备进行测试,监理单位见证试验。

5.20.3 各基站、直放站的发射、接收电平应符合设计要求。

检验数量:施工单位、监理单位均全部检查。

检验方法:施工单位用无线综合测试,监理单位见证测试。

5.21 GSM－R 接地和防雷

主控项目

5.21.1 移动通信机房应按设计要求接综合接地体。

检验数量:施工单位、监理单位均全部检查。

检验方法:观察检查。

5.21.2 铁塔的防雷接地应符合设计要求。

检验数量:施工单位、监理单位均全部检查。

检验方法:施工单位用接地电阻测试仪测接地电阻,监理单位见证试验。

5.21.3 天线的馈线及塔顶航空障碍信号灯馈线的金属外护层,应在顶端及进入机房入口处的外侧可靠接地。

检验数量:施工单位、监理单位均全部检查。

检验方法:施工单位用接地电阻测试仪测接地电阻,监理单位见证试验。

5.21.4 电源地线和保护地线与交流中性线应分开敷设,集中接地;沿线通信站、基站应按设计要求单独设置接地体,采用低阻接地模块,阻值应为≤4 Ω。

检验数量:施工单位、监理单位均全部检查。

检验方法:观察检查。

一般项目

5.21.5 移动通信机房接地线敷设应符合下列规定:

1 机房接地线的布放应符合设计要求;

2 当接线端子与线料为不同材料时其接触面应涂防氧化剂。

检验数量:施工单位全部检查。

检验方法:观察检查。

5.21.6 移动通信机房接地电阻值应符合设计要求

检验数量:施工单位全部检查。

检验方法:用接地电阻测试仪测接地电阻。

5.21.7 机房接地母线宜用紫铜带或铜编织带,按设计规定和电缆走道(或槽道)连接。

检验数量:施工单位均全部检查。

检验方法:观察检查。

5.21.8 接地母线与设备机壳之间的保护地线应设计要求用多股铜芯线(或紫铜带)连接。

检验数量:施工单位全部检查。

检验方法:观察检查。

5.22 单位工程观感质量评定

5.22.1 观感质量评定由监理单位组织建设单位、施工单位共同进行现场评定,必要时设计单位参加。

5.22.2 观感质量检查项目评定达不到合格标准,应进行返修。

5.22.3 设备安装观感质量合格标准:

机柜安装整齐、美观;电源柜表面平整,柜内无杂物。

端子编号、用途标牌及其他标志完整无缺,书写正确清楚。

蓄电池摆放整齐、平稳,连接接触良好。

5.22.4 设备配线观感质量合格标准:

平直整齐、稳固,无急剧转弯和起伏不平,无扭绞和交叉。

5.22.5 槽道观感质量合格标准:

电缆槽上盖上地板后,地板平整,无凹凸不平。

电缆槽内的缆线布放整齐,顺直、无交叉。

5.22.6 标桩观感质量合格标准:

标桩埋设完整,埋设高度一致。

桩身混凝土表面平整,色泽均匀,线角顺直。

标识清晰。

5.22.7 人井内光电缆接头观感质量合格标准:

接头盒完整无损,摆放平整,无漏胶、漏液现象。

光缆余留整齐,绑扎均匀一致。

电缆铅套管封焊美观,焊缝平滑。

电缆余留整齐,绑扎均匀一致。

5.22.8 光电缆引入观感质量合格标准:

光电缆引入排列整齐,绑扎均匀一致。

尾缆弯曲半径合理,成端整齐美观。

光缆尾纤盘留整齐一致,绑扎松紧适度。

电缆芯线编把顺直,均匀美观。

5.22.9 人(手)孔观感质量合格标准:

人(手)孔表面光滑平整,无毛刺,无蜂窝状。

人(手)孔内干净整洁,布局合理,无渗漏。

5.22.10 铁塔基础观感质量合格标准:

混凝土外表面光滑平整,无毛刺,无蜂窝状情况。

5.22.11 铁塔观感质量合格标准:

整体美观,构件色泽一致,无锈蚀现象,连接件紧固情况良好。

5.22.12 天馈线观感质量合格标准:

安装紧固,馈线安装方向顺直,拐弯流畅,固定线卡分布均匀。

5.22.13 漏泄同轴电缆观感质量合格标准:

吊挂间距均匀,高度基本一致,漏泄同轴电缆安装方向平顺,下垂幅度一致。

5.22.14 设备观感质量合格标准:

数字无线交换中心设备及基站设备排列整齐,设备间距合理。

直放站设备、基站设备及数字无线交换中心设备表面无明显损伤,漆饰完好。

5.22.15 配线观感质量合格标准:

配线电缆和电线的放、绑、扎整齐美观。

配线焊接后芯线绝缘层无烫伤、开裂及后缩现象。绕接线严密紧贴,无叠绕。

电缆槽上盖上地板后,地板平整,无凹凸不平。

电缆槽内的缆线布放整齐,顺直、无交叉。

6 电 力

6.1 一般规定

6.1.1 各种电气设备、器材应按《铁路电力工程施工质量验收标准》(TB 10420)的要求进行进场验收,并符合海拔高度的技术指标。

6.1.2 电力工程完工后验收前,应有具备资质的试验单位按照国家现行标准《电气装置安装工程电气设备交接试验标准》(GB 50150)进行试验,其试验报告作为验收的依据。

6.1.3 基础及构架的位置、标高应按照基础平面设计图和土建场地的轴线标桩(设铁路岔线时按岔线中心里程标)及规定的水准点进行施工测量,并应与房建标高一致。基坑开挖的位置应以施工测量的中心桩为准,基坑开挖的尺寸应按基础的外形及土质的种类来确定。

6.1.4 冻土区杆塔基坑不宜采用爆破和人工开挖作业方式,宜采用机械钻孔方式施工,基坑开挖和混凝土灌注时间不宜超过 24 h。

6.1.5 桩基础钻孔宜采用螺旋钻孔机成孔,不宜采用普通冲击钻成孔,且每根桩的钻孔施工应连续进行。钻孔灌注混凝土桩,其混凝土应采用低温早强耐久混凝土,混凝土浇筑时入模温度控制在 5 ℃左右。冬季浇筑的混凝土在未达到受冻临界入模强度前不得受冻,混凝土强度等级应大于 C20,施工时应严格掌握配合比和水灰比,最小水泥用量不应小于 300 kg/m^3,水灰比不应小于 0.55。混凝土应连续灌注,并在前层混凝土凝结之前将次层混凝土灌注完毕。

6.1.6 室外电力工程使用的金属结构件、紧固件等金属器材除设计有特殊规定外,采用的材质应全部为 16Mn 钢;除地脚螺栓外,均应采用热浸镀锌制品。

6.1.7 在冻土区应采用物理降阻剂,不应采用化学降阻剂。

6.1.8 高压电气设备及其配电装置的交接试验,必须符合现行国家标准的规定。交接试验必须由具备资质的单位进行。

6.1.9 变电所电气传动试验,在受电前必须按设计说明书规定的全部功能进行检查验证。当供电系统配备远动操作装置时,所有的传动试验项目,必须在电力调度中心进行确认及必要的操作验证。

6.1.10 电力工程施工质量验收项目的划分和检验项目除按《铁路电力工程施工质量验收标准》(TB 10420)进行划分和检验外,尚应符合表 6.1.10 的规定。

表 6.1.9 电力工程单位工程、分部工程、分项工程、检验批划分和检验项目

单位工程	分部工程	分项工程	检验批	检验项目条文号	
				主控项目	一般项目
发、变、配电所安装工程	变、配电所变、配电装置	电力变压器	一台	6.2.1～6.2.2	
		全封闭式六氟化硫开关柜	一座变、配电所	6.3.1～6.3.5	6.3.6、6.3.7

续上表

单位工程	分部工程	分项工程	检验批	检验项目条文号	
				主控项目	一般项目
发、变、配电所安装工程	变、配电所变、配电装置	电容器、电抗器	一套	6.4.1～6.4.2	6.4.3、6.4.4
		高频开关直流电源	一座变、配电所	6.5.1～6.5.3	6.5.4
		箱式变电站	一套	6.6.1、6.6.3	6.6.4～6.6.6
		光伏发电系统	一套	6.7.1～6.7.5	6.7.6～6.7.8
		柴油发电机组	一套	6.8.1～6.8.4	6.8.5
	电缆线路	直埋电缆的敷设	电力电缆一条，控制电缆一个单元	6.14.1、6.14.2	6.14.3、6.14.4
	接地装置	接地装置的敷设	一处	6.16.1～6.16.3	
区间、站场电力工程	杆塔基础	基坑开挖及回填	十处	6.9.1～6.9.3	
		基础及基础埋设		6.10.1～6.10.5	
	杆塔组立	杆塔组立	十个杆位	6.11.1～6.11.3	
		拉线安装		6.12.1及《铁路电力工程施工质量验收标准》	
	导线架设	导线架设	三个耐张段	6.13.1～6.13.3	
		杆上设备安装	一个区间（站、场）	符合《铁路电力工程施工质量验收标准》	
	电缆线路	直埋电缆的敷设	电力电缆一条，控制电缆一个单元	6.14.1、6.14.2	6.14.3～6.14.4
	室外照明	桥隧及特殊场所照明	一座变、配电所，一个车站，一座桥（隧道）	6.15.1	
	接地装置	接地装置的敷设	一处	6.16.1～6.16.3	
电源线路工程	杆塔基础	基坑开挖及回填	十处	6.9.1～6.9.3	
		基础及基础埋设		6.10.1～6.10.5	
	杆塔组立	杆塔组立	十个杆位	6.11.1～6.11.3	
		拉线安装		6.12.1及《铁路电力工程施工质量验收标准》	
	导线架设	导线架设	三个耐张段	6.13.1～6.13.3	
		杆上设备安装	一个区间（站、场）	6.12.1及《铁路电力工程施工质量验收标准》	
	电缆线路	直埋电缆的敷设	电力电缆一条，控制电缆一个单元	6.14.1、6.14.2	6.14.3～6.14.4
	接地装置	接地装置的敷设	一处	6.15.1	
电力远动系统安装工程	远动电源装置	远动电源装置安装	一套	按《铁路电力工程施工质量验收标准》中第16.2.1～16.4.2	
		远动电源装置配线			
		远动电源装置调试			
	远动系统调试	控制端、被控端和通道调试	一套	按《铁路电力工程施工质量验收标准》中第18.2.1～18.3.8	
		远动系统调试			
	接地装置	接地装置的敷设	一处	6.16.1～6.16.3	

6.2 电力变压器

主控项目

6.2.1 电力变压器容量应符合设计规定，且满足海拔高度与环境温度的要求。

检验数量：施工单位、监理单位全部检查。

检验方法：观察检查，查阅设计文件核对。

6.2.2 变压器的安全净距不应小于表 6.2.2—1 及表 6.2.2—2 的规定，外廊与变压器室墙壁和门的净距应符合表 6.2.2—3 的规定数值。

表 6.2.2—1 室内配电装置的安全净距(mm)

<table>
<tr><th rowspan="2">序号</th><th>高程(m)</th><th colspan="3">2 001 ~ 3 000</th><th colspan="3">3 001 ~ 4 000</th><th colspan="3">4 001 ~ 5 000</th></tr>
<tr><th>适用范围　额定电压(kV)</th><th><1</th><th>10</th><th>35</th><th><1</th><th>10</th><th>35</th><th><1</th><th>10</th><th>35</th></tr>
<tr><td rowspan="2">A_1</td><td>带电部分至接地部分之间</td><td>26</td><td rowspan="2">160</td><td rowspan="2">385</td><td>30</td><td rowspan="2">185</td><td rowspan="2">440</td><td>35</td><td rowspan="2">210</td><td rowspan="2">500</td></tr>
<tr><td>网状遮拦向上延伸线距地 2.3 m 处与遮拦上方带电部分之间</td><td>/</td><td>/</td><td>/</td></tr>
<tr><td rowspan="2">A_2</td><td>不同相的带电部分之间</td><td>26</td><td rowspan="2">160</td><td rowspan="2">385</td><td>30</td><td rowspan="2">185</td><td rowspan="2">440</td><td>35</td><td rowspan="2">210</td><td rowspan="2">500</td></tr>
<tr><td>断路器和隔离开关的断口两侧带电部分之间</td><td>/</td><td>/</td><td>/</td></tr>
<tr><td rowspan="2">B_1</td><td>栅状遮栏至带电部分之间</td><td rowspan="2">/</td><td rowspan="2">910</td><td rowspan="2">1 140</td><td rowspan="2">/</td><td rowspan="2">935</td><td rowspan="2">1 190</td><td rowspan="2">/</td><td rowspan="2">960</td><td rowspan="2">1 250</td></tr>
<tr><td>交叉的不同时停电检修的无遮拦带电部分之间</td></tr>
<tr><td rowspan="2">B_2</td><td>网状遮拦至带电部分之间</td><td>126</td><td>260</td><td>485</td><td>130</td><td>285</td><td>540</td><td>135</td><td>310</td><td>600</td></tr>
<tr><td>板状遮拦至带电部分之间</td><td>56</td><td>190</td><td>415</td><td>60</td><td>215</td><td>470</td><td>65</td><td>240</td><td>530</td></tr>
<tr><td>C</td><td>无遮拦裸导体至地(楼)面之间</td><td>2 500</td><td>2 500</td><td>2 700</td><td>2 500</td><td>2 500</td><td>2 750</td><td>2 500</td><td>2 500</td><td>2 800</td></tr>
<tr><td>D</td><td>平行的不同时停电检修的无遮拦裸导体之间</td><td>1 875</td><td>1 960</td><td>2 185</td><td>1 875</td><td>1 985</td><td>2 240</td><td>1 875</td><td>2 010</td><td>2 300</td></tr>
<tr><td>E</td><td>通向室外的出线套管至室外通道的路面</td><td>3 650</td><td>4 000</td><td>4 000</td><td>3 650</td><td>4 000</td><td>4 000</td><td>3 650</td><td>4 000</td><td>4 000</td></tr>
</table>

表 6.2.2—2 室外配电装置的安全净距(mm)

<table>
<tr><th rowspan="2">序号</th><th>高程(m)</th><th colspan="3">2 001 ~ 3 000</th><th colspan="3">3 001 ~ 4 000</th><th colspan="3">4 001 ~ 5 000</th></tr>
<tr><th>适用范围　额定电压(kV)</th><th><1</th><th>10</th><th>35</th><th><1</th><th>10</th><th>35</th><th><1</th><th>10</th><th>35</th></tr>
<tr><td rowspan="2">A_1</td><td>带电部分至接地部分之间</td><td>80</td><td rowspan="2">240</td><td rowspan="2">480</td><td>80</td><td rowspan="2">260</td><td rowspan="2">535</td><td>85</td><td rowspan="2">285</td><td rowspan="2">600</td></tr>
<tr><td>网状遮拦向上延伸线距地 2.5 m 处与遮拦上方带电部分之间</td><td>/</td><td>/</td><td>/</td></tr>
<tr><td rowspan="2">A_2</td><td>不同相的带电部分之间</td><td>80</td><td rowspan="2">240</td><td rowspan="2">480</td><td>80</td><td rowspan="2">260</td><td rowspan="2">535</td><td>85</td><td rowspan="2">285</td><td rowspan="2">600</td></tr>
<tr><td>断路器和隔离开关的断口两侧带电部分之间</td><td>/</td><td>/</td><td>/</td></tr>
<tr><td rowspan="3">B_1</td><td>设备运输时，其外廓至无遮拦带电部分之间</td><td rowspan="3">/</td><td rowspan="3">990</td><td rowspan="3">1 250</td><td rowspan="3">/</td><td rowspan="3">1 010</td><td rowspan="3">1 285</td><td rowspan="3">/</td><td rowspan="3">1 035</td><td rowspan="3">1 350</td></tr>
<tr><td>交叉的不同时停电检修的无遮拦带电部分之间</td></tr>
<tr><td>栅状遮拦至绝缘体和带电部分之间</td></tr>
<tr><td>B_2</td><td>网状遮拦至带电部分之间</td><td>180</td><td>340</td><td>580</td><td>180</td><td>360</td><td>635</td><td>185</td><td>385</td><td>700</td></tr>
<tr><td rowspan="2">C</td><td>无遮拦导体至地面之间</td><td>2 500</td><td rowspan="2">2 740</td><td rowspan="2">2 980</td><td>2 500</td><td rowspan="2">2 760</td><td rowspan="2">3 035</td><td>2 500</td><td rowspan="2">2 785</td><td rowspan="2">3 100</td></tr>
<tr><td>无遮拦导体至建筑物、构筑物顶部之间</td><td>/</td><td>/</td><td>/</td></tr>
<tr><td rowspan="2">D</td><td>平行的不同时停电检修的无遮拦带电部分之间</td><td>2 000</td><td rowspan="2">2 600</td><td rowspan="2">2 600</td><td>2 000</td><td rowspan="2">2 600</td><td rowspan="2">2 600</td><td>2 000</td><td rowspan="2">2 600</td><td rowspan="2">2 600</td></tr>
<tr><td>带电部分至建筑物、构筑物的边缘部分之间</td><td>/</td><td>/</td><td>/</td></tr>
</table>

表 6.2.2—3 变压器外廓与变压器室墙壁和门的净距(mm)

项目 \ 高程(m) / 变压器容量(kVA)	2 001 ~3 000		3 001 ~4 000		4 001 ~5 000	
	≤1 000	≤1 600	≤1 000	≤1 600	≤1 000	≤1 600
变压器外廓与后壁、侧壁净距	1 000	1 000	1 100	1 100	1 200	1 200
变压器外廓与门净距	1 000	1 200	1 100	1 300	1 200	1 400

检验数量:施工单位、监理单位全部检查。

检验方法:测量检查。

6.3 全封闭式六氟化硫开关柜

主 控 项 目

6.3.1 开关柜运达现场应对柜体内充有六氟化硫气体的电气单元的气体压力进行检验核对,应符合产品的技术规定。必要时应补充气体压力至额定值。

检验数量:施工单位、监理单位全部检查。

检验方法:施工单位观察及测量检查,核对产品说明书。监理单位观察及见证检验。

6.3.2 应在现场分别检验柜体内安装的电流互感器的励磁特性和电压互感器的空载电流及励磁特性。

检验数量:施工单位、监理单位全部检查。

检验方法:施工单位观察、测量及试验,监理单位见证检验。

6.3.3 开关柜的规格、型号及安装位置符合设计规定,排列组合顺序符合产品的技术规定,表面涂层完整,本体接地可靠。

检验数量:施工单位、监理单位全部检查。

检验方法:观察及测量检查,核对施工设计图纸。

6.3.4 开关柜内一次设备的检验应符合《铁路电力工程施工质量验收标准》(TB 10420)中的有关规定。

检验数量:施工单位、监理单位全部检查。

检验方法:施工单位观察、测量及试验,监理单位查阅电气试验报告。

6.3.5 开关柜的传动测试应达到下列要求:

1 检查确认安装工作全部结束后,对开关柜内的断路器、隔离开关进行手动操作传动检查。同时对相应的电气闭锁回路及三工位隔离开关动作的可靠性进行检查确认。

2 确认全部断路器的隔离开关动作无误后,按产品技术规定分别对六氟化硫气体密封的断路器室和母线室补充气体至额定压力。同时对其压力传感器动作值的精确度进行校验,应满足产品规定。

3 按设计说明书的传动对象表,对开关柜内的断路器、隔离开关进行电动操作传动检查,开关动作及电气联锁功能应符合规定。

检验数量:施工单位、监理单位全部检查。

检验方法:施工单位观察、测量及试验检查,监理单位见证检验。

一 般 项 目

6.3.6 电缆芯线与插接头的连接方式应符合产品的技术规定,电缆相序标注明确。

检验数量:施工单位全部检查。

检验方法:观察检查,核对产品说明书。

6.3.7 开关柜内的断路器、隔离开关传动检查正常,六氟化硫气体压力达到产品技术规定的额定值。

检验数量:施工单位全部检查。

检验方法:观察、测试及操作检查,核对产品说明书。

6.4 电容器、电抗器

主 控 项 目

6.4.1 电容补偿装置的电容器容量及电抗器容量应符合设计要求。

检验项目:施工单位、监理单位全部检查。

检验方法:施工单位观察检查及试验,监理单位观察检查、见证试验查阅试验报告。

6.4.2 电容器、电抗器的安全净距应符合本标准表 6.2.2—1 及表 6.2.2—2 的规定。

检验数量:施工单位、监理单位全部检查。

检查方法:测量检查。

一 般 项 目

6.4.3 每组电容器的容量与电抗器的电感量应相互匹配,并符合设计要求。

检验数量:施工单位全部检查。

检验方法:观察检查及查阅试验报告。

6.4.4 每个电容器上安装的熔断器,其规格及容量应符合产品的技术规定。

检验数量:施工单位全部检查。

检验方法:观察检查。

6.5 高频开关直流电源

主 控 项 目

6.5.1 高频开关直流电源运达现场的各单元包装箱应完整无损,箱内配件型号规格满足产品技术规定并符合设计要求。

检验数量:施工单位、监理单位全部检查。

检验方法:施工单位观察及测量检查,监理单位核对施工设计图纸和产品说明书。

6.5.2 高频开关直流电源的规格、型号应符合设计要求:

1 馈电母线和电源配线的规格、型号应符合设计要求;配线线间及对地绝缘电阻应大于 1 MΩ;

2 输出电压应符合产品技术规定。

检验数量:施工单位、监理单位全部检查。

检验方法:观察及测量检查,核对设计文件和产品说明书。

6.5.3 高频开关电源监控单元的功能应符合下列规定:

1 监控单元应能对电源系统中各功能单元和蓄电池进行自动监测,获取系统中各种运行状态并应及时显示。

2 通过监控单元操作键盘可调整系统输出，键入系统各种控制参量，可对系统实施人工管理。

3 通过显示屏、信号灯及声光报警应能提供各种工作状态、故障类型和故障部位指示。

4 根据用户设定的充电数据（电压保护值，电池容量等参数），应能调整整流模块的充电方式、充电电流，实施各种保护措施，自动完成电池的精确管理。

5 当电网失电或电网电压过高、过低及电网三相不平衡时应发出声光报警信号。

6 当输出电压过高、过低时，应能通过键盘操作或自动实现整流模块的开关和电池均衡充电的控制。

7 监测电池电压及充放电电流，市电中断由电池维持向负载供电时，电池电压降至低压告警值，监控模块应发出声光告警；当市电恢复后，监控模块应对电池进行自动均衡充电管理。

8 监控模块应具有遥测、遥信、遥控功能，可实现电源系统无人值守。

检验数量：施工单位、监理单位全部检查。

检验方法：施工单位观察、测试及操作检查，核对设计文件和产品说明书，监理单位见证试验。

一 般 项 目

6.5.4 配线布置应平直、稳固，不得有急剧转弯和起伏不平，不得扭绞，接头应正确牢固，标志齐全。

检验数量：施工单位全部检查。核对设计文件及产品说明书。

检验方法：观察及测量检查，核对设计文件及产品说明书。

6.6 箱式变电装置

主 控 项 目

6.6.1 箱式变电装置的容量应符合设计规定。

检验数量：施工单位、监理单位全部检查。

检验方法：观察检查。

6.6.2 箱式变电装置的基础施工应符合下列规定：

1 冻土区基础开挖后应连续快速施工。

2 冻土区开挖基础时，基坑顶应设挡水埝，严禁地表水流入基坑；及时排除冻结层上水和冻土本身融化水；基坑内抽出的水应妥善排放，不得污染环境或扰动冻土的热平衡。

3 当地基为冻胀土或强冻胀土时，基础混凝土应整体浇筑，且基础施工中应根据设计要求采取有效的防冻胀措施。

4 基础应高于室外地坪，周围排水通畅。

检验数量：施工单位、监理单位全部检查。

检验方法：施工单位观察检查，核对设计文件，监理单位旁站。

6.6.3 箱变应能实现设计规定的遥测、遥信功能检验数量:施工单位、监理单位全部检查。

检验方法:施工单位观察及操作检查,监理单位见证试验。

一 般 项 目

6.6.4 箱式变电装置安装应符合下列规定:

1 箱式变电装置箱体表面完整、光洁、无损伤。

2 箱式变电装置的电缆的进出孔洞应进行封堵,通风口应设防护网。

检验数量:施工单位全部检查。

检验方法:观察检查。

6.6.5 箱式变电装置中在现场安装的电器设备和元件应符合设计要求,动作可靠;计量回路的表计应符合现行国家计量标准规定。

检验数量:施工单位全部检查。

检验方法:观察检查及查阅计量器具检定报告。

6.6.6 用于静态保护回路及采用计算机进行数据传输的自动化系统中的电缆,其屏蔽措施应符合相应设备的有关规定。

检验数量:施工单位全部检查。

检验方法:观察及测试检查。

6.7 光伏发电系统

主 控 项 目

6.7.1 光伏发电系统运达现场的各单元包装箱应完整无损,箱内配件型号规格满足产品技术规定并符合设计要求。

检验数量:施工单位、监理单位全部检查。

检验方法:观察及测量检查,与产品说明书进行核对。

6.7.2 光伏发电系统的规格、型号及安装位置应符合设计要求。

检验数量:施工单位、监理单位全部检查。

检验方法:观察、测量检查。

6.7.3 光伏发电系统所有组件和光伏电池的支架应安装牢靠,可靠接地。

检验数量:施工单位、监理单位全部检查。

检验方法:施工单位观察及测试检查,监理单位观察及见证测试。

6.7.4 光伏发电系统的逆变器容量应符合设计及海拔高度的要求。

检验数量:施工单位、监理单位全部检查。

检验方法:观察检查。

6.7.5 光伏发电系统应能实现设计规定的监控功能

检验数量:施工单位、监理单位全部检查。

检验方法:施工单位观察、测试及操作检查,核对产品说明书,监理单位见证试验。

一 般 项 目

6.7.6 光伏发电系统电池方阵应排列整齐,各模块之间应保持不小于30 mm的间隙。

检验数量:施工单位全部检查。

检验方法:观察及测量检查。

6.7.7 太阳能发电系统与基础构件间的连接固定牢靠,除地脚螺栓外,所有紧固件应为热镀锌制品。

检验数量:施工单位全部检查。

检验方法:观察检查。

6.7.8 太阳能发电系统的抗风加固措施应符合设计要求。

检验数量:施工单位全部检查。

检验方法:观察检查。

6.8 柴油发电机

主 控 项 目

6.8.1 柴油发电机系统运达现场后的检验应符合下列规定:

1 柴油发动机和发电机的规格型号应符合设计要求。

2 柴油发动机的配件齐全,管路畅通,各充油的容器和管路无渗漏油现象。

3 发电机的转子转动灵活,电刷与整流子接触紧密,线圈绝缘电阻符合产品技术规定。

4 产品安装技术文件齐全。

检验数量:施工单位、监理单位全部检查。

检验方法:施工单位观察检查和核对设计文件,监理单位旁站。

6.8.2 装机基础位置正确,基础尺寸与机座底座应配合一致;预埋地脚螺栓位置应准确,穿线、暗管、预留孔洞和沟槽应符合要求;油机房的减震措施可靠、排风通畅。

检验数量:施工单位全部检查,监理单位平行检验。

检验方法:观察及测量检查。

6.8.3 安装后的机组底盘和机轴应对正,并保持在同一水平线上,在底盘中部位置或联轴器上测量,对硬性的联轴器其水平差及偏斜差,不应大于0.05 mm;对具有弹性的软联轴器其水平差及偏斜差,不应大于0.12 mm。底盘顺轴方向的水平差,每米不应大于0.15 mm;横轴方向的水平差,每米不应大于0.3 mm。

检验数量:施工单位全部检查,监理单位平行检验。

检验方法:观察及测量检查。

6.8.4 柴油发电机组的开通试验应符合下列要求:

1 开机运转中的电机电刷应无较大火花,在额定转速下运转10 min,轴承温升不应大于产品规定值。

2 油机的进排气、冷却、燃油和润滑系统应畅通,工作正常。

3 发电机应清洁,电机线圈接线应正确、无故障,线圈绝缘电阻应符合产品规定,整流子表面光润清洁,电刷排列位置正确,电刷与整流子间接触良好,转子与磁极不得有卡碰现象。

4 起动应迅速,要求冷车起动不超过5次;机组运转应平稳、无剧烈敲击震动现象,无异声,机组转速均匀稳定、调速准确。

5 各指示仪表的指示应正常。

6 机组在正常转速运转时,其输出电压和功率应符合设计规定,电机输出三相负荷应平衡。在稳定负荷时,其输出频率应保持在 50±0.5 Hz 范围内,自动稳压范围应为额定电压的 ±5%。

7 应能实现设计规定的自动功能和遥控、遥测、遥信功能。

检验数量:施工单位、监理单位全部检查。

检验方法:施工单位观察、测量及试验检查,监理单位见证试验

一般项目

6.8.5 柴油发电机的性能检查应符合下列要求:

1 柴油机应清洁无污垢,油路和水管畅通,油泵工作正常,各气缸的进、排气塞间隙应符合规定。

2 机组的安装应平稳、牢固和端正,并与基础面接触紧密。

检验数量:施工单位全部检查。

检验方法:观察、测试检查。

6.9 基坑开挖及回填

主控项目

6.9.1 电杆基坑开挖及回填应符合设计特殊规定。

检验数量:施工单位、监理单位全部检查。

检验方法:施工单位观察检查,监理单位旁站并检查隐蔽工程记录。

6.9.2 季节性冻土冻结深度小于 2.5 m 和多年冻土冻土上限小于 2.5 m 的地区的基坑施工,可按《铁路电力工程施工质量验收标准》(TB 10420)中的有关规定执行。

检验数量:施工单位、监理单位全部检查。

检验方法:施工单位观察检查,监理单位检查隐蔽工程记录。

6.9.3 钻孔插入混凝土管桩时钻孔直径应比预制桩径大 10~20 cm。

检验数量:施工单位、监理单位全部检查。

检验方法:施工单位观察检查,监理单位旁站并检查隐蔽工程记录。

6.10 基础及基础埋设

主控项目

6.10.1 直埋电杆及管桩基础应按设计规定在埋入土中的部分涂工业凡士林或渣油,以减少冻胀对基础的影响。

检验数量:施工单位、监理单位全部检查。

检验方法:施工单位观察检查,监理单位检查隐蔽工程记录。

6.10.2 不需要换填作业的基础工程,应符合设计文件要求。

检验数量:施工单位、监理单位全部检查。

检验方法:施工单位观察检查,监理单位查阅隐蔽工程记录。

6.10.3 需开挖换填作业的基础工程,应符合下列规定:

1 基础施工完毕后,应及时换填封闭基坑,不宜间歇,换填材料符合设计文件的要求。

2 换填前必须清除积水,清除冰块等杂物。

3 换填时应分层夯实,满足设计规定的压实系数,基坑换填表面应设防水层。

检验数量:施工单位、监理单位全部检查。

检验方法:施工单位观察检查,监理单位旁站。

6.10.4 钻孔管桩的施工允许偏差为垂直度不应大于1°,深度为+100 mm,-50 mm。

检验数量:施工单位、监理单位全部检查。

检验方法:施工单位观察及测量检查,监理单位旁站。

6.10.5 灌注混凝土桩基础工程的施工质量及预埋地脚螺栓的施工允许偏差应分别满足表6.10.5—1和表6.10.5—2的规定。

表6.10.5—1 基础工程的施工允许偏差(mm)

序号	项目	单位	允许偏差
1	横向位移	mm	≤50
2	迈步	mm	≤30
3	水平差	mm	≤20
4	根开、对角线	mm	≤±30

表6.10.5—2 预埋地脚螺栓的施工允许偏差(mm)

项　目	名　称	允许偏差
预埋地脚螺栓	中心距离	±2
	外露长度	+200

检验数量:施工单位、监理单位全部检查。

检验方法:施工单位测量检查,监理单位见证试验并查阅隐蔽工程记录。

6.11 杆塔组立

主控项目

6.11.1 电杆的防腐、抗冻、耐风蚀应符合设计要求。

检验数量:施工单位、监理单位全部检查。

检验方法:观察、测量检查及查阅产品的相应质量证明文件。

6.11.2 电杆上、下端应封堵良好。

检验数量:施工单位、监理单位全部检查。

检验方法:观察检查。

6.11.3 电杆法兰联结材料符合设计要求。

检验数量:施工单位、监理单位全部检查。

检验方法:观察检查。

6.12 拉线安装

主控项目

6.12.1 拉线安装应符合下列规定:

1 冻土区拉线坑的埋设深度和方向,应符合设计要求。

2 拉线坑的位置允许偏差为 ±1% L(L 为拉线坑中心至拉线挂点的水平距离),坑深的允许偏差为 +100 mm,不允许有负偏差。

3 拉线基础施工应连续完成,不宜间歇工作;回填时必须排除积水,清除冰块,夯填密实,且表面应设防水层。

4 拉线安装后对地平面夹角与设计值的允许偏差不应大于1°。

检验数量:施工单位、监理单位全部检查。

检验方法:观察、测量检查。

6.13 导线架设

主控项目

6.13.1 导线架设应符合设计要求,导线间的最小距离应符合表6.13.1的规定。

表6.13.1 架空电力线路导线间的最小距离(m)

高程(m)	导线排列方式		档距(m)											
			<40	50	60	70	80	90	100	110	120	150	200	300
2 001~4 000	架空电力线路电压(kV)	0.38(0.22)不论排列方式	0.3	0.4	0.45	0.5	—	—	—	—	—	—	—	—
		10 不论排列方式	0.65	0.7	0.75	0.8	0.9	0.95	1.05	1.1	1.2	1.45	—	—
		35 导线水平排列方式	—	—	—	—	—	—	—	—	—	2.15	2.65	3.15
		35 导线垂直排列方式	—	—	—	—	—	—	—	—	—	2.15	2.4	2.65
4 001~5 000		0.38(0.22)不论排列方式	0.3	0.4	0.45	0.5	—	—	—	—	—	—	—	—
		10 不论排列方式	0.7	0.75	0.8	0.85	0.95	1.0	1.1	1.15	1.25	1.5	—	—
		35 导线水平排列方式	—	—	—	—	—	—	—	—	—	2.2	2.7	3.2
		35 导线垂直排列方式	—	—	—	—	—	—	—	—	—	2.2	2.45	2.7

检验数量:施工单位、监理单位全部检查。

检验方法:观察、测量检查,核对施工设计图纸。

6.13.2 铝包钢芯铝绞线应通过铝滑轮进行张力牵引放线。

检验数量:施工单位、监理单位全部检查。

检验方法:施工单位观察、测量检查,监理单位旁站。

6.13.3 导线驰度应符合设计规定数值。

检验数量:施工单位、监理单位全部检查。

检验方法:观察、测量检查。

6.14 直埋电缆敷设

主控项目

6.14.1 直埋电缆的规格、型号和电压等级应符合设计要求。

检验数量:施工单位、监理单位全部检查。

检验方法:观察、测量检查。

6.14.2 冻土地区电缆埋深应不小于0.7 m。

检验数量:施工单位、监理单位全部检查。

检验方法:施工单位观察测量检查,监理单位旁站并查阅隐蔽工程记录。

一 般 项 目

6.14.3 直埋电缆回填时在电缆周围填 0.2 m 中粗砂并加盖保护板。

检验数量:施工单位、监理单位全部检查。

检验方法:观察测量和查阅隐蔽工程记录。

6.14.4 电缆沟开挖时,应将植被铲出,异地培植,待电缆敷设完成后再将其回植。

检验数量:施工单位、监理单位全部检查。

检验方法:观察检查。

6.15 隧道照明

主 控 项 目

6.15.1 隧道灯具安装应具有隔热措施。

检验数量:施工单位、监理单位全部检查。

检验方法:观察检查。

6.16 接地装置的敷设

主 控 项 目

6.16.1 接地电阻值应符合设计规定。

检验数量:施工单位、监理单位全部检查。

检验方法:施工单位测试检查,监理单位平行检验并查阅隐蔽工程记录。

6.16.2 接地装置工程的安装,应符合设计规定。

检验数量:施工单位、监理单位全部检查。

检验方法:施工单位观察检查,监理单位旁站并查阅隐蔽工程记录。

6.16.3 水平接地体埋设深度应为 0.6 ~1 m。

检验数量:施工单位、监理单位全部检查。

检验方法:施工单位测量检查,监理单位旁站并查阅隐蔽工程记录。

本标准用词说明

执行本标准条文时,对于要求严格程度的用词说明如下,以便在执行中区别对待。

(1)表示很严格,非这样做不可的用词

正面词采用"必须";

反面词采用"严禁"。

(2)表示严格,在正常情况下均应这样做的用词

正面词采用"应";

反面词采用"不应"或"不得"。

(3)表示允许稍有选择,在条件许可时首先应这样做的用词

正面词采用"宜";

反面词采用"不宜"。

表示有选择,在一定条件下可以这样做的,采用"可"。

《青藏铁路高原多年冻土区通信工程质量验收标准(下册)》条文说明

本条文说明系对重点条文的编写依据、存在的问题以及在执行中应注意的事项予以说明。为了减少篇幅,只列条文号,未抄录原条文。

3.1.2 机务、车辆设备安装工程质量验收所用国家现行相关标准如下:

1 《建筑安装工程质量检验评定标准(通用机械设备安装工程)》(TJ 305—75);

2 《工业安装工程质量检验评定统一标准》(GB 50252—94);

3 《建筑工程施工质量验收统一标准》(GB 50300—2001);

4 《建筑工程质量检验评定标准》(GBJ 301—88);

5 《建筑安装工程质量检验评定标准(容器工程)》(TJ 306—77);

6 《工业金属管道工程质量检验评定标准》(GB 50184—93);

7 《工业设备及管道绝热工程质量检验评定标准》(GB 50185—93);

8 《建筑防腐蚀工程质量检验评定标准》(GB 50224—95);

9 《自动化仪表安装工程质量检验评定标准》(GBJ 131—90)。

3.5 立式拱顶钢油罐现场制作安装有关技术条件及施工验收规范的规定如下。

1 《钢结构工程施工及验收规范》(GBJ 205—1983);

2 《压力容器无损检测》(JB 4730—1994);

3 《立式圆筒形钢制焊接油罐施工及验收规范》(GBJ 128—1990);

4 《手工电弧焊焊接接头的基本型式与尺寸》(GB 985—1988);

5 《埋弧焊焊接接头的基本型式与尺寸》(GB 986—1988);

6 《建筑地基基础施工质量验收规范》(GB 50202—2002);

7 《钢制压力容器焊接工艺评定》(JB 4078—2000);

8 《钢制压力容器焊接规程》(JB/T 4709—2000);

9 《钢制压力容器产品焊接试板的力学性能检验》(JB 4744—2000);

10 《普通碳素结构钢和低合金结构钢热轧厚钢板技术条件》(GB 3274—88);

11 《石油化工立式圆筒形钢制焊接储罐设计规范》(SH 3046—1992);

12 《石油化工钢制设备抗震设计规范》(SH 3048—99);

13 《石油化工企业设备与管道绝热工程施工及验收规范》(SBJ 22—1990);

14 《工业设备及管道绝热工程施工及验收规范》(GBJ 126—1989)。

5.2.1 有线传输设备包括机械室列架槽道、光配线架(或光终端盒)、数字配线架、中间配线柜等引入设备和配线设备及光电数字传输设备等。

5.3.1 通信电源设备包括高频开关电源、蓄电池组、UPS 不间断电源、柴油发电机组、交流配电盘(箱)、蓄电池架(柜)、电源监控设备、与电缆、槽架、保护管等。

5.6.1 光缆线路主要设备材料包括光缆、光缆接头盒、光缆引入设备、加感箱或加感单元、光缆引入设备等。

5.7.2 第 1 款:光缆护套与加强芯的接续要求按照 TB 10026—2000《铁路光(电缆)传输工程设计规范》第 5.6.7 条和第 5.7.3 条第 4 款规定。

5.18 数字无线通信系统设备即铁路 GSM - R 数字移动通信设备。本系统有关的性能检测与功能试验均应参考青藏线格—拉段试验工程 GSM - R 试验大纲中的测试项目进行。

中华人民共和国行业标准

铁建函〔1993〕677号

铁路工程建设项目环境影响评价技术标准

Standard for Enviromental Influence Assessment of Railway Construction Projects

TB 10502—93

1993—12—21 发布　　　1994—04—01 实施

中华人民共和国铁道部　发布

编 制 说 明

本标准是根据铁道部铁基函〔1989〕191 号文的通知，由我所负责主编，铁道部第一、二、三、四勘测设计院，铁道部科学研究院和劳动卫生研究所参加，共同编制完成的。国家环保局派员参与了本标准的讨论、审查，并就环境影响评价阶段、评价报告书和报告表编制原则等的确定给予了具体指导。

在编制过程中，进行了调查研究，搜集了国内外有关资料，总结了全路 40 多项工程建设项目环境影响评价工作的经验，并广泛征求了路内外有关单位的意见，经审查和协调后定稿。

本标准共分九章，另有八个附录。其主要内容包括：总则、基本规定和生态、噪声、电磁、振动、大气、水、固体废物的环境影响评价。

铁路工程建设项目环境影响评价是一项较为复杂的工作，它包括专业多，涉及面广，且起步较晚，经验不多，加之编制本标准尚属首次，有待今后充实和完善。

在执行过程中，希望各单位结合工作实践，认真总结经验，注意积累资料，如发现有需要修改和补充之处，请将意见及有关资料寄铁道部建设司标准科情所（北京市朝阳门外大街 227 号，邮政编码 100020），供今后修订时参考。

铁道部建设司标准科情所

一九九一年八月

目 录

第一章 总 则

第 1.0.1 条 为了贯彻《中华人民共和国环境保护法》和《建设项目环境保护管理办法》，统一铁路工程建设项目环境影响评价工作的原则、方法、程序和要求，提高铁路环境影响评价工作的质量和水平，制定本标准。

第 1.0.2 条 本标准适用于各类新建铁路、改建铁路、增建第二线与既有铁路电气化改造以及新建与改建铁路独立枢纽、独立特大桥等工程建设项目的环境影响评价。

铁路工业建设项目的环境影响评价可参照本标准执行。

第 1.0.3 条 铁路工程建设项目环境影响评价工作，应按本标准附录一和附录二的要求，编制环境影响评价报告书或环境影响评价报告表。

第 1.0.4 条 铁路工程建设项目环境影响评价应包括设计近、远期及其施工期和运营期。

第 1.0.5 条 改建、扩建铁路工程建设项目，应在评价其新增污染源的同时，对原污染源进行环境影响分析，在技术经济合理的条件下，本着“以新带老”的原则，结合工程所在地区的特点，提出切实可行的综合治理措施和对策。

第 1.0.6 条 铁路工程建设项目环境影响评价除应符合本标准外，尚应符合国家、铁道部和地方现行的有关标准规范的规定。

当需要评价的环境要素无国家或地方的环境质量标准和排放标准时，可参照有关国际标准或国内其他行业标准作环境影响分析。

第二章　基本规定

第 2.0.1 条　在铁路工程建设项目可行性研究报告中应有环境保护的相应内容。在可行性研究报告批准后，应即开展环境影响评价工作，并在工程设计的各个阶段按下列要求编制环境影响评价报告书或报告表。

一、一阶段设计的项目，应在施工设计审批前完成。

二、两阶段设计的项目，应在扩大初步设计文件鉴定前完成。

三、三阶段设计的项目，应在技术设计文件鉴定前完成。

第 2.0.2 条　编制环境影响评价报告书或环境影响评价报告表应符合表 2.0.2 的规定，各环境要素的评价深度，应符合本标准有关章节的要求

第 2.0.3 条　铁路工程建设项目环境影响评价，应结合建设项目的特点及地区环境特征，点线结合、以点为主地进行。

第 2.0.4 条　铁路工程建设项目环境影响评价的环境要素，可为生态、噪声、电磁、振动、大气、水和固体废物七项。具体评价的环境要素和重点内容应根据建设项目的特点及地区环境特征确定。

第 2.0.5 条　铁路工程建设项目环境影响评价方法可采用模式计算预测法、类比分析法和模拟试验分析法。

表 2.0.2　编制铁路工程建设项目环境影响评价报告书或报告表的划分规定

类别 / 评价深度要求 / 建设项目特点及地区环境特征		报告书 评价的环境要素比较多，属于Ⅰ级评价深度的≥2 个	报告表 评价的环境要素深度属于Ⅱ、Ⅲ级，属于Ⅰ级评价深度的<2 个
新建蒸汽、内燃牵引铁路	≥100 km	√	△
	<100 km	△	√
新建电气化铁路	≥200 km	√	△
	<200 km	△	√
既有(蒸汽、内燃)铁路电气化改造	≥400 km	√	△
	<400 km	△	√
既有蒸汽牵引铁路进行内燃技术改造	≥100 km	√	△
	<100 km	△	√
蒸汽、内燃机务段改建、扩建工程	日整备台次≥30	√	△
	日整备台次<30	△	√
大中型枢纽改建、扩建工程		√	
工业企业铁路、联络线或规模较小的单项新建、改建、扩建工程			√
工程所在地区有旅游点、有名胜古迹、敏感点多、对环境保护有特殊要求者		√	

注：① 表内"√"表示应选择的编制类别，"△"表示特殊情况下可选择的编制类别。

② 本表未包括的建设项目，可比照类似的工程规模、特点、选择编制环境影响评价报告书或报告表。

第三章　生态环境影响评价

第一节　一 般 规 定

第 3.1.1 条　生态环境影响评价范围应根据铁路所经地区生态特点及直接影响程度确定，一般情况下宜为线路两侧各 300 m。

第 3.1.2 条　生态环境影响评价内容应包括下列各项：

一、铁路通过沙漠、森林、草原、沼泽、湿地、湖泊、农田等对生态环境可能产生的影响。

二、铁路工程在处理不良地质和特殊地质地段时，对生态环境可能产生的影响。

第 3.1.3 条　生态环境评价深度划分应符合表 3.1.3 的要求。

表 3.1.3　生态环境评价深度划分

深度级别 / 评价工作内容 / 项　目	Ⅰ 级	Ⅱ 级	Ⅲ 级
	调查铁路通过地段生态环境的特点，通过类比调查预测可能造成的影响和破坏程度	调查铁路通过地段生态环境的特点，评述其可能造成的影响	进行一般性的调查，只作简略的影响分析
沙　漠	大部分是半固定和流动沙丘，其中半固定 >30%	大部分是固定和半固定沙丘，其中半固定占 15% ~ 30%	大部分是固定和半固定沙丘，其中半固定 <15%
森林，草原	铁路通过地段累计 >5 km	铁路通过地段累计为 3 ~ 5 km	铁路通过地段累计 <3 km
水土流失	侵蚀模数 E $E \geqslant 2\,500$ t/(km^2 · a)	$E = 500 \sim 2\,500$ t/(km^2 · a)	$E < 500$ t/(km^2 · a)
沼泽、湿地、湖泊	有水生生物，通过地段累计 >5 km	有少量水生生物，通过地段累计为 3 ~5 km	无水生生物，通过地段累计 <3 km
地面沉降	沉降范围面积 $A \geqslant 10$ km^2 沉降量 $h \geqslant 0.05$ m/a	$A = 5 \sim 10$ km^2 $h = 0.03 \sim 0.05$ m/a	$A < 5$ km^2 $h < 0.03$ m/a
其他不良地质和特殊地质	工点多，破坏严重	工点不多，破坏不严重	只有个别工点
野生动、植物	有受国家级保护的野生动、植物，稀有古树、药用植物	一般性野生动、植物量小，范围窄	无野生动、植物

第二节　评价项目与方法

第 3.2.1 条　沙漠的评述项目与方法应符合下列要求：

一、阐述铁路穿过沙漠的部位、地段、比率。

二、描述沙漠地段内的地形、地貌、地质简况。

三、搜集有关土壤、地下水位、地表植被种类、覆盖率及常规气象参数。

四、调查沙漠中的河流、风蚀、洼地、残丘及成因类型。

五、对典型沙丘应测其走向、相对高度，以及迎风坡和背风坡的长度和坡度。

六、调查沙生植物的种类、生态特征、覆盖率以及人工或天然林带的树种，配置宽度和防沙效果，评述固沙植被的生物和生态学特征。

七、铁路经过地区的沙丘，应根据植被覆盖率按表 3. 2. 1 分类。

表 3. 2. 1　沙　丘　分　类

类　别	植被覆盖率(%)
流动沙丘	<15
半固定沙丘	15～40
固定沙丘	>40

八、通过类比调查，评述铁路穿过沙漠地段，可能造成的沙漠植被破坏及影响程度。

第 3. 2. 2 条　森林、草原(草场)的评述项目与方法应符合下列要求：

一、阐述铁路穿过森林、草原(草场)的部位、地段、长度、比率，占用的面积及树种、草种的类别。

二、森林和草原现状：生长密度与发展、采伐与利用、价值与意义。

三、搜集常规气象参数和地表植被、土壤与地下水等资料，评述穿过森林、草原(草场)的地形、地貌与地质概况。

四、森林应根据其分布特点分类(见表 3. 2. 2—1)并计算蓄积量。

$$蓄积量 = \frac{成材林面积}{森林分布总面积}(\%)$$

表 3. 2. 2—1　森　林　分　类

按森林起源分类	原生林(自然林)
	次生森(人工林)
按森林归属分类	国有林
	集体林
	公有林(地方国营)
	合作林
	个体林

五、草原(草场)应根据其分布特点分类(见表 3. 2. 2—2)并计算饲草资源总量及理论载畜量。

表 3. 2. 2—2　草原(草场)分类

按草原(草场)位置土壤分类	丘陵高原干草原(草场)——粟钙土壤
	沙丘草场——沙土壤
	低湿地草甸草场——腐植土壤
按草原(草场)生长植物分类	森林灌丛草地
	黑钙土草甸草原
	粟钙土典型草原
	草原地带沙地疏林灌丛草原
	人工草地
	沟谷及漫滩草原

饲草资源总量＝草原(草场)等级(产草量 kg/hm^2)×草原(草场)总面积(hm^2)

$$理论载畜量=\frac{饲草资源总量(kg)\times利用率(\%)}{一绵羊单位全年所需食草量(kg)}(绵羊单位)$$

式中一绵羊单位全年所需食草量=一只绵羊日平均食草量×365(kg)

六、通过类比调查评述铁路穿过森林、草原(草场)地段可能造成的砍伐量和砍伐面积,老化和退化,预测其影响和破坏程度。

七、草原(草场)按退化等级进行预测评价,其退化等级应符合表3.2.2—3规定。

表3.2.2—3　草原(草场)退化等级

退化等级	退化标准
正常草场	1. 保持草原原有的种类成分 2. 不出现退化指示植物 3. 产草量在3 000 kg/hm² 以上
轻度退化	1. 保持草场的原有外貌 2. 出现少量退化指示植物 3. 产草量2 250 ~ 3 000 kg/hm²
中度退化	1. 原有草原混杂有适口性差杂草 2. 退化指示植物有相当比重 3. 产草量1 500 ~ 2 250 kg/hm²
重度退化	1. 草原外貌改变 2. 退化指示植物成群 3. 产草量在1 500 kg/hm² 以下

第3.2.3条　水土流失评述项目与方法应符合下列要求:

一、阐述铁路穿越水土流失地段的范围、部位、长度和比率。

二、详细描述铁路经过地区形成水土流失的主要因素:地形和地貌、地质、地表植被、土壤结构及暴雨强度。

三、根据水土流失形成的条件分类时,应符合表3.2.3的要求

表3.2.3　水土流失分类

类别	形成条件
自然因素型	由地形、地质条件形成 (是产生水土流失的主导因素)
人为因素型	由人为活动促成 (是产生水土流失的次生条件和诱发因素)

四、水土流失侵蚀量的预测可选用本标准附录三中的公式计算。

五、评述高填深挖等铁路工程可能对水土流失造成的影响。

六、评述铁路工程可能造成或加剧水土流失的程度。

第3.2.4条　沼泽、湿地、湖泊的评述项目与方法应符合下列要求:

一、阐述铁路通过沼泽、湿地、湖泊时的地段、长度、部位、范围与距离以及库、岸边坡的稳定性。

二、详述沼泽、湿地、湖泊的面积、蓄水量、主要功能,以及其水生动、植物的种类、数量、价值与意义。

三、沼泽、湿地应按表3.2.4分类。

表 3.2.4　沼泽与湿地分类

分类方式	类别
按所处地形位置分类	山间谷地沼泽、湿地
	平原地区沼泽、湿地
按积水程度分类	常年积水沼泽、湿地
	季节性积水沼泽、湿地

四、评述铁路通过沼泽、湿地、湖泊时，对生态可能造成的影响和破坏程度。

第 3.2.5 条　野生动、植物的评述项目与方法应符合下列要求：

一、阐述铁路经过地区野生动、植物的分布种类、数量、范围，出没、繁衍、生长条件及其经济意义。

二、通过类比调查，预测对野生动、植物自然栖息与生长条件的影响。

第 3.2.6 条　铁路工程在处理不良地质和特殊地质地段时，对铁路两侧地表植被、山体的稳定性可能造成的影响和破坏程度，应通过类比分析进行评述。

第 3.2.7 条　根据对生态环境影响评价的结论、影响程度和范围应提出相应的治理措施和建议。

第四章　噪声环境影响评价

第一节　一 般 规 定

第 4.1.1 条　噪声环境影响评价范围应包括对城市现状和规划可能构成影响的地区,其重点应为敏感区和敏感点。

第 4.1.2 条　噪声的测量与评价应按现行的国家标准《铁路边界噪声限值及其测量方法》和参照国家现行的《城市区域环境噪声标准》执行。

第 4.1.3 条　噪声环境评价深度划分应符合表 4.1.3 的要求。

表 4.1.3　噪声环境评价深度划分

深度级别 / 评价工作内容 / 建设项目	Ⅰ 级	Ⅱ 级	Ⅲ 级
	现状调查分析,绘制声级等值线	现状调查分析,预测敏感点的声级	简要的现状调查和预测
新建铁路、独立枢纽、编组站、区段站、机务段、独立特大桥,既有铁路电气化改造,枢纽、编组站改扩建	有敏感区或较多敏感点		
		有较少敏感点	
机务段、区段站改扩建,车辆段的新建及改扩建		有敏感区或较多敏感点	
			有较少敏感点

第二节　环境质量现状调查

第 4.2.1 条　噪声环境质量现状调查应包括以下内容:

一、评价范围内环境噪声状况;

二、铁路噪声源的分布和作用状况;

三、功能区的划分;

四、敏感区(点)的分布;

五、既有铁路状况;

六、评价范围内的人口分布状况。

第 4.2.2 条　噪声的测量量和评价量,对于铁路噪声应采用昼间和夜间的 1 h 等效连续 A 声级,对于新建铁路施工前的非铁路噪声可采用昼间和夜间的 15 min 等效连续 A 声级,也可采用 5 s 一次的 100 ~ 200 数读值方法。铁路噪声测量应包括背景噪声。对测量结果应说明主要噪声源。

第 4.2.3 条　铁路噪声测点的布设应使测量结果反映评价范围内敏感区(点)及与其相邻铁路区域边界的噪声状况。测点布设应符合下列要求:

一、边界测点应布设于距铁路外侧轨道中心线 30 m 处和铁路站、场、段、所的边界上。

二、区域测点应布设于各敏感区(点)有代表性的位置上。

第 4. 2. 4 条　噪声环境现状分析应说明主要边界测点和敏感区(点)的噪声影响及其原因。

第三节　预测与评价

第 4. 3. 1 条　工程中的噪声污染源分析应根据设计文件和有关规定确定主要噪声源的设备类型、数量、分布和作用时间。

第 4. 3. 2 条　铁路噪声预测中应考虑的主要噪声源有:机车鸣笛、列车运行、空压机、锻锤、木工机械、水阻试验、车辆减速器、有线广播及其他可能对环境构成影响的噪声源。

第 4. 3. 3 条　铁路噪声预测可根据不同情况选择类比法、比例法和模式法。比例法和模式法可按本标准附录四选用。

第 4. 3. 4 条　预测结果应符合下列要求:

一、综合反映各种主要噪声源的影响。

二、根据不同评价深度要求,采用声级等值线分布图或敏感区(点)的声级表表示,必要时可采用影响面积的污染人口等参数说明影响状况。

第 4. 3. 5 条　绘制声级等值线图应符合下列要求:

一、等值线应采用昼间和夜间的等效连续 A 声级表示。

二、等值线间隔为 2. 5 dB 或 5 dB,至少应绘至 55 dB。

三、图的比例尺不宜小于 1∶10 000。

四、图中应表示出铁路区域边界、功能区划、主要交通干线,主要敏感区(点)的名称和范围(位置)。

第 4. 3. 6 条　应根据噪声预测结果和评价标准,评价该工程的噪声影响程度、影响范围、主要污染原因,并提出控制措施。

第五章 电磁环境影响评价

第一节 一般规定

第 5.1.1 条 电磁环境影响评价范围应符合下列要求：

一、铁路两侧各 50 m 以内的居民小区。

二、距铁路 1 000 m 以内有机场导航台、雷达站、二级以上无线电通信台站等重要无线电设施的敏感点。

第 5.1.2 条 电磁环境污染源应选择下列各项：

一、电力机车与接触网系统；

二、牵引变电所；

三、电力机务段、折返段。

第 5.1.3 条 电磁的测量与评价应按现行的国家标准《航空无线电导航台站电磁环境要求》、《对空情报雷达站电磁环境防护要求》等有关规定执行。

第 5.1.4 条 电磁环境评价深度划分应符合表 5.1.4 的要求。

表 5.1.4 电磁环境评价深度划分

深度级别	Ⅰ 级	Ⅱ 级	Ⅲ 级
评价工作内容	对沿线电视接受进行预测评价，对国家重要无线电设施进行监测及必要的类比试验和预测分析	现状调查、预测对主要敏感点电视接受的影响范围和程度	进行现状调查只作影响分析
建设项目	穿越国家环保重点城市或沿线有国家重要无线电设施的电气化新建和改建工程以及位于这类城市的铁路建设项目	通过一般城市或沿线有重要无线电设施的电气化新建和改建工程	人口稀少边远地区、山区的电气化新建和改建工程

第二节 环境质量现状调查

第 5.2.1 条 调查电磁环境质量现状时应对主要干扰源的种类、数量、分布进行调查。

第 5.2.2 条 电磁环境影响评价工作应充分利用既有资料，必要时可进行类比监测。

一、类比监测的边界条件应与评价对象相似；

二、类比监测只测量距干扰源 20 m 处的无线电干扰场强；

三、参考测量频率为 1 MHz 和 100 MHz。

四、测量仪器应符合现行的国家标准《电磁干扰测量仪》中的有关规定；

五、检波方式采用准峰值检波；

六、每个频率点上的测量应不少于 8 次；每次测量 1 min；数据处理后应计算出干扰场强的中值、80% 和 95% 不超过电平值及标准差。

第 5.2.3 条　对敏感区内电视、广播和无线电设施的工作频段、工作方式、接收设备工作带宽、灵敏感，以及与干扰源间的距离应予调查。

第 5.2.4 条　对电视、广播和无线电设施的工作信号场强、工作频率附近的背景无线电噪声应予监测。监测电视信号场强应采用峰值，监测背景无线电噪声应采用准峰值。

第三节　预测与评价

第 5.3.1 条　下列电磁环境污染因子应进行预测与评价：

一、电力机车运行时电火花产生的无线电噪声；

二、牵引电流造成的地电位变化；

三、牵引电流的电磁感应。

第 5.3.2 条　应预测干扰源对电磁环境产生的下列贡献量：

一、根据距干扰源 20 m 处的无线电干扰场强数据和无线电干扰的频段特性、距离衰减特性，计算出敏感区内不同频率的干扰场强值，预测出对电磁环境的贡献量。无线电干扰场强可按本标准附录五中公式计算。

二、预测干扰源引起的地电位变化量。

第 5.3.3 条　应评价敏感区内电视接受的影响。

第 5.3.4 条　对敏感区内无线电设施应进行如下的影响分析：

一、根据敏感区内无线电设施的工作信号场强和对应频段上的干扰场强，计算信噪比（S/N）值。

二、根据 S/N 值，结合设备技术指标、工作状态，分析预测受影响程度。

第 5.3.5 条　根据对电磁环境影响评价的结论、影响程度和范围，应提出相应的治理措施和建议。

第六章　振动环境影响评价

第一节　一 般 规 定

第 6.1.1 条　振动环境影响评价范围应包括对城市现状和规划可能构成污染的地区,其重点应为敏感区和敏感点。

第 6.1.2 条　振动的测量与评价应按现行的国家标准《城市区域环境振动标准》和《城市区域环境振动测量方法》执行。

第 6.1.3 条　振动环境评价深度划分应符合表 6.1.3 的要求。

表 6.1.3　振动环境评价深度划分

深度级别 / 评价工作内容 / 建设项目	Ⅰ 级	Ⅱ 级	Ⅲ 级
	现状调查分析、预测振动的影响程度与范围	现状调查分析、预测敏感点的振级	简要的现状调查和预测
新建铁路独立枢纽、编组站、区段站	有敏感区或较多敏感点		
		有较少敏感点	
既有铁路电气化改造,编组站、区段站、机务段改扩建		有敏感区或较多敏感点	
			有较少敏感点

第二节　环境质量现状调查

第 6.2.1 条　振动环境质量现状调查应包括以下内容:

一、评价范围内环境振动状况;

二、铁路振动源的分布和作用状况;

三、功能区的划分;

四、敏感区(点)的分布;

五、既有铁路状况;

六、评价范围内的人口分布状况。

第 6.2.2 条　铁路振动的测量和评价量应采用铅垂向 Z 振级,并应测量背景振动。对测量结果应说明主要振动源。

第 6.2.3 条　铁路振动测点的布设应使测量结果反映评价范围内敏感区(点)及其相邻铁路区域边界的振动状况。测点布设应符合下列要求:

一、边界测点应布设于距铁路外侧轨道中心线 30 m 处和铁路站、场、段、所的边界上。

二、区域测点应布设于各敏感区(点)有代表性的位置上。

第 6.2.4 条　环境现状分析应说明主要敏感区(点)的振动影响及其原因。

第三节 预测与评价

第 6.3.1 条 工程中的振动污染源分析应根据设计文件和有关规定主要振动源的类型、分布和作用时间。

第 6.3.2 条 预测中应考虑的主要振动源有：机车车辆运行、锻锤、道岔及其他可能对环境构成影响的振动源。

第 6.3.3 条 铁路振动预测可根据不同情况选择类比法和模式法。

第 6.3.4 条 预测结果应符合下列要求：

一、综合反映各种主要振动源的影响；

二、采用振动等值线图或敏感区（点）的振级表表示，必要时可采用影响面积和影响人口等参数说明影响状况。

第 6.3.5 条 根据预测结果和评价标准，应评价该工程的振动影响程度、影响范围、主要污染原因，并提出控制措施。

第七章　大气环境影响评价

第一节　一般规定

第7.1.1条　大气环境影响评价范围应根据建设项目大气污染源分布、污染气象和污染物排放高度等确定。

第7.1.2条　大气环境影响评价采用的标准应根据评价区大气环境质量的级别确定。

第7.1.3条　大气环境评价深度划分应符合表7.1.3的要求。

表7.1.3　大气环境评价深度划分

深度级别 / 评价工作内容 / 建设项目	Ⅰ　级	Ⅱ　级	Ⅲ　级
评价工作内容	现状调查和监测，进行现状评价；摸清污染气象特征；进行 $P—T$ 大气稳定度分类，按预测模式计算作出影响评价	现状调查，计算出最大落地浓度及出现距离，作出影响评价	对大气环境影响做简单的评述
新建蒸汽、内燃牵引的铁路（含机务段）及独立枢纽、编组站	大气环境污染严重，评价区有敏感区或较多敏感点		
		大气环境污染较轻，评价区无敏感区或敏感点较少	
新建电气化铁路及其他区段站的改扩建项目		大气环境污染严重，评价区有敏感区或较多敏感点	
			大气环境污染较轻，评价区无敏感区或敏感点较少

注：其他建设项目（含部分区段站）不论有无敏感区或多少敏感点，评价深度均为Ⅲ级。

第7.1.4条　评价区主要污染源的评价，应列出新增污染源的数量和污染物的排放量。

第二节　环境质量现状调查

第7.2.1条　调查天气环境质量现状时应收集、利用已有资料，当需要现场监测时，其监测分析仪器、分析方法和监测布点设置应符合现行的国家《环境监测技术规范》的规定。

第7.2.2条　监测因子、时间和频率的选择应符合下列规定：

一、监测因子应选择TSP、SO_2、NO_x 和CO四项。需要增减时应在评价大纲中确定。

二、监测应在冬季进行至少一次，每次连续监测5 d，遇有特殊气象条件时尚应增加1 d。

三、监测频率宜为每天4次，也可根据具体情况适当增加。

第7.2.3条　大气环境质量现状评述应分析出瞬时浓度变化范围、日平均浓度变化范围、瞬时浓度和日平均浓度的超标率、5 d平均浓度及其变化规律等，并作出相应的污染物浓度日变化图。

第三节 污染气象

第 7.3.1 条 评价区污染气象特征的描述应充分利用已有的气象资料，避免做大型的大气物理实验，对附近无气象台站或无可利用的气象资料地区，在冬季宜设电接风向风速仪或微风仪实地连续观测 15 d 以上。

第 7.3.2 条 遇有下列情况时，可考虑做大气物理实验。

一、蒸汽和内燃牵引的枢纽、编组站等建设项目，大气污染源数量多，排放量大，而周围大气环境已趋饱和或污染达警戒水平。

二、建设项目所在地区地形复杂，气象资料缺乏，扩散条件差，有熏烟、漫烟污染，且大量污染源处于重点环境保护对象的上风向。

第 7.3.3 条 评价区附近有气象台站时，应收集近 5 a 的气象观测资料。

第 7.3.4 条 采用修正的 *P—T* 大气扩散稳定度分类方法进行稳定度分类时，应统计下列资料：

一、稳定度出现频率及日变化规律、季节变化规律。

二、风速等级及各等级的平均风速、风向、风速、稳定度联合频率和季节变化规律。

第 7.3.5 条 烟气抬升高度的计算和扩散参数应采用现行的国家标准《制定地方大气污染物排放标准的技术原则和方法》推荐的计算方法。

第四节 预测与评价

第 7.4.1 条 预测因子宜按本标准第 7.2.2 条第一款监测因子的要求选取。

第 7.4.2 条 大气环境影响预测可选用本标准附录六推荐的模式。

第 7.4.3 条 长期浓度影响评价的内容及方法应符合下列规定：

一、进行月、季、年平均长期浓度分布评价。

二、绘出评价区月、季、年平均浓度分布图。

三、根据预测计算结果，绘出相对的月、季、年平均浓度分布图。

四、按面积加权平均法计算污染现状区域平均浓度值和未来影响的区域平均浓度值。

五、做超标率影响分析。

第 7.4.4 条 短期浓度影响评价的内容与方法应符合下列规定：

一、进行一次浓度、日平均浓度分布评价。

二、绘出扩散不利的月或某时段区域日平均及小时平均浓度分布图。

三、做 *P—C* 浓度累积频率分布曲线，并进行超标率分析。

第 7.4.5 条 污染评价应进行各污染源污染浓度分担率分析。

第 7.4.6 条 高浓度出现背景的分析内容应符合下列要求：

一、根据出现时刻、范围、位置及地形特征，分析高浓度时的气象条件变化趋势和气象背景。

二、统计导致高浓度出现的气象背景常见月、季分布及年、季、月出现的次数频率。

第 7.4.7 条 最不利气象条件影响评价内容应符合下列规定：

一、静风条件可能出现的高浓度。

二、大风条件可能出现的局部、短时间高浓度。

三、风向持续条件在下风轴上可能出现的高浓度。

四、辐射逆温条件在短时间出现熏烟局部地区高浓度。

五、下沉逆温条件的高浓度。

六、局部地区环流条件可能出现局部地区浓度堆积性高浓度。

七、地形性条件可能出现经常持续性的浓度堆积的高浓度。

第 7.4.8 条　根据对大气环境影响评价的结论、影响程度和范围,应提出相应的治理措施和建议。

第八章　水环境影响评价

第一节　一 般 规 定

第 8.1.1 条　水环境影响评价范围应符合下列要求：

一、当建设项目的污水直接排入城市排水管网，且管网末端有污水处理厂时，其评价范围应为污水进入城市下水道的接纳处。

二、受纳水体为地面水水域时（含灌溉渠道），其评价范围应为建设项目排污口的直接水体。

三、受纳水体为小型封闭性水域时，应将该水域作为评价范围，需要时应做地下水影响分析。

第 8.1.2 条　水环境影响评价采用的标准应符合下列要求：

一、当污水排入城市管网时，应按现行的国家《污水综合排放标准》执行。

二、地面水水域为受纳水体时，应按现行的国家《地面水环境质量标准》执行。

三、封闭性水域为直接受纳水体时，应根据水域功能要求确定评价标准。

四、灌溉渠道为直接受纳水体时，应按现行的国家《农田灌溉水质标准》执行。

第 8.1.3 条　水环境评价深度划分应符合表 8.1.3 的要求。

表 8.1.3　水环境评价深度划分

深度级别 / 评价工作内容 / 建设项目	Ⅰ 级	Ⅱ 级	Ⅲ 级
评价工作内容	进行污染现状和影响评价。预测受纳水体的影响	提出工程完成前后污染物的排放总量、削减量。可根据其功能确定是否对受纳水体进行评价	只作简要评述
机务段、车辆段、编组站、区段站、货洗所、洗罐站、大型客运站、医院	Ⅲ类及以上地面水水域或小型封闭性水域		
		Ⅳ类及以下地面水水域或城市排水管网	
设有工务、车辆、水电、电务、房产、工程、生活等单位的铁路地区	Ⅲ类及以上地面水水域或封闭性水域		
		Ⅳ类及以下地面水水域	
			城市排水管网
中、小型客运站		Ⅲ类及以上地面水水域	
			Ⅳ类及以下地面水水域或城市排水管网

第二节　环境质量现状调查

第 8.2.1 条　水环境污染源调查与监测时间应按下列规定：

一、确定污染源和污染物性质，绘出工艺流程图。

二、污染源调查应包括工艺过程和工况、污水性质和水量、排水方式与位置。

三、监测时间、频率、仪器及分析方法应按现行的国家《环境监测技术规范》地面水和废水部分的规定执行。

第 8.2.2 条　主要评价因子的选择应符合下列要求：

一、机务段、车辆段应选择：pH、SS、COD、Cu^{2+}、Pb^{2+}和石油类。有电镀间的段应增加Cr^{6+}，电力机务段应增加Cd^{2+}。

二、铁路医院应按现行的国家《医院污水排放标准》规定项目进行选择。

三、货车洗刷所监测因子的选择可根据实际情况选定。

四、洗罐站污水应选择 pH、石油类、SS 和 COD。

第 8.2.3 条　受纳水体现状调查应包括水体位置、性质、功能及评价项目排污口附近的其他排污口。

第 8.2.4 条　受纳水体一般应调查丰、平、枯三期水位流量和 90% 保证率的流量。

第 8.2.5 条　现状监测断面布点应符合下列规定：

一、河流评价范围两端应布设取样断面，重点保护水的排污口、取水口附近及排污口上游 500 m 处应分别设一个取样断面，每个断面上取样点应布设取样垂线。

二、湖泊应以建设项目排污口为中心沿放射线布设。

三、取样周期应连续监测 3 d，每天取样一次。

第 8.2.6 条　利用调查、监测结果与采用评价的标准比较超标率及超标程度。

第 8.2.7 条　评价方法可按单项水质参数评价方法和多项水质参数综合评价方法进行。

第三节　预测与评价

第 8.3.1 条　建设项目水环境影响预测应包括污染源和受纳水体两个方面：

一、应采用类比调查方法预测污染源排放的污水量、污染物的浓度排放总量及削减量。

二、对江、河、湖泊可根据实际需要选择适宜模式预测建设项目对其影响。

第 8.3.2 条　水环境影响预测可选用本标准附录七推荐的模式。

第 8.3.3 条　水环境影响经模式预测计算，给出定量的评价结论，对超标的污染源(物)应进行超标率、超标程度和治理措施的评价。

第 8.3.4 条　根据建设项目污水排放特点和对受纳水体影响程度、功能，应提出治理措施建议。

第九章　固体废物环境影响评价

第 9.0.1 条　铁路固体废物主要是指铁路运输生产过程中和为运输生产服务的各类生活设施所产生的固体废物。

第 9.0.2 条　铁路运输生产、生活设施所产生的固体废物，应按下列类别进行产生源调查、分析和评价。

一、运输生产设施

1. 蒸汽机车燃煤排放的炉渣
2. 生产站段各类炉窑排放的炉渣、金属废屑、电石渣等
3. 旅客列车垃圾
4. 危险品仓库、洗罐站、洗刷所垃圾
5. 水处理、污水处理排放的污泥

二、运输生活设施

1. 各类生产、生活房屋采暖锅炉排放的炉渣
2. 办公及生活垃圾
3. 医院的医疗垃圾

第 9.0.3 条　铁路建设项目固体废物对环境的影响应在调查目前污染状况的基础上，分别进行现状和工程项目投产后的总量预测评价，并计算产生各类固体废物的总量。

第 9.0.4 条　炉渣排放应按式(9.0.4)计算：

$$Z = WA(1 + D - B) \tag{9.0.4}$$

式中　W——耗煤量(t/a)；

A——煤的灰分(%)；

B——烟尘占煤灰的百分比(%)；

D——漏煤占煤灰的百分比(%)。

第 9.0.5 条　根据固体废物的排放类别和数量，应提出因地制宜的综合利用和治理的具体措施和建议。

附录一　环境影响评价报告书编制提纲

密级(字号四宋)
编号(字号四宋)

×××项目(字号三仿)

环境影响评价报告书
(字号一黑)

编制单位(字号三仿)
时间(字号三仿)

(报告书封面样式)

环境影响评价证书

（影　印　件）

（报告书封二样式）

第一章 总 论

第一节 编制依据

提示：

一、国家发布的有关法律、法规及规定：

（一）《中华人民共和国环境保护法》

（二）《建设项目环境保护管理办法》〔（86）国环字第003号〕

（三）《关于建设项目环境管理问题的若干意见》〔（88）环建字第117号〕

（四）《建设项目环境保护设计规定》〔（87）国环字第002号〕

二、铁道部发布的有关技术规定：

（一）《铁路工程设计环境保护技术规定》（TBJ 501—87）

（二）《铁路企业环境保护设施与投资划分规定》

（三）《铁路工程建设项目环境影响评价技术标准》（TB 10502—93）

三、国家批复的有关项目建议书

四、评价工作的协议书或委托书及其他有关文件

第二节 编制目的和指导思想

提示：

一、编制目的

（一）为工程建设项目决策和方案比选提供环境保护的科学依据

（二）预测工程建设项目施工期及运营期对环境影响的范围和程度

（三）提出污染治理措施与建议

（四）为环境管理提供依据

二、指导思想

第三节 评价大纲的审查意见与执行情况

提示：

一、评价大纲摘要

二、专家评审委员会评审意见

三、国家环保局的审批函

四、执行情况与需要说明的问题

第四节 环境要素的选定和评价重点

第五节 评价工作范围

第二章 工程建设项目概况及工程分析

第一节 工程建设项目概况

提示：

一、地理位置及其在路网中的作用

插图　地理位置示意图

工程建设项目在路网中作用的简述

二、工程主要项目设计及设计规模

插表　主要工程项目表

插图　工程建设项目总平面示意图

三、工程建设项目主要技术条件

第二节　工 程 分 析

提示:

一、工程建设项目能耗

(一)运输能耗

(二)生产能耗

(三)生活能耗

二、主要生产工艺流程框图

三、新增职工人数及生活小区布局

四、占用土地数量及种类

五、其他有关问题

第三章　铁路工程建设项目周围地区环境现状

第一节　自 然 环 境

提示:

一、地形、地貌、地质概况

二、环境水文

三、铁路工程建设项目周围地区自然保护区、风景游览区、名胜古迹、温泉、疗养区以及重要的政治、文化设施情况

四、铁路沿线水土流失现状

五、气候与气象

第二节　社 会 环 境

提示:

一、城市性质与市区面积

二、人口数量、密度

三、主要工业与结构

四、能源供给与消耗方式

五、农业与土地利用

六、交通运输

七、其　　他

第四章　生态环境影响评价

第一节　概　　述

提示：

一、生态环境评价主要项目

二、评价重点

附表 1.1　铁路经过地区不同生态环境地段比率

附表 1.1　铁路经过地区不同生态环境地段比率

项目	地段长度(km)	生态环境规模大小	生态环境功能及经济意义	占全线总长度比率(%)
沙　漠				
森　林				
草　原				
沼　泽				
湿　地				
湖　泊				
农　田				

第二节　生态环境现状

提示：

一、分项叙述生态环境概况

二、现状调查资料

附表 1.2　铁路经过地区植被覆盖率比率

附表 1.2　铁路经过地区植被覆盖率比率

地　　段	××段			××段		
行政区划(县市)						
植被覆盖率(%)						
平均覆盖率(%)						

附表 1.3　铁路经过地区水土流失侵蚀面积明细表

附表 1.3　铁路经过地区水土流失侵蚀面积明细表

项　目 ＼ 地　段 / 行政区划(县市)		××段			××段		
水土流失面积(km^2)							
侵蚀面积(km^2)	轻度侵蚀						
	中度侵蚀						
	强度侵蚀						
	极强度侵蚀						
	剧烈侵蚀						
	合　　计						

续表 1.3

地段 / 行政区划(县市) / 项目		××段			××段		
危害程度情况	崩塌流失						
	泥沙入河						
	淤塞水库池塘						
	沙埋农田						
	毁埋房屋						
	航道被阻						

第三节 生态环境影响预测及评价

提示：

一、预测与分析方法

二、预测结果与评价结论

附表 1.4 铁路经过地区占用土地类别比率

附表 1.4 铁路经过地区占用土地类别比率

占地类别	水田	旱地	菜地	果园	荒地	苗圃	林地	其他	合计
占地面积(hm^2)									
占总占地面积比率(%)									
平均每公里占地(hm^2/km)									

附表 1.5 铁路经过地区不良地质地段比率

附表 1.5 铁路经过地区不良地质地段比率

不良地质	地段长度(km)	占全线总长度比率(%)
滑坡		
崩塌		
泥石流		
沙漠		
岩溶		
人为坑洞		
水库坍岸		

附表 1.6 铁路经过地区特殊地质地段比率

附表 1.6 铁路经过地区特殊地质地段比率

特殊地质	地段长度(km)	占全线总长度比率(%)
软土		
膨胀土		
多年冻土		
黄土		
岩盐		
人工弃土		

附表 1.7　铁路经过地区野生动植物对生态环境影响明细表

附表 1.7　铁路经过地区对野生动植物生态环境影响明细表

野生动、植物名称	保护类别	出没繁衍生长地段及线路里程	数　量及单位	经济价值及意义	活动(生长)的规律和特点	工程修建后对生态环境的影响

第四节　治理措施、建议及投资估算

第五章　噪声环境影响评价

第一节　概　　述

提示：

一、评价范围

插图　工程平面布置图

(一)工程范围

(二)区域范围

(三)年度范围

二、评价工作重点

三、评价标准

(一)现状监测方法标准

(二)限值标准

(三)有关规定

四、环境保护目标

五、噪声源概况

(一)噪声源种类、数量与作用特点

(二)施工前后噪声源变化

六、敏感区(点)概况

插图　敏感区(点)分布图

第二节　环境噪声现状

提示：

一、监测方法

(一)布点原则与测点设置

(二)监测时间与频率

(三)监测、分析的仪器与方法

插图　噪声监测布点图

二、监测结果与分析

三、小　　结

第三节　噪声环境影响预测及评价

提示：

一、预测方法

（一）预测方法的选择

（二）预测公式

（三）预测依据的主要工程技术条件

（四）预测包括的主要噪声源

二、预测结果

　插图　声级等值线图

　敏感区（点）的噪声预测结果

三、评价结论

第四节　治理措施、建议及投资估算

第六章　电磁环境影响评价

第一节　概　　述

提示：

一、评价范围

二、评价工作重点

三、评价标准

四、电气化铁路电磁干扰概况

五、敏感区（点）概况

　插图　现状敏感区（点）分布图

第二节　电磁环境现状

提示：

一、现状监测或类比监测

（一）布点原则与测点设置

（二）监测时间与频率

（三）监测仪器与方法

（四）评价范围内受影响因素

（五）评价范围内无线电设施调查与模拟实验

　插图　电磁监测布点图

二、监测、统计分析结果

三、小　　结

第三节　电磁环境影响预测及评价

提示：

一、干扰源概况

　　插图　规划功能区分布图

二、预测模式与参数选用

三、影响预测

四、评价结论

第四节　治理措施、建议及投资估算

第七章　振动环境影响评价

第一节　概　　述

提示：

一、评价范围

　　插图　工程平面布置图

(一)工程范围

(二)区域范围

(三)年度范围

二、评价工作重点

三、评价标准

(一)现状监测方法标准

(二)限值标准

(三)有关规定

四、环境保护目标

五、振动源概况

(一)振动源种类、数量与作用特点

(二)施工前后振动源变化

六、敏感区(点)概况

　　插图　敏感区(点)分布图

第二节　环境振动现状

提示：

一、监测方法

(一)布点原则与测点设置

(二)监测时间与频率

(三)监测、分析的仪器与方法

　　插图　振动监测布点图

二、监测结果与分析

三、小　　结

第三节　振动环境影响预测及评价

提示：

一、预测方法

（一）预测方法的选择

（二）预测公式

（三）预测依据的主要工程技术条件

（四）预测包括的主要振动源

二、预测结果

　插图　振动等值线图

　敏感区（点）的振动预测结果

三、评价结论

第四节　治理措施、建议及投资估算

第八章　大气环境影响评价

第一节　概　　述

提示：

一、评价范围

二、评价工作重点

三、评价标准

四、评价区大气主要污染源概况

第二节　大气环境质量现状

提示：

一、现状监测

（一）因子筛选

（二）布点原则与测点设置

（三）监测时间与采样频率

（四）监测、分析的仪器与方法

二、监测统计分析方法与结果

三、小　　结

第三节　评价区污染气象特征

第四节　大气环境影响预测及评价

提示：

一、参数计算

（一）污染源参数

（二）烟囱口平均风速、环境温度

（三）烟气抬升高度
（四）大气扩散参数
（五）风向、风速、稳定度联合频率
二、预测模式
（一）最大落地浓度和出现距离
（二）短期浓度
（三）长期浓度
三、浓度分布评价
（一）短期浓度
（二）最大落地浓度
（三）长期平均浓度
四、影响评价

第五节　治理措施、建议及投资估算

第九章　水环境影响评价

第一节　概　　述

提示：
一、工程建设项目所在地区水环境概况
（一）水环境概况
（二）工程建设项目给排水概况
（三）工程建设项目污染概况
二、评价范围
三、评价工作重点
四、评价标准

第二节　受纳水体水环境特征

提示：
一、受纳水体水文特征
二、排放口附近污染概况

第三节　水环境质量现状

提示：
一、现状监测
（一）布点原则与测点位置
（二）监测项目
（三）监测时间与采样频率
（四）监测方法
二、监测结果与评价

第四节　水环境影响预测及评价

提示：

一、污染源预测

二、计算模式与参数选用

三、影响预测

四、评价结论

第五节　治理措施、建议及投资估算

第十章　固体废物环境影响评价

第一节　概　　述

提示：

一、固体废物产生源概况

二、评价重点

第二节　固体废物产生量计算

提示：

一、固体废物种类

二、计算公式

附表 1.8　铁路产生固体废物类别调查表

附表 1.8　固体废物类别调查表

排放源名称		数量(台、场、所、站)	排放量(t/a)
各类产生设施	蒸汽机燃煤排放的炉渣		
	生产站段各类炉窑排放的炉渣		
	金属废屑、电石渣等		
	旅客列车垃圾		
	水处理、污水处理排放的污泥		
	危险品仓库、洗罐站、洗刷所垃圾		
各类去污设施	各类生产、生活房屋采暖锅炉排放的炉渣		
	办公及住宅生活垃圾		
	医院的医疗垃圾		

第三节　固体废物对环境影响预测及评价

第四节　治理措施、建议及投资估算

第十一章　监测制度建议及环境保护设施投资估算

第一节　监测制度建议

第二节　环境保护设施投资估算

提示：

附表 1.9　环境保护设施工程项目、投资估算表

附表 1.9　环境保护设施与投资估算

类别	防护工点	序号	工程、设施及费用名称	单位	数量	单价	估算费用	备　注
生态环境防护		一	水土流失防护工程					
		1						
		2						
		二	不良地质、特殊地质防护工程					
		1						
		2						
		三	对野生动、植物有影响的防护费					
		四	对风景名胜、文物有影响的防护费					
		五	绿化费					
		六	临时工程环境保护费					
噪声环境防护		一	噪声控制设施					
		1						
		2						
电磁环境防护		一	电磁防护设施					
		1						
		2						
振动环境防护		一	振动控制设施					
		1						
		2						
大气环境治理		一	消烟除尘及净化设施					
		1						
		2						
		二	废气处理及综合利用设施					
		1						
		2						
水环境治　理		一	生活污水处理设施					
		二	生产废水处理设施					

续表 1.9

类别	防护工点	序号	工程、设施及费用名称	单位	数量	单价	估算费用	备　注
固体废物治理		一	处理及综合利用设施					
土地费			环保征地及土地补偿费					
监测仪器			环境监测仪器设备费					
其他费								
估算总额								

第十二章　环境影响经济损益简要分析

第一节　损 失 部 分

提示：

一、直接损失

（一）铁路工程建设项目投资

（二）环境工程投资

二、间接损失

（一）农业损失（林业、牧业、渔业等）

（二）环境损失

（三）其　　他

第二节　效 益 部 分

提示：

一、直接收益

（一）运输净收益

（二）铁路工程建设项目净收益

二、间接收益

（一）物料流失的减少

（二）资源及能源利用率的提高

（三）综合利用及废物资源化

（四）环境污染或破坏造成损失的减少

第三节　损益分析结论

第十三章　评价结论与建议

第一节　结论与建议

第二节　有待解决的问题

附录二　环境影响评价报告表编制格式

密级(字号四宋)
编号(字号四宋)

×××项目(字号三仿)

环境影响评价报告表
(字号一黑)

编制单位(字号三仿)
时间(字号三仿)

(报告表封面样式)

环境影响评价证书

（影　印　件）

（报告表封二样式）

填 表 说 明

1. 随表附送建设项目的地理位置及总平面图各一份；

2. 本表一式　份，环境保护部门审查批准后分送有关部门；

3. 填表时应注明单位（如 t/a、mg/L、mg/m^3 等）；

4. 与建设项目有联系的原有污染源（物），也应填入相应的表中；

5. 附表 2.10 所要求的“对环境影响的简要分析”，主要是指利用搜集到的建设项目周围现状资料（如没有时，应安排必要的测试），并针对建设项目影响环境的因素（如排污情况、资源开发、利用方式等等）进行综合分析，作出定性结论；

6. 对主要的环境要素（如噪声、电磁）和敏感点（如学校、居民区）除填表外，可视需要另作单项的评价；

7. 在实际评价中，根据确定的环境要素选用相应的表格。

（工程地理位置示意图）

附图　2.1

（建设项目总平面示意图）
或
（单项工程示意图）

附图　2.2

附表 2.1　建设项目概况表

建设项目名称		工程范围				
建设单位		任务依据				
建设性质		设计年度	近期	年	远期	年
总规模		占地面积	近期	(hm^2)	远期	(hm^2)
总投资	（万元）	其中环保投资				（万元）

设计技术条件			主要站、段、所概况	名称及所在地区	设计规模	占地面积(hm^2)
	铁路等级及正线数目					
	牵引种类及机车类型					
	输送能力及牵引定数					
	货车对数及编挂辆数					
	客车对数及编挂辆数					
	编组站站型及轨道数目					
	区段站站型及轨道数目					

给排水情况	设施名称					合计	能耗情况	设施名称					合计
总供水量 (t/d)							煤 (t/a)						
总排水量 (t/d)							油 (t/a)						
其中生产污水量(t/d)							电 [(kW·h)/a]						

附表　2.2

<table>
<tr><td>（生态环境影响报告表采用环境影响报告书编写提纲中生态部分有关表格）</td></tr>
</table>

附表2.3　环境噪声影响分析表

<table>
<tr><td colspan="8">主　要　噪　声　源　状　况</td></tr>
<tr><td>噪声源名称</td><td>设备型号</td><td>数　　量</td><td>作用时间</td><td>声　级
(dB)</td><td>声级参数
距离(m)</td><td colspan="2">备　　注</td></tr>
<tr><td></td><td></td><td></td><td></td><td></td><td></td><td colspan="2"></td></tr>
<tr><td></td><td></td><td></td><td></td><td></td><td></td><td colspan="2"></td></tr>
<tr><td></td><td></td><td></td><td></td><td></td><td></td><td colspan="2"></td></tr>
<tr><td></td><td></td><td></td><td></td><td></td><td></td><td colspan="2"></td></tr>
<tr><td></td><td></td><td></td><td></td><td></td><td></td><td colspan="2"></td></tr>
<tr><td></td><td></td><td></td><td></td><td></td><td></td><td colspan="2"></td></tr>
<tr><td colspan="8">环　境　噪　声　预　测　结　果</td></tr>
<tr><td rowspan="2">敏感点名称</td><td rowspan="2">到铁路边界
距离(m)</td><td rowspan="2">昼夜 L_{eq}
(dB)</td><td rowspan="2">夜间 L_{eq}
(dB)</td><td colspan="2">相应边界点 L_{eq}(dB)</td><td rowspan="2">主要噪声源</td><td rowspan="2">备　　注</td></tr>
<tr><td>昼　夜</td><td>夜　间</td></tr>
<tr><td></td><td></td><td></td><td></td><td></td><td></td><td></td><td></td></tr>
<tr><td></td><td></td><td></td><td></td><td></td><td></td><td></td><td></td></tr>
<tr><td></td><td></td><td></td><td></td><td></td><td></td><td></td><td></td></tr>
<tr><td></td><td></td><td></td><td></td><td></td><td></td><td></td><td></td></tr>
<tr><td></td><td></td><td></td><td></td><td></td><td></td><td></td><td></td></tr>
<tr><td></td><td></td><td></td><td></td><td></td><td></td><td></td><td></td></tr>
<tr><td>简要说明</td><td colspan="7"></td></tr>
</table>

附表 2.4　电磁环境影响分析

干扰源名称地点	测量分析		敏感点		辐射干扰场强(dB)(0.2～30 MHz)					地电位(V)					治理措施对策建议	治理效率		
	背景噪声 dB(μV/m)	预测 dB(μV/m)	单位名称	距离(m)	断面	30 m	60 m	120 m	240 m	断面	40 m	80 m	160 m	320 m		执行标准	降噪量(dB)	达标率(%)
简要说明																		

附表 2.5　环境振动影响分析表

主要振动源状况						
振动源名称	设备型号	数量	作用时间	振级(dB)	振级参数距离(m)	备注
环境振动预测结果						
敏感点名称	到铁路边界距离(m)	振级(dB)	相应边界点振级(dB)	主要振动源	备注	
简要说明						

附表 2.6　大气环境影响分析表

污染源		耗煤量		产生的污染物				治理措施	处理效果			
名称及所在地区	工艺或设备名称	kg/h	t/a	名称	ρ(0.1 MPa 20 ℃)/mgm^{-3}	g/h	t/a		排放浓度 ρ(0.1 MPa 20 ℃)/mgm^{-3}	排放量(kg/h)	总排放量(t/a)	净化效率
简要说明												

附表 2.7　水环境影响分析

污染源		排水量(t/d)	产生的污染物浓度(mg/L)				治理措施	处理效果			
名称及所在地区	工艺或设备名称		油	COD	SS			排放量(t/d)	达标率(%)	超标率(%)	执行标准
简要说明											

附表 2.8　固体废物排放分析

排放源		排放量（t/a）	
所在地区	设备名称	每处	总排放量
简要说明			

附表 2.9　环保投资估算

项目	投资额（万元）
简要说明	

附表 2.10　施工期及运营期对环境影响的简要分析

附表 2.11　评价结论及有待解决的问题

附表 2.12　评　审　结　论

主管部门环境保护机构预审意见：
主管部门环境保护机构预审意见：   经办人(签字)　　　　　　　　　　　　　　　　　　　　　　　　预审单位(盖章) 年　月　日　　　　　　　　　　　　　　　　　　　　　　　　年　月　日
环境保护部门审批结论：   经办人(签字)　　　　　　　　　　　　　　　　　　　　　　　　审批单位(盖章) 年　月　日　　　　　　　　　　　　　　　　　　　　　　　　年　月　日

附录三　水土流失侵蚀量计算公式

一、引用美国农业部的公式（USLE 预测法）

$$\text{水土流失侵蚀量} = \text{水土流失侵蚀模数}(E) \times \text{水土流失面积}$$

$$E = R \cdot K \cdot L_s \cdot C \cdot P$$

式中　E——水土流失侵蚀模数（$t/(km^2 \cdot a)$）；

R——土壤的可蚀性因子；

K——采用的参数，一般为 0.35～0.40；

L_s——地形因子，即坡度和坡长因子；

C——植被覆盖因子，当植被破坏取值为 1.0，种草植树为 0.4～0.6；

P——水土保持措施因子，尚未修水土保持工程时采用 1.0，经过平整、夯实的土地一般采用 0.6～0.8。

公式中各参数应用如下：

$$R = \sum [(2.28 + 1.15\lg X_i)/D_i] I$$

式中　i——降雨历时（h）；

D_i——历时 i 时的降雨量（mm）；

I——一场暴雨中强度最大的 30 min 的降雨强度（mm/h）；

X_i——降雨强度（mm/h）。

若缺乏降雨强度和降雨历时资料，可采用 Wischontiev 的经验公式计算：

$$R = \sum_{1}^{12} 1.735 \times 10\left(1.5\lg \frac{W_i^2}{W} - 0.8188\right)$$

式中　W——一年的降雨量（mm）；

W_i——各月平均的降雨量（m）。

$$L_s = \left(\frac{L}{22.1}\right)^M (65\sin^2 S + 4.56\sin S + 0.065)$$

$\sin S > 5\%$ 时，$M = 0.5$；

$\sin S$ 为 5%～3.5% 时，$M = 0.4$；

$\sin S$ 为 3.5%～1% 时，$M = 0.3$；

$\sin S < 1\%$ 时，$M = 0.2$；

式中　L——开始发生径流的一点到泥沙开始汇积或径流进入水道点的长度（m）；

S——径流长度的平均坡度（‰）。

二、水利部黄河水利委员会水土保持研究室推荐的公式

$$\text{水土流失侵蚀模数 } E = \frac{r \cdot W \cdot R \cdot S}{r - S}$$

式中　r——密度，一般采用2.65 t/m^3；

W——不同频率降雨量(mm)；

R——径流系数(%)；

S——含沙量(t/m^3)。

注：侵蚀模数即单位面积的土壤侵蚀量。美国农业部公式中用"A"表示，黄河水利委员会推荐的公式中用"E"表示，在本标准中为统一起见，均采用"E"表示。

附录四　噪声环境影响预测推荐公式

一、比　例　法

按比例法可采用下列公式：

$$L_{eq}=L_{eq1}+10\lg\left[\left(\frac{0.34N_{p2}L_{p2}+N_{f2}L_{f2}}{0.34N_{p1}L_{p1}+N_{f1}L_{f1}}\right)\cdot(1-K)10^{0.1\Delta L}+K\frac{N_{p2}+N_{f2}}{N_{p1}+N_{f1}}\right]^{*}$$

式中　L_{eq}——预测的等效声级(dB)；

L_{eq1}——受声点现状监测等效声级(dB)；

N_{p1}、N_{p2}——施工前、后客运列车通过列数；

N_{f1}、N_{f2}——施工前、后货运列车通过列数；

L_{p1}、L_{p2}——施工前、后客运列车平均长度(m)；

L_{f1}、L_{f2}——施工前、后货运列车平均长度(m)；

ΔL——轨道结构改变引起的声级变化(dB)；

$$K=\frac{\sum 10^{0.1L_i}\cdot t_i}{10^{0.1L_{eq1}}\cdot T}$$

其中　L_i——鸣笛声级(dB)；

t_i——鸣笛时间(s)；

T——L_{eq1} 测量时间(s)。

二、模　式　法

(一)基本预测模式

将各类铁路声源简化为模拟点声源，则某预测点的声压级 L_p 可按下式计算：

$$L_p=10\lg\sum_{i=1}^{n}10^{0.1L_i}$$

式中　n——模拟点源数量；

L_i——模拟点源 i 在预测点的声压级(dB)，

$$L_i=10\lg\sum_{j=1}^{m}10^{0.1L_{i,j}}$$

其中　m——频带数量，

$L_{i,j}$——模拟点源 i 在预测点的频带声压级(dB)，

$$L_{i,j}=L_{o,i,j}-\Delta L_{d,i,j}-\Delta L_{a,i,j}-\Delta L_{g,i,j}-\Delta L_{b,i,j}-\Delta L_{\theta,i,j}-\Delta L_{w,i,j}$$

式中　$L_{o,i,j}$为模拟点源 i 参考距离上的频带声压级(dB)，$\Delta L_{d,i,j}$、$\Delta L_{a,i,j}$、$\Delta L_{g,i,j}$、$\Delta L_{b,i,j}$、$\Delta L_{\theta,i,j}$分别为模拟点源 i 由于几何扩散、空气声吸收、地面作用、屏障作用、指向性

---

* 本公式引自铁道部劳动卫生研究所编《铁道劳动安全卫生与环保》1990 年第 1 期。

引起的衰减量(dB),$\Delta L_{w,i,j}$为模拟点源 i 的频带计数修正量(dB)。

(二)列车噪声预测模式

在相同运行条件下,同类型列车在某预测点的等效声级 L_{eq} 可按下式计算:

$$L_{eq}=SEL+10\lg N-10\lg T$$

式中 T——等效声级的计算时间;

N——时间 T 中的通过列车数量;

SEL——单一列车的暴露声级(dB),

$$SEL=10\lg(10^{0.1SEL_1}+n10^{0.1SEL_c}+10^{0.1SEL_w})$$

其中 SEL_1——机车暴露声级(dB);

SEL_c——车辆暴露声级(dB);

SEL_w——鸣笛暴露声级(dB);

n——平均每列车的车辆数。

以上各种参数可通过实测或参考有关手册、规范、文献等资料获取。

附录五　无线电干扰场强计算公式

电力机车通过接触网上硬点情况下的干扰场强可采用下列公式：

$$E = 42.27 - 6.02\lg f - 22.11\lg\left(\frac{D}{10}\right)$$

式中　E——被评价地点的干扰场强[dB(μV/m)]；

f——频率(MHz)；

D——干扰源与评价对象间的距离(m)。

附录六　大气环境影响预测推荐模式

一、点源预测模式

(一)孤立点源短期浓度

$$C=\frac{Q}{\pi\cdot V\cdot\sigma_y\cdot\sigma_z}\times\exp\left(-\frac{y^2}{2\sigma_y^2}\right)\times\exp\left(-\frac{H_e^2}{2\sigma_z^2}\right)$$

式中　C——短期浓度值(mg/m^3);

Q——污染物的排放量(mg/s);

v——排放口平均风速(m/s);

σ_y——横风向扩散参数(m),$\sigma_y=r_1\cdot X^{\alpha_1}$;

σ_z——垂直风扩散参数(m),$\sigma_z=r_2\cdot X^{\alpha_2}$;

其中　α_1——横风向扩散参数回归指数,

α_2——垂直扩散参数回归指数,

r_1——横向扩散参数回归系数,

r_2——垂直扩散参数回归系数,

X——距源下风向水平距离(m);

y——下风向坐标(m);

H_e——有效源高(m),　$H_e=H+\Delta H$

其中　H——烟囱几何高度(m),

ΔH——烟气抬升高度(m)。

(二)孤立点源最大落地浓度

$$C_{max}=\frac{2Q}{e\cdot\pi\cdot V\cdot H_e^2\cdot P_{11}}$$

$$P_{11}=\frac{2\cdot r_1\cdot r_2^{-\frac{\alpha_1}{\alpha_2}}}{\left(1+\frac{\alpha_1}{\alpha_2}\right)^{\frac{1}{2}\left(1+\frac{\alpha_1}{\alpha_2}\right)}\cdot H_e^{\left(1-\frac{\alpha_1}{\alpha_2}\right)}\cdot e^{\frac{1}{2}\left(1-\frac{\alpha_1}{\alpha_2}\right)}}$$

式中　C_{max}——最大落地浓度(mg/m^3);

P_{11}——横向稀释系数;

e——自然对数的底。

(三)孤立点源最大落地浓度出现距离

$$x_m=\left(\frac{H_e}{r_2}\right)^{\frac{1}{\alpha_2}}\times\left(1+\frac{\alpha_1}{\alpha_2}\right)^{-\frac{1}{2\alpha_1}}$$

式中　x_m——最大落地浓度出现距离(m)。

(四)特殊条件孤立点源模式

1. 一侧有峭壁的山谷地形的地面浓度

$$C(x,y,0;H_e)=\frac{Q}{\pi\cdot V\cdot\sigma_y\cdot\sigma_z}\times\exp\left(-\frac{H_e^2}{2\sigma_z^2}\right)\times\left\{\exp\left(\frac{y^2}{2\sigma_y^2}\right)+\exp\left[\frac{(2B-y)^2}{2\sigma_y^2}\right]\right\}$$

式中　$C(x,y,0;H_e)$——在点(x,y)处的地面浓度(mg/m^3)；

B——x 轴到峭壁的距离(m)。

2. 狭谷地形的地面浓度

$$C(x,y,0;H_e)=\frac{2Q}{\sqrt{2\pi}\cdot\sigma_z\cdot W\cdot V}\times\exp\left[-\frac{H_e^2}{2\sigma_z^2}\right]\quad(mg/m^3)$$

式中　W——狭谷平均宽度(m)。

3. 漫烟污染时地面浓度

$$C_f=\frac{Q}{\sqrt{2\pi}\cdot V\cdot H_f\cdot\sigma_{yf}}\times\exp\left(-\frac{y^2}{2\sigma_{yf}^2}\right)$$

$$\sigma_{yf}=\sigma_y+\frac{H}{8}$$

$$H_f=H+2.11\sigma_z$$

式中　C_f——漫烟污染时的浓度值(mg/m^3)；

H_f——漫烟时的有效源高(m)；

σ_{yf}——漫烟时横风向扩散参数(m)。

4. 静风条件下的地面浓度

$$C=\frac{Qf}{\pi\cdot V\cdot\sigma_z\cdot\sqrt{2\pi}\cdot R}\times\exp\left(-\frac{H_e^2}{2\sigma_z^2}\right)$$

式中　f——静风频率；

R——预测点距源的距离(m)。

(五)孤立点源长期平均浓度模式

$$C(x,0,0;H_e)=\sum_{i=1}^{16}\sum_{j=1}^{M}\sum_{k=1}^{N}f_{ijk}\cdot C_1(x,0,0;H_e)$$

$$C_1(x,0,0;H_e)=\left(\frac{2}{\pi}\right)^{\frac{1}{2}}\times\frac{8Q}{\pi\cdot V\cdot\sigma_z\cdot y}\times\exp\left(-\frac{H_e^2}{2\sigma_z^2}\right)$$

式中　f_{ijk}——i 种风向、j 种风速、k 类稳定度联合频率；

M——风速等级；

N——稳定度类型。

(六)多点源地面浓度模式

$$C(x,y,z)=\sum_{p=1}^{s}C_p(x,y,z)$$

式中　$C(x,y,z)$——点(x,y,z)处浓度值(mg/m^3)；

$C_p(x,y,z)$——第 p 个源在点(x,y,z)处的浓度贡献值(mg/m^3)；

s——源的个数。

二、线源预测模式

(一)风向与线源垂直时

$$C(x,y,z;H_e)=\frac{Q_1}{2\sqrt{2\pi}\cdot V\cdot \sigma_z}\times\left\{\exp\left[-\frac{(z+H)^2}{2\sigma_z^2}\right]+\exp\left[-\frac{(z-H)^2}{2\sigma_z^2}\right]\right\}$$
$$\left\{\mathrm{erf}\left(\frac{y+y_0}{\sqrt{2}\sigma_y}\right)-\mathrm{erf}\left(\frac{y-y_0}{\sqrt{2}\sigma_y}\right)\right\}$$

式中　Q_1——线源源强$\left(\frac{\mathrm{mg}}{\mathrm{m\cdot s}}\right)$；

$\mathrm{erf}(y)$——误差函数；

y_0——线源长度(m)。

(二)风向与线源平行时

$$C(x,y,0;H_e)=\frac{Q_1}{\sqrt{2\pi}\cdot V\cdot \sigma_z(r_1)}\cdot\left\{\mathrm{erf}\left[\frac{r_1}{\sqrt{2}\sigma_y(x-x_0)}\right]-\mathrm{erf}\left[\frac{r_1}{\sqrt{2}\sigma_y(x+x_0)}\right]\right\}$$

式中　$r_1^2=y^2+\frac{H^2}{b^2}, b=\frac{\sigma_z}{\sigma_y}$；

x_0——线源长度(m)。

(三)风向与线源成任意交角时,应使用内插法计算。

三、面源预测模式

(一)等效点源模式

$$C(x,y,0;H_e)=\frac{Q_s}{\pi\cdot V\cdot(\sigma_{y0}+\sigma_y)\times(\sigma_{z0}+\sigma_z)}\cdot\exp\left\{-\frac{1}{2}\left[\frac{y^2}{(\sigma_{y0}+\sigma_y)^2}+\frac{H^2}{(\sigma_{z0}+\sigma_z)^2}\right]\right\}$$
$$\sigma_{y0}=L/4.3$$

式中　Q_s——面源源强$\left(\frac{\mathrm{mg}}{\mathrm{m^2\cdot s}}\right)$；

L——面源单元的边长(m)；

σ_{z0}——分散源的平均高度差(m)。

(二)箱模式

$$C=\frac{Q_s\cdot y}{V\cdot H_i}\quad(\mathrm{mg/m^3})$$

附录七　水环境影响预测推荐模式

一、二维推流扩散模式

平直河流在无对岸岸边影响的岸边排放条件下采用下式计算：

$$C(x,y)=\frac{M}{vh\sqrt{4\pi\cdot E_y x/V}}\exp\left(-\frac{Vy^2}{4E_y\cdot x}\right)^*$$

式中　C——污染物浓度（mg/m³）；
v——河流平均流速（m/s）；
E_y——横向紊动扩散系数；
M——污染源强度（mg/s）；
x——纵向扩散距离（m）；
y——横向扩散距离（m）；
h——河流平均水深（m）。

二、河流顺流段**

（一）自净模式

采用斯特里特—费尔普斯（Streeter－Phelps）式计算，该式为着眼于河流的自净作用的预测模式，适用于河流的顺流处。

$$C=C_0\cdot e^{-Kt}$$

式中　C——流经 t 时间后的 BOD 浓度（mg/L）；
C_0——$t=0$ 时的有机污染物 BOD 浓度（mg/L）；
K——自净系数（1/d）；
t——流下时间（d），$t=x/86\ 400u$，
其中　u——河流断面的平均流速（m/s），
x——河流上、下断面间的距离（m）。

（二）临界亏氧值（D_0）和临界时间（t_0）的计算模式

$$D_0=\frac{K_1}{K_2}\cdot C_0\cdot 10^{-K_1t_0}\quad(\text{mg/L})$$

式中　$t_0=\frac{1}{K_2-K_1}\lg\frac{K_2}{K_1}\left(1-\frac{D_0(K_2-K_1)}{C_0\cdot K_1}\right)$　（d）
K_1——耗氧常数（1/d）；
K_2——复氧常数（1/d）。

*　本式引自《水环境数学模型》，中国建筑工业出版社，1987 年 10 月第 1 版。

**　河流顺段的计算模式引自《环境影响评价技术指南》，陕西省环境保护科学研究所，1986 年 4 月。

（三）河流有机物污染允许负荷计算模式

$$\lg L_a = \lg D_0 + \left[1 + \frac{K_1}{K_2 - K_1}\left(1 - \frac{D_a}{D_0}\right)^{0.418}\right]\lg \frac{K_2}{K_1}$$

式中 L_a——BOD 的最大允许负荷（mg/L）；

D_a——起始点河水中的亏氧量（mg/L）；

D_0——临界点河水中的亏氧量（mg/L）。

污染物的最大允许排入量 G 为：

$$G = 86.4(C_n - C_i)Q + KC_i\left(\frac{lQ}{V}\right) \quad (\text{kg/d})$$

式中 C_n——某污染物的控制浓度（环境目标值）（mg/L）；

C_i——河段上断面某处某污染物浓度（mg/L）；

Q——河水流量（m^3/s）；

l——河段长度（km）。

附录八　本标准用词说明

执行本标准条文时，对于要求严格程度的用词说明如下，以便在执行中区别对待。

1. 表示很严格，非这样作不可的用词；
   正面词采用"必须"；
   反面词采用"严禁"。
2. 表示严格，在正常情况下均应这样作的用词；
   正面词采用"应"；
   反面词采用"不应"或"不得"。
3. 表示允许稍有选择，在条件许可时首先应这样作的用词；
   正面词采用"宜"或"可"；
   反面词采用"不宜"。

附加说明

本标准主编单位、参加单位和主要起草人名单

主 编 单 位:铁道部建设司标准科情所
参 加 单 位:铁道部第一勘测设计院
铁道部第二勘测设计院
铁道部第三勘测设计院
铁道部第四勘测设计院
铁道部科学研究院
铁道部劳动卫生研究所
主要起草人:陈萃岚　肖俊英　吕仁海　吴军年　王　惠　康永刚　郑启浦　黄步尧
黄继东　贾国荃　焦大化　刘　离

《铁路工程建设项目环境影响评价技术标准》条文说明

本条文说明系对重点条文的编制依据、存在的问题,以及在执行中应注意的事项等予以说明。为了减少篇幅,只列条文号,未抄录原条文。

第1.0.1条 本标准是依据国家环保局发布的《建设项目环境保护管理办法》,针对铁路工程建设对环境影响的特点,统一规定铁路工程环境影响评价的基本要求。如环境影响评价报告书的编制提纲及环境影响评价报告表的编制表格、环境影响评价的技术原则、评价的基本方法、采用的评价标准、预测的计算模式、评价的影响范围等。使环境影响评价工作有章可循,以提高报告书(表)的科学性、技术性和实用性,推动铁路工程建设项目环境影响评价工作向程序化、规范化发展。

第1.0.2条 本条中各类铁路系指国家铁路、地方铁路、专用铁路和铁路专用线。

第1.0.3条 附录一和附录二规定的环境影响评价报告书编制提纲和报告表编制表格,是在总结我国近几年来40多项铁路工程建设项目环境影响评价工作经验的基础上编写的,比较全面地体现了铁路特点。因此,在铁路工程建设项目环境影响评价的工作中,应按本标准的要求编制环境影响评价报告书或环境影响评价报告表。

第1.0.4条 设计近、远期系指设计年度的第五年、第十年。

铁路工程施工中,由于开挖、弃土等活动会对农田、生态造成影响,各种施工噪声、烟尘等会对周围环境造成污染,因此,评价中应包括施工期。

第1.0.5条 (86)国环字第003号文指出:凡改建、扩建和进行技术改造的工程,都必须对与建设项目有关的原有污染(老污染源)在经济合理的条件下,同时进行治理,这就是一般简称之谓"以新带老"的原意。

第1.0.6条 尚应符合的有关标准规范主要有:

铁路边界噪声限值及其测量方法(GB 12525—90)

航空无线电导航台站电磁环境要求(GB 6364—86)

城市区域环境振动标准(GB 10070—88)

大气环境质量标准(GB 3095—82)

锅炉烟尘排放标准(GB 3841—83)

地面水环境质量标准(GB 3838—88)

生活饮用水卫生标准(GB 5749—85)

农田灌溉水质标准(GB 5084—85)

渔业水质标准(TJ 35—79)

医院污水排放标准(GBJ 48—83)

污水综合排放标准(GB 8978—88)

工业“三废”排放(试行)标准(GBJ 4—73)

第 2.0.1 条 根据国家计委投资〔1991〕1969 号通知,将现行国内投资项目的设计任务书和利用外资项目的可行性研究报告,统一称为可行性研究报告,取消设计任务书的名称的要求,结合铁路特点,在条文中对开展铁路工程建设项目环境影响评价工作以及编制环境影响评价报告书或报告表作出了规定。

第 2.0.2 条 在进行铁路工程建设项目环境影响评价时,如何确定编制报告书或报告表,是开展评价工作首先要解决的问题。表 2.0.2 的划分规定既考虑了工程规模大小和污染源性质,又考虑了工程所在(经过)地区环境质量要求和有影响的敏感点多少。

为了便于掌握,表 2.0.2 中对工程规模规定了一个量级标准,这不是绝对的,关键要看工程对环境影响的程度,以及铁路通过地区敏感点多少来决定编制报告书或报告表。

第 2.0.5 条 模式计算预测法主要通过现场调查、收集资料与必要的监测,采用推荐的模式计算。

类比分析法为选用与拟建项目性质相同、能力和规模相近的运营项目,进行现场监测,作类比分析。

模拟试验分析法主要采用现场、试验室或计算机模拟工程项目的影响程度。

第 3.1.1 条 铁路工程对生态环境的影响范围,应视铁路穿越生态系统的环境现状和生态特点不同而异。但均具有呈条带状影响的特点。铁路正线列车排放的烟尘、噪声对铁路两侧影响的实测距离表明,在 300 m 以外即不再受到影响。故本标准将生态环境影响评价范围确定为线路两侧各 300 m。

第 3.1.2 条 生态环境系指在一定的时间和空间内,生物与非生物的成分之间,通过不断的物质循环、能量流动和信息联系而相互作用,相互依存的统一整体,是具有一定结构和功能的单位。在一定空间的各种生物的总和又称为生物群落。所以说生态系统又可概括为生物群落与其生存环境之间构成的综合体。

根据新建铁路工程的特点,铁路工程对生态环境的影响和破坏一般有以下几种:

1. 新建铁路路基及沿线站、段、所等各类生产、生活设施占用的土地,造成农作物的减产。

2. 填筑路堤的取土和挖掘路堑的弃土对地表生态环境的影响和破坏。

3. 列车运行时,蒸汽机车排放的烟尘和运煤列车飘散的煤粉对森林、草原和农田等可能产生的影响。

4. 新建铁路工程在处理滑坡、崩塌、泥石流、沙漠、岩溶、人为坑洞、水库坍岸等不良地质地段时,对生态环境的影响。

5. 铁路工程在通过软土、膨胀土、多年冻土、黄土、盐渍土、岩盐、人工弃填土等特殊土地段时,采取整治措施,对生态环境的影响。

6. 新建铁路工程通过有野生动、植物出没、繁衍和生长的地区,引起这些野生动、植物生存、活动环境的改变和破坏。

第 3.1.3 条 生态环境评价深度划分主要按其评价重点项目确定。关于生态环境评价重点项目内容的选择,一条铁路可能要通过好几个大小不同的生态系统,就其对生态环境的影响和破坏程度而言,大、小、多、少不一。因此,对一条铁路进行沿线生态环境影响评价时,不能把所有对生态环境有影响的项目和内容,主次不分,均进行评价,而是应选择其中对生态环境影响范围最大,破坏程度最深者进行重点评价,重点项目一般不超过两个。关于如何掌握生态环境评价标准，在评价生态环境影响时，不像大气、水、噪声等环境要素，有国家或地方标准可循（生态环境评价的标准，目前我国尚未制订），因此，评价时只能做到预测铁路工程竣工投入运营后，可能造成哪些生态环境的影响和破坏，尽可能提出定量的预测评价。至于危害程度和治理措施，现阶段只能根据定量和半定量定性评价，提出符合国情国力的建议和对策。在评价工作中应注意：对于那些为保证工程本身稳定性而采取的措施在某种意义上讲也含有环境保护内容，但不能作为环评对象。因此，对不良地质和特殊地质的地段，对工程稳定进行处理时，对生态有影响者进行评价。

第 3.2.1 条 沙漠为荒漠的一种类型。指气候干旱，植被稀疏，风沙吹蚀作用强烈的沙丘，沙垄等风积地貌发育地区。

表 3.2.1 沙丘分类引自中国科学院沙漠研究所资料。

第 3.2.2 条 绵羊单位的计算是按每一只成年绵羊日食草（鲜草）5 kg 为一绵羊单位。其他牧畜可按照下列换算关系计算。

1 头牛 =5 个绵羊单位

1 头骡 =3 个绵羊单位

1 匹马 =6 个绵羊单位

1 头驴 =3 个绵羊单位

表 3.2.2—1 森林分类引自中国林业大学编的教材《林业学》。

表 3.2.2—2、3 草原（草场）分类与退化等级引自内蒙古林学院资料。

第 3.2.3 条 铁路通过水土流失地区的评价项目和方法，这是目前新建铁路工程在生态环境影响评价方面最常遇到的问题。首先，应详细调查了解搜集铁路通过地区形成水土流失的主要自然条件，即地形和地貌、地质、地表植被、土壤结构及暴雨强度等历史和现状资料。

其次，阐明分析铁路通过水土流失地区的地段、范围、部位、长度、占线路总长度的比率，以及铁路修建前的水土流失状况及危害程度。

第三，应根据调查搜集到的现状资料，对铁路通过地区的水土流失进行形成机理的分类，它是评价和拟订防治措施的基础资料和依据。

第四，土壤侵蚀量的计算是水土流失评价的主要依据，但计算土壤侵蚀量是一个复杂的过程，涉及因素很多，准确地定量评价是比较困难的，一般以定性说明和半定量类比作为评价依据。

为了使评价工作更符合实际情况，我们推荐美国通用的土壤流失计算公式（USLE 预测法），该公式是估算水蚀地区土壤侵蚀量最普遍的公式，是由美国农业部经过 40 多年的观测和研究提出来的，但该公式是建立在美国的特定条件下，即适用于地形坡度较小（<9%）的地区。另外，我们还推荐黄河水利委员会的水土流失量计算公式，这个公式适用于地形坡度较大的地区。该公式中水土流失侵蚀模数可按水利部评价标准（见说明表 3.2.3）采用。以上这两个公式，由于各参数、因素很复杂，都是近似的估算。

表 3.2.3 水土流失分类引自水利部黄河水利委员会资料。

说明表 3.2.3 水土流失侵蚀模数

级　别	年平均侵蚀模数（t/(km^2 · a)）	级　别	年平均侵蚀模数（t/(km^2 · a)）
轻微度侵蚀	<2 500	极强度侵蚀	8 000 ~ 15 000
中度侵蚀	2 500 ~ 5 000	剧烈侵蚀	>15 000
强度侵蚀	5 000 ~ 8 000		

第 3. 2. 4 条 表 3. 2. 4 引自中国科学院长春地理研究所资料。

第 4. 1. 1 条 评价范围的大小与声源强度、周围环境条件（如建筑物类型与分布、地形、声环境质量要求等）有关。一般距铁路边界最远不大于 500 m。敏感区一般为政府规定的文教区、居民区、疗养区及对声环境有特殊要求的区域。敏感点一般为医院、学校、研究机构、疗养院、居民点及对声环境有特殊要求的单位。

第 4. 1. 2 条 根据(86)环监字第 405 号文,国家标准《城市区域环境噪声标准》不适用于对铁路环境噪声的评价,但可参照该标准评价各功能区的噪声污染状况和非铁路噪声为主要污染源时的评价与监测。

第 4. 1. 3 条 当同一类建设项目在不同城市不同区域内敏感区（点）的分布有显著不同时,可以采用不同评价深度等级。

第 4. 2. 1 条 环境噪声现状调查可利用监测单位的数据或通过现场测量获取。但对引用的数据应注意所采用的测量方法是否符合本标准的规定。

第 4. 2. 2 条 昼间与夜间的时间,由当地人民政府按所在地习惯与季节变化划定。一般昼间为 6 时至 22 时,夜间为 22 时至第二天 6 时。

第 4. 3. 3 条 类比法一般适用于噪声源和各种环境条件比较简单的新建工程。类比对象的选择应使主要噪声源的类型、数量、作用时间、分布和环境条件具有可比性。

比例法一般适用于以运行列车为主要噪声源的既有铁路。

模式法的适用性较广,尤其能处理复杂的问题。预测精度主要取决于各种参数的选取,当缺少有关数据时,应尽量通过试验获取。在模式选择上,应注意具体模式的适用范围和使用条件。

第 5. 2. 2 条 参考测量频率系参照国标《交流电气化铁道电力机车运行产生的无线电干扰的测量方法》（报批稿）确定。

第 6. 1. 1 条 评价范围的大小与振动源强度、路基结构、地质状况等因素有关,一般距铁路边界最远不大于 100 m。所谓敏感区（点）系指住宅小区域重要住宅建筑物。

第 6. 2. 1 条 振动环境质量现状调查可利用监测单位的数据或通过现场测量获取。但对引用的数据应注意所采用的测量方法是否符合本标准。

第 6. 3. 3 条 本条中没有推荐具体的预测模式。在模式选择上,应注意具体模式的适用范围和使用条件。类比法和模式法的适用范围可参见本标准第 4. 3. 3 条说明。

第 7. 2. 2 条 每次连续监测 5 d,在遇有下雨、下雪等特殊气象条件时需停止监测,等该类天气现象过境后在正常气象条件下接着监测,故监测时间尚应增加 1 d。

第 7. 2. 3 条 超标率是指浓度超过标准的值与标准值之比的百分数:

$$L = \frac{C_i - C_b}{C_b} \times 100\%$$

式中 L——超标率;

C_i——浓度值;

C_b——某污染物的标准值。

第 7. 4. 2 条 本条推荐模式的使用条件为:

一、点源模式的使用条件

1. 下垫面开阔平坦,性质均匀。

2. 扩散物质是被动的,它完全和周围空气一样运动;它又是保守的,从源地到接受地之间没有损失，不发生转化，地面对它起全反射作用。

3. 扩散物质处于同一类温度层结的气层之中，计算的扩散范围不宜大于 10 km。

4. 平均流场平直、稳定，平均风速和风向没有显著的时间变化。

5. 连续点源公式仅适用于平均风速$\bar{v}>1\sim2$ m/s 的情形。

对于特殊地形和特殊气象条件应选用附录六中相应的计算模式。

二、线源模式的使用条件

线源模式中，风向与线源成任意夹角时，内插法如下：

$$C=C_{垂直}\cdot\sin^2\phi+C_{平行}\cdot\cos^2\phi$$

式中　ϕ 限度为锐角，即 $\phi<90°$。

三、面源模式中箱模式的使用条件

假设污染浓度在混合层内处处相等。

第 8.1.1 条　本条受纳水体系指接纳建设项目排放之污水的江河、湖泊、水库等地面水水域。封闭性水域系指没有进出口的地面水水域。

第 8.1.3 条　表 8.1.3 中将建设项目归纳为三类，属于一类的项目排放的污水以生产污水为主，含有少量生活污水，且排放量较大，是铁路建设工程中的主要污染源；属于二类的项目排放的污水中以生活污水为主，含有少量生产污水；三类中、小型客运站排放的污水基本上是生活污水，且水量较小，划分评价深度时考虑了上述因素。

第 8.2.1 条　污染源调查可参照北京市环保研究所编制的环境影响评价技术导则之三《地面水环境影响评价》（以下简称《导则》）中 2.4 节有关现有污染源规定的内容进行。

第 8.2.5 条　所列河、湖监测断面布点可参照《导则》2.5.4 条中提出的原则和方法进行。

中华人民共和国行业标准

铁建设〔2005〕66号

铁路建设项目水土保持方案技术标准

Standard for Water and Soil Conservation Plan of Railway Construction Projects

TB 10503—2005
J 450—2005

2005—04—25 发布　　2005—04—25 实施

中华人民共和国铁道部　发布

前　　言

本标准是根据铁道部《关于印发〈2000 年铁路工程建设规范、定额、标准设计编制计划〉的通知》(铁建设函〔2000〕36 号)的要求编制而成的。

本标准编制过程中认真总结了我国铁路建设中水土保持的经验和教训,借鉴了国内外有关标准的规定,在广泛征求意见的基础上,经反复审查定稿。

工程技术人员必须按照"以人为本、服务运输、强本简末、系统优化、着眼发展"的铁路建设理念,结合工程具体情况,因地制宜,充分发挥主观能动性,积极采用安全、可靠、先进、成熟、经济、适用的新技术,不能生搬硬套标准。勘察设计单位执行(或采用)单项或局部标准,并不免除设计单位及设计人员对整体工程和系统功能质量问题应承担的法律责任。

本标准共分 5 章,主要内容包括:总则、水土保持方案报告编制、现状调查、水土流失预测、水土保持方案。

本标准以黑体字标志的条文为强制性条文,必须严格执行。

本标准系首次编制。在执行本标准过程中,希望各单位结合工程实践,认真总结经验,积累资料。如发现需要修改和补充之处,请及时将意见及有关资料寄交铁道第二勘察设计院(四川省成都市通锦路 3 号,邮政编码:610031),并抄送铁道部经济规划研究院(北京市海淀区羊坊店路甲 8 号,邮政编码:100038),供今后修订时参考。

本标准由铁道部建设管理司负责解释。

本标准主编单位:铁道第二勘察设计院。

本标准参编单位:铁道第一勘察设计院、铁道部经济规划研究院。

本标准主要起草人:易开华、孙士云、陈军、韩鹏、曾庆华、李增洪、高平利、高山、郑光玉。

目　　次

1 总　　则

1.0.1 为统一铁路建设项目水土保持方案编制的原则、方法、内容和要求,制定本标准。

1.0.2 本标准适用于山区、丘陵区、风沙区新建、改建铁路工程建设项目水土保持方案的编制。

1.0.3 铁路建设项目水土保持方案应作为环境影响报告书的组成部分,并应满足工程项目可行性研究的深度要求。

1.0.4 铁路建设项目水土保持方案应结合工程特点和环境特征,贯彻预防为主、全面规划、综合防治、因地制宜、加强管理、注重效益的原则。

1.0.5 **水土保持方案编制应符合下列规定:**

1　点线结合,以点为主,以沿河、山区、风沙区路段为重点地段,以高填路堤、深挖路堑、隧道弃砟、特大桥梁、土石方量较大的站场、大型取土场、弃土(渣)场为重点工程;

2　主体工程与附属工程、永久工程与临时工程并重;

3　工程防护措施与植物防护措施相结合。

1.0.6 水土流失防治责任范围应为铁路工程建设用地范围和工程直接影响区。

1.0.7 水土流失防治应符合下列规定:

1　隧道、路基、站场、桥梁等工程产生的弃土(渣),应充分利用,不能利用时,必须堆放在规定的弃土(渣)场地,并采取相应的防护措施;

2　工程坡面均应采取有效的工程或植物防护措施;

3　弃土(渣)场、取土场应进行土地整治或综合利用;

4　各类建设项目应在土石方工程基本结束后,及时进行植树、植草绿化。

1.0.8 编制水土保持方案,应通过调查研究,查清水土流失的现状,预测由建设引起的新的水土流失,提出防治水土流失的综合措施及布局,确定水土保持的主要技术经济指标。

1.0.9 铁路建设项目水土保持方案除应符合本标准外,尚应符合国家现行的有关强制性标准的规定。

2 水土保持方案报告编制

2.1 水土保持方案报告书的主要内容

2.1.1 水土保持方案报告书的前言，应简要说明建设项目的名称、地理位置、经过的主要地区、修建意义、方案编制和报批过程，并结合铁路建设项目周围环境特征及铁路建设项目工程特点，阐明该项目水土保持方案在控制区域水土流失、保护生态环境、减轻水土流失灾害方面的目的、意义。

2.1.2 **方案编制总则应符合下列规定：**

1 **编制依据应包括国家有关水土保持方面的法律法规、项目建议书、可行性研究报告、主要技术文件、水土保持方案编制委托书等；**

2 **采用的技术标准、规范应包括水土保持方面的现行国家标准、行业标准及有关技术规范；**

3 **方案编制深度应符合主体工程可行性研究的深度要求。**

2.1.3 对建设项目及其周边地区概况的描述应符合下列规定：

1 项目概况应包括线路走向、建设性质、主要技术标准、工程规模、主要工程内容及布局、总投资、建设进度等；

2 防治责任范围应包括铁路建设项目区征用和临时用地范围，以及由于铁路工程建设对场地周围、河流沟谷及下游可能产生的冲刷、淤积等邻近受影响区域；

3 项目周边地区自然环境概况内容应包括沿线地形、地貌、地质、土地利用现状、植被、气象、河流及水文等；

4 项目周边地区社会环境概况内容应包括沿线人口数量、城镇分布、工农业生产状况、交通运输状况等。

2.1.4 建设项目区水土流失现状调查分析应符合下列规定：

1 水土流失现状应包括水土流失类型、面积、强度、成因、危害、线路所经地段地表原生水土流失量，并应附水土流失现状图；

2 水土保持现状应包括小流域治理状况、已建成的水土保持设施类型、分布及数量；

3 地方水土保持规划。

2.1.5 水土流失预测应符合下列规定：

1 水土流失预测时段应分为施工期和运营初期。

2 水土流失预测应包括下列内容：

1）按行政区划分地段，并划分铁路工程征用和临时用地面积及类型；

2）工程弃土、弃渣量应按路基、隧道、桥涵、站场等工程类型分别统计，并估算工程弃土（渣）数量；

3）工程取土量、主要取土场工点；

4）大型临时工程的水土流失量；

5)水土流失总量预测。

3 对沿线已建成的水土保持设施影响分析。

4 可能造成的水土流失危害。

5 预测结果综合分析应包括下列内容:

1)明确本建设项目水土保持重点地段或工点;

2)当不采取任何水土保持措施时可能产生的水土流失量;

3)采取水土保持措施后可能产生的水土流失量。

2.1.6 水土流失防治方案的编制应符合下列规定:

1 方案编制的指标应包括扰动土地治理率、水土流失治理程度、水土流失控制量、拦砟率、植被恢复系数、林草覆盖率;

2 水土保持体系应包括线路平、纵断面优化,土石方调配,弃土(渣)防护,取土防护,边坡防护,植树绿化,防风固沙等将要采取的措施;

3 按弃土(渣)场、取土场、路基边坡、大型临时工程、桥涵及改河工程、绿化工程、防风固沙等工程类型,确定采取的防治措施与工程数量;

4 主体工程中具有水土保持功能工程的分析和评价;

5 水土保持补充措施和建议;

6 方案实施进度安排;

7 水土流失监测应提出施工建设期、运营初期的水土流失监测项目、监测方法及保障措施。监测项目应包括影响水土流失的主要因子、水土流失量及强度、水土保持效益。

2.1.7 水土保持投资估算及效益分析应符合下列规定:

1 水土保持投资估算应包括编制依据、编制方法、总投资及年度安排。

2 效益分析应包括下列内容:

1)分析、计算水土保持工程实施后的水土流失减少量和增加植被覆盖面积;

2)分析水土保持工程实施后产生的恢复土地生产力、增加农业收入等经济效益及对改善区域生态环境、减少灾害发生和保障生命财产安全的社会效益。

2.1.8 水土保持方案实施的保证措施应包括组织领导和管理措施、技术保障措施、资金来源及管理使用办法。

2.1.9 水土保持方案的结论应包括下列内容:

1 建设项目的水土保持特点;

2 可能产生的水土流失总量;

3 占用的水土保持设施数量;

4 水土流失防治责任范围;

5 种草植树绿化及植被恢复数量;

6 主要水土保持工程措施及工程数量、水土保持投资;

7 采取水土保持措施后水土流失减少量以及改善区域生态环境的效果分析;

8 提出水土保持补充措施和建议;

9 工程可行性分析结论。

2.2 水土保持方案报告书附图、附表

2.2.1 水土保持方案报告书应包括下列附图：

1 工程地理位置图；

2 线路平面示意图(标出水土保持重点工程示意图)；

3 区域水系图；

4 区域水土流失现状图；

5 区域水土流失防治分区图；

6 典型弃土(渣)场水土保持防护图；

7 重点隧道工程弃渣防护图；

8 典型取土场水土保持防护图；

9 典型地段绿化图。

2.2.2 水土保持方案报告书应包括开发建设项目水土保持方案工程特性表。

2.3 水土保持投资估算

2.3.1 下列工程及设施应划入水土保持投资范围：

1 各种弃土(渣)挡土墙；

2 绿化工程:包括路基边坡绿化、站场绿化、区间线路植树绿化等；

3 弃土(渣)场、取土场绿化工程；

4 苗圃征地；

5 防风固沙工程；

6 工程占用或破坏的水土保持设施补偿或恢得费用；

7 主要功能为控制水土流失,保护生态环境的其他工程设施。

2.3.2 铁路水土保持投资估算应按行政区划分。

2.3.3 投资估算费用应由直接费和间接费构成,其中直接费包括工程措施费、植物措施费等;间接费包括水土保持方案编制费用、水土流失监测费用等。

3 现状调查

3.1 一般规定

3.1.1 水土保持方案编制前，应对铁路工程概况、沿线自然环境和社会环境及与铁路工程建设项目有关的水土流失、水土保持现状进行调查。

3.1.2 调查方法可采取收集既有资料、听取地方有关部门意见及现场实地调查等方法。

3.1.3 调查范围应根据铁路工程所经地区水土流失特点及环境敏感程度确定。地形地貌的调查范围应为线路中心线两侧各200 m以内区域，特殊情况可适当扩大。

社会环境调查范围应以县为单位。

3.2 调查内容

3.2.1 铁路建设项目工程概况的调查应包括下列内容：

1 建设项目的地理位置、线路走向、投资、建设工期；

2 主体工程的规模、布局、占地面积、取弃土数量及重点地段、重点工程概况；

3 典型取土、弃土(渣)场等的分布、占地面积及类型；

4 大型临时工程的分布、占地面积等；

5 土石方调配及重点地段、工点工程施工组织概况。

3.2.2 沿线自然环境及社会环境调查应包括下列内容：

1 收集气象资料应包括气温、年均降水量、各月降水量分布、全年暴雨次数及分布、风向、风速、大风日数；

2 调查地形、地貌，对沿河、山区、风沙区地段应作重点调查；

3 调查收集河流、水库的分布及有关水文资料；

4 调查收集土壤类型、分布情况；

5 调查植被类型、主要林草种类及分布，植被覆盖度及森林植被分布的现状，重点调查水土保持林、水源涵养林、防风固沙林的概况；

6 调查土地利用现状、人均耕地等；

7 收集线路经过地区的人口、城镇、公路交通状况。

3.2.3 沿线水土流失现状调查应包括下列内容：

1 调查水土流失的类型以及不同土壤侵蚀强度的侵蚀面积及分布特征；

2 调查既有水土流失的危害状况；

3 调查滑坡、泥石流、崩塌、沙害的分布范围及危害程度。

3.2.4 沿线水土保持现状调查应包括下列内容：

1 调查线路经过地区水土流失重点监督区、重点治理区、重点预防保护区的划分及与铁路工程的位置关系；

2　收集地方政府水土保持、生态环境建设总体规划；

3　调查小流域治理的数量、分布和范围及与铁路建设项目的位置关系；

4　调查铁路建设项目用地范围内既有水土保持设施的类型与数量。

4 水土流失预测

4.1 一 般 规 定

4.1.1 水土流失预测应包括水土流失强度、水土流失量，并应对水土流失危害进行分析。

4.1.2 水土流失预测时段应分为施工期和运营初期。施工期应作重点预测，运营初期应作一般分析。

4.1.3 对重点工程和重点地段应进行预测。

4.1.4 土壤侵蚀分类分级应符合国家现行标准《土壤侵蚀分类分级标准》(SL 190)的有关规定。

4.2 预测内容与方法

4.2.1 预测应按行政区划分地段，并根据工程资料核算建设项目征用和临时用地的类型及面积。

4.2.2 根据工程土石方调配资料核算建设项目弃土(渣)量、取土量，并对下列内容作重点预测：

1 典型取土场占地面积、类型、取土量；

2 典型弃土场地的弃土(渣)总量、占地面积、类型；

3 高填路堤、深挖路堑路基边坡水土流失强度与流失量；

4 分析预测大型临时工程水土流失强度与流失量。

4.2.3 水土流失量的预测可采用类比预测法、实地测试法、数学模型法等方法进行预测，并应符合下列规定：

1 当建设项目毗邻地区有其他铁路、公路等建设项目，且有类似观测、研究成果时，可通过分析比较，引用其资料进行类比预测；

2 对已建、在建项目，可布设水土流失监测点进行实地测试；

3 当工程类型简单，影响土壤侵蚀强度的因子和土壤侵蚀强度影响参数取值范围明确，且有相应的试验资料时，可采用数学模型法。

4.3 预 测 结 论

4.3.1 预测结论应包括下列内容：

1 各工程类型的水土流失强度、水土流失量，并明确水土流失的重点地段和重点工程工点；

2 水土流失的主要时段；

3　明确防治责任范围；

4　结合工程特点和项目所处的环境特征，具体分析工程可能产生的水土流失危害。

5 水土保持方案

5.1 一般规定

5.1.1 水土保持方案编制应突出预防为主,综合防治,因地制宜的工作方针,并应贯彻于铁路的设计、施工、运营三个阶段。

5.1.2 水土保持方案应采取施工管理措施、工程措施、植物措施相结合的方法。

5.1.3 各项水土流失防治措施应符合有关技术规定的要求,并应做到技术可行、经济合理,实施后具有明显的生态效益。

5.1.4 水土保持方案应按下列工程类型确定:

1 弃土(渣)场防护;

2 取土场防护;

3 路基边坡防护;

4 大型临时工程防护;

5 桥涵及改河工程水土保持;

6 绿化工程;

7 防风固沙工程。

5.1.5 铁路选线应进行多方案比选,并应绕避滑坡、泥石流、崩塌等不良地质地段,当无法绕避时,应根据不良地质的类型及危害程度,采取相应的处理措施。

5.1.6 为减少扰动原地貌的范围和影响程度,应对线路纵断面进行优化比选。

5.1.7 在土石方纵向调配中,宜利用隧道、路基、站场等工程弃方作为工程建设用料。

5.1.8 工程方案优化比选时,应重点对深挖路堑与隧道、高填路堤与桥梁工程进行技术经济和生态环境效益比选。

5.1.9 对铁路工程弃土、弃渣用作地方工程建设的可行性应进行调查、分析。

5.1.10 水土保持植物措施应与工程措施相结合,并优先选用植物防护措施。

5.1.11 当采用植物措施时,应多种类植物混播、混种,避免使用单一草种、树种。

5.1.12 各种挡砟墙、边坡防护等水土保持设施,应按永久性设施进行设计。

5.1.13 在运营初期,应进一步完善植物措施,加强对各类水土保持设施的维护与保养。

5.2 弃土(渣)场水土保持

5.2.1 弃土(渣)场位置的选择应进行优化比选,并应符合下列规定:

1 选择储渣量大的低洼地形;

2 选择不易受水流冲刷的荒沟、荒地;

3 沿江河、湖泊地段不宜作为弃渣场地,当不可避免时,必须采取可靠的工程防护措施,并应符合50年一遇洪水频率的防洪要求;

4　不良地质地段不宜作为弃土(渣)场,严禁在泥石流沟设置弃土(渣)场;

5　弃土(渣)场不得影响河流、沟谷、排灌沟渠的行洪与灌溉功能,并必须保证下游农田、建筑物的安全。

5.2.2　根据弃土(渣)场工点地形、地质及水文条件,结合沟渠、农田灌溉等设施,应综合考虑弃土(渣)场排水系统的设置。

5.2.3　弃土(渣)场施工,应先挡后弃。在弃土(渣)基本结束后,应及时对弃土(渣)场采取排水措施和进行平整场地工作。

5.2.4　根据弃土(渣)场地和弃土(渣)成分、土石比例、岩石风化成土的难易、肥力情况、水源灌溉条件及当地气候特征,确定复耕或绿化形式。

5.2.5　弃土(渣)场应设置挡土墙,并应符合下列规定:

1　弃土(渣)场地较为低洼或较为平坦且渣体不易受降水、水流冲刷时,宜采用干砌片石挡土墙;

2　弃土(渣)场地为沟谷、斜坡,渣体易受降水、水流冲刷时,宜采用浆砌片石挡土墙;

3　弃土(渣)场位于河流、峡谷地段,弃渣易流失并可能发生危害时,应采用钢筋混凝土挡土墙;

4　挡土墙的长度和高度应根据弃渣量和渣体的安息角来确定,挡土墙结构必须满足安全使用的需要;

5　弃土(渣)堆的坡面防护措施应根据弃土(渣)的性质、坡面高度、气候特点等因素确定,并宜选择植物护坡。

5.2.6　弃土(渣)场地宜作为城镇建设用地或综合利用。

5.3　取土场水土保持

5.3.1　取土场宜集中设置,其位置的选择应符合下列规定:

1　取土场应选择植被稀疏的丘陵、山包等荒地;

2　不得在基本农田、林地或泥石流易发区设置取土场;

3　取土场应远离民房,电线杆、塔等工农业生产设施,并不得危及其安全;

4　对取土场的位置应进行优化比选。

5.3.2　取土前应将表层土推至一旁堆置,并应根据地形条件采取临时防护措施。

5.3.3　取土场地不得形成高陡边坡,取土完毕后,应根据边坡高度、岩土条件、气候因素等及时对取土场地进行植树、种草绿化或寻求其他综合利用途径。

5.3.4　取土场地应根据地形条件设置相应的排水设施。

5.4　边坡水土保持

5.4.1　重点调查和确定高填路堤边坡及深挖路堑边坡的防护措施。

5.4.2　边坡水土保持措施,应在对干砌片石、浆砌片石、浆砌片石骨架、植物保护以及其他新技术、新工艺的护坡技术进行经济、环境效益比选后确定,并应符合下列规定:

1　播种草籽、喷播植草适用于路堤、路堑边坡不大于1∶1.25的坡地,草籽应选择适合当地土质和气候条件，根系发达、茎杆低矮、枝叶繁茂、生长能力强的多年生草种；

2　灌木适用于各种土质和极严重风化的岩石边坡，边坡坡度不宜大于1∶1.5；

3　干砌片石护坡适用于土质路堤边坡和有少量地下水渗出的局部路堑边坡嵌补，边坡坡度不应大于1∶1.25；

4　当土质边坡高度大于10 m，或膨胀土、粉土、砂类土和碎石类土边坡，或坡面受雨水冲刷严重以及坡面有地下水渗出时，宜采用土工网、土工网垫、多边形立体护坡网、浆砌片石骨架、混凝土框格等与植草、栽种灌木相结合的防护措施；

5　采用植物护坡时，宜在坡脚处设置高1～2 m浆砌片石护坡或挡土墙；

6　隧道洞口边仰坡应采用浆砌片石、喷浆进行防护，周围设置排水、截水设施，并应与路堑排水系统统一布置；

5.4.3　为避免降水对路基坡面的冲刷，工程排水系统的设置应符合下列规定：

1　区间路基排水沟应就近与既有排水构筑物顺接；

2　根据地形、地貌、降雨特征、水文条件等因素，确定路基排水设施的适宜位置和排水方向；

3　侧沟、天沟、排水沟的横断面应有足够的过水能力，断面尺寸应按50年一遇洪水频率流量确定，并应增加0.2 m的安全高度。

5.5　桥涵、改河工程水土保持

5.5.1　涵洞出路基后，应适当延长排水沟，并宜与自然沟渠相顺接。

5.5.2　河道、沟渠防冲刷、防淤积工程应符合下列规定：

1　线路通过河道、冲沟、灌渠等地段时，桥头路基、桥台不得侵占河道及沟渠；

2　桥台、桥墩阻水冲刷加剧两岸岸坡侧蚀时，应对被侵蚀段采取铺砌、顺接水流等工程措施；

3　单孔桥涵不得压缩河道及沟渠过水断面。

5.5.3　改河工程水土保持应符合下列规定：

1　应减少改移天然河道；

2　改河工程不得小于原有过水断面。

5.6　大型临时工程水土保持

5.6.1　施工便道的水土保持应符合下列规定：

1　线路纵向施工便道应充分利用既有道路，线路横向施工便道宜少布设、拉大间距；

2　施工便道应减少对林地和基本农田的占用，山区地段修建施工便道时，弃土不应顺坡倾倒；

3　沿河和山区地段应结合地形条件及技术经济条件，对施工便道进行干砌片石挡护，完善便道路基防冲刷排水设施。

5.6.2　施工营地、施工场地的水土保持应符合下列规定：

1　应充分利用当地的空闲房屋及民房作为施工临时房屋，并应减少对地表的扰动面积；

2　不宜占用林地、基本农田作为施工营地和施工场地；

3　施工完毕后应对场地进行清理、平整、绿化或复耕。

5.7　绿化工程

5.7.1　在土石方工程基本结束后应及时进行绿化准备，并根据当地气候条件，选择适宜的季节进行绿化。

5.7.2　绿化不得影响行车和铁路设备安全，绿化位置与方式应符合铁道部现行铁路林业与路基边坡绿色防护的有关规定。

5.7.3　在铁路用地范围内，应根据当地气候条件、土壤特性，选择根系发达、固土作用大的适生乔木、灌木、草本绿化品种进行绿化。

5.7.4　绿化应采取乔木、灌木、草本相结合的多种类植物混种方法。

5.7.5　绿化应根据经济合理，初期投资少，生长期管理容易，防护效益好的原则，合理确定苗木规格。

5.7.6　根据当地气候条件、土壤特性，通过调查确定乔木、灌木种植方式和间距。在土壤瘠薄、慢生树种、小苗造林、成活条件较差的情况下，宜适当密植；在土壤肥沃、速生树种、大苗造林、成活条件较好的情况下，宜适当稀植；一般地区可采用常规方法种植，石质较多地区可采取容器育苗带土移栽方式。

5.7.7　站场、办公区、生活区应进行园林绿化，并应种植各类观赏草种、花卉、树种、风景林、绿篱等。

5.7.8　根据当地气候、环境条件，应提出对初期种植的各类植物加强养护管理的具体措施及养护期限，养护期限不应小于当地植物生长最不利的一个季节。

5.8　防风固沙工程

5.8.1　在风沙区，应根据风沙活动特征、输沙量、地形、防护材料性质，采取近期与远期相结合、植物防沙与工程防沙相结合的综合治理措施，构成整体性的防沙体系。

5.8.2　线路两侧各 500 m 范围内的天然植被和地表硬壳均不得破坏。

5.8.3　位于流动沙丘地段的线路，应自路堤坡脚外采用防沙体系，防沙体系应由固沙防火带、防护带和植被保护带组成。

5.8.4　路基本体（包括路堤、路堑边坡）应全部加以防护，防护宜采用黏性土、碎石、卵石、片石、块石包坡或采用土工合成材料、坡面植草、种植灌木等方式。

5.8.5　当取土场、弃土场位于小片流沙地带，且有黏性土时，应采用黏性土对取土场、弃土场进行覆盖。黏性土层厚度不应小于 0.15 m，并撒播草籽进行植物防护；当弃土场位于大面积覆沙地带且缺乏黏性土时，宜采取栽草方格后撒播草籽、栽灌木或其他绿化固沙防沙措施。

5.8.6　防风固沙应选择具有较强的抗风、抗旱，耐沙埋、沙割等抗逆性能并有较强固沙能力的植物品种。

5.8.7　在风沙区采取植物措施时，应有相应的浇灌措施。

本标准用词说明

执行本标准条文时,对于要求严格程度的用词说明如下,以便在执行中区别对待。

(1)表示很严格,非这样做不可的用词:

正面词采用“必须”;

反面词采用“严禁”。

(2)表示严格,在正常情况下均应这样做的用词:

正面词采用“应”;

反面词采用“不应”、或“不得”。

(3)表示允许稍有选择,在条件许可时首先应这样做的用词:

正面词采用“宜”;

反面词采用“不宜”。

表示有选择,在一定条件下可以这样做的,采用“可”。

《铁路建设项目水土保持方案技术标准》条文说明

本条文说明系对重点条文的编制依据、存在的问题以及在执行中应注意的事项等予以说明。为了减少篇幅，只列条文号，未抄录原条文。

1.0.1　根据水利部1995年第5号令发布的《开发建设项目水土保持方案编报审批管理规定》、《开发建设项目水土保持技术规范》（SL 204—98）及铁道部、水利部《关于印发<铁路建设项目水土保持工作规定>的通知》，针对铁路工程建设水土流失特点，统一规定铁路工程水土保持方案报告书的编制。使水土保持方案报告编制工作有章可循，以提高方案的科学性、技术性和实用性，更好地指导下一阶段工程水土保持设计，有利于有关主管部门进行水土保持监督管理工作。

1.0.3　根据《水土保持法》第十九条及《水土保持法实施条例》第十四条规定编写。

1.0.6　水土流失防治责任范围包括两部分：

（1）铁路工程项目建设区：包括征地和临时性用地范围；

（2）邻近受影响的区域：由于铁路工程建设施工对场地周围、河流、沟谷等邻近区域可能产生冲刷、淤积影响等，这些也是铁路工程建设水土流失防治责任范围。

2.1.5　“运营初期”指工程交付运营后的第一年。

2.3.1　部分工程设施，如路基边坡干砌片石、浆砌片石护坡工程、挡土墙、排水系统工程、跨河桥台防护工程等，其设置的主要目的是为保护路基、桥梁等工程的稳定，但同时也兼有水土保持作用，因此，本条专门规定应划入水土保持投资的工程类型。

3.1.1　自然环境指可能对水土流失产生影响的各种自然要素，主要包括地形、地貌、地质构造与岩性、气候、水文、植被等因素。

3.2.4　既有水土保持设施主要包括梯田、梯地、拦沙、沉沙池、排水沟、蓄水塘、水源涵养林、水土保持林、水土保持专用道路和标志牌等。

4.2.3　目前尚无建设项目水土流失量预测用的成熟且可行的预测方法与模式。水利部在水保监方案函〔2002〕118号文中推荐使用类比法，即用表格说明类比工程的可行性，实测类比工程产生的流失量（用断面法、体积法测算），确定加速侵蚀系数A和流失比α。其计算公式如下：

扰动地表流失量

$$W_1 = \sum_{1}^{n} (F_i \times M_i \times A \times T_i)$$

式中　W_1——预测时段内水土流失总量（t）；

F_i——第i年工程扰动的地表面积（km^2）；

M_i——原生地表土壤侵蚀模数〔$t/(km^2 \cdot a)$〕；

A——加速侵蚀系数；

T_i——预测时段(a)。

弃砟流失量

$$W_2 = \sum_{1}^{n} (S_i \times a \times T_i)$$

式中　W_2——预测时段内水土流失总量(t)；

S_i——第 i 年工程弃渣量(t)；

a——弃渣的流失比(%)；

T_i——预测时段(a)。

在使用通用土壤流失方程式 $A = R \times K \times L \times S \times C \times P$ 时，必须具备相应的试验资料。

5.1.2　铁路建设项目水土保持是一项系统工程，仅采取单一措施难以有效控制水土流失，所以应采取施工管理措施、工程措施、植物措施相结合的综合治理方案。

5.1.4　水利部门的规范要求进行水土保持分区，但铁路是一线性工程，对弃土(渣)、取土、路基、桥涵、大型临时工程等不同工程类型，可能会产生不同的水土流失问题，因此采取水土保持措施的对策也不相同，对此应按不同工程类型与水土流失问题进行考虑，可不进行水土保持分区。

5.1.8　进行工程方案优化比选时，除应考虑技术经济因素，还应注重生态环境效益。

5.1.9　铁路工程弃砟可作为地方工程建设用料，如利用于地方道路建设、城镇建设、防洪堤坝建设等。此项工作具有明显的社会效益、生态效益和经济效益，因此应尽量提前和地方有关部门互通情况，以利于方案的实施。

5.1.11　多种植物混播、混种，能增强植物体系抵抗病虫害、干旱、低温等生态劣境的能力，最大限度发挥其生态与水土保持效益。

5.4.2　不同的边坡防护措施，虽然都能起到防止边坡冲刷、控制水土流失的作用，但投资差别较大，且生态环境效益差别也较大，应根据实际情况灵活选用，并尽量采用植物措施。

5.6.1　沿河和山区铁路工程建设中，施工便道出现的水土流失问题较多，对施工便道应进行边坡防护，并应有完善的排水系统等水土保持设施。

中华人民共和国行业标准

铁建设〔2007〕39 号

铁路防雷、电磁兼容及接地工程技术暂行规定

2007—03—03　发布　　　　2007—03—03　实施

中华人民共和国铁道部　发布

前　　言

本暂行规定根据铁道部《关于印发〈2003 年铁路工程建设规范定额标准设计编制计划〉的通知》(铁建设函〔2003〕41 号)及铁道部《关于编制 2006 年铁路工程建设标准计划的通知》(铁建设函〔2005〕1026 号)的要求进行编制。

本暂行规定在编写过程中,认真总结了我国铁路防雷、电磁兼容及接地工程建设的经验,借鉴了国内外有关标准和规定,在广泛征求意见的基础上,经反复审查后定稿。

工程技术人员必须按照"以人为本、服务运输、强本简末、系统优化、着眼发展"的铁路建设理念,结合工程具体情况,因地制宜,充分发挥主观能动性,积极采用安全、可靠、先进、成熟、经济、适用的新技术,不能生搬硬套标准。勘察设计单位执行(或采用)单项或局部标准,并不免除设计单位及设计人员对整体工程和系统功能质量问题应承担的法律责任。

本暂行规定共分 7 章,主要内容包括总则、术语、基本要求、防雷设计、接地及电磁兼容设计、工程施工、施工质量验收等,另有 1 个附录。

本暂行规定以黑体字标志的条文为强制性条文,必须严格执行。

本暂行规定在执行过程中,希望各单位结合工程实践,认真总结经验,积累资料,如发现需要修改或补充之处,请及时将意见和有关资料寄交中铁二院工程集团有限责任公司(四川省成都市通锦路 3 号,邮政编码:610031),并抄送铁道部经济规划研究院技术标准所(北京市海淀区羊坊店路甲 8 号,邮政编码:100038),供修订时参考。

本暂行规定由铁道部建设管理司负责解释。

本暂行规定主编单位:中铁二院工程集团有限责任公司。

本暂行规定主要起草人:郑伟荣、唐平、林宗良、杨岗、孙向群、龙卫民、余颜丽、周南骏、李闰生、刘芳林、曾祥可、廖宇、陈炳璋、阙明、侯蜀君、邓云川、郑天池、刘洋、肖硕恒、刘名君、吴怡帆、向航鹰、郭振勇、廖建州。

目　次

1 总 则

1.0.1 为统一铁路防雷、电磁兼容及接地工程设计、施工和施工质量验收技术标准，使工程设计、施工符合安全可靠、技术先进、经济合理的要求，制定本暂行规定。

1.0.2 本暂行规定适用于铁路防雷、电磁兼容及接地工程的设计、施工及施工质量验收。

1.0.3 铁路防雷、电磁兼容及接地工程设计、施工应遵循以人为本、系统优化、综合防护、防雷减灾的原则，加强总体协调，全面规划、统筹考虑。

1.0.4 铁路防雷、电磁兼容及接地工程设计应根据铁路等级、不同地区、不同设备，因地制宜地采取防护措施，达到保护人身安全和各种设备正常工作的要求。

1.0.5 铁路防雷、电磁兼容及接地工程应与其相关主体工程同步设计、同步施工、同步验收。

1.0.6 铁路防雷、电磁兼容及接地工程设计、施工和验收，除应执行本暂行规定外，尚应符合国家现行的有关强制性标准的规定。

2 术　语

2.0.1　直击雷　direct lightning strike

直接击在建筑物地面突出物或大地并产生电效应、热效应和机械力的雷电放电。

2.0.2　雷电感应　lightning induction

雷电放电的强大电磁场作用在邻近的导线或电子、电气设备系统内产生的静电感应过电压和过电流以及电磁感应过电压和过电流。

2.0.3　雷电波侵入　lightning surge on incoming services

由于雷电对架空线路或金属管道的作用，雷电波可能沿着这些管线侵入建筑物内，危及人身安全或损坏设备。

2.0.4　综合接地系统　integrated earthing system

将铁路沿线的牵引供电回流系统、电力供电系统、信号系统、通信及其他电子信息系统、建筑物、道床、站台、桥梁、隧道、声屏障等需接地的装置通过贯通地线连成一体的接地系统。

2.0.5　共用接地系统　common earthing system

将各部分防雷装置、建筑物金属构件、低压配电保护线(PE)、设备工作地和保护地、屏障体接地、防静电接地等连接在一起的接地系统。

2.0.6　贯通地线　runthrough earth cable

沿铁路敷设的连接各种设备、设施的接地导体。

2.0.7　接地装置　earth－termination system

接地线和接地极的总和。

2.0.8　自然接地体　natural earthing electrode

具有兼作接地功能的但不是为此目的而专门设置的与大地有良好接触的各种金属构件、金属井管、钢筋混凝土中的非预应力钢筋、埋地金属管道和设施等的统称。

2.0.9　等电位连接　equipotential bonding(EB)

使设备和装置外露可导电部分的电位相等的电气连接。

2.0.10　信号传输线(信号线)　signal transmission line

指铁路通信系统、信号系统及各种电子信息系统的信息传输线。

2.0.11　浪涌保护器　surge protective device(SPD)

用于限制暂态过电压及分流浪涌电流的装置，它至少应含有一个非线性电压限制元件。

2.0.12　电磁兼容性　electromagnetic compatibility

设备或系统在其电磁环境中能正常工作且不对该环境中任何事物构成不能承受的电磁骚扰的能力。

2.0.13　轨道电位　track potential

轨道电位指牵引回流流过轨道线路时，钢轨对大地间产生的电位。

2.0.14　接触电压　touch voltage

接地短路(故障)电流流过接地装置时,大地表面形成分布电位,在地面上离设备水平距离为0.8 m处与设备外壳、构架或墙壁离地面的垂直距离1.8 m处两点间的电位差称为接触电压。

2.0.15　跨步电压　step voltage

地面一步距离的两点间的电位差,此距离取最大电位梯度方向上0.8 m的长度。

2.0.16　进场验收　site acceptance

对进入施工现场的材料、构配件、设备等按相关标准规定要求进行检验,对其达到合格与否做出确认。

2.0.17　检验批　inspection lot

按同一生产条件或按规定的方式汇总起来供检验用由一定数量样本组成的检验体。

2.0.18　旁站　stop and supervision

在工程的关键部位或关键工序施工过程中,由监理人员在现场进行的监督活动。

3 基本规定

3.0.1 新建铁路的防雷、电磁兼容及接地工程设计应对铁路所在地区的地形、地质、气象等条件进行调查，综合考虑雷电防护和接地措施。

3.0.2 改、扩建铁路的防雷、电磁兼容及接地工程设计除应符合第 3.0.1 条外，尚应调查既有铁路防雷设施和接地装置的现状。

3.0.3 交流电气化铁路区段，电气化、电力系统应采取降低电磁干扰的措施，铁路通信、信号及其他电子信息系统应采取防护电磁干扰的措施。

3.0.4 铁路接地系统设计应根据下列条件分别采用综合接地系统、共用接地系统及分设接地方式。

1 客运专线应采用综合接地系统方式；新建 200 km/h 客货列车共线铁路宜采用综合接地系统方式。

2 铁路建筑物宜采用共用接地系统方式、

3 当条件不具备时也可采用分设接地方式。

3.0.5 160 km/h 及以下的自动闭塞区段和综合接地系统应设贯通地线；电子设备集中区段(域)可根据雷电灾害的具体情况，局部设置贯通地线。

3.0.6 当采用分设接地时，有关设备、设施等的接地范围、接地电阻值应满足铁路相关专业设计规范的有关要求。

3.0.7 工程设计中选用的电气装置、电子设备应满足国家或铁道行业有关过电压、过电流指标及端口抗扰度试验标准的规定。

3.0.8 防雷、电磁兼容及接地工程的设备和器材，应符合国家有关规定。

3.0.9 防雷、电磁兼容及接地工程施工和验收必须满足设计要求，精心组织施工，严格过程控制，确保工程质量。

4 防雷设计

4.1 一般规定

4.1.1 铁路建筑物应根据建筑物的防雷分类和建筑物内被保护装置和设备的类型、工作条件、安装位置及雷电防护要求，按照分类、分区、分级、分设备采取综合防护措施。

4.1.2 地区雷暴日等级划分、全国部分城市年平均雷暴日数、雷电防护区(LPZ)划分应符合《建筑物电子信息系统防雷技术规范》(GB 50343)中的有关规定。

铁路各地区雷暴日数按国家公布的当地年平均雷暴日数为准。全国部分城市年平均雷暴日数可参考《建筑物电子信息系统防雷技术规范》(GB 50343)附录D。

4.1.3 雷电防护等级应根据电气装置、电子信息系统发生雷害后影响铁路行车的严重程度，分为以下A、B、C三级：

1 严重威胁铁路行车安全为A级。

2 严重影响运输效率的为B级。

3 除A、B级以外为C级。

4.1.4 雷电防护应满足以下要求：

1 对雷电及电磁干扰的防护措施，不得改变被防护系统的电气性能，不得影响被防护设备的正常工作。

2 防雷装置应将雷电过电压限制在被防护设备的冲击耐压水平以下。当单级防护不能满足要求时，应采用多级防护。

3 采用多级防护时，各级浪涌保护器(SPD)应合理配置。

4 被防护设备与浪涌保护器(SPD)之间的连接线应短而直，连接线不宜超过0.5 m。防护电路的配线应与其他配线分开，其他配线不得借用并联型防雷接线端子。

4.2 铁路建筑物防雷设计

4.2.1 设有电气化、电力、信号、通信及其他电子信息系统的铁路建筑物，应采取包含由外部防雷措施和内部防雷措施构成的综合防护系统，见图4.2.1。

4.2.2 新建建筑物的选址除考虑生产需要、生活方便外，防雷设计尚应符合以下规定：

1 建筑物所在位置的土壤电阻率相对较低且腐蚀性小。

2 建筑物应远离砖窑、烟道、热力管道等使土壤电阻率升高的场所。

3 新建通信站、信号楼及其他电子信息系统机房应远离牵引变电所、高大建筑物。

4.2.3 根据铁路建筑物的重要性、使用性质、发生雷击事故的可能性和后果，按防雷要求应将铁路建筑物分为以下三类：

1 第一类防雷建筑物：

1)储存、堆放及装卸炸药的仓库、站台。

2)具有1区爆炸危险环境的燃气罐、汽油罐作业库、通风不良的洗罐车库等。

2　第二类防雷建筑物:

1)特大型、大型客运站站房,高度超过50 m或预计雷击次数大于0.3次/年的办公、生产建筑物等。

2)各种信号楼、通信站、电子信息设备的调度、计算中心及各种安全监测中心。

3)一类负荷变、配电所。

4)储存、堆放及装卸爆炸物质或具有1区、2区、11区爆炸危险环境的建筑物,但电火花不易引起爆炸的小型成品军火转运库、危险品仓库和附属站台、油泵间、乙炔发生间、喷漆库、洗罐车库(棚)及燃气罐车的转运库、换装库、作业场等。

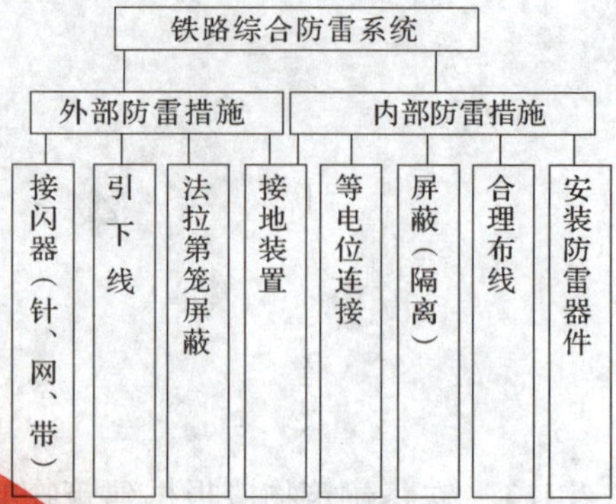

图4.2.1　铁路建筑物综合防雷系统

3　第三类防雷建筑物:

1)设有电子信息设备的其他的建筑物。

2)非一类负荷的变、配电所和给水泵房。

3)人员密集的站房、天桥、通信铁塔;高度超过15 m(少雷区为2 m)的灯塔、水塔、灯桥、烟囱、桥梁索塔或桁架、孤立的山上水池和集装箱货场。

4)具有21区、22区、23区火灾危险环境,易引起火灾的油库、易燃品库及大量堆积粮、棉和易燃物品的站台。

5)预计雷击次数大于0.06次/年的建筑物及其他需要防护的办公、生产建筑物。

4.2.4　铁路建筑物防直击雷设计除应符合国家标准《建筑物防雷设计规范》(GB 50057)的有关规定外,尚应满足以下要求:

1　划为第二、三类防雷建筑物的货场、站台可利用高杆照明灯塔的避雷针,或采用独立避雷针或架空避雷线作接闪器,但其滚球半径应考虑货物堆放范围和高度。

2　铁路信号楼根据直击雷防护和格栅型空间屏蔽的双重要求,避雷网网格不应大于3 m×3 m,每隔3 m与避雷带焊接连接通;引下线的数量为4~6根。

3　设有电子信息系统的建筑物,引下线应避开各种室外线、缆引入口的位置。

4　对接触电压、跨步电压引起人身伤害的引下线(人身易触及部分),应采取对裸线绝缘等防护措施。

4.2.5　桥梁索塔或桁架上应设避雷针等接闪器作直击雷保护。当按滚球法验算不能保护全部拉索时,宜在拉索上设避雷带,也可利用拉索作接闪器,但应有可靠的电气连接。

4.2.6　油罐的防雷设计应符合《石油库设计规范》(GB 50074)的有关规定。

4.2.7　无线通信铁塔应设避雷针。避雷针的接地装置应单独设置,并距信号楼环行接地装置不宜小于15 m。

当无线通信铁塔避雷针的接地装置距信号楼环形接地装置的接入点距离小于15 m时,应接入信号楼环行接地装置或贯通地线,但该接入点与其他地线在环形接地装置接入点之间的距离不应小于5 m。

4.2.8　信号楼屋顶不宜安装天线。

4.3 电力、电气化供电系统防雷设计

4.3.1 变电所、配电所、接触网、架空线路、电缆线路应采取防止直接雷击和雷电感应过电压保护措施。

4.3.2 35 kV 及以上变电所、牵引变电所、开闭所、分区所和自耦变压器所的室外配电装置(包括母线廊道)采用避雷针或避雷线防护应满足以下要求:

1 避雷针不宜装设在 35 kV 变电所屋顶、配电装置架构上和变压器的门型架构上,可安装在采用钢结构或钢筋混泥土结构等有屏蔽作用的建筑物的附属变电所的上述位置。

2 110 kV 及以上的配电装置,可将避雷针装在配电装置的架构上,但在土壤电阻率大于 1 000 Ω · m 的地区,宜装设独立避雷针。66 kV 配电装置,避雷针可装在配电装置的架构或房顶上,但土壤电阻率大于 500 Ω · m 时,宜装设独立避雷针。

3 装在架构上的避雷针应与主接地网连接,并应在其附近装设集中接地装置。装有避雷针的架构上,接地部分与带电部分间的空气中距离不得小于非污染地区标准绝缘子串的长度。但在空气污移地区,如有困难,空气中距离可按非污移区标准绝缘子串的长度确定。

4 强雷区的主控室和高压配电装置室,宜设独立避雷针。

5 35 kV、27.5 kV、66 kV 室外配电装置,在土壤电阻率不大于 500 Ω · m 时,可将避雷线引接到出线门型架构上,但应装设集中接地装置。在土壤电阻率大于 500 Ω · m 时,避雷线应架设到线路终端杆塔为止,从线路终端杆到配电装置的一档线路的保护,可采用独立避雷针,也可在线路终端杆塔上装设避雷针。

6 牵引变电所、开闭所、分区所和自耦变电器所,宜采用避雷针防护。

4.3.3 铁路电力架空线路的过电压保护措施应满足以下要求:

1 经常发生雷害地段的 35 kV 及以下线路可架设架空地线。杆塔上架空地线对边导线的保护角,宜采用 20° ~ 30°。杆塔上两根架空地线间的距离,不应超过导线与架空地线间垂直距离的 5 倍。档距中央导线与架空地线间的距离,应符合防止雷击档距中央反击导线的要求。

2 除少雷地区外,对 3 ~ 10 kV 钢筋混凝土电杆铁横担线路,应提高绝缘子的绝缘爬距等级,并应以较短时间切除故障;绝缘导线铁横担线路,可不提高绝缘子爬距等级。

3 3 ~ 35 kV 及以上架空线路中电缆长度大于 50 m 时应在两端设避雷器,小于 50 m 时,可在任一端装设。其接地端应与电缆金属外皮连接。

4 3 ~ 25 kV 及以上架空、电缆与架空混合线路(架空线路长度在 1 km 以上)宜设一次重合闸的自动重合闸装置,自动闭塞及贯通回路应设一次重合的自动重合闸装置。

5 3 ~ 35 kV 柱上断路器、负荷开关、电容器,应在电源侧装设避雷器保护,其接地线应与柱上断路器等的金属外壳连接。

6 同级电压电力线路相互交叉或与较低电压线路或弱电线路交叉时,交叉档两端的钢筋混凝土杆或铁塔(上下方线路共 4 基)均应接地。

4.3.4 铁路变、配电所防雷设计应满足以下要求:

1 35 kV 及以上变电所应在架空进线段 1 ~ 2 km 内装设架空地线。当采用电缆引

入时应在电缆与架空线连接处设避雷器。

2 3～35 kV 变、配电所的每段母线上和每路架空进、出线上，都应装设避雷器。当采用电缆引入(出)应在电缆与架空线连接处装设避雷器。

4.3.5 杆架式或落地式变电台(箱)防雷设计应满足以下要求：

1 35/0.4 kV 或 27.5/0.23 kV 配电变压器，进线段可不架设架空地线，其高、低压侧均应装设避雷器保护。

2 10 kV(6 kV)配电变压器，应在高压侧装设一组避雷器保护。多雷区宜在低压侧亦装设一组避雷器保护。强雷区和对通信、信号及其他电子信息系统供电的配电变压器低压侧应装设一组避雷器保护。

3 避雷器应靠近变压器装设，其接地线应与变压器低压侧中性点及金属外壳连在一起接地。

4.3.6 铁路通信、信号及其他电子信息系统低压供电线路防雷设计应满足以下要求：

1 220/380 V 交流配电线路和分支线路应用用 TN－S 系统的接地型式。

2 进出建筑物的电源线路应采用电缆线路埋地敷设引入电气、电子设备机房。当采用架空线路转换为电缆埋地引入时，其电缆长度应不小于 15 m。

3 低压配电线路的始端，应在电力总配电柜(箱)内装设第一级电源浪涌保护器防护，可将防雷器件装在低压断路器后的相线上。

4.3.7 变电所、开闭所、分区所和自耦变压器所的每组母线上都宜装设金属氧化物避雷器，高雷区及以上地区，宜在馈电线首端加设抗雷圈或采用进线段保护。避雷器应以最短的接地线与配电装置的主接地网连接，同时应在其附近装设集中接地装置。

4.3.8 自耦变压器必须在两条出线上装金属氧化物避雷器，作为过电压保护装置。

4.3.9 在高雷区、强雷区，接触网在下列地点应采用氧化锌避雷器防护：

1 分相和站场端部的绝缘锚段关节。

2 长度 2 000 m 及以上隧道的两端。

3 长度大于 200 m 的供电线或自耦变压器供电线连接到接触网上的接线处。

4.4 电子信息系统防雷设计

4.4.1 建筑物内电子信息系统的防雷设计，应满足雷电防护分区、分级、分系统确定的防雷等级的要求。

4.4.2 在驼峰调车场电子设备比较集中的区域，可在距离电子设备 30 m 以上的处所设置独立避雷针。

4.4.3 计算机机房应根据需要采用电磁屏蔽和防静电措施。

4.4.4 220/380 V 信号电源线的防护应满足以下要求：

1 雷电防护等级为 A、B 级的电子信息系统应采用三级防护，浪涌保护器(SPD)分别设置在电力总配电柜(箱)内、电源设备前及计算机设备前。B 级继电电气设备及 C 级电子信息系统应采用二级防护，浪涌保护器(SPD)分别设置在电力总配电柜(箱)内、电源设备前。

2 末级电源浪涌保护器(SPD)的残压应小于被保护装置的耐压。

3 对雷电防护等级为 A 级的信号系统，第一级电源防护宜采用相线—相线、相线—

保护地线、相线—中性线、中性线—保护地线间的全模防护。

4 信号设备机房电力线引入处应单独设置电源防雷箱,设置地点应符合防火要求。

4.4.5 信号传输线防护应满足以下要求:

1 浪涌保护器(SPD)应集中设置在 $LPZ0_A$ 或 $LPZ0_B$ 区与 LPZ1 区的界面至分线间(盘)或引入架处。

2 在中雷区及以上地区,当信号传输线在室内水平距离大于 50 m 小于 100 m 时,应在设备的一端接口安装浪涌保护器(SPD);大于 100 m,应在设备的两端接口处安装浪涌保护器(SPD)。

3 进入建筑物的电缆金属护套、屏蔽层应在入口处单独与建筑物地网连接。

4.4.6 轨道电路的防护应满足以下要求:

1 室内、外应设置钢轨对地的纵向、横向雷电防护措施。

2 各种变压器应采用防雷变压器或隔离变压器。

4.4.7 无线通信中断设备应采取下列防护措施:

1 电缆的屏蔽层及其外导体应与中继设备机壳直接连通并接地。

2 漏泄同轴电缆的吊线应焊接连通,吊线两端及每间隔 500 m 左右应接地;中继设备附近吊线与中继设备地线应焊接连通。

3 中继设备防雷地线、保护地线和工作地线宜合设,接地电阻值应符合中继设备的要求,设有贯通地线时,其地线应与贯通地线连接。

4 中继设备电源引入端应设浪涌保护器(SPD)防护,也可增设防雷型或隔离型变压器防护。中继设备信号线的输入、输出端应设浪涌保护器。

4.4.8 浪涌保护器(SPD)的选用应满足以下要求:

1 浪涌保护器的冲击通流容量应根据所在地区雷电活动情况确定;限制电压应与被保护设备的绝缘相匹配。

2 浪涌保护器的外壳必须采用阻燃材料。工作电压在 110 V 以上的电源浪涌保护器应有劣化或损坏指示,并有故障自动脱离装置。

3 铁路信号浪涌保护器宜选用气体放电管和压敏电阻器等串联构成的浪涌保护器。

4.4.9 电子信息系统的各种线、缆及管道之间的间距及布线原则应符合《建筑物电子信息系统防雷技术规范》(GB 50343)的有关规定。

4.4.10 电子信息系统防雷设计除符合上述规定外,尚应符合《建筑物电子信息系统防雷技术规范》(GB 50343)的有关规定。

5 接地及电磁兼容设计

5.1 一 般 规 定

5.1.1 铁路综合接地工程设计应调查以下基础资料：

1 铁路沿线土壤电阻率及土壤中酸、碱、盐的含量。

2 牵引供电臂内的电流分配及吸上线布置。

3 铁路沿线管线、建筑物或构筑物的分布。

4 轨道电路的划分。

5 有关路基、桥梁、隧道等工程设计的主体方案，防雷设计时应对有关因素进行综合研究，合理确定综合接地系统的设计方案。

5.1.2 距接触网带电体 5 m 范围以内的金属结构和设备应接入综合接地系统，对未采用综合接地系统的铁路，其金属结构和设备均应接地。

5.1.3 采用综合接地系统的电气化铁路，距铁路两侧 20 m 范围以内的铁路设备房屋的接地装置应接入综合接地系统。

5.1.4 设计中应考虑人可能触及的导电部件的接触电压、轨道电位，并应符合表 5.1.4 中的规定。

表 5.1.4 接触电压、轨道电位容许值

运行状况	容许接触电压(V)	容许轨道电位(V)
长期运行($t>300$ s)	60	120
短时运行($t=300$ s)	65	130
故障状态($t=300$ ms)	842	1 684

5.1.5 在综合接地系统中，建筑物、构筑物及设备在贯通地线接入处的接地电阻不应大于 1 Ω。

5.1.6 路外公共建筑物、公共电力系统、金属管线等设施，必须采取与铁路综合接地系统可靠的隔离或绝缘等措施。

5.1.7 铁路综合接地系统应满足轨道电路及信号设备的电磁兼容性要求。

5.1.8 接地装置应优先利用建筑物中的非预应力结构钢筋作为自然接地体，当自然接地体的接地电阻达不到要求时应增加人工接地体。人工接地体工频接地电阻的简易计算可参照附录 A。

5.1.9 建筑物垂直接地体应均匀布置，间距不应小于其长度的两倍，接地体顶部埋深距地面不宜小于 0.6 m；在冻土地区，应埋在冻土层以下。

5.2 建筑物接地及等电位连接

5.2.1 建筑物防雷接地与交流工作接地、直流工作接地、安全保护接地共用一组接地装置时，接地装置的接地电阻值应按接入设备中要求的最小值确定。

5.2.2 建筑物的接地装置应优先利用其基础内的非预应力结构钢筋，并应满足下列要求：

1 当基础采用硅酸盐水泥和周围土壤的含水量不低于4%及基础的外表面无防腐层时，宜利用基础的钢筋作为接地装置。

2 接地体间及接地体与外引线间必须有可靠的电气连接。应将建筑物四周的混凝土基础内的主钢筋焊接连通，构成闭合的基础接地网，其网格尺寸应不大于5 m（信号楼要求不大于3 m）。网格交叉处、与外引线或预埋连接板间的连接应焊接。

5.2.3 信号楼（或中间站行车室）应在建筑物四周散水外大于1 m处，埋设环形人工接地体，并与建筑物四角及每隔5～10 m的基础接地网钢筋焊接一次，接地电阻不应大于1 Ω。

5.2.4 变、配电所（包括室外的配电装置）的接地装置除利用自然接地体外，还应敷设以水平接地体为主的环形人工接地网。其网孔尺寸通过计算确定，应满足发生单相接地时将接触电压和跨步电压降到允许值的要求。

对于10 kV及以下小型或附属变电所，当采用建筑物基础接地体且接地电阻满足规定值时，可不另设人工接地体。

5.2.5 独立避雷针和架空避雷线（网）的接地应设独立接地装置。接地装置与被保护建筑物或变、配电所接地网的地中距离不应小于3 m；当有困难时，可与接地网相连，但其地下连接点至建筑物内的电气、电子设备或变、配电所35 kV及以下设备与接地网的地下连接点之间，沿接地体的地中长度不应小于15 m。

第二、三类建筑物防雷引下线在接地网上的连接点与通信、信号及其他电子信息系统的接地干线在接地网上的引接点的间距宜大于15 m，有困难时应大于5 m。电力、电气化接地干线与通信、信号及其他信息系统接地干线在接地网上引接点间距离宜大于5 m。

5.2.6 在直接雷非防护区（$LPZ0_A$）或直击雷防护区（$LPZ0_B$）与第一防护区（LPZ_1）交界处应设置总等电位接地端子板（或总等电位连接带），每层楼宜设置楼层等电位接地端子板，各设备机房应设局部等电位接地端子板。

5.2.7 共用接地装置应通过接地干线与总等电位接地端子板或各楼层等电位接地端子板连接，再通过接地支线与各设备机房局部等电位接地端子板连接，最后引至各设备及浪涌保护器接地端子。

电力、电气化、通信、信号及其他电子信息系统应分别设置各自专业的等电位接地端子板。各种管道的等电位连接可设局部等电位接地端子板，也可直接与电力、电气化等电位接地端子板连接。

5.2.8 共用接地系统的接地干线的材质宜采用钢材（等电位接地端子板的进、出线除外）或铜材，导体截面积应满足热稳定和机械强度的要求，并符合下列规定：

1 与接地网连接的接地干线，可用铜排或热镀（渗）锌扁钢埋地敷设，铜排的截面积不小于50 mm^2，热镀（渗）锌扁钢的截面积不小于200 mm^2。厚度均不小于4 mm。

2 小型建筑物不设总等电位端子板，但应设总等电位连接带，楼层等电位端子板可直接与接地网连接。采用铜芯电缆沿电缆井敷设，其截面积不应小于50 mm^2。

3 楼层等电位端子板至机房局部等电位端子板的接地支线宜采用铜芯电缆或穿钢管铜芯绝缘线，其截面积不应小于50 mm^2。

5.2.9 应在建筑物地网四周及垂直接地体处设置相关标志。

5.3 贯 通 地 线

5.3.1 贯通地线截面积的选择应符合下列规定：

1 应满足正常情况下流过贯通地线最大牵引回流的需要。

2 应满足接触网短路（短路时间按不大于100 ms计）通过瞬间大电流时热稳定的要求。

3 应根据不同区段牵引回流的分布情况每段合理考虑。

4 应按照远期的牵引电流计算。

5 应考虑大地中的土壤与导体结合时产生的泄流作用。

5.3.2 贯通地线的材质选型应满足以下要求：

1 贯通地线的环保性能应满足国家对土壤环境质量要求的有关规定。

2 贯通地线内的铜导线应采用国家标准《电工圆铜线》（GB/T 3953）规定的TR型软圆铜线制造，且电阻率不应大于0.017241 $\Omega\cdot mm^2/m$（20 ℃）。

3 贯通地线的外护套可采用导电高分子材料或金属材料制造，应具有很好的耐酸、碱、盐腐蚀性能。当外护套采用导电高分子材料时，其体积电阻率不应大于0.7 Ω · cm。

4 贯通地线的使用环境温度应满足 −40 ℃ ~ +60 ℃的要求，敷设时的环境温度不低于 −10 ℃、弯曲半径不小于其直径的20倍，机械性能应不低于直埋信号电缆的机械性能。

5.3.3 贯通地线的敷设应满足以下要求：

1 桥梁、隧道地段、车站范围及牵引变电所附近的区段应在铁路两侧敷设贯通地线。

2 客运专线应在铁路两侧敷设贯通地线；新建200 km/h客货共线铁路路基地段宜在铁路两侧敷设贯通地线。

3 160 km/h及以下铁路自动闭塞区段、电子设备集中区段可在一侧敷设贯通地线。

5.3.4 两侧设有贯通地线的区段，在适当地点应将两侧的贯通地线作横向连接，并应满足以下要求：

1 桥梁地段应通过梁体内的横向结构钢筋将两侧贯通地线作横向连接。

2 隧道地段通过环向接地钢筋等实现两侧贯通地线的横向连接。

3 路基地段贯通地线间的横向连接，原则上在每段轨道电路的中间点设一处；有条件时，横向连接线与贯通地线同步埋设；条件不具备时，横向连接线可埋设于轨底不小于0.6 m处并采用热镀（渗）锌钢管防护措施。

4 横向连接线与贯通地线同材质、同截面。

5.3.5 距铁路20 m范围内铁路建筑物的接地装置应与综合接地系统的贯通地线可靠连接，并应满足以下要求：

1 贯通地线在信号楼上、下行两端应分别与其环形接地体连接，每端设2根连接线，2根连接线的间隔为2 ~ 3 m。

2 其他建筑物的地网应与贯通地线可靠连接。

5.3.6 贯通地线在路肩、桥梁、隧道之外的地点埋设时应设立埋设标志，并应满足以下要求：

1 径路转向及分支处。

2 穿越障碍物(如大型管路、高压电缆等)时。

3 应与同径路电缆共用埋设标志。

4 直线径路和无分支时,贯通地线的埋设标志间距应与信号电缆的埋设标志间距相同。

5.4 桥梁接地

5.4.1 桥墩接地装置应满足以下要求:

1 桩基础桥梁,应利用每根桩中的一根通长结构钢筋作为接地钢筋;应利用承台中的结构钢筋将桩中的接地钢筋环接;应利用桥墩中的两根结构钢筋作为接地钢筋使用,接地钢筋的一端与承台中的环接钢筋相连,另一端与墩帽处的接地端子(或接地母排)相连。

2 扩大基础桥梁,在基底底面设一层钢筋网作为水平接地极,在各层基础的四周设置垂直接地钢筋,垂直接地钢筋的间隔为层高的2倍;垂直接地钢筋在基顶顶面处用连接钢筋环接,并用墩身中的两根结构钢筋引至墩帽处的接地端子(或接地母排);水平和垂直接地钢筋的外缘距混凝土表面的距离为50~70 mm。

5.4.2 梁体接地应满足以下要求:

1 无砟轨道桥梁和道砟厚度小于0.3 m的有砟轨道桥梁,在梁体上表面适当位置处应设纵向和横向接地钢筋,纵向接地钢筋应贯通整片梁。当梁体上表面的纵向结构钢筋距混凝土表面的距离小于100 mm时,应将纵向结构钢筋作为纵向接地钢筋使用,否则设专用纵向接地钢筋。

2 应利用梁体中的横向结构钢筋作为横向接地钢筋,并且横向接地钢筋应与梁底的接地端子连接。

3 梁体上预留的接触网支柱基础应与纵向或横向接地钢筋连接。

5.4.3 桥梁地段的贯通地线应敷设在电缆槽内,并采取砂防护措施。

5.4.4 桥梁栏杆、声屏障、轨旁电气装置等金属件及长度大于2 m的钢筋混凝土构筑物应与贯通地线连接。

5.4.5 桥梁及其他混凝土建筑内设置的接地钢筋应满足下列要求:

1 只能使用混凝土内的非预应力结构钢筋。

2 结构钢筋的直径不应小于16 mm或截面积不应小于200 mm^2。除特别说明外,钢筋外缘距混凝土表面的距离应按桥梁有关设计规范设计。

3 连接要求:

1)钢筋与钢筋间的连接采用搭接焊工艺,焊缝长度为单面焊接长度不小于100 mm、双面焊接长度不小于55 mm,钢筋间十字交叉时采用16 mm的"L"形钢筋进行焊接(焊接长度同前)。

2)其他连接采用压接或拴接工艺。

5.5 隧道接地

5.5.1 隧道接地装置的设置应满足以下要求:

1　Ⅲ、Ⅳ、Ⅴ级围岩隧道，应利用锚杆和专用环向接地钢筋（Ⅲ级围岩）和钢架（Ⅳ、Ⅴ级围岩）作为接地极。

2　Ⅱ级围岩隧道，应利用隧道底板的下层结构钢筋作为接地极。

5.5.2　隧道二次衬砌接地应满足以下要求：

1　二次衬砌中有钢筋网的隧道，应利用二次衬砌的内层纵、环向结构钢筋作为接地钢筋；纵向结构钢筋约 100 m 断开一次，环向结构钢筋在纵向结构钢筋约 1/2 处与纵向结构钢筋连接。

2　二次衬砌无钢筋时，设环向接地钢筋与接触网基础连接。

3　环向接地钢筋应与两根贯通地线可靠连接。

5.5.3　在两侧电缆槽的线路侧外缘应各设一根纵向接地钢筋，纵向接地钢筋外缘距混凝土表面不大于 30 mm。

5.5.4　贯通地线敷设在电缆槽内时，应采取砂防护措施。

5.5.5　接地钢筋的连接应满足本暂行规定的第 5.4.5 条第 3 款。

5.6　路基接地

5.6.1　路基地段贯通地线的设置应满足以下要求：

1　路肩设有电缆槽的铁路，应将贯通地线埋设于信号电缆槽下、距基床底层顶面 −300 ~ −400 mm 处；石质路堑地段，将贯通地线埋设于信号电缆槽下约 −200 mm 的沟中并回填细粒土。

2　路肩无电缆槽的铁路，贯通地线一般与信号电缆同沟敷设。

3　车站内贯通地线的支线段，可敷设于信号电缆槽中或者埋设于土壤中；若贯通地线敷设于信号电缆槽中，则应采取砂防护措施。

5.6.2　贯通地线的引接线应与贯通地线同材质、同截面，在同一位置按一根引接线设计。

5.6.3　采用综合接地系统时，路基地段应将接触网支柱基础钢筋与贯通地线连接。

5.7　无砟轨道及站台接地

5.7.1　无砟轨道道床的接地应满足以下要求：

1　应优先利用无砟轨道道床上层直径不小于 16 mm 的非预应力结构钢筋作为接地钢筋，其外缘距混凝土表面不大于 100 mm，接地钢筋不应形成闭合电气回路，并与结构钢筋绝缘，每 100 m 分隔为一个标准段。

2　无砟轨道的纵向专用接地钢筋按 100 m 左右与贯通地线单点“T”形连接。

5.7.2　钢筋混凝土站台上（包括混凝土的内部）纵向长度超过 2 m 的所有金属构件应可靠接地，有条件时应与综合接地系统的贯通地线可靠连接。

5.8　牵引供电系统接地

5.8.1　牵引供电系统的设计应采取以下措施，改善牵引回流的分配、降低钢轨电位、接触电压和跨步电压。

1 选用有利于改善牵引回流分配、降低钢轨电位的供电制式。

2 利用接触网支柱基础等自然接地体。

3 PW 线或 NF 线与轨道的连接必须通过扼流变压器或空芯线圈中性点连接。贯通地线与完全横向连接线连接点、PW 线或 NF 线的引下线与扼流变压器或空芯线圈中性点连接点宜在同一里程。

4 为平衡牵引回流、降低钢轨电位,根据需要也可间隔 300 ~ 500 m 将上、下行 PW 线或 NF 线并联。

5 牵引变电所应采用不少于两回独立的回流绝缘电缆(线)经空芯线圈中性点与专用走行轨相连接并将回流线引入牵引变电所。回流电缆(线)的截面应满足另一回电缆(线)故障情况下的最大载流量需要。

5.8.2 牵引网中的防雷接地装置在贯通地线上的接入点与其他设备在贯通地线的接入点间距不应小于 15 m。

5.8.3 在牵引变电所、开闭所、AT 所和分区所内,所有供电设备应与接地系统相连接,以实现等电位和保护,等电位母线不应通过回流。

5.8.4 牵引变电所围墙内外的管道附属设备的金属外皮应与变电所地线网相连。

5.9 电子信息系统接地

5.9.1 距接触网带电体 5 m 范围内的电子信息系统设备的接地均应就近接入贯通地线。

5.9.2 位于建筑物室内的电子信息系统的接地应接入建筑物共用接地系统。

5.9.3 客运专线及 200 km/h 的客货列车共线铁路应采取以下降低钢轨电位的措施:

1 在股道之间设置完全横向连接线或简单横向连接线。

2 应采用多股铜线焊接式的接续线,其截面积不应小于 50 mm^2。

5.9.4 沿线长途通信电缆、电缆槽支架、漏泄电缆悬吊钢索等的接地均应接入贯通地线。

5.9.5 距铁路线路大于 20 m 的无线通信基站及区间中继设备的杆塔等的接地装置应单独设置。

5.10 其他设施接地

5.10.1 铁路沿线 20 m 范围内电力电缆中间接头和终端头、变压器、开关等设备的接地应就近接入贯通地线。

5.10.2 下列铁路沿线的构件处于接触网带电体 5 m 范围内,应与贯通地线可靠连接,并应满足以下要求:

1 车站站台的金属栏杆、雨棚。

2 金属管道和设备金属外皮。

5.10.3 声屏障接地应满足以下要求:

1 由导电材料制成声屏障及支架应与贯通地线连接。

2 声屏障采用非导电材料时,宜在顶部安装保护导体(如钢带或钢筋),并与贯通地线可靠连接。

3　声屏障除其两端分别与贯通地线连接外，必要时在中间适当位置与贯通地线连接。

5.10.4　隔离栅栏的金属部件应可靠接地。

5.10.5　跨电气化铁路的建筑物及构筑物外露的金属防护栅网及护栏应单独接地，有条件时可与贯通地线连接。

5.11　抗电磁干扰

5.11.1　交流电气化铁路接触网的危险影响，在各种电缆和光电综合缆中的金属芯线上，任何两点间的感应纵电动势（有效值）与地电流影响电压几何和，不应大于表 5.11.1 的规定。

表 5.11.1　危险影响容许值

工　作　状　态	容许标准（V）	
不对称电力线路和接触网正常供电状态	无防护措施	60
	有防护措施	100①
交流对称中性点直接接地或不对称强电线路和接触网短路状态（自动切断时间（<0.5 s）	0.6U_s②	

注：① 条件困难时，最大感应纵电动势不得超过 150 V；

② U_s 为电缆芯线与金属护套间的直流试验电压。

交流电气化铁路区段，应根据不同的供电方式计算对铁路通信、信号电缆和光电综合缆的危险影响，并采取相应的防护措施。

5.11.2　受交流电气化铁路接触网和不对称电力线路正常运行时的杂音干扰影响，在各种电缆或光电综合缆线路内，音频双线回路终端测得的杂音计电压（终端阻抗为 600 Ω）不应大于表 5.11.2 的规定值。

表 5.11.2　干扰影响容许值

回线名称	杂音计电压（mV）	杂音电平（dB）
调度回线	1.25	−56
一般回线	2.0	−50

注：在通信站用杂音测试器测量时，应采用高阻，输入端并接等于回线输入阻抗 Z，其实测值应乘以 $\sqrt{600/Z}$。

5.11.3　石油库专用铁路线与电气化铁路接轨，铁路接触网不进入石油库专用铁路线时，应满足下列要求：

1　石油库专用铁路线上，应设置 2 组钢轨绝缘防护。第 1 组钢轨绝缘设在专用铁路线起始点 15 m 以内，第 2 组钢轨绝缘设在进入装卸区前。两组钢轨绝缘间距应大于取送车列的长度。

2　在每组钢轨绝缘的电气化铁路侧，应设 1 组向电气化铁路所在方向延伸的接地装置，接地电阻不应大于 10 Ω。

3　铁路油品装卸设施的钢轨、输油管道、鹤管、钢栈桥等应做等电位跨接并接地，两组跨接点间距不应大于 20 m，每组接地电阻不应大于 10 Ω。

5.11.4　当石油库专用铁路线与电气化铁路接轨，且铁路接触网进入石油库专用铁路线

时,应符合下列规定:

1 进入石油库专用电气化铁路线应设2组隔离开关。第1组隔离开关设在与专用铁路线起始点15 m以内,第2组应设在专用铁路线进入装卸油作业区前,且与第一个鹤管的距离应不小于30 m。隔离开关的入库端应装设避雷器保护。专用线的高压接触网的终端距第一个装卸油鹤管的距离不应小于15 m。

2 在石油库专用铁路线上,应设置2组钢轨绝缘及相应的回流开关装置。第1组设在专用铁路线起始点15 m以内,第2组设在进入装卸区前。

3 在每组钢轨绝缘的电气化铁路侧,应设1组向电气化铁路所在方向延伸的接地装置,接地电阻不应大于10 Ω。

4 专用电气化铁路线第2组隔离开关后的高压接触网,应设1组供搭接的接地装置。

5 铁路油品装卸设施的钢轨、输油管道、鹤管、钢栈桥等应做等电位跨接并接地,两组跨接点间距不应大于20 m,每组接地电阻不应大于10 Ω。

5.11.5 储存甲、乙、丙类油品的钢油罐、油泵间、装卸油设施应采取防静电措施。在下列甲、乙、丙A类油品(原油除外)作业场所,应在下列地点采取消除人体静电措施:

1 泵房的门外。

2 储罐的上罐扶梯入口处。

3 装卸作业区内操作平台的扶梯入口处。

6 工程施工

6.1 一般规定

6.1.1 工程应按已批准的综合接地系统及有关汇总于站前主体专业的设计文件和图纸施工。

6.1.2 工程中采用的器材应符合国家和铁道现行的技术标准或技术条件的规定，并应有合格证。

6.1.3 对贯通地线连接等工种有关的电工、焊工和电气调试人员等，应持证上岗。

6.1.4 测试仪表、量具，应检测合格，并应在计量有效期内使用。

6.1.5 应按规定对主要器材的电气、机械性能进行测试，并作记录。

6.1.6 施工中的安全工作，应遵守铁道行业现行的有关施工安全规则的规定及产品技术文件的安全规定。

6.1.7 根据路基的施工组织计划安排，可将综合接地系统贯通线和引接线的施工纳入到站前施工标段范围内。

6.1.8 路堤及土质路堑地段的贯通地线应在站前施工通信、信号电缆槽时直接埋设。

6.2 贯通地线敷设

6.2.1 人工敷设贯通地线时，严禁压、折、摔、扭曲贯通地线，不得在地上拖拉贯通地线。

6.2.2 路基地段贯通地线的埋设应满足以下要求：

1 直埋时沟底应平坦，沟内无石块和杂物，回填覆土并人工夯实，与其他电缆或管道交叉时应采用热镀（渗）锌钢管进行防护。

2 贯通地线应在环境温度不低于－10℃时敷设。

3 接地干线应具有牢固的机械强度和良好的电气连续性，过障碍处应采取相应的机械防护措施。

4 各接地端子板应设置在便于安装和检查以及接近各种引入线的位置，避免装设在潮湿或有腐蚀性气体及易受机械损伤的地方。

6.2.3 桥、隧、路基相互之间的过渡段贯通地线应平顺连接。

6.2.4 贯通地线的连接宜采用操作简单、连接可靠、经济合理的压接工艺，并满足以下要求：

1 贯通地线的接续和"T"形引接采用铜质"C"形压接件进行连接。铜质"C"形压接件的机械性能和化学成分应满足国家标准《专用纯铜板》（GB 1837—80）的相关规定，最小厚度、宽度应满足表6.2.4要求。

表 6.2.4 "C"形压接件的最小厚度和宽度

贯通地线的铜导线截面	"C"形压接件的最小厚度和宽度	
	最小厚度(mm)	最小宽度(mm)
25 mm^2、35 mm^2	2.5	18
50 mm^2、70 mm^2	3.5	18
95mm^2	5.3	26

2 压接钳的压接力不应小于 12 t,并应具有压接力未达到规定值时不能自行解锁的功能。

3 连接处应采取可靠防腐措施,使用寿命与贯通地线相同且满足免维护要求。

6.2.5 贯通地线敷设于电缆槽内时,应敷设在电缆槽的最底层并采用砂防护。

6.2.6 综合接地系统应设置供引接线接地引接的不锈钢接地端子或接地母排;室外接地端子或接地母排应直接灌注在电缆槽或其他混凝土制品中。

6.2.7 贯通地线防护应满足以下要求:

1 以下地点应采用上、下各覆土 100 mm,然后再用砖防护:

1)接近或交叉其他电缆时。

2)穿越种有农作物的耕地时。

3)穿越居民点时。

4)必须减少贯通地线的埋设深度时。

2 穿越轨道时可选用热镀(渗)锌钢管进行防护。穿越轨道的防护管,其两端应超出轨枕 500 mm 以上。

3 穿越公路时应采用热镀(渗)锌钢管防护,其两端应伸出公路边沿 500 mm 以上。

4 穿越水沟、水渠时,应采用热镀(渗)锌钢管防护。

5 各种防护管的内径应不小于贯通地线外径的 3 倍。

6.2.8 铁路综合接地系统施工过程中和施工完成后应实测接地电阻,如不满足要求,应增加人工接地体。

6.2.9 贯通地线施工后应按设计规定的要求对标志进行编号。

7　施工质量验收

7.1　一 般 规 定

7.1.1　防雷、接地工程施工质量验收应符合《建筑电气工程施工质量验收规范》(GB 50303)、《电气装置安装工程接地施工及验收规范》(GB 50169)及铁路相关专业工程施工质量验收标准的有关规定。

7.1.2　铁路综合接地系统可纳入相关专业综合接地的分项工程中，并按表 7.1.2 划分。

表 7.1.2　综合接地系统分项工程、检验批划分

专　业	分项工程名称	检　验　批	检验项目条文号	
			主控项目	一般项目
路基	贯通地线、人工接地体、接地端子排	连续长度不大于 1 000 m 范围	7.2.1 ~ 7.2.7	
	横向连接地线、引接线	每个施工段	7.2.8 ~ 7.2.9	
	电气设备、声屏障、隔离栅栏	每个施工段	7.2.18	
	标志	每个施工段	7.2.19	7.3.1
轨道	轨道分仓横向连接线、构筑物的钢筋接地	每个安装段	7.2.10 ~ 7.2.12	
	无砟轨道板接地	每个安装段	7.2.13	
	标志	每个安装段	7.2.19	7.3.1
桥梁	贯通地线、人工接地体、接地端子排	每个施工段	7.2.1 ~ 7.2.7	
	横向连接地线、引接线	每个施工段	7.2.8 ~ 7.2.9	
	桥墩接地极	每个墩台	7.2.14	
	梁体接地	每片梁	7.2.15	
	电气设备	每个施工段	7.2.18	
	标志	每个施工段	7.2.19	7.3.1
隧道	贯通地线、接地端子排	每 100 m	7.2.1 ~ 7.2.3 7.2.6 ~ 7.2.7	
	隧道接地极	每个安装段	7.2.16	
	隧道二次衬砌接地	每个安装段	7.2.17	
	电气设备	每个安装段	7.2.18	
	标志	每个安装段	7.2.19	7.3.1

7.1.3　检验批可根据施工及质量控制和验收需要按长度、施工段(处)等进行划分。检验批应由施工单位自检合格后报监理单位，由监理工程师组织施工单位专职质量检查员等进行验收。监理单位应对全部主控项目进行检查，对一般项目的检查内容和数量可根据具体情况确定。检验批质量验收记录应按《铁路信号工程施工质量验收标准》(TB 10419—2003)表 3.4.1 填写。

7.1.4 分项工程应由监理工程师组织施工单位分项工程技术负责人等进行验收,并按《铁路信号工程施工质量验收标准》(TB 10419—2003)表 3.4.2 填写记录。

7.2 主控项目

7.2.1 贯通地线进场后应进行验收,其材质、截面积应符合设计要求,对其主要参数应进行测试。电气特性、机械性能应符合相关产品标准的规定及设计要求。

检验数量:同一生产厂家的贯通地线每十盘为一批,当不足十盘时也按一批计。施工单位每批抽检 1 盘。监理单位按施工单位抽样数量的 50% 见证取样检测,当不足一盘时也按一盘计。

检验方法:查验每批产品合格证、性能报告单,抽样检验贯通地线直流电阻值、机械性能。

7.2.2 贯通地线敷设深度、径路应符合现场实际情况及设计文件的规定。

检验数量:施工单位、监理单位全部检查。

检验方法:观察、测量检查。

监理单位旁站。

7.2.3 贯通地线接地电阻值应满足设计要求。

检验数量:施工单位、监理单位全部检查。

检验方法:随工程进度,用接地电阻测试仪及时进行测试。

监理单位旁站。

7.2.4 人工接地体所用材料、规格应满足设计要求。

检验数量:施工单位全检。监理单位见证 30%。

检验方法:观察检查。

7.2.5 人工接地体埋设位置、埋设深度应满足设计要求。

检验数量:施工单位、监理单位全部检查。

检验方法:观察、测量检查。

监理单位旁站。

7.2.6 接地端子排的材质、规格、数量应符合设计要求。

检验数量:施工单位全检。监理单位见证 30%。

检验方法:观察、尺量检查。

7.2.7 贯通地线的接续、"T"形引接及横向连接的工艺、间隔、防护措施应满足设计要求。

检验数量:施工单位、监理单位全部检查。

检验方法:观察检查。

监理单位旁站并按建设单位规定的比例留证(图像资料)。

7.2.8 引接线应短而直,不得绕圈。

检验数量:施工单位全检。监理单位见证 30%。

检验方法:观察、测量检查。

7.2.9 轨道完全横向连接线的设置间隔、连接工艺及防护措施应符合设计要求。

检验数量:施工单位、监理单位全部检查。

检验方法:观察、尺量检查。

监理单位旁站。

7.2.10 电缆过轨钢管或通道、电缆过孔、贯通地线及引出线接口等应符合设计要求。

检验数量:施工单位、监理单位全部检查。

检验方法:观察、测量检测。

7.2.11 距接触网带电体 5 m 范围内站台混凝土内部纵向长度超过 2 m 的全部金属结构应与综合接地系统可靠连接。

检验数量:施工单位全检。监理单位见证 30%。

检验方法:观察、测量检查。

7.2.12 距接触网带电体 5 m 范围内混凝土构筑物(如道床板、防护挡墙)中非预应力钢筋、金属管道接地应连接到综合接地系统。

检验数量:施工单位全检。监理单位见证 100%。

检验方法:观察、测量检查。

7.2.13 无砟轨道的纵向接地钢筋每 100 m 与贯通地线"T"型连接一次。

检验数量:施工单位、监理单位全部检查。

检验方法:观察、尺量检查。

7.2.14 桥墩接地极。接地电通路、接地钢筋的截面、焊接的工艺和长度、接地端子或接地母排位置以及接地电阻值应符合有关办法、标准和设计要求。

检验数量:施工单位、监理单位全部检查。

检验方法:观察,仪表测量。

监理单位旁站并按建设单位规定的比例留证(图像资料)。

7.2.15 梁体接地。接地电通路、接地钢筋的截面和位置、焊接工艺和长度以及接地母排的位置应符合有关办法、标准和设计要求。

检验数量:施工单位、监理单位全部检查。

检验方法:观察检查。

监理单位旁站并按建设单位规定的比例留证(图像资料)。

7.2.16 隧道接地极。接地电通路、接地钢筋的截面、焊接工艺和长度以及锚杆和钢架(含环向接地钢筋)的间隔应符合有关办法、标准和设计要求。

检验数量:施工单位、监理单位全部检查。

检验方法:观察检查。

监理单位旁站并按建设单位规定的比例留证(图像资料)。

7.2.17 隧道二次衬砌接地。接地电通路、接地钢筋的截面和位置、焊接工艺和长度以及接地端子或接地母排的位置应符合有关办法、标准和设计要求。

检验数量:施工单位、监理单位全部检查。

检验方法:观察检查。

监理单位旁站并按建设单位规定的比例留证(图像资料)。

7.2.18 距铁路线路 20 m 范围内各种电气设施、声屏障、隔离栅栏等接地应符合设计要求。

检验数量:施工单位全检。监理单位见证 100%。

检验方法:观察、尺量检查。

7.2.19 贯通地线的标志的设置位置及编号应满足设计要求。

检验数量：施工单位全检。监理单位见证30%。

检验方法：观察、测量检查。

7.3 一般项目

7.3.1 各种标志编号正确，表面平整光洁，无明显丢边掉角现象。

检验数量：施工单位全检。

检验方法：观察检查。

附录 A　人工接地体工频接地电阻的简易计算

表　A

接地体型式	简易计算式
垂直式	$R \approx 0.3\rho$
单根水平式	$R \approx 0.03\rho$
复合式(接地网)	$R \approx 0.5\dfrac{\rho}{\sqrt{S}} = 0.28\dfrac{\rho}{r}$ 或 $R \approx \dfrac{\sqrt{\pi}}{4} \times \dfrac{\rho}{\sqrt{S}} + \dfrac{\rho}{L} = \dfrac{\rho}{4r} + \dfrac{\rho}{L}$

注:1　ρ 为土壤电阻率,Ω · m。

2　"垂直式" 为长度在 3 m 左右的接地体。

3　"单根水平式"为长度在 60 m 左右的接地体。

4　"复合式"中,S 为大于 100 m^2 的闭合接地网的面积;r 为与接地网面积 S 等值的圆的半径,单位 m;L 为水平接地体的总长度,单位 m。

本暂行规定用词说明

执行本暂行规定条文时，对于要求严格程度的用词说明如下，以便在执行中区别对待。

(1)表示很严格，非这样做不可的用词：

正面词采用"必须"；

反面词采用"严禁"。

(2)表示严格，在正常情况下均应这样做的用词；

正面词采用"应"；

反面词采用"不应"或"不得"。

(3)表示允许稍有选择，在条件许可时首先应这样做的用词：

正面词采用"宜"；

反面词采用"不宜"。

表示有选择，在一定条件下可以这样做的，采用"可"。

《铁路防雷、电磁兼容及接地工程技术暂行规定》条文说明

本条文说明系对重点条文的编制依据、存在的问题以及在执行中应注意的事项等予以说明。为了减少篇幅，只列条文号，未抄录原条文。

1.0.1 在铁路上，以往由各相关专业自行设置接地系统，缺乏统筹考虑，又都采用分设接地，造成现场实施十分困难，互相干扰，不仅成本高而且接地效果差。随着提速、重载和客运专线的出现，电气化牵引电流不断增大，如果不考虑采取特殊的措施，较高的回流电流引起的轨道对地电位将超过安全值，这将危害信号设备和轨旁作业人员的安全。所以必须采用综合接地系统，采取各种措施降低钢轨电位和接触电势，确保人员安全和各种设备的正常使用。为此，有必要采用技术先进、经济合理、安全可靠的防雷、电磁兼容及接地措施，统筹考虑铁路设计、施工、验收的标准，制订统一的铁路防雷、电磁兼容及接地工程技术规定。

由于雷击发生的时间和地点以及雷击强度的随机性，因此对雷击的防范，难度很大，要达到阻止和完全避免雷击事故的发生是不可能的。国际电工委员会标准 IEC 61024 和国家标准 GB 50057 就已明确指出，建筑物安装防雷装置后，并非万无一失的。所以按照本暂行规定要求安装防雷装置和采取防护措施后，只能将雷电灾害降低到最低限度，大大减小被保护的铁路电气装置遭受雷击损害的风险。

1.0.3 因雷击导致人员伤亡、设备损坏的事故屡见不鲜。究其原因，没有可靠的防雷装置和主观上防雷意识淡薄是主要原因。所以防雷、电磁兼容及接地的设计应以人为本，将保护工作人员的安全放在首位。同时对建筑物、电气装置及电子设备应本着系统优化、综合防护、防雷减灾的原则进行设计。

防雷、电磁兼容及接地是系统工程，牵涉的范围广、专业多，并且互相影响、干扰。所以铁路接地设计应重视各专业间的总体协调，全面规划、统筹考虑。具体要求如下：

（1）设计：综合接地系统的牵头专业主要工作有以下几项：

① 完成综合接地系统的总体规划。

② 协调各专业之间的接口设计。

③ 与建设单位配合解决设计存在问题。

④ 负责向施工单位进行技术交底。

综合接地系统涉及的其他各专业应做好本专业及接口设计。

（2）施工：按照设计文件确定的标准和方案实施。

1.0.4 对于不同地区，其自然环境差别很大，尤其雷暴日数相差很大。因此在做防雷设计时必须针对不同地区采取不同的防护措施。

对于不同的电气装置，应采用不同的防护措施。如电气集中联锁设备、计算机联锁设备，由于其耐雷电过电压水平不同，计算机耐雷水平差，必须采取多级、综合的保护措施。在《新建客货共线铁路设计规范》(铁建设〔2003〕76 号)中指出：信号设备的防雷应按分级、分区、分系统防护的原则设计。

3.0.1 由于防雷、接地与所在地形、地质、气象条件密切相关，应在防雷设计前充分考虑这些因素，必要时在设计前对现场雷电电磁环境进行评估。对于雷电电磁环境评估方法可参看《建筑物电子信息系统防雷技术规范》(GB 50343—2004)附录 A。

3.0.4 对客运专线、新建 200 km/h 客货共线铁路，由于速度高、牵引电流大，造成较高的钢轨电位和跨步电压，危及人身安全；同时为了保证各种电气、电子设备正常工作，其防雷、电磁兼容及接地要求很高，要求在建筑物采用共用接地系统基础上，敷设贯通地线构成将铁路沿线的牵引供电回流系统、电力供电系统、信号系统、通信及其他电子信息系统、建筑物、道床、站台、桥梁、隧道、声屏障等的接地装置，通过贯通地线连成一体的铁路综合接地系统。

根据《建筑物防雷设计规范》(GB 50057—94)(2000 年版)第 3.3.4 条及第 3.4.2 条关于建筑物防直击雷接地宜和防雷电感应、电气设备、信息系统等接地共用同一接地装置，并宜与埋地金属管道相连，《建筑物电子信息系统防雷技术规范》对屏蔽、接地和等电位连接的要求及国内外的发展趋势也都是采用共用接地系统，近几年我国铁路及城市轨道交通的防雷实践也证明了“共用接地系统”的优越性，故本暂行规定对建筑物防雷接地、各种电气装置及电子信息系统的接地推荐采用共用接地系统。

因有特殊要求或条件限制的地方，如既有车站技术改造、分散在咽喉区的各种电气装置的接地不能采用共用接地系统时，可分设接地体接地。

4.1.1 根据 IEC 62305—1“建筑物雷电防护范围”的规定，并应按分区、分级、分设备的原则采取防雷措施。

4.1.2 关于地区雷暴日等级划分及雷电防护区的分类及定义参考《建筑物电子信息系统防雷技术规范》(GB 50343—2004)第 3.1.2 条及第 3.2.2 条规定，各地区年平均雷暴日参考《建筑物电子信息系统防雷技术规范》附录 D。

4.1.3 参考《建筑物电子信息系统防雷技术规范》(GB 50343—2004)第 4.3.1 条的基本要求，结合各种铁路电气装置对行车安全的重要程度、耐雷电冲击的水平制定本规定。

4.1.4 第 4 款中“连接线应短而直”是为了减少电感和接地电阻，使防护效果好。《建筑物电子信息系统防雷技术规范》(GB 50343—2004)第 6.5.1 条规定“各级浪涌保护器连接导线长度不宜超过 0.5 m”。

4.2.1 参照《建筑物电子信息系统防雷技术规范》(GB 50343—2004)第 1.0.5 条的规定。铁路建筑物及其内部电气、电子信息系统遭受雷电的影响是多方面的，有从电源线路、信号线路及金属管道等侵入的雷电电磁脉冲，又有在建筑物、邻近或接到建筑物的管线落雷形成的电磁场感应，以及接闪器接闪后由接地装置引起的地电位反击。在进行防雷设计时，不但要考虑防直接雷击，还要防雷电电磁感应和地电位反击等，因此，必须设置外部(直击雷)防雷装置和内部(雷电流产生的电磁伤害效应)防雷装置，才能达到预期的防雷效果。

建筑物内的电气、电子信息系统的接地装置是共用接地系统的组成部分。应按“法拉第笼”原理将建筑物楼顶的防直击雷接闪装置(针、网、带),各类天线竖杆(架),金属管道及设施,建筑物楼板、梁、柱、墙、均压环、接地网的钢筋,金属门窗、金属构件等连接(焊接或绑扎)成电气上连通的笼式结构,以提供雷电流良好的泄放途径,使整个建筑物大楼各层近似处于等电位状态,并起到防侧击雷和电磁屏蔽的作用。抗干扰要求较高的电子信息系统,还应采取局部屏蔽措施,即在机房设置金属板、网等屏蔽装置并接地。

其他电子信息系统是指电力、电气化专业的远动系统和微机监控系统、车辆5种安全监控系统、建筑物内的各种智能化系统等。

4.2.2 由于高大建筑物容易遭受直击雷,故新建通信站、信号楼及其他电子信息系统机房应尽量远离高大建筑物。受地形限制,电气设备机房建筑物不能避开上述高大建筑物时,应保证电气装置的接地装置与高大建筑物的避雷针、避雷网(带)的接地装置的地下部分的直线距离大于20 m。

牵引变电所在故障时可能出现较大的电磁干扰和地电位升,危及电子信息系统的运行安全,所以新建通信站、信号及其他电子信息系统机房应远离牵引变电所。

4.2.3 参照《建筑物防雷规范》(GB 50057—94)、《铁路电力设计规范》(TB 10008—99)情况制订。

第3款第1)项中“设有电子信息设备的其他建筑物”是指各种中断站、铁路车辆的各种安全监控系统及车号自动识别系统监测机房(含各系统的列检所复示站或分析检测中心)等。

4.2.4 第2款引自《铁路信号设备雷电及电磁兼容综合防护实施指导意见》(铁运〔2006〕26号)第3.1.1条“避雷网由不大于3 m×3 m的方形网络构成”。

第4款引自IEC 62305—3的8.1、8.2,当建筑物遭到雷击时,因引下线接触电压和跨步电压可能引起人身伤害,故可采取下列的防护措施。对接触电压防护措施为(1)、(2)、(3)、(4)项之一,对跨步电压防护措施为(1)、(3)、(5)项之一,可以将危害降到可以容许的程度。

(1)减少人接近的可能性,减少在建筑物外停留的时间和接近引下线的时间,或进行物理限制或告警指示,减少人员触摸引下线的可能性。

(2)将暴露的引下线进行绝缘(如用至少3 mm的交联聚乙烯)。

(3)引下线3 m范围内,土壤表层的电阻率不小于5 kΩ·m(一般来说5 cm的绝缘材料,如地沥青或10 cm厚的一层砂砾就能满足这一要求)。

(4)保证自然引下线的电气连续性。自然引下线包括建筑物延伸的金属框架及建筑物内互连钢结构的几个钢柱。

(5)用网状接地装置实现均压。

《建筑物防雷设计规范》(GB 50057—94)(2000年版)第4.3.5条规定防直击雷的人工接地体距建筑物出入口或人行道应不小3 m。当小于3 m时应采取水平接地体局部处理措施。

4.2.7 确因条件限制距离达不到要求时,其接地线应与信号楼环形接地装置焊接,焊接点与信号设备接地线在环形接地装置上连接点的间距不应小于5 m。

4.3.3 本条第6款指无论有无架空地线,交叉档两端的钢筋混凝土杆或铁塔(上下方线路共4基)均应接地。

4.3.6 第1款参考《建筑物电子信息系统防雷技术规范》(GB 50343—2004)的第5.4.1

条，规定铁路通信、信号及其他电子信息系统应采用 TN－S 系统接地型式。

第 2 款根据《铁路信号设备雷电电磁脉冲防护技术条件》（TB/T 3074—2003）第 7.1.6 条规定及近几年建成或在建的铁路调查资料，如新建秦沈客运专线和改建铁路武九线扩能提速工程的通信、信号及其他电子信息系统的低压电源引入线全部采用电缆，新建遂渝线的通信、信号及其他电子信息系统的低压电源引入线，除个别车站红外线轴温探测房屋采用架空线外，其余均采用电缆。

第 3 款鉴于过去电源线进入建筑物后第一级雷电防护，由哪个专业设计没有明确，容易造成漏防，本规定明确在电力总配电柜（箱）内装设第一级电源防雷保护，由电力总配电柜（箱）设计单位负责设计。并且第一级电源防雷宜按本暂行规定第 4.4.5 条的第 3 款设置避雷器。

4.4.2 根据《铁路信号设备雷电及电磁兼容综合防护实施指导意见》（铁运〔2006〕26 号）及总结成都铁路局在广元南、江油、成都东驼峰等十多个车站（场）在信号楼周围装设避雷针的实际使用情况编制的。

4.4.4 第 3 款参考《铁路信号设备雷电电磁脉冲防护技术条件》（TB/T 3074—2003）第 8.2.3 条的规定。

4.4.5 第 1 款参考《铁路信号设备雷电及电磁兼容综合防护实施指导意见》（铁运〔2006〕26 号）第 2.1.7 条的规定。

第 2 款参考《铁路信号设备雷电电磁脉冲防护技术条件》（TB/T 3074—2003）第 8.3.2.5 条的规定。

第 3 款参考《建筑物电子信息系统防雷技术规范》（GB 50343—2004）第 5.4.2 条及近几年铁路防雷的实践经验编制。

5

综合地线系统的设计，主要包括以下内容：

（1）应提出对接地极及其引接线、贯通地线、上下行贯通地线的横线连接线、引入用户方向的引入线、测试引入端子等材质选型、布置、敷设等方案。

（2）对连接等施工关键工艺提出设计方案。

（3）施工验交中的主要测试方法、步骤。

（4）提出设计图外，尚应提出工程中统一使用的测试表格。

5.1.1 为确保综合接地系统安全、可靠、耐用，满足远期规划，设计综合接地系统时，应提交相关的勘测设计调查资料。本条规定的具体目的有：

（1）由于综合接地系统的主要部件均属隐蔽工程，直埋地下的部分，必须有良好的抗土壤中酸、碱、盐的腐蚀性能，设计时，应根据土壤中对金属的腐蚀成分，选用相应的贯通地线、连接线的护套材料，以适应土壤中长期工作条件下的耐腐蚀。

（2）从牵引供电臂内各段落的牵引电流有较大差异，始端电流较大，末端最小，流入到贯通地线的电流值差异较大，具体牵引网中电流的计算必须将吸上线、轨道结构、大地导电率等多种因素综合考虑。因此，工程设计中对贯通地线的截面可以因地段而有差异。

（3）设计中对铁路既有金属管线应作调查，防止综合地线系统与既有金属管线相连或经土壤紧密偶合（阻性连接）后影响各系统，必要时采取措施。

（4）为合理设置贯通地线引出，上下行两条贯通电线横向连接、接触网吸上线、轨道电路的设置位置必须与综合接地系统紧密结合。

5.1.4　人体容许的接触电压系参考 IEC－Pubilication 479－1 及 EN50122—1 的相关规定编写，容许轨道电位系根据国内外运行经验和测试数据确定的，其主要是控制接触电压不能超标，在此接触电压是在轨道附近的人员可感受到的轨道电位的一部分，与不同的轨道参数和气候有关，一般为 30%～80%，一般推荐采用 50%。

5.1.8　参照《建筑物电子信息系统防雷设计规范》（GB 50343—2004）第 5.2.6 条，应优先利用建筑物中的非预应力结构钢筋作为自然接地体。人工接地体分为水平接地体和垂直接地体。

5.1.9　本条中的“接地体顶部埋深距地面不小于 0.6m”引自《电气装置安装工程接地装置施工及验收规范》（GB 50169—92）和《交流电气装置的接地》（DL/T 621）为“不宜小于 0.6m”；《建筑物防雷设计规范》（GB 50057—94）（2000 年版）和《建筑物电子信息系统防雷设计规范》（GB 50343—2004）为“不应小于 0.5 m”。《铁路信号设备雷电及电磁兼容综合防护实施指导意见》（铁运〔2006〕26 号）规定“埋深不小于 0.7 m”。综合上述情况，本次按“不宜小于 0.6 m”编制。

5.2.1　引自《建筑物电子信息系统防雷设计规范》（GB 50343—2004）的 5.2.5。

5.2.2　第 1 款引自《建筑物防雷设计规范》（GB 50057—94）（2000 年版）第 3.3.5 条第 2 款，利用建筑物基础内的非预应力结构钢筋作接地装置，还应符合上述规范第 3.3.5 条第 3～5 款和第 3.4.3 条规定。第 2 款参照 IEC 62305—4 的 5.1 条，《铁路信号设备雷电及电磁兼容综合防护实施指导意见》（铁运〔2006〕26 号）第 3.4.1～3.4.2 条为了保证建筑物基础接地装置的可靠性，根据工程设计经验提出来的。基础接地网的网格可以由地面或地下室地面中的钢筋混凝土或人工埋设在混凝土地面内的钢筋构成宽度不大于 5 m（信号房屋不大于 3 m）的网格，其网格交叉处应焊接。设置网状的基础接地装置的目的是实现均压。

5.2.4　变、配电所（含室外配电装置）的接地装置除利用建筑物的自然接地体外，还应敷设以水平接地体为主的环形人工接地网是引自《交流电气装置的接地》（DL/T 621—1997）第 6.2.1 条。接触电压和跨步电压降到允许值的计算可参见上述规范第 3.4 节的有关内容。

5.2.5　《铁路信号设备雷电电磁脉冲防护技术条件》（TB/T 3074—2003）第 10.4 条规定防雷引下线与铁路信号系统的接地引下线在接地网中的连接点间距不宜小于 10～15 m，条件困难时也不得小于 5 m，其接地干线宜与交流供电系统的接地干线分开敷设，其间距宜不小于 5 m。

其他规定参照《建筑物防雷设计规范》（GB 50057—94）（2000 年版）、《铁路电力设计规范》（TB 10008—99）的相关规定及铁路具体工程情况编写。

5.2.6　进入建筑物（$LPZ0_A$ 或 $LPZ0_B$ 与 LPZ1 交界处）的各种金属管道、电缆金属外皮、导电体、PE 线及浪涌保护器（SPD）接地端及其他金属体应与总等电位连接端子板（或总等电位连接带）连接；进入 LPZ1 与 LPZ2 及后续雷电防护区交接处上的金属物及系统应与该处的等电位端子板连接。

5.2.7　参照《建筑物电子信息系统防雷技术规范》（GB 50343—2004）和《铁路信号设备雷电及电磁兼容综合防护实施指导意见》（铁运〔2006〕26 号），结合铁路具体工程情况编写。当工程规模较大，楼层较多，各专业或部分专业的电气、电子设备类型、数量较多，并设置在一栋大楼内，如调度中心、计算机中心、监控中心等，从共用接地网引出较多接地干线有困难时，应采用总等电位接地端子板、楼层、机房局部等电位接地端子板的接地连接方式。

当工程规模较小，楼层少，只有一个专业或二、三个专业的电气电子设备，如通信站、信号楼、电力和电气化调度中心，综合站调楼等，可不设总等电位接地端子板（但应利用环形人工接地体作为总等电位连接带，与进入建筑物的金属管道、电缆外皮、PE 线、SPD 接地端及其他金属体连接），根据具体工程情况，设置楼层、机房局部等电位接地端子板，对于小型的行车室可仅设置机房局部等电位接地端子板，通过接地干线与共用接地网直接连接。机房局部等电位接地端子板，包括设置在电气、电子设备间，电源室，分线间或接入架处等处的局部等电位接地端子板，应根据具体工程情况确定其设置位置及数量。

本暂行规定所称等电位接地端子板与其他专业规范所称等电位连接带、接地汇集线、接地排、接地母线、PE 母线等的含义是一样的 。

电力、电气化、通信、信号及其他信息系统分别设置等电位接地端子板，一是安装这些设备的房间是分开的，在各设备房屋设置等电位接地端子板，便于与等电位网络连接，二是避免交流电系统对通信、信号及其他信息系统的干扰。为确保电气设备接地的可靠性，避免相互影响，强、弱电系统应采用单独的接地干线或接地支线与各自的等电位接地端子板连接。

接地干线、支线应有足够的截面，并采取穿管保护或在电气竖井内敷设等防机械损害的措施，防止单根断线。其连接应采用焊接、压接、螺栓连接等方式，应保证连接可靠。

电力、电气化专业设计变、配电所的接地系统时，常采用不少于两根热镀（渗）锌扁钢接地干线从共用接地网的不同点引出，分别引至各电气设备房屋，与电气设备的基础槽钢焊接，构成闭合的环形接地网，设备外壳与槽钢焊接或螺栓连接；或沿房屋四周墙上设置接地母线，再引出接地线与电气设备相连的接地连接方式。

5.3.1 综合接地系统中的电流分配值决定了各类导体的截面选择，各类导体的阻抗及耦合关系决定了牵引回流电流值在其中的分配系数，对单一导体流过的电流值而言，一种为正常牵引负荷，另一种为短路故障电流，贯通地线的截面选择应同时满足正常牵引负荷的长期载流和短路情况下的热稳定要求。

电气化铁道正常牵引负荷主要取决于列车速度和牵引质量，可以根据每条线路的具体设计情况来计算。电气化铁道短路故障下的短路电流主要取决于电力系统的短路容量、供电电压等级和牵引变压器的容量（包括短路阻抗）。

贯通地线的截面积还应根据不同区段牵引回流的分布情况分段考虑，主要是指牵引变电所附近、供电臂末端应与其他地方有所区别。

贯通地线关系到铁路运输安全，其截面积应按远期规划考虑，为今后发展留有余地。

目前贯通地线市场主要有 25 mm^2、35 mm^2、50 mm^2、70 mm^2 等多种截面积规格。

5.3.2 当环保型耐腐蚀贯通地线的外护套采用导电高分子材料时，高分子材料老化前、后的体积电阻率应不大于 0.7 Ω · cm，并且承受 25 kA、100 ms 的大电流冲击后，其体积电阻率不应增大。

5.4.1 由于在桥上要求接地的设备、设施较多，对于未设贯通地线的区段，需要在桥墩内设置接地装置，并将各桥墩接地装置连接后构成贯通桥梁的接地干线，供各专业接地使用。当敷设有贯通地线时，应将桥墩接地装置与贯通地线可靠连接。当桥墩接地体仅利用桥墩基础钢筋不能满足接地电阻要求时，可在桥墩外埋设人工接地体。

桥梁接地装置是利用桥墩及承台内部的非预应力结构钢筋作为接地体。桥墩内一般为2 根直径不小于 16 mm 的结构钢筋；当结构钢筋的直径小于 16 mm 时，可选用多于 2 根，并使其换算截面积不小于 200 mm^2；明挖基础内无钢筋时，应另外设置直径不小于 16 mm的专用接地钢筋。

5.4.4　为了使桥梁上的金属构件在接触网断线或故障时能使牵引供电系统立即跳闸确保人身安全，同时也能避免雷电、牵引供电系统正常工作时的电磁感应对人员造成伤害。

对于未设贯通地线的桥梁，尤其是特大桥，各种电气设备及金属构件的接地装置无法解决，可在桥梁范围内设置接地干线。

5.4.5　桥梁接地装置是利用桥墩及承台内部的非预应力结构钢筋作为接地体。桥墩内一般为 2 根直径不小于 16 mm 的结构钢筋；当结构钢筋的直径小于 16 mm 时，可选用多于 2 根，并使其换算截面积不小于 200 mm^2；明挖基础内无钢筋时，应另外设置直径不小于 16 mm 的专用接地钢筋。

5.5

在隧道综合洞室或大避车洞内设接地极的设计方案，宜作为接地极性能不达标的补救措施，并且根据隧道内各专业轨旁设备的安装要求，明确接地端子或接地母排的预留位置。

5.5.2

3　二次衬砌内的环向接地钢筋与两根贯通地线的连接间隔不宜大于 100 m。

5.7.1　第 1 款主要要求无砟轨道内的钢筋不能形成闭合回路，以免造成对信号轨道电路的电磁干扰。

第 2 款引自"关于印发《客运专线综合接地系统设计原则》（暂行）的通知"（工管〔2006〕18 号）。

5.7.2　引自"关于印发《客运专线综合接地技术实施办法（暂行）》的通知"（铁集成〔2006〕220 号）第 7 条第 2 款，站台上，旅客可接触的建筑物及金属构件等应采取等电位或分设接地等措施。如站台、雨棚的边缘应设纵向接地钢筋，纵向接地钢筋外缘距混凝土表面不大于 30 mm，条件具备时，纵向接地钢筋至少每 100 m 与贯通地线连接。

5.8.1

1　不同的供电方式对钢轨电位影响是不一样的，根据国内外的实测和计算表明，采用带回流线的直接供电方式与没有带回流线的直接供电方式相比同等负荷条件下轨道电位可降低 50% 以上；采用 AT 供电方式与直接供电方式相比由于减少了地中电流也可大大降低轨道电位。

3　强调"贯通地线与完全横向连接线连接点、PW 线或 NF 线的引下线与扼流变压器或空芯线圈中性点连接点宜在同一里程"是防止出现第三轨现象，满足轨道电路断轨检查的要求。

4　当采用上、下行贯通地线间隔 500 m 左右作横向连接后，为进一步降低钢轨电位，可采取将两侧的 PW 线或 NF 线并联。对于仅在单侧敷设贯通地线的铁路，也可采取将两侧的 PW 线或 NF 线并联。平衡牵引回流、降低钢轨电位。

5.8.2　接触网中的防雷设备主要指接触网上安装的避雷器，为减少对综合接地系统上其他电气设备如信号设备的影响，防止电压通过接地网反击，应保证具有一定的地中距离使得沿接地体传播的过电压衰减到不危险的程度，按目前的国家规范其地中距离应不小于

15 m。

5.8.3 由于牵引供电系统的回流与接地系统是密不可分的,为保护设备和人身安全,在牵引变电所、开闭所、AT 所和分区所内应实现等电位连接贯通地线(T 供电方式有间隙时除外),因此设备系统等电位母线应避免通过回流。

5.11.1 电磁危险影响容许值,执行国标《电信线路遭遇受强电线路危险影响的容许值》标准。对“不对称强电线路和接触网正常供电状态”在有防护措施时的防护标准,是参照《铁路运输通信设计规范》(TB 10006—2005)的有关规定,按 100 V 取值,条件困难时,最大感应纵电动势不得超过 150 V。

接触网正常工作和短路故障状态下的磁感应影响在弱电线路上感应产生的纵电动势 E 为:

$$E = \sum_{i=1}^{N} \omega M_i I l_p \lambda S K \qquad (V)$$

式中 ω——接触网基波电流角频率;

M_i——50 Hz 时电信线路与接触网之间的互感系数(H/km);

l_p——电信线路与接触网的接近长度(km);

λ——50 Hz 时钢轨屏蔽系数;

S——50 Hz 时电缆屏蔽系数;

K——50 Hz 时电信线路邻近接地导体对磁影响的屏蔽系数;

I——接触网正常工作时取等效牵引电流 I_d(A);接触网短路时取短路电流 I_s(A)。

5.11.2 当音频电话双线回路与交流电气化铁路平行接近时,由于接触网谐波电流引起的杂音干扰电压计算公式为:

$$U_e = \frac{1}{2}\omega_e M_e I_e L_p \eta K_e \times 10^3 \qquad (mV)$$

式中 U_e——电话回路终端产生的杂音计电压(mV);

ω_e——800 Hz 时电流、电压的角速度(rad/s);

M_e——800 Hz 时电话回路与接触网之间的互感系数(H/km);

I_e——接触网 800 Hz 等效干扰电流(A);

L_p——电话回路的接近段长度(km);

η——双线电话线路对杂音的电磁敏感系数;

K_e——800 Hz 时接近段内各种接地导体的电磁综合屏蔽系数。

6.2.1 参考《ZPW—2000A 自动闭塞施工安装过程工艺标准》(暂行)编写。

6.2.2 引自“关于印发《客运专线综合接地技术实施办法(暂行)》的通知”(铁集成〔2006〕220 号)第 6 条第 2 款,客运专线贯通地线的主要埋设工序和工艺原则:路基填筑并压实至高于贯通地线埋设深度约 60 mm 的高程的同时,预留出 60 mm 深、宽度略大于贯通地线直径的“小槽”,以敷设贯通地线。先向“小槽”内回填 40 mm 粒径不大于 5 mm 的土壤,敷设贯通地线,再次回填 40 mm 粒径不大于 5 mm 的土壤后,进行人工夯实;人工夯实后,必须在“小槽”上方覆盖不小于 100 mm、粒径不大于 5 mm 的土壤,才能进行正常的路基填筑和机械压实作业。

6.2.4 为减少投资、方便现场操作以及减少人为因素对连接质量的影响,钢筋与钢筋以及钢筋与钢架间的连接应采用焊接工艺，其他连接应采用压接。

贯通地线的接续和“T”形引接采用铜质“C”形压接件进行连接，贯通地线与接地端子间的连接采用压接并拴接，贯通地线与钢筋间采用铜钢过渡压接，其他接地和等电位连接一般采用拴接。

6.2.6 引自“关于印发《客运专线综合接地技术实施办法（暂行）》的通知”（铁集成〔2006〕220号）第8条第2款，接地端子、接地母排及扩展接地母排采用不锈钢制造。梁体、墩身及无电缆上桥需求的桥墩墩帽，一般设双孔（M16）接地母排，特殊情况可采用多孔（M16）不锈钢作为扩展母排使用。接地端子或接地母排的材料成分应满足：Cr≥16%、Ni≥5%、Mo≥2%、C≤0.08%，如GB00Cr17Ni14Mo2。

与接地极的连接以及距接触网带电体5 m范围内轨旁设备、设施的接地连接导线截面为50 mm^2（镀锡铜）或200 mm^2（不锈钢），其他接地和等电位连接导线的截面为16 mm^2（不锈钢）或50 mm^2（不锈钢）。

7

本章重点对综合接地系统工程施工质量验收进行了规定。

中华人民共和国行业标准

铁建设〔2007〕136号

铁路建设工程监理规范

TB 10402—2007

J 269—2007

2007—07—17　发布　　　　2007—07—01　实施

中华人民共和国铁道部　发布

前　言

本规范是根据铁道部《关于编制2006年铁路工程建设标准计划的通知》(铁建设函〔2005〕1026号)和铁道部建设管理司《关于修订〈铁路建设工程监理规范〉的函》(建技函〔2005〕15号)要求,在原《铁路建设工程监理规范》(TB 10402—2003)基础上修订而成。

2003年颁布的《铁路建设工程监理规范》填补了铁路监理行业的空白,明确了监理单位和各级监理人员在工程施工准备阶段、工程施工阶段、工程竣工验收阶段、工程质量保修期阶段的监理工作内容、监理工作程序、监理工作范围以及相应的责任、义务和权利,对规范铁路建设工程监理行为,提高铁路建设工程监理工作质量和水平,推动铁路建设工程监理事业健康发展都起到了积极的作用。随着近年来大规模、高标准铁路建设的深入开展,铁路建设工程监理面临新的机遇和挑战,迫切要求准确把握监理工作地位和作用,合理调整监理工作内容,不断改进和加强监理工作。同时,《建设工程安全生产管理条例》等法规的颁布实施,对基本建设项目的安全生产、环境保护、水土保持及监理工作等提出了新要求。因此,必须对原《铁路建设工程监理规范》及时进行修订,使修订后的《铁路建设工程监理规范》更具先进性、科学性和可操作性,全面适应铁路建设的需要。

本次修订增加了"安全生产监理工作"、"环境保护与水土保持监理工作"两章内容,删除了"设备采购监理与设备监造"一章,合并了"工程质量缺陷责任期监理工作"与"竣工验收监理工作"两章,同时对原有章节内容做了适当修改。修订后的规范共分13章,另有2个附录,其主要内容包括:总则、术语、基本规定、工程开工前监理工作、工程质量控制、安全生产监理工作、工程进度控制、工程投资控制、环境保护与水土保持监理工作、合同管理的其他工作、工程质量缺陷责任期与竣工验收监理工作、工地会议、监理资料管理。

在执行本规范过程中,希望各单位通过监理实践,认真总结经验,积累资料。如发现需要补充和修改之处,请及时将意见及有关资料寄交西南交通大学《铁路建设工程监理规范》编写组(成都市二环路北一段111号153号信箱,邮政编码:610031),供以后修订时参考。

本规范由铁道部建设管理司负责解释。

本规范主编单位:西南交通大学。

本规范主要起草人:郭荣清、陈　强、陈　硕、胡和昌、寇忠厚。

目　次

1 总 则

1.0.1 为提高铁路建设工程监理水平,规范铁路建设工程监理行为,依据国家有关法律、法规和铁道部有关规章、规定,编制本规范。

1.0.2 监理工作是建设管理工作的延伸,监理单位代表建设单位行使所委托的安全、质量、工期、投资、环保控制等相关权力,并将工程质量作为工作重点。

1.0.3 监理单位必须与建设单位签订铁路建设工程委托监理合同,合同中应包括监理工作的范围、服务期、酬金,合同双方的职责和权利等。建设单位应将委托监理合同的相关授权书面通知承包单位。建设单位与承包单位之间在委托监理合同范围内的联系活动应当通过监理单位进行。

1.0.4 铁路建设工程监理实行总监理工程师负责制。

1.0.5 监理单位应公平、独立、自主地开展监理工作,维护建设单位的合法权益,不得损害其他单位的合法权益。

1.0.6 本规范适用于新建、改建铁路建设工程施工阶段的监理工作。

1.0.7 铁路建设工程监理除应遵循本规范外,还应符合国家有关法律法规和铁道部规章制度以及强制性标准及规范的规定。

2 术　　语

2.0.1　项目监理机构

监理单位派出并代表其履行委托监理合同的现场监理机构。

2.0.2　监理工程师

取得监理工程师执业资格并经注册的监理人员。

2.0.3　总监理工程师

由监理单位法定代表人书面授权,代表监理单位全面履行委托监理合同、主持项目监理机构工作的监理工程师。

2.0.4　副总监理工程师

由总监理工程师书面授权,代表总监理工程师行使其部分职责和权力的监理工程师。

2.0.5　专业监理工程师

根据项目监理机构岗位职责分工和总监理工程师的指令,负责实施某一专业或某一方面的监理工作,具有相应监理文件签发权的监理工程师。

2.0.6　监理员

具有同类工程专业知识,经过监理业务培训并取得结业证书,在专业监理工程师指导下从事具体监理工作的监理人员。

2.0.7　监理规划

由总监理工程师主持编制,经监理单位技术负责人批准,指导项目监理机构全面开展监理工作的指导性文件。

2.0.8　监理实施细则

根据监理规划,由专业监理工程师编写,经总监理工程师批准,针对工程项目中某一专业或某一方面监理工作的操作性文件。

2.0.9　工地例会

由项目监理机构定期主持召开,有关单位参加,研究落实委托监理合同中相关事宜的会议。

2.0.10　变更设计

对审核合格的施工图进行变更的活动。

2.0.11　工程计量

根据审核合格的施工图及承包合同中工程量计算规定,对承包单位申报的已完合格工程的数量进行的核验。

2.0.12　旁站

监理人员在现场对关键部位或关键工序施工进行的全过程监督活动。

2.0.13　巡视

监理人员对施工现场进行的定期或不定期的巡回检查活动。

2.0.14　见证检验

监理人员对施工人员材料取样、送检、检验或某项工程的测试、试验过程进行的监督活动。

2.0.15 平行检验

项目监理机构在承包单位自检的基础上,利用必要的试验检测手段,按照一定的比例独立进行检测或试验的活动。

2.0.16 监理日志

项目监理机构记录每天监理工作实施情况的文件。

2.0.17 监理月报

项目监理机构分析、总结每月项目实施及监理工作情况的文件。

3 基 本 规 定

3.1 监理工作依据

3.1.1 铁路建设工程监理的主要依据：

1 国家有关法律、法规及铁道部有关规章、制度；

2 国家和铁道部有关标准、规范、规程；

3 国家和铁道部对本项目的批复文件；

4 审核合格的施工图；

5 本工程项目的委托监理合同、承包合同和材料设备供应合同。

3.2 项目监理机构

3.2.1 监理单位必须在工程施工现场设置组织机构健全、人员职责明确、岗位设置合理的项目监理机构。

3.2.2 项目监理机构的组织形式、人员构成纳入委托监理合同，监理单位应在委托监理合同签订后7天内将总监理工程师的任命书及专业监理工程师名单书面通知建设单位。

3.2.3 现场监理人员按总监理工程师（如监理工作需要，可配副总监理工程师）、专业监理工程师和监理员三个层次配备，并符合以下要求：

1 总监理工程师、监理工程师应具备相应的执业资格，监理员应经培训合格；

2 专业监理工程师的专业和数量应与监理工作匹配，监理人员数量应满足现场监理工作需要；

3 专业监理工程师应不少于合同约定监理人员总数的60%，其中具有高级技术职称的人员应不少于合同约定监理人员总数的20%；

4 现场监理人员年龄不得大于65岁；年龄60至65岁人员数量不得大于现场监理人员总数的20%，且身体健康能胜任现场工作。

3.2.4 监理人员配备：

新建普通单线铁路每公里0.3人~0.5人，根据监理工作内容确定；双线增加20%。

客运专线按普通双线增加20%。

增建二线工程、电气化改造工程、既有线改造工程等参照上述标准，根据实际需要配备监理人员。

独立工程以及工程简单的项目根据实际需要配备监理人员。

3.2.5 项目总监理工程师一般不得更换。因特殊原因需要更换时，应在更换21天前书面通知建设单位并取得建设单位同意。

3.2.6 监理单位应根据现场工作需要，及时对现场专业监理工程师、监理员进行调整。更换专业监理工程师，应提前7天通知建设单位并取得建设单位同意。

3.2.7 监理单位应根据工程项目类别、规模、技术复杂程度、工程项目所在地的环境条件，按委托监理合同的约定，为项目监理机构配备满足监理工作需要的办公、生活设施、检验检测设备及交通工具。

3.2.8 建设单位向项目监理机构提供办公、生活设施的，项目监理机构应妥善使用和保管，并在完成监理工作后移交建设单位。

3.2.9 项目监理机构应实施计算机辅助管理，监理工作纳入建设项目管理信息系统的，项目监理机构应按要求及时提供资料。

3.3 监理人员职责

3.3.1 监理人员必须贯彻执行国家有关法律、法规，铁道部规章、制度，工程建设强制性标准、规范及规程，依据委托监理合同实施工程监理。

3.3.2 总监理工程师应履行以下职责：

1 主持项目监理机构工作，代表监理单位全面履行委托监理合同；

2 主持编写项目监理规划，审批项目监理实施细则；

3 确定项目监理机构人员分工和岗位职责，并以书面形式通知建设单位和承包单位；

4 检查和监督监理人员的工作，协调处理各专业监理业务，根据工程项目的进展情况调配人员；

5 主持监理工作会议、工地例会，签发项目监理机构的文件和指令；

6 审查并签署承包单位提交的开工报告、施工组织设计、技术方案、进度计划等文件；

7 检查承包单位项目经理部的质量、安全管理体系和管理制度；

8 签发单位工程停工令、复工令，审核并签署验工计价表、工程付款凭证和工程结算书；

9 根据授权审核和处理变更设计事宜；

10 根据政府主管部门或建设单位的要求，参与或配合对工程质量事故、施工安全事故的调查；

11 定期巡视施工现场；

12 对索赔、工程延期提出处理意见；

13 组织编制监理月报、专题报告和工作总结；

14 审核并签认承包单位的单位工程质量验收资料；

15 审查承包单位提交的竣工申请报告，组织专业监理工程师编写工程质量评估报告，参加工程项目的竣工验收；

16 组织整理项目监理资料。

3.3.3 总监理工程师不得将下列工作委托副总监理工程师和其他人员：

1 主持编写项目监理规划，审批项目监理实施细则；

2 根据工程项目的进展情况调配监理人员；

3 组织审核承包单位提交的施工组织设计、开工报告、技术方案、进度计划；

4 签发工程停工/复工令、工程暂停令（紧急情况除外），签署验工计价表、工程付款

凭证、工程竣工报验单,审核签署竣工结算凭证;

5 对索赔、工程延期提出处理意见;

6 签发监理月报、工程质量评估报告和项目监理工作总结。

3.3.4 副总监理工程师配合总监理工程师工作,应按总监理工程师的授权,行使总监理工程师的部分职责和权利。

3.3.5 专业监理工程师应履行以下职责:

1 参与编制监理规划,负责编制本专业的监理实施细则;

2 负责本专业监理工作的具体实施;

3 审阅并现场核对施工图;

4 对监理员的工作进行组织、指导、检查和监督,应向总监理工程师提出监理员调整建议;

5 审查承包单位提交的涉及本专业的计划、方案、申请、变更等,并向总监理工程师提出报告;

6 负责本专业的检验批、分项、分部工程验收及相关隐蔽工程验收;

7 定期向总监理工程师提交监理工作实施情况报告,重大问题及时向总监理工程师汇报;

8 核查进场材料、设备、构配件的原始凭证、检测报告等质量证明文件及其质量情况,对进场材料、设备、构配件进行见证检验或平行检验,合格时予以签认;

9 进行现场巡视,发现质量问题和安全隐患及时处理,并向总监理工程师汇报;

10 负责本专业工程计量工作,审核工程计量数据和原始凭证;

11 负责本专业监理资料的收集、汇总及整理,编制监理月报;

12 做好监理日记。

3.3.6 监理员应履行以下职责:

1 在专业监理工程师的指导下进行现场监理工作;

2 检查承包单位投入工程项目的人力、材料、主要设备及其使用运行状况,并做好检查记录;

3 复核或从施工现场直接获取工程计量的有关数据并签署原始凭证;

4 按设计图及有关标准,对承包单位的工艺过程或施工工序进行检查和记录,对加工制作及工序施工质量检查结果进行记录;

5 进行旁站监理工作并做好记录,发现问题要及时指出并向专业监理工程师报告;

6 做好监理日记。

3.4 监理规划

3.4.1 监理规划应在签订委托监理合同及收到设计文件后按照监理大纲编制,经监理单位技术负责人批准,在召开第一次工地例会前7天内报送建设单位核备。

3.4.2 监理规划的编制应针对工程项目的实际情况,明确项目监理机构的工作目标、工作要求,确定具体的监理工作制度、程序、方法和措施。

3.4.3 监理规划的编制依据:

1 与建设工程相关的法律、法规、规章和项目审批文件;

2 与建设工程项目有关的标准、设计文件、技术资料；

3 委托监理合同、监理大纲以及与建设工程项目相关的合同文件。

3.4.4 监理规划应包括下列主要内容：

1 工程建设项目概况；

2 监理工作的范围；

3 监理工作的依据；

4 项目监理机构的组织形式；

5 项目监理机构的人员配备；

6 项目监理机构的人员岗位职责；

7 监理工作程序；

8 监理工作的方法和措施；

9 监理工作制度；

10 监理实施细则编制计划及要求；

11 监理设施。

3.4.5 在监理工作实施过程中需要修改监理规划时，总监理工程师应组织专业监理工程师及时进行修改，按原程序经过批准后报建设单位。

3.5 监理实施细则

3.5.1 监理实施细则应由专业监理工程师编制，经总监理工程师批准，在工程开工前完成，并报建设单位核备。

3.5.2 监理实施细则应详细具体，具有可操作性，其编制依据如下：

1 已批准的监理规划；

2 与专业工程相关的标准、设计文件和技术资料；

3 批准的施工组织设计、专项施工方案。

3.5.3 监理实施细则应包括下列主要内容：

1 专业工程特点及其技术、质量标准；

2 监理工作范围及重点；

3 监理工作流程；

4 监理工作控制要点、目标及监控手段；

5 监理工作方法及措施；

6 具体旁站部位和工序。

3.5.4 在监理工作实施过程中，监理实施细则应根据实际情况进行补充、修改和完善。

4　工程开工前监理工作

4.0.1　总监理工程师应组织监理人员熟悉和掌握委托监理合同、工程承包合同、设计文件、有关技术标准和检验检测方法。

4.0.2　监理人员应参加由建设单位组织的设计技术交底会，并由总监理工程师会签会议纪要。

4.0.3　总监理工程师、专业监理工程师应审阅、核对施工图纸，发现设计文件中有差错、漏项等问题，项目监理机构应向建设单位提出报告，并要求承包单位对施工图纸和交桩资料进行现场核对。

4.0.4　专业监理工程师应对承包单位核对设计文件进行检查，对承包单位提出的施工图设计及勘察问题进行研究，并将意见送建设单位和勘察设计单位。

4.0.5　总监理工程师应组织专业监理人员检查承包单位对测量基准点、基准线和水准点的复测以及承包单位报送的复测成果，专业监理人员应对重要工程的控制点进行复测，对单位工程的施工放样进行检查。

4.0.6　总监理工程师应组织专业监理工程师审查工程承包单位报送的《施工组织设计（方案）报审表》（附录 A 中 TA1 表），提出审查意见后报建设单位。主要审查下列内容：

1　质量、安全、投资、进度、环保及水保控制目标；

2　施工场地布置及文明施工；

3　施工方案、施工方法、施工工艺；

4　投入现场的施工机械设备、人员；

5　质量、安全、环保水保管理体系；

6　安全、消防措施；

7　施工过渡方案；

8　工程承包单位内部签认制度。

4.0.7　总监理工程师应核查承包单位提交的《主要进场人员报审表》（附录 A 中 TA5 表），并签署意见。

4.0.8　专业监理工程师应审查承包单位报送的《工程开工/复工申请表》（附录 A 中 TA2 表）及相关资料。当具备以下开工条件时，由总监理工程师签发，并报建设单位：

1　施工组织设计已获总监理工程师签认；

2　项目经理、技术负责人、其他技术和管理人员已经到位，主要施工设备、施工人员已经进场，主要工程材料已经落实；

3　进场道路及水、电、通讯等已满足开工要求；

4　经审核合格的施工图已到位；

5　工程复测或施工放样工作已完成；

6　涉及营业线的，检查承包单位与铁路运营单位签订的营业线施工安全协议。

4.0.9　分包工程开工前，专业监理工程师应审查承包单位报送的《分包单位资质报审表》(附录 A 中 TA3 表)和有关资料,合格后由总监理工程师予以签认,并将审查结果报建设单位核备。

4.0.10　对分包单位资质应审查以下内容:

1　分包单位的营业执照、资质等级证书;

2　安全生产许可证及安全生产管理制度;

3　分包单位的业绩;

4　分包工程的内容和范围;

5　分包单位的主要管理人员和特种作业人员的资格证、上岗证。

4.0.11　项目监理机构对分包单位资质的审查,不解除承包单位应承担的责任。

4.0.12　专业监理工程师应按照承包合同、批准的工程进度计划,审核承包单位提交的《进场施工机械、设备报验表》(附录 A 中 TA4 表),核查进场的机械设备数量及性能,合格时予以签认。经核查合格的机械设备,未经专业监理工程师同意不得撤出现场。

4.0.13　专业监理工程师应对工程承包单位的工地试验室进行核查。核查的主要内容应包括:

1　试验室的资质及试验范围;

2　法定计量部门对试验设备出具的检定证明;

3　试验室管理制度;

4　试验人员资格证书;

5　本工程的试验项目及要求;

6　试验设备和环境条件能否满足拟开展试验项目要求。

4.0.14　监理工程师应参加工程开工之前召开的第一次工地例会。

5 工程质量控制

5.1 核查承包单位质量管理体系

5.1.1 项目监理机构应对承包单位的技术管理体系和质量管理体系进行核查。核查包括以下内容:

1 技术、质量管理体系的组织机构;

2 技术、质量管理制度;

3 专职质量管理人员配置及到位;

4 特种作业人员的资格证、上岗证。

5.2 进场材料、构配件和设备的质量控制

5.2.1 项目监理机构应按以下程序和要求对进场材料进行验收:

1 对材料、构配件和设备的外观、规格、型号和质量证明文件进行检查验收;进口材料和设备应有国家商检部门的商检资料;

2 审查新材料、新产品、新工艺的鉴定证明和确认文件;

3 督促承包单位对进场材料、构配件和设备按规定进行检验、测试,承包单位自检合格后向项目监理机构提交《进场材料/构配件/设备报验表》(附录 A 中 TA6 表),由专业监理工程师予以审核并签认;

4 对进场材料,主要是地材和混凝土外加剂,应进行检验或平行检验,检验数量必须满足相关工程质量验收标准的要求;

5 对进场的构配件和设备进行见证检验,检查数量必须满足相关工程质量验收标准的要求;

6 审核混凝土、砂浆配合比,对承包单位申请使用的商品混凝土配合比进行检查。

5.2.2 对未经专业监理工程师验收或验收不合格的材料、构配件和设备,专业监理工程师应拒绝签认,并应签发《监理工程师通知单》(附录 A 中 TB1 表),通知承包单位严禁在工程中使用或安装,并限期将不合格的工程材料、构配件、设备撤出现场。承包单位应在规定的时间内对监理工程师通知的内容进行处理,并填报《监理工程师通知回复单》(附录 A 中 TA12 表)。

5.3 施工过程质量控制

5.3.1 总监理工程师应依据有关专业施工质量验收标准,对承包单位《现场质量管理检查记录》的内容进行检查。

5.3.2 专业监理工程师应对承包单位报送的施工放线成果进行核查,合格后签认承包单

位报送的《施工测量放样报验表》(附录 A 中 TA7 表)。

5.3.3 项目监理机构应按工程施工质量验收标准要求进行见证检验或平行检验。

5.3.4 在关键部位或关键工序施工前,专业监理工程师认为有必要,可要求承包单位报送该部位或工序的施工工艺方案和确保工程质量的措施。

5.3.5 专业监理工程师应定期检查承包单位工程计量设备及其技术状况。

5.3.6 总监理工程师应安排监理人员对施工过程进行巡视检查和检测。其主要检查内容如下:

1 是否按照设计文件和批准的施工方案施工;

2 使用的材料、构配件和设备是否合格;

3 施工现场管理人员,尤其是质检人员是否到岗到位;

4 施工操作人员的技术水平、操作条件是否满足工艺操作要求,特种操作人员是否持证上岗;

5 施工环境是否对工程质量产生不利影响;

6 已施工部位是否存在质量缺陷。

对施工过程中出现质量问题或质量隐患,监理工程师宜采用照相、录像等手段予以记录,并向承包单位发出整改指令。

5.3.7 总监理工程师应安排监理人员对隐蔽工程的隐蔽过程、下道工序完成后难以检查的重点部位,以及工程关键部位和关键工序进行旁站监理,并填写《旁站监理记录表》(附录 A 中 TB2 表)。总监理工程师应根据工作需要调整附录 B 的旁站监理工作内容。

5.3.8 旁站监理人员的主要工作内容:

1 检查承包单位现场质检人员到岗、特殊工种人员持证上岗以及施工机械、建筑材料准备情况;

2 在现场跟班检查施工过程中执行施工方案以及工程建设强制性标准的情况;

3 核查进场建筑材料、建筑构配件、设备的质量检验报告等,并可在现场监督承包单位进行检验;

4 做好旁站监理记录和监理日记。

5.3.9 旁站监理应按以下程序进行:

1 旁站监理人员应当对需要实施旁站监理的部位、工序在施工现场跟班监督,及时处理旁站监理过程中出现的问题,如实准确地做好旁站监理记录;

2 旁站监理人员实施旁站监理时,发现施工单位有违反工程建设强制标准行为的,有权责令施工单位立即整改;

3 旁站监理过程中发现施工活动已经或者可能危及施工质量的,应及时向监理工程师或总监理工程师报告,由总监理工程师下达局部暂停施工指令或采取其他应急措施。

5.3.10 隐蔽工程的检查应按以下程序进行:

1 承包单位首先进行自检,自检合格后填写《工程报验申请表》(附录 A 中 TA8 表),在规定的时限内向项目监理机构报验;

2 在合同约定的时限内,专业监理工程师到现场进行检查、核实,承包单位的质检人员应同时在现场进行配合;

3 监理工程师对检查合格的工程予以现场签认,并准许承包单位进行下一道工序施工;

4 对检查不合格的工程，监理工程师应在《工程报验申请表》上签署检查不合格及整改意见或签发《监理工程师通知单》，由承包单位对不合格工程进行整改，自检合格后向现场监理机构重新报验或填报《监理工程师通知回复单》。

5.3.11 在施工过程中，当承包单位对已批准的施工组织设计或专项施工方案进行调整时，专业监理工程师应重新审查，并应由总监理工程师签认。

5.3.12 监理人员发现承包单位有违反工程建设强制性标准的行为，应责令承包单位立即整改；发现其施工活动可能或已经危及工程质量的，应采取应急措施，必要时由总监理工程师下达暂停施工指令。

5.3.13 项目监理机构对承包单位的施工质量或使用的工程材料产生疑问，应要求承包单位进一步检测，承包单位必须密切配合。

5.4 工程施工质量验收

5.4.1 工程施工质量验收执行铁路工程施工质量验收标准。

5.4.2 项目监理机构应按以下程序对工程施工质量进行验收：

1 检验批验收：承包单位自检合格后填写《检验批质量验收记录》，向项目监理机构报验；专业监理工程师在规定的时限内组织承包单位专职质检人员等进行验收，检验批的质量验收应包括实物检查和资料检查两部分，验收合格后签认《检验批质量验收记录》。

2 分项工程验收：专业监理工程师应在分项工程的所有检验批验收合格后，及时组织承包单位分项工程技术负责人等进行验收，验收合格后签认《分项工程质量验收记录》。

3 分部工程验收：专业监理工程师应在分部工程的所有分项工程验收合格后，及时组织承包单位项目负责人和技术、质量负责人等进行验收，验收合格后签认《分部工程质量验收记录》。

4 单位工程验收：总监理工程师应参加由建设单位组织的单位工程施工质量验收，验收合格后签认《单位工程质量验收记录》。

5 工程施工质量验收标准规定工程验收中应有勘察设计人员参加或确认时，专业监理工程师应通知勘察设计单位相关人员参加。

6 特殊的检验批、分项工程、分部工程验收应由总监理工程师组织进行。

5.4.3 验收不合格的，项目监理机构应指示承包单位返工处理，重新向项目监理机构报验，返修或加固处理后仍不能满足安全和使用功能要求的，项目监理机构严禁验收。

5.5 工程质量缺陷与工程质量事故的处理

5.5.1 监理人员发现施工过程中存在质量缺陷时，监理工程师应及时下达通知，责令承包单位进行整改，并对整改过程和结果进行检查验收。

5.5.2 施工过程中存在工程质量事故隐患或发生工程质量事故时，总监理工程师应下达工程暂停令，责令承包单位停工处理和整改。处理和整改完毕经专业监理工程师验收后，由总监理工程师签署工程复工报审表。总监理工程师在下达工程暂停令或签署工程复工报审表前，应向建设单位报告。

5.5.3 当发生工程质量事故时，项目监理机构应做好以下工作：

1 责令承包单位立即采取措施保护事故现场，同时向建设单位报告；

2 责令承包单位尽快进行事故分析，及时报送《工程质量事故报告单》（附录A中TA9表）；

3 参与质量事故调查，研究事故处理方案；

4 对工程质量事故的处理过程进行检查，对工程处理结果进行验收；

5 向建设单位及时提交由总监理工程师签署意见的质量事故报告，并将质量事故处理记录整理归档。

6 安全生产监理工作

6.1 安全生产监理工作内容

6.1.1 项目监理机构应依据国家和铁道部规定的工程监理安全责任,建立安全生产监理工作制度,明确安全生产监理工作的范围、内容、程序、措施,确定安全生产专职或兼职监理人员及其职责。

6.1.2 项目监理机构应将安全生产监理工作内容编入监理规划,并纳入监理实施细则,对危险性较大的分部、分项工程应单独编制安全生产监理实施细则。监理实施细则应明确安全生产监理工作的方法、措施和控制要点,以及对承包单位安全技术措施的检查方案。

6.1.3 项目监理机构应审查承包单位、分包单位的安全生产许可证及特种作业人员的资格证、上岗证是否有效,检查安全生产规章制度、机构及专职安全生产管理人员配备情况;督促承包单位检查各分包单位的安全生产规章制度的建立情况。

6.1.4 总监理工程师应组织审查承包单位编制的施工组织设计中的安全技术措施和危险性较大的分部、分项工程专项施工方案,并签署审查意见。审查的主要内容应包括:

1 地下管线保护措施;

2 基坑支护与降水、围堰、沉井、高陡坡土石方开挖、起重吊装、钢结构安装、爆破工程,隧道开挖,高空、水上、潜水作业等施工方案;

3 高墩、大跨、深水和结构复杂桥梁工程的专项施工方案;

4 加梁、营业线施工防护方案;

5 冬季、雨季等季节性施工方案;

6 施工总平面布置图及排水、防火措施。

6.1.5 项目监理机构应审查承包单位的安全防护用具、机械设备、施工机具是否符合国家有关安全规定,施工人员的安全教育计划和安全交底安排。

6.1.6 项目监理机构应审核承包单位应急救援预案和安全防护措施费用使用计划,核查承包单位提交的有关施工机械、安全设施的验收记录并备案。

6.1.7 项目监理机构应检查施工现场各种安全标志和安全防护措施是否符合强制性标准要求。

6.1.8 营业线改建及增建二线施工,项目监理机构应督促承包单位与运输设备管理部门和行车组织单位按铁道部有关规定办理营业线施工安全协议,并监督承包单位按规定设置防护。凡发现有危及营业线行车、人身安全的违章作业,应立即下达工程暂停指令,同时向有关各方报告,并在现场督促承包单位迅速采取措施,确保行车安全。

6.2 安全生产监理工作程序

6.2.1 总监理工程师应组织专业监理工程师编制包括施工安全监理内容的实施细则或

专项安全监理实施细则，制定安全施工监理目标及措施，并将安全生产控制要点分解到各专业，形成控制网络。

6.2.2 在施工准备阶段，审查承包单位有关安全技术文件，并由总监理工程师在技术文件上签署意见。审查未通过的，不得批准开工。

6.2.3 在施工阶段，项目监理机构应对施工现场安全生产情况进行巡视，对危险性较大工程作业进行定期检查。

巡视、定期检查时，发现违规行为应及时制止；发现存在安全事故隐患，应当要求承包单位整改；情况严重，总监理工程师应及时下达工程暂停令，并同时报告建设单位。承包单位拒不整改或者不停止施工，项目监理机构应及时向有关主管部门报告，以电话形式报告应当有通话记录，并及时补充书面报告。检查、报告等情况应记载在监理日志、监理月报中。

6.2.4 工程竣工验收后，项目监理机构应将包括施工安全生产监理工作的技术资料归档。

7 工程进度控制

7.1 施工进度计划的审核

7.1.1 专业监理工程师应审核承包单位报送的施工进度计划，报总监理工程师审批。控制工程的施工进度计划还应报建设单位审批。

7.1.2 施工进度计划审核的主要内容包括：

1 施工进度计划是否符合承包合同中的工期要求；

2 主要工程项目是否有遗漏，总承包、分包单位分别编制各单项工程进度计划之间是否相协调；

3 施工安排是否符合施工工艺的要求；

4 施工组织是否进行优化，进度安排是否合理；

5 劳动力、材料、构配件、施工机具设备、水、电等生产要素供应计划能否保证施工进度计划的需要，供应是否均衡；

6 承包单位提出的应由建设单位提供的施工条件是否合理，是否有造成建设单位违约而导致工程延期和费用索赔的可能。

7.1.3 项目监理机构应对承包单位施工进度的实施情况进行跟踪检查和分析。当发现偏差时，应指令承包单位采取措施纠正。

7.2 施工进度控制方案的编制和实施

7.2.1 专业监理工程师应依据承包合同、设计文件及批准的施工组织设计编制施工进度控制方案，报总监理工程师批准。

7.2.2 施工进度控制方案应包括以下主要内容：

1 施工进度控制目标分解图、风险分析；

2 施工进度控制的主要工作内容；

3 监理人员对进度控制的职责分工；

4 进度控制工作流程、方法、措施。

7.2.3 在实施进度控制过程中，监理工程师的主要工作包括：

1 检查和记录实际进度完成情况；

2 绘制有关工程的形象进度图表，建立进度台账；

3 通过下达监理指令、召开工地例会、各种层次的专题协调会议，督促承包单位按期完成进度计划；

4 当发现实际进度滞后于计划进度时，总监理工程师应指令承包单位采取调整措施。

7.2.4 总监理工程师应定期向建设单位报告施工进度情况，并提出合理的建议，防止由于建设单位原因可能导致的工程延期及费用索赔。

8 工程投资控制

8.0.1 项目监理机构应依据国家和铁道部发布的有关规定、本工程的设计文件和施工承包合同，做好工程投资控制。

8.0.2 专业监理工程师应掌握铁路验工计价的规定，熟悉设计文件的工程内容及工程量构成，熟悉合同的工程量清单及数量，掌握二者之间的对应关系，熟悉工程量清单内和清单外工程数量的计价原则。

8.0.3 专业监理工程师在计量与支付审核时应符合合同约定，做到客观、准确、及时，计量与支付的项目与数量不漏、不超、不重。

8.0.4 项目监理机构应按下列程序进行工程计量和工程款支付签认：

1 专业监理工程师按照施工图（包括批准的变更设计文件）和合同工程量清单对承包单位提交的《已完工程数量报审表》（附录 A 中 TA10 表）和工程数量计算明细表、批准的变更设计及施工图增减工程数量表等附件复核和审查。对数量有疑义的要求承包单位进行共同复核和抽样复测。

2 专业监理工程师审核中对数量有疑义的，应与承包单位对其共同复核或抽样复测。认为有必要时，可通知承包单位共同进行联合测量、计量。确认后签署《已完工程数量报审表》，并依据承包合同约定的计价原则审查承包单位编制的《验工计价表》（附录 A 中 TA11 表），签署意见后报总监理工程师。

3 总监理工程师按照施工图（包括批准的变更设计文件）、合同工程量清单、承包合同约定的计价原则审核并签署《验工计价表》和《验工计价金额表》，报建设单位。

8.0.5 专业监理工程师应建立月完成工程量和支付统计台账，对实际完成量与计划完成量进行比较、分析，制定调整措施，并应在监理月报中向建设单位报告。专业监理工程师应及时收集、整理与费用索赔有关资料。

8.0.6 凡有下列情况之一者，项目监理机构不予验工计价：

1 单项开工报告未经批准的工程；

2 已完工程未按质量验收标准进行检验或检验不合格的工程；

3 超出施工图或超出批准变更设计的工程；

4 工程质量不合格、需要返工处理的工程；

5 存在质量安全问题，发出质量安全通知书后未整改的工程；

6 转包、违法分包的工程；

7 未按规定程序办理变更设计的工程；

8 超出合同约定的工程；

9 合同约定不予验工计价的其他情况。

8.0.7 竣工结算

当承包单位按承包合同中所列工程内容全部完工、自验合格、竣工文件编制后，项目监理机构应对竣工结算资料进行初审，对验工计价数量进行全面清理。在工程项目初验合格、费用索赔处理完毕、无合同纠纷或合同纠纷已得到调解后，总监理工程师应对竣工结算资料进行审查并签认，报建设单位。

8.0.8 项目监理机构应按下列程序对竣工结算进行审查、签认：

1 专业监理工程师依据施工图（包括批准的变更设计文件）、合同工程量清单、承包合同约定的计价原则审核承包单位报送的竣工结算报表；

2 总监理工程师依据施工图（包括批准的变更设计文件）、合同工程量清单承包合同约定的计价原则审定竣工结算报表，签认竣工结算文件和最终的工程价款支付证书报建设单位。

9 环境保护与水土保持监理工作

9.0.1 总监理工程师审查承包单位的施工组织设计时，应审查环保、水保运行体系、保护目标、保护措施，发生环保、水保事故的应急机制，环保、水保责任制度及事故报告制度等。如不达标，总监理工程师不得批准开工。

9.0.2 施工阶段环保、水保监理工作的主要内容：

1 审查承包单位现场环保、水保相关制度的建立，人员设置，环保、水保措施及应急预案是否满足相关规定；

2 检查承包单位落实设计文件中的环境保护、水土保持措施；

3 对施工场所进行巡检，掌握环保、水保措施的落实情况；

4 对承包单位违反设计文件中环保、水保要求的，专业监理工程师应及时发出整改通知书，督促承包单位进行整改，并对整改的结果复查。

10　合同管理的其他工作

10.1　工程暂停及复工

10.1.1　在发生下列情况时,总监理工程师可签发《工程暂停令》(附录 A 中 TB3 表):

1　建设单位要求暂停施工,且工程需要暂停施工时;

2　为了保证工程质量而需要停工进行处理时;

3　当出现安全隐患,认为有必要停工以消除隐患时;

4　发生必须暂时停止施工的紧急事件时;

5　承包单位未经许可擅自开(复)工,或拒绝项目监理机构的检查时。

10.1.2　当发生需要签发《工程暂停令》的情况时,总监理工程师应按照承包合同约定,确定工程项目停工范围,判定暂停工程的影响范围和程度,在征求建设单位意见后签发《工程暂停令》,并报建设单位备案。

10.1.3　由于承包单位原因导致暂停施工,在具备恢复施工条件时,项目监理机构应审查承包单位报送的复工申请及有关资料,同意后由总监理工程师签署工程复工报审表,指令承包单位继续施工。

10.1.4　由于非承包单位原因导致暂停施工时,总监理工程师在签发《工程暂停令》之前应就有关工期和费用等事宜与承包单位进行协商,如实记录所发生的实际情况。总监理工程师应在施工暂停原因消失、具备复工条件时,及时签署《工程复工令》(附录 A 中 TB4 表),指令承包单位继续施工。

10.1.5　由于承包单位原因导致暂停施工,在具备恢复施工条件时,项目监理机构应审查承包单位报送的复工申请及有关资料,同意后由总监理工程师签署工程复工报审表,指令承包单位继续施工。

10.1.6　总监理工程师在签发工程暂停令后,应会同有关各方按照承包合同的约定,处理因工程暂停引起的与工期、费用有关的问题。

10.2　变更设计

10.2.1　项目监理机构应依据下列文件处理变更设计:

1　铁道部发布的《变更设计管理办法》;

2　承包合同和委托监理合同、设计文件。

10.2.2　项目监理机构应协助建设单位审查《变更设计提议单》,参与方案研究、现场核对和责任分析,并按批准的变更设计文件监督承包单位实施。

10.2.3　监理工程师应检查变更设计文件,未经审查同意的变更设计不得实施,项目监理机构不得予以计量。

10.3 费用索赔处理

10.3.1 当承包单位提出费用索赔的理由同时满足以下条件时,项目监理机构应予以受理:

1 索赔事件已造成承包单位的直接经济损失;

2 索赔事件是由于非承包单位的责任发生的;

3 承包单位已按照承包合同规定的条件、期限和程序提出《索赔申请表》(附录A中TC3表),并附有索赔凭证材料。

10.3.2 承包单位向建设单位提出费用索赔,项目监理机构应按下列程序处理:

1 总监理工程师初步审查费用索赔报告,符合第10.3.1条所规定的条件时予以受理;

2 总监理工程师指定专业监理工程师收集与索赔有关的资料;

3 总监理工程师依据合同约定进行审查,并在初步确定索赔数额后,上报建设单位核定。

10.3.3 当承包单位的费用索赔要求与工程延期要求相关联时,总监理工程师应综合考虑费用索赔与工程延期问题,做出费用索赔和工程延期的建议,签署《索赔审批表》(附录A中TB5表),报建设单位批准。

10.3.4 由于承包单位的原因造成建设单位的经济损失时,建设单位向承包单位提出费用索赔时,总监理工程师在审查索赔报告后,应及时书面通知承包单位,详细说明建设单位有权得到的索赔金额和(或)延长缺陷责任期的细节和依据。

10.3.5 建设单位向承包单位提出费用索赔后,项目监理机构应与承包单位进行协商,确定建设单位从承包单位得到赔付的金额和(或)缺陷责任期的延长期,总监理工程师应及时给建设单位做出索赔答复。

10.4 工程延期及工期延误的处理

10.4.1 项目监理机构只有在承包单位提出工程延期要求,收到《工程延期报审表》(附录A中TA13表)后,且符合承包合同的规定条件时才予以受理。

10.4.2 当影响工期的事件具有持续性时,承包单位应向项目监理机构提交阶段性工期延期报告。总监理工程师审查阶段性工期延期报告并与建设单位协商后,作出工程临时延期批准。

10.4.3 当承包单位向项目监理机构提交工程最终延期(工期索赔)申请报告后,总监理工程师应复查工程延期的全部情况并与建设单位协商后,作出工程最终延期批准。

10.4.4 项目监理机构审查和批准工程临时延期或工程最终延期的程序与费用索赔的处理程序相同。

10.4.5 项目监理机构在审查工程延期时,应依下列情况确定批准工程延期时间:

1 承包合同中有关工程延期的约定;

2 工期拖延和影响工期事件的事实和程度;

3 影响工期事件对工期影响的量化程度。

10.4.6　工程延期造成承包单位提出费用索赔时,项目监理机构应按第 10.3 节的规定进行处理。

10.4.7　当承包单位未能按照承包合同要求的工期竣工交付而造成工期延误时,应按合同约定处理。

11　工程质量缺陷责任期与竣工验收监理工作

11.1　工程质量缺陷责任期

11.1.1　项目监理机构应依据委托监理合同中所约定工程质量缺陷责任期内监理工作的时间、范围和内容开展工作。

11.1.2　在工程质量缺陷责任期内，项目监理机构应检查承包单位对验收委员会提出的工程质量缺陷或需返工处理的工程项目实施整改。承包单位整改完毕后，项目监理机构应对承包单位返修的工程施工质量进行验收，合格后予以签认。

11.1.3　总监理工程师应对造成工程质量缺陷的原因进行调查分析，确定责任方。对于非承包单位责任造成的工程质量缺陷返修，专业监理工程师应审核返修工程数量和费用，由总监理工程师签署返修工程验工计价单，报建设单位。

11.2　竣 工 验 收

11.2.1　在施工过程中，项目监理机构应提醒承包单位按专业和工点建立单位工程的施工技术档案，并确定收集资料的内容，逐一收集，整理归档。工程项目竣工后，项目监理机构应检查承包单位按铁道部的有关规定编制工程竣工文件和交验资料。

11.2.2　在单位工程施工质量验收合格、竣工文件按规定编制完成后，项目监理机构应对承包单位报送的《工程竣工初验报审表》(附录 A 中 TA14 表)及有关资料进行审查，总监理工程师组织专业监理工程师会同承包单位到现场进行实物检查，认可后签发《工程竣工初验报审表》。

总监理工程师签发全部单位工程的《工程竣工初验报审表》后，承包单位方可申请竣工验收。

11.2.3　项目监理机构在竣工验收交接中的主要工作：

1　总监理工程师应组织专业监理工程师参加建设单位组织的对本标段的工程检查，督促承包单位及时完成整改，达到验收的有关要求。

2　专业监理工程师参与对本专业工程的检验或检查，总监理工程师应参加有关验收工作。

3　项目监理机构应提交本标段工程质量评估报告和监理工作总结。

4　总监理工程师应参与对竣工验收交接中重要问题的讨论。对存在的问题和处理意见，项目监理机构应督促承包单位及时提出整改措施。

12 工地会议

12.1 第一次工地例会

12.1.1 在工程正式开工之前的适当时间,由建设单位主持,承包单位、项目监理机构、设计单位参加,召开第一次工地例会。

与会人员应在《会议签到表》(附录 A 中 TC4 表)上签名。

12.1.2 第一次工地例会应包括下列内容:

1 建设单位宣布总监理工程师、承包单位项目经理及有关事项;

2 总监理工程师介绍项目监理机构的机构设置、人员配备及其职责、权力,监理规划和工作程序,以及其他需要说明的内容;

3 承包单位项目经理介绍项目管理机构的机构设置、人员配备及其职责、权力,各项施工准备工作的进展情况;

4 建设单位介绍建设单位的机构设置、主要人员、职责范围,征地拆迁等外部条件的落实情况;

5 与会各方商定召开工地例会的时间、议程及参加人员。

12.1.3 第一次工地例会形成的会议纪要应由与会各方会签。

12.2 工地例会

12.2.1 工地例会应按商定的时间定期召开,并形成会议纪要。当建设单位、承包单位或项目监理机构中任何一方认为有必要或出现亟待解决的重大问题时,应召开专题会议研究处理。

12.2.2 工地例会应由总监理工程师或授权的专业监理工程师主持召开。

12.2.3 工地例会应包括下列会议内容:

1 研究施工过程中质量、进度、投资、安全、环保、水保及合同方面存在的问题,分析原因,制定措施,寻求解决办法;

2 互相通报近期工作重点和安排,以便各方协调配合;

3 与工程有关的其他事项。

12.2.4 参加工地例会的人员应包括项目监理机构的监理人员和承包单位项目经理及主要人员,必要时应邀请建设单位、设计单位参加会议。

13 监理资料管理

13.1 监 理 日 记

13.1.1 监理人员应详细、真实记录,监理日记应包含以下内容:

1 时间、地点、气候记录;

2 施工进展情况,包括施工机械进出场情况,施工人员动态,进场材料、构配件的数量及质量状况等;

3 巡视检查及旁站过程中发现的问题及处理情况;

4 工程试验或监测记录;

5 发生索赔、合同争议及纠纷时承包单位的实际情形和处理意见;

6 向承包单位发出的通知或口头指示,承包单位提出的问题及答复意见;

7 上级指示或指令,建设单位的有关要求,质量监督机构的检查意见;

8 尚需解决的问题。

13.1.2 监理人员离开岗位时应将监理日记交项目监理机构登记归档。

13.2 监 理 日 志

13.2.1 项目监理机构应建立项目监理日志,由总监理工程指定专人(专业监理工程师)负责记录每天监理工作的实施情况。

13.2.2 监理日志应记录下列内容:

1 当日施工情况;

2 当日主要监理工作;

3 其他有关情况。

13.2.3 总监理工程师应每月检查一次项目监理日志,按月整理,装订成册。

13.2.4 项目监理机构如有分支机构,宜按对应的施工标段分别记录或按专业记录。

13.3 监 理 月 报

13.3.1 监理月报应由总监理工程师主持编制,并在规定的时限内报送建设单位。

13.3.2 监理月报应包括下列基本内容:

1 本月施工概况;

2 工程进度情况,重点、控制工期工程应详细说明;

3 工程质量、安全情况;

4 变更设计;

5 质量、安全事故;

6 监理工作;
7 监理人员名单;
8 存在问题及建议;
9 下月工作重点。

13.4 监理工作总结

13.4.1 工程完工后,项目监理机构应在总监理工程师主持下编制项目监理工作总结,报送建设单位和监理单位。

13.4.2 项目监理工作总结应包含以下内容:

工程概况,项目监理机构组成,工程质量、安全、进度、投资、环保、水保的控制和合同管理的执行情况,工程质量评估,施工中存在问题的处理,监理工作的经验和教训,有关建议,工程照片及录像等。

13.5 监理资料分类

13.5.1 报送建设单位的资料应包括:

1 监理规划;
2 监理工作总结(专题、阶段和竣工总结报告);
3 质量、安全事故处理资料;
4 竣工报验单及验收记录;
5 竣工结算审批表;
6 年、季验工计价汇总表;
7 监理月报;
8 工程质量评估报告。

13.5.2 发送承包单位的资料应包括:

1 施工组织设计及单项施工方案审批资料;
2 开工申请报告及批复;
3 检验批、分项、分部和单位工程质量验收记录;
4 监理工程师检查签认记录;
5 变更设计、洽商费用审批资料;
6 监理工程师通知单;
7 索赔、合同纠纷、争议调解的有关资料。

13.5.3 监理工作依据的资料应包括:

1 上级部门下发的文件;
2 与建设单位、承包单位之间来往函件,会议纪要;
3 委托监理合同、承包合同;
4 设计文件技术交底纪要,图纸会审资料,变更设计资料;
5 监理规划及监理实施细则。

13.5.4 监理工作内部资料应包括:

1 监理单位内部来往的函件、请示报告及批复：

2 见证检验、平行检验结果统计表；

3 各种管理台账（如工程数量清单、验工计价台账等）；

4 监理日志、监理日记。

13.6 监理资料日常管理

13.6.1 总监理工程师应指定项目监理机构中的专门人员负责监理资料的收集、整理、归档及管理工作。

13.6.2 监理资料的组卷、规格、装订应执行铁道部档案管理的统一规定。

13.6.3 监理资料必须真实完整，整理及时，分类有序。

附录 A　监理工作的基本表式

TA 类表(承包单位用表)

TA1　施工组织设计(方案)报审表
TA2　工程开工/复工申请表
TA3　分包单位资质报审表
TA4　进场施工机械、设备报验表
TA5　主要进场人员报审表
TA6　进场材料/构配件/设备报验表
TA7　施工测量放样报验表
TA8　工程报验申请表
TA9　工程质量事故报告单
TA10　______年__季度已完工程数量报审表
TA11　______年__季度验工计价表
TA12　监理工程师通知回复单
TA13　工程延期报审表
TA14　工程竣工初验报审表

TB 类表(监理单位用表)

TB1　监理工程师通知单
TB2　旁站监理记录表
TB3　工程暂停令
TB4　工程复工令
TB5　索赔审批表

TC 类表(各方通用表)

TC1　监理工作联系单
TC2　变更设计提议单
TC3　索赔申请表
TC4　会议签到表

TA1　施工组织设计(方案)报审表

工程项目名称：　　　　　　　　　　　施工合同段：　　　　　　　　　　　编号：

<table>
<tr><td>致__________________(项目监理机构)：
　　我单位根据承包合同的约定已编制完成__________工程的施工组织设计(方案)，并经我单位技术负责人审查批准，请予以审查。
　　附：施工组织设计(方案)。

承包单位(章)__________
项目经理__________
日　　期__________</td></tr>
<tr><td>专业监理工程师意见：

专业监理工程师__________
日　　期__________</td></tr>
<tr><td>总监理工程师意见：

项目监理机构(章)__________
总监理工程师__________
日　　期__________</td></tr>
</table>

注：本表一式 4 份，承包单位 2 份，监理单位、建设单位各 1 份。

TA2　工程开工/复工申请表

工程项目名称：　　　　　　施工合同段：　　　　　　编号：

<table>
<tr><td>工程名称(单位、分部)</td><td></td><td>里程/部位</td><td></td></tr>
<tr><td>申请开工/复工日期</td><td></td><td>计划工期</td><td></td></tr>
<tr><td colspan="4">致＿＿＿＿＿＿＿＿＿＿(项目监理机构)：
我方承担的＿＿＿＿＿＿＿＿工程，已完成各项准备工作，具备了开工/复工条件，特此申请施工，请核查并签发开工/复工指令。
附：1. 开工/复工报告；
2. 证明文件。

承包单位(章)＿＿＿＿＿＿
项目经理＿＿＿＿＿＿
日　　期＿＿＿＿＿＿</td></tr>
<tr><td colspan="2">审查意见：

项目监理机构(章)＿＿＿＿＿＿
总监理工程师＿＿＿＿＿＿
日　　期＿＿＿＿＿＿</td><td colspan="2">建设单位意见：

公　　章＿＿＿＿＿＿
负 责 人＿＿＿＿＿＿
日　　期＿＿＿＿＿＿</td></tr>
</table>

注：本表一式4份，承包单位2份，监理单位、建设单位各1份。

TA3　分包单位资质报审表

工程项目名称：　　　　　　　　　　　　　　　施工合同段：　　　　　　　　　　　　　　　编号：

致＿＿＿＿＿＿＿＿＿＿（项目监理机构）：

经考察，我方认为选择的＿＿＿＿＿＿＿＿＿＿＿＿＿＿＿（分包单位）具有承担下列工程的施工资质和施工能力，可以保证本工程项目按合同的规定进行施工。分包后，我方仍承担总包单位的全部责任。请予以审查和批准。

附：1. 分包单位资质材料；

　　2. 分包单位业绩材料。

分包工程名称 （部位）	工程数量 （单位）	拟分包工程合同额 （万元）	分包工程占总包工程 （%）
合　计			

承包单位（章）＿＿＿＿＿＿＿＿

项目经理＿＿＿＿＿＿＿＿

日　　期＿＿＿＿＿＿＿＿

专业监理工程师意见：

专业监理工程师＿＿＿＿＿＿＿＿

日　　期＿＿＿＿＿＿＿＿

总监理工程师意见：

项目监理机构（章）＿＿＿＿＿＿＿＿

总监理工程师＿＿＿＿＿＿＿＿

日　　期＿＿＿＿＿＿＿＿

注：本表一式 4 份，承包单位 2 份，监理单位、建设单位各 1 份。

TA4　进场施工机械、设备报验表

工程项目名称：　　　　　　　　　　施工合同段：　　　　　　　　　　编号：

致＿＿＿＿＿＿＿＿＿＿（项目监理机构）：

下列施工机械、设备按合同约定已进场，并经我方检查，能满足工程施工需要，请审验签证并准予使用。

承包单位(章)＿＿＿＿＿＿

技术负责人＿＿＿＿＿＿

日　　期＿＿＿＿＿＿

序号	机械设备名称	规格及型号	数量	技术状况	进场日期	使用工点	备注	监理审验意见

审验结论：

专业监理工程师＿＿＿＿＿＿

日　　期＿＿＿＿＿＿

注：1　对性能、数量不符合要求需要换或补充的原因另附说明；

2　本表一式4份，承包单位2份，监理单位、建设单位各1份。

TA5　主要进场人员报审表

工程项目名称：　　　　　　　　施工合同段：　　　　　　　　编号：

致＿＿＿＿＿＿＿＿（项目监理机构）：

下列人员已进场，并满足合同约定，请予以审查。

附：人员资格证明复印件。

承包单位（章）＿＿＿＿＿＿

项目经理＿＿＿＿＿＿

日　　期＿＿＿＿＿＿

序号	姓名	性别	出生年月	职务	学历	专业	专业年限	备注	监理审查意见

审查结论：

总监理工程师＿＿＿＿＿＿

日　　期＿＿＿＿＿＿

注：本表一式4份，承包单位2份，监理单位、建设单位各1份。

TA6 进场材料/构配件/设备报验表

工程项目名称： 施工合同段： 编号：

致＿＿＿＿＿＿＿＿＿＿（项目监理机构）：

下列原材料/构件/设备经自检符合技术规范要求，报请检验并准予在指定的部位使用。

附件：1. 出厂质量保证书(产品合格证)；

2. 出厂检验报告；

3. 自检试验报告。

项目经理＿＿＿＿＿＿＿＿

技术负责人＿＿＿＿＿＿＿＿

日　　期＿＿＿＿＿＿＿＿

名　称							
规格及型号							
本批数量							
供货单位							
到达时间							
合 格 证							
来源或产地							
使用工点及部位							
自检情况	取样地点及日期						
	检查人及检查日期						
	检查结果						
使用日期							
监理检验意见							

审查结论：

专业监理工程师＿＿＿＿＿＿＿＿

日　　期＿＿＿＿＿＿＿＿

注：本表一式4份，承包单位2份，监理单位、建设单位各1份。

TA7　施工测量放样报验表

工程项目名称：　　　　　　　　施工合同段：　　　　　　　　编号：

致＿＿＿＿＿＿＿＿（项目监理机构）：

根据合同要求，我单位已完成＿＿＿＿＿＿＿＿＿＿＿＿＿＿＿＿＿＿＿＿＿＿的施工测量放样工作，清单如下，请予以核验。

附件：测量及放样资料。

工程地点	放样内容	备　注

测 量 人＿＿＿＿＿　审 核 人＿＿＿＿＿　技术负责人＿＿＿＿＿　日　期＿＿＿＿＿

审核结论：

专业监理工程师＿＿＿＿＿＿＿

日　　期＿＿＿＿＿＿＿

注：本表一式 3 份，承包单位 2 份，监理单位 1 份。

TA8　工程报验申请表

工程项目名称：　　　　　　　　　　　　施工合同段：　　　　　　　　　　　　编号：

致＿＿＿＿＿＿＿＿＿＿＿＿(项目监理机构)： 根据承包合同和设计文件的要求，我单位已完成下列施工项目并自检合格，报请检查。 项目1： 项目2： 项目3： ⋮ 附件：自检资料。 质量检查工程师(签字)＿＿＿＿＿＿＿＿ 日　　期＿＿＿＿＿＿＿＿
监理工程师意见： 专业监理工程师＿＿＿＿＿＿＿＿ 日　　期＿＿＿＿＿＿＿＿

注：本表一式3份，承包单位2份，监理单位1份。

TA9　工程质量事故报告单

工程项目名称：　　　　　　　　　　施工合同段：　　　　　　　　　　编号：

致____________________（项目监理机构）：

______年____月____日____时，在____________________发生工程质量事故，报告如下：

1. 事故经过及原因简要说明（详见附件）：

2. 事故性质：

3. 预计造成损失：

4. 应急措施：

5. 初步处理意见：

待进行现场调查后，另作详细报告。

承包单位（章）______________

项目经理______________　　______年____月____日____时

收件人______________　　______年____月____日____时

注：本表一式 4 份，承包单位 2 份，监理单位、建设单位各 1 份。

TA10　______年__季度已完工程数量报审表

承包单位(章)：　　　　工程项目名称：　　　　施工合同段：　　　　编号：

序号	项目名称	工程数量																	
		区间土方(万 m^3)	区间石方(万 m^3)	站场土方(万 m^3)	站场石方(万 m^3)	路基圬工(万 m^3)	特大桥(延长米)	大中桥(延长米)	小桥(延长米)	涵渠(横延米)	隧道(延长米)	桥梁架设(孔)	正线铺轨(km)	站线铺轨(km)	铺砟(m^3)	房屋建筑(m^2)	信号(站/km)	通信(km)	电力(km)	电气化(km)

填表人______复核人______承包单位项目经理______　____年__月__日　专业监理工程师______　____年__月__日

注：本表一式4份，承包单位2份，建设单位、监理单位各1份。

TA11　______年__季度验工计价表

工程项目名称：　　　　施工合同段：　　　　单位：万元　　编号：

章　　号	项目名称	合同价值	本季验工计价	本年验工计价	开工累计计价	合同余额

编制人______　　承包单位（章）______　　项目监理机构（章）______

复核人______　　项目经理______　　专业监理工程师______　日期______

日期______　　总监理工程师______　日期______

注：本表一式 4 份，承包单位 2 份，监理单位、建设单位各 1 份。

TA12　监理工程师通知回复单

工程项目名称：　　　　施工合同段：　　　　编号：

致______（项目监理机构）：

我方接到编号______的监理工程师通知单后，已按要求完成了______工作，请予复查。

内容：

承包单位（章）______

项目经理______

日　　期______

复查意见：

专业监理工程师______

日　　期______

注：本表一式 3 份，承包单位 2 份，监理单位 1 份。

TA13　工程延期报审表

工程项目名称：　　　　　　　　施工合同段：　　　　　　　　编号：

致____________（项目监理机构）： 根据合同________条的规定，由于____________原因，我方申请工程延期，请予以审查批准。 附件： 1. 工程延期的依据及工期计算 合同竣工日期： 申请延长竣工日期： 2. 证明材料 承包单位(章)________ 项目经理________ 日　　期________
总监理工程师意见： 总监理工程师________ 日　　期________
建设单位审批意见： 建设单位(章)________ 负 责 人________ 日　　期________

注：本表一式 4 份，承包单位 2 份，监理单位、建设单位各 1 份。

TA14　工程竣工初验报审表

工程项目名称：　　　　　　　　　　　施工合同段：　　　　　　　　　　　编号：

致________________（项目监理机构）：

我方已按合同要求完成________________工程，经自检合格，请予以审查验收。

附件：

承包单位（章）____________

项目经理____________

日　　期____________

审查意见：

项目监理机构（章）____________

总监理工程师____________

日　　期____________

注：本表一式 4 份，承包单位 2 份，监理单位、建设单位各 1 份。

TB1　监理工程师通知单

工程项目名称：　　　　　　　　施工合同段：　　　　　　　　编号：

致＿＿＿＿＿＿＿＿＿＿（承包单位）：

事由：

通知内容：

专业监理工程师＿＿＿＿＿＿＿　　　　　　＿＿＿＿年＿＿月＿＿日＿＿时

收件人＿＿＿＿＿＿＿　　　　　　＿＿＿＿年＿＿月＿＿日＿＿时

注：本表一式4份，承包单位2份，监理单位、建设单位各1份。

TB2　旁站监理记录表

工程项目名称：　　　　　　　　　　　　　　施工合同段：　　　　　　　　　　　　　　编号：

日　　期		气　　候		工程地点	
旁站监理部位或工序					
旁站监理开始时间		旁站监理结束时间			
施工情况：					
监理情况：					
发现问题：					
处理意见：					
备　　注：					
旁站监理人员(签字)________ 日　　期________					

注：本表一式3份，承包单位2份，监理单位1份。

TB3　工程暂停令

工程项目名称：　　　　　　　　　　　施工合同段：　　　　　　　　　　　编号：

致________________（承包单位）： 　　由于________________________的原因，现通知你方必须于_____年___月___日___时起对________________________（工程项目名称及里程）工程暂停施工。
停工内容：   停工原因：   整改要求：
总 监 理 工 程 师____________ 项目监理机构（章）____________　　　　___年__月__日__时
收件人____________　　　　___年__月__日__时

注：本表一式4份，承包单位2份，监理单位、建设单位各1份。

TB4 工程复工令

工程项目名称： 施工合同段： 编号：

致____________________（承包单位）：

鉴于________________________________工程暂停令所述工程暂停的原因已经消除，现通知你方于____年____月____日____时起可对________________________工程恢复施工。

项目监理机构（章）______________

总监理工程师______________

日　　期______________

收件人______________ ____年__月__日__时

注：本表一式4份，承包单位2份，监理单位、建设单位各1份。

TB5　索赔审批表

工程项目名称：　　　　施工合同段：　　　　编号：

<table>
<tr><td>
致________________（索赔单位）：
　　根据施工合同条款____________________的规定，你方提出的____________________费用索赔申请（编号________），索赔（大写）____________________，经我方审核：
　　□不同意索赔。
　　□同意索赔，金额为（大写）____________________。
　　同意/不同意索赔的理由：

项目监理机构（章）____________
总监理工程师____________
日　　期____________
</td></tr>
<tr><td>
建设单位意见：

建设单位（章）____________
负　责　人____________
日　　期____________
</td></tr>
</table>

注：本表一式 4 份，索赔单位 2 份，监理单位、建设单位各 1 份。

TC1 监理工作联系单

工程项目名称： 施工合同段： 编号：

致____________________：

事由：

内容：

单位(章)______________

负 责 人______________

日 期______________

注:本表一式 份,相关单位各1份。

TC2　变更设计提议单

工程项目名称：　　　　　　　　　　施工合同段：　　　　　　　　　　编号：

<table>
<tr><td>致______________________：
　　由于______________________原因，兹提出______________________工程变更(内容见附件)，请予以审批。
　　附件：

　　　　　　　　　　　　　　　　　　　　提议单位(章)______________
　　　　　　　　　　　　　　　　负 责 人__________　日　期__________</td></tr>
<tr><td>设计单位意见：

　　　　　　　　　　　　　　　　　　　　设计单位(章)______________
　　　　　　　　　　　　　　　　负 责 人__________　日　期__________</td></tr>
<tr><td>承包单位意见：

　　　　　　　　　　　　　　　　　　　　承包单位(章)______________
　　　　　　　　　　　　　　　　负 责 人__________　日　期__________</td></tr>
<tr><td>监理单位意见：

　　　　　　　　　　　　　　　　　　项目监理机构(章)______________
　　　　　　　　　　　　　　　　负 责 人__________　日　期__________</td></tr>
<tr><td>建设单位意见：

　　　　　　　　　　　　　　　　　　　　建设单位(章)______________
　　　　　　　　　　　　　　　　负 责 人__________　日　期__________</td></tr>
</table>

注：本表一式5份，承包单位2份，建设单位、监理单位、设计单位各1份。

TC3　索赔申请表

工程项目名称：　　　　　　　　　　　　施工合同段：　　　　　　　　　　编号：

致＿＿＿＿＿＿＿＿＿＿（项目监理机构）：

根据＿＿＿＿＿合同第＿＿＿＿＿条规定，由于＿＿＿＿＿原因，我方要求索赔金额（大写）＿＿＿＿＿，请予以审查批准。

索赔的详细理由：

索赔金额计算：

附：证明材料

索赔单位（章）＿＿＿＿＿＿

负 责 人＿＿＿＿＿＿

日　　期＿＿＿＿＿＿

总监理工程师意见：

总监理工程师＿＿＿＿＿＿

日　　期＿＿＿＿＿＿

注：本表一式 4 份，索赔单位 2 份，监理单位、建设单位各 1 份。

TC4　会议签到表

工程项目名称：　　　　　　　　　　　　施工合同段：　　　　　　　　　　编号：

时　间		地　点		主持人	
议　题					
序　号	姓　名	单　位　名　称		职　务	联系电话

注：本表一式 5 份，承包单位 2 份，建设单位、监理单位、设计单位各 1 份。

附录 B　铁路工程旁站监理部位

B. 0. 1　土石方及路基工程

路基:地基土换填、排水砂井、粉喷桩、CFG 桩、塑料排水板的主要施工过程;过渡段填筑:重力式挡墙基坑地基承载力试验。

B. 0. 2　混凝土和钢筋混凝土工程

1　混凝土工程:重要结构、重要部位混凝土灌筑。

2　预应力混凝土工程:施加预应力过程。

3　特殊情况下的混凝土工程:水下混凝土灌筑、高强混凝土配制。

B. 0. 3　桥涵工桥

1　基础工程:扩大基础开挖、基底处理,钻孔桩水下混凝土的灌筑,打入桩施工工艺试验。

2　墩台工程:墩台身混凝土浇筑。

3　梁部工程:现场预制梁的混凝土浇筑及预应力施加。

B. 0. 4　隧道工程

1　围岩类别判定,初期支护。

2　锚杆抗拔试验;特殊设计地段混凝土浇筑及拱部超挖回填。

3　隧道防排水设施施工。

B. 0. 5　轨道工程

整体道床混凝土浇筑。

B. 0. 6　给排水工程

1　水源工程:供水管井的成井工艺;大口井、结合井、辐射井和集水井混凝土封底。

2　管道工程:虹吸管道水压(气压)试验。

3　机械设备安装:真空泵、锅炉等压力容器的运行试验。

4　贮、配水设备:注水试验。

5　污水处理工程和设备安装:注水试验;成套设备的调试工作。

B. 0. 7　电力工程

1　变、配电所:变压器各项电气试验;图线、绝缘子、穿墙套管试验;试运行。

2　架空电力线路:交接试验;送电试运行。

3　电缆线路:交接试验;通电试运行。

4　室内、外配线:验收试验(测量绝缘电阻、耐压试验);送电试运行。

5　室内、外照明:验收试验;送电试运行。

6　车间动力:耐压试验;起吊、走行试验。

7　接地装置:测量接地电阻。

B. 0. 8　电力牵引供电工程

1　牵引变电所、开闭所、分区所、自耦变压器所、电力调度所:对超过有效试验期的设备的重新试验;牵引变电所电气设备交接试验。

2　接触网:冷滑试验;动态参数试验;开通试验。

B. 0. 9　通信工程

1　光缆接续、测试。

2　电缆的接续、测试。

3　通信设备的测试和开通。

B. 0. 10　信号工程

1　电缆接续。

2　联锁试验。

B. 0. 11　既有线龙口拨接

本规范用词说明

执行本规范条文时，对于要求严格程度的用词说明如下，以便在执行中区别对待。

（1）表示很严格，非这样做不可的用词：

正面词采用“必须”；

反面词采用“严禁”。

（2）表示严格，在正常情况下均应这样做的用词：

正面词采用“应”；

反面词采用“不应”或“不得”。

（3）表示允许稍有选择，在条件许可时首先应这样做的用词：

正面词采用“宜”；

反面词采用“不宜”。

表示有选择，在一定条件下可以这样做的，采用“可”。

《铁路建设工程监理规范》条文说明

本条文说明系对重点条文的编制依据、存在的问题以及在执行中应注意的事项等予以说明。为了减少篇幅,只列条文号,未抄录原条文。

1.0.1 铁路建设工程监理于1990年开始试行,1995年全面推行。十几年来,在理论研究和工作实践上都积累了一定的经验。为规范监理行为,提高监理工作水平,充分发挥监理作用,提高铁路工程建设投资效益,制定本规范。

1.0.3 建设单位选定监理单位后,双方必须签订书面委托监理合同,监理单位对工程质量、安全、投资、进度、环保水保等进行全面控制与管理,并赋予相应权力。为了明确委托监理合同双方的责任和义务,保证监理单位能独立、公正地做好监理工作,建设单位与承包单位之间在委托监理合同范围内的联系活动应当通过监理单位进行。

1.0.4 总监理工程师负责制是指由具有注册监理工程师执业资格的人员担任总监,代表监理单位全面主持项目监理机构工作,对履行委托监理合同负有全面责任。总监理工程师在项目监理机构中应做到责、权、利相统一,既负有全面责任,也应享有相应的权力和利益。

1.0.5 监理单位代表建设单位在施工阶段对工程建设过程实施监理,并对施工质量、安全、进度、投资、环保、水保承担监理责任,应该全面维护建设单位的利益。但监理单位应坚持以合同为依据,以事实为凭证,独立、自主地开展监理工作,也不能损害承包单位的合法权益。

1.0.6 本规范的适用范围是新建、改建铁路建设工程项目,包括土建工程、铺架工程和通信、信号、电力、牵引供电工程的施工阶段监理;施工阶段的时间划分为工程开工前、施工过程、缺陷责任期和竣工验收四个部分。

3.2.1~3.2.2 项目监理机构的组织形式和规模应有利于监理目标控制、承包合同管理,有利于监理决策和信息沟通,有利于监理职能发挥和人员分工协作。监理机构的组成应遵循精干、高效的原则,同时要符合委托监理合同的约定。

3.2.3 监理人员包括总监理工程师、专业监理工程师和监理员,必要时可设副总监理工程师。

3.2.4 制定现场监理人员配备标准是为了保证现场监理工作开展,有利于建设单位对项目监理工作进行监督。监理人员的数量和专业配备应在委托监理合同中约定,并可随工程施工进展情况作相应调整,从而满足不同阶段监理工作的需要。

3.2.5~3.2.6 调整监理人员应考虑监理工作的延续性,并应做好相应的交接工作。便于建设单位掌握项目监理机构人员的动态,项目监理机构人员名单应随监理月报向建设单位备案。监理单位进驻现场后,可根据现场工作实际情况,并在满足监理工作需要的原则下,可对总监理工程师以下各级监理人员进行调整,报建设单位批准、备案,并书面通知承包单位。

3.2.7~3.2.8 建设单位提供项目监理机构必备的办公和生活设施,是为了保证现场监理工作开展,坚持监理工作的独立性和公正性。监理设施一般应在委托监理合同中予以明确,并在实际开工前到位。项目监理机构应对建设单位提供的设施登记造册,妥善保管使用。

3.3.3 本条所列职责必须由总监理工程师亲自履行。

3.3.4 第3.3.2条中所列总监理工程师的职责除第3.3.3条外,可授权副总监理工程师代行。

3.4.1 监理规划作为监理单位的技术文件应经过监理单位技术负责人审核批准。监理规划是否要经过建设单位的认可,由委托监理合同或双方协商确定。

3.4.2 监理规划是项目监理机构分析和研究工程项目的目标、技术、管理、环境及工程建设各方的情况后制定的指导项目监理工作的实施方案。要使监理规划具有指导作用和可操作性,在监理规划中应有明确的工作目标,具体的方法、措施、程序和制度。

3.4.4 监理规划应包括本条款所列的内容,当工程项目较为特殊时,也可增加其他必要的内容。

3.5.1 监理实施细则应分专业编制,体现该工程项目在各专业技术、管理和目标控制方面的具体要求,以达到规范监理工作的目的。对于规模较小、技术简单的项目,可在监理规划中制定具体的目标和措施,不必另行编写监理实施细则。

4.0.1~4.0.3 总监理工程师组织监理人员熟悉合同文件、设计文件和相关标准,对施工图纸和交桩资料进行现场核对是监理预先控制的一项重要工作,其目的是熟悉图纸,了解工程特点、工程关键部位的施工方法、质量要求,以便督促承包单位按设计文件施工。项目监理机构如发现图纸中存在施工困难、影响工程质量及图纸错误等问题时,应通过建设单位向设计单位提出书面意见和建议。

项目监理人员参加设计技术交底会,应了解的内容是:

(1)设计主导思想、主要技术条件、设计原则等;

(2)对主要建筑材料、构配件和设备的要求,对采用的新技术、新工艺、新材料、新设备的要求以及施工中应注意事项等;

(3)设计单位关于有关单位对设计文件提出意见的答复。

4.0.6 审查施工组织设计应符合以下要求:

(1)承包单位必须完成施工组织设计的编制和自审后报送项目监理机构审查。

(2)总监理工程师应在约定的时间内,组织专业监理工程师审查,提出审查意见后,由总监理工程师审批。需要承包单位修改时,由总监理工程师签发书面意见,退回承包单位修改后重新报审。

(3)已审定的施工组织设计由项目监理机构报送建设单位。

(4)承包单位按批准的施工组织设计组织施工。如需对其内容作较大变更,应在实施前将变更内容书面报送项目监理机构重新审查。

(5)对规模大、结构复杂或属于新结构、特种结构的工程,项目监理机构应在审查施工组织设计后,报送监理单位技术负责人审查。必要时与建设单位协商,组织有关专家会审。

4.0.8 经专业监理工程师现场检查，具备开工条件时，由总监理工程师签署工程开工报审表，并报送建设单位审批或备案。

4.0.9～4.0.11 工程是否允许分包，应在承包合同中明确约定。承包单位应对分包工程的质量负责，项目监理机构对分包单位资质的审查，不解除承包单位应承担的责任。

4.0.12 分期分批进场的施工机械设备应在分部工程开工前运抵现场接受监理工程师核查。一般应该查以下内容：

(1)进场的施工机械设备(含计划进场的施工机械设备的数量、型号、规格、生产能力、完好率与承包单位投标书所列的是否相符。

(2)施工机械配套是否满足工程施工需要。

(3)各种施工机械设备的进场及周转计划是否与工程进度计划相适应。

(4)当施工机械设备数量不足或不配套时，应要求承包单位限期补足。对于核查不合格的机械设备，应要求承包单位限期撤离现场。承包单位要求暂代或更换施工机械设备，应事先征得专业监理工程师同意。

4.0.13 承包单位的试验室出具的试验数据，是验收施工质量的依据，必须核查其是否经过有关部门的认证，以确定其出具的试验数据的合法性和真实性。对承包单位自有试验室或外委试验室均应按规定的条件进行审核。

5.1.1 监理工作是在承包单位建立健全技术管理体系和质量管理体系的基础上实施的，如果承包单位不建立技术管理体系和质量管理体系，难以保证承包合同的履行。

5.2.1 工程材料必须经项目监理机构进行见证检验或平行检验确认合格后，承包单位方可进场使用。对于新材料、新产品，承包单位应报送经有关部门鉴定、确认的证明文件；对于进口材料、构配件和设备，承包单位还应报送进口商证明文件，并按照事先约定，由建设单位、承包单位、供货单位、监理单位及其他有关单位进行联合检查。

5.3.2 专业监理工程师应对承包单位的控制测量成果和施工测量放线成果进行核查和确认，必要时由测量专业监理工程师进行复查。

5.3.5 用于工程的计量器具，包括试验仪器设备、测量仪器设备、计量器具及质量检测仪器设备等，监理工程师应检查其检验有效期、技术状态、精度及量程等。

5.3.6 本条提出了控制工程质量的一般方法和手段，其中总监理工程师和专业监理工程师应不定时、有目的地对施工现场进行巡视检查和检测。

5.3.7～5.3.9 工程的关键部位和关键工序应进行旁站监理。对工程项目应进行旁站监理的部位应在监理实施细则中予以明确。

5.3.12 监理员在施工现场发现承包单位有建反工程建设强制性标准的行为，有权口头要求承包单位立即整改。若不能有效制止，则应立即向专业监理工程师或总监理工程师报告，由其做出处理决定。

5.3.13 当项目监理机构或质检部门抽检结果与承包单位自检结果出现较大差异，或建筑基础发生位移、变形、出现裂纹时，在报请建设单位同意后，可要求承包单位进行钻芯取样或无损检测，承包单位必须密切配合。

5.4.2 专业监理工程师应组织承包单位专职质检员进行检验批，分项、分部工程施工质量验收资料进行审核和现场验收，符合要求后予以签认。总监理工程师可组织监理人员参加建设单位对单位工程施工质量的验收，对验收资料进行审核和现场验收，符合要求后总监理工程师予以签认。

5.5.1　承包单位对工程质量缺陷的修补，经监理工程师核验后方可进行。对于需要加固补强的工程质量缺陷，还应经原设计单位审核。

5.5.2　对于施工过程中出现的工程质量事故隐患或工程质量事故，监理工程师应立即要求承包单位采取纠正措施；由总监理工程师签发工程暂停令，责令承包单位整改。

5.5.3　当发生工程质量事故时，应按照国家和铁道部的规定进行报告和处理。本条规定了工程质量事故的一般处理程序。

6.1.4　专业监理工程师在审查承包单位编制的施工组织设计中的安全技术措施和专项安全施工方案时，应结合项目工程特点，有针对性地进行审查。

6.1.8　营业线改造及营业线增建二线的施工系指影响营业线设备稳定、设备使用和行车安全的各种施工。营业线施工必须把确保行车安全放在首位，对影响行车和施工安全的每个环节都必须强化管理，除严格执行国家、铁道部的有关规定外，还必须遵守施工地段所在的铁路局关于营业线施工及安全管理的各项规定。

7.1.1　施工进度计划必须满足承包合同和建设单位编制的指导性施工组织设计的要求。当施工进度计划为施工组织设计的组成部分时，可不单独审批。编制和实施施工进度计划是承包单位的责任和义务。因此，监理工程师对施工进度计划审核或批准，并不解除承包单位对施工进度计划的责任和义务。

7.1.2　应由建设单位提供的施工条件包括投资、施工图纸、施工场地、采供物资等。

7.1.3　当施工进度严重偏离计划时，专业监理工程师应及时向总监理工程师报告。总监理工程师邀请有关单位洽商协调，必要时与建设单位商定采取进一步措施。

7.2.1～7.2.2　施工进度控制方案是监理工程师进行进度控制的手段。进度控制目标应按专业、工点进行分解；当一个项目由多个单位施工时，还应按承包单位进行分解。进度控制的方法包括进度检查周期、数据采集方式、进度报表格式、统计分析方法等。进度控制的措施包括组织措施、技术措施、经济措施及合同措施等。

8.0.4　专业监理工程师对承包单位报送的工程款支付申请材料进行审核时，应会同承包单位对现场实际完成情况进行计量，对验收手续齐全、资料符合验收要求并符合承包合同约定的计量范围内的工程量予以核定。

工程款支付申请中包括合同内工作量、变更设计增减费用、经批准索赔费用，应扣除的预付款、质量保证金及承包合同约定的其他支付费用。《验工计价金额表》见《铁路建设工程验工计价办法》（铁建设〔2006〕211号），此办法若有修订，以现行文件规定为准。

8.0.5　专业监理工程师应以合同工程量清单内的数量、单价、金额为基础，以经建设单位批准的验工数量和支付金额为主要依据建立台账，将计量与支付随时发生的变化登记，实行动态管理。

9.0.1　铁道部以铁建设〔2005〕66号《关于发布〈铁路路基设计规范〉等7项铁路工程建设标准的通知》、铁建函〔1998〕253号《关于发布〈铁路机务设备设计规范〉等12个铁路工程建设标准的通知》颁布的《铁路建设项目水土保持方案技术标准》（TB 10503—2005）和《铁路工程环境保护设计规范》（TB 10501—98）是铁路建设项目环境保护和水土保持的规范性文件，建设、设计、监理、施工等单位和部门必须严格遵守。在这些文件发生修订或增废时，以现行为准。

项目监理机构应把环境保护、水土保持的控制纳入监理规划和监理实施细则，全面实现工程建设项目达到国家验收标准。

项目监理机构在审查承包单位编报的施工组织设计时应以国家对该项目环境保护、水土保持方案审批意见和设计文件中环境保护、水土保持工程和措施为依据，审查施工组织中所采取的技术组织措施是否符合要求。在施工过程中，监理人员要监督检查承包单位落实设计文件中环保、水保要求的具体情况。

10.1.1 签发工程暂停令的权力虽然属于总监理工程师，但实施程序应按承包合同和委托监理合同的约定执行。

10.1.2 发生本条文所列五种情况时，总监理工程师有权按照规定的程序签发工程暂停令。

10.1.4 由于非承包单位原因导致工程暂停时，一般要根据实际的工程延期和费用损失，并通过协商给予承包单位工期和费用方面补偿，所以项目监理机构应如实记录所发生的实际情况以备查。

10.1.5 由于承包单位原因导致工程暂停时，承包单位申请复工，除填报工程复工申请表外，还应报送针对导致停工原因而进行的整改工作报告等有关材料。

10.1.6 总监理工程师在签发工程暂停令之后，应尽快按承包合同的约定处理因工期暂停引起的工期、费用等有关问题。

10.2.1～10.2.2 项目监理机构应按照委托监理合同的约定处理变更设计，不应超越所授权限，应协助建设单位与承包单位签订工程变更设计的补充协议。

发生变更设计，无论提议单位是谁，均应经监理单位、设计单位、承包单位和建设单位的代表共同签认，并通过总监理工程师下达变更指令后，承包单位方可进行施工。同时，承包单位应按照承包合同的约定编制变更设计预算书，报送总监理工程师审核并签认后，经建设单位批准，方可进入工程计量和工程款支付程序。《变更设计管理办法》是指《铁路建设项目变更设计管理办法》（铁建设〔2005〕146 号），若有修订或增废，以现行为准。

10.3.1 索赔理由应同时满足本条所规定的三个条件才能成立。

10.3.2 在本条第 3 款规定审查和初步确定索赔批准额时，项目监理机构要审查以下三个方面：

（1）索赔事件发生的合同责任。

（2）由于索赔事件的发生，施工成本及其他费用的变化和分析。

（3）索赔事件发生后，承包单位是否采取了减少损失的措施。承包单位报送的索赔额中是否包含了让索赔事件任意发展而造成的损失额。

项目监理机构在确定索赔批准额时，可采用实际费用法。索赔批准额等于承包单位为了某项索赔事件所支付的合理实际开支减去承包合同中的计划开支，再加上应得的管理费和利润。

总监理工程师在签署费用审批表时，应提出索赔审查报告。索赔审查报告可包括以下内容：

（1）正文：受理索赔的日期、工作概况、确认的索赔理由及合同依据，经过调查、讨论、协商确定的计算方法及由此而得出的索赔批准额和结论。

（2）附件：总监理工程师对该索赔的评价，承包单位的索赔报告及有关证据和资料。

10.3.3 费用索赔与工期索赔有时会相互关联。在这种情况下，建设单位一般不愿给予工程延期批准，或只给予部分工程延期批准，此时的费用索赔批准不仅要考虑费用补偿，还应给予赶工补偿。所以总监理工程师要综合做出费用索赔和工程延期的建议，报建设单位批准。

10.4.2 总监理工程师在做出工程临时延期批准时，要按正常的工程延期批准进行审查，不应认为具有临时性而放松控制。

10.4.3 总监理工程师在做出工程临时延期批准或工程最终延期批准前，都应征得建设单位的同意。

10.4.5 在确定各影响工期事件对工期或各标段工期的综合影响程度时，可按下列步骤进行：

(1)以事先批准的详细的施工进度计划为依据，确定假设工程不受影响时应该完成的工作或应该达到的进度；

(2)详细核实受该影响工期事件影响后，实际完成的工作或实际达到的进度；

(3)查明因受该影响工期事件影响而延误的作业工种及时间；

(4)查明实际的进度滞后是否还有其他影响因素，确定其影响程度；

(5)最后确定该影响工期事件对工程竣工时间或各标段竣工时间的影响值。

11.2.1 竣工文件是工程项目重要的技术档案，单位工程的竣工文件，在竣工验收前必须编制完成。承包单位的项目负责人应负责组织竣工文件编制工作，现场施工技术管理的主要人员必须参加竣工文件编制。分包单位按规定编制各自部分的竣工文件，由总包单位归口整理。

施工过程中的各类原始技术资料是编制竣工文件的重要基础资料，监理工程师应督促承包单位注意收集整理各类原始技术资料，建立档案。尤其是监理人员或质检人员调整变动时，必须办理完毕各类原始记录的签认和交接工作。

附录 A

附录 A 中的表式，可一表多用。铁道部发布的各类铁路建设工程质量用表、质量验收用表，已涵盖铁路建设工程建设实施阶段监理工作的需要。如铁路建设工程项目有特殊要求，建设单位可与承包单位、监理单位进行协商，根据工程特点和要求，制定相应的表式。

填表说明如下：

(1)表　头

工程项目名称应依据设计文件填写建设工程项目的全称。

(2)TA1 表

本表用于承包单位报审施工组织设计(方案)。施工过程中，如经批准的施工组织设计(方案)发生改变，项目监理机构要求将变更的方案报送时，也采用此表。

(3)TA2 表

① 本表用于工程项目开工或停工后恢复施工。如整个项目一次开工，只填报一次；如工程项目中涉及较多的单位工程，且开工时间不同，则每个单位工程开工都应填报一次。此时，将表头上的“复工”两字划掉。

② 因各种原因工程暂停，承包单位准备恢复施工，工程复工报审时，将表头的“开工”两字划掉。

③ 表中证明文件，是指证明已具备开工或复工条件的相关资料。

(4)TA8 表

本表用于工程质量检查验收的申报。

① 用于隐蔽工程检查和验收时，当承包单位完成自检，填报此表提请监理工程师确认。在填报此表时，应附有相应工序和部位的工程质量检查证。

② 用于分项、分部、单位工程施工质量验收报审时，应附有相关的工程质量验收标准要求的资料及规定用表。

③ 本表可以一次报验多个检查验收项目，前提是报验的各项目已经完成并经自检合格。

(5) TA14 表

表中附件是指可用于证明工程已按合同约定完成并符合竣工验收要求的资料。

(6) TB1 表

在监理工作中，项目监理机构按委托监理合同授予的权限，对承包单位所发出的指令、提出的要求均应采用此表。监理工程师在现场发出的口头指令及要求，也应采用此表予以确认。

(7) TC1 表

与监理有关的各方进行工作联系的通用表。

中华人民共和国行业标准

铁建设〔2008〕7号

客运专线铁路工程
竣工验收动态检测指导意见

2008—01—09　发布　　　　2008—01—09　实施

中华人民共和国铁道部　发布

前　　言

本指导意见根据铁道部《关于印发 <2007 年铁路工程建设标准编制计划> 的通知》(铁建设函〔2006〕1112 号)编制。

本指导意见在编制过程中,依据《铁路客运专线项目竣工验收暂行办法》(铁建设〔2007〕183 号)、现行的有关标准和技术规范,借鉴了国内外有关标准的规定,吸纳了提速以来铁路有关部门的实践经验,充分体现了客运专线铁路工程的技术特点和要求。

本指导意见共分 7 章,其主要内容包括:总则、术语、检测及评价程序、基本规定、常规检测、专项检测、检测报告等,另有 1 个附录。

在执行本指导意见过程中,希望各单位结合工作实践,认真总结经验,积累资料。如发现需要修改和补充之处,请及时将意见及有关资料寄交铁道科学研究院(北京市西直门外大柳树路 2 号,邮政编码:100081),并抄送铁道部经济规划研究院(北京市海淀区羊坊店路甲 8 号,邮政编码:100038),供今后修订时参考。

本指导意见由铁道部建设管理司负责解释。

本指导意见主编单位:铁道科学研究院。

本指导意见参编单位:中铁二院工程集团有限责任公司、中国铁路通信信号上海工程公司。

本指导意见主要起草人:宣　言、王　澜、刘增杰、常荣生、刘秀波、韩通新、禹志阳、王惠生、张千里、陈松林、杨宜谦、马　筠、马伟斌、郝有生、焦大化、喻　渝、张文垚、李士寒。

目　　次

1 总 则

1.0.1 为统一客运专线铁路工程竣工验收动态检测程序、内容、技术标准和方法,依据《铁路客运专线项目竣工验收暂行办法》(铁建设〔2007〕183 号),制订本指导意见。

1.0.2 本指导意见适用于新建客运专线铁路工程竣工验收动态检测,时速 200 km 客货共线铁路可参照执行。

1.0.3 动态检测工作应依据《铁路客运专线项目竣工验收暂行办法》(铁建设〔2007〕183 号)组织实施,在静态验收合格以后的动态验收过程中进行。

1.0.4 动态检测包括常规检测和专项检测,具体检测项目在动态验收实施方案中确定。

1.0.5 动态检测除应符合本指导意见规定外,尚应符合国家现行有关强制性标准的规定。

2 术 语

2.0.1 动态检测 dynamic insepction

为检查工程在规定速度范围内的工作状态，确定其功能和性能是否达到设计要求和相关技术标准的规定，在检测车或实车运行条件下进行的检测工作。

2.0.2 常规检测 routine insepction

常规检测是动态检测中一般应进行的检测项目，主要包括轨道状态、接触网、通信、信号等系统。

2.0.3 专项检测 special insepction

对于铁路工程中某些特殊工点、特殊结构、新结构等特定工程设施以及运营条件变化时，为准确评价其功能和性能，根据需要进行的检测项目。

2.0.4 实车检测 field test

按照实际运营列车情况对列车进行配重和编组，检测在列车作用下基础设施的安全性、可靠性以及列车运行的平稳性、舒适性等。

2.0.5 检测车 insepction train

指轨道检查车、接触网检测车、电务检查车等专业检测车或综合检测列车。

3 检测及评价程序

3.0.1 动态检测的主要工作程序为：研究制定动态检测方案、实施动态检测、整理与分析数据、提出整改建议、编制检测报告等。

3.0.2 动态检测方案应包含：检测区段、实车和检测列车编组、检测速度、检测内容、检测仪器、测点布置、检测条件及要求、安全作业以及应急处理措施等。方案应经批准后实施。

3.0.3 动态检测完成后，承担动态检测的单位应提交检测报告，作为工程验收的依据之一。

3.0.4 对检测出的不合格项目，应分析原因，提出整改建议，整改完成后进行相应项目的复测，并在检测报告中如实记录复测结果。

4 基本规定

4.0.1 各专业检测项目和评定标准可依据各专业实际情况按不同速度等级确定。

4.0.2 动态检测列车速度应由低向高逐级提速进行。实车最高检测速度应达到设计速度的110%。实车检测时,若某一速度级的安全指标超限,必须在采取整改措施、安全指标达标后方可继续试验,否则严禁进行更高速度级的检测。

4.0.3 接触网几何参数检测评价的检测速度应符合接触网设计速度的要求,接触线平顺性和弓网受流性能检测应以接触网设计速度的检测结果进行性能评价,以110%接触网设计速度检测接触网状况。轨道状态检测中轨道几何状态检测评价指标的检测速度应符合相关检测项目的最低速度要求。车辆动态响应检测应按线路设计速度的110%进行评价。其他专业应以相应专业设计速度范围的动态检测结果来评价其性能和功能,评价性能储备的检测速度根据专业特点确定。

4.0.4 专项检测项目中,需要预埋传感器的检测项目应提前在施工其间做好准备工作。

4.0.5 动态检测所用方法和设备应符合相关标准的规定,所用仪器、仪表应状态良好,并在计量检定有效期内。检测取得的资料应真实、可靠,评价应实事求是、客观公正。

4.0.6 动态检测应采用检测车和实车进行,检测车、实车应处于正常使用状态。实车检测前,基础设施必须经过检测车检测,确保状态合格。

4.0.7 检测车和实车的运行,必须符合国家、铁道部相关铁路运营规章制度的规定。

4.0.8 检测单位必须制定安全作业规则与安全措施,参检人员均应严格遵守有关安全规则,以确保检测安全。

4.0.9 动态检测报告的内容应全面完整,评价结论应明确清晰。

5 常规检测

5.1 轨道状态

5.1.1 轨道状态动态检测包括轨道几何检测和车辆动力响应检测,检测项目应符合以下要求,未具体规定检测值的应符合设计要求及相关技术标准的规定:

1 轨道几何检测项目,包括高低、轨向、轨距、轨距变化率、超高、水平、三角坑(扭曲)、曲率、曲率变化率、钢轨断面磨耗、钢轨表面擦伤、钢轨顶面短波不平顺等。

2 车辆动力响应检测项目,包括车体纵向、横向和垂向加速度,转向架构架和轴箱的横向和垂向加速度,车体横向加速度变化率,轮轨垂向和横向作用力,脱轨系数、减载率和轮轴横向力等。

相应检测结果应符合表5.1.1—1~表5.1.1—5的规定。

表5.1.1—1 轨道状态幅值评价允许偏差管理值

线路速度等级	200~250 km/h		300~350 km/h	
级别	Ⅰ级	Ⅱ级	Ⅰ级	Ⅱ级
轨距(mm)	$^{+4}_{-2}$	$^{+4}_{-3}$	$^{+3}_{-2}$	$^{+4}_{-3}$
水平(mm)	4	5	3	5
基长2.5 m三角坑(mm)	4	4	3	4
高低(mm)	4	5	3	5
轨向(mm)	4	5	3	5
车体垂向加速度(m/s^2)	1.0		1.0	
车体横向加速度(m/s^2)	0.6		0.6	
*基长18 m的曲率变化率($1/m^2\times10^{-6}$)	1.2		1.0	
*基长18 m的车体横向加速度变化率(m/s^3)	0.8		0.8	
*基长2.5 m的轨距变化率(‰)	0.8	1.0	0.8	1.0

注:1 高低和轨向偏差为1.5~42 m波长范围空间曲线计算零线到波峰的幅值;
2 水平限值不包含曲线按规定设置的超高值及超高顺坡量;
3 三角坑限值包含缓和曲线超高顺坡造成的扭曲量;
4 车体垂向加速度幅值评价采用20 Hz低通滤波,车体横向加速度幅值评价采用10 Hz低通滤波;
5 避免出现连续多波不平顺和轨向、水平逆向复合不平顺;
6 速度等级200 km/h的线路在部分限速区段按200、250 km/h区段指标评价;
7 *号内容为参考项目,用于辅助分析评价。

表 5.1.1—2 动力学运行安全性(稳定性)指标评判标准

项　目	标　准
脱轨系数 Q/P	$Q/P \leqslant 0.80$
轮重减载率	准静态 $\Delta P/P \leqslant 0.65$
	动态 $\Delta P/\bar{P} \leqslant 0.80$
轮轴横向力 H(kN)	$H \leqslant 10 + P_0/3$
构架横向加速度	采用 10 Hz 滤波处理,峰值连续振动 6 次以上大于等于 10 m/s^2 为不合格

注:Q 为轮轨横向力;P 为轮轨垂向力;$\bar{P}$ 为平均静轮重;P_0 为静轮重;ΔP 为轮轨垂向力相对平均静轮重减载量;H 为轮轴横向力。

表 5.1.1—3 动力学运行平稳性指标评判标准

优	良　好	合　格
≤2.5	2.5～2.75	2.75～3.0

表 5.1.1—4 长波高低和轨向不平顺允许偏差管理值

项　目	200～250 km/h (1.5～70 m 空间曲线的零/峰值)		300～350 km/h (1.5～150 m 空间曲线的零/峰值)	
	Ⅰ 级	Ⅱ 级	Ⅰ 级	Ⅱ 级
高低(mm)	5	6	5	6
轨向(mm)	5	6	5	6

表 5.1.1—5 钢轨顶面短波不平顺允许偏差管理值

项　目 \ 检测波长范围(mm)		10～30	30～100	100～300	300～1 000
分析窗长(mm)		150	500	1 500	5 000
滑动平均 RMS 值(mm)		0.004	0.004	0.012	0.04
滑动平均峰峰值(mm)		0.01	0.01	0.03	0.1
(RMS)和峰峰值偏差百分比验收标准	Ⅰ级	5%	5%	5%	10%
	Ⅱ级	—	10%	10%	—
峰峰值 100 m 偏差个数验收标准	Ⅰ级	250	100	25	10
	Ⅱ级	—	200	50	—

5.1.2 轨道状态动态检测评价方法可采用局部幅值评价和区段状态评价。区段状态评价包括轨道几何标准差、轨道质量指数(TQI)、轨道不平顺谱、列车安全性和平稳性指标。

5.1.3 轨道几何幅值评价指标不应出现Ⅱ级偏差和每千米出现Ⅰ级偏差个数不应大于5处;钢轨顶面短波不平顺应小于Ⅰ级;动力学安全性指标达标、平稳性指标合格。

5.1.4 轨道状态动态检测数据处理方法应符合下列规定:

1 应根据检测波形和线路设备台账信息整理编辑检测数据,剔除检测数据中的干扰值。

2 检测系统应具备同步定位和地面标志识别功能,能区分路基、桥梁、隧道和过渡段等结构。

3 对检测数据应按幅值进行评判,按每千米幅值超过允许偏差管理值个数对线路进行验收。

4 动力学安全性和平稳性指标检测、处理和计算方法应符合《铁道车辆动力学性能评定和试验鉴定规范》(GB 5599)的相关规定。

5.2 接触网

5.2.1 接触网动态检测应对弓网动态受流质量以及接触网运行的安全性、可靠性进行检测。检测项目应符合下列要求:

1 接触网几何参数,包括接触线高度、接触线坡度、拉出值、接触线相互位置(锚段关节、线岔、分相关节等断面),应符合设计要求或相关技术标准的规定。

2 接触线平顺性指标,包括硬点(垂直加速度)、一跨内接触线高差 $H_{max}-H_{min}$(2A),宜符合表5.2.1—1的规定。

表5.2.1—1 接触线平顺性检测标准

速度等级(km/h)	$200\leqslant v<300$	$300\leqslant v\leqslant 350$
硬点(m/s^2)	<588	<686
2A(mm)	<150	<150

注:硬点检测值超过标准值跨数应小于检测总跨数的0.5%。

3 弓网受流参数应检测弓网动态接触力或燃弧指标。

1)弓网动态接触力指标

最大值(N):$F_{max}=F_m+3\sigma$

最小值(N):$F_{min}=20$

平均值(N):$F_m\leqslant 0.00097v^2+70$

标准偏差(N):$\sigma\leqslant 0.3\times F_m$

2)燃弧应符合表5.2.1—2的规定。

表5.2.1—2 燃弧检测标准

最大燃弧时间	燃弧率	燃弧次数
<100 ms	0.14%	次/160 m

4 定位点处的接触线动态抬升量 ΔH 应小于120 mm。

5.2.2 接触网动态检测方法应符合下列规定:

1 接触网动态检测应采用综合检测列车(包括接触网检测车)或通过安装在实际运行动车组受电弓上的检测装置,按规定的检测速度对接触网的几何参数、弓网受流参数和接触线的平顺性进行检测。

2 定位点处的接触线动态抬升量可采用综合检测列车进行检测,接触网的特定断面(定位点、跨中、锚段关节、线岔)的测量可采用地面测量方法。

5.2.3 接触网动态检测数据处理方法应符合下列规定:

1 接触网检测数据的统计分析按接触网的一个跨距为统计分析步长,检测功能应具有统计数据实时显示和储存、信号波形显示、图像显示、数据和波形回放功能。

2 定位点处的接触线动态抬升量采用综合检测列车测量时,应通过静态、动态条件下测得的两条接触线轨迹进行比较计算获得。

在地面测量时,可采用图像处理法或位移传感器测量法测试各断面的接触线振动波形,分析振幅最大值和振动频率。

5.3 信　　号

5.3.1 信号系统动态检测包括列车运行控制系统(以下简称列控系统)的车载和地面设备等。检测项目应符合下列要求:

1 列控系统车载设备的功能应符合下列要求:

1)车载设备应工作正常;

2)连续信息应可靠接收;

3)点式信息应可靠接收;

4)车载设备工作模式及模式转换正确;

5)制动输出、防溜逸功能正确,无异常制动、异常不制动;

6)级间转换功能正确;

7)载频切换与锁定功能正确;

8)测速、测距、位置校正功能符合相关铁路行业技术标准要求;

9)显示与故障报警功能正确;

10)记录单元功能正确。

2 列控系统地面设备的功能应符合下列要求:

1)轨道电路载频、低频信息分配及码序正确,信号传输电平、频谱与能量谱分布正常,并符合表 5.3.1—1 ~ 5.3.1—3 的规定及其他相关标准的规定,合格率为 100%;全线补偿电容检测合格率应为 100%;

表 5.3.1—1　轨道电路载频

轨道电路制式	载　频(Hz)	频　偏	载频锁定
ZPW－2 000	1 700－1、2 000－1、2 300－1、2 600－1	+1.4 Hz ±0.1 Hz	载频 +25.7 Hz,时间 2 s
	1 700－2、2 000－2、2 300－2、2 600－2	－1.3 Hz ±0.1 Hz	载频 +25.7 Hz,时间 2 s

表 5.3.1—2　ZPW—2000 轨道电路低频信息分配

序　号	1	2	3	4	5	6	7	8	9
信息名称	L5 码	L4 码	L3 码	L2 码	L 码	LU 码	LU2 码	U 码	U2S 码
频率(Hz)	21.3	23.5	10.3	12.5	11.4	13.6	15.8	16.9	20.2
序　号	10	11	12	13	14	15	16	17	18
信息名称	U2 码	UUS 码	UU 码	HB 码	HU 码	H 码	载频切换	占用检查	L6 码(预留)
频率(Hz)	14.7	19.1	18	24.6	26.8	29	25.7	27.9	22.4

表 5.3.1—3　轨道电路信息基本码序

列车运行状态		基　本　码　序
停　车		L5－L4－L3－L2－L－LU－U－HU; L5－L4－L3－L2－L－LU－LU2－U－HU
侧线接车	默认限速 45 km/h	L5－L4－L3－L2－L－LU－U2－UU; L5－L4－L3－L2－L－LU－LU2－U2－UU
	默认限速 80 km/h	L5－L4－L3－L2－L－LU－U2S－UUS; L5－L4－L3－L2－L－LU－LU2－U2S－UUS
引导接车		L5－L4－L3－L2－L－LU－U－HB; L5－L4－L3－L2－L－LU－LU2－U－HB

2)应答器链接关系正确,应答器报文正确、完整和有效;

3)地面列控中心应正确接收调度集中系统(CTC)下达的各种命令;

4)列控系统在地面信号降级模式下可靠导向安全。

3 列控系统的检测内容除符合上述规定外,还应符合设计要求及有关技术标准的规定。

5.3.2 信号动态检测方法应符合以下规定:

1 应采用综合检测车或实车对列控系统进行检测,并根据不同的列控系统等级及线路特点,确定列控系统检测项目及实施方案;

2 所有与动车组有关的进路都应对应答器进行检测,应答器临时限速报文应按临时限速区段速度和长度的分档组合,每种组合应至少检测一次;

3 与列车进路有关的每段轨道电路应至少检测一次。

5.3.3 信号动态检测数据处理应符合下列规定:

1 通过对车载 ATP 数据记录单元(DRU)的数据分析,对车载 ATP 的运用状态进行评价;

2 根据轨道电路的实际传输性能,以轨道区段为单位,对轨道电路的工作状态进行综合分析与评价;

3 根据补偿电容接收天线电平的变化判断补偿电容的相对位置与工作状态,对补偿电容以检测线路及轨道区段为单位分别进行评价;

4 对应答器报文信息进行自动解码、比较与评价,其中有源应答器信息评价应结合地面临时限速信息、进路信息等数据,以检测线路为单位对应答器信息传递、链接关系等进行评价。

5.3.4 除上述之外的其他信号动态检测项目及其检测方法应符合设计要求和相关技术标准的规定。

5.4 通 信

5.4.1 通信系统动态检测应包括 GSM－R 网络场强覆盖及干扰保护比、GSM－R 网络电路域服务质量、GSM－R 网络分组域服务质量。

5.4.2 通信系统动态检测项目应符合下列规定:

1 GSM－R 网络场强覆盖以最小可用接收电平表示,并应符合表 5.4.2—1 的规定。

表 5.4.2—1 GSM－R 网络覆盖要求

终端种类	业务种类	接收天线位置	终端速度(km/h)	统计概率	最小可用接收电平 P_{rmin}(dBm)
列调机车台	电路域话音及非列控类数据	机车顶部(距轨面 4 m 高)	未限定	95%	−98
列控机车台	电路域列控类数据	机车顶部(距轨面 4 m 高)	$v \leqslant 220$	95%	−98
			$220 < v \leqslant 280$	95%	−95 ~ −92
			$v > 280$	95%	−92

2 GSM－R 网络无线场强覆盖设计应避免越区,越过相邻基站或直放站的无线覆盖应符合下列要求:

1）同频道干扰保护比不应小于 12 dB；

2）邻频道干扰保护比不应小于 −6 dB；

3）偏离载波 400 kHz 时的干扰保护比不应小于 −38 dB。

3 GSM−R 网络电路域语音业务和非列控类数据业务服务质量应符合表 5.4.2—2 的规定。

表 5.4.2—2 GSM−R 网络电路域语音业务与非列控类数据业务 QoS 指标

服务质量项目	指 标 值
端到端呼叫（连接）建立时间	铁路紧急呼叫＜2 s（95%），＜3 s（99%） 同一区域内司机之间 MS 组呼＜5 s（95%），＜7.5 s（99%）
	除上述外，MS−FT 的运营呼叫＜5 s（95%），＜7.5 s（99%） 除上述外，FT−MS 的运营呼叫＜7 s（95%），＜10.5 s（99%）
	除上述外，MS 之间的运营呼叫＜10 s（95%），＜15 s（99%） 其他低优先级呼叫＜10 s（95%），＜15 s（99%）
呼叫（连接）建立失败概率	＜10^{-2}（最长的建立时延见"呼叫（连接）建立时间"）
数据速率	≥2.4 kb/s
最大端到端延迟（传输时间）	＜0.5 s（95%），＜1.2 s（99%），＜2.4 s（99.99%）
平均端到端延迟（传输时间）	0.4～0.5 s
越区切换中断时间	＜0.5 s（95%）
越区切换成功率（可选）	≥99.5%

4 GSM−R 网络电路域列控数据业务服务质量指标应符合表 5.4.2—3 的规定。

表 5.4.2—3 GSM−R 网络列控类数据业务 QoS 指标

服务质量项目	指 标 值
移动台发起的连接建立时延	＜8.5 s（95%），≤10 s（100%）
连接建立失败概率	＜10^{-2}
最大端到端传输时延（30byte 用户数据块）	≤0.5 s（99%）
连接丢失概率	≤10^{-2}/h
传输干扰时间 T_{TI}	＜0.8 s（95%），＜1 s（99%）
传输无差错时间（传输恢复时间）T_{REC}	＞20 s（95%），＞7 s（99%）
网络注册时延	≤30 s（95%），≤35 s（99%），≤40 s（100%）

5 GSM−R 网络分组域数据服务质量的数据传输时延应符合表 5.4.2—4 的规定，数据丢包率应符合表 5.4.2—5 的规定。

表 5.4.2—4 GPRS 延迟等级检测标准

包的大小 延迟等级	128 字节		1 024 字节	
	平均延迟	95%	平均延迟	95%
1	＜0.5 s	＜1.5 s	＜2 s	＜7 s
2	＜5 s	＜25 s	＜15 s	＜75 s
3	＜50 s	＜250 s	＜75 s	＜375 s

注：表中"95%"指 95% 的数据包延迟符合标准规定。

表 5.4.2—5 数据包丢失率评定指标

可靠性级别	SDU 丢失概率	SDU 重传概率	SDU 非顺序到达概率	SUD 出错概率	应用特性说明
1	10^{-9}	10^{-9}	10^{-9}	10^{-9}	差错敏感，无纠错能力，有限容错能力
2	10^{-4}	10^{-5}	10^{-5}	10^{-6}	差错敏感，有限纠错能力，较好容错能力
3	10^{-2}	10^{-5}	10^{-5}	10^{-2}	差错不敏感，有纠错能力，强容错能力

5.4.3 GSM－R 网络场强覆盖及系统服务质量（QoS）检测方法及数据处理方法应符合铁路行业有关 GSM－R 工程质量验收标准规定。

6 专 项 检 测

6.1 轨 道 结 构

6.1.1 轨道结构动态检测可根据实际情况选择下列检测项目：

1 轮轨垂直力、轮轨横向力、列车运行安全性指标(脱轨系数 Q/P、轮重减载率 $\Delta P/P$ 及轮轴横向力)；

2 钢轨、轨枕横向位移、动态轨距扩大量；

3 钢轨、轨枕垂向位移、钢轨支点压力；

4 钢轨、轨枕弯曲应力、轨枕弯矩、轨道板和道床板的纵、横向应变；

5 钢轨侧倾；

6 轨道板与底座间垂向相对位移(CA 砂浆变形量)；

7 道床应变、无砟轨道底座和混凝土支承层的纵向拉应变；

8 钢轨、轨枕、轨道板、道床或道床板振动加速度；

9 CA 砂浆、级配碎石表面以及基床底层表面压应力；

10 扣件变形量；

11 扣件轨下垫板的垂向动态变形；

12 扣件横向力；

13 锚固螺栓的附加上拔力；

14 道岔尖轨、心轨开口量；

15 道岔护轨横向位移、作用于护轨的车轮背面横向力；

16 道岔尖轨、心轨、翼轨薄弱断面弯曲应力；

17 道岔铁垫板弯曲应力、扣件应力；

18 道岔转换设备主要部件应力、转换阻力；

19 伸缩调节器。

6.1.2 轨道结构动态检测指标应符合下列要求，未具体规定检测值的应符合设计要求和相关技术标准的规定：

1 列车运行安全性指标按照《铁道车辆动力学性能评定和试验鉴定规范》(GB 5599)的相关规定评判；

2 道岔尖轨、心轨开口量不得大于 4 mm；

3 护轨横向位移不得大于 3 mm；

4 钢轨、扣件、垫板、道床及无砟轨道的轨道板、道床板等轨道部件的应力不应大于容许应力；

5 道岔的钢轨件、铁垫板、扣件、转换设备的应力不得大于其容许应力；

6 混凝土枕的弯矩不得大于其设计承载能力；

7 作用于护轨的车轮背面横向力不得大于 90 kN；

8 过渡段及相连两端沿线路方向的垂向基础刚度应均匀变化。

6.1.3 轨道结构动态检测方法应符合下列规定：

1 参照《轮轨水平力、垂直力地面测试方法》(TB/T 2489)标准，应采用剪应力法检测轮轨垂直力 P 和横向水平力 Q，计算机车车辆内外轮脱轨系数 Q/P、轮重减载率 $\Delta P/P$ 及轮轴横向力(Q_1-Q_2)等列车运行安全性指标。

2 应采用位移计检测钢轨及轨枕横向和垂向位移、道岔区尖轨及心轨开口量、护轨横向位移、钢轨侧倾、轨道板与底座间垂向相对位移、扣件变形、垫板动变形。

3 应采用应变法检测钢轨动弯应力、轨枕弯矩、扣件应力、轨道板和道床板的纵、横向应变、铁垫板(滑床板、护轨垫板、支距垫板)应力、道岔区钢轨件(尖轨、心轨、翼轨)应力、道岔转换设备(外锁闭杆、外锁钩、外锁销轴、表示杆)应力。

4 应采用加速度计检测钢轨、轨枕、轨道板、道床或道床板振动加速度。

5 应采用测力垫板检测钢轨支点压力。

6 轮轨垂直力和水平力应采用轮轨力标定架现场标定，并根据试验列车 5 km/h 通过进行准静态标定和校核；轨枕正、负弯矩应采用轨枕弯矩标定架现场标定；各项位移测试应采用塞尺现场标定；应用标准应变源对所有测试仪器校核和对导线误差修正。

7 采用道床应变盒及道床振动加速度测试元件测试道床应变和道床竖向振动加速度。

6.1.4 轨道结构动态检测数据处理方法应符合下列规定：

1 检测资料进行整理时应消除系统误差，舍去因过失误差产生的可疑数据，对时域波形应先预检，去掉奇异项、修正零线飘移、趋势项等，以确保数据分析的准确性和真实性。

2 各项指标的数据应按车位和轮位分别计量，并计算其平均值、标准偏差和其他统计特性，部分参数可只统计实测最大值，加速度结果应进行频域的统计分析，进行谱分析时，应合理选择时间窗函数，减少泄漏。

6.2 路 基

6.2.1 路基动态检测可根据实际需要选择下列检测项目：

1 特殊基床结构设计或施工路基；

2 特殊填料填筑或加固处理路基；

3 新型轨道结构或行车运营等提出特殊要求的路基。

6.2.2 路基动态检测项目应符合下列要求：

1 路基动荷载和动应力：动荷载的最大值不得大于测试均值的 2 倍。

2 路基动变形与支承刚度：动变形的最大值不得大于测试均值的 2 倍。过渡段路基的支承刚度系数应有明显的渐变趋势，一般路基段的支承刚度系数应平稳。

3 路基振动速度和加速度：路基振动速度和加速度的最大值不得大于测试均值的 2 倍。

6.2.3 路基动态检测方法应符合下列要求：

1 路基动荷载和动应力：通过在路基不同深度和位置设置动态压力传感器进行测试，一般采用应变式压力传感器将压力转变为电信号，通过应变仪放大信号。

2 路基动变形：在路基面与深度 4 ~ 5 m 的位置或基岩之间通过钻孔和支杆设置位

移传感器测试路基面的变形；在路基面与基床表层底面和基床底层底面之间设置位移传感器测试各部分的相对变形。也可采用光电传感器，测试路基面与远处不动点的相对位移来反映路基面的动变形。列车时速 160 km 及以上时也可采用伺服加速度传感器通过二次积分测试路基面动变形。

3　路基振动速度和加速度：在路基不同位置设置速度和加速度传感器。

6.2.4　路基动态检测数据处理方法应符合下列规定：

1　路基动荷载和动应力：动荷载最大值及分布规律，以及路基动应力随深度的衰减系数。

2　路基动变形与支承刚度：动变形最大值及路基不同部位的动应变。以路基动荷载与动变形之比作为路基的支承刚度系数。

3　路基振动速度和加速度：振动速度和加速度幅值及频谱特性。

6.3　桥　　梁

6.3.1　桥梁工程动态检测可根据实际情况选择下列项目：

1　梁体横向和竖向自振频率，大跨结构的模态振型；

2　桥墩横向自振频率，高墩的振型；

3　梁体的横向和竖向振动阻尼比；

4　梁体横向和竖向振幅及强振频率；

5　墩顶横向振幅和强振频率；

6　梁体横向和竖向振动加速度；

7　梁体控制部位(含端横梁)的竖向动挠度(含动力系数)；

8　支座的横向和竖向动位移；

9　混凝土桥的梁体控制截面、钢桥的主要杆件(含端横梁)的动应力(含动力系数)；

10　机车车辆(或动车组)脱轨系数和轮重减载率，轮轨横向力；

11　无砟轨道桥梁的梁缝两侧钢轨支点的横向和竖向相对位移；

12　斜拉桥的索力、拱桥(含组合结构)的吊杆应力。

6.3.2　桥梁工程动态检测采用的主要评定指标应符合下列要求：

1　客运专线铁路桥梁梁体在检测列车静活载作用下的竖向挠度(扣除支座竖向位移，换算至 ZK 活载)不应大于表 6.3.2—1 和表 6.3.2—2 所列数值和设计值。

表 6.3.2—1　200～250 km/h 客运专线铁路桥梁梁体的竖向挠度限值

跨度 L(m)	L≤24	24<L≤24	40<L<96
单　跨	L/1 300	L/1 000	L/1 000
多　跨	L/1 800	L/1 500	L/1 200

表 6.3.2—2　300～350 km/h 客运专线铁路桥梁梁体的竖向挠度限值

跨度 L(m)	L≤24	24<L≤80	L>80
单　跨	L/1 300	L/1 000	L/1 000
多　跨	L/1 800	L/1 500	L/1 000

2 客运专线铁路桥梁在检测列车静活载作用下的梁端竖向转角(换算至 ZK 活载),有砟轨道桥梁不应大于 2‰和设计值,无砟轨道桥梁不应大于 1‰和设计值。

3 客运专线铁路桥梁的剪力动力系数乘以检测列车(实车)静活载不宜大于 $\frac{0.996}{\sqrt{L_\phi}-0.2}+0.913$ 乘以 ZK 活载;弯矩动力系数乘以检测列车(实车)静活载不宜大于 $\frac{1.494}{\sqrt{L_\phi}-0.2}+0.851$ 乘以 ZK 活载,L_ϕ 为加载长度(m)。其中 $L_\phi<3.61$ m 时按 3.61 m 计;简支梁时为梁的跨度;n 跨连续梁时取平均跨度乘以下列扩大系数:$n=2$ 时为 1.20;$n=3$ 时为 1.30;$n=4$ 时为 1.40;$n\geqslant5$ 时为 1.50。动力系数计算值小于 1.0 时取 1.0。当计算 L_ϕ 小于最大跨度时,取最大跨度。

4 200~250 km/h 客运专线铁路的简支梁竖向自振频率(Hz)不应小于 n_0:

$$n_0=\begin{cases}\dfrac{80}{L}, & 4\text{ m}\leqslant L\leqslant 20\text{ m}\\ 23.58L^{-0.592} & 20\text{ m}<L<96\text{ m}\end{cases}$$

300~350 km/h 客运专线铁路的简支梁竖向自振频率(Hz)不应小于 n_0:

$$n_0=\begin{cases}\dfrac{120}{L}, & L\leqslant 40\text{ m}\\ 23.58L^{-0.592} & 40\text{ m}<L<80\text{ m}\end{cases}$$

5 桥梁的道砟桥面强振频率不大于 20 Hz 的竖向振动加速度不应大于 0.35 g。桥梁的无砟轨道强振频率不大于 20 Hz 的竖向振动加速度不应大于 0.50 g。

6 客运专线铁路钢桥端横梁的拼接纵梁位置处的挠度不应大于 2 mm。

客运专线无砟轨道桥梁上梁缝两侧的钢轨支点横向和竖向相对位移不应大于 1 mm。

7 桥梁上的脱轨系数不应大于 0.8,轮重减载率不应大于 0.6。

桥梁上的轮轴横向力应小于 80 kN 和 $10+P_0/3$ kN(P_0 为静轴重)的较小值。

6.3.3 动态检测荷载可根据线路设计速度、桥梁结构形式及跨度,采用下列荷载作为检测荷载:

1 铁路荷载:客车机车车辆或动车组;

2 公路荷载:载重汽车、履带式车辆、半挂车、全挂车、特种大型车辆等;

3 其他荷载:千斤顶、激振器、弹性聚能力锤、环境微振动等。

4 检测要求各种荷载装载正确。公铁两用桥可选择公路荷载与铁路荷载同时或分别加载。

6.3.4 桥梁工程动态检测前,应对下列各项作实地查勘:

1 桥上线路的轨道结构类型、轨型,桥枕类型及间距,扣件形式,线、桥、墩三者关系等;

2 桥址线路平纵断面状况、桥上线路容许最高速度、运营过桥速度、行车密度和运营列车编组。

6.3.5 桥梁工程动态检测数据处理时应消除系统误差,舍弃因过失误差产生的可疑数据,对时域波形应先预检,去掉奇异项、修正零线飘移、趋势项等误差,以确保数据分析的准确性和真实性。

6.3.6 进行谱分析时，应合理选择时间窗函数，以减少泄漏，在桥梁检测的实际运用中可选择汉宁（Hanning）、哈明（Hamming）、凯塞—贝塞尔（Kaiser - Bessel）或其他合适的时间窗函数。

6.4 噪声、振动及微气压波

6.4.1 噪声动态检测应包括声屏障、吸声道床、阻尼钢轨等控制铁路噪声的工程；检测内容应包括铁路边界噪声、噪声控制工程的声级插入损失和频带声压级插入损失；检测结果应符合设计要求和国家相关现行标准的规定。

6.4.2 噪声动态检测项目应包括下列参数：

1 铁路边界噪声（L_{eq}）；

2 列车通过时段内，有噪声控制和无噪声控制工程的等效声级（L_{eq}）及参考点的等效声级（$L_{eq,ref}$）；

3 列车通过时段内，有噪声控制和无噪声控制工程 50～5 000 Hz 的 1/3 倍频带等效频带声压级（$L_{eq,f}$）及参考点的等效频带声压级（$L_{eq,f,ref}$）；

4 测点的背景噪声（$L_{eq,b}$）。

6.4.3 振动动态检测应包括减振轨道等控制铁路环境振动的工程；检测内容应包括环境振动，振动控制工程振动输入、输出端结构振动的振动加速度频谱和振动控制工程的振级插入损失。检测结果应符合设计要求和国家相关现行标准的规定。

6.4.4 振动动态检测项目应包括下列参数：

1 减振结构两端的窄带振动加速度频谱 a_f；

2 有振动控制和无振动控制工程的地面环境振动铅垂向 Z 振级（VL_{Zmax}、$VL_{Z,eq}$、$VL_{Z,10}$）及参考点的振级（$VL_{Z,eq,ref}$）；

3 测点的背景环境振级（$VL_{Z,b}$）。

6.4.5 隧道两端洞口微气压波峰值应符合表 6.4.5 的要求。

表 6.4.5 隧道洞口微气压波峰值评判指标

条件		微气压波峰值 P_{max}
洞口有建筑物	无特殊环境要求	建筑物处 P_{max}≤20 Pa
	有特殊环境要求	按要求
洞口无建筑物（或住宅距洞口大于 50 m）	有特殊环境要求	距洞口 20 m 处 P_{max}＜50 Pa
	无特殊环境要求	不设

6.4.6 噪声、振动动态检测的测量方法应符合下列规定：

1 噪声测点布设

1）距铁路外侧轨道中心线 30 m，高于地面 1.2 m，距反射物距离不小于 1 m 处；

2）有噪声控制工程路段内的测点位置应与噪声控制工程任一端的距离不小于 50 m，无噪声控制工程路段内测点处的线路条件和周边环境条件，应与有噪声控制工程路段的条件具有可比性；

3）声屏障插入损失的参考测点布设还应符合国家现行标准《声屏障声学设计和测量规范》（HJ/T 90）中的有关规定。

2 振动测点布设

1)Z 振级的测点宜布设在铁路外侧距轨道中心线 7.5 m、15 m、30 m 处的坚实地面上；

2)有振动控制工程路段内的 Z 振级测点位置应与振动控制工程任一端的距离不小于 50 m,无振动控制工程路段内测点处的线路条件和地面条件,应与有振动控制工程路段的条件具有可比性；

3)窄带振动加速度频谱的测点应根据减振结构的特点,布设在有代表性的能反映振动输入端结构和输出端结构振动状况的位置。

3 同一测量断面内的测点应采用同步测量的方法；

4 进行噪声、振动控制工程插入损失测量时,每组测量数据应为同次列车通过各测点时的测量结果；

5 每个测点至少应测量 3 次通过列车。

6.4.7 微气压波应采用微气压波检测仪检测。当建筑物无特殊环境要求时,测点应布置在洞口距建筑物最近处;当建筑物有特殊环境要求时,测点应根据环境要求布置。

6.4.8 噪声、振动动态检测的数据处理应符合下列要求:

1 测量数据经算术平均后应按国家现行标准《数值修约规则》(GB/T 8170)的规定修约,并取整数值作为该点的测量结果,如测量数据之间的最大差值大于 3 dB,则该组数据无效；

2 在计算插入损失时应进行背景噪声或背景振动的修正；

3 铁路边界噪声应按设计近期列车对数进行预测计算,计算方法应符合《铁路建设项目环境影响评价噪声振动源强取值和治理原则规程》(铁计〔2006〕44 号)的规定；

4 声屏障插入损失 *IL* 的计算方法应符合国家现行标准《声屏障声学设计和测量规范》(HJ/T90)中的规定。

7 检 测 报 告

7.0.1 动态检测完成后应编制检测报告。

7.0.2 检测报告应包含承担检测单位、工程项目概述、检测目的、内容和方法、检测结果与分析、评价结论与建议等内容。

7.0.3 动态检测报告必须由承担检测单位独立完成，资料、数据应实事求是、翔实准确。编写时按照统一格式（见附录 A）。

7.0.4 动态检测报告应如实记录不合格项目在整改前后的资料，并对这些情况做出准确说明。

7.0.5 评价结论中应明确检测项目是否合格的结论，涉及安全指标的项目要明确是否满足安全要求。

附录 A　客运专线铁路工程验收动态检测报告参考格式

__________铁路工程

动态检测报告

委托单位名称：

承担单位名称：

年　月　日

一、概　　述

（检测任务来源、技术依据、目的等）

二、检测单位及参加、配合单位

（承担检测单位相应资质证书，单位技术负责人、检测人员专业证书或资格证书等。署名此次动态检测的负责人、各专业的负责人和测试人员、报告撰写人等）

三、项目概述

（线路设计等级、长度等基本情况；建设、设计、施工、监理、咨询单位等情况）

四、检测内容和方法

五、常规检测结果、分析与结论

（各专业检测资料分类列表、统计，并将检测结果与相应标准、规范的标准值进行对比分析）

六、专项检测结果、分析与结论
（各专业检测资料分类列表、统计，并将检测结果与相应标准、规范的标准值进行对比分析）

七、结论与建议
（明确提出评价结论和可行建议，评价结论应明确安全特性）

附：动态检测试验报告和相关数据

本指导意见用词说明

执行本指导意见条文时，对于要求严格程度的用词说明如下，以便在执行中区别对待。

(1)表示很严格，非这样做不可的用词：

正面词采用“必须”；

反面词采用“严禁”。

(2)表示严格，在正常情况下均应这样做的用词：

正面词采用“应”；

反面词采用“不应”或“不得”。

(3)表示允许稍有选择，在条件许可时首先应这样做的用词：

正面词采用“宜”；

反面词采用“不宜”。

表示有选择，在一定条件下可以这样做的，采用“可”。

《客运专线铁路工程竣工验收动态检测指导意见》条文说明

本条文说明系对重点条文的编制依据、存在的问题以及在执行中应注意的事项等予以说明。为了减少篇幅，只列条文号，未抄录原文。

1.0.1　《铁路客运专线项目竣工验收暂行办法》(铁建设〔2007〕183 号)规定，动态验收检测工作应执行铁道部动态检测相关标准。

1.0.2　考虑到本指导意见是针对于客运专线的，所以近期兼顾货运的客运专线中的货车作用下的相应检测项目和指标均没有列出。需要时，检测项目及方法可参照本指导意见执行，具体质量要求应符合设计要求或相关技术标准的规定。

1.0.4　《铁路客运专线项目竣工验收暂行办法》(铁建设〔2007〕183 号)规定，客运专线公司组织专业机构按批复的动态验收实施方案进行动态检测，并形成动态检测报告。

1.0.5　本指导意见用到的现行有关标准主要有《铁路客运专线项目竣工验收暂行办法》(铁建设〔2007〕183 号)、《铁路机车车辆验收用运行技术试验》(UIC 518 草案)、《铁路线路修理规则》(铁运〔2006〕146 号)、《既有线提速 200～250 km/h 线桥设备修理规则》(铁运函〔2007〕44 号)、《电务试验车动态检测系统技术条件》(运基信号〔2005〕443 号)、《应答器技术条件(暂行)》(科技运函〔2004〕114 号)、《既有线 CTCS－2 级区段应答器报文定义及应用原则(暂行)》(运基信号〔2005〕224 号)、《铁路 GSM－R 数字移动通信系统设计暂行规定》(铁建设〔2007〕92 号)、《铁路 GSM－R 数字移动通信工程施工质量验收暂行标准》、《提速干线接触网检测综合评估方法(暂行)》(运装设水〔2004〕35 号)、《铁路应用——受流系统——受电弓接触网关系的技术标准》(欧洲标准 EN 50367—2002)、《轮轨水平力、垂直力地面测试方法》(TB/T 2489—94)、《铁路桥梁检定规范》(铁运函〔2004〕120 号)、《新建时速 200～250 公里客运专线铁路设计暂行规定》(铁建设〔2005〕140 号)、《新建时速 300～350 公里客运专线铁路设计暂行规定》(铁建设〔2007〕47 号)、《既有线提速 200 km/h 技术条件(试行)》(铁科技函〔2006〕747 号)、《客运专线无砟轨道铁路设计暂行规定》(铁建设函〔2005〕754 号)、《既有线提速技术条件(试行)》(铁科技〔2002〕76 号)、《铁道车辆动力学性能评定和试验鉴定规范》(GB 5599—85)、《铁路桥涵设计基本规范》(TB 10002.1—2005)、日本《铁路结构物设计标准及解说(钢桥、结合梁桥)》(2007 年 7 月)、《声屏障声学设计和测量规范》(HJ/T 90—2004)、《数值修约规则》(GB/T 8170)、《铁路边界噪声限值及其测量方法》(GB 12525)、《城市区域环境振动标准》(GB 10070)、《客运专线道岔暂行技术条件》(铁科技〔2005〕135 号)、《既有线 200 km/h 铁路车站列控中心运用技术原则(暂行)》(运基信号〔2005〕316 号)等。

3.0.1　《铁路客运专线项目竣工验收暂行办法》(铁建设〔2007〕183 号)中规定客运专线公司组织专业机构进行动态检测，动态检测工作由铁道部批准的专门机构负责，验收时有专门的竣工验收工作组。

3.0.3 主要依据《铁路客运专线项目竣工验收暂行办法》(铁建设〔2007〕183 号)制定。

3.0.4 主要依据《铁路客运专线项目竣工验收暂行办法》(铁建设〔2007〕183 号)制定。

考虑到动态检测时若出现不合格项目,有可能是因为施工质量的问题,也可能是对问题认识的不足,所以本指导意见规定在组织分析原因后提出整改内容。

4.0.2 实车检测时应根据线路实际情况和设计速度来制定检测计划。

秦沈客运专线设计速度为 160 km/h 及以上,其综合试验段的最高试验速度为 321.5 km/h;遂渝线客车设计速度为 200 km/h,有砟轨道综合试验客车速度最高为 224 km/h,无砟轨道综合试验客车速度最高为 232 km/h。以往综合试验一般计划客车最高试验速度大于等于设计速度的 110%。

2004 年《动车组采购文件技术规格书》规定:运营速度为 200 km/h 的动车,其最高试验速度为 250 km/h;2005 年《动车组采购文件技术规格书》规定:运营速度为 300 km/h 的动车,其最高试验速度为 350 km/h。

可根据线路设计速度和实际情况来确定实车检测的最低速度,以保证能反映运行时列车速度的线路状态。检测速度级差可以为 5、10、15、20 km/h,接近检测速度最大值时建议速度级差小一些。

考虑到我国客运专线的实际情况,比如部分基础设施按照 350 km/h 的速度设计,其余部分设施按照 300 km/h 的速度设计,如果最高试验速度达不到 350 km/h 的 110% 时,按有关主管部门批准文件执行。

4.0.3 "接触线平顺性和弓网受流性能检测应以接触网设计速度的检测结果进行性能评价,以 110% 接触网设计速度的检测接触网状况"是基于如下情况:日本按设计速度的检测结果进行性能评价;德国纽伦堡—英戈城高速铁路接触网工程验收动态检测也是按合同要求,按设计时速 300 km 的检测结果进行性能评价,以 110% 设计速度检测接触网状况。

国际铁路联盟《铁路机车车辆验收用运行技术试验》(UIC 518 草案)中第 2.1.2 条规定车辆验收的试验速度为:$v = 1.1v_{\rm lim} \pm 5$ km/h($v_{\rm lim}$为车辆运营极限速度)。

欧盟标准《铁路车辆运行特性验收试验——运行性能试验和静止试验》(prEN 14363)中规定,速度的最大值 $v_{\max} = 1.1 \times v_{\rm adm}$,是系统不确定性的允许值,其中 $v_{\rm adm}$ 为车辆的希望允许的最高速度。直线区段试验速度最大值为 $v = \max(1.1 \times v_{\rm adm}, v_{\rm adm} + 10\ {\rm km/h})$,$R > 600$ m 的曲线区段试验速度最大值满足 $v_{\rm adm} \leqslant v \leqslant 1.1 \times v_{\rm adm}$。

《客运专线道岔暂行技术条件》(铁科技〔2005〕135 号)中第 4.2.4 条规定:

"在道岔直向容许通过速度 +10%、侧向容许通过速度 +10 km/h 的条件下,测试结果应满足以下各项指标要求:

轮轨横向力≤65 kN;

轮轨竖向力≤120 kN(货车≤180 kN);

平稳性指标≤2.5;

脱轨系数≤0.8;

减载率≤0.6;

轨道竖向位移 ±1.5 mm(货车 ±3 mm);

钢轨件横向弹性位移 ±1.5 mm(指通过道岔直向)。

同时应符合 UIC518 之规定。”

4.0.4 专项检测项目由于其特殊性,有可能需要在施工过程中预埋传感器,比如无砟轨道路基的测试需要在施工过程中预埋好加速度或位移传感器,在施工结束后就很难或不可能设置了。检测项目、传感器和埋设位置等应由设计或检测单位在施工前根据具体情况提出。

4.0.6 正常使用状态是指车辆处于一个正常运营时的一般状态,而不是正常运营时不可能达到的特别良好或者特别差的状态。

每天实车运行之前至少对基础设施进行一次检查,以确认基础设施状态合格。

5.1

轨道几何检测时要满足各项轨道几何检测项目的最低检测速度要求,满足该条件后检测速度对轨道几何检测结果影响较小,因此可以低于设计速度检测,但仍按相应线路设计速度标准进行评价。

轨道检查车和综合检测列车不能满足车辆动力响应检测速度要求时采用实车检测。

5.1.1 目前暂无颁布的客运专线轨道状态动态验收标准,故暂时参考《铁路线路修理规则》(铁运〔2006〕146 号)、《既有线提速 200~250 km/h 线桥设备维修规则》(铁运函〔2007〕44 号)、秦沈线 200~250 km/h 和 300 km/h 轨道不平顺动态管理标准建议值。钢轨顶面短波不平顺标准参考 EN 13231—3 钢轨打磨验收标准。轨道几何区段评价指标(标准差)铁道部科技司立项正在研究。

200 km/h 及以上线路钢轨顶面短波不平顺、长波长(42 m 以上波长)高低和轨向不平顺引起的车辆和轨道响应不容忽视。同时由于目前轨道检测技术水平还不能检测更长波长的轨道不平顺,因此考虑曲率变化率、车体加速度和车体加速度变化率作为轨道不平顺辅助评价指标。随着列车运行速度的提高,评价轨道不平顺的波长范围也在扩大。按照车体自振频率1 Hz来推算,200 km/h 及以上区段高低和轨向关注的最长波长在(3 dB 点)应大于 70 m;200 km/h≤v≤250 km/h 线路要考虑高低和轨向 1.5~70 m 空间曲线的零\峰值和 500 m 区段标准差;v>250 km/h 线路要考虑高低和轨向 1.5~150 m 空间曲线的的零\峰值和 1 000 m 区段标准差。

相同的轨道不平顺在不同速度下,相同车辆产生的动态响应差别很大,参考 EN—13848 标准以区段线路设计速度 ±10% 范围内检测的车辆动态响应作为评价指标。

列车运行平稳性和稳定性指标按照《铁道车辆动力学性能评定和试验鉴定规范》(GB 5599)的相关规定处理。目前国内检测技术还不能完成轨道顶面短波不平顺的检测和评价,急需开发或引进此类检测设备,按表 5.1.1—5 进行钢轨验收。

5.1.2 目前中国未制定轨道几何标准差、(TQI)和轨道不平顺谱的区段状态评价和轮轨力、脱轨系数、减载率和轮轴力局部幅值评价的作业验收和轨道状态养护维修标准,待深入研究后补充完善。

5.2.1 接触网动态检测主要是检查接触网竣工后,其状态和性能是否符合设计文件要求和相关技术标准。接触网的几何参数主要反映了接触网的静态参数,通过检测可以反映接触网的施工质量;接触线的平顺性、弓网受流参数、接触线动态抬升量等检测参数反映弓网配合方面的性能。

各类参数的评判指标主要根据铁道部运输局的相关规定、同时参照国内近几年的试验数据、国外的相关标准而提出来的。

1 接触网几何参数包括接触线高度、坡度、相互位置、拉出值等参数的评判应参照检测线路接触网的设计文件及铁道部相关设计和施工标准进行。

2 接触线平顺性：

本检测指导意见引入接触线平顺性的概念，这是针对我国近几年来大量的提速试验和高速试验发现的情况提出的。随着列车运行速度的提高，接触线的平顺性问题越来越重要，直接影响弓网运行安全性和受流质量，这是一个非常重要的指标。接触线平顺性指标分为硬点和一跨内高差，硬点反映了接触线的局部（或短波）不平顺，高差反映了接触线的长波不平顺。

接触线硬点的评价标准，200 km/h 等级以下线路参照铁道部运输局关于提速线路接触网检测的评估标准，取其中三类硬点值作为本检测指导意见的评判指标，其他各速度等级线路硬点的评定指标主要参照第六次大提速平推试验以及 2007 年铁道部组织的京沪线、京广线、京哈线、胶济线 250 km/h 的硬点实测值而定，表 5.2.1—1 中的 300 km/h≤v≤350 km/h这一速度等级的指标暂定为 686 m/s^2（70 g），主要考虑我国还缺少这一速度等级的检测数据，此值参考国内 300 km/h 以下的试验值确定。硬点值主要反映接触线局部短距离不平顺的特性，如：接触线存在的硬弯、接触线本身存在的波浪弯和接触网结构性硬点（锚段关节、定位点等），通过对接触线硬点的检测，来检查接触线的短波不平顺性能。通过近年来对提速线路检测的结果分析，接触线一旦形成硬弯，将很难通过矫正的办法完全消除，考虑到我国接触网施工的实际情况，将硬点超过标准值的跨数控制在 0.5% 的范围内，即允许一定量的硬点检测值超过标准值。0.5% 这一数值是根据我国提速线路大量的检测数据统计分析结果得出，大多数质量较好的线路能达到此指标。

接触线一跨内高差：此参数反映了接触线在一跨内的动态高度差，有两个因素影响此参数：接触线坡度和接触网的弹性均匀性。时速 200～250 km 客运专线铁路接触线的坡度不大于 1‰，时速 300～350 km 客运专线铁路接触线的坡度为 0‰，参照国内的试验数据，规定的评定指标为 150 mm。接触线一跨内高差反映了接触线的长距离不平顺的特性。

3 接触线抬升量、弓网动态接触力和燃弧等受流参数评定指标主要参照欧洲标准 EN 50367—2002《铁路应有——受流系统—受电弓接触网关系的技术标准》，以及近几年来我国弓网受流性能试验的数据。

5.2.2 根据目前铁路接触网检测设备的实际情况，接触网的动态检测主要采用以下方式：

（1）综合检测列车（或接触网检测车）；

（2）在实际运行的动车组上安装弓网受流性能检测装置；

（3）接触线动态抬升量测量的地面测量方法。

接触网动态检测的速度一般要达到线路实际运行速度的 110%，这与我国铁路的试车试验速度要求是一致的，检测参数能反映线路接触网的实际运行状态和性能储备。

5.3.1 铁路信号工程竣工动态检测的目的是考察地面轨道电路、应答器等基础设施、车地之间信息传输通道及列车控制系统的工作状态。运用综合检测车对信号基础设施进行周期检测是目前许多国家普遍采用的做法，日本新干线、法国 TGV、德国 IEG 等高速铁路都规定了开行综合检测车对信号基础设施进行定期检测。铁道部《铁路

200 km/h既有线技术管理暂行办法》(铁科技〔2006〕226 号)对我国信号动态检测也做出了明确要求。为尽量准确地反映出实际的应用状态，综合检测车最高运行速度应与检测线路设计速度一致，当综合检测车速度达不到检测线路设计量大速度时，应采用实车试验的方式。轨道电路、应答器及列控车载设备工程施工质量验收均为信号专业的分部工程，由于彼此之间的关联性，动态验收原则上应以申请验收的线路为单位进行整体评价，当申请验收的线路存在多种列控等级时，可按照列控等级的不同对线路进行划分，分别进行评价。由于不同等级列控系统检测内容有所不同，本标准以CTCS－2级为基础，其他等级列控系统动态检测可参照此标准。对不同的列控系统等级或制式，检测项目会有所区别，动态检测内容应涵盖列控系统的主要功能。

1　根据铁道部科技司《CTCS 技术规范总则(暂行)》(科技运函〔2004〕14 号)，在160 km/h以上线路，将采用 CTCS－2 级及以上列控系统(CTCS－3、ETCS－1、ETCS－2 级等)进行控车。为保证新建工程列控系统工作正常，应在动态检测验收过程中对车载ATP 的工作状态进行检测，包括车载 ATP 点式信息和连续信息接收功能、载频切换功能、制动输出功能、显示和故障报警功能等。

2　我国的轨道电路制式已确定统一为 ZPW－2000(UM)系列轨道电路，在站内一体化轨道电路技术成熟之前，站内采用 ZPW－2000(UM)电码化技术。对轨道电路接收信息频谱和能量谱的分析，可以对本区段轨道电路传输特性、电气牵引回流谐波、邻线、邻区段的干扰情况进行评价；ZPW－2000 轨道电路低频信息定义及码序应符合《客运专线CTCS－2 级列控系统配置及运用技术原则(暂行)》(铁集成〔2007〕124 号)的规定。

3　应答器是传递列控信息、进行列车精确定位的关键设备，应答器连续丢失导致车载 ATP 线路数据不足时，触发常用制动。对应答器的动态检测应重点考察其报文信息的正确性、有效性、完整性及链接关系；应答器报文信息要符合铁路行业标准的统一定义。

5.3.2　可变编码应答器一般设在进、出站口，发送的报文与列车进路、运行方向、临时限速等都密切相关，根据《客运专线 CTCS－2 级列控系统配置及运用技术原则(暂行)》(铁集成〔2007〕124 号)，限速等级设 45 km/h、80 km/h、120 km/h、160 km/h、200 km/h、250 km/h 六档，临时限速区域以闭塞分区为基本单元，长度超过 5 个闭塞分区的临时限速按站间限速设置，车站侧线限速以咽喉区、到发线为基本单元，限速等级设 45 km/h 一档。对于临时限速报文应按照以上分档情况进行动态检测，对于被检测线路，每种组合至少检测一次。

反向运行时，由地面应答器提供反向运行限速值，并符合下表的规定：

线 路 等 级	反向运行限速值(km/h)
300～350 km/h 客运专线	250
250 km/h 客运专线	200
200 km/h 客运专线	160

3　为保证列车运行安全，涉及接发列车进路的每个轨道区段至少要检测一次。

5.3.3

1　当所检测线路的列控等级与综合检测列车上的 ATP 系统不一致时，对 ATP 的检测通过实车来完成，通过实车上装备的 ATP 记录单元 DRU 的数据进行分析。

2　对轨道电路的动态检测应以轨道区段为单位，不同的轨道电路制式，其评判指标不同，通常根据不同的轨道电路制式制订相应的检测内容和评价标准，目前我国轨道电路的动态检测评价标准还在制订当中。

3 补偿电容是谐振式无绝缘轨道电路的重要设备，由于补偿电容的动态检测难度较大，根据《电务试验车动态检测系统技术条件》（运基信号〔2005〕443 号），要求补偿电容检测正确率 98%，暂定补偿电容合格率 98% 以上为合格，对于每个轨道区段，补偿电容失效个数不能大于 1 个。

4 对无源应答器可实现实时比较评价，有源应答器的评价须结合地面相关数据进行评价，综合检测列车可将检测数据实时发送到地面数据管理中心，地面数据的管理办法正在制订当中。

5.4.2 本条所列性能指标源自《铁路 GSM－R 数字移动通信系统设计暂行规定》（铁建设〔2007〕92 号），无线场强覆盖指标用机车车顶全向接收天线的输入端射频信号最小可用接收电平 P_{rmin}（dBm）描述。无线覆盖概率是对场强实时测试结果进行统计的一种方法。以 95% 为例，是指在统计样本区间（100 m）内，进行等间隔取样（例如 4 cm 取样一次，共 2 500 个样本值），剔除该区间内 5%（125 个）的底信号电平值部分，取其余 95% 样本值的最低信号电平值作为该样本区间的概率统计值 U_m'。该样本区间的实际电平值为 $U_m = U_m' +$ 馈线损耗 L + 天线增益 G，见说明图 5.4.2。

在场强测试图上，都是以 U_m 代表本样本区间（100 m）的场强值。

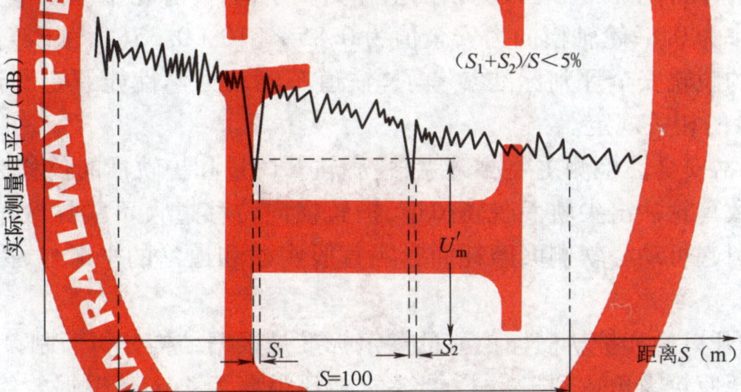

说明图 5.4.2　电平值—距离曲线示意图

95% 的无线覆盖概率不是指一段线路，例如 100 km，允许有连续 5 km 可以不合格。

6.1

轨道结构动态检测是铁路工程通过静态质量检查验收后，从列车运行安全性、轨道结构和道岔横向稳定性、主要部件强度、刚度和振动特性等方面为运营提供技术依据。

6.1.1 轨道结构检测包括列车运行安全性检测、轨道横向稳定性检测和轨道结构及道岔部件强度检测。检测范围包括区间正线轨道的小半径曲线、长大坡道、夹直线和道岔区转辙器、辙叉、连接轨道等。

列车运行安全性检测包括列车脱轨安全性检测和通过道岔安全性检测两方面。

脱轨安全性检测方法有车上测试和地面测试两种。车上测量用测力轮对可在长距离内测得有关轮轨垂直力和轮轨水平力的连续数据，可以掌握被检区段的特异值、比较不同轨道条件和运行条件的差异；地面测试是在特定轨道状态地段进行测试，可以掌握不同车种和不同轮对的个体差异。两种测试方法适应各自的应用范围。

地面测量轮轨垂直力和轮轨水平力的原理是在钢轨上粘贴电阻应变计，当车轮通过时利用测试钢轨的动态剪切应变来测量轮轨垂直力和轮轨水平力（测试方法参见 TB/T 2489），并计算脱轨系数和轮重减载率等脱轨安全性指标。

车辆通过地面测点时同时产生的轮轨垂直力和轮轨水平力的比值定义为车轮脱轨系数。当轮轨处于滚动接触状态时，轮轨间作用的切向力称为蠕滑力，根据蠕滑理论该力不会超过摩擦力，由此可得到极限状态下脱轨系数的公式：$Q/P=(\tan\alpha-\mu)/(1+\mu\tan\alpha)$，这个公式称为 Nadal 公式，由此公式可以推导脱轨系数的极限值。

车轮通过地面测点时产生的轮轨垂直力与静轮重之差 $\Delta P=P_0-P$ 定义为轮重减载量，$\Delta P/P$ 定义为轮重减载率。静态轮重为轴重的一半。

地面测试轮重减载率时，轮重以左右轨承受的轮轨垂直力均值替代，轮重减载率以公式 $\Delta P/P=(P_2-P_1)/(P_2+P_1)$ 计算得出。

车轮通过地面测点时左右轨受到的轮轨水平力差值定义为轮轴横向力，当轮轴横向力较大而轴重较小时则容易发生轨排的横移或加剧轨道方向不平顺的发展。

日本既有线提速时脱轨系数、轮重减载率和轮轴横向力的安全目标值为轮轨横向力作用时间在 0.05 s 以上时，脱轨系数安全值为 0.8，作用时间小于 0.05 s 时由 $Q/P=0.04/t$（t 为作用时间，单位为 s）计算出的值作为安全值；静态轮重减载率安全值为 0.60，动态轮重减载率为 0.8；轮轴横向力安全值为 $0.85\times[10+0.35(P_1+P_2)]$。

地面测试的脱轨安全评判标准参考了《铁道车辆动力学性能评定和试验鉴定规范》（GB 5599—85）的相关规定。

6.1.2 通过道岔安全性检测主要测试尖轨、心轨开口量和护轨横向位移，尖轨、心轨开口量过大可能导致车轮冲击尖轨而脱轨掉道，护轨横向位移过大可能导致车轮冲击固定辙叉心轨尖端或引起可动心轨侧面磨耗而影响直股密贴和道岔的平顺性，因此要对其进行必要的检测。

尖轨、心轨开口量和护轨横向位移的评定标准是根据结构分析而制订的。

当轮缘磨耗使轮缘角达到 73°时，轮缘的避开距离为 4 mm，根据轮缘的避开距离应大于尖轨的隐蔽距离和转辙机在大于等于 4 mm 时不锁闭，在小于 4 mm 时锁闭的原则，确定尖轨和心轨开口量应小于 4 mm。

日本提速试验时尖轨开口量限值为 3 mm。

护轨横向位移的评定标准是根据轮对轮背距、车轮轮缘厚度、轨距等达到允许极限值条件下，车轮轮缘不能碰到固定辙叉心轨尖端或防止可动心轨侧面磨耗影响直股密贴和平顺性的原则而制订的，根据结构分析，当护轨横向位移小于 3 mm 时，车轮轮缘不会冲击固定撤叉心轨尖端，当护轨横向位移小于 3 mm 时，可动心轨不会产生侧面磨耗。

轨道横向稳定性指标主要考虑扣件系统的横向抗力。日本既有线提速时 9 型扣件轮轨水平力安全目标值为 60 kN。我国在既有线弹条Ⅱ型扣件上进行过试验，试验确定轮轨水平力允许限值为 70 kN。

轨道和道岔部件强度主要检测轨道及道岔各部分的荷载及其应力如钢轨下沉量、钢轨弯曲应力、钢轨支点压力、混凝土枕轨下断面和中间断面弯矩、道床及基床允许应力、道岔区尖轨、心轨及翼轨薄弱断面应力、滑床板、护轨垫板、支距垫板等各型铁垫板弯曲应力、道岔转换设备各部件应力、作用于护轨的车轮背面横向力、转辙机转换阻力等参数。

轨道和道岔的钢轨件、各型铁垫板、道岔转换设备的杆件及锁闭件的工作应力不能超过其钢材的容许应力值，即在静荷载和动荷载共同作用下，其最大可能工作应力不超过标准拉伸试验得到的材料屈服点除以一定的安全系数而得出的容许应力，本指导意见中安全系数均取1.3。

混凝土枕的强度条件是要求在列车荷载作用下，其轨下断面和中间断面产生的正负弯矩不超过其设计承载能力。

混凝土轨枕设计荷载及设计承载能力如说明表6.1.1—1和说明表6.1.2—2所列。

说明表6.1.1—1　轨枕设计荷载

弯矩(kN·m)	$v \leqslant 120$ km/h	160 km/h $< v \leqslant$ 200 km/h	$v > 200$ km/h
轨下截面(正向)	12.40	15.00	16.80
中间截面(负向)	−9.69	−11.61	−13.00

说明表6.1.1—2　轨枕设计承载能力

承载能力(kN·m)	Ⅲ　型	新Ⅱ型	Ⅱ　型
轨下截面(正向)	19.05	14.00	13.30
中间截面(负向)	−17.30	−12.55	−10.50

作用于护轨的车轮背面横向力是考查护轨承载能力的主要指标，作用于护轨背面横向力过大可能导致护轨支承台焊缝开裂，严重时可导致列车脱轨。根据以往的实测经验，综合考虑护轨支承台的焊接强度和把护轨固定在支承台上的螺栓强度等条件，确定作用于护轨的车轮背面横向力安全限值为90 kN，日本提速试验中允许值取120 kN。

轨道振动特性主要测试钢轨、轨枕和道床的振动加速度，根据以往的测试结果，大致有以下结论：①振动级大致与速度的一次方成正比；②轨道振动主振频率与速度没有太大的关系；③振动在钢轨、轨枕和道床之间高频衰减大，低频衰减少；④脉动振幅的峰值钢轨一般为几十到1 000 g，轨枕为1到100 g，道床在1 g左右。⑤虽然轨道的振动不能作为安全运行的判据，但实测结果与上述有显著差异时，可认为轨道有异常，应进行调查处理；⑥道床振动加速度与轨道不平顺发展有密切的关系，其值过大时有必要考虑轨道结构的强化。

我国各条客运专线铁路桥梁、隧道、路堤和路堑底层变化大，相应的竖向基础刚度差别有的也很大，设计的所有过渡段及相连两端沿线路方向的垂向基础刚度要满足均匀变化的要求。由于过渡段种类繁多，设计情况复杂，故仅提出刚度均匀变化的要求，没有给出具体规定，需要进一步结合试验研究和工程实践补充完善制定。

6.2

路基工程动态检测是为了解特定列车和轨道结构条件下路基的动荷载特征与路基自身的动变形与支承刚度、振动强度以及动应力的衰减变化规律，评价路基的工作状况和适应性。

6.2.2　大样本数据共统计分析了3 931个提速试验中路基动应力的试验数据，为了消除不同车型轴重的影响，将各车型的试验结果换算成单位轴重的动应力，结果如说明图6.2.2。由数理统计理论中的中心极限定理可得动应力归一化拟合曲线近似服从正态分布。根据正态分布规则,即正态随机变量 X 以 99.74% 的概率落在以 μ 为中心,以 3σ 为半径的区间内,95.44% 的概率落在以 μ 为中心、2σ 为半径的区间内,而落在这个区间以

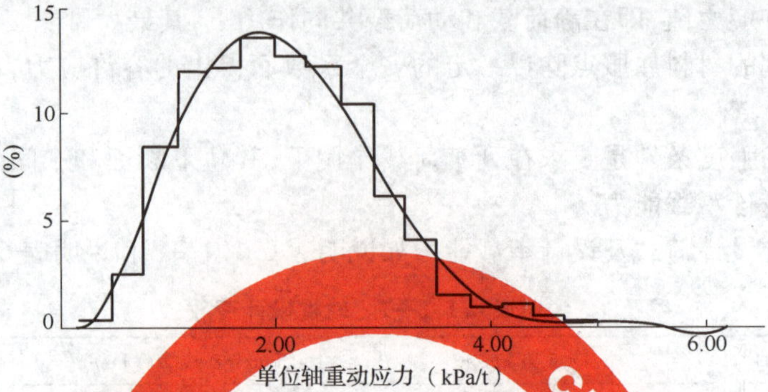

说明图 6.2.2　路基面动应力归一化统计分析

外的情形几乎不会发生。

说明图 6.2.2 中将单位轴重动应力乘以轴重,得到各个车型的统计动应力平均值以及 95.44% 和 99.74% 时对应的最大值。测试中绝大多数动应力基本上不超过均值的 2 倍,而该值也与目前路基设计采用的约 80～100 kPa 相接近。也就是说,实际的路基对于动应力的均值而言约有 2 倍的储备,同时在正常的情况下动应力也不应超过均值的 2 倍,因此,取测试均值的 2 倍为限。由于动变形与动应力的主要影响因素是轴重,因此动变形可取测试均值的 2 倍为限。对于支承刚度由于缺少统计资料,暂时参照路基动应力的试验结果。由于路基振动速度和加速度主要影响因素是列车速度,但并非与速度成线性关系,仍需统计不同速度下的测试值,此处可暂参照动应力的试验结果。

6.2.3　路基动态检测的作用是:

1　路基动荷载和动应力:测试路基面的动荷载和路基中的动应力,获得路基荷载的幅值大小及分布规律,以及路基动应力随深度的衰减变化规律,作为路基动力问题分析及评价的基础。

2　路基动变形与支承刚度:路基面的动变形是路基自身特征的综合反映,与路基的支承刚度有直接的关系。测试路基面的动变形和基床中的相对变形,获得路基变形幅值大小、组成及分布规律,作为轨道动力学问题分析及路基评价的基础。

3　路基振动速度和加速度:路基振动速度和加速度的幅值大小反映路基的振动强度,是振动分析及路基评价的基础。

6.3

桥梁工程动态检测是对桥梁结构在动载作用下(列车运行状态下)的实际工作状态进行检测。

动载试验:检测荷载以不同速度匀速通过检测桥梁进行动应变、动位移、竖向与横向振动的测定,以了解结构的动力系数、振动特征(振幅、频率、模态振型、阻尼比)等,据以判断结构在动载作用下的工作状态。

环境微振动试验(脉动试验):桥面无任何交通荷载以及桥址附近无规则振源的情况下,测定桥跨结构由于桥址处风荷载、地脉动、水流等随机荷载激振而引起的桥跨结构微小振动响应,以了解结构的自振特性(自振频率、模态振型、阻尼比)。

桥梁动态检测方案宜在实地查勘的基础上制定，包括如下主要内容：检测目的与任务、检测项目和内容、检测孔跨选择、测点布置、检测程序、仪器配备、检测人员组织与分工、检测配合方案、检测荷载与速度、加载控制与安全措施等。

测点布置要做到目的明确，重点突出，测点布置一般要绘制图表。列车通过桥梁速度一般包括 5 km/h 一个往返、其他速度 2～3 个往返，直到测试要求的最高速度。

动态检测中注意保证测试精度、传感器的安装和固定正确、电源符合要求、仪器保存符合要求、信号导线符合要求、仪器在检定周期内、保证人身、结构物、检测荷载及仪器设备安全。

检测使用的仪器和仪表的性能满足检测对精度、量程、灵敏度、稳定性、频响特性、使用温度范围和耐振等方面的要求，测试仪器、仪表在现场使用时的主要技术性能符合其出厂检验标准。检测通常根据不同的测试内容和要求，并视具体的桥址情况，合理选用仪器和仪表。

阳光辐射与大气温度的变化对测量精度有直接的影响。为减小此影响，一般采取必要的措施（如温度补偿片应与被补偿片处于同一温度场）。

对暴露在野外的电缆导线接头、电阻丝应变片、各种观测装置等通常要采取严密的防水防潮措施。为提高测试精度，检测尽量避免在雨天进行。

测试仪器尽量采用可以实现数据采集、信号处理、模态分析等一体化的测试系统，以利现场实时分析。

通常在铁路桥梁梁跨钢轨上布设轮对位置信号。同步输入振动、应力、位移等时域波形图，以便确切分析轨对的激励与结构的瞬时响应关系。

测振装置的频率响应通常保证被测试结构的随机振动频率始终落在测振系统幅频特性曲线的平坦（≤±3%）区段内。

据以评定结构技术状态主要数据的准确度通常能够符合说明表 6.3 的规定。

说明表 6.3　测试准确度标准（相对误差）

应变及位移	≤±5%
振动幅值	≤±10%
自振频率	≤±1%

当需滤波时，可根据具体情况合理设置低通、高通的滤波截止频率或带通的通频带宽，确保其原始记录波形的真实性。

各类测试仪表应做到细心正确安装、粘贴和固定。使用稳压电源，电源的电压和容量符合使用要求。测试仪器仪表在不使用时，一般存放在干燥、少尘、无腐蚀性气体、温差小的环境中，电子仪器还需定期对之通电。测试仪器在非测量状态时应锁定。在运输过程中要有妥善的防振措施，并注意轻装轻放。测试用导线根据输送不同性质电量（电压、电流、电荷等）的用途，合理选用抗干扰导线。导线接头要慎重处理。长导线对灵敏度的影响需作修正，否则作系统含长导线联机率定。为保证测试精确度，通常定期对仪器进行率定过校正。测试系统需作系统联机整段率定。现场率定能更确切地反映测试系统在实际测量时的工作状态，因此率定工作尽可能在现场进行。在检测准备阶段及检测过程中，检测有关人员均要严格遵守有关安全规则，以保证人身、结构物、检测荷载及仪器设备的安全。在做超出线路规定速度的检测时，须会同有关线路人员随时检查铁路桥上及两端线路的技术状态。在执行过程中遇有不测事件时，立即作出调整甚至终止检测。

6.3.1　检测评定主要参考以下规范和规定：

《新建时速200～250公里客运专线铁路设计暂行规定》（铁建设〔2005〕140号）

《新建时速300～350公里客运专线铁路设计暂行规定》（铁建设〔2007〕47号）

《既有线提速200 km/h技术条件（试行）》（铁科技函〔2006〕747号）

《客运专线无砟轨道铁路设计暂行规定》（铁建设函〔2005〕754号）

《既有线提速技术条件（试行）》（铁科技〔2002〕76号）

《铁路桥梁检定规范》（铁运函〔2004〕120号）

《轮轨水平力、垂直力地面测试方法》（TB/T 2489—94）

《铁道车辆动力学性能评定和试验鉴定规范》（GB 5599—85）

《铁路桥涵设计基本规范》（TB 10002.1—2005）

《200 km/h及以上速度级动车组动力学性能试验鉴定方法及评定标准》（《2005年动车组项目采购文件》第五章动车组技术文件附件2）

《动车组供货技术条件》（CRH_2－300和CRH_3动车组采购合同附件7）

日本《铁路结构物设计标准及解说（钢桥、结合梁桥）》（2002年12月）

6.3.3　环境微振动试验应选择场地环境最安静时刻进行，持续时间一般不短于30 min，困难时不得少于15 min，至少进行2次测试。

6.3.5

1　从动挠度、动应力实测波形获得其相应的动力系数时：

1）从动挠度波形

$$1+\mu=\frac{\delta_{dmax}}{\delta_{smax}}$$

式中　δ_{dmax}——实测最大动挠度值；

δ_{smax}——取本次波形的振幅中心轨迹线的顶点值，或低速（准静态）最大挠度值。

2）从动应力波形

$$1+\mu=\frac{\sigma_{dmax}}{\sigma_{smax}}$$

式中　σ_{dmax}——实测最大动应力值；

σ_{smax}——取本次波形的振幅中心轨迹线的顶点值，或低速（准静态）最大应力值。

从动挠度获取的动力系数为结构的整体动力系数，从应力波形获得的动力系数为该应力点具体结构件的动力系数。

2　对振动波形进行下列分析：

1）桥梁振动的实际振幅（单峰值）

注意波形通常是经过预检，去掉奇异项，修正零线飘移、趋势等误差，并经正确滤波后确认非失真的波形。

2）结构各阶振动的自振频率和阻尼比特性

a. 由实测时域余振波形的自由振动衰减曲线确定：

自振频率

$$f_0=\frac{m}{mT}$$

阻尼比

$$D=\frac{1}{2\pi}\cdot\frac{1}{m}\ln\frac{A_n}{A_n+m}$$

式中 m——自由振动衰减波形图上量取振幅的整周期波数；

mT——在波形图上量取的 m 个周期波的总时间。

b. 由环境微振动频谱分析确定：

自振频率
$$f_0=\frac{\omega_0}{2\pi}$$

阻尼比
$$D=\frac{\Delta\omega}{2\omega_0}$$

式中 $\Delta\omega$——处的频带宽；

X_{max}——功率谱峰值；

ω_0——自振频率。

3）结构强迫振动频率

截取振动时域波形样本中铁路机车和车辆（或动车组）的最大振幅时段的波形段，分别作最大熵法频谱分析，求取机车和车辆（或动车组）对结构产生的强迫振动频率。当该时域波形呈共振形态时，最大熵法频谱分析得出的强迫振动频率即为结构在该荷载下的有载自振频率。

3 列车在铁路桥上的脱轨系数和减载率按如下方式分析：

1）最大脱轨系数 Q/P：机车、车辆（或动车组）轮对对左右股钢轨同一瞬间产生的最大 Q/P 值（列出 Q 与 P 值）。Q 为车轮作用于钢轨上的横向力；P 为车轮作用于钢轨上的垂直力。

2）最大轮重减载率值 $\Delta P/\bar{P}$：机车、车辆（或动车组）轮对左右车轮，同一瞬间在左右钢轨上发生的最大 $\Delta P/\bar{P}$ 值。

$$\bar{P}=\frac{P_1+P_2}{2}$$

$$\Delta P=\left|\frac{P_1-P_2}{2}\right|$$

式中 P_1,P_2——实测左右轮重；

$\bar{P}$——减载和增载侧车轮的平均轮重；

ΔP——轮重减载量。

6.4

噪声和振动控制工程是为保护铁路两侧环境而采取的专项工程，目前尚缺乏工程设计、施工方面的经验，不通过动态检测难以检验这些工程的实际效果，因此进行该项检测对项目验收和保护环境是非常必要的。敏感路段在项目环境影响报告书中有详细的调查结果。

当列车在隧道内运行产生的气动噪声（微气压波）超过一定标准时，将对隧道洞口环境产生噪声污染。因此，应对隧道洞口的气动噪声（微气压波）进行检测。

噪声测量用声级计应符合国家标准 GB/T 3785 规定的1 型声级计的要求。如果测量等效连续声级，使用的积分声级计应符合国家标准 GB/T 17181 规定的1 型的要求。采用其他测量仪器时，其性能应满足上述标准规定的要求。测量倍频带或 1/3 倍频带插入损失，其相应滤波器应符合国家标准规定的要求。每次测量前后，应对声级计进行校准。所用声级校准器的准确度不大于 ±0.3 dB，并符合 JJG 176 的有关规定。

环境振动计或其他相当的振动仪器性能应符合 ISO 8041：1990 规定的；测量倍频带或 1/3 倍频带振级时，其相应滤波器应符合国家标准规定的要求。

测量仪器应经国家认可的计量单位检定合格，并在有效期限内使用。

6.4.1、**6.4.3**　我国目前尚无适用客运专线铁路的噪声和振动标准，这对评价客运专线铁路工程噪声带来一定困难。本条只对检测内容作出规定。

6.4.4　对于环境振动测量的量，主要依据《城市区域环境振动测量方法》（GB 10071—88）、《铁路沿线环境振动测量》（TB/T 3152）中的有关规定。

6.4.5　隧道洞口微气压波峰值评判标准制定的主要依据是：《新建时速 300 ~ 350 公里客运专线铁路设计暂行规定（上）》（铁建设〔2007〕47 号）第 7.5.4 条，《新建时速 200 ~ 250 公里客运专线铁路设计暂行规定（上）》（铁建设〔2005〕140 号）第 7.5 节，以及《新建时速 200 公里客货共线铁路设计暂行规定》（铁建设函〔2005〕285 号）第 6.3 节相关规定。

6.4.6　铁路边界噪声测点的布置是主要依据《铁路边界噪声限值及其测量方法》（GB 12525—90）第 5.1 条中"测点原则上选在铁路边界高于地面 1.2 m，距反射物不小于 1 m 处"而确定的。

6.4.7　隧道洞口微气压波是客专隧道的新问题，目前国内尚无统一的关于微气压波检测及数据采集的方法，更没有对采集所需仪器的基本要求。铁科院西南分院在遂渝线无砟轨道现场试验中，对松林堡等隧道洞口微气压波曾经进行过测量；西南交通大学亦在相关模型试验中进行过测试；但这些数据采集的方法、测试仪器和数据处理方法均有所不同，要做到统一，还需进一步开展相关工作。

6.4.8　动态检测铁路边界噪声时，由于列车的车流密度还达不到实际运用水平，只能采取预测计算的方法。依据铁道部《铁路建设项目环境影响评价噪声振动源强取值和治理原则指导意见》（铁计〔2006〕44 号）的规定，本条款规定列车对数按设计近期进行考虑。

本条款规定的插入损失值 IL 采用的是《声屏障声学设计和测量规范》（HJ/T90—2004）中的计算方法，公式如下：

$$IL = (L_{\mathrm{ref,a}} - L_{\mathrm{ref,b}}) - (L_{\mathrm{r,a}} - L_{\mathrm{r,b}})$$

式中　$L_{\mathrm{ref,b}}$——无声屏障的类比路段参考点声级（dBA）；

$L_{\mathrm{r,b}}$——无声屏障的类比路段受声点处的声级（dBA）；

$L_{\mathrm{ref,a}}$——声屏障安装后参考点的声级（dBA）；

$L_{\mathrm{r,a}}$——声屏障安装后受声点的声级（dBA）。

中华人民共和国行业标准

铁建设〔2008〕14号

改建既有线和增建第二线铁路工程施工技术暂行规定

2008—01—16　发布　　　　2008—01—16　实施

中华人民共和国铁道部　发布

前　言

本暂行规定根据铁道部建设管理司的要求编制。

本暂行规定在编制过程中，总结了改建既有线和增建第二线铁路工程施工的经验。

在执行本暂行规定过程中，希望各单位结合工程实践，认真总结经验，积累资料。如发现需要修改和补充之处，请及时将意见及有关资料寄交中铁七局集团有限公司（河南省郑州市航海东路1225号，邮政编码：450016），并抄送铁道部经济规划研究院（北京市海淀区羊坊店路甲8号，邮政编码：100038），供今后修订时参考。

本暂行规定由铁道部建设管理司负责解释。

本暂行规定主编单位：中铁七局集团有限公司。

本暂行规定主要起草人：张群胜、张泽辉、刘　峰、童学军、于小四、李长白、朱孔新、刘鹏涛、褚中理、曹子印、高洪顺、刘永红、王随新、刘宝贵、董炬洪、许青峰、黄　卉、刘　光、周继广、朱红良、李玉萍。

目　　次

1 总 则

1.0.1 为确保改建既有线和增建第二线铁路行车及施工安全,规范施工作业行为,制定本暂行规定。

1.0.2 本暂行规定适用于改建既有线和增建第二线铁路工程施工。

1.0.3 改建既有线和增建第二线铁路工程施工必须将保证铁路行车安全及施工安全放在首位,除执行本暂行规定外,还必须执行国家和铁道部现行有关安全规程、规章及规定。

1.0.4 开工前,施工单位应按设计文件编制实施性施工组织设计,并制定详细的施工安全细则,向施工人员交底。

1.0.5 改建既有线和增建第二线铁路工程施工,特别是上跨、下穿公路施工,路堑边坡及隧道等爆破作业施工时,应对施工场地影响范围内的危险源、危害因素进行辨识,并进行风险评估,制定有效应对措施和应急预案。

1.0.6 同一工地有多个单位同时施工或不同专业交叉作业时,应共同拟定现场安全技术管理办法,做好协调共同执行。

1.0.7 施工中采用新技术、新工艺、新设备、新材料时,应制定相应的安全技术措施。

1.0.8 施工现场使用的各种安全警示标志(牌),应符合相关规定。安全防护设施应遵守先验收后启用制度。

1.0.9 进场原材料、构配件、设备应按规定试验、检验,施工机具、设备应定期检验,不合格者严禁使用。

1.0.10 施工单位应与气象、水文管理部门联系,掌握气温、风力、雨情、水文等气象条件,做好防范和应急预案工作。

1.0.11 改建既有线和增建第二线铁路工程施工应高度重视环境保护、水土保持等工作,节约能源和土地,及时做好排水、护砌和绿化工程,保持路容路貌整洁;严禁弃土、弃渣和垃圾淤塞、污染河道,毁坏耕地、林地和水利设施。

1.0.12 改建既有线和增建第二线铁路工程施工除应符合本暂行规定外,尚应符合现行《铁路营业线施工及安全管理办法》(铁办〔2007〕186号)、《铁路工程施工安全技术规程》(TB 10401)等国家及铁道部现行有关强制性标准的规定。

2 术　　语

2.0.1　危险源　dangerous root

可能导致人员伤害、财物损失、铁路交通事故及影响铁路正常行车的潜在的不安全因素。

2.0.2　危害因素　endanger factors

对人员伤亡或影响人体健康、导致疾病和对物(铁路行车设备、工程质量)造成突发性或慢性损坏的因素。

2.0.3　专项施工技术方案　special construction technology program

服务于专项工程的,适用于特定环境、条件或场合的施工技术方案。

2.0.4　开通条件　opening conditions

启用新设备或改建、改造后重新启用旧设备,开通时应具备的条件。

2.0.5　限高架　restrictions elevated

限制通行车辆高度的框架、门架。

2.0.6　过轨　crossing the railway

笨重物体、整组道岔或成段轨排、重型机械或车辆横向通过铁路。

2.0.7　临时道口　provisional crossing

在铁路行车线上设置的专供施工车辆通行用临时平交道口。

2.0.8　施工防护　construction protection

为防止施工中发生事故,对需要保护的对象、目标实施预防性保护的过程、手段、方法。

2.0.9　道岔预铺　turnout pre - laying

在施工现场预先组装道岔。

2.0.10　道岔预铺平台　turnout in advance laying the platform

为预铺道岔而专门搭建的平台。

2.0.11　超挖超卸　overbreak ultra - dumping

专指封锁或慢行施工,超出列车放行条件规定的开挖道床、拆卸配件。

3 基本规定

3.1 施工范围及施工等级

3.1.1 影响和可能影响铁路行车或铁路行车设备安全的下列施工应纳入改建既有线和增建第二线铁路工程施工范围：

1 直接或间接影响铁路行车安全、设备正常使用的施工。

2 距离铁路路堤坡脚、路堑坡顶、设备或设施外缘，向外延伸 20 m 范围内的非爆破施工。

3 距离铁路行车线路中心 200 m 范围内的爆破施工；距离铁路行车线路中心 200 m 以外可能影响铁路行车的特殊施工。

4 由施工单位承担的既有铁路更新改造施工。

3.1.2 改建既有线和增建第二线铁路工程应按下列规定进行施工等级划分：

1 国家铁路（含合资铁路）施工应执行铁道部对营业线施工等级的划分规定。

2 地方铁路、专用铁路和铁路专用线，施工等级划分应执行其铁路管理机构的规定。无规定时，施工单位应根据风险评估结果划分施工等级。

3 上述等级划分后，施工单位还应结合实际情况进行细化或分解，达到风险控制目标。

3.2 危险源、危害因素辨识与风险控制

3.2.1 工程项目开工前，施工单位应对危险源、危害因素进行辨识、排查。对已经辨识、排查出的危险源、危害因素，应进行风险综合分析和评估，确定其风险级别。

3.2.2 风险级别应分为低度、中度、高度三级。不同级别的危险源、危害因素应按以下规定采取对策和措施：

1 低度危险源、危害因素，应通过宣传教育，增强全员安全意识、提高防范能力。

2 中度危险源、危害因素，应制定并实施专项施工技术方案（包括安全措施和风险控制计划等）。

3 高度危险源、危害因素，除必须制定并实施专项施工技术方案（包括安全措施和风险控制计划等）外，还应制定应急预案。

3.2.3 对于中、高度级别的危险源、危害因素，施工单位应编制风险控制计划。风险控制计划一般应包括风险名称、过程、范围及目标、保证措施、所需资源及投入、责任人和责任、起止时间或过程、监督、检查。

3.3 专项施工技术方案

3.3.1 专项施工技术方案及安全措施编制应符合设计文件及有关标准的规定。编制深

度应适应施工等级划分，并与风险控制目标要求一致。专项施工技术方案主要应包括：

1　工程概况、设计要求、技术难点、过程重点。

2　质量标准、关键技术。

3　施工方法、工艺、流程。

4　中、高度危险源、危害因素。

5　施工中应注意和重点控制的事项。

3.3.2　专项施工技术方案应履行审查、批准手续。其中，国家铁路专项施工技术方案应报铁路局批准，合资铁路、地方铁路和专用铁路专项施工技术方案应报其管理机构批准，施工项目部编制的专项施工技术方案应经其上级单位审查。施工单位应对专项施工技术方案实施情况进行监督、检查。

3.3.3　审查批准的专项施工技术方案实施过程中需进行优化或变更时，应执行原方案审批程序。

3.3.4　铁道部规定的Ⅰ、Ⅱ级施工和施工单位安全风险评估为高级别的施工，应编制应急预案。应急预案应上报铁路局和建设管理单位核备（非国家铁路上报其管理机构核备）。应急预案编制应符合国家及铁道部的有关规定。

3.4　施工许可及安全协议

3.4.1　改建既有线和增建第二线铁路工程，必须由取得铁路施工单位资质和安全生产许可证的企业承担施工。

3.4.2　非铁路工程项目，进入铁路既有线范围内施工，必须经铁路局许可。未经许可，严禁施工。

3.4.3　工程项目开工前，施工单位应按建设管理单位规定提交开工报告。开工报告未经批准不得开工。

3.4.4　进入改建既有线和增建第二线铁路工程施工范围的各项施工，施工单位应与设备管理单位和行车组织单位分别签订施工安全协议书。未签订施工安全协议及施工安全协议未经审查的严禁施工。

3.4.5　安全协议书应由施工单位上报铁路局主管业务处和安全监察室审查。经审查同意后，施工单位应报铁路建设管理部门、监理单位备案（非国家铁路按其管理机构要求办理）。

3.4.6　安全协议书的基本内容应包括：

1　工程概况（施工项目、作业内容、地点和时间、影响范围）。

2　施工责任地段和期限。

3　双方所遵循的技术标准、规程和规范。

4　安全防护内容、措施及专业结合部安全分工。

5　双方安全责任、权利和义务。

6　违约责任和经济赔偿办法（包括发生铁路交通责任事故时双方所承担的法律责任）。

7　安全监督和配合费用。

8　法律、法规规定的其他内容。

3.5 进场要求及开工条件

3.5.1 施工单位应明确施工负责人,施工负责人对施工项目的安全质量工作全面负责。选派的项目经理、副经理、总工、安全、质量等主要负责人应经铁道部(或铁路局)营业线施工安全培训合格。

3.5.2 施工单位的安全员、防护员、爆破员、带班人员和工班长应经铁路局有关部门培训。未经培训或培训不合格,不得担任上述工作。施工要点指挥人员应有既有线施工要点经历。爆破员还应具有特种作业资格证书。

3.5.3 施工单位应对劳务工进行施工安全培训。参加营业线施工的劳务工必须由具有带班资格的施工单位的正式职工带领。劳务工不得单独上道作业。劳务工不得担任爆破工、安全防护员及带班人员等工作,不得单独使用各类作业车辆。

3.5.4 施工单位应建立健全安全保证体系,按规定设置安全生产管理机构。

3.6 施工要点计划的申报和施工申请

3.6.1 施工要点申请计划(以下简称申请计划)应根据设计文件和批准的专项施工技术方案及与协作配合单位协商结果编制。

3.6.2 申请计划应包括施工范围、作业地点、作业内容、起止时间、影响行车范围、影响铁路设备、设施的名称及编号、配合单位作业内容、专项施工技术方案及验收安排、施工组织设计(施工组织及负责人、施工安全和质量保障措施、防护办法、列车运行条件)、施工安全协议书等。

3.6.3 影响既有线设备稳定、正常使用和行车安全的施工、整修作业,均应编制和申报施工要点申请计划。

3.6.4 施工单位编制的申请计划应按铁道部或铁路局规定的时限提前申报(非国家铁路应按其管理机构规定的时限提前申报)。铁道部规定的营业线Ⅰ、Ⅱ级施工的申请计划应经建设管理单位审查同意。跨铁路局分界口施工时,施工单位应分别报送申请计划。

3.6.5 施工单位接到铁路局(或铁路管理机构)批准下达的月度施工计划,应对施工计划内容进行逐项核对,发现问题应及时与铁路局运输管理部门联系,请求纠正。

3.6.6 实施要点施工在作业开始前,施工单位应提前至少2个工作日向铁路局运输管理部门发出施工要点请求电报(以下简称请求电报)。多个施工单位共同参与施工的项目,请求电报应由主体单位牵头发出。参与施工和配合施工的单位均应在请求电报上盖章。

3.6.7 请求电报应与批准的施工计划的施工地点、作业范围、作业内容、起止时间、行车影响范围或铁路设备、设施受影响名称及编号、作业结束后的开通条件等一致。确需不一致时,应提前5个工作日与批准施工计划部门、参与和配合施工的单位联系。

3.6.8 发出施工请求电报后,参与施工单位应主动联系、及时接收准许施工调度命令。接到准许施工调度命令后,施工单位应对各项施工准备情况进行最后检查和落实。

3.6.9 接到准许施工调度命令的施工项目,施工单位无特殊原因不应随意取消施工。因特殊情况必须取消施工时,施工单位应尽早与铁路局业务主管部门、行车组织部门和配合单位联系。

3.6.10　突遇特殊情况铁路局收回、撤消、变更已下达且尚未实施的施工调度命令时，施工单位必须执行。

3.6.11　遭遇自然灾害或其他意外，有可能引发铁路交通事故时，施工单位应立即启动应急预案，拦停列车并迅速通知铁路行车组织部门采取措施和组织抢修、抢险。

3.7　实施要点施工

3.7.1　在铁路繁忙干线和干线上实施要点施工，施工单位应派领导到现场组织。在其他铁路行车线上实施要点施工，施工单位也应加强施工组织。

3.7.2　在行车线上要点施工，施工单位必须做好点前准备。应编制“两图一表”（施工方案示意图、施工作业流程计划图、安全关键卡控表），落实要点准备各项工作（劳力、机具、设备和所需各种材料）。

3.7.3　施工要点必须做到分工明确、统一指挥。施工、技术、作业负责人及防护人员必须佩戴明显标志。作业人员应统一着装。

3.7.4　施工要点前一天，施工单位必须落实施工准备情况并进行明确分工。

3.7.5　施工要点当日，驻站联络员必须提前40 min到岗，与车站值班员对预登记内容进行核对，确认无误后共同在《行车设备施工登记簿》上登记签认。

3.7.6　施工完毕，施工、设备管理、监理单位应联合检查，确认达到放行列车条件，办理销记手续后，方可开通或恢复设备使用。

3.7.7　设备开通使用后，施工单位必须加强整修、监控。施工要点结束后，施工单位应召开总结会。

3.8　工程验收和交接

3.8.1　改建既有线和增建第二线铁路工程施工，当运输需要分段开通时，应按照“建成一段，投产一段”的原则，及时验收交接、拨接开通。未经验收合格的工程不得拨接开通使用。

3.8.2　工程完成并达到设计要求后，施工单位应及时向建设单位提出验收交接申请。验收交接工作应在开通使用前进行。

3.8.3　工程验收应按照设计文件要求和有关工程施工质量验收标准进行。

3.8.4　施工单位应在工程验收前备齐竣工资料，提前交付行车组织、设备管理部门和单位。

3.8.5　分段验收交接的工程，施工单位应按照行车组织、设备管理部门和单位需要准备竣工文件和资料。最终验收交接应按相关规定备齐竣工文件和资料。

3.8.6　拨接、割接后即开通的行车设备，拨接、割接前，施工单位、设备管理单位和工程监理三方应联合确认预铺、新铺部分达到放行列车条件或设备开通条件。未经三方联合检查确认时，不得拨接、割接开通。

3.8.7　工程或设备开通后的交接应执行铁道部现行规定。

3.9 夜间及季节性施工

3.9.1 夜间施工应有足够照明设施。夜间照明灯光不应影响行车瞭望。夜间施工应防止损坏地面铁路行车设备。

3.9.2 雨季施工应符合下列规定：

1 进入雨季汛期前，施工单位应根据工程所在地中、长期气象预报和工程实际，调整施工组织设计或施工计划安排，提前制定雨季汛期施工安全措施。

2 施工期间，施工单位应根据当地中、短期天气预报，大雨、暴雨、连续性降雨天气来临前，应对施工范围内的既有排水设施和作业现场进行排查。因施工阻塞的既有排水设施必须提前疏通；已损坏的既有排水设施必须恢复，不能恢复的应采取临时过渡措施，保证不降低使用标准。作业现场应提前设置临时排水设施，并应防止冲刷或淹没既有路基、道床和其他行车设备。

3 雨季汛期内施工，项目部应提前做好应急准备。施工过程中，必须坚持防洪值班、现场巡查制度。

3.9.3 高温季节施工的线路工程、架空轨道，应提前调查作业范围和两端轨道的轨缝，了解无缝线路锁定轨温。施工期间应提前采取调匀轨缝、紧固扣件、安装防爬支撑设备或放散钢轨温度应力、补砟夯实道床、浇水降温等措施，防止作业范围出现胀轨跑道。

3.9.4 低温季节施工的线路工程、架空的轨道，应提前调查作业范围和两端轨道的轨缝，了解无缝线路锁定轨温。施工期间应重点防止钢轨、夹板或接头螺栓被拉断，必要时应采取第3.9.3条有关防止钢轨爬行的措施。

3.9.5 雨、雪、大风天气，近行车线高处施工时，应采取防止大型施工机械滑溜、侧翻到行车线限界内的可靠措施。

3.9.6 季节性施工还应符合《铁路工程施工安全技术规程》(TB 10401.1)的有关规定。

4 施工准备

4.1 施工临时道口、便道及场地

4.1.1 施工需设置临时道口时,应按照铁道部《设置或拓宽铁路道口人行过道审批办法》的规定办理相关审批手续。严禁擅自设置临时道口。铁路全封闭区段不应设置施工临时道口。

4.1.2 施工临时道口应经铁路局组织验收后方可使用。其设施应比照有人看守道口相关规定设置和管理,防护备品配备应符合附录A的规定。电力牵引区段应按有关规定设置限高架。

4.1.3 施工临时道口使用完毕应及时拆除。需延期时应提前办理手续。

4.1.4 施工便道不宜与既有铁路交叉。凡机动车有可能冲入或坠入、爬上铁路,靠近或并行且等于或高于铁路的施工便道,靠线路一侧应设置护栏、防护绳、防护网、护桩等防护设施或派人防护,全路段应实施封闭管理。

4.1.5 改迁后的铁路封闭网仍应保持闭合状态。确需留供施工人员进出口时,应设置栏门、护桩,白天派人看守,夜间关闭栏门并加锁。

4.1.6 靠近铁路既有线的便道和施工场地、增建第二线施工的路基接近既有路肩高度后,应设置出入口栏门,派专人看守。车辆和大型机械进入应实行监护押送、路条许可制度。未经许可的车辆、大型机械不得进入。不施工时,出入口栏门应关门加锁。

4.1.7 在距铁路既有线20 m范围内的临时场地,严禁存放油料及其他易燃易爆品。

4.2 大型机械及铁路自轮运转特种设备

4.2.1 使用铁路自轮运转特种设备应符合铁道部现行有关规定。使用轻型车辆及小车应符合《铁路技术管理规程》的规定。

4.2.2 施工机械操作人员和机械检修保养应符合《铁路工程施工安全技术规程》(TB 10401.1)的规定。

4.2.3 毗邻铁路既有线使用大型机械作业时,应对操作人员进行铁路行车安全教育。推土机、压路机、挖掘机、装载机、平地机等自行运转机械应做到"一机一人"监护。

4.2.4 既有线两侧15 m范围内并行等高或高于既有线的机械和车辆施工,应在铁路限界外设置防护绳(带),并设置驻站联络员和现场防护员。现场防护人员、驻站联络员及设备管理单位监督人员不到位,严禁启动机械车辆。在10 m范围内施工时,严禁机械车辆调头。确需调头时,应设置调头区,并派专人监护。邻线来车前,应停止作业。

4.2.5 未探明地下光电缆和管线位置及走向前,严禁使用机械开挖、钻孔、打桩等作业。影响施工的地下设施应迁移或采取有效防护措施,设置明显标志,并在设备管理单位人员监护下进行作业。

4.2.6 在铁路设施附近倒车、卸车时,应在其周围设置护桩、护栏和安全警示标志,派专人监护。在既有线附近停放机械、车辆,应平行线路放置,并采取防滑溜、失稳措施。停用的机械、车辆应由监护人员保管,防止操作人员擅自启动机械作业。

4.2.7 重型施工机械过轨时,应提前与工务整修单位联系,同意后方可过轨。过轨时必须派驻站联络员。过轨点两端应按规定设置防护,做好应急准备。

4.3 材料装卸与存放

4.3.1 封锁线路装卸车时,应由项目副经理及以上人员担任负责人,并派驻站联络员。现场应配备对讲机等通讯器材,与驻站联络员随时保持联系。

4.3.2 装卸车前,施工单位应通知设备管理单位派人监护。负责人应提前向装卸人员布置作业计划及安全注意事项。装卸车时应配足装卸人员或机械,并按规定做好安全防护。夜间作业应配备足够的照明设备。

4.3.3 装卸车时,每辆车应指定一名职工担任组长,负责指挥装卸,检查开关车门,材料及机具设备不侵限、堆放稳固,余料整平无偏载、安稳牢固,线路达到开通条件后,报告负责人。全部车辆均达到发车条件后,负责人方可通知发车。

4.3.4 人工卸车时,严禁边走边卸。

4.3.5 两线间不得打开车门装卸车。两条以上行车线路地段,不得向未封锁线路一侧打开车门。电气化区段装卸车时,工具与接触网带电部分必须保持 2 m 以上距离。安全距离不足时,必须停电后方可装卸。

4.3.6 道岔、咽喉区、无砟桥上(不含卸长钢轨)、道口处、站台处靠站台一侧、线路两侧有大量堆积物地段、有可能损坏行车设备的处所,不宜选作卸车地点。

4.3.7 装卸车不得损坏行车设备。装车不得超限、超载和偏载,并应捆绑牢固。卸车后材料应堆码整齐,不侵限。能够搬动的材料应设看守。

4.3.8 近行车线路堆放材料应符合下列规定:

1 近一般线路堆放大堆材料、道砟、片石、砂子等材料,其坡脚与轨面水平等高处,距钢轨头部作用边不得小于 810 mm,并堆码稳固,向线路一侧的边坡不得陡于 1:1。双线间堆码不得超过轨面 300 mm。近一般线路存放大堆材料限界控制如图 4.3.8—1 所示。

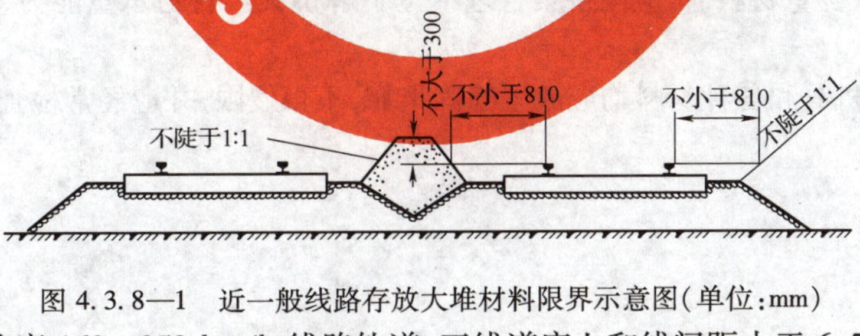

图 4.3.8—1 近一般线路存放大堆材料限界示意图(单位:mm)

2 行车速度 160 ~ 250 km/h 线路轨道,正线道床上和线间距小于 6.5 m 的两线间,严禁放置任何材料(铺设无缝线路临时放置的长钢轨除外)和机具。砂子、碎石、道砟等大堆料线路一侧坡脚距离轨枕头的距离不得小于 2.5 m,堆放坡度不得陡于 1:1。

3 严禁在河砂、矿渣、炉渣等松散料堆上再堆放片石等其他较笨重的材料。

4 钢轨可放置在普通线路木枕地段轨道道床肩部、枕木头、道心(直线地段)。放置在道床肩部时，道砟应预先整平。放在枕木头和道心时，钢轨端部应用道钉固定，中部适当用道钉卡住。放在道心时，钢轨两端应向轨道中心弯曲。道口、人行过道及平过道的道路路面上，一般情况下不得放置钢轨。

一般线路木枕地段轨道上放置钢轨限界控制如图 4.3.8—2 和图 4.3.8—3 所示。

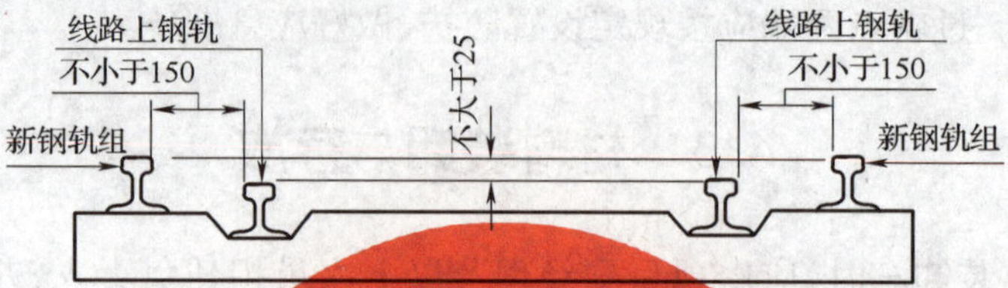

图 4.3.8—2　钢轨组放在木枕头上（单位：mm）

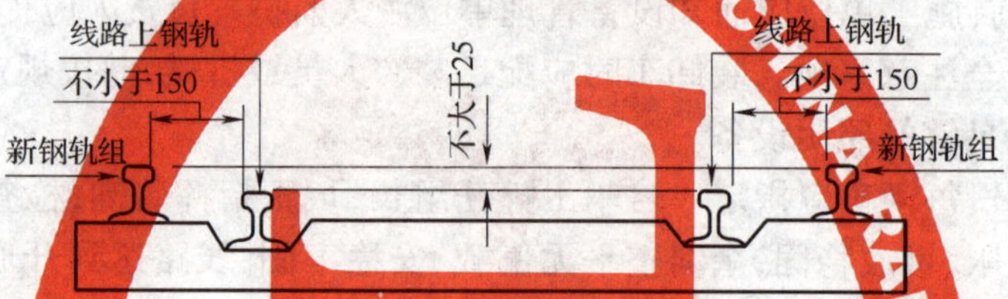

图 4.3.8—3　钢轨组放在道心里（单位：mm）

5　在一般线路混凝土枕地段，钢轨应放置在道床肩上。直线地段放置在道心时，两端应用卡子卡在轨枕上或穿入木枕钉固。当钢轨较长时，中间应适当穿入木枕钉固。

6　封锁施工换下的钢轨需临时放置在道心时，点后应在第一梯级慢行阶段移出道心。

7　无缝线路长轨条放置时，准备换入的长轨轨条应放在道床肩上（无砟桥桥枕上）。在桥梁上、道口、人行过道、平过道及信号机附近放置长轨条时，应有保持其稳定和防止连电的措施。换出的长钢轨当日回收不完时，应放在道床肩上或道心。道口处、信号机附近不宜存放长轨条。每根长钢轨的长度一般不得大于 500 m。两根长钢轨的端部应互相错开，用固定卡卡在轨枕上或穿入木枕固定，中间应用固定卡卡在轨枕上或穿入木枕固定。放在道床肩上或道心的长钢轨应派人巡检。

4.3.9　一般情况下，不得在桥梁人行道上堆放道砟、砂、石等原材料。进行桥梁加固等施工时，临时存放少量材料时，应向桥梁管理单位了解桥梁人行道承重能力，不得超限重标准放置。

4.3.10　小型机具和各种材料均应放置稳固牢靠，不得侵限，并应经常检查。

5 施工防护

5.1 施工防护

5.1.1 封锁施工时,施工单位应按现行《铁路技术管理规程》的规定设置行车防护,并对施工人员人身、行车设备等进行施工防护,防止发生铁路交通事故和人身伤害事故。封锁施工防护办法见表5.1.1。

5.1.2 慢行施工时,施工单位必须按现行《铁路技术管理规程》的规定设置行车防护。慢行施工除应对本线做好施工防护外,还应注意对邻线行车的防护。慢行施工防护办法见表5.1.2。

表5.1.1 封锁施工防护

防护对象		防护目标	防护办法
行车		禁止车列进入施工封锁区段	执行《铁路技术管理规程》的规定
		防止施工影响邻线行车	驻站联络员、防护员、监护人员驻站和现场防护、监护
人身		防止施工人员被邻线行车伤害	派防护员、监护人员现场防护、监护
		防止施工人员被机具、车辆伤害	专人监护;施工人员互控、自控、他控
		防止施工人员被伤害	教育施工人员互相保护、自我保护
		防止闲杂人员被施工伤害	派人看守值护;巡查;设置围护
行车设备	机车车辆	防止机具、材料等存放侵限	派人临护;责任人检查;专人巡查
		防止机械作业侵限	向司机交底;派人监护
		防止石块、物件击打列车	施工围护设施;施工交底;值守看护
	地面设备	防止机械或机具碰撞、碾压	围护;派人监护
	地下管线	防止被挖断、挖坏	调查、探查、标识;派人监护

表5.1.2 慢行施工防护

防护对象	防护目标	防护办法
行车	限制通过施工地段的列车速度	执行《铁路技术管理规程》的规定
	防止影响邻线行车及本线慢行	派驻站联络员、防护员、监护人员驻站和现场防护、监护
人身	防止施工人员被行车伤害	派防护员、监护人员现场防护、监护
	防止施工人员被机具、车辆伤害	派监护人员监护;施工人员互相保护、自我保护
	防止施工人员被伤害	教育施工人员互相保护、自我保护
	防止闲杂人员被施工伤害	派人看守值护;巡查;设置围护

续上表

防护对象		防护目标	防护办法
行车设备	机车车辆	防止机具、材料等存放侵限	派人监护;责任人检查;专人巡查
		防止机械作业侵限	向司机交底、派人监护
		防止石块、物件击打列车	施工围护设施;施工交底;值守看护
	地面设备	防止机械或机具碰撞、碾压	围护;派人监护
	地下管线	防止被挖断、挖坏	调查、探查、标识、派人监护

5.1.3 铁路行车线上施工,在不影响既有行车设备正常使用情况下,应保证行车安全,防止因施工引发铁路交通事故和影响铁路行车设备正常使用。不影响既有行车设备正常使用的施工防护方法见表5.1.3。

表5.1.3 不影响既有行车设备正常使用的施工防护

防护对象		防护目标	防护办法
行车		防止施工影响行车	派驻站联络员、防护员、现场监护、防护;全员安全教育
人身		防止人员被本线、邻线行车伤害	派防护员、监护人员现场防护、监护;全员安全教育
		防止施工人员被机具、车辆伤害	派监护人员监护;施工人员互相保护、自我保护;全员安全教育
		防止施工人员被伤害	教育施工人员互相保护、自我保护;全员安全教育
		防止闲杂人员被施工伤害	派人看守值护;巡查;设置围护
列车		防止机具、材料等存放侵限	派人监护、责任人检查、全员安全教育;专人巡查
		防止机械作业侵限	交底教育、设置护桩护栏;派人监护
		防止石块、物件击打列车	交底教育、施工围护设施;值守看护
行车设备	地面设备	防止机械或机具碰撞、碾压	交底教育、围护;派人监护
	地下管线	防止被挖断、挖坏	调查、探查、标识、派人监护;全员安全教育

5.1.4 当发生紧急情况、危及行车安全时,施工单位必须启动应急预案,对行车线路和铁路行车设备实施应急防护。应急防护拦停运行中的列车应执行现行《铁路技术管理规程》的规定。各种险情相应应急防护办法见表5.1.4。

表5.1.4 应急施工防护

工程类别	突发险情	防护目标	防护办法	措施
各类施工	1. 轨道毁坏或轨道变形严重; 2. 钢轨或夹板断裂; 3. 胀轨跑道; 4. 土石掩埋轨道或落石侵限; 5. 大型机械意外损坏在轨道上或限界内; 6. 路基严重塌陷	拦停列车		
	轨道变形较轻,满足限速放行列车条件	限速慢行		

续上表

工程类别	突发险情	防护目标	防护办法	措施
桥涵、隧道、站场设备、上跨下穿铁路的其他结构物施工	1. 桥梁、大型构件、重物、大型机械等意外损坏在轨道上或限界内； 2. 线路架空或过渡便桥主梁断裂； 3. 便桥、线路架空支点坍塌、关键受力部位失效； 4. 超挖引起的严重塌陷	拦停列车	1. 按《铁路技术管理规程》的规定设置行车防护； 2. 立即通知车站封锁行车	立即启动抢险应急预案
接触网施工	便桥或线路架空出现一般险情，采取措施能满足限速放行列车条件	限速慢行		
	1. 接触网塌落； 2. 支柱折断	拦停列车		
各类施工	行车设备及地下管线损坏、影响正常使用	铁路行车设备	看守、监护	采取专项措施，立即通知设备管理单位

5.2 防护工作要求

5.2.1 驻站联络员应符合下列规定：

1 驻站联络员应由经铁路局培训合格的施工单位正式职工担任。

2 驻站联络员应掌握当班施工内容、影响范围、防护及监护人员分布情况等。

3 线上及临近线路作业、要点施工，驻站联络员必须提前40 min到车站行车室与车站值班员联系，了解列车运行情况，及时准确地向现场负责人和防护员发出预报和确报。施工要点时，驻站联络员必须在《行车设备施工登记簿》上办理施工申请、登记和销记手续。

4 驻站联络员必须与防护员保持联系，及时通报列车运行情况。

5.2.2 防护员应符合下列规定：

1 防护员应由经铁路局培训合格的员工担任。

2 防护员上岗作业时，应穿着规定的防护服装，佩戴标志，按规定携带齐备防护用品和通讯工具。

3 防护员应熟知当日施工地点、施工内容，并实施正确的施工防护。

4 防护员使用的防护用品应妥善保管，经常检查并保证其性能良好。

5 防护员应与驻站联络员保持联系，及时向监护人员传递信息。

6 防护员如因事暂时离开工作岗位，必须经施工负责人同意，顶岗人员到位后方可离开。

5.2.3 监护员应符合下列规定：

1 监护员上岗应按规定着装，佩戴上岗证、臂章。

2 监护员应与防护员保持联系，及时组织施工人员下道避车，对施工机具存放、作业进行旁站监视。

3 监护员应熟知铁路限界、人身和机具安全防护措施。

5.2.4 防护设施与器材及应急防护备品应符合下列规定：

1 既有线施工要点、正常施工、应急施工防护用作业标、防护信号备品见附录B。铁路信号及标志应符合铁道部有关规定。

2 施工现场应准备对讲机、喇叭、短路铜线等应急施工防护设施与器材。

3 施工临时道口除配齐护桩、栏门、手信号(信号旗和信号灯)、响墩、火炬、对讲机、喇叭、短路铜线、铁铲防护设备设施外,还应配齐钢丝绳、绳子、撬棍、顶镐等应急防护备品。在电力牵引区段,道口出入口还应设置限高架。

4 地下管线可能对施工影响时,宜备电缆探测仪。

5 路基、桥涵、隧道等施工现场应配备一定数量的应急材料、机具和防护备品。

6 路 基

6.1 路堤帮宽

6.1.1 既有路堤帮宽应按图6.1.1所示流程施工。

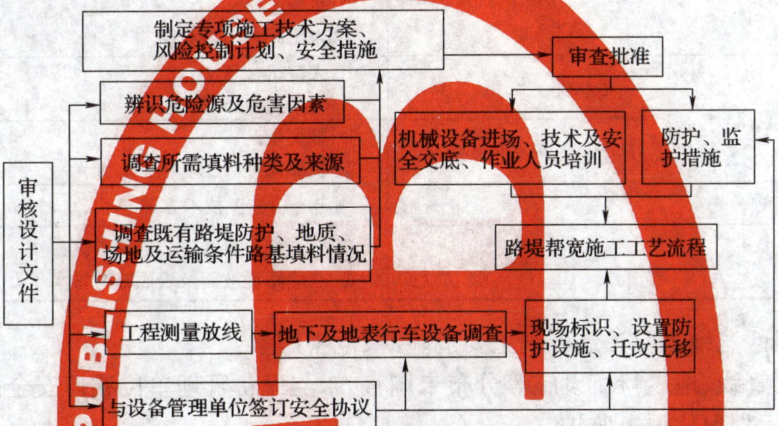

图6.1.1 路堤帮宽施工流程示意图

6.1.2 路堤施工关键过程、技术与方法应符合表6.1.2的规定。

表6.1.2 路堤施工关键过程、技术与方法

关键过程		技术与方法
施工调查		1. 测量放线； 2. 现场踏勘； 3. 收集竣工资料； 4. 收集养护维修资料； 5. 审核设计文件
地下及地表行车设施防护		1. 使用探测仪器； 2. 人工探挖； 3. 防护、监护、迁改
路堤坡面防护、挡护设施拆除	植被防护坡面	1. 人工挖除； 2. 机械挖除； 3. 随填筑进度，与挖台阶一并进行
	护坡、拱架等	1. 人工拆除； 2. 机械拆除； 3. 随填筑进度，自下而上分层拆除
	支挡（圬工）设施	1. 制定专项施工技术方案； 2. 人工拆除； 3. 机械拆除； 4. 爆破拆除； 5. 设计变更

续上表

关键过程		技术与方法
原地面处理		1. 人工、机械清除地表植被、腐殖土； 2. 软基等特殊地基处理； 3. 地基承载力检测； 4. 机械压实
土方运输		1. 汽车运输； 2. 铲运机铲运； 3. 推土机推运； 4. 其他运输
摊　铺		1. 机械摊铺； 2. 机械平整； 3. 人工配合机械平整
压　实	一般情况	1. 大型机械压实； 2. 小型机械压(夯)实
	新老路基衔接处压实	1. 加宽填筑； 2. 机械摊铺、压实
支护、防护施工		制定专项施工技术方案
排水处理		1. 新老排水系统先疏通后填筑； 2. 新填路堤坡面及表面临时排水

6.1.3　路堤帮宽施工应考虑下列主要危险源、危害因素：

1　地下管线、地表行车设施等分布未调查，未与设备管理单位签订安全协议、施工前未通知设备管理单位派人监护。

2　施工调查不细，未制定专项施工技术方案或方案不当，施工未严格执行批准的施工技术方案。

3　拆除既有防护设施方法不当或未采取临时支护措施。

4　特殊地基应处理而未处理或处理不当。

5　排水系统未疏通即填筑，路堤填筑施工未采取临时排水措施。

6　新老路基填料颗粒级配、渗水性能不匹配，且未采取相应处理措施。

7　简化工序，施工方法不当。

8　临线施工未设置防护，大型机械及车辆未防护监护，未制定应急预案。

9　冬、雨季施工未制定或未执行专项施工技术方案。

6.1.4　路堤帮宽施工准备应符合下列规定：

1　施工前，施工单位应按第 3.4.4 条的规定与设备管理单位签订安全协议，在设备管理单位协助下核查地下管线，地表行车设施位置及分布，并采取防护、迁改、迁移等措施。施工时，提前通知设备管理单位到场，并在其监护下施工。

2　施工前应进行详细施工调查，并制定专项施工技术方案，按规定程序审批后严格执行。施工调查除与新建路基相同要求外，还应包括：列车运行情况，既有排水、加固防护设施，路基病害及病害历史资料，既有路基填料种类等。

6.1.5　路堤帮宽施工需拆除既有路堤防护设施时，应符合以下规定：

1　植被防护坡面，宜随挖台阶高度挖除植被，不得采用全边坡通挖方法挖除。

2　片石护坡、拱架防护坡面，应随填筑进度自下而上拆除，一次拆除高度不宜超过填筑面高度 1.5 m，2 m 以上高路堤严禁一拆到顶。

3　帮填施工需挖除路肩时,应采取挡砟墙、挡板等防护措施,防止道床边坡溜塌。

4　拆除路堤挡墙、挡护设施时,应制定专项施工技术方案。根据对行车影响程度、填筑能力等,应严格限定一次拆除长度,并采取临时支护措施。拆除施工无法保证路基稳定时,应提请设计变更,将挡墙、坡脚墙等埋入新筑路基内。

5　现场应备齐草袋、防水材料、石砟等应急物资。

6.1.6　特殊地基处理应符合下列规定:

1　严格按照设计文件施工,一次处理彻底。

2　施工前应进行地下洞穴探测,发现洞穴应提请变更设计,严禁不经处理直接填筑。

3　并行地段软基处理不宜采用强夯法,避免震动影响路基稳定或引起线路几何状态变化。

6.1.7　路堤帮宽施工应保持既有线路基排水系统畅通,并应符合下列规定:

1　填筑地段应保持排水系统畅通。临时排水设施宜与永久性排水设施相结合,并与原有排水系统衔接良好。

2　应保持既有排水设施完好,必须拆除时应设置临时排水通道。

3　路堤帮宽施工层面横向排水坡度不宜小于4%。

6.1.8　帮宽路堤的填料,其颗粒级配、渗水性能应与既有路堤相匹配。新路基填料应符合设计要求。设计填料与既有路基填料不一致时,应经设计确认。需变更填料时,应按规定办理设计变更手续。新路基与既有路基不应包心填筑。包心填筑时,应采取引、排水措施。

6.1.9　帮宽填筑施工工艺及方法应符合下列规定:

1　帮填断面应符合设计要求。施工时应沿既有路堤坡面挖台阶,自下而上,随挖随填,台阶宽度不宜小于1 m。

2　基底应一次处理彻底,不宜采用强夯法处理。

3　帮填宽度小于1 m的地段,宜采用小型机械进行摊铺、压实;帮填宽度在1~2 m之间地段,宜加大填筑宽度,以适应大型机械摊铺、压实需要;帮填宽度大于2 m地段,应选用大型施工机械,按"三阶段、四区段、八流程"工艺组织施工,不能满足"三阶段、四区段、八流程"施工的地段,应根据实际情况调整施工分段、分区。

4　路堤帮宽施工应符合铁路路基施工的有关规定,施工质量应符合《铁路路基工程施工质量验收标准》(TB 10414)的规定。

5　路堤帮宽完成后,应及时恢复线路标志及相关设施。

6　取土坑应合理设置。换填路基弃土不得阻塞河道和既有路基排水设施,并应遵守国家环境保护规定。

6.1.10　临近行车线路的路堤帮宽,施工接近既有路肩高度时,应按第5.1.3条的规定设置施工防护,并制定应急预案。

6.1.11　冬、雨季施工应采取相应安全技术措施。可能影响既有路基稳定的地段,应避开雨季施工。确需在雨季施工时,施工单位应对施工地段进行巡查,昼夜监视。

6.2　路堑拓宽

6.2.1　既有路堑拓宽应按图6.2.1所示流程施工。

6.2.2　路堑拓宽施工关键过程、技术与方法应符合表6.2.2的规定。

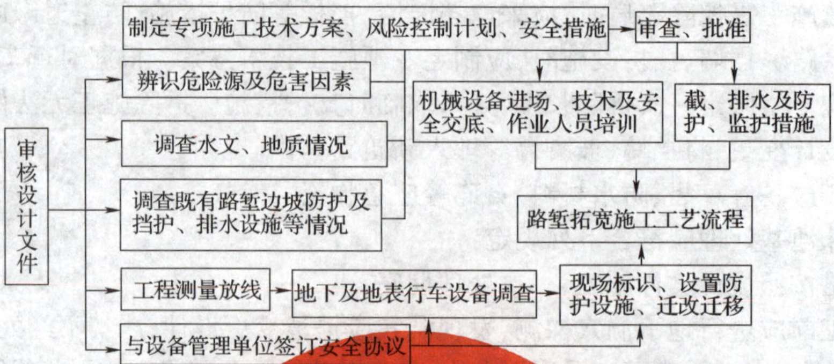

图 6.2.1 既有路堑拓宽施工流程示意图

表 6.2.2 路堑拓宽施工关键过程、技术与方法

关键过程		技术与方法
路堑边坡防护、支挡设施拆除	植被、挂网喷浆等坡面防护	1. 人工清除; 2. 机械清除; 3. 先清除后开挖,进度匹配
	护坡、拱架护坡	1. 人工拆除; 2. 机械拆除; 3. 随开挖进度自上而下分层拆除
	挡土墙等支挡圬工	1. 制定专项施工技术方案; 2. 人工拆除; 3. 机械拆除; 4. 爆破拆除; 5. 临时支护加固
截水、排水		1. 开挖前完成堑顶截、排水; 2. 排水系统先疏导沟通; 3. 开挖坡面临时排水
开挖运输	开　　挖	1. 机械开挖; 2. 人工配合机械开挖; 3. 人工开挖; 4. 设置防护网、排架、棚架防护
	运　　输	1. 汽车运输; 2. 铲运机铲运; 3. 推土机推运; 4. 火车运输
刷坡及危土、危石处理	刷　　坡	1. 挖掘机刷坡; 2. 人工刷坡; 3. 自上而下,边挖边刷
	危土、危石处理	1. 机械清理; 2. 人工清理; 3. 危土、危石临时应急处置
坡面挡护、防护		1. 马口、跳槽开挖,随挖随支; 2. 排桩、临时支挡; 3. 抹面、覆盖封闭
雨季施工		1. 排水系统疏导沟通; 2. 覆盖防水; 3. 加强边坡检查、监测
弃土、弃渣		1. 弃渣位置合理; 2. 弃渣保持自身及路堑边坡稳定

6.2.3 路堑拓宽施工应考虑下列主要危险源、危害因素：

1 未与设备管理单位签订安全协议，地下管线、地表行车设施等分布未调查，未采取有效防护措施，未通知设备管理单位派人到场监护即开始施工。

2 施工调查不细，未制定专项施工技术方案或方案不当，未按规定程序审批，施工未严格执行已批复方案。

3 施工前未进行截、排水处理，施工破坏既有排水未及时修复、疏通。拆除挡护、防护方法不当或未采取临时支护措施。

4 开挖方法不当，简化工序。边坡危土、危石未及时处理。既有线一侧未设置施工防护。大型机械施工既有线一侧未预留隔墙或设置护桩、护拦等防护设施。防护、监护人员不到位。人工刷坡未采取高处作业防护措施。未制定应急预案。

5 不按规定弃土，毁坏农田或水利设施，阻塞河流或既有路基排水设施，在既有桥涵一侧随意或不对称堆弃。

6 冬、雨季施工未制定安全措施，雨、雪天气未执行第3.9节的规定和安全措施。

6.2.4 施工准备阶段除应符合第6.1.4条第1款的规定外，还应符合下列规定：

1 施工前，应根据地形、地质、水文、病害、断面尺寸、路堑长度、施工季节、场地及交通条件等情况，并结合施工组织、机械能力制定专项施工技术方案，按规定程序审批后严格执行。

2 路堑拓宽开挖前还应改移堑顶既有截、排水设施，保持既有排水系统畅通。排水系统过渡应永临结合，新施工部分应及时铺砌，临时土沟应采取防渗措施。

6.2.5 拆除既有挡护、防护设施应符合下列规定：

1 随开挖进度应自上而下分层拆除，严禁一拆到底。

2 拆除时，应避免土石坍塌、落石侵限影响行车。需要制定专项施工技术方案的地段，应按批准的方案组织施工。

3 爆破拆除必须制定专项施工技术方案，并应按第3.3节的规定上报审查和批准。

4 拆除既有挡护、防护设施，应保证既有路堑边坡稳定，必要时应设置可靠的临时支撑进行加固或防护。

6.2.6 路堑拓宽宽度小于1 m时，宜人工刷坡。宽度为1～3 m时。可采用小型机械施工，既有线一侧应设置施工防护。宽度大于3 m，采取大型机械时，应分层开挖，既有线一侧应预留隔墙或设置护桩、护栏等防护设施。路堑施工严禁掏底开挖。岩层走向不利于边坡稳定时，应顺层开挖，不得挖断岩层，并应采取减弱施工振动措施。路堑施工应符合铁路路基施工的有关规定。高处人工刷坡作业，应符合《铁路工程施工安全技术规程》(TB 10401.1)的有关规定。

6.2.7 既有路堑拓宽弃土除应符合现行铁路路基施工的有关规定外，尚不得阻塞既有路基排水设施，不得影响路基、桥涵及其他行车设备正常使用和安全稳定，并应遵守国家环境保护规定。

6.2.8 冬、雨季施工应符合第3.9节的有关规定。膨胀土(岩)地段路堑拓宽应避开雨季施工。确需在雨季施工时，应制定专项施工技术方案和按批准的方案组织施工。湿陷性黄土地段不宜在雨季施工，雨季施工时应集中力量，组织快速施工。

6.2.9 既有路堑拓宽施工应制定应急预案。

6.3 爆破及火工品管理

6.3.1 爆破应按图 6.3.1 所示流程施工。

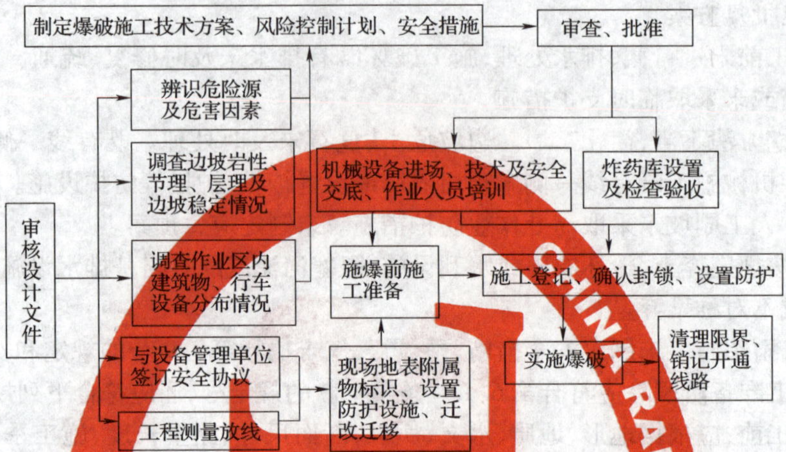

图 6.3.1 爆破施工流程示意图

6.3.2 爆破施工关键过程、技术与方法应符合表 6.3.2 的规定。

表 6.3.2 爆破施工关键过程、技术与方法

关键过程		技术与方法
施工准备		1. 人员资格审查及培训； 2. 制定专项施工技术方案； 3. 防护设施
火工品管理		执行现行国家标准《爆破安全规程》(GB 6722)。
钻孔、装药及施爆	成孔	1. 机械成孔； 2. 成孔检查； 3. 试爆
	装药	1. 装药量调整； 2. 装药； 3. 起爆网络
	施爆	1. 施工要点登记； 2. 检查确认
哑炮及危石处理		1. 重新连接起爆或引爆； 2. 硝胺类炸药水冲； 3. 危石临时处置
放行列车		1. 清理限界； 2. 销记开通

6.3.3 爆破施工应考虑下列主要危险源、危害因素：

1 未认真进行施工调查或未与设备管理单位联合调查。未在设备管理单位监护人员监护下施工。

2 爆破施工未制定专项技术方案或方案不当，未严格履行审批程序。未执行或未严格执行已批复施工方案，违章蛮干。无爆破防护措施，边坡坍塌或落石、飞石损伤行车设备,危及人身安全。

3 爆破施工单位、人员不具备相应资质、资格。爆破器材的运输、存放、管理、使用失控或不符合有关规定。

4 未按规定办理要点手续,未确认封锁,未设置防护,盲目起爆。电化区段使用电雷管,意外引爆。哑炮处理方法不当。

5 边坡孤、危石处理未严格执行封闭要点程序。高处作业,人员、机械、车辆作业无防护、监护。雨、雾等天气条件下进行爆破作业。

6 无应急预案或应急准备不足。

6.3.4 爆破开挖土石方、拆除圬工时,应根据第3.1节的规定和对铁路行车的影响程度按第3.3节的规定制定专项施工技术方案。施工前,应按第3.4节的规定与设备管理单位签订安全协议,按第3.5节的规定对相关人员进行培训,按第3.6节的规定办理施工要点手续,按第3.7节的规定实施封锁爆破。

6.3.5 爆破施工应由具备相应资质的施工单位承担。与既有线行车和行车安全有关的爆破施工严禁转包,并应符合《铁路工程施工安全技术规程》(TB 10401.1)的有关规定。

6.3.6 火工品运输、存放、管理、使用除应符合现行《爆破安全规程》(GB 6722)的规定外,还应符合下列规定:

1 施工单位需要使用和存放炸药、雷管等火工品时,必须到当地公安部门办理许可证。炸药、雷管应分库存放,两库间距不得小于4 m,库房应建于远离铁路及生活、作业区,并有避雷装置。火工品仓库禁区范围内严禁吸烟。爆破器材应由装炮负责人按一次需用量提取,随用随取。爆破后的剩余材料,应经专人检查核对后及时入库。

2 提前通知设备管理单位到场,并应在其监护下实施爆破作业。作业前,必须在铁路线路、接触网支柱、信号设备等外侧设置防护排架。排架的强度、刚度应满足要求。爆体临空面应与铁路方向一致或背离铁路方向。当爆破临空面朝向铁路及行车设备时,应调整孔眼布置及装药量。对临空面侧行车设备应进行重点防护,加强爆体柔性覆盖,防止飞石砸伤行车设备。

3 警戒区周围必须设置警戒人员。警戒范围,小药量爆破应距放炮地点200 m,用药量较多时应经计算确定。警戒区内的人、畜应撤离,施工机具不能撤离的应采取有效防护。

4 对孤石、危石、圬工构筑物施爆时,应封锁要点,严禁放明炮和野炮。

5 施爆前应设好施工防护。驻站联络员应在每次爆破前2 h向车站提出施工爆破申请,在接到现场准备已就绪的情况通报后,再向车站值班员请求封锁。施爆现场指挥必须在确认线路已封锁、各种防护已设置完毕后,方可下达施爆命令。

6 施爆完毕,施爆现场必须立即检查清点,查清哑炮情况,迅速清理限界。

7 哑炮处理应按表6.3.2所列技术与方法进行处理,并应比照上述爆破设置防护和办理封锁施工要点。

8 严禁在列车通过前先将炸药和雷管一起装好等待起爆。繁忙干线、干线不得使用导火索起爆。电气化铁路严禁电雷管起爆。

9 爆破应制定专项预案,备齐抢修设备、材料,施工前应对不同紧急情况进行抢修预先演练。

10 高处作业应采取可靠安全防护。大雾、黄昏和夜间不应进行爆破,雷雨天严禁进行爆破作业。确需在夜间爆破时，应采取有效的安全措施。

6.4　过渡便线路基

6.4.1　过渡便线路基应按图 6.4.1 所示流程施工。

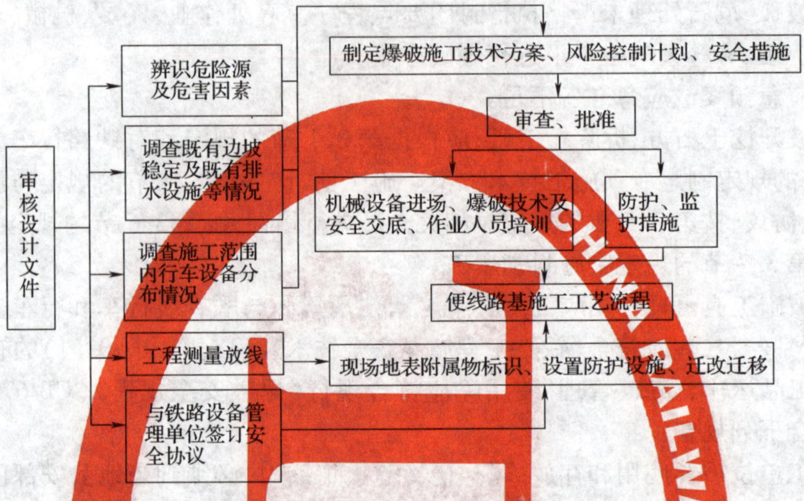

图 6.4.1　过渡便线施工流程示意图

6.4.2　过渡便线路基施工关键过程、技术与方法应符合表 6.4.2 的规定。

6.4.3　过渡便线路基施工应考虑下列影响安全质量的主要危险源，危害因素：

1　施工调查不细，未制定专项施工技术方案或方案不当，施工未严格执行已批复方案。地下管线、地表行车设施等分布未调查。未与设备管理单位签订安全协议，施工前未通知设备管理单位派人监护。

2　未严格按照设计要求施工，地基应处理未处理，利用原有路基需加固未进行加固处理。

3　填筑施工破坏既有排水系统，未及时恢复、疏通。临线施工未设置防护，大型机械及车辆未监护防护，未制定应急预案。冬、雨季施工未执行第 3.9 节的规定，未制定专项或未执行专项施工技术方案。

4　过渡便线路基施工完毕未按第 3.8 节的规定验收。

表 6.4.2　过渡便线路基施工关键过程、技术与方法

关键过程	技术与方法
路基标准确定	1. 按设计标准修筑； 2. 利用原有路基； 3. 加固处理
路基验收	1. 现场检测、量测； 2. 检查验收评定资料

6.4.4　施工前应按第 3.3 节的规定办理专项施工技术方案审批、签订施工安全协议，按第 4 章的规定进行各项施工准备后，方可进行过渡便线路基施工。

6.4.5　过渡便线路基应按照过渡设计要求施工。既有路基用作临时过渡时，应对既有路基进行调查或检测。不能满足过渡路基设计要求时，应提请设计单位进行加固变更处理。过渡路基与既有路基衔接地段应按照第 6.1 节的相关规定施工。

6.4.6　过渡便线路基应保持排水畅通。

6.5 路基改建及改良加固

6.5.1 路基改建及改良加固应按图 6.5.1 所示流程施工。

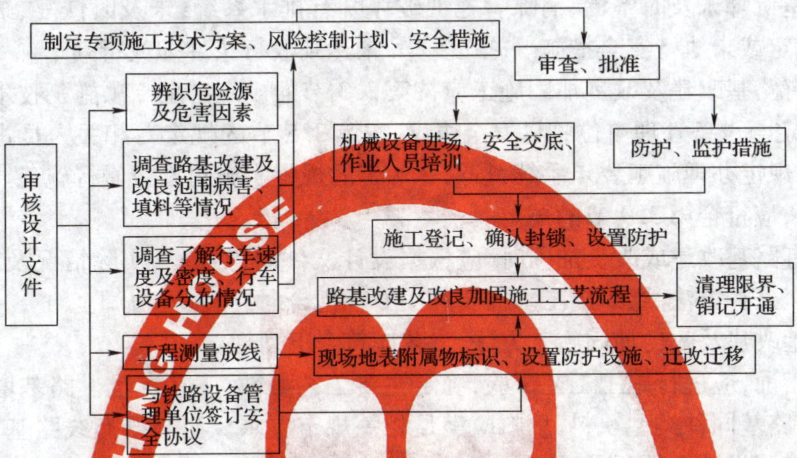

图 6.5.1 路基改建及改良加固施工流程示意图

6.5.2 路基改建及改良加固关键过程、技术与方法应符合表 6.5.2 的规定。

表 6.5.2 路基改建及改良加固关键过程、技术与方法

关键过程	技 术 与 方 法	关键过程	技 术 与 方 法
施工调查	1. 测量放线； 2. 现场踏勘； 3. 收集竣工资料； 4. 收集养护维修资料； 5. 审核设计文件	施工要点	1. 施工要点登记； 2. 设置防护； 3. 检查线路、清理限界，销记开通
地下管线及行车设施防护	1. 使用探测仪器； 2. 人工探挖； 3. 防护、监护、迁改	弃土、弃砟	1. 弃砟位置合理； 2. 道床覆盖防护
施工方案编制与审批	1. 编制专项施工技术方案； 2. 按规定程序审批	应急预案	1. 备齐应急人员、设备、材料； 2. 紧急情况启动应急预案
升高、降低路基	1. 分段封闭揭盖； 2. 绕行施工； 3. 便线过渡； 4. 机械施工	换 填	1. 分段封闭揭盖； 2. 绕行施工； 3. 便线过渡； 4. 架空慢行； 5. 机械施工
土工合成材料铺设	1. 人工铺设； 2. 及时回填、封闭	挤密桩	1. 成桩工艺试验； 2. 人工施工； 3. 专用机械施工
注浆加固	1. 注浆工艺试验； 2. 分层注浆； 3. 现场检测、监控		

6.5.3 路基改建及改良加固施工应考虑下列主要危险源、危害因素：

1 地下管线、地表行车设施等分布未调查，未采取有效防护措施，未与设备管理单位签订安全协议，施工前未通知设备管理单位派人监护。

2 施工调查不细,需要相关专业配合时,未与相关专业联合制定施工方案。施工未严格执行已批复方案。

3 未制定或未执行专项施工技术方案,施工方法、工艺不当,施工准备不足。临线施工未设置防护,大型机械及车辆未监护防护,未制定应急预案。

4 路基沉降未及时整治、消除。施工破坏既有排水系统,未及时恢复、疏通。冬、雨季施工未制定或未执行安全措施。施工完毕,未达到放行条件即放行列车。

6.5.4 既有路基改建及改良加固施工应按第3.3节的规定制定专项施工技术方案,按第3.4节的规定与设备管理单位签订安全协议,按第3.5节的规定对相关人员进行培训,按第3.6节的规定办理施工要点手续,按第3.7节的规定实施封锁或慢行施工。夜间及冬、雨季施工时,应符合第3.9节的规定。

6.5.5 既有路基改建或改良加固时,应根据设计文件要求、现场实际情况及自身施工能力制定方案、选择方法、组织施工。需要相关专业配合时,应做好协调。

6.5.6 路基改建及改良加固施工方法、工艺应符合下列规定:

1 施工前,应进行施工工艺试验,确定主要工艺参数、工艺标准。路基增高施工,宜选用与既有路基同种类型填料,填料应满足相关规定要求。当与既有线路基填料性质不一致时,应按照设计文件要求进行处理。

2 路堤降低施工时,干线和繁忙干线不宜选择慢行落道法。施工应按照批准的专项施工技术方案合理安排轨下部分及路肩部分施工顺序,应做好排水坡度顺接,不得影响路基排水。

3 换填施工应封锁行车,并按照批准的专项施工技术方案组织实施。施工前应调查需清挖的深度,安排好换填料卸车地点,对既有道床应采取防止污染的防护措施。换填施工应分层压实,并应达到压实度标准。土工布、土工隔栅等铺设应符合《铁路路基土工合成材料应用设计规范》(TB 10118)和铁路路基施工的有关规定。

4 既有路基上挤密桩作业应在封锁行车条件下进行,并应按照批准的专项施工技术方案组织施工。施工前应进行成桩工艺试验,通过试验确定工艺及参数后方可组织实施。

5 注浆加固既有路基应按照批准的专项施工技术方案组织施工。轨道下路基注浆加固应在封锁或慢行条件下进行。路肩及以外部分在不封锁或不慢行条件下对路基注浆加固时,应对轨道变形情况进行监控量测,并根据监控量测结果控制施工进度。注浆钻孔时不应采用水钻。

6 路基改建及改良加固应按第5.1节的规定进行施工防护和监护。

7 封锁及慢行施工要点应符合第3.6节和第3.7节的规定。施工完毕应按第3.8节的规定办理验收交接。

6.6 路基排水及附属设施

6.6.1 路基排水及附属设施应按图6.6.1所示流程施工。

6.6.2 路基排水及附属施工关键过程、技术与方法应符合表6.6.2的规定。

6.6.3 路基排水及附属设施施工应考虑下列主要危险源、危害因素:

1 滑坡治理、增设既有路肩挡墙、增设既有路基坡脚挡墙等应制定而未制定专项施工技术方案、方案不当或未执行。

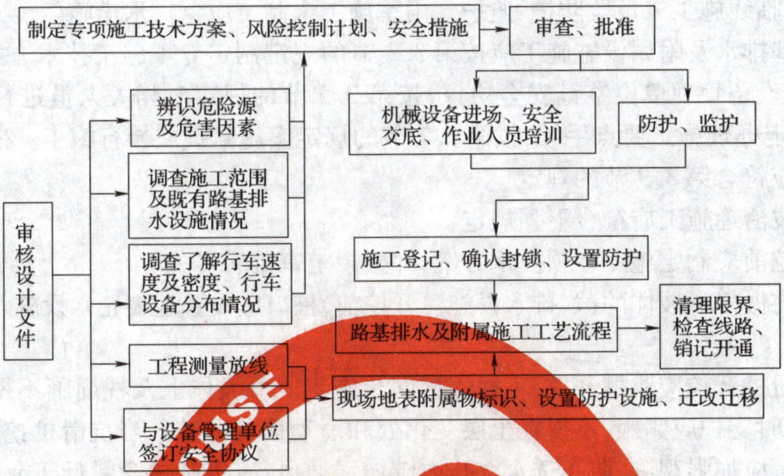

图 6.6.1 路基排水及附属设施施工流程示意图

表 6.6.2 路基排水及附属设施施工关键过程、技术与方法

关键过程		技术与方法
路基排水	地表排水	1. 排水系统先疏导沟通后施工； 2. 应急排水
	急流槽	1. 拆除前引流； 2. 跌水及挡水墙及时施工，防止冲刷
	支撑渗沟	1. 引流； 2. 过渡排水； 3. 支撑开挖
路基附属	隔离栅栏	1. 拆除后缺口指派专人看守； 2. 施工完毕恢复封闭
	反压护道	1. 施工进度； 2. 填筑工艺； 3. 临界高度计算与填筑高度控制
	挡土墙	1. 跳槽分段开挖、分段砌筑； 2. 支撑开挖砌筑
基坑开挖		1. 人工开挖； 2. 机械开挖； 3. 挡板支护； 4. 支撑支护； 5. 架空
滑坡治理		1. 截排水； 2. 防渗； 3. 抗滑桩； 4. 减载
雨季施工		1. 维持排水系统通畅； 2. 基坑排水应急处理

2 施工前未探明地下管线位置，未采取防护措施造成挖断管线。排水系统被破坏未及时恢复、疏通。

3 反压护道施工方法、工艺不当。挡墙、排水构筑物等基坑开挖未按规定放坡或未及时支护。临线施工未设置防护、监护。雨季施工未制定应急排水措施。

6.6.4 路基排水及附属设施施工应按第 3.3 节的规定制定专项施工技术方案，按第 3.4 节的规定与设备管理单位签订安全协议，按第 3.5 节的规定对相关人员进行培训，按第 3.6 节的规定办理施工要点手续，按第 3.7 节的规定实施封锁或慢行施工。夜间及冬、雨季施工时，应符合第 3.9 节的规定。

6.6.5 滑坡治理施工应符合下列规定：

1 开挖前应制定施工专项技术方案，并按规定审批后实施。

2 提前做好滑坡体的截、排水设施。开挖前，桩口应设置地表止水设施及护栏，雨天不得施工。

3 抗滑桩开挖应跳槽开挖，不得邻桩同步施工。滑坡体上及柱周围不得压载，避免震动。开挖时支护应紧跟，不得在土层变化处和滑动面处分节。当抗滑桩挖到接近河流水面高程时，应加强观测，防止透水。孔内应加强通风，有害气体含量低于允许值时方可作业。抗滑桩施工应加强监控与巡视，发现异常情况应及时采取有效措施。

4 反压护道施工应控制施工进度，保证工艺质量要求。反压护道施工宜与路堤同时填筑。分开填筑时，应在路堤达临界高度前将反压护道筑好。

5 影响线路稳定的渗沟、渗井等排水构筑物施工应随开挖、随支撑、随砌筑。随回填，挖开后不应长时间裸露。

6 横穿行车线路的排、渗水沟槽，应制定专项施工技术方案，并按批准的方案组织施工。架空线路施工时，应执行第 7.2 节有关线路架空的施工规定。

7 既有路基增设路肩、坡脚挡墙施工应制定专项施工技术方案，按照批准的方案组织施工。施工时应跳槽开挖。开挖影响轨道和既有路基稳定时，应采取支撑措施，并采取随开挖、随砌筑、随回填夯实的施工方法。必要时，应在慢行条件下施工。慢行施工应符合第 3.6 节和第 3.7 节的规定。

8 距离既有线较近的排水沟和路基附属构筑物施工，应随开挖、随砌筑、随回填夯实。

7 桥 涵

7.1 桥涵及其他构筑物基础

7.1.1 桥涵及其他构筑物基础应按图 7.1.1 所示流程施工。

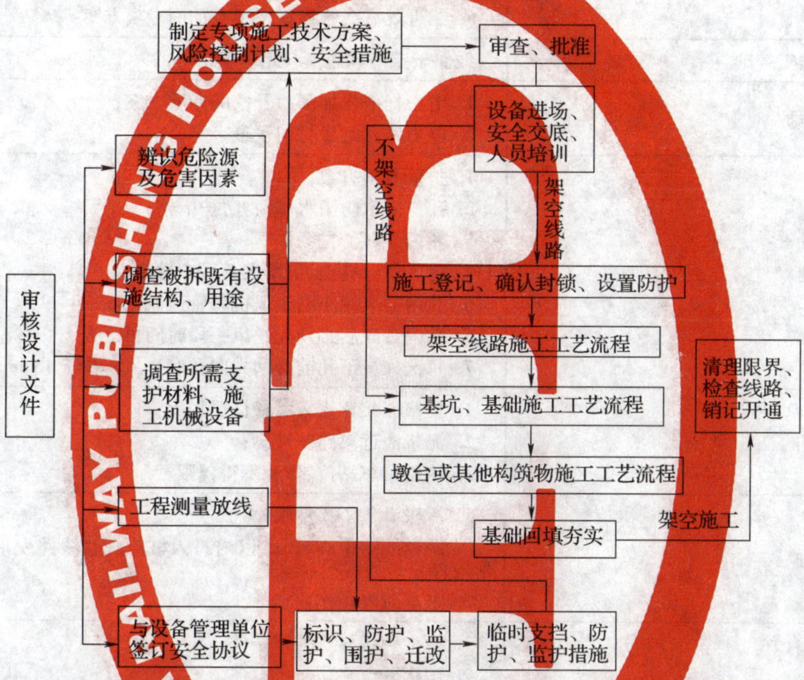

图7.1.1 桥涵及其他构成筑物基础施工示意图

7.1.2 桥涵及其他构筑物基础施工关键过程、技术与方法应符合表 7.1.2 的规定。

表 7.1.2 桥涵及其他构筑物基础施工关键过程、技术与方法

关 键 过 程	技 术 与 方 法
地下管线探查探挖	1. 设备管理单位协助确认位置； 2. 使用探测仪器； 3. 设备管理单位监护下人工探挖探查
拆除支挡类构筑物	1. 专项施工技术方案； 2. 预裂爆破拆除； 3. 风镐凿除； 4. 挖掘机震动头拆除； 5. 人工拆凿
既有路基或其边坡上开挖基坑	1. 临时支护专项方案； 2. 打入桩、抗滑桩、挖孔桩防护； 3. 锚钉墙防护； 4. 草袋码砌防护； 5. 线路架空、加固防护

续上表

关键过程	技术与方法
施工要点	1. 申报计划; 2. 确认命令; 3. 登记; 4. 确认给点; 5. 设置防护
明挖基础及承台开挖	1. 基坑开挖周边防护、边坡控制、周边压载挖制; 2. 河道渗水、地下水处理; 3. 地表水截流或导流; 4. 河道内设置围堰专项方案; 5. 靠近既有线开挖线路架空加固专项方案
架空线路施工基础	线路架空专项施工技术方案。
架空电线防护	1. 电力杆塔先加固后开挖的专项方案; 2. 电力线路绝缘材料包裹
挖孔桩基础	1. 护壁专项方案; 2. 孔口采取防雨水、落物防护措施; 3. 孔内采取防护棚; 4. 挖孔作业孔上、下雨人关系应融洽; 5. 孔内通风用小型鼓风机软管送风入底; 6. 孔内爆破后必须先送风一段时间再下人; 7. 每次人员下孔前必须先向孔底送风不少于 15 min
钻孔桩基础	1. 护壁泥浆比重较一般情况加大; 2. 泥浆池远离路基坡脚; 3. 使用吊车站位、作业不得侵限
打入桩基础	1. 机械设备不得侵限; 2. 距离线路中心 10 m 以内打入桩应观察线路变形,线路发生变形应停止打入; 3. 来车时停止作业
销记开通	1. 检查确认放行列车条件; 2. 销记开通; 3. 线路维修

7.1.3 桥涵及其他构筑物基础施工应考虑下列主要危险源、危害因素:

1 未与有关单位签订安全协议;地下设施未调查、探查、探挖或未提前通知设备管理单位派人监护或监护人员未到场即动工开挖;地面设施未查清楚用途、在用情况即拆除;拆除既有挡护构筑物未制定拆除施工专项技术方案或方案不当、未按方案实施;临近架空电力(通信)线杆、塔架开挖深基坑未采取加固措施或未制定、执行专项施工技术方案;临近电力明线动用挖掘机、吊车等机械作业未加绝缘防护或作业时未专人指挥、监护。

2 基坑或承台开挖基坑周边未设置防护栏杆、基坑边坡不稳定、基坑顶周边压载未控制。在河道施工,河道渗水、地下水未降低。地表水未截流或导流。有水河道开挖基坑未制定围堰设置专项施工技术方案。

3 靠近既有线的基坑未制定和进行线路架空或加固;影响线路安全施工未登记。基坑附近铁路行车设施未标识或防护。

4 挖孔桩基础,挖孔未制定、执行护壁专项施工技术方案;挖孔虽有护壁措施但不符合有关安全技术规定。挖孔桩孔口无防雨水和截流地表水措施;无防止物体落孔措施;孔内无供作业人员躲避的防护栅；孔上作业人数过多，场面混乱或孔上孔内作业人员关系不融洽；挖孔桩挖孔作业未采取送风入底措施；孔内爆破后未送风即下人；挖孔间歇一段时间后，未先送风，人员即下孔。

5 钻孔桩基础施工，未考虑列车震动影响而加大护壁泥浆比重；泥浆池距路基坡脚过近浸泡路基；使用吊车移动钻机、安装导管等作业时，站位或摆臂侵限。

6 打入桩时引起线路变形或打桩遇来车时未停止作业。

7.1.4 桥涵及其他构筑物基础施工应符合下列规定：

1 对影响基础施工的设施进行防护或拆除时，应符合下列规定：

1）探挖地下设施时，应提前通知设备管理单位派监护人员到场监护，监护人员未到场不得探挖；地下设施不得使用机械探挖。

2）拆除地面设施时，应查清楚用途、结构形式，确定可行的拆除方案并征得设施管理单位同意。拆除地面设施不得影响线路稳定和既有铁路设备、设施正常使用。

3）拆除既有路基支挡构筑物时，应制定并按照批准的拆除施工技术方案实施。

4）临近架空电力（通信）线杆、塔架开挖深基坑时，应先迁改、加固，再安排施工。接触网和高压供电铁塔加固应制定并按照批准的专项技术方案施工。

5）临近电力明线使用挖掘机、吊车等机械作业时，应对导线采取附加绝缘保护措施。使用吊车、转载机、挖掘机作业应专人指挥、监护。

2 明挖基础应符合下列规定：

1）采用爆破开挖基坑或拆除既有构筑物时，应符合第6.3节的有关规定。开挖的基坑周边应设置防护栏杆，基坑边坡应符合稳定要求并应考虑列车震动对边坡稳定的影响。基坑顶周边不宜堆土和砂石材料。施工机械应远离基坑边缘。

2）河道内开挖基坑时，应调查、了解水文地质情况，编制专项施工技术方案并严格执行。季节性河流施工应避开汛期。水中和靠近主河道的基础开挖前，应采取改河、修建导流坝或注浆封闭渗水、板桩围堰等措施。

3）在地下水位较高的区域开挖基坑时，应提前采取降水措施，将地下水降低至基底以下。开挖的基坑周边宜设置排水沟、截水沟、导流渠等临时排水设施，防止地表水进入基坑。

4）邻近既有桥墩（台）开挖基坑时，应选择适宜的围堰方式和制定专项技术方案。使用打入钢板桩围堰时，应考虑既有桥修建时在河道内残留物对打入效果的影响。

3 临近既有线施工桥涵和其他构筑物基础时，应自基坑底边，按坡度1∶1.5向上推算、确定开挖对既有线安全影响程度，并符合下列规定：

1）当推算的基坑顶边未伸入到道床坡脚外0.4 m以内时，可放坡开挖。放坡开挖还应根据地质条件确定边坡坡度。

2）当推算的基坑顶边伸入到道床坡脚外0.4 m以内但未伸入道床时，应支撑开挖。选择支撑结构形式应考虑列车动载、震动影响，并应保证路基稳定。

3）当推算的基坑顶边伸入到道床内，支撑开挖不能保证既有路基稳定时，开挖前应进行线路架空。线路架空必须制定专项技术方案并符合第7.2节的有关规定。

临近既有线开挖深基坑，应制定可靠的开挖专项施工技术方案；深基坑开挖宜避开雨季。

4 挖孔桩基础施工应符合以下规定：

1）挖孔应制定护壁防护专项施工技术方案。护壁方案应与地质状况、列车活载和震动影响相适应。护壁施工质量应符合相关标准的规定。

2)挖孔桩孔口应采取防止雨水入孔和对地表水截流的措施,并应有防止物体掉落孔下的措施。挖孔桩孔内应设置防护棚。孔上作业人数不宜过多,孔上、下作业人员关系应融洽。

3)挖孔作业必须采取送风入底措施。孔内爆破后严禁立即下人,向孔底送风30 min后方可下人。挖孔作业间歇一段时间后,人员下孔前必须先送风15 min以上。

4)孔内爆破应符合第6.3节的有关规定。

5 钻孔桩基础施工应考虑列车震动影响,钻孔时应适当加大护壁泥浆比重。钻孔用泥浆池宜远离路基坡脚,避免泥浆地浸泡路基。钻孔过程使用吊车移动钻机、安装导管时,吊车站位或摆臂不得侵限,来车时应停止作业。

6 打入桩基础施工应考虑打桩引起线路变形因素,打入时应对线路变形情况进行观察,线路有变形时应停止作业,采取对策后方可继续施工。来车时应停止打桩。使用吊车移动打桩设备,吊车站位或摆臂不得侵限,来车时应停止作业。

7 桥涵及其他构筑物基础施工尚应符合以下规定:

1)基坑附近的铁路行车设施应标识清楚。机械有可能到达其附近的设施,应加设防护桩保护。

2)雨季、多雨地区施工或遇软弱地质的基坑、深基坑时,施工现场应配备麻袋(草袋或编织袋)、砂石、木枕等抢险应急材料和抽水机具,并应备齐行车防护备品。防护备品应符合附录B的规定。

3)桥涵基础施工质量应符合《铁路桥涵工程施工质量验收标准》(TB 10415)的规定,其他构筑物基础应符合相关施工质量验收标准的规定。

7.2 顶进桥涵及管道

7.2.1 顶进桥涵及管道应按图7.2.1所示流程施工。

7.2.2 顶进桥涵及管道施工关键过程、技术与方法应符合表7.2.2的规定。

表7.2.2 顶进桥涵及管道施工关键过程、技术与方法

关键过程	技术与方法
工作坑滑板及隔离润滑层	滑板、隔离润滑层施工技术方案
线路架空	线路架空施工技术方案
顶进	1. 一级或多级中继顶进技术专项方案; 2. 机械或人工开挖; 3. 机械或人工出土; 4. 顶进后背专项技术方案; 5. 顶进减阻专项技术方案; 6. 顶进反后背专项技术方案; 7. 顶进纠偏、防止扎头或抬头控制技术
附属工程	1. 利用架空线路施工翼墙; 2. 影响路基轨道稳定时制定专项施工技术方案

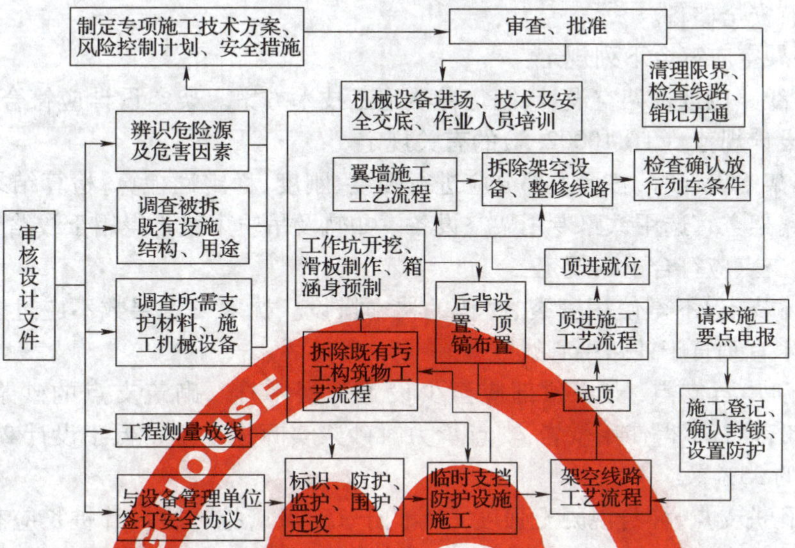

图 7.2.1 顶进桥涵及管道施工流程示意图

7.2.3 顶进桥涵及管道施工应考虑下列主要危险源、危害因素：

1 工作坑开挖和拆除影响工作坑开挖的地下、地表、地上设备或设施的危险源、危害因素同第 7.1.3 条。

2 工作坑滑板设置平整度欠佳;隔离润滑层未设置或未按设计文件设置,与箱身涵身底板粘连。后背填土不足或不密实,后背分配梁质量不合格。顶进时反后背失效或损坏。

3 架空线路未制定专项施工技术方案或方案不切合实际、不合理或未经审批。架空线路前未放散无缝线路轨道应力。架空线路质量不良或维修、整修不及时。

4 顶进挖土方法不对,顶进时遇到路基内隐藏有圬工构筑物,顶进遇软弱地基或地下水未降低到应有高程。顶进扎头、抬头未控制或控制失败,顶进方向纠偏方法欠妥。

5 顶进就位后利用线路架空施工翼墙挖除或扰动了线路架空支点;不利用线路架空时未采取相应的加固措施保证路基和轨道稳定。

7.2.4 顶进桥涵及管道施工前应对地下管线进行探查、探挖。地面、地下构筑物拆除、工作坑开挖、架空支点挖孔桩的施工处应符合第 7.1.4 条的规定外,尚应符合下列规定：

1 顶进遇到路基内有埋藏的构筑物拆除时,宜选择机械拆除、人工凿除、膨胀裂破拆除施工技术和方法。

2 使用炸药控制爆破拆除路基内埋藏的构筑物施工质量,应符合现行国家标准《爆破安全规程》(GB 6722)的规定及本暂行规定第 6.3 节的有关规定。

7.2.5 顶进桥涵施工工作坑内工程应符合下列规定：

1 滑板、隔离润滑层设置应符合设计要求；

2 滑板平整度应符合《铁路桥涵工程施工质量验收标准》(TB 10415)的规定,并不得与箱身涵身底板粘连。

3 后背施工应符合设计要求。施工单位自行设计的砌筑重力墙、钢轨桩、钢板桩、型钢等各式后背应通过最大顶力剪切破坏检算并有适当安全储备。后背、反后背及后背填土应符合专项施工技术方案要求。

4 钢筋混凝土后背分配梁施工质量应符合有关要求。拆装式后背分配梁应通过强度检算并留有安全储备。

7.2.6　线路架空应符合下列规定：

1　架空线路应进行架空设计，制定专项施工技术方案。架空设计应符合《铁路桥涵地基和基础设计规范》(TB 10002.5)的有关规定。

2　线路架空设计时，各承力部分应进行强度、刚度、稳定性检算，检算结果应符合安全要求。线路架空宜选用铁路专用架空设备。扣轨及吊轨束梁不得用于线路架空。

3　架空支点应符合下列规定：

1)枕木支点，不得使用劈裂、腐朽的枕木搭设。枕木支点层数不应过多。最底层枕木宜垂直于铁路中心线放置。

2)浆砌片石支点，支点顶部应至少设置一层木枕。砌筑支点的砂浆不应低于M10，片石不得使用软岩，支点承力时砂浆实际强度不得低于设计28 d标准强度的95%。

3)挖孔桩支点，柱身混凝土强度不得低于15 MPa，挖孔桩设计桩长应有足以抵抗土体推力的锚固深度。单桩承载力应符合《铁路桥涵地基和基础设计规范》(TB 10002.5)的有关规定。

4)挖孔桩灌注混凝土应符合设计混凝土强度要求和桥涵工程质量验收标准，持力时的实际强度不得低于设计强度的95%。挖孔施工应符合第7.1节的有关规定。

4　架空施工应符合下列规定：

1)架空施工应按第3.6节的有关规定办理施工要点手续、确认命令和设置防护。

2)无缝线路区段架空施工前，应调查锁定轨温，按有关规定进行应力放散、锁定。严禁在不了解锁定轨温、未放散应力情况下盲目挖开道床、安装横向架空抬梁作业。

3)线路架空应按照支点→纵梁→横抬梁顺序施工。安装纵梁应在封锁行车条件下进行，纵梁吊装就位后应立即固定牢靠。

4)横抬梁应安装一道与纵梁联结牢固一道，再安装下一道。用卷扬机拖拉穿插横抬梁时应防止轨道电路短路，与纵梁联结后应及时安装扣件或垫木。支垫的垫木应派专人检查，发现松动应打紧，防止失效。

5　线路架空整修应符合下列规定：

1)线路架空过程和架空后，应不间断检查维修；

2)线路架空检查应执行趟检制，每次检查应做好记录；

3)趟检内容包括架空设备各部联结是否紧固，线路变形，轨道几何尺寸(方向、水平等)，垫木松动情况，支点变化，纵横梁变形，其他变化。

7.2.7　顶进箱身与涵管应符合下列规定：

1　顶进前应降低地下水。顶进应执行专项施工技术方案要求。列车通过时，严禁顶进和挖土。

2　顶进方向应提前控制。纠偏时应通过不对称挖土和调整两侧顶力循序纠正，不宜强行纠偏。

3　顶进扎头应通过欠挖、铺垫混凝土块等措施预防。扎头严重时，应待就位后在线路架空未拆除情况下进行抬高整治。

4　线路架空拆除后需要重新整治扎头时，应重新架空线路。重新架空应按第3章规定的程序和要求办理申请、慢行手续。

5 整治扎头抬高箱身、涵管后，箱底涵底下的间隙宜采用流动性大的砂浆填充，待砂浆达到不低于地基承载力强度后方可卸下顶镐设备和拆除线路架空。

6 顶进有较厚覆盖土的箱形涵、管涵时，应等数量在顶底板端面布置顶镐，预防顶进扎头或抬头。

7 整治抬头应对线路变形、路基沉降情况进行观测。整治抬头应在行车慢行条件下进行。慢行施工应按第3章规定的程序和要求办理申请、慢行手续。

7.2.8 附属及其他施工应符合下列规定：

1 顶进桥翼墙施工宜在架空慢行期间完成。施工翼墙需拆除架空用枕木支点时，应进行架空支点置换或二次架空。

2 顶进施工应做好坍塌应急抢险准备。遇雨季施工时，应做好抽排水应急准备。

3 使用吊车更换传力柱、吊装顶镐时，应确保吊车站位和作业不得侵限，收工后吊车大臂应收回到安全状态。

7.2.9 顶进桥涵及管道施工质量应符合《铁路桥涵工程质量验收标准》(TB 10415)的规定。

7.3 过渡便桥及架空现浇桥涵

7.3.1 过渡便桥应按图7.3.1—1所示流程施工，架空现浇桥涵应按图7.3.1—2所示流程施工。

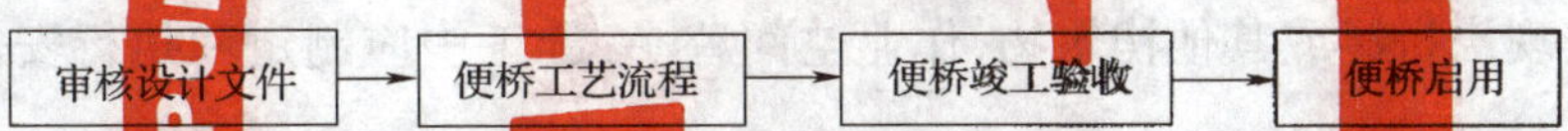

图7.3.1—1 过渡便桥施工流程示意图

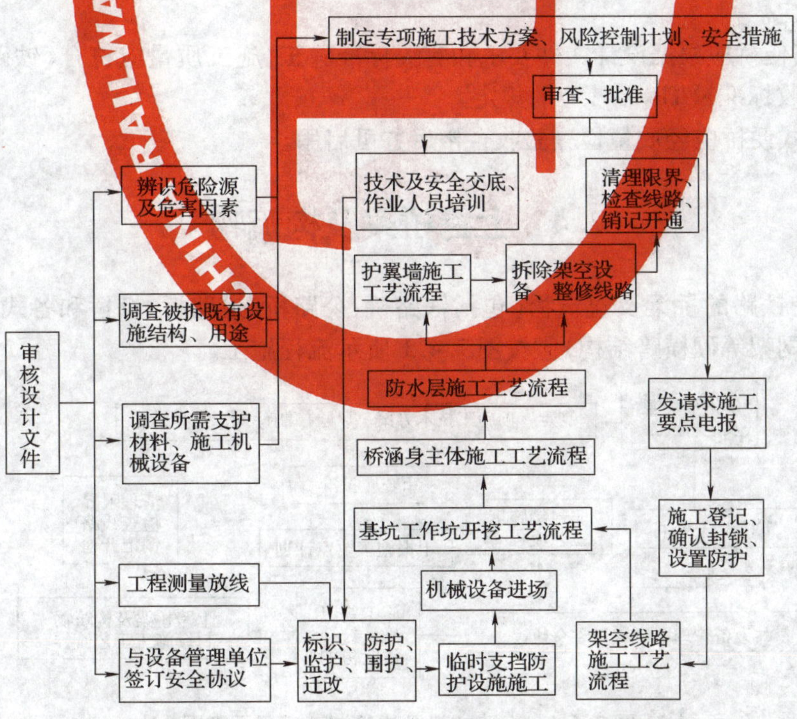

图7.3.1—2 架空现浇桥涵施工流程示意图

7.3.2 过渡便桥及架空现浇桥涵施工关键过程、技术与方法应符合表 7.3.2 的规定。

表 7.3.2 过渡便桥及架空现浇桥涵施工关键过程、技术与方法

关键过程	技术与方法
线路架空	线路架空专项施工技术方案
回填土夯实	1. 小型机具； 2. 采用设计规定填料
附属工程	翼墙施工影响轨道稳定时的控制专项技术方案
临时便桥	1. 按设计文件要求施工； 2. 工程质量验收

7.3.3 过渡便桥及架空现浇桥涵施工应考虑下列主要危险源、危害因素：

1 防护与拆除铁路行车设备及设施的危险源除第 7.1.3 条的规定外，还包括拆除路基内圬工方法不当及挖工坍塌。

2 线路架空危险源、危害因素同第 7.2.3 条。

3 架空现浇边墙、顶板空间过小。

4 便桥启用前未验收。

7.3.4 过渡便桥及架空现浇桥涵施工时，防护、拆除铁路行车设备及设施除应符合第 7.1 条的有关规定外，尚应符合下列规定：

1 线路架空后开挖工作坑遇有路基内隐藏的各种圬工类构筑物或行车设施，防护和拆除应符合第 7.2.4 条的规定。

2 用爆破方法拆除路基内隐藏圬工构筑物应符合第 6.3 节的有关规定。

7.3.5 架空开挖应分层自上而下进行，基坑两侧应保持安全边坡或采用支撑挡护开挖，严防各种原因引起的坍塌。

7.3.6 线路架空应符合第 7.2 节的有关规定。

7.3.7 架空现浇桥涵或其他构筑物，作业空间狭小，施工中应制定和执行安全质量保证措施。

7.3.8 架空现浇桥涵工程施工质量应符合《铁路桥涵工程施工质量验收标准》(TB 10415)的规定。

7.3.9 铁路便桥应根据设计文件要求和有关标准施工，施工质量应符合《铁路桥涵工程施工质量验收标准》(TB 10415)的规定。

7.3.10 各式便桥应经质量检查验收合格后方可启用。

7.4 上跨桥梁及构筑物

7.4.1 上跨铁路的桥梁及建筑物(包括铁路桥、公路桥、道路桥、灯桥和各式上跨管道、桁梁、桁架、网架等硬横跨结构)应按图 7.4.1 所示流程施工。

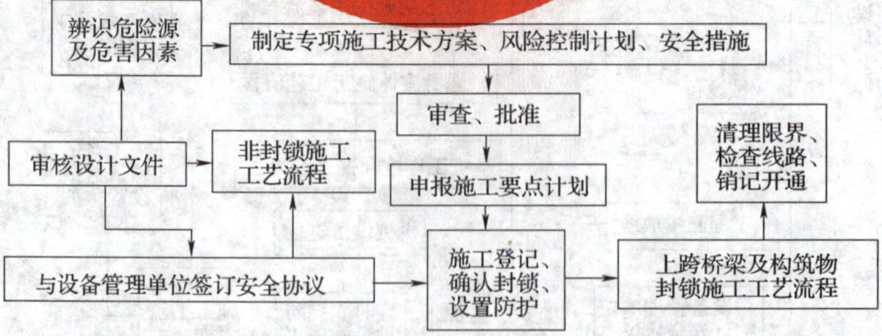

图 7.4.1 上跨桥梁及构筑施工流程示意图

7.4.2 上跨桥梁及构筑物施工关键过程、技术与方法应符合表 7.4.2 的规定。

7.4.3 上跨桥梁及构筑物施工应考虑下列主要危险源、危害因素：

1 未制定专项施工技术方案，未办理封锁施工手续，在未封锁线路上进行跨线吊装、安装、架桥机过跨等施工，施工未制定应急预案。

2 跨线吊装桥梁、构件或重物，使用的吊车、吊索、吊具未进行计算、检算，超容许能力吊装。

表 7.4.2 上跨桥梁及构筑物施工关键过程、技术与方法

关键过程	技术与方法
架桥机过跨、架梁	专项施工技术方案
顶推、拖拉架设桥梁	专项施工技术方案
起重机吊装架梁（含各种桥梁、灯桥、天桥、无柱雨棚、桁梁、网架等）	专项施工技术方案
移动模架、悬臂挂篮、平面转体等	专项施工技术方案

3 吊车支腿未支稳固，吊装无专人指挥、未设置溜绳。双机抬吊未统一指挥、统一信号。吊装时风力超出安全规定限制等级。夜间吊装照明不足。

4 已吊装的T形梁、箱形梁或重心较高的物件，未放置稳妥、未拴牢撑稳即摘钩、收工，吊车未摘钩即摆臂。

5 跨线搭设的支架、膺架超载或不具备应有承载能力。

6 电力牵引地段搭设的支架、膺架，未采取静电屏蔽、接地保护，用水养护混凝土使余水泄流。跨线搭设的支架两侧及底部未设置围护设施。桥梁架设完毕，两侧未安装防护设施或未封闭桥面。

7.4.4 上跨桥施工应制定专项施工技术方案，并应按照批准的方案组织施工。专项施工方案审查批准，施工安全协议，施工人员、机械设备，申报施工要点计划，办理封锁施工手续和设置施工防护等应符合第3章的有关规定。

7.4.5 跨线设置支架、膺架、移动模架应符合以下规定：

1 应制定和执行批准的专项施工技术方案。

2 关键承力、持力结构设计应进行强度、刚度和稳定性检算，检算结果和验算安全系数应符合有关安全规定。

7.4.6 跨线吊装应符合下列规定：

1 吊装各式桥梁、钢梁、桁梁、支架梁、膺架梁、移动模架梁，架设公路、道路和其他用途的桥梁，应按批准的专项施工技术方案施工。

2 吊装、架梁时，起重机和架桥机应定位准确，起重能力应满足作业半径、吊重等安全要求，起重索具安全系数应符合现行《铁路架桥机架梁暂行规程》的规定。

3 已经吊装就位的钢件、钢梁、混凝土梁应摆放稳固。重心至支承面高度不小于1/2支承底面宽度、迎风面积较大的梁、构件，在封锁时间内不能做永久性固定时，必须增加临时支撑，使其稳固或将其捆绑牢固。防止梁或构件滚翻或跌落。

7.4.7 跨线顶推、拖拉、平面转体、悬臂挂篮、悬臂拼装应符合下列规定：

1 专项施工技术方案应组织专家审查。经专家审查认为方案安全可靠、不封锁线路足以保证铁路安全且有应急措施时，施工单位应报请铁路局审查备案，请求按不封锁线路施工。

2 铁路局同意不封路施工的跨线工程，施工时应在车站行车室进行施工登记并做好应急准备。专家审查未通过、铁路局未同意的方案，不得实施跨线作业。

3 跨线悬臂挂篮施工方案设计、悬臂拼装钢梁施工方案设计应符合相关规定其安全系数应比一般情况大20%。

7.4.8 跨线施工还应符合以下规定：

1 在电力牵引铁路上方，搭设的现浇梁支架或膺架、进行悬臂挂篮施工或悬臂拼装钢梁施工，应设置静电屏蔽防护和安装接地防护装置。在既有电力牵引铁路线路上方进行混凝土养生时，养生用水不得泄流。

2 施工期间，跨线桥梁和各式结构形成之后，必须在对应铁路范围上方两侧（桁架、网架结构还应在底面，T形梁尚应在梁缝）设置围挡或安全网。

3 跨线桥桥面未竣工前，应封闭或派人守护，闲散人员不得登上桥面。

7.4.9 上跨铁路的桥梁和构筑物，其工程施工质量应符合相关施工质量验收标准的规定。

7.5 邻线桥及并行桥

7.5.1 邻线桥及并行桥应按图7.5.1所示流程施工。

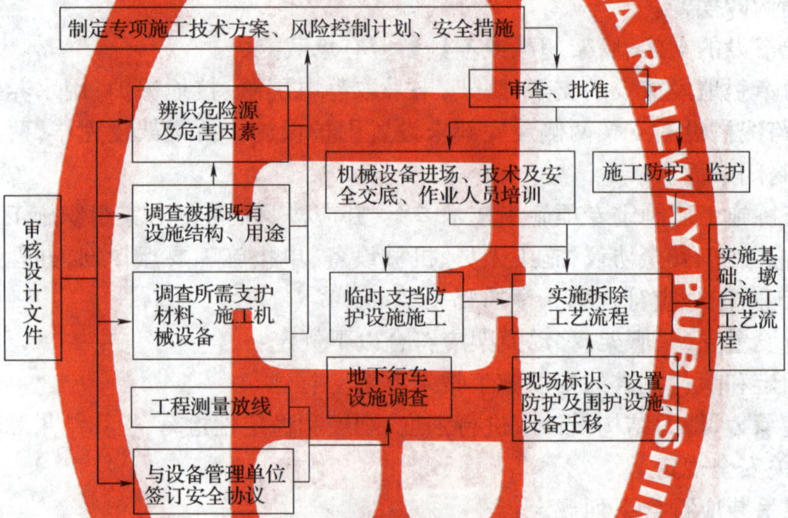

图7.5.1 邻线桥及并行格施工流程示意图

7.5.2 邻线及并行桥施工关键过程、技术与方法应符合表7.5.2的规定。

表7.5.2 邻线桥及并行桥施工关键过程、技术与方法

关键过程	技 术 与 方 法
切除既有路基边坡	1. 临时支护专项方案； 2. 打入桩、抗滑桩、挖孔桩防护； 3. 锚钉墙防护； 4. 草袋码砌防护； 5. 线路架空、加固防护
架空电线防护	1. 电力杆塔先加固后开挖的专项方案； 2. 电力线路绝缘材料包裹
墩台身施工	1. 脚手架搭设专项施工技术方案； 2. 整体钢模板分段吊装专项技术方案； 3. 电力牵引地段触电防护安全保证措施
桥梁架设	1. 桥梁架设专项施工技术方案； 2. 架梁便线接轨、整修、桥头加固

7.5.3 邻线桥及并行桥施工的主要危险源、危害因素除第7.1节的规定外，尚应考虑下列主要危险源、危害因素：

1 在路基及其边坡上开挖基坑无临时挡护支护或方法不当；距线路较近的墩台脚手架、支架未按批准的专项施工技术方案搭设，在脚手架、支架上存放的机具、材料超重；支架或材料机具侵限。

2 电力牵引地段，距离接触网带电体较近的脚手架支架未采取静电屏蔽、接地措施，铁路侧未围护，施工人员携带的工具或传递的钢筋、钢管伸入 2 m 禁区，或混凝土养护时软水管喷淋至接触网带电部分。

3 分段吊装墩台整体模板时侵限。

4 架设桥梁未按批准的专项施工技术方案施工，架桥机、运梁车走行线未达到整修标准。

5 并行桥施工未制定施工专项技术方案或未按照批准的方案组织施工。

7.5.4 邻线桥和并行桥施工，除应符合第 7.1 节的相关规定外，尚应符合下列规定：

1 当距既有线中心或既有桥基础边缘较近时，开挖基坑应采取可靠挡护措施。挡护措施应满足既有线路、桥梁安全稳定要求。并行桥和距离线路较近的桥梁下部工程施工，应对既有桥和轨道变形、扰动进行监测。

2 脚手架、支架应按批准的专项施工技术方案搭设，沿铁路一侧脚手架应符合安全规定。搭设的脚手架、支架不得侵限、超重。

3 脚手架、支架靠铁路一侧，必须设置围护设施。严禁向铁路一侧抽穿钢管、钢筋。禁止从高空向铁路侧投掷物件。

4 墩台模板采用分段整体吊装（拆除）时，吊车不得站在墩台与既有铁路之间。起吊装安装（拆除）模板应拴系溜绳。

5 电力牵引地段，距带电体较近的脚手架、支架必须采取静电屏蔽，接地措施，防止造成人身触电伤害。安装的绝缘、接地、消静电装置应符合有关标准。混凝土养护时，养护人员不得手持软管浇水养生。

6 桥墩台洒水养护应防止水流冲刷路基。

7 桥梁应按批准的专项施工技术方案架设。压道、整修、桥头加固不得简化程序。

8 铁路桥施工质量应符合《铁路桥涵工程施工质量验收标准》（TB 10415）的规定，非铁路桥应符合相关工程施工质量验收标准的规定。

7.6 既有涵洞接长及扩孔

7.6.1 既有涵洞接长及扩孔应按图 7.6.1 所示流程施工。

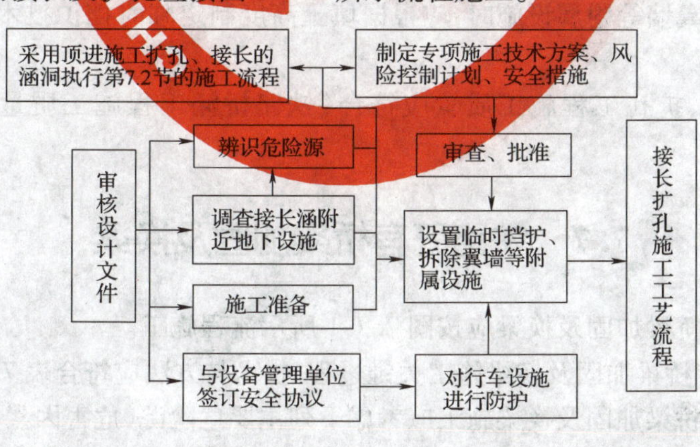

图 7.6.1 既有涵洞接长孔施工流程示意图

7.6.2 既有涵洞接长及扩孔施工关键过程、技术与方法应符合表 7.6.2 的规定。

7.6.3 既有涵洞接长及扩孔施工应考虑下列主要危险源、危害因素：

1　未按设计要求和批准的专项施工技术方案施工,未与设备管理单位签订安全协议。

2　未进行地下设施调查,未与设备管理单位签订安全协议,未对电缆等设施采取防护、保护措施,设备管理单位监护人员未到场即施工。

表 7.6.2　既有涵洞接长及扩孔施工关键过程、技术与方法

关键过程	技　术　与　方　法
涵洞接长	1. 施工范围内电缆探查、防护; 2. 拆除翼墙等涵洞附属设施前先施工临时挡护设施或自上而下分层拆除,边拆除边设置锚钉墙防护; 3. 不通行大型车辆的交通涵宜选择夜间或通行量较小的时段组织施工,可临时设置跳板供行人通行,通行量较大的交通涵应采取过渡措施疏导交通; 4. 排水涵接长施工应避开汛期; 5. 阴雨天气应进行巡查和做应急准备
涵洞扩孔	1. 按照设计文件和批准的专项施工技术方案施工; 2. 高填路堤段,涵顶填土大于 3 m,扩孔施工宜比照隧道短台阶施工法,自两端向中间进行; 3. 涵顶填土高度 3 m 以内时,宜采用架空线路扩孔,线路架空主要施工技术与方法同第 7.2.2 条

3　排水涵未避开汛期、雨季。通行量较大交通涵未采取疏导交通措施,通行量较小的交通涵未选择合适的时间段施工。

4　未采取临时支挡即拆除涵洞翼墙等附属设施。

7.6.4　既有涵洞接长及扩孔应符合下列规定:

1　涵洞接长、扩孔应按设计文件要求和批准的专项施工技术方案实施。施工前应提前与设备管理单位签订施工安全协议,对地面及地下各种设备、管线进行调查,并对地下设施进行标识。基础土石方开挖,应在对地下管线采取防护、保护措施后,在设备管理单位监护下进行。

2　排水涵接长、扩孔施工,应有防洪涝应急准备。施工应避开汛期、雨季。阴雨天气施工时,施工单位应进行巡查。通行量较大的交通涵,接长、扩孔应联系交通部门采取疏导交通措施。通行量较小的交通涵,附近无可绕行的通道时,宜选择夜间施工。夜间施工应配备足够的照明设备。

3　拆除涵洞翼墙等附属设施时,应根据填土高度制定临时挡护技术方案,在设备管理单位监护下施工。

4　涵洞接长、扩孔工程施工质量应符合《铁路桥涵工程施工质量验收标准》(TB 10415)的规定。

7.7　铁路既有桥梁加固及换梁

7.7.1　铁路既有桥梁加固及换梁应按图 7.7.1 所示流程施工。

7.7.2　铁路既有桥梁加固及换梁施工关键过程、技术与方法应符合表 7.7.2 的规定。

7.7.3　铁路既有桥梁加固及换梁施工应考虑下列主要危险源、危害因素:

1　加固或换梁施工技术方案未审查、批准,未按批准的方案施工,未制订应急预案,未与设备管理单位签定施工安全协议。

2　施工时在桥面上放置机具、材料。施工人员在桥面上未按规定避让列车。

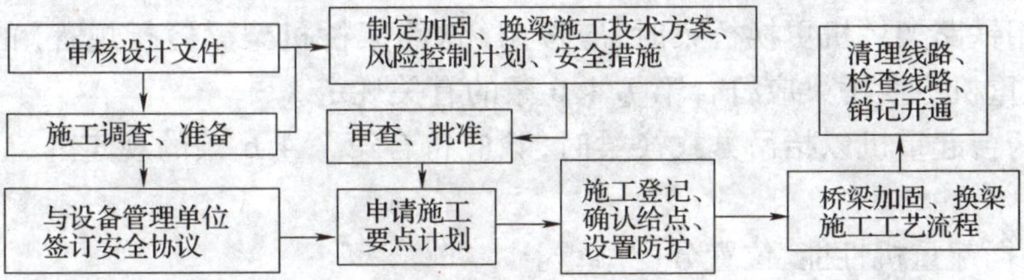

图 7.7.1 铁路既有桥梁加固及换梁施工流程示意图

表 7.7.2 铁路既有桥梁加固及换梁施工关键过程、技术与方法

关键过程	技 术 与 方 法
基础加固	1. 加固铁路既有桥梁基础应在慢行条件下,按设计和批准的专项施工技术方案施工; 2. 用钻孔桩加固时,钻孔护壁泥浆比重宜较常规加大,施工周期应压缩; 3. 开挖后既有承台悬空后应立即临时支撑; 4. 施工应昼夜进行; 5. 施工期间对桥墩、桥面、轨道进行监控量测,记录变化情况; 6. 应急准备
墩台身加固	1. 应自下而上分节进行施工,底节加固完成后再进行上一节加固施工; 2. 不限速情况下一个施工循环分节高度不宜超过 2 m
桥梁加固	根据设计文件制定专项施工技术方案
更换桥梁	1. 按批准的专项施工技术方案组织施工; 2. 按《铁路架桥机架梁暂行规程》(铁建设〔2006〕181 号)规定使用架桥机; 3. 使用起重机必须根据吊车起吊高度、作业半径、允许吊重等精确测量吊车位置,检算使用的吊具索具; 4. 架桥机、吊车进出路线,旧梁放置,新梁喂梁方式等必须有详细计划

3 墩台身和基础加固施工,未考虑列车通过引起的晃动、摇摆、震动,未申请办理慢行。基础加固时,基础悬空后未及时采取临时支撑、支护措施。

4 加固整治河道内的墩台、基础,施工未避开汛期,场地选择在低洼处,未进行水文地质情况调查。

5 使用铁路架桥机更换桥梁时,未执行《铁路架桥机架梁暂行规程》的规定。起重机换梁未执行第 7.4.6 条的相关规定。

7.7.4 铁路既有桥梁加固及换梁施工应符合下列规定:

1 加固桥梁、墩台、基础及更换桥梁时,施工单位应制定专项施工技术方案或安全保证措施,并应按设计要求组织施工。

2 加固桥梁施工时,不应在桥面上存放原材料、混凝土或砂浆搅拌设备、制浆压浆设备、风压及储气设备。

3 梁体加固施工期间,桥两端应派专人看守和防护,与施工、铁路维修无关人员不得进入桥面。使用的小型施工机具不得侵入铁路限界。桥面上的作业人员应注意避开。施工人员下道避车应符合《铁路工务安全规则》的有关规定。

4 基础加固中悬空时,必须及时采取临时支撑、支护措施。加固梁体、墩台、基础应考虑列车通过时晃动、摇摆、震动影响。需要限速慢行时,应按第 3 章的规定办理施工要点手续,按铁道部有关规定设置防护。

5 河道内加固墩台身、基础施工,应避开汛期。施工场地应选择在较高处。河道内施工时，施工准备应进行水文地质情况调查；雨季施工时，应制定应急预案，做好应急准备。

6 使用铁路架桥机更换桥梁时，应按照《铁路架桥机架梁暂行规程》的规定进行施工。使用起重机更换桥梁应符合第 7.4.6 条的有关规定。

7 用两台起重机以抬吊方式换梁时，除应符合第 7.4.6 条的规定外，尚应符合下列规定：

1）根据起重机性能、位置分配吊重。

2）在各种工况下，起吊均应满足安全要求。

3）必须统一指挥。

4）指挥人员、司机和溜绳之间必须协调一致。

8 在列车通过时，必须停止所有加固施工作业。

8 隧 道

8.1 增建第二线铁路隧道

8.1.1 增建第二线铁路隧道应按图 8.1.1 所示流程施工。

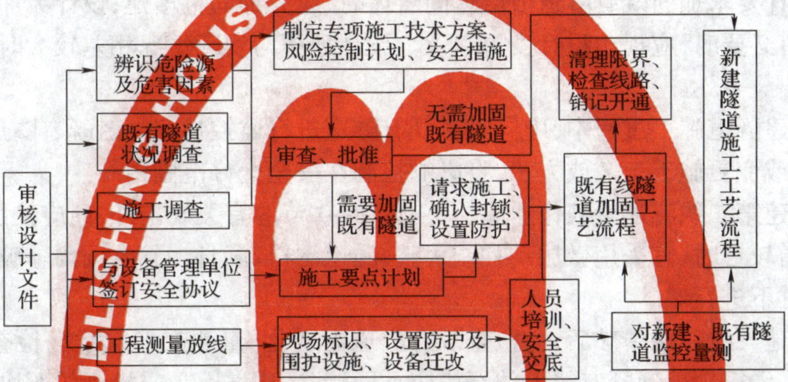

图 8.1.1 增建二线隧道施工流程示意图

8.1.2 增建第二线铁路隧道对既有隧道有影响时，其关键过程、技术与方法应符合表 8.1.2 的规定。

8.1.3 增建第二线铁路隧道对既有隧道有影响时，应考虑下列主要危险源、危害因素：

1 未对既有隧道受影响情况进行安全评估；未制定、未执行批准的专项施工技术方案；方案不当。

2 加固既有隧道时，施工要点未登记、未确认给点、未设置防护。未达到放行列车条件即销记开通、放行列车。

3 既有隧道内施工作业人员未按铁路有关规定避车，防护、监护不到位，材料、机具设备侵限。

4 瓦斯隧道使用常规机电设备施工；电力牵引区段未设置无电区段或未在设施上设置接地保护、静电屏蔽。

5 爆破作业未封锁行车或未设置防护；隧道施工未进行监控量测；未制定应急预案。

6 新建隧道弃土堵塞既有排水系统。

表 8.1.2 增建第二线隧道关键过程、技术与方法

关键过程		技术与方法
行车设备防护、迁改		1. 制定专项施工技术方案； 2. 设备管理单位协助
施工准备		1. 材料机具设备； 2. 支护棚架； 3. 衬砌台车或简易台架等临时设施
施工要点		1. 登记； 2. 确认； 3. 防护
既有隧道加固	拱墙、隧底加固	1. 专项施工技术方案； 2. 监控量测
	新建与既有隧道间岩体加固	1. 专项施工技术方案； 2. 监控量测
新建隧道施工		1. 专项施工技术方案； 2. 监控量测

7　增建隧道地质情况未勘察、调查清楚；地质情况复杂地段未采取超前探察预报，遇断层破碎带、滑坡体未及时采取有效措施；洞门刷坡处理施工方法不当等。

8.1.4　增建二线铁路隧道施工应符合下列规定：

1　施工前应认真审核设计文件，搜集既有隧道的病害处理情况、秋检资料和竣工资料，调查既有隧道现状和地质情况，对既有隧道及其附近山体受爆破作业影响情况进行安全评估。

2　隧道洞口及浅埋隧道施工前应对附近山体的地形、地貌及地质情况进行调查。由于爆破作业可能引起边坡溜塌、岩崩、滑坡或影响山体稳定时，应先治理再施工。地质复杂、对既有隧道或行车设备有影响时，施工中宜采用地质雷达超前预报和短台阶、强支护、弱爆破、衬砌紧跟等综合技术措施。

3　设计要求加固既有隧道或隧道间岩体时，应先加固再增建；设计无加固要求、施工调查认为有必要时，应提出设计变更建议。设计地质与实际情况相差较大时，应及时向设计单位提出。

4　新建隧道施工过程中，应同时对既有隧道进行监控量测。对既有隧道有较大影响时，应调整或变更施工工艺或方法，将影响控制在安全允许范围内。

5　增建第二线隧道爆破作业除应符合第6.3节的有关规定外，尚应控制装药量。距离既有隧道较近时，宜采用微振动控制爆破，隧道洞口、洞身、明洞、棚洞爆破作业，应在封锁行车条件下进行。

6　增建二线隧道爆破后，应检查既有隧道内变化，量测变形、裂纹，检查既有路堑内有无落石。受震动落到既有线上的石块应立即清除，边坡上受震松动的石块应及时处理。开通前应清理既有线限界。

7　新建隧道施工风险评估对既有隧道有较大影响时，应制定应急预案。

8.1.5　既有隧道加固时，应符合第8.2节的规定。加固既有隧道与新建隧道之间的岩体应按照设计要求和相关规定施工，施工质量应达到相关标准。

8.1.6　隧道施工的弃砟不得堵塞既有排水系统，不得堆弃在桥梁墩台一侧。弃砟堆弃应符合环境保护和农田、水利设施保护的有关规定。

8.1.7　增建二线隧道施工准备应符合第4章的相关规定。监控量测工作应紧接开挖、支护作业，并应按设计要求和有关规定布点和实施监控量测。监控量测项目见表8.1.7。增建二线隧道施工尚应符合铁路隧道施工的有关规定，施工质量应符合《铁路隧道工程施工质量验收标准》(TB 10417)的规定。

表8.1.7　新建隧道及既有隧道监控量测项目

序号	监测项目	测试方法和仪表	测试精度	备　注
1	洞内、外观察	现场观察；地质罗盘		洞内裂缝检查和监测
2	水平净空变化测量	隧道净空变化测定仪(收敛计)	0.1 mm	一般进行水平收敛测量
3	拱顶下沉测量	水准测量的方法；水准仪、钢尺	1 mm	
4	浅埋隧道地表下沉测量	水准测量的方法；水准仪、塔尺	1 mm	$H_0 \leqslant 2b$
5	爆破振动观察	爆破振动记录仪		相邻既有隧道、结构物等

注：表中 H_0 为隧道埋深；b 为隧道最大开挖宽度。

8.2 改建隧道

8.2.1 改建隧道应按图8.2.1所示流程施工。

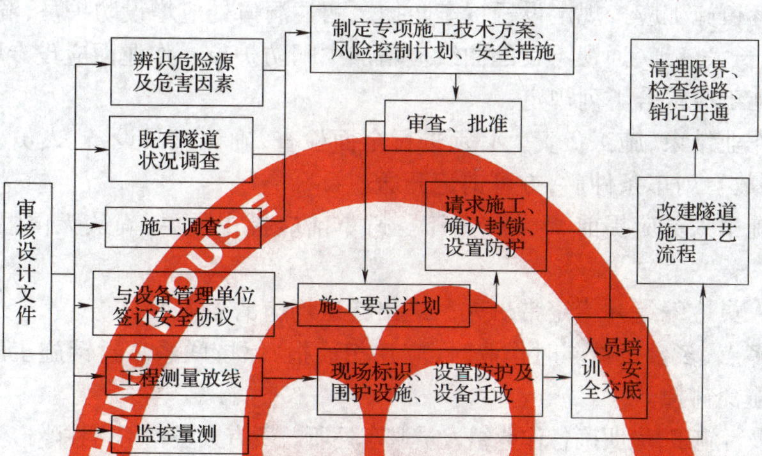

图8.2.1 改建隧道施工流程示意图

8.2.2 改建隧道施工关键过程、技术与方法应符合表8.2.2的规定。

表8.2.2 改建隧道施工关键过程、技术与方法

关键过程	技术与方法
既有行车设施防护或迁改	1. 制定专项施工技术方案； 2. 设备管理单位协助
施工准备	1. 材料机具设备； 2. 支护棚架； 3. 衬砌台车或简易台架等临时设施
施工要点	1. 登记； 2. 确认； 3. 防护
改建作业	1. 专项施工技术方案； 2. 监控量测
恢复行车	1. 清理限界； 2. 放行列车条件检查确认； 3. 销记开通

8.2.3 改建隧道施工应考虑下列主要危险源、危害因素：

1 未制定、未执行专项施工技术方案或方案不当、方案未经审批；未制定应急预案。

2 加固既有隧道时，施工要点未登记、未确认给点、未设置防护；未达到放行列车条件即销记开通、放行列车。

3 既有隧道内施工作业人员避车不及时，防护、监护不到位，材料、机具设备侵限。

4 瓦斯隧道施工使用常规机电设备；电力牵引区段未临时设置无电区段或临时设施未设置接地保护、静电屏蔽装置。

5 未根据围岩情况进行喷锚支护；拆除原有衬砌未采用预裂爆破；原位更换拱墙施工前，未对相邻衬砌进行支顶；未按规定进行监控量测。

6 脚手架侵限或没有足够的刚度和稳定性。

7 爆破时，洞内的行车及施工设备未防护。

8.2.4 改建隧道施工前施工准备除应符合第3、4章的规定外，尚应符合下列规定：

1 应审核设计文件和调查隧道原设计与施工资料、维修和历次整修情况。

2 改建隧道施工方法应根据设计和既有设备情况、行车条件，结合实际通过比较确定，并应制定改建施工技术方案、安全技术措施、应急预案。

3　施工前应做好线路测量、施工料具及通信联系等准备工作。

8.2.5　隧道内改建作业应在封锁或慢行条件下进行。施工时应按第3章的规定申报施工要点申请计划，按第5章的规定设置防护。施工完毕，必须清理限界、检查线路和办理销记开通。

8.2.6　改建隧道施工应按规定设置行车防护。两端洞口处应增设防护员，洞内洞外应保持通讯联络。长大隧道、通视不良的曲线应增加中间防护员。作业面应设专职安全员。

8.2.7　洞内施工应符合下列规定：

1　当班作业结束，施工负责人必须进行全面检查，确认机具设备、人员、材料全部撤出限界和达到放行列车条件后，方可销记开通。

2　洞内施工人员应提前15 min避车。避车前应检查限界，确认无侵限后撤至避车洞内待避。

3　进洞人员应编组并指定带班人。进出隧道均应清点人数。

4　洞内多点、多台机械同时作业时，应互相通报，保持联系。封锁施工时，自行机械应低速运行，避免碰撞。

5　利用慢行施工，应明确各作业组人员避车处所。所有人员均不得在隧道侧沟上避车。

6　长大隧道洞内施工，应制定防止气流伤害的安全保证措施。

8.2.8　改建隧道应按照设计要求喷锚支护。当利用原有衬砌作支撑点时，宜采用环形支撑。环形支撑应按下列规定：

1　原衬砌受力部位应加密钢拱架。扩大部位的支柱应沿拱圈辐射方向左右对称设置。

2　各纵梁支柱间应联结牢固。

8.2.9　采用爆破法拆除原有衬砌时，宜采用预裂爆破。钻爆作业宜浅眼密布少装药，多循环、弱爆破。爆破作业还应符合第6.3节的有关规定。

8.2.10　更换拱、墙施工，应用钢拱架对相邻衬砌进行支顶。洞内外搭设的脚手架除应避免侵限外，还必须有足够的刚度和稳定性。

8.2.11　新旧衬砌混凝土的接触面，应按照设计要求处理。

8.2.12　改建隧道需拆除仰拱时，应按规定进行监控量测。监控量测工作应紧跟开挖、支护作业，并应按设计要求和铁路隧道施工的有关规定进行布点和实施。施工中应及时对量测数据进行分析、处理。监控量测项目见表8.2.12。

表8.2.12　改建隧道监控量测项目

序号	监测项目	测试方法和仪表	测试精度	备　注
1	洞内、外观察	现场观察；地质罗盘		洞内裂缝检查和监测
2	水平净空变化测量	隧道净空变化测定仪（收敛计）	0.1 mm	一般进行水平收敛测量
3	拱顶下沉测量	水准测量的方法；水准仪、钢尺	1 mm	
4	浅埋隧道地表下沉测量	水准测量的方法；水准仪、塔尺	1 mm	$H_0 \leqslant 2b$
5	隧底隆起	水准测量的方法；水准仪、塔尺	1 mm	
6	钢架受力	钢筋计	0.1 MPa	

注：表中 H_0 为隧道埋深；b 为隧道最大开挖宽度。

8.3 病害整治

8.3.1 隧道病害整治可按图 8.2.1 所示流程施工。

8.3.2 隧道病害整治施工关键过程、技术与方法应符合表 8.3.2 的规定。

8.3.3 隧道病害整治施工的主要危险源、危害因素应根据第 8.2.3 条确定。

表 8.3.2 隧道病害整治施工关键过程、技术与方法

关键过程	技术与方法
行车设备防护或迁改	1. 制定专项施工技术方案； 2. 设备管理单位协助
施工准备	1. 机具设备； 2. 材料； 3. 支护棚架； 4. 衬砌台车或简易台架等临时设施
施工要点	1. 登记； 2. 确认； 3. 防护
病害整治作业	1. 专项施工技术方案； 2. 监控量测
恢复行车	1. 清理限界； 2. 放行列车条件检查确认； 3. 销记开通

8.3.4 隧道病害整治施工除应符合第 8.2 节的规定外，尚应符合下列规定：

1 处理松动衬砌、危石及翻修衬砌时，应有预防塌落伤人的安全措施。

2 在电力牵引区段不断电条件下，严禁使用高梯或搭设脚手架进行检查和施工作业。

3 整治病害应根据下列情况选择施工方法：

1）隧道表面无渗漏水但平整度较差时，宜在围岩表面喷混凝土补平。

2）隧道表面偶有水渗漏、局部有掉块、平整度较差时，宜在局部增设锚杆，围岩表面喷混凝土补平。

3）隧道表面有明显的水渍或局部有积水时，宜环向注浆堵水或引水。

4）衬砌表面风化严重时，应增设预应力锚杆，喷浆找平。

5）隧道有明显的水流，影响隧道行车安全时，应环向注浆堵水或引水，增设预应力锚杆，喷钢纤维混凝土。

6）隧道变形侵入隧道限界、渗漏水较为严重时，应清除侵入限界部分，治理水害宜先引后堵，治理变形宜增设预应力锚杆，施做钢拱架并喷钢纤维混凝土。

8.3.5 病害整治需拆除抑拱时，应按规定进行监控量测。

8.3.6 隧道整治作业及放行列车条件应符合《铁路工务安全规则》的有关规定。

9 轨 道

9.1 轨道拆除

9.1.1 轨道拆除应按图 9.1.1 所示流施工程。

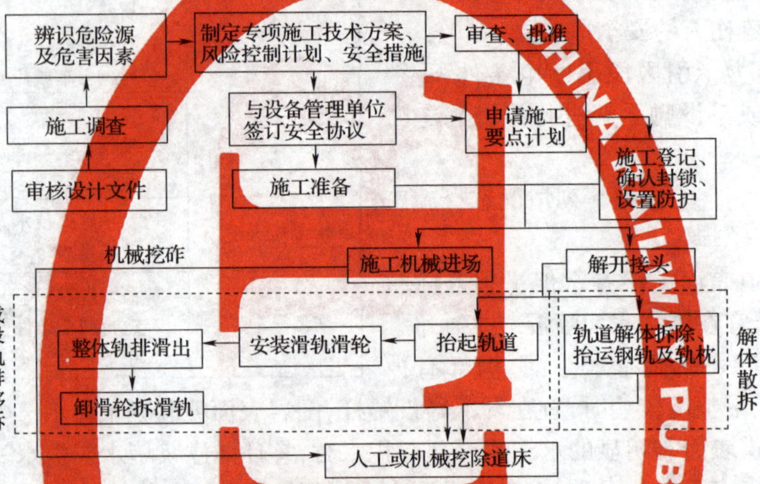

图 9.1.1 轨道拆除施工流程示意图

9.1.2 轨道拆除施工关键过程、技术与方法应符合表 9.1.2 的规定。

表 9.1.2 轨道拆除施工关键过程、技术与方法

关 键 过 程	技 术 与 方 法
拆除轨道方法	1. 成段轨排拆除法。线路分段解体、成段轨排整体移出 2. 散拆轨道法。线路解体，钢轨、轨枕及配件分别移出
施工要点	执行第 3 章的规定
设置防护	执行第 5 章的规定
滑轨安装	滑轨保持平行、等高、平顺
挖除道床	机械作业，使用挖掘机或风镐，电力牵引设置挖掘机限位装置，派人监护
电务供电配合	拆卸外锁闭装置，电力牵引区段设置回流线

9.1.3 轨道拆除施工应考虑下列主要危险源、危害因素：

1 未设置好行车防护；命令未确认、误判，臆测给点；电力牵引区段未设置好轨道回流线即开始施工要点。

2 施工前未通知有关配合单位；设备管理单位监护人员未到场即开始施工要点。

3 慢行准备时，施工人员超挖超卸、超前准备；向被拆除轨道内穿插滑轨侵限、轨道电路短路；无缝线路区段，超出锁定允许作业轨温范围进行松动螺栓、拆卸扣件、挖开道床、钢轨切口等点前准备。

4 封锁后安装的滑轨不平行、不等高,滑移轨排时滑轮掉道、滑轨侧翻;推移失控,侵入限界或撞坏既有行车设备;移出的轨排放置侵限、不稳固。

5 轨排过轨未封锁线路;推移预铺轨排时,妨碍走行的行车设备未采取有效防护措施;解体散拆时拖拉出的钢轨、轨枕,掩压、碰撞到行车设备,放置侵限、未放置稳固。

6 线路拆除时轨道零部件未安排人员回收,丢失、被道砟掩埋、遗弃在行车线附近。

7 施工准备不充分,人员及材料不充足,机具不配套,无应急准备;进出料通道设置不当。

8 邻线行车对施工人员人身的影响和施工机具材料对邻线行车安全的影响。

9.1.4 轨道拆除施工在制定施工方案时,应评估本线与邻线线间距及行车速度、密度给施工带来的安全风险,并应符合下列规定:

1 邻线行车速度大于120 km/h、线间距不足6.5 m的地段,封锁本线进行轨道拆除施工时,应同时申请邻线限速120 km/h。邻线限速通过时应按规定设置行车防护。

2 邻线行车密度较大、列车运行速度较高时,宜选择成段轨排移拆法施工。

3 邻线行车情况下,安排拆除轨道进出料通道时应避开。不能避开时,应加强对邻线的施工防护和监护。

9.1.5 拆除轨道施工,点前施工准备应符合下列规定:

1 封锁点前,不宜向轨道内穿插滑轨。搬运和临时放置滑轨不得侵限,过轨应设置防护和监护,并应防止轨道电路短路。

2 采用解体散拆法施工,点前利用慢行准备时,不得超挖超卸、超前准备、超范围准备。

3 无缝线路区段,轨温超出锁定允许作业轨温范围,点前利用慢行准备时,不应进行松动螺栓、拆卸扣件、挖开道床和进行钢轨切口等工作。

4 慢行开始前作业人员不得上道进行施工准备作业。

5 确认给点慢行后,应先设置行车防护(按规定插慢行牌)再开始进行施工准备作业。

6 邻线行车情况下,作业区域的线间宜拉安全防护绳、布设监护人员进行施工防护。

9.1.6 拆除轨道施工要点命令必须确认清楚,不得误判和臆测给点。驻站联络员、施工总指挥和施工防护之间的联络应保持通畅,并应符合下列规定:

1 施工总指挥与驻站联络员应单线联系。准许施工的调度命令下达后,驻站联络员必须及时、正确向施工总指挥传达。

2 施工总指挥接到驻站联络员传达的调度命令应复诵清楚,驻站联络员确认无误后,施工总指挥应立即向防护人员下令设置行车防护。防护人员设置行车防护完毕,应及时向施工总指挥报告。

3 施工总指挥接到防护已设好报告后,应立即通知电务配合处理和下令设置轨道回流线(电力牵引区段)。

4 施工总指挥确认上述三款均已完毕后,方可下令解开接头,开始轨道拆除施工。

9.1.7 封锁拆除轨道施工还应符合下列规定:

1 施工要点前应提前通知电务、供电等配合单位。配合单位作业人员、设备管理单位监护人员未到场时,不得开始施工;未设置好行车防护、未设置好轨道回流线(电力牵引区段)时,不得解开接头。

2　根据工作量应备足劳力、各种材料、配套机具和应急准备。

3　封锁后安装的滑轨应平行等高、平顺,推移成段轨排时应统一指挥,防止失控。影响推移的矮柱信号机、接线箱盒、警冲标等行车设备宜提前协商、进行挖坑准备,封锁后应由配合单位协助和处理。

4　移出的轨排和解体散拆的轨道零部件(钢轨、轨枕、配件等)不应掩压、碰撞行车设备。靠近行车线线路放置时,应稳固牢靠,不得侵限。

5　成段轨排滑移行走路线应提前规划,如需过轨应封锁行车。

6　拆下的钢轨应在点后第一梯级慢行阶段移出行车线路。短钢轨、零部件和其他易被搬动的工具材料应在当天回收或集中放置后派人看守,不得遗弃在行车线附近。

9.2　轨道铺设

9.2.1　轨道铺设应按图9.2.1所示流程施工。

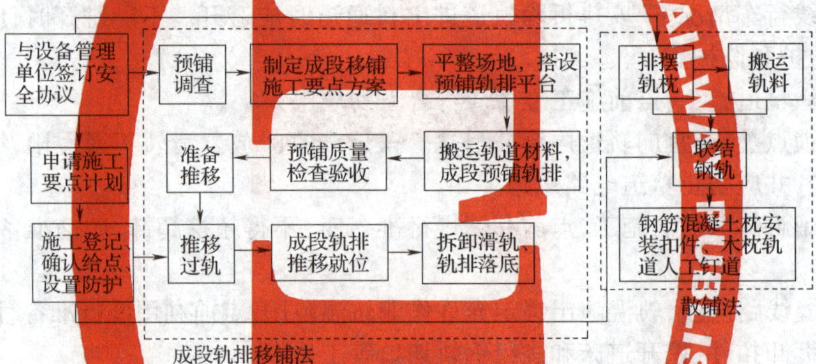

图9.2.1　轨道铺设施工示意图

9.2.2　轨道铺设施工关键过程、技术与方法应符合表9.2.2的规定。

表9.2.2　轨道铺设施工关键过程、技术与方法

关键过程	技　术　与　方　法
轨道铺设	1. 预铺轨排推入法:根据施工调查选择合理预铺位置,搭设预铺平台,在平台上预铺轨排,施工要点时滑移轨排就位; 2. 直铺法:施工要点时搬运轨料就位,方正轨枕,联结钢轨
安装滑轨	应保持平行、平顺
滑移轨排	应平坡缓慢前行
轨排落底	1. 门式起道机法; 2. 齿条起道机法
轨排位置微调	人工拨移
配轨联结	1. 点前配轨:应考虑温度、钢轨长度因素; 2. 点内配枕:配备锯轨、钻孔机械

9.2.3　轨道铺设施工应考虑下列主要危险源、危害因素:

1　搭设的平台侵限;预铺的轨排侵限或失稳滑移。

2　预铺位置不适宜,增加滑移轨排难度。预铺轨排未经过检查验收或验收不合格未进行整治。

3 安装的滑轨不平行、不等高，滑移轨排时滑轮掉道、滑轨滚翻。滑移失控，侵入限界或撞坏既有行车设备。点前提前抬起轨排，安装滑轨滑轮后未采取防止失稳滑移措施。

4 轨排过轨未封锁线路。向未封锁线路穿滑轨。

5 行车设备及邻线行车未采取有效防护措施。

6 轨排起落不同步，轨排突然垮塌。

7 配轨错误、联结困难。

8 电力牵引区段使用挖掘机、装载机未设置限高限位装置。

9.2.4 封锁行车进行轨道铺设施工在制定施工方案时，应评估本线与邻线线间距及行车速度、密度给施工带来的安全风险，并应符合下列规定：

1 邻线行车速度大于120 km/h、线间距不足6.5 m的地段，封锁本线进行轨道拆除施工时，应同时申请邻线限速120km/h。邻线限速通过时应按规定设置行车防护。

2 邻线行车密度较大、列车运行速度较高，宜选择成段轨排移铺法施工。

3 散铺轨道在邻线行车情况下，安排搬运钢轨、轨枕和其他材料的通道时，应避开邻线行车。不能避开时，应加强对邻线的施工防护、监护。

9.2.5 轨排预铺应符合下列规定：

1 场地应平整。

2 搭设的平台应稳固可靠，能承受轨排重量，满足升降轨排、安装滑轨、滑移轨排的受力要求，并应保证受到列车震动不失稳倒塌，还应兼顾操作方便。

3 搭设的平台、预铺的轨排严禁侵入限界，并不得影响行车设备的正常使用。

9.2.6 预铺场地的选择应符合下列规定：

1 不应影响拆除轨排的移出，不宜影响出料通道。

2 受场地条件限制，预铺轨排影响拆除轨排移出、出料通道时，可选择纵、横移结合方式。

3 跨行车线预铺时，轨排过轨作业必须封锁行车。

9.2.7 移轨排滑移需跨越行车设备时，应提前与设备管理单位和配合单位协商，移动轨排时应对行车设备实施有效保护或防护。

9.2.8 预铺的轨排应进行质量验收（监理、施工、设备接管单位三方代表验收确认），验收结果应符合《铁路轨道工程施工质量验收标准》（TB 10413）的规定。

9.2.9 点前提前打起预铺的轨排时，安装滑轮后必须设置防滑溜安全保险。点内滑移轨排施工应符合下列规定：

1 安装的滑轨应平顺、等高。滑移时应统一指挥，不得碰撞行车设备。

2 拉移轨排的绳索应结实并捆绑牢靠。横向拉移应对邻线设置防护，确认邻线无车后方准拉绳横过。邻线行车密度较大时宜推移。

3 滑轮掉道时应停止移动，重新安好滑轮后再继续移动。

4 轨排滑移就位后使用起道机将轨排抬起时，应在轨枕下安装防止轨排倒塌的支垫保险后再卸滑轮、抽滑轨。

5 一般情况下，不得向未封锁线路抽出滑轨。确需向未封锁线路抽出滑轨时，施工总指挥应通过驻站联络员了解行车状况，确认可以利用行车间隔作业时，应设置好防护和防止轨道电路短路的措施再作业。

6　纵向滑轨宜整条抽出。滑轨较长时，可分段抽出。抽出纵向滑轨时，应防止抽出的滑轨损伤轨道零部件和轨枕。

7　轨排落底时可采用齿条起道机或门式起道机。轨排落底后位置微调可选择齿条式起道机歪顶斜抬或人工拨移。

9.2.10　封锁点内散铺法（人工直铺法）铺轨作业应符合下列规定：

1　配轨时应在钢轨上标出轨枕间隔点。

2　分组搬运混凝土轨枕、钢轨时，应由专人指挥、防护、监护。

3　拨移钢轨就位时，作业人员应沿钢轨布匀，统一号令。拨轨人员集中一端时，另一段应专人用撬棍保护，防止一端跷起侵入邻线限界。

9.2.11　合龙口配轨应符合下列规定：

1　封锁施工宜配备适宜的钢轨切割机、打孔机。

2　点内锯轨打孔应备有砂轮片、钻头、氧气、乙炔等应急配件和工具。

3　提前配轨应考虑温度变化，宜在点前一天进行锯轨钻孔。

4　配轨锯轨时，应全断面垂直锯断，严禁使用乙炔切割或烧孔，严禁使用垛子和其他工具强行截断和冲孔。

5　点内应急使用乙炔切割钻孔的钢轨，必须在当天更换。

9.2.12　破底挖砟应符合下列规定：

1　电力牵引区段使用机械破底挖砟应设置限高限位装置，并专人指挥和防护。机械进出走行路线应妥善安排。机械进出时应对钢轨、轨枕和行车设备进行保护、防护，防止损坏。

2　挖砟不得碰撞行车设备。

3　弃砟不应污染新砟和既有道床。

9.2.13　铺轨前宜整平底砟，防止铺设轨道过高。

9.3　线路拨移

9.3.1　封锁行车进行线路拨移应按图9.3.1所示流程施工。

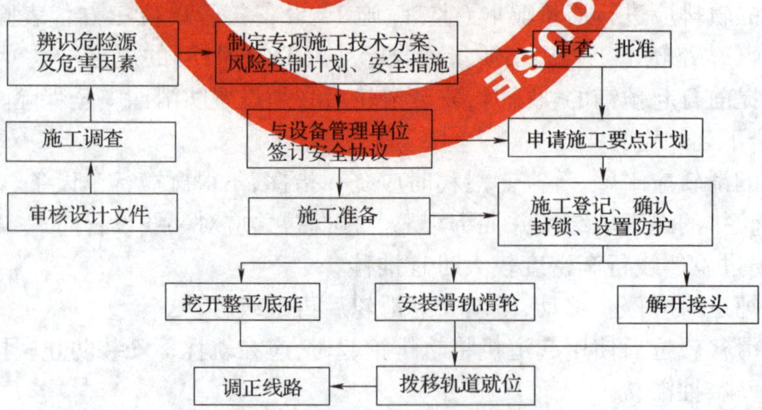

图9.3.1　封锁行车进行线路拨移施工流程示意图

9.3.2　封锁行车线路拨移施工关键过程、技术与方法应符合表9.3.2的规定。

表 9.3.2 线路拨移施工关键过程、技术与方法

关键过程	技 术 与 方 法
安装滑轨	应保持平行、平顺
拨移线路	1. 滑轨、滑轮配合拨移。拨移间距较大,在抬起的线路下穿滑轨、滑轮拨移线路。 2. 人工撬杠拨移。拨移间距较小时直接人工撬杠拨移
钢轨联结	1. 点前配轨。应考虑温度、钢轨长度因素。 2. 点内配轨。配备锯轨、钻孔机械

9.3.3 封锁行车线路拨移施工应考虑下列主要危险源、危害因素:

1 线路控制桩位未设置或设置不准确。

2 无缝线路未进行应力放散。

3 点前慢行准备时超挖超卸,超前或超范围准备。

4 拨移线路方法不当。

5 拨接合龙口配轨错误,连接困难。

6 曲线地段改造路基,软硬不均。

9.3.4 线路拨移施工准备应符合下列规定:

1 应按设计文件进行测量。拨移线路控制桩,桩位应准确、牢固。控制桩橛宜离开正位线路一定距离。

2 无缝线路区段,应提前进行应力放散。未放散应力的无缝线路区段,超出锁定轨温允许作业范围严禁挖开道床。

3 点前利用慢行准备时,挖开轨枕头及盒内道砟必须符合放行列车条件,不得超挖超卸、超前和超范围准备。

9.3.5 拨移距离较大时宜使用滑轨、滑轮拨道。使用滑轨、滑轮拨道应符合下列规定:

1 滑轨宜按 8~10 轨枕间隔设置,各道滑轨应等高,每道滑轨上可前后各安放一台滑轮,也可半穿滑轨、前置滑轮。

2 不应向未封锁线路穿透滑轨。半穿的滑轨必须稳固,不得侵限,不得受列车震动而跷起。

9.3.6 线路拨接合龙口应配备应急钢轨切割、钻孔机具。

9.3.7 大拨量拨移线路时宜点内配轨。提前配轨应考虑温度变化。锯轨应全断面垂直锯断,不得使用垛子和其他工具强行截断和冲孔。严禁使用乙炔切割或烧孔。应急使用乙炔切割烧孔的钢轨必须当天更换。

9.3.8 要点施工其他注意事项应符合第 9.2 节的有关规定。

9.3.9 曲线地段改造路基的软硬不均地段,拨移线路就位后应使用机械捣固、稳定。

9.4 轨道改造及整修

9.4.1 轨道改造及整修应按图 9.4.1 所示流程施工。

9.4.2 轨道改造及整修施工关键过程、技术与方法应符合表 9.4.2 的规定。

9.4.3 轨道改造及整修施工应考虑下列主要危险源、危害因素:

1 点前慢行超挖超卸,超前、超范围准备;利用天窗更换轨枕未登记。

2 轨道改造准备不足、方法不当。

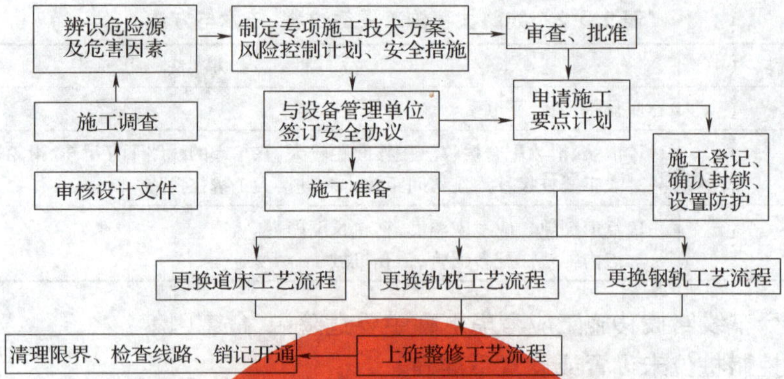

图 9.4.1　轨道改造及整修流程示意图

表 9.4.2　轨道改造及整修施工关键过程、技术与方法

关键过程	技　术　与　方　法
挖除道床，铺设新砟	1. 机械作业，使用挖掘机或风镐； 2. 电力牵引区段设置挖掘机限位装置，派人监护； 3. 大型施工机械执行"一机一人"防护
更换轨枕	1. 轨道整体拆除插入预铺轨排。需连续更换轨枕且数量较多时采用。 2. 直铺法。需要换轨枕数量较多，行车条件允许时采用。 3. 抽换。单根或数量较少时采用
整修线路	机械捣固；大机养整修
配轨联结	1. 点前配轨。应考虑温度、钢轨长度因素。 2. 点内配轨。配备锯轨、钻孔机械
放行列车	监理、施工、设备维修单位三方联合检查，共同签认后开通
销记开通	开通范围及条件登记清楚
点后整修	执行《铁路工务安全规则》的规定

3　使用大型施工机械时，进场路线未勘察；电力牵引区段使用的挖掘机、装载机未设置限高限位装置；机械带病作业；机械施工未设置防护、未派人指挥、监护，侵入限界。

4　施工前未调查或调查不准确，道床板结严重，人工挖砟使用工具不当。

5　弃砟乱弃，污染道床、新砟，掩埋铁路行车设备。

6　不使用的单轨车、小平车等机具停在工地，未派人看守或加锁。

7　放行列车未检查未签认，销记开通未确认；路基软硬不均地段销记开通前未机械捣固；更换道床后未压道；未使用大机捣固、稳定整修。

8　点后整修不到位，整修使用的工具不当。

9.4.4　点前利用慢行施工准备时，不得超挖超卸、超前或超范围施工准备。轨道改造应选择适宜的施工方法，施工准备应到位。

9.4.5　更换普通线路钢轨应符合下列规定：

1　一次更换较长线路的钢轨时，应先预联结钢轨。

2　换轨施工前一天宜将新钢轨放至砟肩。

3　配轨准备应符合第 9.2 节的有关规定。

4　使用再用轨应先检查，确认符合再用轨使用条件后方可散布、联结。

9.4.6　更换轨枕应符合下列规定：

1 少量抽换应利用天窗施工。利用天窗应按第3章规定办理施工要点手续、进行施工登记、确认给点和设置防护后方准施工。

2 较大数量更换轨枕时,宜采用预铺轨排法在封锁线路条件下施工,也可采用封锁线路揭盖直铺法施工。

3 单根抽换轨枕、电容枕应符合《铁路工务安全规则》的规定。

9.4.7 成段更换道床宜采用机械作业。使用挖掘机、装载机等大型施工机械时,应"一机一人"监护。严禁机械带病作业。使用机械作业时,应提前对操作人员进行安全技术交底和进行安全培训,并应符合如下施工规定:

1 挖掘机、装载机作业进出路线应事先安排,过轨时应封锁线路,上轨道应进行铺垫,沿途行车设施应可靠防护。

2 邻线来车时应停止作业。

3 电力牵引区段使用的挖掘机、转载机应设置限位装置,并专人指挥监护。使用汽车等车辆运砟不应在道床上调头作业,确需调头时应设置防护、专人指挥。

4 邻线走行动车组时,应在动车组达到前提15~20 mim停止作业,下道避车。

9.4.8 人工挖砟更换道床应提前调查道床板结情况。挖除板结道床应准备适宜工具。

9.4.9 弃砟不得污染道床、新砟,不得掩埋铁路行车设备。

9.4.10 单轨车、小平车等机具,短钢轨及线路零配件、轨枕等,午间宜集中看管,晚间应收回驻地。晚间存放工地应看管或加锁。

9.4.11 点后整修作业应使用带绝缘工具,防止轨道电路短路,不得使用齿条式起道机上道作业。整修的线路应按规定进行检查,发现问题及时整改。

9.4.12 点后整修应按规定对线路状态进行检查,发现问题应及时整修。

9.5 无缝线路铺设及放散锁定

9.5.1 无缝线路铺设及放散锁定应按图9.5.1所示流程施工。

9.5.2 无缝线路铺设及放散锁定施工关键过程、技术与方法应符合表9.5.2的规定。

表9.5.2 无缝线路铺设及放散锁定施工关键过程、技术与方法

关键过程		技术与方法
施工调查		调查线路情况、当地轨温变化规律、施工区段季节施工时间间隔情况
长钢轨运输、卸车	运输	使用专列车组,长钢轨固定牢固、专人监视
	卸车	列车走行速度不大于5 km/h,长轨条轨枕端头外放置
单元轨节焊接		执行《钢轨焊接接头技术条件》标准(TB/T 1632)
换铺钢轨		使用换轨车铺设轨条
放散锁定		应力放散:滚筒法,滚筒结合拉伸法,列车碾压法(应力调整)。 锁定:在设计锁定轨温范围内锁定
放行列车		监理、施工、设备管理单位三方联合检查签认,确认达到列车放行条件

9.5.3 无缝线路铺设及放散锁定施工应考虑下列主要危险源、危害因素:

1 接头焊接方法不当,未擦伤检验,未打磨或打磨不合格。

2 卸车方法不当,长轨运输车走行速度过快。

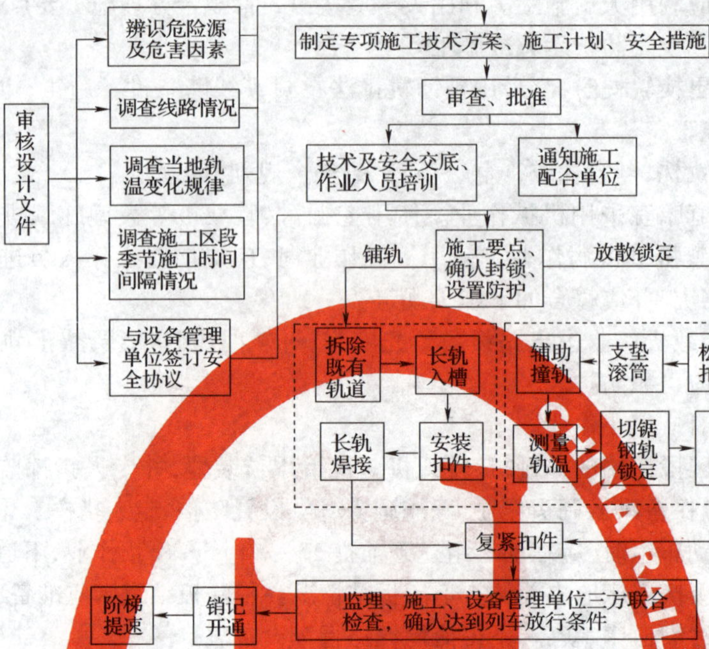

图 9.5.1　无缝线路铺设及放散锁定施工流程示意图

3　卸车前砟肩过高未整平,卸车后长轨未及时加固或加固不当。

4　换铺前,既有线路未达到标准。

5　点前慢行时间内超卸配件。

6　换轨方法不当,开通前未达到放行列车条件。

7　放散方法不当,环境温度不适宜,放散未达到规定即锁定。

8　长轨条合龙时,接轨方法不当。

9　拆除下的旧轨未加固或加固方法不当。

10　未及时设置观测桩、观测点。

11　撞轨作业人身防护不到位。

9.5.4　无缝线路铺设施工应符合下列规定:

1　施工前应掌握当地轨温变化规律,搜集施工区段各季节可能施工的时间间隔,选择适宜的换铺作业时间,合理安排施工组织计划。

2　无缝线路换铺前应对轨道基础进行稳定检查,道床密实、线路轨向、高低、水平等符合要求,对不符合条件的应进行养护维修,待线路稳定后再换铺无缝线路。

3　长轨条联结接头的焊接应符合《钢轨焊接接头技术条件》(TB/T 1632)的规定。焊接的接头应经过探伤检查,按规定填写探伤记录,不合格的焊接接头应重焊。焊接的接头应保持平直。焊接后除瘤工作应使用推凸除瘤设备,不得使用氧乙炔替代推凸除瘤设备。除瘤后应对焊头进行打磨,打磨后应符合有关规定。

9.5.5　长轨条卸车和卸车后轨条放置应符合下列规定:

1　运送长轨前,应提前进行现场卸轨条件调查。

2　长钢轨卸车前应先平整砟肩、消除障碍、防止连电和碰撞电务等设备。平整砟肩时,砟肩顶面不应高于轨枕顶面。

3　卸车时长轨条运输车走行速度不应大于5 km/h。

4　长轨条应摆放在砟肩上或两线间，长轨条轨头内侧至道上钢轨轨头外侧间距不应小于0.6 m。

5　长轨条放置应平稳顺直，应根据现场情况采取加固措施，严禁侵限，必要时应在枕盒内插入短木枕支垫。

6　高温季节轨道上放置的长轨条应专人巡查、监护。250～500 m长轨条，白天(9:00～17:00)每2 h巡查一遍；其他时间，每4 h巡查一遍。已焊联的长轨条白天不间断巡查、监护；其余时间每2 h巡查一遍。每次巡查应做好记录，发现问题及时处理。

9.5.6　封锁换轨施工应符合以下规定：

1　按第3章和第5章的规定办理施工要点手续和设置施工防护。

2　点前慢行不得超卸配件，不得超前或超范围施工准备。

3　待铺长轨条应在封锁点前慢行时间内拨、拉、撞到位，基本消除弯曲。

4　长轨条换铺应从轨条的一端向另一端依次拨入，应保证锁定轨温长度准备。

5　无缝线路换铺后，经监理、施工、设备管理单位联合检查轨距、扣件、螺栓等情况，并做好记录，确认达到放行列车条件方准限速开通线路。

9.5.7　换轨后线路整修阶段施工应符合下列规定：

1　换下的旧轨应及时解体和回收。不能及时解体和回收的钢轨应按规定采取加固措施。电务设备、道岔区及道口处，不应存放钢轨。有砟桥上存放旧钢轨时，应翻倒在砟肩上，钢轨不得侵限。

2　线路整修时应备足道砟。起道前应拨正线路方向，起拨道机不得安放在焊缝处。列车通过前，起、拨道应做好顺坡、顺、撬、扒开的道床应及时回填夯实。

9.5.8　无缝线路锁定条件应符合下列规定：

1　道床达到初期稳定，轨道质量应符合无缝线路施工要求。

2　应按设计要求及时预埋位移观测桩。观测桩的制作和埋设应牢固。

3　施工轨温应在设计锁定范围内。当施工轨温不在设计锁定范围内(含长轨条始端入槽或终端落槽时的轨温不在设计锁定轨温范围内)时，无缝线路铺设后应进行应力放散或应力调整并重新锁定。

9.5.9　无缝线路应力放散应符合下列规定：

1　应选择适宜的方法。

2　采用滚筒放散应力，应在轨温趋近设计锁定轨温条件下松开扣件和防爬器，长钢轨下垫滚筒，配合撞轨，使长钢轨正常伸缩至规定长度，在设计锁定轨温范围内，重新锁定线路。

3　采用滚筒与拉伸器相结合的方法时，在轨温较低的情况下，在利用滚筒放散的同时，用拉伸器拉伸至规定长度。

4　局部调整应力，宜在接近实际锁定轨温条件下，采用滚筒法或列车碾压法进行。

5　无缝线路应力放散应按长钢轨伸缩量控制，在长轨条每隔50～100 m设置一个观测点，观测钢轨位移量，及时排除影响放散的故障。

6　撞轨点应根据现场情况合理设置。无缝线路应力放散时，应放散量充足、沿长轨均匀、锁定轨温准确。

7　无缝线路应力放散时，应复紧长轨地段固定端50 m内的扣件，更换配轨后，再从长轨条放散端依次松动长轨和扣件进行放散。应力放散后,应及时全面上紧接头螺栓和所有扣件,使扭力矩达到要求。

9.5.10　无缝线路锁定应符合下列规定:

1　两股钢轨应同步锁定,线路锁定后方可撤除拉伸器。

2　线路锁定时,实际锁定轨温应在设计锁定范围内,两股长轨及相邻单元轨条的锁定轨温差不得大于5 ℃。同一区间内单元轨节的最低、最高锁定轨温差不得超过10 ℃。

3　锁定后应及时紧固、复紧接头螺栓和扣件,夯实道床。按设计要求安装防爬设备。紧固螺栓、扣件的扭矩应符合有关规定。钢轨位移观测设施及标记应及时设置。钢轨位移量应定期观测并做好记录。

4　捣固道床应消除空吊板。接头错牙应符合有关规定。

9.6　放行列车与阶梯提速

9.6.1　封锁线路施工完毕放行列车与阶梯提速应按图9.6.1所示流程施工。

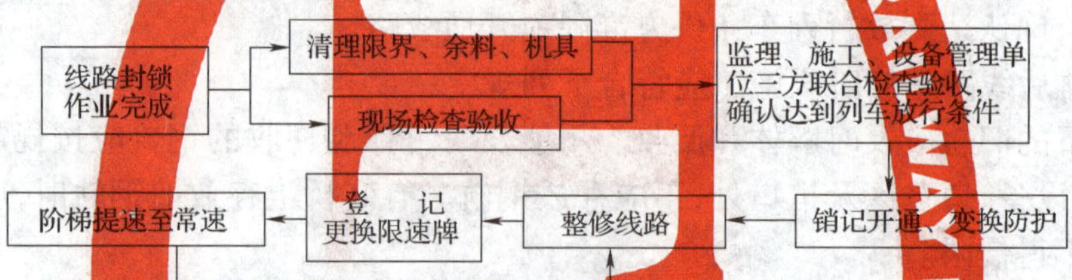

图9.6.1　放行列车与阶梯提速施工流程示意图

9.6.2　销记开通放行列车与阶梯提速关键过程、技术与方法应符合表9.6.2的规定。

9.6.3　放行列车与阶梯提速应考虑下列主要危险源、危害因素:

1　销记开通前未检查验收,或未按规定检查确认,放行列车条件未达到,开通线路;

2　阶梯提速过程中未及时更换限速牌;

3　工具、材料侵入限界。

表9.6.2　放行列车与阶梯提速关键过程、技术与方法

关键过程	技术与方法
检查验收	监理、施工、设备管理单位三方联合检查验收
放行列车	监理、施工、设备管理单位三方联合检查验收,共同确认达到列车放行条件
阶梯提速	设置防护,整修线路

9.6.4　封锁施工完毕,销记开通前应经监理、施工、设备管理单位三方代表联合检查,确认限界已清理、线路达到放行列车条件后,应办理签认手续。共同签认完毕方准销记开通。

9.6.5　阶梯提速应执行《铁路工务安全规则》的有关规定,并应按限制速度设置限速牌,及时进行更换,按规定设置防护。

9.6.6　点后慢行整修阶段,施工单位应及时清理现场,分类堆码旧轨料、零部件和剩余材料,防止侵入限界。

10　站场及站场设备

10.1　道岔预铺及质量验收

10.1.1　道岔预铺应按图10.1.1所示流程施工。

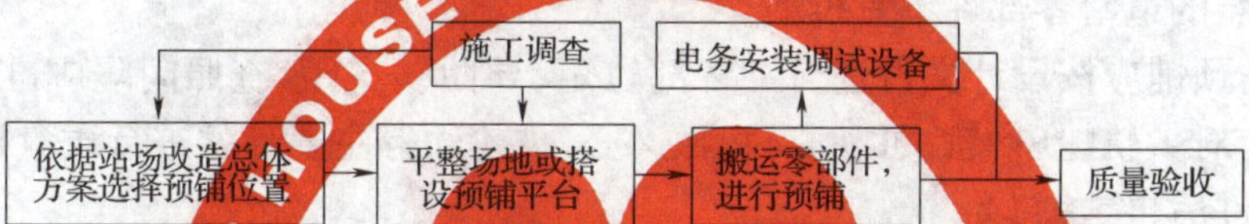

图10.1.1　道岔预铺施工流程示意图

10.1.2　道岔预铺施工关键过程、技术与方法应符合表10.1.2的规定。

表10.1.2　道岔预铺及质量验收关键过程、技术与方法

关键过程	技术与方法
道岔预铺设位置选择	1. 根据施工总体方案，封锁施工步骤； 2. 移动时影响行车范围； 3. 场地条件； 4. 对拆除轨道或道岔出料通道影响
预铺平台搭设	1. 基础平整夯实； 2. 搭设稳固，能承受道岔起落需要
验收	监理、施工、设备管理单位三方联合验收

10.1.3　道岔预铺施工应考虑下列主要危险源、危害因素：

1　搭设的平台或预铺的道岔不稳固、侵限，不能承受列车震动，不能满足道岔起落需要，影响行车设备的正常使用。

2　预铺位置不适宜。

3　搬运、装卸时损伤、损坏道岔零部件。

4　预铺后未检查验收或验收不合格未进行整治。

5　预铺后电务未安装、调试好转辙设备和外锁闭装置、轨道电路和绝缘接头等。

10.1.4　预铺场地及搭设预铺平台应符合下列规定：

1　道岔预铺场地应平整。搭设的平台应稳固可靠，使其能承受道岔重量、满足起道机升降道岔、安装滑轨、支承道岔滑移的受力要求，保证受到列车震动而不致失稳倒塌，并方便操作。

2　搭设道岔预铺平台、预铺的道岔，不得侵入邻近线路限界，不得影响行车设备的正常使用和整修。

3　制定道岔预铺方案、选择预铺位置时，应根据道岔长度、设计位置、地形地貌、障碍物、施工步骤、铺岔顺序、行车影响等情况综合考虑和选择。选择预铺场地应符合下列规定：

1）当不影响被拆除道岔或轨排移出、抬出通道，就近场地条件满足时，应按直接横移就位考虑预铺位置。

2）当按直接横移预铺影响拆除道岔或轨道出岔或出料通道，或受其他情况影响时，应选择附近场地，按纵移或纵、横移结合方式考虑预铺位置。

3）当双线外侧或多线线间无适宜预铺场地时，可按跨线移岔过轨选择预铺场地。跨线移岔过轨作业须封锁所跨行车线路，封锁所跨线路的起始时间应事先筹划安排好。

4）大号码道岔、交叉渡线等组合道岔和不具备整组预铺条件时，可分段预铺、分段组装。

5）站场改造施工，就近、附近预铺场地特别困难时，可按分层叠加预铺选择预铺场地，但应按照施工步骤和计划要点施工顺序，遵循"先移者居上层、后移者居其下"的原则。重叠预铺道岔的层数不宜超过3层。

10.1.5　道岔预铺施工时，应符合下列规定：

1　搬运、装卸需预铺的道岔轨料时，应严格按照装卸要求轻吊、轻放，防止变形或损坏。工厂组装的道岔零部件不宜拆散。

2　道岔预铺应按设计文件进行。各部轨矩、导曲线支距、查照间隔应准确。再用道岔预铺前，应对尖轨、基本轨、可动心轨、辙叉心、护轮轨等主要部件进行质量检验，确认其符合技术条件后再预铺。

10.1.6　道岔预铺后，应对道岔检查验收。检查验收应由现场监理、设备管理单位代表、施工单位质检工程师共同参加。联合验收合格，三方代表应确认。验收结果应符合《铁路轨道工程施工质量验收标准》（TB 10413）的规定。道岔预铺质量验收项目规定如下：

1　道岔各零部件规格、数量、位置应符合设计文件要求。

2　零部件连接正确。

3　各部轨矩、导曲线支距、查照间隔、开口距准确，误差符合验收标准要求。

10.1.7　道岔铺设完毕后，电务配合单位应及时安装、调试转辙设备和外锁闭装置、轨道电路和绝缘接头等设备。

10.1.8　施工要点前，如将预铺的道岔提前抬起或安装滑轨滑轮，抬起和安装滑轨、滑轮后，应采取防止道岔滑移或失稳加固措施。

10.2　封锁拆除道岔及更换道床

10.2.1　拆除道岔及更换道床应按图10.2.1所示流程施工。

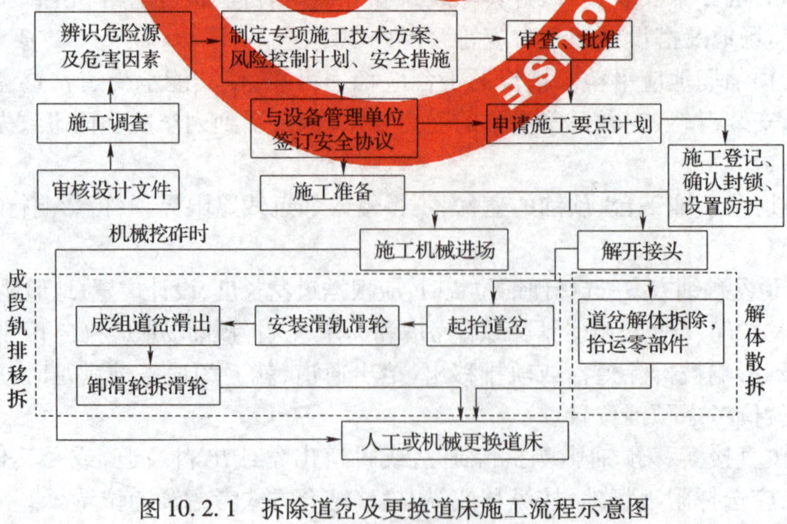

图10.2.1　拆除道岔及更换道床施工流程示意图

10.2.2 拆除道岔及更换道床施工关键过程、技术与方法应符合表 10.2.2 的规定。

表 10.2.2 拆除道岔及更换道床关键过程、技术与方法

关键过程	技术与方法
点前准备	1. 事先安排、点中监护； 2. 电力牵引区段设置挖掘机限位装置
施工要点	要点登记、确认封锁、现场设置防护
拆除道岔	1. 电务处理、回流线设置、解开接头； 2. 安装滑轨、滑移道岔、监护及防护
挖除道床	使用挖掘机或风镐，监护及防护

10.2.3 道岔拆除及更换道床时应考虑下列主要危险源、危害因素：

1 材料进出通道未统筹安排或设备不当。

2 施工要点未按规定登记，给点未确认或未按规定设置防护。电力牵引区段未按规定设置回流线。

3 利用慢行进行施工准备时超挖道床、超卸配件、超前准备。向未封锁轨道内穿插滑轨。封锁后安装的滑轨不平行、不等高。

4 散拆或成组滑移失控、侵限，撞坏既有行车设备，未设置稳固。

5 无缝线路区段，超出锁定允许轨温范围进行松动螺栓、扣件、挖开道床等准备。

6 道岔零部件当天未回收。

7 电务、供电、车务等配合单位未到场。人力、物力、机具、材料配置不足。

8 大型施工机械进场路线未踏勘，未对轨道和行车设备采取防护措施。机械挖砟时邻线来车未避让。电力牵引区段使用的挖掘机、装载机未设置限高限位装置，大型施工机械无专人指挥和监护。人工挖砟时，未事先调查或调查不准确，遇到道床板结严重时，工具不适宜。弃砟污染道床、新砟。

9 夜间施工照明不足，特殊天气无应对措施。

10.2.4 道岔拆除施工方法的选择应符合下列规定：

1 拆除混凝土枕道岔、在行车密度较大或列车运行速度较高行车线上拆除道岔时，应成组拆除。

2 行车密度较小或列车运行速度较低的线路上，场地条件限制时，可解体散拆。

3 特殊情况下（如电气集中换装当天，工务点内工作量较大，封锁施工时间内完成全部拆除困难时），可将一级道岔分为两次封锁进行拆除，第一次封锁仅拆除转辙轨、辙叉心，用普通轨替代过渡，再封锁拆除全部。

4 邻线行车速度大于等于 120 km/h 时，应同时请求邻线限速慢行。

10.2.5 封锁线路拆除道岔施工，应按第 3 章的规定办理施工要点手续，按第 5 章的规定设置施工防护。施工要点时应符合下列规定：

1 命令应确认清楚，防止误判，不得臆测给点时间。

2 施工总指挥与驻站联络员必须单线联系。驻站联络员口头向施工总指挥传达调度命令后，施工总指挥必须复诵，驻站联络员确认准确无误后，施工总指挥才可以下达作业指令。

3 施工总指挥接到驻站联络员传达的给点命令，应首先向防护人员下达设置封锁行车防护指令，接着下达设置轨道回流线（电力牵引区段）指令，再下达电务配合处理指令。

4 施工总指挥确认防护已设置、回流线已设好、电务处理已完毕后，方可下达解开道岔前后联结接头、开始施工指令。

5 邻线未中断行车情况下，必须对相邻行车线的安全和本线施工人员人身安全采取有效防护措施。

6 抬运钢轨、岔枕等过轨时,应设置施工防护。

7 夜间施工应有足够的照明设备。施工照明不得影响行车。

10.2.6 利用慢行进行准备应符合下列规定:

1 慢行准备不得超挖超卸、超前和超范围施工。

2 无缝线路区段,超出锁定允许轨温范围时,慢行准备不应进行松动螺栓、扣件和挖开道床等作业。

3 不应向未封锁线路轨道内穿插滑轨。

10.2.7 封锁点内拆道岔应符合下列规定:

1 拆除道岔必须统一指挥。成组滑出和解体散拆的进出通道应提前安排。

2 工务拆除道岔应由电务、供电等配合单位配合施工。

3 安装的滑轨应平行、等高、平顺,防止出现滑轮掉道、滑轨滚翻或推移失控而撞坏既有行车设备、侵限等情况发生。

4 移出的道岔和拆除的钢轨、轨枕、配件等,严禁掩压、碰撞行车设备,确保不侵限和放置稳固牢靠。

5 施工中,道岔零部件应防止丢失和被道砟掩埋。

6 施工完毕,零部件应集中放置,派人看守或收回驻地存放,不得遗弃在行车线路附近。

7 电务换装施工,工务点内工作量应压缩到较小程度,避免因多处施工人力、物力配置不足造成时间延误。

8 同一封锁施工、同时拆除(包括插铺、移铺、更换)多组道岔时,应配备足够的人力、机具。

10.2.8 封锁点内更换道床应符合下列规定:

1 使用挖掘机挖砟时,挖掘机进场路线应事先踏勘,进出经路应避开道岔尖轨、转辙机、箱盒、信号机等行车设施,过轨道应进行铺垫防护。

2 电力牵引区段挖掘机应设置限位警示装置,作业时派人指挥和监护,防止抬臂过高触及接触网设备。

3 邻线来车时挖掘机应停止作业。

4 人工挖砟必须事先调查道床板结情况,提前准备适宜工具,避免因挖砟延误封锁时间。

5 挖砟弃砟不得污染道床、新砟和掩埋铁路行车设备,不得污染河流、挤占农田。

10.3 封锁铺设道岔

10.3.1 封锁铺设道岔应按图10.3.1所示流程施工。

10.3.2 封锁铺设道岔施工关键过程、技术与方法应符合表10.3.2的规定。

10.3.3 封锁铺设道岔施工应考虑下列主要危险源、危害因素:

1 准备不足、方法不当、无应急准备。向未封锁线路抽滑轨。邻线行车未采取有效防护措施。

2 起落道岔不同步。配轨错误。

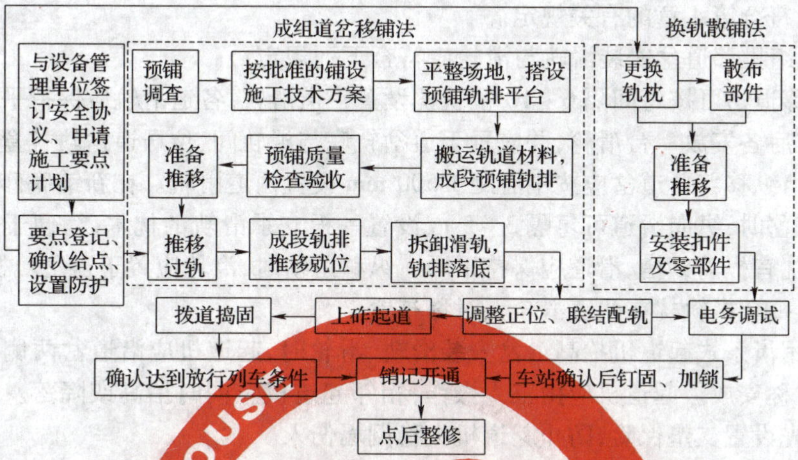

图 10.3.1 封锁铺设道岔施工流程示意图

3 道岔未纳入联锁，应钉固未钉固，未加锁。

4 消记开通前未对放行列车条件检查确认、签认。

5 点后整修使用工具不当或整修不及时。

6 当天未及时回收零配件、短钢轨、轨枕等。

10.3.4 道岔铺设方法的选择应符合下列规定：

1 混凝土枕道岔、行车密度较大、行车速度 120 km/h 及以上线路，宜采用成组推入法插铺或更换；木枕道岔、条件限制的道岔、行车密度不大、速度不高的次要线路，可采用换枕直铺法进行道岔插铺或更换。

2 不具备直接横移就位条件时，可采取纵移或纵、横移结合方法就位。

表 10.3.2 封锁铺设道岔施工关键过程、技术与方法

关键过程	技术与方法
滑移	1. 滑轨保持平行、平顺、稳固； 2. 横向推移保持前后一致
落底	1. 砂袋法； 2. 门式起道机法； 3. 气袋法
位置微调	1. 起道机歪顶斜抬； 2. 小滑轮配合拨移
整修	1. 备砟充足； 2. 机械捣固
配轨联结	1. 温度因素、准确计算； 2. 点内配轨、锯轨、钻孔
确认、加锁	1. 放行条件检查确认及签认； 2. 车站确认、钉固、加锁
销记开通	开通范围及条件登记清楚
点后整修	及时清理现场，分类堆码旧轨料、零部件和剩余材料

10.3.5 封锁铺设道岔施工准备应符合下列规定：

1 采用换枕铺岔法插铺时，封锁点前应完成抽换岔枕（含成组推入法插铺时抽换岔后长轨枕）、扣件及前后配轨散布等准备工作。

2 采用点内配轨时，应配备足够的锯轨钻孔机具。采用提前配轨时，应考虑温度变化影响。准备配轨锯轨时，应全断面垂直锯断，严禁使用乙炔切割或烧孔，严禁使用垛子和其他工具强行截断和冲孔。提前配轨施工要点时，还应准备备用钢轨、拉轨器、氧气、乙炔等应急备品和机具。

3 利用慢行进行施工准备时，不得超挖超卸、超前或超范围准备。

4 施工要点申请、确认给点、设置施工防护应符合第 3 章和第 5 章的有关规定。施工准备还应符合第 4 章的有关规定。

10.3.6 成组推移道岔安装滑轨与滑轮应符合下列规定：

1 横移道岔可按每间隔 6 ~ 10 根轨枕设置一道滑轨，各道滑轨应保持平行、等高，每道滑轨上前后各安放一台滑轮，并应置于道岔轨底与滑轨间，位居道岔轨枕盒内。

2 成组纵移普通道岔应按中心距 1 500 mm 设置两道滑轨。在新铺底砟上铺设纵向滑道纵移道岔时，纵向滑道可每隔 3 ~ 5 m 设置一根支承滑轨的枕木，为便于保持滑道平行，支承木枕宜提前刻槽，滑道应保持平顺。纵移道岔时，滑轮应置于道岔轨枕与滑轨间，并按间隔 6 ~ 10 根轨枕在两道滑轨上对称布置。

3 使用齿条式起道机抬高道岔安装滑轨、滑轮时，起道机应沿道岔两侧按 6 ~ 10 根轨枕间隔对称安放。起道机应由三人操作，相邻起道机宜同时抬高或降落。当道岔抬高到位后，应先设置支垫保险，防止起道机失稳倒塌伤人。

4 穿入的滑轨应先找正方向和高低，再安放滑轮。

5 滑轮安放后，应先设置防溜保险，再撤除支垫保险，降落道岔使其支承在滑轮上。

6 有条件时应使用门式起道机进行道岔抬高或降落。

10.3.7 道岔滑移就位时应符合下列规定：

1 因场地条件限制，预铺道岔与铺设点相隔行车线，施工要点需移岔过轨时，应在请求施工电报中注明过轨作业内容、过轨地点、封锁范围和起止时间。

2 推拉道岔应统一号令，用力一致。

3 拉移道岔的绳索应结实，捆绑应牢靠。横向拉移时必须确认所跨越的邻线无行车，并做好防护。无法拉移时应推移。

4 横移时应前后兼顾，尖部宜跟随尾部移动。

5 道岔滑移过程中，应安排专人监管滑轮，发现走偏及时调整，滑轮掉道时应停止移动，重新安放滑轮后再继续移动。

10.3.8 拆卸滑轮滑轨时应符合下列规定：

1 用起道机将道岔抬起，在轨枕下支垫防止道岔倒塌保险后，再取下滑轮，抽出滑轨。

2 抽取横向滑轨时，应向无行车线路一侧抽出。需向未封锁的邻线抽出时，总指挥必须通知驻站联络员向调度了解邻线车流情况，确认行车间隔时间较长，设置行车防护和采取防止轨道电路短路措施后，再向邻线一侧抽滑轨。

3 纵向滑轨宜整条抽出。滑轨较长时，可分段抽出。抽出纵向滑轨时，应防止损伤轨道零部件和轨枕。

10.3.9 道岔落底应符合下列规定：

1 道岔重量较轻时，可采用齿条起道机落岔。

2 混凝土枕道岔重量较大，可采用“砂袋法”，“气袋法”或门式起道机落岔。

3 当采用齿条式起道机下落混凝土枕道岔时，应设置防倒塌保险支垫，分层下落。

10.3.10 道岔落底后调整位置应符合下列规定：

1 宜选用齿条式起道机歪顶斜抬。

2 可采用滑板或小纵移轮配合人工拨移。

3 有条件时宜使用小型拉伸机推拉。

10.3.11 交叉渡线移铺应符合下列规定：

1 一般情况下应将交叉渡线各组合部分分别移铺。

2　分别移铺交叉渡线各组合部分时,应注意组合长岔枕对邻线行车的影响,必要时应同时封锁两线行车。

3　成组移铺交叉渡线应制定专项施工技术方案,经论证可行后再实施。

10.3.12　封锁铺设道岔应符合下列规定:

1　本线封锁铺设道岔,邻线车速大于 120 km/h 时,施工单位宜请求限速。

2　邻线行车速度较高、密度较大时,施工单位必须采取有效防护措施,确保安全。

3　点毕不启用的道岔开通前应加锁、钉固。

4　加锁、钉固的道岔,电务利用天窗要点调试时,工务应配合作业,所派配合人员必须听从电务专业指挥。电务调试完毕,必须恢复到原来钉锁状态并经车站确认后再销点开通。

10.3.13　道岔整修应符合以下规定:

1　封锁铺设道岔应事先备足道砟,提前装筐或装袋。

2　封锁施工点内应重点整修方向、水平、高低、轨距、查照间隔和捣固质量。

3　道岔整修应采用机械捣固。

4　点后整修必须使用带绝缘工具,防止轨道电路短路,严禁使用齿条式起道机。

10.3.14　销记开通和现场清理应符合下列规定:

1　道岔铺设整修完毕,销记开通前,应由监理、施工、设备管理单位三方代表联合检查,确认达到放行列车条件,办理签认手续后,方可销记开通。

2　施工要点当天,应将短枕、短轨及零配件等回收集中,派人看管或收回驻地存放。

10.4　站场过渡及轨道附属设施

10.4.1　站场过渡方案工作流程如图 10.4.1 所示。

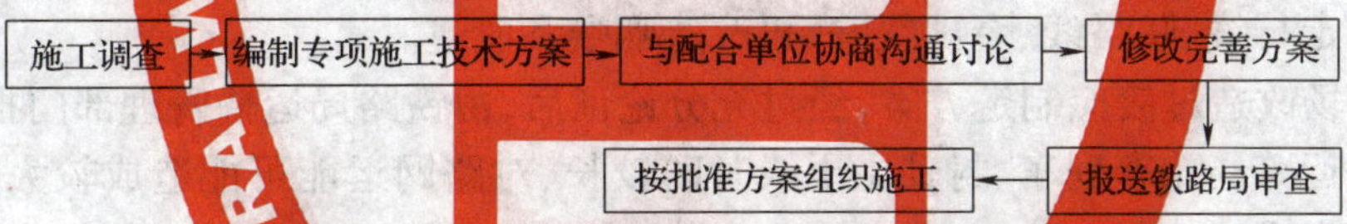

图 10.4.1　站场过渡方案工作流程示意图

10.4.2　站场过渡和轨道附属关键过程、技术与方法应符合表 10.4.2 的规定。

表 10.4.2　站场过渡及轨道附属设施关键过程、技术与方法

关键过程	技术与方法
专项施工技术方案	1. 调查; 2. 编制; 3. 协商沟通讨论; 4. 修改定稿; 5. 上报审批
轨道附属设施	1. 启用道岔——同时启用警冲标; 2. 新旧线路连通未开通——及时设置隔开设备; 3. 断开线路——及时设置车挡; 4. 封闭封锁线路——同时设置防护; 5. 线路标志、标识——及时设置或恢复

10.4.3　站场过渡和轨道附属设施应考虑下列主要危险源、危害因素:

1　站场过渡未制定专项施工技术方案或方案未论证、未与相关方协商沟通。

2　以普通到发线临时替代旅客列车到发线,未采取确保旅客上下车和通行安全措施,办理行包、邮包的车站未采取保证接发行包、邮包的措施。

3　以站线或其他线路替代正线时,未事先确认线路条件、状况。

4　新铺或改移道岔启用时未设置警冲标。

5　暂停使用或封闭的线路、股道，未设置临时车挡和停车牌标，夜间无红色色灯信号。

6　新铺、改铺、预铺的线路已与行车线路连接尚未开通前，未设置隔断设施。

7　行车线路改移、调坡后，未及时按改移后的技术参数上报铁路局有关管理部门和单位，现场未设置相关线路标志、标识。

8　改造后的轨道或道岔未按设计安装加强设备。

10.4.4　站场改造施工中因局部施工对正、站线行车影响较大，时间较长，使车站接、发、编、解列车能力大幅度降低；不采取技术措施，设计的线路、道岔不能正位，增加的运营设备不能安装或完竣时，应采取临时过渡性技术措施。制定站场改造过渡方案应符合以下原则：

1　确保咽喉区接发车必要进路的数量和保证其通畅，满足运输部门确定的基本接发车条件。

2　确保运输部门确定的到发线最低接发能力、编组线最低编组能力、专用线最低取送能力、走行联络线最低通过能力、客运设施及车辆检修设施基本保障能力。

3　增加临时过渡线路、道岔和其他运营设备时，宜利用既有设备、设施，做到永临结合。

4　相关专业应能配合并实施，施工步骤应连续，各步骤周期宜缩短，每步骤涉及区域宜相对集中，步骤间衔接应紧凑；大型站场宜按照大步骤、小计划，先整体、后局部制订施工方案。

5　站场中心调整，一端展长另一端缩回时，应先展长后缩回；站场内线间距调整或向一侧拓宽时，应自外向内，逐线改造；站场仅平面变化，宜先改造咽喉再改造股道；站场平面、纵断面均发生变化，应先改造纵断面，再改造平面；大型站场应先易后难，先改造直通线、外包线、走行线、联络线、牵出线等，再改造咽喉和股道。

10.4.5　站场改造过渡应制定方案，经过充分论证后，由铁路局运输管理部门批准。过渡方案涉及停运跨局旅客列车、封锁主干线时间较长、对路网运能可能造成较大影响时，应报经铁道部批准。

10.4.6　站场改造应按批准的方案实施。经铁路局审定的站场过渡方案，若某一步骤实施后引起行车径路或接发、调车条件发生较大变化，应提前与车务部门协商沟通。

10.4.7　普通到发线临时替代旅客列车到发线时，应采取保证旅客上、下车和通行安全措施。办理行包、邮包的车站，还应采取保证接发行包、邮包基本条件的措施。

10.4.8　站线或其他线路替代正线时，应先确认站线线路条件、状况，必要时应改造或采取其他措施。

10.4.9　站场改造施工还应符合下列规定：

1　插铺、改移道岔，施工要点结束，岔后警冲标必须在道岔启用前设置完毕。暂停使用或封闭的线路，自停用或封闭点起，应设置临时车挡和停车牌标，夜间应显示红色停车信号。

2　新铺、改铺、预铺线路已与行车线连接但尚未开通前，应在警冲标对应处轨道道心对插枕木作为隔断设施，防止施工车辆、小平车、单轨车等溜入行车线限界以内。

3　行车线路改移、调坡后，应及时按改移后的技术参数上报铁路局有关管理部门和单位，并应按改移调坡后的参数设置标志、标识。

4　插铺、改铺、更换的道岔，改移的线路曲线，经过轨缝调整后应及时按设计安装防爬支撑、轨距杆等轨道加强设备。

10.5　站台与雨棚

10.5.1　一般站台与雨棚应按图 10.5.1 所示流程施工，需架空或上跨线路施工应符合第 7 章的有关规定。

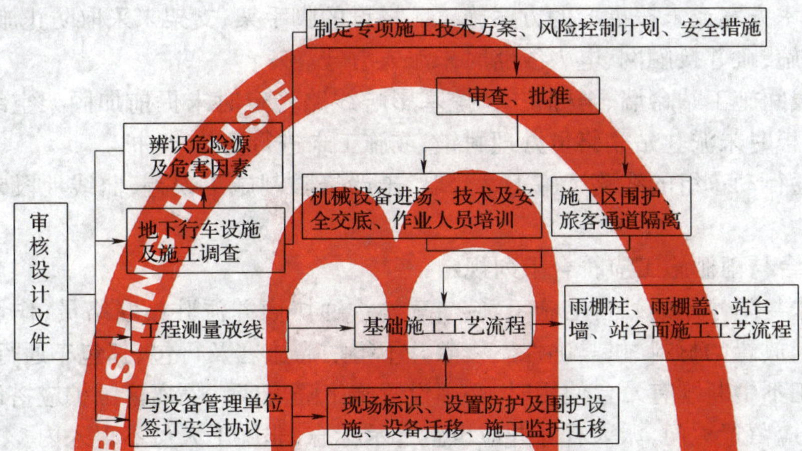

图 10.5.1　一般站台与雨棚施工流程示意图

10.5.2　一般站台与雨棚施工关键过程、技术与方法应符合表 10.5.2 的规定。

表 10.5.2　一般站台与雨棚施工关键过程、技术与方法

关键过程	技　术　与　方　法
雨棚基础、柱	1. 专项施工技术方案； 2. 基坑开挖探查清楚地下设施； 3. 搭设脚手架进行围护隔离； 4. 场地规划安排好旅客通道； 5. 吊装、拆除雨棚柱模板进行施工防护、临护
站台	1. 站台墙基础开挖前探查地下设施，特别是站台端部； 2. 预留或安排好旅客通道； 3. 接发动车组的高站台严格限定施工误差，附带曲线地段确保限界加宽值无负误差
雨棚顶盖	1. 专项施工技术方案； 2. 现浇支架对旅客通道进行封闭式围护保护； 3. 桁架、网架吊装施工防护； 4. 遇有接触网、广播或照明电线路时采取隔离、屏蔽、接地等防触电措施； 5. 施工区域进行围护隔离，设置栏门和派人把守； 6. 与车站协商沟通，作业避开客运高峰期

10.5.3　站台与雨棚施工应考虑下列主要危险源、危害因素：

1　施工中材料、机具放置侵限或妨碍行李车邮包车通行。

2　施工不中断既有站台使用时，未设置施工隔离区或隔离围护未搭设牢固。

3　围护的施工区未留置大门和设置警示标志，未采取禁止非施工人员入内措施。

4 在不中断接发旅客的站台上施工雨棚，搭设满堂支架时，未设置旅客专用通道或未将通道顶面、两侧严密围护和封闭。其他施工未规划出旅客专用通道，未进行围护或隔离。旅客专用通道入口、拐弯处，未设置醒目的引导牌、警示牌和提醒注意安全的牌标。

5 施工单位未主动联系车站，未根据车站安排接发旅客列车的时间安排施工计划。客运繁忙的车站，未采取临时过渡。

6 在站台上搭设的支架、脚手架不稳固，支架、膺架（含电力牵引区段）搭设未制定专项施工技术方案或未按批准的方案施工。搭设的脚手架、支架未采取防止旅客、闲杂人员攀登的措施，毗邻接触网、电力线路时未派人看守。

7 在线间施工站台墙、雨棚柱等，挖基影响线路稳定时未提前加固架空线路。使用吊车安装模板时未派驻站联络员办理封锁，或施工未进行防护、监护。

8 在通行动车组的线路旁施工站台墙，未严格限制施工误差，曲线地段未按规范要求加宽。

10.5.4 站台与雨棚施工应符合下列规定：

1 在未封闭停用的站台上施工，应与车站沟通协商并派驻站联络员，作业宜避开接发车时间段，放置的材料、机具确保不侵限并不得妨碍旅客及行包、邮包车通行。

2 施工不中断既有站台使用时，必须设置施工隔离区。隔离区围护应搭设牢固。围护的施工区应留置大门，派人看守并应设置警示标志，非施工人员不得入内。

3 在不中断接发旅客的站台上施工雨棚，搭设满堂支架时，必须设置旅客专用通道，并应将顶面、两侧严密围护、封闭。其他施工也应规划出旅客专用通道并进行围护或隔离。旅客专用通道入口、拐弯处，应设置醒目的引导牌、警示牌和提醒注意安全的牌标。

4 施工单位应主动联系车站，根据车站安排接发旅客列车的时间，安排施工计划，避开接发旅客列车时间进行施工。客运繁忙的车站，应考虑临时过渡办法。长假客运高峰期宜安排休工。休工期间施工单位应派人对施工设施看守、防护。

5 在站台上支架、脚手架应按批准的专项施工方案搭设，搭设应安全、稳固、牢靠。搭设的脚手架、支架应有防止非施工人员攀登的措施。毗邻接触网、广播或照明电力线路搭设支架、脚手架，应设置绝缘防护、隔离屏蔽或接地保护措施。通道口应派人把守。

6 在线间施工站台墙、雨棚柱等，挖基影响线路稳定时，应按批准的专项施工技术方案提前加固架空线路。使用吊车安装模板影响邻线行车时，应派驻站联络员申请和办理封锁手续，确认给点后对邻近的行车线路进行防护后再施工，不影响邻线行车的机械作业，施工单位也应派出防护、监护人员。

7 吊装雨棚柱模板、雨棚桁架梁、安装雨棚网架，应按批准的专项方案施工。跨线吊装时应封锁线路，设置好防护，作好应急准备。

8 在通行动车组的线路旁施工站台墙等构筑物时，不得有限界负误差。

10.6 天桥与地道

10.6.1 天桥施工流程应符合第 7.4 节和第 7.5 节的规定，地道施工流程应符合第 7.3 节和第 7.6 节的规定。

10.6.2 天桥与地道施工关键过程、技术与方法应符合表 10.6.2 的规定。

表 10.6.2　天桥与地道施工关键过程、技术与方法

关键过程	技术与方法
站台上地道出入口节	1. 专项施工技术方案； 2. 开挖探查清楚地下设施； 3. 施工区域隔离防护
架空线下地道节	1. 线路架空专项施工技术方案； 2. 开挖探查清楚地下设施； 3. 机械施工监护和对邻线防护
天桥上下站台段	1. 专项施工技术方案； 2. 开挖探查清楚地下设施； 3. 搭设脚手架进行围护隔离； 4. 场地规划安排好旅客通道； 5. 吊装、拆除模板进行施工防护、监护
天桥跨线段	1. 专项施工技术方案； 2. 开挖探查清楚地下设施； 3. 机械施工监护和对邻线防护； 4. 吊装、拆除模板进行施工防护、监护

10.6.3　天桥、地道施工应考虑第 7.1.3、7.3.3、7.4.3、7.6.3、10.5.3 条所规定的主要危险源、危害因素。

10.6.4　天桥、地道施工应符合第 7.1、7.3、7.4、7.6 节及第 10.5 节的有关规定。

10.7　给　排　水

10.7.1　铁路给排水应按图 10.7.1 所示流程施工。

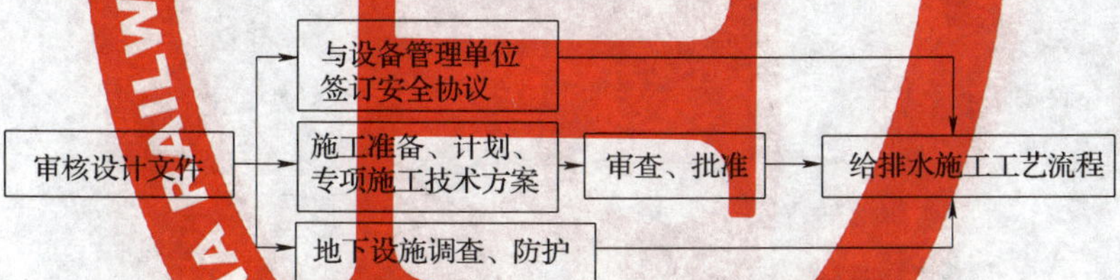

图 10.7.1　铁路给排水施工流程示意图

10.7.2　铁路给排水施工关键过程、技术与方法应符合表 10.7.2 的规定。

表 10.7.2　铁路给排水施工关键过程、技术与方法

关键过程	技术与方法
靠近行车线挖沟开槽	1. 地下管线探查、防护； 2. 防止污染道床； 3. 施工避开雨季，雨天开挖随挖随填； 4. 沟槽回填夯实
穿线管道安装	1. 线路架空； 2. 封锁线路或慢行防护； 3. 施工避开雨季

10.7.3　铁路给排水工程施工应考虑下列主要危险源、危害因素：

1　在铁路两线间挖沟、安装管道、修筑检查井和安装给水栓等时，机具材料侵限。

2　材料机具侵限，施工人员避车不及时，轨道电路短路。

3　管道下穿行车线路，站线未封锁或未架空，正线施工未架空、慢行；采用直埋法施工。

4　在路基上或坡脚处开挖沟槽、井坑，未回填密实。在施工引起坍塌、路基沉陷或变

形。雨季施工未分段开挖、随挖随填。

5 沿线路开挖沟槽时，未探查、防护地下管线，对其他行车设备、道床未进行防护。开挖时污染道床。

10.7.4 给排水工程施工应符合下列规定：

1 施工期间，机具、材料存放严禁侵入限界。在车站内施工应派驻站联络员，施工人员应提前下道避车。运送材料横过线路，应坚持“一站、二看、三通过”。运送笨重材料和机具过轨，应按规定设置防护。

2 管道下穿行车线路，必须在封锁、慢行或架空条件下进行，严禁直接掏空道床、挖开路基埋设管道。封锁慢行、施工防护应符合第3章、第5章有关规定。线路架空应符合第7.2节的有关规定。

3 在路基上及坡脚处开挖沟槽、井坑时，应避开雨季、紧密安排施工计划，压缩工期，缩短暴露时间。主体施工结束，应及时回填夯实。雨季施工应分段施工，并应随挖随填。

4 邻近行车线路开挖沟槽时，应与设备管理单位签订施工安全协议。开挖前应进行地下管线探查、探挖，采取防护、保护措施。施工中对地面行车设备应进行防护、保护。挖土时应对道床采取防污染措施。余土应及时清理干净。

11 通信及信号

11.1 通 信

11.1.1 通信工程应按图 11.1.1 所示流程施工。

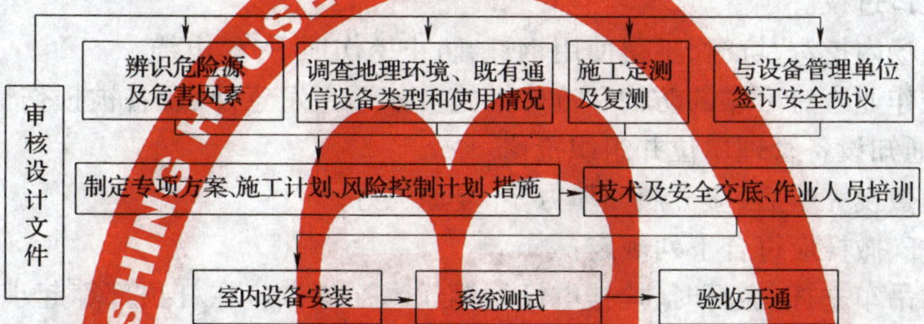

图 11.1.1 通信工程施工流程示意图

11.1.2 通信施工关键过程、技术与方法应符合表 11.1.2 的规定。

表 11.1.2 通信施工关键过程、技术与方法

关键过程	技术与方法
审核设计文件	记录问题,提出建议或意见
现场定测、安全技术交底	1. 联合调查,联合定测; 2. 对存在问题提出解决方案,形成会议纪要
通信线路	1. 地下设施调查标识; 2. 地下设施仪器探测、人工探挖; 3. 人工敷设光、电缆及漏缆; 4. 光、电缆接续按有关技术标准执行并进行电气测试; 5. 光、电缆割接及开通并制定专项施工技术方案
设备安装	1. 基站基础工程; 2. 既有设备的调查、记录和防护; 3. 新安装设备的调试与防护; 4. 未开通设备按规定标识; 5. 电源及地线设置符合相关规定; 6. 设备割接开通并制定专项施工技术方案

11.1.3 通信工程施工应考虑下列主要危险源、危害因素:

1 光、电缆施工防护不当。

2 工具、材料侵限,室内施工使用电器产生明火,室内施工损伤既有设备。

3 电缆接续、割接错误,零线与保护地合设、电源的正负极接错及外电源引入质量不良,通信数据未备份。

4 无线通信铁塔组立、天线安装及机车天线安装未防护。

5 当采用综合接地时,未与综合接地系统的贯通地线进行等电位连接。

6　系统的防雷、电磁兼容及接地不彻底。

7　安装引导电话不及时、不畅通。

11.1.4　光(电)缆沟开挖应符合以下规定:

1　开挖沟、坑前,应与设备管理单位签订安全施工协议书,依据设计文件与设备管理单位共同调查确认各类地下设施,确定电缆径路;对地下设施不能明确确认的,应进行探测后方准开挖。

2　穿越或靠近路基挖沟、坑时,应有防护措施,穿越正线路基宜采用顶管作业。

3　电缆应避开道岔、钢轨接头处过道,严禁掏挖路基通过。

4　穿越路基或在路基边坡、路肩、枕木头下和易坍塌的路基地段开挖时,应有防坍塌措施,不得敞口过夜。

5　在站场内挖沟、坑时,不得使用钢钎,防止挖伤地下光、电缆。

6　开挖作业应有可靠的防护和抢修措施。如遇突发意外、设备被损伤情况时,施工单位应及时通知设备管理单位并组织抢修。

7　电缆敷设完毕后,应分层回填夯实,复原完好。

11.1.5　立杆、撤杆应符合下列规定:

1　采用吊车立杆、撤杆时,拴挂电杆的钢丝绳拴挂点应在杆顶部算起小于1/2杆长处。

2　回填土未捣固前,不得撤除边绳和顶头绳,不得蹬杆;未撤扳杆前,不得撤除顶头绳。

11.1.6　架线、撤线应符合下列定:

1　撤除跨越铁路的线路时,应先撤除跨越部分。

2　穿越、跨越电力线路架设或撤除通信线路时,应向供电部门申请停电作业。

3　作业时应将通信线条接地,跨越架设时严禁将线条搁在电力线上拖拉,穿越时应在穿越处用绳环套住通信线条。

11.1.7　光(电)缆敷设、接续和测试应符合下列规定:

1　人工抬放光、电缆过桥梁、隧道或在铁路路肩上抬运时,严禁将光、电缆曲伸到限界以内;抬运光、电缆过铁路线时,应在统一指挥下首尾同时起步平行跨越。

2　电缆穿越铁路、公路及道口时,距铁路钢轨、公路道口得边缘2 m内不得进行接续。

3　光、电缆敷设时外护套不得破损,高架线路通信槽道遇接触网杆基础障碍处,光缆穿越时应加垫软物进行防护处理,防止光缆外皮摩擦受损;在过铁路、进站等穿越管状障碍物时,钢管口应加装喇叭口,防止光、电缆刮皮受损。

4　光、电缆引入机房后,应用防火泥将引入口封堵,防止老鼠或异物进入。

5　在铁路线路附近进行光、电缆接续、割接时,应将接续伞或接续帐篷搭扎牢固。

6　切割光、电缆金属外皮或打开接头套管前,应将光、电缆两端金属外皮连通,并临时接地。

7　对电缆芯线进行电气强度测试时不得触碰电缆,仪器的保护接地应可靠;电缆接续前后应对所有芯线进行确认,不得错接。

8　光、电缆割接前,施工单位应依据既有光、电缆芯线运用情况以及工程特点编制专项割接施工技术方案,报经有关单位和部门审核、批准后实施。施工单位应与设备管理单位共同对芯线运用和倒接方案进行确认,并做好施工准备;要点割接后双方共同测试确认无误后开通使用。

11.1.8 通信设备安装调试应符合下列规定:

1 既有机械室施工时,应对既有相关设备的使用状况进行调查和记录,遵守设备管理单位相关规定,并对既有设备进行可靠防护。

2 施工单位进入机械室应向设备管理单位值班人员递交当日工作单,明确责任人、施工范围、施工时间。施工人员应有安全技术交底记录。

3 竖立机架、放绑配线光、电缆作业应备用专用梯子,严禁攀扶骨列架、走线架。

4 在设备通电前,电源极性、电压值、各种熔丝规格以及保护接地应符合要求;电源设备输入、输出电压应符合现行相关标准。

5 更换插件板时,应逐级切断电源,并采取防静电措施;安装防静电电路板时,应带防静电手套,施工中严禁带电插拔设备上的机盘。

6 设备调试前应对硬件设备进行全面检查,检查正确后方可通电,系统调试应在保证传输通道以及单机设备正常的情况下进行。

7 设备系统调试完成后割接导入前,应对通信数据进行备份,与设备管理单位共同对话路运用和倒接方案进行确认,制定详细的施工方案和施工准备;要点倒接后,双方应共同测试确认无误后开通使用。

8 机械室内施工不得使用喷灯时产生的明火,使用切割机、电焊机时,产生火花以及大功率灯泡照明对设备的损失。

11.1.9 站场(区间)通信施工应符合下列规定:

1 通话栓、扩音柱设置不得侵限和影响铁路信号显示;装设地点不得影响作业人员瞭望信号。

2 电力牵引区段隧道内吊挂漏泄电缆应在接触网回流线的另侧;必须在同侧时,与回流线或 PW 线的距离应大于 0.6 m;与吸上线交越时,漏泄电缆应做防护。

3 施工人员(包括所携带的物件)与牵引供电设备、自动闭塞电源、其他高压线路带电部分的安全距离应符合铁路通信施工的有关规定。

4 安装引导电话应按规定的时间和地点完成,确保呼叫正确、通话清晰。

11.1.10 GSM－R 网络系统及无线通信杆塔组立、漏缆敷设以及中继器和基站安装除符合现行有关标准外,尚应符合下列规定:

1 在天线杆(塔)定测时,应考虑天线杆(塔)选址对缆线布放的影响。如需过轨,应先与有关单位联系、签订协议后施工。

2 天线杆(塔)及天线、馈线安装过程中应有完善的登高作业安全防范措施,登高作业人员应持有效证件上岗。

3 电气化区段隧道内敷设漏泄同轴电缆时,应在关闭该段接触网供电情况下进行作业,两端应设防护人员。

4 天线馈线、漏电缆的金属外皮和铁塔、防雷地线应可靠接地。

5 区间机房除应考虑必要的供电和照明设备外,还应考虑防水、防盗、防寒、散热等要求。

6 在电化区段进行机车天线安装作业时,必须确认机车的牵引电路已关闭,并应在监护下作业。

11.1.11 综合接地系统、贯通地线、系统防雷及电磁兼容除符合现行有关技术标准外，尚应符合下列要求：

1 除长度小于 2 m 的钢筋混凝土结构物外，距接触网带电体 5 m 范围内轨旁设备、设施应进行等电位和接地连接，接地连接的间隔不应大于 100 m。

2 站台上，旅客可接触的建筑物应采取等电位和接地连接措施，站台、雨棚的边缘应设纵向接地钢筋，纵向接地钢筋外缘距混凝土表面不应大于 30 mm，纵向接地钢筋至少每 100 m 与贯通地线连接。

3 上跨客专线路的桥、涵应采取接地、等电位连接及其他防护措施。

4 系统防雷及电磁兼容应符合现行有关标准的规定。

11.2 信 号

11.2.1 信号工程应按图 11.2.1 所示流程施工。

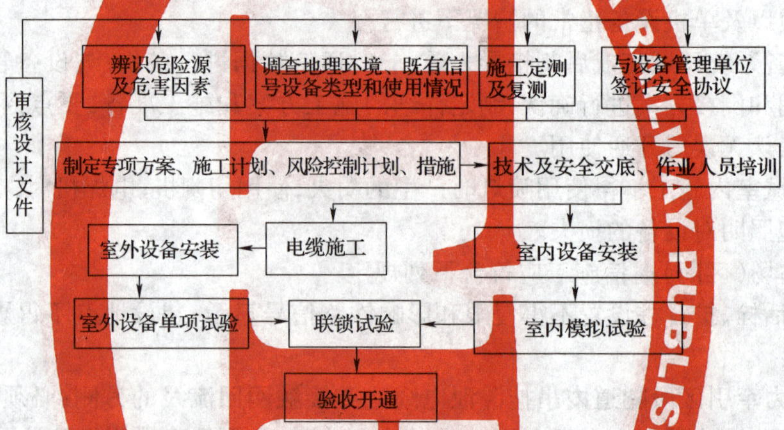

图 11.2.1 信号工程施工流程示意图

11.2.2 信号施工关键过程、技术与方法应符合表 11.2.2 的规定。

11.2.3 信号工程施工应考虑下列主要危险源、危害因素：

1 未与设备管理单位签订施工安全协议。未调查了解既有信号设备类型和使用情况。挖沟、坑前未将地下设施进行调查，或未采取相应防范措施，挖伤、挖断电、光缆。

2 施工及施工过渡方案不合理或未按批准的方案实施。未制定应急预案。

3 信号电缆、设备绝缘不良，配线错误。道岔调整不密贴。

4 未按规定设置防护，竖立或撤除高柱信号机柱；尚未开通的信号机，不打无效标或漏光。

5 工具、材料放置侵限或轨道电路短路。

6 未登记要点在行车线上安装、更换钢轨绝缘；电力牵引区段更换轨道设备需断开轨道回路时，未执行先通后断原则。

7 在既有机械室安装设备时，未对既有设备进行可靠防护。

8 施工借用既有信号电缆、电源。过渡施工未对新设备与既有设备结合部位查线摸底，确认实物与图纸是否相符。采用封连线或其他手段封连使用中的各种信号设备电气接点。电源屏输出电源参数不符合设计及相关技术标准的规定。软件及数据（含地面应答器及列控中心数据)错误。信号专用计算机及专用网络感染病毒。

9　信号联锁、列控及列车调度指挥/调度集中等系统未试验或试验不彻底。

10　机械室施工无防火灾措施。

表11.2.2　信号施工关键过程、技术与方法

关键过程	技术与方法
审核设计文件、现场调查及定测、培训	1.审核设计文件,作核查记录; 2.联合调查,联合定测; 3.对存在问题会同有关单位确定解决方案; 4.对采用"四新"技术的培训,宜采取理论授课和现场操作相结合的培训方法
电、光缆工程	1.与设备管理单位共同进行地下设施调查并标识; 2.地下设施确认采用仪器探测、人工探挖方法; 3.电、光缆测试、敷设、防护和接续应符合相关技术标准; 4.电缆接续人员应持证上岗
设备安装	1.根据技术标准要求,采用相应的安装方法; 2.设备、器材按规定送检,电气特性符合相关技术标准; 3.设备安装前进行限界测量; 4.凡影响行车或影响行车设备稳定的设备安装,必须采用先登记要点、防护再施工的方法; 5.电力牵引区段无条件停电更换轨道电路设备时,除办理要点手续外,还必须采用先连通后断开的作业方法; 6.信号机构上道前采取防漏光技术措施; 7.道岔上道前,要对道岔进行机械调整、对电动(液)转辙机进行试验,技术参数应符合相关技术标准
导通、联锁试验	1.根据设备类型、技术标准和工程特点确定导通、试验方法; 2.先校核配线,再通电试验; 3.先局部、子系统导通及试验,再进行整个系统联锁关系核对试验; 4.联锁试验时室内外人员共同确认设备位置、状态
过渡、换装施工	1.依据设计文件,结合运营和既有设备情况,以及施工复杂程度、工作量,制定专项施工技术方案,报有关单位审核、审批; 2.新设备与既有设备相结合的施工,应在设备管理人员的配合下,采用先确认结合部位的实物与图纸相符,再进行施工的方法

11.2.4　信号工程施工除应符合现行有关标准外,尚应符合下列规定:

1　对设计文件进行审核,并做好审核记录,确认施工图纸无遗漏、错误,并与施工现场实际相符;设计说明书、工程数量、设备和主要器材的规格、型号与施工图相符。

2　施工前应了解施工沿线的地理环境、既有信号设备类型和使用情况。

3　根据既有线信号施工项目的特点和范围,制定科学、严谨的施工方案。对施工现场易发生事故的部位、环节进行监控,制定施工现场安全事故应急救援预案并进行演练。

4　做好参加施工人员的技术培训,对于特殊工种、重要工序的作业人员应按相关规定持证上岗。

5　信号设备、材料进场应符合设计文件要求,确认各组成部件完好、齐全。

6　挖沟、坑时应探明地下设施,防止挖坏正在使用的既有设备。当发现有电缆、管路等影响且无法避开时应停止施工,并与设备管理单位联系解决。

7　设备安装前应进行限界测量。

8　施工时不得将材料、工具及其他物品放在道岔或钢轨上,以及其他任何妨碍行车安全的地点,严禁材料、工具将轨道电路短路。必须使用的料具等物品,应由专人负责,人离开时应将料具等物品同时撤离线路以外，严禁侵入建筑接近限界。

9　信号施工严禁借用既有信号电缆、电源。

10　施工作业时，应坚持“三不动、三不离”的安全制度。

11　日常施工应提前通知相关设备管理单位到现场监护。

12　凡影响行车或影响行车设备稳定的施工必须登记要点，严禁擅自施工或擅自扩大施工内容和范围。

13　要点施工前，应提前通知车务、工务、电务等相关单位到场配合，各项准备工作应按批准的施工方案、计划进行。

14　凡影响使用中信号联锁、列控及列车调度指挥/调度集中的施工，应经试验联锁关系正确、电气特性良好，方准销点交付使用。

11.2.5　电、光缆线路施工除应符合现行有关标准外，还应符合下列规定：

1　电、光缆沟开挖应符合第 11.1.4 条的规定。

2　电、光缆测试、敷设、防护、接续应符合有关技术标准规定。

3　电、光缆工程施工应坚持“三检制度”（预配检、敷前检、敷后检），并做好检测记录。

4　使用铁路内屏蔽数字电缆应符合如下规定：

1）A、B 型内屏蔽数字信号电缆的备用芯线中（除 8 芯电缆）应至少有一个屏蔽星绞组。

2）内屏蔽数字信号电缆用于非移频信号设备时，其备用芯线数应与综合扭绞信号电缆相同。

3）内屏蔽数字信号电缆中的非屏蔽四芯组及普通芯线，不得用于移频信号传输及其备用芯线。

4）轨道电路相同频率的发送线对和接收线对不应使用同一电缆；相同频率的发送线对或接收线对不应使用同一屏蔽四线组。

5　电缆用于传输移频信号时，不应形成环状；室外余留电缆可呈“∽”形布放，室内余留电缆可呈“Ω”或“∪”形布放；备用芯线不宜贯通。

11.2.6　信号联锁设备施工除符合现行有关标准外，尚应符合下列规定：

1　道岔转辙设备施工应符合下列规定：

1）在既有线上进行转辙设备安装装置打孔时，应在车站运转室派驻联络员，在施工地点按规定设置防护，有车辆经过时，应提前卸下钻机下道避车。

2）钢轨钻孔电源宜采用专用发电机，不得借用既有信号设备电缆、电源。外接其他电源时，必须加装安全保护装置防止短路。

3）预铺的道岔在要点上道前，应进行密贴机械调整及电动（液）转辙机转动试验，调整试验良好后方准要点施工。

4）既有线上更换安装装置及转辙机的道岔，应在电动（液）转辙机试验良好后方可要点施工。

5）道岔各牵引点活动轨与基本轨或翼轨的密贴间隙应满足技术标准要求，否则不得锁闭。

6）室内外联锁试验负责人员必须共同确认道岔实际开通位置与控制台定、反位表示及继电器状态一致，试验良好后方可办理销点手续。

7)严禁甩开联锁条件、人为沟通道岔假表示。

8)施工单位应建立转辙机手摇把管理制度并按移交程序与设备管理单位进行移交。

2 地面固定信号机及标志牌施工应符合下列规定:

1)在土质松软、不稳定有坍塌危险的地点挖坑时,应采取加固防护措施,坑底应采取防沉降措施。

2)石质地带必须爆破挖坑时,应符合第6.3节的有关规定。

3)信号机及标志牌的安装限界,应符合《铁路技术管理规程》的有关规定。

4)竖立或撤除高柱信号机柱时,应在车站行车室设驻站联络员。列车通过时严禁施工作业。

5)在电力牵引区段,竖立或撤除信号机柱时,设备外缘距接触网带电部分不得小于2 m。小于2 m时,应按规定办理停电手续或利用停电天窗时间施工。

6)信号机构上道安装前应采取防漏光措施。

7)列车通过时不得在该线路两侧信号机上作业,并关好机构门。

8)在桥梁、隧道内安装、试验信号设备时,应设专人防护。

9)既有线改造新老信号机处于同坐标时,新信号机施工不得妨碍既有信号机正常使用。

10)新设置尚未开始使用或应撤除尚未撤除的信号机均应装设无效标并应熄灭灯光,高柱信号机还应将机构向线路外侧旋转90°。

11)新设的信号机在要点前,应进行导通、校核试验,确认显示正确后方可要点施工。

12)信号机导通、校核试验时应利用列车运行间隙或天窗点。在来车时,不得造成司机误认信号。

3 轨道电路设备施工应符合下列规定:

1)安装钢轨绝缘应有工务及电务部门配合。施工单位应在车站登记要点,封锁线路施工。严禁利用列车间隔时间不登记要点安装钢轨绝缘。

2)电力牵引区段更换扼流变压器、中心连接板(线)、连接线、钢轨绝缘时应按规定办理要点停电手续或利用停电天窗时间进行。

3)在电力牵引区段无条件停电更换轨道电路设备时,除办理要点手续外,还必须严格遵循先连通后断开的作业原则,确保牵引回流畅通。

4)停用的钢轨绝缘应及时要点撤除。在电力牵引区段未停电时,应先将绝缘两端轨道电路连通方可更换钢轨接头夹板。

5)新设的轨道电路设备应进行导通、送电试验,确认良好后方可要点施工。

6)严禁在轨道电路上拉临时线沟通电路造成死区间。

7)ZPW-2000轨道电路及车站电码化轨道电路施工应符合有关技术标准的规定。在交付运用前,应核对室内、外配线;进行调试、测试和模拟试验,室内调试主要调试发送器、接收器、载频信息、低频信息、发码时机、切码时机、发送及闭环检测报警;室内外联调主要调试发码通道、入口电流、邻线干扰;站内电码化施工应核对信息编码符合《机车信号信息定义及分配》(TB/T 3060)和设计文件的规定;在最不利的条件下,测量对应频率的入口电流应大于规定值,满足车载设备的工作需要。

8)计轴设备施工应符合有关技术标准规定,并应做到:车轮传感器(磁头)应安装在钢轨上,且应避开轨矩杆等金属器件;计轴主机上的电路板,严禁用手触摸,通电时严禁随意拔插;随机带的配线长度不得随意切割;计轴主机从既有电源屏引入电源时,应计算电源屏容量及引入处相关熔断器容量;在已开通使用计轴传感器的钢轨上应避免各类金属制单轨小车行走及金属器具在计轴传感器上滑行。

4 既有机械室施工应符合下列规定:

1)进入既有机械室施工,应遵守设备管理单位相关规定,并对既有设备进行可靠防护。

2)施工单位进入机械室应向设备管理单位值班人员递交当日工作单,明确责任人、施工范围、施工时间。施工人员应有安全技术交底记录。

3)施工单位应熟悉既有设备情况和信号联锁关系。

4)新设备与既有设备结合部位,应在设备管理人员的配合下,确认结合部位的实物与图纸相符。新增配线及拆除线均应标识清楚。

5)施工人员查线摸底时,严禁影响既有设备使用。

6)机械室施工用电和新设备导通试验严禁使用既有设备电源。

7)各种熔断器应按设计文件施工,不得随意改变。

8)制定防火灾措施,严禁携带易燃、易爆物品进入既有机械室。

5 联锁试验应符合下列规定:

1)施工完毕,应首先对配线进行全面核对,做到图实相符。

2)新设置电源屏各项输出电源参数应符合设计文件及有关技术标准的规定。

3)严禁将尚未纳入联锁的设备与既有设备连接。

4)严禁采用封连线或其他手段封连使用中的各种信号设备电气接点。

5)进行局部导通试验和全面的模拟试验。

6)设备开通使用前,设备及电缆电气特性应符合技术要求;施工单位应对联锁电路进行联锁试验,确认联锁关系无误后,方可交设备管理单位复查试验。

7)计算机联锁软件修改后除应进行全站仿真试验外,还应按有关技术标准要求进行联锁试验。

11.2.7 闭塞设备施工除应符合现行有关技术标准外,尚应符合下列规定:

1 在有行车干扰的地段施工时,应派驻站联络员及时向现场通报车流信息。桥梁、隧道及条件限制的处所,应制定专项施工技术方案,并采取以下措施:

1)施工前了解施工区段列车运行速度、密度和时刻表,选择适宜的作业方法和施工时间段。

2)在桥、隧、弯道等处所施工,必须设置驻站联络员、防护员,长、大桥隧、弯道还应增加中间防护员。

3)在桥上、隧道内施工时,施工负责人应在施工前明确施工人员待避场所,不得在侧沟上和桥梁扶手边待避。

4)长、大隧道或通信不畅的长(大)区间,所有施工作业人员在动车组到达前规定的时间内必须撤离到安全地带等待。

2　闭塞分区长度应符合设计规定。

3　设在路肩较窄、坡度较陡地点的信号机，应采用片石、水泥沙浆砌围，砌围边缘距信号机柱边缘不得小于 800 mm，并向下砌成斜坡形，其高度与路肩相同，或用方形混凝土柱作围桩，方形混凝土柱埋深不得小于全长的 1/2。

4　自动闭塞系统试验时应符合下列规定：

1）区间通过信号机应逐架信号机、逐显示进行灯位显示核对。

2）轨道电路应逐个轨道区段、逐个发码状态（包括不同的接车进路和发车进路）核对低频码序，并进行 +1FS 试验；低频信息应符合《机车信号信息定义及分配》（TB/T 3060）和设计规定。

3）区间设计为自动闭塞采用半自动闭塞过渡时，自动闭塞与车站联锁结合电路应与车站联锁设备同时施工，并在半自动闭塞倒替自动闭塞之前试验完毕。

5　半自动闭塞系统有条件时应要点进行对接试验。

11.2.8　驼峰信号设备施工除应符合现行有关技术标准外，尚应符合下列规定：

1　进行车辆减速器、整体道床等重型物件吊装作业，在吊车作业点周围、上空有架空电线路、接触网时，应采取停电或其他保护措施。

2　在既有线进行吊装作业时，作业区域应与运营线路隔开，作业人员、施工车辆应在安全隔离范围内活动。

3　既有线上进行管路过轨挖掘时，峰头岔群部位必须扣轨，三、四部位可要点停用股道或扣轨，严禁擅自开挖。管路挖通后应立即回填，并分层夯实。管沟砌筑完毕后，应用水泥盖板盖严。

4　既有机械室施工应符合本暂行规定有关要求。

5　新建与既有场间联系电路，有条件时应要点进行对接试验。

11.2.9　列控系统施工除应符合现行有关技术标准外，还应符合下列规定：

1　参照有关技术标准或产品说明书，对列控中心与其他系统（计算机联锁系统、继电联锁、TDCS/CTC、信号集中监测）的接口进行调试并符合相关技术标准。

2　在安装 CTCS 列控系统的区段，凡工程施工需要移设应答器和其他涉及数据报文变更的，应按规定提供相关的资料，同时按相应的配套设计施工。

11.2.10　列车调度指挥系统施工除符合现行有关技术标准外，还应符合下列规定：

1　调试过程中，严禁在系统中使用无关软件。各种数据存储介质在接入网络前应用专用计算机查杀病毒，确认无病毒后，方可使用。

2　TDCS/CTC 系统必须自成体系，单独成网，独立运行。

3　对设有 CTC/TDCS 基层网采集系统的车站进行站场改造时，站场改造施工中有影响 CTC/TDCS 使用时，施工单位应按相应的配套设计同时施工。

4　当 CTC 设备在分散自律状况下，施工过程中需要扳动道岔和进行信号联锁试验时，应向有关单位申请，同意后将车站子系统转为非常站控制模式进行作业；作业完成后将车站子系统转回分散自律模式并交付使用。

11.2.11　施工过渡应符合下列规定：

1　施工单位应依据设计文件、运营和既有设备情况以及工程特点编制专项施工技术方案，按规定报经有关单位和部门审核，批准后实施。

2　施工单位宜采用“两图一表”（施工方案示意图、施工流程网络图和关键工序卡控表)，并对要点施工的安全关键点进行明确、卡控。

3　对站场既有信号设备查线摸底及道岔、信号机、轨道电路施工应符合本规定有关要求。

4　过渡工程安装的设备无法进行全面模拟联锁试验的，应进行局部导通、校核试验。

5　新设备与既有设备结合时，应保证电气特性符合技术要求。

6　施工要点作业应控制好施工前、后两个关键阶段，施工前准备工作不得危及行车安全，施工后收尾工作应彻底。

7　要点换装期间，在信号设备非正常使用的情况下，有车通过时，进路上的相关道岔严禁扳动试验，并符合下列规定：

1)室内断开启动保险，并挂警示牌。提速道岔还应断开断相保护器。

2)室外断开转辙机安全接点。

8　施工要点完毕，必须对修改的内容进行联锁试验，室内外有关设备动作、表示一致，符合设计要求，确认联锁关系正确后方可开通交付使用。

9　插入、移设的道岔，应按过渡工程设计施工，将道岔纳入联锁。

车站联锁设备换装施工时，未纳入新联锁设备且在行车上应拆除的道岔，在联锁设备换装施工时未拆除，应按过渡工程设计施工，将该道岔纳入车站新联锁设备中。

10　要点施工期间应加强对既有设备的防护。

11　施工中和施工后需拆除的设备，应由施工单位和设备管理单位提前共同确认，并在设备上做好标识。

12　既有设备改造时，相关图纸应及时修改，确保图纸正确，图实相符。

12　电力及电力牵引供电

12.1　电力扩能改造

12.1.1　电力扩能改造应按图 12.1.1 所示流程施工。

图 12.1.1　电力扩能改造施工流程图

12.1.2　电力扩能改造施工关键过程、技术与方法应符合表 12.1.2 的规定。

12.1.3　电力扩能改造施工应考虑下列主要危险源、危害因素：

1　施工中挖断光、电缆。

2　沿铁路线施工，施工材料、工器具侵限。

3　施工机具和绝缘工具不符合安全规定。

4　电气试验准确度及性能。

5　邻近线路支柱组立后未采取防止支柱倾倒的加固措施。

6　导线架设前未及时清理影响因素。

7　送电开通前未及时清理安全距离不足的干扰因素。

8　灯塔、灯桥的吊装方案未编制或未按照方案执行。

9　跨越铁路供电设备作业安装防护架不牢固，安全防护措施不到位。

表 12.1.2　电力扩能改造施工关键过程、技术与方法

关键过程	技术与方法
施工防护	地下设施综合探测技术
顶进施工	定向顶进施工技术
基础施工	1. 土质基坑采用“挖小坑局部支撑法”； 2. 砂质基坑采用“钢筋混凝土沉井法”； 3. 石质基坑爆破时，应采用“控制爆破法”
导线架设	1. 人力放线施工方法； 2. 机动牵引放线方法； 3. 张力放线方法； 4. 光纤复合架空地线（OPGW）架设施工综合技术； 5. 计算机控制弛度技术
灯桥灯塔	灯塔、灯桥运输组装施工技术
室、内外配线	1. 严格按照配线工艺流程标准实施； 2. 执行铁路电力电力施工室、内外配线有关规定
变配电所改造	编制专项施工过渡方案，并经过建设单位和设备主管单位审批后严格组织实施
接　　地	1. 增加接地体长度、引外接地、连续伸长接地； 2. 采用降阻剂降低接地电阻值
杆塔组立	1. 机械组立法； 2. 人字抱杆组立法； 3. 整体式组立杆塔
交叉跨越	跨越线、桥的防护方法
电缆终端头及中间头制作	1. 热缩安装法； 2. 冷缩安装法
线路上电器设备安装	1. 制定专项施工技术方案； 2. 执行铁路电力施工的有关规定
远动系统	1. 制定专项施工改造过渡方案； 2. 执行铁路电力牵引供电施工有关规定
电气试验	1. 制定专项作业指导书； 2. 执行铁路电力牵引供电施工电气试验的规定

10　未了解既有变、配变电所系统与设计文件进行过渡施工。

11　在施工改造过程中，与既有带电运行设备安全距离未能达到相关规定。

12　既有线路上增设远动设备后，调试过程开关误动作。

13　未制定应急预案或未按应急预案实施。

12.1.4　电缆过道顶管除应符合《铁路工程施工安全技术规程》（TB 10401.2）的有关规定外，尚应符合下列规定：

1　电缆过道宜采用顶管顶进方法，并提前进行地下既有管线探测，确认没有其他设备时,方可在设备管理单位人员的监护下进行顶进作业。顶进完毕立即敷设电缆,恢复路基。

2　当采用打过道管施工方式时,应采用可靠的加固措施,挖出的土石不得侵限、污染道床,并设专人防护。有车来时应停止作业。

3　采取顶管作业时,顶管处应在既有路堤水沟外侧 1 m,深度应在路基面 1.5 m 以下,防止对既有管线的破坏。

12.1.5　交叉跨越除应符合铁路电力工程施工架空电线路有关规定外,尚应符合下列规定:

1　施工中采用的绝缘工具和安全工具应符合《铁路工程施工安全技术规程》(TB 10401.2)的相关规定。

2　架空线路跨越铁路线路施工时,必须在封闭线路作业命令内施工。有接触网的线路,必须在办理停电作业手续,设置好行车防护和高空作业防护措施后,方可进行跨越作业。

3　采取天窗点进行跨越施工,应与设备管理单位签订安全协议,施工方案经上级部门批准后方可施工。

4　采取跨越架进行施工,应与设备管理单位签订安全协议,施工方案经上级部门批准后,方可进行跨越架的搭设。跨越架的搭设及拆除必须在天窗点内进行,严禁利用列车运行间隙施工。

5　防护架应采用木杆跨越材料,不宜采用竹制及其他支撑材料,且防护架距带电体的距离应满足相关规定。

6　架空线路跨越铁路时,应符合表 12.1.5 的规定。

表 12.1.5　架空线路最大弧垂时最小垂直距离

序　号	线路电压(kV)	至电气化承力索(供电线、加强线、正馈线)距离(m)	至非电气化铁路轨顶距离(m)
1	0.38 及以下	不允许	7.5
2	10(6)	不允许	7.5
3	35～110	3.0	7.5
4	154～220	4.0	8.5

7　电力线路的电杆内缘至线路中心的水平距离应符合《铁路电力设计规范》(TB 10008)的有关规定。

8　撤除既有导线应设专人指挥。撤线前应将中间杆绝缘子绑扎线全部解开,将导线放在横担上,中间杆上人员全部下杆撤离。撤线时应在承力杆和终端杆处用绳索将导线拉紧,剪断导线后徐徐放下,严禁突然剪断导线。

12.1.6　邻近带电作业除应符合《铁路工程施工安全技术规程》(TB 10401.2)的有关规定外,尚应符合下列规定:

1　停电作业人员的正常活动范围与带电体之间的安全距离应符合《铁路工程施工安全技术规程》(TB 10401.2)的规定。

2　在停电线路上作业,当作业过程中与其他带电线路的距离大于安全距离,但仍有可能接近带电导线的安全距离以内时,作业导线、绞车或牵引工具必须牢固接地。

3　交叉档撤线、架线、调整弛度应在停电线路位于带电线路下面时进行,但必须采取防止导线跳动、滑移或牵引而与带电导线接近的措施。

4 停电作业线路在另一回带电线路上面,且必须在该线路不停电的情况下进行调整弛度、更换瓷瓶等作业时,必须使施工导线、牵引绳索与带电线路导线之间留有足够的安全距离,并采取防止导线脱落、滑跑的后备措施。

5 停电要点施工,当要点线路与其他带电线路交叉时,应符合下列规定:

1)工作人员的活动范围与另一回带电线路的最小距离不得小于《铁路工程施工安全技术规程》(TB 10401.2)的有关规定,否则另一回线路应停电并接地。

2)当作业过程中的导线、立杆等工器具可能触及带电线路时,必须接地。

3)在交叉档内进行弛度调整、瓷瓶更换等作业时,必须采取防止导线脱落、滑跑、或过牵引而与导电体接近的措施。

4)相邻线路进行登杆作业前,应做好技术交底,防止误登。

12.1.7 灯桥、灯塔的吊装、搬运及储存保管除应符合《铁路工程施工安全技术规程》(TB 10401.2)的有关规定外,尚应符合下列规定:

1 在电气化铁路范围内吊装灯塔、灯桥,吊装前应制定安全可靠的专项吊装技术方案,并采取有效预防接触网干扰的措施。

2 临近电气化铁路吊装时,应采取防止侵入带电范围的有效措施。

3 灯塔、灯桥吊装除应符合上述规定外,尚应符合第7.4节的规定。

12.1.8 箱式变电站的安装除应符合现行铁路电力工程施工的有关规定外,尚应符合下列规定:

1 箱式变电站到达现场后,应会同建设、设计、监理、运营等单位联合开箱检查,并签认记录。

2 吊装前应制定安全可靠的起吊方案,并根据现场施工情况,选择匹配的起吊设备和适当起吊地点。吊装或顶升的受力点应符合制造厂的规定,受力应均匀。

3 低压设备调试时,高压室严禁开启,并做好标识。

4 对具有远动监控功能的箱变进行电调终端调试时,必须在供电部门、厂家的共同配合下进行。

12.1.9 变配电所改造过渡施工应符合铁路电力工程施工及本暂行规定第12.3节的有关规定。

12.2 既有线增建接触网及扩能改造

12.2.1 既有线增建接触网及扩能改造应按图12.2.1所示流程施工。

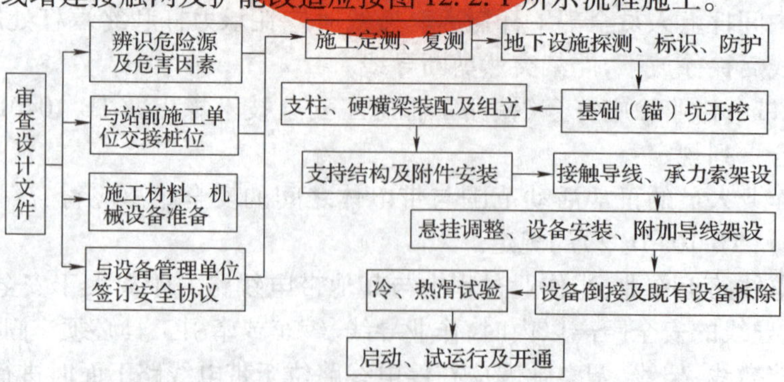

图12.2.1 既有线增建接触网及扩能改造施工流程图

12.2.2　既有线增建接触网及扩能改造施工关键过程、技术与方法应符合表12.2.2的规定。

表12.2.2　既有线增建接触网及扩能改造施工关键过程、技术与方法

关 键 过 程	技 术 与 方 法
基础及桥隧打孔灌注和支柱组立整正	1. 土质基坑采用“挖小坑局部支撑法”； 2. 砂质基坑采用“钢筋混凝土沉井法”； 3. 化学锚栓施工安装技术； 4. 不利用钢轨作为支撑点的支柱整正方法
高压试验	1. 交流耐压试验方法及设备合格判断； 2. 严格执行铁路电力牵引供电施工电气试验规定
支持定位装置安装	1. 接触网多功能激光测量仪检测技术； 2. 计算机程序化软横跨、腕臂、吊弦计算技术； 3. 支持定位装置模型化预配技术； 4. 软横跨局部接续技术
接触导线、承力索架设	1. 恒张力架线综合技术； 2. 分段张力架线技术； 3. 单车双线架线技术
交叉线岔及无交叉线岔安装与调整	1. 制定专项施工技术方案； 2. 严格按照铁路电力牵引供电施工相关标准实施
器件式电分相改造成绝缘锚段关节式电分相	1. 严格按照设计文件要求精确测量； 2. 制定合理的施工过渡方案，并经过设备管理单位审批； 3. 严格执行铁路电力牵引供电施工相关规定要求
自动过分相装置	1. 建设、设计、监理和设备管理单位现场技术交底； 2. 制定专项作业指导书； 3. 施工单位严格按照设计文件和铁路电力牵引供电施工相关标准要求实施
接触悬挂调整、检测	接触网冷滑参数微机检测技术
冷滑试验	1. 编制冷滑试验方案； 2. 冷滑试验经设备管理单位审批后方可实施； 3. 冷滑试验由建设单位牵头组织，施工、监理及设备管理单位联合进行
启动及送电开通	1. 编制启动及送电开通方案； 2. 启动及送电开通前，要准备好应急措施

12.2.3　既有线增建接触网及扩能改造施工应考虑下列主要危险源、危害因素：

1　准备不足、施工方法不当。交接桩位和施工测量不准确。

2　施工要点过程中，通信不畅。施工要点未执行规定。施工要点完毕，作业车组未执行先联挂后返回规定。销点前未检查确认是否达到放行列车条件。

3　基坑开挖未采取有效措施。

4　支柱组立后未采取加固措施。轨温超出锁定温度后仍然采取利用钢轨作为支撑点的支柱整正方法。

5 计量器具和电气试验误差大。

6 隐蔽作业未能达到设计和验收标准。隧道内隐蔽作业未采取防尘等有效措施。

7 未按规定和要求操作使用电气化作业车辆。受力工具和绝缘工具使用操作不当。

8 高处作业未按规定采取有效防护措施。单轨车、小平车、作业车梯不使用时,未派人看守、加锁。

9 施工材料、设备、工器具侵限,碰撞行车设备或造成轨道电路短路。

10 钢柱、硬横梁吊装方案不合理或未按方案实施。采取等径支柱的硬横梁吊装,未采取防止下滑措施。锚段关节及关节式电分相改造施工,方案措施不合理或临时改变方案实施。支持结构安装与调整未采用力矩扳手紧固螺栓。

11 接触悬挂安装调整未采取防止感应电等相关措施。

12 在列车运行速度 160 km/h 以上且线间距不足 6.5 m 的复线地段进行承力索或接触线拆除、架设作业时,未采取有效措施。

13 冷滑试验未编制专项方案或不按方案实施。冷滑试验前未准备抢修作业人员、材料及工器具。

14 送电开通前未及时清理安全距离不足的干扰因素。

15 未制定应急预案或未按应急预案实施。

12.2.4 高处作业除应符合有关规定外,尚应符合下列规定:

1 每个作业地点均应有专人监护。

2 高处作业使用的小型工具、材料应放置在工具材料袋内。作业中应使用专门的用具传递工具、零部件和材料,不得抛扔传递。

3 高处作业人员作业时必须将安全带系在安全可靠的地方。

4 高处作业人员不宜位于线索受力方向的反侧,并采取防止线索滑脱的措施。在曲线区段进行接触网悬挂调整工作时,应有防止线索滑跑的保护措施。

5 冰、雪、霜、雨等天气条件下,接触网作业用的车梯、梯子以及检修车应有防滑措施。

6 攀登支柱时应手把牢靠,脚踏稳准,宜避开设备,并与带电设备保持规定的安全距离。

7 接触网作业用的车梯和梯子应符合下列规定:

1)结实、轻便、稳固。

2)在有轨道电路的区段上,车梯的车轮应采取可靠的绝缘措施。

3)机械强度和电气性能应满足现行有关标准的规定。

8 用车梯作业时,应指定车梯负责人,工作台上的人员不得超过 2 名。所有的零件、工具等均不得放置在工作台面上;作业中推动车梯应服从工作台上人员的指挥;当车梯工作面上有人时,推动车梯的速度不得大于 5 km/h,并不得发生冲击和急剧起停;工作台上人员和车梯负责人应呼唤应答,配合妥当。

9 当车梯位于曲线上或遇大风时,应对车梯采取防止倾倒的措施;当车梯在大坡道上时,应采取防止滑溜的措施;当车梯放在道床、路肩上或作业人员超出工作台范围作业时,作业人员应将安全带系在接触网上,不得系在车梯工作台框架上。

12.2.5 天窗作业除应符合铁道部有关规定外,尚应符合下列规定:

1 停电作业前,应由作业负责人指定一名安全等级不低于三级的作业人员作为要令人员，向供电调度申请停电命令，并说明停电作业范围、内容、时间、安全和防护措施等。

2　供电调度员发布停电作业命令时，受令人应复诵，经确认无误后，方向给命令编号和批准时间；在发、受停电命令时，发令人应将命令内容等记入"作业命令记录"中，受令人应填写"接触网停电作业命令票。"

3　作业组在接到停电作业命令后，应先验电接地，验电和装设、拆除接地线应由两人进行，一人操作，一人监护，然后方可作业。在有轨道电路的区段作业时，两组地线应接在同一侧钢轨上，且不应跨接在钢轨绝缘两侧。必须跨接在钢轨绝缘两侧时，应封闭线路。地线穿越钢轨时，应采取绝缘措施。

4　停电作业时，作业人员（包括所持的机具、材料、零部件等）与周围带电设备的最小距离，220 kV 为 3 m，110 kV 为 1.5 m，25 kV 和 35kV 为 1 m，10 kV 及以下为 0.7 m。

5　每个作业组在停电作业前，应由工作领导人指定一名安全等级不低于三级的作业组成员作为要令人员，向供电调度申请停电命令，并说明停电范围、作业内容、时间、安全和防护措施等。

6　V 形天窗作业应具备下列条件：

1）上下行接触网带电设备间的距离大于 2 m，困难时不小于 1.6 m；

2）上下行接触网带电设备距下上行机车受电弓瞬间距离大于 2 m，困难时不小于 1.6 m；

3）上下行或由不同馈线供电的设备间的分段绝缘器，其主绝缘爬电距离不小于 1.2 m；

4）所在上下行线间横向分段绝缘子串，爬电距离必须保证在 1.2 m 及以上，污染严重的区段应达到 1.6 m。

7　利用 V 形天窗停电作业时，应符合下列规定：

1）接触网停电作业前，必须撤除向邻线供电馈线的重合闸，相应所、亭可能向作业线路送电的开关应断开。

2）作业人员作业前，工作领导人（监护人员）应向作业人员指明停、带电设备的范围，加强监护，并提醒作业人员保持与带电部分的安全距离，确保人员、机具不侵入邻线限界。

3）必须提前申请并确认禁止电力机车通过的限制要求，防止电力机车将电带入停电区段。

4）利用 V 形天窗在断开导电线索前，应事先采取旁路措施。更换长度超过 5 m 的长大导体时，必须先等电位后接触；拆除时应先脱离接触再撤除等单位。

5）V 形天窗进行回流线（含架空地线与回流线并用区段）作业时不得开路。必须断开回路作业时，在断开前必须使用不小于 25 mm^2 铜质短接线先行短接。

6）吸上线与扼流变中性点连接点的作业不得进行拆卸，防止造成回流回路开路。确需拆卸处理时，必须采取旁路措施，必要时电务部门进行配合。

7）在进行隔离开关、电分段锚段关节、关节式电分相和分段绝缘器等作业时，应用不小于 25 mm^2 的等位线先连接等位后再进行作业。

8　V 形天窗停电作业接地线设置还应符合下列规定：

1）两接地线间距大于 1 km 时，增设接地线。

2）一般情况下，接触悬挂和附加导线及同杆架设的其他供电线路均应停电并接地。仅在接触悬挂部分作业，不侵入附加导线及同杆架设的其他供电设备线路的安全距离时，附加导线及同杆架设的其他供电线路可不接地。

3）在电分段、软横跨等处作业，中性区及一旦断开开关有可能成为中性区的停电设备上均应安装接地线。当中性区长度小于 10 m 时，在与接地设备等电位后可不安装接地线。

4）接地线应可靠安装，不得侵入限界，并有防风摆措施。

9 在运行速度 160 km/h 以上区段上施工作业时，施工单位应采取措施保证邻线列车运行和施工作业人身的安全。

10 在停电作业的接触网附近有平行带电的电线路或接触网时，为防止感应危险电压，除按照规定装设接地线外，还应增设接地线。关节式电分相作业时，除在作业区两端工作支安装接地线外，还应在中性区导线上加挂一组地线，并将两断口进行短接封线。

11 在接触网停电作业时，应在作业车（车梯）设置随车移动地线，且先搭接牢固移动地线后，方可允许作业；拆除移动地线的顺序相反。

12 工作票中规定的作业任务完成后，由工作领导人确认具备送电、行车条件，将作业人员、机具撤至安全地带，拆除接地线，宣布作业命令结束，人员、机具不得再次上网作业和侵入建筑限界，通知要令人向供电调度请求消除停电作业命令；坐台要令人员向行调请求消除线路封锁命令。

12.2.6 基础及桥隧打孔灌注应符合下列规定：

1 施工准备阶段请设备管理单位现场交底，了解地下埋设物的埋设情况，并制定行车防护、基坑开挖等安全保证措施。

2 挖坑发现地下设施（如电缆、管道）时，及时报告；施工负责人与设备管理单位联系处理，并采取可靠的措施防护。

3 土质基坑开挖宜采用挖小坑局部支撑法，砂质基坑开挖宜采用钢筋混凝土圈沉井法施工。

4 在遇到大雨、暴雨的天气时，不得进行基坑开挖。已挖好的基坑应根据具体情况或铁路运输部门的有关规定及时回填。

5 坑内有人作业时，坑上应有人防护。当列车通过时，坑内不得有人。基坑开挖作业必须保证路基的稳定。挖坑时遇到排水沟（盲沟），应先做好疏通改排水工作。

6 基坑开挖严禁污染道床。

7 在站台上、平交道口等行人较多的地点，开挖后未灌注混凝土或支柱组立前，应在开挖的基坑边设置明显的标志，并采取防止行人坠落基坑的安全措施。

8 桥隧打孔、灌注宜将测量、打孔、灌注一次完成，减少安装吊式作业架的次数。同时应保证充足的照明，通风良好，两端应设置施工标志和防护。

9 混凝土各种配料搅拌应均匀。灌注混凝土时，宜连续进行。如需间断，对不掺外加剂的混凝土间歇时间不宜超过 2 h。基础的灌注应分层进行，逐层捣实。

12.2.7 支柱组立和整正应符合下列规定：

1 组立支柱前应对该施工区段的电力线、通信线、桥隧等施工情况进行调查了解，制定安全措施。

2 在既有线严禁利用平板车承载各类吊车进行立杆作业。

3 施工列车在运行中不得进行起吊作业，吊臂应停放在规定位置，不得超过机车车辆限界。

4 组立钢柱应四角及时安装螺母；混凝土支柱组立时，支柱顶端应稍向田野侧倾斜，股道间支柱应顺线路方向倾斜。

5 支柱组立时坑内不得有人。如吊臂移动方向及支柱摆动方向有可能侵入临线限界时，事先应掌握邻线列车运行时刻，作业时应注意瞭望；支柱立起后，如需下坑作业时，应装好支柱整正器，确认坑壁稳固、无塌陷危险。坑内有人时不得移动支柱。

6 在整正过程中，整正器、手扳葫芦等整杆工具不得侵入车辆限界，支柱各部分也不得侵入限界，不得短接轨道电路；岔后绝缘处支柱整正宜采用双抱箍；站场支柱的整正应向车站办理临近线路封闭手续；当利用行车间隔整正时，必须按规定设置行车防护。

7 对道口附近、有车辆运行的装卸线旁及路边的支柱，应采取防撞措施。

8 支柱组立和整正应遵守起重机操作细则及按起重机技术特性规定进行作业，严禁超载。

9 在无缝线路区段利用钢轨整正时，应避开高温时间，直线区段不应大于实际锁定轨温 10 ℃，曲线区段不应大于实际锁定轨温 5 ℃；同一曲线不得同时有两组作业。

12.2.8 支持定位装置安装应符合下列规定：

1 定位装置宜用计算机计算，安装宜采用专用施工机具施工，检测应采用精度较高的接触网多功能激光测量仪检测、经纬仪、水准仪等检测，并实施程序化数据化施工以保证其精度。

2 材料零配件的运输、储存和保管应符合相关产品标准的规定，设备、材料进场及安装前应进行检查、检验。

3 支持定位装置宜进行集中预配、现场组装。

4 设计和产品标准规定紧固力矩的螺栓，应采用力矩扳手紧固，严禁使用活口扳手。

12.2.9 软（硬）横跨装配应符合下列规定：

1 软横跨预制应按计算施工表进行；预制时，横向承力索和上下部固定绳应在带有张力的情况下进行测量，保证测量准确。

2 软（硬）横跨安装必须在车站进行登记，掌握行车情况，按照规定设置防护；在车站或行人较多的地方除设行车防护外，还应设行人防护，软（硬）横跨下不得有行人逗留。

3 撤除的软横跨严禁在带有张力的情况时剪断，并应在保证安全的情况下用绳索缓慢撤除。

4 硬横梁架设不得在邻线有列车通过的情况下进行吊装作业。两支柱上的作业人员在硬横梁未吊装到位时，应站在低于横梁的安装位置。硬横梁在两支柱上安装紧固后，吊车方可摘钩撤离。

5 硬横梁应顺线路提升至限界以上，提升过程中各部位不得侵入邻线限界；在确认邻线无车时，方可横向、安装。

6 环形等径支柱硬横梁安装前，应采取防止硬横梁下滑的可靠措施。

12.2.10 导线架设应符合下列规定：

1 导线架设作业必须有专人统一指挥，并配备必要的通信联络工具，便于联络和监护。

2 接触线应恒张力架设，承力索宜恒张力架设，提高架设质量。

3 架线应保证承力索和接触线的最低高度；遇有超级超限货物列车通过架线区段

时，应事先通知施工单位。

4 有平交道口的区段，放线前应先将限界门安装完毕；在遂道群区段架线时，应设专人作监护工作，并应注意瞭望前方，加强联络；进隧道前应先停车，并降下作业台；隧道内作业，应有充足的照明设备。

5 不符合安全距离要求的电力线路或其他架空线路下架线时，应制定专门的安全措施，必要时应适当降低架设高度，或办理停电施工手续。放线开口滑轮应封口。

6 曲内支柱放线前，应对腕臂进行加固；倒承力索时，应注意导线的受力和自己的站位，确保人身安全。

7 下锚完毕，应对整个锚段进行巡视检查，清理现场，确认可通车后，方可通知调度销令。作业人员待第一趟列车安全通过后方可撤离现场。

8 架线完毕后，接触网线路两端应进行临时接地。

9 在列车运行速度 160 ~ 250 km/h 且线间距不足 6.5 m 的复线地段进行承力索或接触线拆除、架设作业时，邻线列车应限速 160 km/h，并按规定设好防护。

12.2.11 接触悬挂调整应符合下列规定：

1 吊弦经过现场数据测量后，应采用计算机计算后进行预制，并按规定位置安装。

2 吊弦预制后应抽查检测，合格后进行编号。

3 调整作业时，作业人员应根据线索受力方向和大小，选定自己的站位，防止线索脱出弹击伤人。邻线有车通过的，应停止作业，并注意人身和材料的稳定。

4 每次施工结束，应清理现场，清点工具材料，将车梯搬至安全地点。

12.2.12 冷滑行试验及送电开通应符合下列规定：

1 冷滑行试验应有专人负责，试验前应制定冷滑行试验组织安排及安全技术措施，并取得铁路部门行车调度允许冷滑行试验的命令。

2 施工单位与设备管理单位应联合进行冷滑试验前的全面检查，试验区段的接触网状态符合冷滑试验的要求后，方可开始冷滑。

3 每个站场两端及每个区间两端均应做好临时接地，冷滑试验期间受电弓应临时接地。

4 送电前应对已完工的接触网进行全面安全质量检查，确认影响安全送电的因素均已消除，方可申请正式送电。

5 未得到牵引供电调度的准许时，不得打开或拆除馈线隔离开关外侧的接地刀闸或临时接地线；向接触网送电时，应按照牵引供电调度下达的命令和操作步骤进行；送电后，必须在馈线隔离开关外侧进行验电。

6 冷滑行试验及送电开通前，应有完善的应急预案、抢修工程列车和常用零配件工具。

7 在有感应电压的线路上（上、下行接触网不同时停电的区段）测量绝缘时，必须将另一条馈线同时停电后方可进行。雷雨时不得测量线路绝缘。

8 送电开通中发现接触网有异常情况时，巡视人员应及时通报附近车站电气化值班人员，同时通知牵引供电调度员及送电开通负责人并组织抢修。

9 试运行期间施工作业，变电所和接触网均应按停电作业程序进行。

10 牵引变电所、接触网的所有倒闸操作项目必须全部实行操作票或命令制度，在试运行期间均由牵引供电调度下令批准后执行。

12.3　牵引变电所过渡改造

12.3.1　牵引变电所过渡改造应按图 12.3.1 所示流程施工。

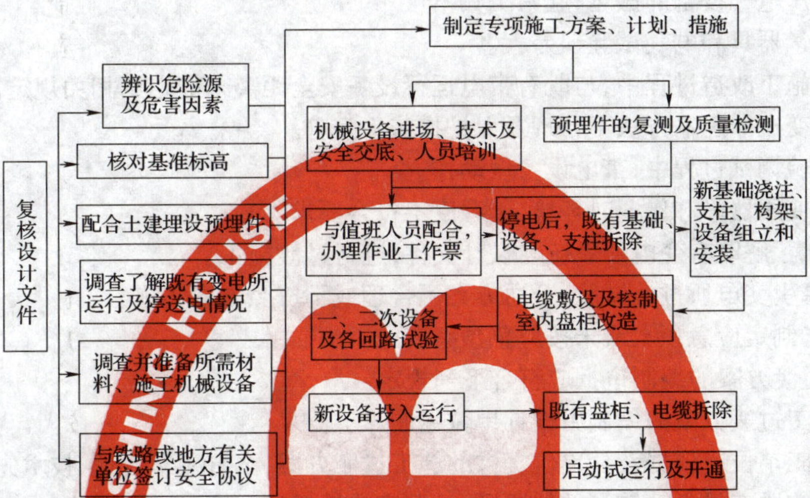

图 12.3.1　牵引变电所过渡改造施工流程示意图

12.3.2　牵引变电所过渡改造施工关键过程、技术与方法应符合表 12.3.2 的规定。

表 12.3.2　牵引变电所过渡改造施工关键过程、技术与方法

关　键　过　程	技　术　与　方　法
基础及构架	1. 执行本暂行规定第 12.1.2 条的有关规定； 2. 支柱、构架吊装技术； 3. 构架焊接组立技术
母线安装	软母线计算技术
主变压器运输、安装	1. 根据现场实际情况选择合适的运输安装方法； 2. 自锚滑行法； 3. 主变压器吊芯检查
断路器安装	分合闸操作行程调整
电缆敷设、盘柜安装	不间断供电，新旧盘柜更换技术
电缆敷设、盘柜安装	1. 热缩安装法； 2. 冷缩安装法； 3. 既有盘柜与新盘柜并行运行专项技术方案
电气设备安装	根据不同的设备和要求采取相应的安装方法
接地	执行本暂行规定第 12.1.2 条的有关规定
高压试验	交流耐压试验方法及设备合格判断
二次回路试验	保护定值整定、模拟保护动作
启动及送电开通	1. 启动及送电开通方案； 2. 开通方案的编制，新保护系统与既有保护系统同时运行技术

12.3.3 牵引变电所过渡改造施工应考虑下列主要危险源、危害因素：

1 临时用电管理不当。

2 基础开挖出现塌方。

3 人身、材料、工器具侵入有电区域。

4 高压电气设备的搬运、起吊工具不可靠。

5 计量器具和电气试验误差大。

6 在施工改造过程中，与既有带电运行设备安全距离未能达到相关规定。

7 主变压器运输方法不合理及保护措施不完善。

8 试验调试过程中，带电设备误动作。

9 主变压器吊芯作业时环境、干湿度不符合要求。

10 未了解既有变电所系统与设计文件，进行过渡施工。

11 牵引变电所过渡试验、开通方案不合理或不按照方案实施。

12 未制定应急预案或未按应急预案实施。

12.3.4 过渡方案的编制审批应符合下列规定：

1 施工过渡方案的编制由设计单位编制。

2 施工单位应依据设计单位提供的施工过渡方案，本着科学合理、技术先进、方案切合实际、影响既有设备动转最低的原则，编制实施性过渡方案。

3 开工前，应确认各项安全措施落实到位后方可实施。

12.3.5 基础及构支架更换应符合下列规定：

1 需更换回路的备用回路已具备送电条件；既有基础、构支架回路已停电，基础、构架上设备、跳线已拆除；既有基础、构支架已拆除。

2 杯形混凝土基础的强度达到设计值的50%以上并回填夯实后，方可进行立杆和二次灌注，达到设计值的70%以上时，方可进行上杆作业。

3 变电所的构、支架支柱宜采用吊车组立。吊装过程应进行监视，发现异常情况应立即停止作业。当采用人工组立时，各方向的晃绳应绑扎牢固，稳固电杆时晃绳应绑扎在牢固可靠的地锚上。

4 基础及构支架基础浇灌时，应根据需要添加早强剂等，满足设备安装及跳线时间要求。

12.3.6 母线安装应符合下列规定：

1 安装软母线前，应对已安装的设备及存放在现场内的设备和材料作好安全防护措施，并清理干净各种影响施工的干扰因素。检查构架横梁的安装工作应全部完成，所用工具及材料应齐全，各种工具应符合安全技术要求，构架基础应达到承载要求，构架横梁的焊接应良好，并牢固可靠。

2 安装母线时，应符合第12.2.4条的有关规定，严禁作业人员在横梁上直立行走。

12.3.7 电气设备安装应符合下列规定：

1 变压器运输安装

1）牵引变压器装卸和运输应调查了解道路及沿途桥梁、涵洞、沟道的结构和承重情况、电力架空线、通信线、装卸地点的环境、起重能力及地面坚实程度等，并制定施工专项技术安全方案。

2）充氮运输的变压器，应采用由器身底部放油阀向器身内部冲入新鲜空气的方式进行排氮。未经充分排氮前,工作人员不得进入器身内部进行作业。进入器身作业时,通风及照明设施应良好且接地可靠,并有专人监护。

3)充油运输的变压器,从器身向外排油时,在打开器身底部放油阀前,应首先打开器身顶部的任一法兰盖板或放气塞,防止器身内部形成真空而发生变形。

4)变压器运输到位进行芯体检查时,对于钟罩形结构的变压器,应将油箱吊起来,使芯部显露出来进行检查;对于密封式的变压器,应打开变压器身上的人孔,并进入器身内部进行检查。

5)变压器吊芯检查时,周围空气温度不宜低于0 ℃,器身温度不应低于周围空气温度,并宜高于周围空气温度10 ℃;空气相对温度应小于75%,器身暴露在空气中的时间不得超过16 h;空气相对温度或露空时间超过规定时,应采取相应可靠的防潮措施。雨雪天或雾天不应在室外进行器身检查。

6)检查工作全部结束,不再继续进行安装作业时,应及时向器身内进行油循环干燥处理,工作人员不得离开干燥现场,并应随时监视及控制干燥湿度;干燥现场不得存放易燃物品,并应配备消防灭火器材。

7)作业完毕并清点所有料具后,方可结束安装工作。

2 断路器安装

1)断路器吊装组合件时,应将两灭弧室铝帽处绑扎固定绳与吊绳联成一体,并遵守起重工作的各项规定。

2)进行少油断路器的调整、合闸时,调整人员应避开触头测量杆的行程范围。调整少油断路器弹簧长度及拉紧开关的储能和自动释放弹簧时,应使用专业工具。

3)安装或连接六氟化硫断路器的水平传动杆及保护管时,不得在操动机构储能且未闭锁的情况下直接连接。对六氟化硫断路器进行充气时,工作人员应戴口罩。

4)严禁在有压或储能状态下,对液压或弹簧储能机构进行拆装检查工作。测量检查断路器及其传动装置时,操作人员应避开开关可动部分的动作空间。

3 盘柜更换安装或增加盘柜

1)盘柜更换安装或增加盘柜施工,应遵守设备管理单位的有关规定,并对既有设备进行可靠防护。

2)施工单位进入施工范围应时,向设备管理单位值班人员递交当日工作单,明确责任人、施工范围、施工时间。施工人员应有安全技术交底记录。

3)施工单位应熟悉既有设备情况。

4)新设备与既有设备结合部位,应在设备管理人员的配合下,确认结合部位的实物与图纸相符。新增配线及拆除线均应标识清楚。

5)新盘柜安装时,应将二次电缆接至盘柜后,在停电点内将既有设备侧电缆拆除,新电缆接入设备进行试验,接入临时直流电源,对盘柜及设备进行联调,回路畅通无误后,方可投入运行。负载运行无误后,将既有电缆进行拆除,既有盘柜内回路全部退出运行后,盘柜可拆除,将新盘柜移至安装位置。

6)开关柜及配电盘安装固定前,应做好防止倾倒的措施。盘柜体就位之后,应及时焊接地脚螺栓,不得浮放。

4 其他电器设备安装

1）高压电容器安装前应对底座进行水平测量，保证每个绝缘子均匀分担重量。

2）吊装隔离开关应根据组装结构起吊时的重心，采用合适的绑扎方法。调整时，作业人员应避开开关触头的活动范围，并不得蹬踏传动杆。

3）阀型避雷器每节安装应固定牢固。在安装上部两节避雷器元件及顶上均压环时，安装人员应借助人字梯或搭设的简易手脚架进行安装工作。

4）开关柜及配电盘柜体就位之后，应及时焊接地脚螺栓，不得浮放。

12.3.8 电气试验应符合下列规定：

1 电气设备的绝缘性能试验时，被试物与环境温度不应低于 5 ℃，空气相对湿度不应大于 80%，遇有雷雨或 6 级以上大风时应停止高压试验。

2 对多绕组电气设备进行绝缘测试时，应对非被测试绕组进行短路接地。

3 测试连接线应使用绝缘导线。遇有受感应电压影响或在带电设备附近场所测量绝缘电阻时，应将产生感应电压的相邻带电线路停电。在带电设备附近测试应有专人监护。

4 高压试验现场应设有防护围栏或标志旗绳，并设专人监护。电缆试品两端应有专人防护并有可靠的通信联络。

5 高压试验时，试验人员不得少于 2 人，并应明确安全监护人及负责人。在带电区域附近作业时的安全距离应符合《铁路工程施工安全技术规程》（TB 10401.2）的规定。

6 因试验需要临时拆除设备连线时，在拆线前应作好标记，试验完毕恢复后应仔细检查，确认连接正确后方可投入运行。

7 在一个电气连接部分内，高压试验应由一个作业组且在一项设备上进行。试验装置的金属外壳应装设接地线，高压引线宜缩短，必要时用绝缘物支持牢固。

8 在施加试验电压前，操作人和监护人应共同仔细检查试验装置的接线、调压器零位、仪表的起始状态和表计的倍率等，确认无误且设备周围的人员均在安全地带后，经带班人许可方可加压；加压时，操作人应穿绝缘靴或站在绝缘垫上，操作人和监护人应呼唤应答；试验开始应自零电位开始升压，升压速度应均匀；严禁高电位合闸。加压前应对被试电气试验设备进行绝缘电阻测定，绝缘电阻不合格的设备，不得进行高压试验。

9 直流高压试验时，每告一段落或结束时应将设备对地进行放电数次，并进行短路接地。

10 通电试验过程中，试验人员不得中途离开。试验因故中断时应立即断开电源开关，并经放电、接地后方可进行检查。

11 用兆欧表测定绝缘电阻后或试验前，试验人员应对大容量设备进行充分放电，然后拆除试验接线，测试中需更换线及试验结束时，仍应进行放电，然后检查被试设备、清理作业地点。

12 电气试验结果应根据 GB 50150 进行综合判断，主控项目必须符合规定，非主控项目应进行综合分析判断后方可出具结论。

12.3.9 二次回路试验应符合下列规定：

1 二次回路传动试验时，应先将电压互感器二次接线与互感器断开，高压侧隔离开关打开。

2 电流互感器二次测试验结束后应做二次回路导通及接地完好检查。

3 电气设备做远方传动试验时,应有联络和就地应急操作处理措施。

4 在运行的系统中进行控制、保护等二次回路试验时,应在设备管理单位人员配合下进行。

5 试验结束后应对传动的回路进行恢复和检查。

6 保护回路的定值整定应按设计文件给出的保护定值进行整定,并按保护定值对保护装置的精度及保护出口动作的可靠性进行调试、试验。

12.3.10 启动试运行及送电开通尚应符合下列规定:

1 按照上级审批后的启动试运行及送电开通方案进行实施。

2 牵引变电所启动及带电前应进行下列项目检查:

1)所有开关均应处于分闸状态,在外部电源带电情况下进线隔离开关的内侧应加挂临时接地线,并锁闭该开关的操作回路。

2)检查测定所有变压器、电抗器的分接开关应在指定位置。断路器重合闸装置应退出运行。保护回路联片应连接良好。具有远动控制功能的变压器,所内的控制方式选择开关应根据开通方案的规定置于预定的控制位置。

3)启动前变压器、断路器的绝缘电阻应合格。

4)用于两侧(两回路)电源合相用的电压表、相位表、相序表及操作保护用具应齐备,并处于良好状态。

5)当对变压器进行5次冲击时,应注意观察电流值,监视保护装置动作情况,同时对带电设备应加强巡视。

6)以上检查结束后,所有人员应远离将要带电的设备。

3 牵引变电所试运行应符合下列规定:

1)变电所试运行期间应及时掌握设备运行情况,防止意外事故的发生。

2)值班人员应及时掌握并监视设备的运行状况,完成电力调度发布的各项倒闸操作命令,认真填写值班日志及各种运行记录;及时发现各种异常情况并能迅速准确处理,向电力调度报告情况,与运行无关的人员严禁进入控制室或设备区。

3)变电所试运行期间,值班人员应定时对投入运行的设备进行巡视检查,与设备或线路带电部分保持足够的安全距离,并不得进入高压设备的防护网栅内;雷雨天气必须巡视室外高压设备时,应穿绝缘靴、戴安全帽,并不得靠近避雷针和避雷器。

4)当变电所进线已带电时,应对进线刀闸的机构进行闭锁,不得进行传动试验。

5)在进行断路器远方传动试验时,开关操作机构必须设专人监护,并应设置有就地可停止远方传动的措施。

6)所有倒闸作业必须在电力调度命令下达后进行,遇有危及安全的紧急情况时,值班员可先行断开有关断路器或隔离开关,然后再向电力调度报告。再次合闸时,必须由电力调度下达命令后方可操作。

4 牵引变电所负载试运行应符合下列规定:

1)将空载运行的设备退出运行,恢复退出运行的控制与保护装置。

2)打开馈线断路器自动重合闸装置的连片,防止试运行初期发生意外事故时,断路器跳闸后又自动重合而可能扩大事故。

3)准备好接触网绝缘电阻测量工具及仪表。

5 牵引变电所负载运行应符合下列规定：

1）试送电时间应根据审批的作业计划时间确定。

2）送电过程中，在合闸操作的同时应注意观察馈线电流的指示，检查接触网有无异常情况。

3）电力机车上网运行后，在供电区段牵引负荷将逐步达到设计值，变电所将进行满负荷状态时，值班人员应及时抄录名项数据，作为竣工资料移交运营单位。

4）变电所负载运行后，应加强巡视检查工作。在变电所发生事故跳闸情况时，值班员向电力调试报告完毕后，应及时完成自检项目，保证再次合闸时成功。

5）馈线电容补偿装置改造完毕后，根据电调命令投入馈线电容补偿装置时，值班人员应加强对电容器组和电抗器等设备的巡视。

附录 A　施工临时道口防护备品

A.0.1　施工临时道口防护备品应符合表 A.0.1 的规定。

表 A.0.1　施工临时道口防护备品

顺　号	名　　称	单　位	单班数量		要　　求
			单　线	双　线	
1	信号灯	盏	2	2	置放于易取处
2	信号旗(红色)	面	3	3	置放于易取处
3	信号旗(黄色)	面	1	1	置放于易取处
4	火　炬	支	2	4	置放于易取处,标明出厂及试验日期
5	响　墩	个	6	12	置放于易取处,标明出厂及试验日期
6	口　笛	个	1	2	置放于易取处
7	短路铜线	根	1	2	自动闭塞区段(或站内)道口备用
8	防护杆	根	1	2	长 2 m,能插旗、挂灯
9	钟　表	台	1	1	
10	钢丝绳	条	1	1	长 5 m 以上,两端有套,能拉动机动车辆
11	撬　棍	根	1	1	
12	铁　锹	把	1	1	
13	活口扳手	把	1	1	
14	斧　子	把	1	1	
15	洋　镐	把	1	1	
16	竹扫帚	把	1	1	
17	克丝钳	把	1	1	
18	绳　子	条	2	2	栏杆故障时使用
19	照明灯泡	个	2~4	2~4	备用
20	信号灯泡	个	5~10	5~10	备用
21	对讲机	台	1	2	便携式无线列调电话
22	电　话	部	1	1	台式或移动,并附常用电话号码表

附录 B　施工防护信号备品

B. 0. 1　施工防护信号备品应符合表 B. 0. 1 的规定。

表 B. 0. 1　施工防护信号备品

防护备品及工具	单位	驻站联络员	工地防护员	端头防护员	中间联络防护员	备　注
红色信号旗(灯)	面		1	1	1	灯根据需要设置
黄色信号旗(灯)	面		1	1	1	灯根据需要设置
响　墩	个			3/6(一端)		根据需要设置
火　炬	支		1/2			根据需要设置
移动停车信号牌	块		2/4	1/2	1/2	根据需要设置
移动减速信号牌	块			1/2(每端)		根据需要设置
移动减速地点标	块		2/4			根据需要设置
作业标	块			2/4		根据需要设置
带"T"字移动减速信号牌	块			1/2		根据需要设置
对讲机(电话)	台	1	1	1	1	
短路铜线(自动闭塞区段)	根		1/2			
喇叭(号角)	个		1	1	1	
通话记录本	本	1	1	1	1	
笔	支	1	1	1	1	
上岗证、臂章	副	1	1	1	1	

注:1　表中"/"表示"一条线路上施工/两条线路上同时施工";

2　防护人员多人值班时,喇叭、信号灯、信号旗应按实际需要相应增加;

3　响墩和火炬每年至少做一次检定试验,不合格者及时更换;

4　速度大于 120 km/h 时,慢行施工配置带"T"字减速信号;

5　电力牵引区段施工,应配备 70 mm^2 回流线,其数量与长度根据需要确定。

本暂行规定用词说明

执行本暂行规定条文时，对于要求严格程度的用词说明如下，以便在执行中区别对待。

(1)表示很严格，非这样做不可的用词：

正面词采用“必须”；

反面词采用“严禁”。

(2)表示严格，在正常情况下均应做的用词：

正面词采用“应”；

反面词采用“不应”、“不得”。

(3)表示允许稍有选择，在条件许可时首先应这样做的用词：

正面词采用“宜”；

反面词采用“不宜”；

表示有选择，在一定条件下可以这样做的，采用“可”。

《改建既有线和增建第二线铁路工程施工技术暂行规定》条文说明

本条文说明系对重点条文的编制依据、存在的问题以及在执行中应注意的事项等予以说明。为了减少篇幅,只列条文号,未抄录原条文。

1.0.1　改建既有线包括区间、站场的铁路更新改造,增建第二线实际是增建并行线。

3.1.1　影响铁路行车或行车设备安全的施工范围参考了铁道部和一些铁路局的规定。影响铁路行车设备正常使用即被视为影响铁路行车设备安全。铁路行车设备包括铁通服务于铁路的通信设施。

铁路路堤坡脚、路堑坡顶向外延伸20 m范围内行车设备比较多,有地面设备,也有地下电(光)缆和各种管线。在此区域内施工发生挖断电(光)缆、撞坏接触网杆、压坏箱盒的事故几率较高。距离铁路行车线路中心200 m以外可能影响铁路行车的特殊施工包括爆破,曾发生过距离400 m以外爆破飞石砸坏铁路行车设施,酿成事故的教训,因此第2、3款对此作了规定。

第4款是指施工单位承担的铁路更新改造施工,不包含既有铁路设备管理单位施工的更改和大、中修及日常维修。

3.1.2　条文中合资铁路指铁道部管理的合资铁路,地方管理的合资铁路、外商管理的独资铁路列为地方铁路。厂矿企业自管的铁路属于专用铁路。与国家或地方铁路接轨并由铁路代管的属于铁路专用线。

铁道部现行《铁路营业线施工及安全管理办法》(铁办[2007]186号)规定的营业线施工定义是:"营业线施工系指影响营业线设备稳定、设备使用和行车安全的各种施工,分为施工作业和维修作业。"将施工等级分为Ⅰ、Ⅱ、Ⅲ三级。

Ⅰ级施工包括:

繁忙干线和干线封锁5 h以上、影响信联闭8 h以上的大型站场改造、新线引入、大型信联闭改造、大型电气化改造施工,大型换梁、上跨铁路结构物施工。

Ⅱ级施工包括:

(1)繁忙干线封锁正线3 h以上,影响全站(全场)信联闭4 h以上的施工。

(2)干线封锁正线4 h以上、影响全站(全场)信联闭6 h以上的施工。

Ⅲ级施工包括:

除Ⅰ级、Ⅱ级施工以外的各类施工。

此外,该文件明确了干线和繁忙干线。

一、繁忙干线

京哈、京沪、京广、京九、陇海(徐州—宝鸡)、沪昆(上海南—株洲)、津山、沈山、大秦、石太、侯月、新焦(新乡—月山)、新菏、兖菏、京包(大同—包头西)。

二、干线

滨洲、滨北(哈尔滨—绥化)、齐北(齐齐哈尔—富裕)、绥佳、牡佳(牡丹江—勃利)、滨绥、长图、沈吉、沈大、沈丹、平齐、长白、通让、大郑、丰沙大、京通、京承、京原、石德、北同蒲、南同蒲、集通、包兰、胶济、蓝烟、兖石、胶新、陇海(徐州—连云港、宝鸡—兰州)、符夹、阜淮、淮南、宁芜、皖赣、宣杭、萧甬、鹰厦、峰福、太焦(焦作—长治北)、焦柳、孟宝、宁西、汉丹、武九、侯西、宝中、宝成、西康、襄渝、阳安、沪昆(株洲—昆明)、湘黔、湘桂、黔桂、黎湛、广茂、广深(广州—东莞)、南昆、渝怀、川黔、成昆、成渝、兰新、兰青、干武、南疆、青藏线。

3.2.1 危险源、危害因素是客观存在的,同样的危险源、危害因素在不同情况、不同条件下所构成的风险、带来的安全后果可能有所不同。譬如卸道砟侵限,行车速度为 5 km/h 时,后果可能是使车列脱线;但车速如果在 200 km/h 以上,则后果极有可能是颠覆。因此,辨识危险源后必须进行风险综合分析和评估,以确定其风险级别,从而使风险得到控制。

3.2.2 风险评价的方法较多,本暂行规定按低、中、高三个级别进行分类,规定了不同的控制和防范办法。应当注意的是,某些情况下风险级别是随着条件转移变化而变化的。控制风险除应宣传教育,制定方案、措施和计划外,还必须落实,只有落实到位才能有效果。

3.4.5 施工安全协议书签订、审查规定系引自《铁路营业线施工及安全管理办法》(铁办〔2007〕186 号)。

3.5.1 对项目经理、副经理、总工及安全、质量等主要负责人培训的要求系引自《铁路营业线施工及安全管理办法》(铁办〔2007〕186 号)。

3.5.2 施工单位的安全员、防护员、爆破员、带班人员和工班长必须经过铁路局有关部门培训要求系引自《铁路营业线施工及安全管理办法》(铁办〔2007〕186 号)。

3.6.2 专项施工技术方案是根据《铁路营业线施工及安全管理办法》(铁办〔2007〕186 号)中要求的施工方案制定的。列车运行条件实际应包括施工要点作业准备、作业过程、作业结束后开通不同阶段的列车运行条件,有些情况下还需要说明铁路行车设备不同阶段的状态或情况。

3.6.4 《铁路营业线施工及安全管理办法》(铁办〔2007〕186 号)对繁忙干线施工申请计划及繁忙干线和干线分界口停运申请计划的编制、申报有严格的时限要求,各铁路局对施工要点申请计划申报也有时限要求。施工单位必须提前申报施工要点申请计划,才可能被安排施工。各铁路局规定的申报时限可能不同,施工单位在施工调查阶段应该了解清楚。

4.1.1 本条是根据《铁路技术管理规程》(铁道部令第 29 号)、《铁路营业线施工及安全管理办法》(铁办〔2007〕186 号)和《铁路 200 ~ 250 km/h 既有线技术管理办法暂行办法》(铁科技〔2007〕61 号)制定的。

考虑到铁路全封闭区段行车速度一般都不小于 120 km/h,如设置施工临时道口,需设置看守和安装报警装置,行车安全风险较大,因此条文明确了“铁路全封闭区段不应设置施工临时道口”的要求。

4.1.2 本条是根据《铁路 200 ~ 250 km/h 既有线技术管理办法暂行办法》(铁科技〔2007〕61 号)制定的。

4.2.3 大型施工机械和车辆是铁路既有线施工安全管理的重点,也是薄弱点,近几年因大型机械和运送材料车辆酿成的铁路事故比较多,因此除了安全教育外,还规定了"一机一人"监护。

5

本章是根据《铁路技术管理规程》(铁道部令第 29 号)、《铁路工务安全规则》(铁运〔2006〕177 号)有关规定制定的。

6.1.9 条文中"三阶段"是指:准备阶段、施工阶段、整修阶段。

"四区段"是指:填筑区段、平整区段、压实区段、检测区段。

"八流程"是指:

(1)填石路段:施工准备、填料试验、底处理、分层填筑整平、振动碾压、检测签证、路面整修、边坡整修;

(2)填土路段:施工准备、基底处理、分层填筑、摊铺整平、洒水晾晒、碾压夯实、检测签证、路基整修。

6.3.6 爆体覆盖是防止爆破飞石必要和有效防护措施。由于爆破现场地质条件的复杂性、火工器材质量的局限性,即使采用了控制孔网参数和爆破药量等控制爆破方法,爆破时仍有可能产生爆破飞石,特别是一些特殊炮孔,因钻孔偏差造成抵抗线变化、抵抗线量测不准、爆体含软硬夹层、堵塞不良等原因,极易造成飞石危害。爆体覆盖及材料一般按照下列原则确定:

(1)覆盖材料应具有一定的面积、重量、强度和弹性、柔性,应易于搭接和搬动。

(2)爆破前进行全表面(包括各临空面)覆盖。

(3)一般爆体采用二层覆盖,即先密铺一层草袋,其上压一层胶管帘或 10 mm 厚橡胶皮。

(4)炮口覆盖采用三层,在二层覆盖之上用土袋装土压口。

(5)管帘应采用搭接的形式。爆破(台阶)顶面上覆盖的胶管帘搭接长度大于 15 cm,胶管帘纵向与同一起爆段别的炮孔连线平行,并按后爆孔先盖的原则进行搭接覆盖。

6.5.6 注浆压力控制的好坏是注浆成败的关键。提高注浆压力有利于浆液扩散,但是压力超过边界条件允许的范围,会引起地面和结构物的变形和破坏。所以,压力应控制在边界条件允许的最大注浆压力范围内。

允许注浆压力可以通过试验获得,也可以根据经验公式确定。一般情况下,最大允许注浆压力约为覆盖层土压力的 1 ~ 2 倍。

7.1.4 挖孔桩施工爆破后和放置一段时间后,送风、排尘、换气的时间和挖孔深度有关系,一般来说孔挖得越深时间应该越长。通常挖孔使用鼓风机直接将风送到孔底,孔内污浊空气从井口排出。挖孔完毕,在检查时也应执行本暂行规定。曾经有工地技术人员下孔检查出了事故,未采取措施即下人,之后没能再上来。可见挖孔过程不仅仅是护壁重要,换气通风同样不可轻视。

7.2.6 线路架空设计方案涉及行车安全,需通过检算确认其安全可靠。报请审查批准时,应一并上报计算资料。由于用轨束梁架空安全风险比较大,条文中明确了扣轨、吊轨束梁不得用于线路架空,这也是铁道部的规定。

架空支点强调最底层枕木垂直铁路放置是为了减小挖土坍塌对支点的影响。

架空设备安放顺序支点→纵梁→横梁是基本程序，不可颠倒，以横向受力为主的架空也应遵守，因为纵梁一般比较强大，横梁安装后，力立即传递给纵梁，有利于安全。

线路架空的检查实行趟检制也是多数施工单位多年经验的总结，因为每过一趟车，垫木、螺栓都有可能松动，规定趟检是必要的。

7.2.7 顶进箱形桥，在箱顶有一定覆土厚度情况下，出现抬头不仅可能而且已经发生过。上有覆土顶进时，关键是顶镐布置，不能沿袭顶无覆土的情况下在底板一线摆布，顶板、底板应该对称布置顶镐，以消除顶进体系力偶的影响，防止抬头。

扎头过大治理，抬起箱身后，底板下可用砂填充，用打风机吹砂以前有所采用，但效果一般不太好，施工中扬尘也大，用泵送砂浆方法能有效克服风送的缺点。

7.2.8 在铁路附近施工处处是风险，使用吊车休息、收工后把大臂收回是万全之策，曾经有吊车张开大臂，中午休息未收回，被大风吹翻在电力牵引线路上的典型事故案例。

7.3

过渡便桥与线路架空性质和使用功能相当，但便桥是在没走车情况下先做好再通车，显然，按照设计施工是最基本的。

7.4.3 上跨铁路的构筑物类别比较多，施工方法也比较多，作为施工规定，只能规定程序，不可能面面俱到，一一介绍。但无论采用哪种形式跨越，都需要制定可靠的专项施工技术方案。

7.4.7 转体、挂篮、拖拉、顶推、悬臂拼装都是重要施工，方案的可靠性应经过充分论证。同时，应有应急预案予以最后保证。

7.7.4 使用大型汽车吊换梁应事先安排好新梁、旧梁放置位置，同时还要符合吊车回转半径与吊重要求，需要仔细规划。

8.1.4 受既有铁路建筑物、地形、地质的限制，在某些特殊地段，两隧道间的线间距较小的情况下，新建隧道的施工技术措施应保障既有隧道的安全和新建隧道的正常施工。

火雷管起爆易产生缓爆、速爆、瞎炮等问题，最后一炮响后 20 min 才能进入现场检查，无法适应行车线对时间的准确要求；电气化区段的强烈感应电流会使电雷管引爆，很不安全。

8.2.4 改建施工准备工作主要有：

(1)测定改建隧道的中线、水平和新旧建筑物的相互关系，并设置固定桩位，以简化施工中间的测量工作；

(2)编制施工组织设计，做好场地安排，以便充分利用施工中的有效时间；

(3)架设通信线路，加强施工调度及有关单位的联系；

(4)铺设必要的临时平交道、岔线、会让站，为施工运输创造条件；

(5)根据外来料情况，提出车辆申请计划和区间小运转列车计划；

(6)备好施工料具、防护材料、信号标志和必要的养路工具及备用轨、枕、配件等；制作隧道施工限界检查架。

8.2.6 隧道改建时，应根据改建的实际情况在隧道、车站设立联络员，在隧道两端及施工现场设立防护员和安全员，并根据安全需要架设通信设备，以确保施工安全。

8.2.8 隧道改建采用喷锚支护可最大限度地提供作业空间，减少与行车的干扰。采用环形支撑时，拱部的支柱与纵梁间距视围岩压力而定，可按马口支撑的形式架设。多线拱架跨度大，架设时由于受下部行车影响的限制，左右支点受力不易平衡，故需用支撑加强。

8.2.9 预裂爆破可以减少对原衬砌的破损。对钻爆围岩的要求，目的是控制各部位每次石砟爆落量及块度，以便在行车间隙或封锁时间内能处理完毕。

8.2.12 临时建筑设施，指施工时安装的风、水、电管线路，装卸设备，钢架及其顶部设置的固定脚手平台，带有走行轮的常备式台车，洞外施工岔线等。改建施工用的脚手平台有：

(1)设在有成组拱架的顶部的脚手平台；

(2)在施工限界以外设置的固定脚手平台；

(3)施工量大的地段采用带有行走轮的各式台车；

(4)地形许可时，在洞外铺设岔线设置移动式高架台车。

9.1.4 轨道拆除施工方法的选择，应首先考虑采用将轨道分段解体，整体移出的施工方法，以缩短封锁线路时间。但在以下情况时，可以采用散拆施工方法：

1)插入或更换道岔时，岔位以及岔位前后需拆除的线路；

2)只需更换钢轨的线路；

3)路基、道床升级改造施工的线路；

4)条件允许时，其他封锁时间较长的线路，如次要的站线、专用线等线路。

9.1.5 线路整体轨排拆除、预铺轨排插入线路施工时，施工总指挥应提前组织技术人员、现场作业人员、安全人员、驻站联络员对轨排行进路线进行详细的调查，做到省时、省力、安全推移。如果需要跨越未封锁轨道时，技术人员应在要点方案中明确跨越股道名称、时间，至少在请求封锁施工电报上明确，要点时驻站联络员应将内容在车站进行登记。如果需要跨越既有行车设备时(电缆盒、信号机等)，应提前和设备管理单位进行沟通和协商，对行车设备采取点内暂时掩埋、降低标高、搭设枕木等保护措施，跨越结束后，点内必须恢复，保证点毕开通后行车设备安全使用。在跨越过程中应通知设备管理单位人员在现场指导作业，出现问题可以及时处理。

9.1.7 封锁线路散拆的轨道配件应注意回收，主要是为了防止线路配件丢失或让闲散人员拣起以后放在线路上危及行车安全。

9.2.11 线路前后配轨一般应在点内进行，以避免由于温度发生变化或计算错误发生在点内产生联结钢轨困难的现象，而且目前锯轨、钻孔机具比较先进，点内配轨不会延误封锁时间。

9.4.5 更换普通线路钢轨时，一般每次更换长度宜控制在 150 m 范围内，在点前一天和点内封锁时间相同的时间里将提前散布的钢轨用夹板联结，轨缝根据联结时的温度和联结钢轨长度确定，点内准备好锯轨、钻孔机具进行两端联结的临时配轨，这是更换普通钢轨比较适用的方法。如果单轨更换，封锁点内将花费较多的时间联结钢轨，发生每根钢轨联结配合协调不一致时，将会出现瞎缝或联结困难的情况。因此，不宜采用单轨更换、点内联结的施工方法。

9.4.7 更换道床施工前，需要重点调查道床板结程度，以确定点内施工采用机械挖砟还是人工挖砟为主。更换道床数量较大、线路较长、道床板结严重应采用机械挖砟为主，辅助人工配合挖砟。挖砟机械以选择 0.5 m^3 以下的挖掘机为宜，便于操作。道床板结特别严重时，可用风镐掘凿。

10.1.4 既有行车线路上增设、更换道岔，一般先预铺，再封锁线路、成组移至正确位置。

道岔预铺是增设或更换道岔的重要环节。新建铁路不受行车条件限制，一般情况道岔均可在设计位置上直接铺设。铁路既有线行车线路，一般不具备长时间封锁行车直接在设计位置铺设道岔的条件，为保证道岔铺设质量、行车安全，减少封锁行车的时间，降低施工与行车间相互干扰和影响，只能选择先在设计位置以外适当场地预铺道岔。道岔先预铺，再封锁线路，成组移至正确位置，目前在国内铁路既有线改扩建、大修等施工中应用广泛，是较为适合我国情况的一种铺道岔方式。道岔由工厂组装、专用运输车运送至现场，再由铺岔机卸车机械铺设，目前在国内尚未成为既有线铺设道岔的主流作业方式。20 世纪 80 年代以前，国内既有线道岔铺设一直沿袭着先限速慢行、抽换枕木，再封锁线路、联结道岔金属部分、安装扣件、零件、转辙装置的传统作业方式，到 90 年代铁路主要干线铁路启动提速工程后，随着混凝土枕道岔越来越多被采用，换枕直铺这一传统作业方式已逐渐被淘汰。

有条件在预铺场地或附近卸车的，应就近卸车，以减少搬运工作量。道岔装卸、搬运要避免损伤道岔轨料、岔枕和造成零部件丢失。工厂组装的道岔零部件在现场拆散再组装质量不易达到出厂标准，必须重新组装的，重新组装后应按出厂质量标准重新检验。

10.1.7 提前安装、调试道岔转辙设备和外锁闭装置、轨道电路和绝缘接头等设备的目的，是为了节省封锁点内电务作业占用时间和保证道岔整体施工质量。

10.2.6 在未封锁线路内穿插滑轨可能侵限，也容易在穿插过程中造成轨道电路短路，危及行车安全，因此条文明确了“不应向未封锁线路内穿插滑轨”的要求。

10.2.7 成组拆除道岔要事先准备滑道（轨）、滑轮，封锁开始后用齿条起道机将道岔起高，穿入滑道（轨），安好滑轮，以人工推拉方式将道岔整体移出线路，此方法工序简单、省时省力、安全度高、道岔零部件不易丢失，应优先采用。滑轮是成组移动道岔不可缺少的工具，制备时，应以满足承载能力不小于 8 t、宽度能放置于两枕间、长度与枕木宽度相当、高度不超过枕木、重量不超过 50 kg（一个人能搬动）、双轮、有轮缘为宜。每组 12 号混凝土枕道岔可设置 6 ~ 7 道滑道（轨）和 6 ~ 7 组（每组 2 个）滑轮。封锁施工应有备用滑轮，需纵向经过道岔时，宜采用单轮缘滑轮，以保证能顺利通过所经道岔的转辙轨和辙叉。

道岔拆除（包括插铺、更换）后，如果轨道方向、标高保持不变，应在拆除前做好线路方向、标高控制测量，双线地段可按道岔直股工作边每 4 ~ 7 m 间隔，将线间距、轨顶标高量测后标记在邻线钢轨上，单线地段应按同样间隔在路肩上打控制桩，以便封锁点内整正整平道岔时用。

滑道（轨）设置不平行、不等高，推移过程中容易发生滑轮掉道、滑轨倒塌等情况，任一滑轮掉道或滑轨倒塌，都需停止推移，重新安装或整正，造成时间延误。

人工抬运混凝土长岔枕一般每组人数不少于 8 人。使用吊车吊运拆除长岔枕应事先筹划、布置好吊车位置，提前进场，入位、定位时不得影响行车和侵入邻近线路的限界，跨线进入应提前修筑通道，要点进入。

10.2.8 破底挖砟是道岔拆除封锁施工耗费时间较多的工序之一，特别是道床板结严重情况下，在限定短时间内完成，通常可选择使用 1 台或多台挖掘机进行开挖，12 号及以下道岔一般至少需要一台挖掘机，18 号及以上道岔应用两台及以上挖掘机同时进行开挖。人工开挖应配备镐头、铁锹、钢杈等工具，遇到道床板结严重时，可使用电镐掘凿。

既有线改造中，既有道岔范围的道床污染、板结程度不尽相同，应提前联系工务整修部门，了解情况，以便有针对性地准备和选择适宜的破底挖砟方法。由人工进行破底挖砟时，必须组织充足的劳力和配备适宜的工具，轮番作业。道床板结严重时，宜用风镐掘凿。

10.3.9 以齿条式起道机落岔时，禁止“放炮”。

以“砂袋法”落岔，可按4～6 m间隔设置支点，砂袋应装填干粗砂，每袋重量不宜超过50 kg，并以多层平卧方式摆放为宜，用齿条起道机先将道岔抬高，设好枕木头保险支点，拆除滑轮、滑道、保险支点后，使道岔落到砂袋支点上，再划破砂袋，使砂子流出或掏挖出，道岔自然落底。

以“气装法”落岔，一般每两只为一组对称布置，所有气袋应集中控制，道岔推移入位后，将事先准备好的空压机、风管路与气袋连接后充气，使气袋顶起道岔，拆卸滑轮、滑道后即可放气使道岔落底。

以门式起道机落岔，事先布置并固定在预铺的道岔上，随道岔一同被推移入位后，操纵机械式起道机抬高道岔，拆除滑轮、滑道后，即可再操纵起道机使落岔落底。

10.3.10 使用齿条式起道机歪顶斜抬时，应事先准备薄木片，用以支垫于起道机底座一侧（支垫起道机的枕木头应靠紧移动方向的枕木），数十台起道机一起顶抬，即可促使道岔向调整端移动。此法应注意的是，每安装一次起道机，可使道岔移动距离仅0.15 m左右。当调整距离较长、起道机底座抵住后侧枕木时，应及时换撬，不能使道岔继续移动。

木枕道岔可直接组织人工用撬棍拨移调整纵向位置。人工借助滑板拨移混凝土枕道岔调整纵向位置时，滑板可用两层厚度5～8 mm钢板组成，两层钢板之间涂以黄油，并在安放落岔砂袋支点时设置在砂袋顶，道岔落底后即可进行纵向拨移调整。

人工借助小纵移轮拨移混凝土枕道岔调整纵向位置时，应提前制作小纵移轮（12号提速型道岔一般需要五对），道岔落底时，将小纵移轮布置开安装在枕木底，即可进行纵向拨移调整。

11.2.4 条文中“三不动”是指：未联系登记好不动；对设备的性能、状况不清楚不动；正在使用中的设备不动（指已办理好进路或闭塞的设备）。“三不离”是指：设备有异状，未查清原因不离；影响设备正常使用未修复不离；工作完后，未试验好不离。

11.2.9 条文中TDCS是指列车调度指挥系统，CTC是指分散自律调度集中系统（调度集中设备），CTCS是指中国列车运行控制系统（列控系统）。

12.1.4 随着铁路正线速度目标值的逐步提高，路基稳定性越来越要求高，电缆线路过轨势必对对路基稳定造成一定影响。为了将影响降到最低，采用顶管顶进施工技术是行之有效的方法。

12.2.2 在既有线上新建电气化或电气化扩能改建项目，受施工与行车干扰矛盾的影响，往往封锁时间满足不了传统架线作业固定时间要求，不可避免地造成对既有线行车的影响。为降低施工对既有线运营的影响，在接触网承力索或导线一个锚段架设作业过程中，分两阶段进行，把原来架线调整作业项目部分提前进行，有效扩大作业范围，缩短半个锚段的调整时间，具有较高的社会、经济、技术效益。

12.2.5 本条第4、6款系根据铁道部《接触网安全工作规程》（铁运〔2007〕69号）第六章相关规定制定的。

12.2.7 铁道部1998年以来以电报通知的形式明令禁止装载在平板车上的各类吊车在既有线上立杆作业。除上述形式的施工吊车外，施工单位使用其他形式的作业车及上线运行的吊车，也需要到铁道部有关主管部门的认可和批准。

12.2.8 采用计算机计算软横跨、支柱装配各部尺寸，吊弦长度，速度快、准确，可一次安装到位，符合设计要求，保证工程质量和施工安全，故本条规定软横跨、支柱装配、吊弦长度计算宜采用计算机计算。

12.2.10 本条第9款是根据《铁路营业线施工及安全管理办法》(铁办〔2007〕186号)第24条制定的。

12.3.10 送电开通是牵引供变电系统进行全面检验的一项工作，完全按照正规运行方式进行，故所有操作命令一律由电力调度部门发布，变电所值班人员必须按调度命令操作，无权自行操作，以达到统一指挥的要求。

在起动试运行期间，设备尚处于不稳定状态，值班人员应加强巡视，观察、细听设备的状态和声响，以便及时发现问题，采取措施，并应及时做好记录。

牵引变电所起动试运行时，接管单位派员参加，以使他们尽快熟悉和掌握所内操作要点，有利于今后接管运营。

中华人民共和国行业标准

铁建设〔2008〕133号

客货共线铁路工程
竣工验收动态检测指导意见

2008—07—28 发布 2008—07—28 实施

中华人民共和国铁道部 发布

前　　言

本指导意见根据铁道部《关于印发〈2008年铁路工程建设标准编制计划〉的通知》(铁建设函〔2007〕1374号)编制。

本指导意见在编制过程中,依据《铁路建设项目竣工验收交接办法》(铁建设〔2008〕23号)及相关规定,借鉴了国内外有关标准,吸纳了铁路提速中取得的实践经验,充分体现了客货共线铁路工程的技术特点和要求。

本指导意见共分7章,其主要内容包括:总则、术语、检测及评价程序、基本规定、常规检测、专项检测、检测报告等,另有1个附录。

在执行本指导意见过程中,希望各单位结合工作实践,认真总结经验,积累资料。如发现需要修改和补充之处,请及时将意见及有关资料寄交中国铁道科学研究院(北京市西直门外大柳树路2号,邮政编码:100081),并抄送铁道部经济规划研究院(北京市海淀区羊坊店路甲8号,邮政编码:100038),供今后修订时参考。

本指导意见由铁道部建设管理司负责解释。

本指导意见主编单位:中国铁道科学研究院。

本指导意见参编单位:中铁二院工程集团有限责任公司。

本指导意见主要起草人:宣　言、王　澜、刘增杰、常荣生、刘秀波、韩通新、禹志阳、王惠生、张千里、陈松林、杨宜谦、马　筠、马伟斌、郝有生、焦大化、喻　渝。

目　　次

1 总 则

1.0.1 为统一客货共线铁路工程竣工验收动态检测程序、内容、技术标准和方法,依据《铁路建设项目竣工验收交接办法》(铁建设〔2008〕23 号),制订本指导意见。

1.0.2 本指导意见适用于时速200 km及以下新建客货共线标准轨距铁路的工程竣工验收动态检测。

1.0.3 动态检测工作应依据《铁路建设项目竣工验收交接办法》(铁建设〔2008〕23 号)组织实施,在铁路建设项目静态验收合格以后的动态验收过程中进行。

1.0.4 动态检测包括常规检测和专项检测,具体检测项目在动态验收实施方案中确定。

1.0.5 动态检测除应符合本指导意见外,尚应符合国家现行有关强制性标准的规定。

2 术　　语

2.0.1　动态检测　dynamic inspection

为检查工程在规定速度范围内的工作状态，确定其功能和性能是否达到设计要求和相关技术标准的规定，在检测车或实车运行条件下进行的检测工作。

2.0.2　常规检测　routine inspection

常规检测是动态检测中一般应进行的检测项目，主要包括线路、接触网、通信、信号等系统。

2.0.3　专项检测　special inspection

对于铁路工程中某些特殊工点、特殊结构、新结构等特定工程设施以及运营条件变化时，为准确评价其功能和性能，根据需要进行的检测项目。

2.0.4　实车检测　field test

按照实际运营列车情况对列车进行配重和编组，检测在列车作用下基础设施的安全性、可靠性以及列车运行的平稳性、舒适性等。

2.0.5　检测车　inspection train

指轨道检查车、接触网检测车、电务检查车等专业检测车或综合检测列车。

3　检测及评价程序

3.0.1　动态检测的主要工作程序为：研究制定动态检测方案、实施动态检测、整理与分析数据、提出整改建议、编制检测报告等。

3.0.2　动态检测方案应包含：检测区段、实车和检测列车编组、检测速度、检测内容、检测仪器、测点布置、检测条件及要求，安全作业以及应急处理措施等。方案应经批准后实施。

3.0.3　动态检测完成后，承担动态检测的单位应及时编写检测报告，作为工程验收的依据之一。

3.0.4　对检测出的不合格项目，应分析原因，提出整改建议，整改完成后应进行相应项目的复测，并在检测报告中如实记录复测结果。

4 基本规定

4.0.1 各专业检测项目和评定标准可依据各专业实际情况按不同速度等级确定。

4.0.2 动态检测时的列车速度应由低向高逐级提速进行。实车最高检测速度应达到设计速度的110%。实车检测时,若某一速度级的安全指标超限,必须在采取整改措施、安全指标达标后方可继续试验,否则严禁进行更高速度级的检测。

4.0.3 接触网几何参数检测评价的检测速度应符合接触网设计速度的要求,接触线平顺性和弓网受流性能检测应以接触网设计速度的检测结果进行性能评价,以110%设计速度检测接触网状况。轨道状态检测中轨道几何状态检测评价指标的检测速度应符合相关检测项目的最低速度要求。车辆动态响应检测应按线路设计速度的110%进行评价。其他专业应以相应专业设计速度范围的动态检测结果来评价其性能和功能,评价性能储备的检测速度根据专业特点确定。

4.0.4 专项检测项目中,需要预埋传感器的检测项目应提前在设计及施工期间做好准备工作。

4.0.5 动态检测所用方法和设备应符合相关标准的规定,所用仪器、仪表应状态良好,并在计量检定有效期内。检测取得的资料应真实、可靠,评价应实事求是、客观公正。

4.0.6 动态检测应采用检测车和实车进行检测,检测车、实车应处于正常使用状态。实车检测前,基础设施必须经过检测车检测,确保状态合格。

4.0.7 检测车和实车的运行,必须符合国家、铁道部相关铁路运营规章制度的规定。

4.0.8 检测单位必须制定安全作业规则与安全措施,参检人员均应严格遵守有关安全规则,以确保检测安全。

4.0.9 动态检测报告的内容应全面完整,评价结论应明确清晰。

5 常规检测

5.1 线 路

5.1.1 线路动态检测包括轨道几何检测和车辆动力响应检测。检测项目应包含下列内容：

1 轨道几何检测项目，包括高低、轨向、轨距、水平、三角坑（扭曲）等。

2 车辆动力响应检测项目，包括车体纵向、横向和垂向加速度，转向架构架和轴箱的横向和垂向加速度，车体横向加速度变化率，轮轨垂向和横向作用力，脱轨系数、减载率和轮轴横向力等。

相应检测结果应符合表 5.1.1—1 ~ 表 5.1.1—4 的规定，未具体规定检测标准的应符合设计要求及相关技术标准。

表 5.1.1—1 轨道状态幅值评价允许偏差管理值

线路速度等级（km/h）	$v \leqslant 120$	$120 < v \leqslant 160$	$160 < v \leqslant 200$
轨距（mm）	$^{+8}_{-6}$	$^{+6}_{-4}$	$^{+4}_{-3}$
水平（mm）	8	6	5
基长 2.5 m 三角坑（mm）	8	5	4
高低（mm）	8	6	5
轨向（mm）	8	5	5
车体垂向加速度（m/s^2）	1.0	1.0	1.0
车体横向加速度（m/s^2）	0.6	0.6	0.6

注：1 车体加速度、高低和轨向偏差为 1.5 ~ 42 m波长范围空间曲线计算零线到波峰的幅值；
2 水平限值不包含曲线按规定设置的超高值及超高顺坡量；
3 三角坑限值包含缓和曲线超高顺坡造成的扭曲量；
4 车体垂向加速度幅值评价采用20 Hz低通滤波，车体横向加速度幅值评价采用10 Hz低通滤波；
5 避免出现连续多波不平顺和轨向、水平逆向复合不平顺；
6 线路在部分限速区段仍按该线路设计速度等级指标评价。

表 5.1.1—2 动力学运行安全性（稳定性）指标评判标准

项 目	标 准
脱轨系数 Q/P	$Q/P \leqslant 0.80$
轮重减载率 $\Delta P/\overline{P}$	准静态 $\Delta P/\overline{P} \leqslant 0.65$
	动态 $\Delta P/\overline{P} \leqslant 0.80$
轮轴横向力 H（kN）	$H \leqslant 10 + P_0/3$
构架横向加速度	采用 10 Hz 滤波处理，峰值连续振动 6 次以上大于等于10 m/s^2 为不合格

注：表中 Q 为轮轨横向力；P 为轮轨垂向力；$\overline{P}$ 为平均静轮重；P_0 为静轴重；ΔP 为轮轨垂向力相对平均静轮重减载量；H 为轮轴横向力。

表 5.1.1—3　动力学运行平稳性指标评判标准

优	良　好	合　格
<2.5	2.5 ~ 2.75	2.75 ~ 3.0

表 5.1.1—4　长波高低和轨向不平顺允许偏差管理值

项　　目	160 km/h < v ≤ 200 km/h（1.5 ~ 70 m 空间曲线的零/峰值）
高低（mm）	6
轨向（mm）	6

5.1.2　轨道状态动态检测评价可采用局部幅值评价和区段状态评价两种方法。区段状态评价包括轨道几何标准差、轨道质量指数（*TQI*）、轨道不平顺谱、车辆平稳性指标等。

5.1.3　轨道几何和车体加速度幅值每公里出现超过允许偏差管理值应为不合格；动力学平稳性和稳定性指标在每个速度级应满足指标评判标准。

5.1.4　线路状态动态检测数据处理方法应符合下列规定：

1　连续检测和记录检测数据，应根据检测波形和线路设备台账信息编辑检测数据，剔除检测数据中的异常值。

2　对检测数据应按幅值和区段进行评判。其中，幅值评价应按每公里幅值超过允许偏差管理值个数对线路进行验收。

3　动力学平稳性和稳定性指标检测、处理和计算方法应符合《铁道车辆动力学性能评定和试验鉴定规范》（GB 5599）的相关规定。

5.2　接 触 网

5.2.1　接触网动态检测应对弓网动态受流质量以及接触网运行的安全性、可靠性进行检测。检测项目应符合下列要求：

1　接触网几何参数，包括接触线高度、接触线坡度、拉出值、接触线相互位置（锚段关节、线岔、分相关节等断面），应符合客货共线铁路设计要求或相关技术标准的规定。

表 5.2.1—1　接触线平顺性检测标准

速度等级（km/h）	<160	160 ≤ v < 200	v = 200
硬点（m/s^2）	<490	<490	<588
$2A$（mm）	<200	<150	<150

注：硬点检测值超过标准值跨数应小于检测总跨数的 0.5%。

2　接触线平顺性指标，包括硬点（垂直加速度）、一跨内接触线高差 $H_{max} - H_{min}$（$2A$），宜符合表 5.2.1—1 的规定。

3　弓网动态接触力指标：

最大值（N）：$F_{max} = F_m + 3\sigma$

最小值（N）：$F_{min} = 20$

平均值（N）：$F_m \leq 0.00097v^2 + 70$

标准偏差（N）：$\sigma \leq 0.3 \times F_m$

式中，v 为检测速度（km/h）。

4　燃弧应符合表 5.2.1—2 的规定。

5　定位点处的接触线动态抬升量（ΔH）应符合表 5.2.1—3 的规定。

5.2.2　接触网动态检测方法应符合下列规定：

1　接触网动态检测应采用综合检测列车或接触网检测车或通过安装在实际运行受

电弓上的检测装置,按规定的检测速度对接触网的几何参数、弓网受流参数和接触线的平顺性进行检测。

表 5.2.1—2 燃弧检测标准

最大燃弧时间	燃弧率	燃弧次数
<100 ms	0.14%	1 次/160 m

表 5.2.1—3 接触线抬升量(定位点处)检测标准

速度等级(km/h)	<160	$160 \leqslant v \leqslant 200$
ΔH(mm)	100	120

2 定位点处的接触线动态抬升量可采用综合检测列车进行检测,接触网的主要断面(定位点、跨中、锚段关节、线岔)的测量可采用地面测量方法。

5.2.3 接触网动态数据处理方法应符合下列规定:

1 接触网检测数据的统计分析按接触网的一个跨距为统计分析步长,检测设备应具有统计数据实时显示和储存、信号波形显示、图像显示、数据和波形回放功能。

2 定位点处的接触线动态抬升量采用综合检测列车测量时,应通过静态、动态条件下测得的两条接触线轨迹进行比较计算获得。

在地面测量时,可采用图像处理法或位移传感器测量法测试各断面的接触线振动波形,分析振幅最大值和振动频率。

5.3 信 号

5.3.1 信号系统动态检测应对列车运行控制系统(以下简称列控系统)车载 ATP 功能、列车运行监控记录装置(以下称 LKJ)功能、主体化机车信号车载设备功能和地面等相关设备功能进行检测,检测项目应符合下列规定:

1 列控系统车载 ATP 的功能要求:

1)车载设备应工作正常;
2)连续信息应可靠接收;
3)点式信息应可靠接收;
4)车载设备工作模式及模式转换正确;
5)制动输出、防溜逸功能正确,无异常制动、异常不制动;
6)级间转换功能正确;
7)载频切换与锁定功能正确;
8)测速、测距、位置校正功能符合相关铁路行业技术标准要求;
9)显示与故障报警功能正确;
10)记录单元功能正确。

2 主体化机车信号车载设备的功能要求:

1)主体化机车信号车载设备工作正常;
2)连续信息应可靠接收;
3)机车信号显示正确;
4)应具备载频自动锁定或切换功能;
5)车载设备应变时间及灵敏度应符合铁路行业技术标准要求。

3 地面相关设备的功能要求:

1)轨道电路载频、低频信息及码序正确,信号传输电平、频谱与能量谱分布正常,并符合表 5.3.1—1 ~ 5.3.1—3 的规定及其他相关标准,合格率 100%;全线补偿电容检测合格率不小于98%。

2）列控区段，应答器链接关系正确，应答器报文应正确、完整和有效。

表5.3.1—1　轨道电路载频

轨道电路制式	载　频(Hz)	频　偏	载频锁定
ZPW－2000	1700－1、2000－1、2300－1、2600－1	＋1.4 Hz ±0.1 Hz	载频＋25.7 Hz，时间2 s
	1700－2、2000－2、2300－2、2600－2	－1.3 Hz ±0.1 Hz	载频＋25.7 Hz，时间2 s

表5.3.1—2　ZPW－2000 轨道电路低频信息

序号	1	2	3	4	5	6	7	8	9
信息名称	L5 码	L4 码	L3 码	L2 码	L 码	LU 码	LU2 码	U 码	U2S 码
频率(Hz)	21.3	23.5	10.3	12.5	11.4	13.6	15.8	16.9	20.2
序号	10	11	12	13	14	15	16	17	18
信息名称	U2 码	UUS 码	UU 码	HB 码	HU 码	H 码	载频切换	占用检查	L6 码（预留）
频率(Hz)	14.7	19.1	18	24.6	26.8	29	25.7	27.9	22.4

表5.3.1—3　轨道电路信息基本码序

列车运行状态		基　本　码　序
停　车		L5－L4－L3－L2－L－LU－U－HU；L5－L4－L3－L2－L－LU－LU2－U－HU
侧线接车	默认限速45 km/h	L5－L4－L3－L2－L－LU－U2－UU；L5－L4－L3－L2－L－LU－LU2－U2－UU
	默认限速80 km/h	L5－L4－L3－L2－L－LU－U2S－UUS；L5－L4－L3－L2－L－LU－LU2－U2S－UUS
引导接车		L5－L4－L3－L2－L－LU－U－HB；L5－L4－L3－L2－L－LU－LU2－U－HB

3）地面列控中心应正确接收列车调度指挥/调度集中系统（CTC/TDCS）下达的各种命令。

4　LKJ设备功能要求：

1）车载LKJ设备工作正常；

2）连续信息应可靠接收；

3）车载设备信号显示正确；

4）制动输出功能正确，无异常制动、异常不制动；

5）载频切换与锁定功能正确。

5　列控系统在地面信号降级模式下可靠导向安全。

6　列控系统、主体化机车信号设备和LKJ的检测内容除符合上述规定外，还应符合设计要求及有关技术标准的规定。

5.3.2　信号动态检测方法应符合下列规定：

1　应分别采用综合检测车、动车组或装备主体化机车信号车载设备的货车对列控系统、主体化机车信号及LKJ进行检测，并根据列控系统等级及线路特点，确定列控系统、主体化机车信号及LKJ检测项目及实施方案；

2　所有与动车组有关的进路都应对有源应答器报文进行检测，应答器临时限速报文按临时限速区段速度和长度的分档组合，每种组合至少检测一次；

3　与列车进路有关的每段轨道电路应至少检测一次。

5.3.3 信号动态检测数据处理应符合下列规定：

1 通过对车载 ATP、LKJ 记录单元数据分析，对车载 ATP、LKJ 的运用状态进行评价；通过对主体化机车信号记录器数据分析，对主体化机车信号的运用状态进行评价；

2 根据轨道电路的实际传输性能，以轨道区段为单位，对轨道电路的工作状态进行综合分析与评价；

3 根据补偿电容接收天线电平的变化判断补偿电容的位置与工作状态，以检测线路及轨道区段为单位对补偿电容进行评价；

4 对应答器报文信息进行自动解码、比较与评价，其中有源应答器信息评价应结合地面临时限速信息、进路信息等数据，以检测线路为单位对应答器信息传递、链接关系等进行评价。

5.3.4 除上述之外的其他信号动态检测项目及其检测方法应符合设计要求和相关技术标准的规定。

5.4 通　信

5.4.1 通信系统动态检测应包括 GSM－R 数字移动通信系统（以下称 GSM－R 网络）网络场强覆盖、450MHz 列车无线调度通信（以下称无线列调）系统场强覆盖、GSM－R 网络电路域列控类数据服务质量、GSM－R 网络分组域服务质量。

5.4.2 通信系统动态检测项目应符合下列规定：

1 GSM－R 网络应实现工程范围内的铁路作业区连续覆盖。铁路沿线两侧的覆盖电平应符合国家无线电管理部门的有关规定。在覆盖范围内，以最小可用接收电平表示，并应符合表 5.4.2—1 的规定。

表 5.4.2—1　GSM－R 网络覆盖要求

终端种类	业务种类	接收天线位置	终端速度(km/h)	统计概率	最小可用接受电平 P_{rmin}(dBm)
列调机车台	电路域话音及非列控类数据	机车顶部	未限定	95%	－98
列控机车台	电路域列控类数据	机车顶部	$v \leqslant 200$	95%	－95

2 GSM－R 网络电路域语音业务和非列控类数据业务服务质量应符合表 5.4.2—2 的规定。

表 5.4.2—2　GSM－R 网络电路域语音业务 QoS 指标

服务质量项目	指　标　值
端到端呼叫（连接）建立时间	铁路紧急呼叫＜2 s(95%)，＜3 s(99%) 同一区域内司机之间 MS 组呼＜5 s(95%)，＜7.5 s(99%)
	除上述外，MS－FT 的运营呼叫＜5 s(95%)，＜7.5 s(99%) 除上述外，FT－MS 的运营呼叫＜7 s(95%)，＜10.5 s(99%)
	除上述外，MS 之间的运营呼叫＜10 s(95%)，＜15 s(99%) 其他低优先级呼叫＜10 s(95%)，＜15 s(99%)
呼叫（连接）建立失败概率	$<10^{-2}$［最长的建立时延见“呼叫（连接）建立时间”］
数据速率	≥2.4 kbit/s
最大端到端延迟（传输时间）	＜0.5 s(95%)，＜1.2 s(99%)，＜2.4 s(99.99%)

续表 5.4.2—2

服务质量项目	指　标　值
平均端到端延迟(传输时间)	0.4～0.5 s
越区切换中断时间	<0.5 s(95%)
越区切换成功率(可选)	≥99.5%

3　GSM－R 网络电路域列控数据业务服务质量指标应符合表 5.4.2—3 的规定。

表 5.4.2—3　GSM－R 网络列控类数据业务 QoS 指标

服务质量项目	指　标　值
移动台发起的连接建立时延	<8.5 s(95%),≤10 s(100%)
连接建立失败概率	$<10^{-2}$
最大端到端传输时延(30 Byte 用户数据块)	≤0.5 s(99%)
连接丢失概率	$\leq 10^{-2}$/h
传输干扰时间 T_{TI}	<0.8 s(95%),<1 s(99%)
传输无差错时间(传输恢复时间)T_{REC}	>20 s(95%),>7 s(99%)
网络注册时延	≤30 s(95%),≤35 s(99%),≤40 s(100%)

4　GSM－R 网络分组域数据服务质量的延迟等级及数据丢失率可靠性等级应符合设计要求,相关等级标准见表 5.4.2—4、5.4.2—5 的规定。

表 5.4.2—4　GPRS 延迟等级检测标准

包的大小 / 延迟等级	128 字节		1 024 字节	
	平均延迟	95%	平均延迟	95%
1	<0.5 s	<1.5 s	<2 s	<7 s
2	<5 s	<25 s	<15 s	<75 s
3	<50 s	<250 s	<75 s	<375 s

注:表中“95%”指 95% 的数据包延迟符合标准规定。

表 5.4.2—5　数据包丢失率评定指标

可靠性级别	SDU 丢失概率	SDU 重传概率	SDU 非顺序到达概率	SDU 出错概率	应用特性说明
1	10^{-9}	10^{-9}	10^{-9}	10^{-9}	差错敏感,无纠错能力,有限容错能力
2	10^{-4}	10^{-5}	10^{-5}	10^{-6}	差错敏感,有限纠错能力,较好容错能力
3	10^{-2}	10^{-5}	10^{-5}	10^{-2}	差错不敏感,有纠错能力,强容错能力

5　450 MHz 无线列调系统场强覆盖及最小接收电平应符合设计要求和相关技术标准的规定。

5.4.3　通信系统动态检测方法及数据处理方法应符合铁路行业有关 GSM－R 工程质量验收标准规定。

6 专项检测

6.1 轨道结构

6.1.1 轨道结构动态检测可根据实际情况和需要选择下列检测项目：

1 轮轨垂直力、轮轨横向力、列车运行安全性指标（脱轨系数 Q/P、轮重减载率 $\Delta P/P$ 及轮轴横向力）；

2 钢轨或轨枕的横向位移、动态轨距扩大量；

3 钢轨或轨枕的垂向位移、钢轨支点压力；

4 钢轨或轨枕的弯曲应力、轨枕弯矩、轨道板和道床板的纵、横向应变；

5 钢轨侧倾；

6 轨道板与底座间垂向相对位移（水泥沥青砂浆层变形量）；

7 道床应变、无砟轨道底座和混凝土支承层的纵向拉应变；

8 钢轨、轨枕、轨道板、道床或道床板振动加速度；

9 水泥沥青砂浆层、级配碎石表面以及基床底层表面压应力及传递；

10 扣件变形量；

11 扣件轨下垫板的垂向动态变形；

12 扣件横向力；

13 锚固螺栓的附加上拔力；

14 道岔尖轨、心轨开口量；

15 道岔护轨横向位移、作用于护轨的车轮背面横向力；

16 道岔尖轨、心轨、翼轨薄弱断面弯曲应力；

17 道岔铁垫板弯曲应力、扣件应力；

18 道岔转换设备主要部件应力、转换阻力；

19 伸缩调节器。

6.1.2 轨道结构动态检测结果应符合下列要求，未具体规定检测值的应符合设计要求和相关技术标准的规定。

1 列车运行安全性指标按照《铁道车辆动力学性能评定和试验鉴定规范》（GB 5599）的相关规定评判；

2 道岔尖轨、心轨开口量不得大于4 mm；

3 护轨横向位移不得大于3 mm；

4 钢轨、扣件、垫板、道床及无砟轨道的轨道板、道床板等轨道部件的应力不应大于容许应力；

5 道岔的钢轨件、铁垫板、扣件、转换设备的应力不得大于其容许应力；

6 混凝土枕的弯矩不得大于其设计承载能力；

7 作用于护轨的车轮背面横向力不得大于90 kN；

8 过渡段及相连两端沿线路方向的垂向基础刚度应均匀变化。

6.1.3 轨道结构检测方法应符合下列规定：

1 参照《轮轨水平力、垂直力地面测试方法》(TB/T 2489)标准，应采用剪应力法检测轮轨垂向力 P 和轮轨横向力 Q，据此计算机车车辆内外轮脱轨系数 Q/P、轮重减载率 $\Delta P/P$ 及轮轴横向力(Q_1-Q_2)等列车运行安全性指标。

2 应采用位移计检测钢轨及轨枕横向和垂向位移、道岔区尖轨及心轨开口量、护轨横向位移、钢轨侧倾、轨道板与底座间垂向相对位移、扣件变形、垫板动变形。

3 应采用应变法检测钢轨动弯应力、轨枕弯矩、扣件应力、轨道板和道床板的纵、横向应变、铁垫板(滑床板、护轨垫板、支距垫板)应力、道岔区钢轨件(尖轨、心轨、翼轨)应力、道岔转换设备(外锁闭杆、外锁钩、外锁销轴、表示杆)应力。

4 应采用加速度计检测钢轨、轨枕、轨道板、道床或道床板振动加速度。

5 应采用测力垫板检测钢轨支点压力。

6 轮轨垂直力和水平力应采用轮轨力标定架现场标定，并根据试验列车5 km/h通过进行准静态标定和校核；轨枕正、负弯矩应采用轨枕弯矩标定架现场标定；各项位移测试应采用塞尺现场标定；应用标准应变源对所有测试仪器校核和对导线误差修正。

7 采用道床应变盒及道床振动加速度测试元件测试道床应变和道床竖向振动加速度。

6.1.4 轨道结构动态检测数据处理方法应符合下列规定：

1 检测资料进行整理时应消除系统误差，舍弃因过失误差产生的可疑数据，对时域波形应先预检，去掉奇异项、修正零线飘移、趋势项等，以确保数据分析的准确性和真实性。

2 各项指标的数据应按车位和轮位分别计量，并计算其平均值、标准偏差和其他统计特性，部分参数可只统计实测最大值，加速度结果应进行频域的统计分析，进行谱分析时，应合理选择时间窗函数，减少泄漏。

6.2 路　　基

6.2.1 根据实际需要可选择下列路基地段进行动态检测：

1 特殊基床结构路基；

2 特殊填料填筑(含各类过渡段)或特殊加固处理路基；

3 新型轨道结构或行车运营等提出特殊要求的路基。

6.2.2 路基动态检测项目应符合下列要求：

1 路基动荷载和动应力：动荷载的最大值不得大于测试均值的2倍或通常情况测试值。

2 路基动变形与支承刚度：动变形的最大值不得大于测试均值的2倍或通常情况测试值。以路基动荷载与动变形之比作为路基的支承刚度系数。过渡段路基的支承刚度系数应有明显的渐变趋势，一般路基段的支承刚度系数应平稳。

3 路基振动速度和加速度：路基振动速度和加速度的最大值不得大于测试均值的2倍或通常情况测试值。

6.2.3 路基动态检测方法应符合下列要求：

1 路基动荷载和动应力:通过在路基不同深度和位置设置动态压力传感器进行测试,一般采用应变式压力传感器。

2 路基动变形:在路基面与深度4~5 m的位置或基岩之间通过钻孔和支杆设置位移传感器测试路基面的动变形;在路基面与基床表层底面和基床底层底面之间设置位移传感器测试各部分的相对变形。也可采用光电传感器,测试路基面与远处不动点的相对位移来反映路基面的动变形。列车时速160 km及以上时也可采用伺服加速度传感器通过二次积分测试路基面动变形。

3 路基振动速度和加速度:在路基不同位置设置速度和加速度传感器。

6.2.4 数据处理应提供下列结果:

1 路基动荷载和动应力:动荷载最大值及分布规律,以及路基动应力随深度的衰减系数。

2 路基动变形与支承刚度:动变形最大值及路基不同部位的动应变,支承刚度系数沿线路纵向的变化规律。

3 路基振动速度和加速度:振动速度和加速度幅值及频谱特性。

6.3 桥 梁

6.3.1 桥梁工程动态检测可根据实际需要选择下列项目:

1 梁体横向和竖向自振频率,大跨结构的模态振型;

2 桥墩横向自振频率,高墩的振型;

3 梁体的横向和竖向振动阻尼比;

4 梁体横向和竖向振幅及强振频率;

5 墩顶横向振幅和强振频率;

6 梁体横向和竖向振动加速度;

7 梁体控制部位(含端横梁)的竖向动挠度(含动力系数);

8 支座的横向和竖向动位移;

9 混凝土桥的梁体控制截面、钢桥的主要杆件(含端横梁)、拱桥(含组合结构)的吊杆的动应力(含动力系数);

10 机车车辆(或动车组)脱轨系数、轮重减载率和轮轨横向力;

11 无砟轨道桥梁的梁缝两侧钢轨支点的横向和竖向相对位移;

12 制动试验中还需测试墩顶纵向位移、墩顶纵向振幅、墩底截面动应力和活动支座纵向位移。

6.3.2 桥梁工程动态检测结果应符合现行的铁路桥梁检定规范和铁道部相关技术标准的规定。

6.3.3 动态检测荷载可根据线路设计速度、桥梁结构形式及跨度,采用下列荷载作为检测荷载:

1 铁路荷载:客车(含动车组)、空重混编货车和特种大型车辆等。

2 公路荷载:载重汽车、履带式车辆、半挂车、全挂车、特种大型车辆等。

3 其他荷载:千斤顶、激振器、弹性聚能力锤、环境微振动等。

4 检测要求各种荷载装载正确。公铁两用桥可选择公路荷载与铁路荷载同时或分别加载。

6.3.4 桥梁工程动态检测前，应对下列各项作实地查勘：

1 桥上线路的轨道结构类型、轨型，桥枕类型及间距，扣件型式，线、桥、墩三者关系等；

2 桥址线路平纵断面状况、桥上线路容许最高速度、运营过桥速度、行车密度和运营列车编组。

6.3.5 桥梁工程动态检测时域数据处理应符合下列规定：

对记录的测试数据应进行奇异项、零点飘移、趋势项、记录波形和记录长度的检验；被测试结构的自振频率，可在无载时间段记录曲线上比较规则的波形段内取有限个频率的平均值；被测试结构的阻尼比，可按自由衰减曲线求取；被测试结构各点的幅值，应记录信号幅值除以测试系统的增益，并按此求得振型。应消除系统误差，舍弃因过失误差产生的可疑数据。

6.3.6 桥梁工程动态检测频域数据处理应符合下列规定：

采样间隔应符合采样定理的要求；对频域中的数据应采用滤波、零均值化方法处理；被测试结构的自振频率，可采用自谱分析或傅里叶谱分析方法求取；被测试结构的阻尼比，宜采用自相关函数分析、曲线拟合法或半功率点法确定。被测试结构的振型，宜采用自谱分析、互谱分析或传递函数分析方法确定。进行谱分析时，应合理选择时间窗函数，以减少泄漏，在桥梁检测的实际运用中可选择汉宁（Hanning）、哈明（Hamming）、凯塞－贝塞尔（Kaiser-Bessel）或其他合适的时间窗函数。

6.4 噪声、振动及微气压波

6.4.1 噪声动态检测范围应包括声屏障、吸声道床、阻尼钢轨等控制铁路噪声的典型工程和未设噪声控制工程的典型敏感点路段。

6.4.2 噪声动态检测内容应包括铁路边界噪声、噪声控制工程的声级插入损失和频带声压级插入损失；对检测结果的评定应依据设计要求和国家相关现行标准的规定。

6.4.3 噪声动态检测项目应包括下列参数：

1 对设有噪声控制工程的路段

1）铁路边界噪声（L_{eq}）；

2）列车通过时，设有噪声控制路段和未设噪声控制工程路段（对照路段）的暴露声级（L_{AE}）及参考点的暴露声级（$L_{AE,ref}$）；

3）列车通过时，设有噪声控制工程路段和对照路段的 50～5 000 Hz的 1/3 倍频带暴露声级（$L_{AE,f}$）及参考点的暴露声级（$L_{AE,f,ref}$）；

4）测点的背景噪声（$L_{eq,b}$）。

2 对未设噪声控制工程地段的典型敏感点路段，检测项目应符合本条第 1 款第 1、4 项的规定。

6.4.4 振动动态检测范围应包括减振轨道等控制铁路环境振动的典型工程和未设振动控制工程的典型敏感点路段。

6.4.5 振动动态检测内容应包括环境振动、振动控制工程振动输入和输出端结构振动的振动加速度频谱及其振级插入损失；对检测结果的评定应依据设计要求和国家相关现行标准的规定。

6.4.6 振动动态检测项目应包括下列参数：

1 对设有振动控制工程的路段

1）减振结构两端的窄带振动加速度频谱 a_f；

2）设有振动控制路段和未设振动控制工程对照路段的地面环境振动铅垂向 Z 振级（$VL_{Z,max}$、$VL_{Z,eq}$、$VL_{Z,10}$）及参考点的振级（$VL_{Z,eq,ref}$）；

3）测点的背景环境振级（$VL_{Z,b}$）。

2 对未设振动控制工程的典型敏感点路段

1）地面环境振动铅垂向 Z 振级（$VL_{Z,max}$、$VL_{Z,eq}$、$VL_{Z,10}$）；

2）测点的背景环境振级（$VL_{Z,b}$）。

6.4.7 当线路设计速度为 200 km/h，隧道两端洞口有建筑物或有特殊环境要求时，应对洞口微气压波进行检测，并应符合表 6.4.7 的要求。

表 6.4.7 隧道洞口微气压波峰值评判指标

条件		微气压波峰值 p_{max}
洞口形心 50 m 范围内有建筑物	无特殊环境要求	建筑物处 p_{max} 不应大于 20 Pa
	有特殊环境要求	按要求检测
洞口形心 50 m 范围内无建筑物	无特殊环境要求	不检测
	有特殊环境要求	距洞口 20 m 处 p_{max} 应小于 50 Pa

6.4.8 噪声动态检测的测点布设和测量方法应符合下列规定：

1 距铁路外侧轨道中心线30 m，高于地面1.2 m，距反射物距离不应小于1 m处。

2 设有噪声控制工程路段内的测点还应符合下列要求：

1）测点位于有噪声控制工程一侧路段，与噪声控制工程任一端的距离不应小于50 m；必要时可增设轨面以上1.5 m测点；

2）对照路段内测点处的线路条件和周边环境条件，应与设有噪声控制工程路段的条件具有可比性；

3）声屏障插入损失的参考测点布设尚应符合国家现行标准《声屏障声学设计和测量规范》（HJ/T 90）中的有关规定。

3 必要时在敏感建筑物处增加测点。

4 对未设噪声控制工程的典型敏感点路段，检测项目应符合本条第 1、3 款的规定。

5 同一测量断面内的测点应采用同步测量的方法。

6 进行噪声控制工程插入损失测量时，每组测量数据应为同次列车通过各测点时的测量结果。

7 对同一类型列车，每个测点至少应测量 3 列。

6.4.9 振动动态检测的测点布设和测量方法应符合下列规定：

1 Z 振级的测点宜布设在铁路外侧距轨道中心线7.5 m、15 m、30 m处的坚实地面上。

2 设有振动控制工程路段内振动测点还应符合下列要求：

1）Z 振级测点位于有振动控制工程一侧路段，与振动控制工程任一端的距离不应小于50 m；

2）对照路段内测点处的线路条件和地面条件，应与设有振动控制工程路段的条件具有可比性；

3）窄带振动加速度频谱的测点应根据减振结构的特点，布设在有代表性的能反映振动输入端结构和输出端结构振动状况的位置。

3　对未设振动控制工程的典型敏感点路段，Z 振级的测点布设应符合本条第 1 款的规定。

4　进行振动控制工程插入损失测量时，每组测量数据应为同次列车通过各测点时的测量结果。

5　振动动态检测测量方法尚应符合本指导意见第 6.4.8 条第 5、7 款的规定。

6.4.10　微气压波动态检测的测量方法应符合下列规定：

1　测点布置

1）洞口形心 50 m 范围内有建筑物，测点应布置在建筑物外缘、距地面 1.5～2.0 m 处。

2）洞口有特殊环境要求时，测点应对称布置在距隧道洞口形心20 m，距地面 1.5～2.0 m处。

2　采集频率为 5 000 Hz 以上。

3　采用小量程传感器，量程范围在 300 Pa 以内。

4　每个测点至少应检测 3 次通过列车，结果取最大值。

6.4.11　噪声、振动动态检测的数据处理应符合下列要求：

1　测量数据经算术平均后应按国家现行标准《数值修约规则》（GB/T 8170）的规定修约，并取整数值作为该点的测量结果，如测量数据之间的最大差值大于3 dB，则该组数据无效；

2　在计算插入损失时应进行背景噪声或背景振动的修正；

3　铁路边界噪声应按设计近期列车对数进行预测计算，计算方法应符合《铁路建设项目环境影响评价噪声振动源强取值和治理原则规程》（铁计〔2006〕44 号）的规定；

4　声屏障插入损失 *IL* 的计算方法应符合国家现行标准《声屏障声学设计和测量规范》（HJ/T 90）中的规定。

7 检 测 报 告

7.0.1 动态检测完成后应编制检测报告。

7.0.2 检测报告应包含承担检测单位、工程项目概述、检测目的、内容和方法、检测结果与分析、评价结论与建议等内容。

7.0.3 动态检测报告必须由承担检测单位独立完成,资料、数据应实事求是、翔实准确。编写时按照统一格式(见附录A)。

7.0.4 动态检测报告应如实记录不合格项目在整改前后的资料,并对这些情况做出准确说明。

7.0.5 评价结论中应明确检测项目是否合格的结论,涉及安全指标的项目要明确是否满足安全要求。

附录 A 客货共线铁路工程竣工验收动态检测报告参考格式

________________铁路工程

动态检测报告

检测单位名称：

年　　月　　日

一、概述

（检测任务来源、技术依据、目的等）

二、检测单位及参加、配合单位

（承担检测单位及参加、配合单位的概况、相应资质等。此次动态检测各单位的负责人、各专业的负责人和测试人员、报告撰写人等签名）

三、项目概述

（线路设计等级、长度等基本情况；工程概况）

四、检测内容和方法

五、常规检测结果、分析与结论

（各专业检测资料分类列表、统计，并将检测结果与相应标准、规范的标准值进行对比分析；若检测项目存在客货车标准的不同，应分别对比分析）

六、专项检测结果、分析与结论

（各专业检测资料分类列表、统计，并将检测结果与相应标准、规范的标准值进行对比分析；若检测项目存在客货车标准的不同，应分别对比分析）

七、结论与建议

（明确提出评价结论和可行建议，评价结论应明确安全特性）

附：动态检测试验报告和相关数据

本指导意见用词说明

执行本指导意见条文时,对于要求严格程度的用词说明如下,以便在执行中区别对待。

(1)表示很严格,非这样做不可的用词:

正面词采用"必须";

反面词采用"严禁"。

(2)表示严格,在正常情况下均应这样做的用词:

正面词采用"应";

反面词采用"不应"或"不得"。

(3)表示允许稍有选择,在条件许可时首先应这样做的用词:

正面词采用"宜";

反面词采用"不宜"。

表示有选择,在一定条件下可以这样做的,采用"可"。

《客货共线铁路工程竣工验收动态检测指导意见》条文说明

本条文说明系对重点条文的编制依据、存在的问题以及在执行中应注意的事项等予以说明。为了减少篇幅，只列条文号，未抄录原文。

1.0.1 《铁路建设项目竣工验收交接办法》(铁建设〔2008〕23 号)中第二十一条规定，实车运行条件下动态检测执行铁道部动态检测相关标准。

1.0.2 《铁路建设项目竣工验收交接办法》(铁建设〔2008〕23 号)规定，该办法"适用于新建、改建国家铁路和国家参与的合资铁路。铁路客运专线竣工验收执行客运专线验收办法。地方铁路、专用铁路和铁路专用线等可参照本办法执行。"

1.0.3、1.0.4 依据《铁路建设项目竣工验收交接办法》(铁建设〔2008〕23 号)的规定。

1.0.5 本指导意见用到的现行有关标准主要有:《铁路建设项目竣工验收交接办法》(铁建设〔2008〕23 号)、《铁路机车车辆验收用运行技术试验》(UIC 518 草案)、《铁路线路修理规则》(铁运〔2006〕146 号)、《既有线提速 200～250 km/h线桥设备维修规则》(铁运函〔2007〕44 号)、《电务试验车动态检测系统技术条件》(运基信号〔2005〕443 号)、《应答器技术条件(暂行)》(科技运函〔2004〕114 号)、《既有线 CTCS－2 级区段应答器报文定义及应用原则(暂行)》(运基信号〔2005〕224 号)、《铁路GSM－R数字移动通信系统设计暂行规定》(铁建设〔2007〕92 号)、《铁路 GSM－R 数字移动通信工程施工质量验收暂行标准》、《列车无线调度通信系统制式及主要技术条件》(TB/T 3052)、《电气化区段 150/450 MHz 铁路列车无线电通信最小可用接收电平及其测量方法》(TB 1630—1985)、《非电气化区段 150/450 MHz 频段列车无线电通信最小可用接收电平及其测量方法》(TB/T 1876—1987)、《提速干线接触网检测综合评估方法(暂行)》(运装设水〔2004〕35 号)、《铁路应用——受流系统—受电弓接触网关系的技术标准》(欧洲标准 EN 50367—2002)、《轮轨水平力、垂直力地面测试方法》(TB/T 2489—94)、《铁路桥梁检定规范》(铁运函〔2004〕120 号)、《新建时速 200 公里客货共线铁路设计暂行规定》(铁建设函〔2005〕285 号)、《既有线提速200 km/h技术条件(试行)》(铁科技函〔2006〕747 号)、《客运专线无砟轨道铁路设计指南》(铁建设函〔2005〕754 号)、《既有线提速技术条件(试行)》(铁科技〔2002〕76 号)、《铁道车辆动力学性能评定和试验鉴定规范》(GB 5599—85)、《铁路桥涵设计基本规范》(TB 10002. 1—2005)、日本《铁路结构物设计标准及解说(钢桥、结合梁桥)》(2002 年 12 月)、《声屏障声学设计和测量规范》(HJ/T 90—2004)、《数值修约规则》(GB/T 8170)、《铁路边界噪声限值及其测量方法》(GB 12525)、《城市区域环境振动标准》(GB 10070)、《既有线200 km/h铁路车站列控中心运用技术原则(暂行)》(运基信号〔2005〕316 号）等。

3. 0. 2、**3. 0. 3**　主要依据《铁路建设项目竣工验收交接办法》（铁建设〔2008〕23 号）制定。

3. 0. 4　考虑到动态检测时若出现项目检测不合格，有可能是因为施工质量的问题，也可能是对问题认识的不足，所以本指导意见规定在组织分析原因后提出整改内容。

4. 0. 2　实车检测时要根据线路实际情况和设计速度来制定检测计划。动态检测前线路至少有一定运量。

秦沈客运专线设计速度为 160 km/h 及以上，综合试验速度最高为321. 5 km/h；胶济线货车设计速度为120 km/h，综合试验货车速度最高为130. 5 km/h；遂渝线设计速度，客车为200 km/h，货车为120 km/h，有砟轨道综合试验客车速度最高为224 km/h，货车速度最高为 136 km/h，无砟轨道综合试验客车速度最高为 232 km/h，货车速度最高为 141 km/h。以往综合试验一般计划最高试验速度大于设计速度的 110% 。

可根据线路设计速度和实际情况来确定实车试验的最低速度，以保证能反映运行时列车速度的线路状态。速度级差可以为 5、10、15、20 km/h，接近速度最大值时建议速度级差小一些。

4. 0. 3　国际铁路联盟《铁路机车车辆验收用运行技术试验》（UIC 518 草案）中 2. 1. 2 规定车辆验收的试验速度为：$v = 1.1v_{lim} \pm 5$ km/h（v_{lim}为车辆运营极限速度）。

欧盟标准《铁路车辆运行特性验收试验——运行性能试验和静止试验》（prEN14363）中规定，速度的最大值 $v_{max} = 1.1 \times v_{adm}$，是系统不确定性的允许值，其中 v_{adm} 为车辆的希望允许的最高速度。直线区段试验速度最大值为 $v = \max(1.1 \times v_{adm}, v_{adm} + 10$ km/h$)$，$r >$ 600 m的曲线区段试验速度最大值满足 $v_{adm} \leqslant v \leqslant 1.1 \times v_{adm}$。

4. 0. 4　专项检测项目由于其特殊性，有可能需要在施工过程中预埋传感器，比如无砟轨道路基的测试需要在施工过程中预埋好加速度或位移传感器，在施工结束后就很难或不可能做到了。

4. 0. 6　正常使用状态是指车辆处于一个正常运营时的一般状态，而不是正常运营时不可能达到的特别良好或者特别差的状态。

每天实车运行之前至少对基础设施进行一次检查，以确认基础设施状态合格。

5. 1

轨道几何检测要满足各项轨道几何检测项目的最低检测速度要求，满足该条件后检测速度对轨道几何检测结果影响较小，因此可以低于设计速度检测，但仍按相应线路设计速度标准进行评价。

当轨道检查车和综合检测列车不能满足车辆动力响应检测速度要求时采用实车检测。

相同的轨道不平顺在不同速度下引起的同一车辆的动态响应差别很大，参考 EN－13848 标准应以在线路设计速度 ±10% 范围内检测的车辆动态响应作为动力学评价依据。

5. 1. 1　目前客货共线轨道状态动态验收标准是参考《铁路线路修理规则》（铁运〔2006〕146 号）、《既有线提速 200 ~250 km/h线桥设备维修规则》（铁运函〔2007〕44 号文）、秦沈线 200 ~250 km/h轨道不平顺动态管理标准建议值进行规定的。另外，关于钢轨顶面短波不平顺允许偏差标准及轨距变化率、曲率变化率、车体加速度等问题，有关指标在 EN

13231—3 钢轨打磨验收标准和《客运专线铁路工程竣工验收动态检测指导意见》等都有相应的规定，这些规定如说明表 5.1.1—1、表 5.1.1—2。

说明表 5.1.1—1 轨道状态幅值评价允许偏差管理值

线路速度等级(km/h)	$v \leqslant 120$	$120 < v \leqslant 160$	$160 < v \leqslant 200$
* 基长 18 m 的曲率变化率($1/m^2 \times 10^{-6}$)	5.0	3.0	1.2
* 基长 18 m 的车体横向加速度变化率(m/s^3)	1.0	1.0	1.0
* 基长 2.5 m 的轨距变化率(‰)	2.0	1.5	1.0

说明表 5.1.1—2 钢轨顶面短波不平顺允许偏差管理值

($160\ km/h < v \leqslant 200\ km/h$)

项目 \ 检测波长范围(mm)		10 ~ 30	30 ~ 100	100 ~ 300	300 ~ 1 000
分析窗长(mm)		150	500	1 500	6 000
滑动平均 RMS 值(mm)		0.004	0.004	0.012	0.04
滑动平均峰峰值(mm)		0.01	0.01	0.03	0.1
RMS 值和峰峰值偏差百分比验收标准	验收Ⅰ级	5%	5%	5%	10%
	验收Ⅱ级	—	10%	10%	—
峰峰值 100m 偏差个数验收标准	验收Ⅰ级	250	100	25	10
	验收Ⅱ级	—	200	50	—

5.1.2 目前中国未制定轨道几何标准差、轨道质量指数(TQI)和轨道不平顺谱的区段状态评价和轮轨力、脱轨系数、减载率和轮轴力局部幅值评价的作业验收和轨道状态养护维修标准，待深入研究后补充完善。

5.1.3 《客运专线铁路工程竣工验收动态检测指导意见》线路动态检测中规定，"轨道几何幅值评价指标不应出现Ⅱ级偏差和每千米出现Ⅰ级偏差个数不应大于 5 处"，取作业标准作为验收Ⅰ级标准，取养护标准作为验收Ⅱ级。

本指导意见考虑到客货共线铁路实际情况有别于客运专线，所以取养护标准作为验收标准，主要是考虑到工程的实际情况，以及交付运输部门后不应马上需要养护维修。

5.2.1 接触网动态检测主要是检查接触网竣工后，其状态和性能是否符合设计文件要求和相关技术标准。接触网的几何参数主要反映了接触网的静态参数，通过检测可以反映接触网的施工质量；接触线的平顺性、弓网受流参数、接触线动态抬升量等检测参数反映弓网配合方面的性能。

各类参数的评判指标主要根据铁道部运输局的相关规定、同时参照国内近几年的试验数据、国外的相关标准而提出来的。

(1)接触网几何参数包括接触线高度、坡度、相互位置、拉出值等参数的评判应参照检测线路接触网的设计文件和铁道部相关设计和施工标准进行。

(2)接触线平顺性：

本指导意见引入接触线平顺性的概念，这是针对我国近几年来大量的提速试验和高速试验发现的情况提出的，随着列车运行速度的提高，接触线的平顺性问题越来越重要，直接影响弓网运行安全性和受流质量，这是一个非常重要的指标。接触线平顺性指标分为硬点和一跨内高差,硬点反映了接触线的局部(或短波)不平顺,高差反映了接触线的长波不平顺。

接触线硬点的评价标准,200 km/h 等级以下线路参照铁道部运输局关于提速线路接触网检测的评估标准,取其中三类硬点值作为本检测指导意见的评判指标。硬点值主要反映接触线局部短距离不平顺的特性,如:接触线存在的硬弯、接触线本身存在的波浪弯和接触网结构性硬点(锚段关节、定位点等),通过对接触线硬点的检测,来检查接触线的短波不平顺性能。通过近年来对提速线路检测的结果分析,接触线一旦形成硬弯,将很难通过矫正的办法完全消除,考虑到我国接触网施工的实际情况,将硬点超过标准值的跨数控制在 0.5% 的范围内,即允许一定量的硬点检测值超过标准值。0.5% 这一数值是根据我国提速线路大量的检测数据统计分析结果得出,大多数质量较好的线路能达到此指标。

接触线一跨内高差:此参数反映了接触线在一跨内的动态高度差,有两个因素影响此参数:接触线坡度和接触网的弹性均匀性。160 km/h及以下的线路考虑到设计规范规定的接触线坡度可达 2‰~4‰,评定指标为200 mm;时速200 km客货共线铁路接触线的坡度不大于 2‰,参照国内的试验数据,规定的评定指标为150 mm。接触线一跨内高差反映了接触线的长距离不平顺的特性。

(3)接触线抬升量、弓网动态接触力和燃弧等受流参数评定指标主要参照欧洲标准 EN 50367—2002《铁路应用——受流系统—受电弓接触网关系的技术标准》,以及近几年来我国弓网受流性能试验的数据。

考虑到速度等级 200 km/h 的线路存在部分区段的速度低于200 km/h,所以这些区段按照 160 km/h≤v≤200 km/h的指标来评价。

5.2.2　根据目前铁路接触网检测设备的实际情况,接触网的动态检测主要采用下列方式:

(1)综合检测列车(或接触网检测车);

(2)在实际运行的动车组上安装弓网受流性能检测装置;

(3)接触线动态抬升量测量的地面测量方法。

接触网动态检测的速度一般应达到线路实际运行速度的 110%,这与我国铁路的实车试验速度要求是一致的,检测参数能反映线路接触网的实际运行状态和性能储备。

5.3.1　铁路信号工程竣工动态检测的目的是考察地面轨道电路、应答器等基础设施、车地之间信息传输通道及列控系统的工作状态。运用综合检测车对信号基础设施进行周期检测是目前许多国家普遍采用的做法,日本新干线、法国 TGV、德国 IEC 等高速铁路都规定了开行综合检测车对信号基础设施进行定期检测。为尽量准确地反映出实际的应用状态,综合检测车最高运行速度应与检测线路设计的最大速度一致,当综合检测车速度达不到检测线路设计最大速度时,也可以采用实车检测的方式。轨道电路、应答器及列控车载设备工程都是信号专业的分部工程,由于彼此之间的关联性,动态验收原则上应以申请验收的线路为单位进行整体评价,当申请验收的线路存在多种列控等级时,可按照列控等级的不同对线路进行划分,分别进行评价。

(1)根据《CTCS 技术规范总则(暂行)》(科技运函〔2004〕14 号),在160 km/h以上线路,将采用 CTCS2 级及以上列控系统(CTCS3、ETCS2级等)进行控车。为保证新建工程列控系统工作正常,必须在动态检测验收过程中对车载 ATP 的工作状态进行检测,包括 ATP 工作模式的变化、速度控制功能、点式信息和连续信息接收功能、载频切换功能、制动输出功能、显示和故障报警功能和级间转换功能等。根据《既有线200 km/h动车组 ATP 车载和地面设备配置及应用技术原则(暂行)》(铁运〔2005〕21 号),ATP 车载设备的基本工作模式包括完全监控模式(FS)、部分监控模式(PS)、目视行车模式(OS)、调车模式(SH)等。

(2)我国的轨道电路制式已确定统一为 ZPW－2000(UM)系列轨道电路,在站内一体化轨道电路技术成熟之前,站内采用 ZPW－2000(UM)电码化技术。考虑到移频轨道电路制式等在一定时期内还将存在,信号动态检测应具备对移频轨道电路的检测功能,包括18 信息、8 信息等,通过对轨道电路接收信息频谱和能量谱的分析,可以对谐波、邻线、邻区段的干扰情况进行评价;ZPW－2000 轨道电路低频信息定义应符合《既有线200 km/h列车运行控制系统技术规范(暂行)》(科技运〔2007〕43 号文)的规定。

(3)应答器是传递列控信息、进行列车精确定位的关键设备,应答器连续丢失两组及以上时,将导致车载 ATP 线路数据不足,触发常用制动。对应答器的动态检测应重点考察其报文信息的正确性、有效性、完整性及链接关系;应答器报文信息应符合铁道部统一的定义。

5.3.2

1 不同的列控系统等级或制式,检测项目会有所区别,动态检测内容应涵盖列控系统的主要功能。

2 可变编码应答器一般设在进、出站口,发送的报文与列车进路、运行方向、临时限速等都密切相关,根据铁道部运输局《既有线 CTCS—2 级列车运行控制系统技术规范(暂行)》(科技运〔2007〕43 号),临时限速长度分为 8 档(100、500、1 000、1 500、2 000、3 000、4 000、6 000),限速速度分为 5 档(45、60、80、120、160 km/h),限速区长度超过6 000 m时按全区间限速处理,对于临时限速报文应按照以上分档情况进行动态检测,对于被检测线路,每种组合必须至少检测一次;

3 为保证列车运行安全,涉及接发列车进路的每个轨道区段应至少检测一次。

5.3.3

1 当所检测线路的列控等级与综合检测列车上的 ATP 系统不一致时,对 ATP 的检测必须通过实车来完成,即对实车上装备的 ATP 记录单元 DRU 的数据进行分析。

2 对轨道电路的动态检测应以轨道区段为单位,不同的轨道电路制式,其评判指标不同,应根据不同的轨道电路制式制订相应的检测内容和评价标准,目前我国轨道电路的动态检测评价标准还在制订当中。

3 补偿电容是谐振式无绝缘轨道电路的重要设备,由于补偿电容的动态检测难度较大,根据《电务试验车动态检测系统技术条件》(运基信号〔2005〕443 号),要求补偿电容检测正确率98%。

4 对无源应答器可实现实时比较评价,有源应答器的评价须结合地面相关数据进行评价,综合检测列车可将检测数据实时发送到地面数据管理中心,地面数据的管理办法正在制订当中。

5.4.2 第 1、2、3、4 款所列性能指标源自《铁路 GSM－R 数字移动通信系统设计暂行规定》(铁建设〔2007〕92 号);现行相关技术标准规定450 MHz无线列调系统场强覆盖范围要求:两相邻车站电台场强应连续覆盖。车站电台的场强覆盖一般不应小于两相邻电台之间距离的 1/2。地形复杂地段允许场强覆盖偏移,但应保证车站电台场强覆盖连续并应不小于3 km。本站电台的场强覆盖一般不宜超过邻站。

450 MHz 无线列调系统场强覆盖范围内最小接收电平要求：在电气化区段，按95%地点和时间概率统计，接收机天线入口最小接收电平应为10 dBμ（3 μV）；在电波传播困难区段，若按90%的地点和时间概率统计，接收机天线入口最小接收电平应为6 dBμ（2 μV）。在非电气化区段，按95%或90%的地点和时间概率统计，接收机天线入口最小接收电平应为0 dBμ（1 μV）。

6.1

轨道结构动态检测是铁路工程通过静态质量检查验收后，从列车运行安全性、轨道结构和道岔横向稳定性、主要部件强度、刚度和振动特性等方面为运营提供技术依据。轨道结构动态检测范围包括区间正线、站线以及正线和侧线的道岔。

由于轨道结构的特殊性，比如新建线路道砟道床在没有运量时，通常单纯的施工很难保证道床状态很好，为了测试数据的准确性，新建线路动态检测要在列车压道一定列次后，即道床状态稳定后进行。

6.1.1　轨道结构检测包括列车运行安全性检测、轨道横向稳定性检测和轨道结构及道岔部件强度检测。检测内容包括轨道的小半径曲线、长大坡道、夹直线和道岔区转辙器、辙叉、连接轨道等。

列车运行安全性检测包括列车脱轨安全性检测和通过道岔安全性检测两方面。

（1）脱轨安全性检测方法有车上测试和地面测试两种。车上测试用测力轮对可在长距离内测得有关轮轨垂直力和轮轨水平力的连续数据，可以掌握被检区段的特异值、比较不同轨道条件和运行条件的差异。地面测试是在特定轨道状态地段进行测试，可以掌握不同车种和不同轮对的个体差异，两种测试方法适应各自的应用范围。

地面测试轮轨垂直力和轮轨水平力的原理是在钢轨上粘贴电阻应变计，当车轮通过时利用测试钢轨的动态剪切应变来测量轮轨垂直力和轮轨水平力〔测试方法参见《轮轨水平力、垂直力地面测试方法》（TB/T 2489—1994）〕，并计算脱轨系数和轮重减载率等脱轨安全性指标。

车辆通过地面测点时同时产生的轮轨垂直力和轮轨水平力的比值定义为车轮脱轨系数。当轮轨处于滚动接触状态时，轮轨间作用的切向力称为蠕滑力，根据蠕滑理论该力不会超过摩擦力，由此可得到极限状态下脱轨系数的公式：$Q/P=(\tan\alpha-\mu)/(1+\mu\tan\alpha)$，这个公式称为 Nadal 公式，由此公式可以推导脱轨系数的极限值。

车轮通过地面测点时产生的轮轨垂直力与静轮重之差 $\Delta P=P_0-P$ 定义为轮重减载量，$\Delta P/P$ 定义为轮重减载率。静态轮重为轴重的一半。

地面测试轮重减载率时，轮重以左右轨承受的轮轨垂直力均值替代，轮重减载率以公式 $\Delta P/P=(P_2-P_1)/(P_2+P_1)$ 计算得出。

车轮通过地面测点时左右轨受到的轮轨水平力差值定义为轮轴横向力，当轮轴横向力较大而轴重较小时则容易发生轨排的横移或加剧轨道方向不平顺的发展。

日本既有线提速时脱轨系数、轮重减载率和轮轴横向力的安全目标值为轮轨横向力作用时间在0.05 s以上时，脱轨系数安全值为0.8，作用时间小于0.05 s时由 $Q/P=0.04/t$ 计算出的值作为安全值；静态轮重减载率安全值为0.60，动态轮重减载率为0.8；轮轴横向力安全值为 $0.85\times[10+0.35(P_1+P_2)]$。

地面测试的脱轨安全评判标准参考《铁道车辆动力学性能评定和试验鉴定规范》(GB 5599—85)的相关规定。

(2)通过道岔安全性检测主要测试尖轨、心轨开口量和护轨横向位移,尖轨、心轨开口量过大可能导致车轮冲击尖轨而脱轨掉道,护轨横向位移过大可能导致车轮冲击固定辙叉心轨尖端或引起可动心轨侧面磨耗而影响直股密贴和道岔的平顺性,因此应对其进行必要的检测。

尖轨、心轨开口量和护轨横向位移的评定标准是根据结构分析而制订的。

当轮缘磨耗使轮缘角达到73°时,轮缘的避开距离为4 mm,根据轮缘的避开距离应大于尖轨的隐蔽距离和转辙机在大于等于4 mm时不锁闭,在小于4 mm时锁闭的原则,确定尖轨和心轨开口量应小于4 mm。

日本提速试验时尖轨开口量限值为3 mm。

护轨横向位移的评定标准是根据轮对轮背距、车轮轮缘厚度、轨距等达到允许极限值条件下,车轮轮缘不能碰到固定辙叉心轨尖端或防止可动心轨侧面磨耗影响直股密贴和平顺性的原则而制订的,根据结构分析,当护轨横向位移小于3 mm时,车轮轮缘不会冲击固定辙叉心轨尖端,当护轨横向位移小于3 mm时,可动心轨不会产生侧面磨耗。

(3)轨道横向稳定性指标主要考虑扣件系统的横向抗力。日本既有线提速时9型扣件轮轨水平力安全目标值为60 kN。我国在既有线弹条Ⅱ型扣件上进行过试验,试验确定轮轨水平力允许限值为70 kN。

(4)轨道和道岔部件强度主要检测轨道及道岔各部分的荷载及其应力如钢轨下沉量、钢轨弯曲应力、钢轨支点压力、混凝土枕轨下断面和中间断面弯矩、道床及基床允许应力、道岔区尖轨、心轨及翼轨薄弱断面应力、滑床板、护轨垫板、支距垫板等各型铁垫板弯曲应力、道岔转换设备各部件应力、作用于护轨的车轮背面横向力、转辙机转换阻力等参数。

轨道和道岔的钢轨件、各型铁垫板、道岔转换设备的杆件及锁闭件的工作应力不能超过其钢材的容许应力值,即在静荷载和动荷载共同作用下,其最大可能工作应力不超过标准拉伸试验得到的材料屈服点除以一定的安全系数而得出的容许应力,本指导意见中安全系数均取1.3。

混凝土枕的强度条件是要求在列车荷载作用下,其轨下断面和中间断面产生的正负弯矩不超过其设计承载能力。

混凝土轨枕设计荷载及设计承载能力如说明表6.1.1—1和说明表6.1.1—2所列。

说明表6.1.1—1　轨枕设计荷载

弯矩(kN·m)	v≤120 km/h	160 km/h<v≤200 km/h	v>200 km/h
轨下截面(正向)	12.40	15.00	16.80
中间截面(负向)	-9.69	-11.61	-13.00

说明表6.1.1—2　轨枕设计承载能力

承载能力(kN·m)	Ⅲ型	新Ⅱ型	Ⅱ型
轨下截面(正向)	19.05	14.00	13.30
中间截面(负向)	-17.30	-12.55	-10.50

作用于护轨的车轮背面横向力是考查护轨承载能力的主要指标,作用于护轨背面横向力过大可能导致护轨支承台焊缝开裂,严重时可导致列车脱轨。根据以往的实测经验,综合考虑护轨支承台的焊接强度和把护轨固定在支承台上的螺栓强度等条件,确定作用于护轨的车轮背面横向力安全限值为90 kN,日本提速试验中允许值

取120 kN。

关于轨道振动特性主要测试钢轨、轨枕和道床的振动加速度，根据以往的测试结果，大致有下列结论：①振动级大致与速度的一次方成正比；②轨道振动主振频率与速度没有太大的关系；③振动在钢轨、轨枕和道床之间高频衰减大，低频衰减少；④脉动振幅的峰值钢轨一般为几十到1 000g，轨枕为 1 到 100g，道床在 1g 左右。⑤虽然轨道的振动不能作为安全运行的判据，但实测结果与上述有显著差异时，可认为轨道有异常，应进行调查处理；⑥道床振动加速度与轨道不平顺发展有密切的关系，其值过大时有必要考虑轨道结构的强化。

道床质量参数常以道床密度、道床承载力、道床弹性、道床加速度、道床下沉或位移、几何形位、道砟物理力学性能和级配等表达。根据铁科院、中铁工程总公司、中铁一局、西南交大等单位的研究结果和轨道施工实践经验，道床密实度、道床支承刚度、道床纵向和横向阻力等参数基本上可以体现道床能否满足列车开通速度的要求。道床阻力、刚度通常通过道床阻力刚度仪进行检测，道床密实度通常采用核子密度仪进行检测。

由于无缝线路焊接接头平直度、扣件扭矩、实际锁定轨温以及道床状态参数对轨道结构的动力学性能和轨道结构动态验收检测数据的可靠性影响较大，因此在轨道结构动态检测时，应对无缝线路焊接接头平直度、扣件扭矩、实际锁定轨温以及道床状态参数进行必要的抽样检测，检测方法包括观察、量尺测量、测力扳手测量和专用仪器测量。根据统计学要求，不同轨道地段道床各状态参数每组检测数量至少需要 10 个样本点。

6.2

路基工程动态检测是为了解特定列车和轨道结构条件下路基的动荷载特征与路基自身的动变形与支承刚度、振动强度以及动应力的衰减变化规律，评价路基的工作状况和适应性。其检测项目和作用如下：

(1)路基动荷载和动应力：测试路基面的动荷载和路基中的动应力，获得路基荷载的幅值大小及分布规律，以及路基动应力随深度的衰减变化规律，作为路基动力问题分析及评价的基础。

(2)路基动变形与支承刚度：路基面的动变形是路基自身特征的综合反映，与路基的支承刚度有直接的关系。测试路基面的动变形和基床中的相对变形，获得路基变形幅值大小、组成及分布规律，作为轨道动力学问题分析及路基评价的基础。

(3)路基振动速度和加速度：路基振动速度和加速度的幅值大小反映路基的振动强度，是振动分析及路基评价的基础。

6.2.2　由于受道床不均匀性和轨道平顺性等的影响，测试的路基动应力幅值会有一定程度的波动。在提速试验中，对正常条件下测试的3 931组数据进行了统计分析，不同动应力幅值出现的频次百分比见说明图 6.2.2，其中为了消除不同轴重的影响，将试验结果换算成单位轴重的动应力。可见动应力幅值的变化基本上属于正态分布，且测试出现的最大值一般不超过平均值的 2 倍，而该最大值也与目前路基设计采用的约 80～100 kPa相接近。也就是说，实际路基对于动应力的均值而言约有 2 倍的储备，同时在正常情况下动应力也不应超过均值的 2 倍，而且，道床和轨道状况越好偏差越小，因此，取测试均值的 2 倍为限，或者不大于通常情况的测试值。通常情况测试值系指线路状况相同或类似的其他线路路基的测试值。由于动变形与动应力的主要影响因素是轴重，因此动变形可取通常情况或测试均值的2倍为限。对于支承刚度由于缺少统计资料，暂时参照路基动应力的试验结果。由于路基振动速度和加速度主要影响因素是列车速度，但并非与速度成线性关系，仍需统计不同速度下的测试值，此处可暂参照动应力的试验结果。

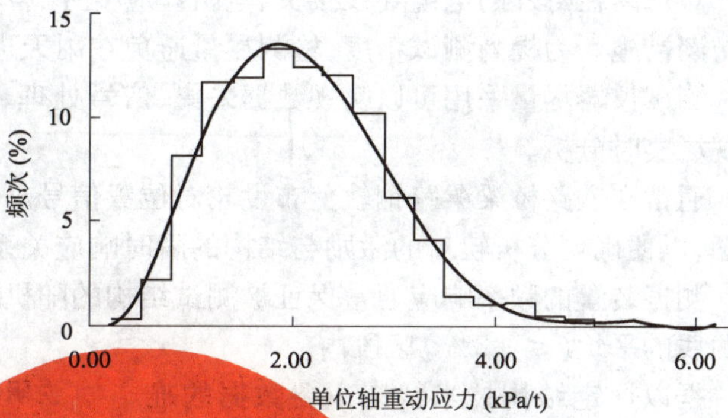

说明图 6.2.2 路基面动应力归一化统计分析

6.3

桥梁工程动态检测是对桥梁结构在动载作用下（列车运行状态下）的实际工作状态进行检测。

动载试验：检测荷载以不同速度匀速通过检测桥梁进行动应变、动位移、竖向与横向振动的测定，以了解结构的动力系数、振动特征（振幅、频率、模态振型、阻尼比）等，据以判断结构在动载作用下的工作状态。

环境微振动试验（脉动试验）：桥面无任何交通荷载以及桥址附近无规则振源的情况下，测定桥跨结构由于桥址处风荷载、地脉动、水流等随机荷载激振而引起的桥跨结构微小振动响应，以了解结构的自振特性（自振频率、模态振型、阻尼比）。

制动试验：检测荷载以特定速度运行，在桥上进行紧急制动，以测定荷载制动时产生的构件应力和位移，据以检验结构物在制动力作用下的工作状态。

桥梁动态检测方案宜在实地查勘的基础上制定，包括如下主要内容：检测目的与任务、检测项目和内容、检测孔跨选择、测点布置、检测程序、仪器配备、检测人员组织与分工、检测配合方案、检测荷载与速度、加载控制与安全措施等。

测点布置要做到目的明确，重点突出，测点布置一般要绘制图表。列车通过桥梁速度一般包括5 km/h一个往返、其他速度2～3个往返，直到测试要求的最高速度。

动态检测中注意保证测试精度、传感器的安装和固定正确、电源符合要求、仪器保存符合要求、信号导线符合要求、仪器在检定周期内、保证人身、结构物、检测荷载及仪器设备安全。

检测使用的仪器和仪表的性能满足检测对精度、量程、灵敏度、稳定性、频响特性、使用温度范围和耐振等方面的要求，测试仪器、仪表在现场使用时的主要技术性能符合其出厂检验标准。检测通常根据不同的测试内容和要求，并视具体的桥址情况，合理选用仪器和仪表，包括应根据需要测试的最低和最高阶频率选择仪器的频率范围，应根据被测试结构振动的强烈程度来选定测试仪器的最大可测范围。

阳光辐射与大气温度的变化对测量精度有直接的影响。为减小此影响，一般采取必须的措施（如温度补偿片应与被补偿片处于同一温度场）。

对暴露在野外的电缆导线接头、电阻丝应变片、各种观测装置等通常要采取严密的防水防潮措施。为提高测试精度，检测尽量避免在雨天进行。

测试仪器尽量采用可以实现数据采集、信号处理、模态分析等一体化的测试系统，以利现场实时分析。

通常在铁路桥梁梁跨钢轨上布设轮对位置信号。同步输入振动、应力、位移等时域波形图，以便确切分析轨对的激励与结构的瞬时响应关系。

测振装置的频率响应通常保证被测试结构的随机振动频率始终落在测振系统幅频特性曲线的平坦（≤ ±3%）区段内。

据以评定结构技术状态主要数据的准确度通常能够符合说明表 6.3 的规定。

说明表 6.3　测试准确度标准（相对误差）

应变、位移	≤ ±5%
振动幅值	≤ ±10%
自振频率	≤ ±1%

数据采集仪的电平输入和频率范围，要与测试仪器的输出相匹配。

当试验分析仪要求作时域分析时，数据采集仪的采样频率 f_s 可取：

$$f_s = 10f_{max}$$

当试验分析仪要求作频域分析时，可取：

$$f_s = 4f_{max}$$

当试验分析要求既作时域分析又作频域分析时可取：

$$f_s = (8 \sim 10)f_{max}$$

其中 f_{max} 为信号频率的上限。

当需滤波时，可根据具体情况合理设置低通、高通的滤波截止频率或带通的通频带宽，确保其原始记录波形的真实性。

各类测试仪表必须做到细心正确安装、粘贴和固定。使用稳压电源，电源的电压和容量符合使用要求。测试仪器仪表在不使用时，一般存放在干燥、少尘、无腐蚀性气体、温差小的环境中，电子仪器还需定期对之通电。测试仪器在非测量状态时必须锁定。在运输过程中要有妥善的防振措施，并注意轻装轻放。测试用导线根据输送不同性质电量（电压、电流、电荷等）的用途，合理选用抗干扰导线。导线接头要慎重处理。长导线对灵敏度的影响需作修正，否则作系统含长导线联机率定。为保证测试精确度，通常定期对仪器进行率定或校正。测试系统需作系统联机整段率定。现场率定能更确切地反映测试系统在实际测量时的工作状态，因此率定工作尽可能在现场进行。在检测准备阶段及检测过程中，检测有关人员均要严格遵守有关安全规则，以保证人身、结构物、检测荷载及仪器设备的安全。在做超出线路规定速度的检测时，须会同有关线路人员随时检查铁路桥上及两端线路的技术状态。在执行过程中遇有不测事件时，立即作出调整甚至终止检测。

6.3.1　桥梁检测评定主要参考下列规范和规定：

《新建时速 200 公里客货共线铁路设计暂行规定》（铁建设函〔2005〕285 号）

《既有线提速 200 km/h 技术条件（试行）》（铁科技函〔2006〕747 号）

《既有线提速 200 ~ 250 km/h 线桥设备维修规则》（铁运〔2007〕44 号）

《铁路桥梁检定规范》（铁运函〔2004〕120 号）

《既有线提速技术条件（试行）》（铁科技〔2002〕76 号）

《客运专线无砟轨道铁路设计指南》(铁建设函〔2005〕754 号)

《轮轨水平力、垂直力地面测试方法》(TB/T 2489—94)

《铁道车辆动力学性能评定和试验鉴定规范》(GB 5599—85)

《铁路桥涵设计基本规范》(TB 10002.1—2005)

《200 km/h 及以上速度级动车组动力学性能试验鉴定方法及评定标准》(《2005 年动车组项目采购文件》第五章动车组技术文件附件 2)

《动车组供货技术条件》(CRH2-300 和 CRH3 动车组采购合同附件 7)

日本《铁路结构物设计标准及解说(钢桥、结合梁桥)》(2002 年 12 月)

《铁路桥梁检定规范》在“总则”中规定:本规范适用于客货共线运行,旅客列车最高行车速度为160 km/h、货物列车最高行车速度为80 km/h的标准轨距线路上的既有桥梁,旅客列车最高行车速度在200 km/h时,可参照执行。

根据《铁路桥梁检定规范》第 10.0.2 条规定,铁路桥梁运营性能检验有两种判别值:

行车安全限值:保证列车以规定的速度安全通过,桥梁结构必须满足的限值,超过此值,应即采取必要的措施。

通常值:合格桥梁在正常运营中实测值的上限(挠度、振幅)、下限(频率)或均值(结构校验系数)。铁路桥梁在运营过程中,如超过此值,应仔细检查桥梁结构是否存在隐藏的病害,同时调查列车曾否产生异常激励。

6.3.2 关于桥梁工程动态检测结果内容,目前主要有《铁路桥梁检定规范》(铁运函〔2004〕120 号)、《铁路桥涵设计基本规范》(TB 10002.1—2005)、《既有线提速200 km/h技术条件(试行)》(铁科技函〔2006〕747 号)、《新建时速 200 公里客货共线铁路设计暂行规定》(铁建设函〔2005〕285 号)、《既有线提速 200~250 km/h线桥设备维修规则》(铁运〔2007〕44 号)、《既有线提速技术条件(试行)》(铁科技〔2002〕76 号)等,这些相关规范的有关规定说明如下:

(1)160 km/h 及以下铁路桥梁:跨中横向振幅应小于说明表 6.3.2—1 的规定,不宜大于说明表 6.3.2—2 所列数值;桥跨结构横向自振频率不应小于说明表 6.3.2—3 所列数值;墩顶横向振幅不宜大于说明表 6.3.2—4 中对应值,桥墩横向自振频率不宜小于说明表 6.3.2—4 中对应值,其中说明表 6.3.2—5 和说明表 6.3.2—6 为说明表 6.3.2—4 的参数取值。

200 km/h 铁路桥梁的跨中横向振幅应小于说明表 6.3.2—1 的规定,客车作用下不宜大于说明表 6.3.2—2 中 160 km/h $<v\leqslant$200 km/h列对应值。

说明表 6.3.2—1 桥跨结构横向振幅行车安全限值$[A_{max}]_{5\%}$

类别	结构类型			跨中横向振幅$[A_{max}]_{5\%}$
钢梁	无桥面系的板梁或桁梁			$L/5\,500$
	有桥面系	板梁		$L/6\,000$
		桁梁	($L\leqslant40$ m)	$L/6\,500$
			(40 m $<L\leqslant96$ m)	$L/(75L+3\,500)$
钢筋混凝土梁、预应力混凝土梁				$L/9\,000$

注:L 为跨度(m)。

说明表 6.3.2—2 桥跨结构横向振幅通常值

类别	结构类型		货列重车实测跨中横向最大振幅通常值 $v\leqslant 80$ km/h $[A_{max}]_{5\%}$ (mm)	客车实测跨中横向最大振幅通常值 $[A_{max}]_{5\%}$ (mm)			
				$v\leqslant 120$ km/h		120 km/h < v ≤160 km/h	160 km/h < v * ≤200 km/h
				有缝线路	无缝线路		
钢梁	无桥面系的板梁、桁梁	普通桥梁钢	$\leqslant\frac{L}{3.8B}$	$\leqslant\frac{L}{9.9B}$	$\leqslant\frac{L}{11.4B}$	$\leqslant\frac{L}{9.4B}$	$\leqslant\frac{L}{8.0B}$
		低合金钢	$\leqslant\frac{L}{3.2B}$	$\leqslant\frac{L}{8.3B}$	$\leqslant\frac{L}{9.6B}$	$\leqslant\frac{L}{7.9B}$	$\leqslant\frac{L}{6.7B}$
钢梁	有桥面系的板梁、桁梁	普通桥梁钢	$\leqslant\frac{L}{2.6B}$	$\leqslant\frac{L}{6.8B}$	$\leqslant\frac{L}{7.8B}$	$\leqslant\frac{L}{6.4B}$	$\leqslant\frac{L}{5.4B}$
		低合金钢	$\leqslant\frac{L}{2.2B}$	$\leqslant\frac{L}{5.7B}$	$\leqslant\frac{L}{6.6B}$	$\leqslant\frac{L}{5.4B}$	$\leqslant\frac{L}{4.6B}$
预应力混凝土梁			$\leqslant\frac{L}{7.0B}$	$\leqslant\frac{L}{18.2B}$	$\leqslant\frac{L}{20.9B}$	$\leqslant\frac{L}{17.2B}$	$\leqslant\frac{L}{14.7B}$

注:1 L 为跨度(m);B:钢梁为主梁中心距(m),预应力混凝土梁为支座中心距(m)。

2 * 本栏为参考值。

说明表 6.3.2—3 桥跨结构横向自振频率容许值

结构类型	适用跨度 L(m)	横向自振频率 f 容许值(Hz)	结构类型	适用跨度 L(m)	横向自振频率 f 容许值(Hz)
上承式钢板梁	24~40	$>60/L^{0.8}$	下承式钢桁梁	48~80	$>65/L^{0.8}$
下承式钢板梁	24~32	$>55/L^{0.8}$	预应力混凝土梁	24~40	$>55/L^{0.8}$
半穿式钢桁梁	40~48	$>60/L^{0.8}$			

说明表 6.3.2—4 墩顶横向振幅及桥墩横向自振频率通常值

墩身构成	墩身尺寸特征	基础与地基土		墩顶横向振幅 $[A_{max}]_{5\%}$ (mm)		横向自振频率 f(Hz)
		基础类型	地基土	$v\leqslant 60$ km/h	$v>60$ km/h	
混凝土或石砌墩身	低墩:$H_1/B<2.5$	扩大基础	岩石	$H/30$	$\frac{H}{25}+0.1$	—
		沉井基础				
		桩基础		$\frac{H}{30}+0.2$	$\frac{H}{25}+0.4$	
		扩大基础	黏土或砂、砾			
	中高墩:$H_1/B\geqslant 2.5$	扩大基础	岩石	$\frac{H_1^2}{100B}+0.2$		$\geqslant\frac{24\sqrt{B}}{H_1}$
		沉井基础				
		桩基础		$\frac{(H+\Delta h)^2}{100B}+0.2$		$\geqslant\alpha_1\frac{24\sqrt{B}}{H}$
		扩大基础	黏土或砂、砾	$\alpha_2(\frac{H_1^2}{100B}+0.2)$		$\geqslant\alpha_3\frac{24\sqrt{B}}{H_1}$

注:H 为墩全高(自基底或桩承台底至墩顶)(m);H_1 为墩高(自基顶或桩承台顶至墩顶)(m);B 为墩身横向平均宽度(m)。

说明表 6.3.2—5 α_1 及 Δh 值

计算项目	参数	地基土特征	车速 $v\leqslant$ 60 km/h	车速 $v>$ 60 km/h	计算项目	参数	地基土特征	车速 $v\leqslant$ 60 km/h	车速 $v>$ 60 km/h
横向振幅	Δh (m)	软塑黏土	1	2	自振频率	α_1	软塑黏土	$\alpha_1=0.8$	
		硬塑黏土、砂、砾	0	1			硬塑黏土、砂、砾	$\alpha_1=0.9$	
		嵌岩桩	0	1			嵌岩桩	$\alpha_1=1$	

(2)160 km/h 及以下铁路桥梁在中—活载静力作用下的竖向挠度(扣除支座竖向位移)不宜大于说明表 6.3.2—7 所列数值。

改建 200 km/h 铁路桥梁在中—活载静力作用下的竖向挠度(扣除支座竖向位移)不应大于说明表 6.3.2—8 所列数值和设计值。

说明表 6.3.2—6 α_2 及 α_3 值

计算项目	参数	地基土特征	车速 $v\leqslant$ 60 km/h	车速 $v>$ 60 km/h
横向振幅	α_2		1.0	1.15
自振频率	α_3	Ⅰ. 砾石、粗砂	0.90	
		Ⅱ. 硬塑黏土、中砂、细砂	0.80	

说明表 6.3.2—7 160 km/h 及以下铁路桥梁梁体的竖向挠度通常值

梁别	结构类型		挠度通常值	梁别	结构类型	挠度通常值
钢梁	板梁	普通桥梁钢	L/1 200	钢筋混凝土梁	普通高度($h/L=1/7\sim1/9$)	L/4 000
		低合金钢	L/950		低高度($h/L=1/13\sim1/15$)	L/1 900
	桁梁	普通桥梁钢	L/1 500	型钢混凝土梁		L/1 250
		低合金钢	L/1 250	预应力混凝土梁	普通高度($h/L=1/11\sim1/13$)	L/1 800
					低高度($h/L=1/14\sim1/16$)	L/1 300

注:h 为梁高(m);L 为跨度(m)。

说明表 6.3.2—8 改建 200 km/h 铁路桥梁梁体的竖向挠度限值

跨度 L(m)	$L\leqslant24$	$24<L\leqslant40$	$40<L\leqslant96$	跨度 L(m)	$L\leqslant24$	$24<L\leqslant40$	$40<L\leqslant96$
单跨	L/1 000	L/900	L/900	多跨	L/1 400	L/1 200	L/900

新建 200 km/h 铁路桥梁在中—活载静力作用下的竖向挠度(扣除支座竖向位移)不应大于说明表 6.3.2—9 所列数值和设计值。

说明表 6.3.2—9 新建 200 km/h 铁路桥梁梁体的竖向挠度限值

跨度 L(m)	$L\leqslant20$	$20<L\leqslant50$	$50<L\leqslant70$	$70<L\leqslant96$	跨度 L(m)	$L\leqslant20$	$20<L\leqslant50$	$50<L\leqslant70$	$70<L\leqslant96$
单跨	L/1 000		L/900		多跨	L/1 400	L/1 200	L/1 000	L/900

(3)改建 200 km/h 铁路桥梁在中—活载静力作用下,梁端竖向转角不应大于 3.0‰和设计值(道砟桥面和明桥面)、1.25‰和设计值(无砟轨道)。新建200 km/h客货共线铁路桥梁在中—活载静力作用下,路基与桥梁过渡处梁端竖向转角不应大于 3‰和设计值,两梁之间的竖向转角不应大于 6‰和设计值。

(4)钢梁的动力系数不宜大于 $1+28/(40+L)$,混凝土梁的动力系数不宜大于 $1+\alpha\left(\frac{6}{30+L}\right)$,填土厚度 $h<1$ m(从轨底算起),$\alpha=4(1-h)\leqslant2$,L 以 m 计,除承受局部活载的

杆件为影响线加载长度外，其余均为桥梁跨度。

(5)200 km/h 铁路的混凝土梁、下承式钢桁梁、钢板梁、半穿式钢桁梁的简支梁，其跨度小于等于64 m时，横向自振频率(Hz)不应小于 $60/L^{0.8}$。

200 km/h 铁路的简支梁竖向自振频率(Hz)不应小于 n_0：

$$n_0 = \begin{cases} \dfrac{80}{L}, & 4\ \text{m} \leqslant L \leqslant 20\ \text{m} \\ 23.58L^{-0.592}, & 20\ \text{m} < L < 96\ \text{m} \end{cases}$$

式中 L 为简支梁跨度(m)。

(6)桥梁的道砟桥面强振频率不大于20 Hz的竖向振动加速度不应大于 $0.35g$。200 km/h铁路桥梁的无砟轨道和明桥面强振频率不大于20 Hz的竖向振动加速度不应大于 $0.50g$。160 km/h及以下铁路桥梁梁体横向振动加速度应小于1.4 m/s^2。

(7)160 km/h 及以下铁路(客车)钢桥端横梁的拼接纵梁位置处的挠度不应大于3 mm(130 km/h < 车速≤160 km/h)和4 mm(车速≤130 km/h)。200 km/h铁路(客车)钢桥端横梁的拼接纵梁位置处的挠度不应大于2 mm。200 km/h铁路(客车)无砟轨道桥梁上梁缝两侧的钢轨支点横向和竖向相对位移不应大于1 mm。

160 km/h 及以下铁路桥梁支座横向位移(支承垫石与梁底之间或支座上下摆之间)不应大于 ±2 mm，200 km/h铁路桥梁支座横向位移不应大于 ±1 mm。

(8)160 km/h 及以下铁路桥梁上的脱轨系数应不大于1.0、轮重减载率应不大于0.60。200 km/h铁路桥梁上的脱轨系数应不大于0.8、轮重减载率应不大于0.6。

200 km/h 铁路桥梁上的轮轨横向力应小于80 kN(货车)和 $10 + P_0/3$ kN(客车，P_0 为静轴重)的较小值。

以上说明表6.3.2—1、说明表6.3.2—2、说明表6.3.2—4、说明表6.3.2—5、说明表6.3.2—6、说明表6.3.2—7 出自《铁路桥梁检定规范》(铁运函〔2004〕120 号)；说明表6.3.2—3 出自《铁路桥涵设计基本规范》(TB 10002.1—2005)；说明表6.3.2—8 出自《既有线提速200 km/h技术条件(试行)》(铁科技函〔2006〕747 号)；说明表6.3.2—9 出自《新建时速200 公里客货共线铁路设计暂行规定》(铁建设函〔2005〕285 号)。

6.3.3　桥梁环境微振动试验要选择场地环境最安静的时刻进行，避免环境及系统干扰；持续时间一般不少于30 min，困难时不得少于15 min，至少进行 2 次测试。当因测试仪器数量不足而做多次测试时，每次测试中至少保留一个共同的参考点。

6.3.5

(1)从动挠度、动应力实测波形获得其相应的动力系数时：

① 从动挠度波形

$$1 + \mu = \frac{\delta_{dmax}}{\delta_{smax}}$$

式中　δ_{dmax}——实测最大动挠度值；

δ_{smax}——取本次波形的振幅中心轨迹线的顶点值，或低速(准静态)最大挠度值。

② 从动应力波形

$$1 + \mu = \frac{\sigma_{dmax}}{\sigma_{smax}}$$

式中　σ_{dmax}——实测最大动应力值；

σ_{smax}——取本次波形的振幅中心轨迹线的顶点值，或低速（准静态）最大应力值。

从动挠度获取的动力系数为结构的整体动力系数；从应力波形获得的动力系数为该应力点具体结构件的动力系数。

（2）对振动波形进行下列分析：

① 桥梁振动的实际振幅（单峰值）

注意波形必须是经过预检，去掉奇异项，修正零线飘移、趋势等误差，并经正确滤波后确认非失真的波形。

② 结构各阶振动的自振频率和阻尼比特性

a. 由实测时域余振波形的自由振动衰减曲线确定：

自振频率
$$f_0 = \frac{m}{mT}$$

阻尼比
$$D = \frac{1}{2\pi} \cdot \frac{1}{m} \ln \frac{A_n}{A_n + m}$$

式中 m——自由振动衰减波形图上量取振幅的整周期波数；

mT——在波形图上量取的 m 个周期波的总时间。

b. 由环境微振动频谱分析确定：

自振频率
$$f_0 = \frac{\omega_0}{2\pi}$$

阻尼比
$$D = \frac{\Delta\omega}{2\omega_0}$$

式中 $\Delta\omega$——$X_{max}/\sqrt{2}$ 处的频带宽；

X_{max}——功率谱峰值；

ω_0——自振频率。

③ 结构强迫振动频率

截取振动时域波形样本中铁路机车和车辆的最大振幅时段的波形段，分别作最大熵法频谱分析，求取机车和车辆对结构产生的强迫振动频率。当该时域波形呈共振形态时，最大熵法频谱分析得出的强迫振动频率即为结构在该荷载下的有载自振频率。

（3）列车在铁路桥上的脱轨系数和减载率按如下方式分析：

① 最大脱轨系数 Q/P：机车、车辆轮对对左右股钢轨同一瞬间产生的最大 Q/P 值（列出 Q 与 P 值）。Q 为车轮作用于钢轨上的横向力；P 为车轮作用于钢轨上的垂直力。

② 最大轮重减载率 $\Delta P/\overline{P}$ 值：机车、车辆轮对左右车轮，同一瞬间在左右钢轨上发生的最大 $\Delta P/\overline{P}$ 值。

$$\overline{P} = \frac{P_1 + P_2}{2}$$

$$\Delta P = \left| \frac{P_1 + P_2}{2} \right|$$

式中 P_1, P_2——实测左右轮重；

$\overline{P}$——减载和增载侧车轮的平均轮重；

ΔP——轮重减载量。

上述规定制定的背景和试验条件与现行铁路工程实际情况不完全相同,需不断总结完善。

6.4

噪声和振动控制工程是为保护铁路两侧环境而采取的专项工程,目前尚缺乏工程设计、施工方面的经验,不通过动态检测难以检验这些工程的实际效果,因此进行该项检测对项目验收和保护环境是非常必要的。敏感路段在项目环境影响报告书中有详细的调查结果;未设噪声、振动控制工程地段的典型敏感点路段,可以在设计单位提供的施工图阶段的线路平面图中进行筛选。

当列车在隧道内运行产生的气动噪声(微气压波)超过一定标准时,将对隧道洞口环境产生噪声污染。因此,要对隧道洞口的气动噪声(微气压波)进行检测。

噪声测量用声级计要符合国家标准《声级计的电、声性能及测试方法》(GB/T 3785)中1型声级计的规定。如果是测量等效连续声级,使用的积分声级计要符合国家标准《积分平均声级计》(GB/T 17181)中的规定。采用其他测量仪器时,其性能要满足上述标准规定的要求。测量倍频带或1/3倍频带插入损失,其相应滤波器应符合国家标准规定的要求。每次测量前后,应对声级计进行校准。声级校准器性能在《声级校准器》(GB/T 15173)中有明确规定。

环境振动计或其他相当的振动仪器性能要符合《人体振动响应测量仪器》(ISO 8041:1990)中的规定;测量倍频带或1/3倍频带振级时,其相应滤波器要符合国家标准规定的要求。

测量仪器应经国家认可的计量单位检定合格,并在有效期限内使用。

6.4.2 目前,国内对客货共线铁路噪声适用的噪声排放国家标准为《铁路边界噪声限值及其测量方法》(GB 12525—1990),该标准规定的噪声限值,即铁路边界处(距铁路外侧轨道中心线30 m)的等效声级昼间为70 dBA,夜间为70 dBA。

6.4.3 在《铁路沿线环境噪声测量技术规定》(TB/T 3050—2002)的4.6节中提出可以通过测量列车通过时的暴露声级计算等效声级的方法。

在《声学名词术语》(GB/T 3947—1996)13.7给出等效[连续A计权]声[压]级($L_{Aeq,T}$,L_{eq})的定义为:在规定的时间内,某一连续稳态声的A[计权]声压,具有与时变的噪声相同的均方A[计权]声压,则这一连续稳态声的声级就是此时变噪声的等效声级。其等效声级的公式是

$$L_{Aeq,T} = 10\lg\left[\frac{1}{t_2 - t_1}\int_{t_1}^{t_2} \frac{p_A^2(t)}{p_0^2}\mathrm{d}t\right]$$

式中 $L_{Aeq,T}$——等效声级(dB);

$t_2 - t_1$——规定的时间间隔(s);

$P_A(t)$——噪声瞬时A[计权]声压(Pa);

p_0——基准声压(20μPa)。

该术语标准13.9给出暴露声级(L_{AE})的定义为:在某一规定时间内或对某一噪声事件,其A[计权]声压的平方的时间积分与基准声压(20μPa)的平方和基准持续时间(1 s)的乘积的比的以10为底的对数。其暴露声级的公式是

$$L_{AE} = 10\lg\left[\frac{1}{t_0}\int_{t_1}^{t_2}\frac{p_A^2(t)}{p_0^2}\mathrm{d}t\right]$$

式中 L_{AE}——暴露声级(dB);

t_0——基准持续时间(=1 s);

$t_2 \sim t_1$——规定的时间间隔,此时间应足够长,使能包含所说明事件的所有有意义的噪声(s);

$P_A^2(t)$——瞬时 A 声压(Pa);

p_0——基准声压(20μPa)。

暴露声级和等效声级的换算公式见下式

$$L_{\mathrm{eq}} = 10\lg\frac{1}{T}\sum_{i=1}^{n}10^{0.1L_{AE,i}}$$

式中 L_{eq}——等效声级(dB);

n——昼间或夜间通过的列车数量;

T——昼间或夜间的时间(s);

$L_{AE,i}$——昼间或夜间通过的第 i 列列车的暴露声级(dB)。

目前国内外噪声测量用声级计均具有测量暴露声级的功能。采用测量列车通过时的暴露声级,可以减小测量同一列车通过时,由于测量时间不同造成的测试误差和计算工作量。本指导意见推荐采用暴露声级计算等效声级的方法简便易行,测量计算数据可靠。

对于声屏障主要依据《声屏障声学设计和测量规范》(HJ/T 90—2004)中的有关规定,进行受声点、参考点声级及其频谱和背景噪声的测量。对于噪声控制工程的声级插入损失和频带声压级插入损失,主要依据该规范第 5. 1. 1 条"声屏障的降噪效果一般用 A 计权等效声级或最大 A 声级的插入损失来评价。如果要了解降噪的频率特性,则应测量 63 ~5 000 Hz的 1/3 倍频带的插入损失"。

6. 4. 5 目前国内对客货共线铁路振动适用的环境振动国家标准为《城市区域环境振动标准》(GB 10070—1988),该标准规定的振动限值,即距铁路外侧轨道中心线30 m外的振级昼间为80 dB,夜间为80 dB。

6. 4. 6 对于环境振动测量的量,主要依据《城市区域环境振动测量方法》(GB 10071—88)、《铁路沿线环境振动测量》(TB/T 3152)中的有关规定。

6. 4. 7 隧道洞口微气压波峰值评判标准制定的主要依据是:《新建时速 200 公里客货共线铁路设计暂行规定》(铁建设〔2005〕285 号)第 6. 3 节及其相关条文说明。

6. 4. 8 铁路边界噪声测点的布置主要依据《铁路边界噪声限值及其测量方法》(GB 12525—90)第 5. 1 条中"测点原则上选在铁路边界高于地面1. 2 m,距反射物不小于1 m处"而确定。

6. 4. 10 试验表明当列车以 200 km/h 左右速度驶入隧道时,在隧道出口测得的微压波持续时间很短,只有0. 15 s左右,因此微气压波应采用高速数据采集仪器。

微压波属低频波,频率分布主要集中在100 Hz以下,微压波通常在300 Pa以内,因此本指导意见建议采用小量程噪声传感器,量程范围在300 Pa以内。

模型试验和现场测试结果表明:微压波的散射过程在 1/10 s以内,为了精确捕捉微压波峰值,在波动曲线上至少需要 100 个数据点。因此本指导意见建议采集频率为 5 000 Hz以上。

6.4.11 动态检测铁路边界噪声时,由于列车的车流密度还达不到实际运用水平,只能采取预测计算的方法。依据铁道部《铁路建设项目环境影响评价噪声振动源强取值和治理原则规程》(铁计〔2006〕44 号)的规定,列车对数按设计近期进行考虑。

本条款规定的插入损失值 *IL* 采用的是《声屏障声学设计和测量规范》(HJ/T 90—2004)中的计算方法,公式如下:

$$IL = (L_{ref,a} - L_{ref,b}) - (L_{r,a} - L_{r,b})$$

式中 $L_{ref,b}$——无声屏障的类比路段参考点声级(dBA);

$L_{r,b}$——无声屏障的类比路段受声点处的声级(dBA);

$L_{ref,a}$——声屏障安装后参考点的声级(dBA);

$L_{r,a}$——声屏障安装后受声点的声级(dBA)。

中华人民共和国行业标准

铁建设〔2008〕198 号

铁路建设项目现场管理规范

Code for On-site Manayement of Railway Construction Project

TB 10441—2008
J 928—2009

2008—10—30 发布　　2008—10—30 实施

中华人民共和国铁道部　发布

前　言

为进一步规范铁路建设项目现场管理工作，根据铁道部《关于印发 <2008 年铁路工程建设标准编制计划 > 的通知》（铁建设〔2007〕1374 号）编制本规范。

本规范编制过程中进行了深入的调查研究，总结了我国客运专线和客货共线铁路的施工现场管理经验，并广泛征求了有关方面的意见。本规范针对铁路建设项目中办公生活区、辅助生产区、生产区提出了安全生产、文明施工、职业健康、环境保护等方面的基本规定，明确了建设标准和相关要求，突出了对施工现场管理工作的控制和指导作用。

本规范共分 5 章，主要内容包括：总则，基本规定，生产区，辅助生产区，办公生活区等。

在执行本规范过程中，希望各单位结合工程实践，认真总结经验，积累资料。如发现需要修改和补充之处，请及时将意见及有关资料交中铁一局集团有限公司（陕西省西安市雁塔路北段 1 号，邮政编码：710054），并抄送铁道部经济规划研究院（北京市海淀区羊坊店路甲 8 号，邮政编码：100038），供今后修订时参考。

本规范由铁道部建设管理司负责解释。

本规范主编单位：中铁一局集团有限公司。

本规范主要起草人：苟　彪、董晓光、张奕斌、吴正新、李　璋、许继松、李　怡。

目　次

1 总 则

1.0.1 为实现铁路建设项目施工现场标准化管理，规范现场布置，保障安全生产，促进文明施工，特制定本规范。

1.0.2 本规范适用于铁路建设项目中的施工现场管理。

1.0.3 **施工现场应进行平面规划，经审核批准后实施，并纳入相应的施工组织设计中。平面规划根据工程规模可按总体、工区和场区分别编制。**

1.0.4 **施工现场规划应遵循以人为本、因地制宜、节约用地、满足施工需要的原则，并考虑防火、防洪、防爆等要求。**

1.0.5 **施工现场安全生产应重点控制人和物的不安全行为和状态，实现有序施工，预防和控制工程安全与质量事故的发生，同时加强人员的职业健康教育，预防职业病的发生。**

1.0.6 **施工现场应建立文明施工和环境保护、水土保持的管理制度，遵循国家有关法律法规的规定，提高文明施工水平，加大环境保护和水土保持等工作的力度。**

1.0.7 改建铁路应结合项目内容、特点并按既有线施工和运营管理的有关要求进行施工现场管理。

1.0.8 本规范未说明的内容，如质量、试验、测量等工作按铁道部有关规范执行。

1.0.9 施工现场管理除执行本规范外，尚应符合国家和铁道部现行有关强制性标准的规定。

2 基本规定

2.1 平面规划

2.1.1 施工现场平面规划应在充分调查工程所在地自然环境、地质状况、社会风俗、既有房屋利用条件等的基础上，根据工程规模、特点和施工组织要求等确定。

2.1.2 现场平面规划应符合下列原则：

1 现场平面规划应遵循永临结合的原则，统筹规划，减少施工临时用地，降低现场临建费用。

2 现场平面规划宜采取动态管理，根据施工不同阶段及场地条件对所设办公、生活用房进行合理取舍。

3 现场平面规划应保证各项施工活动互不干扰，并充分考虑项目水、电、路的综合安排，满足安全、环保、消防、防爆等要求。

4 大型临时设施应符合现行铁路大型临时工程设计有关标准的规定。

2.1.3 现场平面规划图应分总平面布置图、工区平面布置图和场区平面布置图。现场平面规划图应根据需要包括下列内容：

1 各种生产、生活房屋的位置。

2 汽车运输道路的引入和其他运输设施的布置。

3 临时供水、供风、供电线路、变配电及通信设施等布置；排水系统、消防设施的布置。

4 拌和站和预制场的位置。

5 物料堆放位置。

6 取弃土(渣)场的位置和范围及结构形式。

7 大型机具设备的组装、工作和检修场地的位置。

2.1.4 施工现场按照功能划分为生产区、辅助生产区和办公生活区。

2.1.5 生产区应按工序有效衔接、布局紧凑等原则，并结合项目的内容、特点、专业划分等进行布置。

2.1.6 辅助生产区应临近生产区布置，或在工程的重心位置布置，并满足相关特殊场地的要求。

2.1.7 办公生活区应与生产区和辅助生产区分开设置，采取相应的分隔措施并保证安全距离。办公生活区宜设在人员相对集中和出入方便的地点 。

2.1.8 施工现场的道路应保证畅通，并与现场的存放场、仓库、施工设备等位置相协调，满足运输、行车安全等要求。便道、便桥宜利用永久性道路和桥梁。桥梁施工便道宜建在永久用地范围内。

2.1.9 临时渡口应设在河面开阔、河床稳定、水流较缓的安全地段。

2.1.10 仓库布置应满足下列要求：

1 仓库宜利用永久性仓库，布置地点应位于平坦、宽敞、交通方便之处，距各使用地点综合距离较近,还应考虑材料运入方式及遵循安全技术和防火规定。

2 材料仓库应位于供应范围的中部,靠近施工现场,具有良好的交通条件。

3 钢筋木材仓库应布置在其加工厂附近。

4 水泥库、砂石料储存场应布置在拌和站附近。

5 油库、氧气库和电石库、爆破物品库等危险品仓库,应远离施工现场、居民区和既有设施。

6 易燃材料的仓库应设在拟建工程的下风方向。

7 车库和机械站宜布置在现场入口处。

2.1.11 加工厂布置应满足下列要求:

1 加工厂布置时应考虑材料及构件的总运输费用最小,减少进入现场的二次搬运量,同时做到加工与施工互不干扰。

2 钢筋加工厂的布置宜采用集中加工布置方式。

3 大型木材加工厂宜布置在铁路、公路或水路沿线。

4 金属结构、锻工、机修等车间,应布置在一起,协调工作。

5 产生有害气体和污染环境的加工厂,应位于场地下风向。

2.1.12 现场临时房屋布置应符合下列要求:

1 临时房屋设施不得布置在受洪水、泥石流、落石、雪崩、滑坡等自然灾害威胁的地点,并应根据规定加设防雷击设施。

2 临时房屋应符合相应的安全消防规定。

3 房屋区内应有通畅的给排水系统,并避开高压电线。

2.1.13 食堂和卫生设施应设在不受施工影响且宜保持环境卫生的地点。

2.1.14 现场应配备紧急处理医疗设施,使现场的生活设施符合卫生防疫要求,采取防暑、降温、保暖、消毒、防毒等措施。

2.2 安全生产

2.2.1 施工现场的各项施工安全管理制度应齐全,管理机构健全,责任到人,并符合现行《铁路工程施工安全技术规程》的规定。

2.2.2 施工操作人员熟悉规范规程和设计要求,不得违章作业、野蛮施工。安全监察人员应佩戴袖标(牌)。

2.2.3 施工作业人员身体应健康,并定期进行身体检查。凡患有不宜从事某项施工作业疾病的人员,不得从事该项工作。

2.2.4 施工现场人员上岗前应进行岗前教育、培训和考核。特种作业人员应持证上岗。

2.2.5 进入施工现场的人员必须规范地佩戴安全帽及其他安全防护用品。建设、设计、监理单位人员的安全帽应和施工单位相区分,施工单位管理人员和现场作业人员的安全帽应相应区分。

2.2.6 现场便道、便桥应满足最大的交通荷载要求,运梁便道、便桥还应满足运梁车行车和荷载的要求。

2.2.7 施工机械(具)设备安全可靠,运转正常,严禁带病作业。施工单位应定期对施工机械(具)设备进行检查维修、保养清洗。

2.2.8 施工现场应配置消防设施。消防器材应有专人管理,定期检验。

2.2.9 现场大型临时设施管理应符合下列要求:

1 大型临时设施应执行"设计—审批—制作—安装—验收—投入使用"的程序。一般由使用单位自行组织验收,需地方或上级有关部门鉴定的应组织鉴定。

2 大型临时设施的设计应实行分级审批,经审批签发后,方可进行制作。未经设计或委托不具备相应资质的单位进行设计、制作的大型临时设施,不得组织验收和投入使用。

2.2.10 施工现场临时用电管理应符合下列规定:

1 施工现场临时用电应符合现行《施工现场临时用电安全技术规范》(JGJ 46)的规定。工程专用的电源中性点直接接地的220/380 V低压电力系统,必须采用TN-S接零保护系统,并做到三级配电两级保护和"一机一箱一闸一漏"。

2 施工现场临时用电设备在5台及以上或设备总容量在50 kW及以上者,应编制用电组织设计,经相关部门审核及技术负责人批准后实施。

2.2.11 爆破作业应满足下列要求:

1 进行爆破作业前,应向所在地有关部门办理批准手续,由具备爆破资质的专业机构进行实施。

2 爆破作业应根据地形、地质和施工地区环境的具体情况,采取相应的防护措施。

2.3 文明施工

2.3.1 现场管理及作业人员应佩戴上岗证,标准化着装。工作服应美观整洁,并符合安全要求。

2.3.2 施工现场宜采用封闭式管理,非工程相关人员严禁入内。城区内的施工现场和有特殊要求的库房必须实施封闭式管理。

2.3.3 施工现场应按现行《工作场所职业病危害警示标识》(GBZ 158)设置禁止标识、警示标识、指令标识、提示标识,并配以相应的警示语句。

2.3.4 便道、便桥施工应符合下列要求:

1 便道宜利用已有道路或永久性道路;避开拟建工程和地下管道等地方;主干便道应平整坚实,排水通畅;满足材料、构件等的运输要求;距离仓库及堆场的装卸区较近。

2 便桥应满足排洪要求,桥面应设置防护栏杆和超限标牌。

3 便道宜布置成环路,如不能设置环形路,则应在路端设置掉头场地。

4 主干便道入口处应设置明显标识。各施工便道从起点起依序编号,设便道标识牌于路口处,标明便道序号、陡弯段里程、养护责任人、注意安全驾驶等内容。

5 便道急弯、陡坡地段应设置安全护栏和醒目的安全警示标志,岔路口设置方向指示牌。

6 便道宜靠近建筑物、木材加工厂等易发生火灾的地方。

7 施工期间应指定专人负责对施工便道、便桥进行日常检查、保养和维修,做到雨天清沟排水,晴天洒水除尘。

2.3.5 现场的消防出入口、紧急疏散通道等应符合消防的要求,设置明显标志。有通行高度限制的地点应设限高标志。

2.3.6 施工现场原材料、中间产品管理规范,堆码整齐,标识牌做到随用随更新。

2.3.7 现场各类机械设备停放应合理规划,分区布置,摆放整齐。

2.3.8 施工现场应遵照《环境管理体系的要求及使用指南》(GB/T 24000)的要求,建立环境管理体系,制定相应保护措施,有效减少施工对环境的破坏或污染,并不断持续改进环境管理体系。还应满足下列要求:

1 施工现场应按照分区划块原则,搞好项目的环境管理,进行定期检查,加强协调,及时解决发现的问题,实施纠正和预防措施,保持现场良好的作业环境、卫生条件和工作秩序,预防污染。

2 现场施工中应有防止大气、噪声(振动)污染,水土保持和其他保护环境卫生的有效措施。

3 施工现场主要道路应进行硬化处理,土方应集中堆放。施工现场土石方作业应采取防止扬尘措施,裸露场地和集中堆放的土方应采取覆盖、固化或绿化等措施。

4 在水源保护地区内不得取土、弃土、破坏植被等,不得设置拌和站、洗车台、充电房等,并不得堆放任何含有有害物质的材料或废弃物。

5 大型临时设施的场地、弃渣场坡面应按设计进行复垦或绿化。坡脚应进行防护,防止水土流失。

6 施工现场严禁焚烧各类废弃物,有特殊要求的废弃物应按有关规定处理。

7 施工现场应根据需要设置机动车辆冲洗设施、排水沟及沉淀池,施工污水经处理达标后方可排入市政污水管网或河流。

8 施工前了解经过施工现场的地下管线,标出位置,加以保护。

9 施工过程发现文物、古迹、爆炸物、电缆等,严格执行国家、地方的相关规定。

10 不得随意占用或破坏与施工现场周围相邻的土地、道路、绿地以及各种公共设施场所;不得影响人们进出通行的道路和正常的活动。

11 不得随意损坏或影响市政公共设施如电线、电缆、各种管道、雨污水管、垃圾装置、路灯、公用电话和广告牌等的使用,尤其注意在大型机械设备进出时或使用时所产生振动而导致的破坏。

12 施工中需要停水、停电、封路时,应经有关部门批准,事先告示。在行人、车辆通过的地方施工,应设置沟、井、坎、洞覆盖物和标志。

13 定期对现场人员进行培训教育,提高其文明意识和素质,树立良好形象。

14 现场人员应做到语言文明、行为文明,如不说脏话、不乱扔废弃物等。

3 生 产 区

3.1 一 般 规 定

3.1.1 施工现场布置应符合平面规划的总体布置和物料器具定位管理标准化的要求。

3.1.2 施工现场应在醒目位置设置统一规定的"五牌一图",即工程概况牌、管理人员名单及监督电话牌、消防保卫牌、安全生产牌、文明施工牌和施工现场平面图。

3.1.3 重要工程现场应设置有标明工点名称、工程概况、项目经理、技术负责人、质量安全负责人、平面布置图、纵断面图、安全质量保证措施等内容的公告牌。

3.1.4 生产区应设置安全生产、文明施工、环境保护的宣传教育标牌、标语及宣传栏(橱窗)。现场各种安全标识牌应按照现行《安全标志》(GB 2894)统一制作,悬挂于工地醒目位置。

3.1.5 非施工人员和非施工车辆禁止进入施工生产区。应及时驱逐进入生产区的家畜、家禽。

3.1.6 严格按照施工用电专项组织设计与平面布置进行架设和管理电力线。夜间施工时,现场应设有满足施工安全要求的照明设施。

3.1.7 机械设备应符合下列规定:

1 机械设备应悬挂安全操作规程,尺寸可按照施工单位企业标识规定制作。企业标识应设置醒目。

2 施工机械设备产生的废水、废油及生活污水不得直接排入河流、湖泊或其他水域中,也不得排入饮用水源附近的土地中。

3 施工现场各类机具设备应定期检查,线缆接头必须绑扎牢固,确保不透水、不漏电;经常处于水、泥浆浸泡处的线缆接头应架空搭设。

4 运输车辆防护应符合当地的相关规定。

5 起重机械的使用应符合现行《起重机械安全规程》(GB 6067)的规定。

6 卷扬机应安装牢固、稳定,防止受力时位移和倾斜;操作位置应视野开阔,联系方便。

7 钻孔施工设备停放地点应平整、夯实,并避开高压线。

8 挖掘机、装载机作业时,铲斗内、臂杆、履带和机棚上严禁载人。

3.1.8 机械在操作中,其回转范围内不得有人或机械通过。临街(道)脚手架、临近高压电缆以及起重机臂杆的回转半径达到施工现场范围以外的,均应按要求设置安全隔离设施。

3.1.9 不同单位或不同专业交叉作业时,应共同拟定现场的安全、文明施工的管理办法,做好协调,共同执行。

3.2 路 基 工 程

3.2.1 路基施工应进行现场调查,应了解施工范围地质及地下埋设的各种管线、电缆、光缆等情况,并与相关部门联系,制定合理的安全技术和环境保护措施。

3.2.2 路基施工应根据工程特点对施工工艺、方案进行优化,编制详细的土石方调配表,宜移挖作填,集中取土,减少弃土和取土的总量。

3.2.3 路基施工的各个阶段应有明显的分区作业指示标牌。施工场地狭小、行人和机械作业繁忙地段应设临时交通指挥员。

3.2.4 CFG桩施工时,清理输送管、输送泵和其他机械设备的废水、废油等有害物质,不得直接排放到河流、池塘或其他水域中,也不得倾卸在饮用水源附近的土地上,防止污染水源和土壤。

3.2.5 水泥搅拌桩、高压旋喷桩施工时,水泥浆液应回收处理,不得直接排放。机械发生故障,先切断电源,关闭泥浆泵,放出管内水泥浆,确认无电无压力后,才能处理发生的故障。

3.2.6 桩基施工还应符合本规范第3.3节的规定。

3.2.7 临近居民区施工作业,强夯施工产生的噪声不应大于现行《建筑施工场界噪声界限》(GB 12523)的规定,强夯场地与建筑物间应按设计要求采取隔振或防振措施。当强夯施工所产生的振动对邻近建筑物或设备会产生有害影响时,应进行监测。

3.2.8 滑坡、崩塌、高陡边坡等高风险路基作业应编制专项安全施工方案。

3.2.9 路基开挖作业应自上而下开挖,严禁掏底开挖。开挖应与装运作业相互错开进行,严禁双层作业。松动的土、石块应及时清除,弃土下方和滚石危及范围内的道路,应设警示标志,作业时下方严禁通行。

3.2.10 爆破作业现场应设安全警戒防护,有专人统一指挥。在清方过程中发现有瞎炮、残药、雷管时,必须及时由爆破人员处理。

3.2.11 路基施工过程中应定期对施工路段和主要便道进行洒水,确保现场道路不扬尘。

3.2.12 采用粉状材料对路基填料进行现场拌和施工时,应避免在大风天气作业。施工人员应佩戴防尘口罩等劳动保护用品,并采取相关环境保护措施。

3.2.13 路基过渡段施工应符合下列规定:

1 在填筑压实过程中,应保证桥台、横向结构物稳定、无损伤。

2 应按设计做好防排水处理,防止降水或其他水流对地基的浸泡或台后基坑积水。

3 施工中应做到随填、随摊、随压、随整修。

4 过渡段路堤两侧防护砌体的施工应在地基和路堤变形稳定后进行,宜与相邻路堤的防护砌体施工相互协调。

3.2.14 特殊路基施工应符合下列规定:

1 宜避开雨季作业,加强现场排水,保证地基和已填筑的路基不被水浸泡。

2 在危岩落石、堆积体地段进行路基施工,应有预防岩石坍落的安全措施。

3 在岩溶及其他坑洞地区路基施工,应检查坑洞内情况,对不稳定的岩溶坑洞应加强临时支护,坑洞中有害气体应通风排除。

4 在岩溶地段进行注浆作业应加强地面观测(水平位移、冒浆点的位置、地面沉陷等),注意环境保护,及时清理浆液污染物。

5 在湿陷性黄土、盐渍土、膨胀土地区或地下水发育地段施工时应做好防排水处理。

6 湿陷性黄土路基填筑,采用浸水法处理湿陷性黄土地基时,其浸水坑与建筑物之间的安全距离应符合设计要求。

7 风沙路基施工应根据风向及地形、地貌制定安全技术措施；工地生产、生活房屋宜集中设置在有防风条件的地方。

3.2.15 取弃土场应符合下列要求：

1 取土场的设置，应根据各地段取土性质、数量并结合路基排水、地形、土质、施工方法、节约用地、环保等，统一规划。

2 取土时应注意环境保护，取土后的裸露面应按设计要求采取土地整治或防护措施。

3 取土场的位置、深度、边坡应满足设计要求，并结合当地土地利用、环保规划进行布置，不得随意取土及在水下取土。

4 对于已经停止取土的取土场应按照设计要求进行复垦处理或绿化。

5 弃土堆（场）的位置与高度应保证路堑边坡、山体和自身的稳定，并不得影响附近建筑物、农田、水利、河道、交通和环境等。不能满足时，应加设挡护或采取其他措施。

3.2.16 路基机械施工应符合下列规定：

1 挖掘机、装载机、吊车等机械作业范围内如有高压线、管线等，应尽可能避免机械化作业或派专人指挥监控作业。

2 使用提升架运送石料时，应有专人指挥和操作，严禁超负荷运行。严禁使用提升架载人。

3 运输车辆不得超速、超载、超限，不得人货混载，驾驶室不得超定员搭乘；自卸式汽车翻斗内严禁载人。

3.2.17 路基相关工程施工应符合下列规定：

1 加强各工序间的衔接，各类沟槽基坑开挖后宜尽快封闭，严禁雨水浸泡。

2 路基上的电缆槽、接触网支柱基础、声屏障基础、预埋管线、综合接地等宜与路基同步施工，不得因其施工而损坏、危及路基的稳固与安全。

3 相关工程及附属设施施工时，应防止路基污染，做好成品保护。

3.3 桥梁工程

3.3.1 桥梁施工现场应统一规划、合理布局，并绘制桥梁分段（孔）平面布置图。

3.3.2 施工现场的临时设施布置应考虑洪水的影响，重要临时工程在河道内布置时应处于施工水位以上。

3.3.3 桥梁施工组织设计应结合工程实际，对在施工中可能造成的环境破坏和不利因素提出具体预防措施。

3.3.4 桥梁水上、高空施工时应符合下列要求：

1 在通航或禁航河道施工时，河道两侧及施工处应设置警示标识信号。

2 水上作业时应配备救生船只及其他救生设备。

3 高空、水上等作业人员应佩戴必要的安全防护用品，并按规定做好安全防护。

4 禁止在江河、湖泊、水库最高水位线以下的滩地和岸坡上堆放、存储污染物。

5 吊船停靠锚碇时，应有预防漂流物碰撞的防护措施。

3.3.5 基坑施工应符合下列要求：

1 基坑宜在少雨季节施工。基坑顶面应在开挖前做好防、排水设施。

2 基坑有动载时,坑口边缘与动载间的安全距离应根据基坑深度、坡度、地质和水文条件及动载大小等情况确定。

3 土石松动地层或在粉、细砂层中开挖基坑时,应先做好安全防护。土质松软层基坑开挖必须进行支护。

4 基坑开挖时,应观测坡面稳定情况。当发现坑沿顶面出现裂缝、坑壁松塌或遇涌水、涌砂时,应立即停止施工,加固处理后,方可继续施工。

5 基坑位于现场通道或居民区附近时,应沿边缘设立两道护栏,夜间加设红色标志灯。

3.3.6 桩基施工应符合下列要求:

1 桩基作业区域应平整,采取安全防护措施并设立警示标志,非工作人员未经批准不得入内。

2 各类桩基地面孔口四周必须搭设防护围栏,围栏采用钢筋牢固焊制。停止作业时,孔口应用盖板盖严并设置围栏和警告标志牌。

3 预制桩施工桩机作业时,严禁吊装、吊锤、回转、行走动作同时进行;桩机移动时,必须将桩锤落至最低位置;施打过程中,操作人员必须距桩锤安全距离外监视。

3.3.7 挖孔桩施工应符合下列要求:

1 孔口不得堆集土渣、机具及杂物,附近不得有重车通过。

2 作业人员必须规范佩戴安全防护用品。孔内应设半圆形防护板,并随挖掘深度逐层下移。

3 挖孔时应经常检查孔内有害气体浓度,当二氧化碳浓度或其他有害气体浓度超过允许值或孔深超过 10 m、腐殖质土层较厚时,应加强通风。

4 井孔内必须搭设应急时使用的安全绳和软爬梯,并随桩孔深放长至作业面。不得用人工拉绳子运送作业人员和脚踩护壁凸缘上下桩孔。

5 相邻两孔中,一孔进行混凝土灌注或孔内爆破时,另一孔的井下作业人员应停止作业并撤出孔外。

3.3.8 钻孔桩施工应符合下列要求:

1 钻机安装时,机架应垫平,保持稳定,不得产生位移或沉陷,钻架顶端应用缆风绳对称张拉,地锚应牢固。

2 护筒埋设高度宜高出地面或地下水位。

3 旋转钻机进钻时,高压胶管下不得站人。

4 钢筋笼不得直接在泥土地上进行加工。

5 制浆池、储浆池和沉淀池周围应设立防护设施和安全警示标识,制浆材料的堆放地应有防水、防雨和防风措施,弃渣泥浆应及时外运,废弃后应回填处理。

3.3.9 沉桩基础施工应符合下列要求:

1 打桩机的移动轨道应铺设平顺,轨距准确,轨道钉牢,轨道端部应设止轮器。

2 起吊沉桩或桩锤时,作业人员不得在吊钩下或桩架龙门口处停留。

3 振动打桩机启动后,作业人员应暂离基桩。振打中出现振桩回跳,机械发生异响,应停振检修。

3.3.10 沉井施工应符合下列要求:

1 下井操作人员必须佩戴齐全安全防护用品,且人数不宜过多。出现险情后,井内施工人员应及时撤离。

2　沉井采用人工挖掘下沉时，井内应有充足的照明。沉井各室均必须备有悬挂钢梯及安全绳。应有专人在沉井外观察和指挥。

3.3.11　模板不应与脚手架连接（模板与脚手架整体设计时除外）。模板拆除时，应划分作业区，悬挂警示标志，并按规定的拆模程序进行。

3.3.12　墩台身混凝土浇注施工前应搭好脚手架及作业平台，作业平台应满足承载力要求并搭设牢固，平台上应设栏杆及梯步。墩台高度超过 2 m 时，应张挂安全网。

3.3.13　预应力混凝土连续梁悬臂灌注时应符合下列规定：

1　施工前应根据挂篮的型式制定相应的安全措施。

2　在墩上进行零号块施工的工作平台边缘处，应安装防护设施；墩身两侧与平台之间搭设的人行道板，应连接牢固。

3　挂篮前、后锚筋，张拉平台的保险绳应坚韧可靠。

4　挂篮的行走滑道，应平整顺直。限位器应设置牢固。

5　挂篮牵移时，必须匀速、左右同步、方向顺直、牵力平衡。主梁前端及时加垫，后端设锚加压。

3.3.14　移动支（模）架法架设预应力混凝土梁应符合下列规定：

1　支架平移搭设的临时支墩必须牢固。在支架平台及行道上，应满铺脚手板，四周应安装栏杆，贝雷梁下应挂安全网。

2　支墩顶贝雷纵梁安装的导链应由专人指挥。支架横移时，各支墩应同步作业，如有异常，应停止作业进行加固。

3.3.15　满堂支架法施工应符合下列要求：

1　满堂支架基础和结构应按设计安装，安装后的膺架不得沉陷、变形，连接应牢固，保证安全可靠。

2　支架顶部应安装平台、栏杆、梯子等防护设施。

3　采用木膺架或枕木垛上拼装钢梁时，应有防火设备。

3.3.16　提、运、架梁应符合下列规定：

1　架梁机械的性能、型号应与现场环境、施工条件相适应，应具备足够的安全可靠性能，并按国家有关规定通过型式试验后方可使用，使用中应定期进行检查确认，严禁超范围使用和带病作业。

2　预制箱梁架设期间，运梁通道上应停止其他施工作业，禁止其他车辆上道。运梁通道上设置运梁车运行标线、标志、警示标牌。

3　桥上进行铺架作业时，桥下严禁车辆、船只及行人通过，有相应的标识，并派专人值班巡视。

4　提、运、架梁机械应制定安全操作规程，并按操作规程正确操作，严禁任意扩大使用范围。当机械运转中发现不正常情况时，必须停机检查，故障排除后方可继续作业。

3.3.17　跨既有公路、铁路的铁路桥梁，跨在建铁路的公路桥梁，施工期间应设置防护棚架和防护网。跨公路、跨在建铁路桥梁施工，应设置桥下限高架和防撞设备。跨在建铁路的公路桥梁开通前，铁路路基、桥梁和隧道在建中，不得通过非施工车辆。

3.3.18　桥面附属设施施工应与轨道工程作业相互协调。

3.3.19　桥台排水及防护工程施工应符合下列规定：

1 砌体施工吊运砌筑材料时,作业人员应避让,待停稳松钩卸载后方可砌筑。

2 锥体和台后路基填筑时,应防止石头翻滚砸伤人员。

3.4 隧道工程

3.4.1 施工现场布置应靠近隧道洞口,便道、料场、拌和站等位置应综合考虑,洞内水电管路应分开布置,满足现场需要。

3.4.2 隧道施工应进行危险源辨识和安全风险评估,制定针对性的专项施工方案,并编制应急救援预案。施工前应组织人员对预案进行演练。

3.4.3 隧道施工过程应按有关规定和设计要求进行超前地质预报,并以预报成果指导施工。

3.4.4 施工进洞前应完成现场污水处理设施的建设,并做到"三同时",确保洞内外污水排放达标,不污染环境。

3.4.5 隧道内外的台架、工作平台应搭设牢固,留足施工净空。平台上满铺底板,周边应设置栏杆。跳板、梯子应安装牢固并防滑,不得超负荷使用,作业时应设明显的限界及缓行、警示、承载等标志并宜派专人防护。

3.4.6 隧道内道路应平整、坚实,并经常清扫,做到不扬尘。

3.4.7 隧道内应架设有线或无线通信设备,保持通信畅通。

3.4.8 隧道各洞、井口施工区,洞内机电室、料库、皮带运输机等处应设置必要的消防器材,并设明显标志,定期进行检查、补充和更换。洞内不得存放汽油、煤油、炸药、雷管等易燃易爆物品。

3.4.9 隧道内监控量测布点应规范,标识清晰。里程、高程等常用工程数据宜用红色油漆标注。

3.4.10 隧道内作业现场应备充足的应急救援物资。

3.4.11 洞口施工应符合下列规定:

1 隧道口应设置值班室,设立人员进洞登记制度,并有专人负责。

2 地质条件不良的洞口,应采取稳定边坡和仰坡的措施。

3 洞口的排水系统应在施工期的雨季之前完成。

4 隧道的排水应与路基排水系统合理连接,不得冲刷路基坡面、桥涵锥体、农田房舍。

5 隧道起拱线以上的端墙施工时应设安全网,防止人员、工具和材料坠落。

3.4.12 两个相同贯通开挖的开挖面之间的距离只剩下15 m时,只允许从一个开挖面掘进贯通,另一端应停止工作并撤离人员和机具设备,在安全距离处设置警告标志。

3.4.13 爆破施工应符合下列规定:

1 洞内爆破施工严格执行现行《爆破安全规程》的规定。爆破时所有人员应撤离现场至安全距离。

2 钻眼前应画出开挖断面轮廓,并根据钻爆设计图标出炮眼位置。

3 点炮时爆破工应随身携带手电筒,严禁使用明火照明。

4 爆破地点邻近建筑物或公路时,应采取微振动控制爆破,并做好必要的监测和防护。

3.4.14 喷锚支护应符合下列规定:

1 作业人员应佩戴必要的安全防护用品。

2 清除开挖面上的松动岩体、开裂的初支混凝土时，人员不得处于被清除物的正下方。

3 钢架及钢筋网的安装，作业人员之间应协调动作，在本排钢筋或本片钢筋网未安装完毕，并与相邻的钢架和锚杆连续稳妥之前，不得取消临时支撑。

4 对锚喷支护体系的监控量测中发现支护体系变形、开裂等险情时，应采取补救措施。当险情危急时，应将人员撤出危险区。

3.4.15 辅助坑道施工应满足下列要求：

1 斜井、竖井及隧道其他辅助坑道入口的选择应考虑防洪要求。

2 斜井、竖井及隧道施工主要设备（主通风机、竖井提升人员的绞车等），应设置两路电源供电。

3 井口、井下及卷扬机机房间应有联络信号，提升、下放与停留应有明确的色灯或音响等信号规定。

3.4.16 有轨运输应符合下列规定：

1 洞外应根据需要设调车、编组、卸渣、进料、设备维修等线路。设单道时，应按规定设置会车道。

2 有轨运输线路应设专人按标准要求进行维修和养护，使其处于良好状态，线路两侧的废渣和杂物应随时清除。

3 非值班司机不得驾驶机动车。司机不得擅离工作岗位。当离开时，应切断电源，拧紧车闸，开亮车灯。

4 运人车搭乘人员所携带的工具和物件不得露出车外。列车运行中和尚未停稳前人员不得上下。机车和车辆之间严禁搭人。

3.4.17 通风、供水、照明应符合下列规定：

1 提供洞内各项作业所需的最小风量，保证施工过程中洞内有足够的新鲜空气。

2 隧道施工应采取综合防尘防毒措施，定期检查粉尘及有害气体浓度，并应保证隧道作业环境空气中含有的有害气体、瓦斯、粉尘等的浓度不超标。

3 现场各类通风管路应敷设平顺，接头严密，无扭曲、褶皱、漏风，并有专人负责检查、养护，破损时及时修复。

4 供水水池位置不宜设在隧道的顶部，供水管路铺设宜避开交通繁忙地区和地质不良地段，管路铺设不宜采用高架的形式。

5 洞内照明应保证亮度充足、均匀、不闪烁，应根据开挖断面的大小，施工工作面的位置合理分布。

3.4.18 瓦斯隧道施工应遵循"先测后掘、随时检测"的原则，按瓦斯隧道的类型和设计要求配置通风、供电及机械设备等。并符合下列要求：

1 瓦斯隧道施工前应对所有作业人员进行瓦斯知识和防瓦斯危害的安全教育。

2 隧道内非瓦斯工区和低瓦斯工区的电气设备与作业机械可使用非防爆型，其行走机械严禁驶入高瓦斯工区和瓦斯突出工区。高瓦斯工区和瓦斯突出工区的电气设备与作业机械必须使用防爆型。

3 瓦斯工区爆破必须使用煤矿许用炸药和煤矿许用瞬发电雷管，并必须采用电力起爆。

4 瓦斯隧道应备有抢救设备，并指定专人保管，经常保持其良好状态，抢救设备不得挪作他用。

3.4.19 现场机械设备应符合下列规定：

1 各类进洞车辆应处于完好状态，制动有效，严禁人料混装。车辆行驶中严禁超车，在洞口、平交洞口及施工狭窄地段应设置缓行标志，必要时应设专人指挥交通。

2 车辆在装卸渣时应制动停稳，在洞内倒车与转向时，应开灯鸣号或有专人指挥。洞外卸渣场地应保持一段的上坡段，并在堆渣边缘内一定距离处设置挡木。

3 隧道内施工设备应靠边停放，远离爆破点；停放点处岩石完整性好、无渗水；初期支护或二次衬砌下方停放设备处应灯光明亮。停放点前后应架设红色警示灯，显示限界。

3.5 轨道工程

3.5.1 线下构筑物的沉降变形评估符合设计要求后方可进行轨道工程施工。

3.5.2 铺架基地的布置应符合下列规定：

1 基地设置联络线和既有站、线连通，基地联络线的坡度和曲线半径应根据地形、运量和作业方法确定。坡度不宜大于正线的最大坡度，并按有关规定设置安全设施。

2 基地布置应根据地形和生产方式，使调车作业顺向，并应使各种起吊机械移动距离最短。

3 基地场内堆置物与轨道及走行线间应留有安全距离。

4 基地内轨道标准、股道布置、线路平纵断面和建筑限界，应满足大型机械和机车车辆的作业、停放、进出及检修要求。

5 基地内临时工程的设置应避免影响后续工程施工。

3.5.3 变压器与配电室应设在场地同一侧，场内电线路合理布置，各种电源线不横跨股道，电器设备应安装保护接地或接零装置和漏电保护器。

3.5.4 材料堆码整齐，不侵限，不影响取送车作业和司机对位的视线。轨料装车不得超限、超载和偏压，并应捆绑牢固。料车运行中发现装载不良，应立即停车整理加固。

3.5.5 在布置轨排和基地时应确保轨料卸车、储存、装车、调车作业和列车编组等相互间作业有序，轨排组装井然有序，行车组织方便安全。

3.5.6 熬制硫磺砂浆的场地应通风，设在下风处，熬制间应防雨，作业人员应佩戴必要的安全防护用品，防止烫伤和吸入有害气体。

3.5.7 轨排按照编号顺序生产、堆码及装车。堆码前应进行全面质量检查，并采取轨节号标识，装车前进行外观质量检查，并确认轨节号，装车顺序不得错乱。

3.5.8 钢轨堆码时不宜超过6层。如场地限制需要高层堆码时，应加强支垫；长钢轨存放台要平整、稳固，各层钢轨之间应采用钢轨支垫，支垫跨距7.5m，上下对齐，与各层钢轨垂直放置。轨枕堆码应保持上下同位，不宜过高。

3.5.9 倒装龙门架净空应保证运轨排机车顺利通过。轨排垛起吊后，指挥人员应监控龙门架工作状态，确认工作状态正常后，方可继续进行轨排倒装作业。

3.5.10 铺轨作业时，施工车辆、设备及备品应齐全完好，停车时应采取防溜措施。穿越高压线、跨线及隧道时，应先清理机顶物品，使限界符合国家和铁道部现行安全技术规程的规定。

3.5.11 单枕连续铺设轨道过程中钢轨拖拉、布枕、钢轨入槽、紧固扣件等环节指挥人员和操作、监控人员应密切协调配合，出现不正常情况时应立即停止作业，排除故障后方可继续作业。

3.5.12 铺砟整道施工时,汽车运输底砟、面砟,装车不宜过满,应加篷布遮盖,出发前冲洗车体,行驶中不得污染道路和环境,整道过程中应制定防止道床污染的措施。

3.5.13 卸长钢轨前应平整线路砟肩上的石砟,确保钢轨平顺,并做好防胀轨工作。

3.5.14 单元焊应符合下列规定:

1 焊接前应先对相关设备进行检查,确认正常后方可进行焊接。

2 采用罐装高压氧气、乙炔、液化石油气时,应确保安全距离,严禁冲击或碰撞,气瓶不得日晒、倒置、烘烤或油污。

3.5.15 道砟的装卸宜采取降尘措施。

3.5.16 无缝线路锁定焊头及位移观测桩位置应与电务设备错开。

3.5.17 无砟轨道施工应符合下列规定:

1 无砟轨道施工前,应以标段为单位,综合考虑沿线路方向各种结构物间的关系,制定沉降观测方案。

2 各级测量控制点应设置在稳固、可靠、不易破坏和便于测量的地方,并应防冻、防沉降和抗移动,控制点标示应清晰、齐全、便于准确识别使用。

3 轨道板应采用立式保存,底部放置垫木端头设置三角支撑,并用卡扣相互连接牢固。

4 轨枕或轨道板在铺设现场应沿线路方向摆放,与使用数量相配套,减少倒运,避免磕碰损伤混凝土。

3.6 四电工程

3.6.1 四电工程应综合考虑与其他专业施工的衔接,符合有关专业的安全文明施工规定,并加强现场成品保护工作。

3.6.2 四电工程应根据现场特点、施工要求确定现场平面规划,并符合高空作业、带电施工、平面交叉的相关要求。

3.6.3 室内施工应符合下列要求:

1 应保持室内整洁,湿度、温度应符合相关规定。

2 严禁触摸、移动室内设备。

3 电源屏、配电盘处应悬挂明显的危险标志牌。

3.6.4 室外施工应符合下列要求:

1 施工前应探明地下管线,防止挖断管线。开挖时应提前划线,分段开挖,随挖随填,避免长时间暴露。

2 电缆径路选择应满足设计要求,应避开在路基上开挖,必须在路基上开挖缆沟时,需派专人防护,遇有大雨、暴雨、连阴雨时,严禁开挖路基。

3 在路肩上开挖电缆沟、杆坑和设备基础坑时,应进行防护,防止污染道砟、道床。

4 站台上进行开挖作业时,应提前与使用单位联系,在相关人员的配合下方可施工,施工过程应有专人防护,并设置醒目的安全警示标志。

5 桥上、站台和隧道内接铺盖板进行敷缆时,应轻拿轻放。

6 在交通要道和人口稠密区开挖缆沟时,在必要的地点和时间内,设置照明、警示标志和看守。

3.6.5 抬运光、电缆过桥梁、隧道或在铁路路肩上抬运时，不得将光、电缆伸到限界内。当抬运过轨时，应在统一指挥下平行跨轨。

3.6.6 隧道内进行电缆支架、各种固定底座的安装作业时，应避免设置在隧道伸缩缝、漏水的位置。施工中应配备足够照明、通信设施。

3.6.7 在电气化区段施工时，人身和携带物件，必须与接触网设备的带电部分保持规定的安全距离。

3.6.8 利用轨道车、架线车、轨道吊车等运转设备进行作业时，应严格执行铁道部有关行车的规定。

3.6.9 信号机械室、通信机械室、变电所、开闭所、AT 所、分区所设备安装施工前，应配合房建施工单位做好沟、槽、管、洞的预留和结构支架、其他附件的预埋，在房建施工过程中做好设备基础浇筑、接地网的敷设。设备安装过程中应避免对房屋墙面、地面和其他结构造成破坏。

3.6.10 设备器材进入施工安装前的临时保管，其环境条件应符合设备器材的存放要求，严禁露天存放。库房和施工场地消防器材和消防设施应符合规定要求，其附近严禁存放易燃易爆危险品。

3.6.11 施工过程产生的废弃机具、配件、包装物等的堆放、掩埋、焚烧不得侵入限界，并应符合环境保护的相关要求。

3.6.12 在铁路线路附近进行光、电缆接续时，应将接续伞或接续帐篷搭扎牢固，避免列车通过时危及行车安全。

3.6.13 与接触网交叉、接近的电力线、通信线、广播线及其他障碍物的迁、改工作应于架线前完成，如在架线前不能完成时，必须采取安全措施。位于曲线内侧支柱上的或可能拉歪的腕臂应用临时拉线或其他办法固定，紧线后再拆除。

3.6.14 在高压危险地段进行通讯作业，应采取切实可行的防护措施。

3.6.15 电器设备安装时，在配置及灌注电解液过程中，工作人员应穿防护工作服和胶鞋、戴护目镜和橡胶手套。

3.6.16 高压电气试验现场应设立相关标志。

3.7 站场及相关工程

3.7.1 站房及站场相关工程应与站前及站后各专业施工进行有效的衔接和协调，施工中应注意对已完工工程的保护。

3.7.2 站改等工程中轨道施工应符合本规范 3.5 节的相关规定。

3.7.3 站房与站场工程的单位工程较多，应统筹考虑，合理安排各工程的施工顺序，避免相互交叉干扰。

3.7.4 站房施工应符合下列要求：

1 站房施工宜实施封闭式管理。栅栏和围墙可配合封闭提前施工。

2 基坑开挖应符合本规范第 3.3.5 条的规定，且应安排专人负责基坑的沉降变形观测和日常检查，并形成记录。

3 模板、脚手架工程及起重吊装作业等危险性较大的工程，应按照相关规范要求编制专项安全施工方案，并严格执行。

4 施工应考虑后续机电设备安装工程需要，满足相应安全要求。各类预留沟、槽、管、洞位置应准确。

5 建筑物外侧应采用密目式安全立网进行全封闭围护。进行两层或多层上下交叉作业时，上下层之间应设置密孔阻燃型防护网罩加以保护。在建筑四周及人员通道、机械设备上方应搭设符合要求的安全防护棚。

6 多台塔吊同时安装使用时，应考虑每台塔吊的作业半径和安装高度，避免发生碰撞。

7 高层或多层建筑清理施工垃圾，应搭设封闭式临时专用垃圾道或采用容器吊运，严禁随意凌空抛洒。

3.7.5 站房工程施工现场管理还应符合现行建筑工程有关标准的规定。

3.7.6 站场相关工程施工应符合下列规定：

1 站场土石方施工的现场要求应符合本规范第3.2节的相关规定。

2 站场应与站场道路工程统筹平面规划，协调施工。

3 站台施工前，应作好临时排水设施，确保站台施工过程中排水通畅，施工作业面不积水。

4 结构墙体施工时，应及时将脚手架及外墙溅灰清扫干净。

5 天桥、雨棚、地道施工时除符合本专业规定，还应符合铁路净空、限界、运营的相关规定。

4 辅助生产区

4.1 一 般 规 定

4.1.1 辅助生产区的材料库、加工作业区、道路应整平,具有良好的排水系统及沉淀池,现场废水不得直接排放,场地有条件应适当绿化。

4.1.2 各类拌和场场内地面应进行硬化。地面应定期洒水,对粉尘源进行覆盖遮挡。

4.1.3 现场材料应分类堆放,应设立标牌并写明数量、规格和型号及检验状态等,防止各种材料相互混淆。

4.1.4 建筑材料的存放防护应符合表4.1.4的要求。

表4.1.4 材料存放防护要求

材料种类	防水	防火	遮阳	隔潮	保温
炸药、雷管、导爆索	T	T	T	T	
拌和站用砂石料	T		T		T
木 材	T	T			
水泥、生石灰、粉煤灰	T			T	
防水板、无纺布		T	T		
钢 筋	T				
油料、沥青		T			

注:T为必设项目。

4.1.5 辅助生产区,禁止非作业人员和非施工车辆进入。入口设置禁入标志。拌和站、制梁场、铺轨基地和其他有起重、加工作业的重要辅助生产区,应设置围护设施。

4.1.6 辅助生产区安全通道与工作区域之间应有明确的区分,工作区域悬挂安全警示标识牌。

4.1.7 辅助生产区应设置安全标识、警示标志。现场各种安全标识牌应按照现行《安全标志》(GB 2894)统一制作,悬挂于工地醒目位置。

4.1.8 现场机械设备应悬挂或张贴安全操作规程,标牌应按照统一标准制作。

4.1.9 易产生粉尘、有害气体的材料加工场、存放场应采取除尘、有害气体净化措施,且远离生活区、居民区。

4.1.10 危险品仓库附近应有明显标志及围挡设施。

4.1.11 现场材料堆放的防火要求:

1 木料堆放不宜过多,垛与垛之间应保持一定的防火间距。木材加工的废料要及时清理,以防自燃。

2 现场生石灰应单独存放,不得与易燃、可燃材料放在一起,并应注意防水。

3 易燃、易爆物品的仓库应设在地势低处，电石库设在地势较高的干燥处。

4 使用易燃材料搭设工棚时，设置处要有足够的灭火器材，设蓄水池或蓄水桶。

5 工棚内应留有通道，合理设置门窗，门窗均向外开。

4.1.12 各类电气设备、线路不准超负荷使用，线路接头应牢靠，防止设备、线路过热或打火短路。发现问题应及时联系修理。

4.2 拌和站

4.2.1 拌和站建设应综合考虑施工生产情况，合理划分拌和作业区、材料计量区、材料库及运输车辆停放区等。

4.2.2 拌和站应根据标段内工程情况集中设置，宜采用封闭式管理。拌和站内应设置工地试验室。

4.2.3 使用散装水泥的拌和站，应设水泥储存罐。散装水泥按不同厂家、品种、标号、批次分罐保存。

4.2.4 拌和站的场地处理应符合下列要求：

1 拌和站的所有场地应进行混凝土硬化处理，硬化承载力满足场内作业要求。场地硬化按照四周低、中心高的原则进行，面层排水坡度不应小于1.5%，场地四周应设置排水沟，排水沟底面采用水泥砂浆进行抹面。

2 应将集水池、沉淀池和污水过滤池纳入场区规划，与工厂同时设计、同时施工、同时投入使用。严禁将厂内生产废水直接排放。

4.2.5 拌和站生产能力和规模应符合下列要求：

1 主体工程结构混凝土应采用拌和站生产，附属工程和用量较少时的混凝土可采用配有自动计量装置的强制式搅拌机生产。

2 拌和站应达到三仓式自动计量标准，总装机能力以满足最大批混凝土数量需要为原则。

3 拌和站应配备满足施工生产需要的备用发电机。

4.2.6 拌和站配合比标识牌应符合下列要求：

1 拌和站混凝土配合比标识牌应悬挂于操作间前醒目位置，规格统一。

2 标识牌应及时更新。

3 标识牌应包括混凝土设计和施工配合比、时间、集料的计算和实测含水量、各种材料的每盘用量、坍落度等内容。

4.2.7 石灰、粉煤灰等拌和料应采取覆盖措施。

4.2.8 冬期施工时，砂石料场应设置保温棚，并配备砂石料加温设施。夏期施工时，砂石料场应遮阳防晒。

4.2.9 拌和站内原材料的堆放应符合本规范第4.5节的相关规定。

4.2.10 拌和站车辆运输做到不洒、不漏。临近市区作业，出入车辆应清洗车轮。运输车辆在拌和站内统一指挥，定点停放。

4.2.11 拌和站机械操作人员应严格遵守作业安全规范要求。

4.2.12 拌和站使用后应及时对场地进行清理。

4.3 预 制 场

4.3.1 预制场规划应结合技术、经济、工期等各方面因素综合考虑并进行多方案比选后确定,并应符合现行铁路大型临时工程设计有关标准的规定。

4.3.2 预制场选址主要应符合以下原则:

1 永临结合、征地拆迁及复垦量少。

2 宜在集中使用地段设置预制场。

3 运输距离较短。

4 交通方便。

5 预制场地质状况好、地基处理工程量小。

6 预制场选址应考虑防洪排涝,以确保雨季施工安全。

4.3.3 预制场布置应符合下列要求:

1 拌和站、锅炉房宜靠近制梁台座设置,并远离办公生活房屋。

2 变压器设置的安全距离要符合相关规范规定。

3 办公、生产房屋的设置应满足安全标准文明施工工地的要求。

4.3.4 存放区大小应考虑各类半成品存放周期的要求。

4.3.5 模板起吊应做好安全防护,就位后应支撑稳固。起吊过程中应有专人指挥,严禁超重起吊。

4.3.6 预制场场地应及时冲洗、清扫。场内运输道路应平整坚实,满足各种预制构件的运输要求。

4.3.7 预制预应力混凝土简支梁应符合下列要求:

1 采用金属波纹管制孔时,应有防止划伤手脚的措施。

2 钢绞线穿束后,梁端应设围栏和挡板,严禁撞击锚具、钢束及钢筋。

3 预应力筋张拉或放松作业时,必须采取安全防护措施。

4 操作油泵、管道压浆关闭阀门时,作业人员不得站在正面,应戴防护眼镜。

4.3.8 选择能耗低、环保的锅炉,合理布置蒸汽养生管道,做好管道的保温,提高养护棚的密封,降低温度损失。

4.3.9 预制成品存放区场地及养生平台应平整夯实,应设有良好的排水系统,不得设在低洼易积水地带,并应满足汛期防洪的要求。

4.3.10 预制场应按设计要求和有关规定及时恢复植被或土地复垦。

4.4 材料加工场

4.4.1 材料加工场在条件允许的时候,应搭设操作间(棚)。

4.4.2 木材加工场应符合下列要求:

1 严格执行有关安全技术操作规程,工作完毕后及时关闭设备(机械),切断电源,确认安全后,方可离开现场。

2 木材加工时应有降尘措施,对操作时产生的锯末、刨花应及时清运,保持工作面的清洁。可重复利用的木料经处理后分类码放,合理使用,节约资源。

3　操作木工机械应严格控制每班次作业时间，并配备相应的防护用品，但不得戴手套。

4　木工加工场严禁将火源带入，木工区不得吸烟，木工棚应采用防火材料搭设，现场必须配有灭火器材。大型木材厂应配置消防水源和相应的消防设施。

4.4.3　金属材料加工场应符合下列要求：

1　金属加工场应做到场地平整，工作台稳固，照明设施应加设网罩防护。

2　加工场应采用雨篷遮盖，四周排水顺畅；在寒冷地区，钢筋冬季焊接时应有防雨雪、防风、防寒的措施。

3　钢筋进行防腐处理时，制作区应远离办公生活区。

4　人工断料，工具必须牢固。掌克子和打锤要站成斜角，注意扔锤区域内的人和物体。切断小于30 cm的短钢筋，应用钳子夹牢，禁止用手把扶，并在外侧设置防护箱笼罩。

5　起吊钢筋，下方禁止站人，必须待钢筋降落到地面1 m以内方准靠近，就位支撑好方可摘钩。

6　钢筋焊接时，有可靠的接地装置，导线绝缘良好。焊接操作时应佩戴防护用品。

4.5　原材料、半成品、成品存放场

4.5.1　砂石料存放场应符合下列规定：

1　用于正式工程的砂石料应分不同粒径、不同品种分仓存放。不得混堆或交叉堆放，分料仓应砌筑墙体隔开，并采用水泥砂浆抹面，仓内地面设坡度，不得积水。

2　砂石料存放场骨料清洗区应设置单向流水坡；上料通道应结合拌和站配料机设备参数进行平面和坡度设置。

3　砂石料应按规定进行材料的质量检验状态标识，标识包括材料名称、产地、规格、数量、进料时间、检验状态、试验报告号、检验批次等。

4.5.2　木材应选择干燥、平坦、坚实的场地堆放。选择堆放点应尽可能远离危险品及有明火的地方，并有严禁烟火的标识和消防设施。

4.5.3　金属材料存放应符合下列规定：

1　线材存放时应上盖下垫，平放堆垛，注意标牌的保管，避免混淆。

2　型材存放时应下垫垫木、上覆防水遮盖物，平行分层堆码，统一放置，并且一端垫木略高。

3　板材应存放在仓库或料棚内，不得露天存放。

4　存放场应留有足够宽度的通道，便于装运。

4.5.4　半成品、成品存放区应符合下列规定：

1　存放场地应通风良好，有条件宜搭设存储棚库。

2　金属、木材及构配件等的底部应按规定垫高，并避免与酸碱等易腐蚀性物质接触。

3　易于滑落的材料堆放必须捆绑牢固。

4　材料储存时应按使用、安装次序进行分类、分批存放，并按规定做好标识，小件（散件）材料及配件宜存放于箱、盒内。

5　木质材料或易变形材料应平放，不得挤压。

4.5.5　周转料具存放应符合下列规定：

1　周转料具的存放应随拆、随整、随保养,码放整齐。

2　大模板存放时,应有可靠的防倾倒措施,不得靠在其他模板上或物件上。

4.5.6　装配式构件的存放应符合下列规定:

1　根据构件的使用先后和吊装顺序进行堆放,留出适当的通道,不得越堆吊运。

2　堆放构件时,应按构件刚度、受力情况等采用合理放置方式,保持稳定。

3　构件堆放时应放置在垫木上,垫木位置应与吊点相对应;同时应使吊环向上,标志向外。

4　水平分层堆放构件时,其堆垛高度应按构件强度、地面承载力、垫木强度以及堆垛的稳定性而定。构件各层之间应用垫木隔开,且各层垫木应在同一竖直线上。

4.5.7　装卸搬运危险品必须符合国家现行有关的易燃、易爆、有害物品管理规定,并应轻搬轻放。

4.6　库　　房

4.6.1　水泥、掺和料、外加剂库房应符合下列规定:

1　水泥、掺和料应采用库房储存。库房位置应地势较高,排水良好,屋顶不漏雨。库房内地面应硬化处理,水泥应架空、离墙存放,库房内应定期清理散灰。

2　库房宜设置进、出库门,确保水泥的正常循环使用。根据库房面积和出入口位置布置水泥垛的位置和顺序,确保水泥先进先发。

3　袋装水泥应按生产厂、品种、强度等级、批号分别堆码,严禁混存,在垛上设置标识,注明生产厂、品种、强度等级、出厂日期、进库日期等。

4　库房中袋装水泥垛高不得超过10袋,宜一车一垛,垛堆距墙不宜少于0.5 m。

5　外加剂库房应和水泥库房分开设置。液态外加剂分罐存放,粉状外加剂库房建设可参照水泥库房要求。

6　外加剂应设置标识,注明生产厂、品种、出厂日期、进库保管日期等。

7　受潮、过期的水泥及掺和料,过期、变质的外加剂不得随意丢弃,应运送到指定地点集中处理。

4.6.2　火工品库应符合下列规定:

1　火工品库应有专人管理并应制定保管员岗位责任制、火工品验收制度、火工品发放制度、防火制度、安全保卫制度、交接班制度、出入库检查和登记制度、废爆炸物品销毁制度,并悬挂于明显位置。

2　库区应与周围环境隔离,平面布置合理,设置验收区、发货区。储药点至库区外保护对象的安全允许距离,应按保护对象的防护等级确定。

3　库门应为外开式且开启灵活、关闭严密;库房应有防静电措施,且应符合通风、防潮、避雷、防火、排水等要求。

4　库内货架应保证牢固、距墙不小于0.1 m。库内堆放的物资距墙应不小于0.3 m,垫高不小于0.2 m。

5　火工品库应有专人值守,对库内火工品坚持先进先出的原则。

6　火工品库管理应符合现行《爆破安全规程》(GB 6722)和《中华人民共和国民用爆炸物品管理条例》的相关规定。

4.6.3 油库应符合下列规定：

1 应严格制订油库安全管理制度、用火管理制度、外来人员登记制度。

2 油罐应按设计规定装油，不能混装。油罐内壁涂防锈漆，定期清洗；夏季露天装轻质油料的油罐应有降温措施。

3 露天存放的桶装油料，应隐蔽、遮盖，桶身应倾斜，单口朝上，双口在同一水平线上，防止雨水侵入，垛位四周应设排水沟。

4 油库区内用火前，必须办理用火证。

5 油库应划分消防区域，制订明确的报警信号，做出消防预案，设置消防工具和器材，并定期检查维护。

6 油罐区内禁止存放危险品、爆炸品和其他易燃物资。

7 库区、库房应保持清洁整齐，秩序良好，做到设备无锈蚀，地面无油迹。

5 办公生活区

5.1 一般规定

5.1.1 项目经理部驻地应邻近工地，做到靠前指挥。驻地建设应优先考虑租赁房屋。

5.1.2 办公生活设施装修应标准得当，规模适度，以简装为主，严禁豪华装修。

5.1.3 办公生活区应设置相关企业标识。各种宣传标语应醒目，区内空地宜设立宣传栏、黑板报、读报栏等。

5.1.4 办公生活区房屋应结构牢固，通风、采光良好。室内地坪应进行硬化，室外场地应进行适度美化和绿化，且排水通畅。

5.1.5 办公生活区宜采取封闭式管理，应有固定的出入口，有条件时应设置大门。出入口处应设置专职保卫人员，制定专门的管理制度。

5.1.6 生活区内员工宿舍、食堂、锅炉房、浴室、文体活动室、厕所等应设施齐全，保持室内外环境清洁。

5.1.7 现场锅炉房应用非燃烧材料建造，锅炉房应设在远离易燃材料的地方，并设在下风向，烟囱上应装防火帽。

5.1.8 做好房屋内的安全用电和防火工作，按有关规定配备消防器材及安全警示牌，夏季应有防止蚊蝇的措施，冬季应有防煤气中毒及炉火管理的规定。

5.1.9 搞好环境卫生工作，对生活垃圾和污水应按规定处理，保证周围环境整洁卫生。

5.1.10 劳务队伍的现场临时设施应与本单位职工的现场临时设施同等对待。

5.2 办 公 区

5.2.1 办公区设施应规划整齐、美观大方。

5.2.2 办公区内应根据现场条件、项目部等级要求设置满足使用的会议室及停车场。

5.2.3 项目经理部驻地应设置揭示牌，标明工程名称、工程范围、建设单位、设计单位、质量安全监督单位、监理单位、施工单位、项目经理、技术负责人、质量负责人、安全负责人等内容，且式样规范、位置醒目。

5.2.4 办公室房门应设置规格统一、视觉醒目的标牌。

5.2.5 会议室内应张贴下列图表：

1 组织机构框图。

2 安全、质量、环境保证体系。

3 线路平、纵面缩图。

4 工程形象进度图。

5 项目管理方针和管理目标。

5.2.6 项目经理部办公室应张贴下列图表：

1 岗位安全、质量、环境生产职责。

2 岗位职责。

5.3 生 活 区

5.3.1 宿舍应符合下列要求：

1 宿舍室内的净高、通道宽度、人均面积、人数等应符合相关规定。

2 宿舍应采取必要的防寒、防暑措施。

3 宿舍应设置可开启式窗户，宿舍内的床铺不得超过2层。

4 宿舍应制定专门的管理制度，轮流负责或安排专人管理。

5 当有特殊要求或使用时间短时，可采用简易房屋过渡。

5.3.2 食堂应符合下列要求：

1 食堂应制定专门的管理制度和卫生制度。

2 食堂必须有卫生许可证，炊事人员必须持健康证上岗。卫生许可证原件和健康证复印件应上墙张贴。炊事人员上岗应穿戴洁净的工作服、工作帽和口罩，并应保持个人卫生。

3 食堂应远离厕所、垃圾站、有毒有害场所等污染源。食堂应设置独立的制作间、储藏间，制作间灶台及其周边应贴瓷砖，地面应做硬化和防滑处理。

4 食堂应配备必要的排风设施和冷藏设施。燃气罐应单独设置存放间，存放间应通风良好并严禁存放其他物品。炊具宜存放在封闭的橱柜内，并应生熟分开。食品应有遮盖，遮盖物品应有正反面标识。各种佐料和副食应存放在密闭器皿内，并应有标识。

5 食堂应设置隔油池，并应及时清理。

5.3.3 厕所应符合下列要求：

1 厕所大小应根据施工现场作业人员的数量设置。

2 施工现场宜设置水冲式或移动式厕所，厕所地面应硬化，门窗齐全。蹲坑间设置隔板。

3 厕所应指定专人负责卫生工作，应定时进行清扫、冲刷、消毒，防止蚊蝇孳生，化粪池应及时清掏。

5.3.4 盥洗间应符合下列要求：

1 盥洗设施应满足现场人员使用需要，并采用节水龙头。

2 淋浴房应配有满足需要的淋浴喷头数量，并设置储衣柜或挂衣架。

3 盥洗区应设置开水炉、电热水器或饮用水保温桶；施工区应配备流动保温水桶。

5.3.5 文体活动室应配备有电视机、书报、杂志等文体活动设施、用品。

本规范用词说明

执行本规范条文时,对于要求严格程度的用词说明如下,以便在执行中区别对待。

1 表示很严格,非这样做不可的用词:

正面词采用"必须";

反面词采用"严禁"。

2 表示严格,在正常情况下均应这样做的用词:

正面词采用"应";

反面词采用"不应"或"不得"。

3 表示允许稍有选择,在条件许可时首先应这样做的用词:

正面词采用"宜";

反面词采用"不宜"。

表示有选择,在一定条件下可以这样做的,采用"可"。

《铁路建设项目现场管理规范》
条文说明

本条文说明系对重点条文的编制依据、存在的问题以及在执行中应注意的事项等予以说明。为了减少篇幅，只列条文号，未抄录原条文。

1.0.1 本规范的编制目的是为了加强和统一铁路建设项目施工现场管理，提高施工管理水平，树立环境保护意识，同时起到控制施工现场布置规模以及减少建设管理成本的作用。

2.1.12 临时房屋是指施工期间临时搭设、租赁的各种房屋。

2.2.4 岗前培训教育内容包括：文明施工教育、安全法规教育、安全管理制度教育、安全技术知识教育、现场各阶段各区域预知教育和安全技术操作规程教育等。本规范中特种作业包括：电工作业、金属焊接、切割作业、起重机械（含电梯）作业、企业内机动车辆驾驶、登高架设作业、压力容器作业、爆破作业、隧道通风作业、排水作业、提升运输作业、危险物品作业等。

2.2.5 安全帽应符合现行《安全帽》（GB 2811）的规定，其他安全防护用品应达到国标要求。

2.2.9 大型临时设施简称大临。

大临内容包括临时铁路岔线、便桥；铁路便线、便桥；汽车运输便道；运梁便道；轨节拼装场、混凝土成品预制厂、材料厂、制（存）梁场、钢梁拼装场、混凝土集中拌和站、填料集中拌和站、大型道砟存储场、铺轨基地、换装站等；通信工程；集中发电站、集中变电站（包括升压站和降压站）；临时电力线（供电电压在6 kV及以上）；给水干管路；为施工运输服务的临时栈桥、缆索吊、渡口、码头、浮桥、吊桥、天桥、地道等。

2.3.1 上岗证尺寸宜为95 mm（长）×65 mm（高），应贴有照片并标明单位、岗位职务、姓名、编号。

2.3.2 封闭式管理应做到有围挡防护，进出有大门并有专人职守，确保场内安全。门口应有企业标识。

3.1.2 工程概况应包括工程名称、工程简介、建设单位、设计单位、施工单位、监理单位、开竣工日期、项目经理以及联系电话等。

3.2.8 高风险性路基指作业环境存在安全隐患或者可能诱发安全事故，如高边坡作业，山体岩石破碎带作业或靠近堤、崖边缘作业，临近高压线路作业等。

3.4.4 “三同时”指建设项目的主体工程与节水措施同时设计、同时施工、同时投入使用。

4.2.1 本规范中拌和站指混凝土拌和站（楼）和各类稳定土拌和站（楼），沥青混合料混凝土拌和站（楼）亦参考本规范建设。

5.1.4 办公生活区临时建筑物设计应符合《建筑结构可靠度设计统一标准》（GB 50068）、《建筑结构荷载规范》（GB 50009）等规定。

5.3 各种生活性临时建筑参考面积如下：

序号	建筑物名称		参考指标	指标计算方法
1	办公室		3～4 m^2/人	按管理人数计算
2	宿舍	单层铺	4m^2/人	按高峰年(季)平均职工人数计算
		双层铺	3 m^2/人	
3	食堂		0.5～0.8 m^2/人	按高峰年平均就餐人数计算
4	锅炉房		10～40 m^2	按每处计算

中华人民共和国行业标准

建标〔2008〕232号

新建铁路工程项目建设用地指标

2008—12—29　发布　　　　2009—04—01　实施

中华人民共和国住房和城乡建设部
中华人民共和国国土资源部　　　发布
中华人民共和国铁道部

前　言

本建设用地指标是按照《国务院关于深化改革严格土地管理的决定》(国发〔2004〕28号)、《国务院关于促进节约集约用地的通知》(国发〔2008〕3号)的要求,根据建设部、国土资源部《关于印发〈2006年工程项目建设用地指标制修订项目计划〉的通知》(建标函〔2006〕207号)进行修订的。

在修订过程中,编制组调研分析了大量既有铁路建设项目用地资料和实际用地情况,开展了新建客货共线铁路工程项目建设用地的有关专题研究,结合客运专线铁路建设实际,修订了《客运专线铁路建设项目用地控制指标(试行)》,并根据修订后的用地指标进行了模拟设计。

本建设用地指标共分4章和2个附录。内容包括:总则、节约集约用地的基本规定、新建客货共线铁路建设用地指标、新建客运专线铁路建设用地指标等。

主要修订内容如下:

1. 增加了节约用地的措施,并明确了铁路通过耕地时的路桥分界高度。

2. 客货共线铁路综合用地指标编制条件中,取消了苗圃用地、蒸汽牵引的内容,修订了车站分布间距,补充了一般结构桥梁用地计算长度比重和隧道的计算长度比重,综合用地指标计算单元长度由原来的400 km修改为500 km。

3. 客货共线铁路区间正线用地指标修订为路基(含隧道洞口)用地指标和桥梁用地指标。

按现行技术标准修订计算区间路基用地指标采用的路基面宽度及路基用地计算宽度。

桥梁用地宽度修改为一侧距铁路中心线5.8 m,另一侧距铁路中心线7.2 m。

4. 客货共线铁路车站用地中,取消了蒸汽牵引条件的车站用地指标。

中间站用地指标中取消了生活区用地和取弃土场用地,修订了各类型中间站车场和货场的分项用地指标。

区段站取消了1996年版用地指标中的车辆段、工务段、水电段、建筑段、材料厂、供应段、电务段的分项用地指标,调整了机务折返段的规模和用地指标。

编组站用地指标中取消了生活区用地,调整了机务段、车辆段的规模和用地指标,增加了三级六场编组站的分项用地指标。

补充了客运站、货运站、货运中心的单项用地指标。

5. 修订了客货共线铁路风沙地区、雪害地区、冻土地区、中间站、区段站、编组站的用地调整值,并增加了货运站、货运中心、区间路基及综合用地指标的调整值。

6. 增加了“新建客运专线铁路建设用地指标”一章。

请各有关单位在使用本用地指标过程中注意总结经验、积累资料,发现需要修改和补充之处,请及时将意见函告国土资源部土地利用管理司(北京市西城区阜内大街64号,邮政编码:100812)、住房和城乡建设部标准定额司(北京市海淀区三里河路9号,邮政编码:100835)和铁道部建设管理司(北京市海淀区复兴路 10 号,邮政编码:100844),并抄送铁道部经济规划研究院(北京市羊坊店路甲 8 号,邮政编码:100038),供以后修订时参考。

目　　次

1 总 则

1.0.1 为贯彻落实科学发展观和节约集约用地基本国策,提高土地利用率和严格保护耕地,加强对铁路建设用地的科学管理,适应铁路建设和发展需要,制定本建设用地指标。

1.0.2 本建设用地指标是编制和审批新建铁路工程项目可行性研究报告、初步设计文件,确定项目建设用地规模的依据;是核定和审批建设项目用地面积的尺度。

1.0.3 本建设用地指标适用于新建客货共线铁路和客运专线铁路。货运专线铁路、城际铁路、厂矿标准轨距铁路专用线可参照执行。

1.0.4 本建设用地指标的用地面积是指水平投影面积。

1.0.5 本建设用地指标是在现有技术装备和一定条件下确定的用地面积。当建设项目使用条件与本指标设定条件不一致时,可根据实际情况进行调整。

1.0.6 铁路建设应贯彻执行国家有关建设、土地管理的法律、法规及有关规定,正确处理与农业用地的关系,切实做到节约集约用地和严格耕地保护。

1.0.7 新建铁路除执行本用地指标的规定外,尚应符合国家现行有关标准的规定。

2　节约集约用地的基本规定

2.0.1　铁路建设项目用地应当符合土地利用总体规划，贯彻节约集约用地和严格保护耕地的原则，最大限度地减少占地。

2.0.2　铁路建设项目，应在满足工程建设、运输生产、铁路运输安全和养护维修等要求前提下，综合考虑土地资源、资金、环境等技术经济条件，本着节约集约用地原则，对建设用地进行优化配置和科学利用。

2.0.3　铁路建设应从设计和施工等方面，综合采取节约集约用地措施。根据工程条件因地制宜地采取以桥代路、工程护坡、工程收坡等，合理采用节地型排水沟断面型式，充分利用既有站场和线路。

2.0.4　在铁路建设项目线路方案比选中，应按照节约集约和严格保护耕地原则，合理确定线路平纵断面设计，路基、桥涵及隧道工程设置，站区分布、站址和站型选择，生产布局和施工组织设计等。

2.0.5　铁路建设项目选线时，应尽量减少与其他铁路、公路交通等设施间产生“三角地”、“包心地”等。

2.0.6　路基工程设计应避免高填、深挖和长路堑。

2.0.7　客运专线铁路、客货共线Ⅰ级铁路桥梁较密集地段，两桥台尾之间路基长度小于150 m，且能满足设桥的技术条件时，应采取以桥代路进行建设。

2.0.8　客运专线铁路的路桥分界高度应进行技术经济综合比较后合理确定。平原地区的路桥分界高度宜为6～8 m(线路通过城镇、耕地时，路桥分界高度为5～7 m)；丘陵地区的路桥分界高度宜为6～10 m；山区路桥分界高度宜为6～15 m。

2.0.9　客货共线Ⅰ、Ⅱ级铁路通过平原地区耕地时，路堤高度不宜大于8 m，通过其他地区时，路堤高度可根据技术经济比较确定。

2.0.10　铁路经过农田集中联片区时，应严格控制边坡高度。对于严重风化、岩体破碎的石质边坡、特殊岩土和土质边坡除应严格控制边坡高度外，尚应采取可靠的支挡防护措施。

2.0.11　铁路车站、段(所)设计应采用合理图形，平面布置应紧凑，站区内生产房屋及设施宜设计为综合性多层建筑。在满足技术、经济和安全的条件下，架空管线宜集中共架、共杆布置；地下管线宜共沟布置。

2.0.12　区间线路、车站、动车段(所)及综合维修基地(工区)用地，应根据铁路中长期发展规划及运输需求，统一规划，分期实施。

2.0.13　铁路区间、站场土石方应统一综合调配，宜移挖作填和集中取弃土，尽量减少取、弃土场用地。

2.0.14　铁路建设应严格控制临时用地数量，并根据工程进度统筹安排，尽可能将临时用地设置在铁路用地范围内或利用荒坡、废弃地，原则上不占用耕地，不得占用基本农田。

2.0.15　施工便道应尽量利用既有道路，并与地方道路规划相结合。

2.0.16 铁路建设项目若占用耕地时,应按照有关规定进行耕作层土壤剥离,并合理利用。

2.0.17 铁路建设涉及的改移道路、供电、通信设施、改河改沟(渠)等用地应按有关规定执行。

2.0.18 非耕地宜林地段需要设置绿色通道时,应按国家有关规定办理。

3 新建客货共线铁路建设用地指标

3.1 一般规定

3.1.1 新建客货共线铁路用地指标适用于旅客列车设计行车速度小于或等于200 km/h、货物列车设计行车速度小于或等于120 km/h标准轨距客货共线铁路。

3.1.2 客货共线铁路用地指标包括综合用地指标和单项用地指标。

用地指标中未包括大功率机车检修基地、大功率机车运用维修段、大型养路机械基地、路外专用线接轨所引起的用地及站前客运广场、临时用地、代征地和苗圃等用地,其中大功率机车检修基地、大功率机车运用维修段、大型养路机械基地、路外专用线接轨所引起的用地根据设计确定。

3.1.3 临时用地主要包括取弃土(渣)场、施工作业场、施工器材堆放及施工机具停放场、大型混凝土搅拌站、大型构件的运输通道、预制构件制作存放场、施工便道、过渡工程、扬水管道及导(排)水管道、施工临时用房等用地。

3.2 新建客货共线铁路综合建设用地指标

3.2.1 新建客货共线铁路综合用地指标主要包括路基、桥梁、隧道、中间站、区段站、机务设备、车辆设备、给水排水设施、通信信号设施、电力及电气化设施、石砟场等用地。

未包括编组站、货运站、客运站、货运中心、大型养路机械基地、大功率机车检修基地、大功率机车运用维修段用地,当项目设计中有以上功能项时,应根据相应功能项的单项指标或根据设计计算确定增加其用地数量。

3.2.2 新建客货共线铁路综合用地指标根据下列条件编制:

1. 建设类别:新建单线、双线铁路。

2. 铁路等级:旅客列车设计行车速度小于或等于200 km/h、货物列车设计行车速度小于或等于120 km/h的Ⅰ、Ⅱ级标准轨距铁路。

3. 牵引种类:电力、内燃。

4. 车站分布:

单线站间距离:平原、丘陵11 km,山区9 km;平原、丘陵每4个区间,山区每5个区间设1个有货场的车站。

双线站间距离:平原、丘陵23 km,山区20 km;平原、丘陵每2个区间,山区每3个区间设1个有货场的车站。

5. 到发线有效长度:850 m。

6. 轨道类型:重型、次重型。

7. 地形类型:区间线路及中间站按平原、丘陵、山区地形;区段站按平原、丘陵地形。

8. 桥梁(一般结构)计算长度的比重见表3.2.2—1。

表 3.2.2—1　桥梁计算长度比重(%)

铁路类别	地形类型			铁路类别	地形类型		
	平原	丘陵	山区		平原	丘陵	山区
Ⅰ级 200 km/h 双线	18	26	28	Ⅰ级 160 km/h 及以下单线	15	24	24
Ⅰ级 160 km/h 及以下双线	17	25	27	Ⅱ级 120 km/h 及以下单线	7	13	14

注:1　桥梁计算长度比重＝桥梁用地长度(两桥台锥体外缘之间长度)/区间线路长度。

2　桥梁长度不包含跨越水面部分的长度。

9. 隧道计算长度比重见表 3.2.2—2。

表 3.2.2—2　隧道计算长度比重(%)

铁路类别	地形类型		铁路类别	地形类型	
	丘陵	山区		丘陵	山区
Ⅰ级 200 km/h 双线	9	26	Ⅰ级 160 km/h 及以下单线	8	24
Ⅰ级 160 km/h 及以下双线	9	25	Ⅱ级 120 km/h 及以下单线	6	18

注:1　隧道计算比重＝隧道计算长度/区间线路长度。

2　隧道长度不包括需要征地的明洞长度。

3.2.3　新建客货共线铁路综合用地指标以 500 km 为计算单元编制;Ⅲ、Ⅳ级铁路可根据线路情况由相应的单项指标组成。

3.2.4　新建客货共线铁路综合建设用地指标不应大于表 3.2.4 的规定。

表 3.2.4　新建客货共线铁路综合建设用地指标(hm^2/km)

牵引种类		内燃			电力		
地形类型		平原	丘陵	山区	平原	丘陵	山区
铁路等级	Ⅰ级双线(200 km/h)	5.203 4	5.066 7	4.681 4	5.269 3	5.127 3	4.745 2
	Ⅰ级双线(160 km/h 及以下)	5.211 6	5.069 7	4.727 1	5.279 4	5.142 6	4.825 5
	Ⅰ级单线(160 km/h 及以下)	4.546 6	4.574 6	4.444 1	4.690 0	4.701 8	4.617 4
	Ⅱ级单线(120 km/h 及以下)	4.761 5	5.017 6	5.128 6	4.905 0	5.144 8	5.302 0

注:1　当项目情况与综合指标编制条件不同时,可按具体情况进行调整。

2　综合指标中未包括编组站、货运站(指大型独立)、客运站、货运中心、大型养路机械基地、大功率机车检修基地、大功率机车运用维修段用地,当设计项目中有以上功能项时,应根据相应功能项的单项指标或根据设计计算确定增加其用地数量。

3　指标中未含改移道路、改沟改河、改移通信线路、电力线路及设施、改移管线及设施用地、拆迁安置用地、临时用地。

4　风沙、雪害、冻土及地质条件不良等地段,应根据建设项目的具体情况、防护要求、处理措施等,按本章第五节进行调整。

3.2.5　使用本建设用地指标时,应结合建设项目的建设类别、铁路等级、牵引种类、车站类型、地形类型及特殊自然地理区等情况选用相应的指标。如线路同时位于风沙、雪害及冻土等地区时,其用地按两者的大值进行增加。

3.3　新建客货共线铁路区间正线建设用地指标

3.3.1　区间正线用地主要包括:路基、桥梁、隧道及其通风防护设施、大桥及隧道守护营房、线路以及沿线的给排水设施、变（配）电和供电设施、通信及信号设施、防灾信息设施等。

区间正线用地指标分为：区间路基用地（含隧道洞口）、区间桥梁用地、区间站后相关设施用地等指标。

3.3.2　计算区间正线路基用地指标所采用的路基面宽度见表 3.3.2。

表 3.3.2　区间正线路基面宽度表（m）

铁路等级	Ⅰ级铁路		Ⅱ级铁路		Ⅲ级铁路	Ⅳ级铁路
设计速度目标值	200 km/h	160 km/h及以下		120 km/h及以下		
轨道类型	重型	重型		次重型	次重型	次重型
正线数目	双线	双线	单线	单线	单线	单线
路堤	12.1	12.2	7.8	7.7	7.0	6.0
路堑	12.1	11.9	7.7	7.7	6.6	5.6

注：表中的路基面宽度系计算用地指标采用的数值，实际设计中应根据项目具体情况执行相关设计规范的规定。

3.3.3　区间路基用地宽度应符合下列条件：

路堤：排水沟、护道或坡脚矮挡墙边缘外不大于 3 m。

路堑：天沟外为 2 m；无天沟时，路堑堑顶边缘外为 5 m。

风沙、雪害及特殊地段应根据路基稳定与防护工程需要计算确定用地宽度。

3.3.4　区间路基建设用地指标应符合表 3.3.4 的规定。

表 3.3.4　区间路基建设用地指标（hm^2/km）

铁路等级 \ 地形类型	平　原	丘　陵	山　区
Ⅰ级双线（200 km/h）	4.805 9	5.485 0	6.693 0
Ⅰ级双线（160 km/h 及以下）	4.785 9	5.475 0	6.683 0
Ⅰ级单线（160 km/h 及以下）	4.126 5	4.866 7	5.704 8
Ⅱ级单线（120 km/h 及以下）	4.126 5	4.866 7	5.704 8
Ⅲ级单线	4.056 3	4.784 0	5.607 8
Ⅳ级单线	3.940 8	4.647 7	5.448 1

注：1　当设计采用的路基面宽度与表 3.3.2 不一致时，其用地数量可根据本章第五节的规定进行调整。

2　指标已含一般地质条件的隧道洞口用地，特殊地质条件的隧道洞口用地根据具体设计另行增加。

3　指标中未含取弃土（渣）场用地。

4　指标中未含改移道路、改沟改河、改移通信线路、电力线路及设施、改移管线及设施用地、拆迁安置用地、临时用地。

3.3.5　区间桥梁用地范围计算宽度应符合下列规定：

1. 单线铁路一般结构桥梁（两桥台锥体外缘之间不含跨水域部分）的用地范围为：桥下设检查通道一侧距铁路中心线 7.2 m，另一侧距铁路中心线 5.8 m，双线和多线另增加线间距。

单、双线铁路一般结构桥梁用地宽度及用地指标应符合表 3.3.5 的规定。

表 3.3.5 一般结构桥梁用地宽度及建设用地指标

铁路等级	Ⅰ级铁路			Ⅱ级及以下铁路
设计速度目标值	200 km/h	160 km/h 及以下		120 km/h 及以下
正线数目	双线 线间距 4.4 m	双线 线间距 4.2 m	单 线	单 线
用地宽度(m)	17.400	17.200	13.000	13.000
用地指标(hm^2/km)	1.740 0	1.720 0	1.300 0	1.300 0

注:使用本指标时,桥梁长度为一般结构的桥梁计算长度(两桥台锥体外缘之间长度)。

2. 特殊地质条件、特殊结构、大跨度桥梁以及山区铁路桥梁、地面横坡较大地段的桥梁用地宽度根据设计确定。

3. 设置桥梁守护营房、桥梁紧急疏散设施的,可适当增加用地面积。

3.3.6 设置隧道守护营房、地表加固处理、排水沟以及明洞(含横洞和斜井等)等设施的,其用地根据设计确定。

3.3.7 区间站后设施包括:区间给排水设施、变(配)电和供电设施、通信、信号设施、防灾信息设施等。区间站后设施建设用地不应大于 0.266 7 hm^2/km。

3.4 新建客货共线铁路车站建设用地指标

3.4.1 中间站用地由车场(含客运设备、站房及生产房屋、道路、给排水设施、杆塔)和货场(含房屋、货位及道路等)及电气化铁路的牵引变电所、接触网工区等构成。

3.4.2 计算中间站用地指标采用的条件:

1. 计算中间站用地指标均采用横列式布置图形,主要设备规模见表 3.4.2—1。

表 3.4.2—1 计算中间站用地指标采用的主要设备规模

车站类型		到发线(条)(不含正线,有效长度 850 m)	货物线(条)(有效作业长度 200 m)	车站类型		到发线(条)(不含正线,有效长度 850 m)	货物线(条)(有效作业长度 200 m)
单线	小型	2	—	双线	小型	2	—
	大型	3	1		大型	3	2

2 中间站用地采用的站坪长度见表 3.4.2—2。

表 3.4.2—2 中间站用地站坪长度(m)

车站类型	单线(160 km/h 及以下)		双线(160 km/h 及以下)		双线(200 km/h)	
	小 型	大 型	小 型	大 型	小 型	大 型
站坪长度	1 300	1 700	1 550	1 850	2 000	2 300

注:到发线有效长度为 850 m。

3.4.3 单、双线铁路中间站建设用地指标应符合表 3.4.3 的规定。

表 3.4.3 中间站建设用地指标（hm^2）

车站类型		地形类型	平原			丘陵			山区		
			车场	货场	用地指标	车场	货场	用地指标	车场	货场	用地指标
单线 160 km/h 及以下	小型	内燃	7.066 7	—	7.066 7	8.066 7	—	8.066 7	9.000 0	—	9.000 0
		电力	8.666 7	—	8.666 7	9.400 0	—	9.400 0	10.600 0	—	10.600 0
	大型	内燃	12.400 0	3.466 7	15.866 7	13.000 0	4.400 0	17.400 0	14.466 7	5.400 0	19.866 7
		电力	13.733 3	3.466 7	17.200 0	14.333 3	4.400 0	18.733 3	15.666 7	5.400 0	21.066 7
双线 160 km/h 及以下	小型	内燃	9.000 0	—	9.000 0	10.266 7	—	10.266 7	12.000 0	—	12.000 0
		电力	10.600 0	—	10.600 0	12.000 0	—	12.000 0	14.000 0	—	14.000 0
	大型	内燃	15.533 3	6.200 0	21.733 3	16.333 3	6.733 3	23.066 7	17.133 3	7.466 7	24.600 0
		电力	17.066 7	6.200 0	23.266 7	18.000 0	6.733 3	24.733 3	19.000 0	7.466 7	26.466 7
双线 200 km/h	小型	内燃	10.733 3	—	10.733 3	12.666 7	—	12.666 7	14.866 7	—	14.866 7
		电力	12.400 0	—	12.400 0	14.000 0	—	14.000 0	16.000 0	—	16.000 0
	大型	内燃	17.933 3	6.200 0	24.133 3	18.866 7	6.733 3	25.600 0	20.000 0	7.466 7	24.466 7
		电力	19.333 3	6.200 0	25.533 3	20.266 7	6.733 3	27.000 0	21.333 3	7.466 7	28.800 0

注：1 处于风沙、雪害、冻土及地质条件不良地段时，按计算用地的站坪长度或站场范围内的实际长度，采用区间线路相应标准增加用地数量。

2 指标中未含改路、改沟改河、改移通信线路、电力线路及设施、改移管线及设施用地、拆迁安置用地、临时用地。

3 小型车站用地均未考虑设置大型养路机械停留线，当小型车站需要设置大型养路机械停留线时，其用地数量根据计算确定。

4 会让站和越行站的用地应按小型中间站的用地指标控制。

5 当实际情况与本指标计算条件不一致时，根据本章第五节的规定进行调整。

3.4.4 区段站用地由车场（含客运设备、站房及生产房屋、道路、给排水设施、杆塔）、货场（含房屋、货位及道路等）、机务折返段、客车停留线、军供用地、车务段及电力牵引时的供电段、牵引变电所、接触网工区等构成。

3.4.5 计算区段站用地指标采用的条件：

1. 计算区段站用地指标均采用横列式布置图形，主要设备规模见表 3.4.5—1。

表 3.4.5—1 计算区段站用地指标采用的主要设备规模

车站类型		线路数量（条）				机务设备	货场（Mt）
		到发线	机走线	调车线	牵出线		
单线	小型	5	1	4	1.5	整备 3 台位折返段	0.6
	大型	6	1	6	2	辅修 1 台位，整备 5 台位折返段	1.0
双线	小型	8	1	6	2	辅修 2 台位，整备 4 台位折返段	1.0
	大型	10	1	7	2	辅修 3 台位，整备 7 台位折返段	1.0

2. 区段站用地采用的站坪长度见表 3.4.5—2。

表 3.4.5—2 区段站用地站坪长度(m)

车站类型	单线		双线	
	小型	大型	小型	大型
站坪长度	2 600	2 800	2 800	3 100

注:到发线有效长度为 850 m。

3.4.6 单、双线区段站建设用地指标应符合表 3.4.6 的规定。

表 3.4.6 区段站建设用地指标(hm^2)

项目 \ 类型		平原				丘陵			
		大型		小型		大型		小型	
		内燃	电力	内燃	电力	内燃	电力	内燃	电力
单线	车场	24.866 7	24.866 7	19.866 7	19.866 7	26.866 7	26.866 7	21.533 3	21.533 3
	货场	13.800 0	13.800 0	9.600 0	9.600 0	14.733 3	14.733 3	10.333 3	10.333 3
	机务折返段	9.333 3	7.333 3	5.400 0	5.266 7	10.133 3	8.333 3	5.800 0	5.600 0
	客停线	0.666 7	0.666 7	—	—	0.666 7	0.666 7	—	—
	军供用地	0.600 0	0.600 0	0.600 0	0.600 0	0.600 0	0.600 0	0.600 0	0.600 0
	车务段	1.133 3	1.133 3	—	—	1.133 3	1.133 3	—	—
	电化用地	—	4.000 0	—	4.000 0	—	4.133 3	—	4.133 3
	用地指标	50.400 0	52.400 0	35.466 7	39.333 4	54.133 3	56.466 7	38.266 6	42.199 9
双线	车场	36.533 3	36.633 3	28.466 7	28.466 7	39.200 0	39.200 0	30.466 7	30.466 7
	货场	13.800 0	13.800 0	13.800 0	13.800 0	14.733 3	14.733 3	14.733 3	14.733 3
	机务折返段	15.200 0	13.066 7	12.666 7	10.533 3	16.000 0	13.866 7	12.933 3	10.800 0
	客停线	0.800 0	0.800 0	—	—	0.800 0	0.800 0	—	—
	军供用地	2.400 0	2.400 0	—	—	2.400 0	2.400 0	—	—
	车务段	1.133 3	1.133 3	—	—	1.133 3	1.133 3	—	—
	电化用地	—	4.200 0	—	4.200 0	—	4.266 7	—	4.266 7
	用地指标	69.866 6	72.033 3	54.933 4	57.000 0	74.266 6	76.400 0	58.133 3	60.266 7

注:1 处于风沙、雪害、冻土及地质不良地段时,按计算用地的站坪长度或站场范围内的实际长度,采用区间线路相应标准增加用地数量。

2 指标中未含改路、改沟改河、改移通信线路、电力线路及设施、改移管线及设施用地、拆迁安置用地、临时用地。

3 本建设用地指标中各单元用地内容均已包括该项目相应的设备用地及平面布置中的辅助用地。

4 当实际情况与本指标计算条件不一致时,根据本章第五节规定进行调整。

3.4.7 编组站用地由车场(含站修、倒装设备、加冰设备、军供站、生产房屋、道路、给排水设施、杆塔)、机务段、车辆段、工务段、水电段、电务段、建筑段、洗刷所、进出站线路及电力牵引时的供电段、牵引变电所、接触网工区等构成。

3.4.8 计算编组站用地指标采用的条件:

1. 计算编组站用地指标采用的车站类型及其主要设备规模见表 3.4.8—1。

表 3.4.8—1 计算编组站用地指标采用的车站类型及主要设备规模

车站类型	站线数量(条)				机务段	车辆段
	到达场	出发场	到发场	调车场		
一级三场	—	—	上行 7,下行 6	18	4 台位中修、6 台位小辅修	24 台位
二级四场	10	—	上行 8,下行 7	24		
三级三场	13	17	—	36		
三级四场	13	8	10	36		
三级六场	13	16	—	32		

2. 进出站线路平面布置，一级三场编组站按双线与单线引入疏解；二级四场编组站按双线与单线引入疏解，并考虑折角车流疏解；三级三场编组站按环到、环发疏解；三级四场编组站按双线与双线引入疏解，并考虑折角车流疏解；三级六场编组站按双线与双线引入疏解。

3. 编组站用地的站坪长度见表 3.4.8—2。

表 3.4.8—2　编组站用地站坪长度（m）

车站类型	一级三场	三级四场	三级三场	三级四场	三级六场
站坪长度	6 000	7 900	8 100	9 100	8 500

注：到发线有效长度 850 m。

3.4.9　编组站建设用地指标应符合表 3.4.9 的规定。

表 3.4.9　编组站建设用地指标（hm^2）

车站类型	一级三场	二级四场	三级三场	三级四场	三级六场
车场（到发线有效长度 850 m）	56.666 7	77.666 7	92.000 0	108.000 0	237.000 0
机务段	29.733 3	29.733 3	29.733 3	29.733 3	29.733 3
车辆段	16.000 0	16.000 0	16.000 0	16.000 0	16.000 0
工务段	2.533 3	2.533 3	2.533 3	2.533 3	2.533 3
水电段	1.333 3	1.333 3	1.333 3	1.333 3	1.333 3
电务段	2.133 3	2.133 3	2.133 3	2.133 3	2.133 3
建筑段	2.400 0	2.400 0	2.400 0	2.400 0	2.400 0
电化用地	4.133 3	4.133 3	4.133 3	4.133 3	4.133 3
洗刷所	1.666 7	1.666 7	1.666 7	1.666 7	1.666 7
进出站线路	24.000 0	45.000 0	62.333 3	62.666 7	73.000 0
建设用地指标	140.599 9	182.599 9	214.266 5	230.599 9	369.933 2

注：1　处于风沙、雪害、冻土及地质不良地段时，按计算用地的站坪长度或站场范围内的实际长度，采用区间线路相应标准增加用地数量。

2　指标中未含改路、改沟改河、改移通信线路、电力线路及设施、改移管线及设施用地、拆迁安置用地、临时用地。

3　本建设用地指标中各单元用地内容均已包括该项目相应的设备用地及平面布置中的辅助用地。

4　当实际情况与本指标计算条件不一致时，根据本章第五节的规定进行调整。

3.4.10　货运站用地由车场（含站房及生产房屋、道路、给排水设施、杆塔等）、货物装卸作业区（含堆场、货物仓库、货物站台、生产房屋、道路、消防、照明及给排水设施、杆塔等）、进出站线路及电力牵引时的牵引变电所、接触网工区等构成。

3.4.11　计算货运站用地指标采用的条件：

1. 计算货运站用地指标均采用横列式图型，主要设备规模见表 3.4.11—1。

表 3.4.11—1　计算货运站用地指标采用的主要设备规模

车站类型 / 货场运量	线路数量（条）			
	正　线	到发线	调车线	装卸线
2.0 Mt	2	3	2	2
5.0 Mt	2	4	3	3
8.0 Mt	2	5	4	4

注：到发线及装卸线有效长度为 1 050 m。

2. 货运站用地指标采用的站坪长度见表 3.4.11—2。

表 3.4.11—2 货运站用地站坪长度(m)

货场作业量	2.0 Mt	5.0 Mt	8.0 Mt
站坪长度	2 600	2 650	2 700

注:到发线有效长度 1 050 m,牵出线有效长度 550 m。

3.4.12 货运站建设用地指标应符合表 3.4.12 的规定。

表 3.4.12 货运站建设用地指标(hm^2)

项目 \ 货场运量	2.0 Mt	5.0 Mt	8.0 Mt
到发及调车场	15.266 7	18.000 0	20.666 7
装卸作业区	18.666 7	32.000 0	46.333 3
电化用地	1.666 7	1.666 7	1.666 7
用地指标	35.600 0	51.666 7	68.666 7

注:1 表中各单元用地指标,可根据建设项目所确定的站型、设备规模等要求单独查用。
2 处于风沙、雪害、冻土及地质不良地段时,根据站坪长度或站场范围内的实际长度,按区间线路相应标准增加用地数量。
3 表中未含改路、改沟改河、改移通信线路、电力线路及设施、改移管线及设施用地、拆迁安置用地、临时用地。
4 当实际情况与本指标计算条件不一致时,根据本章第五节的规定进行调整。

3.4.13 货运中心用地由到发场及调车场(含站房及生产房屋、道路、消防、照明及给排水设施、杆塔等)、集装箱作业区(含主箱场、辅助箱场、生产房屋、道路、给排水设施、杆塔等)、特货作业区(含装卸作业区、生产房屋、道路、给排水设施、杆塔等)、快运货物作业区(含装卸作业区、生产房屋、道路、给排水设施、杆塔等)、综合货物集散作业区、进出站线路及电力牵引时的牵引变电所、接触网工区用地等构成。

3.4.14 计算货运中心用地指标采用的条件:

1. 计算货运中心用地指标均采用横列式布置图型,主要设备规模见表 3.4.14—1。

表 3.4.14—1 计算货运中心用地指标采用的主要设备规模

车站类型	线路数量(条)			
	正 线	到发线	调车线	装卸线
货运中心	2	6	3	8

注:到发线、牵出线有效长度均为 1 050 m。

2. 货运中心到发线有效长度采用 1 050 m;用地指标计算采用的站坪长度为3 500 m。

3.4.15 货运中心建设用地指标应符合表 3.4.15 的规定。

表 3.4.15 货运中心建设用地指标(hm^2)

项目	指标	项目	指标
到发场及调车场	19.666 7	综合货物集散作业区	26.000 0
集装箱作业区(含箱场)	72.533 3	电化用地	1.666 7
快运货物作业区	21.333 3	用地指标	161.200 0
特种货物作业区	20.000 0		

注:1 处于风沙、雪害、冻土及地质不良地段时,根据站坪长度或站场范围内的实际长度,按区间线路相应标准增加用地数量。
2 指标中未含改路、改沟改河、改移通信线路、电力线路及设施、改移管线及设施用地、拆迁安置用地、临时用地。
3 当货运中心办理集装箱拆装箱作业时,应按设计需要增加拆装箱场用地。
4 本建设用地指标中各单元用地内容均已包括该项目相应的设备用地及平面布置中的辅助用地。
5 当实际情况与本指标计算条件不一致时,根据本章第五节的规定进行调整。

3.4.16　客运站用地由车场(含站房及生产房屋、道路、消防、照明及给排水设施、杆塔等)、机务折返段、客车整备所及电力牵引的牵引变电所、接触网工区用地等构成。

3.4.17　计算客运站用地指标采用的条件:

1. 计算客运站用地指标均采用横列式布置图型,主要设备规模见表3.4.17—1。

表3.4.17—1　计算客运站用地指标采用的主要设备规模

线路数量 / 站台数量	线路数量(条)		机务折返段	客车整备所
	正　线	到发线		
4台7线	2	7	辅修2台位,整备4台位折返段	整备存车线8条
5台9线	2	9	辅修2台位,整备4台位折返段	整备存车线12条
6台11线	2	11	辅修3台位,整备7台位折返段	整备存车线18条

2. 客运站用地采用的站坪长度见表3.4.17—2。

表3.4.17—2　客运站用地站坪长度(m)

车站规模	4台7线	5台9线	6台11线
站坪长度	2 300	2 350	2 400

注:到发线有效长度为650 m。

3.4.18　客运站建设用地指标应符合表3.4.18的规定。

表3.4.18　客运站建设用地指标(hm^2)

规　模 / 项　目	4台7线	5台9线	6台11线
客运车场	26.666 7	31.333 3	36.000 0
机务折返段	12.666 7	12.666 7	15.200 0
客车整备所	10.666 7	14.666 7	24.000 0
电化用地	1.666 7	1.666 7	1.666 7
用地指标	51.666 7	60.333 4	76.866 7

注:1　表中各单元用地指标,可根据建设项目所确定的站型、设备规模等要求单独套用。

2　处于风沙、雪害、冻土等自然特征地区时,根据站坪长度或站场范围内的实际长度,按区间线路相应标准增加用地数量。

3　表中未含改路、改沟改河、改移通信线路、电力线路及设施、改移管线及设施用地、拆迁安置用地、临时用地。

3.5　新建客货共线铁路建设用地指标调整

3.5.1　铁路通过风沙地区未利用土地时,应根据风沙范围、沙源、风向、风速、沙丘移动规律,植被覆盖等情况,采取防止路基被风沙吹蚀和掩埋的防护措施。

一般情况下,严重风沙地段用地宽度应增加1 110 m;中等风沙地段用地宽度应增加760 m;轻微风沙地段用地宽度应增加460 m。

在严重风沙地段,需要设置工程防沙措施时,增加用地另外考虑。

Ⅱ级铁路可以根据沙源、风况、沙丘活动情况和天然植被状况等因素,对防护带宽度加以调整。

无平面固沙条件,采取工程防沙措施时,增加的用地宽度不应少于310 m。

3.5.2　铁路通过雪害地区时,应根据地形、地貌、植被情况、气候、风向和积雪厚度,结合线路位置、路基高度等因素，在线路一侧或两侧设置防护林带。

一侧防护时，用地宽度应增加 50 ~ 70 m；两侧防护时，用地宽度应增加 80 ~ 120 m。

不宜种植防护林带，采用工程防雪措施时，一侧宜增加用地宽度 35 ~ 55 m。

3.5.3 铁路通过多年冻土地区时，应根据冻土的类型、分布及性质、不良地质现象、工程类型等因素，采取保护或破坏冻土的措施。

采取破坏冻土措施时，不应增加用地；采取保护冻土措施时，用地宽度应增加 50 ~ 70 m。

当铁路经过少冰地区时，用地调整值可适当减少。

3.5.4 区间路基面宽度与本建设用地指标计算所采用的宽度标准不一致时，可按表 3.5.4 调整。

表 3.5.4 区间路基建设用地指标调整值（hm^2/km）

地形类型	路基面宽度每增减 0.2 m 增减用地量
平　原	±0.021 0
丘　陵	±0.026 0
山　区	±0.031 0

3.5.5 中间站、区段站、货运站、编组站及货运中心的到发线有效长度和站线数量与本建设用地指标所采用的标准和规模不一致时，应按表 3.5.5 调整。

表 3.5.5 车场建设用地指标调整值（hm^2）

车站类型＼地形类型			平原		丘陵		山区	
			到发线有效长增减 100 m	站线数量增减 1 条	到发线有效长增减 100 m	站线数量增减 1 条	到发线有效长增减 100 m	站线数量增减 1 条
中间站 160 km/h	单线	小型	±0.500 0	±0.666 7	±0.566 7	±0.666 7	±0.666 7	±0.666 7
		大型	±0.600 0	±0.666 7	±0.666 7	±0.666 7	±0.800 0	±0.666 7
	双线	小型	±0.600 0	±0.800 0	±0.666 7	±0.800 0	±0.800 0	±0.800 0
		大型	±0.666 7	±0.933 3	±0.733 3	±0.933 3	±0.900 0	±0.933 3
中间站 200 km/h	双线	小型	±0.600 0	±0.933 3	±0.666 7	±0.933 3	±0.800 0	±0.933 3
		大型	±0.666 7	±1.200 0	±0.733 3	±1.200 0	±0.900 0	±1.200 0
区段站	单线	小型	±0.933 3	±0.666 7	±1.000 0	±0.666 7	—	—
		大型	±1.000 0	±0.666 7	±1.066 7	±0.666 7	—	—
	双线	小型	±1.266 7	±0.666 7	±1.333 3	±0.666 7	—	—
		大型	±1.400 0	±0.666 7	±1.466 7	±0.666 7	—	—
编组站	一级三场		±3.360 0	±0.666 7	—	—	—	—
	二级四场		±4.626 7	±0.666 7	—	—	—	—
	三级三场		±4.713 3	±0.666 7	—	—	—	—
	三级四场		±5.173 3	±0.666 7	—	—	—	—
	三级六场		±9.426 6	±0.666 7	—	—	—	—

续上表

车站类型 \ 地形类型			平原		丘陵		山区	
			到发线有效长增减 100 m	站线数量增减 1 条	到发线有效长增减 100 m	站线数量增减 1 条	到发线有效长增减 100 m	站线数量增减 1 条
货运站	到发线及调车线	2.0 Mt	±0.566 7	±0.666 7	—	—	—	—
		5.0 Mt	±0.666 7	±0.666 7	—	—	—	—
		8.0 Mt	±0.766 7	±0.666 7	—	—	—	—
	装卸线	2.0 Mt	±1.566 7	±9.066 7	—	—	—	—
		5.0 Mt	±2.533 3	±9.066 7	—	—	—	—
		8.0 Mt	±3.566 7	±9.066 7	—	—	—	—
货运中心	到发线及调车线		±0.900 0	±0.800 0	—	—	—	—
	装卸线(对)		±4.533 3	±10.000 0	—	—	—	—

3.5.6　中间站、区段站的货场规模与本建设用地指标所采用的规模不一致时,应按表 3.5.6 调整。

表 3.5.6　货场建设用地指标调整值(hm^2)

地形类型 \ 规模	货物线有效作业长度每增减 100 m		货物线每增减 1 条(有效作业长度为 200 m)
	1 条	2 条	
平　原	±0.933 3	±1.333 3	±2.266 7
丘　陵	±1.133 3	±1.666 7	±2.533 3
山　区	±1.333 3	±2.000 0	±2.866 7

3.5.7　客货共线铁路的桥梁、隧道计算长度比重与本建设用地指标所采用标准不一致时,其综合建设用地指标可按表 3.5.7 调整。

表 3.5.7　综合建设用地指标调整值(hm^2/km)

速度目标值 \ 地形类型	桥梁计算长度比重每增减 2%			隧道计算长度比重每增减 2%		
	平　原	丘　陵	山　区	平　原	丘　陵	山　区
Ⅰ级双线(200 km/h)	±0.060 4	±0.069 6	±0.090 0	—	±0.104 2	±0.124 1
Ⅰ级双线(160 km/h 及以下)	±0.061 5	±0.071 1	±0.092 3	—	±0.106 0	±0.126 8
Ⅰ级单线(160 km/h 及以下)	±0.053 7	±0.064 3	±0.076 5	—	±0.089 2	±0.100 6
Ⅱ级单线(120 km/h 及以下)	±0.053 7	±0.064 3	±0.076 5	—	±0.089 2	±0.100 6

4　新建客运专线铁路建设用地指标

4.1　一 般 规 定

4.1.1　客运专线铁路用地指标适用于速度为200～350 km/h的客运专线铁路建设项目，城际铁路可参照执行。

4.1.2　客运专线铁路用地指标包括客运专线铁路综合用地指标和单项用地指标。用地指标中未包括车站站前广场、临时用地、代征地和苗圃等用地。

4.1.3　临时用地主要包括取弃土(渣)场、施工作业场、施工器材堆放及施工机具停放场、大型混凝土搅拌站、大型构件的运输通道、预制构件制作存放场、施工便道、过渡工程、扬水管道及导(排)水管道、施工临时用房等用地。

4.2　新建客运专线铁路综合建设用地指标

4.2.1　新建客运专线铁路综合用地主要包括路基、桥梁、隧道、车站、动车运用所、区间给水排水、通信信号设施、电力及电气化设施、石砟场等。

4.2.2　新建客运专线铁路综合用地指标按下列条件编制：

1. 建设类别：客运专线。
2. 铁路等级：旅客列车设计行车速度200～350 km/h的客运专线铁路。
3. 牵引种类：电力。
4. 车站分布：站间距离50 km。
5. 到发线有效长度：650 m。
6. 轨道类型：重型。
7. 地形类型：平原、丘陵、山区。
8. 客运站按平原、丘陵、山区；动车运用所按平原地形设计。
9. 桥梁(一般结构)计算长度比重见表4.2.2—1。

表4.2.2—1　桥梁计算长度比重表(%)

地形类型 速度目标值(km/h)	平　原	丘　陵	山　区
$300<v\leqslant350$	57	46	22
$200<v\leqslant250$	39	23	23

注：1　桥梁用地比重＝桥梁计算用地长度(两桥台锥体外缘之间长度)/区间线路长度。

2　桥梁长度不包含跨越水面部分的长度。

10. 隧道计算长度比重见表4.2.2—2。

表 4.2.2—2 隧道计算长度比重表(%)

速度目标值＼地形类型	丘 陵	山 区
300 < v≤350	10	35
200 < v≤250	8	22

注:1 隧道计算比重 = 隧道计算长度/区间线路长度。
2 隧道长度不包括需要征地的明洞长度。

4.2.3 新建客运专线铁路综合用地指标以 500 km 为计算单元编制。

4.2.4 新建客运专线铁路综合建设用地指标应符合表 4.2.4 的规定。

表 4.2.4 新建客运专线铁路综合建设用地指标(hm^2/km)

牵引种类		电 力		
地形类型		平 原	丘 陵	山 区
设计速度	300 < v≤350	5.247 3	6.771 8	7.208 6
	200 < v≤250	5.915 3	8.445 2	8.647 8

注:1 当项目具体情况与综合指标编制条件不同时,可根据具体情况调整。
2 本指标中未包括动车段用地,当项目有该功能项时,其用地按相应的单项指标增加用地。
3 本指标中未含改移道路、改沟改河、改移通信线路、电力线路及设施、改移管线及设施用地、拆迁安置用地、临时用地。

4.2.5 使用客运专线铁路综合用地指标时,应结合建设项目的建设类别、铁路等级、牵引种类、车站类型、地形类型等情况选用相应的指标。

当线路经过风沙、雪害、冻土、特殊岩土及不良地质地段时,应根据建设项目的具体情况、防护要求、处理措施等,计算增加用地数量。

4.3 新建客运专线铁路区间正线建设用地指标

4.3.1 区间正线用地主要包括路基、桥梁(含长大桥紧急疏散区)、隧道及通风设施、防护设施、线路所、大桥及隧道守护营房、区间给排水设施、变(配)电和供电设施、通信、信号设施、防灾信息设施等用地。

4.3.2 区间路基分为一般路基和特殊路基,本指标为区间一般路基用地指标。

4.3.3 区间路基用地主要由路堤(路堑)、护道、排水沟(天沟)、信号设施等用地组成。

4.3.4 计算区间路基用地指标采用的路基面宽度见表 4.3.4。

表 4.3.4 区间正线路基面宽度(m)

设计速度(km/h)	路基面宽度	线间距	设计速度(km/h)	路基面宽度	线间距
v = 200	13.2	4.4	300 < v≤350	13.8	5.0
200 < v≤250	13.4	4.6			

注:表中的路基面宽度为接触网支柱内侧距线路中心 3.1 m,电力电缆槽不在路肩,通信、信号电缆合槽置于路肩上的宽度。实际设计中应根据项目具体情况执行相关设计规范。

4.3.5 区间路基用地宽度应符合下列条件:

路堤:排水沟、护道或坡脚矮挡墙边缘外不大于 3 m。

路堑：天沟外为 2 m；无天沟时，路堑堑顶边缘外为 5 m。

风沙、雪害及特殊地段应根据路基稳定与防护工程需要计算确定用地宽度。

4.3.6　区间路基建设用地指标应符合表 4.3.6 的规定。

表 4.3.6　区间路基建设用地指标（hm^3/km）

路基面宽度（m）	地形类型	路基平均填挖高（m）					
		$h \leqslant 5$	$5 < h \leqslant 6$	$6 < h \leqslant 7$	$7 < h \leqslant 8$	$8 < h \leqslant 10$	$h \leqslant 15$
13.2 m（$v = 200$ km/h）	平　原	5.120 0	5.333 3	6.079 2	6.453 7	—	—
	丘　陵	6.886 0	7.205 0	7.876 0	8.569 0	9.889 0	—
	山　区	8.765 0	9.250 0	9.790 0	10.000 0	10.635 0	12.060 0
13.4 m（$200 < v \leqslant 250$ km/h）	平　原	5.159 0	5.480 0	6.182 6	6.475 1	—	—
	丘　陵	7.403 0	8.074 0	8.393 0	8.172 0	9.922 0	—
	山　区	9.065 0	9.850 0	10.065 0	10.275 0	10.905 0	12.540 0
13.8 m（$300 < v \leqslant 350$ km/h）	平　原	5.201 8	5.552 3	6.254 0	6.517 9	—	—
	丘　陵	7.447 0	8.118 0	8.437 0	8.767 0	9.999 0	—
	山　区	9.145 0	9.895 0	10.110 0	10.320 0	10.950 0	12.585 0

注：1　当项目实际设计的路基面宽度与表 4.3.4 不一致时，用地数量可进行调整。

2　指标中未含改移道路、改沟改河、改移通信线路、电力线路及设施、改移管线及设施用地、拆迁安置用地、临时用地。

4.3.7　区间桥梁用地宽度：

1. 单线铁路一般结构桥梁（两桥台锥体外缘之间不含跨水域部分）的用地范围为：桥下设检查通道一侧距铁路中心线 7.2 m，另一侧距铁路中心线 5.8 m；双线和多线另增加线间距。

双线铁路一般结构桥梁用地宽度应符合表 4.3.7 的规定。

表 4.3.7　双线铁路一般结构桥梁用地宽度（m）

设计速度（km/h）	线间距（m）	用地宽度	设计速度（km/h）	线间距（m）	用地宽度
$v = 200$	4.4	17.4	$300 < v \leqslant 350$	5.0	18.0
$200 < v \leqslant 250$	4.6	17.6			

2. 特殊地质条件、特殊结构、大跨度桥梁认及山区铁路桥梁、地面横坡较大地段的桥梁用地宽度根据设计确定。

3. 设置桥梁守护营房、桥梁紧急疏散设施时，可适当增加用地面积。

4.3.8　双线铁路一般结构桥梁建设用地指标应符合表 4.3.8 的规定。

表 4.3.8　双线铁路一般结构桥梁建设用地指标（hm^2/km）

设计速度（km/h）	线间距（m）	用地指标	设计速度（km/h）	线间距（m）	用地指标
$v = 200$	4.4	1.740 0	$300 < v \leqslant 350$	5.0	1.800 0
$200 < v \leqslant 250$	4.6	1.760 0			

注：1　使用本指标时，桥梁长度为一般结构的桥梁用地计算长度（两桥台锥体外缘之间的长度）。

2　计算桥梁用地时，应扣除跨水域部分的桥梁长度。

4.3.9　隧道用地范围应包括洞口、明洞（含横洞和斜井等）、地表加固处理、危岩落石防护工程、排水沟、隧道守护营房等用地，具体用地面积应根据实际情况计算确定。

4.3.10 当区间设置利用地下水源的给水所、加压泵站、净水所、区间立交桥排水泵站（含排水管道井室、排水出口）、消防水池等给排水设施时，其用地不宜超过表4.3.10的规定。

表4.3.10 区间给排水设施建设用地指标（hm^2/处）

项　目	用地指标
地下水源给水所	0.140 0
加压泵站	0.140 0
净水所	0.140 0
区间立交桥排水泵站等（含排水管道井室、排水出口）	0.140 0
消防水池	0.062 5

4.3.11 当区间设置牵引变电所、分区所、开闭所、AT所、接触网开关控制站时，其用地不宜大于表4.3.11的规定。

表4.3.11 牵引变电所、分区所、开闭所、AT所、接触网开关控制站建设用地指标（hm^2/处）

项　目	用地指标
牵引变电所（含防灾信息接入设备用地）	1.680 0
分区所	0.840 0
AT所	0.840 0
开闭所	0.450 0～0.600 0
接触网开关控制站	0.001 5～0.002 0

4.3.12 当采用架空电力线路时，每千米用地不应超过0.020 0 hm^2（指标未包括通道用地）。

4.3.13 区间通信基站原则上每2.5 km左右设置1处。通信基站用地包含基站通信机械室、防灾信息接入设备、电力变电所、铁塔塔基占地等。

每处通信基站用地不应大于0.045 0 hm^2。

4.3.14 因站间距离大于12 km而设置的自动闭塞中继站用地，每处用地不应大于0.012 0 hm^2。

4.3.15 本用地指标中未涉及的沿线线外限高架、测控网基桩、安全保护区基桩、专用道路等设施用地，区间设地表水源的取水设施、净水厂（所）、加压泵站及站外污水处理设施用地，林区架空电力线路通道用地，有疏解线在区间接轨时为管理区间道岔设置的线路所用地，单独设置的综合维修基地（工区）、动车组存放场用地等，应根据具体设计确定。

4.4 新建客运专线铁路车站、动车段及动车运用所建设用地指标

4.4.1 车站用地由车场（含旅客站房、客运设备、生产房屋、附属生产房屋、给排水设施、杆塔）、综合维修工区（保养点）、牵引变电所（含分区所、开闭所、AT所）、变配电设施、道路等构成。

4.4.2 计算车站用地指标采用的条件：

1. 计算车站用地指标均采用横列式布置图型,其主要设备规模见表 4.4.2—1。

表 4.4.2—1　计算车站用地指标采用的主要设备规模

站台名称＼车站类型	小型站		中型站		大型站		特大型站	
	2 台 4 线	2 台 6 线	3 台 7 线	4 台 10 线	5 台 11 线	15 台 29 线	16 台 30 线	22 台 46 线
基本站台	8.0	8.0	12.0	20.0	20.0	25.0	25.0	25.0
岛式中间站台	9.5	10.5	10.0	12.0	12.0	12.0	12.0	12.0
侧式中间站台	8.0	8.0	8.0	9.0	9.0	9.0	9.0	9.0

注:表中均为站台邻靠到发线时的宽度。

2. 车站用地的站坪长度按车站到发线有效长度 650 m,咽喉区铺设客运专线 18 号道岔计算,车站用地的站坪长度按表 4.4.2—2 采用。

表 4.4.2—2　车站用地站坪长度(m)

车站类型	小型站		中型站		大型站		特大型站	
车站规模	2 台 4 线	2 台 6 线	3 台 7 线	4 台 10 线	5 台 11 线	15 台 29 线	16 台 30 线	22 台 46 线
站坪长度	1 550	2 150	2 150	2 950	2 950	3 600	3 600	4 450

注:1　表中的线路数量均包含正线。

2　当采用大于客运专线 18 号道岔时,站坪长度应另行增加。

4.4.3　车站建设用地指标应符合表 4.4.3 的规定。

表 4.4.3　车站建设用地指标表(hm^2)

类型＼项目		平原				丘陵			山区	
		平均填挖高(m)								
		$h \leqslant 3$ m	3 m $< h \leqslant 5$ m	5 m $< h \leqslant 6$ m	6 m $< h \leqslant 7$ m	$h \leqslant 3$ m	3 m $< h \leqslant 5$ m	5 m $< h \leqslant 7$ m	$h \leqslant 3$ m	3 m $< h \leqslant 5$ m
小型站	2 台 4 线	16.825 0	20.147 5	22.240 0	23.905 0	17.245 0	21.552 5	25.950 0	19.825 0	23.832 5
	2 台 6 线	19.292 5	23.381 0	25.678 5	28.396 0	29.472 3	35.381 0	42.508 5	45.432 3	54.521 0
中型站	3 台 7 线	29.149 3	35.599 3	39.184 3	43.489 3	36.780 5	44.201 8	—	—	—
	4 台 10 线	31.176 0	37.506 0	41.271 0	45.096 0	38.387 3	46.168 5	—	—	—
大型站	5 台 11 线	31.555 5	37.935 8	41.760 8	46.005 8	—	—	—	—	—
	15 台 29 线	114.440 0	137.562 5	151.467 5	166.752 5	—	—	—	—	—
特大型站	16 台 30 线	118.007 5	—	—	—	—	—	—	—	—
	22 台 42 线	152.387 5	—	—	—	—	—	—	—	—

注:1　因地形、地质条件及其他特殊要求等需要可适当增加用地面积。

2　有关功能区中未涉及的项目用地,应根据具体设计确定。

3　表中不含站前广场、改路、改沟改河、改移通信线路、电力线路及设施、改移管线及设施用地、折迁安置用地、临时用地。

4.4.4　动车段及动车运用所用地包括车场、生产房屋、附属生产房屋、各类动车检修和检查库、动车组材料库、给排水设施、杆塔、综合维修基地(工区)、牵引变电所(含分区所、开闭所、AT 所)变配电设施等用地。

4.4.5 计算动车段及动车运用所用地指标采用的主要设备规模和站坪长度见表 4.4.5。

表 4.4.5　动车段及动车运用所用地设备规模及站坪长度

类　型	动车运用所		动　车　段
设备规模	存车线 30 条,4 条检修库线等	存车线 60 条,8 条检修库线等	存车线 70 条,24 条检修库线等
站坪长度(m)	2 900	3 200	3 400

4.4.6 动车段及动车运用所建设用地指标应符合表 4.4.6 的规定。

表 4.4.6　动车段及动车运用所建设用地指标(hm^2)

类型 / 项目	平　原				
	动车运用所				站　车　段
	存车线 30 条,4 条检修库线等		存车线 60 条,8 条检修库线等		存车线 70 条,24 条检修库线等
平均填挖高(m)	$h \leqslant 3$ m	3 m $< h \leqslant 5$ m	$h \leqslant 3$ m	3 m $< h \leqslant 5$ m	$h \leqslant 3$ m
用地指标	60.780 0	72.960 0	78.000 0	93.600 0	139.800 0

注:1　处于风沙、雪害、冻土等自然特征地区时,根据站坪长度或站场范围内的实际长度,按区间线路相应标准增加用地数量。

2　表中未含改路、改沟改河、改移通信线路、电力线路及设施、改移管线及设施用地、拆迁安置用地、临时用地。

附录A 术 语

A. 0. 1 路基面宽度:路基面两侧路肩外缘之间的距离。

A. 0. 2 线路中心填挖高度:

单线:线路中心点地面至路肩之间的垂直距离;

双线:一般指线路左线线路中心点地面至路肩之间的垂直距离。

A. 0. 3 路基边坡高度:路基边坡与原地面相交点至路肩之间的垂直距离。

A. 0. 4 路堤:在原地面上用土、石填筑的路基。

A. 0. 5 一般路基:地形、地质条件简单,路基边坡坡度和高度符合规范规定,不需采取处理措施的路基。

A. 0. 6 特殊路基:特殊土(岩)路基和特殊条件路基的统称。

A. 0. 7 特殊土路基:位于特殊土(岩),如软土、膨胀土(岩)、黄土、盐渍土等地段的路基。

A. 0. 8 特殊条件路基:位于不良地质地段的路基以及受水、气候等自然因素影响强烈的路基。

A. 0. 9 护道:为保证路堤稳定,在坡脚与排水沟内侧边缘之间设有一定宽度的平台。

A. 0. 10 排水沟:设于路堤坡脚外,排除地面水、山坡水的明沟。

A. 0. 11 路堑:自原地面向下开挖的路基。

A. 0. 12 侧沟:紧靠路堑的路肩外侧,用以排除路基面及堑坡水的明沟。

A. 0. 13 天沟:设于堑顶外,排除地面水、山坡水的明沟。

A. 0. 14 包心地、三角地:指铁路与铁路、铁路与其他交通线路、电力线路等之间形成的不方便使用的土地。

A. 0. 15 站坪长度:在正线上为满足车站配线布置所需的长度。

A. 0. 16 车站(或车场)咽喉区:车站(或车场)两端线路的出入口,道岔集中布置的地区。

A. 0. 17 咽喉区长度:自车站(或车场)最外方道岔始端基本轨(或警冲标)至到发线最内方信号机(或警冲标)的距离。

A. 0. 18 到发线有效长度:停留机车车辆而不妨碍邻线使用的长度。

A. 0. 19 中间站:办理列车的通过、交会、越行和客运或客货运业务的铁路车站。

A. 0. 20 区段站:为货物列车的本务机车牵引交路和办理区段列车解编作业而设置的车站。

A. 0. 21 编组站:为办理大量货物列车编、解作业而设置的车站。

A. 0. 22 货运站:办理货运业务的车站。

A. 0. 23 客运站:办理客运业务的车站。

A. 0. 24 铁路货运中心:专业办理铁路集装箱、行邮行包及小汽车等货物的运输、装卸和堆存作业的货运站。

A. 0. 25　机务设备：铁路机车运用、整备保养、检查修理等运营设施（机务段、机务折返段、机务折返所、机务换乘所等）的统称。

A. 0. 26　车辆设备：车辆定期检修和运用维修设施（车辆段、客车技术整备所、货物列车检修所、旅客列车检修所、站修所、车辆安全防范预警系统、车轮厂等）的统称。

附录 B 石砟场用地参考指标

石砟场应根据设计规模、产量、开采年限、开采方式、爆破方式、机械设备、工艺流程、炸药库位置、生产及生活区和场内道路布置等确定用地规模。一般情况下,立面开采时为 46.6667 ~100.000 0 hm^2;平面开采时为 73.3333 ~200.000 0 hm^2。

本指标用词说明

1. 为了便于在执行本指标条文时区别对待,对要求严格程度不同的用词说明如下:

1)表示很严格,非这样做不可的用词:

正面词采用"必须",反面词采用"严禁"。

2)表示严格,在正常情况下均应这样做的用词:

正面词采用"应",反面词采用"不应"或"不得"。

3)表示允许稍有选择,在条件许可时首先应这样做的用词:

正面词采用"宜",反面词采用"不宜";

表示有选择,在一定条件下可以这样做的用词,采用"可"。

2. 条文中指明必须按其他有关标准和规范执行的写法为"应符合……的规定";非必须按所指定的标准和规范执行的写法为"可参照……执行"。

附加说明

主编单位、参编单位和主要起草人名单

主编单位：铁道第三勘察设计院集团有限公司

参编单位：中铁第一勘察设计院集团有限公司
中铁二院工程集团有限责任公司
中铁第四勘察设计院集团有限公司

主要起草人：

李秉涛	季惠梅	李庆生	李荣华	米　隆
吴明友	桑翠江	高　颖	吕仁志	张惠荣
卫　明	王　薇	何凤山	张　磊	覃　莉
朱　莹	罗旭东	刘　洋	曾仲艳	杨书庆
吕晓应	安玉红	李德柱	高津华	张东明
张成志	齐鸣春	陈劲松	齐亚娜	罗　杰
王铁山	胡绍起	孟　然		

附　件

新建铁路工程项目建设用地指标

条 文 说 明

目 次

1 总 则

1.0.1 土地是有限的、不可替代的自然资源，是农业的基本生产资料，是国家建设的重要物质基础。我国人多地少，耕地后备资源不足的矛盾日益突出。目前土地形势十分严峻，已成为一项十分紧迫而重要的社会问题，特别是耕地数量大量减少，不仅严重影响我国经济社会的可持续发展，而且也影响着子孙后代的生存，必须引起全社会的高度重视。

依据《中华人民共和国土地管理法》、《中华人民共和国铁路法》、《铁路运输安全保护条例》等国家有关法律、法规的规定，编制既满足铁路运输安全要求，又满足节约集约用地要求的铁路项目建设用地指标，对贯彻落实科学发展观和节约集约用地基本国策，落实"一要吃饭，二要建设"的方针都是十分必要的。

1.0.2 本条文说明了本建设用地指标的作用。本建设用地指标主要用于宏观控制铁路工程项目建设用地规模，不能作为确认土地使用权的依据。

1.0.3 本次修编工作以1996年发布实施的《新建铁路工程项目建设用地指标》（以下简称"1996年版《铁路工程项目建设用地指标》"）为基础。1996年版《铁路工程项目建设用地指标》是基于当时的技术状况编制的，与现行标准规范及设计理念有较大的差别，且无客运专线铁路部分的指标。

本次修订的主要依据是：《新建时速200公里客货共线铁路设计暂行规定》（铁建设函〔2005〕285号）、《新建时速200～250公里客运专线铁路设计暂行规定》（铁建设〔2005〕140号）、《新建时速300～350公里客运专线铁路设计暂行规定》（铁建设〔2007〕47号）、《铁路路基设计规范》TB 10001、《铁路轨道设计规范》TB10082、《铁路车站及枢纽设计规范》GB 50091等。

货运专线铁路、城际铁路、厂矿标准轨距铁路，根据其采用的技术标准选用相应的指标，其采用的技术标准与本建设用地指标不同时，可根据具体情况对指标进行调整。

1.0.4 由于建设项目跨越地区多、遇到的地形复杂等特点，不同的地面自然横坡，其占用的土地面积也不相同，为了简化建设用地指标的表现形式，明确了以水平投影面积来表示。

1.0.5 本建设用地指标是在一定的地形条件、车站设置、桥梁隧道计算比重等条件下，经设计样本统计分析或模拟而测算得出的结果。在使用时如果建设项目的条件和标准与本指标设定的条件和标准不一致时，其建设用地指标可根据实际情况进行调整。

2　节约集约用地的基本规定

2.0.4　铁路线路方案的确定涉及政治、经济和技术等诸多方面。实际工程设计和施工时，要在满足功能需求的前提下，充分研究本建设用地指标规定的多种节地措施，结合具体情况综合比选确定。

2.0.5　铁路与铁路，铁路与其他交通线路、电力线路等之间受建筑限界及各种技术要求限制，需要一定的安全间距，这样往往会在两线路之间产生“三角地”、“包心地”，直接导致使用功能的降低。因此，选线时应综合考虑，尽可能地减少“三角地”、“包心地”。

2.0.6　边坡较高的高路堤、深路堑，容易产生边坡冲刷和滑塌失稳等病害，需要采取放缓边坡、设置平台等措施以保证路基稳定，同时会引起用地的增加，设计时应尽量避免高填深挖。

2.0.7　本条系引用《关于印发〈提高铁路路基工程设计、施工质量补充规定〉的通知》（建技〔2003〕97 号）相关规定。强调在技术条件允许的情况下，尽量以桥代路，减少占地。

2.0.8、2.0.9　路桥分界高度受线路经过地区的地形、地质、经济多种因素影响，采用路基还是桥梁通过，需要进行经济和技术多种因素比较，以选择经济合理的分界高度。

2.0.11　车站，尤其是大型站、特大型站，其站址的选择、站型的选用，对用地数量有很大的影响。通过选用合理的站型，正确地控制高程以及站内生产房屋的综合化和采用多层建筑可取得减少用地的效果。

车站内工程管线的共架、共杆、共沟布置是节约用地的较好方式，但往往受到使用要求、技术性能、施工条件、检查维修等因素的制约，布置时应综合考虑技术、经济和安全等各方面条件，优先采用共架、共杆、共沟布置方式。

2.0.12　区间路基、车站、动车段、动车运用所及综合维修基地的用地规模进行统一规划，分期实施，可以达到既节省用地，又避免引起工程废弃的目的。

2.0.13　在铁路建设中，路基工程占有一定的比重，为了少占农田，对土石方合理调配是十分必要的。在经济运距内，当路堑挖方符合填料要求时，尽量移挖作填。

2.0.18　铁路绿化的目的是为了保护路基，保持水土，防沙固沙，吸收噪声，有利于维护生态平衡，改善环境。因此，明确了非耕地地段绿色通道用地应按照国家有关规定办理。

3　新建客货共线铁路建设用地指标

3.1　一般规定

3.1.2　客货共线铁路综合建设用地指标是涵盖铁路建设所涉及的相关专业单项用地的综合性指标。

站前客运广场用地，除站房地坪外，其余均为城市用地，故未列入铁路建设用地指标内。

据调查，目前大型养路机械管理模式处在完善过程中，各铁路局大型养路机械基地的设置和规模各异，尚无标准可以参考，大型养路机械基地单项指标还无法确定，故项目中有大型养路机械基地时，其用地数量应根据设计计算确定。

大功率机车检修基地、大功率机车运用维修段的单项指标目前还无法确定，当项目中有此项时，其用地数量应根据设计计算确定。

路外专用线接轨所引起的用地难以预计，如建设项目中有此项用地时，按实际需要另行计算用地数量。

临时用地情况复杂，一般不列入建设用地指标内。

代征地系指铁路用地界外的改移道路、改河改沟、改移供电线路、通信电力线路、改移管线及设施的用地，不包括拆迁赔偿用地。该项用地可变性较大，与线路所处的地理环境有关，且不属铁路的永久用地，故不纳入指标中。

根据目前的实际情况，铁路沿线绿化使用的树苗一般采用市场化购买，不会再新建苗圃，故本次修编取消了苗圃的用地。

3.2　新建客货共线铁路综合建设用地指标

3.2.1　新建客货共线铁路综合指标，主要包括区间路基、桥梁、隧道、区间站后相关设施、中间站、区段站及石砟场等用地。不含编组站、货运站、客运站、货运中心用地。

由于编组站、货运站、客运站、货运中心分布的距离、规模、路网中的位置、货流量等可变情况很多，离散度较大，对新建铁路编组站站间距离的确定较为困难，也不易符合实际。故在综合指标内不含编组站。如建设项目中需设编组站，可根据其规模大小，另按编组站的单项指标增列。

3.2.2　主要编制条件中铁路等级的划分是根据其在铁路网中的作用、性质、旅客列车设计速度和客货运量等确定的：

Ⅰ级铁路：铁路网中起骨干作用的铁路，或近期年客货运量大于或等于 20 Mt。

Ⅱ级铁路：铁路网中起联络、辅助作用的铁路，或近期年客货运量小于 20 Mt 且大于或等于 10 Mt 者。

车站分布：

铁路的站间距离与铁路的通过能力、工程造价、运营效益及沿线交通运输、人民生活有密切的关系。一般来说，车站的站间距离越短，车站的数量越多，区间的通过能力越大，地方客货运输越方便，但车站个数过多占用土地也就越多。本次采用的站间距离系根据统计资料分析确定的。

货场设备间距与地方货流的吸引范围及支援地方工农业发展有关。据有关资料分析，一般货物在 50 km 左右，公路运输经济方便。故确定单线平原丘陵每 4 个区间、山区每 5 个区间设一个有货场的车站，双线平原丘陵每 2 个区间、山区每 3 个区间设一个有货场的车站。

地形类型：地形的简单与复杂对用地影响各不相同，按平原、丘陵、山区三种地形类型编制建设用地指标可以合理反映铁路用地的实际情况。

区段站一般情况设置在平原和丘陵地区，不会设置在山区。

表 3. 2. 2—1 为计算综合指标而设定的一般结构桥梁用地长度计算比重，表中的桥梁计算长度比重 = 桥梁计算长度（两桥台锥体外缘之间长度）/区间线路长度（不含车站范围）。当项目实际的桥梁计算长度比重与综合指标计算采用值不符时，应根据具体情况进行计算调整。

表 3. 2. 2—2 系为计算综合指标而设定的隧道计算比重。当项目的实际隧道长度与综合指标采用的计算长度不符时，应按具体情况进行计算调整。

3. 2. 3　机车交路应根据近、远期的牵引种类、机车类型、编者站分工、车流性质和数量及限制坡度，并结合铁道部生产力布局的调整，货机交路原则上为 400 ~ 600 km，综合因素确定内燃和电力牵引区段计算长度均采用 500 km。即一个机车交路为编制每千米综合建设用地指标的计算长度。

Ⅲ、Ⅳ级铁路一般的线路长度较短，难以一个合适的计算长度组合建设用地指标，所以，Ⅲ、Ⅳ级铁路项目可根据具体情况，选用相应的单项指标，组合每千米铁路建设用地指标，这样既可控制用地，又较符合实际。

Ⅲ级铁路为某一地区或企业服务的铁路，近期年客货运量小于 10 Mt 且大于或等于 5 Mt者。

Ⅳ级铁路为某一地区或企业服务的铁路，近期年客货运量小于 5 Mt 者。

3. 2. 4　铁路综合建设用地指标是控制项目总用地规模的综合性指标，应充分体现贯彻落实科学发展观和节约集约用地基本国策，在满足铁路工程建设、运输安全保护、运营及养护维修前提下，科学合理确定建设用地指标。为此，开展了“新建客货共线综合用地指标的研究”的专题研究，根据研究结论得出了综合建设用地指标。

在一个计算单元内，按照地形类型分别计算区段站用地、中间站用地、区间路基用地、桥梁用地、站后相关设施等用地及石砟场用地，合计总用地得出每千米综合建设用地指标（详细计算见附表 1 ~ 附表 3）。

当项目实际情况与编制条件不同时，需按照项目实际建设功能设施需要和本章第五节的调整规定，作出相应调整。

附表 1 新建客货共线铁路综合建设用地指标计算表(200 km/h)

铁路等级	牵引种类	地形类型	区段站(大型/小型)				中间站(有货场)				中间站(无货场)				区间线路								石砟场及岔线用地(hm^2)	总计		用地指标(hm^2/km)
			个数	每站用地(hm^2)	长度(km)	用地小计(hm^2)	个数	每站用地(hm^2)	长度(km)	用地小计(hm^2)	个数	每站用地(hm^2)	长度(km)	用地小计(hm^2)	区间线路长度(km)	路基长度(km)	每千米用地(hm^2)	站后专业用地(hm^2)	桥梁用地长度(km)	每千米用地(hm^2)	隧道长度(km)	用地小计(hm^2)		长度(km)	用地(hm^2)	
Ⅰ级双线	内燃	平原	1	69.866 6	3.100	124.800 0	11	24.133 3	25.300	265.466 3	8	10.733 3	16.000	85.866 4	452.800	371.296	4.805 9	0.266 7	81.504	1.740 0	—	2 025.253 0	100.296 3	500	2 601.682 0	5.203 4
			1	54.933 4	2.800																					
		丘陵	1	74.266 6	3.100	132.399 9	11	25.600 0	25.300	281.600 0	8	12.666 7	16.000	101.333 6	452.800	294.320	5.485 0	0.266 7	117.728	1.910 0	40.752	1 917.700 8	100.296 3	500	2 533.330 6	5.066 7
			1	58.133 3	2.800																					
		山区	1	74.266 6	3.100	132.399 9	8	27.466 7	18.400	219.733 6	15	14.866 7	30.000	223.000 5	445.700	205.022	6.693 0	0.266 7	124.796	1.910 0	115.882	1 665.252 0	100.296 3	500	2 340.682 3	4.681 4
			1	58.133 3	2.800																					
	电力	平原	1	72.033 3	3.100	129.033 3	11	25.533 3	25.300	280.866 3	8	12.400 0	16.000	99.200 0	452.800	371.296	4.805 9	0.266 7	81.504	1.740 0	—	2 025.253 0	100.296 3	500	2 634.648 9	5.269 3
			1	57.000 0	2.800																					
		丘陵	1	76.400 0	3.100	136.666 7	11	27.000 0	25.300 0	297.000 0	8	14.000 0	16.000	112.000 0	452.800	294.320	5.485 0	0.266 7	117.728	1.910 0	40.752	1 917.700 8	100.296 3	500	2 563.663 8	5.127 3
			1	60.266 7	2.800																					
		山区	1	76.400 0	3.100	136.666 7	8	28.800 0	18.400	230.400 0	15	16.000 0	30.000	240.000 0	445.700	205.022	6.693 0	0.266 7	124.796	1.910 0	115.882	1 665.252 0	100.296 3	500	2 372.615 0	4.745 2
			1	60.266 7	2.800																					

注:1 石砟场及岔线用地,按《铁路采石管理规则》"新建铁路一般在 300 ~ 500km 时,应新建一处采石场"的规定,其用地数量采用原 1996 年版的资料。

2 代征地:指铁路用地界外的改移道路、改河改沟、改移电力线路、通信线路、改移管线及设施用地。

3 综合指标中未含代征地、拆迁安置用地、临时用地。

4 综合用地指标中未含编组站、货运站(指大型独立)、客运站、货运中心、大型养路机械基地、大功率机车检修基地、大功率机车运用维修段用地。

附表 2　新建客货共线铁路综合建设用地指标计算表（160 km/h 及以下）

铁路等级	牵引种类	地形类型	区段站（大型/小型）个数	区段站 每站用地（hm²）	区段站 长度（km）	区段站 用地小计（hm²）	中间站（有货场）个数	中间站（有货场）每站用地（hm²）	中间站（有货场）长度（km）	中间站（有货场）用地小计（hm²）	中间站（无货场）个数	中间站（无货场）每站用地（hm²）	中间站（无货场）长度（km）	中间站（无货场）用地小计（hm²）	区间线路 区间线路长度（km）	区间线路 路基长度（km）	区间线路 每千米用地（hm²）	区间线路 站后专业用地（hm²）	区间线路 桥梁用地长度（km）	区间线路 每千米用地（hm²）	区间线路 隧道长度（km）	区间线路 用地小计（hm²）	石砟场及岔线用地（hm²）	总计 长度（km）	总计 用地（hm²）	用地指标（hm²/km）
Ⅰ级双线	内燃	平原	1	69.866 6	3.100	124.800 0	11	21.733 3	20.350	239.066 3	8	9.000 0	12.400	72.000 0	461.350	382.921	4.785 9	0.266 7	78.430	1.720 0	—	2 069.642 9	100.296 3	500	2 605.805 5	5.211 6
			1	54.933 4	2.800																					
		丘陵	1	74.266 6	3.100	132.399 9	11	23.066 7	20.350	253.733 7	8	10.266 7	12.400	82.133 6	461.350	304.491	5.475 0	0.266 7	115.338	1.890 0	41.521 5	1 966.283 8	100.296 3	500	2 534.847 3	5.069 7
			1	58.133 3	2.800																					
		山区	1	74.266 6	3.100	132.399 9	8	24.600 0	14.800	196.800 0	15	12.000 0	23.250	180.000 0	456.050	218.904	6.683 0	0.266 7	123.134	1.890 0	114.013	1 754.039 4	100.296 3	500	2 363.535 6	4.727 1
			1	58.133 3	2.800																					
	电力	平原	1	72.033 3	3.100	129.033 3	11	23.266 7	20.350	255.933 7	8	10.600 0	12.400	84.800 0	461.350	382.921	4.785 9	0.266 7	78.430	1.720 0	—	2 069.642 9	100.296 3	500	2 639.706 2	5.279 4
			1	57.000 0	2.800																					
		丘陵	1	76.400 0	3.100	136.666 7	11	24.733 3	20.350	272.066 3	8	12.000 0	12.400	96.000 0	461.350	304.491	5.475 0	0.266 7	115.338	1.890 00	41.522	1 966.283 8	100.296 3	500	2 571.313 1	5.142 6
			1	60.266 7	2.800																					
		山区	1	76.400 0	3.100	136.666 7	8	26.466 7	14.800	211.733 6	15	14.000 0	23.250	210.000 0	456.050	218.904	6.683 0	0.266 7	123.134	1.890 0	114.013	1 754.039 4	100.296 3	500	2 412.736 0	4.825 5
			1	60.266 7	2.800																					
Ⅰ级单线	内燃	平原	1	50.400 0	2.800	85.866 7	11	15.866 7	18.700	174.533 7	32	7.066 7	41.600	226.134 4	434.300	369.155	4.126 5	0.266 7	65.145	1.300 0	—	1 706.460 2	100.296 3	500	227 3.291 3	4.546 6
			1	35.466 7	2.600																					
		丘陵	1	54.133 3	2.800	92.399 9	11	17.400 0	18.700	191.400 0	32	8.066 7	41.600	258.134 4	434.300	295.324	4.866 7	0.266 7	104.232	1.430 0	37.744	166 5.068 0	100.296 3	500	2 287.298 6	4.574 6
			1	38.266 6	2.600																					
		山区	1	54.133 3	2.800	92.399 9	11	19.866 7	18.700	218.533 7	42	9.000 0	54.600	378.000 0	421.300	219.076	5.704 8	0.266 7	101.112	1.430 0	101.112	1 452.802 5	100.296 3	500	2 222.032 4	4.444 1
			1	38.266 6	2.600																					
	电力	平原	1	52.400 0	2.600	91.733 4	11	17.200 0	18.700	189.200 0	32	8.666 7	41.600	277.334 4	434.300	369.155	4.126 5	0.266 7	64.145	1.300	—	1 706.460 2	100.296 3	500	2 345.024 3	4.690 0
			1	39.333 4	2.600																					
		丘陵	1	56.466 7	2.800	98.666 6	11	18.733 3	18.700	206.066 3	32	9.400 0	41.600	300.800 0	434.300	295.324	4.866 7	0.266 7	104.232	1.430 0	34.744	1 665.068 0	100.296 3	500	2 350.897 2	4.701 8
			1	42.199 9	2.600																					
		山区	1	56.466 7	2.800	98.666 6	11	21.066 7	18.700	231.733 7	42	10.600 0	54.600	445.200 0	421.300	219.076	5.704 8	0.266 7	101.112	1.430 0	101.112	1 452.802 5	100.296 3	500	2 308.699 1	4.617 4
			1	42.199 9	2.600																					

注：1　石砟场及岔线用地，按《铁路采石管理规则》“新建铁路一般在 300～500km 时，应新建一处采石场”的规定，其用地数量采用原 1996 年版的资料。

2　代征地：指铁路用地界外的改移道路、改河改沟、改移电力线路、通信线路、改移管线及设施用地。

3　综合指标中未含代征地、拆迁安置用地、临时用地。

4　综合用地指标中未含编组站、货运站（指大型独立）、客运站、货运中心、大型养路机械基地、大功率机车检修基地、大功率机车运用维修段用地。

附表 3　新建客货共线铁路综合建设用地指标计算表(120 km/h 及以下)

铁路等级	牵引种类	地形类型	区段站(大型/小型)				中间站(有货场)				中间站(无货场)				区间线路								石砟场及岔线用地(hm²)	总计		用地指标(hm²/km)
			个数	每站用地(hm²)	长度(km)	用地小计(hm²)	个数	每站用地(hm²)	长度(km)	用地小计(hm²)	个数	每站用地(hm²)	长度(km)	用地小计(hm²)	区间线路长度(km)	路基长度(km)	每千米用地(hm²)	站后专业用地(hm²)	桥梁用地长度(km)	每千米用地(hm²)	隧道长度(km)	用地小计(hm²)		长度(km)	用地(hm²)	
Ⅱ级单线	内燃	平原	1	50.400 0	2.800	85.866 7	11	15.866 7	18.700	174.533 7	32	7.066 7	41.600	226.134 4	434.300	403.899	4.126 5	0.266 7	30.401	1.300 0	—	181 3.930 4	80.296 3	500	238 0.761 5	4.761 5
			1	35.466 7	2.600																					
		丘陵	1	54.133 3	2.800	92.399 9	11	17.400 0	18.700	191.400 0	32	8.066 7	41.600	258.134 4	434.300	351.783	4.866 7	0.266 7	56.459	1.430 0	26.058	188 6.579 2	80.296 3	500	2 508.809 8	5.017 6
			1	38.266 6	2.600																					
		山区	1	54.133 3	2.800	92.399 9	11	19.866 7	18.700	218.533 7	42	9.000 0	54.600	378.000 0	421.300	286.484	5.704 8	0.266 7	58.982	1.430 0	75.834	1 795.083 5	80.296 3	500	2 564.313 4	5.128 6
			1	38.266 6	2.600																					
	电力	平原	1	52.400 0	2.800	91.733 4	11	17.200 0	18.700	189.200 0	32	8.666 7	41.600	277.334 4	434.300	403.899	4.126 5	0.266 7	30.401	1.300	—	1 813.930 4	80.296 3	500	2 452.494 5	4.905 0
			1	39.333 4	2.600																					
		丘陵	1	56.466 7	2.800	98.666 6	11	18.733 3	18.700	206.066 3	32	9.400	41.600	300.800 0	434.300	351.783	4.866 7	0.266 7	56.459	1.430 0	26.058	1 886.579 2	80.296 3	500	2 572.408 4	5.144 8
			1	42.199 9	2.600																					
		山区	1	56.466 7	2.800	98.666 6	11	21.066 7	18.700	231.733 7	42	10.600	54.600	445.200 0	421.300	286.484	5.704 8	0.266 7	58.982	1.430 0	75.834	1 795.083 5	80.296 3	500	2 650.980 1	5.302 0
			1	42.199 9	2.600																					

注:1　石砟场及岔线用地,按《铁路采石管理规则》“新建铁路一般在 300 ~ 500km 时,应新建一处采石场”的规定,其用地数量采用原 1996 年版的资料。

2　代征地:指铁路用地界外的改移道路、改河改沟、改移电力线路、通信线路、改移管线及设施用地。

3　综合指标中未含代征地、拆迁安置用地、临时用地。

4　综合用地指标中未含编组站、货运站(指大型独立)、客运站、货运中心、大型养路机械基地、大功率机车检修基地、大功率机车运用维修段用地。

3.2.5 由于影响建设用地指标的因素较多，因此，本条明确了使用本建设用地指标时的注意事项。如与指标的编制条件、工程含量相同时，可直接使用相应的指标。如不同时，应按不同部分具体核算后加减相应的单项指标。如建设项目可利用既有石砟场，则减去石砟场用地数量；如线路长度为 200 km 左右，则减去一个区段站的用地数量；如位于丘陵地区的线路，如果没有隧道，则应扣除隧道因素；如线路位于高地震区、软土地区时，应据采用的技术措施而增加相应的用地数量；如线路同时位于风沙、雪害及冻土等地区，其用地只增加较大的一项等。

3.3 新建客货共线铁路区间正线建设用地指标

3.3.1 我国幅员辽阔，地形复杂，致使区间正线用地含项甚多，区间正线用地（不含车站长度）主要是由区间路基、桥梁、隧道及区间站后相关设施组成。在统计资料中，各条铁路所含分项有所不同，含量也不相同，且各种分项的可变部分也很多，如同是Ⅰ级铁路，在同级地形中，其自然地面纵横坡度不同，填挖平衡及防护设施用地宽窄各异等，变化很大，极难统一。编制区间各项用地指标时，以既符合设计要求又能满足使用为原则控制区间用地。

3.3.2 为计算区间一般路基用地指标，依据现行的《新建时速 200 公里客货共线铁路设计暂行规定》（铁建设函〔2005〕285 号）、《铁路路基设计规范》TB 10001、《Ⅲ、Ⅳ级铁路设计规范（报批稿）》选取的路基面宽度，实际设计中应根据项目具体情况执行相关设计规范。附图 1 为区间一般路基的横断面示意图。

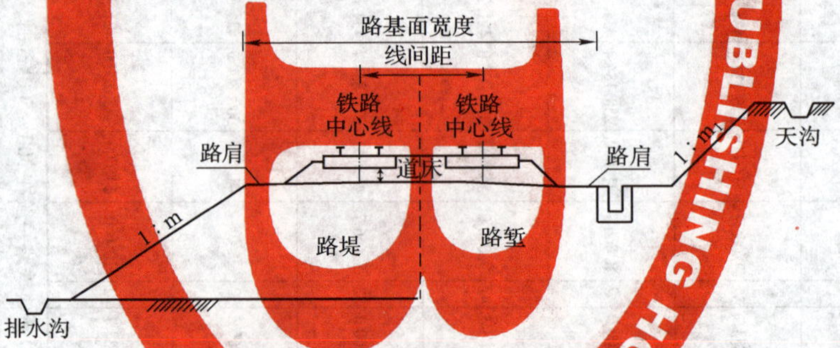

附图 1　一般路基横断面示意图

3.3.3 排水沟外侧至用地界边缘距离的确定，主要考虑相关构筑物最小距离要求和铁路运输安全及养护维修需要。根据排水沟外侧铁路用地界内相关设施设置规定开展了《排水沟外用地宽度的研究》的专题研究，得出排水沟外侧至用地界边缘宽度为 3 m。见排水沟外设施布置图（附图 2）。

特殊条件下的路基，如风沙、雪害、冻土地区等，因防护要求，冻土开挖限制等，用地宽度较大需增加较多用地。所增用地未列入区间路基用地指标内，如遇上述地区时，需要增加的用地数量据路基稳定与防护工程需要计算确定用地宽度。

3.3.4 区间路基建设用地指标，系采用数理统计方法，根据有关设计规范，按照铁路等级、轨道类型、地形类型等对收集的 73 个设计项目的数据进行了筛选归类统计，并开展了区间路基建设用地指标的专题研究，在《新建客货共线铁路区间路基建设用地指标的研究》中，在统计资料的基础上，分别采用了加权平均法、经验估工法和模拟设计 3 种方法

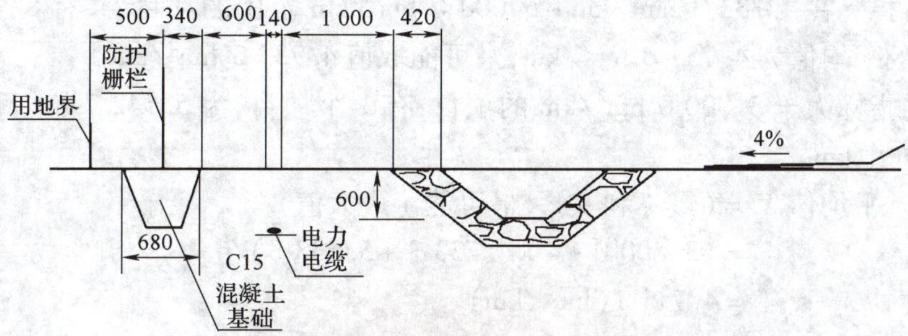

附图 2　排水沟外设施布置图

注：图中所注以 mm 为单位。

图中尺寸说明：①排水沟浆砌水平方向厚 0.42 m；②排水沟外侧至电力电缆边缘距离 1 m；③电力电缆宽度 0.14 m；④电力电缆边缘至防护栅栏基础边缘距离 0.6 m；⑤防护栅栏基础边缘至防护栅栏距离 0.34 m；⑥防护栅栏至用地界距离 0.5 m。

的平均值确定区间路基建设用地指标。

一、Ⅰ级双线铁路区间路基建设用地指标

（一）200 km/h 双线区间路基建设用地指标

1. 平原地区Ⅰ级双线铁路区间路基建设用地指标

共收集了 12 条（段）Ⅰ级双线铁路（200 km/h）用地资料，作为确定平原地区区间路基建设用地指标的样本，见附表 4。

附表 4　平原地区区间路基建设用地指标样本统计表

序号	项目名称	区间路基统计指标（含隧道洞口）	
		（亩/km）	（hm^2/km）
1	北同蒲韩家岭至应县段	69.971 3	4.531 4
2	北同蒲应县至原平段	73.066 9	4.871 1
3	秦沈线	71.767 4	4.784 5
4	张集线	71.390 0	4.759 3
5	张集线（初设）	67.526 3	4.501 8
6	太中线（局部稳定地段）	83.140 5	5.542 7
7	甬台温铁路	70.428 0	4.695 2
8	西安南京线合肥至南京段	73.130 3	4.875 4
9	迁曹线	57.430 0	3.828 7
10	北环线（纯双线地段）	60.619 6	4.041 3
11	京包线集包段	55.853 8	3.723 6
12	南广线	75.559 2	5.037 3

加权平均法：纳入统计的项目计 12 个，计算其加权平均值和超过平均值项目的加权平均值，将两值平均后得出加权平均法指标 4.800 6 hm^2/km。

经验估工法：根据指标值的分布情况，将其分为最不利值、最可能值和最大值 3 组。

第一组：指标小于等于 4.333 3 hm^2/km 的项目，有 3 个项目，平均值为 3.864 5 hm^2/km，最不利取 3.800 0 hm^2/km。

第二组：指标在 4.333 3 hm^2/km ~ 5.000 0 hm^2/km 范围的项目，共有 8 个项目计算其单项指标的平均值为 4.757 0 hm^2/km，最可能取值 4.733 3 hm^2/km。

第三组：指标大于 5.000 0 hm^2/km 的项目：有 1 个项目，为 5.542 7 hm^2/km，最大值取 5.533 3 hm^2/km。

$$
\begin{aligned}
\text{平均值 } X &= (\text{最不利} + 4 \times \text{最可能} + \text{最大值})/6 \\
&= (3.800\,0 + 4 \times 4.733\,3 + 5.533\,3)/6 \\
&= 4.711\,1(hm^2/km)
\end{aligned}
$$

$$S = \text{最大值} - \text{最不利})/6 = (5.533\,3—3.800\,0)/6 = 0.288\,9$$

保证率系数 λ 取 0.8；

指标 $G = X + \lambda S = 4.711\,1 + 0.8 \times 0.288\,9 = 4.942\,2(hm^2/km)$

模拟设计：依据现行《时速 200 km/h 客货共线铁路设计规范》（铁建设函〔2005〕258 号）、《铁路路基设计规范》TB 10001 等设计规范中的路基面宽度及路基用地计算规定，模拟计算设计时速为 200 km/h 时，且路基面宽度采用 12.1 m 的用地指标；其理论计算指标为 4.675 0 hm^2/km。

取 3 种方法的平均值(4.942 2 + 4.800 6 + 4.675 0)/3 = 4.805 9(hm^2/km)为平原区间路基的用地指标。见附表 5。

附表 5　平原地区区间路基建设用地指标计算表(200 km/h)

项　目	平　原		
	用地数量(hm^2)	区间路基长度(km)	指标(hm^2/km)
项目统计数量汇总	3 750.751 5	819.594	4.576 4
超过加权平均值项目的汇总值	250 4.661 8	498.460	5.024 8
加权平均法指标值	—	—	4.800 6
经验估工法值	—	—	4.942 2
模拟设计值	—	—	4.675 0
采用指标(指标平均值)	—	—	4.805 9

2. 丘陵地区区间路基建设用地指标

共收集了 16 条(段) Ⅰ级双线铁路(200 km/h)用地资料，作为确定丘陵地区区间路基指标的样本，见附表 6 和附表 7。

附表 6　丘陵地区区间路基建设用地指标样本统计表

序号	项目名称	区间路基统计指标(含隧道洞口)	
		(亩/km)	(hm^2/km)
1	达成线	78.058 8	5.203 9
2	厦深厦潮段	89.161 8	5.944 1
3	福厦线	80.136 3	5.342 4
4	海南东环线	71.028 2	4.735 2
5	北同蒲韩家岭至应县段	97.727 3	6.515 2
6	秦沈线	72.927 2	4.861 8

续上表

序号	项目名称	区间路基统计指标(含隧道洞口)	
		(亩/km)	(hm^2/km)
7	合武线	69.610 5	4.640 7
8	甬台温铁路	79.086 7	5.272 4
9	西安南京线合肥至南京段	80.811 1	5.387 4
10	京包线集包段	80.057 7	5.337 2
11	兰渝线广渭段	87.043 6	5.802 9
12	湘桂线	66.700 5	4.446 7
13	渝利线	112.316 7	7.487 8
14	柳南线	86.269 8	5.751 3
15	向莆线	72.324 7	4.821 6
16	迁菱线	74.877 8	4.991 9

附表 7　丘陵地区区间路基建设用地指标计算表(200 km/h)

项　目	丘　陵		
	用地数量(hm^2)	区间路基长度(km)	指标(hm^2/km)
项目统计数量汇总值	6 715.695 8	1 310.522 0	5.124 4
超过加权平均值项目的汇总值	3 316.725 8	581.789 0	5.700 9
加权指标平均值	—	—	5.412 7
经验估工法值	—	—	5.442 2
模拟设计值	—	—	5.600 0
采用值指标(指标平均值)	—	—	5.485 0

根据路基用地统计资料,分别用加权平均法、经验估工法、模拟设计 3 种计算方法,取其平均值,确定丘陵地区区间路基用地指标为 5.485 0 hm^2/km。

3. 山区区间路基建设用地指标

共收集了 13 条(段)Ⅰ级双线铁路(200 km/h)用地资料,作为确定山区区间路基指标的样本,见附表 8 和附表 9。

附表 8　山区区间路基建设用地指标样本统计表

序号	项目名称	区间路基统计指标(含隧道洞口)	
		(亩/km)	(hm^2/km)
1	广昆线	98.381 3	6.558 8
2	北同蒲应县至原平段	83.094 8	5.539 7
3	石太线	128.118 1	8.541 2
4	张集线(可研)	97.430 1	6.495 3
5	张集线(初设)	94.537 6	6.302 5
6	太中线	110.221 5	7.348 1
7	宜万线宜昌至凉雾段	86.666 1	5.777 7

续上表

序号	项目名称	区间路基统计指标(含隧道洞口)	
		(亩/km)	(hm^2/km)
8	温福线	94.259 1	6.283 9
9	龙厦线	80.536 5	5.369 1
10	兰渝线兰广段	115.476 9	7.698 5
11	包西线	72.3702	4.824 7
12	南疆线	43.423 2	2.894 9
13	向莆线	105.936 2	7.062 4

附表 9　山区区间路基建设用地指标计算表(200 km/h)

项　目	山　区		
	用地数量(hm^2)	区间路基长度(km)	指标(hm^2/km)
项目统计数量汇总值	2 755.854 0	459.932 0	5.991 9
超过加权平均值项目的汇总值	1 594.024 7	217.348 0	7.334 0
加权指标平均值	—	—	6.662 9
经验估工法值	—	—	6.551 1
模拟设计值	—	—	6.865 0
采用值指标(指标平均值)	—	—	6.693 0

根据路基用地统计资料,分别用加权平均法、经验估工法、模拟设计 3 种方法计算,取其平均值,确定山区区间路基用地指标为 6.693 0 hm^2/km。

(二)160 km/h 及以下双线区间路基建设用地指标

根据调查统计,指标样件中速度目标值为 160 km/h 及以下的双线样本仅有 2 个项目,且不具备代表性,根据现行《新建时速 200 公里客货共线铁路设计暂行规定》(铁建设函〔2005〕285 号)、《铁路路基设计规范》TB 10001 规定,200 km/h 双线铁路一般土质路基面宽度为:路堤 12.1 m、路堑 12.1 m、线间距 4.4 m;160 km/h 双线铁路一般土质路基面宽度为:路堤 12.2 m、路堑 11.9 m、线间距 4.2 m;两种速度的路基面宽度相差很小,经计算分析,160 km/h 双线铁路用地指标与 200 km/h 用地指标基本一致,考虑线间距的不同,将 200 km/h 用地指标减去线间距差值,得出 160 km/h 及以下双线铁路的建设用地指标。

二、Ⅰ级单线铁路(160 km/h 及以下)区间路基建设用地指标

1. 平原地区区间路基建设用地指标

共收集了 11 条(段)Ⅰ级单线铁路(160 km/h 及以下)的用地资料,作为确定平原地区区间路基建设用地指标的样本,见附表 10 和附表 11。

附表 10　平原地区区间路基建设用地指标样本统计表

序号	项目名称	区间路基统计指标(含隧道洞口)	
		(亩/km)	(hm^2/km)
1	胶新线	57.956 9	3.863 8
2	黄万线	64.158 9	4.277 3
3	太中线局部单线段	67.895 3	4.526 4
4	宁启线南京至海安段	53.622 0	3.574 8
5	青藏线	52.258 3	3.483 9
6	精伊霍线	58.677 1	3.911 8
7	西南线	50.441 0	3.362 7
8	敦煌线	63.045 3	4.203 0
9	西平线	59.612 3	3.974 2
10	东北通道前阳至庄河线	57.773 1	3.851 5
11	上海浦东铁路阮巷至平安段	52.431 7	3.495 4

附表 11　平原地区区间路基建设用地指标计算表(160 km/h 及以下)

项　目	平　原		
	用地数量(hm^2)	区间路基长度(km)	指标(hm^2/km)
项目统计数量汇总值	3 015.804 7	786.751 8	3.833 2
超过加权平均值项目的汇总值	2 026.146 1	4.021 3	4.021 3
加权指标平均值	—	—	3.927 3
经验估工法值	—	—	4.142 2
模拟设计值	—	—	4.310 0
采用值指标(指标平均值)	—	—	4.126 5

根据路基用地统计资料,分别用加权平均法、经验估工法、模拟设计 3 种方法计算,取其平均值,确定平原地区单线铁路建设用地指标为 4.126 5 hm^2/km。

2. 丘陵地区区间路基建设用地指标

共收集了 21 条(段) Ⅰ级单线铁路(160 km/h 及以下)的用地资料,作为确定丘陵地区区间路基建设用地指标的样本,见附表 12 和附表 13。

附表 12　丘陵区间路基建设用地指标统计表

序号	项目名称	区间路基统计指标(含隧道洞口)	
		(亩/km)	(hm^2/km)
1	渝怀线	63.934 9	4.262 3
2	遂渝线	74.031 0	4.935 4
3	洛湛永岑段	60.501 5	4.033 4
4	洛湛马茂段	73.831 2	4.922 1
5	洛湛岑玉段	60.104 3	4.007 0
6	胶新线	57.822 2	3.854 8

续上表

序号	项目名称	区间路基统计指标(含隧道洞口)	
		(亩/km)	(hm^2/km)
7	东乌线	55.993 0	3.732 9
8	赤大白线	62.006 5	4.133 8
9	铜九线	72.049 4	4.803 3
10	太中线局部单线段	82.538 9	5.502 6
11	井冈山铁路	64.951 9	4.330 1
12	西安南京线南阳至合肥段	49.992 4	3.332 8
13	洛湛线益阳至娄底东段	60.825 0	4.055 0
14	洛湛线邵阳至永州段	61.215 4	4.081 0
15	青藏线	84.841 3	5.656 1
16	西南铁路	58.984 0	3.932 3
17	兰渝线南充东至高兴段	71.108 2	4.740 5
18	丽香线	73.369 0	4.891 3
19	东北通道前阳至庄河	63.635 6	4.242 4
20	精伊霍铁路	59.049 4	3.936 6
21	昆河线玉溪蒙自段	71.299 7	4.7533

附表 13 丘陵地区区间路基建设用地指标计算表(160 km/h 及以下)

项目	丘陵		
	用地数量(hm^2)	区间路基长度(km)	指标(hm^2/km)
项目统计数量汇总值	12 632.189 3	2 908.732 0	4.342 9
超过加权平均值项目的汇总值	4 904.304 4	929.460 0	5.276 5
加权平均法值	—	—	4.809 7
经验估工法值	—	—	4.737 8
模拟设计值	—	—	5.052 7
采用值指标(指标平均值)	—	—	4.866 7

根据路基用地统计资料,分别用加权平均法、经验估工法、模拟设计 3 种方法计算,取其平均值,确定丘陵地区区间路基指标为 4.866 7 hm^2/km。

3. 山区区间路基建设用地指标

共收集了 18 条(段)Ⅰ级单线铁路(160 km/h 及以下)的用地资料,作为确定山区区间路基建设用地指标的样本,见附表 14 和附表 15。

附表 14 山区区间路基建设用地指标统计表

序号	项目名称	区间路基统计指标(含隧道洞口)	
		(亩/km)	(hm^2/km)
1	大丽线	82.996 5	5.533 1
2	巴准线	81.572 1	5.438 1

续上表

序号	项目名称	区间路基统计指标(含隧道洞口)	
		(亩/km)	(hm^2/km)
3	朔准线(初设)	86.486 9	5.765 8
4	朔准线内蒙段	84.275 7	5.618 4
5	朔准线陕西段	99.979 7	6.665 3
6	朔准线山西段	85.607 1	5.707 1
7	宜万线凉雾至万州段	62.122 6	4.141 5
8	赣龙线	66.819 6	4.454 6
9	青藏线	89.232 1	5.948 8
10	精伊霍铁路	86.805 1	5.787 0
11	西南铁路	73.421 6	4.894 8
12	西平线	58.828 0	3.912 9
13	蒙河线	86.350 9	5.756 7
14	大瑞线	87.862 4	5.857 5
15	通灌线	66.167 7	4.411 2
16	东通道和龙至白河段	73.857 6	4.923 8
17	衢常线	61.444 9	4.096 3
18	黄桶至织金线	71.900 5	4.793 4

附表15　山区区间路基建设用地指标计算表(160 km/h及以下)

项　目	丘　陵		
	用地数量(hm^2)	区间路基长度(km)	指标(hm^2/km)
项目统计数量汇总值	6 734.167 3	1 321.059 0	5.097 6
超过加权平均值项目的汇总值	4 308.554 0	739.186	5.828 8
加权平均法值	—	—	5.463 2
经验估工法值	—	—	5.551 1
模拟设计值	—	—	6.100 0
采用值指标(指标平均值)	—	—	5.704 8

根据路基用地统计资料,分别用加权平均法、经验估工法、模拟设计3种方法计算,取其平均值,确定山区区间路基指标为5.704 8 hm^2/km。

三、Ⅱ级单线铁路(120 km/h及以下)区间路基建设用地指标

有4条Ⅱ级单线铁路的用地资料,归类划分后各地形等级的指标样件仅有1~2个,且代表性差,故本次按照理论计算Ⅱ级单线铁路(路堤宽度7.7 m、路堑宽度7.7 m)的与Ⅰ级单线160 km/h铁路(路堤宽度7.8 m、路堑宽度7.7 m)的差值比例确定。

采用大型机械化养路方式,Ⅱ级单线铁路与Ⅰ级单线(160 km/h)的采用的路基面宽度基本一致,经分析确定Ⅱ级单线铁路与Ⅰ级单线的用地指标取值相同。

四、Ⅲ、Ⅳ级铁路区间路基建设用地指标

Ⅲ、Ⅳ级铁路无统计资料,本次修编参考了《Ⅲ、Ⅳ级铁路设计规范》(报批稿)中的路

基设计标准分析后得出：

Ⅲ级铁路单线(路堤7.0 m、路堑6.6 m)的用地指标与Ⅱ级(路堤7.7 m、路堑7.7 m)用地指标的比例关系为0.983倍，推算出Ⅲ级铁路单线的区间路基用地指标。

Ⅳ级单线(路堤6.0 m、路堑5.6 m)的用地与Ⅱ级单线铁路(路堤7.7 m、路堑7.7 m)用地指标的比例关系为0.955倍，推算出Ⅳ级单线铁路的区间路基用地指标。

3.3.5 参见客运专线部分第4.3.7条和第4.3.8条条文说明

据施工项目信息反馈，特殊结构、地质条件复杂及山区铁路的桥梁因安全等原因占地宽度与一般结构的桥梁占地相差较大，设计用地时应以桥梁专业要求的宽度计算，特殊设计用地的范围长度不应计入桥梁计算长度中。

3.3.6 一般地质条件下的隧道洞口用地已纳入路基建设用地指标中，当修建明洞需要征地时，其长度不计入隧道长度中。隧道专业的其他用地如地表加固处理、排水沟及守护营房等用地因各项目情况不同，离散性大，无法统一确定指标，故根据设计确定。

3.3.7 区间站后设施建设用地指标的确定是通过对秦沈线、石太线、张集线、太中线、夏深线夏潮段、福夏线、海南东环线、北同蒲韩家岭至原平段、迁曹线、北环线、黄万线、胶新线、铜九线、赤大白线、迁蓁线、巴准线、朔准线等项目的通信、信号、电力、电化、给排水等专业用地数量统计汇总分析后确定的。由于统计资料相对较少，综合各种因素考虑，认为区间路基范围内的站后设施建设指标合计采用一个值较为合适。根据统计结果确定单、双线铁路区间部分站后相关专业用地指标采用值为0.266 7 hm^2/km。

3.4 新建客货共线铁路车站建设用地指标

3.4.1 中间站建设用地指标由车场、货场两项单元指标组成，车站用地可查表确定，亦可根据建设项目的具体情况按单元查表确定。

车场用地包括到发线、安全线、牵出线、大型养路机械停留线(大型中间站)、旅客基本站台，中间站台、站房地坪、生产房屋、站内道路、给排水、杆塔等用地；电气化铁路时还包括接触网工区、牵引变电所等电化用地。

货场用地包括货物线、房屋设备、货位、排水设施及道路等用地。

3.4.2 本条说明了中间站建设用地指标编制采用的条件。

1. 中间站采用横列式布置图型，布置紧凑、用地少。为满足旅客列车的到、发和在车站会让或越行其他列车作业的需要，一般无货场中间站应设2条到发线；设货场中间站，因摘挂作业时间较长，并使车站有三交会的条件，一般应设3条到发线。

双线铁路和路段设计速度大于120 km/h或平行运行图列车对数在24对以上的单线铁路中间站，设有货场时，均应设置牵出线。设有货物线的中间站设不短于200 m有效长的牵出线1条。

货场规模按集中货运作业的原则考虑。根据调查资料，设置货场的运量一般在0.30Mr以上。中间站货场所设货物线数量在1～3条，故货场用地按设置的货物线条数来确定，如建设项目的货场规模与上述规模不同时，其用地可按第三章有关规定进行调整。

2. 计算车站用地的站坪计算长度，系指车站两端咽喉区最外道岔基本轨接缝外50 m间的距离(有货场牵出线时，至牵出线车挡)。根据统计的平均站坪计算长度，车站模型图设计的站坪长度，分析计算确定，其值见附表16。

附表16 中间站用地站坪长度（m）

车站类型		统计平均值	模型图值	采用值
单 线	小型	1 334	1 300	1 300
	大型	1 734	1 700	1 700
双线 160 km/h	小型	—	1 550	1 550
	大型	—	1 850	1 850
双线 200 km/h	小型	1 973	2 000	2 000
	大型	2 270	2 300	2 300

注：表中站坪长度系按到发线有效长度850 m进行统计计算。

3.4.3 中间站用地按2003年以后新建的40条设计线路的车站用地数量，并按单线、双线及电化牵引、内燃牵引等分类进行统计分析。根据《新建铁路工程建设项目建设用地指标专题研究报告》，中间站建设用地指标系接收集的车站用地样本统计平均值和模型图设计用地值，经综合分析计算确定。

中间站用地数量的离散度较大，对用地面积过大或过小的，用地数量明显不合理的，风沙、雪害、冻土等自然特征区有防护设施的及到发线有效长大于或小于850 m的车站用地均作了修整或剔除，以编制科学合理的用地指标。

根据调查，单线铁路速度目标值最高为160 km/h，双线铁路速度目标值最高为200 km/h，故单线铁路车站用地指标适用于最高速度目标值为160 km/h及以下的车站；双线铁路车站用地指标分为速度目标值200 km/h与160 km/h及以下两类。由于统计样本中未见双线铁路速度目标值为160 km/h及以下的车站以及内燃牵引的车站用地资料，双线160 km/h及以下的车站用地及内燃牵引的车站用地指标系按车站模型图设计的车站用地指标确定。

1. 车场

中间站车场用地指标统计分析见附表17和附表18。

附表17 内燃牵引中间站车场用地统计分析（km^2）

车站类型		地形类型	统计平均值	修整平均值	模型图用地	平均	采用值
单线（160 km/h及以下）	小型	平原	6.957 3	7.000 0	7.042 7	7.021 3	7.066 7
		丘陵	7.397 3	7.666 7	8.342 0	8.004 7	8.066 7
		山区	7.002 7	8.333 3	9.582 7	8.958 0	9.000 0
	大型	平原	13.133 3	12.666 7	12.383 3	12.525 3	12.400 0
		丘陵	13.026 7	13.066 7	12.938 0	13.002 7	13.000 0
		山区	13.480 0	14.200 0	14.667 3	14.434 0	14.466 7
双线（160 km/h及以下）	小型	平原	—	—	8.952 7	—	9.000 0
		丘陵	—	—	10.242 0	—	10.266 7
		山区	—	—	12.904 0	—	12.000 0
	大型	平原	—	—	15.502 7	—	15.533 3
		丘陵	—	—	16.820 7	—	16.333 3
		山区	—	—	17.120 7	—	17.133 3

续上表

车站类型		地形类型	统计平均值	修整平均值	模型图用地	平均	采用值
单线（200 km/h）	小型	平原	—	—	10.705 3	—	10.733 3
		丘陵	—	—	12.316 7	—	12.666 7
		山区	—	—	15.188 7	—	14.866 7
	大型	平原	—	—	17.910 0	—	17.933 3
		丘陵	—	—	18.823 3	—	18.866 7
		山区	—	—	19.618 0	—	20.000 0

注：本表为到发线有效长度 850 m 时车场用地。

附表 18　电化牵引中间站车场用地统计分析（hm^2）

车站类型		地形类型	统计平均值	修整平均值	模型图用地	平均	采用值
单线（160 km/h）	小型	平原	7.686 7	8.333 3	8.686 7	8.510 0	8.666 7
		丘陵	10.206 7	8.933 3	9.662 0	9.297 3	9.400 0
		山区	8.880 0	9.533 3	11.660 7	10.597 3	10.600 0
	大型	平原	9.666 7	12.400 0	13.787 3	13.093 3	13.733 3
		丘陵	12.180 0	13.333 3	14.342 0	13.838 0	14.333 3
		山区	17.466 7	14.666 7	16.078 7	15.372 7	15.666 7
双线（160 km/h）	小型	平原	—	—	10.596 7	—	10.600 0
		丘陵	—	—	11.948 7	—	12.000 0
		山区	—	—	16.708 0	—	14.000 0
	大型	平原	—	—	17.002 7	—	17.066 7
		丘陵	—	—	18.474 0	—	18.000 0
		山区	—	—	18.971 3	—	19.000 0
双线（200 km/h）	小型	平原	12.306 7	12.333 3	12.349 3	12.341 3	12.400 0
		丘陵	12.080 0	14.000 0	14.022 7	14.011 3	14.000 0
		山区	15.833 3	15.333 3	18.992 7	17.163 3	16.000 0
	大型	平原	18.473 3	18.533 3	19.410 0	18.972 0	19.333 3
		丘陵	20.873 3	19.933 3	20.476 7	20.205 3	20.266 7
		山区	19.253 3	20.666 7	21.468 7	21.068 0	21.333 3

注：本表为到发线有效长度 850 m 时车场用地。

（1）单线小型中间站（内燃牵引，到发线有效长度 850 m）

平原地区：根据统计，平原地区的车场用地由 5.660 0 km^2（84.9 亩）至 11.753 3 hm^2（176.3 亩），一般为 6.000 0 hm^2（90 亩）至 8.000 0 hm^2（120 亩），统计均值为 6.957 3 hm^2（104.36 亩）。修整均值为 7.000 0 hm^2（105.0 亩），模型图用地7.0426 7 hm^2（105.64 亩），故单线小型中间站平原地区的车场用地指标采用 7.066 7 hm^2（106.0 亩）。

用地指标与南阳至合肥等 3 条线的 19 个设计车站用地进行了对比，符合指标的车站有 15 个，占总数的 78.9%。

丘陵地区：据统计，丘陵地区的车场用地由 5.342 7 hm^2（80.14 亩）至 11.166 7 hm^2（167.5 亩），一般为 6.666 7 hm^2（100.0 亩）至 8.000 0 hm^2（120.0 亩），统计均值为

7.397 3 hm^2(110.96 亩),修整均值为 7.666 7 hm^2(115.0 亩),模型图用地 8.342 0 hm^2(125.13 亩),故单线小型中间站丘陵地区的车场用地指标采用 8.066 7 hm^2(121.0 亩)。

用地指标与南阳至合肥等 6 条线的 59 个设计车站用地进行了对比,符合指标的车站有 44 个,占总数的 74.5%。

山区:据统计,山区的车场用地由 5.433 3 hm^2(81.5 亩)至 9.000 0 hm^2(135.0 亩),一般为 6.666 7 hm^2(100.0 亩)至 8.666 7 hm^2(130.0 亩),统计均值为 7.002 7 hm^2(105.04 亩),修整均值为 8.333 3 hm^2(125.0 亩),模型图用地 9.582 7 hm^2(143.74 亩),故单线小型中间站山区的车场用地指标采用 9.000 0 hm^2(135.0 亩)。

用地指标与赣龙线的 8 个设计车站用地进行了对比,符合指标的车站有 8 个,占总数的 100%。

(2)单线大型中间站(内燃牵引,到发线有效长度 850 m)

平原地区:据统计,平原地区的车场用地由 9.880 0 hm^2(148.2 亩)至 16.913 3 hm^2(253.7 亩),一般为 11.333 3 hm^2(170.0 亩)至 14.000 0 hm^2(210.0 亩),统计均值为 13.133 3 hm^2(197.0 亩),修整均值为 12.666 7 hm^2(190.0 亩),模型图用地 12.383 3 hm^2(185.75 亩),单线大型中间站平原地区的车场用地指标采用 12.400 0 hm^2(186.0 亩)。

用地指标与南阳至合肥等 3 条线的 13 个设计车站用地进行了对比,符合指标的车站有 10 个,占总数的 76.9%。

丘陵地区:据统计,丘陵地区的车场用地由 9.760 0 hm^2(146.4 亩)至 16.800 0 hm^2(252.0 亩),一般为 12.000 0 hm^2(180.0 亩)至 14.000 0 hm^2(210.0 亩),统计均值为 13.026 7 hm^2(195.4 亩),修整均值为 13.066 7 hm^2(196.0 亩),模型图用地 12.938 0 hm^2(194.07 亩),单线大型中间站丘陵地区的车场用地指标采用 13.000 0 hm^2(195.0 亩)。

用地指标与铜九线等 4 条线的 11 个设计车站用地进行了对比,符合指标的车站有 7 个,占总数的 74.5%。

山区:据统计,山区的车场用地由 12.360 0 hm^2(185.4 亩)至 14.593 3 hm^2(218.9 亩),统计均值为 13.480 0 hm^2(202.2 亩),修整均值为 14.200 0 hm^2(213.0 亩),模型图用地 14.667 3 hm^2(220.01 亩),单线大型中间站山区的车场用地指标采用 14.466 7 hm^2(217.0 亩)。

用地指标与赣龙线的 3 个设计车站用地进行了对比,符合指标的车站有 3 个,占总数的 100%。

(3)单线小型中间站(电化牵引,到发线有效长度 850 m)

平原地区:据统计,平原地区的车场用地由 6.400 0 hm^2(96.0 亩)至 10.400 0 hm^2(156.0 亩),一般为 6.666 7 hm^2(100.0 亩)至 8.000 0 hm^2(120.0 亩),统计均值为 7.686 7 hm^2(115.3 亩),修整均值为 8.333 3 hm^2(125.0 亩),模型图用地 8.686 7 hm^2(130.3 亩),单线小型中间站平原地区的车场用地指标采用 8.666 7 hm^2(130.0 亩)。

用地指标与西安至南阳等 2 条线的 8 个设计车站用地进行了对比,符合指标的车站有 7 个,占总数的 87.5%。

丘陵地区:据统计,丘陵地区的车场用地由 7.733 3 hm^2(116.0 亩)至 13.200 0 hm^2(198.0 亩),一般为 8.000 0 hm^2(120.0 亩)至 9.333 3 hm^2(140.0 亩),统计均值为 10.206 7 hm^2(153.1 亩),修整均值为 8.933 3 hm^2(134.0 亩),模型图用地 9.662 0 hm^2(144.93 亩),故单线小型中间站丘陵地区的车场用地指标采用 9.400 0 hm^2(141.0 亩)。

用地指标与南阳至合肥等 3 条线的 6 个设计车站用地进行了对比，符合指标的车站有 3 个，占总数的 50%。

山区：据统计，山区的车场用地由 5.760 0 hm^2(86.4 亩)至 16.573 3 hm^2(248.6 亩)，一般为 8.000 0 hm^2(120.0 亩)至 10.000 0 hm^2(150.0 亩)，统计均值为 8.880 0 hm^2(133.2 亩)，修整均值为 9.533 3 hm^2(143.0 亩)，模型图用地 11.660 7 hm^2(174.91 亩)，故单线小型中间站山区的车场用地指标采用 10.600 0 hm^2(159.0 亩)。

用地指标与渝怀线的 17 个设计车站用地进行了对比，符合指标的车站有 15 个，占总数的 88.2%。

(4)单线大型中间站(电化牵引，到发线有效长度 850 m)

平原地区：据统计，平原地区的车场用地统计符合条件要求的只有 1 个车站，其用地为 9.666 7 hm^2(145.0 亩)，根据相关类型车站位于丘陵地区的统计均值 12.180 0 hm^2(182.7 亩)，确定其修整均值为 12.400 0 hm^2(186.0 亩)，模型图用地 13.787 3 hm^2(206.81 亩)，故单线大型中间站平原地区的车场用地指标采用 13.733 3 hm^2(206.0 亩)。

用地指标与敦煌等 2 条线的 3 个设计车站用地进行了对比，符合指标的车站有 2 个，占总数的 66.7%。

丘陵地区：据统计，丘陵地区的车场用地由 9.293 3 hm^2(139.4 亩)至 15.066 7 hm^2(226.0 亩)，统计均值为 12.180 0 hm^2(182.7 亩)，修整均值为 13.333 3 hm^2(200.0 亩)，模型图用地 14.342 0 hm^2(215.13 亩)，故单线大型中间站平原地区的车场用地指标采用 14.333 3 hm^2(215.0 亩)。

用地指标与西南线等 2 条线的 2 个设计车站用地进行了对比，符合指标的车站有 2 个，占总数的 100%。

山区：据统计，山区的车场用地由 9.766 7 hm^2(146.5 亩)至 25.466 7 hm^2(382.0 亩)，一般为 12.000 0 hm^2(180.0 亩)～16.000 0 hm^2(240.0 亩)，统计均值为 17.466 7 hm^2(262.0 亩)，修整均值为 14.666 7 hm^2(220.0 亩)，模型图用地16.078 7 hm^2(241.18 亩)，故单线大型中间站山区的车场用地指标采用 15.666 7 hm^2(235.0 亩)。

用地指标与渝怀线的 4 个设计车站用地进行了对比，符合指标的车站有 3 个，占总数的 75%。

(5)双线小型中间站(电化牵引，到发线有效长度 850 m)

新建双线铁路工程的建设项目较少，本次修编用地的统计分析以广昆线、达成线、合武线、夏深线、宜万线、温福线等 11 条线路为基础，分析计算确定用地指标。

平原地区：据统计，平原地区的车场用地一般为 9.813 3 hm(147.2 亩)，至 16.186 7 hm^2(242.8 亩)，统计均值为 12.306 7 hm。(184.6 亩)，修整均值为 12.333 3 hm^2(185.0 亩)，模型图用地 12.349 3 hm^2(185.24 亩)，故双线小型中间站平原地区的车场用地指标采用 12.400 0 hm^2(186.0 亩)。

用地指标与太中线等 3 条线的 3 个设计车站用地进行了对比，符合指标的车站有 2 个，占总数的 66.7%。

丘陵地区：据统计，丘陵地区的车场用地一般为 7.200 0 hm^2(108.0 亩)至 22.286 7 hm^2(334.3 亩)，一般为 10.000 0 hm^2(150.0 亩)至 12.666 7 hm^2(190.0 亩)，统计均值为 12.080 0 hm^2(181.2 亩)，修整均值为 14.00 0 hm^2(210.0 亩)，模型图用地

14.022 7 hm^2。(210.34 亩),故双线小型中间站丘陵地区的车场用地指标采用14.000 0 hm^2(210.0 亩)。

用地指标与达成线等6条线的12个设计车站用地进行了对比,符合指标的车站有10个,占总数的83.3%。

山区:据统计,山区车场用地一般为12.073 3 hm^2(181.1 亩)至22.193 3 hm^2(332.9 亩),统计均值为15.833 3 hm^2(237.5 亩),修整均值为15.333 3 hm^2(230.0 亩),模型图用地18.992 7 hm^2(284.89 亩),故双线小型中间站山区的车场用地指标采用16.000 0 hm^2(240.0 亩)。

用地指标与合武线的3个设计车站用地进行了对比,符合指标的车站有2个,占总数的66.7%。

(6)双线大型中间站(电化牵引,到发线有效长度850 m)

平原地区:据统计,平原地区的车场用地一般为15.200 0 hm^2(228.0 亩)至21.413 3 hm^2(321.2 亩),一般为17.333 3 hm^2(260.0 亩)至20.000 0 hm^2(300.0 亩),统计均值为18.473 3 hm^2(277.1 亩),修整均值为18.533 3 hm^2(278.0 亩),模型图用地19.410 0 hm^2(291.15 亩),故双线大型中间站平原地区的车场用地指标采用19.333 3 hm^2(290.0 亩)。

用地指标与太中线等2条线的5个设计车站用地进行了对比,符合指标的车站有4个,占总数的80.0%。

丘陵地区:据统计,丘陵地区的车场用地一般为18.266 7 hm^2(274.0 亩)至25.540 0 hm^2(383.1 亩),一般为18.666 7 hm^2(280.0 亩)至21.333 3 hm^2(320.0 亩),统计均值为20.873 3 hm^2(313.1 亩),修整均值为19.933 3 hm^2(299.0 亩),模型图用地20.476 7 hm^2(307.15 亩),故双线大型中间站丘陵地区的车场用地指标采用20.266 7 hm^2(304.0 亩)。

用地指标与合宁线等4条线的9个设计车站用地进行了对比,符合指标的车站有4个,占总数的44.5%。

山区:据统计,山区车场用地一般为14.966 7 hm^2(224.5 亩)至25.093 3 hm^2(376.4 亩),统计均值19.253 3 hm^2(288.8 亩),修整均值为20.666 7 hm^2(310.0 亩),模型图用地21.468 7 hm^2(322.03 亩),故双线大型中间站山区的车场用地指标采用21.333 3 hm^2(320.0 亩)。

用地指标与合武线的5个设计车站用地进行了对比,符合指标的车站有2个,占总数的40.0%。

(7)中间站车场用地指标应按不同牵引种类分析计算

中间站车场用地指标与牵引种类不同而有别,因此中间站用地指标应按不同牵引种类分别计算。内燃、电力牵引的生产用水所需设备基本是一致的,电力牵引则需另增加牵引变电所、分区亭、开闭所、AT所、接触网工区,接触网梯车库线及其上述相应道路等设施。

本次修编的调查统计资料中,未见双线内燃牵引时车站的用地数据,经分析,双线内燃牵引时中间站用地以模型图设计用地为基础确定。

2. 货场

据统计,由于货物品种、平面布置、装卸设备等情况的不同,货场用地的离散度较大。

根据对 117 个货场用地的调查统计,模型图设计,经过分析整理,确定货场用地指标,货场用地统计分析见附表 19。

附表 19 中间站货场用地统计分析(hm^2)

货场规模	地形类型	统计平均值	修整平均值	模型图用地	平均	采用值
1 条货物线,有效作业长度 200 m	平原	3.462 0	3.333 3	3.610 7	3.472 0	3.466 7
	丘陵	3.750 0	3.866 7	4.258 7	4.062 7	4.400 0
	山区	3.156 7	4.733 3	5.080 7	4.907 3	5.400 0
2 条货物线,有效作业长度 200 m	平原	4.938 0	4.933 3	6.627 3	5.780 7	6.200 0
	丘陵	5.841 3	5.866 7	6.836 7	6.351 3	6.733 3
	山区	5.399 3	6.733 3	7.483 3	7.108 7	7.466 7

注:1 本表为货物线有效作业长 200 m 时货场用地。
2 单线设 1 条货物线,双线设 2 条货物线。

通过对 22 条线的 117 个货场用地的统计对照,符合上述指标的货场有 85 个,占总数的 72.6% 。

3.4.4 区段站建设用地指标包含的单元,系根据有关规定的段、所管辖长度,结合区段计算长度及调查资料确定的。但新建区段站不一定均包含指标中的段、所。使用本建设用地指标时,可根据建设项目的具体要求,按单元查表调整。

相邻军供站间距离,系根据《铁路军运设施设计规定》的原则,在区段站中考虑了军供设施用地。

3.4.5 本条说明了区段站建设用地指标编制采用的条件。

1. 单线区段站的规模分为小型和大型两种。小型区段站车场规模按 13 ~ 24 对货物列车换算对数,大型区段站车场规模按 25 ~ 36 对货物列车换算对数。根据《铁路车站及枢纽设计规范》(以下简称《站规》)的规定,到发线分别采用 5 条和 6 条。

单线大型区段站采用 36 对货物列车换算对数为上限,并考虑一定数量的旅客列车对数,基本上符合单线应达到的平行运行图通过能力 40 对以上的要求。

双线区段站的规模也分为小型和大型两种。小型区段站车场规模按 37 ~ 48 对货物列车换算对数,大型区段站车场规模按 49 ~ 72 对货物列车换算对数,根据《站规》取其上限,到发线分别采用 8 条和 10 条。双线大型区段站采用 72 对货物列车换算对数为上限,加上一定数量的旅客列车对数,并考虑线路养护作业应留的"天窗",基本上达到双线平行运行图通过能力在 100 对以上的要求。

到发线数量:单线铁路区段站分别为 5 条和 6 条;双线铁路区段站分别为 8 条和 10 条。调车线数量:单线铁路区段站分别为 4 条和 6 条;双线铁路区段站分别为 6 条和 7 条。

统计的既有单、双线的大、小型区段站车场到发线、调车线的股道数量见附表 20,其规模基本上与上述标准相接近。

附表 20 区段站到发线、调车线数量统计

车站类型		到发线(条)	调车线(条)	车站类型		到发线(条)	调车线(条)
单线	小型	5.3	4.3	双线	小型	7.6	6.4
	大型	6.4	6.4		大型	9.7	8

区段站货场到发运量的大小，与单、双线，大、小型区段站的规模无一定规律，据统计，较小的货场到发运量，一般在0.30～0.40 Mt，较大的货场到发线运量为0.50～1.0 Mt。考虑到集中货运作业，有部分地方运量将吸引至区段站。为协调大、小型区段站的设备规模，单线小型区段站设0.6 Mt货场；单线大型区段站和双线大、小型区段站设1.0 Mt货场，作为计算用地的依据。

机务设备的分布及规模，应根据机车交路长度，所担当区段的行车量，机务工作量，局管内现有机务设备能力及分布情况，并结合路网规划，专业化集中修分工等统筹安排，合理确定。

不同牵引种类的机务段的规模系根据单、双线，大、小型区段站的行车量的上限值、区段长度，分别计算确定。

内燃、电力牵引的转向设备均采用转车盘。

各类区段站的机务折返段规模确定如下：

(1)单线小型区段站：3个整备台位折返段。

(2)单线大型区段站：辅修1台位，整备5台位折返段。

(3)双线小型区段站：辅修2台位，整备4台位折返段。

(4)双线大型区段站：辅修3台位，整备7台位折返段。

2. 计算区段站用地的站坪计算长度，在有货物线一端算至货场牵出线车挡处，机务段端基本上计算至车站咽喉区最外道岔基本轨接缝外50 m处。采用的站坪计算长度系根据统计的平均站坪计算长度与模型图的站坪计算长度分析计算确定。其值见附表21。

附表21 区段站用地站坪计算长度(m)

车站类型		统计平均值	模型图值	采用值
单线	小型	2 586	2 580	2 600
	大型	2 924	2 620	2 800
双线	小型	2 690	2 820	2 800
	大型	3 019	3 075	3 100

注：到发线有效长度为850 m。

3.4.6 区段站建设用地指标是在搜集和筛选历年设计资料的基础上，对59个典型区段站进行统计分析，计算确定了区段站车场用地指标。具体分析见附表22。

附表22 区段站车场用地统计分析(hm^2)

车站类型		地形类型	统计均值	修整均值	模型图用地	用地指标
单线	小型	平原	18.536 7	19.700 0	20.162 0	19.866 7
		丘陵	20.403 3	20.691 3	22.080 7	21.533 3
	大型	平原	26.373 3	24.382 0	24.627 3	24.866 7
		丘陵	27.362 0	26.594 7	26.115 3	26.866 7

续上表

车站类型		地形类型	统计均值	修整均值	模型图用地	用地指标
双线	小型	平原	23.688 7	26.648 7	28.630 7	28.466 7
		丘陵	27.593 3	29.066 7	30.330 7	30.466 7
	大型	平原	35.001 3	33.133 3	37.131 3	36.533 3
		丘陵	36.740 0	36.595 3	39.434 0	39.200 0

注:本表为内燃牵引时车场用地。

近年来,随着铁路生产生产力布局的调整,段、所的管辖长度加大,区段站内的段、所设置将有所减少。本次修编工作取消了区段站蒸汽牵引时的车站用地指标。结合铁路生产力布局调整,取消了区段站用地指标中的车辆段、工务段、水电段、建筑段、材料厂、供应段、电务段、生活区等分项建设用地指标。

1. 车场(到发线有效长度 850 m)

据调查资料,由于各区段站车场设备含量不一致,如站修设备、段、所及其段管线,各种生产设施等有较大的差异,故用地的离散度较大。为编制统一的具有指导意义的用地指标,剔除了个别用地面积过大或过小的及车场中的厂矿交接线(场)、备用车线(场)的用地。到发线有效长度大于或小于 850 m 的车场用地作了修整,然后经统计、分析、计算确定用地指标。

(1)单线小型区段站

平原地区;据调查资料,单线小型区段站车场的股道数(含到发线、调车线、机走线、牵出线、站修线。下同)一般在 8 ~ 11 条。部分车场设有站修设备。车场用地一般在 16.933 3 hm^2(254.0 亩)至 24.933 3 hm^2(374.0 亩)。统计均值为 18.536 7 hm^2(278.05 亩),修整均值为 19.700 0 hm^2(295.50 亩)。对较有代表性的车场用地经统计分析为 19.666 7 hm^2(295.0 亩)左右,模型图车场用地为 20 162 0 hm^2(302.43 亩),故确定单线小型区段站平原地区车场用地指标为 19.866 7 hm^2(298.0 亩)。

丘陵地区:据统计,车场用地一般为 15.333 3 hm^2(230.0 亩)至 24.000 0 hm^2(360.0 亩),统计均值为 20.403 3 hm^2(306.5 亩),修整均值为 20.691 3 hm^2(310.37 亩),对较有代表性的车场统计分析为 20 666 7 hm^2(310.0 亩)左右,模型图车场用地为 22.080 7 hm^2(331.21 亩),故确定单线小型区段站丘陵地区车场用地指标为 21.533 3 hm^2(323.0 亩)。

(2)单线大型区段站

平原地区:据统计,单线大型区段站车场的股道数一般为 12 ~ 15 条。部分车场设有站修设备。车场用地一般为 20.6667 hm^2(310.0 亩)至 28.666 7 hm^2(430.0 亩),统计均值 26.373 3 hm^2(395.60 亩),修整均值为 24.382 0 hm^2(365.73 亩),对较有代表性的车场用地经统计分析为 24.666 7 hm^2(370.0 亩)左右,模型图车场用地为 24.627 3 hm^2(369.41 亩),故确定平原地区单线大型区段站车场用地指标为 24.866 7 hm^2(373.0 亩)。

丘陵地区:据统计,车场用地一般为 22.933 3 hm^2(344.0 亩)至 29.000 0 hm^2(435.0 亩),统计均值为 27.362 0 hm^2(410.43 亩),修整均值为 26.594 7 hm^2(398.92 亩),对较

有代表性的车场用地经统计分析为 26.666 7 hm^2(400.0 亩)左右，模型图车场用地 26.115 3 hm^2(391.73 亩)，故确定丘陵地区单线大型区段站车场用地指标为 26.866 7 hm^2(403.0 亩)。

(3)双线小型区段站

平原地区：据统计，双线小型区段站车场的股道数一般为 12～17 条。部分车场设有站修设备。车场用地一般为 14.400 0 hm^2(216.0 亩)至 27.466 7 hm^2(412.0 亩)，统计均值为 23.688 7 hm^2(355.33 亩)，修整均值为 26.648 7 hm^2(399.73 亩)，对较有代表性的车场用地，经统计分析为 26.466 7 hm^2(397.0 亩)左右，模型图车场用地为 28.630 7 hm^2(429.46 亩)，故确定平原地区双线小型区段站车场用地指标为 28.466 7 hm^2(427.0 亩)。

丘陵地区：据统计，车场用地一般为 26.000 0 hm^2(390.0 亩)至 28.666 7 hm^2(430.0 亩)，统计均值为 27.593 3 hm^2(413.9 亩)，修整均值为 29.066 7 hm^2(436.0 亩)，对较有代表性的车场用地，经统计分析为 28.600 0 hm^2(429.0 亩)左右，模型图车场用地为 30.330 7 hm^2(454.96 亩)，故确定丘陵地区双线小型区段站车场用地指标为 30.466 7 hm^2(457.0 亩)。

(4)双线大型区段站

平原地区：据统计，双线大型区段站车场的股道数一般为 10～16 条。部分车场设有站修设备。车场用地一般为 33.333 3 hm^2(500.0 亩)至 37.333 3 hm^2(560.0 亩)，统计均值为 35.0013 hm^2(525.02 亩)，修整均值为 33.133 3 hm^2(497.0 亩)，对较有代表性的车场用地，经统计分析为 33.333 3 hm^2(500.0 亩)左右，模型图车场用地为 37.131 3 hm^2(556.97 亩)，故确定平原地区双线大型区段站车场用地指标为 36.533 3 hm^2(548.0 亩)。

丘陵地区：据统计，车场用地一般为 33.333 3 hm^2(500.0 亩)至 40.000 0 hm^2(600.0 亩)，统计均值为 36.740 0 hm^2(551.1 亩)，修整均值为 36.595 3 hm^2(548.93 亩)，对较有代表性的车场用地，经统计分析为 37.533 3 hm^2(563.0 亩)左右，模型图车场用地为 39.434 0 hm^2(591.51 亩)，故确定丘陵地区双线大型区段站车场用地指标为 39.200 0 hm^2(588.0 亩)。

2. 货场

货场用地指标规模，除单线小型区段站货场规模按 0.6Mt 确定外，其他类型的区段站货场规模均按 1.0 Mt 确定。

3. 机务折返段

根据《新建铁路工程建设项目建设用地指标专题研究报告》，本次修编区段站内的机务段全部按折返段确定用地指标。机务折返段的布置规模按新的机务整备维修要求确定。用地计算见附表 23。

4. 各业务段、所

各业务段、所的用地面积，有围墙时计算至围墙或房屋排水沟外 1.0 m，并已考虑了相应的配套房屋用地(如机务段已包含电力变电所，通信信号的检修测试所，给排水环保工程房屋等)平面布置引起的边角用地、车场线路连接部分用地、段、所间辅助用地及车场间道路用地等。

附表 23　机务折返段用地分析表(hm^2)

序号	规　模	地形类型	典型布置统计值		模型图值		采用值	
			内燃	电力	内燃	电力	内燃	电力
1	3 个整备台位	平原	5.866 7	5.453 3	—	—	5.400 0	5.266 7
		丘陵	—	—	—	—	5.800 0	5.600 0
2	辅修 1 台位，整备 5 台位	平原	9.420 0	7.286 7	—	—	9.333 3	7.333 3
		丘陵	—	—	—	—	10.133 3	8.333 3
3	辅修 1 台位，整备 4 台位	平原	12.653 3	10.520 0	13.086 7	10.953 3	12.666 7	10.533 3
		丘陵	—	—	—	—	12.933 3	10.800 0
4	辅修 3 台位，整备 7 台位	平原	15.846 7	13.713 3	14.486 7	12.353 3	15.200 0	13.066 7
		丘陵	—	—	—	—	16.000 0	13.866 7

注：表中机务折返段丘陵地形的用地，系参照 1996 年版用地指标中平原地形与丘陵地形用地的差数确定。

3.4.7　编组站用地指标所包含的各段、所，是根据有关的段、所管辖长度的规定，结合编组站站间距离而确定设置的，但新建编组站不一定包含如此齐全的段、所。设置段、所的数量可根据建设项目的具体要求而定，并可按单元查表调整编组站用地指标。

在编组站用地指标中设置了机务段、车辆段、工务段、电务段、水电段、建筑段、供电段、洗刷所等用地。本次修编取消了生活区的用地。

编组站一般不考虑设置货场，如建设项目要求设置货场，可另增用地。

3.4.8　本条说明了编组站建设用地指标编制采用的条件。

1. 计算编组站用地的站型共分一级三场、二级四场、三级三场（按《铁路车站及枢纽设计规范》图型）、三级四场（参照建设项目图型）、三级六场五种，除三级四场编组站外，其编解能力均根据《站规》条文说明所采用的辆数；三级四场编组站编解能力，参照有关建设项目的计算数据。

上述各编组站的到达场、出发场、到发场的股道数量，基本上是根据编解能力所确定的辆数，按上限并考虑一定数量的直通列车，根据《站规》的规定确定。统计的上述既有各类型编组站的到达场、出发场、到发场、调车场的股道数量见附表 24。调查的各车场的股道数量，基本上与用地指标所确定的规模相接近。

附表 24　编组站各车场股道数量统计均值(条)

车站类型	到达场	出发场	到发场	调车场
一级三场	—	—	上行 7.8 下行 7.8	18.8
二级四场	9.9	—	上行 7.7 下行 7.9	24.0
三级三场	12	14	—	34.5
三级四场	11.6	13.2	8.8	32.0
三级六场	13.3	14.4	—	36.3

编组站一般都由几个衔接方向引入，牵引种类不统一，根据统计资料，编组站有 70% 左右为两种牵引种类。为此编组站用地指标，不分牵引种类，机务段为混合段。机务段的

规模,应根据所担当的机车交路,区段的行车量,机车交路长度,与路网上邻接机务段的分工,以及机务工作量,综合分析计算确定。机务段的规模与站型有一定的关系,但无规律,因此较难制定各类编组站机务段的规模,根据调查资料,经分析各类型编组站机务段用地的计算规模均按4台位中修、6台位小辅修考虑较为合适。

车辆段应设在有车辆解编作业、空车集结、并便于扣车的编组站,港口及厂矿工业站所在地,枢纽内一般都设有车辆段。根据调查资料,有40%左右编组站设有车辆段。

车辆段的规模应根据修程、检查周期、修车工作量、修车时间及机车交路、运输要求,并结合路网上邻接车辆段的分工、规划等确定,因此较难制定各类编组站车辆段的规模,根据调查资料,新建的车辆段最小规模一般为18台位,最大的规模一般为30台位,经分析编组站车辆段用地的计算规模,按24台位考虑。

2. 根据编组站在路网上的位置及作业量,一般分路网性编组站、区域性编组站及地方性编组站,并采用不同的站型。线路不同的接轨情况,有不同的疏解布置,根据调查资料,经分析确定一级三场编组站,按既有双线(单线)与新建单线引入疏解,二级四场按既有双线与新建单线引入疏解,并考虑一端设折角车流的单线疏解,三级三场按环到环发疏解。三级四场按既有双线与新建双线引入疏解,并考虑一端设折角车流的单线疏解,另一端设折角车流的双线疏解。三级六场按新建双线引入疏解。进出站线路用地指标按上述原则计算分析确定。

3. 计算编组站用地的站坪计算长度,系指车站两端进站线路平剖面合拢处之间的正线延长米,其计算长度根据统计的站坪计算长度与模型图的站坪计算长度分析计算确定,见附表25。

附表25 编组站用地站坪计算长度(m)

车站类型	统计平均	模型图	采用
一级三场	5 780	6 200	6 000
二级四场	6 750	8 434	7 900
三级三场	7 850	8 314	8 100
三级四场	8 370	9 650	9 100
三级六场	8 483	8 780	8 500

注:到发线有效长度为850 m。

3.4.9 编组站建设用地指标是根据调查搜集的32个编组站的有关资料及模型图计算资料,统计分析计算确定的。

1. 车场(到发线有效长度850 m)

编组站车场用地包含各车场、倒装设施、加冰所、站修所、军供设施及各生产设施、道路、给排水等。统计的用地面积离散度较大,为编制统一的具有指导意义的用地指标,剔除了编组站车场中的材料厂和货场用地面积。

(1)一级三场编组站

该站型各车场的股道数量,根据统计资料,上、下行到发场一般为5~9条,调车场一般为16~24条,67%左右为中能力驼峰,车场用地一般在35.866 7 hm^2(538.0亩)至69.066 7 hm^2(1 036.0亩),统计均值为54.844 7 hm^2(822.67亩),修整均值为55.665 3 hm^2(834.98亩),对较有代表性的车场用地,经分析为54.666 7 hm^2(820.0亩)左右,模型图车场用地 56.850 0 hm^2(852.75 亩),故确定一级三场编组站车场用地指标为 56.666 7 hm^2(850.0 亩)。

(2)二级四场编组站

该站型各车场的股道数量,根据统计资料,到达场一般为 7～12 条,上、下行到发场一般为 6～9 条,调车场一般为 14～32 条,86% 左右为大能力或中能力驼峰,车场用地一般为 67.400 0 hm^2(966.0 亩)至 101.133 3 hm^2(1 517.0 亩)。

该站型车场的统计均值为 77.584 7 hm^2(1 163.77 亩),修整均值为 75.514 0 hm^2(1 132.71 亩),对较有代表性的车场用地,经分析为 75.3 333 3 hm^2(1 130.0 亩)左右,模型图车场用地为 79.720 7 hm^2(1 195.81 亩),故确定二级四场编组站车场用地指标为 77.666 7 hm^2(1 165.0 亩)。

(3)三级三场编组站

该站型各车场的股道数量,根据统计的两个编组站资料,到达场分别为 11 条和 13 条,出发场分别为 11 条和 17 条,调车场分别为 33 条和 36 条,均为大能力驼峰,车场用地分别为 86.933 3 hm^2(1 304.0 亩)和 96.466 7 hm^2(1 447.0 亩)。

该站型车场用地的统计均值为 91.700 0 hm^2(1 375.5 亩),修整均值为 87.533 3 hm^2(1 313.0 亩),其中衡阳北编组站较有代表性,其车场用地修整值为 92.200 0 hm^2(1 383.0 亩),模型图车场用地为 91.472 0 hm^2(1 372.08 亩),根据上述分析,确定三级三场编组站车场用地指标为 92.000 0 hm^2(1 380.0 亩)。

(4)三级四场编组站

该站型的各车场股道数量,根据统计资料,到达场一般为 9～14 条,出发场一般为 9～18 条,到发场一般为 6～12 条,调车场一般为 30～36 条,约 40% 为大能力驼峰,车场用地一般为 82.466 7 hm^2(1 237.0 亩)至 162.600 0 hm^2(2 439.0 亩)。

该站型车场用地的统计均值为 108.826 7 hm^2(1 632.40 亩),修整均值为 104.626 7 hm^2(1 569.40 亩),对较有代表性的车场用地,经分析为 111.600 0 hm^2(1 674.0 亩),模型图车场用地为 111.093 3 hm^2(1 666.40 亩)。根据上述分析,确定三级四场编组站车场用地指标为 108.000 0 hm^2(1 620.0 亩)。

(5)三级六场编组站

该站型的各车场股道数量,根据统计资料,到达场一般为 12～18 条,出发场一般为 12～18 条,调车场一般为 18～48 条,设大能力驼峰,车场用地一般为 175.360 0 hm^2(2 630.4 亩)至 302.930 0 hm^2(4 543.95 亩)。

该站型车场用地的统计修整均值为 236.633 4 hm^2(3 549.50 亩),对较有代表性的车场用地,经分析为 258.47 hm^2(3 877.05 亩),模型图车场用地为 230.303 4 hm^2(3 454.55 亩),根据上述分析,确定三级六场编组站车场用地指标为 237.000 0 hm^2(3 555.0 亩)。

各类型编组站车场用地指标分析见附表 26。

2. 进出站线路

进出站线路的用地面积与衔接方向的数量、疏解布置,平剖面标准等有关。根据调查资料,各站型的进出站线路用地数量相差较大,为求得较有代表性的用地指标,除采用数理统计法外,并分析计算了每千米进出站线路的用地面积,以确定进出站线路用地指标。

附表 26　编组站车场建设用地指标分析(hm^2)

车站类型	统计均值	统计修整均值	模型图用地	用地指标
一级三场	54.844 7	55.665 3	56.850 0	56.666 7
二级四场	77.584 7	75.513 3	79.720 7	77.666 7
三级三场	91.700 0	87.533 3	91.472 0	92.000 0
三级四场	108.826 7	104.626 7	111.093 3	108.000 0
三级六场	236.633 4	236.633 4	230.303 4	237.000 0

注:到发线有效长度 850 m。

(1)一级三场编组站

根据统计资料,一级三场编组站进出站线路用地一般为 19.866 7 hm^2(298.0 亩)至 29.533 3 hm^2(443.0 亩),统计均值为 24.226 7 hm^2(363.4 亩),线路长度为 6.46 ~ 12.6 km,每千米进出站线路用地为 2.333 3 hm^2(35.0 亩)至 3.266 7 hm^2(49.0 亩),统计均值为 2.742 7 hm^2(41.14 亩)。对较有代表性的进出站线路用地,经分析约为 23.866 7 hm^2(358.0 亩),长度约为 9.5 km,每千米用地约为 2.533 3 hm^2(38.0 亩)。模型图的进出站线路用地为 23.624 0 hm^2(354.36 亩),长度为 10.07 km,每千米用地为 2.346 0 hm^2(35.19 亩)。经分析计算一级三场编组站的进出站线路用地指标为 24.000 0 hm^2(360.0 亩)。

(2)二级四场编组站

根据统计资料,二级四场编组站进出站线路用地一般为 2.600 0 hm^2(339.0 亩)至 61.466 7 hm^2(922.0 亩),统计均值为 51.801 3 hm^2(777.02 亩)。线路长度为 6.0 ~ 30.0 km,每千米进出站线路用地为 2.066 7 hm^2(31.0 亩)至 6.266 7 hm^2(94.0 亩),统计均值为 3.572 0 hm^2(53.58 亩)。对较有代表性的进出站线路用地,经分析其用地约为 50.000 0 hm^2(750.0 亩),长度约为 14 km,每千米用地约为 3.533 3 hm^2(53.0 亩)。

模型图的进出站线路用地为 37.600 0 hm^2(564.0 亩),长度为 15.5 km,每千米用地为 2.436 0 hm^2(36.54 亩),经分析计算,二级四场编组站进出站线路用地指标为 45.000 0 hm^2(675.0 亩)。

(3)三级三场编组站

根据统计的鹰潭东、衡阳北两站资料,其进出站线路用地分别为 40.066 7 hm^2(601.0 亩)和 56.200 0 hm^2(843.0 亩),均值为 48.133 3 hm^2(722.0 亩)。线路长度分别为 17.01 km 和 10.36 km,每千米进出站线路用地分别为 2.355 3 hm^2(35.33 亩)和 5.424 7 hm^2(81.37 亩),其中衡阳北站较有代表性。

模型图的进出站线路用地为 64.466 7 hm^2(967.0 亩),长度为 18.69 km,每千米用地为 3.448 7 hm^2(51.73 亩)。经分析计算,三级三场编组站的进出站线路用地指标为 62.333 3 hm^2(935.0 亩)。

(4)三级四场编组站

根据统计资料,三级四场编组站,进出站线路用地一般为 16.600 0 hm^2(249.0 亩)至 79.800 0 hm^2(1 197.0 亩),统计均值为 56.866 7 hm^2(853.0 亩)。线路长度为 11.1 ~ 27.7 km,每千米进出站线路用地为 2.662 0 hm^2(39.93 亩)至 5.032 7 hm^2(75.49 亩),统计均值为 3.400 0 hm^2(51.0 亩)。对较有代表性的进出站线路用地,经分析为

58.000 0 hm^2(870.0 亩),长度为 19.1 km,每千米用地为 3.040 0 hm^2(45.6 亩)。

模型图的进出站线路用地为 66.400 0 hm^2(996.0 亩),长度为 22.6 km,每千米用地为 2.938 0 hm^2(44.07 亩),经分析计算,三级四场编组站进出站线路用地指标为 62.666 7 hm^2(940.0 亩)。

(5)三级六场编组站

根据统计资料,三级六场编组站,进出站线路用地一般为 31.6.70 0 hm^2(475.05 亩)至 112.000 0 hm^2(1 680.0 亩),统计均值为 72.250 0 hm^2(1 083.75 亩)。线路长度为 11.85 ~40.00 km,每千米进出站线路用地为 2.672 6 hm^2(40.09 亩)至 3.210 5 hm^2(48.16 亩),统计均值为 2.905 1 hm^2(43.58 亩)。

模型图的进出站线路用地为 73.070 0 hm^2(1 096.05 亩),长度为 22.76 km,每千米用地为 3.210 5 hm^2(48.16 亩),经分析计算,三级六场编组站进出站线路用地指标为 73.000 0 hm^2(1 095.00 亩)。

3. 机务段

根据调查,结合生产力布局调整情况,新建的各类型编组站,由于机务段布置差异较大,为满足一般情况下机务段用地计算的需要,本次修编分别选用了有代表性的济南西机务段和肃宁北机务段进行用地统计、计算,计算结果见附表 27。

附表 27 机务段用地分析表(hm^2)

序号	规 模	统计值	采用值
1	4 台位中修、6 台位小辅修	28.600 0	29.733 3
2		29.278 0	

根据附表 27 的计算结果对 1996 年版机务段用地指标进行调整。即机务段用地指标由 1996 年版的 24.666 7 hm^2 调整为 29.733 3 hm^2。

4. 车辆段

根据调查,结合生产力布局调整,新建的车辆段最小规模一般为 18 台位,最大规模一般为 30 台位,故本次用地指标修编编组站车辆段用地的计算规模,由 18 台位调整为 24 台位。由于车辆段规模加大,故用地数量较 1996 年版增加。

车辆段采用石家庄新建永壁站的新建 28 台位车辆段作为模型图,经计算车辆段用地为 18.632 0 hm^2(279.48 亩),换算为 24 台位后 15.970 0 hm^2(239.55 亩),采用 16.000 0 hm^2(240.0 亩),较 1996 年版指标用地增加 5.866 7 hm^2(88.0 亩)。

5. 各业务段、所见第 3.4.6 条的条文说明。

3.4.10 货运站的建设规模应根据有关城市规划和交通条件,货源、货运量及货流方向等要求,综合考虑货物品类、作业性质、运营要求和地质水文等自然经济条件合理确定;货运站应设在有大量货物聚集或消失的地点,并预留远期发展的条件,平面布置应紧凑合理,减少用地。

货运站的用地构成系考虑满足其进行办理的作业的需要,其办理的主要作业有本站货物列车的到发、列车的解体和编组、按装卸地点的要求调配和取送车辆作业,货物的装卸车作业,有时还办理有关客货列车的到发、通过和交会作业、车辆检查、调机整备、车辆清扫等作业。

3.4.11 本条说明了货运站建设用地指标编制采用的条件。

1. 计算货运站用地的站型均采用横列式，其到发线和调车线数量及装卸场的装卸线数量是根据到发货物列车数，按《铁路车站及枢纽设计规范》GB 50091 的规定确定。

根据调查，货运站一般不设机务段（机务折返段）和车辆段。

2. 计算货运站用地的站坪计算长度，系指站内车站正线长度，包括两端的牵出线，其计算长度根据统计的站坪计算长度分析计算确定。

3.4.12 货运站建设用地指标所包含的功能区是根据其作业功能确定的，其数量可根据建设项目的具体要求而定，并可按单元查表调整用地指标。

货运站建设用地指标是根据调查搜集的 4 个货运量为 2.0 Mt 和 2 个货运量为 8.0 Mt 货运站的有关资料，货运站模型图用地设计，经统计分析计算确定的。

1. 车场

货运站车场用地包含各车场、各生产设施、道路、给排水等。统计的用地面积离散度较大，对到发线有效长大于或小于 1 050 m 的车场用地作了修整。根据《新建铁路工程建设项目建设用地指标专题研究报告》，货运站用地指标系按收集的车站用地样本统计平均值、模型图设计用地值，经综合分析计算确定，货运站各有关车场用地的分析计算见附表 28。

附表 28 货运站用地统计分析（hm^2）

项目		地形类型	统计修整平均值	模型图用地	平均	采用值
到发及调车场	运量 2.0 Mt	平原	14.613 3	15.876 0	15.244 7	15.266 7
	运量 5.0 Mt		18.266 7	17.724 0	17.995 3	18.000 0
	运量 8.0 Mt		21.920 0	19.424 0	20.672 0	20.666 7
装卸作业区	运量 2.0 Mt		16.573 3	18.912 7	17.743 3	18.666 7
	运量 5.0 Mt		29.600 0	32.072 7	30.836 7	32.000 0
	运量 8.0 Mt		45.786 7	46.352 7	46.070 0	46.333 3
电化用地			—	—	1.482 7	1.666 7

注：本表为到发线及货物装卸线有效长度为 1 050 m 时车场用地。

（1）到发场及调车场

运量 2.0Mt：根据统计资料，该运量到发场及调车场用地的统计修整均值为 14.613 3 hm^2（219.2 亩），模型图车场用地为 15.876 0 hm^2（238.14 亩），平均值为 15.244 7 hm^2（228.67 亩），故确定到发场及调车场用地指标为 15.266 7 hm^2（229.0 亩）。

运量 5.0Mt：根据统计资料，该运量到发场及调车场用地的统计修整均值为 18.266 7 hm^2（274.0 亩），模型图车场用地为 17.724 0 hm^2（265.86 亩），平均值为 17.995 3 hm^2（269.93 亩），故确定到发场及调车场用地指标为 18.000 0 hm^2（270.0 亩）。

运量 8.0Mt：根据统计资料，该运量车场用地的统计修整均值为 21.920 0 hm^2（328.80 亩），模型图车场用地为 19.424 0 hm^2（291.36 亩），平均值为 20.672 0 hm^2（310.08 亩），故确定到发场及调车场用地指标为 20.666 7 hm^2（310.0 亩）。

（2）装卸车场（装卸作业区）

装卸车场用地包括装卸线、货物装卸作业区（含堆场、货物仓库、货物站台、生产房屋、给排水设施、杆塔等）及场区道路等。

运量 2.0 Mt：根据统计资料，调查的 4 车站货运作业量为 2.0 Mt 装卸车场用地为

13. 266 7 hm^2(199. 0 亩)至 37. 213 3 hm^2(558. 2 亩)。该运量装卸作业区用地的统计修整均值为 16. 573 3 hm^2(248. 6 亩),模型图用地为 18. 912 7 hm^2(283. 69 亩),平均值为 17. 743 3 hm^2(266. 15 亩),故确定装卸作业区用地指标为 18. 666 7 hm^2(280. 0 亩)。

运量 5. 0Mt:调查资料中未见该运量的货运站用地,该运量的统计修整均值,系根据运量 2. 0Mt 和运量 8. 0Mt 货运站用地统计平均值经分析计算确定。该运量的装卸作业区用地的统计修整均值为 29. 600 0 hm^2(444. 0 亩),模型图车场用地为 32. 072 7 hm^2(481. 09 亩),平均值为 30. 836 7 hm^2(462. 55 亩),故确定装卸作业区用地指标为 32. 000 0 hm^2(480. 0 亩)。

运量 8. 0Mt:根据统计资料,调查的 2 车站货运作业量为 8. 0Mt 装卸车场用地为 46. 933 3 hm^2(704. 0 亩)至 49. 866 7 hm^2(748. 0 亩),统计平均值为 48. 400 0 hm^2(726. 0 亩),该运量装卸作业区用地的统计修整均值为 45. 786 7 hm^2(686. 8 亩),模型图车场用地为 46. 352 7 hm^2(695. 29 亩),平均值为 46. 070 0 hm^2(691. 05 亩),故确定装卸作业区用地指标为 46. 333 3 hm^2(695. 0 亩)。

2. 电化用地

新建铁路为电化牵引时,货运站考虑设置接触网工区和牵引变电所各一座,模型图用地 1. 482 7 hm^2(22. 24 亩),用地采用 1. 666 7 hm^2(25. 0 亩)。

采用的货运站用地指标,与收集到的 6 个货运站用地进行了对比,符合指标的车站有 3 个,占总数的 50. 0%。

3. 4. 13　货运中心应根据运量、路网规划、货源及货流方向、城市规划和交通条件,并结合地形、地质和水文条件等因素设置,主要办理集装箱、快运和特殊货物运输作业。

货运中心设置应符合铁路枢纽或地区总图规划并应与城市建设总体规划相协调,宜靠近枢纽或地区主要技术作业站和货物集散地,进出货运中心的各方向车流应顺畅,避免折角运输,满足运量的需要,有利于铁路与其他运输方式的衔接、配合,方便集疏运。

货运中心用地指标所包含的功能区是根据其作业需要确定的,货运中心不一定包含如此齐全的功能区。其用地数量可根据建设项目的具体功能需要确定,实际使用时可根据功能区的设置情况,按单元查表调整货运中心用地指标。

3. 4. 14　本条说明了货运中心建设用地指标编制采用的条件。

1. 计算货运中心用地的站型均采用横列式,其到发线和调车线数量及装卸场的装卸线数量,是根据到发列车数量和集装箱到发箱数(标准箱),按《铁路货运中心设计暂行规定》的规定确定。

根据统计的 11 个货运中心设计的到发场、调车场及装卸线的股道数量,分析确定了货运中心用地指标所对应的设备布置规模,其设备规模见条文表 3. 4. 14—1。

货运中心设装卸线 8 条,装卸设备采用 35 m 跨有悬臂轨道式集装箱门式起重机,年作业量可达到 170×10^4TEU。

根据调查,货运中心一般不设机务段(机务折返段)和车辆段,只设有机待线,因此货运中心用地指标中包含有机待线的用地。

2. 计算货运中心用地的站坪计算长度,系指站内车场(包括牵出线)正线长度,其计算长度根据统计的站坪计算长度,结合模型图设计,经分析计算确定货运中心用地的站坪长度为 3 500 m(到发线有效长度 1 050 m)。

3. 4. 15　货运中心建设用地指标系根据《新建铁路工程建设项目建设用地指标专题研究

报告》，测算收集的 11 个货运中心用地样本统计平均值、模型图设计用地值，经综合分析计算确定的。

货运中心用地包含到发场及调车场、装卸车场、生产设施、道路、给排水设施等。统计的用地面积离散度较大，为编制统一的具有指导意义的用地指标，剔除了不合理的用地面积，并进行了货运中心模型图设计，有关集装箱各车场用地统计分析见附表 29。

附表 29　货运中心用地统计分析（hm^2）

车站类型 / 项目	地形类型	统计修整平均值	模型图用地	平均值	采用值
到发场及调车场	平原	14.333 3	25.186 0	19.760 0	19.666 7
集装箱作业区（含箱场）		68.333 3	76.732 0	72.533 3	72.533 3
综合货物集散作业区		26.000 0	—	26.000 0	26.000 0
快运货物作业区		17.666 7	24.798 0	21.232 7	21.333 3
特种货物作业区		19.000 0	21.120 0	20.060 0	20.000 0
电化用地		1.666 7	—	1.666 7	1.666 7
用地指标		147.000 0	147.836 0	161.252 7	161.200 0

注：本表为到发线有效长度 1 050 m 时车场用地。

1. 到发场及调车场（含正线、到发线、调车线）：根据对到发场及调车场用地的统计分析，其用地从 3.333 3 hm^2（50.0 亩）至 13.526 7 hm^2（202.9 亩）不等，到发场及调车场统计修整平均值为 14.333 3 hm^2（215.0 亩），模型图用地 25.186 0 hm^2（377.79 亩），平均值 19.760 0 hm^2（296.4 亩），到发场及调车场用地指标采用值为 19.666 7 hm^2（295.0 亩）。

2. 集装箱装卸作业区（含箱场）：包括装卸线、主箱场、辅助箱场及场区道路。

主箱场：采用装卸机械直接对集装箱列车进行装卸作业的箱场，主要办理到达箱、发送箱和中转箱作业。

辅助箱场：需使用运输机械辅助，才能用装卸机械对集装箱列车进行装卸作业的箱场，主要办理待修箱、有特殊作业要求的集装箱、清洗箱、空箱、国际监管箱、备用箱等作业。

装卸线（包括集装箱装卸作业区）：主箱场内专门进行集装箱列车和集卡的装卸作业的区域。

调查的 6 个有效长度为 1 050 m 的货运中心装卸作业区，其用地为 86.653 3 hm^2（1 299.8 亩）至 45.053 3 hm^2（675.8 亩），装卸车场统计修整平均值为 68.333 3 hm^2（1 025.0 亩），模型图用地 76.732 0 hm^2（1 150.98 亩），平均值 72.533 3 hm^2（1088.0 亩），装卸车场（作业区）用地指标采用值为 72.533 3 hm^2（1 088.0 亩）。

3. 综合货物集散作业区用地

根据对调查的 11 个货运中心的用地分析，其中 4 个车站设有综合货物集散的功能区和相应的用地，其用地从 16.000 0 hm^2（240.0 亩）至 37.893 3 hm^2（568.4 亩）不等，统计修整平均值为 26.000 0 hm^2（390.0 亩），故综合货物集散用地指标采用值为 26.000 0 hm^2（390.0 亩）。

4. 快运货物作业区用地

根据对调查的 11 个货运中心的用地分析，其中 3 个车站设有快运货物的功能区和相应的用地，主要办理行邮、行包等快运货物运输，功能区内设有 2 ~4 条快运货物装卸线，有效长度一般为 600 m，其用地从 16. 000 0 hm^2(240. 0 亩) 至 31. 133 3 hm^2(467. 0 亩) 不等，统计修整平均值为 17. 666 7 hm^2(265. 0 亩)，模型图用地 24. 798 0 hm^2(371. 97 亩)，平均值 21. 232 7 hm^2(318. 49 亩)，快运货物作业区用地指标采用值为 21. 333 3 hm^2(320. 0 亩)。

5. 特殊货物作业区用地

根据对调查的 11 个货运中心的用地分析，其中 2 个车站设有特殊货物运输的功能区和相应的用地，主要办理小汽车等特殊货物的运输，功能区内均设有 2 条特殊货物装卸线，有效长度一般为 850 m，其用地分别为 13. 333 3 hm^2(200. 0 亩) 和 9. 366 7 hm^2(140. 5 亩) 不等，统计修整平均值为 19. 000 0 hm^2(285. 0 亩)。模型图用地 21. 120 0 hm^2(316. 8 亩)，平均值 20. 060 0 hm^2(300. 9 亩)，特殊货物作业区用地指标采用值为 20. 000 0 hm^2(300. 0 亩)。

6. 拆装箱场

拆装箱场的平面布置应根据拆装箱作业方式、车辆类型及货物取送方式等因素确定。拆装箱场需设置拆装箱库及拆装箱作业站台。拆装箱场设置拆装箱作业站台时，站台一侧宜设置普通载货汽车停放作业区，站台另一侧宜设置集卡停放作业区及一定数量的拆装箱作业场地；拆装箱场不设置拆装箱作业站台时，拆装箱库外应设置一定数量的拆装箱作业场地。

由于货运中心拆装箱场的作业方式，拆装箱作业量等需要根据具体的设计情况确定，故其用地应根据设计要求确定。

7. 电化用地

新建铁路为电化牵引时，货运中心考虑设置接触网工区和牵引变电所各 1 座，经调查，用地采用 1. 666 7 hm^2(25. 0 亩)。

采用的货运中心用地指标，与收集到的 11 个货运中心设计用地进行了对比，符合指标的车站有 7 个，占总数的 63. 6%。

3. 4. 16 客货共线客运站

客货共线运营的铁路客运站应设在有大量客流集散的地点，其设计规模应根据车站旅客上、下车人数，旅客列车开行对数和开行方式，城市发展规划，地形、地质条件等因素确定，主要办理旅客的到达和发送等客运业务。客运站建设用地指标所包含的功能区是根据其作业功能确定的，其数量可根据建设项目的具体要求而定，并可按单元查表调整用地指标。

客运站的位置应结合城市规划、道路布局、交通条件设在便于吸引客流的地点。

3. 4. 17 客运站的设置规模应根据车站旅客上、下车人数，旅客列车对数，旅客列车的编组辆数，开行方式，开出、到达时间，并结合城市发展规划，地形、地质条件等因素综合确定。计算客运站用地的站型均采用横列式，其到发线和站台数量是根据车站办理的旅客列车数，按《铁路车站及枢纽设计规范》GB 50091 的规定确定。根据统计的客运站客运车场的到发线和站台数量，经分析，确定客运站用地指标的车站规模，其规模见条文表 3. 4. 17—1。

根据调查，客运站一般设有机务折返段和客车整备所。

计算客运站用地的站坪计算长度，系指站内包括客运车场和车站两端咽喉区的正线长度,其计算长度系根据统计的站坪长度经分析计算确定。

3.4.18　客运站建设用地指标所包含的功能区是根据其作业功能确定的,车站用地数量可根据建设项目的具体规模确定,并可按表中单元用地调整用地指标。根据《新建铁路工程建设项目建设用地指标专题研究报告》,客运站建设用地指标是根据调查搜集的10个客运站的统计平均值,客运站模型图设计用地值,经综合分析计算确定的。有关客运站用地统计分析见附表30。

附表30　客运站用地统计分析(hm^2)

车站类型		地形类型	统计修整平均值	模型图用地	平均	采用值
客运车场	4台7线	平原	24.693 3	28.214 0	26.453 3	26.666 7
	5台9线		30.866 7	31.168 7	31.018 0	31.333 3
	6台11线		37.040 0	34.604 0	35.822 0	36.000 0
机务折返段	辅修2台位、整备4台位		12.653 3	13.084 7	12.869 3	12.666 7
	辅修3台位、整备7台位		15.846 7	14.484 7	15.166 0	15.200 0
客车整备所	整备存车线8条		8.066 7	11.672 0	9.869 3	10.666 7
	整备存车线12条		15.533 3	14.354 0	14.944 0	14.666 7
	整备存车线18条		26.466 7	21.796 0	24.131 3	24.000 0

注:1　本表为到发线有效长度650 m时车场用地。

2　机车牵引类型为内燃牵引,当采用电力牵引时,机务折返段用地应减少2.133 3 hm^2。

1. 客运车场

客运站车场建设用地包含车场线路、旅客站房、客运生产办公房屋及设施、道路、给排水设施等。

根据对6个客运站客运车场用地的统计分析,其用地从17.066 7 hm^2(256.0亩)至47.800 0 hm^2(717.0亩)不等,分析计算每座旅客站台用地为6.173 3 hm^2(92.6亩)。

客运站规模为4台7线(不含正线):根据调查统计资料,客运车场用地的统计修整均值为24.693 3 hm^2(370.4亩),模型图车场用地为28.214 0 hm^2(423.21亩),平均值为26.453 3 hm^2(396.8亩),故确定客运车场用地指标为26.666 7 hm^2(400.0亩)。

客运站规模为5台9线(不含正线):根据调查统计资料,客运车场用地的统计修整均值为30.866 7 hm^2(463.0亩),模型图车场用地为31.186 7 hm^2(467.53亩),平均值为31.018 0 hm^2(465.27亩),故确定客运车场用地指标为31.333 3 hm^2(470.0亩)。

客运站规模为6台11线(不含正线):根据调查统计资料,客运车场用地的统计修整均值为37.040 0 hm^2(555.6亩),模型图车场用地为34.604 0 hm^2(519.06亩),平均值为35.822 0 hm^2(537.33亩),故确定客运车场用地指标为36.000 0 hm^2(540.0亩)。

2. 机务折返段

由于客运站需要办理旅客列车的始发终到作业,客运站上应根据机车交路长度,承担的行车作业量,结合路网规划合理确定机务折返段的设置位置和规模。结合调查情况,客运站一般均设置机务折返段。

机务折返段的转向设备均采用转车盘。

客运站的机务折返段规模确定如下:

(1)规模为4台7线~5台9线的客运站:设辅修2台位,整备4台位折返段。

辅修 2 台位，整备 4 台位折返段：根据调查统计资料，辅修 2 台位，整备 4 台位折返段用地的统计修整均值为 12.653 3 hm^2（189.8 亩），模型图车场用地为 13.084 7 hm^2（196.27 亩），平均值为 12.869 3 hm^2（193.04 亩），故确定折返段用地指标为 12.666 7 hm^2（190.0 亩）。

（2）规模为 6 台 11 线的客运站：设辅修 3 台位，整备 7 台位折返段。

辅修 3 台位，整备 7 台位折返段：根据调查统计资料，辅修 3 台位，整备 7 台位折返段用地的统计修整均值为 15.846 7 hm^2（237.7 亩），模型图车场用地为 14.484 7 hm^2（217.27 亩），平均值为 15.166 0 hm^2（227.49 亩），故确定折返段用地指标为 15.200 0 hm^2（228.0 亩）。

3. 客车整备所

为满足客运站办理始发终到旅客列车的存车和整备作业，客运站一般设有客车整备所，办理客车的车辆整备和客运整备及车体的存放作业。根据统计的客车整备所用地资料，其用地从 5.200 0 hm^2（78.0 亩）至 31.400 0 hm^2（471.0 亩）不等。

规模为 8 条整备存车线：根据调查统计资料，规模为 8 条整备存车线的客车整备所用地的统计修整均值为 8.066 7 hm^2（121.0 亩），模型图车场用地为 11.672 0 hm^2（175.08 亩），平均值为 9.869 3 hm^2（148.04 亩），故确定 8 条整备存车线用地指标为 10.666 7 hm^2（160.0 亩）。

规模为 12 条整备存车线：根据调查统计资料，规模为 12 条整备存车线的客车整备所用地的统计修整均值为 15.533 3 hm^2（233.0 亩），模型图车场用地为 14.354 0 hm^2（215.31 亩），平均值为 14.944 0 hm^2（224.16 亩），故确定 12 条整备存车线用地指标为 14.666 7 hm^2（220.0 亩）。

规模为 18 条整备存车线：根据调查统计资料，规模为 18 条整备存车线的客车整备所用地的统计修整均值为 26.466 7 hm^2（397.0 亩），模型图车场用地为 21.796 0 hm^2（326.94 亩），平均值为 24.131 3 hm^2（361.97 亩），故确定 18 条整备存车线用地指标为 24.000 0 hm^2（360.0 亩）。

4. 电化用地

见条文第 3.4.10 条的电化用地。

采用的客运站用地指标，与收集到的 8 个客运站用地进行了对比，符合指标的车站有 4 个，占总数的 50.0%。

3.5 新建客货共线铁路建设用地指标调整

3.5.1 铁路通过风沙地区未利用土地时，应采取防止路基被风沙吹蚀和掩埋的措施。

1. 根据《铁路特殊土路基设计规范》TB 10035 对风沙地区路基有关规定：

（1）路堑、路堤边坡形式采用直线型，边坡高度 $h \leqslant 6$ m 时，边坡坡率应采用 1∶1.75；6 m $< h \leqslant 12$ m 时，采用 1∶2.0。戈壁风沙流地区的浅路堑，宜采用展开式，其边坡坡率宜缓于 1∶4。路堑侧沟外设置不小于 2 m 的积沙平台。大风地区采用碎石类土作填料时，路基每侧应加宽 0.3～0.5 m。

（2）路基两侧应依序设置防火带、防护带、植被防护带等防沙体系。

（3）路基两侧应根据沙源、风况、沙丘活动情况和天然植被状况等因素，分别按严重、中等和轻微风沙地段设置防护带和植被防护带，其宽度应符合下列规定：

严重风沙地段，迎主导风向侧防护带宽度宜为250～300 m，植被防护带宽度不宜小于400 m；背主导风向侧防护带宽度宜为100～200 m，植被防护带宽度不宜小于150 m。

中等风沙地段，迎主导风向侧防护带宽度宜为150～200 m，植被防护带宽度不宜小于300 m；背主导风向侧防护带宽度宜为100 m，植被防护带宽度不宜小于100 m。

轻微风沙地段，迎主导风向侧防护带宽度宜为100 m左右，植被防护带宽度不宜小于200 m；背主导风向侧防护带宽度宜为50 m左右，植被防护带宽度不宜小于50 m。

Ⅰ级铁路的防护带和植被防护带宽度应取大值。

2. 根据《铁路路基设计规范》TB 10001对风沙地段区间线路用地有关规定：风沙地段，铁路建设用地界应在防护工程最外边缘不小于10 m。风沙育草带地段，铁路建设用地界为风沙育草带外边缘。

Ⅰ级铁路的防护带和植被防护带宽度应取大值。

3. 按7 m高路堤分析，风沙路基比普通路基坡脚宽出4 m。

4. 严重风沙地段两侧防护带宽度：400＋300＋25＋25＋200＋150＋20＝1 120(m)

增加用地宽度：1 120＋4－15＝1 109(m)

5. 中等风沙地段两侧防护带宽度：300＋200＋25＋25＋100＋100＋20＝770(m)

增加用地宽度：770＋4－15＝759(m)

6. 轻微风沙地段两侧防护带宽度：200＋100＋25＋25＋50＋50＋20＝470(m)

增加用地宽度：470＋4－15＝459(m)

7. 在严重风沙地段，需要设置工程防沙措施时，增加用地另外考虑。

8. Ⅱ级铁路可以根据沙源、风况、沙丘活动情况和天然植被状况等因素，对防护带宽度加以调整。

9. 无平面固沙条件的风沙地区路基，可设置挡沙沟堤、片石墙、高立式沙障等工程防沙措施。工程防沙措施距路基坡脚或堑顶迎主导风向侧不应小于200 m，背主导风向侧不应小于100 m。在沙源丰富地段，可向外适当增加沙障排数，其排间距不宜小于障高的20倍。增加用地宽度不少于：300＋20＋4－15＝309(m)

3.5.2　雪害地区的主要防治措施是设置防护林带或防雪栅栏等，根据《铁路特殊土路基设计规范》TB 10035对雪害地区路基有关规定：

(1)雪害地区应根据地形、地貌、植被、气候、风向、积雪厚度，并结合线路位置、路基高度等因素在路基一侧或两侧设计防护林带。

(2)防护林带的宽度不宜小于20 m，林带内侧距路堑或路堤坡脚不应小于20 m。

(3)在不宜种植防护林和防护林未能起作用前，可在迎风侧设置固定或活动式防雪栅栏、堤、沟等，其位置可距路堑或路堤坡脚外30～50 m。

根据《铁路路基设计规范》TB 10001对雪害地段区间线路用地有关规定：雪害地段，铁路建设用地界应在防护工程最外边缘不小于10 m。

综合以上规定：扣除路基坡脚已征用地后，一侧防护时，应增加用地宽度50～70 m。

当冬季风向不定，需要在两侧设置防护林时，用地调整值需相应增加。两侧防护时，应增加用地宽度80～120 m。

3.5.3　多年冻土地区采取保护措施时，铁路用地应根据采取的保护措施确定。

1. 青藏线冻土设计依据“青藏高原冻土地区工程设计暂行规定”（铁建设2003—18

号）。路基面加宽 0.2 ~ 0.6 m 预留沉降，保温护道宽 2 ~ 4 m，排水沟位于路基坡脚外 5 m，排水沟外 5 m 为用地界。

计算增加用地宽度：(0.5 + 3 + 12.5 − 7.5) × 2 = 17(m)

2.《铁路特殊土路基设计规范》TB 10035 中第 7.2.1 条规定高含冰冻土地段路基坡脚外 20 m 范围地表植被不得破坏。

计算增加用地宽度：(20 + 3 保温护道 − 7.5) × 2 = 31(m)

取增加用地宽度为 17 ~ 31 m。

3. 当铁路经过少冰地区用地调整值可适当减少。

3.5.4　路基面宽度值受多种因素控制。在实际设计中，采用不同的技术标准需要选用相应的路基面宽度。编制指标采用了路基面宽度值的基本值，故当设计值与指标计算采用值不一致时，可按调整值调整用地。

3.5.5　各类车站的到发线有效长按 850 m(1 050 m)计算车站用地指标。有效长每增减 100 m 及站线每增减 1 条的调整值系根据统计均值及模型图值，经计算和分析确定的。当到发线有效长和站线数量不同时，应按调整值调整用地。

3.5.6　表列货场用地包括货场全部设备用地和平面布置中的辅助用地。货场规模不同时，应按调整值调整用地。

3.5.7　综合建设用地指标是一定计算条件下的结果，考虑到各个建设项目的具体情况差异较大，因此，客货共线铁路的桥梁、隧道计算长度比重与本建设用地指标所采用的桥梁、隧道长度计算比重不同时，可用本调整值调整建设用地指标。

4　新建客运专线铁路建设用地指标

4.1　一 般 规 定

4.1.1　本建设用地指标中"新建客运专线铁路工程建设用地指标"一章内容，系在《客运专线铁路建设项目用地控制指标(试行)》(国土资发〔2006〕327 号)内容基础上，根据新的客运专线有关标准，对部分条款进行修订而成的。

4.1.2　站前广场用地、临时用地、代征地、苗圃用地见第 3.1.2 条的说明。

4.2　新建客运专线铁路综合建设用地指标

4.2.2　客运专线铁路是近两年出现的铁路建设项目，目前我国客运专线铁路尚在建设中，客运专线铁路的用地设计标准没有经历运营维护的检验，由于用地指标编制需要收集大量的用地资料，进行调研、统计、分析、模拟设计等工作，鉴于客运专线铁路的实际情况，本次综合指标的编制条件以及各功能项的单项指标是以理论计算为主并结合设计资料编制确定的，今后随着客运专线铁路建设项目的建成运营，待时机成熟时再根据实际情况进行验证修订。

桥梁、隧道计算长度比重见本用地指标第 3.2.2 条的说明。

4.2.3　按 500 km 长度是为计算客运专线综合建设用地指标而设定的条件。

4.2.4　新建客运专线铁路综合建设用地指标的计算，按 500 km 内含 2 个动车运用所，客运站按站间距离计算个数和站坪长度，其中 5 台 11 线客运站 2 座；3 台 7 线客运站 1 座；2 台 6 线客运站 2 座；2 台 4 线客运站 6 座，区间站后相关专业的用地分别按照专业的设置原则计算数量，区间路基长度由计算长度减去站坪总长、减去桥梁用地计算长度(为一般结构桥梁用地宽度的长度)、减去隧道计算长度求得，然后按照地形类型分别计算每千米的综合用地指标(见附表 31 和附表 32)。

1. 当项目具体情况与综合建设用地指标编制条件不同时，可根据具体情况调整。

2. 综合指标中未包括动车段用地，当项目设计有此功能项时，其用地按相应的单项指标增加用地。

3. 指标中未含改移道路、改沟改河、改移通信线路、改移电力线路、改移管线及设施用地、拆迁赔偿用地、临时用地。

4.2.5　使用本建设用地指标时，应根据建设项目的规模与工程含量，选用相应的指标。如与指标的编制条件、工程含量相同时，可直接使用相应的指标。如不同时，应按不同部分具体核算后加减相应的单项指标。如建设项目可利用即有石砟场，则减去石砟场用地数量。当线路经过风沙、雪害、冻土、特殊岩土及不良地质地段，应根据建设项目的具体情况、采取的技术措施计算增加相应的用地数量。

附表 31　新建客运专线铁路综合建设用地指标计算表(350 km/h)

铁路等级	牵引种类	地形类型	客运站				动车所				区间线路												石砟场及岔线用地(hm^2)	总计		用地指标(hm^2/km)
			个数	每站用地(hm^2)	长度(km)	用地小计(hm^2)	个数	每站用地(hm^2)	长度(km)	用地小计(hm^2)	区间线路长度(km)	路基长度(km)	每千米用地(hm^2)	给排水用地(hm^2)	牵引变用地(hm^2)	电力用地(hm^2)	通信用地(hm^2)	信号用地(hm^2)	桥梁用地长度(km)	每千米用地(hm^2)	隧道长度(km)	用地小计(hm^2)		长度(km)	用地(hm^2)	
客运专线	电力	平原	2	37.935 8	2.950	279.117 9	2	72.960 0	0	145.920 0	478.350	234.392	6.517 9	2.490 0	16.800 0	9.567 0	8.640 0	0.480 0	243.959	1.980 0	—	2 098.135 2	100.296 3	500.000	2 623.649 4	5.247 3
			1	35.599 3	2.150										16.800 0											
			2	23.381 0	2.150										32.760 0											
			6	20.147 5	1.550										—											
		丘陵	2	37.935 8	2.950	320.150 4	2	72.960 0	0	145.920 0	478.350	234.392	9.999 9	2.490 0	16.800 0	9.567 0	8.640 0	0.480 0	196.124	1.980 0	47.835	2 819.542 1	100.296 3	500.000	3 385.908 8	6.771 8
			1	44.201 8	2.150										16.800 0											
			2	35.381 0	2.150										32.760 0											
			6	21.552 5	1.550										—											
		山区	2	37.935 8	2.950	372.110 4	2	72.960 0	0	145.920 0	478.350	215.258	12.585 0	2.490 0	16.800 0	9.567 0	8.640 0	0.480 0	95.670	1.980 0	167.423	2 985.979 2	100.296 3	500.000	3 604.305 9	7.208 6
			1	44.201 8	2.150										16.800 0											
			2	54.521 0	2.150										32.760 0											
			6	23.832 5	1.550										—											

注:1　石砟场及岔线用地,按《铁路采石管理规则》“新建铁路一般在 300 ~ 500 km 时,应新建一处采石场”的规定,其用地数量采用原 1996 年版的资料。
2　代征地:指铁路用地界外的改移道路、改河改沟、改移电力线路、通信线路、改移管线及设施用地。
3　综合指标中未含代征地、拆迁安置用地、临时用地。
4　综合指标中未含动车段用地。

附表 32 新建客运专线铁路综合建设用地指标计算表(250 km/h)

铁路等级	牵引种类	地形类型	客运站				动车所				区间线路												石砟场及岔线用地(hm^2)	总计		用地指标(hm^2/km)
			个数	每站用地(hm^2)	长度(km)	用地小计(hm^2)	个数	每站用地(hm^2)	长度(km)	用地小计(hm^2)	区间线路长度(km)	路基长度(km)	每千米用地(hm^2)	给排水用地(hm^2)	牵引变用地(hm^2)	电力用地(hm^2)	通信用地(hm^2)	信号用地(hm^2)	桥梁用地长度(km)	每千米用地(hm^2)	隧道长度(km)	用地小计(hm^2)		长度(km)	用地(hm^2)	
客运专线	电力	平原	2	37.935 8	2.950	279.117 9	2	72.960 0	0	145.920 0	478.350	310.928	6.475 1	2.490 0	16.800 0	9.567 0	8.640 0	0.480 0	167.423	1.980 0	—	2 432.320 2	100.296 3	500.000	2 957.654 4	5.915 3
			1	35.599 3	2.150										16.800 0											
			2	23.381 0	2.150										32.760 0											
			6	20.147 5	1.550										—											
		丘陵	2	37.935 8	2.950	320.150 4	2	72.960 0	0	145.920 0	478.350	339.629	9.922 0	2.490 0	16.800 0	9.567 0	8.640 0	0.480 0	100.454	1.980 0	38.268	3 656.228 9	100.296 3	500.000	4 222.595 6	8.445 2
			1	44.201 8	2.150										16.800 0											
			2	35.381 0	2.150										32.760 0											
			6	21.552 5	1.550										—											
		山区	2	37.935 8	2.950	372.110 4	2	72.960 0	0	145.920 0	478.350	272.660	12.540 0	2.490 0	16.800 0	9.567 0	8.640 0	0.480 0	100.454	1.980 0	105.237	3 705.585 1	100.296 3	500.000	4 323.911 8	8.647 8
			1	44.201 8	2.150										16.800 0											
			2	54.521 0	2.150										32.760 0											
			6	23.832 5	1.550										—											

注:1 石砟场及岔线用地,按《铁路采石管理规则》"新建铁路一般在 300 ~ 500 km 时,应新建一处采石场"的规定,其用地数量采用原 1996 年版的资料。

2 代征地:指铁路用地界外的改移道路、改河改沟、改移电力线路、通信线路、改移管线及设施用地。

3 综合指标中未含代征地、拆迁安置用地、临时用地。

4 综合指标中未含动车段用地。

4.3　新建客运专线铁路区间正线建设用地指标

4.3.2　一般路基是指地形、地质条件简单，路基边坡坡度和高度符合规范规定，不需采取特殊处理措施的路基。

特殊路基是特殊土（岩）路基和特殊条件路基的统称。

4.3.3　对客运专线铁路区间路基用地包含的主要功能用地进行了说明。

4.3.4　计算路基用地指标采用的路基面宽度系根据现行的《新建时速300～350公里客运专线铁路设计暂行规定》（铁建设〔2007〕47号）、《新建时速200～250公里客运专线铁路设计暂行规定》（铁建设〔2005〕140号）、《客运专线无砟轨道铁路设计指南》（铁建设函〔2005〕754号）分析确定的。

路基面宽度的计算应考虑接触网支柱、通信、信号、电力电缆槽、声屏障等多种因素，在设计时可根据路肩上各种设备的布设要求计算确定宽度。

一般路基横断面示意图如下（附图3）：

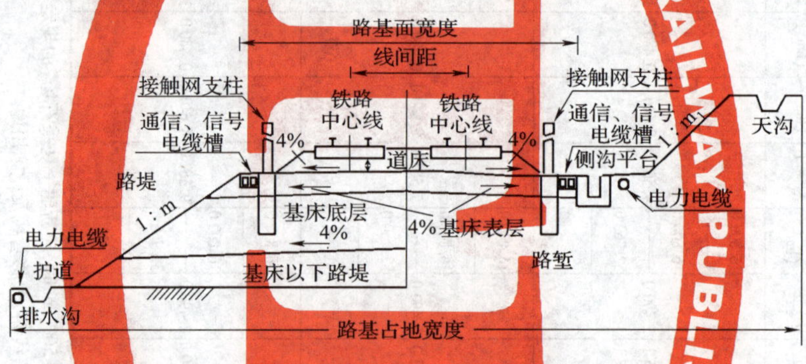

附图3　一般路基横断面示意图

注：1　本图以一般土质路基为例，特殊路基应进行个别设计确定。

2　路基宽度应根据旅客列车设计行车速度、远期采用的轨道类型、正线数目、线间距、曲线加宽、路基面两侧沉降加宽、路肩宽度、养路形式、接触网支柱的设置位置等计算确定，必要时还应考虑光、电缆槽及声屏障基础的设置。

3　路堤边坡形式和坡率应根据填料的物理力学性质、边坡高度、轨道和列车荷载及地基工程地质条件等确定。一般情况下，边坡高度不大于8 m时，边坡坡率为1:1.5。

4　土质路堑的边坡形式和坡率应根据工程地质和水文地质条件、土的性质、边坡高度、防排水措施、施工方法，并结合自然稳定山坡和人工边坡的调查及力学分析综合确定。

5　石质路堑的边坡形式和坡率应根据工程地质和水文地质条件、岩性、边坡高度、施工方法，并结合岩体结构、结构面产状、风化程度和地貌形态以及自然稳定边坡和人工边坡的调查等综合考虑确定。必要时可采用稳定分析方法予以检算。

6　一般路堤坡脚外护道的宽度为2 m。特殊地段路堤护道的宽度应根据地质情况、工程要求确定。

7　路堑侧沟平台的宽度应根据边坡高度和土的性质决定，一般为1～2 m。

8　较深的土质路堑宜在边坡中部或不同地层分界处设置平台，并在平台上设置截水沟或挡水墙，平台宽度不宜小于2 m（较深的路堑应根据具体情况按照有关规范要求设计确定）。

9　侧沟、天沟、排水沟的横断面，应根据过水能力（排水要求）计算确定。

4.3.5　参见客货共线部分第3.3.3条条文说明。

4.3.6　区间路基建设用地指标。

路基工程是一个带状工程，且涉及专业多。一个建设项目要跨越多个地区，所遇到的地形、地质、水文等自然条件以及社会因素多种多样，而且每个项目又各有特点，根据目前几条客运专线的统计资料看，每个项目道路、桥梁、隧道的比重不一样，平均填挖高度不同，用地指标中所包含的功能项目也不尽相同。当线路通过丘陵和山区时，遇到的情况更为复杂多变，即使在同样的地形条件下，同样的填挖高度，在不同的地面横坡上，路基占地宽度也不一样。

本次是采用模拟设计法，对设计速度目标值为 200 km/h、200 km/h $<v\leqslant$250 km/h、300 $<v\leqslant$350 km/h，平均填挖高度 h = 5 m、6 m、7 m、8 m、10 m、15 m，地面横坡 0.1、0.3、0.4. 条件下的一般路基进行了模拟设计，为使指标能够更接近于实际情况，采用设计的方法绘制了模拟图形，并根据经验对几种可能的横坡进行了选取（平原取 0.1，丘陵取 0.3，山区取 0.4），本次计算是对设定在某种条件下的模型，综合了一定的影响因素进行模拟计算、统计、分析后得出的结果。

计算的基本模型为：

用地宽度 = 路基本体占地宽度 + 两侧护道（堑顶至天沟内缘距离）+ 两侧排水沟（天沟）用地 + 两侧排水沟（天沟）外缘至用地界距离。

其中，路堤本体占地宽度 = $B+2\times m\times h+2\times p+q$，路堑本体占地宽度 = $A+2\times m\times h+q$［B 为路基面宽度；$A=(B+2\times0.7\times1.5)+2\times$侧沟宽度$+2\times p$；$m$ 为路基（路堤、路堑）的边坡坡率；p 为平台；h 为线路中心平均填挖高度；q 为受地面横坡影响增加的宽度（分别按平原、丘陵、山区考虑）］。

计算过程中上述计算模型的各个变量数值采用情况如下：

1. 路基面宽度（B）的计算，采用数值见表 4.3.4；

2. 路堤的边坡坡率（m）：$H\leqslant8$ m 时，$m=1.5$；$20\geqslant H>8$ m 时，$m=1.75$（H——路基边坡高度）；

3. 路堑的边坡坡率（m）：计算边坡坡率综合考虑采用 1∶1.3；

4. 平台（p）采用 2 m 计算；

5. 侧沟宽度计算采用 1.2 m（含 0.6 m 的浆砌片石厚）；

以设计速度 300 km/h $<v\leqslant$350 km/h；填挖高度 h = 7 m 为算例，区间路基用地面积计算过程如下：

区间路基用地指标 = $[46.54+2\times2+2\times(0.8\times1.5+0.6+0.8\times1.5)+2\times3]\times1\,000/10\,000=6.254$ (hm^2/km)

其中，路基面宽度采用 13.8 m；排水沟按 1/50 年洪水频率设计，边坡坡率采用 1∶1.5，沟深 0.8 m，沟底宽 0.6 m；路基本体占地宽度 46.54 m 在实际计算时考虑了地面

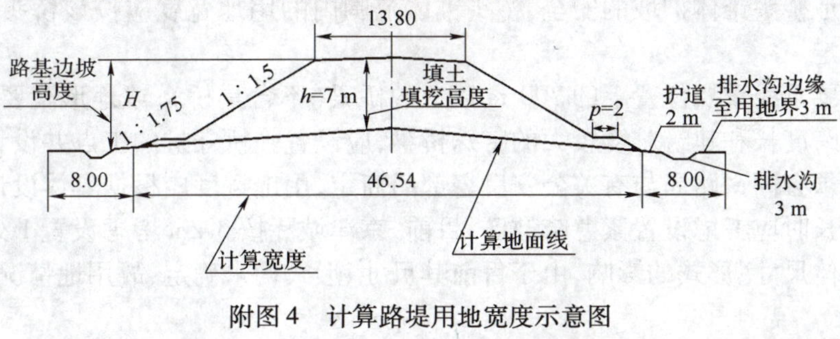

附图 4　计算路堤用地宽度示意图

横坡(取 0.1)、平台及边坡率变化等因素。见附图 4。

排水沟(天沟)外缘至用地界的距离,未考虑由于排水坡度引起的天沟、排水沟绕行而增加用地。具体情况应根据工程措施要求计算。

由于目前我国尚无客运专线铁路建设、施工和运营维护的经验,且区间路基用地指标是采用理论模拟计算结果。虽然对几条线设计的用地资料进行了验证,但是这些设计项目目前均没有建成,没有经受实践的检验,加之影响铁路用地指标的因素较多,需要做大量调研、统计、分析工作,因此,本指标尚需通过一段时间的试用后,随着客运专线铁路项目设计阶段的深入以及开工建设,再进行相应的补充完善。

4.3.7、**4.3.8** 现行的桥梁用地宽度是根据基建总局〔83〕基设字第 249 号文件规定设计的,一般结构桥梁范围内的用地宽度为距铁路中心线两侧各为 8 m。

本次桥梁建设用地指标计算原则为:一般结构桥梁范围内(两桥台锥体外缘之间)的用地宽度为桥下设检查通道一侧距铁路中心线为 7.2 m,另一侧距铁路中心线为 5.8 m。这是结合客运专线铁路的具体情况,最大限度减少占地而采取的有效措施。见附图 5。

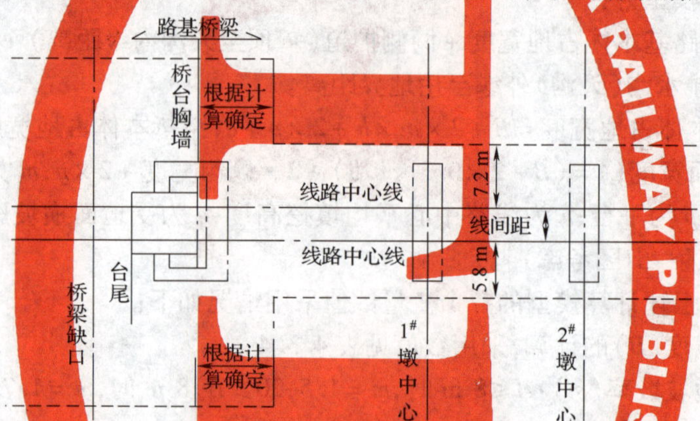

附图 5 双线桥梁用地宽度示意图

特殊地质条件、特殊结构、大跨度桥梁以及山区铁路桥梁、地面横坡较大地段桥梁的墩台基础需要特殊设计,采用一般结构桥梁的用地宽度不能满足墩台基础安全保护距离要求,根据对设计的客运专线铁路桥梁用地资料统计分析,用地指标有的为 1.87 hm^2/km,有的达到 3.18 hm^2/km(路堑设桥),指标情况差异较大,故以上情况的桥梁用地宽度应根据具体设计计算确定。

据施工项目信息反馈,特殊结构、地质条件复杂及山区铁路的桥梁因安全等原因占地宽度与一般结构的桥梁占地相差较大,设计用地时应以桥梁专业要求的宽度计算,特殊设计用地的范围长度不应计入一般结构桥梁计算长度中。

为了保证桥头锥体护坡的安全,桥头锥体范围内的用地宽度应按该桥头锥体放坡的坡脚宽度确定。

铁路主要干线重要位置上的 700 m 以上的桥梁(不含旱桥),或地形险要、地质复杂、水深、桥高、跨度长和建筑难度较大的特殊桥梁,应设置驻桥守护的工点并设置营房,公安营房的设置须会同铁路局与有关公安民警部门商定,用地宽度应根据具体设计计算确定。

桥梁较长时应考虑设置紧急疏散区,目前,京津城际按 3 km 考虑设置 1 处,其用地指标受梯子具体尺寸、形式的影响,由于目前其尺寸、形式均未确定,故用地情况应根据具体设计确定。

4.3.9　影响隧道洞口占地的因素包括隧道洞门的形式、景观设计、地形地质条件以及防护形式等，具体用地面积应结合工程具体情况确定。

一般地质条件，隧道洞口占地的设计原则是按照截水天沟以外2～3 m计列；明洞占地计算原则是按照明洞永久边坡的截水天沟以外2～3 m计列。

4.3.10　区间给排水设施用地一般为分散、独立的工点用地。包括站外采用地下水源的给水所、加压泵站、水池、净水厂（所）、扬水管道、导水管道、排水管道等构筑物、排水出口、站外污水处理构筑物、立交桥排水泵站、特大桥长大隧道的守护和消防给水以及设施等用地。因各地区水文及水文地质条件的不同，主要受水源性质（地下水源、地表水源）、水源点位置、取水构筑物类型及用水量大小等因素控制。

4.3.12　本条中的架空电力线路的指标也适用于变电所、分区亭、开闭所、AT所出口至分相处单独架设的供电线支柱用地的计算。

4.3.15　限高架、测控网基桩、安全保护区基桩、通站（基站、中继站）所（给水所、线路所）的道路，采用地表水源方案的地表取水头部、取水构筑物、净水厂（所）及一、二级加压泵站、站外污水处理构筑物，通过林区的架空电力线路，有疏解线在区间接轨时为管理区间道岔设置的线路所，单独设置的综合维修基地（工区）、动车组存放场用地等，由于其控制因素多且每条线的情况各不相同，目前还无法给出一个指标，因此，应根据具体设计计算确定。

4.4　新建客运专线铁路车站、动车段及动车运用所建设用地指标

4.4.1　根据客运站的功能，客运站用地包括车场（含旅客车站站房、客运设备、生产房屋、附属生产房屋、给排水设施、杆塔）、综合维修工区（保养点）、牵引变电所（含分区所、开闭所、AT所）、变配电设施、道路等用地。

4.4.2　根据客运专线只运行旅客列车的特点，客运专线上的车站均为客运站，由于车站规模的大小不同，车站的用地大小也不同，为便于根据车站的类型确定用地指标，将车站分为小型站、中型站、大型站和特大型站。根据《新建时速300～350公里客运专线铁路设计暂行规定》及对在建客运专线的调查，车站规模最小采用2台4线（含正线），车站最大规模为22台46线（含正线）。车站最大规模22台46线的用地指标，是在车站用地数量统计结果的基础上，经计算得出。

根据《新建时速300～350公里客运专线铁路设计暂行规定》的要求，结合对在建项目设计资料的调查、统计分析，确定了不同类型车站站坪长度范围。

车站站坪长度考虑的主要因素有：车站到发线有效长度、道岔类型、股道数量、站台宽度等。

车站站坪长度的组成如附图6和附图7所示。

4.4.3　客运专线铁路车站建设用地指标表4.4.3，系对京沪高速铁路、武广、郑西、哈大、京郑、津秦等客运专线车站设计用地进行统计，根据统计平均值，经归纳整理、综合分析后确定的用地指标。车站用地主要包括车场、电力设备、电气化供电设施、给排水用地及综合维修系统用地。

车场：车场用地包括站内线路、客运设备、生产房屋等。

站内线路包括正线、到发线、安全线、动车组站内走行线等。客运设备包括旅客站台、

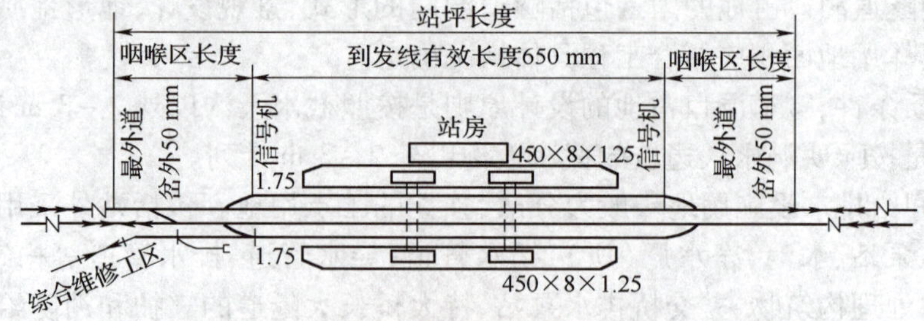

附图6　小型车站平面布置示意图(2 台 4 线)

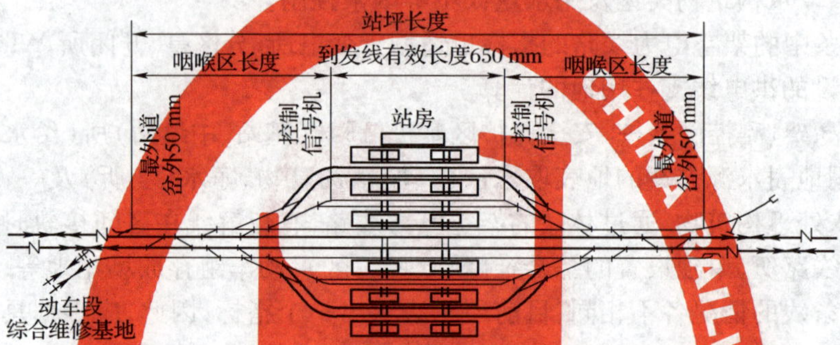

附图7　大型车站平面布置示意图(6 台 12 线)

旅客进出站通道等。

生产房屋包括站房、通号综合楼、变配电所、给水所、泵房、调度所、通信站、控制中心、垃圾楼、锅炉房、消防泵站、候班楼及间休楼等。

电力设备:一般每站设有 10 kV 以上变配电所 1 座。10 kV 变电所根据具体情况确定数量,每座一般用地约 150 m^2。

电气化供电设施:主要为生产房屋和设备的用地。电气化供电设施的生产房屋包括:牵引变电所、分区所、开闭所、AT 所、接触网开关控制站。

给排水用地:给水所(或给水加压泵站)、消毒间、消防泵站、总口污水处理站、污水泵站(或站内立交桥排水泵站)、客车上水工休息室及给水集中控制室、移动卸污车车库、真空卸污中心、客车洗刷污水回用处理站等。

主要给排水构筑物包括:水塔、水池(含消防水池)、水表井、客车上水栓、消火栓、阀门井、检查井、化粪池、厌氧滤池(罐)、排水出口、污泥干化场及其他污水处理构筑物等。

综合维修系统用地:主要为综合维修工区或保养点用地。综合维修工区或保养点一般设有大型养路机械停放线,接触网作业车停放线,确认车停放线及桥梁检查车停放线。

综合维修工区生产房屋包括:综合维修车间、综合内燃检修库、轨道车库、牵引供电维修设备间、建筑、给排水车间、综合机具间、材料库、汽车库及生活房屋等。

电力设备的用地包括:一般每站设有 10 kV 以上变配电所 1 座。10 kV 变电所根据具体情况确定数量,每座一般用地约 0.015 hm^2(150 m^2)。

根据对京沪高速铁路、武广、郑西、哈大、京郑、津秦等客运专线车站设计用地的统计资料,剔除不合理的数据,根据统计结果,经归纳整理、分析、计算后确定的用地指标。

由于用于分类统计车站用地的样本较少,有些类型的车站未收集到样本资料,为保证客运专线车站用地单项指标的完整性,对于未收集到样本资料的车站用地指标,依据样本资料进行了推算。

1. 规模为2台4线的小型车站

平原地区：

路基平均填挖高度 $h \leqslant 3$ m：根据统计，车站用地由13.000 0 hm^2(195.0亩)至18.764 7 hm^2(281.47 亩)，统计平均值为15.753 3 hm^2(236.3 亩)，修整均值为17.040 0 hm^2(255.6亩)，采用值为16.825 0 hm^2(252.38亩)。

路基平均填挖高度3 m $< h \leqslant 5$ m：根据统计，车站用地由18.000 0 hm^2(270.0亩)至19.733 3 hm^2(296.0 亩)，统计平均值为18.866 7 hm^2(283.0 亩)，修整均值为20.400 0 hm^2(306.0亩)，采用值为20.147 5 hm^2(302.21亩)。

路基平均填挖高度5 m $< h \leqslant 6$ m：根据统计，车站用地由14.133 3 hm^2(212.0亩)至16.533 3 hm^2(248.0 亩)，统计平均值为15.400 0 hm^2(231.0 亩)，修整均值为22.500 0 hm^2(337.5亩)，采用值为22.240 0 hm^2(333.6亩)。

路基平均填挖高度6 m $< h \leqslant 7$ m：根据统计，车站用地由16.400 0 hm^2(246.0亩)至32.400 0 hm^2(486.0 亩)，统计平均值为22.400 0 hm^2(336.0 亩)，修整均值为24.180 0 hm^2(362.7亩)，采用值为23.905 0 hm^2(358.58亩)。

丘陵地区：

路基平均填挖高度 $h \leqslant 3$ m：根据统计，车站用地由15.642 0 hm^2(234.63亩)至16.626 0 hm^2(249.39 亩)，统计平均值为16.133 3 hm^2(242.0 亩)，修整均值为17.460 0 hm^2(261.9亩)，采用值为17.245 3 hm^2(258.68亩)。

路基平均填挖高度3 m $< h \leqslant 5$ m：根据统计，车站用地由19.320 0 hm^2(289.8亩)至21.020 0 hm^2(315.3 亩)，统计平均值为20.173 3 hm^2(302.6 亩)，修整均值为21.780 0 hm^2(326.7亩)，采用值为21.552 5 hm^2(323.29亩)。

路基平均填挖高度5 m $< h \leqslant 7$ m：根据统计，车站用地由15.666 7 hm^2(235.0亩)至21.066 7 hm^2(316.0 亩)，统计平均值为18.400 0 hm^2(276.0 亩)，修整均值为26.190 0 hm^2(392.85亩)，采用值为25.950 0 hm^2(389.25亩)。

山区：

路基平均填挖高度 $h \leqslant 3$ m：根据统计，车站用地由16.873 3 hm^2(253.1亩)至21.346 7 hm^2(320.2 亩)，统计平均值为18.513 3 hm^2(277.7 亩)，修整均值为20.040 0 hm^2(300.6亩)，采用值为19.825 0 hm^2(297.38亩)。

路基平均填挖高度3 m $< h \leqslant 5$ m：统计资料未见该类型的车站用地，其用地指标系根据计算得出。

2. 规模为2台6线的小型车站

平原地区：

路基平均填挖高度 $h \leqslant 3$ m：统计资料未见该类型的车站用地，其用地指标系根据计算得出。

路基平均填挖高度3 m $< h \leqslant 5$ m：根据统计，车站用地由15.867 7 hm^2(238.0亩)至26.900 0 hm^2(403.5 亩)，统计平均值为21.966 7 hm^2(329.5 亩)，修整均值为23.700 0 hm^2(355.5亩)，采用值为23.381 3 hm^2(350.72亩)。

路基平均填挖高度5 m $< h \leqslant 6$ m：统计资料未见该类型的车站用地，其用地指标系根据计算得出。

路基平均填挖高度6 m<h≤7 m:根据统计,车站用地由23.933 3 hm^2(359.0 亩)至32.300 0 hm^2(484.5 亩),统计平均值为26.586 7 hm^2(398.8 亩),修整均值为28.740 0 hm^2(431.1 亩),采用值为28.396 0 hm^2(425.94 亩)。

丘陵地区:

路基平均填挖高度 h≤3 m:根据统计,车站用地由24.040 0 hm^2(360.6 亩)至31.386 7 hm^2(470.8 亩),统计平均值为27.553 3 hm^2(413.3 亩),修整均值为29.760 0 hm^2(446.4 亩),采用值为29.472 3 hm^2(442.08 亩)。

路基平均填挖高度3 m<h≤5 m:统计资料未见该类型的车站用地,其用地指标系根据计算得出。

路基平均填挖高度5 m<h≤7 m:统计资料未见该类型的车站用地,其用地指标系根据计算得出。

山区:

路基平均填挖高度 h≤3 m:根据统计,车站用地由35.986 7 hm^2(539.8 亩)至47.400 0 hm^2(711.0 亩),统计平均值为40.733 3 hm^2(611.0 亩),修整均值为45.720 0 hm^2(685.8 亩),采用值为45.432 3 hm^2(681.48 亩)。

路基平均填挖高度3 m<h≤5 m:统计资料未见该类型的车站用地,其用地指标系根据计算得出。

3. 规模为3台7线的中型车站

平原地区:

路基平均填挖高度 h≤3 m:统计资料未见该类型的车站用地,其用地指标系根据计算得出。

路基平均填挖高度3 m<h≤5 m:根据统计,车站用地由31.800 0 hm^2(477.0 亩)至34.833 3 hm^2(522.5 亩),统计平均值为33.320 0 hm^2(499.8 亩),修整均值为36.000 0 hm^2(540.0 亩),采用值为35.599 3 hm^2(534.0 亩)。

路基平均填挖高度5 m<h≤6 m:统计资料未见该类型的车站用地,其用地指标系根据计算得出。

路基平均填挖高度6 m<h≤7 m:统计资料未见该类型的车站用地,其用地指标系根据计算得出。

丘陵地区:

路基平均填挖高度 h≤3 m:统计资料未见该类型的车站用地,其用地指标系根据计算得出。

路基平均填挖高度3 m<h≤5 m:根据统计,车站用地49.533 3 hm^2(743.0 亩),统计平均值为49.533 3 hm^2(743.0 亩),修整均值为44.580 0 hm^2(668.7 亩),采用值为44.201 8 hm^2(663.03 亩)。

4. 规模为4台10线的中型车站

统计资料未见该类型的车站用地,其用地指标系根据计算得出。

5. 规模为5台11线的大型车站

平原地区:

路基平均填挖高度 h≤3 m、3 m<h≤5 m、6 m<h≤7 m:统计资料未见该类型的车站用地,其用地指标系根据计算得出。

路基平均填挖高度 5 m $<h\leqslant$6 m：根据统计，车站用地由 38.933 3 hm^2(584.0 亩)至 52.373 3 hm^2(785.6 亩)，统计平均值为 45.653 3 hm^2(684.8 亩)，修整均值为 42.420 0 hm^2(636.3 亩)，采用值为 41.760 8 hm^2(626.41 亩)。

6. 规模为 15 台 29 线的大型车站

平原地区：

路基平均填挖高度 $h\leqslant$3 m：根据统计，车站用地由 104.200 0 hm^2(1 563.0 亩)至 113.733 3 hm^2(1 706.0 亩)，统计平均值为 107.453 3 hm^2(1 611.8 亩)，修整均值为 116.040 0 hm^2(1 740.6 亩)，采用值为 114.440 0 hm^2(1 716.6 亩)。

路基平均填挖高度 3 m $<h\leqslant$5 m、5 m $<h\leqslant$6 m 及 6 m $<h\leqslant$7 m：统计资料未见该类型的车站用地，其用地指标系根据计算得出。

条文表 4.4.3 中为一般情况下车站的用地控制指标，由于因地形、地质条件及其他特殊要求等需要的用地，可根据具体情况适当增加用地面积。

曲线车站由于受曲线长度的限制，站坪长度难于确定，故其用地应根据具体情况在设计中计算确定。

疏解线和联络线的布置应根据城市规划、车流量、车站布置、地形、地质等条件确定，其用地数量的影响因素较多，而且会产生一些“三角地”、“包心地”，指标难于反映实际的用地情况，因此该部分用地应按设计计算确定。

现阶段参加统计的客运专线车站用地，均为不同设计阶段的设计用地数量，而非最终的用地数量。根据以往的建设经验，车站建成后的实际用地数量与设计数量会有所差异。由于目前客运专线尚没有建成运营的实践经验，而正在设计的客运专线车站由于其设计深度不同以及统计所采用的车站数量有限，将会使指标产生一定的偏差，故本标准所确定的用地指标，随着客运专线建设的不断深入，还应进一步修订和完善，使其能够较为准确的反映车站的建设用地。

4.4.4　根据动车段及动车运用所的作业功能，动车段及动车运用所用地主要包括：①段(所)内车场、生产房屋、附属生产房屋、各类动车检修和检查库、动车组材料库、给排水设施、杆塔等用地；②综合维修基地(工区)用地；③牵引变电所(含分区所、开闭所、AT 所)用地；④变配电设施及道路用地等。

4.4.5　动车段及动车运用所主要设备规模，是在对现阶段客运专线动车段及动车运用所设计资料进行调查、统计的基础上确定的，其中动车运用所按其规模大小，分为存车线 30 条(4 条检修库线等)和存车线 60 条(8 条检修库线等)两类分别确定用地指标。

动车段及动车运用所的用地站坪长度，是结合对在建项目设计资料的调查、统计分析，确定了不同规模的动车段及动车运用所的用地长度范围。

1. 段(所)车场

车场线路包括出入段线、走行线、存车(整备)线、车体外皮清洗线、轮对踏面诊断线、卸污线、检查(检修)线、临修线、不落轮镟线、牵出线、材料运输、车体存放、回转线、试车线等。

2. 动车段、动车运用所内房屋

动车段、动车运用所内的房屋包括：动车组综合楼、车体外皮清洗库、动车组检修库及边跨、动车组检查库及边跨、临修库、不落轮镟库、踏面诊断房屋、动车组材料库及材料棚、车体表面处理间、转向架检修间、转向架存放及存轮棚、空压机间、汽车库、干砂间、危险品间、客运整备房屋、信号楼、开闭所、动车组加压泵站、动车组污水处理设施，动车组卸污中心、消防泵站、雨水泵站及处理站、门卫及巡守、候班楼、间休楼、自行车棚、食堂、浴室、垃圾处理站、锅炉房、配电所等。

室外构筑物有库前混凝土地坪、移车台、转向架转盘、围墙、汽车停车场等。

3. 综合维修系统

综合维修系统用地，主要为综合维修基地或综合维修工区用地。

综合维修基地一般设有材料装卸线，轨道车、桥梁检查车，接触网抢修列，确认车、接触网作业车，工务、供电维修车停放线。

综合维修基地及综合维修工区生产房屋包括：基地综合办公楼、供电电力电务综合楼（含信息、综合调度用房）、综合维修车间、综合内燃检修库、轨道车库、牵引供电维修设备间、建筑、给排水车间、综合机具间、材料库、汽车库及生活房屋等。

4. 电力设备的用地

电力设备的用地包括：一般每站设有 10 kV 以上变配电所 1 座。10 kV 变电所根据具体情况确定数量，每座一般用地约 150 m^2。

5. 电气化供电设施

电气化供电设施的用地，主要为生产房屋和设备的用地。

电气化供电设施的生产房屋包括：牵引变电所、分区所、开闭所、AT 所、接触网开关控制站。

6. 给排水用地

给排水用地包括：给水所（或给水加压泵站）、消毒间、消防泵站、总口污水处理站、污水泵站（或站内立交桥排水泵站）、客车上水工休息室及给水集中控制室、移动卸污车车库、真空卸污中心、客车洗刷污水回用处理站、动车段及动车运用所含油污水处理站等。

主要给排水构筑物包括：水塔、水池（含消防水池）、水表井、客车上水栓、消火栓、阀门井、检查井、化粪池、厌氧滤池（罐）、排水出口、污泥干化场及其他污水处理构筑物等。

4. 4. 6　客运专线铁路动车段及动车运用所建设用地指标表 4. 4. 6，系根据对京沪高速铁路、武广、郑西、哈大、京郑、津秦等客运专线设计动车段及动车运用所用地进行统计，根据统计结果，经归纳整理、分析后确定的用地指标。

1. 动车段

根据调查的北京南、武汉及广州动车段设计用地资料，其用地分别为 1 800. 0 亩、2 103. 0 亩及 1 921. 2 亩，统计平均值为 129. 426 7 hm^2（1 941. 4 亩），采用值为 139. 800 0 hm^2（2 097. 0 亩）。

2. 动车运用所

路基平均填挖高 $h \leqslant 3$ m：根据调查的动车运用所设计用地资料，动车存车线 30 条，检修库线 4 条规模的动车运用所，其用地由 39. 600 0 hm^2（594. 0 亩）至 81. 400 0 hm^2（1 221. 0 亩），统计平均值为 56. 273 3 hm^2（844. 10 亩），采用值为 60. 780 0 hm^2（911. 7 亩）。

动车存车线 60 条，检修库线 8 条规模的动车运用所用地为 86. 666 7 hm^2（1 300. 0 亩），采用值为 78. 000 0 hm^2（1 170. 0 亩）。

路基平均填挖高 3 m $< h \leqslant 5$ m：用地指标系根据推算确定。

条文表 4. 4. 6 中为一般情况下动车段及动车运用所的用地控制指标。由于因地形、地质条件及其他特殊要求等需要的用地,可根据具体情况适当增加用地面积。

现阶段参加统计的动车段及动车运用所用地,均为不同设计阶段的设计用地数量,而非最终的建设用地数量。由于目前客运专线尚没有建成运营的实践经验,而正在设计的动车段、动车运用所由于其设计深度不同以及统计所采用的段、所数量有限,将会使指标产生一定的偏差,故本标准所确定的用地指标,随着客运专线建设的不断深入,应进一步补充和完善,使其能够较为准确的反映动车段及动车运用所的建设用地规模。

中华人民共和国行业标准

铁建设〔2010〕4号

铁路建设项目资料管理规程

Code for Records Management of Railway Construction Project

TB 10443—2010

2010—01—04 发布　　　　2010—01—04 实施

中华人民共和国铁道部　发布

前　言

为进一步加强和规范铁路建设项目资料管理工作，提高建设项目标准化管理水平，根据铁道部《关于编制2006年铁路工程建设标准计划的通知》（铁建设函〔2005〕1026号）的要求编制本规程。

本规程编制过程中进行了深入的调查研究，全面总结了我国铁路建设项目资料管理工作的实践经验，系统分析了当前铁路建设项目的实际需求，学习借鉴了其他行业的成功做法，并广泛征求了有关方面的意见。本规程规定了建设各方的管理职责，明确了各类资料的内容组成，统一了分类和编码原则，提出了实际操作的具体要求，反映了质量、安全、工期、投资效益、环境保护和科技创新等"六位一体"目标控制体系要素，对推进铁路建设标准化管理、信息化管理和质量责任追溯具有重要意义。

本规程共分10章和4个附录，主要内容包括：总则、术语、管理职责、资料分类与编号、建设管理资料、勘察设计资料、施工资料、监理资料、竣工验收资料、竣工文件等。

本规程以黑体字标志的条文为强制性条文，必须严格执行。

在执行本规程过程中，希望各单位结合工程实践，认真总结经验，积累资料。如发现需要修改和补充之处，请及时将意见及有关资料交铁道部经济规划研究院（北京市海淀区北蜂窝路乙29号，邮政编码：100038），供今后修订时参考。

本规程由铁道部建设管理司负责解释。

本规程主编单位：铁道部经济规划研究院。

本规程参编单位：中国铁道科学研究院、中铁三局集团有限公司。

本规程主编起草人：薛吉岗、韩秀媛、王玉常、王　金、宋　剑、王勋文、许兆军、刘文武、王开民、曹广利、冯金英、顾问宇、廖志刚、范　君。

目　次

1 总 则

1.0.1 为统一和规范铁路建设项目资料管理工作，提高标准化管理水平，制定本规程。

1.0.2 本规程适用于新建、改建铁路建设项目的资料管理。

1.0.3 建设项目资料应以管理制度标准化、人员配备标准化、现场管理标准化、过程控制标准化为基础，全面反映质量、安全、工期、投资效益、环境保护和科技创新等目标控制体系要素。

1.0.4 建设项目资料的形成、收集和整理工作应与工程进度同步进行，并做到系统、完整、真实、准确，保证其具有有效的查考利用价值和完备的质量责任追溯功能。

1.0.5 建设、勘察设计、施工、监理等单位应制定建设项目资料管理工作标准和岗位责任制，并定期进行检查、控制和考核。

1.0.6 建设项目资料应积极采用信息化手段进行管理，不断提高资料管理工作的质量和水平。电子文件的管理应符合相关标准的规定。

1.0.7 建设项目资料应字迹清楚，图表整洁，图样规范，签认手续完备。

1.0.8 建设项目资料应按规范性格式进行填写。当现行标准和有关管理办法中尚无规范性格式时，应由建设单位根据工程特点和资料内容进行统一。

1.0.9 建设各方应按有关规定做好资料的归档管理工作，并应根据其内容、属性和重要程度等确定归档范围和保管期限。

1.0.10 竣工文件形成后应按规定进行移交、归档，且应按不低于长期保管的期限进行管理。

1.0.11 建设项目资料应按现行法律、法规和相关规章制度的规定做好保密工作。

1.0.12 建设项目资料管理除应符合本规程外，尚应符合国家现行有关标准的规定。

2 术　　语

2.0.1 建设项目资料 construction project records

建设项目在立项、审批、招投标、勘察设计、施工、监理及竣工验收过程中形成的不同载体形式的文字、图表、声像等资料。

2.0.2 建设管理资料 construction management records

以建设单位为主在建设项目实施过程中形成、收集的资料。

2.0.3 勘察设计资料 investigation design records

建设项目的勘察、设计资料,含变更设计资料和工程咨询资料等。

2.0.4 施工资料 execution records

施工过程中形成的资料。

2.0.5 监理资料 supervision records

监理过程中形成的资料。

2.0.6 竣工验收资料 completion inspection records

建设项目在静态验收、动态验收、初步验收、安全评估和国家(正式)验收过程中形成的资料。

2.0.7 竣工文件 completion documents

建设项目竣工验收后,需要向接管单位及档案管理部门移交归档的建设项目资料。

3 管理职责

3.1 一般规定

3.1.1 建设各方应以国家和铁道部相关的法律、法规和现行标准为依据，并按合同约定和设计文件要求开展建设项目资料管理工作。

3.1.2 建设各方应根据项目特点和规模，配备相应的资料管理人员，明确岗位职责，加强教育培训，提高业务素养和工作能力。

3.1.3 建设各方应根据资料管理工作需要配置相应的设备设施，保证必要的工作条件，并应积极采用信息化技术。

3.1.4 建设各方应保证各自资料的真实性，严禁涂改、伪造、随意抽取或损毁。

3.1.5 建设各方应根据建设项目具体情况确定资料的保密范围和密级等。

3.1.6 录音、录像等资料应加注必要的说明，并保证载体的有效性。

3.1.7 工程咨询、地质勘察监理、检测机构等单位应按有关规定和委托合同约定做好资料管理工作。

3.2 建设单位职责

3.2.1 建设单位应负责对其形成、收集的资料进行整理和保管。

3.2.2 建设单位应负责组织、协调和指导勘察设计、施工、监理等单位编制各方的资料，并定期进行检查。

3.2.3 建设单位应在签订合同、协议时，设立专门条款，明确资料的编制责任、提供套数、质量要求和时限等。

3.2.4 建设单位应向勘察设计、施工、监理、检测机构等单位提供必要的文件资料。

3.3 勘察设计单位职责

3.3.1 勘察设计单位应负责对其形成、收集的资料进行整理和保管。

3.3.2 勘察设计单位应按规定向有关单位提供勘察设计资料。

3.3.3 勘察设计单位应按规定对有关资料进行签署。

3.4 施工单位职责

3.4.1 施工单位应负责对其形成、收集的资料进行整理和保管。

3.4.2 施工单位应对其编制资料的真实性、准确性和完整性负责。

3.4.3 施工总承包单位负责汇总、审核分包单位编制的资料，对资料管理负总责。分包单位应对其分包工程范围内的资料管理负责。

3.5　监理单位职责

3.5.1　监理单位应负责对其形成、收集的资料进行整理和保管。

3.5.2　监理单位应对其编制资料的真实性、准确性和完整性负责。

3.5.3　监理单位应按规定对施工单位、检测机构等提供的资料进行检查、核实，确认后予以签署。

4 资料分类与编号

4.1 资 料 分 类

4.1.1 建设项目资料应按管理责任、资料性质、形成阶段等进行分类。

主类:共分5类,以英文大写字母表示其代号。建设管理资料(A类)、勘察设计资料(B类)、施工资料(C类)、监理资料(D类)和竣工验收资料(E类)。

子类:每一主类中的资料可划分为不同的子类。在所属主类代号后以阿拉伯数字表示其代号,如A1、B2……。

次子类:每一子类中的资料可划分为不同的次子类。在所属子类代号后以横线和阿拉伯数字表示,如:A1-1、B2-2……。

4.1.2 建设管理资料(A类)应符合表4.1.2的规定。

表4.1.2 建设管理资料(A类)

资料代号	资料名称	形成(X)、收集(S)				纳入竣工文件
		建设单位	勘察设计单位	施工单位	监理单位	
A1	建设单位内部管理资料					
A1-1	管理机构资料	X				√
A1-2	管理制度资料	X				
A2	立项决策资料					
A2-1	预可行性研究报告	S	X			√
A2-2	预可行性研究报告批复文件	S	S			√
A2-3	环境影响报告书	S	X			√
A2-4	环境影响报告书批复文件	S	S			√
A2-5	水土保持方案报告书	S	X			√
A2-6	水土保持方案报告书批复文件	S	S			√
A2-7	节能报告书	S	X			√
A2-8	节能报告书批复文件	S	S			√
A2-9	防洪影响评估报告书	S	X			√
A2-10	防洪影响评估报告书批复文件	S	S			√
A2-11	通航论证报告书	S	X			√
A2-12	通航论证报告书批复文件	S	S			√
A2-13	地震安全性评估报告书	S	X			√
A2-14	地震安全性评估报告书批复文件	S	S			√
A2-15	文物保护影响评估报告书	S	X			√

续上表

资料代号	资 料 名 称	形成(X)、收集(S)				纳入竣工文　件
		建设单位	勘察设计单位	施工单位	监理单位	
A2－16	文物保护影响评估报告书批复文件	S	S			√
A2－17	可行性研究报告	S	X			√
A2－18	可行性研究报告批复文件	S	S			√
A3	征地拆迁资料					
A3－1	建设用地预审资料	S	X			√
A3－2	建设用地预审批复文件	S	S			√
A3－3	选址意见书、建设用地规划许可证	S	S			√
A3－4	勘测定界成果资料	S		S		√
A3－5	施工用地图纸、资料	S	X	S		√
A3－6	建(构)筑物评估报告	S		S		
A3－7	征地拆迁现场操作资料	S		X		√
A3－8	临时用地租用协议资料	S		X		
A3－9	征地拆迁管理台账	X		X		
A4	招投标管理资料					
A4－1	招标计划	X				√
A4－2	招标计划批复文件	S				√
A4－3	招标公告	X				√
A4－4	资格预审文件、招标文件	X	S	S	S	√
A4－5	资格后审批准文件	S				√
A4－6	资格预审评审资料	X				√
A4－7	投标文件	S	X	X	X	√
A4－8	开标记录文件	X				√
A4－9	评标报告	X				√
A4－10	中标通知书、中标结果通知书	X	S	S	S	√
A4－11	招投标情况书面报告	X				√
A5	合同管理资料					
A5－1	合同审查资料	X				√
A5－2	合同联签文件	X				√
A5－3	合同变更、解除及纠纷处理文件	X	X	X	X	√
A5－4	合同文本	X	X	X	X	√
A5－5	合同管理台账	X				
A6	开工报告					
A6－1	建设项目开工报告	X				√
A6－2	建设项目开工报告批复文件	S				√
A6－3	合同标段和重点工程开工报告	S		X	X	√

续上表

资料代号	资　料　名　称	形成(X)、收集(S)				纳入竣工文　件
		建设单位	勘察设计单位	施工单位	监理单位	
A6－4	合同标段和重点工程开工报告批复文件	X		S	S	√
A6－5	单位工程开工报告	S		X	S	√
A6－6	单位工程开工报告批复文件	S		S	X	√
A7	技术管理资料					
A7－1	指导性施工组织设计资料	X	S	S	S	√
A7－2	施工技术调查资料	X				
A7－3	全线控制测量方案	S	X	S	S	√
A7－4	线路贯通测量资料	S	S	S	S	√
A7－5	系统集成与接口管理资料	X	S	S	S	
A7－6	科技成果资料	S				√
A7－7	工程项目总结	X				√
A8	物资设备管理资料					
A8－1	甲供(控)物资设备采购计划	X		S		
A8－2	甲供(控)物资设备质量记录	S		X	X	√
A9	质量安全管理资料					
A9－1	质量安全控制资料	X、S	X、S	X、S	X、S	
A9－2	质量安全事故资料	X、S	X、S	X、S	X、S	√
A9－3	专项检测资料	S	S	S	S	√
A10	质量安全监督资料					
A10－1	质量安全监督申报资料	X				
A10－2	质量安全监督审批资料	S				√
A10－3	质量安全监督实施资料	S	S	S	S	
A10－4	质量安全监督报告	S		S		√
A11	水土保持、环境保护资料					
A11－1	水土保持资料	S		X	S	√
A11－2	环境保护资料	S		X	S	√
A12	计划统计资料					
A12－1	年度计划资料	X		S	S	
A12－2	季度施工建议计划	X		S	S	
A12－3	滚动计划	X				
A12－4	月、年统计报表	S		X	S	
A12－5	计划统计管理台账	X		X	X	
A13	投资控制资料					
A13－1	投资估算文件	S	X			√
A13－2	投资估算审查修改文件	S	S			√

续上表

资料代号	资　料　名　称	形成(X)、收集(S)				纳入竣工文　　件
		建设单位	勘察设计单位	施工单位	监理单位	
A13－3	设计概算	S	X			√
A13－4	鉴修概算	S	X			√
A13－5	投资检算	S	X			√
A13－6	分标段执行预算	S	X	S	S	√
A13－7	甲供物资价款资料	S	X	S	S	
A13－8	验工计价资料	S、X	S、X	X、S	S、X	√
A13－9	清理概算资料	S	X	S	S	√
A13－10	投资管理台账	X	X	X	X	

4.1.3　勘察设计资料(B类)应符合表4.1.3的规定。

表4.1.3　勘察设计资料(B类)

资料代号	资　料　名　称	形成(X)、收集(S)				纳入竣工文　　件
		建设单位	勘察设计单位	施工单位	监理单位	
B1	勘察资料					
B1－1	勘察大纲资料	S	X			√
B1－2	勘察报告资料	S	X			√
B1－3	初测资料	S	X			√
B1－4	定测资料	S	X	S		√
B1－5	勘察监理资料	S	S			√
B2	设计资料					
B2－1	初步设计资料	S	X	S		√
B2－2	施工图设计资料	S	X	S	S	√
B2－3	变更设计资料	S	X	S	S	√
B2－4	工程咨询资料	S	S			√

4.1.4　施工资料(C类)应符合表4.1.4的规定。

表4.1.4　施　工　资　料(C类)

资料代号	资　料　名　称	形成(X)、收集(S)				纳入竣工文　　件
		建设单位	勘察设计单位	施工单位	监理单位	
C1	施工管理资料					
C1－1	施工组织机构资料	S		X	S	√
C1－2	施工管理规章制度资料	S		X	S	
C1－3	施工现场质量管理检查记录	S		X	X	
C1－4	分包单位资质资料			X	X	

续上表

资料代号	资　料　名　称	形成(X)、收集(S)				纳入竣工文　件
		建设单位	勘察设计单位	施工单位	监理单位	
C1－5	主要进场人员资料			X	X	
C1－6	主要进场施工机械、设备资料			X	X	
C2	施工技术资料					
C2－1	施工图现场核对资料	S	S	X	X	
C2－2	设计技术交底资料	S	X	X	S	
C2－3	交接桩及测量资料	S	X	X	S	
C2－4	工程风险评估与管理资料	X、S	X、S	X、S	S	
C2－5	超前地质预报资料	S	S	X	S	√
C2－6	实施性施工组织设计资料	S		X	X	
C2－7	施工技术交底			X	S	
C2－8	施工作业指导书			X	S	
C2－9	施工技术总结	S		X	S	√
C3	工程测量资料					
C3－1	施工测量实施方案资料			X	X	
C3－2	施工控制测量资料			X	X	√
C3－3	施工测量放样资料			X	X	√
C3－4	结构变形监测与控制资料			X	S	√
C3－5	沉降变形观测与评估资料	S	X	X	S	√
C3－6	竣工测量资料	S		X	S	√
C4	工程试验资料					
C4－1	工程试验实施方案资料			X	X	
C4－2	工程试验记录			X	S	
C4－3	工程试验报告			X	S	√
C5	施工记录资料					
C5－1	施工记录			X	X	√
C5－2	施工日志			X		√
C6	施工质量验收资料					
C6－1	物资设备质量验收资料			X	X	√
C6－2	检验批施工质量验收资料			X	X	√
C6－3	分项工程施工质量验收资料			X	X	√
C6－4	分部工程施工质量验收资料		X	X	X	√
C6－5	单位工程施工质量控制资料			X	X	√
C6－6	单位工程实体质量和主要功能核查资料			X	X	√
C6－7	单位工程观感质量检查资料	X		X	X	√
C6－8	单位工程验收资料	X	X	X	X	√

4.1.5　监理资料(D 类)应符合表 4.1.5 的规定。

表 4.1.5　监理资料(D 类)

资料代号	资　料　名　称	形成(X)、收集(S)				纳入竣工文　　件
		建设单位	勘察设计单位	施工单位	监理单位	
D1	监理管理资料					
D1－1	监理组织机构资料	S			X	√
D1－2	管理规章制度资料				X	
D1－3	监理规划	S			X	√
D1－4	监理实施细则				X	√
D1－5	监理设备资料				X	
D1－6	监理日志				X	√
D1－7	监理日记				X	
D1－8	会议纪要和文函				X	
D1－9	监理月报	S			X	√
D1－10	监理工作总结	S			X	√
D1－11	工程质量评估报告	S			X	√
D2	施工监理资料					
D2－1	监理工程师通知单	S		S	X	
D2－2	监理工程师通知回复单	S		X	S	
D2－3	工程停(复)工令	S		S	X	√
D2－4	旁站监理记录			S	X	√
D2－5	见证、平行检测资料				X	√
D2－6	测量复核资料				X	
D2－7	工程延期报告及审批资料	S		X	X	√
D2－8	索赔申请报告及审批资料	S		X	X	√

4.1.6　竣工验收资料(E 类)应符合表 4.1.6 的规定。

表 4.1.6　竣工验收资料(E 类)

资料代号	资　料　名　称	形成(X)、收集(S)				纳入竣工文　　件
		建设单位	勘察设计单位	施工单位	监理单位	
E1	基础资料					
E1－1	竣工图	S		X		√
E1－2	竣工表、册	S		X		√
E1－3	国有土地使用证	S				√
E1－4	水土保持、环境保护设施验收资料	S		S	S	√
E1－5	劳动、安全、卫生、消防设施验收资料	S		S	S	√
E1－6	竣工决算资料	X、S				√
E2	验收资料					

续上表

资料代号	资 料 名 称	形成(X)、收集(S)				纳入竣工文 件
		建设单位	勘察设计单位	施工单位	监理单位	
E2－1	静态验收资料	X	X	X	X	√
E2－2	动态验收资料	X、S	X、S	X、S	X、S	√
E2－3	初步验收资料	X、S	S	S	S	√
E2－4	安全评估报告	S	S	S	S	√
E2－5	国家(正式)验收资料	X、S	S	S	S	√

4.2 资料编号

4.2.1 铁路建设项目资料在其管理过程中应进行编号。

4.2.2 铁路建设项目资料编号可由项目代号(或简称)、标段代号(或简称)、资料代号(或简称)、专业代号(或简称)、单位工程编号(或简称)和资料顺序号组成。如下所示:

××× – ××× – ××× – ××× – ××× – ×××

项目代号(或简称) 标段代号(或简称) 资料代号(或简称) 专业代号(或简称) 单位工程代号(或简称) 资料顺序号

4.2.3 对于不涉及具体标段、专业、单位工程中任何一项或者几项的资料,在资料编号中可取消该部组成分。如下所示:

××× – ××× – ×××

项目代号(或简称) 资料代号(或简称) 资料顺序号

5 建设管理资料(A类)内容与要求

5.1 建设单位内部管理资料(A1)

5.1.1 管理机构资料(A1-1)

管理机构(建设单位)是指铁道部、铁路局或其他业主为组织实施某一具体铁路建设项目专门成立的建设项目管理机构。管理机构资料包括机构设置、人员配置及工作职责等。管理机构资料内容可随建设阶段不同而有所不同。

5.1.2 管理制度资料(A1-2)

管理制度资料指建设单位为实现质量、安全、工期、投资效益、环境保护和科技创新等“六位一体”控制目标而制定的各项管理制度。

5.2 立项决策资料(A2)

5.2.1 预可行性研究报告(A2-1)

预可行性研究报告是预可行性研究的成果性文件,是建设项目立项的依据,也是进行可行性研究的依据。

5.2.2 预可行性研究报告批复文件(A2-2)

铁道部及国家主管部门的审批文件。

5.2.3 环境影响报告书(A2-3)

环境影响报告书由建设单位委托有资质的勘察设计单位(或有相应资质的机构)编制。

5.2.4 环境影响报告书批复文件(A2-4)

铁道部及国家环境保护行政主管部门的审批文件。

5.2.5 水土保持方案报告书(A2-5)

水土保持方案报告书由建设单位委托勘察设计单位编制。

5.2.6 水土保持方案报告书批复文件(A2-6)

铁道部及国家水土保持行政主管部门的审批文件。

5.2.7 节能报告书(A2-7)

节能报告书由建设单位委托勘察设计单位编制。

5.2.8 节能报告书批复文件(A2-8)

铁道部及国家节能行政主管部门的审批文件。

5.2.9 防洪影响评估报告书(A2-9)

防洪影响评估报告书由建设单位委托勘察设计单位编制。

5.2.10 防洪影响评估报告书批复文件(A2-10)

铁道部及国家防洪行政主管部门的审批文件。

5.2.11 通航论证报告书(A2-11)

通航论证报告书由建设单位委托勘察设计单位编制。

5.2.12 通航论证报告书批复文件(A2-12)

铁道部及航道主管部门的审批文件(或签定协议)。

5.2.13 地震安全性评估报告书(A2-13)

地震安全性评估报告书由建设单位委托勘察设计单位(或有相应资质的机构)编制。

5.2.14 地震安全性评估报告批复文件(A2-14)

铁道部及地震行政主管部门的审批文件。

5.2.15 文物保护影响评估报告书(A2-15)

文物保护影响评估报告书由建设单位委托勘察设计单位编制。

5.2.16 文物保护影响评估报告书批复文件(A2-16)

铁道部及文物主管部门的审批文件(或签定协议)。

5.2.17 可行性研究报告(A2-17)

可行性研究报告由建设单位委托(或配合)设计单位编制。

5.2.18 可行性研究报告批复文件(A2-18)

铁道部及国家行政主管部门的审批文件。

5.3 征地拆迁资料(A3)

5.3.1 建设用地预审资料(A3-1)

建设单位在办理土地预审时,需按照国土管理部门要求提供建设用地预审资料。建设用地预审资料包括地质灾害危险性评估报告、压覆重要矿床评估报告、使用林地可行性报告等。

5.3.2 建设用地预审批复文件(A3-2)

国土管理部门的审批文件。

5.3.3 选址意见书、建设用地许可证(A3-3)

建设单位根据建设项目有关批准文件,向城市规划部门申请办理的选址意见书和建设用地许可证。

5.3.4 勘测定界成果资料(A3-4)

勘测定界成果资料包括勘测定界技术报告书和勘测定界图。建设单位委托有相应资质的机构进行项目用地勘测定界工作并编制勘测定界成果资料。

5.3.5 施工用地图纸、资料(A3-5)

由设计单位提供包括征地图、征地数量表、拆迁调查明细表等资料。

5.3.6 建(构)筑物评估报告(A3-6)

对于拆迁范围内的特殊建(构)筑物,建设单位委托有相应资质的评估单位进行评估,编制评估报告。

5.3.7 征地拆迁现场操作资料(A3-7)

根据有关规定和管理办法,实施征地拆迁现场操作的各类资料。

5.3.8 临时用地租用协议资料(A3-8)

临时用地租用协议资料是对于生产区、辅助生产区、办公生活区及施工便道等临时用地,施工单位与当地行政主管部门签订的临时租用协议书等资料。

5.3.9 征地拆迁管理台账(A3 -9)

征地拆迁管理台账是根据征地拆迁管理内容建立的台账。

5.4 招投标管理资料(A4)

5.4.1 招标计划(A4 -1)

招标人根据审定的勘察设计、设计咨询、监理(含地质勘察监理)、施工、物资设备采购、第三方检测等招标文件编制原则和编制大纲编制招标计划。

5.4.2 招标计划批复文件(A4 -2)

招投标管理机构的批复文件。

5.4.3 招标公告(A4 -3)

招标公告是指依法进行招标必须在指定媒介发布的招标公告。招标公告的具体内容按照铁道部有关管理规定执行。

5.4.4 资格预审文件、招标文件(A4 -4)

资格审查文件和招标文件应按相应文件范本编制。招标答疑、补遗文件是招标文件的组成部分。

5.4.5 资格后审批准文件(A4 -5)

资格审查分为资格预审和资格后审,需进行资格后审的,报招投标管理机构批准,形成批准文件。

5.4.6 资格预审评审资料(A4 -6)

资格预审评审资料包括评审记录资料、向资格预审合格的潜在投标人发出的资格预审合格通知书、向资格预审不合格的潜在投标人发出的告知资格预审结果资料。

5.4.7 投标文件(A4 -7)

投标文件是指投标人按照招标文件的要求编制,对招标文件提出的实质性要求和条件作出响应,并在提交投标文件截止时间前送达规定地点的文件。其中包括对提交的文件做补充、修改内容的书面材料。

5.4.8 开标记录文件(A4 -8)

开标记录是指在开标过程中由招标单位负责人、投标人法定代表人或委托代理人签字确认的记录。委托公证机关对开标过程依法进行公证的,开标记录文件还应包括公证书。

5.4.9 评标报告(A4 -9)

评标委员会完成评标后,应向招投标管理机构提出书面评标报告。评标报告由评标委员会全体成员签字。

5.4.10 中标通知书、中标结果通知书(A4 -10)

评标报告经招投标管理机构核准后,由招标人向中标人发出中标通知书,并同时将中标结果通知所有未中标的投标人。

5.4.11 招投标情况书面报告(A4 -11)

在中标通知书发出规定期限内,招标人向招标投标管理机构提交招投标情况书面报告。

5.5 合同管理资料(A5)

5.5.1 合同审查资料(A5-1)

合同审查资料主要有建设管理内部审查、咨询审查以及律师审查等资料。

5.5.2 合同联签文件(A5-2)

建设管理内部业务部门、计财部门、业务领导、主管领导及法人代表或委托代理人等签字文件。

5.5.3 合同变更、解除及纠纷处理文件(A5-3)

合同变更、解除及纠纷处理的各类文件资料。

5.5.4 合同文本(A5-4)

包括各种协议、合同、补充协议及补充合同书面文本。

5.5.5 合同管理台账(A5-5)

对合同管理台账应根据管理需求进行分类和栏目设置,方便统计和查询。

5.6 开工报告(A6)

5.6.1 建设项目开工报告(A6-1)

建设项目具备开工条件后,建设单位向上级主管部门提交的开工报告。

铁路基本建设大中型项目上报开工需提交以下主要资料:

1 工程开工报告;

2 可行性研究报告批复文件;

3 建设管理机构资料及管理规章制度;

4 初步设计及总概算批复文件,普通铁路项目鉴修概算或客运专线项目施工图投资检算核备文件;

5 项目资本金和其他建设资金计划已落实证明材料;

6 指导施工组织设计大纲;

7 主体工程(或控制性工程)施工单位、监理单位中标通知书;

8 建设项目管理单位与设计单位签订的设计图纸交付协议;

9 环境影响评估报告审批文件;

10 节能评估报告审批文件;

11 建设项目用地预审批复文件,农用地转用和土地征用审批文件。

5.6.2 建设项目开工报告批复文件(A6-2)

上级主管部门对开工条件进行审查后的批复文件。

5.6.3 合同标段和重点工程开工报告(A6-3)

合同标段和重点工程具备开工条件后,由施工单位填写《工程开工/复工申请表》(见附录A表A.0.8)向监理单位申请开工,监理单位对申请开工条件进行检查并签认后,上报建设单位核查。

5.6.4 合同标段和重点工程开工报告批复文件(A6-4)

建设单位的批复文件。

5.6.5 单位工程开工报告(A6 -5)

单位工程具备开工条件后,由施工单位填写《工程开工/复工申请表》(见附录 A 表 A.0.8)向监理单位申请开工。

5.6.6 单位工程开工报告批复文件(A6 -6)

监理单位完成审查的批复文件,报建设单位备案。

5.7 技术管理资料(A7)

5.7.1 指导性施工组织设计资料(A7 -1)

指导性施工组织设计资料包括指导性施工组织设计和批复文件,也包括各类施工组织设计的调整及批复。指导性施工组织设计由建设单位编制,按规定上报主管部门审批。

5.7.2 施工技术调查资料(A7 -2)

建设单位的施工技术调查是施工准备及招投标工作的一项重要内容。施工技术调查资料包括相关专业的有关资料、工程施工条件、标段设置和施工布局资料,为合理划分标段、工期、合理标价和定标做准备。

5.7.3 全线控制测量方案(A7 -3)

全线控制测量方案由设计单位提出,符合本线设计标准,满足建设需要,并为施工、运营维护提供依据。

5.7.4 线路贯通测量资料(A7 -4)

线路贯通测量资料包括线路贯通测量记录、线路贯通测量成果资料。

5.7.5 系统集成与接口管理资料(A7 -5)

系统集成与接口管理资料包括系统集成与接口管理的工作制度、职责分工、实施方案、界面划分、工序交接、功能测试及保证措施等资料。

5.7.6 科技成果资料(A7 -6)

科技成果资料包括任务书、合同、研究报告和评审鉴定结论等。

5.7.7 工程项目总结(A7 -7)

建设单位应在国家验收完成后规定的期限内,完成从项目立项到竣工验收全过程的工程项目总结。工程项目总结应包括质量、安全、工期、投资效益、环境保护和科技创新等目标控制体系的全部内容。

5.8 物资设备管理资料(A8)

5.8.1 甲供(控)物资设备采购计划资料(A8 -1)

包括建设单位供应和控制的物资设备清单以及相应的采购计划等。

5.8.2 甲供(控)物资设备质量记录(A8 -2)

对甲供(控)物资由施工单位和监理单位负责进场验收,并填写《进场材料/构配件/设备报验表》(见附录 A 表 A.0.7)。对不合格的物资要进行处理,形成相应的记录文件。

5.9 质量安全管理资料(A9)

5.9.1 质量安全控制资料(A9-1)

工程质量和安全生产的管理目标、资源配置、对策措施、动态检查、应急预案及演练、工程风险评估等资料。

5.9.2 质量安全事故资料(A9-2)

按国家和铁道部有关规定,对工程质量事故上报报告(见附录A表A.0.11)、安全事故的上报报告、调查报告、鉴定报告、责任处理报告、现场处理情况检查和验收记录等。

5.9.3 专项检测资料(A9-3)

专项检测资料是指建设单位委托检测机构,对工程用原材料、构配件、成品、半成品、设备以及工程实体等进行质量抽检、验证以及系统联调联试资料。包括检测方案及批复文件、检测记录和检测报告等。

5.10 质量安全监督资料(A10)

5.10.1 质量安全监督申报资料(A10-1)

建设单位在项目开工前,必须到监督部门办理铁路建设工程质量安全监督手续。资料包括铁路建设工程质量安全监督申报表、建设项目审批文件的复印件、指导性施工组织设计、项目质量安全保证体系及主要措施,勘察设计、施工、监理等合同副本,勘察设计、施工、监理等责任主体单位的资质证书复印件及施工企业安全生产许可证复印件,已审核批准的设计文件目录以及其他相关资料等。

5.10.2 质量安全监督审批资料(A10-2)

质量安全监督审批资料包括铁路建设工程质量安全监督书及铁路建设工程质量安全监督补充资料通知单等。

5.10.3 质量安全监督实施资料(A10-3)

质量安全监督实施资料包括铁路建设工程质量安全监督计划、铁路建设工程质量安全监督现场处罚通知单、铁路建设工程质量安全监督通知书、铁路建设工程质量安全监督复工通知书等。

5.10.4 质量安全监督报告(A10-4)

质量安全监督报告包括铁路建设工程质量安全监督报告及其补充报告等。

5.11 水土保持、环境保护资料(A11)

5.11.1 水土保持资料(A11-1)

水土保持资料包括施工过程中的检查记录、方案变更记录和防洪预案等。

5.11.2 环境保护资料(A11-2)

环境保护资料包括施工过程中的检查记录、方案变更记录等。

5.12　计划统计资料(A12)

5.12.1　年度计划资料(A12－1)

年度计划资料包括上级计划部门下发年度计划、建设单位编制的年度基建计划(含月度计划)、各标段分解计划及年度调整计划。

5.12.2　季度施工建议计划(A12－2)

季度施工建议计划由建设单位编制,在征求各施工单位意见,进行全线汇总平衡后,以文件形式在季末前下达计划。季度施工建议计划必须包括月份分解计划指标。

5.12.3　滚动计划(A12－3)

建设单位编制滚动计划(含月度计划),报上级计划管理部门。

5.12.4　月、年统计报表(A12－4)

使用统一提供的软件、格式、内容填报,署名、签章必须齐全。

5.12.5　计划统计管理台账(A12－5)

对合同数量及价值、施工图数量、完成数量及价值、变更设计数量及价值应逐项统计,便于对比分析;准确掌握施工过程中工程数量的增减变化及合同投资变更情况;发挥统计监督作用,通过统计月报、年报全面反映施工计划的执行情况。

5.13　投资控制资料(A13)

5.13.1　投资估算文件(A13－1)

在项目可行性研究阶段由设计单位完成投资估算,其为预可行性研究、可行性研究报告的一部分。批准的投资估算规模是建设项目投资的法定限额。

5.13.2　投资估算审查修改文件(A13－2)

设计单位按照批准的投资估算总额编制项目投资估算,审查修改设计文件,作为下阶段投资对照分析和控制的依据。

5.13.3　设计概算(A13－3)

在初步设计阶段由设计单位完成设计概算。

5.13.4　鉴修概算(A13－4)

鉴修概算是在建设单位对初步设计文件初审并经铁道部批复的基础上编制的,鉴修概算是依据铁道部批复意见编制的,并与批复总概算吻合。鉴修概算是建设单位组织工程招标或编制施工图投资检算的主要依据,也是项目工程实施阶段投资控制的基础。

5.13.5　投资检算(A13－5)

在施工图设计阶段由设计单位完成的投资检算。

5.13.6　分标段预算(A13－6)

在建设项目招标完成后,建设单位组织编制分标段执行预算。分标段预算是建设单位指导验工计价和投资管理的基础。

5.13.7　甲供物资价款资料(A13－7)

包括标底确定资料、投标报价资料、中标价确定资料等。

5.13.8　验工计价资料(A13－8)

工程建设项目完成的所有投资都应进行验工计价。验工计价资料包括建筑安装工程、设备工器具、征地及拆迁、勘察设计费、工程咨询费、监理费、建设管理费统计计价资料等。在批准的预算范围内,应按有效支付凭证进行归类统计计价。

5.13.9　清理概算资料(A13－9)

清理概算资料包括项目清理概算报告及上级主管部门批复意见。项目清理概算资料作为项目管理机构编制项目工程决算的依据。

5.13.10　投资管理台账(A13－10)

投资管理台账应详细记载各阶段投资审批、工程招投标、执行预算、年度投资、变更设计、降造费使用、概算清理等内容。

6　勘察设计资料(B 类)内容与要求

6.1　勘 察 资 料(B1)

6.1.1　勘察大纲资料(B1－1)

勘察大纲资料包括地质勘察大纲和相应的审查资料。审查后的地质勘察大纲是地质勘察合同的一部分。勘察大纲是勘察工作指导性文件,由勘察设计单位完成,通过勘察监理和建设单位的审查。

6.1.2　勘察报告资料(B1－2)

勘察报告资料包括勘察报告和相应的验收资料。勘察报告是勘察工作的成果,由勘察设计单位完成,通过建设单位组织的验收。

6.1.3　初测资料(B1－3)

初测资料是勘察初测工作的成果,由勘察设计单位完成,是进行可行性研究的依据性资料。

6.1.4　定测资料(B1－4)

定测资料是勘察定测工作的成果,是由勘察设计单位在初测资料的基础上完成的,是进行初步设计的依据性资料。

6.1.5　勘察监理资料(B1－5)

勘察监理资料包括勘察监理规划、勘察监理细则、勘察监理月报、勘察监理日志、检查记录、旁站记录、监理通知、勘察监理工作总结。

6.2　设 计 资 料(B2)

6.2.1　初步设计资料(B2－1)

初步设计资料包括初步设计文件、设计图纸、设计概算、鉴修概算以及初步设计初审意见、审查及批复文件。勘察设计单位在向建设单位提供初步设计初审资料后,建设单位组织或参加对初步设计的初审,形成初审意见后上报主管部门。主管部门对初步设计进行审查和批复,勘察设计单位根据审查意见修改初步设计、编制鉴修概算,建设单位审查后上报主管部门核备。

6.2.2　施工图设计资料(B2－2)

施工图设计资料包括施工图纸、投资检算以及施工图设计审核、优化、审查文件。勘察设计单位提供施工图设计资料后,建设单位组织施工图设计审核和优化,勘察设计单位根据审核意见修改施工图、编制投资检算,建设单位组织对投资检算进行审查并按要求上报主管部门核备。

6.2.3　变更设计资料(B2－3)

变更设计资料是按《铁路建设项目变更设计管理办法》规定程序,对工程进行变更设计形成的有关资料。包括变更提议(见附录A表A.0.20)、会审(勘)纪要、投资比较、批准的变更设计文件、变更设计图纸等。

6.2.4　工程咨询资料(B2－4)

对于经批准采用工程设计咨询的建设项目,工程咨询资料包括工程咨询大纲、阶段实施细则和工程咨询报告等。工程咨询报告一般可分为阶段性工程咨询报告、阶段性工程咨询补充报告和工程咨询总体报告。工程咨询报告完成后,工程咨询单位应将工程咨询报告报送建设单位,同时抄送勘察设计单位。

7　施工资料(C类)内容与要求

7.1　施工管理资料(C1)

7.1.1　施工组织机构资料(C1－1)

施工组织机构资料包括施工单位现场的机构设置、人员配置(含施工作业人员)、工作职责等。

7.1.2　施工管理规章制度资料(C1－2)

施工管理规章制度资料是指施工单位为实现质量、安全、工期、投资效益、环境保护和科技创新等"六位一体"控制目标而制定的各项管理制度。

7.1.3　施工现场质量管理检查记录(C1－3)

施工现场质量管理检查是施工前施工单位对所做施工准备工作的一次全面检查,是保证项目顺利施工的一项基础工作。施工单位自查后,监理单位的总监理工程师进行检查,做出合格或不合格及限期整改的结论(见附录A表A.0.9)。

7.1.4　分包单位资料(C1－4)

对于允许分包的工程,分包单位资料包括分包单位资质资料、业绩资料以及分包工程名称、部位、工程数量、合同额等。含监理单位审查、签认意见文件(见附录A表A.0.4)。

7.1.5　主要进场人员资料(C1－5)

主要进场人员资料包括施工单位按合同约定进场的相应人员、人员资格证明等资料。含监理单位审查、签认意见文件(见附录A表A.0.5),也包括其他人员的质量责任登记资料。

7.1.6　主要进场施工机械、设备资料(C1－6)

主要进场施工机械、设备资料包括施工单位进场施工机械、设备的规格、型号、数量以及技术参数、质量证明文件、检验报告等。含监理单位审查、签认意见文件(见附录A表A.0.6)。

7.2　施工技术资料(C2)

7.2.1　施工图现场核对资料(C2－1)

施工单位、监理单位结合现场实际核对施工图,对重点、难点工程进行会审,汇总发现的问题形成书面资料。

7.2.2　设计技术交底资料(C2－2)

在工程开工前,建设单位组织设计单位向施工、监理及其他相关单位进行设计技术交底。设计技术交底资料包括设计交底记录、设计交底问题汇总等。对重大、复杂或采用新技术、新标准、新结构、新工艺的工程,在施工前和施工中应由有关专业设计负责人到施工现场进行专题技术交底,形成专题技术交底资料(见附录B表B.0.1)。

7.2.3 交接桩及测量资料(C2－3)

交接桩及测量资料包括交接桩记录(见附录B表B.0.2)、测量成果资料，也包括施工单位的施工复测资料。由建设单位组织设计单位向施工单位进行交桩。交接桩记录包括交桩资料明细，现场点桩情况、交接桩纪要等。测量成果资料包括:GPS控制点坐标及点之记，平面控测导线桩坐标，中线逐桩坐标，水准点高程成果表及点之记，精密测量控制桩等。

7.2.4 工程风险评估与管理资料(C2－4)

工程风险评估与管理资料是指对于采用风险评估与管理的工程，不同阶段的风险评估工作实施细则、风险评估报告、风险监测和处理措施记录以及审核、评审意见等。

7.2.5 超前地质预报资料(C2－5)

超前地质预报资料包括超前地质预报实施大纲、各预测方法预测报告、地质综合分析报告、超前地质预报竣工总报告等。

7.2.6 实施性施工组织设计资料(C2－6)

实施性施工组织设计资料包括标段实施性施工组织设计、单位或单项工程施工组织设计、专项施工方案、应急预案以及监理单位、建设单位的审核、审批意见等。专项施工方案是指对控制工程、重点工程以及技术复杂、危险性高的工程制定的专门施工方案。由施工单位填写《施工组织设计(方案)报审表》(见附录A表A.0.1) 报审。

7.2.7 施工技术交底资料 (C2－7)

施工技术交底分总施工技术交底、工点施工技术交底和施工作业技术交底等。各种技术交底应有书面资料，交底双方应履行签字手续。

7.2.8 施工作业指导书 (C2－8)

施工作业指导书是施工单位针对特殊过程、关键工序向操作人员交待作业程序、方法以及注意事项而制定的指导性文件。施工作业指导书应经项目技术负责人审批。

7.2.9 施工技术总结 (C2－9)

施工技术总结包括自开工至竣工的全过程相关内容，在工程竣工后规定的期限内完成编写。施工技术总结分综合性施工技术总结、各合同标段及重点工程施工技术总结。

7.3 工程测量资料 (C3)

7.3.1 施工测量实施方案资料 (C3－1)

施工测量实施方案资料包括施工测量实施方案和监理单位审批文件。实施测量前，施工单位编制施工测量实施方案，填写《测量实施方案报审表》(见附录A表A.0.2) 报审。

7.3.2 施工控制测量资料 (C3－2)

施工控制测量资料包括施工控制测量记录和施工控制测量成果以及监理单位审查、签认文件。

7.3.3 施工测量放样资料 (C3－3)

施工测量放样资料包括施工复测和施工测量放样记录、成果以及监理单位审查结论等。由施工单位填写《施工复测/测量放样报验表》(见附录A表A.0.10) 报验。

7.3.4 结构变形监测与控制资料 (C3－4)

结构变形监测与控制资料是指对隧道和特殊桥梁结构变形的监控量测记录以及分析、控制和处理措施等资料。

7.3.5　沉降变形观测与评估资料（C3－5）

沉降变形观测与评估资料包括各类工程结构的变形观测与评估资料，是无砟轨道铺设的依据。其中线下工程的沉降变形评估报告由专门机构根据标准方法进行判定后提出。

7.3.6　竣工测量资料（C3－6）

竣工测量资料包括竣工测量记录和竣工测量成果。每项工程竣工时应由施工单位按设计文件要求和相关标准规定，对线路、路基及各种建筑物的位置、尺寸、高程及用地界进行测量核对，如实反映在竣工资料和图纸上。

7.4　工程试验资料（C4）

7.4.1　工程试验实施方案资料（C4－1）

工程试验实施方案资料包括工程试验实施方案和监理单位审批意见等。工程试验是指施工单位、监理单位为采集有关质量指标和数据，对工程用原材料、构配件、成品、半成品、设备以及工程实体等进行的试验检测。施工单位试验前应编制工程试验实施方案，填写《试验实施方案报审表》(见附录 A 表 A.0.3)，经监理单位批准后实施。

7.4.2　工程试验记录（C4－2）

工程试验记录应按《铁路工程试验表格》(铁建设函〔2009〕27 号）的规定编制。

7.4.3　工程试验报告（C4－3）

工程试验报告应按《铁路工程试验表格》(铁建设函〔2009〕27 号）的规定编制。

7.5　施工记录资料（C5）

7.5.1　施工记录（C5－1）

施工记录是施工单位对关键工序、重点部位施工过程的记录。以下施工记录在施工过程中必须填写，并纳入竣工文件。其他施工记录应根据工程特点进行增补，并根据其内容确定是否纳入竣工文件。

1　打入桩施工记录（见附录 C 表 C.0.1）；

2　钻孔桩钻孔及清孔记录（见附录 C 表 C.0.2）；

3　基坑开挖施工记录（见附录 C 表 C.0.3）；

4　预应力混凝土简支梁终张拉记录（见附录 C 表 C.0.4）；

5　预应力混凝土连续梁张拉记录（见附录 C 表 C.0.5）；

6　预应力混凝土梁孔道压浆记录（见附录 C 表 C.0.6）；

7　预应力混凝土梁封锚（端）记录（见附录 C 表 C.0.7）；

8　粉体喷射搅拌桩施工记录（见附录 C 表 C.0.8）；

9　浆体喷射搅拌桩施工记录（见附录 C 表 C.0.9）；

10　高压旋喷桩施工记录（见附录 C 表 C.0.10）；

11　水泥粉煤灰碎石桩（CFG 桩）施工记录（见附录 C 表 C.0.11）；

12　强夯施工记录（见附录C表C.0.12）；

13　隧道开挖断面及地质状况检查记录（见附录C表C.0.13）；

14　隧道喷锚支护施工记录（见附录C表C.0.14）；

15　线路锁定记录（见附录C表C.0.15）。

7.5.2　施工日志（C5－2）

施工日志是重要的施工技术履历档案，应按单位或单项工程建立，由工程（工点）施工负责人或技术负责人逐日连续填写（见附录C表C.0.16）。其主要内容包括：

1　工程概况；

2　施工期的气候、施工方法、劳动力布置、机械配置、施工操作、施工进度及工程地质变化情况；

3　相关工作记录，如现场取样、检测、测量、施工交底等；

4　工序检查验收情况及结论；

5　每日使用的主要材料规格、数量及检测结果；

6　施工中遇到的重大技术问题，变更设计、主要工程材料代用等所采取的主要措施和效果记录；

7　施工中发生的工程质量事故和处理改进情况记录；

8　停工原因（停工期间重要事件应记录）；

9　各级管理人员检查的有关工程施工或质量要求，施工中发现的问题及相关指令，存在问题及整改情况；

10　施工中采用的新工艺、新材料、新设备、新技术情况；

11　其他与工程施工有关的情况；

12　施工日志中提出问题的纠正和验证记录。

7.6　施工质量验收资料（C6）

7.6.1　物资设备质量验收资料（C6－1）

物资设备包括工程用原材料、构配件、成品、半成品和设备等。其质量验收资料包括质量证明文件和进场验收记录。质量证明文件是指供货商提供的合格证、检验报告、试验报告、质量保证书、技术说明书等。从国外引进的新技术或成套设备，还应包括外方提供的设计文件和相关标准。属于行政许可或强制认证的，应有行政许可或强制认证证书。质量证明文件应反映工程物资设备的品种、规格、数量、性能指标等，并与实物相符。进场验收记录是指物资设备进场后，由施工单位和监理单位按规定方法和频次进行检查、试验，确定其质量是否合格的记录（见附录A表A.0.7）。

7.6.2　检验批施工质量验收资料（C6－2）

按现行铁路工程相关专业施工质量验收标准规定，经验收形成的包括《检验批质量验收记录》（见附录D表D.0.1）以及检验批施工质量问题处理记录。

7.6.3　分项工程施工质量验收资料（C6－3）

按现行铁路工程相关专业施工质量验收标准规定，经验收形成的包括《分项工程质量验收记录》（见附录D表D.0.2）以及分项工程施工质量问题处理记录。

7.6.4　分部工程施工质量验收资料（C6－4）

按现行铁路工程相关专业施工质量验收标准规定，经验收形成的包括《分部工程质量验收记录》(见附录 D 表 D. 0. 3) 以及分部工程施工质量问题处理记录。

7. 6. 5 单位工程质量控制资料（C6 –5）

按现行铁路工程相关专业施工质量验收标准规定，经验收形成的《单位工程质量控制资料核查记录》(见附录 D 表 D. 0. 4)。

7. 6. 6 单位工程实体质量和主要功能核查资料（C6 –6）

按现行铁路工程相关专业施工质量验收标准规定，经验收形成的《单位工程实体质量和主要功能核查记录》(见附录 D 表 D. 0. 5)。

7. 6. 7 单位工程观感质量检查资料（C6 –7）

按现行铁路工程相关专业施工质量验收标准规定，经验收形成的《单位工程观感质量检查记录》(见附录 D 表 D. 0. 6)。

7. 6. 8 单位工程施工质量验收资料（C6 –8）

按现行铁路工程相关专业施工质量验收标准规定，经验收形成的《单位工程质量验收记录》(见附录 D 表 D. 0. 7) 以及单位工程施工质量问题处理记录。

8　监理资料（D类）内容与要求

8.1　监理管理资料（D1）

8.1.1　监理组织机构资料（D1－1）

监理组织机构资料是指现场项目监理机构的组织形式、人员构成（含动态变化情况）等。组织形式和人员构成应根据委托监理合同规定的服务内容、服务期限、工程类别、规模、技术复杂程度、工程环境等因素确定。

8.1.2　管理规章制度资料（D1－2）

项目监理机构的各项管理规章制度。

8.1.3　监理规划（D1－3）

由总监理工程师主持编制，经监理单位技术负责人批准，用来指导项目监理机构全面开展监理工作的指导性文件。

8.1.4　监理实施细则（D1－4）

根据监理规划，由专业监理工程师编写，并经总监理工程师批准，针对工程项目中某一专业或某一方面监理工作的操作性文件。

8.1.5　监理设备资料（D1－5）

项目监理机构配备的检测、测量、交通、通讯、办公等方面的设备资料。

8.1.6　监理日志（D1－6）

项目监理机构记录每天监理工作实施情况的文件，由监理人员按单位工程或单项工程建立（见附录A表A.0.21），其主要内容包括：

1　工程的基本概况。主要包括设计概况，施工单位主要负责人、技术负责人、专职质量及安全人员，开工及竣工日期等。

2　气候情况、施工方法、劳力布置、机械配置、施工操作、施工进度和工程地质变化情况。

3　相关工作记录，如现场取样、检测、测量、技术交底等。

4　工序检查验收及结论、平行检验、见证检验、旁站监理情况及相关指令等。

5　使用的主要材料规格、数量及检测结果。

6　施工中遇到的重大技术问题、变更设计及采取的主要措施和效果。

7　施工中发生的工程质量事故和处理改进情况。

8　停工原因。

9　各级管理及监督人员的检查意见，施工中发现的问题及解决方法，存在问题及整改情况。

10　施工中采用的新工艺、新材料、新设备、新技术情况。

11　其他与监理工作有关的情况。

12　监理日志中提出问题的纠正和验证记录。

8.1.7　监理日记（D1－7）

监理人员记录每天监理工作实施情况的文件。由监理人员按单位工程或单项工程建立（见附录A表A.0.21）。其主要内容同监理日志。

8.1.8　会议纪要和文函（D1－8）

包括第一次工地会议纪要、监理例会纪要以及和监理工作相关的各种会议纪要及文函等。

8.1.9　监理月报（D1－9）

项目监理机构分析、总结每月项目实施和监理工作情况的文件。

8.1.10　监理工作总结（D1－10）

工程完工后，由项目监理机构编写的全面反映监理工作全过程的回顾性总结报告。

8.1.11　工程质量评估报告（D1－11）

工程质量评估报告是项目监理机构编制的工程施工质量评价报告。

8.2　施工监理资料（D2）

8.2.1　监理工程师通知单（D2－1）

监理工程师通知单是项目监理机构按委托监理合同授权，由监理工程师向施工单位签发的指令性文件（见附录A表A.0.13）。

8.2.2　监理工程师通知回复单（D2－2）

施工单位根据监理工程师通知单要求进行整改后提交的回复文件（见附录A表A.0.14）。

8.2.3　工程停（复）工令（D2－3）

工程停（复）工令是监理单位向施工单位发出的暂停（恢复）施工指令（见附录A表A.0.15、表A.0.16）。

8.2.4　旁站监理记录（D2－4）

旁站监理记录是监理人员在现场对关键部位或关键工序进行施工过程监督的记录（见附录A表A.0.12）。

8.2.5　见证、平行检测资料（D2－5）

包括见证、平行检测计划、检测记录以及检测报告等。

8.2.6　测量复核资料（D2－6）

监理单位的各类测量复核资料。

8.2.7　工程延期报告及审批资料（D2－7）

施工单位提交的工程延期报审资料和监理单位及建设单位批准意见（见附录A表A.0.17）。

8.2.8　索赔申请报告及审批资料（D2－8）

合同一方因另一方原因造成本方损失，向监理单位提交的费用索赔或工程延期申请及相关材料，包括监理单位（建设单位）的审查意见（见附录A表A.0.18、表A.0.19）。

9 竣工验收资料（E类）内容与要求

9.1 基础资料（E1）

9.1.1 竣工图（E1－1）

竣工图是建设项目完工后的主要凭证性材料，也是维修、养护、改造、管理的依据。建设单位应组织施工、设计或监理单位按有关规定绘制和审核。

9.1.2 竣工表、册（E1－2）

竣工表、册是针对建设项目各类工程、设备、设施、系统的技术条件、工程数量、投资等，按有关规定编制的汇总表、对照表和清册等。

9.1.3 国有土地使用证（E1－3）

建设单位向国土管理部门申领铁路用地国有土地使用证。

9.1.4 水土保持、环境保护设施验收资料（E1－4）

水土保持、环境保护设施的施工质量验收或竣工试运行验收资料，以及行政主管部门的验收批复。

9.1.5 劳动、安全、卫生、消防设施验收资料（E1－5）

劳动、安全、卫生、消防设施的施工质量验收或竣工试运行验收资料，以及相关部门的合格验收意见。

9.1.6 竣工决算资料（E1－6）

竣工决算资料包括建设单位按有关规定编制的竣工决算及审计结论等资料。

9.2 验收资料（E2）

9.2.1 静态验收资料（E2－1）

静态验收资料包括子系统（专业）验收申请表、子系统（专业）验收记录表、综合系统验收申请表、综合系统验收记录表和静态验收报告。其中应含有按照系统集成理念进行综合调试的有关资料。

9.2.2 动态验收资料（E2－2）

动态验收资料包括动态验收实施方案、动态检测报告、动态验收记录表、动态验收报告等。其中应含有综合调试、试运行的有关资料。

9.2.3 初步验收资料（E2－3）

初步验收资料包括初步验收申请表、初步验收报告。

9.2.4 安全评估报告（E2－4）

安全评估报告是由铁路安全监察部门组织（或委托具有资质的第三方机构）进行安全评估，就建设项目试运营（或临管运营）提出的安全评价意见。

9.2.5 国家（正式）验收资料（E2－5）

国家（正式）验收资料包括国家验收申请表、国家（正式）验收证书。

10 竣工文件

10.0.1 竣工文件应由建设单位组织有关责任单位编制，接管使用单位档案管理部门应予以协助指导。

10.0.2 **编制单位应保证竣工文件的系统性和完整性，并对其真实性和准确性负责。**

10.0.3 纳入竣工文件的建设项目资料应符合表4.1.2～表4.1.6的规定。

10.0.4 竣工文件的编制、整理、验收、移交、管理等应符合有关标准和管理办法的规定。

附录 A　工程监理用表

表 A.0.1　施工组织设计（方案）报审表

工程项目名称：　　　　　　　　　　　施工合同段：　　　　　　　　　　　　　　编号：

致＿＿＿＿＿＿＿＿＿＿（项目监理机构）： 　　我单位根据承包合同的约定已编制完成＿＿＿＿＿＿＿＿＿＿工程的施工组织设计（方案），并经我单位技术负责人审查批准，请予以审查。 　　附：施工组织设计（方案） 施工单位（章）： 项目负责人： 日　期：　　年　月　日
专业监理工程师意见： 专业监理工程师： 日　期：　　年　月　日
项目监理机构意见： 项目监理机构（章）： 总监理工程师： 日　期：　　年　月　日
建设单位意见（需要时）： 建设单位（章）： 负责人： 日　期：　　年　月　日

表 A.0.2　测量实施方案报审表

工程项目名称：　　　　　　　　施工合同段：　　　　　　　　编号：

<table>
<tr><td>致________________（项目监理机构）：
　　我单位根据承包合同的约定已编制完成________________工程的测量实施方案，并经我单位技术负责人审查批准，请予以审查。
　　附：测量实施方案

施工单位（章）：
项目负责人：
日　期：　　年　月　日</td></tr>
<tr><td>专业监理工程师意见：

专业监理工程师：
日　期：　　年　月　日</td></tr>
<tr><td>项目监理机构意见：

项目监理机构（章）：
总监理工程师：
日　期：　　年　月　日</td></tr>
<tr><td>建设单位意见（需要时）：

建设单位（章）：
负责人：
日　期：　　年　月　日</td></tr>
</table>

表 A.0.3 试验实施方案报审表

工程项目名称： 施工合同段： 编号：

<table>
<tr><td>致________________（项目监理机构）：
我单位根据承包合同的约定已编制完成________________工程的试验实施方案，并经我单位技术负责人审查批准，请予以审查。
附：试验实施方案

施工单位（章）：
项目负责人：
日 期： 年 月 日</td></tr>
<tr><td>专业监理工程师意见：

专业监理工程师：
日 期： 年 月 日</td></tr>
<tr><td>项目监理机构意见：

项目监理机构（章）：
总监理工程师：
日 期： 年 月 日</td></tr>
<tr><td>建设单位意见（需要时）：

建设单位（章）：
负责人：
日 期： 年 月 日</td></tr>
</table>

表 A. 0. 4　分包单位资质报审表

工程项目名称：　　　　　　施工合同段：　　　　　　编号：

致＿＿＿＿＿＿＿＿（项目监理机构）：

经考察，我方认为选择的＿＿＿＿＿＿＿＿（分包单位）具有承担下列工程的施工资质和施工能力，可以保证本工程项目按合同的规定进行施工。分包后，我方仍承担总包单位的全部责任。请予以审查和批准。

附：1. 分包单位资质材料；

2. 分包单位业绩材料。

分包工程名称（部位）	工程数量（单位）	拟分包工程合同额（万元）	分包工程占总包工程（%）
合　计			

施工单位（章）：
项目负责人：

日　期：　　年　月　日

专业监理工程师意见：

专业监理工程师：
日　期：　　年　月　日

总监理工程师意见：

项目监理机构（章）：
总监理工程师：
日　期：　　年　月　日

建设单位意见（需要时）：

建设单位（章）：
负责人：
日　期：　　年　月　日

表 A.0.5　主要进场人员报审表

工程项目名称：　　　　　　　　　　　　施工合同段：　　　　　　　　　　编号：

致＿＿＿＿＿＿＿＿＿＿＿＿（项目监理机构）：

下列人员已进场，并满足合同约定，请予以审查。

附：人员资格证明复印件。

施工单位（章）：

项目负责人：

日　期：　　年　月　日

序号	姓名	性别	出生年月	职务/职称	学历	专业	专业年限	备注

审查结论：

专业监理工程师：

日　期：　　年　月　日

表 A. 0. 6　进场施工机械、设备报验表

工程项目名称：　　　　　　　　　　施工合同段：　　　　　　　　　　编号：

致________________（项目监理机构）：

下列施工机械、设备按合同约定已进场，并经我方检查，能满足工程施工需要，请审验签证并准予使用。

施工单位（章）：

项目负责人：

日　期：　　年　月　日

序号	机械设备名称	规格及型号	数量	技术状态	进场日期	使用工点	备　注

审验结论：

专业监理工程师：

日　期：　　年　月　日

表 A. 0. 7　进场材料/构配件/设备报验表

工程项目名称：　　　　　　　　　　　　施工合同段：　　　　　　　　　　　　编号：

致＿＿＿＿＿＿＿＿＿＿（项目监理机构）：

下列原材料/构件/设备经自检符合技术规范要求，报请检验并准予在指定的部位使用。

附件：1. 出厂质量保证书（产品合格证）；

2. 出厂检验报告；

3. 自检试验报告。

施工单位（章）：

项目负责人：

技术负责人：

日　期：　　年　月　日

名　称						
规格及型号						
本批数量						
供货单位						
到达时间						
合格证						
来源或产地						
使用工点及部位						
自检情况	取样地点及日期					
	检查人及检查日期					
	检查结果					
使用日期						
监理检验意见						

审查结论：

专业监理工程师：

日　期：　　年　月　日

表 A. 0. 8　工程开工/复工申请表

工程项目名称：　　　　　　　　　　施工合同段：　　　　　　　　　　编号：

<table>
<tr><td>工程名称（单位、分部）</td><td></td><td>里程/部位</td><td></td></tr>
<tr><td>申请开工/复工日期</td><td></td><td>计划工期</td><td></td></tr>
<tr><td colspan="4">致________________（项目监理机构）：
我方承担的________________工程，已完成各项准备工作，具备了开工/复工条件，特此申请施工，请核查并签发开工/复工指令。
附：1. 开工/复工报告；
2. 证明文件。

施工单位（章）：
项目负责人：
日　期：　　年　月　日</td></tr>
<tr><td colspan="4">项目监理机构意见：

项目监理机构（章）：
总监理工程师：
日　期：　　年　月　日</td></tr>
<tr><td colspan="4">建设单位意见（需要时）：

建设单位（章）：
负责人：
日　期：　　年　月　日</td></tr>
</table>

表 A. 0. 9　施工现场质量管理检查记录

工程项目名称：　　　　　　　　　　　　施工合同段：　　　　　　　　　　　　编号：

<table>
<tr><td>单位工程名称</td><td colspan="3"></td><td>开工日期</td><td></td></tr>
<tr><td>建设单位</td><td colspan="3"></td><td>项目负责人</td><td></td></tr>
<tr><td>设计单位</td><td colspan="3"></td><td>项目负责人</td><td></td></tr>
<tr><td>监理单位</td><td colspan="3"></td><td>总监理工程师</td><td></td></tr>
<tr><td>施工单位</td><td></td><td>项目负责人</td><td></td><td>项目技术负责人</td><td></td></tr>
</table>

序号	项　目	内　容
1	开工报告	
2	现场质量管理制度	
3	质量责任制	
4	工程施工质量检验制度	
5	施工技术标准	
6	施工图现场核对情况	
7	地质勘察资料	
8	交接桩、施工复测及测量控制网资料	
9	施工组织设计、施工方案和环境保护方案及审批	
10	主要专业工种操作上岗证书	
11	各类人员质量责任登记情况	
12	施工检测设备及计量器具设置	
13	工程材料、设备管理制度	

检查结论：

总监理工程师：　　　　　日　期：　　　　　年　月　日

表 A. 0. 10　施工复测/测量放样报验表

工程项目名称：　　　　　　　　　　施工合同段：　　　　　　　　　　编号：

致＿＿＿＿＿＿＿＿＿＿＿＿（项目监理机构）：

根据合同要求，我单位已完成＿＿＿＿＿＿＿＿＿＿＿＿的施工复测/测量放样工作，清单如下，请予以核验。

附：施工复测/测量放样资料。

工程地点	内　容	备　注

施工单位（章）：

测量人：

审核人：

技术负责人：

日　期：　　年　月　日

审查结论：

专业监理工程师：

日　期：　　年　月　日

表 A.0.11　工程质量事故报告单

工程项目名称：　　　　　　　　　　　　施工合同段：　　　　　　　　　　　　编号：

致＿＿＿＿＿＿＿＿＿＿＿＿（项目监理机构）：

＿＿＿年＿＿月＿＿日＿＿时，在＿＿＿＿＿＿＿＿＿＿＿＿发生工程质量事故，报告如下：

1. 事故经过及原因简要说明（详见附件）：

2. 事故性质：
3. 预计造成损失：
4. 应急措施：
5. 初步处理意见：

待进行现场调查后，另作详细报告。

施工单位（章）：

项目负责人：

年　月　日　时

收件人：

年　月　日　时

表 A. 0. 12　旁站监理记录表

工程项目名称：　　　　　　　　　　施工合同段：　　　　　　　　　　编号：

<table>
<tr><td>日期</td><td></td><td>气候</td><td></td><td>工程地点</td><td></td></tr>
<tr><td colspan="2">旁站监理部位或工序</td><td colspan="4"></td></tr>
<tr><td colspan="2">旁站监理开始时间</td><td></td><td>旁站监理结束时间</td><td colspan="2"></td></tr>
<tr><td colspan="6">施工情况：</td></tr>
<tr><td colspan="6">监理情况：</td></tr>
<tr><td colspan="6">发现问题：</td></tr>
<tr><td colspan="6">处理意见：</td></tr>
<tr><td colspan="6">备注：</td></tr>
<tr><td colspan="6">旁站监理人员：
日　期：　　年　月　日</td></tr>
</table>

表 A.0.13　监理工程师通知单

工程项目名称：　　　　　　　　施工合同段：　　　　　　　　编号：

<table>
<tr><td>致________________（施工单位）：
事由：

通知内容：

监理工程师：
年　月　日　时</td></tr>
<tr><td>
收件人：
年　月　日　时</td></tr>
</table>

表 A.0.14 监理工程师通知回复单

工程项目名称： 施工合同段： 编号：

致__________________（项目监理机构）： 我方接到编号_______________________________的监理工程师通知单后，已按要求完成了______________________________工作，请予以复查。 内容： 施工单位（章）： 负责人： 日 期： 年 月 日
复查意见： 监理工程师： 日 期： 年 月 日

表 A.0.15　工程暂停令

工程项目名称：　　　　　　　　　　施工合同段：　　　　　　　　　　编号：

致＿＿＿＿＿＿＿＿＿＿（施工单位）： 由于＿＿＿＿＿＿＿＿＿＿＿＿的原因，现通知你方必须于＿＿＿年＿＿月＿＿日＿＿时起对＿＿＿＿＿＿＿＿＿＿＿（工程项目名称及里程）工程暂停施工。
停工内容： 停工原因： 整改要求：
项目监理机构（章）： 总监理工程师： 年　月　日　时
收件人： 年　月　日　时

表 A. 0. 16　工程复工令

工程项目名称：　　　　　　　　施工合同段：　　　　　　　　编号：

致________________________（施工单位）：

　　鉴于____________工程暂停令所述工程暂停的原因已经消除，现通知你方于______年____月____日____时起可对____________________工程恢复施工。

项目监理机构（章）：

总监理工程师：

年　月　日　时

收件人：

年　月　日　时

表 A. 0. 17　工程延期报审表

工程项目名称：　　　　　　　　　　施工合同段：　　　　　　　　　　编号：

<table>
<tr><td>
致________________（项目监理机构）：
根据合同________________条的规定，由于________________
________________原因，我方申请工程延期，请予以审查批准。
附件：1. 工程延期的依据及工期计算
合同竣工日期：
申请延长竣工日期：
2. 证明材料

施工单位（章）：
项目负责人：
日　期：　　年　月　日
</td></tr>
<tr><td>
项目监理机构意见：

项目监理机构（章）：
总监理工程师：
日　期：　　年　月　日
</td></tr>
<tr><td>
建设单位审批意见：

建设单位（章）：
负责人：
日　期：　　年　月　日
</td></tr>
</table>

表 A. 0. 18　索赔申请表

工程项目名称：　　　　　　　　　　施工合同段：　　　　　　　　　　编号：

<table>
<tr><td>致________________（项目监理机构）：
根据______________________合同第__________条规定，由于____________________________________原因，我方要求索赔金额（大写）________________，请予以审查批准。
索赔的详细理由：

索赔金额计算：

附：证明材料

索赔单位（章）：
负责人：
日　期：　　年　月　日</td></tr>
<tr><td>项目监理机构意见：

项目监理机构（章）：
总监理工程师：
日　期：　　年　月　日</td></tr>
</table>

表 A.0.19　索赔审批表

工程项目名称：　　　　　　　　　　施工合同段：　　　　　　　　　　编号：

<table>
<tr><td>致________________（施工单位）：
根据施工合同条款______________________的规定，你方提出的__________________费用索赔申请（编号____________），索赔（大写）______________，经我方审核：

□ 不同意索赔。
□ 同意索赔，金额为（大写）__________________。
同意/不同意索赔的理由：

项目监理机构（章）：
总监理工程师：
日　期：　　年　月　日</td></tr>
<tr><td>建设单位意见：

建设单位（章）：
负责人：
日　期：　　年　月　日</td></tr>
</table>

表 A. 0. 20　变更设计提议单

工程项目名称：　　　　施工合同段：　　　　编号：

<table>
<tr><td>致______________：

由于________________________________原因，兹提出______________工程变更（内容见附件），请予以审批。

附件：

提议单位（章）：
负责人：
日　期：　　年　月　日</td></tr>
<tr><td>设计单位意见：

设计单位（章）：
负责人：
日　期：　　年　月　日</td></tr>
<tr><td>施工单位意见：

施工单位（章）：
项目负责人：
日　期：　　年　月　日</td></tr>
<tr><td>项目监理机构意见：

项目监理机构（章）：
总监理工程师：
日　期：　　年　月　日</td></tr>
<tr><td>建设单位意见：

建设单位（章）：
负责人：
日　期：　　年　月　日</td></tr>
</table>

表 A.0.21　监理日志（记）式样

（工程项目名称）

监 理 日 志（记）

标段名称：________________

工程名称：________________

施工里程：________________

施工单位：________________

监理单位：________________

开工日期：　　　　年　月　日

竣工日期：　　　　年　月　日

（第　册共　册）

监理日志（记）

第　页共　页

记　　录	备注

记录人________

附录 B　设计技术交底及交接桩用表

表 B. 0. 1　设计技术交底记录

编号：

工程项目名称		
施工合同段		
施工单位		
交底日期	年　月　日	共　页第　页
交底内容及要点：		

参加交底单位	负责人签字	
建设单位：		建设单位（章）
设计单位：		
施工单位：		
监理单位：		
其他单位：		

表 B.0.2　交接桩记录

编号：

工程项目名称			
施工合同段			
施工单位			
交接桩日期	年　月　日	交接桩里程范围	

附件：1.
　　　2.

问题及解决：

建设单位（章）：
负责人（签字）：

设计单位（章）：
负责人（签字）：

施工单位（章）：
负责人（签字）：

监理单位（章）：
负责人（签字）：

附录 C 施工记录用表

表 C.0.1 打入桩施工记录

编号：

工程（标段）名称		施工单位		单位工程		桩顶设计高程	
里程及工点部位		桩机类型		桩的规格		桩设计桩长	

桩号	打桩日期	节数	桩入土每米锤击次数（击）										最后阶段			倾斜度		最后桩顶高程（m）	桩位偏差（mm）	接桩时间
			1	2	3	4	5	6	7	8	9	10	送桩锤击数	落锤高度（m）	平均贯入度（cm/10 击）	设计值（%）	实际值（%）			

作业人：

记录人： 专职质量检查员： 施工技术负责人： 年 月 日

表 C.0.2 钻孔桩钻孔及清孔记录

编号：

工程（标段）名称			施工单位		钻机类型及编号	
单位工程			钻孔起讫时间		钻头类型及直径	
部　　位		桩　号		设计桩顶高程（m）	转盘顶高程（m）	
设计桩径（m）		设计孔深（m）		设计孔底高程（m）	护筒顶高程（m）	

月　日	时　间			工作内容	钻压（t）	转速（r/min）	钻杆长度（m）			钻进（m）		孔底高程（m）	地质情况	泥浆比重	作业人	记录人
	起	止	小计				编号	本次	累计	本次	累计					

换钻头记录：第____次换钻头：原钻头高度____m，　新钻头高度____m。　记录人：________ 日期：________
第____次换钻头：原钻头高度____m，　新钻头高度____m。　记录人：________ 日期：________
第____次换钻头：原钻头高度____m，　新钻头高度____m。　记录人：________ 日期：________

清　孔　记　录　　　　记录人：________日期：________

开始清孔时间		清孔结束时间		清孔方式		作业人：
注入泥浆比重		清孔结束泥浆比重		清孔后孔径		
清孔前孔底高程		清孔后孔底高程		清孔后沉渣厚度		

专职质量检查员：　　　施工技术负责人：　　　监理工程师：　　　年　　月　　日

表 C.0.3　基坑开挖施工记录

编号：

工程（标段）名称		施工单位	
单位工程		基坑名称及里程	

1. 坑底设计高程________，实际开挖坑底高程________。

2. 坑底土壤为________，承载力为________ MPa。根据钻探（试探）之结果，此土壤在坑底以下尚有____ m，再下为________层。

3. 地下水位高程________，坑中水在____年____月____日开始排水时高程为________，排水措施为________。

4. 基坑中共____桩____根。桩顶截断处高程：最高____，最低________。

5. ________围堰顶部高程________。

6. 其他情况记录：

作业人：

施工单位自检意见：

专职质量检查员：　　　年　　月　　日

施工技术负责人：　　　年　　月　　日

监理单位意见：

监理工程师：　　　年　　月　　日

表 C.0.4　预应力混凝土简支梁终张拉记录

编号：

工程（标段）名称		施工单位		单位工程		梁　　号
浇筑日期		张拉日期		张拉时混凝土强度		张拉时混凝土弹性模量
锚具、夹具厂家		锚具、夹具型号		试验情况		环境温度（℃）
校验记录	左端（大里程端）	千斤顶编号：	校验日期：		油表编号：	校验日期：
	右端（小里程端）	千斤顶编号：	校验日期：		油表编号：	校验日期：

张拉顺序	钢束编号	初始应力（MPa）	控制应力（MPa）	量测钢束伸长（mm）												偏差（%）	钢绞线回缩（mm）	
				初始应力				控制应力				预/初张拉伸长值	预/初张拉至终张拉的伸长值	钢束总伸长值	计算伸长值			
		应力值/油表值	应力值/油表值	活塞伸出量		夹片外露		活塞伸出量		夹片外露								
				左 A	右 C	左 E	右 G	左 B	右 D	左 F	右 H						左	右
1																		
2																		
3																		
4																		
5																		
6																		
7																		
8																		
9																		
10																		

滑丝断丝情况			预制梁体弹性上拱（mm）	
张拉操作人	端　别	开油泵人	测量人	
	左　端			
	右　端			

记录人：　专职质量检查员：　施工技术负责人：　监理工程师：　年　月　日

表 C.0.5　预应力混凝土连续梁张拉记录

编号：

<table>
<tr><td colspan="3">工程（标段）名称</td><td></td><td colspan="2">施工单位</td><td></td><td>单位工程</td><td></td><td>里程</td><td colspan="2"></td></tr>
<tr><td colspan="3">桥名</td><td></td><td colspan="2">梁型</td><td></td><td>部位</td><td></td><td>浇筑日期</td><td colspan="2"></td></tr>
<tr><td colspan="3">张拉日期</td><td></td><td colspan="2">张拉时混凝土强度</td><td></td><td>张拉时混凝土弹性模量</td><td></td><td>钢束方向</td><td colspan="2"></td></tr>
<tr><td colspan="3">锚具、夹具厂家</td><td></td><td colspan="2">锚具、夹具型号</td><td></td><td>试验情况</td><td></td><td>环境温度（℃）</td><td colspan="2"></td></tr>
<tr><td colspan="3" rowspan="2">校验记录</td><td>左端（大里程端）</td><td colspan="3">千斤顶编号：</td><td colspan="2">校验日期：</td><td colspan="2">油表编号：</td><td>校验日期：</td></tr>
<tr><td>右端（小里程端）</td><td colspan="3">千斤顶编号：</td><td colspan="2">校验日期：</td><td colspan="2">油表编号：</td><td>校验日期：</td></tr>
<tr><td rowspan="2">张拉顺序</td><td rowspan="2">钢束编号</td><td rowspan="2">锚下控制张拉力（kN）</td><td rowspan="2">项目</td><td colspan="3">张拉阶段</td><td rowspan="2">理论伸长值 ΔL（mm）</td><td rowspan="2">实测伸长值 ΔL′（mm）</td><td rowspan="2">伸长值差 ΔL″=ΔL′−ΔL（mm）</td><td rowspan="2">伸长率偏差 Δ=（ΔL″/ΔL）%</td><td rowspan="2">内缩量（mm）</td></tr>
<tr><td>初读数 20%</td><td>第一行程 40%</td><td>第二行程 100%</td></tr>
<tr><td rowspan="2"></td><td rowspan="2"></td><td rowspan="2"></td><td>油表读数</td><td></td><td></td><td></td><td rowspan="2"></td><td rowspan="2"></td><td rowspan="2"></td><td rowspan="2"></td><td rowspan="2"></td></tr>
<tr><td>伸长值</td><td></td><td></td><td></td></tr>
<tr><td rowspan="2"></td><td rowspan="2"></td><td rowspan="2"></td><td>油表读数</td><td></td><td></td><td></td><td rowspan="2"></td><td rowspan="2"></td><td rowspan="2"></td><td rowspan="2"></td><td rowspan="2"></td></tr>
<tr><td>伸长值</td><td></td><td></td><td></td></tr>
<tr><td rowspan="2"></td><td rowspan="2"></td><td rowspan="2"></td><td>油表读数</td><td></td><td></td><td></td><td rowspan="2"></td><td rowspan="2"></td><td rowspan="2"></td><td rowspan="2"></td><td rowspan="2"></td></tr>
<tr><td>伸长值</td><td></td><td></td><td></td></tr>
<tr><td rowspan="2"></td><td rowspan="2"></td><td rowspan="2"></td><td>油表读数</td><td></td><td></td><td></td><td rowspan="2"></td><td rowspan="2"></td><td rowspan="2"></td><td rowspan="2"></td><td rowspan="2"></td></tr>
<tr><td>伸长值</td><td></td><td></td><td></td></tr>
<tr><td rowspan="2"></td><td rowspan="2"></td><td rowspan="2"></td><td>油表读数</td><td></td><td></td><td></td><td rowspan="2"></td><td rowspan="2"></td><td rowspan="2"></td><td rowspan="2"></td><td rowspan="2"></td></tr>
<tr><td>伸长值</td><td></td><td></td><td></td></tr>
<tr><td rowspan="2"></td><td rowspan="2"></td><td rowspan="2"></td><td>油表读数</td><td></td><td></td><td></td><td rowspan="2"></td><td rowspan="2"></td><td rowspan="2"></td><td rowspan="2"></td><td rowspan="2"></td></tr>
<tr><td>伸长值</td><td></td><td></td><td></td></tr>
<tr><td colspan="3">滑丝断丝情况</td><td colspan="3"></td><td>开油泵人</td><td colspan="2"></td><td>测量人</td><td colspan="2"></td></tr>
<tr><td colspan="12">记录人：　　专职质量检查员：　　施工技术负责人：　　监理工程师：　　年　月　日</td></tr>
</table>

表 C. 0. 6　预应力混凝土梁孔道压浆记录

编号：

<table>
<tr><td colspan="2">工程（标段）名称</td><td colspan="3"></td><td colspan="2">施工单位</td><td colspan="3"></td></tr>
<tr><td colspan="2">单位工程</td><td colspan="3"></td><td colspan="2">梁号及部位</td><td colspan="3"></td></tr>
<tr><td colspan="2">水泥厂家和牌号</td><td colspan="3"></td><td colspan="2">掺和料厂家和牌号</td><td colspan="3"></td></tr>
<tr><td colspan="2">外加剂厂家和类型</td><td colspan="3"></td><td colspan="2">膨胀剂厂家和类型</td><td colspan="3"></td></tr>
<tr><td colspan="2">压浆料（剂）厂家和牌号</td><td colspan="3"></td><td colspan="2">压浆料试验报告编号</td><td colspan="3"></td></tr>
<tr><td colspan="2">外露预应力筋切断方式</td><td colspan="3"></td><td colspan="2">压浆日期</td><td colspan="3">年　月　日</td></tr>
<tr><td rowspan="3">序号</td><td rowspan="3">孔道编号</td><td colspan="5">第（　）次压浆</td><td colspan="3">浆体性能</td></tr>
<tr><td>起止时间</td><td>进浆方向</td><td>进浆压力</td><td>持压压力</td><td>持压时间</td><td rowspan="2">凝结时间
（h）</td><td>初凝</td><td></td></tr>
<tr><td>时 分－时 分</td><td></td><td>MPa</td><td>MPa</td><td>min</td><td>终凝</td><td></td></tr>
<tr><td>1</td><td></td><td></td><td></td><td></td><td></td><td></td><td rowspan="2">流动度
（s）</td><td>出机</td><td></td></tr>
<tr><td>2</td><td></td><td></td><td></td><td></td><td></td><td></td><td>30min</td><td></td></tr>
<tr><td>3</td><td></td><td></td><td></td><td></td><td></td><td></td><td colspan="2">24 h自由泌水率（%）</td><td></td></tr>
<tr><td>4</td><td></td><td></td><td></td><td></td><td></td><td></td><td colspan="2">3 h毛细泌水率（%）</td><td></td></tr>
<tr><td>5</td><td></td><td></td><td></td><td></td><td></td><td></td><td colspan="2">压力泌水率（%）</td><td></td></tr>
<tr><td>6</td><td></td><td></td><td></td><td></td><td></td><td></td><td colspan="2">24 h自由膨胀率（%）</td><td></td></tr>
<tr><td>7</td><td></td><td></td><td></td><td></td><td></td><td></td><td colspan="2">真空度（MPa）</td><td></td></tr>
<tr><td>8</td><td></td><td></td><td></td><td></td><td></td><td></td><td colspan="3" rowspan="4">压浆前检查：
（孔道冲洗、串孔堵孔、密实度）</td></tr>
<tr><td>9</td><td></td><td></td><td></td><td></td><td></td><td></td></tr>
<tr><td>10</td><td></td><td></td><td></td><td></td><td></td><td></td></tr>
<tr><td>11</td><td></td><td></td><td></td><td></td><td></td><td></td></tr>
<tr><td>12</td><td></td><td></td><td></td><td></td><td></td><td></td><td colspan="3" rowspan="5">试块留置情况及编号：

试验人：</td></tr>
<tr><td>13</td><td></td><td></td><td></td><td></td><td></td><td></td></tr>
<tr><td>14</td><td></td><td></td><td></td><td></td><td></td><td></td></tr>
<tr><td>15</td><td></td><td></td><td></td><td></td><td></td><td></td></tr>
<tr><td>16</td><td></td><td></td><td></td><td></td><td></td><td></td></tr>
<tr><td colspan="2">压浆
作业人</td><td colspan="8"></td></tr>
<tr><td colspan="2">其他情况</td><td colspan="8">记录人：</td></tr>
<tr><td colspan="10">专职质量检查员：　　施工技术负责人：　　年　月　日</td></tr>
</table>

表C.0.7 预应力混凝土梁封锚（端）记录

编号：

工程（标段）名称		施工单位	
单位工程		梁号及部位	
封锚（端）日期		天气情况	
施工配合比及编号			
水泥厂家及牌号			
掺和料厂家及牌号			
外加剂厂家及类型			
微膨胀剂厂家、类型及掺量			
防护材料厂家及类型			
封端混凝土设计强度等级			
锚具和外露预应力筋的防护情况			
锚穴内混凝土面凿毛处理情况			
外露预应力筋的保护层厚度（mm）			
封锚（端）钢筋绑扎及固定情况			
封锚（端）混凝土灌筑密实方法			
封锚（端）混凝土养护方式、时间			
封锚（端）防护情况			
封锚（端）混凝土试件留置情况及编号	试验人：		
封锚（端）作业人			
自检结论： 专职质量检查员： 施工技术负责人： 年 月 日			

表 C. 0. 8　粉体喷射搅拌桩施工记录

编号：

工程（标段）名称						施工单位				单位工程			
里程及部位						布桩形式				施工日期			
设备名称及型号						设计桩径				水泥品种牌号			
桩号	起止时间		钻进速度	地面高程（m）	设计桩底高程（m）	施工桩底高程（m）	设计桩长（m）	施工桩长（m）	成桩直径（m）	喷射压力（MPa）	水泥用量（m^3）	持力层工作电流（A）	作业人
记录人：			专职质量检查员：				施工技术负责人：				年　月　日		

表 C.0.9 浆体喷射搅拌桩施工记录

编号：

工程（标段）名称					施工单位				单位工程				
里程及部位					布桩形式				施工日期				
设备名称及型号					设计桩径				水泥浆施工配合比				
桩号	起止时间		钻进速度	地面高程（m）	设计桩底高程（m）	施工桩底高程（m）	设计桩长（m）	施工桩长（m）	成桩直径（m）	喷射压力（MPa）	水泥浆用量（m^3）	持力层工作电流（A）	作业人
记录人：				专职质量检查员：			施工技术负责人：					年 月 日	

表 C.0.10　高压旋喷桩施工记录

编号：

工程（标段）名称					施工单位				单位工程				
里程及部位					布桩形式				施工日期				
设备名称及型号					设计桩径				水泥浆施工配合比				
桩号	起止时间	地面高程（m）	设计桩底高程（m）	施工桩底高程（m）	设计桩长（m）	施工桩长（m）	成桩直径（m）	旋转速度（r/s）	提升速度（m/s）	喷浆压力（MPa）	设计喷浆量（m^3）	实际喷浆量（m^3）	作业人
记录人：			专职质量检查员：			施工技术负责人：					年　月　日		

表 C.0.11　水泥粉煤灰碎石桩（CFG 桩）施工记录

编号：

工程（标段）名称						施工单位				单位工程		
里程及部位						布桩形式				施工日期		
钻孔设备						设计桩径				混和料配合比		
桩号	设计地面高程（m）	设计桩长（m）	实测地面高程（m）	钻孔深度（m）	钻孔电流（A）	成孔起止时间	成孔作业人	成桩起止时间	成桩作业人	施工桩顶高程（m）	混和料灌注量（m^3）	地质情况简述
记录人：			专职质量检查员：			施工技术负责人：				年　月　日		

表 C.0.12 强夯施工记录

编号：

工程（标段）名称		施工单位		单位工程																			
里程及工点部位		设备型号		天气																			
夯锤重量（t）		落距（m）		锤底面积（m^2）																			
夯点编号 第 遍	施工日期	夯击次数及下沉量																		总沉降量（cm）	填料数（m^3）	最后二击平均下沉量（cm）	作业人
		1	2	3	4	5	6	7	8	9	10	11	12	13	14	15	16	17	18				

记录人：　　　　专职质量检查员：　　　　施工技术负责人：　　　　年　月　日

表 C. 0. 13 隧道开挖断面及地质状况检查记录

编号：

工程（标段）名称		单位工程		施工单位	
施工里程		距洞口距离		埋 深	
地下水	渗（涌）水量及部位：				
围岩级别	实际施工		设 计		
稳定性	洞 周				
	开挖断面				
设计高程	拱 顶		隧 底		
设计宽度	每 侧		全 宽		

实际开挖断面检查记录

部位	允许最大超挖值	实测超挖值 DK____+____
A		
B		
C		
D		
E		
F		
G		
隧底		

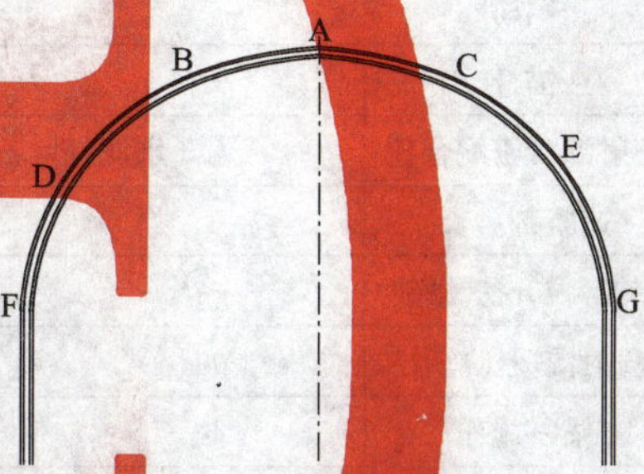

断面轮廓示意图

地质素描图

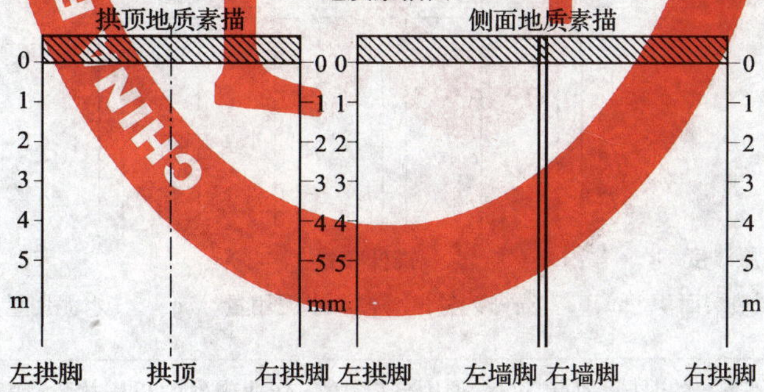

图形素描：断层、节里的位置、走向倾向；溶洞、空洞、采空区的位置；坍方位置、大小；偏帮部位；岩爆部位；渗水涌水的位置等。

作业人：

专职质量检查员： 施工技术负责人： 监理工程师：

年 月 日 年 月 日 年 月 日

表 C. 0. 14　隧道喷锚支护施工记录

编号：

工程（标段）名称			施工单位	
单位工程			工程部位	
围岩级别			施工里程	
原材料、配合比	材料名称	型号、产地	试验报告编号和结论	
	砂			
	石			
	水泥			
	速凝剂			
	水			
	纤维			
	钢筋			
	锚杆			
	喷射混凝土配合比	（水泥: 砂: 石）	锚杆注浆配合比	（水泥: 砂）
	速凝剂掺量		水灰比	
施工时间	喷锚部位开挖(爆破)	月　日　时		
	喷射混凝土施作	月　日　时起至　月　日　时止		
	锚杆施作	月　日　时起至　月　日　时止		
喷层厚度与锚杆布置图	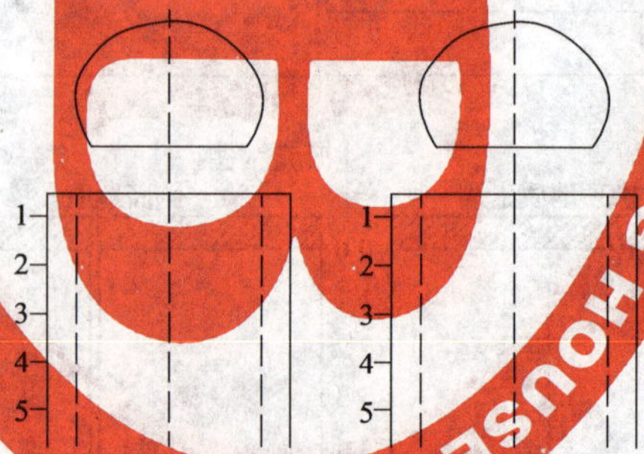喷层厚度　锚杆布置 喷层面积　m^2　锚杆数量　根　水泥用量　kg　水泥用量　kg			
其他	包括围岩坍塌等事故的时间、地点、过程、原因分析；喷锚作业中发生机械故障，堵管等事故的次数、原因和排除方法；其他需要记录的事项			
作业人：				
专职质量检查员： 年　月　日	施工技术负责人： 年　月　日	监理工程师： 年　月　日		

表 C.0.15　线路锁定记录

编号：

<table>
<tr><td colspan="2">工程(标段)名称</td><td colspan="3"></td><td>施工单位</td><td></td></tr>
<tr><td colspan="2">单位工程</td><td colspan="3"></td><td>起讫里程</td><td></td></tr>
<tr><td colspan="2">单元轨节编号</td><td colspan="3"></td><td>长度</td><td></td></tr>
<tr><td colspan="2">放散方法</td><td colspan="3"></td><td>位移观测桩位置及编号</td><td></td></tr>
<tr><td colspan="2" rowspan="2">铺设温度(℃)</td><td rowspan="2"></td><td colspan="2" rowspan="2">拉伸量(m)</td><td>计　算</td><td></td></tr>
<tr><td>实　际</td><td></td></tr>
<tr><td rowspan="3">锁定轨温(℃)</td><td>设计值</td><td colspan="2"></td><td colspan="3"></td></tr>
<tr><td rowspan="2">实测值</td><td colspan="2">相邻单元轨节平均值</td><td colspan="3"></td></tr>
<tr><td colspan="2">本单元轨节实测值</td><td></td><td></td><td></td></tr>
<tr><td colspan="2">铺设后应力
放散及锁定情况</td><td colspan="5"></td></tr>
<tr><td colspan="2">其他情况</td><td colspan="5"></td></tr>
<tr><td colspan="2">自检结论</td><td colspan="5"></td></tr>
<tr><td colspan="7">作业人：</td></tr>
<tr><td colspan="4">专职质量检查员：

年　月　日</td><td colspan="3">施工技术负责人：

年　月　日</td></tr>
</table>

表 C. 0. 16 施工日志式样

（工程项目名称）

施 工 日 志

标段名称：____________________

工程名称：____________________

施工里程：____________________

施工单位：____________________

开工日期： 年 月 日

竣工日期： 年 月 日

（第 册共 册）

施 工 日 志

第　页共　页

记　　　录	备　注

记录人________

附录 D 施工质量验收记录用表

表 D. 0. 1 ________检验批质量验收记录

单位工程名称				
分部工程名称				
分项工程名称			验收部位	
施工单位			项目负责人	
施工质量验收标准名称及编号				
施工质量验收标准的规定			施工单位检查评定记录	监理单位验收记录
主控项目	1			
	2			
	3			
	4			
	5			
	6			
一般项目	1			
	2			
	3			
	4			
	5			
勘察设计单位现场确认情况（需要时）	现场负责人：　　　　年　月　日			
施工单位检查评定结果	专职质量检查员：　　　　年　月　日 分项工程技术负责人：　　　　年　月　日 分项工程负责人：　　　　年　月　日			
监理单位验收结论	监理工程师：　　　　年　月　日			

表 D. 0. 2 ________分项工程质量验收记录

<table>
<tr><td colspan="2">单位工程名称</td><td colspan="3"></td></tr>
<tr><td colspan="2">分部工程名称</td><td></td><td>检验批数</td><td></td></tr>
<tr><td colspan="2">施工单位</td><td></td><td>项目负责人</td><td></td></tr>
<tr><td>序号</td><td>检验批部位</td><td>施工单位检查评定结果</td><td colspan="2">监理单位验收结论</td></tr>
<tr><td>1</td><td></td><td></td><td colspan="2"></td></tr>
<tr><td>2</td><td></td><td></td><td colspan="2"></td></tr>
<tr><td>3</td><td></td><td></td><td colspan="2"></td></tr>
<tr><td>4</td><td></td><td></td><td colspan="2"></td></tr>
<tr><td>5</td><td></td><td></td><td colspan="2"></td></tr>
<tr><td>6</td><td></td><td></td><td colspan="2"></td></tr>
<tr><td>7</td><td></td><td></td><td colspan="2"></td></tr>
<tr><td>8</td><td></td><td></td><td colspan="2"></td></tr>
<tr><td>9</td><td></td><td></td><td colspan="2"></td></tr>
<tr><td>10</td><td></td><td></td><td colspan="2"></td></tr>
<tr><td colspan="5">说明：</td></tr>
<tr><td colspan="2">施工单位检查
评定结果</td><td colspan="3">分项工程技术负责人： 年 月 日</td></tr>
<tr><td colspan="2">监理单位
验收结论</td><td colspan="3">监理工程师： 年 月 日</td></tr>
</table>

表 D. 0. 3 ________分部工程质量验收记录

<table>
<tr><td colspan="2">单位工程名称</td><td colspan="6"></td></tr>
<tr><td colspan="2">施工单位</td><td colspan="6"></td></tr>
<tr><td colspan="2">项目负责人</td><td></td><td>项目技术负责人</td><td></td><td>项目质量负责人</td><td colspan="2"></td></tr>
<tr><td>序号</td><td>分项工程名称</td><td colspan="2">检验批数</td><td colspan="2">施工单位检查评定结果</td><td colspan="2">监理单位验收结论</td></tr>
<tr><td>1</td><td></td><td colspan="2"></td><td colspan="2"></td><td colspan="2"></td></tr>
<tr><td>2</td><td></td><td colspan="2"></td><td colspan="2"></td><td colspan="2"></td></tr>
<tr><td>3</td><td></td><td colspan="2"></td><td colspan="2"></td><td colspan="2"></td></tr>
<tr><td>4</td><td></td><td colspan="2"></td><td colspan="2"></td><td colspan="2"></td></tr>
<tr><td>5</td><td></td><td colspan="2"></td><td colspan="2"></td><td colspan="2"></td></tr>
<tr><td>6</td><td></td><td colspan="2"></td><td colspan="2"></td><td colspan="2"></td></tr>
<tr><td>7</td><td></td><td colspan="2"></td><td colspan="2"></td><td colspan="2"></td></tr>
<tr><td>8</td><td></td><td colspan="2"></td><td colspan="2"></td><td colspan="2"></td></tr>
<tr><td>9</td><td></td><td colspan="2"></td><td colspan="2"></td><td colspan="2"></td></tr>
<tr><td>10</td><td></td><td colspan="2"></td><td colspan="2"></td><td colspan="2"></td></tr>
<tr><td colspan="4">质量控制资料</td><td colspan="2"></td><td colspan="2"></td></tr>
<tr><td colspan="4">实体质量和主要功能检验(检测)报告</td><td colspan="2"></td><td colspan="2"></td></tr>
<tr><td rowspan="3">验收单位</td><td>施工单位</td><td colspan="6">项目负责人：</td></tr>
<tr><td>勘察设计单位
(需要时)</td><td colspan="6">项目负责人：</td></tr>
<tr><td>监理单位</td><td colspan="6">监理工程师：</td></tr>
</table>

表 D. 0. 4　单位工程质量控制资料核查记录

单位工程名称				
施 工 单 位				
序号	资料名称	份数	核查意见	核查人
1				
2				
3				
4				
5				
6				
7				
8				
9				
10				
11				
12				
13				
14				
15				
结论： 施工单位项目负责人：　　　　　　　　总监理工程师： 年　月　日　　　　　　　　年　月　日				

表 D.0.5　单位工程实体质量和主要功能核查记录

单位工程名称				
施工单位				
序号	项　　目	份数	核查意见	核查人
1				
2				
3				
4				
5				
6				
7				
8				
9				
10				
11				
12				
结论： 施工单位项目负责人：　　　　　　总监理工程师： 年　月　日　　　　　　年　月　日				

表 D.0.6　单位工程观感质量检查记录

<table>
<tr><td colspan="2">单位工程名称</td><td colspan="3"></td></tr>
<tr><td colspan="2">施 工 单 位</td><td colspan="3"></td></tr>
<tr><td rowspan="2">序号</td><td rowspan="2">项目名称</td><td rowspan="2">质量状况</td><td colspan="2">质量评定</td></tr>
<tr><td>合格</td><td>差</td></tr>
<tr><td>1</td><td></td><td></td><td></td><td></td></tr>
<tr><td>2</td><td></td><td></td><td></td><td></td></tr>
<tr><td>3</td><td></td><td></td><td></td><td></td></tr>
<tr><td>4</td><td></td><td></td><td></td><td></td></tr>
<tr><td>5</td><td></td><td></td><td></td><td></td></tr>
<tr><td>6</td><td></td><td></td><td></td><td></td></tr>
<tr><td>7</td><td></td><td></td><td></td><td></td></tr>
<tr><td>8</td><td></td><td></td><td></td><td></td></tr>
<tr><td>9</td><td></td><td></td><td></td><td></td></tr>
<tr><td>10</td><td></td><td></td><td></td><td></td></tr>
<tr><td colspan="5">检查结论：

施工单位项目负责人：　　　总监理工程师：　　　建设单位项目负责人：
年　月　日　　　　　年　月　日　　　　　年　月　日</td></tr>
</table>

表 D.0.7　单位工程质量验收记录

<table>
<tr><td colspan="3">单位工程名称</td><td colspan="5"></td></tr>
<tr><td colspan="3">开工日期</td><td colspan="2"></td><td colspan="2">竣工日期</td><td></td></tr>
<tr><td colspan="3">施工单位</td><td colspan="5"></td></tr>
<tr><td colspan="3">项目负责人</td><td></td><td>项目技术负责人</td><td></td><td>项目质量负责人</td><td></td></tr>
<tr><td>序号</td><td colspan="2">项　　目</td><td colspan="4">验收记录</td><td>验收结论</td></tr>
<tr><td>1</td><td colspan="2">分部工程</td><td colspan="4">共　　分部
经查,符合标准规定及设计要求　　分部</td><td></td></tr>
<tr><td>2</td><td rowspan="3">综合质量验收</td><td>质量控制资料核查</td><td colspan="4">共　　项
经查,符合要求　　项
不符合要求　　项</td><td></td></tr>
<tr><td>3</td><td>实体质量和主要功能核查</td><td colspan="4">共核查　　项
符合要求　　项
不符合要求　　项</td><td></td></tr>
<tr><td>4</td><td>观感质量验收</td><td colspan="4">共检查　　项
评定为合格的　　项
评定为差的　　项</td><td></td></tr>
<tr><td>5</td><td colspan="2">综合验收结论</td><td colspan="5"></td></tr>
<tr><td rowspan="2">验收单位</td><td colspan="2">建设单位</td><td>监理单位</td><td colspan="2">施工单位</td><td colspan="2">勘察设计单位</td></tr>
<tr><td colspan="2">（公章）
项目负责人:
年　月　日</td><td>（公章）
总监理工程师:
年　月　日</td><td colspan="2">（公章）
项目负责人:
年　月　日</td><td colspan="2">（公章）
项目负责人:
年　月　日</td></tr>
</table>

本规程用词说明

执行本规程条文时，对于要求严格程度的用词说明如下，以便在执行中区别对待。

1. 表示很严格，非这样做不可的用词：

正面词采用“必须”；

反面词采用“严禁”。

2. 表示严格，在正常情况下均应这样做的用词：

正面词采用“应”；

反面词采用“不应”或“不得”。

3. 表示允许稍有选择，在条件许可时首先应这样做的用词：

正面词采用“宜”；

反面词采用“不宜”。

表示有选择，在一定条件下可以这样做的，采用“可”。

《铁路建设项目资料管理规程》
条 文 说 明

本条文说明系对重点条文的编制依据、存在的问题以及在执行中应注意的事项等予以说明。为了减少篇幅，只列条文号，未抄录原条文。

1.0.1 铁路建设项目资料是反映建设全过程的有效载体，是质量责任追溯的重要依据，也是建设项目运营后进行维修、养护、改造、管理的基础资料。统一和规范资料管理工作，对提高建设项目标准化管理水平具有重要意义。本规程是推进铁路建设项目标准化管理的配套标准，也是实现铁路建设项目信息化管理的支撑标准。

本规程编制过程中依据和参考的主要标准、规章和管理办法如下：

(1)现行客运专线、客货共线铁路工程施工质量验收标准；

(2)现行客运专线、客货共线铁路工程施工技术指南；

(3)《铁路建设工程监理规范》(TB 10402—2007)；

(4)《铁路建设项目预可行性研究、可行性研究和设计文件编制办法》(TB 10504—2007)；

(5)《铁路建设项目管理指南》(建建〔2007〕72号)；

(6)《铁路建设项目管理程序指导意见》(建建〔2008〕50号)；

(7)《铁路建设工程质量安全监督管理办法》(铁办〔2008〕70号)；

(8)《铁路建设项目竣工验收交接办法》(铁建设〔2008〕23号)；

(9)《客运专线竣工验收暂行办法》(铁建设〔2007〕183号)；

(10)《铁路建设项目竣工文件编制移交办法》(办档〔2002〕8号)；

(11)《建设工程文件归档整理规范》(GB/T 50238—2001)；

(12)《国家重大建设项目文件归档要求与档案整理规范》(DA /T 28—2002)。

1.0.2 对于新建、改建铁路建设项目，在立项、审批、招投标、勘察设计、施工、监理及竣工验收过程中形成的文字、图纸、表格、电子文件、声像文件等形式的资料均属于本规程所指的建设项目资料。

1.0.3 质量、安全、工期、投资效益、环境保护和科技创新等“六位一体”目标控制体系要素是建设项目资料的核心内容，在对实体工程进行验收的同时，应建设项目标准化管理要求验收有关资料文件。

1.0.7 要求建设项目资料中的内容全部采用人工手写方式，不是保证资料真实的有效手段。除必需的责任人签名外，其他内容不必强调手写，尤其是电子文件资料。

1.0.8 大部分建设项目资料的规范性格式，在现行标准和有关管理办法中均有统一规定。如铁路工程试验表格中的试验记录和报告、铁路工程各专业施工质量验收标准中的验收表格、施工技术指南中的施工记录表格、监理规范中的监理表格、竣工验收交接管理办法中的验收表格等。对于一些需要重复使用但暂无规范性格式的资料，则需要在同一建设项目中进行统一。

1.0.9 建设各方对资料的归档管理工作，属于企业档案的范畴。建设项目资料并非需要全部归档保存，特别是一些施工过程中的临时性资料，在工程竣工后即失去保存价值。因纳入企业档案的资料范围和保管期限问题较为复杂，本规程没有给出具体规定，由各单位按档案管理方面的有关规定办理。

1.0.10 国家标准《建设工程文件归档整理规范》（GB/T 50238—2001）规定，档案的保管期限分为永久、长期、短期三种。其中，“永久”是指需要永久保存，“长期”是指保存期限等于该工程的使用寿命，“短期”是指保存20年以下。竣工文件是建设项目资料中的一部分，反映建设活动重要内容，具有查考利用价值，也是责任追溯的主要依据，不低于长期保管的期限是一个基本原则。对于竣工文件中的具体资料哪些需要“长期”或“永久”保存，则应按有关规定办理。

2.0.1 本规程是对建设项目全过程中需要形成、收集的有关资料提出的管理要求，这些资料并不需要全部归档或移交，从而定义为“建设项目资料”。对于其中需要归档、移交的部分，为与档案管理方面术语衔接，并考虑铁路行业的习惯叫法，而定义为“竣工文件”。

2.0.2～2.0.5 建设管理资料、勘察设计资料、施工资料、监理资料等是按管理责任、资料性质、形成阶段等进行的一个分类。并不分别代表建设单位、勘察设计单位、施工单位、监理单位的全部资料，也并非仅由其独立形成。

3.3.3 勘察设计单位除应对本单位有关资料进行签署外，还应按规定对其他单位提交的有关资料进行签署。如施工过程中的地质状况确认，需要勘察设计单位确认的部分检验批、分项工程和分部工程、单位工程验收资料等，勘察设计单位均应按规定签署。

4.1.1～4.2.3 资料的分类与编号原则是为规范、统一其管理工作确定的，特别是考虑到满足信息化管理的需要。本规程的分类与编号原则，仅适用于建设项目竣工验收交接前的资料管理工作，并不适用于文件归档的分类与编码。归档文件的分类与编码应按其专门规定办理。

对于某些已有编号规律和做法的资料，如检验批施工质量验收记录编号、试验记录编号、试验报告编号、监理资料编号等，其原有编号不变，可以作为资料顺序号对待。

7.5.1 本规程条文中列出的施工记录，是对关键工序、重点部位施工过程的记录，对工程质量责任追溯和运营养护查考有利用价值，必须填写并纳入竣工文件保存。其他数量较多的施工记录，如混凝土的生产搅拌记录、浇筑记录、养护记录，以及预应力预张拉记录、初张拉记录等，由建设各方根据具体情况确定填写和保存要求。

现行铁路工程各专业施工质量验收标准，是按过程控制原则编制的，验收标准要求形成的验收资料中已经包括了以前“程检表”（或称“检查证”，也包括“质统表”）的多数内容。既填写施工质量验收表格，又填写“程检表”，会造成重复工作。填写本规程要求的施工记录和验收标准要求的验收资料后，可不再填写“程检表”等。

10.0.3～10.0.4 本规程所列需要纳入竣工文件的资料是反映建设项目主要过程和竣工状况、需要纳入竣工文件的部分建设项目资料，也并非全部竣工文件资料。竣工文件的编制、整理、验收、移交、工作时限等要求在专门管理办法中有具体规定。